土木工程施工工艺

桥梁工程

（第2版）

中铁二局股份有限公司　卿三惠 等　编著

中国铁道出版社

2013·北京

内 容 提 要

《土木工程施工工艺》是中铁二局股份有限公司依据国家及行业最新技术标准、规范、规程等，在广泛收集国内外资料的基础上，结合工程实践总结提炼而编制的，内容涵盖铁路、公路、市政、城市轨道交通、房屋建筑等土木工程领域共计有374项施工工艺，每项工艺均包括工艺特点、适用范围、工艺原理、工艺流程、操作要点、主要机具设备、劳动力组织、质量控制要点、安全及环保措施九个方面，大部分项附有工程应用案例，基本反映了当前国内外土木工程施工的新技术、新材料、新工艺、新方法，重点突出了施工工艺的先进性、适应性和可操作性。内容丰富，适用范围广泛，是一套土木工程施工的实用工具书，可满足企业制定投标方案、编制施工组织设计、现场技术交底、检查验收、施工技术培训等工作的需要。

本工艺共分为五册：包括《路基路面工程》、《桥梁工程》、《隧道及地铁工程》、《铺架与"四电"工程》、《房屋建筑工程》。本册为《桥梁工程》，收有70项施工工艺，可供桥梁工程施工技术人员及管理人员学习和参考使用。

图书在版编目(CIP)数据

桥梁工程/卿三惠等编著．—2版．—北京：中国铁道出版社，2013.10

(土木工程施工工艺)

ISBN 978-7-113-17510-8

Ⅰ.①桥… Ⅱ.①卿… Ⅲ.①桥梁工程 Ⅳ.①U44

中国版本图书馆CIP数据核字（2013）第246811号

书　　名：**土木工程施工工艺**　桥梁工程(第2版)
作　　者：中铁二局股份有限公司　卿三惠 等　编著

责任编辑：江新锡　　　**电话**：(010)51873018
封面设计：马　利
责任校对：龚长江
责任印制：郭向伟

出版发行：中国铁道出版社(100054，北京市西城区右安门西街8号)
印　　刷：中煤涿州制图印刷厂北京分厂
版　　次：2009年3月第1版　2013年10月第2版　2013年10月第1次印刷
开　　本：787 mm×1 092 mm　1/16　印张：54.75　字数：1387千
书　　号：ISBN 978-7-113-17510-8
定　　价：210.00元

桥梁工程编审人员名单

主　　编：卿三惠

副 主 编：钱纪民　郜小群　蒲　伟

编写人员：

公司本部：钱纪民　曹化明　彭亮英　白晓红　杨吉祥

五 公 司：江　洪　吴业新　王　尹　周　辉　朱　勇

周祖清　伍佰全　万宗江　欧　静　李传华

唐　诚　李文清　王玉文　李　宣　叶颜伟

高成林　陈兴平　赵凤龙　王　俊　王志杰

梁达群　汪德礼　万培文　王　辉　王佑江

崔韶华　郑守疆

京沪高铁：蔡钦好

审查人员：钱纪民　李友明　吴　明　郜小群　蒲　伟

唐仁孝　杨吉祥　汪德礼

前　言

改革开放以来，我国土木工程建设迅猛发展，给施工企业带来了良好的发展机遇。为规范土木工程施工工艺，预防工程项目实施过程中的安全质量隐患，中铁二局股份有限公司组织编制了《土木工程施工工艺》，对成熟的施工技术及工艺进行系统集成，构建一个具有指导性和可操作性的土木工程施工工艺体系。

为做好编制工作，公司成立了《土木工程施工工艺》编辑委员会，并下发了中铁二局股份有限公司《关于公布土木工程施工工艺编制规划的通知》，结合公司涉及的经营业务范围，确立了"统一规划、同步实施、整体推进"的总体部署，按照专业划分为路基路面工程、桥梁工程、隧道及地铁工程、辅轨架梁与"四电"(通信、信号、电力、电气化)工程、房屋建筑工程五个部分进行编制。编制过程中，在编委会确定编写大纲的指导下，各参编单位精心组织了262名专业技术人员和53名资深专家参加编制与审查工作。经过一年多的努力，终于完成了涵盖铁路、公路、市政、城市轨道交通、房屋建筑等土木工程领域的数百项施工工艺，每项工艺均包括工艺特点、适用范围、工艺原理、工艺流程、操作要点、主要机具设备、劳动力组织、质量控制要点、安全及环保措施九个方面，大部分项附有工程应用案例。

本工艺主要依据国家及行业最新技术标准、规范、规程等，在广泛收集国内外资料的基础上，结合工程实践总结提炼而编制了共374项施工工艺。本次分五册出版：包括《路基路面工程》79项，《桥梁工程》70项，《隧道及地铁工程》87项，《铺架与"四电"工程》82项，《房屋建筑工程》56项。全书贯彻了"以我为主、博采众长"的指导思想，力求反映当前国内外土木工程施工采用的新技术、新材料、新工艺、新方法，重点突出了施工工艺的先进性、适应性和可操作性。内容十分丰富，适用范围广泛，是一套土木工程施工的实用工具书，可满足企业制定的投标方案、编制施工组织设计、现场技术交底、检查验收、施工技术培训等工作的需要。

《土木工程施工工艺》编制是一项庞大的综合性系统工程，工作量巨大，全书篇幅达678万字，并附有表格1 640个、工程案例305个、图片1 994张。参加编写的作者大多为施工生产一线工作的技术人员，对各类土木工程施工具有较丰富的实践经验和体会。但由于时间仓促，加之土木工程施工工艺的不断发展和技术标准的更新，本书难免存在疏漏和不足之处，希望读者提出宝贵意见，以便进一步修订完善。

《土木工程施工工艺》编委会

目　录

桩基础施工

预应力混凝土管桩施工工艺

1 前言

预应力混凝土管桩是一种打入土中，横截面尺寸比其长度小得多的管状细长构件，管桩的上部与承台(梁)联结组成桩基础。

1.1 适用范围

预应力混凝土管桩常用于以下情况：

(1)当建筑物荷载过大，地基软弱，地下水位较高而采用明挖基础沉降量过大，建筑物又不允许有较大沉降。

(2)当建筑物内外地面有大面积堆载，使软弱地基产生较大变形；或当基础可能有不均匀沉降而对建筑物造成危害。

(3)当建筑物承受较大竖向荷载和水平荷载，对建筑物有特殊要求。

(4)当地表软土层较厚，不宜作基础持力层，或地基中有暗沟、深坑、古河道等情况。

(5)当建筑物地基中存在可能液化的土层。

(6)在湿陷性黄土和膨胀土区域内，地基的湿陷量或膨胀量较大时。

1.2 使用特点

上部荷载通过桩基础传递给土层，它是深基础中常用的一种形式，能较好地适应各种软弱地质条件及荷载情况，具有承载力大、稳定性好、沉降值小等特点，并能采用机械化施工，大大提高了施工进度。对其自身，预应力混凝土管桩可较大地减轻自重，从而节省材料，增强其抗拉性能，一般情况下应采用工厂化预制，从而保证成品桩质量。预应力混凝土管桩施工灵活。

2 预应力混凝土管桩结构设计及质量检验

2.1 结构设计

预应力钢筋混凝土管桩主要由具有生产资质的混凝土制品厂以先张法并采用离心成型工艺制造，其外径主要有 ϕ400 和 ϕ550 mm 两种，为了运输的方便，厂制管桩的节长一般为 8 m 和 10 m，也有 4 m 和 6 m 的，视具体需要而定。桩的接头采用钢制法兰盘，桩尖系采用钢板卷焊而成，中填混凝土，桩尖留有 ϕ70 mm 的射水孔。

2.1.1 常见型号尺寸

表 1 常用预应力混凝土管桩的型号尺寸

管桩型号	外径	内径	壁厚	主筋配置直径	主筋直径根数
	D_1(mm)	d_2(mm)	T(mm)	d(mm)	
ϕ400—80	400	240	80	336	ϕ12×8
ϕ400—90	400	220	90	336	ϕ12×8
ϕ550—80	550	390	80	486	ϕ12×12
ϕ550—100	550	350	100	486	ϕ12×12

2.1.2　管桩截面力学性能

(1)管桩截面和桩尖。

图 1 为管桩截面和桩尖示意图。

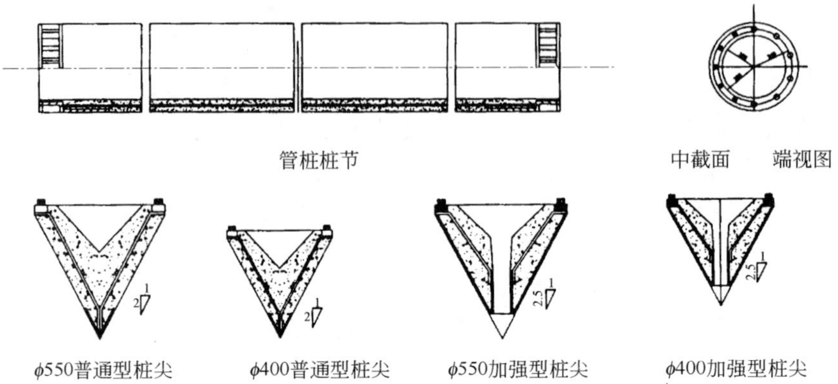

图 1　管桩截面和桩尖示意图

(2)管桩截面特性。

管桩技术数据见表 2。

表 2　预应力混凝土管桩技术数据

管桩型号		ϕ400-800		ϕ400-90		ϕ550-80		ϕ550-100	
管桩直径(mm)	外径(d_1)	400		400		550		550	
	内径(d_2)	240		220		390		350	
	主筋中心线圆周直径(d_y)	336		336		486		486	
混泥土强度(R_{28})(MPa)		≥45		≥45		≥45		≥45	
配筋	预应力主筋	8亚12(4 级)		8亚12(4 级)		12亚12(4 级)		12亚12(4 级)	
	螺旋筋	ϕ5,$A3$		ϕ5,$A3$		ϕ5,$A3$		ϕ5,$A3$	
有效预应力	轴压力(kN)	403		403		604		604	
	压应力(MPa)	4.8		4.4		4.9		4.1	
结构设计极限荷载	轴心抗压力(kN)	2 640		2 890		3 880		4 660	
	开裂弯矩(kN·m)	56		56		126		129	
	纯弯弯矩(kN·m)	92		91		198		203	
管节质量	标准节长(m)	8	10	8	10	8	10	8	10
	质量(t)	1.7	2.2	1.9	2.4	2.6	3.2	30	3.7

2.1.3　桩　　身

必须要保证桩身是直线。预应力不均和制造方法不当都会引起桩身弯曲,弯曲的预应力混凝土管桩在受到锤打时必将产生很高的弯曲应力从而导致桩被打坏。

施加在管桩上的预应力值大小应足以防止在运输和起吊中产生的裂缝,并足以抵抗打桩中产生反射的拉应力。根据打桩经验得出的最小有效预应力值为 4.9～5.6 MPa,对于较短的管桩可采用较小的预应力值 2.5～2.8 MPa,对有受弯要求的管桩也可采用更高的值,达到

0.2f'_c(混凝土设计强度的20%)或更高。

为了防止纵向开裂,预应力混凝土管桩需要加强横向螺旋筋的配筋量。管桩的端部由于要承受打桩产生的巨大横向拉应力,在管桩的端部100 cm范围内螺旋筋应按50 mm间距布设,并加设一段钢丝网起补强作用。桩身则按80 mm间距布设。

为避免钢筋的锈蚀,保证混凝土很好地握裹钢筋,必须有足够的混凝土保护层厚度,一般取30 mm,当工程地质和水质有侵蚀性作用时,也可取40~50 mm。

2.1.4 桩 靴

预应力混凝土管桩的桩靴是单独预制的,利用螺栓或电焊接于桩身。其型式有一般闭口型、一般开口型和特殊型等。在黏性土层且地下水位很高时,由于黏性和浮力的作用闭口型桩靴难于贯入;当持力层为岩层、卵石层或硬结土层时,闭口型桩靴穿透此硬层时可能发生剪切破坏;当持力层很坚硬且显著倾斜,或当遇到障碍物或大石块,桩靴可能被打偏从而导致桩身弯折破坏。使用开口型桩靴则可避免上述缺陷。在黏性土层中打桩时挤进桩内的土产生的压力可能将管桩壁撑出纵向裂缝,因而桩靴的形状和构造应根据不同的地质条件和不同的打桩条件选择,以利于打桩的顺利进行。

桩靴是用来保护并加固预制混凝土管桩的,打桩时需要穿透石灰石层、岩石层、堆石层等,加放桩靴有利于沉桩。桩靴的构造有三种:平板型、锥尖型、短棒型。锤尖型桩靴虽有利于打桩贯入,但它的进桩轴线不如平板型桩鞋那样准确,因而合理的措施是选用钝型桩靴并把混凝土棱边包裹借以防止棱边破裂。

桩靴在沉桩过程中是否损坏,应通过比较前后打桩的贯入情况来推断。在打穿中间(硬)层时或最后打进生根层时,桩靴已碰到硬层仍继续硬打,会导致桩靴破碎,桩身下降,表象看打桩贯入正常,所以应特别注意。

2.1.5 钢件防腐蚀

对处在腐蚀性地层内的混凝土管桩接头,钢件要考虑防腐蚀问题。腐蚀问题一般是产生在地表面下几米范围之内。氧是引起钢铁腐蚀的一项重要因素,愈接近地面,土内空气含量愈多,钢件越易腐蚀,所以最好将管桩接头打进距地面5 m以下的深层之中。管桩防蚀方法有截面增厚法、保护膜法和电气防蚀法。

2.2 质量检验

预应力混凝土管桩在进入沉桩现场前或在进入现场时,应经工地质量检验,合格后方可使用。工地检验方法:

(1)有条件时可用超声波探伤仪对批次桩进行抽样检验,厂家应提供批次管桩的质量检验资料。

(2)泼水检视混凝土桩表面的裂纹。

(3)用小锤轻击混凝土桩表面。声音沙哑,表明有空洞或断裂。

(4)预应力混凝土管桩的制作不得超过以下的容许偏差。

直径:±5 mm;

管壁厚度:±5 mm;

桩靴对桩中心线偏距:10 mm;

桩身弯曲段矢高比:0.1%。

预应力混凝土管桩还应符合下列要求:

每节桩的端面平整，并与桩轴垂直。

桩的表面应平直，表面蜂窝深度不得超过 15 mm，蜂窝面积不得超过桩的表面积的 0.5%。

有棱角的管桩，棱角碰损深度应在 10 mm 以内，其总长不得大于 50 cm。

桩顶和顶尖均不得有蜂窝和碰损，桩身不得有钢筋露出，桩身收缩裂纹不得大于 0.2 mm；横向裂纹长度不得超过管桩直径的 1/2；纵向裂纹不得超过直径的 2 倍。

预应力混凝土管桩的内径偏差，以不妨碍射水管的使用为原则。

(5)管桩检查内、外径可使用内卡钳和外卡钳。内径只量桩端，外径可在两端及中段量测。

(6)检查桩顶平面平整程度及是否垂直于桩轴，可使用铁角尺或丁字尺。在检查时应在桩身四周定出与桩轴平行的直线作为基准。

(7)检查桩尖与桩轴的偏差，可采用铁角尺量测。

(8)混凝土裂纹深度可用细钢丝探测。裂纹宽度可使用带有刻度的放大镜量测。

检查情况应按桩的编号，详细做出质量检查记录。不得使用不合格的桩。

3　预应力混凝土管桩施工

3.1　预应力混凝土管桩施工工艺流程

预应力混凝土管桩施工工艺流程如图 2 所示。

3.2　施工准备

3.2.1　技术准备

为了科学有序组织施工，应认真、细致地熟悉施工图纸，了解设计意图。一般应着重分析：工程的坐标位置与实际地质条件是否符合；桩基设计是否符合当地施工条件；需要的特殊材料货源能否解决；哪些部位的施工对工期影响较大：施工的技术水平能否达到要求；对设计中有哪些合理化建议，以及现场试桩的位置、数量等，并应做好以下工作：

(1)组织有关人员熟悉图纸，了解沉桩数量、沉桩深度，熟悉地质资料，并根据地质情况确定沉桩方法和选择沉桩机械。

(2)管桩施工前应作打桩试验以检验设备和工艺是否符合要求，数量不得少于 2 根。

(3)作出桩位编号图、桩位施工顺序图、主要工艺操作过程的要求，对拟用原材料的质量证明文件进行鉴别认可，编制进度计划，制定保证施工质量的措施。

3.2.2　劳动力准备

建立工地组织机构，建立施工班、组，组织劳动力进场，进行计划和技术交底。

3.2.3　物资准备

材料、构件、机具、设备等是保证施工任务全面完成的基础。所有物资的准备必须在开工之前准备就绪。

3.2.4　现场准备

(1)沉桩前要处理好高空、地下和地上障碍物和地下电缆、坟、沟、坑以及地下旧有建筑、地下管网等。

(2)作好“三通一平”工作，即水通、电通、道路通。打桩机行走路线要平坦坚实，否则打桩机移动困难，增加辅助工作、降低工作效率，由于路面不平往往难于使打入的桩保持垂直，影响工程质量。场地平整范围，一般为建筑物基础以外 4～6 m 以内的整个区域。地面坡道不大

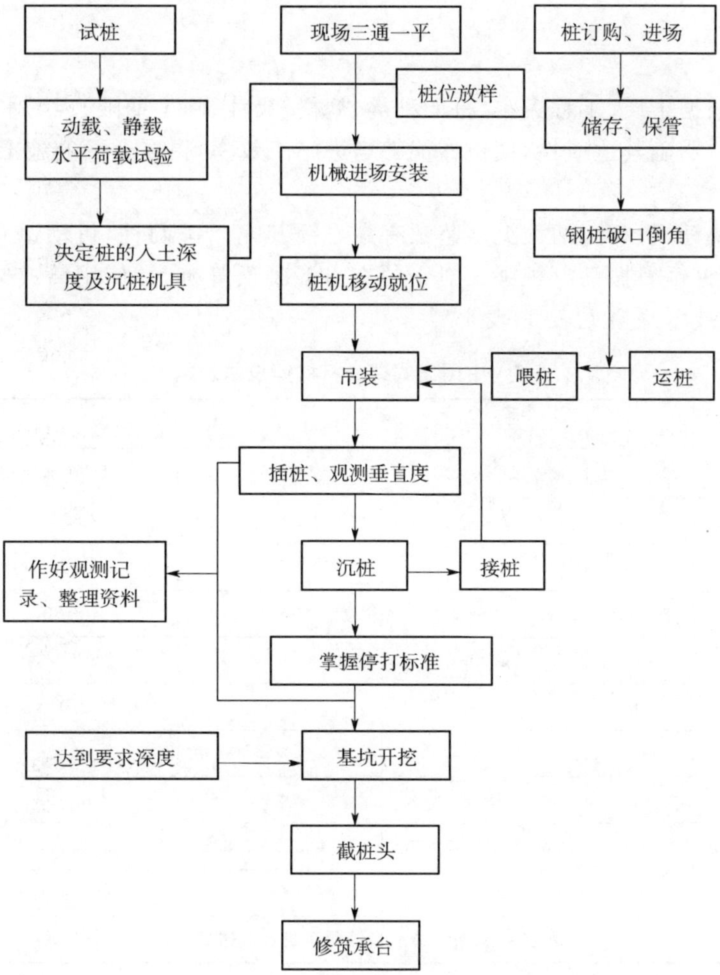

图 2 预应力混凝土管桩施工工艺流程图

于 1%，地基承载力不小于 100 kPa，若地基太软，则可准备 12～14 mm 厚，4×6 m 钢板 2 块，四角割以 ϕ30～40 mm 眼，拴以 15 mm 钢丝绳，以倒换垫路。

(3)抄平放线。首先采用光电测距仪和精密水准仪从测网控制点引入，放出建筑物的轴线，再以轴线控制桩定出基础的每个桩位(样桩)，其偏差不得超过 20 mm。周围至少设 8 个桩控制点。控制点离建筑物最好 15 m 以上，以减轻受打桩振动和挤土效应对桩位准确性的影响。

(4)设置水、电源、安装配电箱、电闸箱等。

(5)进桩应尽量堆放在桩机前进方向的右侧，一次就位，并要求上下桩配套供应，堆放在坚实地上。运到现场的桩应按要求进行质量复查，不符合标准的桩严禁使用。

(6)按照沉桩机的数量，每台沉桩机配备电焊机 2 台，以及其他小型工具，如经纬仪、线坠、大锤、刷子、电缆线等。

(7)准备好接桩用角钢、焊条、沥青漆、柴油、硫横胶泥，以及桩垫材料如木料、草垫、旧钢丝绳等。

(8)打桩机的打桩架、起重架的组装，穿钢丝绳，打桩机配件安装等。

3.3　沉桩机械设备

沉桩机械要根据土质、工程大小、桩的种类、规格、尺寸、施工期限、现场水电供应等条件来选择。应注意研讨明确其适应性，使机械能够增进施工效率，提高全面的施工技术水平。

3.3.1　桩　　锤

桩锤可分为坠锤、机动锤两大类。坠锤有穿心锤及龙门锤两种，机动锤有各型单动汽锤、复动汽锤、柴油打桩锤及振动打桩锤。对于预应力混凝土管桩，常使用筒式柴油打桩锤，其构造如图 3 所示，其技术规格见表 3、表 4。

表 3　中国筒式柴油打桩锤技术规格

主要技术规格	单位	型号			
		D2—12	D2—18	D2—25	东风 7135
上活塞重量	kg	1 200	1 800	2 500	3 500
上活塞行程	mm	2 500	2 560	2 500	2 500
冲击次数	次/min	42～60	40～60	40～60	40～60
冲击能量	kg · m	3 000	4 600	6 250	8 750
下活塞行程	mm	270	270	370	350
耗油量	L/h	—	9	18.5	12～16
极限贯入度	mm	0.5	0.5	0.5	0.5
外型尺寸：长×宽×高	mm	730×528×3 833	730×528×3 833	730×528×3 833	730×528×3 833
重量	kg	2 700	4 200	5 750	8 000
制造商		上海工程机械制造厂	浦源程机械制造厂		大桥局桥机厂

表 4　日本柴油打桩锤规格

锤型	单位	MH728	MB70	K45	MB40	K35	K25	M23	IDH45	IDH-35	KB60
外型尺寸	mm	ϕ1 520×5 905	ϕ1 960×5 950	ϕ1 009×425	ϕ970×5 640	ϕ889×4 550	ϕ789×4 550	ϕ745×4 060	ϕ985×4 698	ϕ845×4 613	ϕ1 400×5 770
总重	t	18.36	21.10	10.50	10.90	7.50	5.20	5.10	11.0	7.80	15.0
活塞重	t	7.20	7.20	4.50	4.10	3.50	2.50	2.30	4.50	3.50	6.0
冲击数	次/min	42～60	38～60	35～55	38～60	35～55	35～55	42～60	42～60	42～60	35～55
最大冲击能量	kg · m	21 600	19 500	13 500	11 000	10 500	7 500	6 200	13 500	10 500	16 000
爆炸压力	t		200	191	127	150	108	72	191	105	246
轻柴油消耗量	L/h	42～60	5～6	2.5	3～4	2.0	1.5	1.8	2.0	1.8	4
润滑油消耗量	L	5～6	158	175	65	90	48	40	58	62	50
燃油槽容量	L	158	175	65	90	48	40	58	62	50	130
润滑油槽容量	L	44	25	13.5	18	9.5	7	7.5	10	7.6	25
冷却水箱容量	L	435	450	170	170	140	80	90	175	150	350

注：K——神户制钢所；M——三菱重工株式会社；I——石川岛播磨重工业（B——斜度 H——锤 D——柴油）。

3.3.2 桩锤选择

(1)冲击能。

$$E \geqslant 250P$$

式中 E——锤的一次冲击动能(N·m);

P——单桩的设计荷载(kN)。

(2)按桩重复核适用系数。

$$K=(M+C)/W$$

式中 K——锤的适用系数;

M——锤重(锤的总重量)(kg);

C——桩重(包括送桩及桩帽、桩垫)(kg);

W——锤的一次冲击动能(kg·m)。

算出的 K 值不宜大于下列数值:

对于单动汽锤及柴油打桩锤——5.0;

对于复动汽锤——3.5;

对于坠锤——2.0。

当下沉钢板桩、工字钢及配合射水下沉管桩时,上列系数可提高50%来选择桩锤。凡使用锤击法沉桩,原则上采用重锤低打。为了充分发挥锤的效率,在选用单动汽锤或坠锤时其重量最好为桩重的1.5～2倍,如超过2倍时可调整落锤高度。如无不合适的锤,在有条件情况下可辅以射水法沉桩。

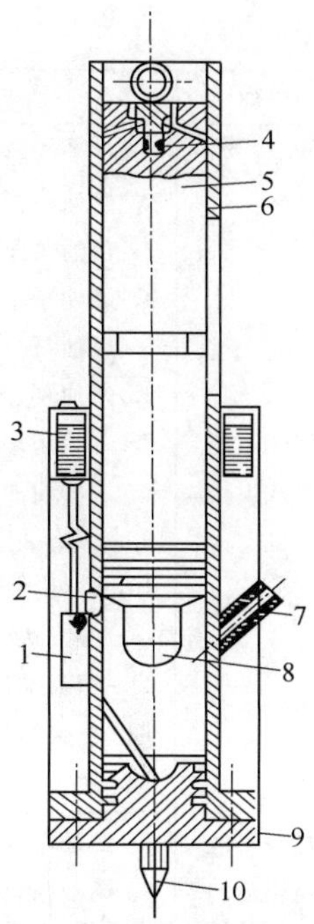

图3 筒式柴油桩锤构

1—油泵;2—杠杆;3—出油器;4—油室;5—活塞;6—汽缸;7—接管;8—球形头;9—锤脚;10—顶尖

3.3.3 柴油锤的常见故障及处理方法

柴油锤的常见故障及处理方法见表5。

表5 柴油锤的常见故障及处理方法

故障	原　因	排除方法
桩锤不能起动	土质软、桩的阻力小	关闭油门,对桩空击几锤,加大油量再起动
	外界温度过低	1. 关闭油门,对桩空击几锤,提高汽缸内部温度 2. 水箱内加热水 3. 柴油烤缸,提高缸温 (1)提起上活塞至油泵曲臂能自由缩进缸内时为止 (2)拉动曲臂向缸内注入适量燃油 (3)打开清扫孔铜丝堵,放入棉纱用点火烤缸 (4)打开清扫孔铜丝堵,放入浸有"乙醚"的棉球,再旋上旋盖。即可起动
	下活塞球碗内有水或异物	打开清扫孔铜丝堵,清洗下活塞球碗
	由于汽缸磨损超过工作极限(1 mm) 局部磨坏(最大0.5 mm) 不能得到起动所需要的压缩力	把锤拆开,拿出活塞和冲击块掉换活塞环,在制造厂或修理车间,换镗汽缸到工作标准
桩锤突然停止运转	燃油不足 油路堵塞 上活塞环或导向环卡住 燃油泵柱塞压杆卡住 燃油泵芯子端头折断	向燃油箱加满油,清洗油路 拆开上活塞清洗修复,更换损坏零件 拆开或松动压紧螺母换新

续上表

故障	原　因	排除方法
桩锤不能正常工作	1. 供油管路内有空气 2. 燃油泵柱塞付间隙过大 3. 供油泵曲臂严重磨损 4. 燃油泵单向阀橡皮锥头漏油 5. 燃油泵“口”型密封圈损坏 6. 燃油泵单向阀阀体内有渣滓 7. 下活塞球碗内有异物 8. 润滑油油量过大流进下活塞球碗 9. 上、下活塞球面麻点过多 10. 冷却水过少，桩锤过热，燃油容易过早发火，因而工作台效率降低 11. 润滑油油量过小，所以活塞环无弹力 12. 汽缸磨损过大 13. 燃油过多，引起回火	拆开油管，拉动曲臂 排除空气 更换柱塞副 更换或修复曲臂 更换橡皮锥头 更换“口”形密封圈 拆开阀体，清除渣物 打开清扫孔，消除异物调整润滑油的供油量 修复球头及铁碗 立即停止打桩。逐渐补充冷却水 换新活塞环。增加润滑油泵的有效冲程紧固阀箱 修复汽缸或使用大活塞环正确调节供油量
桩锤不能停止运转	1. 燃油泵内部回堵塞 2. 燃油泵调节杠杆位置不正确	拉住曲臂控制绳紧急停车清洗燃油泵 松开调节杠杆压板，调整调节阀位置
排气为黑色	1. 燃油过多 2. 燃油不纯	调节供油量 更换规定燃油
废气从缓冲下活塞冲出	1. 下活塞环失去弹力、卡死或折断 2. 下活塞环润滑油不足	清洗或更换活塞环 检查润滑油泵是否有油压出或用油枪向注油嘴加入润滑油
上活塞跳起过高	1. 燃油过多 2. 土质太硬	调节供油量 贯入度过小，应控制在每锤击 10 次为 5 mm 检查桩的贯入度和回弹量。如果每次锤击之和小于 9 mm，应停止工作。如桩的贯入度小于 1 mm 也应停止工作。(MB—70，MB—40，MB—22)

3.3.4　射水设备

射水设备必须配合锤击沉桩使用。配合方法应根据地质情况选择：以射水为主或射水与锤击同时进行；或射水和锤击交替使用。采用任何一种方法，当桩尖接近设计标高时，均应停止射水。单纯用锤击下沉，使桩尖进入未冲动的土中，停止射水的标高，可根据沉桩试验确定的数据及施工情况决定，当没有资料时，不得小于 2 m。

(1)水压和水量计算。

实际施工中需要的水量与水压，因地质条件和所用桩锤配合的不同，应在施工前经过试桩后妥慎选定。

锤击沉桩配合射水施工时要求的水压、水量可参考表 6。

表 6　水压和水量

桩穿过的土层	沉桩深度(m)	射水嘴处的水压(MPa)	每根桩的用水量(L/min)	
			管桩直径 300～500 mm	管桩直径 500～800 mm
细砂、黏砂土、泥砂、淤泥、松软黏土	15～25	0.7～1.0	1 000～1 200	1 200～1 500
	25～35	1.0～1.5	1 200～2 000	1 500～2 500
	＞35	1.5～2.0	2 000～3 000	2 500～3 500

续上表

桩穿过的土层	沉桩深度 (m)	射水嘴处的水压(MPa)	每根桩的用水量(L/min)	
			管桩直径 300～500 mm	管桩直径 500～800 mm
原始地层的砂及黏砂土，含有卵石及砾石的砂、中等到紧密的砂黏土及黏土	15～25	1.0～1.5	1 500～2 000	2 000～2 500
	25～35	1.5～2.0	2 000～3 000	2 500～3 500
	＞35	2.0～2.5	3 000～4 000	3 500～5 000
密实的砾石层		2.5～4.5		3 000～3 500

要求水泵的工作压力为

$$H=H_1+H_2+H_3$$

式中 H_1——射水嘴处需要的水压；

H_2——水在管路中上升所需的水压；

H_3——管路中压力损失。

(2)高压水泵。

按上式算出射水沉桩所需的水压并查表得出每桩的耗水量就可选择高压多级离心水泵的型号和电机的功率。如单台水泵的工作性能不能满足水压的要求时，可将几台同样的水泵串联使用。这样其最终出水管的水压为各泵之和，而水量为单台水泵的水量。如已有的单台水泵的水量不能满足要求时，可将多台水泵并联使用，即将各台水泵都连接在一条干管上，再连接到射水管使用。干管的水量略小于各台水泵水量之和，而水压等于并联各水泵中水压最小的一台。并联时的管路连接应尽可能地减小交角以减小水压损失。若单台水泵的水压和水量都不能满足要求，可将各台水泵先串联后并联来满足要求。

(3)水管。

水管分输水管和射水管两种。输水管及其配件的尺寸尽量与水泵出口管径相同，固定的节段用钢管，必需活动的节段采用胶管，与射水管联接的一段胶管可使用比固定管路细一些的胶管，但其内径不应比射水管更小。钢管和胶管如无出厂证明，应补作水压试验。射水管一般要比输水管细，要坚固，以便起吊和拼接。一般射水管内径多用 76 mm 以内。射水嘴的大小根据工作水压及水量选择，见表 7。

表 7　射水嘴尺寸选择参考表

水泵外水压(MPa)			主射水孔直径 (mm)
0.7	1.0	1.4	
出水量(L/min)			
610	740	830	19
1 024	1 300	1 500	25
1 520	1 880	2 200	32
1 750	2 160	2 540	35
1 950	2 430	2 800	38

3.3.5　辅助设备

桩架为沉桩的主要设备。桩架可分为钢、木桁架结构，其形状有塔式、立式、柱形等各种类型。桩架必须在沉桩施工中控制桩锤沿着导杆固定方向运动，并能起到吊锤、吊桩、吊插射水管等起重机的作用。其结构应能承受自重、桩锤、吊桩、拔桩及辅助设备的荷重以及因气候变化、地面变形而产生的各种外力。

桩架因施工对象和使用的锤型不同可分成自行移动式和非自行移动式打桩架。而自行移动式打桩架又可分成履带式、轨行式和轮胎式三种。限于篇幅仅介绍履带式打桩架(如图 4),其结构系由一履带车体包括动力机、操纵系统和转盘,车身两侧有液压斜焊支撑一圆形立柱,立柱上安有单向或双向导向杆(龙门梃),单向导向杆可安装油锤。车体履带可原地横向伸出,稳定机架。机架前后设有 4 只悬挂的液压千斤顶,沉桩时支撑于地面。一般配套的柴油锤其锤芯自重 3.5～4.5 t。桩架的最大起重量相当于 40 t 的吊机。沉斜桩时斜率度可由液压系统微调调整。

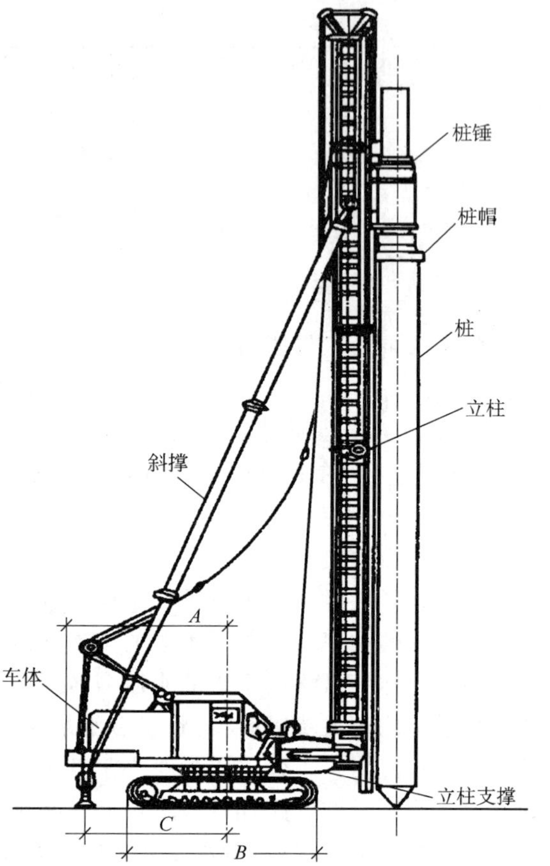

图 4　履带式打桩架示意图

(1)桩架高度计算。

$$H=H_1+H_2+H_3+H_4+H_5-H_6$$

式中　H_1——滑车组高度(并包括适当的工作余量);

H_2——桩锤轮廓高度;

H_3——桩帽高度;

H_4——送桩高度(按最长的考虑);

H_5——桩长;

H_6——桩下端可能伸出桩架底盘以下的长度。

(各部分互相交错长度应视具体操作情况,加以核减)

(2)桩架使用注意事项。

拆拼桩架应认真按规程操作。保护好杆件及零件,并按使用程序堆码。若长期不用应在拆除后整修涂油,保管好以备再用。

木桩架钢性较差,一般接点均用螺栓,在打桩过程中应经常检查有无松动,应随时上紧,构件若有损伤,应立即修复或更换。

凡使用滚筒在平台上移动桩架时,应注意控制桩架顶缆风的松紧,并检查平台上是否有障碍物。桩架平台下面的方木接头不准有平接头,其搭接长度应大于 1 m。

设在冰面上的龙门桩架轨道或塔式桩架的平台底座,其最下层的枕木或方木应浇水使之与冰面结成一体,以免滑动。

3.3.6　桩　　帽

桩帽承受锤击保护桩顶,并在沉桩时保证锤击力作用于桩的中轴线而不偏心。它要求构造坚固,垫木易于拆换和整修。桩帽的尺寸应与锤底、桩顶及导向杆吻合,顶面与底面均应平整,与中轴线垂直,并应附有挂千斤绳的耳环,以便起吊。柴油锤桩帽的耳环千斤绳的长度应满足桩锤铁砧在受锤击时的伸缩量。桩帽与桩顶之间必须填充缓冲材料;在锤底与桩帽间辅挚以如橡木、树脂等硬质材料;在桩帽与桩顶之间辅以编织的草垫等软质材料。桩垫厚度取决于桩的形式和土壤的软硬程度。

3.3.7 送　　桩

桩头仍须继续沉入时,则必须使用送桩。送桩器一般由钢板制成,其长度为桩锤可能达到的最低标高与预计桩顶沉入的标高之差,再加上适当的余量。焊接的钢送桩器应进行热处理以增强其刚度,其结构强度应高于桩身的强度。

送桩与桩身的连接:如用送桩沉桩而最后桩顶仍在地面或水面以上,或送桩器随桩头沉入土中而土方须挖除的,则送桩与桩头可用螺栓连接拧紧;如基坑中的水暂时不抽干,或土方暂时不挖,送桩与桩头的连接螺栓拆除有困难,可用长螺栓通过下法兰盘孔眼与所沉管桩桩头进行临时连接,待桩沉运至标高后即可将送桩从水中或泥中拔出,此种活节送桩方法非不得已时不宜使用。安装送桩时必须与桩身吻合在同一中轴线上,否则送桩器和桩头受偏心锤击均易损坏。特别在锤击斜桩时更应注意。

钢送桩器在使用一段时间以后必须检查其垂直度,如偏心大于1∶350时应立即修理。

应尽量避免用短节混凝土管桩作为送桩器使用。已作为送桩用的短节管桩,也不应作为正式桩基。

3.4 试　　桩

沉桩工程正式开工前应在原位处根据相关规范和设计要求先进行试桩,进行沉桩工艺试验和单桩承载力试验,原则上应由施工单位配合具有专业资质的桩基检测研究部门负责此项工作。

3.4.1 试桩目的

(1)选择合理的施工方法和施工机具。

(2)决定桩的入土深度,使桩能有足够的承载力。

(3)核实最终贯入度是否符合设计要求。

(4)确定射水沉桩最后锤击的深度。

(5)验证沉桩动力公式在该工点地质条件下的准确程度。

(6)试桩所使用的设备和方法和实际沉桩所使用者应相同,并做出详细记录。

(7)确定沉桩是否需要桩靴,和正确的接桩方法。

(8)查明沉桩时地质是否有假极限或假吸入现象。

3.4.2 试桩数量

施工阶段的试桩数量:工艺试验由施工单位制定并经相关单位批准后实施;静压试验在同一地质情况时为总桩数的1%,但不得少于2根,静推和静压试验根据设计部门要求办理。

3.4.3 试桩准备

做静压试验的桩,如果桩头破损,应将破损段凿除后修补平整。按设计要求,或于直接受力部位填充混凝土。

在冬季试桩时,应将桩的侧面冻土全部融化。其融化范围静压或静拔试验时,离试桩侧面不小于1 m;静推试验时,应不小于2 m。融化状态应保持到试验结束。

在结冰水域做试验时,桩与冰层之间应保持不小于10 cm的间隙。

试验用的各种测量仪表、千斤顶等,在使用前应进行校验。

测桩必须牢固可靠，设于不受试桩及锚桩位移影响的位置，其净距不宜小于试桩桩径的5倍，在任何情况下不得小于3倍。固定测量仪表的基准梁，应有相当的刚度。并应避免日照和雨淋。测量位移仪表在桩的对称位置设置，数量不少于2个。

3.4.4 工艺试验和冲击试验

(1)目的。

1)检验桩沉入土中的深度能否达到设计要求。

2)选定桩锤、衬垫及其参数。

3)选定射水设备和射水参数。

4)查明打桩中土质有无“假极限”或“吸入”现象。并确定是否要复打，以及从停打到复打之间的间隔时间。

5)确定施工工艺和停止沉桩的控制标准。

(2)沉桩结束至冲击试验的时间间隔。

如桩尖位于紧密的砂类土，或坚硬的黏性土，不少于1昼夜：沉入砂土或粗砂的基桩，沉桩完毕至少须经过3昼夜：沉入饱和的粉、细砂或黏性土的基桩，沉完桩后至少经过6昼夜。

(3)试验程序和注意事项。

1)选用单动汽锤或筒式柴油锤，可参照表8。

表8 单动汽锤或筒式柴油锤

<table>
<tr><th colspan="3">常用锤型
项目</th><th>6.5 t单动
蒸汽锤</th><th>10 t单动
蒸汽锤</th><th>MB—40
柴油锤</th><th>MB—70
柴油锤</th></tr>
<tr><td rowspan="3">锤型
资料</td><td colspan="2">锤芯重(t)</td><td>3.5～4.5</td><td>6.6</td><td>4.1</td><td>7.2</td></tr>
<tr><td colspan="2">锤总重(t)</td><td>6.5</td><td>9.0</td><td>10.9</td><td>21.1</td></tr>
<tr><td colspan="2">常用冲程(m)</td><td>0.4～0.6</td><td>0.4～0.6</td><td>1.8～2.3</td><td>1.8～2.3</td></tr>
<tr><td colspan="3">与锤型相适应的桩断面尺寸(桩宽)(cm)</td><td>40～50</td><td>45～55</td><td>50～60</td><td>55～60</td></tr>
<tr><td colspan="3">可贯穿中密状砂夹层的厚度(m)</td><td>1.5～2.5</td><td>2.0～4.0</td><td>3.5～5.5</td><td>5.0～7.0</td></tr>
<tr><td rowspan="7">锤击沉桩时可打入硬土层的能力</td><td>硬黏土</td><td>可打入的深度(m)</td><td>2.5～4.0</td><td>4.0～6.0</td><td>5.0～8.0</td><td>7.0～10.0</td></tr>
<tr><td rowspan="2">硬塑状亚砂土和中密至密实状的砂</td><td>桩尖所能达到的硬土层的N值</td><td>20～30击</td><td>30～40击</td><td>40～50击</td><td>50击左右</td></tr>
<tr><td>可打入的深度(m)</td><td>0.5～1.0</td><td>1.0～2.0</td><td>1.5～2.5</td><td>2.5～3.5</td></tr>
<tr><td>砾砂或极密砂</td><td>可打入的深度(m)</td><td>难于打入</td><td>难于打入</td><td>0～0.5</td><td>0.5～1.0</td></tr>
<tr><td rowspan="2">风化岩</td><td>桩尖所能达到的硬土层的N值</td><td>20～30击</td><td>30～40击</td><td>40～50击</td><td></td></tr>
<tr><td>可打入的深度(m)</td><td>0～0.5</td><td>0.5～1.0</td><td>1.0～2.0</td><td></td></tr>
<tr><td colspan="2" style="display:none"></td></tr>
<tr><td colspan="3">所用锤型可能达到的极限承载力值(kN)</td><td>1 500～3 000</td><td>2 500～4 000</td><td>3 000～5 000</td><td>4 000～6 000</td></tr>
<tr><td colspan="3">锤的控制贯入度(cm/击)</td><td>0.1～0.5</td><td>0.2～1.0</td><td>0.3～1.0</td><td>0.5～1.5</td></tr>
</table>

2)射水参数可参照表9选用。

表 9 射水参数

土质	桩的入土深度(m)	水泵性能		射水管直径(mm)无缝钢管	水泵出水处水压	
		流量(m^3/h)	扬程(m)		MPa	kgf/cm^2
松砂发中带砂层	8～16	100～140	100～150	75	0.4～0.8	4～8
	16～24	120～188	120～190	75	0.6～1.0	6～10
密实砂层夹砾石砂层	8～16	120～180	120～190	75～100	0.6～1.0	6～10
	16～24	160～190	160～240	75～100	0.8～1.2	8～12

3)试验过程记录。

用坠锤、单打锤沉桩，记录每下沉 1 m 的锤击数和全桩的总锤击数；最后加打 5 锤，记录桩的下沉量。算出每锤平均值，作为停打贯入度，单位以 mm 计。

用柴油锤、双动汽锤沉桩。记录每下沉 1 m 的锤击时间和全桩的总锤击时间；在剩余 1 m 左右时，记录每 10 cm 的锤击时间，取最后 10 cm 的每分钟平均值作为停打贯入度，单位以 mm 计。

4)最终贯入度的取值。

对于坠锤、单动汽锤，取复打最后 5 锤的平均值：对于柴油锤、双动汽锤，取复打最后锤击 10 cm 所需时间每分钟的平均值。

5)复打应用停锤时同一设备及同一落锤高度。弹性衬垫的状态也应尽量与停锤时相近。复打应达到的贯入度要小于或等于停打贯入度。

6)复打应经“休息”后进行。“休息”时间按土质不同而异，可由试验确定，一般不宜少于下列天数：

桩穿过砂类土，桩尖位于大块碎石类土或紧密的砂类土，或坚硬的黏性土上，不少于 1 昼夜；在粗、中砂和不饱和粉细砂里，不少于 3 昼夜；在黏性土和饱和粉细砂里，不少于 6 昼夜。

3.4.5 静载试验

静载试验是用来确定桩的承载力和单桩下沉量，并校核冲击公式的实际安全系数，它应在冲击试验后立即进行。而对于斜桩在作静压试验时，应加轴向荷载。记录如表 10。

(1)加载装置。

一般的混凝土管桩的静压试验装置，可用型钢组装成简易的加载平台：一种是分次递加荷载的平台，如图 5(a)；另一种是一次加载至破坏荷载，然后利用千斤顶逐级加载的平台如图 5(b)。

如要求加载较大时，可用锚桩组合梁以千斤顶加载的方法，如图 5(c)。锚桩应不少于 4 根，如入土较浅或土质松软时，应增至 6 根，锚桩入土深度应不小于试桩的入土深度。测桩与锚桩的最小净距 1.6 m；试桩间的最小净距为 2.4 m。

锚、试桩的中心距：试桩直径小于 0.8 m 时，为桩径的 5 倍：桩径大于 0.8 m 时为桩径的 2.5 倍，经比较可取较大值。

测、锚桩均应设于不受干扰的地点；锚桩的允许上拔量不得超过 6 mm。以垂直桩作为斜桩的锚桩时两根斜桩必须对称，如图 6。

如混凝土管桩的桩头已经截断而仍须做静压试验时，可将用做锚桩的正式基桩和试桩的

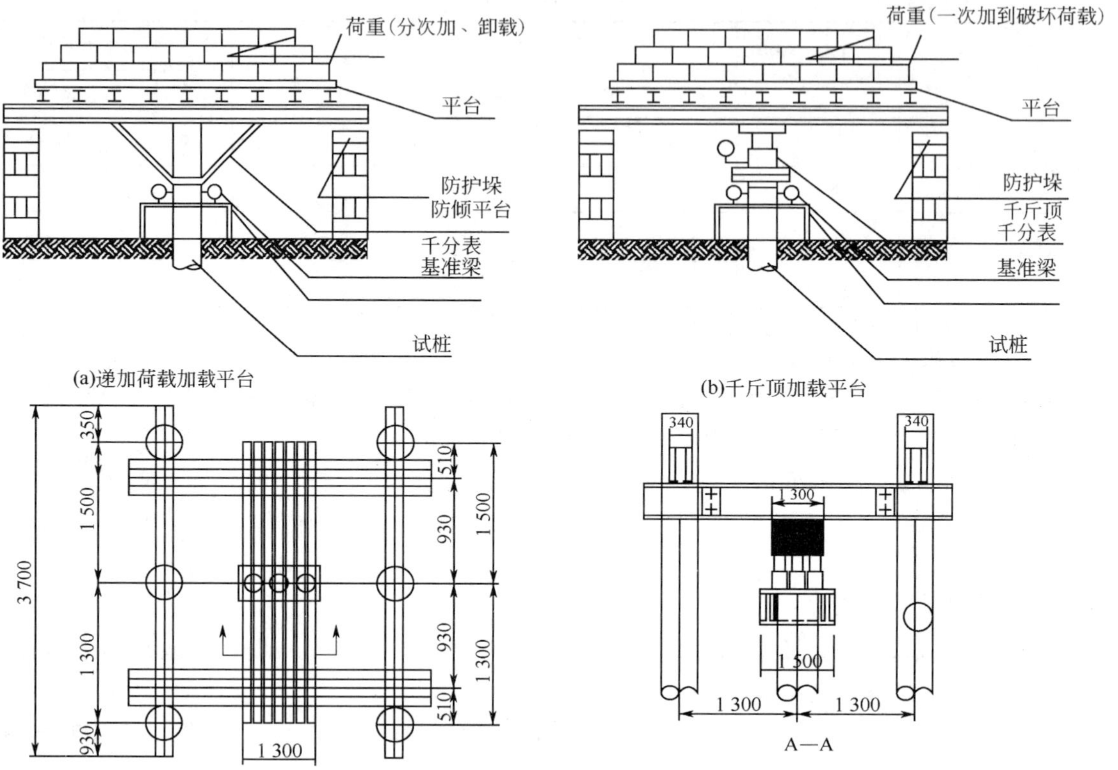

(a)递加荷载加载平台

(b)千斤顶加载平台

(c)用千斤顶及锚桩加载

图 5　加载装置示意图(一)

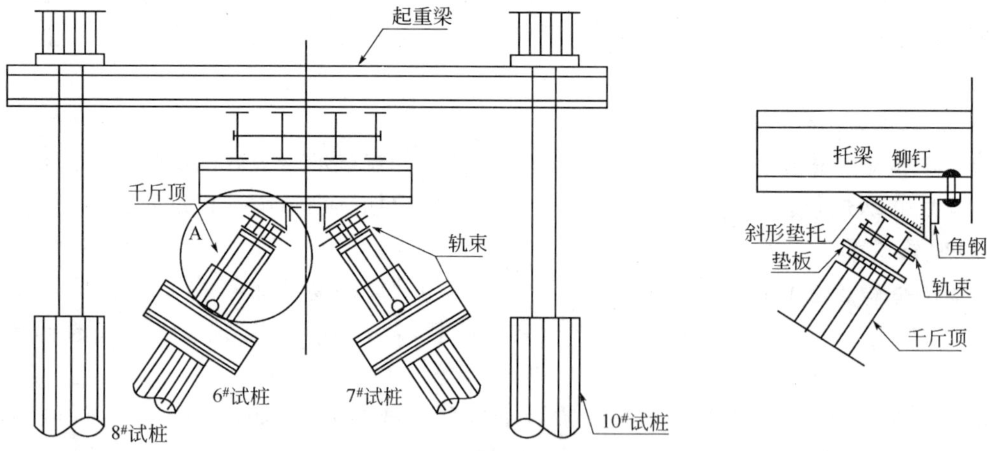

立面　　　　　　A部放大

图 6　加载装置示意图(二)

主筋,均焊以带钢筋的完整的法兰盘(可利用截下并凿除混凝土的废桩头),用作组拼悬挂装置。在试桩新焊的法兰盘下面与已截断的桩头之间灌注与桩身同等强度的钢筋混凝土,作为安放千斤顶底座。待钢筋混凝土垫块达到设计强度,即可进行静压试验。试验完成后,试桩上补灌的钢筋混凝上垫块，如无损伤可不凿除，完整的留在承台座板内，其余锚桩切割法兰盘后保留原有的主筋经过检验合格后，按原设计要求的形式打入承台座板内。

在河滩上用锤击辅以射水沉入的管桩，由于土壤恢复程度不同，虽经复打，过一阶段，发现有些桩仍达不到要求的承载力；若再锤击可能导致管桩的破损，倘逐根进行锚桩的静压试验又不可能，此时，可采用桁架静载压试验检验方法。桁架式的压架除能走行外，其压试原理与图5(c)所示基本相同。

(2)观测装置。

可使用挠度仪、千分表、游标卡尺、杠杆指针或其他设备进行观测，精度要求达到0.1 mm。观测装置应安设两套，分装于试桩的两个相反方向。

游标卡尺及圆盘的观测装置应在试验的全部过程中能得出连续的记录。最好避免测程的中途倒换，如必须倒换应制订，妥善应对措施。

(3)加载及卸载。

静压试验加载方法采用单循环加载法。

试桩载重可取最大设计荷载乘以安全系数。如受试验条件限制时，这一荷载可减少10%。

试桩加载：应分阶段进行，每阶段加载一般为预计极限荷载的10%。

位移量观测时间：位移量未达到稳定时，不得进行下一阶段的加、卸载。

每阶段的观测时间：在第一小时内加完荷载立即观测，以后每隔15 min观测一次；第二小时内每隔0.5 h观测一次；第三小时起每1 h观测一次，直至稳定。

1)稳定的标准。

每一阶段载重的位移量，在下列时间内如不大于0.1 mm时，即可视为稳定：

砂类土最后30 min；

黏性土最后1 h；

这一阶段稳定后，即可进行下一阶段的加载。

2)加载的终止及极限荷载的取值。

当试桩全部位移量大于或等于40 mm，同时这一阶段的位移量大于前一阶段位移的5倍时，加载即可终止。取终止荷载的前一级荷载为极限荷载。

总位移量大于或等于40 mm，本级荷载加上后一昼夜未达稳定，加载即可终止，取终止荷载的前一级荷载为极限荷载。

在大块碎石类土、紧密砂土以及坚硬的黏性土中，总位移量小于40 mm，但荷载已大于设计荷载乘以安全系数，加载即可终止，取此时的最大荷载量为极限荷载。

3)容许荷载。

容许荷载等于极限荷载除以安全系数m。对于永久性建筑$m=2$；对于临时性建筑$m=1.5$；如因结构上的要求，必须限制其下沉量时，应适当考虑下沉量来规定容许荷载。

先做静压试验，后挖基坑的桩，应以试验所得的极限承载值中减去从地面至开挖后的基底面该段高度内土壤对桩身的摩擦力的极限值，再据以计算容许承载值。若是水中沉桩，计算极限承载力时也应扣除河床面至最大冲刷线间的一段高度内的摩擦力。

4)卸除载重。

卸除载重应分阶段进行。每阶段卸载量可为两个阶段的加载量。卸载后桩的弹性位移值，应在每阶段卸载后15 min后测读。卸载至零后至少在2 h内，仍应每隔半小时测读一次。但因桩尖处土的类别不同，测读时间也有区别：桩尖下为砂类土则开始的半小时内，每15 min

测读一次;桩尖下为黏性土则开始一小时内,每 15 min 测读一次。

(4)静载试验注意事项。

1)利用已完成的桩作锚桩,用常备式钢梁、工字钢叠合梁,或用高强度钢材特殊设计的钢梁,应根据最大试验荷载,验算反力梁的强度和挠度。

2)如用已有的基桩作锚桩,不允许损坏桩身。

3)验算锚桩的抗拔能力时的极限摩阻力,应取比桩受压时极限摩阻力为低的值。

4)当采用加载平台时,每件压重以及平台的自重均应标定,需要时用颜色标明,易于计算。为了安全操作,在专设的防护垛上安置楔块,楔块在传递荷载时撤除。

5)使用的千斤顶必须逐台加以标定。在标定时所使用的压力表、油管、电动油泵、人工手摇泵等应与试验时基本相同。

6)观测桩的沉降量一般采用百分表测量。桩身位移量超过百分表量程范围时,应及时调整百分表位置。调表前后的读数必须衔接。并随时检查百分表是否灵敏,支架是否稳定。

7)预计千斤顶的顶起量,力求避免在一次试验的中途松顶加垫。估计时应考虑 0.5～1.0 倍的观测余量。

8)为减少有效顶程的损失,可采用以下措施:试验前先用千斤顶加压,消除垫材、栓孔等处的压缩变形及空隙,然后将千斤顶松回,加填已压实的垫材、空隙,增强试验设备的结构刚度。

9)试桩的下沉将使千斤顶降压,必须不断观察压力表。可通过联通的手摇泵随时加压,以维持每阶段的加载量不变。

10)应随时检查加载设备情况,注意若有变形、倾侧或声响等异状,应立即采取补救措施。随时检查观测设备的运转与指示部分的灵敏度,有无障碍,以及固定部分的稳定性。

(5)静载试验成果评定。

对已取得的到成果根据相关标准和规范组织评定。单桩静载试验原始记录见表 10。

表 10　单桩静载试验原始记录表

工程名称＿＿＿＿＿＿试验日期＿＿＿＿＿试桩号＿＿＿＿＿天气(含温度、湿度):＿＿＿＿＿

载荷 (kN)	观测时间	间隔时间 (min)	读数					沉降(mm)		备注
	时分		表 1	表 2	表 3	表 4	平均	本次	累计	

试验:＿＿＿＿＿　记录:＿＿＿＿＿　计算:＿＿＿＿＿　复核:＿＿＿＿＿

3.5　沉桩顺序

沉桩顺序应根据现场地形条件、土层情况、桩距的大小、斜桩的方向、桩架移动的方便等综合因素来确定,同时应考虑使桩入土深度相差不多,土壤均匀挤密。一般当基坑不大时,打桩应从中间分向两边或周边进行;当基坑较大时,应将基坑分为几段,而后在各段内分别进行,沉桩应避免从周边向中间进行，以免中间土壤被挤密，造成桩的贯入困难，在亚黏土和黏土地区应避免按一个方向前进，使土向一边挤压，而使桩基产生不均匀沉降，当桩距大于 4 倍桩径时，可不受此顺序限制。如果在沉桩施工附近有建筑物或地下管线时，则沉桩顺序应背着被保护的建筑物方向进行或采取跳打的方法，以免沉桩时的挤土对其造成危害。群桩的沉桩顺序如图 7 所示。

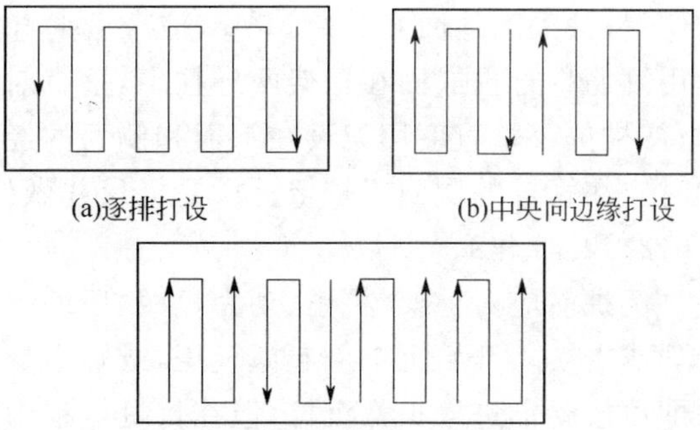

(a)逐排打设　(b)中央向边缘打设　(c)分段打设

图 7　群桩的沉桩顺序图

3.6　沉桩施工

桩机进场后，先铺设垫轨(如是履带式吊车桩架则无此道工序)，安装打桩机和设备，接通电源和水源或燃炉升火试机，然后移机至起点桩就位，桩架应力求平稳。预应力管桩的起吊就位，可利用桩架附设的起吊装置吊桩就位或配备起重机送桩就位。沉桩记录如表 11。

表 11　沉桩施工记录表

工程名称：________桩类型及桩长：________设计桩顶标高：____(m)　施工日期：____年____月____日

桩机类型及编号：________　压力表读数与压力值换算关系：________　施工单位：________

序号	入土深度(m) 桩号	自地表起压桩时压力表读数(MPa)								最终压力 (kN)	最终桩顶 标高(m)
		2	4	6	8	10	12	14	16		
1											
2											
3											
4											

记录员：________　审核：________　技术负责人：________

3.6.1　预应力混凝土管桩的起吊、搬运和堆放

(1)起吊。

预应力混凝土管桩的混凝土达到吊搬要求的强度，而且不低于设计标号的 70%后方可吊搬，达到设计标号方可使用，预应力混凝上管桩在起吊和堆放时多采用 2 个支点，较长的桩也可采用 3 个或 4 个支点，支点位置原则按各支点中最大负弯矩与支点间桩身最大正弯矩相等的条件来确定。

(2)搬运。

可采用超长平板拖车或轨道平板车搬运，桩搬运时其支承点和吊点的偏差不大于 20 cm，支承点位置如相差太大，应检验桩的应力。运输时应将桩捆载稳固，使各支点同时受力。

(3)堆放。

堆存桩的场地应靠近沉桩地点，场地应平整坚实，做好必要的防水措施，防止湿陷和不均匀沉降。不同类型和尺寸的桩，应考虑使用的先后，分别堆放。堆放支点和吊点相同，偏差不大于 20 cm，当桩需长期堆放时，为避免桩身挠曲，可采用多点支垫，各支点应均匀放置，各垫木顶面应在一水平面上；多层堆放时，各层垫木应位于同一垂直面上，堆放层一般不宜超过 4 层。

3.6.2　预应力混凝土管桩的提升就位

预应力混凝土管桩运到桩架下，首先绑好吊索将管桩水平地提升到一定的高度(桩长的一半加 0.3～0.4 m)，之后，提升其中的一组滑轮使管桩渐渐下降从而使桩身旋转到垂直于地面

的位置；桩尖离地面 0.3～0.5 m，桩身呈垂直状态后即可送入龙门导杆中；用桩架的导滑夹具或用箍筋将管桩嵌固在桩架两导柱中，垂直对准桩位中心的样桩，用手扶正使管桩缓缓插入土中；待桩位及垂直度用架设在下面和侧面的经纬仪校正合格后，即可将锤和桩帽压在管桩上，同时应在管桩的侧面或桩架上设置标尺并做好记录。

3.6.3　打桩作业

沉桩前应对桩架、桩锤、动力机械、压缩空气管路等主要设备进行检查，如有不妥立即改正处理或更换。开始沉桩应起锤轻压，或轻击数锤，观察桩身、桩架、桩锤的垂直情况，待其一致后即可按要求进入正常沉桩，但在打桩过程中要注意以下几个方面的问题。

(1)锤击沉锤应用适合桩头尺寸的桩帽和桩头衬垫。桩帽的作用是保持桩头正位，避免锤击应力集中和锤击偏心，使打桩时的打击应力得到缓冲和均匀分布，以延长撞击的持续时间和桩的贯入，桩帽在桩头上要套得松些，以使桩头能够转动，但也不要套的太松，以免影响桩帽、桩身和桩锤的轴线重合。

(2)适宜的打桩衬垫既可以延长桩锤打在桩头的接触时间还可以增加打桩贯入力，也不会降低贯入度。当桩身较短，桩靴下阻力一般时，可用 8～10 cm 厚的木垫，当向很软的土层施打长桩时则应用 15～20 cm 厚的木垫，当木垫被打硬、烧坏或打破砸裂产生不平等情况，都应及时更换。对于每一根桩原则上都应该是各使用一个新垫。对极难打入的管桩，在同一根桩的沉桩过程中，也可适时地更换新垫。

(3)打桩开始时，通过观测校进桩的竖直线或斜桩的规定倾斜度，打桩一开始就应保持好正确的垂直轴线，以避免桩头受偏打。建议采用固定式导杆，横轴线与导杆轴线脱离平行时，要立即纠正。除在打桩开始时，可在导杆支座处，垫进楔块以校正桩轴线之外，管桩一经打入地下后，就不能再从桩头上或从接近桩头处来校正桩的位置和方向，以免使桩受到损害。

要保证桩顶平面确实垂直桩身轴线，桩顶不得露出有钢绞线头或钢筋头，对于桩头的棱边和隅边，则要做出小斜角。打桩中要经常观察桩锤有无偏打和有无错位、衬垫有无不平、桩帽有无晃动，因为这些易引起桩头的破裂。

(4)如果打桩开始时的土层阻力很小，则要降低桩锤的锤击速度。在预估的软土层中打桩时或在出现容易打进的情况之下，都应降低锤击速度，以免产生致裂拉应力。在施打长桩通过软土层时，降低锤速尤为有效；如果混凝土桩是采用预钻孔法或射击水法下沉就位的，则需要在肯定桩靴已确实落进孔底的有相当阻力的实土层之中，才能施以充分的打击能量，打桩落实；射水沉桩时，要避免在桩靴附近或桩靴下边射水，因为这将冲空桩靴底部或减弱阻力。对于许多砂层沉桩来说，最好使用大型桩锤打下，而不宜采用射水与锤击并用的施工法。

(5)每根桩一经开打原则上就不能中断，应连续直至打完。确定“停打”是一项重要的控制项目，应由施工技术负责人控制。因为打桩中断一定时间或桩的深度不够，桩周土质将趋于密实，摩阻增大不利桩的贯入，同时可能导致桩被打坏。打桩的停打深度，原则上是要使桩靴贯入持力层(非岩石层)内 2～3 倍的桩径程度。可以认为在 $N\geqslant 10\sim 15$ 的黏土层中或在 $N\geqslant 30$ 的砂层中，一般是难于将预应力混凝土桩打击贯入 2 m 以上的。当贯入度太大时要防止误打穿透，为此可在开口桩靴上设置十字钣或桩鞋，或采用半闭口桩或全闭口桩靴。如停打的持力层很厚时，可在每桩打入 3～5 mm 的贯入量下连续打进管径的 2 倍深度，并在每锤约沉入 2 mm 时停打。在坚硬的持力层中可向此层内打入桩径的 1～2 倍的深度；如持力层不太坚硬但同一个持力层的延续很深时，则可打进桩径的 5～10 倍的深度。

每根桩的容许打击次数随桩种、长度、形状、地基情况等的不同而不同，不可能作出统一规定，但一般不宜超过表 12 中的数据。

表 12　桩的容许打击数

项　　目	预应力混凝土管桩
限制打击次数	2 000 以下
最后 10 m 范围的限制打击次数	800 以下

(6)为了降低打桩应力，对于所需的打击能量，要使用重锤低打，而不是采用轻锤高打。应严格控制各种桩锤的动能：用坠锤和单动汽锤，提锤高度不宜超过 50 cm(控制单动汽锤的落锤高度调整装置)；用双动汽锤时，可少开汽阀降低汽压和进气量，以减少每分钟的锤击数；用柴油机桩锤时，可控制供油量以减少锤击能量。以后视桩的入土情况，逐渐加大冲击能量，至桩的入土深度和贯入度都符合设计要求时为止。坠锤落距原则上限在 2 m 以下，单动汽锤的落距原则上不大于 0.6 m。

为避免打坏桩锤和产生过热现象，要根据打桩机的使用说明书正确控制连续运转时间和注油时间。

已沉好的各类空心管桩，应在桩顶临时加盖，防止人或物掉入，以策安全。

一般不应利用已做好的基桩做地垅桩。沉完一根桩后，应立即进行检查，确认桩身无问题，再移动桩架。

(7)沉桩施工应随时注意气候的变化，如遇暴雨和大风(超过 5 级)应停止沉桩作业，并对所有设备进行检查妥善处理。如风力达到 7 级时，应采取稳住桩架等措施，必要时可放倒桩架。在雷电季节施工时，应有防雷电的措施。

(8)打桩经验公式：

$$Q_{uk}=\frac{Q\times H_1\times\alpha}{14\times(0.15+e)}+\frac{Q\times H_2\times N\times\alpha}{3\ 500}$$

式中　Q_{uk}——为单桩极限承载力(kN)；

Q——锤重(kN)；

H_1、H_2——分别为打桩机最后 30 锤的锤落距、打桩过程中的锤落距(cm)；

E——最后 30 锤平均每一锤的贯入度(cm)；

N——打桩总锤击数(击)；

α——修正系数，非完全自由落锤取 0.80，气锤、柴油锤取 1.0；

$\frac{Q\times H_1\times\alpha}{14\times(0.15+e)}$——桩端阻力；

$\frac{Q\times H_2\times N\times\alpha}{3\ 500}$——桩侧阻力。

通常打桩过程的锤击数是岩土层密实程度、力学强度以及土质状态在动荷形式上的直接反映，打桩锤击数及贯入度与岩土力学性质是有必然的联系，也就是说可以通过建立关系式把单桩承载力与打桩锤击数及贯入度联系起来的。该打桩经验公式是在总结大量工程实践经验，并与静载试验、规范公式计算结果对比分析后，并根据动荷公式归纳出来的。其估算结果要比规范公式计算结果更接近实际情况。因为地质情况往往是多变的，局部地段会存在相对软弱或强度较高的岩土。采用规范公式计算所使用的勘察报告提供的参数，通常是整个场地的一个综合参数，往往难以反映出这些特殊情况。而采用打桩公式来估算承载力，引入锤击沉管灌注桩施工的总锤击数及最后贯入度，既考虑了桩的实际侧阻力，也考虑了桩的端阻力，概念清楚,同时也真实反映了实际每根桩的侧阻力所占的比例。

3.6.4　斜桩作业

(1)斜桩施工时,桩机下必须铺垫厚钢板(30 mm),桩机履带应完全处在承垫钢板上,以补充地基承载力不足及保持桩机稳定;履带桩机前后液压支撑应支于承垫钢板上,防止桩机前后俯仰,减少沉桩时斜率变化。放桩位前,先按斜桩桩顶到地面的距离及斜桩方向,计算样桩提前量,然后再放桩位。

(2)斜桩的斜率控制,桩架上设置导向架,并确保桩身与导向架始终处于平行的状态。斜桩施工中,下节桩最为关键,在桩尖入土 3～4 m 之内,应加强斜率监控,若发生垂直度和斜率变化,应及时修正;斜桩接桩时,上、下节桩应在同一轴心线上。桩起吊和插桩时,桩机导杆恢复垂直状态,方能施工。

(3)送桩器应具有足够的强度和刚度。送桩刚度宜尽量接近桩身刚度,且应考虑能尽量减小上拔时的阻力;送桩器应与管桩直径相适应,桩帽宜套入桩顶 30～40 cm。

送桩时,送桩过程中,应确保桩锤、送桩器和桩身在同一中心轴线上。送桩后,很容易使桩平面位置产生偏差,尤其是送桩深度超深,桩的偏斜越大。故施工中必须保证“送桩杆”与桩身的纵向轴线保持一致。

送桩达到深度后,“送桩杆”不要急于拔出,可先将“送桩杆”拔松动后,待相邻桩入土深度超过拟送桩深度,再将送桩杆拔出。

3.6.5　接桩作业

沉桩过程中一般都需要接桩。接桩应力求迅速,尽量缩短停打时间,如停打时间过长,则周围土壤恢复使桩不易打入。桩头构造有多种形式,目前主要为法兰式桩头和焊接式桩头构造。法兰式桩头接桩时,将上下两节桩的法兰螺孔对好,并将上下两节桩的纵轴线对准,然后穿入螺栓,并对称地将螺帽逐步拧紧。待全部螺栓帽均拧紧并检查上下两节桩的纵轴线符合要求后,便可将螺帽点焊固接,然后在法兰盘上涂以防锈油漆或防锈沥青胶泥。法兰式桩头的优点是接桩迅速,操作方便;但法兰式桩头构造复杂,用钢量较多,制造麻烦。

焊接式桩头构造简单,用钢量较少,制造较方便;缺点是用手工电弧焊时,操作较麻烦,费时稍长,但如果采用管状焊丝半自动电弧焊则接桩施工也很方便。由于焊接接桩具有更好的经济性,现将其施工中一些问题介绍如下:

焊接接桩要设置脚手架和防风屏以便于接桩作业。对于接桩的焊接作业要安排有充裕的作业时间,焊接之后至少再等 5 分钟才能开始捶打。

在上、下节管桩接头焊接之前,应检查接头处是否完整并将接头处的浮锈、泥土、油污等清除干净;如下一节桩的头部,由于锤击而弯曲变形的部分要切除。

上、下节管桩连接时,要校正好垂直度保持在同轴上。

焊接时不得在桩管壁上打弧,如要调整电流强度,应在电弧板上进行。

气候异常如下雨、下雪、大风和气温在 0 ℃以下,需采取有效措施,保证质量,并经技术部门批准后方可进行施焊。当气温低于 5 ℃时,不宜施焊。

接口尺寸和允许误差应符合下列要求:

(1)间隙尺寸:2～4 mm。

(2)错口:外径＜700 mm 的管口外周长之差小于或等于 2 mm;外径＞700 mm 的管应小于或等于 3 mm。

(3)坡口:允许误差 0～－5°。

焊缝的施焊精度应符合下列要求：

(1)咬肉深度小于 0.5 mm。

(2)错口：堆高为 2～3 mm。

(3)宽度充差为 6 mm。

焊缝一般应作外观检查。当缺陷较大时，则应进一步作超声波或 X 射线检查，作出判断，进行处理。

3.6.6　桩身破损探查方法

(1)灌水探查。

向桩内灌水，如水面迅速下降，说明桩壁或接头必有破损，但尚难查明位置和破损情况。

(2)圆桶探查。

可用木料或铁皮做成圆桶，吊入桩内探查管桩内壁的混凝土块被打坏处的钢筋向内屈曲的情况及破损处的标高；并可探测桩内水位及泥面的标高。如图 8(a)。

(3)铁钩探查。

用钢筋制成铁勾如图 8(b)吊入桩内轻轻地上下拉动及转动，可以探查管壁混凝土破坏处所在，但有时桩内壁浮浆面不平或法兰盘内缘不平，也可能被勾住，影响探查的准确性。此法不便于探查斜桩。

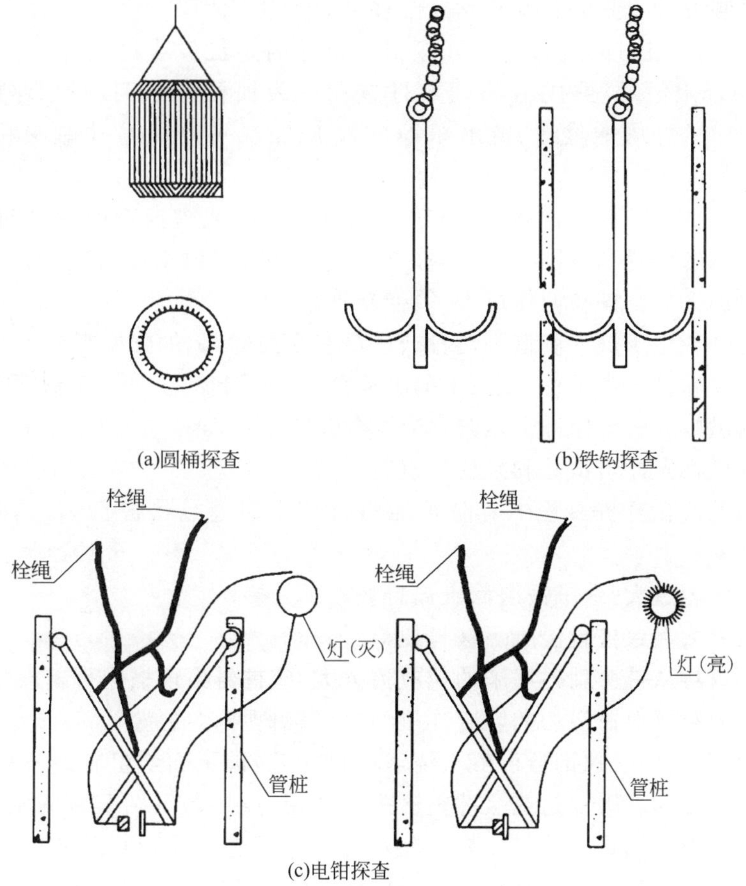

图 8　桩身破损探查方法示意图

(4)电钳探查。

探查前应先清除桩内泥水。如图8(c)所示,将电钳吊入桩内,使小轮沿着桩的内壁滚动,小轮靠自重突入凹陷处,钳端张开电路断开,电灯熄灭。继续吊下,电钳通过破损地段后电路仍旧接通,灯即复明。根据灯明灭的电钳位置可探明桩壁破损情况和位置。电钳下吊时,应缓缓转动,以探查管壁四周各部位。如桩内有水,探查时因水导电,虽在电路断开时,指示灯仍有微弱的灯光。但水的电阻大,灯的亮度小,仍可区别。

(5)照明探查。

仅用于管桩内水面以上部位,自桩顶放入低压作业灯,并在灯下安设45°斜面反射镜,从上直接观察。

3.7 沉桩出现的问题及处理

桩贯入度突然减少。一般是桩由软土层进入硬土层,或桩尖遇到石块等障碍物。此时不可硬打以免桩身被打坏。查明原因后,可加用射水配合沉桩将障碍物冲开,或改用能量较大的桩锤。

基础桩身突然急剧下沉,有随时发生倾斜或移位的可能,一般是由桩身破裂、接头断裂或桩尖劈裂所致。应查明情况再决定处理措施。

桩未发生急剧下沉,或发生倾斜或桩位移动。产生原因,一般是桩尖不对称,或遇障碍物,或桩的接头在土中被打坏而错动;如倾斜移位原因是桩尖或接头在土中被打坏,且倾斜移位值已超过容许限值时,可拔出换桩重打或在一旁加桩。如偏斜原因在桩顶或未入土部分或入土不深时,可用钢丝绳、链滑车等机具 施加水平力纠正,桩头不平时可凿平或垫平再打。

桩不下沉,桩身颤动,桩锤回跳。为桩尖遇到障碍物,或桩身弯曲,或接桩后自由长度过大。可分析障碍物的位置和类别,采取偏移桩位、加装铁靴,射水配合等方法穿过或避开障碍物。桩身过长可加夹杆。桩身弯曲过大,须换新桩。

桩身转动。多产生于桩尖制造不对称或桩身有弯曲时,除加强检查外,一般可不做处理。

桩身涌起。在软黏土中沉桩,先沉下的桩能随土的涌起而上涌。涌起的桩的承载力将降低。应选择涌起量较大的桩做冲击试验,如合格可不复打,如不合格除该桩应复打外,并应将其他涌起的桩同样再做冲击试验和必要的复打。

打桩破损问题。在打桩过程中有时可能将桩打出裂缝或将桩打坏,其破坏情况有以下几种:

由于打击压应力过大,致桩头混凝土被打坏;

由于进桩阻力太大致桩靴混凝土被打坏;

由于从桩靴或再从桩头反射回来的拉应力太大,致桩身出现横向裂缝或桩身破坏;

由于扭曲应力和反射拉应力的联合作用,致桩身出现横向裂缝。

其产生原因有多种:桩顶部分混凝土浇筑质量太差,桩顶面与桩轴线不垂直、未安置桩帽或已安置桩帽但桩帽内无缓冲垫或缓冲垫已失去效用、连接上下两节桩的轴线不在一条直线上:贯入度已很小,但仍用重锤猛打。如果能对打桩作业进行妥善管理和严格控制,则有可能避免破损。表13、14中列出了各种打桩破损问题的产生原因及其纠正措施。

(1)桩头破损和压屈破损。

桩头破损和压屈破损见表13。

表 13　桩头破损和压屈破损

打桩破损类型	问题产生原因	纠正措施
桩头破损	桩帽内径比管桩外径大出很多	要使桩帽内径只比桩径大出 10～20 mm 为好
	由于桩帽上的衬垫出现倾斜不平，从而造成偏打	要更换衬垫
	桩垫已失效，但仍继续锤打	要常常更换衬垫
	桩身、桩锤、桩帽的轴线不在一条直线上，从而发生偏打	要将桩锤、桩帽的轴线调整到与桩身轴线相重合
	桩头附近缺乏足够的螺旋筋：预应力筋的锚固作用产生的一定程度的横向拉应力	结构设计时设置足够的螺旋筋
压屈破损	桩靴达到坚硬层时，柴油锤突然起跳过高	要注意调节起锤高度
	相对于管桩直径来说柴油锤锤型过大，但桩锤落程又难于调节	要改用小型柴油锤
	桩靴达到填土层下的旧硬层时，或达到硬结黏土层时，由于桩靴滑偏造成折断，土从开口型桩靴挤进管桩内部。胀裂管壁	将桩靴改成开口型桩靴，缩小桩靴的开口面积，限制进土量

(2)预应力混凝土管桩裂缝产生的原因和处理措施。

预应力混凝土管桩裂缝产生的原因和处理措施见表 14。

表 14　预应力混凝土管桩裂缝产生的原因和处理措施

类　型	裂缝产生原因	纠正措施
打桩中的水平裂缝；在距桩顶约 1/2 的桩长部分，可看到横向裂缝和粉尘喷出现象，缝距约半米左右，缝口有混凝土剥落现象	从悬空状态下的桩靴处有拉应力反射进入桩身	1. 增加软木衬垫的厚度 2. 降低锤击高度 3. 打桩中不在桩靴附近射水或钻孔 4. 增加锤重
打桩中出现斜裂缝，有很大面积的表面破裂	有扭矩和反射拉应力的联合作用	1、2、3 三项同上栏 4. 勿使桩帽钳制桩头，即勿使由此产生的扭曲作用 5. 勿使导杆或导钣箱钳制桩身
	返进管桩内部的泥水表面高过管外泥水表面从而造成内压	在桩身上设置适当的排水口
	在锤击水柱下的水锤效应	不在水面下锤击桩头或使用带有大开口的特制桩帽(此开口面积要大于管内面积的 60%)
打桩中的竖向裂缝	制造混凝土桩时有收缩裂缝	进行充分的水湿养护；改变混凝土的配合比设计以减少收缩量；增加螺旋筋
	向管内填灌混凝土时由于液态混凝土的液压作用将管壁撑破	减慢混凝土的填灌速度：增加螺旋筋
	打桩中由于劈裂应力在桩头上产生竖向裂缝	增配桩头处的螺旋筋：增加桩头上的衬垫厚度
	由于挤入管内的土柱的劈楔作用在桩靴或桩靴上部产生竖向裂缝	通过预射水或预钻孔来避免形成土柱：在打桩中通过管内注水或管内钻孔来破坏土柱：增配螺旋筋：采用封闭型桩靴
	从管桩内射水产生内水压	在管桩内部设置排水孔口

续上表

类　　型	裂缝产生原因	纠正措施
管桩在沉桩就位后出现竖向裂缝	管桩内的积水或稀泥发生了冰冻作用	在地表面下设置排水口以使管内水能够流出;在管桩内部填充木块或泡沫塑料块;填充抗冻性材料
	高水位突然下降时管内水面高过管外水面,而管桩外表面又同时有干缩作用和低温作用	设置适当的排水口,或向管内灌满混凝土;增加螺旋筋
	由河水冲下大木块、石块,使管桩受撞开裂	向管内填满砂子或灌满混凝土
桩头混凝土在锤击下的严重破裂	在没有围筋的混凝土上进行锤击	在桩头边上作出倒角;增厚衬垫;增加桩头部分的螺旋筋;确保桩头顶面的平整度和对于桩身的垂直度

3.8　断裂桩的处理

对于沉入后已断裂破损的桩,较为严重的应拔出重打或另补新桩外,其他可根据具体情况,作如下修补加固处理:

河床以上部分,桩身露筋、混凝土脱落及裂缝较多的,可用薄钢板制成拼装式套筒,安装于破损处桩的外围。套筒的长度应使套筒下端能放在河床上和视桩身破损的高度而定。将套筒内的水抽干后灌筑混凝土或抽不干水可灌筑水下混凝土。混凝土凝固后拆除套筒。

在河床以下桩已断裂时,如仅管壁混凝土破损,而钢筋未变形,可将混凝土灌筑至顶部。如钢筋已变形弯曲,可用通桩器将弯曲钢筋冲开,加置钢筋骨架后填充混凝土。通桩器应用直径大小不同的,由小到大逐步替换冲击,以扩大桩心通路。如钢筋弯曲均在上部,而桩的下端有足够的锚固力时,可考虑用拔桩设备适当的将钢筋拔直,但应避免将桩的下段拔动,再进行填充加固处理。加固处理后的桩应进行静载试验。经试验合格后方可使用,如不合格,则另打新桩。

3.9　管桩填充方法

管桩内填充之前应先将桩内情况查明。管桩内清理方法包括活底吸泥筒、吸泥机、射水清洗管桩内填充的长度和材料,均应按设计要求进行。如填充的桩有破损时,其填充的混凝土标号应与桩的混凝土标号相同。

(1)填充透水性土。当设计要求在桩内上面填充一段混凝土时,其下段垫层应先填充透水性土,可直接倒入填充。为避免在管内相互卡住,倒入速度不宜过快,填充料最大粒径不能大于桩内径的 1/3。结合实填材料的数量来掌握填充高度,并用吊锤探查核对填充高度,防止超填。如于超填可用吸泥机吸出。

(2)填充混凝土。当桩内无水,或桩内经过封底处理将桩内水清除干净以后,可用一般灌筑方法填筑混凝土,灌注不宜过快,逐层插捣密实,要掌握预计数量和实际填筑数量基本相符。每根桩应一次灌完。仅在桩头部分填充混凝土时,可在桩内悬吊底模,要求底模强度能承受灌筑混凝土时的荷载。

(3)用水下混凝土填充可参照灌注水下混凝土方法进行。如果管桩壁渗漏不大,应尽量采用水下混凝土封底方法。上面部分在抽水后填筑混凝土。填充混凝土与其他工序的配合:如填充混凝土的强度未达到设计强度的25%时在6倍桩径长度的范围内,应禁止进行射水和锤击,若桩内无水,可与承台混凝土同时,一次连续灌筑。

4 预应力混凝土管桩施工对环境的影响和对策

由于预应力混凝土管桩进入地基中排挤了相当于桩体积的部分或全部的土体,这样就使桩周围土,不但被挤密而且被扰动了。在饱和的软土地基中,打入大片密集桩群时,地基承受了反复的振动荷载,群桩挤压效应叠加,对场地土及其环境有以下影响:

孔隙水压力急剧上升,有可能使场地土发生液化;

地基土发生竖向和水平位移,桩群越密越大,土体位移越大;

临桩上抬和水平位移;

对临近建筑物及地下管线的影响。

沉桩环境影响的消减措施:

(1)选用合理的桩。

在密集建筑群中进行沉桩,当桩数较多时宜采用开口型管桩或采用预钻孔取土,成孔后再沉桩的方法。

(2)改进施工措施。

在打桩前,预先打入钢板桩,可以用它来阻止沉桩时土体的部分侧向变形。设置排水和防挤砂井,可以使用超静水压力很快消散,减少土体的体积变形。砂井可采用取土换砂,有条件的可采取袋装砂井。设置管井井点降水,预先排出场地土层的饱和水,对削除沉桩过程中的孔隙水压力和土壤液化,将极为有利。

开挖防挤沟和防挤孔,可减少沉桩过程中浅层土体水平位移,可减少沉桩对邻近浅埋管线和基础的影响。

根据邻近建筑物、地下管线的布置情况,制定打桩顺序和流向。据经验和规则,沿打桩推进的前方,空隙水压升高,土位移亦大,而其后方恰恰相反。故打桩应沿着背离建筑物而向空旷区推进,或采取间隔打桩,以免孔隙水压力累计上升,减少土体位移。控制打桩进度,避免沉桩速度过快。

(3)改善设计。

增加桩长,减少桩数;

增加桩距,减少桩群密度;

加大桩区与邻近建筑物的距离。

5 结束语

本预应力混凝土管桩施工工艺根据有关技术资料收集整理汇编而成,可作为技术管理和操作人员在预应力混凝土管桩基础施工时,用以借鉴和参考。

冲击反循环钻孔法施工工艺

1 前　　言

随着国民经济的发展，铁路、公路的桥梁以及高层建筑的基础大多采用钻孔灌注桩基础，其成孔方法较多，而冲击钻孔法是常见的一种，因它能适应各种地层特别是冲击硬质岩层，优势明显。近年来，使用冲击反循环钻孔法成孔速度大有提高，因而在复杂地质中的钻孔灌注桩基础大多优先选用冲击钻孔法来解决施工中的疑难问题。

2 工艺特点

(1)设备简单，操作方便。

(2)可以采用反循环冲击成孔提高效率。

(3)可以穿过漂石、卵石、砾石等地层。

(4)对处理复杂地层中的基础有显著的优点。

(5)它可直接投入黏土块入孔自行造浆。

3 适用范围

冲击钻孔法适用于孔径 100～300 cm，钻孔深度 50 m。冲击钻机适用于所有土层，采用实心锤钻进时，在漂、卵石和基岩中显得比其他方法优越。

4 机械性能及参数

常用冲击钻机技术性能见表 1。

表 1　常用冲击钻机技术性能表

钻孔类型	卷筒负荷 (kN)	钻头最大重量 (t)	冲程 (m)	冲击频率 (次/min^{-1})	电动机功率 (kW)	钻机质量 (t)
YKC22	20	1.3	0.35～1.0	40,45,50	20	6.85
YKC20	15	1	0.45～1.0	40,45,50	20	6.18
YKC20—2	12	1	0.3～0.76	56,58		
YKC30		2.5	1,0.8,0.7,0.5	40,45,50	40	11.15
GID—15003		3	0.1～1.0	0～30	30	16
CZ30	30	2.5	0.5～1.0	40,45,50	40	13
CZ22	20	1.5	0.35～1.0	40,45,50	22	7
CZ20	20	1.5		40,45,50	20	6.18
CJF—20	240	4.0	0.65,1.0,1.35	36,46	75	

冲击钻孔系统设备由冲击钻头、三脚立架、卷扬机组成。冲击钻机配有 1～5 t 重的冲击锥。国产的冲击钻机主要是 CZ 型的 CZ—30、CZ—28、CZ—22 等，另外还有 YKC—31、YKC—30 等型号。

5　钻孔施工

5.1　施工工艺流程

5.1.1　冲击钻孔施工工艺流程

冲击钻孔施工工艺流程如图 1。

5.1.2　冲击反循环钻孔施工工艺流程

冲击反循环钻孔施工工艺流程如图 2。

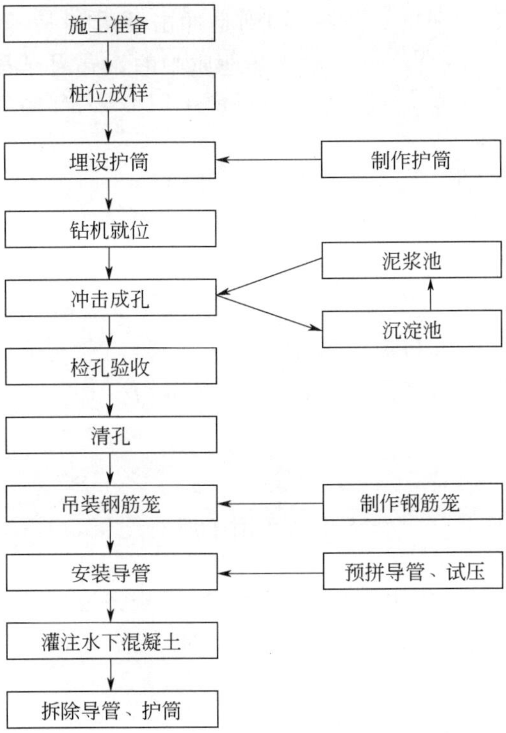

图 1　冲击钻孔施工工艺流程图

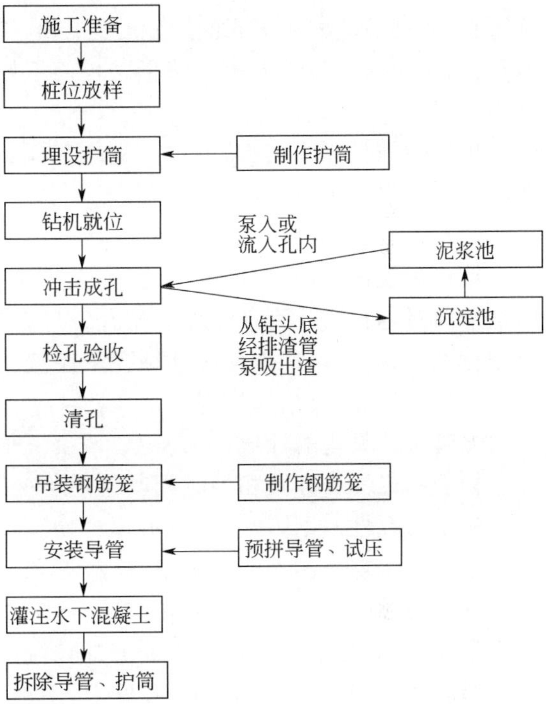

图 2　冲击反循环钻孔施工工艺流程

5.2　施工工艺步骤

5.2.1　施工准备

(1)平整场地(陆地)。

平整场地应达到“三通一平”,以便钻机安装和移位;对于不利于施工机械运行的松散场地,应采取硬化、加固等措施。场地要采取有效的排水措施。

根据施工图设计,合理选择和确定进出线路和钻孔顺序,制定场地布置方案。合理地安排泥浆池、沉淀池的位置,沉淀池的容积应满足 2 个孔以上排渣量的需要。

(2)围堰筑岛(浅水)。

对于浅水区域的桩基施工,可采用围堰筑岛方式施工,筑岛填料宜用黏土,岛面要有足够的施工场地,岛面标高应高出施工水位 1.5～2.0 m。

(3)平台施工(深水)。

对于场地为深水时,可采用钢管桩施工平台、双壁钢围堰平台等固定式平台,也可采用浮式施工平台。

(4)测量定位。

桩位放样后,应埋设好护桩,并做好测量交底,随时进行检查。

(5)制作埋设护筒。

护筒一般用 4～8 mm 厚的钢板加工制成,高度为 1 500～2 000 mm。钻孔桩的护筒内径应比钻头直径大 200～400 mm。护筒顶部应高出地面 250～350 mm。护筒顶高程,采用反循环时应高出地下水位 2.0 m。

护筒位置要根据设计桩位,按纵横轴线中心埋设。埋设护筒的坑不要太大。坑挖好后,将坑底整平,然后放入护筒,经检查位置正确,筒身竖直后,四周即用黏土回填,分层夯实,并随填随观察,防止填土时护筒位置偏移。护筒埋好后应复核校正,护筒中心与桩位中心应重合,偏差不得大于 50 mm。

护筒的埋设深度:在黏土中不宜小于 1 m;在砂土中不宜小于 1.5 m,并保持孔内泥浆液面高于地下水位 1 m 以上。

(6)钻机就位安装。

钻孔机就位时,必须保持平稳,不发生倾斜、位移,其下部要用方木垫平,塞牢。桅杆顶端用钢丝绳对称拉紧。为准确控制钻孔深度,应在机架上或机座上做出控制的标尺,以便在施工中进行观测、记录。冲击反循环钻孔采用液压起塔和液压步履纵、横移位安装就位。

(7)泥浆制备及指标控制。

泥浆必须具备的性质:

物理稳定性。静置相当时间其性质不变化,不因重力而沉淀。

化学稳定性。不因水泥、海水等异物混入而污染。

适当的比重。比重大对护壁、浮渣有利,但比重太大会使泵的能力不足也影响钻进速度。

良好的触变性。要求泥浆在流动时,阻力很小,以便泵送。当停止钻孔时,泥浆能很快凝聚成凝胶状,避免浆中砂粒迅速下沉,同时也维持孔壁稳定。

形成薄而韧的泥皮,粘附于孔壁上,不透水,不坍塌。

能够容易从沉淀池,旋转器中分离出来。

不产生过多气泡。

泥浆性能指标见表 2。

表 2　泥浆性能指标表

钻孔方法	地层情况	泥浆性能指标要求						
		相对密度	黏度(s)	静切力(MPa)	含砂率(%)	胶体率(%)	失水率(ml/30in)	酸碱度(pH 值)
冲击钻机	黏性土	1.05～1.2	16～22	1～2.5	<4	>95	<25	8～10
	砂土	1.2～1.45	19～38	3～5	<4	>95	<15	8～10
	碎石土							
	卵石							
	漂石							
测定方法		泥浆相对密度计	漏斗黏度计	静切力计	含砂率计	量杯法率	失水量仪	pH 试纸

膨润土泥浆具有相对密度低、黏度好、含砂量小、失水量小、拟皮薄、稳定性强、固壁能力高、钻具冲击阻力小、钻进率高、造浆能力大等优点,是钻孔施工的优质泥浆。其制备的主要材

料是膨润土和水，外加剂有分散剂、增黏剂、防漏剂。

黏土泥浆的主要材料为：黏土，水，纯碱，外加剂(分散剂和增黏剂)。

泥浆的配合比应视地质情况、施工机械等条件选定。选定配合比后，经过配制试验并修正后确定泥浆配合比。

5.2.2 钻进成孔

(1)开孔钻进的控制。

开孔时应扶正锤头用小冲程低锤密击。如表土为淤泥、松散细沙等软弱土层，可加黏土块夹小片石，反复冲击造壁，保证护筒的稳定，控制好桩位中心。

必须保证泥浆的供给，使孔内浆液稳定。冲击反循环钻进也应从正循环开始，待泵吸反循环系统可以正常工作时才用反循环钻进。

(2)冲击(反循环)成孔工艺。

1)冲击钻孔法成孔工艺。

冲击钻孔法是利用电力起重力，带动卷扬机上的单根钢丝绳，通过桅杆上的导向轮提引钻头做上下冲击运动，形成瞬时冲击力破碎岩土，其钻渣由孔内泥浆承托上浮，待冲击一段时间后，提出钻头，再利用桅杆上的副绳提引抽渣筒入孔内捞渣，倾倒入泥浆槽内流入沉淀池内净化，再供使用，如此往复的成孔方法即为冲击钻孔法的施工工艺。

2)冲击反循环钻孔法成孔工艺。

从钻机同步卷筒引出来2根受力相等的正、反转钢丝绳，经冲击梁和桅杆的导向滑轮，提引冲击钻头，然后起动电动机，通过传动机构驱动冲击机构，拉动钢丝绳带动钻头做上下冲击运动，形成瞬时冲击力破碎岩土，同时在两根主钢丝绳之间放置由副卷扬机提引的排渣系统，排渣管的下端在钻头的中心管内，钻头做上下冲击运动时，排渣管除了随着钻孔进尺间歇下放外，一般保持不动，并在冲击的同时启动砂石泵连续排出钻渣，此种成孔方式即为冲击反循环钻孔法施工工艺。

① 开始钻基岩时应低锤密击或间断冲击，以免偏斜。如发现钻孔偏斜，应立即回填片石至坍孔处上部0.3～0.5 m，重新钻进。

② 遇弧石时可适当抛填硬度相似的片石，采用重锤冲击，或中低冲程交替冲击，将大弧石击碎挤入孔壁。

③ 必须准确控制松绳长度，避免打空锤。一般不宜用高冲程，以免扰动孔壁，引起坍孔、扩孔或卡钻事故。

④ 经常检查钢丝绳的磨损情况，卡扣松紧程度、转向装置是否灵活，以免掉钻。

⑤ 经常检查冲击钻头的磨损情况，如磨损较大，切削角不符合要求时要及时更换修理，以提高钻进效率和防止卡钻等事故。

⑥ 勤松绳：防止打空锤，避免钢丝绳承受过大的意外荷载而遭受破坏；

⑦ 勤补浆：保持泥浆浓度，使孔内钻渣能及时排出孔外；

⑧ 勤取渣：使钻锤经常冲击新鲜地层。

(3)扩孔率的施工控制。

扩孔率过大是因为钻锤摆动过大或因地层松软冲击振动力过大，或因钻头直径过大。必须控制钻锤的摆动和冲程的大小，改善钻头直径的匹配，以控制扩孔率。

(4)泥浆回收及排渣处理。

钻孔时，采用泥浆悬浮钻渣和护壁，因施工中水泥、土粒等混入及泥浆渗入孔壁等原因使泥浆性能改变，以及为了回收泥浆原料和减少环境污染，可使用机械、物理、化学等方法使泥浆净化与再生，可在现场设置泥浆池、沉淀池等泥浆循环净化系统，钻渣应集中运至弃渣场处理，切忌污染环境。

泥浆池、沉淀池的池面高程应比护筒低 0.5～1 m，以利泥浆回流畅顺，位置布局要合理，不得妨碍吊机和钻机行走。泥浆池的容量为每根桩排渣量的 1.5～2 倍。

应有专人清除沟槽沉淀物，多余的泥浆要及时排出坑槽，保证不淤塞，维护泥浆沟(槽)、沉淀池、泥浆池的工作性能。

(5)终孔时的清孔方法及验孔标准。

冲击正循环钻孔完成后即用抽渣法清孔，直至孔底沉渣厚度满足要求为止。冲击反循环钻孔采用换浆法清孔使孔内泥浆达到标准为止。清孔过程中，必须及时补给足够的泥浆，并保持孔内浆液面的稳定。冲击钻孔成孔质量标准见表 3。

表 3　冲击钻孔成孔质量标准

项　　目	允许偏差
孔的中心位置(mm)	群桩：100；单排桩：50
孔径(mm)	不小于设计桩径
倾斜度	小于 1%
孔深	摩擦桩：符合设计要求；支承桩：比设计深度超深不小于 50 mm
沉淀厚度(mm)	摩擦桩：符合设计要求，当设计无要求时，对于桩径≤1.5 m 的桩，≤300 mm；对于桩径＞1.5 m 或桩长＞40 m 或土质较差的桩，≤500 mm； 支承桩：不大于设计规定
清孔及泥浆指标	相对密度：1.03～1.10；黏度：17～20 Pa·s；含砂率：＜2%；胶体率：＞98%

6　钻孔异常的预防及处理

6.1　坍　　孔

坍孔不严重时，可回填片石、黏土至坍孔位置以上，采取改善泥浆性能、加高水头、埋深护筒等措施继续钻进；若坍孔严重时，应立即将钻孔全部用砂或小砾石夹黏土回填重钻。

为避免埋钻坍孔，应加大泥浆比重，快速钻进；对于冲击法成孔，应用小冲程，可以抛碎石土或片石，反复冲砸以加固孔壁。必要时采取全护筒跟进，但是护筒很难拔出，成本较高。

6.2　弯　　孔

出现孔身偏斜、弯曲，不严重者，可重新调整钻机继续钻进或在偏斜处吊挂钻头反复扫孔，使钻孔正直。偏斜严重时应回填硬质带棱的石块，多填高 0.5 m 反复冲击修孔。

预防措施：钻机安装牢固，机架不摆动，保证吊绳始终对准孔心；基地夯实，防止不均匀沉降引起钻机倾斜。

6.3　卡　　钻

在冲击钻孔时，常发生卡钻。卡钻后不宜强提，应查明原因和钻头位置，采取晃动大绳带动钻头，使钻头松动后再提起，也可用半圆形钻头修孔，使钻头周围的钻渣松动后提出。在岩层中冲击钻孔，钻头磨损快，在更换钻头后应首先扩孔，防止卡钻。

6.4 掉　钻

掉钻落物时，宜迅速用叉、钩、绳套等工具打捞。防止埋钻发生，埋钻时可采用空气吸泥机吸走埋钻的泥沙，再下钩、绳套打捞。

6.5 溶　洞

在穿透溶洞顶板时，要用小冲程反复冲击，慢慢击穿岩层，不可猛冲快进。如有填充物、溶洞较小，可回填片石、黏土块，并立即加水利用钻头冲击将黏土块和片石挤入溶洞及其裂隙中形成一个封闭的环形壁，继续冲击钻进。如溶洞较大，又无填充物，可用内护筒跟进的办法穿过溶洞继续钻进成孔。

7 灌注桩身水下混凝土

7.1 原材料的选择和配合比

拌和站拌制混凝土所用水泥、粗骨料、细骨料、掺和物(粉煤灰、硅粉、磨细矿渣粉)、外加剂和水等原材料，其质量标准应符合施工图和《铁路混凝土工程施工质量验收补充标准》的要求，其质量检验方法、检验要求参照《铁路混凝土用原材料质量标准及检验方法》执行。

混凝土配合比设计：

混凝土配合比应根据混凝土原材料品质、施工图要求强度等级、耐久性以及施工工艺对工作性能的要求，通过试配、调整的步骤选定。配制的混凝土拌和物应满足施工过程中混凝土工作性能的要求，配制成的混凝土应满足施工图标示强度、耐久性等质量要求。

混凝土的水胶比、胶凝材料用量、矿物掺和料用量、混凝土含碱量、氯离子总含量等配合比技术参数应符合规定。

7.2 制安钢筋笼及检测管

钢筋笼在制作、运输和安装过程中，应采取措施防止变形。吊入桩孔内，将钢筋笼进行有效固定，防止灌注混凝土时钢筋笼移位和上浮。

检测管接头顺直牢靠，与钢筋笼的主筋焊接固定，安装期间检测管内注清水；检测管上、下端口用钢板密封，严禁泥浆或水泥浆进入管内，确保混凝土灌注后管道畅通。

7.3 导管的配置、试压及安装

(1)导管的配置。

导管是灌注水下混凝土的重要工具，用钢板卷制焊成或用无缝钢管制作。其直径按桩长、桩径和每小时需要通过的混凝土数量决定，一般 25～30 cm。

导管分节长度应便于拆装和搬运，并小于导管提升设备的提升高度。中间节两端焊有法兰，以便用螺栓相互连接。法兰厚度 10～12 mm，法兰边缘比导管外壁大出 40～50 mm。直径 12～16 mm 螺栓孔 6～8 个。上下两节法兰间应垫以 4～5 mm 厚橡胶垫圈，其宽度外侧齐法兰盘边缘，内侧宜稍窄于法兰内边缘。为防止在提升导管时卡挂钢筋骨架，可在每节导管上套装一个用 1.5 mm 厚钢板制的锥形活动护罩，罩住下法兰。

导管制作应力求坚固，内壁应圆滑、顺直、光洁和无局部凹凸。各节导管内径应大小一致：偏差不大于±2 mm。

导管上下法兰应与导管轴线垂直。为保持法兰位置正确和防止焊接时变形，焊制可在特制的胎具上进行。

(2)导管的试压。

在导管使用前进行水压试验和接头抗拉试验，严禁用气压试压，禁止使用漏水导管。进行试压的水压不应小于孔内水深的 1.3 倍的压力，也不应小于导管壁和焊缝可能承受混凝土时最大内压力的 1.3 倍。

(3)导管的安装。

中间节一般长 2 m，下端节可加长至 4 m，漏斗下可配长 0.5、1.0 m 的上端节导管，以便调节漏斗的高度。导管下口与孔底距离以 0.2～0.4 m 为宜。

7.4　二次清孔的方法或措施

钻孔应经成孔质量检验合格后，方可开始灌注工作。当钢筋笼和导管安装好后，灌注前应对孔底沉淀层厚度再进行一次测定。如沉渣厚度超过规定，可用喷射法向孔底喷射 3～5 min，使沉渣悬浮，直至合格后，及时灌注首批混凝土。

7.5　导管隔水栓的方式及初始混凝土的储备

混凝土初灌时采用泡沫材料制作的圆柱形隔水栓，高 14 cm，直径比导管内经小 1 cm，用 18# 铁丝吊住该栓放置导管上口以下 20～30 cm 深处。剪球、拔栓或开阀，将首批混凝土灌入孔底后，立即测探孔内混凝土面高度，计算出导管内埋置深度，如符合要求，即可正式灌注。

7.6　混凝土的灌注方式及混凝土表面的测量方法

(1)首批灌注混凝土的数量应能满足导管首次埋置深度(≥1.0 m)和填充导管底部的需要，如图 3，所需混凝土数量可参考公式计算：

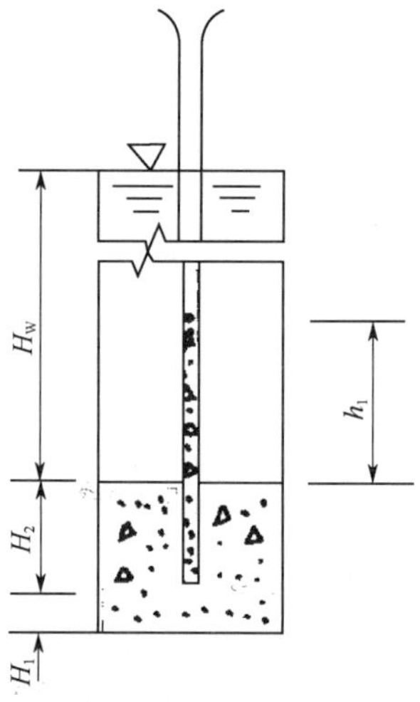

图 3　首批混凝土数量计算示意图

$$V \geqslant \frac{\pi D^2}{4}(H_1 + H_2) + \frac{\pi d^2}{4} h_1$$

式中　V——灌注首批混凝土所需数量(m^3)；

D——桩孔直径(m)；

H_1——桩孔底至导管底端间距，一般为 0.4 m；

H_2——导管初次埋置深度(m)；

d——导管内径(m)；

h_1——桩孔内混凝土达到埋置深度 H_2 时，导管内混凝土柱平衡导管外(或泥浆)压力所需的高度(m)，即

$$h_1 = H_w \gamma_w / \gamma_c;$$

式中　H_w——孔内泥浆的深度(m)；

γ_w——孔内泥浆的重度(kN/m^3)；

γ_c——混凝土拌和物的重度，取 24 kN/m^3。

(2)灌注开始后，应紧凑地、连续地进行，严禁中途停工。尽量缩短拆除导管时间，下料掌

握好速度，不宜太快太猛，以免造成气堵。

(3)灌注过程中要防止混凝土拌和物从漏斗顶溢出或从漏斗外掉入孔底。使泥浆内含有水泥而变稠凝结，而使测深不准确。灌注过程中，应注意观察管内混凝土下降和孔内水位升降情况，及时测量孔内混凝土面高度。正确指导导管的提升和拆除。

(4)深锤法测量混凝土表面。目前多采用测绳系重锤吊入孔内，吊锤的沉入深度作为混凝土灌注高度。完全凭探测者手中所提测锤在接触混凝土顶面以前与接触混凝土顶面以后不同重量的感觉而判别。

测深桩的测锤的重量以重一些为好，为防止测深锤接触混凝土表面后陷入太深，以平底为宜，且底面积不宜太小。一般制成圆椎形。锤底直径 15 cm 左右，锤用铁铸成，其重量视所系绳种类、测探深度和泥浆比重等而定，一般为 6～9kg。测绳用质轻、拉力强、遇水不伸缩、标有尺度的测绳为宜。

(5)水下混凝土的灌注一般采用泵送入孔，也有用吊车提吊斗的方式灌注，但必须连续不能间隙。

7.7 导管的埋深及拆卸

灌注混凝土时，导管埋入混凝土的深度，一般宜控制在 2～4 m 为好，在任何情况下，不得少于 1 m 或大于 6 m。少于 1 m 时，易发生提导管时提漏事故；大于 6 m 以上时，易发生埋管提不出来的事故。提管前须仔细探测混凝土面深度。用测深锤探测时，须由 2 人用 2 个测锤测探，防止误测。提导管及拆卸导管的高度须在测量人员的指导下进行，拆卸导管在孔口进行，要准确无误，要快。

7.8 灌注超桩顶混凝土的控制

为确保桩顶质量，在施工图桩顶高程以上超灌一定高度，确保桩身混凝土的质量，灌注结束后将此段混凝土凿除。增加的高度，可按孔深、成孔方法、清孔方法确定，一般不宜小于 0.5 m，深桩不宜小于 1.0 m。

混凝土灌注到接近施工桩顶标高时，工地值班人员要计算还需要的混凝土数量(计算时应将导管内的数量估计在内)，通知拌和站按需要数量拌制，以免造成浪费。

7.9 拔出导管及混凝土质量检查评定

在灌注将近结束时，由于导管内混凝土柱高度减小，超压力降低，而导管外的泥浆及所含渣土稠度增加，比重增大。如出现混凝土顶升困难时，可在孔内加水稀释泥浆，并掏出部分沉淀土，使灌注工作顺利进行。在拔出最后一段导管时，拔管速度要慢，以防止桩顶沉淀的泥浆挤入导管下，形成泥心或空心。

桩身混凝土灌注完成后待强度达到要求时，必须进行灌注桩的无损检测。通常是利用桩身预埋的声测管进行超声波检测混凝土的完整性、由此评定桩的质量，检测单位必须是有资质的专业机构。

7.10 按设计进行孔底压浆

桩身混凝土灌注后，用高压水进行预埋的注浆孔初裂，使套筒包裹的出浆口开裂。在桩身混凝土灌注后，在桩身混凝土强度及时间满足设计要求后开始进行桩底压浆，采用膨润土、水泥、水、缓凝剂拌制成的不收缩混合浆液，其 7 天最小抗压强度为 5 MPa。浆液按剂量通过注浆回路依次压注，所有回路应以规定的剂量轮流压注或达到规定的压力后维持 10 min，第一循环压注完成后不少于 6 h 开始下一轮的压注，直至满足设计要求。

8　灌注异常的预防及处理

8.1　堵　　管

在灌注过程中，混凝土在导管中下不去，称为堵管或卡管。堵管有以下两种情况：

第一，剪球时卡管。在灌注水下混凝土时，经常会产生剪球时卡管的情况，出现这种情况的原因，一是塞球制作不合理，塞球直径与导管直径差别太小，剪球前由于砂浆或细石料渗入导管与球壁之间造成堵塞。如果是这种情况，在不浪费混凝土的前提下，用一定长度(一般比漏斗长 2 m 左右)直径为 20～25 mm 的钢筋捅球塞，使混凝土下落。或利用机械振动使混凝土下落，这种方法要求操作技术娴熟，以保证混凝土在下落时导管回落到正常灌注的位置。

第二，由于混凝土本身的原因，如塌落度过小，流动性太差、夹有大粒径骨料、拌制不均匀，以及运输中产生离析、导管接缝处漏水、雨天运送混凝土未加遮盖等，使混凝土中的水泥浆被冲走，粗集料集中而造成导管堵塞。补救方法可用长杆冲捣管内混凝土，用吊绳抖动导管，或在导管上安装附着式振捣器等使塞球下落。如仍不能下落时，则应将导管连同其内的混凝土提出孔，进行清理整修，然后重新吊装导管，重新灌注。一旦有混凝土拌和物落入井孔，须将散落在孔底的拌和物粒料等予以清除。同时必须注意：第一斗混凝土坍落度一般以控制在水下混凝土坍落度规定的高限为宜，为确保剪球顺利，可适当控制石料用量，待剪球完成后，再按正常配合比进行拌制。如果采取措施后混凝土仍不能下落，时间又长，只能放弃这一斗混凝土，适当清孔或用空压机对孔底进行扰动后重新灌注混凝土。

8.2　导管漏水

导管漏水主要原因有：

第一，首批混凝土储量不足，或虽然混凝土储量足够，但导管底口距孔底的间距较大，混凝土下落后不能埋设导管底口，以至泥水从底口进入导管。

第二，导管接头不密封，接头间橡皮垫被导管高压气囊挤开，或焊缝破裂，水从接头或焊缝中流入。

预防和处理方法：

如果是原因一引起导管进水，应立即将导管提出，用空气吸泥机、水利吸泥机清出。不得已时需要将导管、钢筋笼提出来采取复钻清除。然后重新下放钢筋笼、导管并投入足够数量的首批混凝土，重新灌注。

如果是原因二引起导管进水，应视具体情况，拔换原管下新管，或用整修后的原导管插入重灌，但应将孔内已灌注混凝土清理干净，否则视为断桩。

8.3　提漏导管

导管提升过猛，或测深出错，导管底口超出已灌混凝土面，底口涌入泥水，此时已灌注失败造成断桩，应及时提出导管及钢筋笼重钻。因此在灌注中应准确测量从而指导提导管和拆卸导管的高度，防止断桩事故的发生。

9 劳动力组织

劳动力组织见表4。

表4 人员配置表

序号	工班分类	人员名称	人数
1	吊装作业工班	指挥导管升降	1
		装卸导管	4
		洗刷导管	2
		吊车司机	1
2	混凝土灌注工班	混凝土拌制	3
		储料斗内铲耙和拌匀混凝土	4
		开关储料斗阀门,掌握漏斗进料	1
		混凝土罐车司机	2
		泵车司机	2
		装载机司机	1
3	混凝土灌注质量监控组	测量混凝土高度兼记录	2
		混凝土坍落度测试、泥浆指标测试及检查试件制作	1
合计			24

10 安全生产及环境保护

施工员进入现场必须佩戴安全帽,混凝土搅拌站工作人员要穿防护服,工人水上作业时要穿救生衣。

非工作人员不得进入施工区域,以防发生人身安全事故。

注意机电安全,非专业人员不得随意接触、使用机电设备。

混凝土灌注过程中排出的泥浆要通过引流集中沉淀处理,不得随地排放或引入河流。

废弃不用的泥浆、混凝土等要集中处理,不得随地丢弃。

混凝土灌注过程中及灌注完毕后,清洗管道、机械的废水不得随意排放或引入河流,以免造成环境污染。

11 结束语

冲击钻孔灌注桩的施工工艺是桩基础中很常规的一种成孔成桩方法,具有很大的广泛性,不管是在现在还是将来的桩基施工中都占有重要的地位。

旋转钻孔法施工工艺

1 前　言

桩基础日益成为软弱地基上工业建筑、高层楼宇、桥梁码头以及重型仓储等工程经常采用的一种深基础形式，其成孔、成桩的施工方法很多，而旋转钻孔法由于噪音小，对土层扰动不大，振动力小，扩孔率小且能使用正、反循环成孔对加快施工进度很有利，因此得到了广泛的应用，同时受到施工单位的高度重视。

2 工艺特点

(1)适用范围广，特别是在市区，或邻近建筑物，多优先选用。
(2)钻进速度快。
(3)护壁方法简便可靠。
(4)钻孔垂直度好，孔壁规则。
(5)清孔彻底，可提高桩尖的承载力。

3 适用范围

旋转钻孔法适用于黏性土、砂类土及碎石类土及部分软弱岩层。

4 机械性能及参数

目前部分国内大直径钻机性能及参数如表1。

表1　部分国内大直径钻机性能及参数表

序号	钻机型号	生产厂家	钻孔深度(m)	钻孔直径(m)	适应地层	扭矩(kN·m)	重量(t)	排渣方式
1	QJ250A	郑州勘测机械厂	100	3.0 6.0	黏土、砂、岩层	117	19	气举反循环
2	KP3500	郑州勘测机械厂	130	3.5 6.0	各类地层	210	47	正、反循环
3	GZY3000	洛阳矿山机械厂	90	3.0	冲积、中硬岩层	200	159	泵吸、气举反循环
4	GW—30	江西有色地质机械厂	90	3.0		120	28	泵吸反循环
5	KTY3000	武汉大桥局机械厂	130	3.0 6.0	基岩层、土层	200	50.2	气举反循环
6	GMDY—30	西安华山机械厂	80	2.0	各类地层	30	12	反循环
7	BZ1215	煤炭部和洛阳矿机厂	150	3.0 6.0	基岩层、土层	150	100	反循环
8	BZ—1	煤炭部	150	2.0 3.0	基岩层、土层	30	16	反循环

5 钻孔施工工艺

5.1 工艺流程

5.1.1 正循环工艺流程

正循环工艺流程如图 1。

5.1.2 反循环工艺流程

反循环工艺流程如图 2。

5.2 工艺步骤

5.2.1 施工准备

(1)平整场地(陆地)。

陆地场地平整时需压实钻机施工范围。做到"三通一平",并做好排水设施的设置。

(2)围堰筑岛(浅水)。

浅水区旋转钻孔施工一般采用围堰筑岛法。具体可分以下两种情况:

1)浅水流速不大,可直接采用袋装土维护外围,用土筑岛。筑岛材料应用透水性不好、易于压实的黏土,且不应含有影响岛体受力的块体。岛面及地基承载力应满足设计要求。岛面标高宜高出施工水位 2.0 m 以上。临水面坡度一般采用 1∶1.75～1∶3。另外,坡面、坡脚应采取必要的防范措施。

2)浅水流速较大,需用草袋填芯围堰筑岛。

(3)平台施工(深水)。

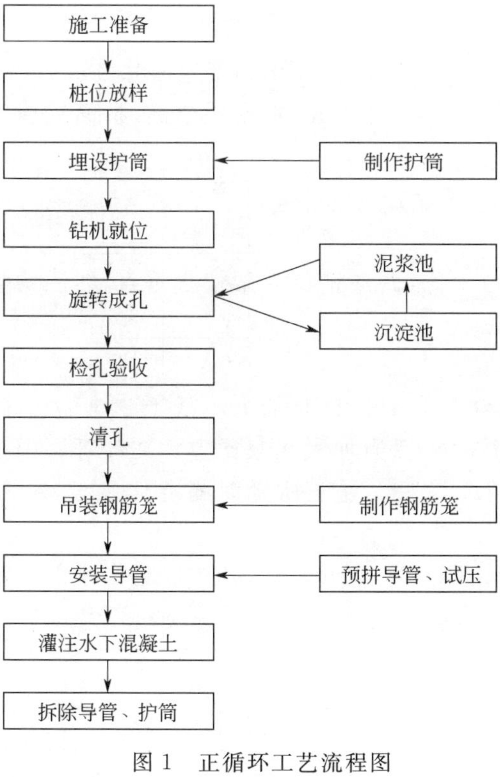

图 1 正循环工艺流程图

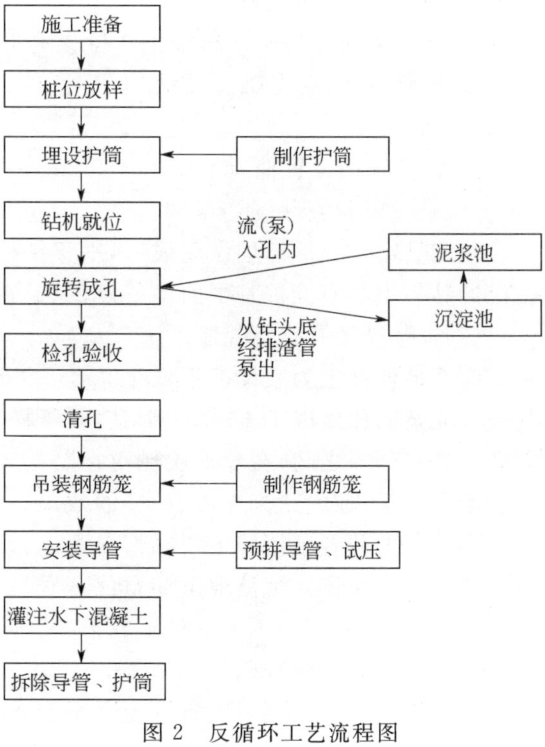

图 2 反循环工艺流程图

深水施工旋转钻孔桩可采用钢管桩施工平台、双壁钢围堰平台等固定方式，也可采用浮式施工平台。平台须牢靠、稳定，能承受工作时所有静、动荷载。以下以钢管桩平台为例说明设计与施工必须满足的要求：

1)钢管桩倾斜率在1%以内。

2)钢管桩位置偏差在300 mm以内。

3)型钢平台须平整稳定，各处联接要牢靠，钢管桩周围需要抛填砂包，并定期测量钢管桩周围河床面标高，检测冲刷是否超过允许程度。

4)严禁船只碰撞，夜间开启平台首尾警示灯，设置救生圈以保证人身安全。

(4)测量定位。

采用极坐标法测量定位。极坐标法根据已知水平角和水平距离测设地面点的平面位置。该方法使用灵活，只要在通视条件下都可使用。

(5)制作、埋设护筒。

护筒的埋设方法根据现场具体情况采用挖孔埋设、振动下沉等方法。

1)当地下水位在地面以下超过1 m时对于砂类土，先在桩位处挖至比护筒底深50 cm，直径比护筒大40～50 cm的圆坑，然后在坑底分层夯填50 cm厚的黏土，再使护筒就位并四周夯填黏土。若在黏性土中夯填，平整坑底后即可埋设。

2)当地下水位较高时，先在含水量较大的松软地层换置黏土，换填深度低于护筒底50 cm，并被填筑后的顶面宽度满足施工操作的需要。然后挖孔埋设护筒。

3)护筒安装前定出桩孔中心和护筒下沉检查控制点，用吊车使护筒就位，检查调整护筒，使桩孔中心与护筒中心重合，同时用水平尺或垂球检查护筒的垂直度并校正后，进行对称夯填黏土或振动下沉。

4)护筒安装技术指标：

① 护筒顶面标高应高出施工水位或地下水位1.5～2.0 m，并高出施工地面0.3 m。

② 护筒埋深：在岸滩上，黏性土不小于1 m，砂类土不小于2 m，在水中筑岛，护筒宜埋入河床0.5 m。

③ 护筒顶面位置偏差不得大于5 cm，斜度偏差不得大于1%。

(6)钻机就位安装。

待测量定位和护筒埋设完成后，平移钻机到桩位上方，调整钻机立架使之垂直，然后调整钻机的钻头中心对准桩基平面中心点，完成钻机就位。

(7)泥浆制备及指标控制。

制浆最佳黏土为胶体率不低于95%、含砂率不得大于4%、造浆能力不低于2.5 L/kg的黏土。泥浆的比重以1.1～1.3为宜，对于松散易坍地层，适当加大泥浆比重。在沙砾层中控制在1.3～1.45之间，在黏土层比重控制在1.15～1.3之间。施工中随时测定其密度、黏度、含砂率等指标，使之达到浮渣、护壁的效果。

泥浆池的位置根据施工现场情况而定，设在钻孔附近2～5 m左右，孔内循环出来的带渣泥浆通过泥浆槽流入沉淀池沉淀，再流经泥浆池后进入钻孔内使用。

5.2.2 钻进成孔

(1)开孔钻进的控制。

对正循环，应稍提钻杆，启动泥浆泵和转盘使之空转一段时间，使泥浆由泥浆泵从泥浆池输进钻杆内腔后，经钻头的出浆口在护筒内射出进行造浆，待泥浆均匀后以低档速进行钻进，钻至护筒脚下 1 m 后，再按正常速度钻进。钻进过程中，必须保持钻孔的垂直，并保证孔内水位高于地下水位。

对反循环，先将钻头提高距孔低约 20 cm，将真空泵加足清水，然后启动真空泵，抽出管路内的气体，待泥浆泵充满水时，关闭真空泵，启动泥石泵，打开出水控制阀，把管路中的泥水混合物排到沉淀池，形成反循环后，启动钻机，慢速开始钻进。待一节钻杆钻完时，停钻沉淀，关闭泥石泵，接长钻杆钻进。

(2)旋转钻进的成孔工艺。

1)正循环旋转钻孔工艺。

泥浆由泥浆泵从泥浆池输进钻杆内腔后，经钻头的出浆口射出，连同钻渣沿钻孔上升到孔口溢进泥浆槽，返回沉淀池中净化，流入泥浆池再供使用。这种泥浆的循环方式叫正循环。

旋转钻机利用电力驱动转盘转动从而带动钻杆及钻具旋转切削土体，再使用正循环方式成孔的方法即为正循环施工工艺。

2)反循环旋转钻孔工艺。

反循环与正循环泥浆运行方向相反。泥浆由泥浆池流入钻孔内同钻渣混合，在真空泵抽吸力作用下，混合物进入钻头的进渣口，经过钻杆内腔，泥石泵和出浆控制阀排泄到沉淀池中净化，再供使用。这种泥浆的循环方式称为反循环。

旋转钻机利用电力驱动转盘转动从而带动钻杆及钻具旋转切削土体，再使用反循环泥浆循环方式成孔的方法即为反循环施工工艺。

正循环钻进时，进尺适当控制，在护筒刃脚处，低档慢速钻进，使刃脚处有坚固的泥皮扩壁。钻至刃脚下 1 m 后，再按土质以正常速度钻进。黏土中钻进，由于泥浆黏性大，钻锥受阻力也大，易糊钻，选用尖底钻锥、中等钻速、大泵量、稀泥浆；砂土或软土层钻进时，易坍孔，选用平底钻锥、控制进尺、轻压、低档慢速、大泵量、稠密泥浆；在轻亚黏土或亚黏土夹卵、泥石层中钻进时，因土层太硬，会产生钻锥跳动、钻机运转困难、钻杆摆动加大和钻锥偏斜等现象，易使钻机超负荷损坏，采用低档慢速、优质泥浆、大泵量、两级钻进的方法钻进。待终孔后检查钻孔直径和竖直度，用探笼(外径 D 略小于设计桩径，高度为 $4D$)吊入孔内，圆笼中心与钻孔中心一致，如上下各处均无挂阻，则钻孔直径和倾斜度符合要求。钻进过程中，将主吊钩稍提高一些，使孔底承受的钻压不超出钻锥重量和压重块重量之和扣除浮力后的 80%，即减压钻进。这样可使钻杆不受压力，而且还受一部分拉力，在整个钻进过程中因受拉而维持垂直状态，使钻锥回转平稳，避免和减少斜孔、弯孔和扩孔现象。

反循环，在硬黏土中钻进时，用一档转进，放松起吊钢丝绳，自由进尺。在普通黏土、砂黏土中钻进时，用二、三档钻进自由进尺，以免陷没钻头或抽吸钻渣的速度跟不上。遇地下水丰富、易坍孔的粉砂土用低档慢速钻进，减少钻进对粉砂土的搅动，同时加大泥浆比重和提高水头，以加强护壁防止坍孔。钻进中，稍提钻杆以减压钻进，使钻锥回转平稳，避免或减少斜孔、弯孔和扩孔现象。

开钻前调制足够数量的泥浆，钻进过程中如泥浆有损耗、漏失，应迅速补充。并按时检查泥浆指标，遇土层变化应增加检查次数，调整泥浆指标。每钻进 2 m 或地层变化处应在泥浆中捞取钻渣样品，查明土层类别并记录，以便与设计资料核对。

(3)扩孔率的施工控制。

扩孔是钻孔灌注桩施工的常见问题，导致扩孔的原因主要有以下几个：地质条件差、钻机机况差、钻头过大、孔桩坍孔等。针对导致坍孔的原因，可作出以下预防和处理：

1)地质条件差时,改善泥浆性能。

2)钻机机况差或安装不平稳时,须从源头抓起,在开工机械进场时,严格把关,非合格钻机严禁进入,安装一定要牢固、平稳。

3)钻头过大时,可适当减小钻头外圈的直径。根据施工经验,以 1.20 m 桩径为例,黏土地质可将钻头外圈的直径取 1.18 m,砂性地质可将钻头外圈的直径取 1.16～1.18 m。

4)孔桩坍孔的主要原因是泥浆护壁不到位和孔内水位差为负值造成,因此,改善泥浆性能并保证孔内、外水位高差不低于 1.0 m,将很大程度避免坍孔的发生。

(4)泥浆的回收及排渣处理。

1)处理原则。

在钻孔时泥浆具有一定黏度、浓度的砂浆保存起来以供钻孔桩中保持钢护筒内外的平衡,防止坍孔;另一方面把粗糙坚硬的岩石和黏性淤泥分离出来并集中排放到指定的不污染环境的地方。在灌注桩基混凝土时,将溢出的泥浆用泥浆车运至岸上泥浆池中沉淀处理。

2)处理顺序。

根据上述原则,可选用法国 SOTRES—D250 型泥浆循环处理系统处理水中墩钻孔时产生的带渣泥浆,泥浆在运上岸后用化学法处理。

① 钻孔泥浆处理。

泥浆处理工作过程如图 3 所示。在钻 1# 桩孔前,将 2# 桩孔中的水抽至比 1# 低 4 m 左右,作为废浆临时存储用。用泥浆泵将废浆泵入一级震动筛网①。由震动筛网筛分出直径大于 5 mm 的砂石废渣,排放到栈桥平台的临时堆放点,堆放一定数量后,用汽车运到符合环保要求的不污染环境的地方。

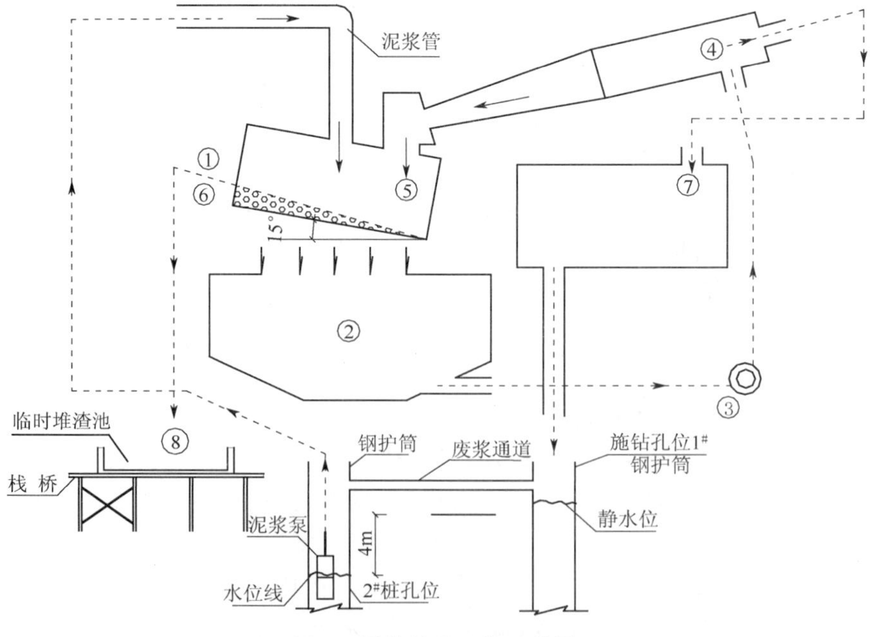

图 3　泥浆处理工作过程图

1—一级震筛网;2—泥浆储存箱;3—离心泵;4—回旋筒;5—漏斗;6—二级振筛网;7—水筒;8—废渣

经第一次筛下的泥浆漏入泥浆储存箱内②,由离心泵③,将泥浆储存箱的泥浆及水的混和物泵送到回旋筒④,在离心泵高速泵送的冲击力下,泥浆混合着空气在回旋筒内翻滚、回旋,依靠泥浆颗粒的黏性、密度进行分离，黏性大、密度大的颗粒由低端出口流入二级震动筛⑥，继续进行震动筛分离，直径大于 0.4 mm 的废渣排放到临时堆放点，其余漏入泥浆储存箱，回旋筒中黏性大、密度小的颗粒则翻滚上浮，由高端出口流经水筒⑦排入 1# 桩内。

② 灌注桩孔混凝土泥浆处理。

在灌注 1# 桩时，泥浆通过废浆管道进入 2# 桩，通过 2# 桩内的泥浆泵泵入泥浆车内由泥浆车运至岸边泥浆池内沉淀。在沉淀池内出现清水后，将水完全放掉，将生石灰放入沉淀池内，搅拌、凉干后，用汽车运走。

(5)终孔时的清孔方法及验孔标准。

钻孔至设计高程经过检查后，立即采用换浆法进行清孔。其方法是向孔内注入比重较小的泥浆，正循环浮出孔内泥渣或反循环抽出孔底泥渣。经检查孔底泥渣厚度不大于 10 cm(摩擦桩为不大于 30 cm)后，即拆除钻头钻杆，进行钢筋笼安装。

钻孔成孔的质量标准见表 2。

表 2　钻孔成孔的质量标准

项　　目	允 许 偏 差
孔的中心位置(mm)	群桩：100；单排桩：50
孔径(mm)	不小于设计桩径
倾斜度	小于 1%
孔深	摩擦桩：不小于设计规定。支承桩：比设计深度超深不小于 50 mm
沉淀厚度(mm)	摩擦桩：符合设计要求，当设计无要求时，对于直径≤1.5 m 的桩，≤300 mm；对桩径>1.5 m，或桩长>40 m 或土质较差的桩，≤500 mm 支承桩：不大于设计要求
清孔后泥浆指标	相对密度：1.03～1.10；黏度：17～20 s；含砂率：<2%；胶体率：>98%

6　钻孔异常的预防及处理

6.1　坍　　孔

6.1.1　坍孔的原因

(1)护筒埋置过浅，周围封填不密漏水。

(2)操作不当，如提升钻头倾倒或放钢筋骨架时碰撞孔壁。

(3)泥浆稠度小，起不到护壁作用。

(4)泥浆水位高度不够，对孔壁压力小。

(5)向孔内加水时流速过大，直接冲刷孔壁。

(6)在松软砂层中钻进，进尺太快。

6.1.2　坍孔的预防及处理

(1)坍孔部位不深时，可改用深埋护筒，将护筒周围回填土夯实，重新钻孔。

(2)轻度坍孔，可加大泥浆相对密度和提高水位。

(3)严重坍孔，用黏土泥膏投入，待孔壁稳定后采用低速钻进。

(4)汛期或潮汐地区水位变化过大时，应采取升高护筒，增加水头或用虹吸管等措施保证水头相对稳定。

(5)提升钻头，下放钢筋笼时应保持垂直，尽量不要碰撞孔壁。

(6)在松软砂层钻进时,应控制进尺速度,并用较好泥浆护壁,同时提高孔内水头。

6.2 缩　　孔

6.2.1 缩孔的原因

(1)缩孔原因是钻锥磨损过甚,焊补不及时。

(2)因地层中有软塑土,遇水膨胀后使孔径缩小。

(3)地下水丰富,泥浆稠度小,起不到护壁作用。

6.2.2 缩孔的预防及处理

(1)注意及时焊补钻锥,并在软塑地层采用失水率小的优质泥浆护壁。

(2)地下水丰富的地区,适当加大泥浆稠度。

(3)已发生缩孔时,宜在该处用钻锥上下反复扫孔以恢复孔径。

6.3 流 沙 层

钻进过程中如果有流沙层,可根据流沙层的部位不同采取不同方法进行处理。流沙层在孔桩顶部时,需加固桩基周围土方,或打桩或加深钢护筒。流沙层在孔桩中下部时,只能加大泥浆稠度,改善泥浆黏度,提高孔内压力。

6.4 钻杆扭裂(断)

6.4.1 钻杆扭裂(断)的原因

(1)钻杆接头不良或滑丝。

(2)钻机养护不到位,机况无台账,操作人员对钻机情况不了解。

6.4.2 钻杆扭裂(断)的预防及处理

(1)经常检查钻具、钻杆和联结装置,并做好台账,认真检查或及时更换钻杆。

(2)掉钻落物时,宜迅速用打捞叉、钩、绳套等工具打捞,若落体已被泥沙埋住,则应用冲、汲的方法,先清除泥砂,使打捞工具接触落体后再打捞。

7 灌注桩身水下混凝土

7.1 原材料的选择及配合比

采用火山灰水泥、普通硅酸盐水泥或硅酸盐水泥,使用矿渣水泥时,应采取防离析措施。水泥的初凝时间不宜早于2.5小时,水泥的强度等级不宜小于42.5。

粗集料优先选用卵石,如采用碎石宜适当增加混凝土配合比的含砂率。集料的最大粒径不应大于导管内径的1/6～1/8和钢筋最小净距的1/4,同时不应大于40 mm。细集料宜采用级配良好的中沙。

混凝土配合比的含砂率宜采用0.4～0.5,水灰比宜采用0.5～0.6。有试验依据时含砂率和水灰比可酌情增大或减小。

7.2 制安钢筋笼及声测管、压浆管

根据钢筋笼设计长度,钢筋笼分多段加工,分段连接就位。制作钢筋笼时,其加劲筋在固定的模型上制作以确保其尺寸,然后在加劲筋上标出钢筋笼主筋位置,并与主筋焊接,形成牢固的圆筒形骨架,把外箍筋按间距缠绕在钢筋笼骨架上,并与主筋连接制成钢筋笼。为保证钢筋

笼有足够的保护层，在其外侧扎挂混凝土垫块或焊接钢筋耳朵。钢筋笼从加工场运到孔位后，用吊车起吊慢慢放入孔中。钢筋笼达到设计位置后用槽钢或钢筋将其固定在护筒上，并用 ϕ28 mm 钢筋焊接在钻机上，待混凝土灌注完成并初凝后，再将这些约束拆除。长度大于 12 m 的钢筋笼在孔口焊接时，为缩短清孔至灌注混凝土的间隔时间，至少采用两台电焊机同时施焊。

声测管的加工须进行焊接密封试验，一般采用水压法，并随钢筋笼安装到孔底，待混凝土达到强度后进行无损检测。

压浆管的制作采用钢管，需要进行水压试验以检查焊缝的密封性，并随钢筋笼安装到孔底，密封管口，待桩身混凝土初凝后预压浆管口，即可进行压浆。

7.3 导管的配置、试拼、试压及安装

目前国内混凝土灌注所使用的导管直径大致在 20～35 cm 范围内，导管直径为 25 cm 的占多数，一般视桩径大小确定导管。导管长度大致有 1.0、1.5、2.0 和 4.0 m 几种，其中 2.0 m 为标准节，4.0 m 为底节，1.0 m、1.5 m 为调整节，导管的配置根据孔深决定。

根据桩深，在平地上试拼导管。每节导管与导管之间采用丝口或法兰连接，必须安装密封圈。导管全部拼装完成后进行试压。

试压前，将导管两端密封，一般情况下采用焊接密封。密封完成后进行水密承压和接头抗拉试验，严禁用压气试压。进行水密试验的水压不应小于孔内水深 1.3 倍的压力，也不应小于导管壁和焊缝可能承受灌注混凝土时最大内压力 p 的 1.3 倍。p 的计算式如式(1)：

$$p = r_c h_c - r_w H_w \tag{1}$$

式中 p——导管可能受到的最大内压力；

r_c——混凝土拌和物的重度(取 24kN/m^3)；

h_c——导管内混凝土柱的最大高度(m)，以导管全长或预计的最大高度计；

r_w——孔内泥浆的重度(kN/m^3)；

H_w——孔内泥浆的深度(m)。

7.4 二次清孔的方法或措施

钢筋笼就位后，下放导管，待导管下放完毕后，混凝土灌注前再检测泥浆指标，若达不到灌注要求，或者混凝土灌注等待时间过长，需进行二次清孔。仍采用换浆法，换浆时以泥浆泵反抽泥浆，同时将稠度较小的泥浆注入孔内。换浆时需缓慢进行以防快速换浆破坏护壁；并随时注意观测泥浆指标(如：含砂量、比重、黏度等)，确保灌注过程中不发生坍孔等事故。

7.5 导管隔水栓的方式及初始混凝土的储备

导管隔水栓根据导管内经的大小确定不同的方式，可采用木球、混凝土球、泡沫球、海绵球或皮球。以内径 25 cm 导管为例，在导管安装完成后，混凝土灌注前将充气皮球放入导管内，首批混凝土灌注完成后，皮球漂浮到水面上。

初始混凝土的数量应满足导管首次埋置深度不小于 1.0 m 和填充导管底部的需要。初始混凝土数量的计算公式如式(2)：

$$V \geqslant \pi D^2 (H_1 + H_2)/4 + \pi d^2 h_1/4 \tag{2}$$

式中 V——灌注首批混凝土所需数量(m^3)；

D——桩孔直径(m)；

H_1——孔径底到导管底端间距，一般为 0.4 m；
H_2——导管初次埋置深度(m)；
d——导管内径(m)；
h_1——孔径内混凝土达到埋置深度 H_2 时，导管内混凝土柱平衡导管外泥浆压力所需的高度(m)，即 $h_1=r_w H_w/r_c$

其中 r_w——孔内泥浆的重度(kN/m^3)；
r_c——混凝土拌和物的重度(取 24 kN/m^3)；
H_w——孔内泥浆的深度(m)。

7.6 混凝土的灌注方式及混凝土面的测量方法

钻孔灌注桩混凝土灌注可采用泵送和直接灌注两种方式。泵送主要用于交通不便地段，直接灌注用于道路可通到桩孔旁且道路和桩孔均能承受罐车压力的情况下。泵送的方式可将混凝土直接泵送到导管内，而直接灌注需在导管上安装储料漏斗。漏斗的容积最小不得小于 1.0 m^3。

混凝土面高度的测量直到目前为止，还没有非常精确的测量方法和设备，一般采用吊锤法测量混凝土。具体方法为：用铁皮或其他材料加工成高约 25 cm、直径约 20 cm 的圆锥体作为测锤，测锤的重度约为 15～17 kN/m^3。在锥顶焊接栓孔用标准测绳拴牢，放入孔内直到测绳不再下沉时，轻轻抖动测绳，凭手感接触混凝土灌注面，观测测绳长度。再用灌前孔深减去测绳长度，得到混凝土灌注高度。

7.7 导管的埋深及拆卸

导管的埋置深度规范要求控制在 2～6 m。由于钻孔灌注桩的广泛使用，各类超常桩时而出现，桩基长度越长，测量混凝土高度的难度也越大，施工规范中所要求的 2～6 m 将很难控制，稍不注意将导致导管提空。在钻孔灌注桩施工中，为保证导管埋置深度符合要求且不发生事故，一般控制导管埋置深度为 4～8 m 范围。

导管拆除时，利用钻机自身吊架副绳，缓缓提起导管，卡在孔口拆除导管。

7.8 灌注超桩顶混凝土的控制

灌注的桩顶标高应比设计高出一定高度，一般为 0.5～1.0 m，以保证混凝土强度，多余部分必须凿除，凿除后的桩头应无松散层。在灌注将近结束时，应认真核对混凝土的灌入数量，以确定所测混凝土的灌注高度是否正确。

7.9 拔出导管及混凝土质量检测评定

确认混凝土灌注到要求高度后，拔出导管。导管拔出前，在灌注最后 0.5 m 时，在保证导管埋置深度的同时尽量上提导管，保证导管内混凝土相对孔内混凝土有压力差，以确保桩头混凝土无松散层。

混凝土质量检测主要有强度检测、无破损法检测、钻取芯样法检测。

桩身混凝土抗压强度应符合设计要求，每根桩试件组数为 2～4 组。

采用无破损法进行检测时，一般选有代表性的桩进行检测，重要工程或重要部位的桩宜逐桩进行检测。若设计要求使用声测方法检测，则逐根进行声测，确保桩基质量符合要求。若设计有规定或对桩的质量有疑问时,应采取钻芯取样法对桩进行检测。

7.10 按设计进行孔底压浆

设计有规定需对桩底进行压浆时,须进行压浆作业。压浆方法为将预埋的压浆管道通至孔底预裂后,自下往上压浆。按照设计要求配置浆液,并且水泥浆自拌和到使用完成尽量控制在40分钟以内。

8 灌注异常的预防及处理

8.1 堵 管

在灌注过程中,混凝土在导管中下不去,称为堵管或卡管。堵管有以下两种情况。

(1)剪球时卡管:在灌注水下混凝土时,经常会产生剪球时卡管的情况,出现这种情况的原因,一是塞球制作不合理,塞球直径与导管直径差别太小,剪球前由于砂浆或细石料渗入导管与球壁之间造成堵塞。如果是这种情况,在不浪费混凝土的前提下,用一定长度(一般比漏斗长2 m左右)直径为20～25 mm的钢筋捅球塞,使混凝土下落。或利用机械振动使混凝土下落,这种方法要求操作技术娴熟,以保证混凝土在下落时导管回落到正常灌注的位置。

(2)由于混凝土本身的原因,如坍落度过小,流动性太差、夹有大粒径骨料、拌制不均匀,以及运输中产生离析、导管接缝处漏水、雨天运送混凝土未加遮盖等,使混凝土中的水泥浆被冲走,粗集料集中而造成导管堵塞。补救办法是用长杆冲捣管内混凝土,用吊绳抖动导管,或在导管上安装附着式振捣器等使塞球下落。如仍不能下落时,则应将导管连同其内的混凝土提出孔外,进行清理整修,然后重新吊装导管,重新灌注。一旦有混凝土拌和物落入井孔,须将散落在孔底的拌和物粒料等予以清除。同时必须注意:第一斗混凝土坍落度一般以控制在水下混凝土坍落度规定的高限为宜,为确保剪球顺利,可适当控制石料用量,待剪球完成后,再按正常配合比进行拌制。如果采取措施后混凝土仍不能下落,时间又长,只能放弃这一斗混凝土,适当清孔或用空压机对孔底进行扰动后重新灌注混凝土。

8.2 导管漏水

导管漏水的主要原因是导管接头不严,接头间橡皮垫被导管高压气囊挤开或焊缝破裂,孔内水从接头或焊缝中流入。发生导管漏水事故,要立即查明事故原因,及时采取措施处理,视混凝土灌注情况,采取如下处理办法:

(1)混凝土刚灌注不久,将原导管提出换下新管,将散落在孔底的混凝土用空气吸泥机以及抓斗清出,必要时需将钢筋笼提出采取复钻清除。然后重新下放钢筋笼、导管灌注混凝土。

(2)混凝土已灌注一定高度时,尚不能堵住漏水时,必须及时提出导管、钢筋笼重钻重灌,如已灌注混凝土已堵住漏水处则可继续灌注。

8.3 提漏导管

灌注过程中导管提升过猛或测量深度出错时,导管底口超出原混凝土面,底口涌入泥水,导致提漏导管。发现提漏导管后,应及时提出导管和钢筋笼,重新调整钻机,在原位重钻成孔后再进行混凝土灌注。

因此必须引起注意,提导管不能过猛,测量要准确,以防止断桩事故发生。

9　劳动力组织

9.1　劳动组织体系

劳动组织体系如图 4。

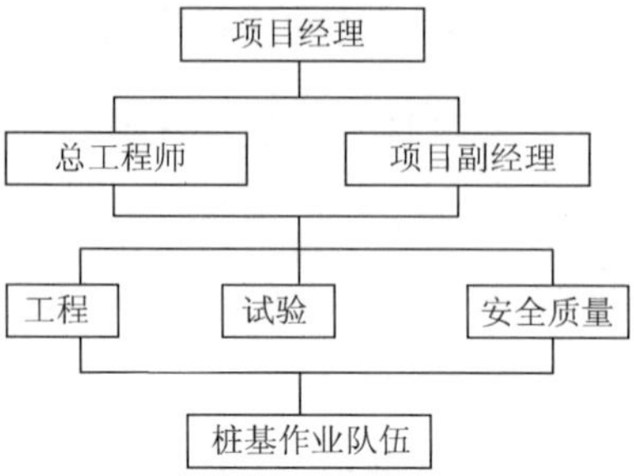

图 4　劳动组织体系图

9.2　人员配置

人员配置见表 3、表 4。

施工人员以一个班组作业考虑。

表 3　管理人员配置表

序号	岗位名称	人数	序号	岗位名称	人数
1	项目经理	1	6	安全工程师	1
2	总工程师	1	7	质量工程师	1
3	项目副经理	1	8	测量工程师	1
4	专业工程师	1	9	试验工程师	1
5	机电工程师	1			

表 4　施工人员配置表

序号	岗位名称	人数	序号	岗位名称	人数
1	领工员	1	7	电焊工	2
2	旋转钻司机	1	8	电工	1
3	吊车司机	1	9	混凝土工	4
4	装载机司机	1	10	混凝土罐车司机	3
5	修理工	2	11	混凝土拌制	8
6	钢筋工	4			

10　安全生产及环境保护

10.1　安全生产组织机构及目标

(1)安全组织机构。

安全管理机构如图 5。

(2)安全生产目标。

工程施工安全生产目标为:“五无一杜绝”,“一创建”。“五无”即:无工伤死亡事故,无重大、大的交通事故和机破事故,无火灾、洪灾事故,无倒塌事故,无中毒事故;“一杜绝”即:杜绝重伤事故;“一创建”即:创建安全文明标准工地;年轻伤负伤频率控制在 0.3‰以下。

(3)安全生产监控网络。

安全生产监控网络如图 6。

(4)安全防范重点。

1)防基坑坍塌事故。

2)防高处坠落事故。

3)防起重伤害事故。

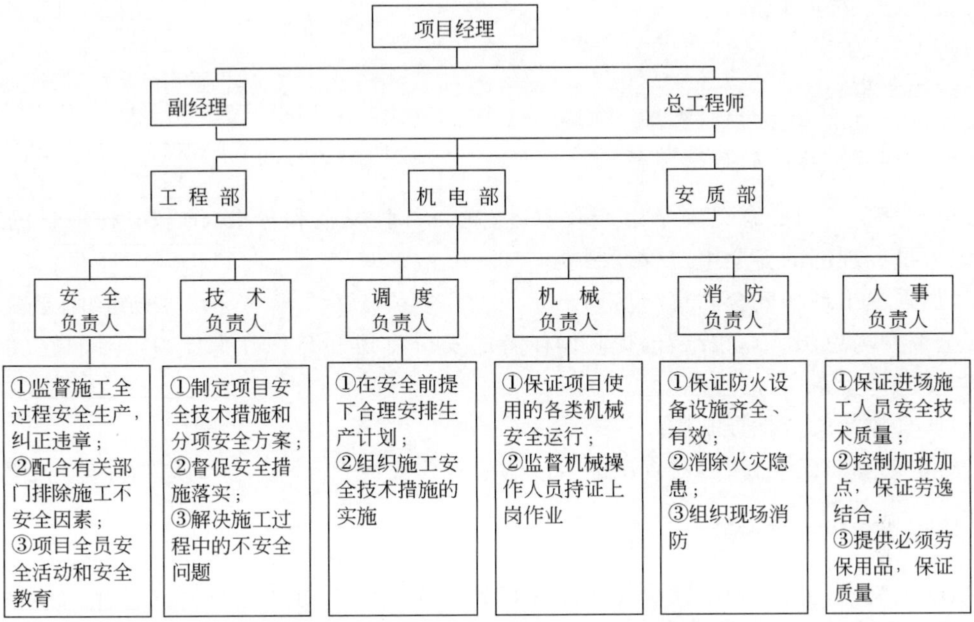

图 5　安全管理机构图

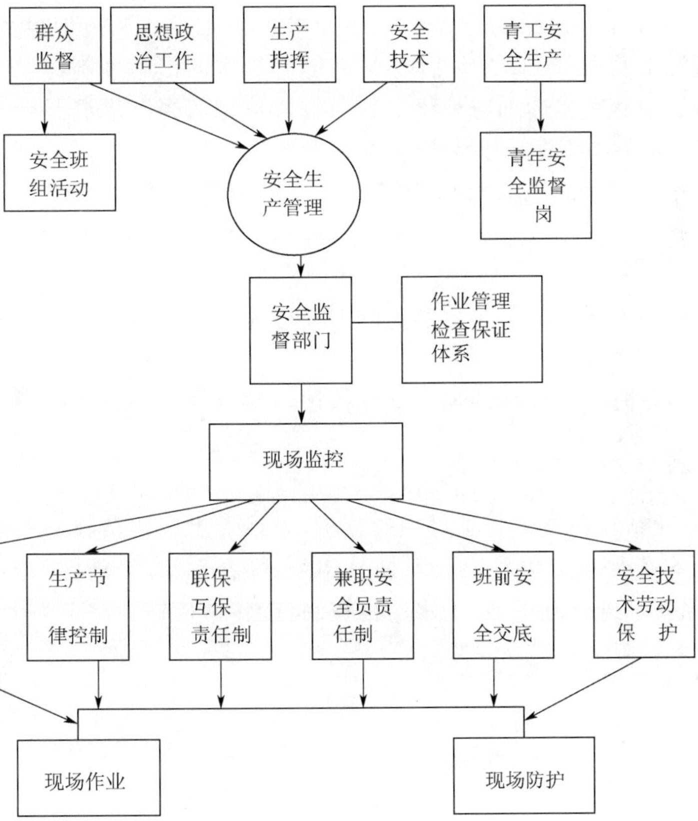

图 6　安全生产监控网络图

4)防机械伤害事故。

5)防触电、雷击事故。

6)防机破、交通事故。

7)防火灾、洪灾。

8)防溺水事故。

10.2 建立健全安全生产管理制度

根据国家及公司的有关安全生产政策、法规、条例、规范和标准，结合工程项目的实现情况，制定项目经理部的安全生产管理制度。

(1)加强施工现场安全教育与培训。

安全教育与思想教育相结合，提高操作者的安全意识和自保互保能力，牢固树立“安全高于一切，责任重于泰山”的思想。

(2)认真执行安全检查制度。

进行定期和非定期检查，对查出的事故隐患严格按照“三不放过”的原则处理。

10.3 防止和减轻水质污染

(1)施工废水、生活污水、冲洗集料和含有沉积物的废水通过过滤池、沉淀池处理后，达标排放，不得直接排入农田、耕地、灌溉渠和河道。

(2)在施工期间，对施工物料如沥青、水泥、油料、化学品等采取专库存放，专人看管。并采取拴捆措施防止在雨季暴雨涨水的情况下，被雨水冲走，随径流排入地表及附近水域造成污染。

(3)如在施工期间，施工场地干燥，采取随时洒水的措施抑制扬尘。

(4)对易于引起粉尘的细料或松散料采取遮盖和适当洒水润湿措施，在运输时采取遮盖物覆盖措施以控制粉尘的飞扬引起环境污染。

(5)对有粉尘发生的施工场地，施工人员应配戴劳保用品。

10.4 保护绿色植被

(1)对在工地内所有除了不可避免的工程占地以外的植被和不可避免砍伐以外的树木，都设以明显标志加以保护。

(2)对修建临时工程破坏的现有绿色植被，在工程完工时予以恢复。

11 结束语

通过对旋转钻孔桩整个施工过程的分析，不难看出旋转钻施工不仅钻孔有适应性强、施工操作简单、设备投入不大等优点，而且扩孔率小，噪音也小，振动力不大，适合于城市附近作业。只要严格按照要求进行施工，各工序严格控制，旋转钻机钻孔法不失为一种优良的施工方法。

旋挖钻孔法施工工艺

1 前　言

旋挖钻机是一种适合在土建工程基础施工中快速成孔作业的施工机械,具有装机功率大、输出扭矩大、轴向压力大、机动灵活、施工效率高等特点,适应我国大部分地区的土壤地质条件。其成孔工艺广泛应用于铁路、公路桥梁、市政建设、高层建筑等地基基础钻孔灌注桩工程。

2 工艺特点

(1)旋挖钻机采用动力头形式,其工作原理是用短螺旋钻头或旋挖斗,利用强大的扭矩直接将土或砂砾等钻渣旋转挖掘,然后快速提出孔外,在不需要泥浆护壁的情况下,可实现干法施工。即使在特殊地层需要泥浆护壁的情况下,泥浆也只起支护作用,钻进中的泥浆含量相当低,这使得污染源大大减少,施工成本降低,施工环境改善,成孔效率高;噪音低、振动小,非常适合在繁华市区施工。

(2)伸缩式钻杆的使用,避免了钻杆的频繁装配,减轻了劳动强度,加快了工程进度。由于钻头的拆卸方便,可以根据土层的变化和钻进的需要随时更换钻头,加快了钻进速度,扩大了工艺的适用范围。

(3)由于旋挖钻机的特殊成孔工艺,它仅需要静压泥浆作护壁,所采用的泥浆一般用膨润土、火碱、纤维素等配置,在孔壁不形成厚的泥皮。此外由于钻头的多次上下往复,使孔壁粗糙、不易产生缩径,旋挖钻孔灌注桩的承载能力有所提高。

(4)钻机的安装比较简单,在施工场地移动比较快捷方便。

3 适用范围

旋挖钻机一般适用于黏土、粉土、砂土、淤泥质土、人工回填土及含有部分卵石、碎石的地层。不适用的地层为含有强承压水的土层及岩层。

目前,旋挖钻机的最大钻孔直径为 3 m,最大钻孔深度达 120 m。

4 机械性能及参数

目前,生产旋挖钻机的厂家众多。国内生产旋挖钻孔机厂商有十余家,主要有徐工的 RD 系列钻机、山河智能 SWDM 系列旋挖钻机、三一的 SR 系列旋挖钻机、河北石家庄煤矿机械公司 XZ—20A 型旋挖钻机等,另外还有杭州天锐、北方重汽、哈尔滨四海等公司生产的产品。国内这些公司的产品与发达国家的同类产品相比还有一定的差距。国外主要生产厂商有:德国宝峨(BG 系列)、意大利土力(R 系列)、意大利 MAIT(HR 系列)、意大利 IMT(AF 系列)、以及芬兰永腾(JUNTTAN)、日本日立等公司。国外旋挖钻机产品中最大扭矩可达 620 kN · m,发动机功率达 448 kW,钻孔直径 3～4 m,钻深 120 m。

旋挖钻机由底盘、钻桅、自行起落架、主副卷扬、动力头、钻杆、发动机系统等结构组成。

(1)底盘。

旋挖钻机的底盘可分为专用底盘、履带液压挖掘机底盘、履带起重机底盘、步履式底盘、汽车底盘等。底盘一般为液压驱动，轨距可调，刚性焊接式车架，履带自行式的结构。底盘主要包括车架及行走装置，行走装置主要包括履带张紧装置、履带总成、驱动轮、承重轮托链轮及行走减速机等。国内外生产的旋挖钻机大多数应用的是专用底盘，轨距可调，能根据施工情况对底盘进行宽度调整，以增加钻机的整体稳定性。

(2)钻桅。

目前国内旋挖钻机的变幅机构一般采用两级变幅油缸，平行四边形连杆机构，上端一级变幅油缸两端具有万向节头便于调整，钻桅截面形式为梯形截面，钻桅下端有液压垂直支腿，上端有两套滑轮机构，上下两端均可折叠，钻桅左右可调整角度为±50°，前倾可调整的角度为50°，后倾可调整的角度为150°。意大利、德国制造的各类旋挖钻机可自行移动，自立桅杆，整个工作机构可在履带底盘上做±360°回转，因而现场转移、对孔位灵活方便，辅助时间少；钻架采用“平行四边形连杆机构加三角形”的支撑结构，非常适合城市狭窄场地的施工；钻架上装有垂直度检测仪，可以检测和显示钻架的偏斜度，并可通过钻机的“微动”系统调整钻架的垂直度。

(3)动力头。

动力头是旋挖钻机的关键工作部件，其性能好坏直接影响钻孔机整机性能的发挥。动力头是钻机工作的动力源，它驱动钻杆、钻头回转，并能提供钻孔所需的加压力、提升力。动力头有液压传动、电机传动、发动机传动，无论何种都具备低速钻进、反转高速甩土功能。目前大都采用液压驱动，主要包括回转机构、动力驱动机构及支撑机构。动力头的钻进速度一般都具有多档，适合在多种工况下作业。

(4)钻杆。

钻杆是旋挖钻机的关键部件，是决定钻机地层适应能力的主要因素。目前旋挖钻机采用凯式伸缩钻杆，凯式钻杆可以分为摩擦钻杆和锁紧钻杆两大类。摩擦钻杆是指钻杆上的键只能传递扭矩而不能传递钻压的钻杆，而锁紧钻杆是指钻杆之间通过加压平台可以锁成一个刚性体对地层加压钻进的钻杆。摩擦钻杆用于普通地层钻进，锁紧钻杆用于坚硬地层钻进。国内外旋挖钻机的钻杆采用四节或五节伸缩内锁式钻杆，每节长度大约为 13 m，装配后总长不小于 48 m，采用高强度合金钢管，钻杆与动力头采用长压嵌内锁式连接方式。第四节上端用可滑转万向节与主卷钢丝绳相连，下端采用方形截面杆通过销轴与钻头相连，每个钻头应与方形截面杆相配，具有互换性。为了提高作业效率，一台钻机大多配备两套钻杆。

(5)钻头。

钻头是决定旋挖钻机能否较好适应复杂地层、提高工效的重要部件，目前国内外旋挖钻机的钻头可分为以下几种常用的结构：

1)短螺旋钻头。适用于地下水位以上的黏性土、粉土、杂填土、中等密实的砂土；

2)回转斗钻头。适用于淤泥、地下水位高的黏性土、粉土、砂土、人工填土以及含有部分卵石、碎石的地层；

3)筒形钻头。筒底带活门的锅锥钻斗，适用于流塑状土层的钻进及孔底沉渣的捞取。

此外还有捞砂斗、扩底钻头等辅助钻头。

(6)主副卷扬。

国内外旋挖钻机的卷扬有主副卷扬两种。主卷扬是旋挖钻机的关键部件，在钻机的每个工作循环中，主卷扬的结构和功能都非常重要。卷扬的结构采用卷扬减速机，具有卷扬、下放、制动功能，卷筒自行设计，主卷扬应具有自由下放功能，且实现快、慢双速控制。主、副卷扬应配有压绳器。国外旋挖钻机主卷扬都采用柔性较好的非旋转钢筋绳，以提高使用寿命。

(7)发动机系统。

旋挖钻机的发动机系统一般包括发动机、散热器、空滤器、消音器、燃油箱等。一般旋挖钻机的发动机都选用电喷涡轮增压中冷式发动机。

(8)电子控制技术。

20 世纪 90 年代国外旋挖钻机的控制技术逐步实现智能化。目前国外旋挖钻机普遍具备发动机和泵的电子控制系统,能指导主泵最佳输出,使液压负载与发动机转速相匹配,从而利用发动机的最大功率。发动机转速可在负荷较小或无负荷时实现自动控制,自动降低发动机转速,减少油耗、降低噪声和废气的排放量。桅杆垂直度自动调平系统能对桅杆进行实时监控,可实现手动和自动切换,在一定范围内自动调整角度,保证施工中桩孔的垂直度要求,提高施工质量。还具备回转倒土控制、钻孔深度测量及显示、车身工作状态动画显示及虚拟仪表显示、故障检测、报警及信息显示、整机启动前预先自动检测功能。

几种常用旋挖钻机机械性能及技术参数见表 1。

表 1 几种常用旋挖钻机机械性能及技术参数表

性能指标	宝峨 BG20	意马 AF220	土力 R—412	麦特 HR180	三一重工 220C
最大扭矩(kN·m)	191	250	122	207	220
最大钻孔桩径(m)	2.0	2.0	1.5	1.8	2.0
最大钻孔深度(m)	70	66	56	60	65
卷扬机拉力(t)	17	22	14.5	18	20
整机重量(t)	72	66	65	54	65

5 钻孔施工工艺

5.1 施工工艺流程

施工工艺流程如图 1。

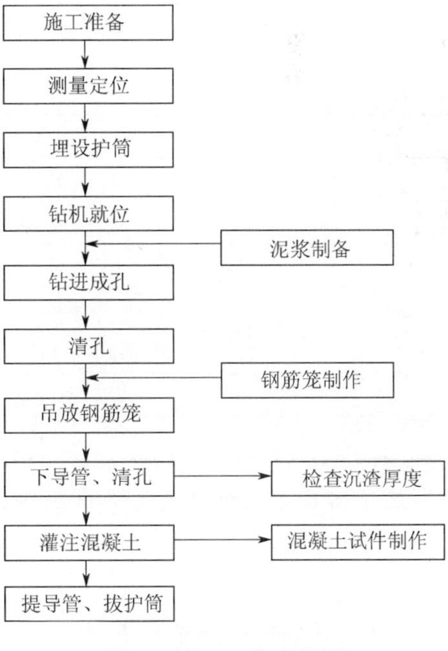

图 1 施工工艺流程图

5.2 施工工艺步骤

5.2.1 施工准备

(1)平整场地(陆地)。

场地为旱地时,施工前应进行场地平整,清除杂物,对局部松软、淤泥进行换填夯实处理,保证钻机位置处平整、夯实,避免在钻进过程中钻机产生不均匀沉陷。

(2)围堰筑岛(浅水)。

施工场地处于浅水时,采用围堰筑岛。清除堰底河床上的杂物、树根、石块,以减少渗漏,围堰施工从上游开始进行,填筑至下游合龙。采用黏土、亚黏土填筑筑岛,围堰填筑时沿河堤向河中间逐步推进,将填筑料倒在露出水面的堰头上,顺坡送入水中,以免离析,造成渗漏,水面以上的填土要分层夯实。防止围堰外坡面受到冲刷,应在外坡面设置土袋加以防护,土袋堆码至堰顶,堆码时上下左右应错开,堆码整齐。围堰填筑完成后再将筑岛顶面土层平整压实后作为钻机的施工平台。围堰筑岛的高度应比施工期间可能出现的最高水位高出 1.5～2.0 m。

(3)测量定位。

场地平整后进行桩位放样，桩位测设采用全站仪根据坐标进行放样，桩位放出后，钉好十字护桩，做好测量复核。

(4)制作、埋设护筒。

钢护筒采用 6～10 mm 的钢板经过卷板机弯卷后焊制而成，节长一般为 2 m。护筒内径比设计桩径大 20 cm。

护筒埋置深度视现场的地质情况而定。护筒埋设采用旋挖钻机开孔埋设，人工进行辅助配合。首先使用与设计桩径匹配的钻头进行钻孔，钻孔深度超过护筒埋设深度 1.0 m 以上时，及时换用扩孔钻头对埋设护筒段进行扩孔，扩孔深度至护筒设计埋设深度处，然后用钻斗将护筒压入。根据十字护桩控制桩位偏差。护筒至少高出地面 30 cm，以防止杂物、泥水流入孔内。

(5)钻机就位、安装。

钻机钻孔的作业平台应基本水平，使主机左右履带板处于同一水平面上。钻机钻孔时的站位一般应对准孔桩位置，动力头施工方向应和履带板方向平行，钻机侧向应留有排渣场地。开钻前调整好机身前后左右的水平。

(6)泥浆制备及指标控制。

泥浆在钻机施工过程中可防止孔壁坍塌、抑制地下水以及悬浮钻渣等，因此泥浆是保证孔壁稳定的重要因素。旋挖钻机施工一般采用化学泥浆护壁。化学泥浆采用优质膨润土、火碱、纤维素及渗水防止剂等按一定比例配制。为了有利于膨润土和羧甲基纤维素完全溶解，应根据泥浆需用量选择澎润土搅拌机，其转速宜大于 200 r/min。泥浆拌制材料的投放顺序：应先注入规定数量的清水，边搅拌，边投放膨润土，膨润土大致溶解后，均匀地投入纤维素，然后投入分散剂，最后投入增大比重剂及渗水防止剂。泥浆性能指标见表 2。

表 2　泥浆性能指标表

序　号	项目名称	性能指标	备　注
1	相对密度	1.1～1.15	
2	黏度(Pa·s)	18～24	
3	静切力(Pa)	1～2.5	
4	含砂率(%)	≤4	
5	酸碱度(pH)	7～9	
6	胶体率(%)	≥95	
7	失水率(ml/30 min)	30	

施工过程中经常检查泥浆的各项性能指标，确保泥浆对孔壁的撑护作用。

5.2.2　钻进成孔

(1)开孔钻进的控制。

钻机就位后，调整钻杆垂直度，注入调制好的泥浆，然后进行钻孔。开始钻进时，采用低速钻进，主卷扬机钢丝绳承担不低于钻杆、钻具重量之和的 20%，以保证孔位不产生偏差。

(2)旋挖钻进的成孔工艺。

旋挖钻机成孔工艺是通过底部带有活门的桶式钻头利用动力头驱动钻杆、钻头回转破碎岩土，并直接将其装入钻斗内，然后再由钻机提升装置和伸缩钻杆将钻斗提出孔外卸土，这样循环往复不断地取土卸土，直至钻至设计深度。钻进过程中，操作人员随时观察钻杆是否垂直，并通过深度计数器控制钻孔深度。当钻头下降到预定深度后，旋转钻头并施加压力，将土挤入钻斗内，仪表自动显示筒充满时，钻头底部关闭，提升钻头到地面卸土。开始钻进时采用低速钻进，钻进护筒以下 3 m 可以采用高速钻进，钻进速度与压力有关，采用钻头与钻杆自重摩擦加压，150 MPa 压力下，进尺速度为 20 cm/min；200 MPa 压力下，进尺速度为 30 cm/min；260 MPa 压力下，进尺速度为 50 cm/min。钻进过程中严格控制钻进速度，避免进尺过大，造成埋钻事故。

钻进过程中要保证桩孔内泥浆标高，泥浆补充一般采用泵送方式，其速度以保证液面始终在护筒底面以上为标准。

钻孔前先用水准仪确定护筒标高，并以此作为基点，按设计要求的孔底标高计算孔深，且孔深不应小于设计深度，超钻深度不大于 50 cm；孔径用孔径仪测量，若出现缩径现象应进行扫孔，符合要求后方可进行下道工序。

(3)扩孔率的施工控制。

成孔过程中，操作人员随时观察钻杆是否垂直，钻斗进入孔内要匀速缓慢，控制钻斗提升速度，避免钻斗下产生较大负压作用，造成孔壁坍塌；钻斗挖土时转杆不能转动过快，使桩径增大。

(4)泥浆的回收及排渣处理。

在现场设置泥浆循环系统，设置储浆池、沉淀池，浆池容量根据桩长、桩径确定，浆池池壁及池底采用砂浆抹面处理。新拌制的泥浆存放在储浆池内，从桩孔内抽排的泥浆存放在沉淀池内。防止泥浆污染场地，泥浆排放均采取泥浆泵抽排。泥浆在使用过程中经常检查泥浆的各项性能指标，及时清理沉淀池内的沉渣，超标的泥浆采用泥浆处理器分离处理后循环使用。

钻孔过程中，桩孔内挖出的弃渣，由装载机转运至临时存放点，然后用自卸车运至指定弃土场。

(5)终孔时的清孔方法及验孔标准。

当钻孔达到设计高程后，及时组织有关人员对孔径、孔深、孔位、竖直度进行检查，孔径及孔形检查用检孔器检查，孔深和孔底沉渣用标准测锤检测，检查确认合格后应立即进行清孔。清孔采用捞砂钻头将沉淀物清出孔外，要求沉渣厚度满足设计或规范要求。钻孔桩成孔的质量标准见表 3。

表 3 钻孔成孔质量标准

项 目	允许偏差
孔的中心位置(mm)	群桩：100；单排桩：50
孔径(mm)	不小于设计桩径
倾斜度	小于 1%
孔深	摩擦桩：不小于设计规定；支承桩：比设计深度超深不小于 50 mm
沉淀厚度(mm)	摩擦桩：符合设计要求，当设计无要求时，对于桩径≤1.5 m 的桩，≤300 mm；对桩径＞1.5 m 或桩长＞40 m 或土质较差的桩，≤500 mm；支承桩：不大于设计规定
清孔后泥浆指标	相对密度：1.03～1.10；黏度：17～20Pa·s；含砂率：＜2%；胶体率：＞98%

注：清孔后的泥浆指标，是指从桩孔的顶、中、底部分别取样检验的平均值。本表选自《公路桥涵施工技术规范》JTJ041—2000。

6 钻孔异常的预防及处理

施工前，应掌握施工地段地层的性质、结构、稳定状况及以往发生事故的经验教训，针对具体情况采取预防措施；工作中随时注意事故征兆，发现事故苗头，必须立刻采取预防措施；施工现场必须备有常用的事故处理工具，发生意外事故，及时进行处理。

6.1　坍　　孔

(1)发生坍孔事故时，应将钻具提离孔底，并尽快将钻杆钻具提出孔外。

(2)处理坍孔事故前，应先弄清桩孔坍塌的深度、位置、坍孔部位的地层、孔内泥浆指标、淤塞情况等，查明坍孔原因，针对具体情况进行处理。

(3)当坍孔发生在井孔上部土层时，应迅速加长钢护筒，并用黏土回填封闭，然后清除井孔下部的坍塌物，继续增大孔内泥浆的密度和黏度，继续钻进。

(4)当坍孔发生在井孔下部土层时，一般可加大泥浆的密度和黏度的方法处理。若调整泥浆指标不能排除事故，则应添入黏土，将坍塌部分全部填实。然后加大泥浆密度，再重新开孔钻进。

6.2　缩　　孔

缩孔是局部桩径小于设计孔径。发生缩孔时，可提高孔内泥浆面或加大泥浆比重，将钻头提到缩孔位置采用上下反复扫孔的方法恢复孔径。

6.3　钻杆扭裂(断)

(1)打捞断落钻具前，必须详细摸请事故钻具的位置、深度、靠壁情况及有无坍塌淤塞等情况，必要时可下入打捞器探测。

(2)根据事故的不同的情况，进行钩挂、拧套打捞。在接上或套住断落钻具之后，应先轻轻提动，确定套牢后再提升。

(3)断落钻具倒靠孔壁时，打捞工具上应带有导向器或先下入扶正器扶正后，再下打捞工具套取。

(4)当打捞工具已套上断落钻具而又提拔不动时，宜视孔内具体情况可先用空气压缩机或泥浆泵清除上部沉淀物后，再强行提拉。

(5)钻杆如有裂伤，应及时更换。

7　灌注桩身水下混凝土

7.1　原材料的选择及配合比

(1)水泥采用火山灰水泥、粉煤灰水泥或硅酸盐水泥，水泥的初凝时间不宜早于 2.5 h，强度等级不宜低于 42.5。

(2)粗集料应优先选用卵石，采用碎石时应适当增加混凝土配合比的含砂率。细集料采用级配良好的中砂。

(3)混凝土配合比的含砂率采用 0.4～0.5，水灰比采用 0.5～0.6。混凝土初凝时间根据桩长及灌注时间确定，浅孔、小桩径初凝时间可采用 3～5 h，深桩混凝土初凝时间大于 8 h。按初凝时间的控制标准确定缓凝剂的填加量。

(4)为使混凝土具有良好的保水性和流动性，应按合理的配合比将水泥、石子、砂子倒入料斗后，先开动搅拌机并加入 30%的水，然后与拌合料一起均匀加入 60%的水，最后再加入 10%的水(如砂、石含水率较大时，可适当控制此部分水量)。最后加水到出料时间控制在 60～90 s 内。

(5)混凝土灌注时应保持足够的流动性，坍落度应控制在 180～220 mm 之间，灌注至桩顶约 5 m 处时，可将坍落度控制在 160～170 mm，以确保桩顶浮浆不过高。

7.2 制安钢筋笼及声测管、压浆管

7.2.1 钢筋笼的制安

钢筋笼的制作采用在加工场统一加工制作，运至现场进行吊放。若场地运输困难，可在现场内加工制作。

(1)钢筋原材进场后按钢筋的不同型号、不同直径、不同长度分别进行堆放，设立识别标志。

(2)主筋接长采用对焊、搭接焊或绑条焊，主筋对接在同一截面内的钢筋接头数不得多于主筋总数的 50%，相邻两个接头间的距离不小于主筋直径的 35 倍，且不小于 500 mm，主筋焊接长度满足规范要求。

(3)在成形架上安放架立筋，按等间距将主筋布置好，用电弧焊将主筋与架立筋固定；按规定的间距缠绕箍筋，并用电弧焊或扎丝将箍筋与主筋固定。

(4)在钢筋笼上、下端及中部每隔一定距离于同一横截面上对称设置四个钢筋“耳环”，确保钢筋笼与孔壁保持设计保护层距离。

(5)钢筋笼的吊放要对准孔位扶稳轻放、慢放，避免碰撞孔壁。下放过程中，注意观察孔内水位情况，如有异常，立即停止，检查是否坍孔。

(6)钢筋笼采用分节吊放时，应将钢筋笼逐步接长后再放入孔内。利用先吊入孔内的钢筋笼上部架立筋将笼体固定在护筒上，利用吊机将上节钢筋笼临时吊住进行两节钢筋笼的接长，钢筋笼接长后需对焊缝检查验收，冷却后再沉入孔内。

(7)钢筋笼的吊放到位后用吊筋固定在护筒上，保证钢筋笼的设计标高，同时也可防止灌注混凝土时钢筋笼的上浮。

7.2.2 声测管、压浆管的制作、安装

声测管、压浆管制作用料应满足设计尺寸及材质要求，制作前应详细检查，看是否有砂眼、变形等。有砂眼的钢管可补焊后使用，变形的钢管严禁使用。

焊接接长时使用套管，套管壁厚不小于声测管、压浆管壁厚，套管内径较声测管、压浆管外径大 3 mm 左右。声测管、压浆管接长焊缝应焊接牢固并确保不漏浆。

声测管、压浆管安装后应装满水再封顶。封顶采用 3 mm 钢板焊接。声测管、压浆管与加劲箍及钢筋笼的固定应满足重力及浮力要求。

7.3 导管的配置、试拼、试压及安装

浇注导管采用钢质导管，导管内径为 200～350 mm，根据桩径选用不同内径的导管，导管接头选用丝口或抱箍式接头，可加快导管接长拼装及拆除速度。导管长度根据桩长确定，底节导管一般不短于 4 m，标准节导管可采用节长 3.0 m 的导管，同时配备一些 0.50 m、1.0 m、1.5 m 的短节导管以作长度调整。

导管使用前需进行水密性及接头抗拉试验，检验其水密性及接头强度，试验合格后方可使用。进行水密试验的水压不低于孔底静水压力的 1.3 倍的压力。

导管在井口安装，安装时夹板应扣牢，对接前必须仔细检查管壁及接头丝扣、密封圈的完好情况。加密封胶圈后应涂抹黄油密封，确保导管不漏水。

导管下放时，保持导管居于孔中间缓慢、小心轻放，避免磕碰钢筋笼，以防导管提升时挂坏

钢筋笼或将钢筋笼提起。导管底口至孔底距离控制在 0.3～0.5 m 之间。

导管使用后应冲洗干净，摆放整齐。特别注意保持丝口清洁。

7.4　二次清孔的方法或措施

当导管安装完毕，灌注混凝土前应再次测量沉渣厚度，沉渣厚度超标时，应进行二次清孔。二次清孔采用换浆法施工，即向孔内注入经过泥浆处理器处理过的泥浆，换出孔底沉渣及浓度较大的泥浆。清孔标准：孔内排出的泥浆手摸无 2～3 mm 颗粒，泥浆比重不大于 1.1，含砂率小于 2%，黏度 17～20 s。

7.5　隔水栓的方式及初始混凝土的储备

在导管中下隔水栓，隔水栓采用球胆，球胆的直径应稍小于浇注导管内径。

根据首批混凝土数量计算，确定使用的料斗。下隔水栓后，往料斗中投放混凝土，在料斗中储备的混凝土数量不小于计算的首批混凝土数量。

首批灌注混凝土的数量应能满足导管首次埋置深度（≥1.0 m）和填充导管底部需要，所需混凝土数量可参考下式计算：

$$V \geqslant \frac{\pi D^2}{4}(H_1+H_2)+\frac{\pi d^2}{4}h_1$$

式中　V——灌注首批混凝土所需数量（m^3）；

D——桩孔直径（m）；

H_1——桩孔底至导管底端间距，一般为 0.4 m；

H_2——导管初次埋置深度（m）；

d——导管内径（m）；

h_1——桩孔内混凝土达到埋置深度 H_2 时，导管内混凝土柱平衡导管外（或泥浆）压力所需的高度（m），即 $h_1=H_w\gamma_w/\gamma_c$；

其中　γ_c——混凝土拌和物的重度（取 24 kN/m^3）；

γ_w——井孔内水或泥浆的重度（kN/m^3）；

H_w——井孔内水或泥浆的深度（m）。

首批混凝土数量计算示意图如图 2。

7.6　灌注方式及混凝土面的测量方法

清孔完毕后，由导管上部塞入隔水栓，塞入深度以临近水面为准，当储料斗内的混凝土储量满足剪栓后首次灌注时，即保证导管底端能埋入混凝土中 1.0～1.2 m 时，即可剪栓通过泵送或吊斗进行混凝土灌注。随着不断地灌注，孔内混凝土面的上升，在保持导管一定埋深的情况下，随时提升和拆卸导管，直至灌注成桩。

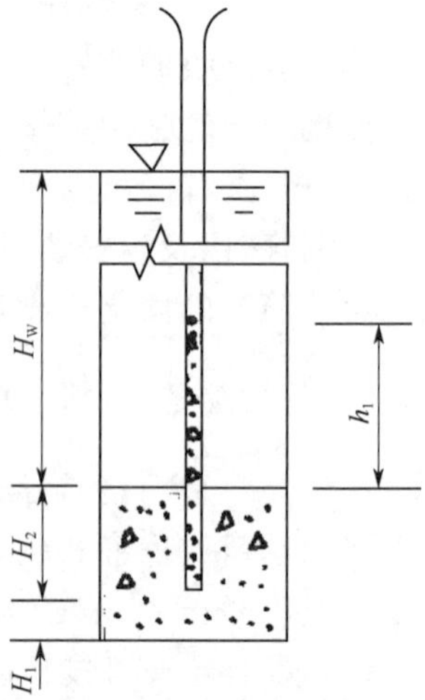

图 2　首批混凝土数量计算示意图

为了保证混凝土连续灌注，导管不脱离混凝土面，且有一定的埋置深度，由专人用测砣测量混凝土面的高度，以此推算每次导管上拔的高度，避免和禁止导管脱离混凝土面和混凝土灌注的中断。

灌注过程中，应有专人测量导管埋深及管内外混凝土面的高差，用测砣测量混凝土面高度，填写混凝土灌注记录。

7.7 导管的埋深及拆卸

在灌注过程中，导管的埋置深度应控制在 2～4 m。经常测探桩孔内混凝土面的位置，计算导管埋置深度，以便及时拆除导管，调整导管埋置深度，防止埋管过深，导管无法拔除。

7.8 灌注超桩顶混凝土的控制

为消除浮浆及测量误差的影响，保证桩顶灌注质量，混凝土的灌注应比设计桩顶高出一定高度，根据规范要求，一般为 0.5～1.0 m，以保证桩顶混凝土完整、无松散层。在灌注将近结束时，应核对混凝土的灌入数量，准确测定混凝土面的高度，以确定混凝土的灌注高度是否正确。

7.9 拔出导管及混凝土质量检测评定

桩基混凝土灌注完成后，拔出浇注导管，及时清洗导管，防止导管内壁混凝土固结，影响下次混凝土浇注。

成桩后对桩基进行无损检测，利用桩身内预埋的声测管对桩身混凝土进行超声波检测。检测由有资质的专业检测机构进行。

7.10 按设计要求进行孔底压浆

桩身混凝土灌注初凝后，用高压水进行预埋的注浆孔初裂，使套筒包裹的出浆口开裂。在桩身混凝土强度及时间满足设计要求后开始进行桩底压浆，采用膨润土、水泥、水、缓凝剂拌制成不收缩的混合浆液，其 7 d 最小抗压强度为 5 MPa。浆液按剂量通过注浆管依次压注，所有压浆管应以规定的剂量轮流压注或达到规定的压力后维持 10 min，第一循环压注完成后不少于 6 h 开始下一轮的压注，直至满足设计要求。

8 灌注异常的预防及处理

8.1 堵　　管

在混凝土灌注过程中，混凝土在导管中下不去称为堵管。堵管有以下两种情况：

(1)初灌时隔水栓卡管或由于混凝土本身的原因，如坍落度过小、流动性差、夹有大卵石、拌和不均匀，以及运输途中产生离析、导管接缝处漏水等，使混凝土中的水泥浆被冲走，粗集料集中而造成导管堵塞。

发生这种情况时可用长杆冲捣管内混凝土，用吊绳抖动导管，或在导管上安装附着式振捣器等使隔水栓下落。如仍不能下落时，则需将导管连同其内的混凝土提出孔外，进行清理修整(注意切勿使导管内的混凝土落入井孔)，然后重新吊装导管，重新灌注。一旦有混凝土拌和物落入井孔，应将孔底的拌和物粒料用空气吸泥机清出。

(2)机械发生故障或其他原因使混凝土在导管内停留时间过久，或灌注时间持续过长，最初灌注的混凝土已经初凝，增大了导管内混凝土下落的阻力，混凝土堵在管内。其预防方法是灌注前应仔细检修灌注机械，并准备备用机械，发生故障时立即调换备用机械；同时采取措施，加速混凝土灌注速度，必要时，可在首批混凝土中掺入缓凝剂，以延缓混凝土的初凝时间。

当灌注时间很长时，孔内首批混凝土已初凝，导管内又堵塞有混凝土，此时应将导管拔出，重新安设钻机，利用较小钻头将钢筋笼以内的混凝土钻挖吸出，用冲抓锥将钢筋骨架逐一拔出。然后以黏土回填，待沉实后重新钻孔成桩。

8.2　导管漏水

导管漏水的主要原因是导管接头不严，接头间橡皮垫被导管高压气囊挤开或焊缝破裂，孔内水从接头或焊缝中流入。发生导管漏水事故，要立即查明事故原因，及时采取措施处理，视混凝土灌注情况，采取如下处理办法：

(1)混凝土刚灌注不久，将原导管提出拔换重下新管，将散落在孔底的混凝土用空气吸泥机以及抓斗清出，必要时需将钢筋笼提出采取复钻清除。然后重新下放钢筋笼、导管灌注混凝土。

(2)混凝土已灌注一定高度时，尚不能堵住漏水时，必须及时提出导管、钢筋笼重钻重灌，如已灌注混凝土已堵住漏水处则可继续灌注。

8.3　提漏导管

灌注过程中导管提升过猛或测量深度出错时，导管底口超出原混凝土面，底口涌入泥水，导致提漏导管。发现提漏导管后，应及时提出导管和钢筋笼，重新安装钻机、在原位重钻成孔后再进行混凝土灌注。因此必须引起注意，提导管不能过猛，测量要准确，以防止断桩事故发生。

9　劳动力组织

9.1　劳动组织体系

劳动组织体系如图3。

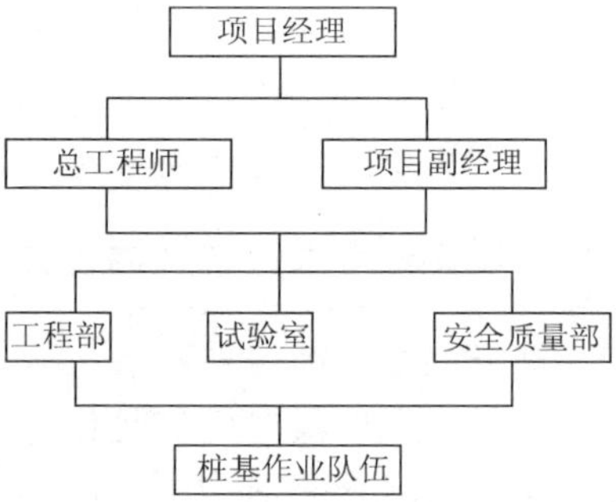

图3　劳动组织体系图

9.2　人员配置

管理人员配置见表4，施工人员配置见表5。

表4　管理人员配置表

序号	岗位名称	人数	备注
1	项目经理	1	
2	总工程师	1	
3	项目副经理	1	
4	专业工程师	1	
5	机电工程师	1	
6	安全工程师	1	
7	质量工程师	1	
8	测量工程师	1	
9	试验工程师	1	

表5　施工人员配置表

序号	岗位名称	人数	备注
1	领工员	1	
2	旋挖钻司机	1	
3	吊车司机	1	
4	装载机司机	1	
5	修理工	2	
6	钢筋工	4	
7	电焊工	2	
8	电工	1	
9	混凝土工	4	
10	混凝土罐车司机	3	
11	混凝土拌制	8	

施工人员以一个班组作业考虑。

10 安全生产及环境保护

10.1 安全注意事项

(1)建立健全安全管理体系,建立安全管理机构,制定切实可行的安全管理措施及操作规程。

(2)所有机械设备的使用、操作,都应严格遵守其《安全操作规程》。

(3)旋挖钻机司机持证上岗,熟知钻机使用说明书、安全操作规程等,杜绝违章作业。操作钻机时,应带上安全帽、防护眼镜、适合本人的安全工作服等。

(4)在钻机施工中,随时对钻机做好以下几方面日常维护工作:每班工作前都要给钻杆提引器、钻杆随动导向架加注黄油;经常检查钢丝绳、挂钩是否完好;钢丝绳在主卷扬筒上必须排列有序,出现错乱,应重新绕排;经常检查油管、密封圈的破损情况,准备备用件应付急需;检查钻杆提引器(钢丝绳连接体)轴承转动是否灵活;经常检查螺栓、销轴是否松动、磨损、断裂。

(5)钻机操作前,请非工作人员离开机器和附近地区。钻机司机应知道钻机的高度、宽度、回转半径,避免与周围、空中的物体及管线发生碰撞。钻机停放时应放在水平地面上,使钻机上的所有部件处于卸载和稳定状态。遇有 6 级以上大风或雷雨天气时,应放倒桅杆、切断电源、停止作业。

(6)钻机作业中注意观察各部位指示灯,发现异常应立即停车检查,排除异常后,方准恢复作业。钻机行走时,保持附件离地面大约 40 cm。不要将机器接近突出物、挖掘基坑的边缘,并与之保持安全的距离。禁止将钻机配置的卷扬机作为起重机或装载设备进行其他作业。

(7)旋挖钻机工作状态下的重心较高,场地内转移时注意防止倾覆事故发生。场地内转移时地面应有辅助操作人员提前进行转移路径的检查,在地面进行正确引导、指挥。

(8)钻机钻孔结束后、灌注混凝土前,对于孔口采取覆盖并做出明显的警示标志,防止人员、机具误坠孔内。

(9)进行吊放钢筋笼、导管等孔口作业时,注意防止坠落事故发生。除了经常对施工人员进行安全生产教育、提高其安全生产意识外,应将孔口周围的作业场地清理规整,做到无闲散杂物,便于人员活动、作业。

10.2 环境保护

(1)建立"环境保护"领导小组,开展现场文明施工活动。加强作业人员相关法规学习,提高环境保护意识。

(2)做好泥浆池规划,根据桩径、桩长确定储浆池容量;及时清理储浆池,避免泥浆溢出污染环境。废弃泥浆用槽罐车运至指定地点倾倒。

(3)钻孔中挖出的土方及时清理外运至指定弃渣场统一存放,工地临时存放的弃渣需覆盖防止扬尘。

(4)混凝土灌注作业完成后,运输车辆、拌和设备要及时清除清洗,污水排入污水净化池。

11 结束语

旋挖钻机是现今比较先进的一种快速成孔设备,设备装机功率大、输出扭矩大、自动化程度高、施工效率高,另外噪音低、污染小,特别适合在市区施工。配合不同的钻具,旋挖钻机可适应我国大部分地区的地质条件,已成为土建工程桩基施工中较理想的施工机械。目前,旋挖钻机成孔工艺在我国北方地区已得到很快的普及,配合一些其他设备也可以在南方地区软土地层中应用。

旋挖钻机成孔将是灌注桩基成孔工艺的发展方向。

全套管钻孔法施工工艺

1 前 言

全套管钻孔法也称为贝诺特工法，是钻孔桩基础的主要施工方法之一。配合这个施工工艺的设备称为全套管设备或全套管钻机，由法国贝诺特公司于20世纪50年代初开发和研制。日本从1954年引进全套管钻机，并于20世纪60年代初由日本三菱重工业公司开始进行技术改造，到80年代形成目前通用的MT系列贝诺特全套管钻机。随着液压技术的日臻完善，全套管钻机的机种和施工均有很大发展。我国于20世纪70年代开始引进此类钻机。

2 适用范围

全套管钻机适用于各类土质，风化岩层、卵石层及砂土层中采用相应的钻挖技术，完成钻孔桩成孔，但在孤石、泥岩层或软岩层成孔时，成孔效率将显著降低。当地下水位下有厚细砂层(厚度5 m以上)时，由于摇动作业使砂层压密，将造成压进或抽拔套管困难，故应避免在有厚砂层的地层中使用。

由于在钻孔过程中采用通长套管，特别适合于城区接近既有建筑地区的施工。

3 工艺原理及特点

3.1 工艺原理

全套管钻孔法是利用钻机装有液压驱动的抱管、晃管、压入(或拔出)机械，成孔过程中将套管边晃边压，压入土中，同时利用重锤式冲抓斗在钢套管中挖掘取土或砂石，直至钢套管下沉至设计深度，成孔后灌注混凝土的同时，逐节将钢套管拔出并拆除。

3.2 工艺特点

(1)施工无噪音、无振动，钻孔过程中不使用泥浆护壁，避免了泥浆的加工、储存、运输，施工现场洁净清爽，有利于文明施工。

(2)钻孔过程中采用全套管跟进，采用落锤式冲抓斗挖掘，成桩作业速度快，孔壁不会坍塌，成孔质量高。

(3)钻孔过程中不使用泥浆护壁，避免泥浆污染钢筋和进入混凝土的可能，钢筋周围不会附粘一层泥浆，有利于搞高混凝土对钢筋的握裹力，成桩质量高。

(4)成孔速度快，挖掘深度大，成孔垂直度容易控制，垂直度偏差小，可以控制到3‰。

(5)成孔直径标准，扩孔率小，与其他成孔方法比较，节约混凝土，清孔彻底，孔底残渣少，提高了桩的承载力。

(6)套管钻机为自行式，现场移动方便。

(7)可做斜度15°以内的斜桩。

4 套管钻机机械设备

本节主要以三菱重工的MT系列套管钻机为典型，介绍套管钻机的构造。

4.1 机械参数表

机械性能参数见表1。

表1 机械性能参数表

性能指标		日本三菱重工			备注
		MT120	MT150	MT200	
钻孔直径(m)		1.0～1.2	1.0～1.5	1.0～2.0	
钻孔深度(m)		35～50	40～60	35～60	
作业时外形尺寸(mm)	长度	7 580	10 570	11 020	
	宽度	3 300	3 180	3 490	
	高度	11 180	16 060	16 060	
运输时外形尺寸(mm)	长度	12 250	15 510	15 920	
	宽度	3 000	3 180	3 490	
	高度	3 315	5 180	5 700	
质量(kg)		24 000	51 000	54 000	
摇动扭矩(kN·m)		510	1 480	1 600	
最大压管力(kN)		150	300	350	
最大拔管力(kN)		440	1 180	1 180	
上下动时千斤顶能力(kN)		640	1 000	1 000	
摇动角度(°)		15	12	12	
发动机额定功率(kW)		125	125	125	
发动机额定转速(r/min)		1 600	1 600	1 600	
卷扬机起重力(kN)		35	50	50	
卷扬机提升速度(m/min)		120	85	85	
接地压力(MPa)		0.08	0.094	0.094	
爬坡能力(°)		19	15.3	13.3	
行走速度(km/h)		1.0	0.73	0.73	
适用套管(m)		4	6	6	
液压泵常用输出压力(MPa)		21	14	14	
液压泵常用输出流量(L/min)		100	120	120	

4.2 主机设备

图1为三菱重工MT—150(200)型套管钻机的外观图，它由主机、行走装置、套管导向器、钻架、套管作业装置、落锤式抓斗等部分组成。

4.2.1 走行机构

走行装置为全液压驱动履带式，左右履带各由一低速大扭矩液压马达(图1中33)驱动，经减速器与链条传给驱动轮(图1中30)，使钻机行走。

4.2.2 前后支腿和臂架导向装置

图1中13为前支架，21为后托架。钻架为一用斜撑支撑的钢结构立柱，在立柱上装有可沿导轨滑动的滑架(图1中7)，它由副卷扬机提升，滑架的下部套入套管的上口，随着滑架滑动起着上导向的作用。在前车架下部有套管下导向(图1中15)，夹卡内装有衬套，它们可分

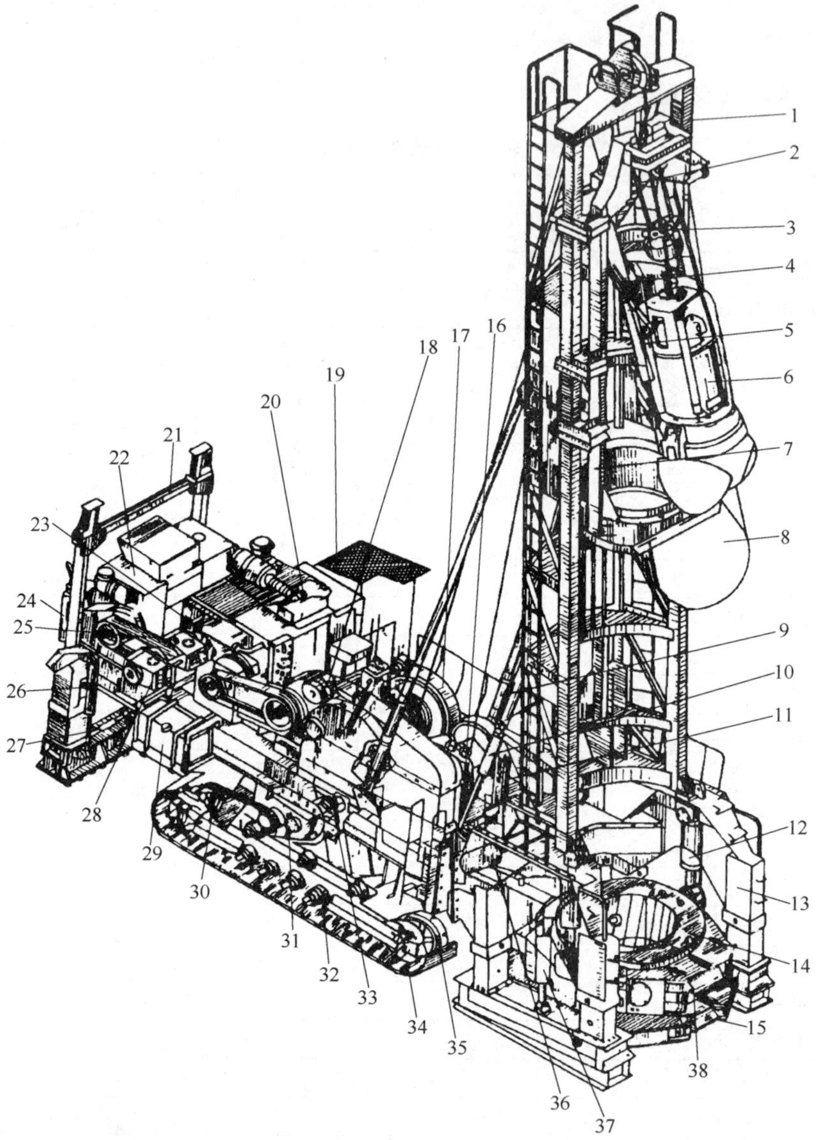

图 1　三菱重工 MT—150(200)型套管钻机外观图

1—立柱;2—吸振器;3—冠帽;4—排土板液压缸;5—排土板;6—冲抓斗;7—滑架;8—滑槽;9—斜撑液压缸;10—立柱液压缸;11—辅卷扬机;12—提升液压缸;13—前支架;14—夹卡内套;15—下导向;16—副卷扬机;17—主卷扬机;18—泵 P_3、P_5;19—防晒棚;20—发动机;21—后托架;22—发动机;23—液压油箱;24—排气管;25—泵 P_2、P_4;26—后支腿液压缸;27—回转液压缸;28—泵 P_1;29—燃油箱;30—驱动轮;31—减速箱;32—导轮;33—液压马达;34—履带;35—惰轮;36—摇动液压缸;37—前支腿液压缸;38—夹卡液压缸

别对应不同的钻孔直径。

4.2.3　夹管机构

前车架上套管作业装置,它们包括由夹卡内套(图 1 中 14)与夹卡液压缸(图 1 中 38)构成的套管夹持器,引拔提升液压缸(图 1 中 12)与摇动液压缸(图 1 中 36)。工作时,由夹持器夹住套管,摇动液压缸来回摆动,通过大臂使套管作小幅转动,再通过引拔提升液压缸下压或拔出套管。整个机构全由液压油驱动。

4.2.4　液压系统

图2为MT—150套管钻机的液压件位置图，全系统包括摇动回路、前支腿回路、夹卡回路、引拔提升回路、后支腿回路、斜撑回路、卷扬机刹车离合器回路与排土板回路。

4.2.5　操作与控制

套管钻机的操作与控制通过钻机所设的液压泵实现，全机共使用5个液压泵：P1、P2为三菱FGH50型柱塞泵，最大压力为16 MPa，流量Q=120 L/min，由6DB发动机驱动。P1泵主要用来供引拔提升液压缸与夹卡液压缸液压油，P2泵主要用来供摇动液压缸压力油，这三个工作液压缸是套管钻机工作装置的主要油缸，工作时需要较大的油量，所以由P1、P2泵同进供应液压油。P3、P5泵为齿轮泵，安装在主卷扬机的减速器上，P3泵供应排土板压力油，工作压力为7 MPa，P5泵供应卷扬机操作系统压力油，工作压力6 MPa，P4泵是叶片泵，额定压力1.5 MPa，它与P2泵耦合安装，主要供摇动回路先导液压油。见图2。

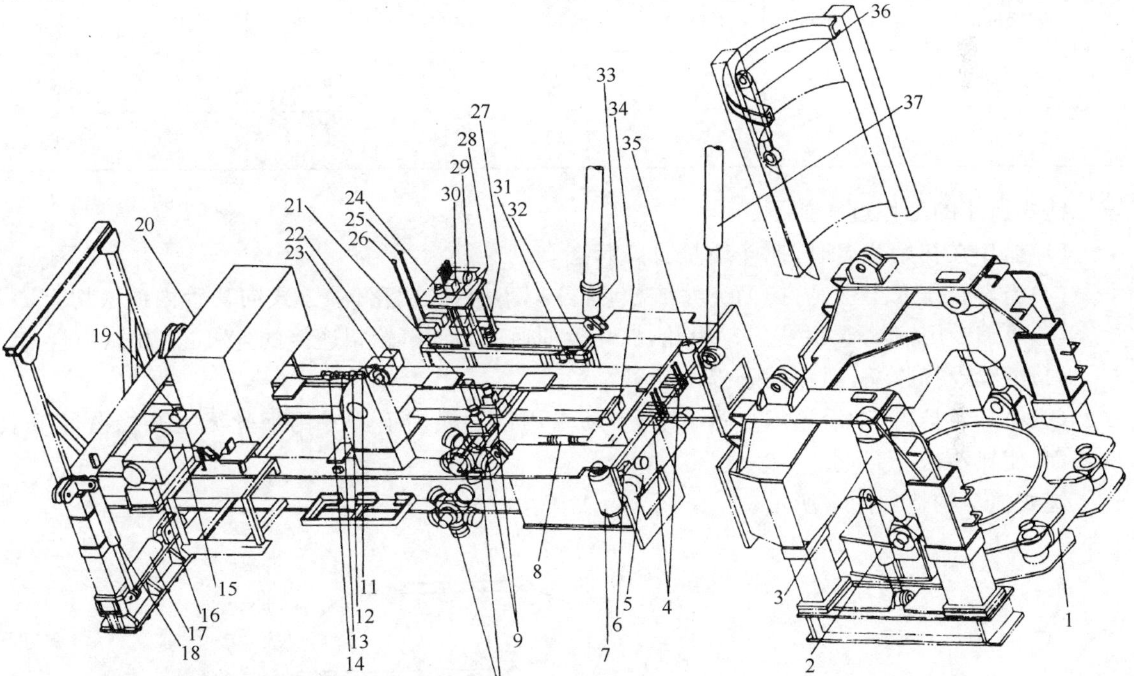

图2　MT—150套管钻机的液压件位置图

1—夹卡液压缸；2—前支腿液压缸；3—提升液压缸；4—阀LDS3；5—摇动液压缸；6—限位阀F-PD；7—蓄能器ACC2；8—单向阀F-NR2；9—刹车阀F-BR；10—液压马达(MR、ML)；11—先导溢流阀F-VS4；12—排土板溢流阀F-VS5；13—推进溢流阀F-VS4；14—卷扬机溢流阀F-VS5；15—泵P_2；16—泵P_1；17—回转液压缸；18—后支腿液压缸；19—泵P_4；20—液压油箱；21—分配阀F-DS5；22—泵P_5；23—泵P_3；24—压力表开关L-GS；25—卷扬机刹车阀；26—卷扬机离合器阀；27—细滤清器F-Fi；28—控制阀L-DS2；29—压力表；30—分配阀F-DS1；31—先导单向阀L-NRP1；32—先导单向阀F-NRP2；33—斜撑液压缸；34—先导控制阀F-DS；35—蓄能器；36—排土板液压缸；37—立柱支撑液压缸

行走马达(三菱M35型)为径向柱塞式低速大扭矩液压马达，工作压力14 MPa，转速为31 r/min，左右行走马达分别驱动左右履带，通过操作左右换向阀可实现转弯与就地回转。

4.3　抓斗结构

套管钻机的抓斗为重锤式抓斗，又称冲抓斗，是开挖取土的工具。落锤式抓斗分二瓣式和三瓣式。二瓣式适用于土质松软的场合，抓土较多；三瓣式适用于硬土层，但抓土量较少。其主要技术参数见表 2。

表 2　落锤式抓斗(冲抓斗)主要技术参数表

项目＼型号	GS13				GS20		
挖掘直径(m)	1	1.1	1.2	1.3	1.5	1.8	2.0
抓斗瓣外径(mm)	850	950	1 050	1 150	1 340	1 610	1 800
全长(mm)	3 060	3 090	3 110	3 110	3 655	3 755	3 855
容量(m^3)	0.08	0.1	0.12	0.14	0.24	0.29	0.40
自重(kg)	1 630	1 840	1 950	2 030	3 350	3 750	3 950

锤式抓斗的工作过程如下：

(1)抓斗在初始状态时，抓斗瓣呈打开状态。

(2)当套管压入土中，卷扬筒突然放松，抓斗以落锤(自由落体)方式向套管内冲入切土。

(3)收缩专用钢丝绳，并提升动滑轮，抓斗瓣即通过与动滑轮相连接的连杆，使其抓土合龙。

(4)继续卷扬收缩，抓斗被子提出套管。

(5)松开卷扬筒，动滑轮靠自重下滑，带动专用钢丝绳向下。专用钢丝绳上凸缘滑过下棘爪斜面，使抓斗松开弃土。

锤式抓斗构造如图 3 所示。

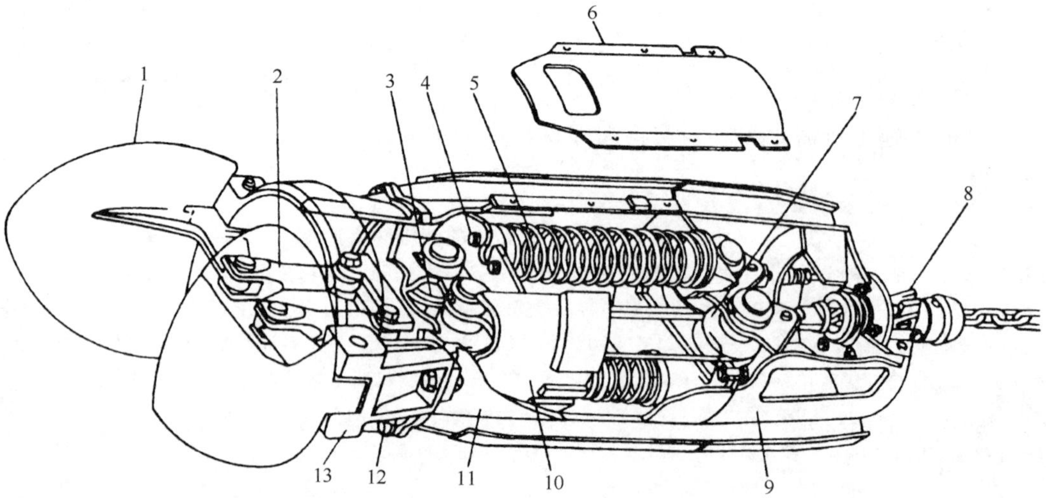

图 3　落锤式抓斗(冲抓斗)GS13、GS20 外观图

1—抓瓣；2—连杆；3—下滑轮；4—弹簧定位螺栓；5—弹簧；6—边盖；7—上滑轮；8—抓斗头；9—上锤体；10—活塞；11—下锤体；12—连接螺栓；13—抓瓣座

4.4 套管结构

全套管钻机用的套管一般分为第一节和标准节，第一节一般长为1.8 m，标准节有2 m、3 m、4 m、6 m等不同长度，施工时根据桩的长度进行配套使用。

因套管进入土层的过程中承受较大的扭矩，故套管一般均为双层结构。套管由上下接头和双层卷管焊接而成。上下接头均为经过精确加工的雌雄接头，便于套管准确连接，并且有互换性。套管之间的连接借助于内六角螺栓，下接头孔眼为光孔，上接头孔眼为螺纹孔。

在第一节套管的端部连接一段带有刃口的短套管，这些刃口都用硬质合金组成齿状的端部，短套管的直径比标准套管大20～40 mm，在下沉过程中以减小上部标准套管与孔间的摩阻力，见表3。

表3 套管尺寸参数表

钻孔直径(mm)		1 000	1 100	1 200	1 300	1 500	1 800	2 000
套管外径(mm)		980	1 080	1 180	1 280	1 480	1 780	1 980
套管内径(mm)		890	990	1 090	1 190	1 390	1 690	1 890
套管质量(kg)	6 m管	3 060	3 370	4 100	4 400	5 160	7 880	8 810
	4 m管	2 090	2 300	2 800	3 020	3 510	5 370	6 000
	3 m管	1 580	1 740	2 100	2 280	2 650	4 080	4 550
	2 m管	1 130	1 240	1 480	1 610	1 870	2 850	3 190
	1.8 m管(第一节)	1 170	1 290	1 420	1 540	1 780	2 590	2 910

5 施工准备

5.1 技术准备

(1)熟悉桩基工程施工图纸，编制桩基施工组织设计或施工方案。

(2)进行施工现场调查，弄清施工场地和邻近区域内的地下管线、地下构筑物等的调查资料。

(3)对桩基施工所需水泥、砂石、钢筋等材料进行进场试验检测。

5.2 现场准备

(1)进行场地平整，对局部松软、淤泥进行换填夯实处理，保证钻机位置处平整、夯实，避免在钻进过程中钻机产生机械倾斜，致使成孔偏心；清除杂物，清除施工范围内的电线、电缆、地下水管及其他障碍物；雨季施工应做好排水措施。

(2)对于施工场地相邻的施工管线、建筑物等采取相应的隔离和保护措施。

(3)场地平整后进行桩位放样，桩位采用全站仪测设，桩位放出后，钉好十字护桩，做好测量校核工作。

5.3 劳动力准备

(1)对施工人员进行技术交底，将技术标准、施工方法、工艺要求、技术措施和必要的操作规程、注意事项及安全、质量、工期要求等向施工人员进行交底并讨论清楚。

（2）配备相应的桩基钢筋笼制作人员，保证桩基钢筋笼的制作供应满足桩基施工进度。

（3）配备混凝土搅拌及运输人员，保证桩基混凝土供应。

6　全套管钻孔法施工工艺流程图

全套管钻孔法施工工艺流程如图 4。

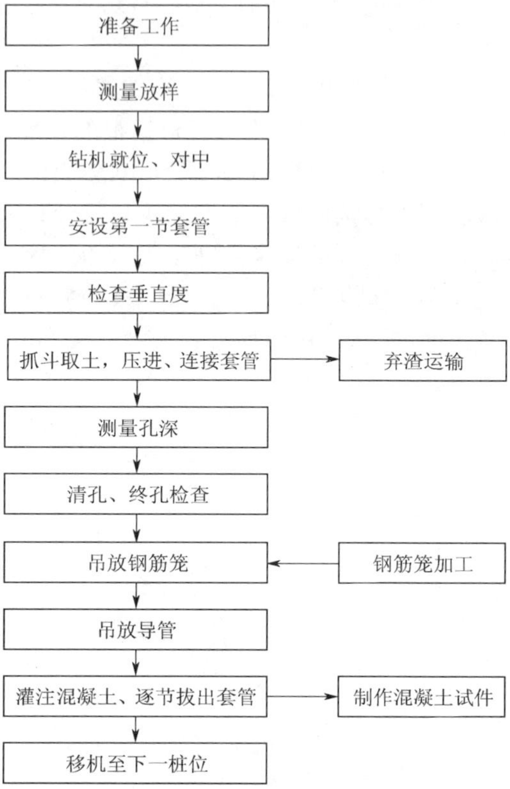

图 4　全套管钻孔法施工工艺流程图

7　全套管钻孔施工

7.1　施工步骤

施工步骤如图 5。

7.2　基本原则

（1）钻机就位后应将钻机用水准仪校正找平，成孔机具中心必须与桩中心一致。

（2）压入第一、二节套管必须竖直，这是决定桩孔垂直度的关键。在套管压入过程中，应用经纬仪不断校核垂直度。当套管发生倾斜时应拔出来重新埋设。

（3）根据地质情况，确定套管刃尖与挖掘底面的关系。

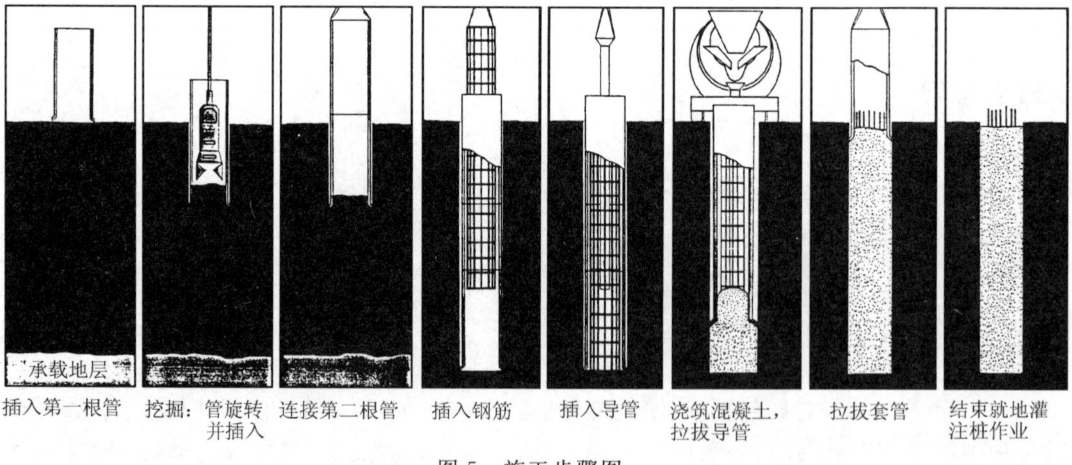

图 5　施工步骤图

7.3　设备安装、运输与走行

7.3.1　安装要点

（1）将前车架吊放在一平整坚实的平地上，用专用长高压胶管把前支腿与后车架上的油管连接起来。

（2）主机慢慢地向前车架靠拢，垫块可先用螺栓固定在前车架上，用支腿液压缸调整前车架的高度，对齐前后车架的螺栓孔后，将它们连接起来。

(3)用前支腿液压缸与引拔提升液压缸调整夹卡的高度,使摇动大臂与摇动液压缸相连。

(4)平着吊起立柱,用卡瓦将立柱液压缸与立柱连在一起。立柱顶部落在车后的托架上。

(5)用立柱液压缸将立柱顶起竖直,安装斜撑杆。

(6)下套管时,斜撑处于后倾斜状态,挖掘时,斜撑处在竖直位置,连接抓斗钢丝绳套,吊起抓斗后便可进行挖掘。

7.3.2 长距离运输

由于全套管钻机的尺寸及重量均相对较大,如 MT—150 型套管钻机长度近 11 m,重量约为 50 t,转场时进行长距离运输时需采用大吨位的拖车运输。运输时制定详细的装卸、加固等技术方案和操作规程,并严格执行,确保合理装载、加固牢靠、安全装卸。运输时在钻机最长、最宽、最高部位悬挂明显的安全标志,白天行车时,悬挂标志旗;夜间行车和停车休息时装设标志灯,以警示来往车辆。

7.3.3 场内运输及走行

全套管钻机在施工场内短距离走行时可依靠走行装置驱动履带,钻机自行移机就位。MT—150 型套管钻机每小时可行走 700 m 左右。

7.4 钻孔施工

7.4.1 不同地质地层的开挖方法

(1)软土地层作业(标贯值 N 小于 5)。

对于软弱土层(标贯值 N 小于 5),应使套管超前下沉,可超出孔内开挖面 1.0～1.5 m,使落锤抓斗仅在套管内挖掘取土,这样可以很好地控制孔壁质量及开挖方向。若由于地下水压力使砂粒从孔底向上隆起,可向孔中投入比重较大的黏土以阻止砂土的上翻。如图 6 所示。

(2)普通土层作业(标贯值 N 小于 6～12)。

对于一般土层(标贯值 N 小于 6～12),开挖时应使套管超前下沉 0.3 m 左右,这是全套管钻机最标准的开挖的方法。如图 7 所示。

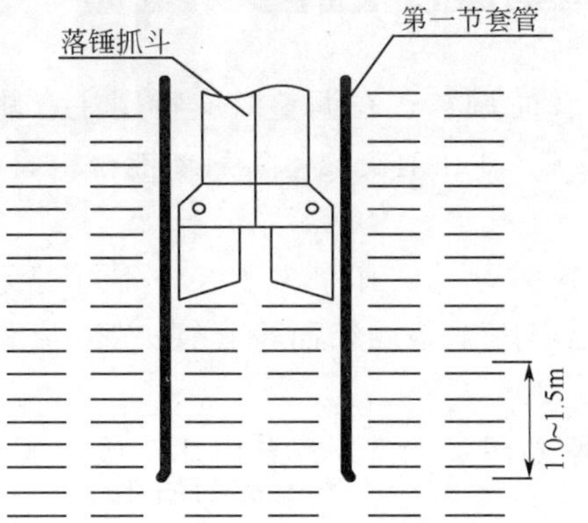

图 6 在软土地层中的挖掘方法

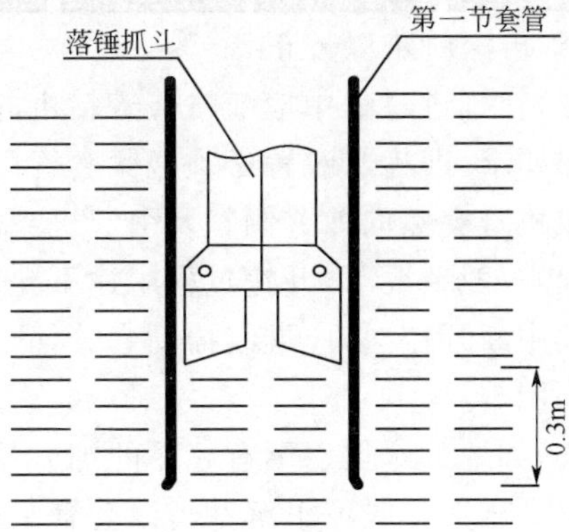

图 7 在一般土地层中的挖掘方法

(3)坚实砂地层作业。

对于坚实砂地层,由于在这种地层中套管的下沉是非常困难的,应使用落锤抓斗超前下挖0.2～0.3 m,尤其是对于地下水位以下的坚实砂层,钻进中应将超前挖掘量控制在最小量。如图8所示。

(4)碎石地层作业。

对于碎石地层,由于地层中存在碎石,应使用落锤抓斗超前下挖0.3～0.5 m,否则套管下压过程中可能出现套管倾斜,不易控制套管的垂直度。如图8所示。

(5)坚硬土层作业。

对于坚硬土层,应先利用“十字冲击锤”将硬土层击碎,再利用落锤抓斗将土块挖出孔外。此时也采用抓斗超前下挖的方法,而且超挖深度相对较大,但不宜超过十字锤本身的高度,否则会影响孔壁质量。如图9所示。

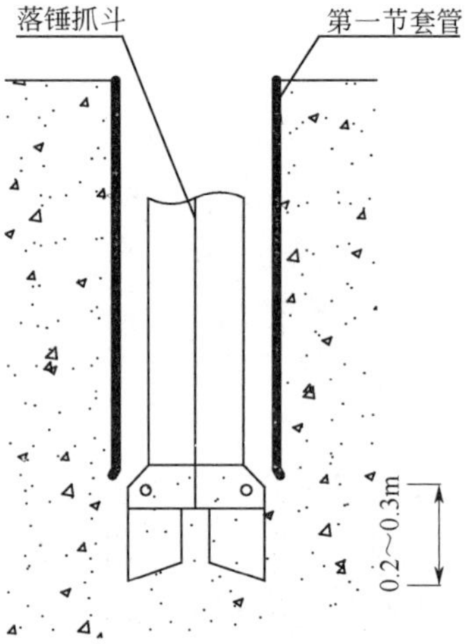

图8 在硬砂层及卵石层中的挖掘方法

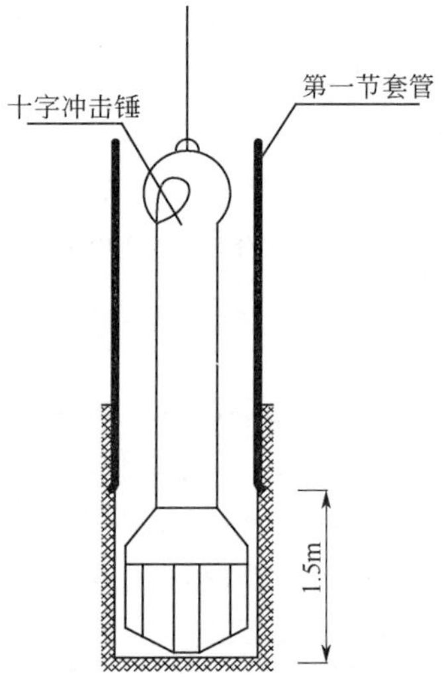

图9 在坚硬土层中的挖掘方法

7.4.2 钻孔开挖中的操作注意事项

(1)钻机脚下地基须平整、稳固,一般铺设厚钢板或枕木,以满足地基应力的要求。

(2)开孔下压套管,起始钻进速度宜慢,并反复校正套管,对其垂直度取决开挖后的5～6 m深,否则再深就难以校正。

(3)在掘进过程中应随时检查钻机的水平情况并及时调整。在调整时应特别注意前支腿的操作要求,即抱管装置必须抱紧套管后,才能收前支腿,并在前支腿落实后才能松抱管器,以免造成机身突然向前方倾斜及引起机身的平面移动。

(4)一般情况下,开挖过程中途不允许间断,必须连续开挖。如果由于某一不可避免的原因必须中断开挖时,应继续摇动套管,防止套管外侧土壤因重塑固结而将套管夹紧,给后续施工带来困难。

(5)如地下水位以下有超厚的细砂层,特别是层厚超过5 m时,若采用抓斗施工困难的,宜采用高压射水吸泥下沉并辅以套管驱压。

(6)如地下有承压水存在时,在承压水段开挖时不能超挖,严格保证孔内水头,特别是在承压水又处于砂层中更应特别注意,否则可能出现孔底涌砂现象。

(7)套管起吊时,应使用专用工具吊装,避免损坏套管螺纹。

(8)抽拔套管困难或不能拔出的原因、措施和对策见表4。

表4 抽拔套管困难或不能拔出的原因、措施和对策

序号	原因	措施	处理对策
1	套管周围摩擦力大于机械抽拔能力时		(1)拔出困难时必然也摇动困难，故应先使其处于容易摇动的状态。使用操纵转换，开始用较小的角度转动，随着阻力的减小再逐渐慢慢地恢复正常状态，然后再行拔出。 (2)不能拔动时，可考虑其他方法如用油压千斤顶等拔出。如强行摇动，由于机械后部滑动使机械处于不稳定状态，担心会导致摇动装置出现故障和保险销的损坏等情况发生。如处于可拔出状态时，应做出连续拔出的准备
	(1)套管刃脚磨损，使其与套管外径之差减少时	为了修正套管外径与其刃脚外径间合理的关系尺寸，必须对刃脚进行堆焊	
	(2)周围地质的摩阻力很大时	反复上拔难以拔动时，应重新考虑在施工方法的选择上是否有问题	
	(3)挖掘方法不当时	在黏性土、粉细砂等易于挖掘的土层中下套管也要恰当，应使抓斗与套管刃脚大体保持在同一深度处挖土，挖土时要对套管的摇动与上下移动反复进行	
	(4)混凝土灌注方法不合适，致使套管内侧受过大的附着力时	(1)勿使混凝土在竖向上与套管刃脚重叠部分过长。 (2)套管上部使用条形板设备，在灌注开始时，宜用少量的混凝土，以能使其顺利地拔动、卸下为宜。 (3)拌和之后历时较长的混凝土，在投入之前应对其性质进行必要的检验	
2	机械能力不能充分发挥或机械效能下降时	在施工开始前，尤其在灌注混凝土前，必须进行摇动上拔	使机械方向与套管方向一致地朝向正确方向拔动。 此时如套管倾斜时，应使机械的状态与此相应地进行校正
	(1)套管倾斜与机械方向不一致时	不论哪种情况，都应使机械的上拔方向与套管拔出方向互相靠拢，这时的拔出阻力将明显增大。因此安装机械的地基应保证足够的坚固，机械要正确地安装，同时必须保持套管的垂直度	
	(2)安置机械的地基不好，或由于安装不良，引起机械的倾斜与套管方向不一致时		

8 混凝土灌注施工

8.1 混凝土灌注施工工艺

参见“钻孔桩水下混凝土灌注工艺”。

8.2 注意事项

混凝土灌注时抽拔套管应注意以下事项：

(1)灌注水下混凝土前，应对套管进行摇动及必要的上下移动，务必使套管处于易于拔出的状态。

(2)刚开始灌注混凝土时，套管应勤拔，套管内混凝土的高度不得大于6 m，以保持套管的可拔性。

(3)采用双钩起重机进行拆除套管和导管的作业，用大钩吊住套管，小钩吊住导管，上拔套管，确认钢筋笼未上拱后，拆除一节套管。

(4)上拔套管需左右摇动，以便混凝土流入套管所占空间。

(5)套管分开后，下节套管头用卡环保险以防套管下滑。根据测量混凝土面高度决定拆除导管长度。拆完导管后吊机一并将套管、导管移开，继续灌注混凝土，进行下一个工作循环。

(6)混凝土的供应速度与拆除套管和导管的时间相匹配。

9　质量控制

9.1　成孔质量控制

(1)桩位控制。

用全站仪精确测设桩中心位置,钻机就位后用测量仪器校正找平,确保钻机抱管器中心与桩位中心一致。

(2)垂直度控制。

1)套管的顺直度检查和校正。

钻孔咬合桩施工前,在平整地面上进行套管顺直度的检查和校正。首先检查和校正单节套管的顺直度,然后将按照桩长配置的套管全部连接起来,套管顺直度偏差控制在1‰~2‰。检测方法为:在地面上测放出两条相互平行的直线,将套管置于两条直线之间,然后用线锥和直尺进行检测。

2)成孔过程中桩的垂直度监测和检查。

地面监测:在地面选择两个相互垂直的方向,采用经纬仪全过程监测地面以上部分套管的垂直度,发现偏差随时纠正。这项检测在每根桩的成孔过程中应自始至终进行,不能中断。

孔内检查:每节套管压完后,安装下一节套管之前,都要停下来用“测环”或“线锥”进行孔内垂直度检查。不合格时应进行纠偏,直至合格才能进行下一节套管施工。

3)纠偏。

成孔过程中如发现垂直度偏差过大,必须及时进行纠偏调整。如果偏差不大或套管入土不深(5 m以下),可直接利用钻机的两个顶升油缸和两个推拉油缸调节套管的垂直度。如果入土5 m以下发生较大偏移,可先利用钻机油缸直接纠偏。如达不到要求,可向套管内填砂或黏土,一边填土一边拔起套管,直至将套管提升到上一次检查合格的地方,然后调直套管,检查其垂直度,合格后再重新下压。

(3)套管压入与取土控制。

套管压入与抓斗取土是咬合桩成孔的主要工序,二者应同步进行,在摇摆、下压套管的同时,用抓斗从套管内取土,达到成孔的目的。针对不同的地质,应采取不同的开挖方式,避免出现坍孔、涌砂、缩径等事故,影响成桩质量。

(4)清孔。

灌注混凝土前应检查孔底沉渣,沉渣厚度超标应进行二次清孔。可采用泥浆泵进行清孔。泵管底拟距孔底30 cm以上的高处,在吸水的同时,不断供水,使套管中的水面大致保持不动。

9.2　成桩质量控制

(1)套管埋置深度控制。

在混凝土灌注过程中,需及时测量混凝土面高度,掌握套管的埋置深度,同时全套管钻机应不停地做摇摆和少量上拔套管的动作。防止因孔内混凝土高度不足,而不能抵抗周围地层压力,造成桩体缩颈(或素桩混凝土流入钢筋桩内),同时防止套管埋置深度过深,使套管因内外管壁摩阻力过大而不能拔出。

套管埋置深度一般应控制在2~5 m,埋深达到4 m时应立即提升套管。

(2)钢筋笼上浮控制。

混凝土灌注过程中,由于套管内壁与钢筋笼外缘之间的空隙较小,在上拔套管时,钢筋笼可能被套管带着一起上浮。预防措施主要有：

1)适当调整桩基钢筋笼的主筋净保护层，一般不小于 8 cm，保证套管内壁与钢筋笼外表之间的距离不小于混凝土中粗骨料最大料径的 2 倍。

2)仔细检查制成的钢筋笼尺寸，钢筋笼搭接时不应有弯曲的现象。

3)钢筋笼制成后，在其底部焊上十字型钢筋，将预制混凝土板放置于交叉的底部上，由导管灌注的混凝土积压在预制板上作为坠重压载。

4)随时检查套管尺寸，灌注混凝土后，用水彻底清洗套管内部。

5)重复地夹持和松开套管夹紧装置，套管摇晃使其向同一方向转动 1～2 次，以消除摩擦阻力。灌注混凝土前，使套管来回摆动并上下移动，以检查钢筋笼是否与套管卡在一起。

6)混凝土灌注必须按操作规程进行，混凝土坍落度、和易性必须达到设计规范要求。

10 安全控制

(1)建立健全安全管理体系，成立安全管理机构，制定切实可行的安全管理措施及操作规程。

(2)配备专职安全员，加强安全教育，贯彻“安全第一、预防为主”的方针，岗位分工明确，不准混岗作业，特殊工作须持证上岗。

(3)安装钻机前，应掌握地质勘探资料，并确认地质条件符合该机的要求，地下无埋设物，作业范围内无障碍物，施工现场与架空输电线路的安全距离符合要求。钻机安装场地应平整、夯实，能承载该机的工作压力；当地基不良时，钻机下应加铺钢板防护。

(4)安装钻机时，应在专业技术人员指挥下进行。安装人员必须经过培训，熟悉安装工艺及指挥信号，并有保证安全的技术措施。

(5)作业前应进行外观检查并应符合下列要求：

1)钻机各部外观良好，各连接螺栓无松动；

2)燃油、润滑油、液压油、冷却水等符合规定，无渗漏现象；

3)各部钢丝绳无损坏和锈蚀，连接正确；

4)各卷扬机的离合器、制动器无异常现象，液压装置工作有效；

5)套管和浇注管内侧无明显的变形和损伤，未被混凝土粘结。

(6)通过检查确认无误后，方可启动内燃机，并怠速运转逐步加速至额定转速，按照指定的桩位对位，通过试调，使钻机纵横向达到水平、位正，再进行作业。

(7)机组人员应监视各仪表指示数据，倾听运转声响，发现异状或异响，应立即停机处理。

(8)在作业过程中，当发现主机在地面及液压支撑处下沉时，应立即停机。在采用厚钢板扩大支承面、减小接地应力等措施后，方可继续作业。

(9)套管在对接时，接头螺栓应按出厂说明书规定的扭矩，对称拧紧。

(10)起吊套管时，应使用专用工具吊装，不得用卡环直接吊在螺纹孔内，亦不得使用其他损坏套管螺纹的起吊方法。

11 劳动力组织

劳动力组织见表 5。

12 主要机具设备

全套管钻孔法除需配置全套管钻机外，施工时尚需配备的机具设备见表 6。

表 5　劳动力配置

序号	岗位名称	人数	备注
1	技术员	1	
2	领工员	1	
3	套管钻司机	1	
4	吊车司机	1	
5	装载机司机	1	
6	汽车司机	2	
7	修理工	1	
8	钢筋工	4	
9	电焊工	2	
10	混凝土工	4	
11	混凝土罐车司机	3	

表 6　机械设备表

序号	设备名称	数量	备注
1	第一节套管	1	
2	标准节套管	若干	满足桩长配置
3	履带吊	1 台	
4	装载机	1 台	
5	自卸汽车	2 台	满足渣土清运
6	真空泵	1 台	
7	钢筋加工成套设备	1 套	
8	混凝土搅拌设备	1 套	
9	混凝土罐车	3 台	满足混凝土运输

13　对环境影响及对策

全套管钻机采用液压系统，不需配置高压电源，噪声影响较低，无震动影响。施工时采用在导管内挖掘取土，避免使用泥浆护壁，孔内所取泥土含水量较低，挖掘取出来的土方可及时清运出现场，无泥浆污染环境的忧虑，对周边环境影响少，施工现场整洁文明，市区内作业极为适合。

14　结束语

全套管钻机是目前国内外应用比较广泛的一种钻孔灌注桩施工技术，在相同条件下，比其他灌注桩施工进度快，成桩质量高，是一种有发展前途的桩基施工形式。

(1)套管钻机自带柴油发动机，不需外供电源，液压驱动、履带行走，就位、移位方便快捷。

(2)钻孔采用全套管跟进，冲抓成孔，能适应复杂多变的各类地层。能有效地防止流砂、坍孔、缩径、扩径、露筋、断桩等事故，成桩质量高。

富水挖孔桩施工工艺

1 前　　言

在人工挖孔灌注桩施工中，经常会遇到高水位、淤泥、流砂等复杂情况，通过采取井点降水、双浆液注浆截水固土、钢套筒和混凝土护壁支护等综合工程措施，能安全、快速、经济、有效地达到成孔的目的。

2 适用范围及工艺特点

该人工挖孔桩施工工艺适用于在高水位、涌水量大、流砂的冲积地带，及含水量大的淤泥、淤泥质土层的桩基施工。

工艺特点：施工机具不受场地限制，施工成本投入较小，施工安全有保证，施工技术易掌握，桩身质量易控制，对环境无污染。

3 施工设计

3.1 轻型井点或管井降水设计

3.1.1 轻型井点降水

轻型井点降水常用于土层渗透系数为 0.1～20 m/d 的土质以及土层中含有大量细砂和粉砂土质的情况下。轻型井点由井点管、连接管、集水总管及抽水设备等组成。

(1)降水计算。

1)单井井点涌水量。

单井井点涌水量 q(m^3/d)常按无压完整井计算：

$$q=1.366K(2H-s)s/(\lg R-\lg r) \quad (1)$$

式中 K——土的渗透系数(m/d)；

H——含水层厚度(m)；

s——水位降低值(m)；

R——抽水影响半径(m)，由现场抽水试验确定，也可用下式计算：$R=1.95s(H\cdot K)^{1/2}$；

r——井点的半径(m)。

图 1 为无压完整井涌水量计算图。

2)基坑总涌水量。

基坑总涌水量 Q(m^3/d)，即环形井点系统涌水量，常按无压完整井群计算：

$$Q=1.366K(2H-s)s/(\lg R-\lg x_0) \quad (2)$$

式中 x_0——基坑的半径(m)。

3)井点管需要的根数 n。

井点管需要的根数：

$$n=m\times Q/q \quad (3)$$

$$q=65\pi\cdot d\cdot l\cdot k^{1/2}。$$

式中 m——考虑堵塞等因素的井点备用系数，一般取 $m=1.1$；

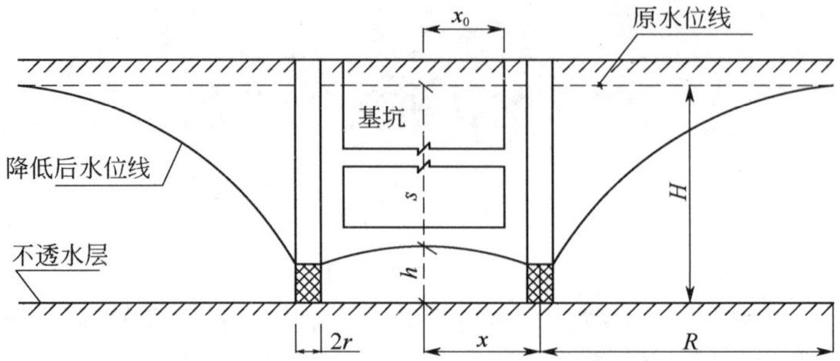

图 1　无压完整井涌水量计算图

Q——单根井点管的出水量(m^3/d)；

d——滤管直径(m)；

l——滤管长度(m)。

4)井点管平均间距 D(m)。

井点管平均间距

$$D=2\pi\cdot x/(n-1) \tag{4}$$

式中　x——井点系统的半径(m)。

求出的 D 应大于 $15d$,并应符合总管接头的间距(一般为 80、120、160 mm)的要求。

5)水位降低数值校核。

井点数量与间距确定后,应校核所采用的布置方式是否能将地下水位降低到规定标高,即 h 是否不小于规定的数值。

$$h=\{H^2-Q[\lg R-\lg(x_1、x_2\cdots x_n)/n]/(1.366K)\}^{1/2} \tag{5}$$

式中　$x_1、x_2\cdots x_n$——所核算的滤管外壁或坑底任意点至各井点管的水平距离(m)。

(2)井点布置。

按计算井点管数量采用环形布置井点,集水总管用 45°弯管连接,构成八角行平面布置。

井点管距坑壁不应小于 1～1.5 m,间距一般为 0.8～1.6 m,入土深度应达储水层,且比基底深 0.9～1.2 m,集水总管标高宜尽量接近地下水位线并沿抽水水流方向有 0.25%～0.5%的上仰坡度。当一级轻型井点不能满足降水深度要求时,可采用明沟排水与井点相结合,将总管安装在原地下水位线以下或采用二级轻型井点,以增加降水深度。

(3)井点管的埋设。

井点管可采用射水法冲孔、钻孔法或套管法埋设。井点管埋设后要接通总管与抽水设备进行试抽水,检查有无漏水、漏气、淤塞等情况,出水是否正常,如果有异常情况应及时检修。

1)射水法成孔。

在地面挖小坑,将射水式井点管插入后,下有射水球阀,上接可旋动节管和高压胶管、水泵等。利用高压水在井管下端冲刷土体,使井点管下沉。下沉时,随时转动管子,以增加下沉速度,并保持垂直。射水压力为 0.4～0.6 MPa,当为大颗粒砂粒土时,应为 0.9～1.0 MPa,冲至设计深度后,取下软管,再与集水总管连接,抽水时球阀可自由关闭。冲孔直径一般为 300 mm,冲孔深度应比滤管底深 0.5 m 左右,以利沉泥。灌砂方法要求与水冲法相同。

2)水冲法成孔。

冲管采用直径 50～70 mm 冲水钢管(或套管式高压水冲枪),其下端装有圆锥形冲嘴,在冲嘴的圆锥面上钻多个小孔,并焊有 3～5 个三角形立翼以辅助搅动土体,便于下沉。冲孔用三脚架或起重机将冲管吊起，插入挖好的小坑内，另一端用胶皮管与高压水泵连接，开动水泵，高压水(0.6～1.2 MPa)便向冲嘴喷出，冲成圆孔。为加快冲孔速度，可在冲管两旁加装两根空气管，通入压缩空气。冲孔时冲管应垂直插入土中，并作上下左右摆动，加剧土的松动；冲孔直径一般为30 cm左右，不宜过大或过小，冲孔深比井点设计深大50 cm左右，井孔冲成后，随即拔出冲管，插入井点管，井点管与孔壁之间应立即用粗砂灌实，距地面0.5～1.0 m深度内，用黏土填塞密实，以防止漏气。向井点管周围填砂时，管内水位上升即认为埋管合格。

3)套管法成孔。

将直径150～200 mm的套管，用水冲法或振动水冲法沉至要求深度后，先在孔底填一层砂砾，再将井点管居中插入，在套管与井点管之间分层填入粗砂，逐步拔出套管。

(4)井点管的使用。

井点运行后要连续抽水，一般在抽水2～5d后，水位漏斗基本稳定。正常出水规律为"先大后小，先混后清"，否则进行检查，找出原因，及时纠正。地下构筑物竣工并进行回填后，方可拆除井点系统。拔出井点管可借助于倒链或杠杆式起重机。所留孔洞，下部用砂，上部1～2 m用黏土填实。

3.1.2 管井降水设计

管井降水常用于土层渗透系数为20～200 m/d的土层、砂层或易引起边坡坍方及轻型井点无法满足要求的情况。管井由滤水井管、吸水管和抽水设备等组成。

(1)降水计算。

管井井点计算，包括井点系统总涌水量、进水过滤器需要的长度、群井抽水单个管井过滤器长度、群井总涌水量等。

1)井点系统总涌水量。

其涌水量计算与轻型井点计算基本相同，根据井底是否达到不透水层，亦分为完整井与非完整井。

对无压完整井井点计算：

$$Q=1.366K(2H-s)s/(\lg R-\lg x_0) \tag{6}$$

对无压非完整井井点计算：

$$Q=1.366K(2H_a-s)s/(\lg R-\lg x_0) \tag{7}$$

式中 Q——管井系统总涌水量(m^3/d)；

K——土的渗透系数(m/d)；

H——含水层厚度(m)；

H_a——无压非完整井含水层有效深度(m)，系经验系数，与s'、l值相关，当$s'/(s'+l)=0.2$时，$H_a=1.3(s'+l)$，当$s'/(s'+l)=0.3$时，$H_a=1.5(s'+l)$，当$s'/(s'+l)=0.5$时，$H_a=1.7(s'+l)$，当$s'/(s'+l)=0.8$时，$H_a=1.85(s'+l)$；

s——水位降低值(m)；

R——抽水影响半径(m)，同轻型井点计算；

x_0——按无压完整井计算基坑的半径(m)；

s'——地下水位线至井点管上端的距离(m)；

l——滤管长度(m)。

2)进水过滤器。

单位长度进水量：

$$q=2\pi rlK^{1/2}/15 \tag{8}$$

式中 r——井点的半径(m)。

3)总长度。

过滤器部分需要的总长度:

$$L=Q/q \tag{9}$$

4)群井抽水单个井过滤器长度。

群井抽水单个井过滤器浸水部分长度:

$$h_0=[H_0^2-Q\ln(x_0/nr)/(\pi Kn)]^{1/2} \tag{10}$$

式中 H_0——抽水影响半径为 R 的一点水位(m);

n——管井数(个)。

5)群井涌水量。

多个相互之间距离在影响半径范围内的井点,同时抽水时总涌水量:

$$Q=1.366K(2H-s_1)s_1/[\lg R-\lg(x_1、x_2\cdots x_n)/n] \tag{11}$$

式中 s_1——井点群重心处水位降低数值(m);

$x_1、x_2\cdots x_n$——各井点至井点群重心的距离(m)。

(2)管井的布置。

沿基坑外围四周呈环形布置。井中心距基坑边缘的距离,当用冲击钻时为 0.5~1.5 m;当用套管法时不小于 3 m。管井埋设最大深度为 10 m,间距 10~50 m,降水深度 5 m。

通常每个滤水井管单独用一台水泵。当水泵排水量大于单孔滤水井涌水量数倍时,可另设集水总管将相邻的相应数量的吸水管连成一体,共用一台水泵。

(3)管井的埋设与使用。

管井埋设可采用泥浆护壁钻孔法,钻孔直径比井管外径大 200 mm 以上。井管下沉前应清孔,并保持滤网畅通,然后下管,用圆木堵住管口,井管与土壁间用 15 mm 砾石填充作为过滤层,地面 0.5 m 以内用黏土填充夯实。

抽水过程中应经常对管井内抽水机械的电动机传动轴、电流、电压等进行检查,并对井内水位下降和流量进行观测与记录。井管使用完毕,用人字桅杆借助钢绳倒链等将井管拔出,滤水管洗净后再用,所留孔洞用砂砾填充夯实。

3.2 压浆设计

人工挖孔桩在遇到深孔、涌水量大、流砂和坍孔时,为保证桩身混凝土质量,采取在挖孔桩桩位的外围设置封闭的截水帏幕,切断挖孔桩孔内外透水层的水力关系,改善孔桩的施工条件。

3.2.1 双液注浆原理及注浆孔的布置

双液注浆基本原理是以水玻璃(A 液)为主材,高效固化剂(B 液:磷酸、乙二醛)为辅材分别由两路注入地层(在喷头端部混合),在较高压力作用下渗入土体孔隙中,将其中的孔隙水强行排出,两种液体混合后在较短时间内固化凝结并填充土颗粒之间的空隙,从而降低土体渗透性,并提高土体强度。注浆参数如下:分段注浆时间,10 min/段(0.5 m);注浆压力,0.8~2.5 MPa;注浆速度,10~20 L/min;注浆量,0.1 m^3/0.45 m^3。

注浆孔沿桩周布置,注浆钻孔直径 100 mm,浆液有效扩散半径 R=0.5 m,以挖孔桩桩心为圆心环形布置两圈,孔距为 0.8 m,搭接 20 cm,孔深超过桩基深度 1~2 m 并进入弱风化层 1 m。如图 2。

3.2.2　注浆站的布置原则及要求

(1)注浆站应靠近注浆孔。

(2)要使输浆管路距离孔最短,弯头最少,以减少输浆管路和压头损失。

(3)设备及管路排列,尽可能整齐紧凑,便于操作和检修。

(4)注浆材料库应靠近注浆站,以减少运输距离。

(5)除在倒灰处设置抽风机除尘外,还应该用隔墙把造浆及注浆工作间分开,以防止水泥粉尘危害身体健康和保护注浆设备仪表。

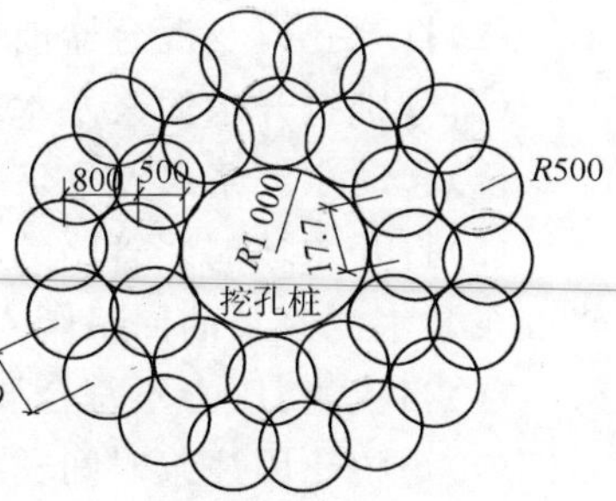

图 2　注浆孔平面布置图(单位:mm)

(6)要加强水泥及水泥浆的过滤,以减小对注浆泵的磨损和防止堵管,可采用过滤网和磁铁棒的方法,清除水泥中的铁屑及杂物。

(7)水泥浆、水玻璃的稀释,储存池和清水池应分别设置。

(8)设置排水沟,保证易于排除废水。

3.2.3　注浆工艺流程

注浆工艺流程是从浆液开始搅拌,到浆液进入受注层中的全过程,采用注浆工艺,需控制进浆比例,缩短凝胶时间,减少浆液注失。

钻孔和注浆设备就位→用金刚石钻头钻透钢筋混凝土底板→钻孔到设计深度,并记录地层层位→注入双组份聚氨酯封堵承压水→开始注浆→按注浆喷头所在位置确定所用的浆液配比及注浆时间→注浆段回抽提升一段,每一回抽提升高度 0.5 m,直到注浆到底板底位置→注浆 7 d 后进行取芯,并进行后续试验。

水泥-水玻璃注浆工艺流程图如图 3。

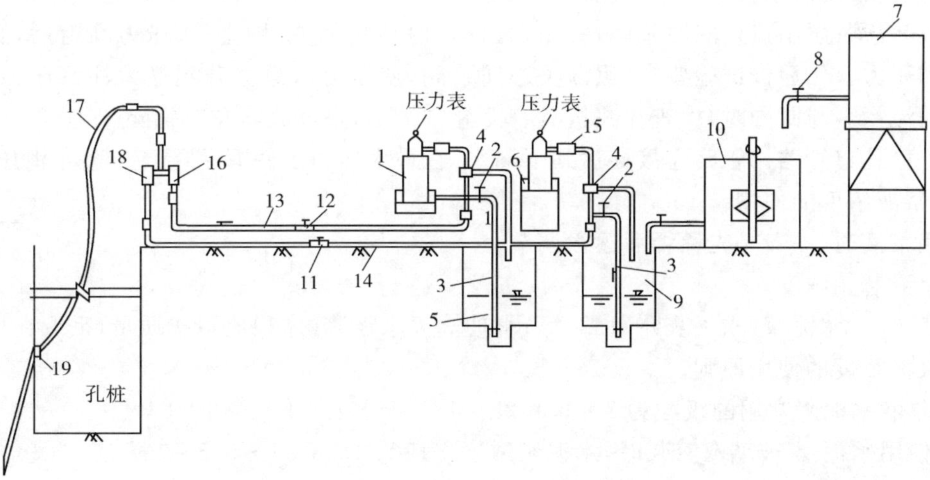

图 3　水泥-水玻璃注浆工艺流程图

1—水玻璃浆液泵;2—进浆阀门;3—吸浆管;4—回浆阀;5—水玻璃浆液池;6—水泥浆泵;7—定量水箱;8—放水阀门;9—吸浆池;10—水泥浆一次搅拌池;11—水泥浆输出阀;12—水玻璃浆输出阀;13—水玻璃浆管路;14—水泥浆管路;15—活接头;16—水玻璃浆逆止阀;17—钢丝高压胶管;18—水泥浆逆止阀;19—孔口逆止阀;20—小导管

3.2.4　注浆泵操作程序

(1)关闭水泥浆及水玻璃浆管路的输出阀门 11、12。

(2)打开孔口及混合器前的逆止阀 16、18、19。

(3)分别打开水泥浆及水玻璃浆液泵,调节流量,使两泵达到要求的进浆比例。

(4)起动水泥浆泵及水玻璃浆液泵,调节流量,使两泵达到要求的进浆比例。

(5)打开水玻璃浆管路的输出阀 12,1～2 s 后打开水泥浆管路输出阀 11,随后关闭水玻璃浆液泵及水泥浆泵的回浆阀 4,向砂层注浆。

(6)当流量、压力不符合要求时,应予调节。使压力、流量达到正常注浆要求。

(7)为防止因注浆时间长而堵塞回路,一般每隔 10 min 左右开关一次回浆阀 4,以流出少量浆液并达到畅通回路为准。

(8)设专人观察吸浆笼头,及时清理笼头上的糊堵物。

(9)注浆时,机电维修人员不能离开注浆站,要精心维护注浆设备,发现问题及时处理。

(10)注浆完毕后,由水箱入清水至水泥浆一次搅拌池,立即关闭水泥浆泵 6 和水玻璃浆液泵 1,关闭水玻璃浆液进浆阀 2 和逆止阀 16,并关闭孔口逆止阀 19,解开孔口附近活接头,开水泥浆泵,冲洗水泥浆管路。

3.2.5　注浆作业

(1)注浆前的准备工作。

1)备齐注浆材料。备足新鲜水泥,一般使用 42.5 或 52.5 号普通硅酸盐水泥和水玻璃浆液。

2)把水玻璃配成 35～40 波美度,在水玻璃池中,加水稀释水玻璃至使用的波美度,一般用 TBW200/40 泥浆泵打循环的方法搅拌。

3)注浆设备试运转。注浆机具及管路系统要满足设计的最大注浆压力和流量的要求,经试运转及耐压试验,设备无异常响声,两台注浆泵时,应保证按比例进浆,管路不漏水。

4)调节注浆流量的装置,检修注浆泵,搅拌机及管路连接处等,注浆泵、搅拌机无负荷运转。根据需要,用清水测定注浆泵流量和压力。

5)打开注浆泵出口处的回浆阀,关闭输出阀,启动注浆泵,待流量、压力稳定后,测定并记录流量和压力。然后按试验要求,逐渐关小回浆阀,使压力徐徐上升到最大注浆压力,测出各个压力的流量。与此同时,检查注浆机具有无异常情况,发现故障及时排除。

6)连接孔口管路。管路连接处达到不漏水,在最大压力条件下,维持 5 min 不泄压为合格。

(2)浆液浓度的使用。

使用浆液时,一般是先稀释后逐级调节。

1)浆液起始浓度。

水泥浆(水∶灰)=1.2∶1;水玻璃∶水泥浆(体积比)=0.6∶1。

2)浆液浓度的使用原则。

① 单液水泥浆常用的级配为 2∶1、1.25∶1、1∶1、0.75∶1、0.6∶1;

② 使用水泥-水玻璃双液浆时,水泥浆浓度一般为 1.25∶1～0.6∶1;

③ 每次注浆,水泥浆的浓度,一般是先稀后浓。

当注浆压力不升,进浆量不减时,应逐级加大浓度;反之,若压力上升快,减量也快,此时为了保证足够的注入量,应依次降低浆液浓度。每更换一次浆液浓度,一般持续 10～20 min。

(3)注浆结束标准。

注浆终压与终量是分析、鉴别注浆质量的重要依据,应按要求切实执行。

1)正常情况下,在每一次注浆中,注浆压力由小逐渐增大,注浆流量由大到小,当注浆压力达到设计的终压和终量时,稳定 5～10 min,即可结束注浆。

2)特殊条件下,经过浆液浓度的变换,仍达不到终压与终量的标准,但又接近设计的注入量时,可结束注浆。

(4)注浆施工安全技术措施。

1)造浆前,对于注浆材料的凝胶时间要进行测定,不符合技术要求的材料,不准使用。

2)注入水泥-水玻璃双液浆时,每更换一级浆液浓度,应测定凝胶时间。

3)当防止浆液中混入纸片及水泥硬块等杂物而堵塞管路,在搅拌机倒灰口及出口处的溜灰槽应设置过滤网。

4)水泥搅拌均匀后,方许放入吸浆池,吸浆池内还需设二次搅拌,以防水泥浆沉淀。

5)在注浆中,一般规律是先期施工的注浆孔注入量大,后期注浆孔注入量小。因此,一定要保证先期注浆孔的施工质量。

6)注浆过程中,必须注意观察注浆压力和吸浆量的变化情况,当注浆泵压发生骤增,吸浆量迅速减少或不吸浆时,一般是泵的吸水笼头或泵吸浆口球阀(低压阀)堵塞;如果泵压突增,而注浆孔口压力上升很慢或不升压,一般是输浆管路堵塞,当泵压及孔口压力均出现突然上升,而吸浆能力下降或不吸浆,多为混合器或钻孔发生堵塞,应及时处理。

(5)注浆时的观测与记录。

在注浆的全过程中,都必须系统观测、记录泵压及进浆量,一般每分钟测定一次,观测记录内容为:

1)注浆泵进浆量的观测记录:可采用液面下降及计量直尺、浮标指示器,观测记录泵的进浆量。

2)泵压的观测。

泵压的观测与记录,应在观测进浆量的同时进行,压力表指针如有摆动,应取其平均值。

孔口的注浆管路若安有压力表,每分钟也需要观测、记录一次压力。

3)注意情况判断。

根据泵压及进浆量的系统观测和记录,判断注浆情况:正常进浆或跑浆,或接近结束注浆。

结束时的终压及终量,是确定是否需要复注或结束注浆的依据,同时也是评价注浆质量的重要依据,应特别注意。

3.2.6 施工设备

主要施工设备有:

(1)注浆电动钻机 DG—2 型,1 台;

(2)双液注浆泵 BGW—3 型,2 台;

(3)双液搅拌槽 MS—60 型,1 台;

(4)自动流量压力记录仪 CRM—60K 型,1 台;

(5)双重注浆钻杆 25 m(钻孔、注浆两用);

(6)91 金刚石及合金钻头,若干个。

3.3 护壁设计

为防止坍方,保证操作人员安全,在人工挖孔桩施工前,应对孔位附近场地进行人工处理,然后大多采用分段挖土、分段护壁的方法施工。桩孔开挖进尺每一循环开挖深度不超过 1 m,每一循环开挖完成后随即施作钢筋、混凝土护壁。在场地处理后,应准确测量放线,定出桩位,以保证人工挖孔桩施工的正确;在锁口及每节护壁施工中,应及时复核桩孔中线和结构尺寸,保证桩孔垂直度符合设计要求。

3.3.1　混凝土护壁设计

分段现浇混凝土护壁厚度，一般取受力最大处，即地下最深段护壁所承受的土压力及地下水的侧压力，由计算确定护壁厚度。

护壁受力计算简图如图 4。

设混凝土护壁厚度为 t，则可按下式计算：

$$t \geqslant KN/f_c \text{ 或 } t \geqslant KpD/2f_c \tag{12}$$

其中：

当挖孔无地下水时，$p=\gamma H \mathrm{tg}^2(45°-\psi/2)$；

当有地下水时，$p=\gamma h \mathrm{tg}^2(45°-\psi/2)+(\gamma-\gamma_w)(H-h)\ \mathrm{tg}^2(45°-\psi/2)+\gamma_w(H-h)$；

式中　N——作用在护壁截面上的压力(N/m)，$N=pD/2$；

p——土和地下水对护壁的最大侧压力(N/m^2)；

γ——土的重度(kN/m^3)；

γ_w——水的重度(kN/m^3)；

H——挖孔桩护壁深度(m)；

ψ——土体内摩擦角(°)；

h——地面至地下水位深度(m)；

D——挖孔桩外直径；

f_c——混凝土的轴心抗压强度设计值(N/mm^2)，C20 混凝土时为 10 N/mm^2；

K——安全系数取 1.65。

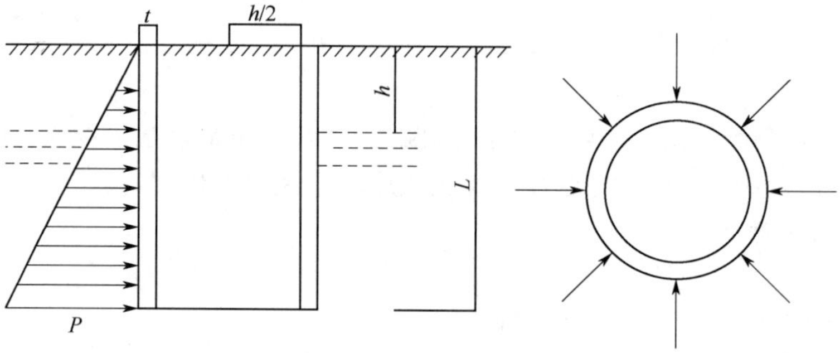

图 4　护壁受力计算简图

3.3.2　钢筋混凝土护壁设计

根据计算混凝土护壁厚度，桩基施工时为保证安全在护壁混凝土内适当设置竖向连接钢筋和横向箍筋，间距为 200～300 mm，竖向钢筋伸入下节段护壁混凝土搭接长度为 30 cm。如桩截面尺寸较小时，一般采用 ϕ6 或 ϕ10 mm 钢筋，如桩截面尺寸较大时，则采用 ϕ12 mm 钢筋。如图 5。

3.3.3　钢套筒护壁设计

在淤泥地层，渗水量减少，但护壁与土层间有空隙，顺护壁形成渗水带，如工作面大桩孔未成型，积水较多则易发生流砂、坍孔现象，易采用钢套筒护壁施工。

根据计算护壁厚度公式求出的侧压力，查钢板材料性能和检算钢套筒加钢筋内撑时是否满足受力，来确定钢套筒的钢板厚度和内撑钢筋直径。钢套筒在地面分三等圆弧面焊接成型，上下口相差 10 cm 成梯形状，弧面连接处预留插销孔，运至孔底连接成整体圆筒；套筒内一般设置上、中、下三道钢筋圆形内撑。如图 6。

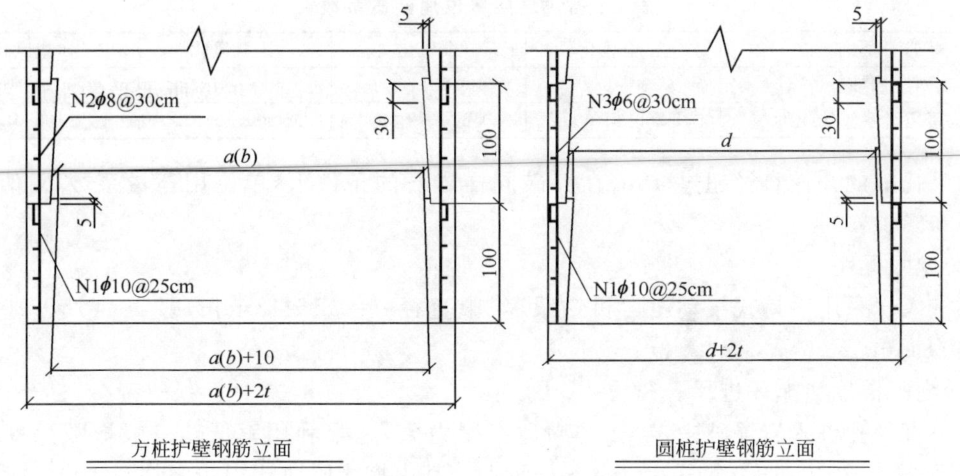

图 5　钢筋混凝土护壁图

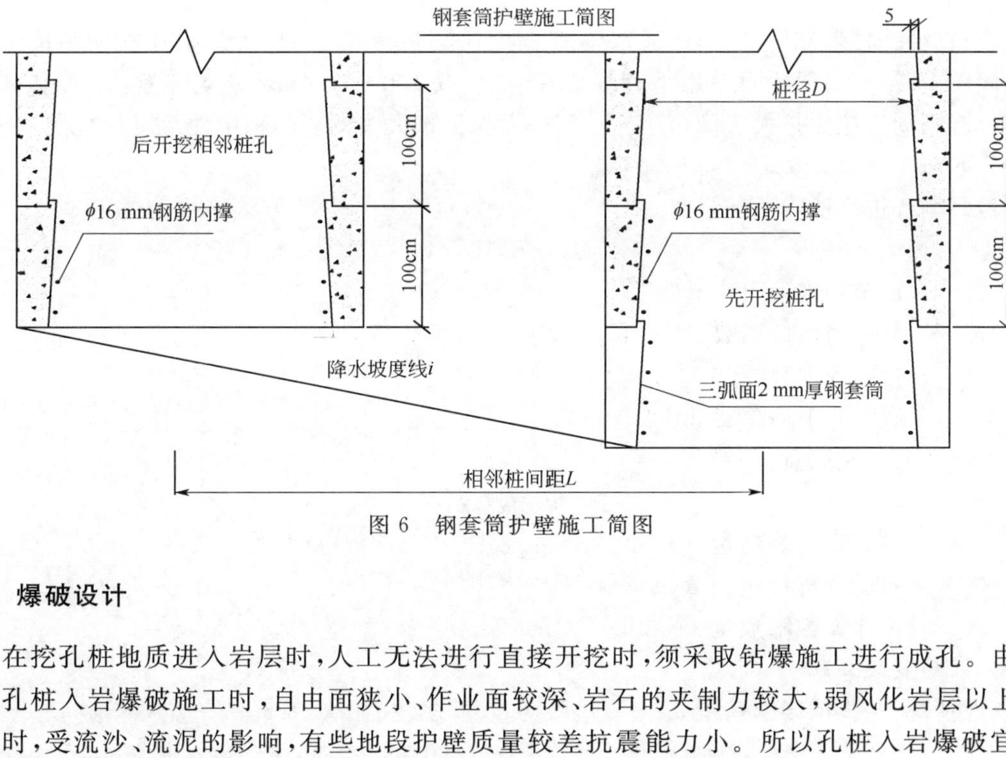

图 6　钢套筒护壁施工简图

3.4　爆破设计

在挖孔桩地质进入岩层时，人工无法进行直接开挖时，须采取钻爆施工进行成孔。由于人工挖孔桩入岩爆破施工时，自由面狭小、作业面较深、岩石的夹制力较大，弱风化岩层以上地段成孔时，受流沙、流泥的影响，有些地段护壁质量较差抗震能力小。所以孔桩入岩爆破宜采用小直径浅孔微差爆破。

3.4.1　爆破参数

桩基入岩爆破参数不同于自由面大的隧道爆破参数，但可参照矿山竖井开挖时的一些爆破参数。其实际值应根据所爆破的孔桩直径、岩石的物理力学性能、岩石的风化程度、岩石的结构组分、内聚力、裂隙性，特别是岩石的变形性、动力特性以及所用炸药的性能来确定。

（1）单位用药量系数。

孔桩入岩爆破的岩石为中、微风化，孔桩直径为 $\phi 1.0$ m，周边对所爆破岩石的约束力大。根据孔桩工程入岩的爆破参数类比、修正，得出单位用药量系数 K 如表 1。

表 1　各类岩层单位用药量系数表

岩石类别	强-中风化	中风化	中-微风化	微风化
岩石坚固性系数	4～6	6～7	7～8	8～10
单位用药量系数(g/m^3)	1 200～1 600	1 600～2 000	2 000～2 400	2 400～3 000

如果孔桩的开挖直径超过 2 m，在爆破同样岩石的条件下，单位用药量系数 K 值可降低 20%～30%。

(2)炮眼间距。

孔桩入岩采用手持式气动凿岩机钻眼，炮眼直径 $d=32\sim42$ mm，即 $a=(15\sim20)d$，$a=500\sim800$ mm。

(3)炮眼深度与循环进尺。

在小直径孔桩入岩爆破中，岩石的周边夹制力大，炮眼利用率低。一般炮眼深度 L 取孔桩直径 D 的 0.6～0.8 倍，即 $L=(0.6\sim0.8)D$。其中掏槽眼应比周边眼加深 100～200 mm。

孔桩爆破炮眼利用率 η 一般可以达到 85%～95%，则循环进尺 $L'=\eta L=(0.85\sim0.95)L$。

3.4.2　炮眼布置

在小直径孔桩爆破中，工作面通常按掏槽眼 4 个，周边眼 7～13 个。其中掏槽眼按照锥形布置，倾角 10°～15°；周边眼多用垂直眼，距孔桩护壁 100～200 mm 均匀布置，但遇上有扩大头的孔桩，则周边应比扩大头倾角小 5°～10°，以保证扩大头围岩的稳定性及避免超挖。

3.4.3　装药量计算

(1)每循环进尺所需用药量。

$$Q=\pi KLD^2/4 \tag{13}$$

式中　Q——每循环进尺用药量(g)；

K——单位用药量系数，见表 1(g/m^3)；

D——孔桩掘进直径(m)；

L——炮眼的平均深度(m)。

(2)单孔理论装药量。

$$q=Q/N \tag{14}$$

式中　q——单孔理论装药量(g)；

Q——每循环进尺用药量(g)；

N——工作面炮眼数量(个)。

3.4.4　装药量的分配

一般情况下，掏槽眼的药量 q_t 比周边眼药量 q_b 多装 20% ～25%。

$$q_t=(1.2\sim1.25)q\;;q_b=(0.85\sim0.95)q \tag{15}$$

式中　q_t——掏槽眼装药量(g)；

q_b——周边眼装药量(g)。

图 7 为圆形挖孔桩爆破设计图，圆形挖孔桩控制爆破设计装药参数见表 2。

表 2　圆形挖孔桩控制爆破设计装药参数表

编号	炮眼名称	炮眼深度(m)	眼数	毫秒雷管		单孔装药(kg)	小计药量(kg)	装药结构
				段	发			
1	中心空眼	1.0	1					不装药
2	扩槽眼	1.2	4	3	4	0.75	3.0	连续装药

续上表

编号	炮眼名称	炮眼深度(m)	眼数	毫秒雷管		单孔装药(kg)	小计药量(kg)	装药结构
				段	发			
3	内圈眼	1.0	8	5	8	0.65	5.2	连续装药
4	周边眼	1.0	25	7	25	0.34	8.5	连续装药
5	合计		38		41	1.31	13.34	
开挖断面:8.55 m^2,计进尺 0.8 m,爆破石方 6.8 m^3,总装药量 16.7 kg,炸药单耗 2.46 kg/ m^3。								

说明:① 使用专用控制爆破乳化炸药,药圈直径 ϕ32 mm。雷管采用塑料导爆管毫秒延期电雷管。

② 本设计参数适用于次坚石、坚石。

③ 在施工过程中可根据实际地质条件及爆破效果对爆破设计参数作适当的调整。

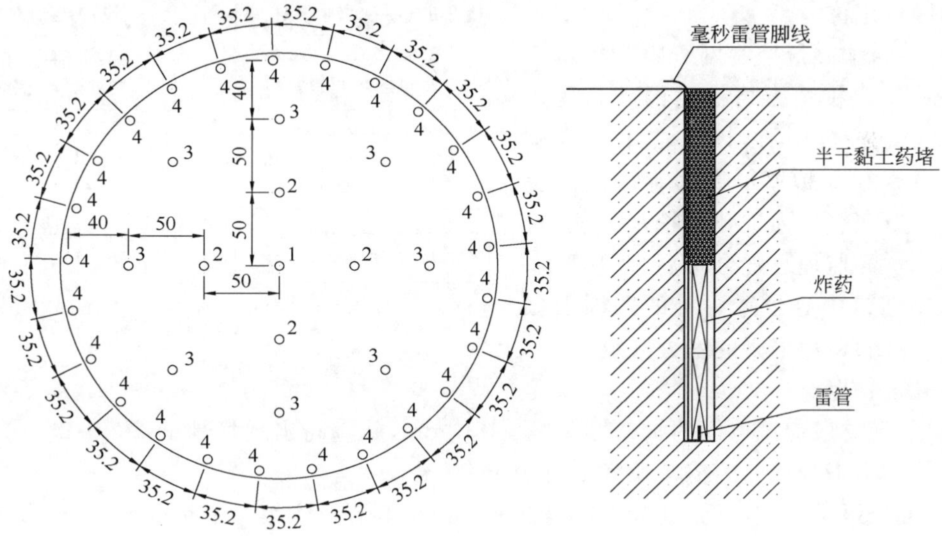

图 7 圆形挖孔桩爆破设计图

3.4.5 *桩孔爆破方式及要求*

桩孔爆破均采用中心掏槽眼、辅助眼、周边眼相结合的布孔方式,且中心掏槽眼较其他眼深 10%~15%,中心掏槽眼、辅助眼和周边眼全部布成梅花形,对中心掏槽眼、辅助眼和周边眼全部采用不同段的毫秒延期电雷管,实现微差控制爆破,保证爆破效果和减小爆破振动。

在爆破施工过程中结合岩石的变化情况,以及岩层结构和构造的变化,再根据试炮效果作适当的药量调整,达到在安全的前提下取得良好的爆破效果。

起爆方法及起爆网路:实行桩孔内全面钻眼、装药爆破、清渣、护壁循环作业,逐段往下爆破开挖(此工程为一个作业循环)。孔桩掘进爆破应用电雷管网络,禁止使用导火索、火雷管起爆网络。电雷管起爆网络的接头一定要有良好的绝缘性,接点应离开泥水面;同时,为取得较好的爆破效果,保护护壁的稳定性,应选用微差爆破使用的毫秒延期雷管,周边眼滞后掏槽眼起爆 0.1 s 以上。爆破网路采用桩孔内串联的方式施爆,起爆电源可选用 MFJ—100 或 JZDF—300—B 国产电容起爆器。

4 挖孔桩施工

4.1 工艺流程

工艺流程如图 8。

4.2　工艺步骤

4.2.1　施工准备

(1)平整场地。

施工场地,必须做好"三通一平",并根据现场情况,有条件的先做好地面混凝土垫层,以利施工。现场四周应设置排水沟、集水井,桩孔中抽出积水,经沉淀后排入下水道。施工现场的出土路线应畅通。

(2)测量定位。

依据建筑物测量控制网资料和桩位平面布置图,测定桩位方格控制网和高程基准点,确定好桩位中心,以桩位中心为圆心,以桩身半径加护壁厚度为半径画出上部圆周,撒石灰线作为桩孔开挖尺寸线,桩位线定好后,经监理复查合格后方可开挖。挖桩前,要把桩中心位置向桩的四周引出四个桩心控制点,用牢固的木桩标定。

图 8　挖孔桩工艺流程图

(3)孔口护壁。

孔口护壁一般应比下面的护壁厚 100～150 mm,并应高出现场地面 200～250 mm,双层钢筋混凝土,上下护壁间的搭接长度不得少于 50 mm。

在地面上设十字控制网、基准点,将桩控制轴线、高程测到第一节护壁上,每节以十字线对中,吊线锤作中心控制,用尺杆找圆周,以基准点测量孔深。

(4)安装起吊设备及抽水设备。

架设垂直运输架:第一节桩孔成孔后,着手在桩孔口上架设垂直运输架,要求搭设稳定、牢固。安装提升设备时,尽量使吊桶钢丝绳中心与桩孔中心重合,以便挖土时能直观控制桩位中心和支模中心,桩口上设围护栏。桩孔上人员密切观察桩孔下人员情况互相呼应,桩口安装水平推移的活动盖板。当桩孔内有人挖土时,应掩盖好安全盖板,防止杂物掉下伤人,吊运土时,再打开安全盖板。

当孔桩开始渗水时,在工作面角落设置一集水坑,使用能达到设计深度扬程的抽水机,并将其中较深孔作为井点降水。抽水机使用麻绳系住头部,在需要爆破时将其吊出孔口外。

4.2.2　开挖成孔、护壁紧跟

(1)开挖掘进的控制。

开挖桩孔应从上到下逐层开挖,先挖中间部分的土方,然后向周边扩挖,有效控制桩孔的截面尺寸,每节的开挖高度应根据土质和护壁设计而定,一般以每循环 0.9～1.2 m 为宜。

(2)通风及有害气体的控制。

当桩孔深大于 5 m 时,使用快速检测管对孔内气体进行抽检。有害气体超标时应向井下通风,加强空气对流,必要时输送氧气,防止有毒气体危害,通风量不少于 25 L/s。并采取足够的安全卫生防范措施。

(3)成孔工艺。

挖孔灌注桩的成孔工艺是在排水、护壁紧跟的情况下用人工辅以轻微爆破配合简单机具设备下井挖掘成孔的方法。

开挖第二节桩孔土方：从第二节开始利用提升设备运土，桩孔内人员应戴好安全帽；吊桶离开孔上方 1.5 m 时，推动活动安全盖板，掩蔽孔口，防止土块、石块等杂物坠落孔内伤人；吊桶卸土后，再打开活动盖板，下放吊桶装土。

先拆第一节、支第二节护壁模板、放附加钢筋：护壁模板采用拆上节支下节依次周转使用，模板上口留出高度为 100 mm 的混凝土浇注口。浇注第二节护壁混凝土：混凝土用吊桶运送，人工浇注，人工插捣密实。依次循环。

检查桩位(中心)轴线、标高：每节桩孔护壁做好以后，必须将桩位十字轴线和标高测设在护壁的上口，然后用十字线对中，吊线锤向井底投设，以半径尺竿检查孔壁的垂直平整度，随之进行修整，井深必须以基准点为依据，逐根进行引测，保证桩孔轴线位置、标高、截面尺寸满足设计要求。

4.2.3 终孔清底、质量检查

桩孔挖至设计深度，检查土质情况，桩底应支承在设计规定的持力层上。桩底抽干渗水后用桩身同标号砂浆淌底。

用尺竿检查桩孔的直径及井壁圆弧度，修整孔壁，使上下垂直平顺。

5 挖孔异常的处理

5.1 孔壁渗漏水的处理

如果渗水过多，可在桩身混凝土浇注前采用防水材料封闭渗漏部位。对于出水量较大的孔可用木楔打入，周围再用防水材料封闭，或在集中漏水部分嵌入泄水管，装上阀门，在施工桩孔时打开阀门让水流出，浇注桩身混凝土时，再关闭。如场地允许，开挖前可布置管井或轻型井点降水；如周围环境不允许降水的情况下，可选用压浆法在场地周围形成止水帷幕隔水，以便施工。

5.2 流沙的处理

(1)流砂情况较轻时。

有效的方法是缩短这一循环的开挖深度，将正常的 1 m 左右一段，缩短为 0.5 m，以减少开挖层孔壁的暴露时间，及时进行护壁混凝土灌注。当孔壁塌落，有泥砂流入而不能形成桩孔时，可用 ϕ12 钢筋插入上部护壁外侧再用纺织袋土逐渐堆堵，形成桩孔的外壁，并控制保证内壁满足设计要求。即可灌注护壁混凝土。

(2)流砂情况较严重时。

常用的办法是下钢套筒，钢套筒与护壁用的钢膜板相似，以孔外径为直径，可分成 4～6 段圆弧，再加上适当的肋条，相互用螺栓或钢筋环扣连接。在开挖 0.5 m 左右，即可分片将套筒装入，深入孔底不少于 0.2 m，插入上部混凝土护壁外侧不小于 0.5 m，套筒装入后即支模浇注护壁混凝土；若放入套筒后流砂仍上涌，可采取突击挖出后即用混凝土封闭孔底的方法，待混凝土凝结后，将孔心部位的混凝土清凿以形成桩孔，继续向下开挖。

5.3 淤泥质软弱土层的处理

在遇到淤泥质等软弱土层时，一般可用方木、木板支挡，并要缩短这一段的开挖深度，并及时浇注混凝土护壁。支挡的方木及木板要沿周边打入底部不少于 0.2 m 深，上部嵌入上段已浇好的混凝土护壁后面，可斜向放置，双排布置反向交叉，能达到很好的支挡效果。

5.4　坍孔处理

挖孔过程中发生坍孔现象时，可采用双液注浆工艺在已完成的混凝土护壁四周的最下段钻孔，使孔位倾斜至下层护壁以外 45°，打入 ϕ25 mm 长 2 m 注浆管，压力浇注水泥浆，使下部土壤硬化，提高周围及底部土壤的不透水性，逐层向下循环施工，然后清坍。

6　灌注桩身混凝土

6.1　原材料的选择及配合比

人工挖孔桩在富水地质条件下应根据成孔后实际情况确定采取干灌或水下混凝土施工，然后试验人员根据确定的混凝土施工方案对混凝土原材料进行比选确定。对选定的施工配合比使用时应随原材料变化及时调整，并根据不同浇注工艺调节配合比坍落度和初凝时间。

6.2　安装钢筋笼及声测管

(1)施工要点。

1)人工挖孔桩的钢筋笼制作、运输和安装过程中，应防止变形。

2)钢筋笼主筋混凝土保护层厚度不宜小于 70 mm。保护层厚度可采用预制混凝土垫块或铁垫件，绑扎或焊接在钢筋笼外侧的设计位置上。

3)吊放钢筋笼入孔时，不得碰撞孔壁，灌注混凝土时，应在钢筋笼四周不同高度设置定位钢筋，校正设计标高并固定钢筋笼位置。

4)钢筋笼过长需分段接驳者，其接驳焊缝及接头数量应符合国标 GB50204—92 的要求。

5)钢筋笼制作的允许偏差，参照挖孔桩施工允许偏差表。

6)根据设计要求进行声测管的安装，钢管接长时应保证管内接头处无焊渣，管内及管底无异物，在检测前管口应高于桩顶且封闭处理。

(2)施工标准。

施工标准见表 3。

表 3　施工标准

项　目	桩径允许偏差(mm)	垂直度偏差	桩位允许偏差(mm)	允许偏差(mm)	检验方法
钢筋笼主筋间距				±10	尺量检验
钢筋笼箍筋间距				±20	尺量检验
钢筋笼直径				±10	尺量检验
钢筋笼长度				±100	尺量检验
现浇混凝土	−50	0.5%			拉线和尺量检验
长钢套管	−20	1%	100		

6.3　灌注方法及振捣措施

(1)桩身混凝土要从桩底到桩顶标高一次完成。如遇停电等特殊原因，必须留施工缝时，可在混凝土面周围加插适量的短钢筋。在灌注新的混凝土前，缝面必须清理干净，不得有积水和隔离物质。

(2)灌注桩身混凝土，必须用溜槽及串筒离混凝土面 2 m 以内，不准在井口抛铲或倒车卸料，以免混凝土离析，影响混凝土整体强度。

(3)在灌注混凝土过程中，注意防止地下水进入，不得有超过 50 mm 厚的积水层，否则，应设法把混凝土表面积水层用导管吸干，才能灌注混凝土。如渗水量过大($>1\ m^3/H$)时，应按水下混凝土规程施工。

(4)混凝土边浇边插实，采用插入式振动器和人工插实相结合的方法，以保证混凝土的密实度。

(5)在灌注桩身混凝土时，相邻 10 m 范围内的挖孔作业应停止，并不得在孔底留人。

(6)灌注桩身混凝土时，应留置试块，每根桩不得少于 1 组(3 件)，及时提出试验报告。

(7)灌注方法一般采用拌和机就地浇注或泵送混凝土入孔成桩。

6.4 施工养护

桩基混凝土灌注结束，应进行关水养护至规定时间。在桩头强度未到 5 MPa 时不得碾压、扰动，以免桩头损坏。

6.5 质量检测评定

在人工挖孔桩成桩且混凝土强度达到桩基检测要求后，需由业主委派的第三方检测单位对桩基质量进行评定。一般采取超声波声测管法进行检测，对Ⅰ、Ⅱ类桩基则可直接评定合格与否，如为Ⅲ类桩基时即为不合格，则需进行钻芯取样确认，存在问题后应进行处理。

7 劳动力组织

根据施工工程规模，应配备相应工作人员，特殊工种上岗应符合国家相关规定。施工人员同时应具备相关施工常识和熟悉应急措施，见表 4。

表 4 劳动力组织表

序号	工种	配备人数/单孔	备注
1	管理、技术人员	2	
2	测量工	3	特殊工种
3	普工	4	
4	爆破工	2	特殊工种
5	钢筋工	2	
6	木工	2	
7	混凝土工	2	
8	电焊工	2	特殊工种
9	电工	1	特殊工种
10	机械司机	6	含拌和司机、车辆司机等

8 安全生产及环境保护

(1)根据挖孔桩施工特点，应按国家《安全法》和相关法律法规组织生产。

(2)建立健全企业安全生产组织机构和相关规章制度和操作规程。

(3)根据国家法律建立安全、质量领导机构并制定相关事故应急处置方案。

(4)对相关人员进行培训，熟悉各种操作规程和注意事项。

(5)人工挖孔桩安全施工注意事项：

1)挖孔灌注桩，应在无水或少水的土层或岩层中，按设计挖掘。挖孔较深或有渗水时，必须采取孔壁支护及排水、降水等措施，严防坍孔。

2)人工挖孔，对孔壁的稳定及吊具设备等应经常检查，孔顶出土机具应有专人管理，并设置高出地面的围档，孔口不得堆积土渣及工具。作业人员的出入，应设常备的梯子。夜间作业应悬挂示警红灯。挖孔作业暂停时，孔口应设置罩盖及标志。

3)所用电器设备，必须装设漏电保护装置，孔内照明应使用36 V电压的灯具；起吊设备必须有限位器、防脱钩器等装置。

4)孔内挖土人员的头顶部位应设置护盖。取土吊斗升降时，挖土人员应在护盖下面工作；相邻两孔中，一孔进行浇注混凝土作业时，另一孔的挖孔人员应停止作业，撤出井孔。

5)人工挖孔，除应经常检查孔内的气体情况外，还要遵守下列规定：

① 挖孔人员下孔作业前，应用鼓风机将孔内空气排出更换；

② 二氧化碳气体含量超过0.3%时，应采取通风措施。对含量虽不超过规定，但作业人员有呼吸不适感觉时，亦应采取通风或换班作业等措施；

③ 空气污染超过三级标准浓度值时，如没有安全可靠的措施不得采取人工挖孔作业。

6)人工挖孔超过10 m深，应采用机械通风，并必须有足够保证安全的支护设施及常备的安全梯道。人工挖孔最深不得超过15 m。

7)挖孔桩需要嵌岩或孔内有岩层需要爆破时，应采取浅眼爆破法，严格控制炸药用量，并按爆破安全规程的规定，一丝不苟地组织好爆破作业。

8)人工挖桩孔采用混凝土护壁时，每挖深1 m(土质不好还应适当减少)，应立即浇注护壁，护壁厚度不小于10 cm。

9)成孔作业完成后，人工清孔验孔要先放安全防护笼，笼距孔底不得大于1 m。

10)人工挖孔采用混凝土护壁时，应对护壁进行验收，第一圈护壁要做成沿口圈，沿口宽度要大于护壁外径300 mm，沿口处要高出地面100 mm以上，孔内护壁应满足强度要求，孔底末端护壁应有可靠防滑壁措施。

11)在较好土层，人工挖扩孔可不采用混凝土护壁时，必须使用工具式的安全防护笼进行施工。防护笼每节长度不超过2 m，防护笼总长度要达到扩孔交界处，孔口必须做沿口混凝土护圈。

12)挖出的土方应随出随运，暂时不能运走的，应堆放在孔口边1 m以外处，且堆土高度不得超过1 m。

13)凡孔内有人作业时，3 m以内不得有机动车辆行驶或停放。

14)孔内人员作业时，孔上必须有监护人员，并要随时与孔下人员保待联系，不得擅自撤离岗位。孔上监护工作人员应随时注意孔壁变化及孔底施工情况，发现异常时，应立即协助孔内人员撤离，并向有关人员汇报发现的真实情况。

(6)施工中产生的废液应先通过沉淀池处理后再排入江河。

(7)施工中产生的废渣应用汽车运输至指定弃土场倾倒，运输过程中覆盖防止扬尘。弃土场按照要求进行培土、植草绿化，并做好挡护工程和防、排水措施。

9　结束语

在人工挖孔桩施工遇富水条件、复杂地质时，通过对实际情况进行分析、研究，制定专题施工方案及相应应对措施，通过采取井点降水、双浆液注浆截水固土、钢套筒和混凝土护壁支护等综合工程措施，能保证桩基开挖过程中施工人员的安全和成孔质量，同时也减少灌注桩身混凝土的病害影响，最终使成桩质量满足设计要求。

围堰施工

围堰结构设计指南

1 前 言

桥梁墩台基础大多位于地表水位以下，有时水流较大，施工时都希望在无水或静止水条件下进行，桥梁水中基础最常用的施工方法是围堰法。基础、墩台修筑出水面后即可将其拆除，以免堵截水流或航道，是一种施工用的临时性结构。由于各桥梁墩台处的水文、地质、气象、航道等条件不同，不可能有一种适合于所有桥梁基础修建的围堰结构形式和施工方法。目前，桥梁基础修建中采用的防水围堰大致有以下几种：土石围堰、钢板桩围堰、锁口钢管桩围堰、有无底钢套箱围堰、双壁钢围堰等，以下作简要介绍。

1.1 围堰工程的主要作用

围堰的主要作用是在河流中构筑一个封闭的隔水区域保证施工在干地上进行，有时起着支撑施工平台和基坑坑壁的作用。

1.2 围堰工程的类型及适用条件

常见围堰类型及适用条件见表1。

表1 常见围堰类型及适用条件见表

分类		适用条件
土石围堰	土围堰	水深小于2 m，流速小于0.3 m/s。河床透水性较小的土壤。坡面加固防护时，流速小于1.0 m/s
	草土围堰	与上相同。流速小于1.0 m/s
	草(麻袋)围堰	水深小于3 m，流速小于1.5 m/s，河床透水性较小
	木(竹)桩编条围堰	水深小于3 m，流速小于2.0 m/s，河床透水性较小，可以打小木桩
	竹篱围堰	同上
	竹笼片石围堰	水深3～4 m，流速较大，河床无法打桩
	堆石围堰	石块就地取材，流速小于3.0 m/s。河床坚实，透水性较水
木质围堰	木板围堰	水深2 m，流速小于0.3 m/s，河床透水性较小
	木笼围堰	适用于深水，流速较大处。河床坚实平坦，不能打桩，或有少量流水的河流
	木套箱	基础埋设较浅，面积不大，流速小于2.0 m/s
	木板桩围堰	水深3～4 m，坑底至水面5 m左右，河床透水性较大，但可以打桩
钢板(管)桩围堰		水深为4 m以上，河床为硬土、卵石层或软质岩层。适用较深基坑，防水性能较好
钢筋混凝土围堰		适用于河滩浅基开挖不稳定性土壤。或在既有线旁开挖桥涵基坑，用以代替板桩，保护既有建筑物
双壁钢围堰		适用于水深在5～6 m以上深水基础

2 围堰工程的一般技术要求

(1)围堰高度应高出施工期间可能出现的最高水位(包括浪高)0.5～0.7 m，钻孔桩基础时，其围堰顶标高应结合护筒埋设情况，宜高出施工水位 1.5 m 以上。

(2)围堰外形应考虑河流断面被压缩后，流速增大引起水流对围堰、河床的集中冲刷及影响通航、导流等因素，并应满足堰身强度和稳定的要求。

(3)堰内平面尺寸应满足基础施工的需要。

(4)围堰要求防水严密，减少渗漏。

2.1 围堰顶标高的控制

围堰顶高应高出施工期间可能出现的最高水位(包括浪高)0.5～0.7 m，钻孔桩基础时，其围堰顶标高应结合护筒埋设情况，宜高出施工水位 1.5 m 以上，用于防御地下水的围堰宜高出水位或地面 0.2～0.4 m。

2.1.1 明挖基础围堰顶标高的控制

一次开挖距基坑底面以上要预留 20～30 cm，待验槽前人工一次清除至标高，以保证基坑顶面坚实。同时保证基底应符合设计要求的嵌岩。明挖基础围堰顶标高控制在高出施工期间可能出现的最高水位 0.5～1 m。

2.1.2 钻孔桩基础围堰顶标高的控制

钻孔桩基础时，其围堰顶标高应结合护筒埋设情况，宜高出施工水位 1.5 m 以上。围堰顶的标高偏差控制在 30 mm。

2.2 围堰平面尺寸的控制

围堰的外形应适应水流排泄，大小不应压缩流水断面过多，以免壅水过高危害围堰安全，以及影响通航、导流等。围堰内形应适应基础施工的要求，并留有适当的工作面积。堰身断面尺寸应保证有足够的强度和稳定性，使基坑开挖后，围堰不致发生破裂、滑动或倾覆。

2.2.1 明挖基础围堰平面尺寸的控制

基坑下口开挖的大小应满足基础施工的要求，在基底平面尺寸应适当加宽 50～100 cm，便于设置集水井、排水沟和安装模板。

2.2.2 钻孔桩基础围堰平面尺寸的控制

钻孔桩基础的钢围堰平面图尺寸根据承台的外形尺寸确定，可直接用钢围堰内壁作承台施工时的模板，围堰平面尺寸可设计比承台各面尺寸大 10 cm。

2.3 围堰防止渗漏和冲刷的技术措施

对围堰外围的边坡和河床防冲刷一般是采取在围堰迎水面抛投块石，形成块石防冲体平台。当汛期水流冲刷防冲体迎水面时，可能在围堰脚形成掏刷坑，防冲体上部块石可自行塌滑覆盖冲刷坑，不致危及围堰迎水坡面稳定。

围堰防渗漏措施：

(1)控制封底混凝土与钢围堰内壁之间粘结良好，一般是在结合段的钢围堰内壁设置剪力钉或抗剪环板。

(2)河床土质渗透系数小时，杂土体围堰中加填黏土芯墙。

(3)围堰本体无渗漏，但河床土质渗透系数大，可以采用在围堰上沿基坑四周钻孔压注水泥浆的措施。

3 围堰工程的结构形式及简要施工方法

3.1 土围堰(填土围堰、草土围堰、草麻袋围堰)

3.1.1 技术特性

土围堰适用于水深 1.5 m 以内、水流流速 0.5 m/s 以内,河床土质渗水较小时。具体技术参数如表 2。

表 2 土围堰技术参数

分 类	填 料	顶宽(m)	边 坡	
			内侧	外侧
填土围堰	黏土、砂黏土	≮1.5	1∶1～2∶3	1∶2～1∶3
草土围堰	黏性土及草	≮1.5	1∶1～2∶3	1∶2～1∶3
草、麻袋围堰	黏性土	1～2	1∶0.2～1∶0.5	1∶0.5～1∶1

3.1.2 结构形式

(1)土围堰结构如图 1。

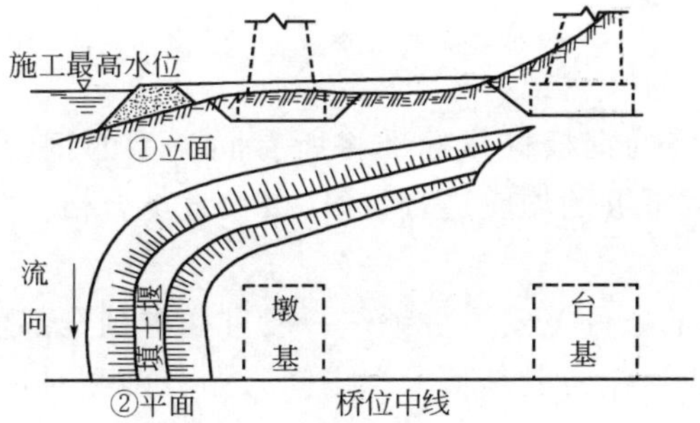

图 1 土围堰结构示意图

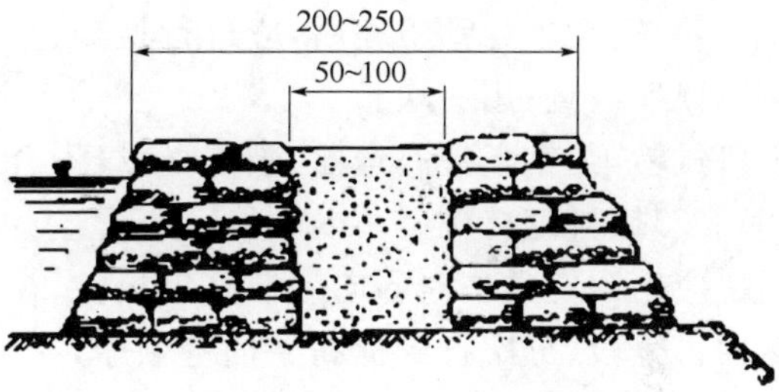

图 2 草、麻袋围堰结构示意图(单位:cm)

(2)草、麻袋围堰结构如图 2。

3.1.3 施工方法

(1)填土围堰施工方法。先清除堰底河床上的树根、石块等,自上游开始填筑至下游合龙。处于岸边的应自岸边开始,填土时应将土倒在已出水面的堰头上再顺坡送入水中。水面以上的填土要分层夯实。

(2)草土围堰施工方法。用麦秸、稻草或茎杆较长的杂草夹填黏性土,以一层土(20～30 cm)夹一层草,分层铺填夯实。其他同填土围堰。

(3)草、麻袋围堰施工方法。用草袋(或麻袋)盛装松散黏性土,装填量为袋容量的 1/3～1/2,袋口用细麻线或铁丝缝合。用黏性土心墙时,也可用砂性土装袋。施工时要求土袋平放,上下左右互相错缝堆码整齐。流速较大处,外围草袋可改用小卵石或粗砂,以免流失,必要时也可抛片石防护或用竹篓或柳条筐装盛砂石在堰外防护。

3.2 钢板桩围堰

钢板桩围堰是一种比较传统的深水基础施工方法。钢板桩是从国外引进的一种制式产品,主要为德国拉森式钢板桩。钢板桩可以打入土中或连到物件上,组成承载及防水结构,工作结束后,拔出或拆下重复使用。钢板桩围堰主要由钢板桩和钢围囹组成。钢板桩起防水、挡土及水下封底混凝土模板的作用;钢围图作为下沉导管柱的悬挂和导向结构,同时用作钢板桩的支撑,其顶层又作施工平台,它是一种临时辅助结构。

3.2.1　技术特性

钢板桩围堰技术特性:

(1)由于是组拼式结构,整体刚度较小,因此其抗水流及冲刷能力差,不宜于在流速较大的情况下使用;

(2)由于其本身强度、刚度局限,在承台埋置较深时,需设置强而密的支撑,对后续的承台及墩身施工干扰很大,因此,不宜于在水位较高的情况下使用;

(3)因为要重复使用,不宜灌注封底混凝土。在既要满足底部支撑力,又要满足较小渗流的情况下,对河床提出了较高的要求。因此,不宜在透水性强,承载力小的地层条件下使用。

3.2.2　结构形式

(1)钢板桩围堰平面形式:有矩形、圆形、多边形、圆端形。矩形及多边形围堰在转角处使用特制的同类型角桩,圆形及圆端形围堰,在板桩锁口联结时能转一定的角度,使板桩联结成圆形。

(2)钢板桩类型规格按断面形状分四类:平形、槽形、Z 形、工字钢或槽钢形。

(3)按钢板桩锁口分为三类:阴阳锁口、环形锁口、套形锁口。

3.2.3　施工方法

(1)钢板桩运到工地后,应进行检查、分类、编号及登记。

锁口检查:用一块长 1.5～2 m 符合类型规格的钢板桩作标准将所有同类型的钢板桩作锁口过检,凡钢板桩有弯曲、破损、锁口不合、长度不够的均应进行整修、接长直至合格。

(2)插打钢板桩。

应用固定的临时导向架插打钢板桩,在稳定的条件下安置桩锤。一般宜插桩到全部合龙,然后再分段、分次打到标高。插桩顺序,在无潮汐河流一般是从上游中间开始分两侧对称插打至下游合龙;在潮汐河流,有两个流向的关系,为减少水流阻力,可采取从侧面开始,向上、下游插打,在另一侧合龙。桩锤一般采用振动桩锤。

(3)堵漏。

钢板桩插打到位后,可在其外侧围一圈彩条布,在布的下端绑扎钢管沉入河床,并用砂袋压住,堰内抽水时,外侧水压可将彩条布紧贴板桩,起到一定的防水作用;在板桩侧锁口不密的漏水处用棉砂嵌塞,堵漏效果明显。

(4)吸泥、硬化基层。

在水抽干后,即可人工挖泥,或不抽水采用高压水枪配合泥浆泵吸泥至设计标高,之后回填片石,浇注 30 cm 的混凝土硬化基底,进行承台施工。如图 3 为板桩及内支撑对构示意图。

(5)拔桩。

施工完成后需要拔桩,在拔除钢板桩前,应先将围堰内的支撑,从上到下陆续拆除,并陆续灌水使内外水压平稳,使板桩挤压力消失,并与部分混凝土脱离(指有水下混凝土部分)。拔桩设备可用吊船、吊机、拔桩机、千斤顶等。

3.3　锁口钢管桩围堰

锁口钢管桩(日本叫钢管板桩)是以带锁口的钢管桩代替钢板桩,通过导向桩下沉到位,并可视作将钢围堰“化整为零”,由各根钢管桩来穿过片石等地下障碍物。锁口钢管桩的新技术广泛应用在岸墙、护岸、防波堤、围堰、挡土墙基础等工程中。

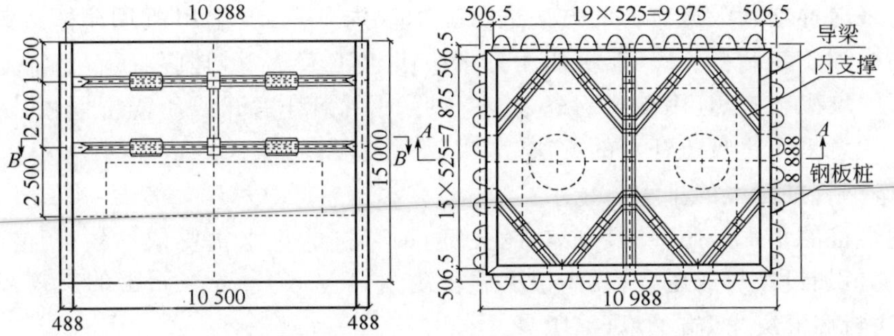

图 3 板桩及内支撑结构示意图(单位:mm)

3.3.1 技术特性

(1)钢管桩截面大,具有很强的抗弯能力,可大大简化围堰的内支撑体系,方便施工。

(2)钢管桩的刚度和稳定性好,可采用强制下沉式,因此它更适用于有地下障碍物,密集孤石,片石堆积的地方使用。

(3)锁口钢管桩围堰综合了钢板桩围堰和双壁钢围堰的结构受力特点。

(4)施工速度快。制作、加工、运输、吊插、下沉等方便灵活,工艺简单,所需设备少。

(5)可根据需要,组装成各种形式的围堰。

3.3.2 结构形式

钢管桩结构如图 4。

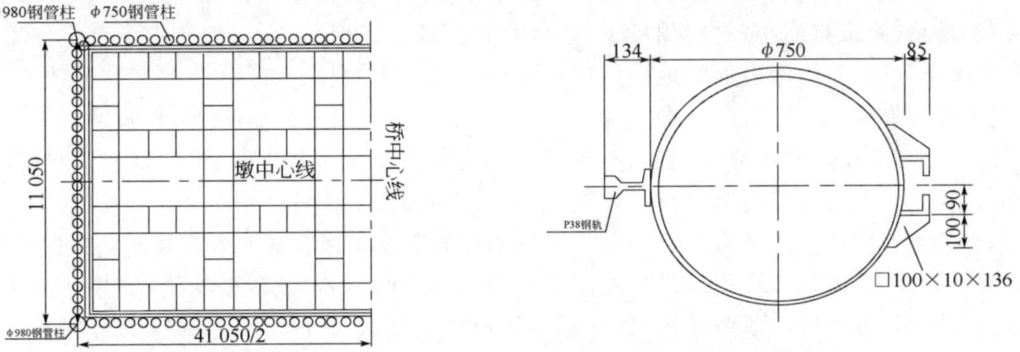

钢管桩围堰 1/2 平面图　　锁口钢管桩断面图

图 4 锁口钢管结构示意图(单位:mm)

3.3.3 施工方法

(1)锁口钢管桩的插打及围堰合龙。

1)在钻孔灌注桩施工平台周边安装导向框。设上、下两层,控制桩的倾斜。

2)为了控制锁口缝隙,在导向框上分别标出每根钢管桩锁口的中心位。

3)在桩下插前于锁口槽口下端先焊坡度 1∶6 的挡板,阻止碎石和硬土进入锁口。

4)插打从围堰上游中部开始,顺次逐根向两侧插至角桩,再逐次从上游向下游插,最后在下游中部合龙。

5)整个钢管桩围堰合龙并插打到位后,将导向平台拆除,在管桩上焊牛腿,按设计要求安装内支撑。完成从单桩受力到形成整体围堰的内支撑体系转换。

(2)钢管桩内除土和围堰内除土。

主要除土工具是吸泥机、抓泥土和高压射水设施等。

管桩内采取冲击和汲泥交替的方法进行。围堰内开挖:泥土用抓斗冲抓或射水吸泥。沉船用冲击钻机和旋转钻机破碎,船梆的大方木由潜水工人水下切割。孤石由潜水工水下作业消除。片石因堆砌整齐,且用砂浆钩缝,故在干挖时用钢纤凿开或用撬棍撬松,人工清除。围堰内吸泥应注意采用边吸边补水的方法。

(3)锁口钢管桩围堰的排水与止水。

锁口钢管桩的止水是此种围堰成功的关键,钢管桩的止水主要依靠精密加工的锁口来实现的,并在锁口加设填料或压浆,具体根据施工决定。

(4)灌注封底混凝土,施工承台、墩身。

(5)钢管桩的拔除。

在用振动打桩机振松锁口的浆体后,用液压千斤顶顶出。

3.4 有(无)底钢套箱围堰

3.4.1 技术特性

有底钢套箱又名钢吊箱,是深水高桩承台施工的临时隔水结构,其作用是通过套箱侧板和底板上的封底混凝土围水,为高桩承台施工提供无水的施工环境。同双壁钢围堰比较,钢套箱具有施工工期短、水流阻力小、利于通航、不需沉入河床、施工难度小、材料用量少、经济合理等特点,因而在大跨深水大型桥梁中得到广泛的应用。

无底钢套箱下沉施工干扰小,不受桩基影响。其结构构造简单,封底混凝土直接与河床接触,套箱承受荷载小,壁板重复利用率高。较之双壁钢围堰,钢套箱具有施工工期短、水流阻力小、利于通航、施工难度小、材料用量少、经济合理等特点。但是,无底钢套箱下沉定位难度大,套箱围堰需着床,对河床表面的地质情况及大面平整要求较高。

3.4.2 结构形式

钢套箱围堰按形状可分为矩形(圆端形),其中每种围堰又有单壁、双壁以及单双壁组合式钢围堰。

单、双壁的构造主要是考虑钢围堰下沉的需要而设计,由于钢围堰重量轻,在需要入土较深的情况下仅靠自重难以下沉,需灌注配重混凝土,因此必须设置双壁结构;如果下沉较浅,借自重可以下沉,可设计为单壁结构;如在满足下沉需要的前提下,又要节省材料,可设计成单、双壁组合式结构。

钢围堰结构形式的确定受多种因素的制约,如水文、地质、起重设备等。平面形状的确定主要受承台平面尺寸的影响以及水深的影响。

3.4.3 施工方法

(1)套箱的加工。

为运输方便,一般选择船运比较方便的工厂进行加工。为减少墩位处拼装工作量,一般根据现场起吊能力分节在工厂加工。其加工顺序为,先分单元在胎具上加工成型,然后在浮体上组拼。矩形围堰由于较轻,一般是分块加工,一次拼装成型。

(2)套箱的浮运。

围堰的浮运根据下沉的设备情况而定,如果采用大型浮吊下沉,可用平驳进行浮运;如果采用组拼的龙门浮吊下沉,可直接用浮吊进行浮运。

(3)套箱的下沉。

矩形套箱围堰由于重量较轻,可一次拼装到位,因此,精确定位后,可一次放置于河床上。

而双壁或单、双壁组合式围堰由于体积大，需在水中边下沉边接高。其作业步骤为：将第一节放入水中定位，利用双壁所产生的浮力自浮于水中，然后接高第二节，灌水或混凝土下沉，再继续接高下一节，直至围堰全高。在围堰上搭设吸泥平台，布置吸泥机进行下沉。围堰设计时，双壁间应设隔仓，灌注时应分仓对称进行，以防钢围堰的偏移。

(4)封底混凝土的施工。

钢围堰沉至设计标高，灌注封底混凝土之前，要求潜水员用高压水枪进行清理，整平河床面，同时，为了保证封底混凝土与桩身、箱壁的良好结合，达到止水效果，潜水员应用高压水枪将桩身和箱壁上附着的泥浆冲洗干净。

封底混凝土的施工采用垂直导管法。水下混凝土靠自身流动性向四周摊开。导管一般采用 ϕ300 mm 无缝管，顶部设漏斗，导管数量根据钢围堰内净空面积确定。对于矩形钢围堰由于封底混凝土数量巨大，可分成几个仓，分次灌注封底混凝土。混凝土一般由岸上拌和站或大型拌和船供应，泵送至浇注位置。

3.5 双壁钢围堰

3.5.1 技术特性

双壁钢围堰既是钻孔桩平台的基础，又是承台施工的挡水结构。因为有强度很高的双壁钢壳，可承受更大的围堰内、外水头差。双壁钢围堰的上部均能重复使用，可充分发挥材料的利用率。

3.5.2 结构形式

双壁钢围堰根据承台的结构形式不同，外形也不同，一般有圆形、圆端形、矩形及其他形式。

圆形围堰：由于在水压力作用下，只产生环向轴力，可不设内支撑，因此能够提供足够的施工空间，另外，由于其截面可以导流，因此抗水流能力强，它适用于流速较大的深水河流的低桩承台的施工中。但是，由于承台尺寸一般为矩形，因此，其封底的截面积较大，封底混凝土的量较大。当承台的平面尺寸长宽比小于 1.5 时，采用圆形围堰更为合理，但水深大于 15m 的情况下，若采用矩形围堰，需加设多层内支撑，施工空间难以保证，同时也大大增加了钢材的用量，此时采用圆形围堰更为合理。

3.5.3 施工方法

(1)双壁钢围堰加工制作及运输。

双壁钢围堰按设计在岸上加工，加工完成并经试拼质量检验合格后，再进行每节组装焊接或缆索吊至墩身拼装现场。

在围堰钢块件加工场组装工作平台，杆件集中下料，在平台上放大样后焊接块件骨架，安装隔舱板、焊接内外壁板，检查节间、块间接缝及隔舱板是否渗水、漏水，并及时处理渗水部位，确保钢围堰的水密性。

组拼工序为：外壁板、竖向加劲角钢、水平桁架、水平撑、隔舱板、内壁加劲角钢、内壁板、脱胎模翻身、焊接成件。

拼装时要求：上下隔舱板对齐，各相邻水平桁架弦板对齐，上、下竖向加劲角钢允许不对准，但必须和水平桁架弦板焊牢。内外壁钢板拼缝不能对接焊时，允许采用搭接焊或贴板焊接，但必须满焊，并保证全焊水密结构的可靠性。

(2)钢围堰的组拼及下放水。

钢围堰根据起吊能力不同可在就近施工场所或在钻孔平台上组拼。若就近拼装成围堰整体可采用缆索或浮吊整体运至墩位处入水就位。在墩位作业平台拼装，应先在作业平台上放出钢围堰底层的安装线，做好组拼前的准备工作，底节围堰组拼完成后下放入水步骤如下：

(3)钢围堰的接高。

在首节钢围堰锁定后，向其隔舱内灌注混凝土和向夹壁内加抽水等措施以调平围堰，并预留一定的干舷高度，使其处于待拼次节围堰的状态。以后每一节段船运到围堰旁，由起吊设备起吊与首节或上一节进行焊接，每接高一节即均匀下沉，并预留相应的干舷高度，以便接高下一节时施焊作业。

(4)钢围堰的下沉和着床稳定。

双壁钢围堰在水中是以在隔舱内灌水下沉。在切入覆盖层时应在刃角内灌壁舱混凝土，起到加重又可增加刃脚强度作用。

(5)钢围堰的竖向定位。

钢围堰下沉时的竖向定位是通过在作业平台上设辅助措施实施。钢围堰着床是钢围堰施工中的一道重要关键工序，钢围堰着床后的位置和倾斜率对钢围堰以后的下沉，乃至钢围堰，落到设计高程时的质量都有重要影响。一般应选择在平潮时，基本没有多大流速的条件下着床。通过在钢围堰的隔舱内灌水以调平围堰，这样可以反复几次。当围堰接高下沉至刃尖距河床 0.5 m 左右即停灌水下沉，通过反复纠偏以实现围堰的精确定位。然后均匀灌水，快速实现围堰刃脚的着床，继之以均匀吸泥下沉使围堰下沉到位。

若围堰着床后发现偏位较大，可排除隔舱内的水使围堰上浮再进行第二次准确着床，直到精度，符合设计要求。

(6)围堰内清基。

钢围堰下沉确认合格后，即可进行清基工作。围堰内清基采用抓泥斗或空气吸泥机高压射水龙头清除，清基到位后，则可进行水下混凝土封底。

(7)围堰内灌注水下封底混凝土。

采用泵送多点用导管浇注封底混凝土，因封底混凝土数量大，为提高混凝土流动性和延长混凝土的初凝时间，混凝土中掺加适量的缓凝型减水剂(30 h 缓凝时间)和粉煤灰。

水下混凝土浇注过程中应注意的事项：用测深锤每隔一段时间，测出混凝土表面标高，将原始资料记录下来，随时告诉现场值班技术员，用以指导各导管提升及下料；要求混凝土均匀上升，以免造成混凝土面高低偏差过大，同时，也避免导管埋置过浅而使导管悬空；混凝土浇注终结时，尽量调平混凝土表面平整度。灌注水下混凝土时，准备多套导管提升装置，防止混凝土堵管。

封底混凝土达到设计强度后，进行围堰抽水，边抽水边完成剩余支撑。在承台底设计标高以上钢护筒割除，将封底混凝土表面找平。

4　常见围堰施工方案比选

深水桥梁墩台的围堰形式是多种多样的，每种围堰都有其各自的特点和适用条件，施工中应根据各自桥梁不同的水文、地质、材料以及设备等条件，综合考虑各种因素进行比选。

钢板桩围堰。钢板桩插打和吊装不需大型起吊和下沉设备。但由于其截面特性，限制了应用。钢板桩围堰内支撑间距密集到 1.5～2.0 m。由于其截面是敞口，在孤石和片石地层中插打，下端极易出卷边或被撕裂，造成围堰不能止水。

双壁钢围堰。它自 20 世纪 70 年代九江长江大桥首次采用在钻孔桩基础施工后，由于其整体性好，刚度和强度大，围堰内无支撑，止水效果、抽水水头、抗水流冲击力和波浪袭击都较其他围堰优越。所以广泛应用于深水钻孔灌注桩基础施工中。但它体积庞大，需大型起吊设备。在覆盖层下沉亦需较多设备，且下沉速度比桩要慢，若遇土层中障碍物，必须水中在刃脚下清除，势必影响工期。双壁钢壳在墩身出水后，承台顶以上部分可切割回收或倒用，以下部分不能取出。

钻孔桩围堰。它是在深水基础施工中钢板桩和钻孔桩并举的围堰。它在复杂地层中做围堰穿透能力强，围堰内无支撑、止水效果好。但须先做钢板桩围堰，在板桩围堰内填土筑岛，在岛上板桩内缘做深基坑护壁钻孔桩，桩顶设圈梁，再开挖基坑等；工序多，设备多，时间长，造价高。

锁口式钢管桩围堰。由于综合了钢板桩围堰和双壁钢围堰的结构受力特点，该项新技术广泛应用在岸墙、护岸、防波堤、围堰、挡土墙基础等工程中，钢管桩能穿过水下地层中的障碍物、孤石和片石。

4.1 结合工程项目的特点

公司近几年围堰施工广泛用于桥梁深水基础施工中：

(1)广深准高速铁路石龙特大桥，横跨东江南、北干流。24、25号墩位施工处水深约6～8 m，流速2 m/s，且受潮汐影响，水位落差2 m。河床面以下地质情况为5～7 m的细砂层，以下为2 m左右的中粗砂，以下为泥质砂岩。承台底面位于河床面以上1～1.8 m。经过方案比选选用单壁无底钢套箱围堰施工水中基础。由于该墩位处无水上施工设备，选用钢管桩栈桥和作业平台，施工工期不受涨落潮影响。套箱围堰分块吊装施工，从而避免使用大型运输车和吊车。围堰全高6.5 m，分两节(4.5 m+4 m)平面尺寸为12.05×7.85 m。下放靠在吊箱周边布置10个5 t的链条滑车，将套箱放入水中就位。套箱封底成功后边抽水边加内支撑。

(2)湘黔线渠江大桥、高桥2号墩为低桩承台，库区内水深流速小，浅覆盖层。南昆线左江大桥等均在方案比选选定为缆索吊装双壁钢围堰深水基础施工，浮箱施工作业平台。

(3)渝怀铁路溪门口大桥选用单壁钢吊箱围堰基础施工，缆索吊装，万能杆件钻机作业平台，浮箱作业平台。

(4)泸纳铁路沱江大桥6号墩由于承台位置的特殊性，不可能采用全封底，同时由于河床高低差达2 m，在方案比选中选定为双壁钢围堰高低刃脚环形封底技术，缆索吊装、导向船浮式作业平台。

(5)广珠城际轨道西江大桥主桥73#、74#墩水深31.12～27.42 m，高桩承台，承台尺寸22.6 m×16.6 m方形。施工水位+4.164 m，承台底标高−10.064 m。经过多次方案比选，最后选定为双壁钢吊箱围堰(即有底钢套箱)，钢管桩固定式作业平台基础施工方案。吊箱分块在工厂加工，驳壳船运至平台，墩位现场拼装，分节整体用千斤顶下放再临时固结后拼装第二节，至整体拼装完成。

4.2 结合本单位施工技术特点

由于本单位缆索设备成套，吊装施工经验较为丰富，因此在深水基础施工的吊装中若地形条件许可，将优先选用缆索整体吊装。

同时在围堰的施工中双壁钢围堰施工经验较其他围堰经验成熟。但近几年来钢板桩围堰由于施工快捷、经济已得到了大量使用，如广州凫洲大桥、太澳容南特大桥、广珠西江大桥40#墩。下一步将在公司基础施工中重点推广。

5　围堰工程设计

5.1　概　　述

围堰工程设计一般应结合工程所处的水文、地质情况，对围堰本体的强度、稳定性、抗浮能力等进行必要的验算，满足相应规范和规定的要求，并应有一定的安全储备。

5.2　土围堰设计

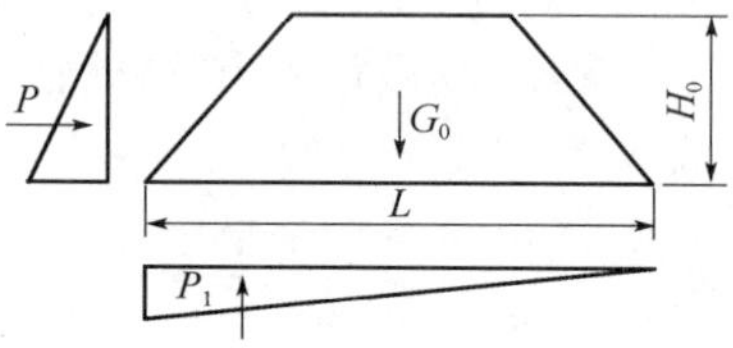

图 5　抗滑稳定计算

5.2.1　土围堰设计原则及标准

围堰要求安全可靠、能满足稳定、抗渗及抗冲要求；结构要求简单，施工方便，宜于拆除并能充分利用当地材料及开挖料渣，同时能满足工期要求。

5.2.2　主要检算项目及方法

(1)围堰土体强度、稳定性验算。

土体抗滑稳定性验算如图 5。

水压力：$P=\frac{1}{2}H_0^2\gamma_{水}$ 渗透压力：$P_1=\frac{1}{2}H_0L\gamma_{水}$

抗滑稳定安全系数：$K_0=\frac{f(G_0+P_1)}{P}$

式中　f——坝体与河床摩擦系数，取 0.4；

G_0——坝体重量；

K_0——一般可取 1.15～1.30。

(2)局部冲刷验算。

局部冲刷验算较复杂，影响因素也较多，施工中一般采用在围堰四周抛填片石等措施来保证局部冲刷满足要求。

(3)基坑渗水量计算。

当基坑底为一般碎石土、砂类土，并处于干河床时，其总涌水量 Q(m^3/d)可按下式计算：

$$Q=\frac{1.366KH^2}{\lg(R+r_0)-\lg r_0}$$

式中　K——渗透系数(m/d)；

H——稳定水位至基坑底的深度(m)，当基底以下为深厚透水层时，H 值可酌加 3～4 m，以保安全；

R——影响半径(m)，

当为不均匀的粗粒、中粒和细粒砂，K=5～6 m/d　R=80～150 m；

当为碎石、卵石类地层，混有大量细颗粒，K=20～60 m/d　R=100～200 m；

当为碎石、卵石类地层，无细颗粒混杂，均匀的粗砂和中砂，K=20～60 m/d　R=150～250 m。

r_0——引用基坑半径(m)，矩形：$r_0=u\frac{L+B}{4}$，形状不规则时：$r_0=\sqrt{\frac{F}{\pi}}$

其中　L、B、F——分别为基坑的长、宽(m)和面积(m^2)；

u——系数，当$\frac{B}{L}$=0.1～0.2 u=1.0；$\frac{B}{L}$=0.3 u=1.12；$\frac{B}{L}$=0.4 u=1.16；

$$\frac{B}{L}=0.6\sim1\ u=1.18$$

(4)基坑底涌砂、基坑底板隆起验算。

①基坑底涌砂验算。

②基坑底板隆起验算。

如基坑为一厚度不大的不透水层，其下层是承压水层，则应考虑坑底是否会被承压水顶坏的危险，其安全条件可用公式验算，如图 6。

$$\gamma_t>\gamma_w(h+t)$$

式中 γ_t——坑底不透水的容重；

γ_w——水的容重。

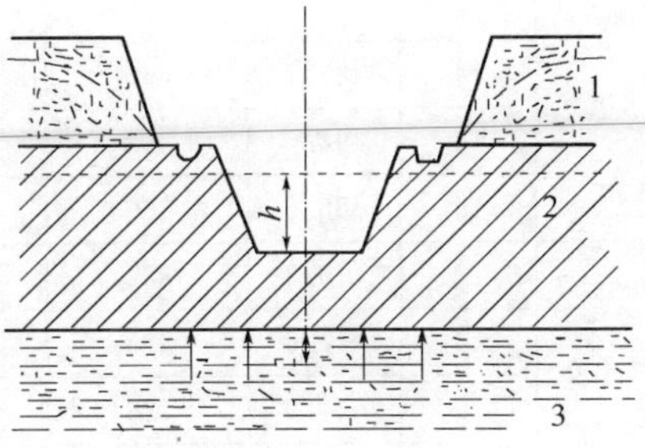

图 6 基坑底板隆起验算

5.3 钢板桩围堰、锁口钢管桩围堰设计

(1)钢管桩围堰总的设计原则。

①计算围堰内挖土和抽水时钢管桩和支撑是否安全。

②确定围堰内封底混凝土的强度和厚度以确定锁口的形式，使其能注浆止水。确保锁口在复杂受力状态下不被破坏。

③围堰在水流、风力、波浪作用下抗倾覆性检算。

(2)钢板桩围堰总的设计原则。

设计板桩围堰需要求算板桩的横断面、最小入土深度、支撑间距及尺寸等。板桩受力除土压、水压等外力外，还与支撑有关。

5.3.1 水文地质技术参数的选择

钢板桩围堰整体刚度大防水性能好，适用于在黏性土层深水河床基础施工。

钢管桩适用于水深 0～20 m，流速 0～3 m/s，适用于各种复杂地质、地层，特别是有障碍物的地层。

5.3.2 桩体、围囹、内外导环、支撑系统技术参数的选择

(1)锁口管的尺寸通常采用 ϕ165.2 mm，壁厚 11 mm。在实际施工中可根据需要自行选用管桩，设计锁口，以适应施工需要。锁口钢管桩主要尺寸截面见下表 3。

表 3 锁口钢管桩主要尺寸截面

外径 (mm)	厚度 (mm)	截面积 (cm^2)	单位重量 (kg/m)	参考值			
				截面惯性矩(cm^4)	截面模量(cm^3)	截面回转半径(cm)	外表面积(m^2/m)
800	12	297.1	233	230×10^3	576×10	27.9	2.51
	14	345.7	271	267×10^3	667×10	27.8	2.51
	16	394.1	309	302×10^3	757×10	27.7	2.51
900	12	334.8	263	330×10^3	733×10	31.4	2.83
	14	389.7	306	382×10^3	849×10	31.3	2.83
	16	444.3	349	434×10^3	964×10	31.3	2.83
	19	525.9	413	510×10^3	113×10^2	31.2	2.83

续上表

外 径 (mm)	厚度 (mm)	截面积 (cm²)	单位重量 (kg/m)	参　考　值			
				截面惯性矩(cm⁴)	截面模量(cm³)	截面回转半径(cm)	外表面积(m²/m)
1 000	12	372.5	292	454×10^3	909×10	34.9	3.14
	14	433.7	340	527×10^3	105×10^2	34.9	3.14
	16	494.6	388	598×10^3	119×10^2	34.8	3.14
	19	585.6	460	704×10^3	140×10^2	34.7	3.14
1 100	12	410.2	322	606×10^3	110×10^2	38.5	3.46
	14	477.6	375	704×10^3	128×10^2	38.4	3.46
	16	544.9	428	800×10^3	145×10^2	38.3	3.46
	19	645.3	506	942×10^3	171×10^2	38.2	3.46
1 200	14	521.6	409	917×10^3	152×10^2	41.9	3.77
	16	595.1	467	104×10^4	173×10^2	41.9	3.77
	19	704.9	553	122×10^4	204×10^2	41.8	3.77
	22	814.2	639	141×10^4	135×10^2	41.7	3.77

(2)钢板桩都是按支承在各层导环上的连续梁计算,其下端则按钢板桩打入土中的深度或封底混凝土的情况分别视作铰或固端,最常用的方法是力矩分配法。

钢板桩围堰设计时,平面尺寸多按上部结构及其基础的尺寸拟定,以不妨碍施工和安装模板为原则,但至少应大于基础轮廓尺寸 1.5 m,另外还需考虑抽水设备和其汇水井安装所需之尺寸;立面尺寸主要考虑施工阶段的最高水位、抽水最高水位、洪峰最高水位等计算。

(3)支撑间距布置原则是:当板桩强度已定,可按支撑之间最大弯矩值相等的原则进行布置;当把支撑作为常备构件使用时,可按支撑各层的断面都相等时可把各层支撑设计成相等。当计算得导环支点反力 R_i 后,支撑可按在轴向力 R_i 作用下的压杆设计。

(4)内、外导环:钢板桩围堰内导环可用方木或型钢制作,其作用是插打钢板桩时起导向作用,顶层导框可兼作施工平台;最主要作用是作为钢板桩围堰的内部立体支撑,直接承受钢板桩传来的水、土压力,因此断面尺寸应能满足结构内力设计要求。外导环则只起导向作用。

内导环可视作一支承在支撑上的连续梁或框架,简化成铰支在支撑上的简支梁来设计也是安全的,通常圆形导环设计很强。

钢管桩围堰设计时,因钢管桩钢度大,为了考虑围堰的经济性,一般应按浅埋桩围堰设计,可近似按刚性基础计算,由此确定钢管桩的最佳入土深度。

5.3.3　*主要检算项目及方法*

(1)桩身入土深度确定、强度及稳定性验算。

桩身入土计算分以下几种情况:

1)悬壁式板桩计算。

悬壁式板桩指顶端不设支撑,完全依靠打入足够的入土深度保证其稳定性,如图 7。

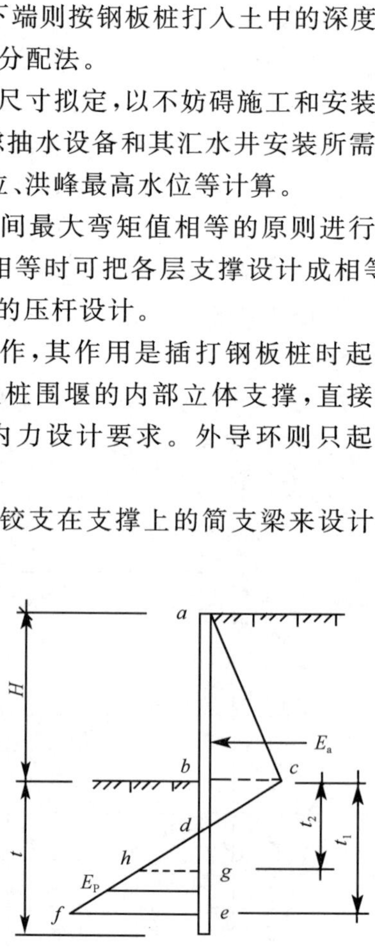

图 7　悬壁式板桩计算简图

试算确定埋入深度 t_1:先假定埋入深度 t_1,然后将净主

动土压力 acd 和净被动土压力 def 对 e 点取力矩，要求由 def 产生的抵抗力矩大于由 acd 所产生的倾覆力矩的 2 倍，即防倾覆的安全系数不小于 2。将通过试算求得的 t_1 增加 15%，即得桩身的入土深度，确保桩的稳定。

求出桩身剪力为零点，再求出该点的弯矩为最大弯矩，根据弯矩选择板桩的截面和型号。

2)单锚浅埋板桩计算。

计算模式按上端简支，下端为自由支承模式，这种板桩相当于单跨简支梁，作用在桩后为主动土压力，作用在桩前为被动土压力，如图 8。

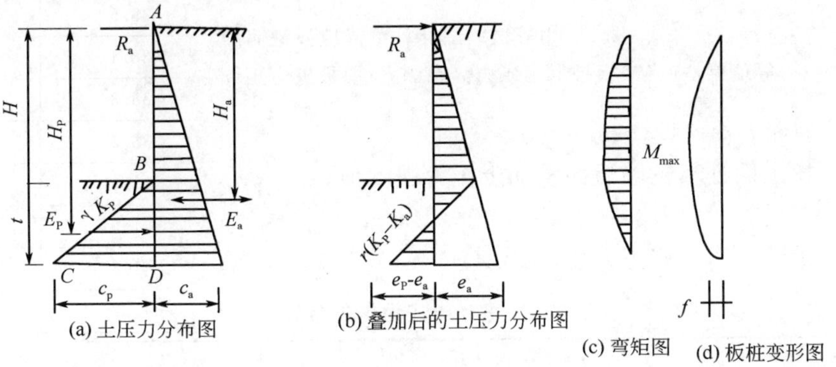

图 8　单锚浅埋板桩计算图

①最小入土深度 t：

$$t=\frac{(3E_p-2E_a)H}{2(E_a-E_p)}$$

式中　E_p——被动土压力，$E_p=\frac{1}{2}\gamma t^2K_p$；

K_p——被动土压力系数，$K_p=\mathrm{tg}^2(45°+\frac{\varphi}{2})$；

E_a——主动土压力，$E_p=\frac{1}{2}\gamma(H+t)^2K_a$；

K_a——主动土压力系数，$K_a=\mathrm{tg}^2(45°-\frac{\varphi}{2})$。

②A 点的支撑力为：$R_a=E_a-E_p$。

③根据求得之入土深度 t 的支撑力 R_a，并依此可求得剪力为零的点，求出该点最大弯矩来选用板桩截面。

被动土压力(三角形 BCD)一般只取其一部分，即安全系数取 2。

3)单锚深埋板桩计算。

计算模式简化为上端简支，下端为固定支承，其计算常用等值梁法，如图 9。

等值梁法计算板桩，为简化计算，常用土压力等于零的位置来代替正负弯矩转折点的位置，其计算方法如下：

①最小入土深度 t_0：

$$t_0=y+x$$

$$y=\frac{P_b}{\gamma(K\cdot K_p-K_a)}\qquad x=\sqrt{\frac{6P_0}{\gamma(K\cdot K_p-K_a)}}$$

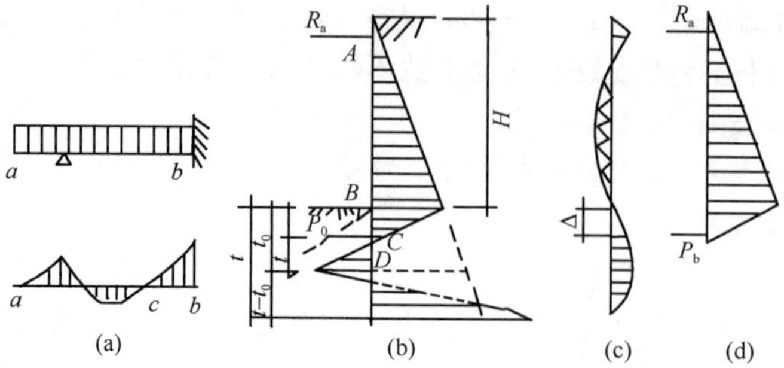

图 9　用等值梁法计算单锚埋板桩简图

(a)等值梁法　(b)板桩上土压力分布图　(c)板桩弯矩图　(d)板桩变形图

板桩实际埋深 t：$t=(1.1\sim1.2)t_0$。

式中　P_b——挖土面处板桩墙后的主动土压力强度值；

P_0——支反力；

K——被动土压力修正系数，见表 4。

表 4　被动土压力修正系数

土的内摩擦角 φ	40°	35°	30°	25°	20°	15°	10°
K	0.35	0.40	0.47	0.55	0.64	0.75	1.00

②按简支梁计算等值梁的最大弯矩 M_{max} 和两个支反点（R_a 和 P_0）。

4)多支撑等弯矩布置式板桩计算。

根据施工条件，选定一种类型的板桩，查得截面模量 W，计算出悬壁部分的最大允许跨度 h，如图 10。

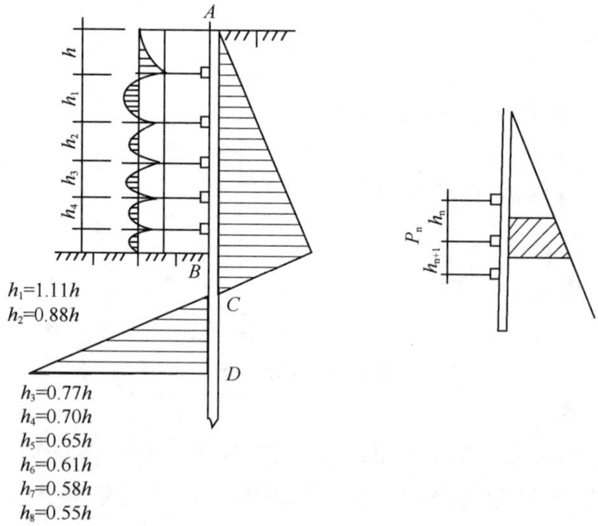

图 10　多支撑的等弯矩布置

$$h=\sqrt[3]{\frac{6[f]W}{\gamma\cdot K_a}}$$

式中　$[f]$——板桩的抗弯强度设计值；

r——板桩墙后的土的重度；

K_a——主动土压力系数。

再计算下部各层支撑的跨度，即支撑的间距。把板桩视作一个承受三角形荷载的连续梁，各支点近似的假定为不动，即把每跨都视作两端固定，可按一般力学计算算出各支点最大弯矩都等于悬壁端弯矩时的跨度，确定支撑层数，复核板桩截面。

5)多跨支撑等反力布置板桩计算。

这种布置是使各层横梁和支撑所受的力都相等，计算支撑间距时，把板桩视作承受三角荷载的连续梁，除顶部压力为 $0.15P$，其他支撑承受反力均为 P，如图 11。其值计算见下式：

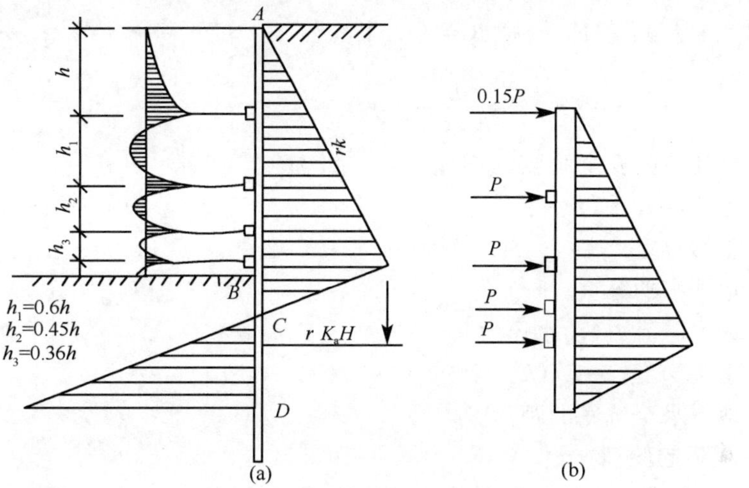

图 11　多支撑的等反力布置图

$$P=\frac{\gamma K_a h^2}{2(n-0.85)}$$

通常按第一跨的最大弯矩进行板桩截面的选择。

实际施工中则将板桩视作承受三角形荷载的连续梁，用力矩分配法计算板桩的弯矩和反力，用来验算板桩截面和选择支撑规格。

(2)围囹、内外导框、支撑系统验算。

1)板桩围囹验算可根据公路《桥涵》上册(四)板桩围堰计算进行。

2)内、外导框。

①当导梁做成框架形式时，导梁除承受板桩传来的均布荷载外，并承受轴向力，此时导梁的最大弯矩：

$$M_{max}=M+NY$$

式中　M——均布荷载作用下的最大弯矩；

N——轴向力；

Y——均布荷载与轴向力共同作用下产生的挠度。

一般情况下可取 $M_{max}=M$

②当为圆导框是轴向力 N：

$$N=pR$$

式中　N——轴向力；

P——板桩墙单位长度(每米)上的水平压力；

R——围堰的半径，由圆心算至钢板桩锁口轴线。

圆导框

$$l=\frac{\pi R}{\sqrt{3}}$$

(3)基坑底涌砂、基坑底板验算。

1)基坑底涌砂验算。

当坑底土为粉砂、细砂等，在基坑内抽水时，可能引起涌砂的危险，因此要避免产生涌砂现象出现，则要求(基坑涌砂计算简图如图12)：

$$\gamma'\geqslant K\cdot j \text{ 或 } K=\frac{\gamma'}{j}\geqslant 1.5$$

$$j=i\cdot\gamma_w=\frac{h'}{h'+2t}\cdot\gamma_w$$

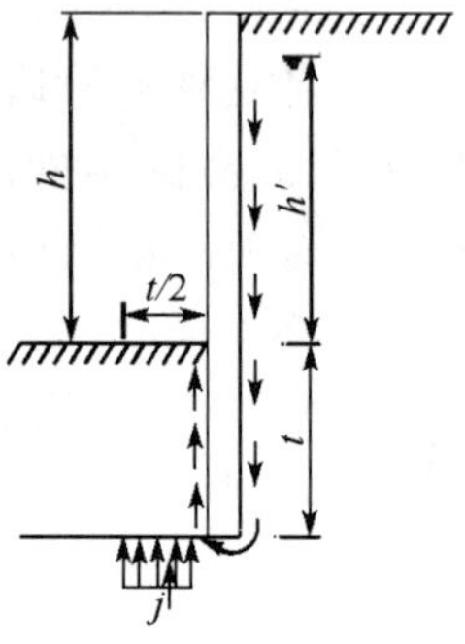

图12　基坑涌沙计算简图

式中　K——抗涌沙的安全系数，一般取1.5～2.0；

γ'——土的浮容重，$\gamma'=\gamma-\gamma_w$；

γ——土的容重；

γ_w——地下水的容重；

j——最大渗流力(动水压力)；

i——水头梯度，$i=h/(h'+2t)$；

h'——地下水至坑底的距离。

2)基坑底板隆起验算。

开挖基坑时，在坑壁土体自重及外荷载作用下，坑底软土受挤压可能发生隆起现象，则抗隆起安全系数按下式(刚度较小浅桩基坑隆起计算见图13)计算：

$$K_s=(\pi+2\alpha)\tau_f/(\gamma h+q)$$

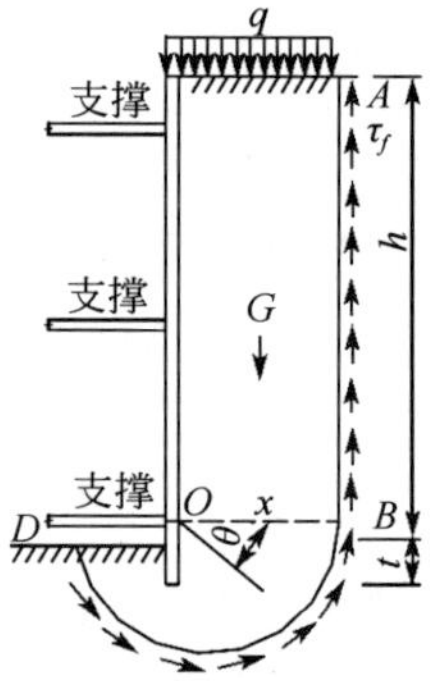

图13　刚度较小浅桩基坑隆起计算图

式中　K_s——安全系数，$K_s\geqslant 1.2$。

5.4　有底钢套箱围堰设计

本章节主要介绍有底方形钢套箱围堰。该套箱围堰一般由底板、壁板、内支撑、悬吊及定位系统组成。

5.4.1　水文地质技术参数的选择

当承台底面距河床面较高，或承台以下为较厚的软弱土层、且水深流急时，目前多采用有底钢套箱作为防水措施来进行深水基础施工。

5.4.2　钢套箱壁板及加劲肋、底板、支撑系统技术参数的选择

钢套箱壁板结构技术参数按最不利受力状态计算选取，壁板计算荷载为静水压力和动水压力及风力。沿围堰高度将侧板取出单位水平环体进行受力分析，壁板可以看作是由加劲肋支撑的多跨连续梁。一般壁板选取5～6 mm厚。

根据壁板的计算，可确定竖向加劲肋间距。

底板主要承受恒载灌注封底混凝土重量，底板由底板、底板吊梁、底板加劲肋构成，底板一般为10 mm钢板，吊梁和加劲肋根据计算布设。

内支撑系统计算与围堰壁板计算相关，所以在侧板验算的同时完成内支撑的计算。

5.4.3　锚碇系统的选择

由于有底钢套箱是在钻孔灌注桩完成后的后续工序，只是承台施工的挡水结构，它的定位、导向和施工期的稳定都依托于已成群桩。在套箱下沉就位时的导向、定位依靠围堰自身的结构设计。只在水流较急的施工水域下沉时设置纠偏缆，但仅用于少量的调整。

5.4.4　封底混凝土选择

封底混凝土的选择条件为吊箱抽水后在高潮位时的抗浮稳定性验算。

5.4.5　主要检算项目及方法

单壁钢吊箱结构构造尺寸拟定后，根据施工时段分析进行结构设计验算。下面主要介绍计算思路。

计算内容：吊箱拼装(包括滑移入水、浮运)下沉计算；

吊箱结构设计计算；

封底混凝土施工阶段计算；

抽水后吊箱抗浮计算。

(1)钢套箱壁板及加劲肋、底板、支撑及悬吊系统验算。

1)钢套箱壁板及加劲肋验算。

壁板承受水平荷载。其最不利工况为抽水施工阶段，取此工况受力荷载组合进行壁板计算。其所受荷载组合为：风力＋静水压力＋动水压力＋波浪力荷载。

计算时壁板可看作由加劲肋角钢支撑的多跨连续梁，荷载为均布水压力 q，按塑性结构分析，则计算弯矩取 $M=\frac{1}{16}ql^2$。选定钢板厚度，按公式即可确定竖向加劲肋间距。壁板水平大肋的间距布置用以确定加劲肋规格。

2)底板主要承受灌注封底混凝土恒载和吊箱静载，最不利受力工况为封底混凝土灌注阶段。底板荷载：

$$P=\text{混凝土荷载}+\text{底板荷载}=\gamma_{\text{浮}}\cdot H+G$$

式中　$\gamma_{\text{浮}}$——混凝土浮容重；

H——混凝土灌注高度；

G——单位面积底板重量。

底板结构布置为格构形式。根据格构布置，底板可按双向板两端简支，两端固定计算。底板梁计算按底板吊杆的设计进行验算。

3)支撑及悬吊系统计算。

内支撑系统与套箱侧板计算相关，计算思路为作用在两水平横肋之间的力按简支计算，得出支座反力作用在竖向大肋上，再根据拟定的内支撑的布置进行验算。

悬吊系统以承受竖向荷载为主，分两种工况进行验算。

①起吊下放是悬吊系统构件计算，计算方法同常规钢结构计算。

②承担灌注的封底混凝土重量。利用有限元分析各吊杆的受力，确定吊杆规格。

(2)封底混凝土验算。

1)封底混凝土强度计算。

荷载取值

$$q=\gamma_{\text{水}}\cdot h_1-\gamma_{\text{混}}\cdot h_2+p$$

式中 $\gamma_{水}$——水的容重；

h_1——计算水深；

$\gamma_{混}$——混凝土的容重；

h_2——封底混凝土容重；

p——考虑波浪力作用。

将封底混凝土按连续梁模式采用有限元分析方法来计算封底混凝土的拉、剪应力，检验其是否符合相关要求。

拉应力验算：

$$M=[f]W<M_{计}$$

式中 M——封底混凝土容许弯矩；

$[f]$——封底混凝土容许拉应力；

$M_{计}$——封底混凝土计算弯矩。

剪应力验算：

$$\tau=\frac{Q}{A}<[\tau]$$

式中 Q——封底混凝土剪力；

A——封底混凝土剪切面积；

$[\tau]$——容许剪应力。

2)吊箱在最低水位条件下沿桩身下滑的检算。

$$K=F/G$$

式中 G——钢套箱自重、内支撑自重、封底混凝土重、承台自重；

F——钢吊箱所受浮力(浮力计算扣出钢护筒排开水的体积产生的浮力)、封底混凝土握裹力(握裹系数取 10 t/m^2)；

K——安全系数，取 1.1～1.2。

(3)钢套箱抗浮计算。

计算抗浮稳定性应考虑在最高水位条件下的浮力

$$\frac{G}{F}>K$$

式中 G——钢套箱自重、内支撑自重、封底混凝土重、封底混凝土握裹力(握裹系数取10 t/m^2)；

F——钢吊箱所受浮力(浮力计算扣出钢护筒排开水的体积产生的浮力)；

K——安全系数，取 1.1～1.2。

(4)锚碇系统验算。

参见《双壁钢围堰施工工艺》。

5.5 无底钢套箱围堰设计

无底钢套箱围堰设计与有底钢套箱区别是无底钢套箱底部直接落在河床上。无底钢套箱主要结构由壁板、外圈梁、内支撑、导向架组成。

无底钢套箱施工工艺流程：

结构设计→进料→套箱加工试拼→检查套箱加工质量→准备起吊设备→套箱吊装就位→套箱下沉就位→潜水员入水码袋堵漏→灌注封底混凝土→抽水查堵漏→清理桩头凿平封底混

凝土至设计标高→作灌注承台混凝土前的准备工作。

5.5.1 水文地质技术参数的选择

根据设计单位提供的资料选择水文地质的相关参数，必要时还应走访水文地质单位以获取有关技术参数。

5.5.2 钢套箱壁板及加劲肋、支撑系统技术参数的选择

广深准高速铁路石龙特大桥采用单壁无底钢套箱。设计时按照抽水作承台时最不利工况计算。围堰考虑在墩位拼装，受起吊限制，考虑分节分块拼装。

钢套箱设计高度为 8.5 m，平面尺寸为 12.05 m×7.85 m。高度方向分二节施工(4.5 m+4 m)，栓接拼装加橡胶垫封水。

侧板是肋板式结构，采用 5 mm 钢板作围水壁板，壁板支撑竖肋用[14a 槽钢，横肋用∠75×50×8，壁板围肋用∠75×75×8。

水平内支撑采用边抽水边加内支撑的方法。

5.5.3 锚碇系统的选择

一般单壁钢套箱施工时，钻孔桩钢管平台均为固定式，且一般工序均为先下钢护筒再下钢套箱，因此钢护筒的定位均依靠钢管工作桩或钢护筒，锚碇较为简单，有以下两种定位方式：

(1)水流流速较小时的简易定位措施。

根据水流速度，计算水流冲击力，在钻孔平台每边钢管支撑桩上设置倒链葫芦，钢套箱边下沉，边用倒链葫芦调整，以调整好套箱水平位置。

(2)水流流速较大时的定位措施。

当水流流速较大时，水面以上的水平定位可以用设置于钻孔平台钢管支撑桩上的倒链葫芦，对钢套箱进行水平纠偏。水面以下钢套箱底部的定位则通过设置于其下部 1/3 处的锚缆调整。

5.5.4 封底混凝土选择

无底钢套箱封底混凝土选择原则是当围堰位于施工最高水位时，围堰抽水后封底混凝土在浮力作用下不被破坏。

5.5.5 主要检算项目及方法

(1)钢套箱壁板及加劲、支撑系统验算。

无底钢套箱壁板、支撑计算同有底钢套箱。

(2)无底钢套箱壁板入土深度确定及验算。

无底钢套箱壁板为单壁结构刚度较小，靠自身入土较为困难，而且入土过程要确保均匀下沉，保证平面高差不超过 20 cm。围堰入土一般均要求围堰穿过覆盖层，切入河床岩层。围堰入土深度的计算原理是围堰加重大于围堰壁板与覆盖层间摩阻力。实际施工时入土主要靠在套箱外部采用长臂挖掘机进行挖砂，套箱内部采用抓斗进行水下捞砂，再配合高压水泵冲砂入土下沉。

入土深度计算：取决于围堰下沉力与摩阻力比值。

围堰下沉系数 R：

$$R=\frac{\text{下沉力}}{\text{摩阻力}}>1$$

(3)封底混凝土混凝土验算。

封底混凝土强度计算：

荷载取值：

$$q=\gamma_{水}\cdot h_1-\gamma_{混}\cdot h_2$$

式中　$\gamma_{水}$——水的容重；

h_1——计算水深；

$\gamma_{混}$——混凝土的容重；

h_2——封底混凝土容重。

封底混凝土计算可取1单元(宽取1 m,高度取封底混凝土计算厚度)计算,将该单元混凝土按连续梁模式用有限元分析方法得出封底混凝土最大弯矩 M。根据弯矩验算封底混凝土拉、剪应力是否符合要求。

拉应力验算：

$$M=[f]W<M_{计}$$

式中　M——封底混凝土容许弯矩；

$[f]$——封底混凝土容许拉应力；

$M_{计}$——封底混凝土计算弯矩。

剪应力验算：

$$\tau=\frac{Q}{A}<[\tau]$$

式中　Q——封底混凝土剪力；

A——封底混凝土剪切面积；

$[\tau]$——容许剪应力。

(4)钢套箱抗浮计算。

计算抗浮稳定性应考虑在计算最高水位条件下的浮力

$$\frac{G}{F}>K$$

式中　G——钢套箱自重、内支撑自重、封底混凝土重、封底混凝土与钢护筒握裹力(握裹系数取10 t/m^2)；

F——钢套箱所受浮力；

K——安全系数,取1.1～1.2。

浮力计算时应注意：

①浮力计算若扣出钢护筒排开水的体积产生的浮力,这时 G 不计算桩重和钢护筒重,只计算封底混凝土与钢护筒握裹力。

②若封底混凝土按全底面积计算,G 计入,但不计算封底混凝土与钢护筒握裹力。但应对握裹力和桩重和钢护筒重进行比较,取其小值。

(5)锚碇系统验算。

锚碇计算详见:《双壁钢围堰施工工艺》。

5.6　双壁钢围堰设计

双壁钢围堰结构设计外径应满足承台施工要求,高度应满足施工最高水位要求。壁厚除了考虑适宜加工制造外,更主要考虑是应有足够的重量使钢壳能在覆盖层内顺利下沉。

5.6.1　水文地质技术参数的选择

在水很深、覆盖层厚的条件下,应优先选用双壁钢围堰。如泸纳线沱江大桥6号墩施工水深+228.33 m河床面标高为+222.75 m,强风化层+220.85 m,围堰着床处河床高差1.6 m。

5.6.2 双壁钢围堰壁板及加劲肋技术参数的选择

进行钢围堰设计时应根据承台尺寸及位置拟定围堰的内、外径,围堰壁厚。沱江大桥6号墩围堰外径为ϕ16.2 m,内径为ϕ13.8 m,壁厚1.2 m。围堰分两节加工,底节3.323 m加高低脚1.6 m,第二节3.075 m。壁板和隔舱板厚5 mm,竖向加劲肋为∠75×50×6,水平环板160 mm×16 mm,水平桁架斜杆、隔舱加强杆为∠70×70×6,刃脚加强板16 mm。结构形式为高低刃脚围堰。围堰设计高度7.338 m分两节加工,如图14。

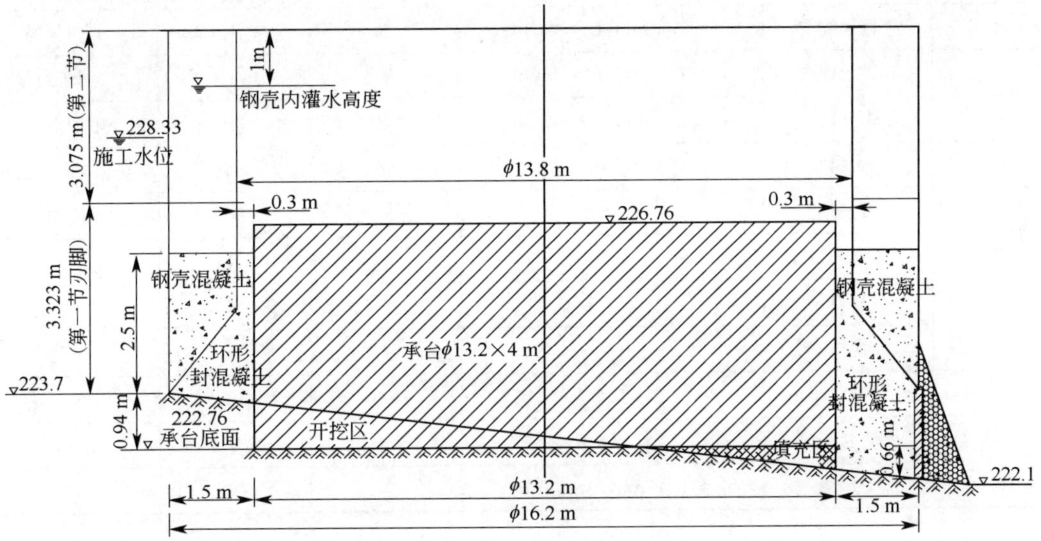

图14 大桥双壁钢围堰示意图(单位:m)

5.6.3 组拼作业平台、钻孔作业平台选择

由于双壁钢围堰钢护结构钢性大,顶部的施工平台,能承受较大的施工荷载。

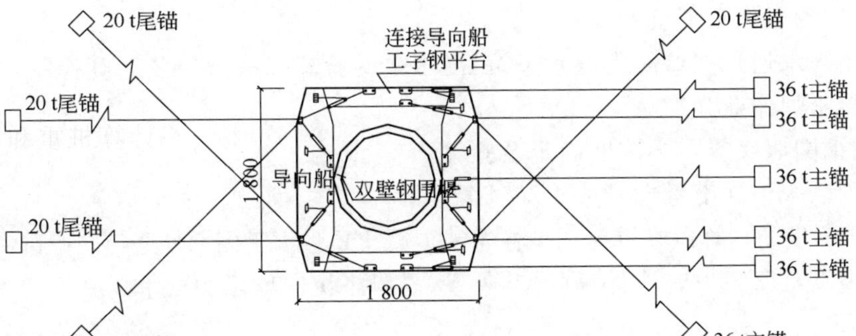

图15 沱江大桥双臂钢围堰锚碇示意图

5.6.4 锚碇系统的选择

泸纳铁路6号墩双壁钢围堰因采用的是缆索方式吊装围堰,因此围堰的锚碇系统由锚缆设施、导向船等组成,具体布置如图15所示。

锚碇系统设备材料见表5。

表 5　锚碇系统设备材料

序号	名称	规　格	单位	数量	备　注
1	导向船		只	2	
2	主锚	36 t 钢筋混凝土锚	个	14	
3	尾锚	20 t 钢筋混凝土锚	个	8	用于导向船固定
4	纠偏锚	10 t 钢筋混凝土锚	个	4	用于钢围堰纠偏
5	钢丝绳	ϕ37.5 mm，L=150 mm	根	20	主要受力构件
6	钢丝绳	ϕ37.5 mm，L=300 m	根	4	纠偏锚
7	钢丝绳	ϕ37.5 mm，L=150 m	根	8	用于边锚
8	钢丝绳	ϕ21.5 mm，L=120 m	根	20	用于滑车组
9	木材		m^3	24	用于导向船上平台
10	工字钢	I 45a	t	20	联接导向船
11	滚筒马口	双筒	个	16	
12	马口			16	
13	缆桩		个	16	
14	手摇绞车	5 t	台	16	
15	电动卷扬机	5 t	台	8	
16	千斤绳	ϕ21.5 mm，L=400 m	条	40	

5.6.5　封底混凝土选择

泸纳铁路沱江大桥根据承台标高选用环形封底，即满足施工要求。

5.6.6　主要检算项目及方法

(1)双壁钢围堰壁板及加劲肋验算。

双壁钢围堰壁板及加劲肋验算方法见《双壁钢围堰施工工艺》。

(2)双壁钢围堰加水下沉的验算。

围堰初始入水通过在壁舱内灌水下沉，灌水量的验算按围堰干弦高度控制，一般以便于拼装下一节对接施焊作业为准。

(3)双壁钢围堰底节入土深度确定及验算。

双壁钢围堰入土深度考虑一般为穿过覆盖层，落在岩面上。

围堰入土深度的计算以在壁舱内灌注水或混凝土重量大于围堰外壁与内壁覆盖层间摩阻力。

计算围堰下沉摩阻力时应计算内壁，外壁、忍脚下沉时摩阻力之和。

围堰下沉系数：$R=\dfrac{\text{下沉力}}{\text{摩阻力}}>1$

(4)局部冲刷验算。

(5)封底混凝土验算。

双壁钢围堰封底混凝土与钢围堰相连，宜按周边简支圆板承受均匀荷载，计算板的中心弯矩 M_{max}，求出封底混凝土的厚度 h。

$$M_{max}=0.198\cdot P_0\cdot r^2=0.198\cdot P_0\cdot (R-\frac{h}{2})$$

$$h=\sqrt{\frac{3.5\cdot K\cdot M_{\max}}{b\cdot f_{ct}}}+D$$

式中　h——封底混凝土厚度(mm)；

K——安全系数，按抗拉强度计算的受压、受弯构件取 $K=2.65$；

$M_{\max}$——板的最大弯矩(kN·m)；

B——板的单位宽度，一般取 1 000 mm；

P_0——静水压力形成的荷载 $P_0=\gamma_{水}\cdot h$(kN/m)；

f_{ct}——混凝土抗拉强度设计值(N/mm^2)；

R_2——钢围堰内圆半径(m)；

D——水下混凝土可能与井底泥土掺混的增加厚度 $D=0.3\sim0.5$ m。

(6)双壁钢围堰抗浮计算。

双壁钢围堰的抗浮计算为钢围堰静载 G(含钢围堰自重、封底混凝土重、壁舱内混凝土重、壁舱灌水重、钢护筒与桩基重或钢护筒与封底混凝土握裹力)应大于钢围堰所产生的浮力 F。

即
$$\frac{G}{F}>1.1$$

双壁钢围堰在抗浮计算时应注意以下三点：

1)桩基与岩层的摩阻力不应计算，作为安全储备。

2)钢护筒与桩基重应与封底混凝土握裹力进行比较，取两者中小值。

3)附属构件重比如钻机平台、钢护筒定位架重量等应根据实际拆安工况决定是否进入计算。

(7)锚碇系统验算。

围堰在墩位的锚碇系统是由前、后定位船等组成，以保证双壁钢围堰下沉时能准确达到设计位置。锚碇按水流力、风力的最不利组合确定各向所需锚碇力。沱江大桥 6 号墩设计均采用混凝土锚。设计锚重采用 $W=2.5R$(W 为锚重；R 为锚碇力)配置。具体计算详见《双壁钢围堰施工工艺》。

(8)组拼作业平台、钻孔作业平台验算。

双壁钢围堰组拼作业平台根据围堰分块及平台施工设备自重情况进行设计，根据荷载用有限元软件分析或简化为手工计算均可。

钻孔作业平台荷载取钻机自重及冲击荷载加平台自重进行计算，计算均较为简单，不作详细计算。

6　结束语

各类围堰有各自特点，在施工时应根据施工水文、地质情况及经济性进行方案比选，确定围堰类型。

钢板桩围堰施工工艺

1 前　言

用围堰施工的目的，就是在围堰内施工和修建基础时，使围堰外的水和土不至于大量涌进围堰内，而待基础、墩台修筑出水面后即可将其拆除，以免堵塞水流或航道，所以它是一种临时性结构。当然，在个别特殊情况下，为保护基底土免受冲刷而将围堰留在水中，此时的围堰就变成基础的一个组成部分。

钢板桩围堰主要由钢板桩和钢围笼（也有称钢围图）组成，钢板桩起防水、挡土及水下封底混凝土模板的作用；围笼作为下沉管柱的悬挂和导向结构，同时用作钢板桩的支撑，其顶层又作为施工平台。

2 适用范围

钢板桩围堰适用于水流较深、流速 2 m/s 以上的河床，一般用于水深 4 m 以上，河床覆盖层较厚的砂类土、碎石土和半干性黏土，风化岩层等基础工程。

钢板桩有直形、Z 形、槽形、工字形等，可作成单层与双层围堰。在一般桥梁工程基坑施工中，浅基多用矩形及木导框，较深基坑多用圆形及型钢。因其防水性能好，多用单层围堰。如用双层围堰时，在双层围堰的夹层中间一般填黏土，特殊情况下，在夹层下部灌注水下混凝土提高防渗能力，在钢板桩围堰的施工中，多用槽形钢板桩。在施工钢板桩围堰时，围堰顶面比施工期间可能出现的最高水位高出 0.5 m 以上。围堰内侧工作面的大小，要满足基坑顶边缘之间要保留不小于 1.0 m 的距离。当基础较深，坑壁土质不良，渗水量大，边坡（坑壁）容易坍塌，则围堰内侧坡脚至基坑顶边缘的距离适当增大，确保安全。同时，钢板桩的入土深度及是否使用支撑，要通过检算进行确定。

3 工艺特点

钢板桩的基本结构：一是钢制板桩，二是两边系接头结构，三是在地里或水中构成墙壁。由于它的特殊结构，因而具有独特的优点：高强度、轻型、隔水性能好；耐久性强，使用寿命达到 20～50 年；可重复使用，一般可使用 30～50 次；环保效果显著，在施工中可大大减少取土量和混凝土的使用量，有效保护土地资源；具有较强的救灾抢险的功能，尤其是在防洪、塌方、塌陷、流沙的抢险救灾中，见效特别快；施工简单，工期缩短，建设费用较省。此外，钢板桩能处理并解决挖掘过程中出现的一系列问题；使用钢板桩能提供必要的安全性，而且（救灾抢险的）时效性较强；能降低对空间的要求；不受天气条件的制约；在使用钢板桩的过程中，能简化检查材料或系统性能的复杂程序；保证其适应性、互换性良好。

4 钢板桩围堰施工设计

4.1 设计步骤

作钢板桩围堰设计时，一般步骤如下：

（1）确定结构尺寸。

（2）将地质剖面图、最高水位、最高施工水位等资料汇集分析。

(3)计算围堰所受的侧压力：静水压力、水流冲击力、冰压力、风力、波浪力和土压力，有时还需要考虑地震力。

(4)设计围堰各构件的断面，并作受力检算。

(5)检算围堰的稳定性，即认真分析围堰基底的拱起、涌水、翻砂等有关基底土稳定性的问题。

围堰结构尺寸，多由下列条件控制：

(1)平面尺寸，多按上部结构及其基础的尺寸拟定。围堰以不妨碍施工和安装模板为原则，但至少应大于基础轮廓尺寸 1.5 m。另外还必须考虑抽水设备和其汇水井安装所需之尺寸。

(2)立面尺寸，多受水位高度、冲刷深度、围堰内挖深深度，以及基底稳定(拱起、涌水、翻砂)等因素所控制。其中尤以水位高低的影响最为直接重要，所以设计时按可能发生的而不是绝对的最不利水位计算，如按施工阶段的最高水位、抽水最高水位、洪峰最高水位等计算。

4.2 围堰的板桩、导环及支撑的设计

一般来说，围堰的板桩都是按支撑在各层导环上的连续梁计算，其下端则按钢板桩打入土中的深度或封底混凝土的情况分别视作铰或固端，最常用的方法就是力矩分配法。

支撑间距布置原则是：当板桩强度已定，即板桩作为常用设备使用时，可按支撑之间最大弯矩值相等的原则进行布置；当把支撑作为常用设备使用，甚至要求各层支撑的断面都相等时，可把各层支撑的反力设计成相等。导环可视作一支承在支撑上的连续梁或框架，简化成铰支在支撑上的简支梁作设计也是安全的。通常，圆形围堰的导环系一圆环状，应将此圆环设计得很强而不考虑支撑，这样对施工更有利。外导环因为施工临时构件，可凭经验设置，不需计算。

4.3 围堰内基底土层稳定性检算

当围堰内抽水和基底挖深时，由于水压和土压作用，有可能使基底发生挤高隆起。若再加上渗流作用更有可能引起翻砂、涌水或管涌。因此，对围堰内基底土层稳定性验算是非常必要的。

(1)用地基极限承载力理论验算软黏土层基底的稳定性：验算原理是把围堰内挖土视作地基承受的负荷载，并认为围堰外土层所形成的超载 P_v 等于堰内地基土极限承载力 q_f 时，围堰内基底就已处于被超载反向压力挤高的临界状态，因此，可将此时的超载视为地基承受负压时的极限承载力。

(2)用渗流理论来验算砂性土层基底的稳定性：当围堰基底为砂性土层时，即可用围堰内外的水头差和土面高差来验算基底土层的稳定性。由于抽水使围堰内外水头差加大和挖土使渗流途径减小的双重作用，将会使围堰内外水力梯度 h/L 大为增加。当围堰内外水力梯度大到一定程度后，围堰底就会引起涌水和翻砂，不仅堰底地基土遭到破坏，甚至整个围堰也会因此而倒塌。钢板桩打入土中深度为 D，堰内挖深为 D_c，板桩有效深度为 D_1，抽水后的内外水头差为 h，则围堰内外水力梯度 $i=h/D_c+2D_1$。为使围堰内水能抽干，就将钢板桩须要足够的有效入土深度 D_1。

4.4 钢板桩围堰受力计算

钢板桩围堰的有关计算见《围堰设计指南》。

5　施工工艺

5.1　工艺流程

钢板桩施工工艺流程为：准备工作→定位测量→(沟槽开挖)→插打钢板桩→施工钢管支撑→基坑开挖→施工监控→钢板桩拆除。

5.2　工艺步骤

5.2.1　施工准备

(1)钢板桩调直、锁口检查。

1)钢板桩的起吊。

装卸钢板桩宜采用两点吊。吊运时每次起吊的钢板桩根数不宜过多，并应注意保护锁口，避免损伤。吊运方式有成捆起吊和单根起吊。成捆起吊通常采用钢绳捆扎，二单根起吊常用专用的吊具。

2)锁口检查。

钢板桩运到工地后，需进行整理。清除锁口内杂物(如电焊瘤渣、废填充物等)，对缺陷部位加以整修。

锁口检查的方法：用一块长约 2 m 的同类型、同规格的钢板桩作标准，将所有同型号的钢板桩作锁口通过检查。检查采用卷扬机拉动标准钢板桩平车，从桩头至桩尾作锁口通过检查。对于检查出的锁口扭曲及“死弯”进行校正。

为确保每片钢板桩的两侧锁口平行，同时，尽可能使钢板桩的宽度都在同一宽度规格内，需要进行宽度检查。方法是：对于每片钢板桩分为上中下三部分用钢尺测量其宽度，使每片桩的宽度在同一尺寸内，每片相邻数差值以小于 1 cm 为宜。对于肉眼看到的局部变形可进行加密测量。对于超出偏差的钢板桩应尽量不用。

3)钢板桩的检验和矫正。

①钢板桩的检验。用于基坑临时支护的钢板桩，主要进行外观的检验，包括表面缺陷、长度、宽度、厚度、高度、端头矩形比、平直度和锁口形状等，新钢板桩必须符合出厂质量标准，重复使用的钢板桩应符合表 1 的检验标准要求，否则应在打桩前应予以矫正。

表 1　重复使用的钢板桩检验标准

序号	检验项目	允许偏差	检验方法
1	桩垂直度	<1%	尺量
2	桩身弯曲度	<2%	L 为桩长，尺量
3	齿槽平直度及滑度	无电焊渣或毛刺	用 1 m 长的桩段作通过试验
4	桩长度	不小于设计长度	尺量

②钢板的矫正。

a. 表面缺陷矫正。先清洗缺陷附近表面的锈蚀和油污，然后用焊接修补的方法补平，再用砂轮磨平。

b. 端部矩形比矫正。一般用氧乙炔切割桩端，使其与轴线保持垂直，然后再用砂轮对切割面进行磨平修整。

c. 桩体挠曲矫正。腹向弯曲矫正是将钢板桩弯曲段的两端固定在支承点上，用设置在龙门式顶梁架上的千斤顶顶在钢板桩凹凸处进行冷弯矫正;侧向弯曲矫正通常在专门的矫正平台上进行,将钢板桩弯曲段的两端固定在矫正平台的支座上,用设置在钢板桩的弯曲段侧面矫正平台上的千斤顶顶面钢板桩弯凸处,进行冷弯矫正。

d. 桩体扭曲矫正。这种矫正较复杂,可根据钢板桩的扭曲情况,采用③中的方法矫正。

e. 桩体截面局部变形矫正。对局部变形处用千斤顶顶压、大锤敲击与氧乙炔焰热烘相结合的方法进行矫正。

f. 锁口变形矫正。用标准钢板作为锁口整形胎具,采用慢速卷扬机牵拉调整处理,或采用氧乙炔焰热烘和大锤敲击胎具推进的方法进行调直处理。

(2)钢板桩接长。

1)焊条和焊机。

因钢板桩的化学性能及防腐要求,选用直流电焊条。电焊机为电压 65~70 V、电流 120~180 A 的硅整流直流电焊机。

2)焊接的工艺过程。

①切割板桩及削坡。

切割时要保证切边与钢板桩的纵轴垂直,然后按照焊缝的要求把两根待焊桩的接口削成30°的坡口,使焊液能充分填满焊缝。

②接桩及调宽。

焊接前应把钢板桩大致调直。由于轧制的误差,每条钢板桩的宽度都不完全一致,因此选择两根焊接的钢板桩宽度基本一致,再进行调整,以达到完全一致,方能保证接口处的焊缝平顺。接桩不标准,是直接影响整条钢板桩焊接质量的重要因素。

调整宽度用点焊法进行,在平整的场地上用圆形夹具把两根钢板桩准确对正后,用点焊固定好已对准紧贴的部位,宽度不一致的其他部位,就在钢板桩上焊上一条小弯铁,把一根板桩硬板扳至与另一根钢板桩宽度一致,然后用电焊固定,使整个接口的宽度一致。

3)焊接。

焊接是整个工艺过程的关键。一般采用单面坡口双面焊缝的形式,坡口为 30°。锁口处为单面小坡口不漏底焊缝,正面焊好后,再在反面铲槽(约 3 mm)封底焊平,再加腹板焊。为保证焊接强度,在板桩内侧一共焊三块腹板,正立面一块盖板和侧立面两块侧板。焊接腹板均切割钢板桩的原材料。焊接的程序是先把接口的基本焊缝焊好,次焊正立面盖板,最后焊侧立面的两块侧板。所有的焊缝都分四层焊液进行施焊。为避免焊接时产生过大的局部变形,每层焊液不要一次施焊完毕,而应使焊液在各条焊缝中均匀分布地分段焊上去,即焊了某条焊缝的一层焊液的一段,待冷却后,焊另一条焊缝一层焊液的一段,这样焊接变形就比较均匀。

4)热变形处理。

焊接过程的发热使得钢板桩在焊缝段内发生不同程度的热变形,钢板桩显得局部弯曲不平,为了消除这部分焊接变形,采用风枪加热是钢板桩已变形的局部位置以大致相等数量向反方向变形,然后加水使该部分冷却收缩,最后恢复到平直的位置。

5)调直并通过锁口。

钢板桩焊接完毕,经过接口处的焊接变形处理,基本上是平直的。但由于钢板桩其他部位在长途运输过程中也可能产生不同程度的变形,所以对整条钢板桩需要进行一次全面的调直,使其纵向变形不大于 2 mm。调直也是用风枪加热放水冷却的办法,对于不符合要求的锁口则用加热后锤打的方法来修正。检查钢板桩达到平直的标准,是采用长 2.5 m 带一边锁口的标准直桩通过锁口，用人力手推，能平滑通过为止。

(3)钢板桩组拼、捻缝。

钢板桩的组拼一般为 3～5 根钢板桩拼成 1 组，组拼钢板桩时用油灰和棉花等捻缝，防止漏水。

施工时注意第一根钢板桩定位牢固，每组插打时保证垂直，分散偏差，测量队 GPS 跟踪测量，随时纠偏，保证围堰外形尺寸准确。合龙时再采用异形板调整偏差。

(4)打桩锤及起吊设备选型配套。

1)钢板桩施工机具的种类。

钢板桩的施工机具很多，按照打入方式的不同可分为下述几种：

①冲击打入机械：有自由落锤、蒸汽锤、空气锤、液压锤、柴油锤等。

②振动打入机械：这类机械既可用于打桩还可用于拔桩，常用的是振动打拔桩锤。

③振动冲击打桩机械：这种机械是在振动打桩机的机体与夹具间设置冲击机构，在激振机产生上下振动的同时，产生冲击力，使施工效率大大提高。

④静力压入机械：依靠静力将板桩压入土中，常用的是液压压桩机及钢索卷扬机压桩机。

2)施工机械的选择(见表 2)。

表 2　各类打桩机的适用情况

机械类别		冲击式打桩机			振动锤	油压式压桩机
		柴油锤	蒸汽锤	落锤		
钢板桩	形状	除小型板桩外所有板桩	除小型板桩外所有板桩	所有形式板桩	所有形式板桩	除小型板桩外所有板桩
	长度	任意长度	任意长度	适宜短桩	桩很长，不合适	任意长度
地层条件	软弱粉土	不适	不适	合适	合适	可以
	粉土、黏土	合适	合适	合适	合适	合适
	砂层	合适	合适	不适	可以	可以
	硬土层	可以	可以	不可以	不可以	不适
施工条件	辅助设施	规模大	规模大	简单	简单	规模大
	发音	高	较高	高	小	几乎没有
	振动	大	大	少	大	无
	贯入能量	大	一般	小	一般	一般
	施工速度	快	快	慢	一般	一般
费用		高	高	便宜	一般	高
工程规模		大工程	大工程	简易工程	大工程	大工程
其他	优点	燃料费用低、运行简单	打击时可调整	故障少，改变落距即可调整锤击力	打拔都可以	打拔都可以
	缺点	软土启动难	烟雾较多	容易偏心锤击	瞬时电流大，需大容量变压器	只适用于直线段

板桩施工的顺利进行很大程度决定于施工机械的选择，当决定选用何种机械时，需考虑以下几个条件：

①工程规模：打(拔)钢板桩的数量、尺寸、形状，尤其要考虑钢板桩的重量与长度，往往这

两个因素是主要的。

②土质情况:要同土质情况结合,以利钢板桩的打入或拔出。

③作业能力:要符合工程进度的要求。

④作业环境:选用的机械要满足噪音、振动等公害控制的要求,并结合现场条件、交通状况、地形等情况。

(5)测量定位。

1)将施工区域控制点标明并经过复核无误后加以有效保护。

2)由于本工程的钢板桩围堰已经将桩基施工平台用钢管桩圈在内部,所以可以利用现有的钢管桩进行定位,在钢管桩上焊接工字钢,用工字钢来保证打出的钢板桩在一条直线上。在钢管桩露出水面部分刷上警告标志,并焊上槽钢加固,在打桩时作为导向位置及高程控制标志。

(6)插打定位桩、安装导向梁。

施打定位桩,并利用定位桩下放导环。定位装置施工完成后,在最上层导向环上用红漆分出钢板桩的位置,即可按分好的位置控制逐根插打钢板桩。

5.2.2 插打与合龙钢板桩

(1)插打。

安插钢板桩时,运用两个吊钩的吊起和放下,使钢板桩成垂直状态,脱出小钩,移向安插位置,顺导向桩下插入或插入已就位的钢板桩锁口中。箍紧钢板用的弧度卡箍,待插入锁口时逐个解除周转使用。

振动锤将钢板桩吊至插点插打,用经纬仪监控,保证钢板桩的垂直度。同时在导梁上预先画出每块板块的位置,以便随时检查校正。每根钢板桩分 2 次打入,第一次打至导梁高度;导梁撤除后,再打至设计标高。因为第 1、15 号桩可以起样板导向作用,所以打入位置和方向要确保精度。第 1、15 号桩每打入 2 m 应测量一次;插入桩位的钢板桩必须紧靠围檩,如不能靠近时,其间隙应小于 20 mm。插打时,除在锁口内涂以润滑油以减少锁口的摩阻力外,同时在为插套的锁口的下端打入木楔,防止沉入时泥沙堵塞锁口。矩形围堰采用异型钢板桩在转角处合龙。成桩控制为:板桩轴线偏差±100 mm,板桩垂直度小于 1%。在插打过程中还应保证钢板桩不倾斜,当钢板桩倾斜度超过 2%时,须进行调整,用 2 块板桩互扣调出所需要的角度,而后用 $\phi28$ 的螺纹筋焊到 2 块板桩的连接处,为防止在以后施工过程中漏水,要注意保证 2 块板桩连接的紧密度,然后插打该桩。

打桩机具采用振动打桩机,此机具具有液压夹桩装置,能与钢板桩自动作刚性联结,既能打桩又能拔桩,操作简单,能克服对桩的摩阻力,下沉较快且桩尖不致卷口,提高了防水性能和钢板桩完好率。

(2)合龙。

在即将合龙时,开始测量并计算出钢板桩底部的直线距离,再根据钢板桩的宽度,计算出所需钢板桩的片数,按此确定下一步钢板桩如何插打(是增加钢板桩,还是钢板桩插打时向外绕圆弧)。

(3)合龙时桩的调整处理。

为了便于合龙,合龙处的两片桩应一高一低。方形钢围堰有 4 个面,打完的每一片钢板桩都要沿导向架的法线和切线方向垂直,合龙应选择在角桩附近(一般离角桩 4~5 片),如果距离有差距,可调整合龙边相邻一边离导向架的距离。为了防止合龙处两片桩不在一个平面内,一定要调整好角桩方向,让其一面锁口与对面的钢板桩锁口尽量保持平行。

5.2.3　锁口漏水的预防及处理

对于检查合格的钢板桩,为保证钢板桩在施工过程中能顺利插拔,并增加钢板桩在使用时防渗性能。每片钢板桩锁口都须均匀涂以混合油,其体积配合比为黄油∶干膨润土∶干锯沫=5∶5∶3。

5.2.4　安装围囹及内支撑

围囹单根杆件均在岸上加工场加工好,然后逐根运至围堰内再进行拼接。待围囹组装完成后,安装内支撑。

5.2.5　基坑开挖

(1)抽水开挖。

待钢板桩围堰合龙之后,首先进行基坑排水,现场利用水泵不间断抽水,同时专人检查钢板桩连接处有无漏水现象。对漏水地方,及时进行封堵,边抽水边封堵。如有少量透水,用锯末、炉灰、水泥加适量水搅拌,用铁抹子抹在透水处。如渗水量较大时,用薄铁片将棉絮塞于渗水处。

围堰内桩头密布,有碍挖掘机斗抓土的部位,现场配以吸泥机或人工挖泥的方法。挖泥进行分层挖掘。最后一层挖掘机每前进 3～4 m,浇注一层封底混凝土,以确保围堰底部不渗水。然后再浇注上层混凝土并找平。并且在围堰内侧边缘处设置一排水沟和集水井,及时抽走钢板桩间渗漏的水。

(2)不抽水开挖。

1)基坑开挖。

采用长臂挖掘机一次性开挖基坑内的土方。施工时,按钢管支撑所形成的方格,先从一侧一次开挖到底,然后挖掘机边后退边开挖边装运,自卸汽车直接运到弃土场。开挖过程中,要用人工清除钢板桩槽内的土。

2)开挖过程中支护结构的监控。

为确保围护结构正常工作,防止钢板桩位移较大,施工中对钢板桩偏移进行跟踪观测,控制点选在较远处的稳定点。在挖土期间及挖土完成后每天 2 次观测位移,如果变形较快,需要连续观测。每天观测结果及时上报给主管工程师进行分析,确保动态。

掌握变形情况,及时采取措施。

(3)封底混凝土施工。

1)干封。

选用石粉作为回填料是合适的。石粉是采石场加工混凝土骨料——碎石时筛分的剩余物质,其级配优于河砂,回填后能获得比河砂更大的密实度。同时,它还有一个比黏土更优越的特性——在水中回填后自然密实度大。虽然黏土本身的透水性小,但回填后若不经碾压,其颗粒不易破碎,空隙较大,而石粉回填在水中不经碾压便能自然密实。此外,石粉中往往含有10%左右的黏土粉末,这对石粉的板结,降低透水性也是有利的。

"干封"的技术措施:

①由于回填石粉后的实际孔隙比很难测得,渗透系数也就很难算准。为慎重起见,在石粉填到标高－3.5 m 时,即填到距封底混凝土顶面设计标高约 1.5 m 时,作一次抽水试验。试验结果表明,只要有足够的抽水能力,完全有把握将围堰内水位降到－3.5 m,这就从实践上为"干封"提供了有力的依据。

②做好了"干封"和"水封"的两手准备。在上述抽水试验时,特意将回填石粉的顶面标高

定在－3.5 m。这样，即使水抽不干，封底厚度仍有 1.5 m，尚可“水封”。

③为了保证在抽水“干封”情况下钢板桩围堰的安全，使之不被水压力向内挤垮，我们一方面认真检算了围堰内土层(包括回填石粉在内)被动土压力抵抗水压力的能力，另一方面在钢板桩与上、下内导环之间加焊废旧小型钢，使之联成整体，经检算这样即使把钢板桩下端当作悬臂梁看待，也不致被挤垮。因而起到了双保险作用。

④在回填石粉时，因水位稍高，钢板桩与下层内导环之间尚未用废旧小型钢焊联，钢板桩与上层内导环之间的联接只能看作是铰接，为防止钢板桩向外挤出，采用在围堰外抛投砂袋的方法进行了防护。

⑤为便于抽水，围堰内设置了若干个汇水井。此外，还设置了若干条边沟，将基坑表面积水引入汇水井。

⑥在抽水试验成功后，为使“干封”的条件更可靠，我们将回填石粉的顶面标高又提高了 0.5～1.0 m，这样不仅节约了大量混凝土，而且保证了围堰内的水位能较长时间地低于封底混凝土底面，取得了好的效果。

2)水下混凝土封底施工顺序。

①施工准备工作。进行安全质量技术交底及详细的施工组织安排，保证封底施工顺利进行，尽量缩短灌注时间，确保封底施工安全与质量；同时做好混凝土配合比选定、灌注平台的布置搭设等机料具的准备工作。

②储料：混凝土由拌和站拌制混凝土运输车运送，输送泵泵送至下料导管浇注。

③开启导管阀门：导管阀门采用合叶式钢板制作，开启阀门后连续不断下放混凝土。

④采取往复式灌注顺序进行施工，确保混凝土灌注面均匀连续对称上升。

⑤灌注结束：灌注达到设计承台底标高后，拔出导管完成封底混凝土施工。

3)封底混凝土施工要点(如图 1)：

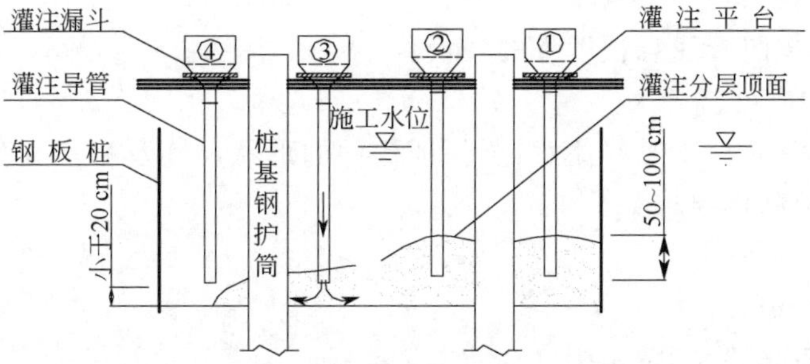

图 1　封底混凝土灌注施工方案示意图

①工作平台设置，利用已灌注好混凝土的孔桩柱头作支柱在其上铺设工作平台，平台上安装灌注漏斗、料斗及灌注导管。为保证初灌量，灌注漏斗及料斗容积不小于 2.5 m^3。由于围堰封底面积较大，采取多点同时灌注，灌注导管间距按 2×2 m 交错布置，以使相邻导管灌注混凝土面积交错搭接重叠。

②在钢板桩围堰内侧(封底混凝土施工范围)用土工布遮挡隔离，以免封底混凝土施工时混凝土将钢板桩粘连，造成后期板桩难以拆除。

③导管底距离填石粉顶不超过 20 cm，以保证导管在初灌混凝土埋入一定深度，避免发生导管进水事故。

④为保证混凝土灌注时间及质量，混凝土的生产量应保证在 50～80 m^3/h 之间。

⑤封底混凝土坍落度控制在 170～220 mm 之间，使混凝土的流动坡度在 1/5～1/10 间，在灌注开始及结束时适当加大坍落度以保证灌注顺利。为延长混凝土的初凝时间，封底混凝土中掺入适量缓凝剂，其掺入量通过试验确定。

⑥准备工作应充分完备，料斗、漏斗内储备足够混凝土量后，打开导管阀门，首批混凝土灌注应连续不断进行，不得间断。

⑦导管埋深超过 0.5 m 后适当提升导管，灌注过程中导管作轻微振动。

⑧混凝土的灌注采用往复式灌注顺序进行，即同时灌注 3～4 根导管上升 50～100 cm 后对称灌注其他导管。混凝土面在整个围堰平面内应大致均匀升高。

⑨封底混凝土顶面标高及平整度应严格控制，避免侵入承台结构以内。混凝土顶面采用测绳或刻度杆进行测量，测点按 1.5×1.5 m 网点间距布置。

5.2.6　堰内基础施工

(1)钢筋。

根据施工图纸对钢筋进行准确的下料，在下料前对各类钢筋的数量、长度进行核对；其次应对钢筋进行调直，必要时对钢筋表面进行除锈，要保证钢筋表面清洁、平直。

钢筋加工在加工棚内进行，现场绑扎安装：

①钢筋绑扎前，施工人员根据测量人员提供的中线位置在混凝土底模板上弹线确定钢筋摆放位置。

②钢筋焊接前，根据施工条件进行试焊，合格后施焊。

③钢筋在钢筋加工区下料，所有主筋全部采用搭接焊，焊接接头交错布置，并均按钢筋批量进行试验，焊接作业由专人操作，保证焊接后的钢筋轴线误差在规定范围之内。

④钢筋在运输、加工中注意防止撞击、刻痕等缺陷。

⑤钢筋电弧焊所采用焊条，其牌号应符合设计要求，根据钢筋的级别、直径、接头形式和施焊位置，选择适宜的焊条和焊接电流。

⑥钢筋绑扎时，按图纸注意预埋件的埋设。

(2)模型。

模型采用大块钢模，加工时要注意：要保证构件的形状尺寸及相互位置的正确。

1)整体式大模板制作要求。

①模板高度±3 mm；

②模板长度－2 mm；

③模板板面对角线差≤3 mm；

④板面平整度≤2 mm；

⑤相邻面板拼缝高低差≤0.5 mm；

⑥相邻面板拼缝间隙≤0.8 mm。

2)拼装式大模板组制作允许偏差。

①模板高度±3 mm；

②模板长度－2 mm；

③模板板面对角线差≤3 mm；

④板面平整度≤2 mm；

⑤相邻面板拼缝高低差≤1 mm；

⑥相邻面板拼缝间隙≤1 mm。

3)要使模板具有足够的强度、刚度及稳定性,能够承受新浇混凝土的重量和侧压力,以及各种施工荷载。

4)保证在施工过程中,不变形、不破坏、不倒塌。

5)构造简单,装拆方便,不妨碍钢筋的绑扎,保证混凝土浇注时不漏浆。

(3)混凝土施工。

1)混凝土采用的配合比、水泥、细骨料、粗骨料及相关材料的质量及混凝土强度等试验由安质部和试验室进行控制,必须符合相关规范的要求,以确保承台用混凝土的质量。浇注混凝土采用混凝土输送泵泵送,浇注过程中制作混凝土试件进行强度试验,在混凝土浇注处进行混凝土的坍落度试验,使之满足设计要求。

2)混凝土的浇注。

①准备工作。

混凝土浇注前对所有操作人员进行详细的施工技术交底。检查泵机情况,布置泵管,准备振捣设施。对模板及支撑、钢筋和预埋件进行检查,做好记录。待一切合格后方可进行混凝土的浇注工作。

②现场浇注。

待准备工作完成后,即可泵送混凝土进行浇注。泵送混凝土时,先使用水灰比 0.7 左右的砂浆将泵机导管清洗。泵送时,开始泵送应使混凝土处于慢速、匀速并随时可以反泵的状态。泵送速度先慢后快,同时观察泵压力和各系统的情况,运转正常后方可以正常速度输送。注意保持料斗中的混凝土足够的存量,严禁泵空而发生堵管。检查混凝土的均匀性和坍落度,符合要求方可浇注。

混凝土须按一定的厚度、顺序和方向分层浇注。须在下一层混凝土初凝之前浇注完成上层混凝土,每层混凝土的浇注厚度不得大于 30 cm;应从低处开始逐层扩展升高,保持水平分层和浇注的均匀性。采用插入式振捣,须保证振捣密实。施工中应确实保证混凝土振捣时间在 20～30 s 左右,不漏振,如果振捣施工速度低于泵送速度,要采取开停机方式适当放慢泵送速度,保证混凝土振捣工艺质量。不得漏振,拆模后应当立即对有损坏的混凝土部分或蜂窝、气泡进行修补工作。

③注意事项。

a. 为防止混凝土产生离析,混凝土浇注时从泵管流出后其自由倾落高度不得超过 2 m;

b. 承台混凝土浇注采用振动棒进行插入式振捣,振捣时应快插慢提;振动棒的移动间距不应超过其作用半径的 1.5 倍,同时应与承台模板保持 5～10 cm 的距离,插入下层混凝土5～10 cm;振捣过程中不得碰撞模板、钢筋和预埋件。振捣混凝土时必须保证混凝土密实,混凝土出现下沉,不再冒气泡,混凝土表面出现平坦、泛浆,方可徐徐提出振动棒。

c. 混凝土的浇注必须保证施工的连续性,间歇时间应不超过最先浇注混凝土的初凝时间,否则应预留施工缝。

d. 混凝土浇注过程中或浇注完成后,如混凝土表面泌水较多应采取排水措施,但不得扰动已浇注的混凝土,同时查明原因。

e. 浇注混凝土完成期间,应对支架、模板、钢筋和预埋件的稳固情况进行检查,发现有松动、变形或移位时及时处理;同时填写好混凝土施工记录及相关表格。

(4)混凝土养生。

混凝土在浇注完成收浆后尽快进行撒水养护和覆盖。浇注完成后,混凝土表面水分会迅速蒸发变干而内部仍为塑性体，比较容易出现塑性收缩裂缝。为防止混凝土出现该种裂缝，在混凝土浇注完后，要使用麻袋片、草席等可保湿物对混凝土进行覆盖，若混凝土未终凝，则覆盖物不得接触混凝土表面；若混凝土已经终凝，则在终凝后开始浇水进行养护，可用自来水对混凝土洒水养护，养护标准为覆盖物处于湿润状态为宜，正常温度下，养护时间不低于 7 d。脱模后对混凝土侧面立即使用塑料薄膜覆盖、养生。

5.2.7　钢板桩的拔除及整理

(1)拔桩。

拔桩阻力的计算。拔桩阻力 F 包括钢板桩与土的吸附力 F_E 及上一段钢板桩与土的侧面阻力 F_S：

$$F=F_E+F_S$$

$$F_E=UL\tau$$

$$F_S=1.2e_aBh\mu$$

式中　F_E——钢板桩与土的吸附力；

U——钢板桩的周长；

L——钢板桩的长度；

t——钢板桩与各土层吸附力按土层厚度的加权平均值，采用静力拔桩取静吸附力 50 kN/m²；

F_S——钢板桩与土的侧面阻力；

e_a——作用在钢板桩上的主动土压力强度，按 h 范围内的土层厚度的加权平均值(kN/m²)；

B——钢板桩的宽度；

h——钢板桩桩顶至坑底的长度；

μ——钢板桩与土的摩阻阻力系数，取 0.35～0.4。

施工完钢板桩拔桩前，先将围堰内的支撑，从下到上陆续拆除，并陆续灌水至围堰外水位，使内外水压平衡，使板桩挤压力消失，并与部分混凝土脱离(指水下混凝土封底部分)。再在下游选择一组或一块较易拔除的钢板桩，先略锤击振动各拔高 1～2 m，然后挨次将所有钢板桩均拔高 1～2 m，使其松动后，再从下游开始分两侧向上游挨次拔除，对桩尖打卷及锁口变形的桩，可加大拔桩设备的能力，将相邻的桩一齐拔出，必要时进行水下切割。

(2)施工要点。

1)钢板桩拔除采用振动锤，作业前对每个板桩的打入情况，作详细调查，以此判断拔桩作业的难易程度。

2)在墩柱浇注完成后，进行支撑的切割工作，用浮吊进行拔桩。

3)在内支撑全部拆除完成后，进行钢板桩的拔除。在拔桩时，采用振动锤进行拔除，拔一根清理一根。并及时运走，以保证场地的清洁。

(3)拔桩注意事项。

1)为防止将临近板桩同时拔出，宜将钢板桩和加固的槽钢逐根割断。

2)先割除钢板桩的支撑，然后再拔围堰钢板桩。

3)拔出的钢板桩应及时清除土砂，涂以油脂。变形较大的板桩需调直，完整的板桩要及时运出工地，堆置在平整的场地上。

4)将钢板桩用振动锤再复打一次，可克服土的黏附力。

5)按与打板桩顺序相反的次序拔桩。

(4)整理。

钢板桩施工完成后,应对钢板桩进行检查,对锁口通不过或桩身有弯曲、扭曲、死弯等缺陷的,采用冷弯,热敲(温度不超过 800 ℃~1 000 ℃),焊补、铆补、割除、接长等方法加以整修。

处理完成后应对钢板桩进行合理的堆放,在堆放时注意以下几点:

1)堆放的顺序、位置、方向和平面布置等应考虑到以后的施工方便;

2)钢板桩要按型号、规格、长度、施工部分分别堆放,并在堆放处设置标牌说明;

3)钢板桩应分层堆放,每层堆放数量一般不超过 5 根,各层间要垫枕木,垫木间距一般为 3~4 m,且上、下层垫木应在同一垂直线,堆放的总高度不宜超过 2 m。

6 劳动力组织

根据施工进度合理地组织劳动力,确保在施工工期内顺利地完成施工。

7 安全生产及环境保护

7.1 安全生产

(1)建立、完善以项目经理为组长、各业务部门和生产班组负责人为组员的安全生产领导小组。建立各岗位人员安全责任制,明确其安全责任,各自做好本岗位的安全工作。实行逐级安全技术交底。

(2)使用钢板围堰时,准确确定围堰尺寸、钢板桩数量、打入位置、入土深度和桩顶标高,使之既不影响水上施工,又不会伤及水下桩基等构造物。

(3)钢板桩打入前,应在设计位置设置坚固的导向桩和足够强度的支撑框架并将钢板桩的打入位置标示在导向框架上,以确保板桩的稳定和准确合龙。

(4)插打钢板桩围堰前应对打桩机、卷扬机及其配套机具设备、绳索等,进行全面检查,经试验、鉴定合格后方可施工。

(5)钢板桩起吊应听从信号指挥,作业前应在钢板桩上拴好溜绳。防止起吊后急剧摆动。

(6)吊起的钢板桩未就位前,插桩桩位处不得站人。在桩顶作业,应挂吊栏、爬梯,作业人员必须系好安全带。

(7)钢板桩起吊前,应首先做到:

1)钢板桩槽凹部位应清扫干净,锁口应先进行修整或试插。

2)组拼的钢板桩组件,应采用坚固的夹具夹牢,起吊时,用绳索拴牢。挂钩应封钩。

3)钢板桩吊环的焊接,应由专人检查,必要时应进行试吊。严禁将吊拴在钢板桩夹具上或捆在钢板桩上进行吊装。

(8)钢板桩插进锁口后,因锁口阻力不能插放到位而需用桩锤压插时,应先用卷扬机钢丝绳控制桩锤下落行程,防止桩锤随钢板板桩突然下滑。

(9)插打钢板桩,应从上游依次对称向下游插打。受潮水影响的河流,应根据实际情况,制定插打方案及安全防护措施。

(10)插打钢板桩,如因吊机高度不足,可改变吊点位置,但吊点不得低于桩顶以下 1/3 桩长位置。在转换吊点时,必须先挂后换,使新吊点吃力后,并确定牢固,才能拆除原吊点。

(11)钢板桩在锤击下沉时,初始阶段应轻打。桩帽(垫)变形时应及时更换。

(12)使用沉拔桩锤沉拔板桩时,桩锤各部机件、连接件要确保完好,电气线路绝缘部分要良好绝缘。每天使用前要认真检查,班后要进行保养。操作时,桩锤和板桩连接要牢固,系索人员要有稳固地点立足，要佩戴安全帽和安全带。

(13)拔桩时，应从下游向上游依次进行。遇有拔不动的钢板桩，应立即停拔检查。可采取射水、振动等松动措施。严禁硬拔。

(14)采用吊机船拔除钢板桩，应指派专人经常检查吊机船的吃水深度，拔桩机或吊机受力情况，拔桩机和吊机应安装“限负荷”装置，以防超负荷作业。

(15)钢筋混凝土板桩采用锤击下沉时，桩头和桩尖部位，应采取加固措施。锤击时，应用桩帽、桩垫，并经常检查，发现异常情况应立即停击。

7.2　环境保护

(1)成立以项目经理为组长，总工程师和各职能部门相关人员组成的文明施工领导小组，负责文明施工策划。

(2)所有施工管理人员和操作人员身着统一服装，头戴规定颜色安全帽，佩带证明其身份的胸牌，以便于施工现场的管理。

(3)为使施工处于有序状态，工序施工实行标示牌管理，标示牌应标明：作业内容、工序状态、混凝土施工配合比、简要施工工艺、质量状态、工序负责人姓名等。

(4)施工现场内的道路随时保持平整通畅，排水设施良好。

(5)施工所用的原材料、半成品分类堆放，并设置标示牌。施工机械按规划位置停放，施工现场保证整洁、清爽。

8　结束语

钢板桩用途非常广泛，比如在永久性结构建筑上，可用于码头、卸货场、堤防护岸、护墙、挡土墙、防波堤、导流堤、船坞、闸门等等；在临时性结构物上，可用于封山、临时扩岸、断流、建桥围堰、大型管道铺设临时沟渠开挖的挡土、挡水、挡沙墙等；在抗洪抢险上，可用于防洪、防塌方、防塌陷、防流沙等。

锁口钢管桩围堰施工工艺

1 前　　言

围堰的形式多种多样,针对不同工程的结构特点和环境条件选择适宜的围堰结构进行承台施工,对桥梁施工的安全、工期、经济和社会效益有重要影响。在诸多围堰形式中,锁口钢管桩围堰是其中的一种。

2 适用范围

锁口钢管桩围堰适用于水深 20 m 以内、水流流速小于 3 m/s,河床为砂类土、黏性土、碎(卵)石类土和风化岩等地层条件下的高桩承台和低桩承台。

3 工艺特点

相比单壁钢套箱围堰、钢板桩围堰等,锁口钢管桩围堰具有加工制作简单快速、施工工期短、整体刚度大、材料回收利用率高、平面布置适应性强等特点。

4 锁口钢管桩围堰设计

详见"围堰结构设计指南"。

5 施工工艺

5.1 工艺流程

锁口钢管桩围堰的施工工艺流程如图 1 所示。

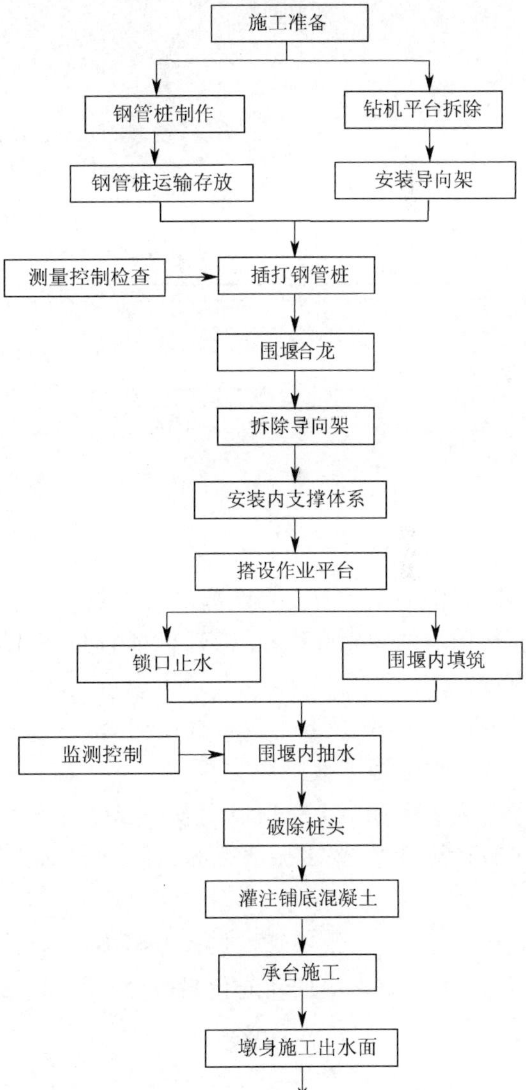

图 1　锁口钢管桩围堰施工工艺流程图

5.2 工艺步骤

5.2.1　*施工准备*

(1)施工平台。

桥墩的桩基础施工完成后,将钻机平台上的钻孔设备全部撤离,拆除影响锁口钢管桩插打的钻孔平台结构,保留其他部分钻孔平台作为锁口钢管桩插打施工的作业平台。

(2)锁口钢管桩的加工。

1)锁口钢管桩的材质一般采用 Q235A,钢管优先选用螺旋钢管,也可采用直缝焊接钢管。钢管的质量应符合《公路桥涵施工技术规范》中"5.3.2 钢管桩制作"的相关规定。

2)其加工制作可在一般钢结构加工厂内,也可在施工工地进行。

3)在平整的场地上制作钢管桩加工胎架,先将钢管对接成设计长度,然后将锁口角钢与钢管定位焊接,最后焊接加劲肋和限位肋。

4)每根钢管桩上的锁口要对称位于钢管的同一直径线上。钢管桩的对接焊缝按照Ⅱ级焊缝质量标准检查验收;其余的焊缝按照Ⅲ级焊缝质量标准作外观检查,要求饱满、无裂纹、不漏水。钢管桩顺直、不折、不弯。

5)锁口钢管桩的结构如图 2 所示。

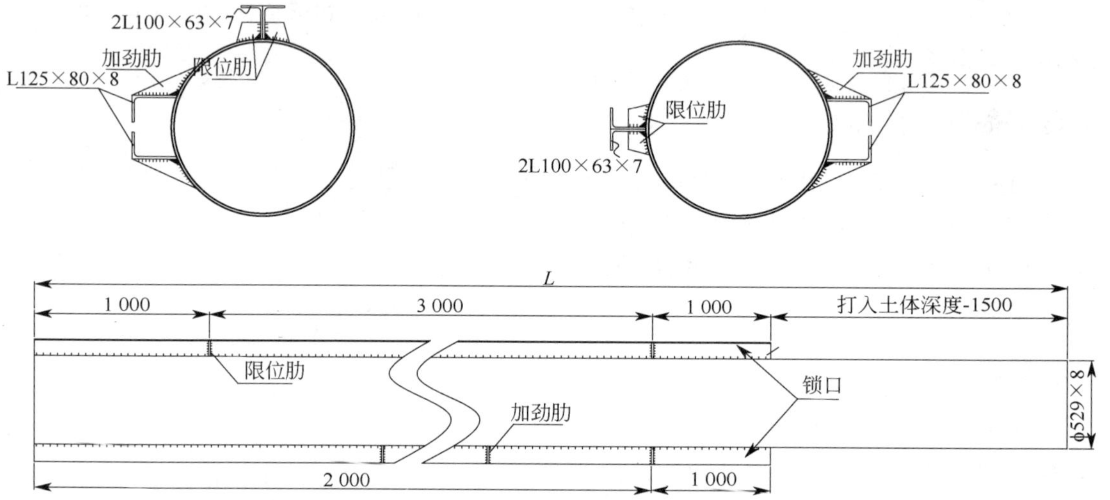

图 2　锁口钢管桩结构大样图(单位:mm)

(3)测量定位。

在围堰上下游一定距离的河岸陆地上设置控制测量点。在导向梁安装之前,用全站仪测放出围堰的内轮廓线;在钢管桩插打过程中,用两台经纬仪前方交汇法控制锁口钢管桩的垂直度。

(4)振动锤及起吊设备选型配套。

1)振动锤选型。

为了保证施工时锁口钢管桩能够打入到设计入土深度,事先要对用于沉桩的振动锤规格进行计算选择,要求振动锤的激振力 P 大于钢管桩的贯入摩阻力 Q,即 $P/Q>1.1$。

$$Q=\lambda_s u\sum\tau_i l_i$$

式中　Q——单根钢管桩贯入摩阻力(kN);

λ_s——土壤振动液化系数,$\lambda_s=0.3\sim0.6$;

u——桩周长(m);

τ_i——桩周第 i 层土的极限侧阻力标准值(kPa);

l_i——桩周第 i 层土的厚度(m)。

2)起吊设备选型。

有栈桥钻孔围堰施工平台的,采用汽车起重机直接行使到平台上起吊振动锤及钢管桩;没有栈桥时,一般采用浮吊。起吊设备的规格根据振动锤的大小选择,一般按表 1 配置。

表 1　起吊设备选型参考表

序号	振动锤规格	起吊设备规格	序号	振动锤规格	起吊设备规格
1	DZ45	25 t	3	DZ90	50 t
2	DZ60	35 t	4	DZ120	80 t

(5)安装导向梁。

在桩基护筒上焊装双层牛腿，在牛腿上测量定出围堰内外框线，沿着内外框线安装导向圈梁。两层定位架高差要大于 2.0 m；定位架的牛腿和圈梁采用槽钢焊接，其结构如图 3 所示。

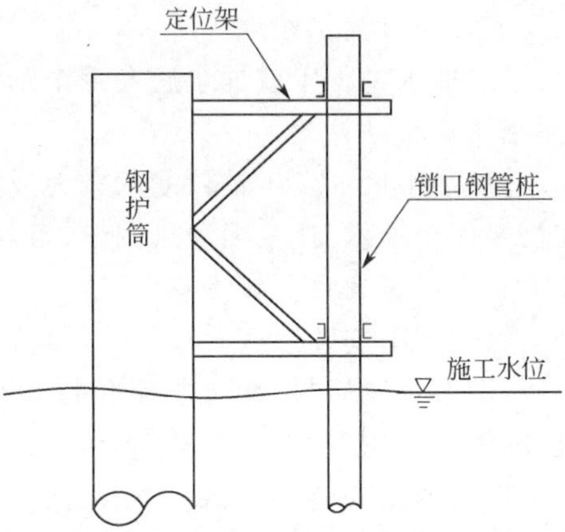

图 3　定位架结构示意图

5.2.2　锁口钢管桩插打与合龙

(1)吊桩。

吊机的主钩吊住锁口钢管桩上口、副钩吊住下口同时提升使钢管桩悬空，然后主钩继续提升直至钢管桩垂直，最后松脱副钩。

(2)插打。

1)吊机吊运钢管桩至沉桩位置，使其锁口与已沉入钢管桩的锁口阴阳咬合，并从定位架中缓慢下放，直至进入河床不沉、自稳为止。

2)取下桩头千斤绳，用吊机主钩吊振动锤到桩头，用锤夹夹紧桩壁；启动振动锤沉桩，直至设计深度停止。下沉过程中要同步松放吊机的起重绳，控制锤身与桩身保持垂直状态。

3)锁口钢管桩不能打入到设计深度，可采用桩内射水或吸泥方法辅助下沉。

(3)纠偏。

1)第一根钢管桩沉入后的垂直度影响到整个围堰其他钢管桩的垂直度，其打入时要缓慢些，打入到设计深度一半时暂停沉桩，检查桩身的垂直度是否在 0.5%L 以内，如满足要求则继续开启振动锤沉桩；否则拔出重打。

2)其他的钢管桩在定位架和锁口的共同作用下，一般不会产生较大偏差，只需每插打15～20 根作一次检查，保证桩身的垂直度在 1%L 以内即可。

(4)合龙。

1)锁口钢管桩一般由围堰上游分两头插打、到下游合龙。

2)钢管桩围堰合龙前，在插打至最后 4～5 根桩时，测量缺口的宽度，准确计算出合龙桩的外径，加工大小合适的钢管桩运至施工现场插打。

3)为保证钢管桩围堰合龙时两侧锁口互相平行，避免使用异型桩进行合龙，减小合龙难度，当钢管桩两端相距 10～15 根桩的距离时，之后每打入一根桩，均须用经纬仪控制其垂直度。若桩身存在偏斜，应逐根纠正，分散偏差，调整合龙。

5.2.3　锁口漏水的预防及处理

锁口止水是锁口钢管桩围堰防水的关键的措施和工序，采用锁口内填筑和防水布整体围护相结合方式。

(1)锁口内填筑。

用棉布缝制比锁口略大的长条型布袋；将布袋放入锁口中，用 ϕ48 mm 钢管(灌浆导管)穿入布袋将其插到河床面。砂浆用注浆泵通过灌浆导管从孔底向上灌注，边灌边提升导管，直至孔口溢出砂浆为止;导管埋入砂浆不小于 2 m。砂浆采用 M2.5#、坍落度 180～200 mm。

(2)防水布整体围护。

用双层彩条布缝制成环状布带,其宽度为围堰顶到河床面的高度加 7 m、最小周长为围堰周长的 2 倍。全部锁口钢管桩插打完成后,将布袋从围堰顶套下,上口与围堰顶齐平,下口摊铺到河床上、用砂袋压实。

(3)锁口漏水处理。

1)抽水过程中或抽水后发现个别锁口漏水,可派潜水工下水检查漏水处防水布破损位置并用防水布贴补。

2)抽水后如发生锁口漏水较大或漏水处较多、贴补无效和不易抽干、影响围堰内基础施工时,要停止抽水、让水回灌入围堰,重新铺设防水布,然后再抽水。

5.2.4　围囹及内支撑安装

(1)围囹安装。

围堰合龙后,根据施工水位度量并在钢管桩上标志出围囹水平位置;在支撑附近将型钢托架焊接在钢管桩上,作为围囹安装的支承。将岸上下料并连接好的围囹型钢用浮吊吊放到托架上,紧贴钢管桩并与其焊接;不能紧贴钢管桩的,在两者之间加小钢板焊接。

(2)内支撑安装。

1)在围囹上测设出支撑的安装位置,并准确测量出每根支撑两端围囹间净距;根据净距对支撑钢管下料并将其两端切割成企口。为使支撑钢管达到轴心受压计算条件,企口切割时要保证钢管轴线和围囹水平中线重合。

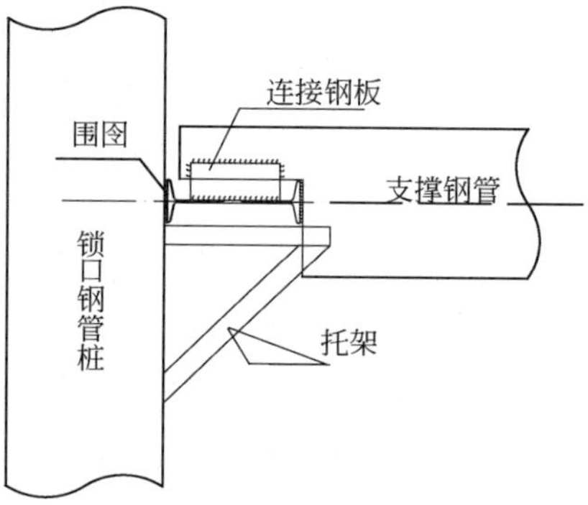

图 4　内支撑安装示意图

2)用吊机将支撑吊放到对应位置安装,围囹与支撑钢管端头直接焊接牢固、围囹顶面与支撑钢管间用连接钢板焊接连接。最后安装围堰转角处三角支撑。围堰内支撑安装构造如图 4 所示。

5.2.5　基坑开挖和围堰内回填、封底

(1)抽水开挖。

1)围堰底地层透水性较小、稳定性较好的低桩承台,采用抽水开挖方法。

2)抽水开挖可选用人工开挖、小型挖掘机开挖、爆破开挖等方法,用扒杆、吊机等提升吊斗出渣。

3)开挖时在围堰内四周设排水沟、转角处设积水坑抽水,根据抽水量多少,配备足够数量的抽水机进行围堰内抽水。抽水机宜选择离心泵与潜水泵结合,大小搭配。

4)开挖过程中要观测围堰钢管桩、围囹、内支撑等结构的应力、应变和变形情况,出现应力应变超过设计容许值的情况,要停止抽水,查明原因,采取相应加固措施后方可重新抽水开挖。

(2)不抽水开挖。

1)围堰底地层透水性较大、稳定性较差有可能产生涌砂或涌泥地层的低桩承台,宜采用不抽水开挖方法。

2)不抽水开挖可选用水力吸泥机、水利吸石筒、空气吸泥机等,以上各种方法如在较紧密土层中,可用射水方法配合松土,以加快挖基进度;亦可采用抓泥斗、挖掘机等水下挖基方法。

3)开挖基本完成时,用吊线锤测量基底标高,潜水工下水检查基底平整度并辅助平整基底。

(3)围堰内回填。

1)对于高桩承台的围堰,则用砂卵石或废砖砟等将堰内填筑到封底混凝土底面标高。砂卵石填筑数量计算时注意扣除桩身、桩头破除和铺底混凝土所占的体积。

2)填筑物可通过栈桥用汽车运输,亦可采用驳船运到围堰边、用抓沙船的抓斗放入。

(4)封底混凝土施工。

1)对于不抽水开挖的围堰基坑,采用水下混凝土进行封底,施工方法同沉井封底,封底混凝土的厚度需要计算确定。

2)对于抽水开挖或堰内填筑的基坑,抽水后破除桩头、整平基坑底,采用普通混凝土浇注方法封底,封底混凝土厚度 0.3~0.5 m。

5.2.6 堰内基础施工

(1)堰内承台、墩身施工的各工序施工方法同陆上桥墩基础施工。

(2)承台混凝土灌注完成 7 d 后,为减少抽水工作量,宜将围堰内水位回灌到比承台顶略低然后才施工墩身。

5.2.7 拆除围堰

(1)墩身施工出水面后,即可拆除围堰。围堰拆除按从下游到上游、由低到高、先支撑再围囹最后拔除钢管桩的顺序进行。

(2)拆除位于水面下的支撑时,先部分停止抽水,使围堰内水位回复到待拆除的支撑下,部分平衡围堰内压力差,然后才能进行内支撑、围囹拆除施工。

(3)钢管桩拔除时,先用振动锤轻击桩顶,将桩周土体及锁口内砂浆振动,再进行拔除作业。

(4)拔除的钢管桩应清刷干净,修补整齐,除锈涂刷防锈油漆;在运输、存放时,防止变形损坏。

6 劳动力组织

锁口钢管桩围堰施工主要劳动力组织见表 2。

表 2 主要劳动力组织表

序号	工种	人数	序号	工种	人数
1	领工员	2	6	测量工	3
2	船工	8	7	电工	2
3	起重工	4	8	电焊工	6
4	起重、振动锤等司机	6	9	钳工	3
5	潜水工	3	10	普工	12

7 安全生产及环境保护

7.1 安全生产

(1)建立安全保证体系,设立安全管理机构,由项目经理任组长;工地设专职的安全员,各班组设兼职安全员;全员参与、全过程开展各项安全管理活动。

(2)对管理人员、生产工人进行安全教育和培训,经考核合格后,方准许其进入操作岗位;

对起重、机械驾驶、焊接、潜水等特殊工种，要经过专门机构安全培训，取得相应的有效操作证书，并只能从事操作证书允许的工作。

(3)以水上作业、起重吊装作业和安全用电为重点，制定各项安全技术措施，落实安全教育培训、技术交底和监督检查制度。

7.2　环境保护

(1)建立健全环境保护管理机构，制定各项规章制度，并加强监督和检查。

(2)加强教育宣传工作，提高全体职工的文明施工和环境保护意识。

(3)减少施工中噪声和振动，避免扰民。

(4)采取有效措施，防止机械用油、施工和生活垃圾污染河水。

8　结束语

锁口钢管桩围堰修筑桥梁承台基础，有加工制作简单、安全性能好、工期短、成本低的优点，具有较强的推广应用价值。

有底钢套箱围堰施工工艺

1 前　　言

有底钢套箱又名钢吊箱，是为深水高桩承台施工而设计的临时隔水结构，其作用是通过套箱侧板和底板上的封底混凝土围水，为高桩承台施工提供无水的施工环境。同双壁钢围堰比较，钢套箱具有施工工期短、水流阻力小、利于通航、不需沉入河床、施工难度小、材料用量少、经济合理等特点，因而在大跨深水桥梁的基础施工中得到广泛的应用。

2 适用范围及特点

2.1 钢套箱的适用范围

当承台底面距河床面较高，或承台以下为较厚的软弱土层、且水深流急时，目前多采用有底钢套箱作为防水措施来进行深水基础施工。

2.2 钢套箱的特点

有底钢套箱受水深的影响相对于无底钢套箱较小，利用护筒及其他措施定位较为容易、定位精度高；封底混凝土受底板约束，质量易于保证，数量准确；套箱悬挂于支撑系统上，不接触河床，避免了河床高低不平的影响。

3 钢套箱的设计

具体计算详见《围堰结构设计指南》。

4 钢套箱施工工艺流程及加工制作

4.1 钢套箱施工工艺流程图及说明

有底钢套箱一般均采用先桩后围堰施工方法，围堰的安装主要有墩位组拼和场外组拼两种，其施工工艺如下：

墩位组拼：

工厂加工钢套箱→墩位安装底板及壁板拼装平台→安装底板→拼装壁板→安装内支撑→拉压杆的安装→水平定位系统及导向系统的安装→钢套箱的整体下放→下沉钢套箱至设计高程→吊箱平面纠偏及竖向锁定→底板封堵与清理、封底混凝土浇注→抽水、转换拉压杆、承台混凝土浇注。

场外组拼：

场地平整→搭设套箱加工平台→钢套箱的加工拼装→起吊下沉就位→钢套箱的锁定→堵漏→封底混凝土浇注→承台施工。

4.2 钢套箱加工制造及拼装

4.2.1　加工制造及拼装的总体要求及精度控制

加工制造用的钢材应满足以下要求：Q235 钢应符合现行国家标准《碳素结构钢》(GB700)

的规定；Q345 钢应符合现行国家标准《低合金结构钢》(GB1591)的规定。

焊接材料的要求：钢套箱加工选用的焊条、焊丝必须符合现行国家标准，包括《碳钢焊条》(GB5117)、《低合金焊条》(GB5118)、《碳钢药芯焊丝》(GB10045)、《熔化焊用钢丝》(GB/T14957—94)及《二氧化碳气体保护焊用钢丝》(GB8110)的规定。焊剂应符合现行国家标准《碳素钢埋弧焊用焊剂》(GB5293)的规定。埋弧焊采用 H08H 焊丝，配焊剂 431，并满足《焊接用钢丝》(GB1300—77)有关要求；手工焊选用结 4303 焊条，且满足《碳素钢焊条》(GB117—85)的有关要求。

焊缝检验：

(1)焊缝高度的检验。焊缝尺寸允许偏差应符合《钢结构工程施工质量验收规范》附录 A 中表 A.0.2 的规定。

检验方法：用焊缝量规检查。

(2)外观检验。所有焊缝均应冷却后进行外观检查，并填写检查记录。所有焊缝不得有裂纹、未熔合、焊瘤、夹渣、未填满及漏焊等缺陷，不得有外观检查不合格的焊接件，在未返修合格前不得进入下一道工序。

(3)内部质量检验。对钢吊箱下放吊点位置的受力焊缝应沿焊缝进行全长超声波探伤，质量等级要求为Ⅰ级。

对在现场施焊的壁板与底板、底板防撞桁架以及内支撑之间的焊缝进行全长超声波探伤检测，质量等级要求为Ⅰ级。

检验不合格件，在未返修合格前不得进入下一道工序。

精度控制：套箱分块制作，拼装完成后的总体尺寸必须满足以下精度要求：

外形平面尺寸偏差：0，+60 mm。　　内口平面尺寸偏差：0，+50 mm。

外形对角线尺寸偏差：0，+85 mm。　　内口对角线尺寸偏差：0，+70 mm。

壁板倾斜度：≤H/1 000。　　壁板面板平整度：≤5 mm(3 m 尺)。

高度偏差：0，−30 mm。

拼装完成后吊箱轴线偏差：±100 mm。

4.2.2　钢套箱壁板加工制造

按照设计图纸在加工场加工成分块，并进行编号。

加工精度要求：

根据套箱结构的受力要求，保证每层水平肋板在同一高程很关键，加工时其偏差不得大于 2 mm，保证在拼装阶段能够顺利对接。

每个壁板块段加工完成后均单独进行检验，其加工精度要求如下：

宽度方向尺寸偏差：±15 mm。

壁板厚度偏差：±2 mm。

外形对角线偏差：±20 mm。

高度方向偏差：0，−30 mm。

4.2.3　钢套箱底板加工制造

严格按照设计图纸尺寸进行下料，现下纵、横梁，在轨道上铺设纵横梁，并焊接成骨架，然后铺设钢面板，并焊接好。严格检查焊接质量，其加工精度要求如下：

宽度方向尺寸偏差：±15 mm。

壁板厚度偏差：±2 mm。

外形对角线偏差：±20 mm。

高度方向偏差：0，−30 mm。

4.2.4　钢套箱内支撑系统加工制造

根据现场的吊装能力，对内支撑进行分块；按照设计图纸在加工场加工成分块，并进行编号。

加工精度：根据内支撑结构的受力要求，保证块之间顶、底层内支撑钢管在同一高度很关键，加工时其偏差不得大于 2 mm，保证在拼装阶段能够顺利对接。

每个内支撑块段加工完成后均单独进行检验，其加工精度要求如下：

平面长宽尺寸偏差：±20 mm。

高度方向尺寸偏差：±5 mm。

4.2.5　钢套箱整体吊装、分节吊装

钢套箱整体吊装：当钢套箱平面尺寸较小，重量较轻时，采用在岸上加工场分块加工，然后组拼成整体，采用缆索吊机整体吊装至墩位下沉就位。

钢套箱分节吊装：当钢套箱整体重量较重，高度较高时，根据吊装设备的允许吊装重量，可以在岸上分块加工，分节组拼，然后采用浮吊或缆索吊分节吊装。

4.2.6　钢套箱墩位处分块组拼

根据拼装钢套箱时下方支撑形式的不同，钢套箱墩位处分块组拼有两种形式：

(1)利用已有墩位钻孔平台作为拼装钢套箱时的支撑。在墩位平台上拼装钢套箱，接高钻孔灌注桩钢护筒，在其顶面设起吊分配梁，再由起吊系统滑车组起吊钢套箱。并将钢套箱临时吊挂于钢护筒支撑牛腿上。拆除墩位平台，解除临时吊挂，由起吊滑车组将钢套箱缓缓下沉就位。然后转换吊点，由多根吊杆将钢套箱吊挂于钢护筒支撑钢牛腿上。

(2)以钻孔灌注桩钢护筒为拼装钢套箱时的支撑。在钻孔灌注桩钢护筒上同一水平高度焊接承重牛腿，在牛腿上放置钢套箱底梁，然后在底梁上铺设钢套箱底板，将侧板在底板上拼装成箱体。也可在牛腿上搭设平台，由驳船将块件运至平台上拼装。在钢护筒顶面设千斤顶支架，由千斤顶起吊钢套箱，割除牛腿，下沉钢套箱。此法不需要大型起吊设备，起吊时受周围环境的影响相对较小。

4.2.7　钢套箱水密试验

钢套箱每个分块加工完成后，应对焊缝进行煤油渗透试验。即用刷子在焊缝两侧刷上石灰水，待其干后在围堰内侧焊缝刷上煤油，等 30～60 min 后察看围堰外侧是否有煤油渗透痕迹。

试验检查不合格的部位应进行补焊并报告监理工程师，补焊后还须进行复验，合格后才能进入。钢套箱壁板在现场拼装完成为整体后，对现场拼装焊缝同样要求进行煤油渗透试验，保证套箱壁板整体水密性能。

5　钢套箱的测量放线

用全站仪或经纬仪在平台上将该墩的纵横轴线放出，并标示于平台上。在钢套箱的外壁板上标示出钢套箱的中心线，下放过程中，严格控制壁板中心与平台上标示的纵横轴线对齐。

6　钢套箱的下沉

6.1　钢套箱下沉

6.1.1　大型设备(缆索吊机、浮吊等)辅助下沉

缆索吊机辅助下沉：采用缆索吊机时，不歪拉斜吊，不准在重物上、重物下站人，与吊运无

关人员隔离索道 50 m 以外。吊离地面 20 cm，停留 10 min，经检查无异常情况进行起运。当运至墩位停留，待停止摆动，徐徐下降，对位后入水。2001 年渝怀铁路溪门口大桥 8# 墩有底钢套箱即采用此法。

浮吊辅助下沉：钢围堰在工厂制作好后拖运至施工现场，然后用驳船运至桥墩位置水域根据设计的吊点，用浮吊直接起吊钢套箱下沉就位。将钢套箱吊挂于钢护筒顶部所设钢牛腿上。

6.1.2　墩位作业平台上简易设备(链条葫芦、铰车等)辅助下沉

当为中小型钢套箱时，可以将在岸上分块加工的钢套箱运至墩位作业平台上组拼。在钻孔钢护筒上设起吊分配梁，再由起吊系统滑车组起吊钢套箱，并将钢套箱临时悬挂于钢护筒支撑牛腿上。拆除墩位平台，解除临时吊挂，由起吊滑车组将钢套箱缓缓下沉就位。然后转换吊点，由多根吊杆将钢套箱吊挂于钢护筒支撑钢牛腿上。

6.2　钢套箱下沉时的纠偏措施

有底钢套箱下沉时，由于底板上在钢护筒位置处均设有开孔，底部平面位置能够得到控制，下沉过程中控制的主要是顶面平面位置。因此可以用设于平台上的链条葫芦等简易设备通过系于钢套箱四周的拉环，通过不断的调整对钢套箱进行纠偏。

7　钢套箱的定位

7.1　水流流速较小时的简易定位措施

根据水流速度，计算水流冲击力，在钻孔平台每边钢管支撑桩上设置倒链葫芦，钢套箱边下沉，边用倒链葫芦调整，以调整好套箱水平位置。

7.2　水流流速较大时的定位措施

当水流流速较大时，水面以上的水平定位可以用设置于钻孔平台钢管支撑桩上的倒链葫芦，对钢套箱进行水平纠偏。水面以下钢套箱底部的定位则通过倒向滑车，将钢丝绳一端系于钢套箱底部的拉环上，一端系于平台横梁上的倒链葫芦，通过倒链葫芦进行调整。

8　钢套箱底部处理

8.1　有底钢套箱底板封堵

钢套箱底板在每个护筒周围均开有孔，以便于钢套箱的下放。所开孔于护筒之间存在较大的孔隙。当钢套箱下放到位后，需采用措施将该部分孔隙封堵，防止在浇注封底混凝土的过程中出现漏混凝土的现象。底板封堵技术属于钢套箱施工关键技术之一，是后继施工顺利进行的重要保证。

底板封堵流程：①在加工场加工封堵板。②钢套箱下放前，在底板上临时安放封堵板。③钢套箱下放到位后，由潜水员下去固定封堵板，并用混凝土堵漏。

具体的封堵工艺：

(1)封堵板的设计和加工。

封堵板设计过程中考虑到护筒的偏位，根据护筒的不同偏位进行分类设计。偏位 0～5 cm以内的采用一种形式的封堵板，内开孔圆心与封堵板外边缘圆心的偏差为 2.5 cm。每个护筒周围的封堵板分为 6 块进行分块加工，在现场通过螺栓连接。为了安装方便，每个封堵板上均安放有拖环。两相邻封堵板之间采用螺栓连接。螺栓孔为 70×20 mm 的长圆孔，采用直

径 18 mm 的螺栓。

(2)封堵板的临时安放。

封堵板的临时安放需在钢套箱下放之前进行。在封堵板临时安放前,需将底板面板焊接完成。特别是护筒周围的面板必须补充完整,以便于封堵板的临时安放和最终固定。

封堵板需沿护筒周边临时安放,且要临时连接成一个圆环,各分块之间,以及板与护筒之间需留有空隙。封堵板的安装需与护筒倾斜方向和偏位方向相结合。

(3)封堵板的固定与堵漏。

在钢套箱下放前,对潜水员进行交底,让其熟悉套箱内结构,同时让其到现场了解实际情况。

当钢套箱下放就位后进行封堵板的固定与堵漏。封堵板由潜水员在水下固定。首先将钢板安放于护筒周围,然后利用螺栓将各封堵板连接成一个整体。

当封堵板安装固定以后,各封堵板之间及封堵板与护筒之间有一定的空隙,用麻袋装混凝土对该部分进行封堵,混凝土的高度依封堵效果而定。

封堵底板施工时,对封堵板进行编号,依次封堵,由工区技术员统一记录,并由质检部复核检测。

(4)钢护筒的除锈。

当完成钢套箱的封堵后,由潜水员对封底混凝土范围内的钢护筒进行除锈和清理其他杂物,施工过程中对每个护筒进行编号,对护筒的清理情况进行记录。

(5)封堵观测。

①混凝土浇注前,再次水下检查。

②对封底混凝土进行定期测量。当发现封底混凝土高程抬高情况与混凝土浇注方量不吻合时,可能是堵漏出现问题,需立即检查。

③观测套箱外侧水的颜色,当外侧出现大量与混凝土颜色相同的水后,说明堵漏出现问题,需立即采取措施进行封堵。

④观测护筒周围水面情况,如出现翻水花现象,则可能出现了漏洞,需立即堵漏。

8.2 钢套箱封底混凝土施工

(1)封底平台的设计。

封底平台作为承台封底施工的结构设施,其布置原则如下:

1)需保持封底混凝土施工的方便性和安全性。

2)充分利用内支撑及钢护筒作为支撑,保证结构可靠、经济。

3)兼顾考虑导管的布设。

4)便于各区域周转。

封底平台的主梁根据检算结果采用型钢制成,并在钢护筒顶面及内支撑顶面进行搭设。再采用小型型钢将主梁连接成整体,并在其上铺设木板形成平台。

(2)自流平混凝土的设计。

为减少导管点的布设和增大混凝土的流动性,使封底混凝土表面平整均匀,需进行自流平混凝土的设计。

采用双掺技术,增大砂率,增加胶凝材料用量,使配置的混凝土具有很好的和易性和流动性,具有自流平、自密实的特点。具体性能指标要求如下:

1)强度不小于设计强度。

2)坍落度 18～25 cm。(可以根据需要选定)

3)初凝时间不小于通过计算所得的混凝土最终浇注完成需要的时间。

4)7 d 强度不小于 28 d 强度的 90%。

(3)导管的布设。

封底混凝土的浇注方式通常有全高度方向斜面推进和全平面整体均匀抬高浇注两种方式。导管的布置以上述其中一种方式为原则进行布置。

导管的布置原则:导管远离护筒 50 cm 以上,避免混凝土直接冲击封堵板,确保护筒周围混凝土厚度。导管布置半径 3～5 m,以此确定导管的数量。

导管的转移:每根导管口浇注到设计高程后,根据封底混凝土浇注顶高程情况,转移至较低位置,导管底口距离混凝土顶面 15～20 cm,按照首批混凝土浇注要求进行导管二次封口。

(4)混凝土浇注。

1)首盘封底混凝土的浇注。

首盘混凝土封口前,用测锤从导管内测出导管下口与套箱底板的距离,调整为 20 cm 左右。首盘混凝土采用 8 m^3 大料斗。首先通过导管旁大料斗将导管上方 2 m^3 小料斗装满混凝土,关闭大料斗阀门,开始在大料斗内注满混凝土。大料斗快装满混凝土时,打开大料斗阀门,同时打开小料斗阀门,泵管不断放料,完成首盘封底混凝土浇注。封底混凝土下放完后,要求导管埋深 0.4～0.6 m。在导管口及附近布设测点,及时测量其埋深与流动范围。

2)正常浇注混凝土。

首盘封底成功后,即进入正常浇注阶段,此时可将大料斗提走,直接采用小料斗或导管直接浇注混凝土。

为保证导管出口有一定的埋深,在混凝土浇注顺利时尽量不提升导管;需要提导管时,采用浮吊或缆吊慢慢提升,提升高度控制在导管底口在混凝土面以下 100 cm,提升点处的混凝土高度要勤量勤测,杜绝提漏导管的现象发生,严格以实际测量深度为提管依据。

浇注位置混凝土高度达到设计要求后,根据监测结果,将导管移至需浇注位置进行循环施工。

(5)封底混凝土高程的控制。

为控制混凝土的浇注高度,同时掌握混凝土的扩散情况,为导管移位提供依据,浇注过程中必须加强监测。根据套箱的封底面积,确定测点位置。测点布置要保证每根导管和护筒附近布设测点,同时对套箱边角位置布置测点。

测锤采用钢板焊接成三角锥形。测绳使用前要在水中浸泡 48 h,校核其长度。混凝土浇注前,沿测点逐点量测初始长度,并在平台固定位置做出标记,测出平台高程,作为控制封底混凝土顶面高程的依据。

混凝土的顶面控制在距封底混凝土顶面设计高程以下 20～30 cm 处,以上部分作为垫层混凝土。

9 钢套箱抽水及内支撑安装

9.1 已安装内支撑的整体吊装、分节吊装钢套箱抽水

对于已安装内支撑的整体吊装、分节吊装的钢套箱,当封底混凝土强度达到设计强度后,即可封闭钢套箱上所设的连通管,进行抽水施工。若在承台施工中,内支撑对其有碍,则需对内支撑进行置换(一般在钢套箱设计时,内支撑要略高于承台顶 50 cm 左右,尽量避

开承台位置)。

9.2 墩位处分块组拼的钢套箱抽水及内支撑安装

对于墩位处分块组拼的钢套箱,当封底混凝土强度达到设计强度后,即可封闭钢套箱上所设的连通管,进行抽水施工。根据钢套箱内支撑的设计位置,可以将底层的内支撑用钢丝绳先下沉至封底混凝土上,并将钢丝绳引出;然后抽水,当抽水至第一层内支撑时,停止抽水,安装第一层内支撑,接着抽水安装内支撑,直至内支撑安装完毕,将套箱内水抽干,进行承台施工。

10 钢套箱的拆除

在桥墩灌注出水面后,钢套箱在承台顶面 50 cm 以上部分可拆除回收。根据浮吊或缆索吊机的起吊重量可分段切割后整体吊出或分块切割解体起吊拆除。其具体方法是:

(1)拆除套箱内、外相干的物件,凿开吊耳眼孔,由潜水工在外壁板用潜水氧电弧切割作业来实现。

当为双壁钢套箱时,视其水流速度,其方法有二:

1)在水流速度<1 m/s 时,潜水工在围堰外沿着围堰下沉前焊的导向环进行切割。

2)在水流速度≥1 m/s 时,内壁板应先切割高度 1.2 m,堰内补水与堰外水位一致时由潜水工在堰内沿事前准备的切割线进行切割。

当为单壁钢套箱时,则潜水工直接在围堰外沿着围堰下沉前焊的导向环进行切割。

每切割一段,潜水工用检查工具(自作环形铅丝)检查一遍,检查是否割通。

(2)当切割完毕,由潜水工再进行一次检查外壁板割缝,确认无一漏割后,再由潜水工挂好吊钩,待潜水工及设备撤离安全地点后,全面进行水域检查,确认无一障碍后起吊,运至岸上。

当套箱较小时,在套箱加工时可在承台顶面以上 20 cm 位置处分节,此处采用螺栓连接,拆除时由潜水工拧掉螺栓即可。

11 机具设备配置

机具设备配置见表 1、表 2、表 3、表 4。

表 1 钢套箱制作机械及设备表

顺号	机械及设备名称	规格及型号	单 位	数量	备 注
1	等离子切割机	LGK—8	台	1	根据工程量大小确定
2	电焊机		台	6	根据工程量大小确定
3	汽车吊	16 t	台	1	根据工程量大小确定
4	带链滑车	5 t	台	6	
5	顶杆	自制	支	4	
6	起道机或弯轨器		台	1	
7	氧气瓶		个	10	根据工程量大小确定
8	乙炔瓶		个	10	根据工程量大小确定

表 2　潜水设备(浅水作业)

顺号	机械设备及名称	规格及型号	单位	数量	备注
1	手压空压机		台	1	超过 45 m 为深水作业，应配备医疗和减压设备
2	潜水空气压缩机	3.0 MPa，0.3 m^3	台	1	
3	潜水服		套	4	
4	救生服		套	10	
5	水下通风设备				
6	轻潜设备		套	1	
7	扩音电话	12 V	部	2	
8	高压胶管	3.0 MPa，ϕ13/ϕ25	m	100	

表 3　水下切割设备

顺号	机械设备及名称	规格及型号	单位	数量	备　注
1	直流弧焊机	AX3—300—2	台	2	带有弧焊发电机，河北电焊机厂
2	石板闸	HRT 额定电压 500 V	个	2	天津低压电器厂
3	氧电弧切割水炬			2	
4	空心切割条	CDESS104ϕ12			根据实际需要确定
5	氧气		瓶		根据实际需要确定
6	氧压表	2.5～25 MPa	支	2	柳州自动化仪表厂
7	电缆		m		根据实际需要确定
8	胶管		m		根据实际需要确定
9	电焊墨镜		付	2	
10	橡皮手套	绝缘	付	4	

表 4　水上施工设备

顺号	名称	规格、型号	能力	单位	数量	备　注
1	交通船			艘		根据实际需要选用
2	打桩船			艘		根据实际需要选用
3	抛锚艇			艘		根据实际需要选用
4	振动沉桩机			台		根据实际需要选用
5	浮吊			艘		根据实际需要选用
6	驳船			艘		根据实际需要选用
7	拖轮			艘		根据实际需要选用

注：采用缆索吊的主要设备详见缆索吊机相关设计图纸。栈桥、钻机平台的施工设备见相关章节。

12　质量措施

(1)加工制造用的钢材应满足以下要求：Q235 钢应符合现行国家标准《碳素结构钢》(GB700)的规定；Q345 钢应符合现行国家标准《低合金结构钢》(GB1591)的规定。

(2)钢套箱所用的钢材，应附有钢材的质量证明书，各项指标应符合设计文件的要求。质保材料应齐全。

(3)焊接材料的要求。钢套箱加工选用的焊条、焊丝必须符合现行国家标准，包括《碳钢焊条》(GB5117)、《低合金焊条》(GB5118)、《碳钢药芯焊丝》(GB10045)、《熔化焊用钢丝》(GB/T14957—94)

及《二氧化碳气体保护焊用钢丝》(GB8110)的规定。焊剂应符合现行国家标准《碳素钢埋弧焊用焊剂》(GB5293)的规定。埋弧焊采用 H08H 焊丝,配焊剂 431,并满足《焊接用钢丝》(GB1300—77)有关要求;手工焊选用结 4303 焊条,且满足《碳素钢焊条》(GB117—85)的有关要求。

(4)焊缝检验措施。

1)外观检验。所有焊缝均应冷却后进行外观检查,并填写检查记录。所有焊缝不得有裂纹、未熔合、焊瘤、夹渣、未填满及漏焊等缺陷,不得有外观检查不合格的焊接件,在未返修合格前不得进入下一道工序。

2)内部质量检验。对钢吊箱下放吊点位置的受力焊缝应沿焊缝进行全长超声波探伤,质量等级要求为Ⅰ级。

对在现场施焊的壁板与底板、底板防撞桁架以及内支撑之间的焊缝进行全长超声波探伤检测,质量等级要求为Ⅰ级。

检验不合格件,在未返修合格前不得进入下一道工序。

3)对加工件的各条焊缝要进行密水试验。

13 安全措施

(1)施工现场内的管理人员、特种作业人员必须持证上岗,对电工、焊工、塔吊、起重工等工人还要进行培训、考核,要求持相关证件上岗。

(2)大型浮吊、缆索吊等专用设备操作应按安全作业规程严格进行,上岗前必须经过专门培训,考核合格后方可上岗。

(3)对安全设施、设备、防护用品等要严格进行检查验收。

(4)加强现场安全管理。

1)施工现场的布置须符合防火、防爆、防高温、防雷电、防风、防雾、防坠江等安全规定和文明施工要求。

2)危险地点悬挂按照《安全色》(GB2893—82)和《安全标志》(GB2894—82)制定的安全警示标志。

3)加强易燃、易爆危险品管理。

(5)各类机械、设备严格按有关操作规程进行操作,严禁违禁操作和超负荷运转。

(6)加强施工期间水上安全管理。

1)施工船舶(包括交通船、运料船)应办理签证,是施工船舶在港内航行和作业,应实行定期签证。未办理签证的船舶,不准航行和作业。

2)严格遵守水上交通安全管理。

3)制定施工船舶安全管理,并严格执行。

4)加强施工船舶的安全检查。

14 结束语

从技术角度讲,有底钢套箱的设计与施工技术已趋于成熟;从经济角度讲,与其他施工方法比较,有底钢套箱使用材料最为节省。因此,国内外桥梁深水基础高桩承台的施工,绝大多数采用了有底钢套箱的施工方法。但是,在实际施工中,根据实际的水文、地质情况及施工环境,采用单壁钢套箱或双壁钢套箱,要通过技术经济分析确定。根据现场实际情况,进行技术经济可行性分析,确定采用浮吊、缆索吊机或者在墩位利用大吨位链条葫芦及千斤顶下放。

无底钢套箱围堰施工工艺

1　前　　言

桥梁深水基础的施工，施工技术各有差异，且各具特色。无底钢套箱在深水低承台桩基础的施工中，得到了广泛的应用。较之双壁钢围堰，钢套箱具有施工工期短、水流阻力小、利于通航、施工难度小、材料用量少、经济合理等特点。

2　适用范围及特点

2.1　无底钢套箱的适用范围

无底钢套箱适用于水深 10 m 以内，河床易清淤吸泥，河床覆盖软弱层较薄的低桩承台的施工。

2.2　无底钢套箱的特点

无底钢套箱下沉施工干扰小，不受桩基影响。其结构构造简单，封底混凝土直接与河床接触，套箱承受荷载小，壁板重复利用率高。但是，无底钢套箱下沉定位难度大，封底混凝土易漏失，数量不确定，套箱围堰需着床，对河床表面的地质情况及大面平整要求较高。

3　无底钢套箱的设计

无底钢套箱围堰设计与有底钢套箱区别是无底钢套箱底部直接落在河床上。无底钢套箱主要结构由壁板、外圈梁、内支撑、导向架组成。

3.1　水文地质技术参数的选择

见《围堰结构设计指南》。

3.2　钢套箱壁板及加劲肋、支撑系统技术参数的选择

广深准高速铁路石龙特大桥采用单壁无底钢套箱。设计时按照抽水作承台时最不利工况计算。围堰考虑在墩位拼装，受起吊限制，考虑分节分块拼装。

钢套箱设计高度为 8.5 m，平面尺寸为 12.05 m×7.85 m。高度方向分二节施工(4.5 m+4 m)，栓接拼装加橡胶垫封水。

侧板是肋板式结构，采用 5 mm 钢板作围水壁板，壁板支撑竖肋用[14 a 槽钢，横肋用∠75×50×8，壁板围肋用∠75×75×8。

水平内支撑采用边抽水边加内支撑的方法。

3.3　锚碇系统的选择

一般单壁钢套箱施工时，钻孔桩钢管平台均为固定式，因此钢套箱的定位均依靠钢管工作桩，锚碇较为简单，有以下两种定位方式：

(1)水流流速较小时的简易定位措施。

根据水流速度,计算水流冲击力,在钻孔平台每边钢管支撑桩上设置倒链葫芦,钢套箱边下沉,边用倒链葫芦调整,以调整好套箱水平位置。

(2)水流流速较大时的定位措施。

当水流流速较大时,水面以上的水平定位可以用设置于钻孔平台钢管支撑桩上的倒链葫芦,对钢套箱进行水平纠偏。水面以下钢套箱底部的定位则通过设置于其下部 1/3 处的锚缆调整。

3.4 封底混凝土选择

无底钢套箱封底混凝土选择原则是当围堰位于施工最高水位时,围堰抽水后封底混凝土在浮力作用下不被破坏。

3.5 主要检算项目及方法

(1)钢套箱壁板及加劲、支撑系统验算。

无底钢套箱壁板、支撑计算同有底钢套箱。

(2)无底钢套箱壁板入土深度确定及验算。

无底钢套箱壁板为单壁结构刚度较小,靠自身入土较为困难,而且入土过程要确保均匀下沉,保证平面高差不超过 20 cm。围堰入土一般均要求围堰穿过覆盖层,切入河床岩层。围堰入土深度的计算原理是围堰加重大于围堰壁板与覆盖层间摩阻力。实际施工时入土主要靠在套箱外部采用长臂挖掘机进行挖砂,套箱内部采用抓斗进行水下捞砂,再配合高压水泵冲砂入土下沉。

入土深度计算:取决于围堰下沉力与摩阻力比值。

围堰下沉系数 R:

$$R=\frac{\text{下沉力}}{\text{摩阻力}}>1$$

(3)封底混凝土混凝土验算。

封底混凝土强度计算:

荷载取值:

$$q=\gamma_{\text{水}}\cdot h_1-\gamma_{\text{混}}\cdot h_2$$

式中 $\gamma_{\text{水}}$——水的容重;

h_1——计算水深;

$\gamma_{\text{混}}$——混凝土的容重;

h_2——封底混凝土容重。

封底混凝土计算可取 1 单元(宽取 1 m,高度取封底混凝土计算厚度)计算,将该单元混凝土按连续梁模式用有限元分析方法得出封底混凝土最大弯矩 M。根据弯矩验算封底混凝土拉、剪应力应符合要求。

拉应力验算:

$$M=[f]W<M_{\text{计}}$$

式中 M——封底混凝土容许弯矩;

$[f]$——封底混凝土容许拉应力;

$M_{\text{计}}$——封底混凝土计算弯矩。

剪应力验算：

$$\tau=\frac{Q}{A}<[\tau]$$

式中　Q——封底混凝土剪力；

A——封底混凝土剪切面积；

$[\tau]$——容许剪应力。

(4)钢套箱抗浮计算。

计算抗浮稳定性应考虑在计算最高水位条件下的浮力

$$\frac{G}{F}>K$$

式中　G——钢套箱自重、内支撑自重、封底混凝土重、封底混凝土与钢护筒握裹力(握裹系数取 10 t/m^2)；

F——钢套箱所受浮力；

K——安全系数，取 1.1～1.2。

浮力计算时应注意：

1)浮力计算若扣出钢护筒排开水的体积产生的浮力，这时 G 不计算桩重和钢护筒重，只计算封底混凝土与钢护筒握裹力。

2)若封底混凝土按全底面积计算，G 算入，但不计算封底混凝土与钢护筒握裹力。但应对握裹力和桩重和钢护筒重进行比较，取其小值。

(5)锚碇系统验算。

锚碇按水流力、风力的最不利组合确定各向所需锚碇力。沱江大桥 6 号墩设计均采用混凝土锚。设计锚重采用 $W=2.5R$(W 为锚重；R 为锚碇力)配置。具体计算详见《双壁钢围堰施工工艺》。

4　钢套箱施工工艺流程及加工制作

4.1　钢套箱施工工艺流程图及说明

无底钢套箱施工工艺流程：

套箱加工试拼→检查套箱加工质量→准备起吊设备→套箱吊装就位→套箱下沉就位(清基、吸泥下沉)→潜水员入水码袋堵漏→钢护筒安装→灌注封底混凝土→抽水查堵漏→清理桩头凿平封底混凝土至设计标高→作灌注承台混凝土前的准备工作。

4.2　钢套箱加工制造及拼装

4.2.1　加工制造及拼装的总体要求及精度控制

见《有底钢套箱围堰施工工艺》。

4.2.2　钢套箱壁板加工制造

按照设计图纸在加工场加工成分块，并进行编号。

加工精度要求：

根据套箱结构的受力要求，保证每层水平肋板在同一高程很关键，加工时其偏差不得大于 2 mm，保证在拼装阶段能够顺利对接。

每个壁板块段加工完成后均单独进行检验，其加工精度要求如下：

宽度方向尺寸偏差：±15 mm。

壁板厚度偏差：±2 mm。

外形对角线偏差：±20 mm。

高度方向偏差：0，－30 mm。

4.2.3 钢套箱内支撑系统加工制造

根据现场的吊装能力，对内支撑进行分块；按照设计图纸在加工场加工成分块，并进行编号。

加工精度：根据内支撑结构的受力要求，保证块之间顶、底层内支撑钢管在同一高度很关键，加工时其偏差不得大于 2 mm，保证在拼装阶段能够顺利对接。

每个内支撑块段加工完成后均单独进行检验，其加工精度要求如下：

平面长宽尺寸偏差：±20 mm。

高度方向尺寸偏差：±5 mm。

4.2.4 钢套箱整体吊装、分节吊装

钢套箱整体吊装：当钢套箱平面尺寸较小，重量较轻时，可以采用浮吊或缆索吊整体起吊。在岸边组拼钢套箱，气囊顶升后牵引下水，或在岸边滑道上拼装钢套箱，拼装完毕，借助滑移设备滑移入水。用推轮将钢套箱推至浮吊作业区，然后用浮吊或缆索吊起吊钢套箱下沉就位。

钢套箱分节吊装：当钢套箱整体重量较重，高度较高时，可以在岸上分节组拼，然后采用浮吊或缆索吊分节吊装。

4.2.5 钢套箱墩位处分块组拼

利用现有墩位钻孔平台作为拼装钢套箱时的支撑。在墩位平台上拼装钢套箱，接高钻孔灌注桩钢护筒，在其顶面设起吊分配梁，再由起吊系统滑车组起吊钢套箱。并将钢套箱临时吊挂于钢护筒支撑牛腿上。拆除墩位平台，解除临时吊挂，由起吊滑车组将钢套箱缓缓下沉就位。然后转换吊点，由多根吊杆将钢套箱吊挂于钢护筒支撑钢牛腿上。

4.2.6 钢套箱水密试验

钢套箱每个分块加工完成后，应进行煤油渗透试验。即用刷子在焊缝两侧刷上石灰水，待其干后在围堰内侧焊缝刷上煤油，等 30～60 min 后察看围堰外侧是否有煤油痕迹。

试验检查不合格的部位应进行补焊并报告监理工程师，补焊后还须进行复验，合格后才能进入。钢套箱壁板在现场拼装完成为整体后，对现场拼装焊缝同样要求进行煤油渗透试验，保证套箱壁板整体密水性能。

5 钢套箱的测量放线

用全站仪或经纬仪在平台上将该墩的纵横轴线放出，并标示于作业平台上。在钢套箱的外壁板上标示出钢套箱的中心线，下放过程中，严格控制壁板中心与平台上标示的纵横轴线对齐。

6 钢套箱的下沉

6.1 钢套箱下沉

6.1.1 大型设备(缆索吊机、浮吊等)辅助下沉

缆索吊机辅助下沉：采用缆索吊机时，不歪拉斜吊，不准在重物上、重物下站人，与吊运无关人员隔离索道 50 m 以外。吊离地面 20 cm，停留 10 min，经检查无异常情况进行起运。当

运至墩位停留，待停止摆动，徐徐下降，对位后入水。下沉过程要及时用上下锚缆进行钢套箱的纠偏。

浮吊辅助下沉：钢围堰在工厂制作好后拖运至施工现场，然后用驳船运至桥墩位置水域根据设计的吊点，用浮吊直接起吊钢套箱下沉就位。

6.1.2　墩位作业平台上简易设备（链条葫芦、铰车等）辅助下沉

当为中小型钢套箱时，可以将在岸上分块加工的钢套箱运至墩位作业平台上组拼。在钻孔钢护筒上设起吊分配梁，再由起吊系统滑车组起吊钢套箱，并将钢套箱临时悬挂于钢护筒支撑牛腿上。拆除墩位平台，解除临时吊挂，由起吊滑车组将钢套箱缓缓下沉就位。

6.1.3　无底钢套箱河床以下部分的除土下沉

根据地质资料及实测情况，探明淤泥的厚度。为减少围堰着床后的吸泥工作量，在围堰着床前可以先用挖泥船清淤，待无底钢套箱着床后，再用高压水管和吸泥机出土下沉。

无底钢套箱河床以下部分除土下沉的主要设备为吸泥机和与之配套的风压机。当钢套箱围堰精密着床后，即进行吸泥下沉。

当水深较小时，用高压水破土，砂石泵吸泥；当水深较深时，用高压水破土，2 台 ϕ273 空气吸泥机吸泥（管径及台数根据土质情况确定）；后期，当刃尖进入黏土层下沉较慢时，增加钻吸机出土吸泥。施工中因下沉系数太小，自重下沉难的问题，可在套箱的顶部采用多台千斤顶加载的方法助沉。直至沉入需要的河床土层及标高。

吸泥时注意要由钢套箱的周边往中心均匀出土，以使钢套箱围堰均匀下沉。

6.2　钢套箱下沉时的纠偏措施

钢套箱下沉过程中，要采用多次测量和系统比较的方法确定钢套箱的下沉情况，测定节段基准点的坐标，求得各轴线偏移、底中心偏移、刃脚高程、扭角、倾斜等钢套箱观测资料，指导钢套箱接高下沉和纠偏的实施。

常用的纠偏方法有三种：

（1）围堰内偏挖。在刃脚较高一侧多挖土，在围堰下沉的同时把倾斜纠正过来。

（2）偏心压重。在围堰顶面较高的一侧压重，可利用钢轨进行悬吊压重，以纠正其倾斜。

（3）堰外挖土或填土。在围堰较高的一侧挖土，以减小摩擦力；在低的一侧填土增加其摩擦力，通过多次调整，使围堰恢复到设计位置。

7　钢套箱的定位

7.1　水流流速较小时的简易定位措施

根据水流速度，计算水流冲击力，在钻孔平台每边钢管支撑桩上设置倒链葫芦，钢套箱边下沉，边用倒链葫芦调整，以调整好套箱水平位置。

7.2　水流流速较大时的定位措施

当水流流速较大时，水面以上的水平定位可以用设置于钻孔平台钢管支撑桩上的倒链葫芦，对钢套箱进行水平纠偏。水面以下钢套箱底部的定位则通过设置于其下部 1/3 处的锚缆调整。

因水流引起的水平力的计算见《有底钢套箱围堰施工工艺》。

8 钢套箱底部处理

8.1 无底钢套箱河床清淤

当钢套箱通过出土下沉至设计位置，在进行封底混凝土前，要用高压水管和吸泥机在钢套箱内侧彻底清除河床沉淀下的淤泥，以免影响封底混凝土的质量。

8.2 钢套箱封底混凝土施工

当河床基岩裸露，高低不平时，可对其进行二次封底：第一次先找平，待钢护筒下沉定位后，再进行第二次浇注。渝怀铁路溪门口大桥 9# 墩高低刃脚无底钢套箱即采用此法。

其他详见《有底钢套箱围堰施工工艺 8.2》。

9 钢套箱抽水及内支撑安装

9.1 已安装内支撑的整体吊装、分节吊装钢套箱抽水

对于已安装内支撑的整体吊装、分节吊装的钢套箱，当封底混凝土强度达到设计强度后，即可封闭钢套箱上所设的连通管，进行抽水施工。若在承台施工中，内支撑对其有碍，则需对内支撑进行置换（一般在钢套箱设计时，内支撑要略高于承台顶 50 cm 左右，尽量避开承台位置）。

9.2 墩位处分块组拼的钢套箱抽水及内支撑安装

对于墩位处分块组拼的钢套箱，当封底混凝土强度达到设计强度后，即可封闭钢套箱上所设的连通管，进行抽水施工。根据钢套箱内支撑的设计位置，可以将底层的内支撑用钢丝绳先下沉至封底混凝土上，并将钢丝绳引出；然后抽水，当抽水至第一层内支撑时，停止抽水，安装第一层内支撑，接着抽水安装第二层内支撑，直至内支撑安装完毕，将套箱内水抽干，进行承台施工。

10 钢套箱的拆除

钢套箱的拆除见《有底钢套箱围堰施工工艺》。

11 机具设备配置

机具设备配置见表 1、表 2、表 3、表 4、表 5。

表 1 钢套箱制作机械及设备表

顺号	机械及设备名称	规格及型号	单位	数量	备注
1	等离子切割机	LGK—8	台	1	根据工程量大小确定
2	电焊机		台	6	根据工程量大小确定
3	汽车吊	16 t	台	1	根据工程量大小确定
4	带链滑车	5 t	台	6	
5	顶杆	自制	支	4	
6	起道机或弯轨器		台	1	
7	氧气瓶		个	10	根据工程量大小确定
8	乙炔瓶		个	10	根据工程量大小确定

表 2　潜水设备(浅水作业)

顺号	机械设备及名称	规格及型号	单位	数量	备注
1	手压空压机		台	1	超过 45 m 为深水作业,应配备医疗和减压设备
2	潜水空气压缩机	3.0 MPa,0.3 m^3	台	1	
3	潜水服		套	4	
4	救生服		套	10	
5	水下通风设备				
6	轻潜设备		套	1	
7	扩音电话	12 V	部	2	
8	高压胶管	3.0 MPa,ϕ13/ϕ25	m	100	

表 3　水下切割设备

顺号	机械设备及名称	规格及型号	单位	数量	备　注
1	直流弧焊机	AX3—300—2	台	2	带有弧焊发电机,河北电焊机厂
2	石板闸	HRT 额定电压 500 V	个	2	天津低压电器厂
3	氧电弧切割水炬			2	
4	空心切割条	CDESS104ϕ12			根据实际需要确定
5	氧气		瓶		根据实际需要确定
6	氧压表	2.5～25 MPa	支	2	柳州自动化仪表厂
7	电缆		m		根据实际需要确定
8	胶管		m		根据实际需要确定
9	电焊墨镜		付	2	
10	橡皮手套	绝缘	付	4	

表 4　水上施工设备

顺号	名称	规格、型号	能力	单位	数量	备　注
1	交通船			艘		根据实际需要选用
2	打桩船			艘		根据实际需要选用
3	抛锚艇			艘		根据实际需要选用
4	振动沉桩机			台		根据实际需要选用
5	浮吊			艘		根据实际需要选用
6	驳船			艘		根据实际需要选用
7	拖轮			艘		根据实际需要选用

表 5　吸泥施工设备

顺号	名称	规格、型号	单位	数量	备　注
1	空压机	12 m^3	台		根据需要确定
2	吸泥机		台		根据需要自行加工
3	砂石泵		台		根据需要确定
4	钻吸机		台		根据需要确定
5	大功率高扬程抽水机		台		数量及功率根据需要确定

注:采用缆索吊的主要设备详见缆索吊机相关设计图纸。栈桥、钻机平台的施工设备见相关章节。

12 质量措施

(1)钢套箱下沉过程中要徐徐下放,即时调整着床时的位置,吸泥时要及时纠偏。
(2)其他见《有底钢套箱围堰施工工艺》。

13 安全措施

安全措施见《有底钢套箱围堰施工工艺》。

14 结束语

当河床易清淤吸泥,河床覆盖软弱层较薄或者经吸泥后河床不是太软弱,具有一定的承载力时,深水低桩承台采用无底钢套箱施工是比较经济、可行的,只是加大了套箱定位的难度。

双壁钢围堰施工工艺

1 前 言

我国在20世纪70年代修建九江大桥时，首创双壁钢围堰的围堰形式，在简化施工工序、缩短工期方面有了新的突破。目前双壁钢围堰钻孔桩基础已成为我国桥梁深水基础采用较为广泛的基础形式。我公司先后在南昆线马村左江大桥2#墩、达成线渠江大桥、徐连线中运河桥、湘黔线渠江大桥、黎湛铁路郁江大桥、隆纳铁路沱江大桥等采用双壁钢围堰施工方法。

2 双壁钢围堰的特点及适用范围

2.1 双壁钢围堰的特点

双壁钢围堰是现代桥梁深水基础施工中常采用的一种挡水结构，具有以下特点：

(1)能承受较大水压。

(2)结构刚性大、能承受向内、向外的压力，所以不怕洪水淹没围堰，也不怕下沉时翻沙，施工可靠。

(3)工序单一，施工简便，围堰在水中是以灌水下沉为主，主要工作是拼装围堰钢壳。同时圆形围堰内没有支撑，吸泥下沉和清基较为方便。

(4)钻机平台可直接放置在钢围堰的顶部，适宜于大型旋转钻机。

2.2 双壁钢围堰的适用范围

适用于各种河床的河流、湖泊、水库的深水基础施工。

3 双壁钢围堰的主要结构组成

双壁钢围堰是一个带有刃脚的圆形双壁水密钢结构井筒，底部以环形刃脚封闭，施工时有自浮能力。内外壁板间由水平桁架联接，整圈平面被隔舱板等分成互不连通的隔舱，如图1所示。

3.1 双壁钢围堰的底节结构

根据墩位岩面倾斜情况钢围堰的底节可做成平底或高低刃脚。

3.1.1 平底刃脚底节结构

平底刃脚结构如图2所示。

刃尖夹角采用 $\theta=\tan^{-1}(1.2/1.5)$。在刃尖部分约0.5 m高度范围内，内、外侧壁板加厚至14～16 mm钢板，对应竖向加劲肋位置匀布刃脚三角加强板及5 mm扇形板组焊构成。

3.1.2 高低刃脚底节结构

高低刃脚结构如图3。

高低刃脚是通过潜水工水下测量围堰着床范围内河床标高，按一定间距测量，绘出刃脚展开图。加工厂根据展开图沿平底刃脚下部加焊一块16 mm钢板，在钢板上每隔500 mm焊接22号竖向槽钢以增加钢板下插时的刚度。

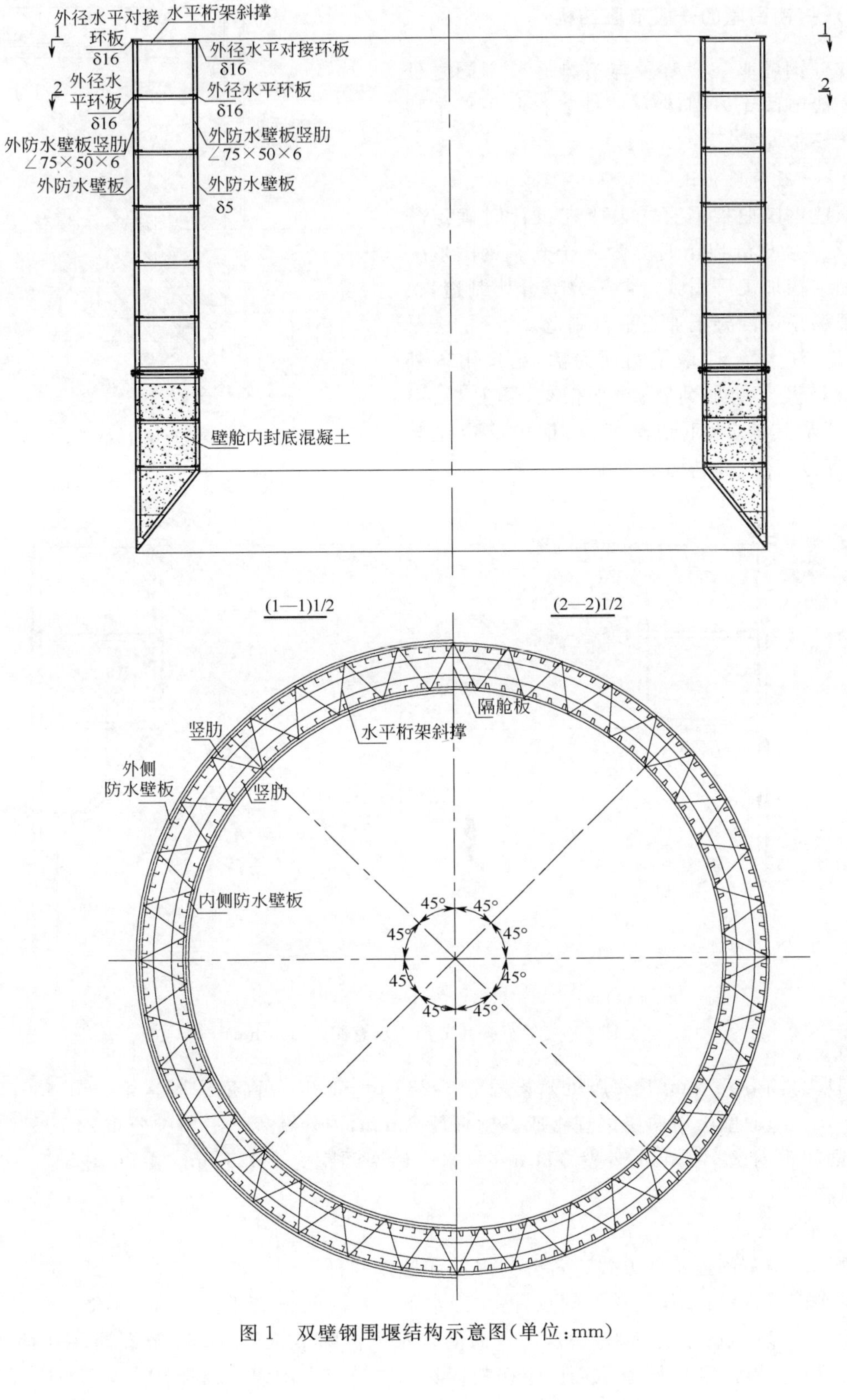

图 1　双壁钢围堰结构示意图(单位:mm)

3.2　双壁钢围堰的一般节段结构

双壁钢围堰一般节段与刃脚底节不同之处在于一般节段无刃脚，壁板竖肋直接与下一节顶层对接环板对接。

3.2.1　一般节段构造

双壁钢围堰根据直径大小在设计时确定分仓，直径在 16 m 以下时分为 8 个仓。钢围堰一般在钢结构加工厂用卧式台架分节分块制造，也可在现场预设混凝土加工平台制造。

以沱江大桥 6# 墩钢围堰为例：结构由内外防水壁板及竖向加劲肋、水平桁架、隔舱板、刃脚、吊耳及其他(水下切割标识、钢护筒定位装置)六部分组成，其结构如图 1。

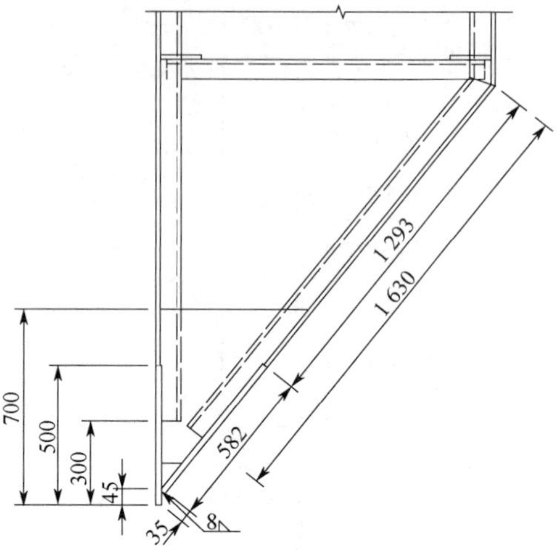

图 2　刃脚结构图(单位：mm)

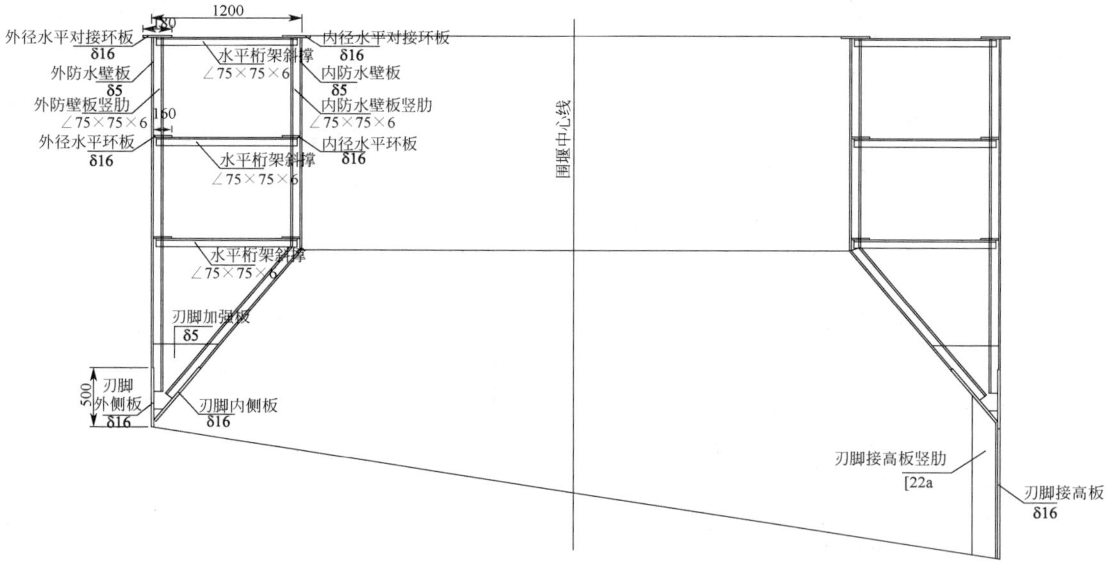

图 3　高低刃脚底节结构示意图(单位：mm)

围堰总高 8.005 m(长刃脚处)，第一节 3.233 m＋1.6 m(高底刃脚)，第二节 3.075 m，壁厚 1.2 m。围堰壁板由两层钢壁组成。壁板厚 5 mm，内外壁板上沿周围分布 216 根竖向加劲肋，肋间间距内壁 401 mm，外壁 353 mm。水平桁架间距为 1 025 mm，图 4、图 5 为一般节段分块结构图。

3.2.2　节间连接构造

钢围堰整节间连接的方式通常分为焊接和栓接两种。

焊接连接优点：结构简单。缺点：潜水工水下工作时间长，拆除费用高，不能重复利用。

栓接连接优点：结构简单，潜水工只需潜入水下拆除第一节与第二节螺栓，钢围堰即可依靠第二节的底板自浮上来，在水面以上切割拆除第二节以上围堰，以利倒用，围堰节间栓接结构如图 6。

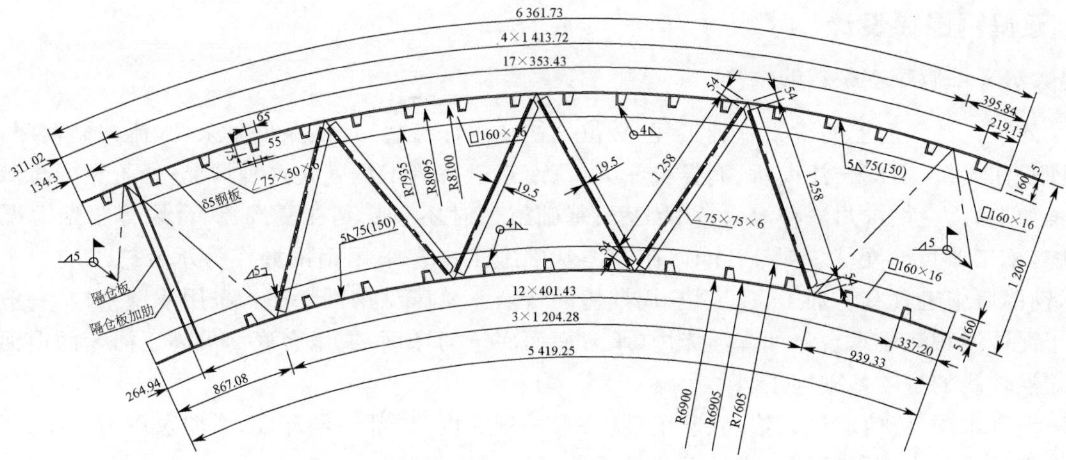

图 4　一般节段分块结构细节图(单位:mm)

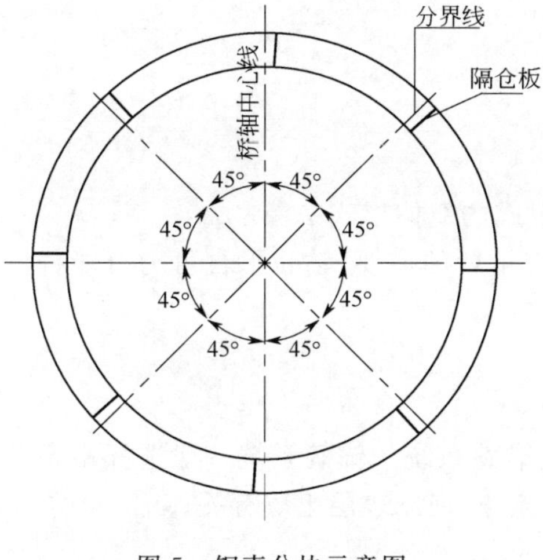

图 5　钢壳分块示意图

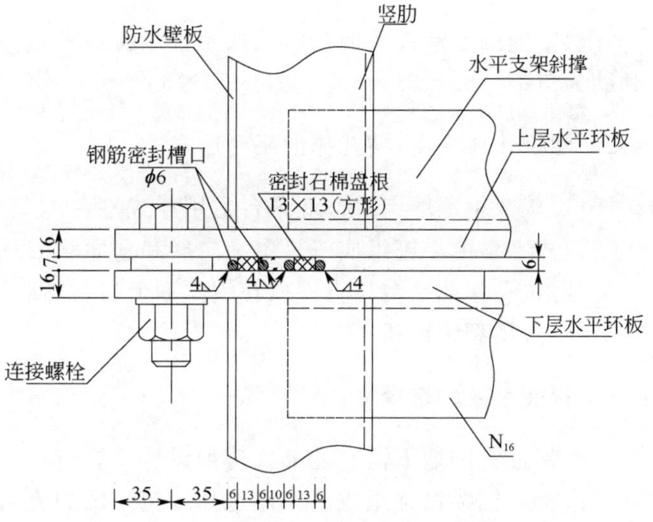

图 6　围堰节间栓接对接图(单位:mm)

3.2.3　隔舱板构造

隔舱板的功能是将围堰分成几个互不连通的封闭空间,保证水中悬浮阶段于壁仓内灌水下沉时围堰的稳定,以及沉落至河床时能分仓灌水或灌筑混凝土,以适应河床面的高差和调整围堰的倾斜度。隔舱板由 5 mm 钢板且有∠75×75×6 等边角钢进行加劲,加劲角钢间距为 500 mm。

3.3　双壁钢围堰顶节结构

3.3.1　顶节构造

双壁钢围堰顶节构造与其他节段大致相同。只在围堰顶部设有支座,用它支承钻机施工平台。

3.3.2　顶节与作业平台连接构造

一般通过型钢构件将顶节与作业平台连接。

4　双壁钢围堰设计

4.1　水文地质技术参数的选择

处于大江大河上的桥梁基础工程，墩位处往往水深流急，地质条件复杂，水流冲刷较深，如荆沙长江大桥、安庆长江大桥、润扬长江大桥、南京三桥等工程就是这种情况；处于宽阔海域的桥梁如东海大桥、杭州湾跨海大桥等工程；基础施工时还会受到往复潮流、台风等复杂海况的影响，施工难度会更大一些。目前，在各类基础施工中多采用钢围堰作为承台施工的挡水结构，钢围堰施工具有易加工、速度快、周期短的特点。着床型钢围堰通常采用双壁结构，一般适用于泥沙淤积河段承台淹埋于河床内（承台底面底于河床面）或承台底面虽高于河床面但河床覆盖层较浅的桥梁基础施工。

调查水深、流速、流向、浪高、涨落潮、一般冲刷深度、局部冲刷深度、风向及风力大小、河床地质等情况作为钢围堰结构设计及锚碇系统设计的资料。

4.2　双壁钢围堰壁板及加劲肋技术参数的选择

双壁钢围堰壁板及加劲肋均按塑性结构计算选择，一般内、外壁板厚度 5～6 mm，竖向加劲肋为角钢∠63×63×6 或∠75×50×6。

4.3　组拼作业平台、钻孔作业平台选择

（1）双壁钢围堰组拼作业平台常用浮式平台。

浮式平台由浮箱组成或是由导向船和仓面联结系组成的双体浮式平台。

（2）钻孔作业平台均直接放在钢围堰上口，根据钻机布置的需要，钻孔平台可为万能杆件拼装，也可用型钢组拼。

4.4　锚碇系统的选择

为保证钢围堰下沉时能准确达到设计位置，应设置锚碇系统。锚碇系统一般选择由定位船、导向船、锚缆设施组成。具体选择与施工区的流向、流速、河床表层土质有关。

4.5　封底混凝土选择

封底混凝土主要承受钢围堰和封底混凝土浮力，以竖向荷载为主。以计算封底混凝土的拉应力和剪应力满足要求选择合适的厚度和混凝土强度。

4.6　主要检算项目及方法

双壁钢围堰的荷载取值依据由《公路桥涵设计通用规范》（JTJ－021—89）荷载组合考虑围堰的设计荷载组合。

水平荷载：静水压力＋流水压力＋风力＋其他。

竖向荷载：结构静载＋封底混凝土自重＋浮力＋其他。

主要计算工况：

（1）围堰拼装起吊。

（2）围堰结构计算。

（3）封底混凝土施工阶段计算。

(4)抽水后围堰封底混凝土抗浮计算。

4.6.1　*双壁钢围堰壁板及加劲肋验算*

(1)壁板计算。

壁板以承受水平荷载为主,其最不利受力工况为抽水阶段。壁板可看作是由加劲肋角钢支撑的多跨连续梁,其荷载为均布水压力 q,取跨中及支点处的弯矩均为$\frac{1}{16}ql_1{}^2$(l_1 为加劲肋间距)。

水压力由静水压力和动水压力组成:

静水压:$p_1=h\cdot\gamma$(h 为围堰计算水压高度)

动水压:$p_2=KA\dfrac{\gamma V^2}{2g}$

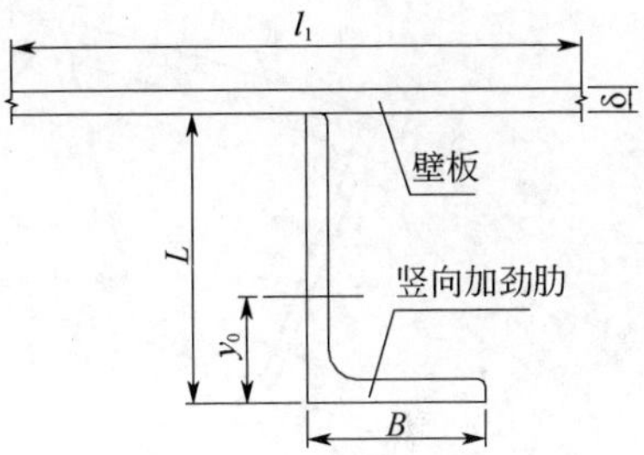

图 7　加劲角钢与壁板组合

式中　K——钢围堰形状系数,圆形 0.73;

A——迎水面积;

γ——水的容重(kN/m³);

V——流速(m/s);

g——重力加速度(9.81 m/s²)。

(2)竖向加劲肋计算。

竖向加劲肋计算是以水平桁架为支撑的多跨连续梁,计算时可按三跨连续梁计算:$M=K_1q_1l_2{}^2$,$V=K_2ql_2$(K_1 取 0.1,K_2 取 0.6,q_1 为作用在单根竖肋上的水压(因水压呈倒三角形分布,可酌情取为均布计算,可按均布计算,l_2 为水平桁架层间间距)根据上述两公式计算竖肋的弯矩、剪力。

竖向加劲肋计算截面按竖向加劲角钢与壁板组合计算,如图 7。

组合截面惯性矩:

$$I=I_2+F_2(l+\frac{\delta}{2}-y_0-y)^2+I_1+F_1y^2 \tag{1}$$

$$y=\frac{F_2\cdot(L+\frac{\delta}{2}-y_0)}{F} \tag{2}$$

$$F=F_1+F_2 \tag{3}$$

式中　F_1——竖肋截面面积;

I_1——竖肋惯性矩;

F_2——壁板截面面积;

I_2——竖肋惯性矩。

$$F=F_1+F_2$$

组合截面的抗弯模量:

$$W=\frac{I}{y+y_0}$$

竖向加肋劲肋的弯曲应力 σ 计算:

$$\sigma=\frac{M}{W}\leqslant[\sigma]$$

竖向加肋劲肋的剪应力 τ 计算:

$$\tau=\frac{V}{F}\leqslant[\tau]$$

(3)水平桁架计算。

水平圆形桁架由内、外侧圆环钢板和斜杆组成，内、外圆环钢板相当于水平桁架的上、下弦杆。水平桁架结构示意如图8。

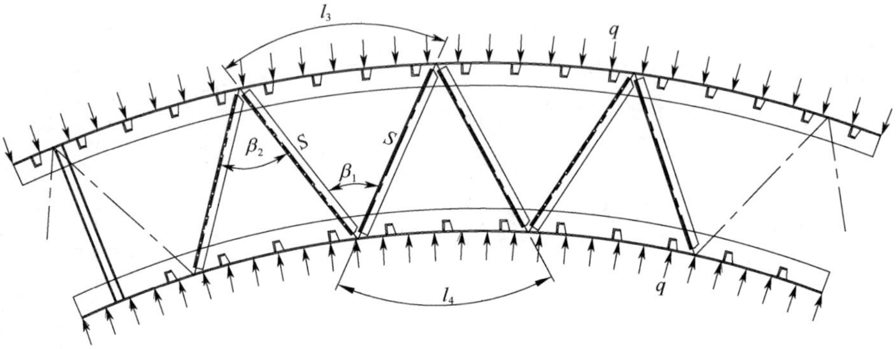

图8　水平桁架结构图

1)水平桁架斜杆计算。

斜杆轴力 S：

$$S=\frac{1}{2}ql_2l_3\frac{1}{\frac{\cos\beta_1}{2}} \tag{4}$$

式中　l_2——为水平桁架层间距。

斜杆的强度 σ：

$$\sigma=\frac{S}{\varphi_1F_1} \tag{5}$$

式中　S——斜杆轴力；

φ_1——压杆稳定系数；

F_1——斜杆截面面积。

2)水平桁架平环板计算。

水平环板轴力 N：

$$N=q\cdot l_2\cdot l_3 \tag{6}$$

式中　N——环板轴力。

弦杆强度 σ：

$$\sigma=\frac{N}{\varphi_2F_2} \tag{7}$$

式中　F_2——环板截面面积；

φ_2——压杆稳定系数。

4.6.2　双壁钢围堰接高、下沉、着床验算

围堰下沉阶段主要与静载有关，以竖向荷载为主。钢围堰在接高下沉、着床过程中应按各工况先行计算，按下述步骤和方法进行：

(1)钢围堰接高计算压重时应考虑壁板对接时内、外侧方便施焊，入水下沉围堰的顶面距

工作平台距离合适,即有合适的干舷高度。

(2)为保持每次接头在设计位置,通过计算入水钢围堰自重加上待接钢围堰重,算出分仓灌注混凝土量或灌水量,压重下沉。

但应遵循在着床前必须将刃脚灌满混凝土。其余壁仓内灌注混凝土或灌水量依据浮力和围堰着床处覆盖层厚度确定。

4.6.3 双壁钢围堰高度确定

钢围堰高度 H:H=施工水位-承台底标高+封底混凝土厚度+0.5~0.7 m

4.6.4 局部冲刷验算

一般围堰着床后,根据设计图纸确定围堰着床刃脚范围是否在局部冲刷线内,若冲刷较为严重(局部冲刷深度较刃脚着床后位置还要低),均采用抛沙或抛投块石防护。未进行局部冲刷验算。

4.6.5 封底混凝土验算

封底混凝土与钢围堰相连,宜按周边简支圆板承受均匀荷载,计算板的中心弯矩 M_{max},求出封底混凝土的厚度 h。

$$M_{max}=0.198\cdot P_0\cdot r^2=0.198\cdot P_0\cdot (R-\frac{h}{2}) \tag{8}$$

$$h=\sqrt{\frac{3.5\cdot K\cdot M_{max}}{b\cdot f_{ct}}}+D \tag{9}$$

式中 h——封底混凝土厚度(mm);

K——安全系数,按抗拉强度计算的受压、受弯构件取 $K=2.65$;

M_{max}——板的最大弯矩(kN·m);

B——板的单位宽度,一般取 1 000 mm;

P_0——静水压力形成的荷载 $P_0=\gamma_{水}\cdot h$(kN/m);

f_{ct}——混凝土抗拉强度设计值(N/mm^2);

R_2——钢围堰内圆半径(m);

D——水下混凝土可能与井底泥土掺混的增加厚度 $D=0.3\sim0.5$ m。

封底混凝土厚度计算确定后,还应与抗浮计算后需要的最小封底混凝土厚度进行比较,取其大者。

4.6.6 双壁钢围堰抗浮计算

双壁钢围堰的抗浮计算依据为钢围堰静载 G(含钢围堰自重、封底混凝土重、壁仓内混凝土重、壁仓灌水重、桩基重或钢护筒与封底混凝土握裹力)应大于钢围堰所产生的浮力 F。

即
$$\frac{G}{F}>1.1 \tag{10}$$

双壁钢围堰在抗浮计算时注意以下两点:

(1)桩基与岩层的摩阻力应不计算,作为安全储备。

(2)桩基重与钢护筒与封底混凝土握裹力应进行比较,取两者中小值。

4.6.7 锚碇系统验算

锚碇系统是钢围堰在水中悬浮状况时固定其位置的重要设施,对围堰施工的成败起着关键作用。随着钢围堰的下沉,水流涡漩对钢围堰的推力越来越大,为了克服水流阻力和风阻力,使钢围堰准确定位和顺利下沉,应配置合理、经济的锚碇系统。

(1)锚碇的主要组成及作用。

双壁钢围堰锚碇系统一般由导向船及拉缆，前后定位船及其主锚、尾锚、边锚和下兜缆组成。

1)定位船。

为钢围堰定位用，一端直接和锚索相连接固定船位，另一端用缆索和导向船、围堰相连。船上设置滑车组应用于收、放缆索调整围堰位置，定位船应在上、下游设置。

2)导向船。

导向船体系既作为调整、确定钢围堰位置的约束体系，也作为基础施工的辅助工作平台。一般配置在钢围堰两侧，两艘导向船用万能杆件或型钢支架联结梁连成整体。

3)主锚。

主锚承受钢围堰锚碇系统顺水流方向的水流阻力和风阻力，是保证钢围堰安全稳定的主要结构物。

4)边锚。

边锚布置于定位船和导向船两侧，主要作用是调节和控制定位船、导向船在垂直水流方向的位置，承受侧向水流阻力和风力。

5)尾锚。

尾锚顺水流方向分别布置在导向船和后定位船尾部，主要作用是抵御潮水影响，保证钢围堰锚碇系统在水流方向上的稳定。

6)拉缆。

前后定位船与导向船之间均设有拉缆，其作用是将钢围堰和导向船体系所受外力传给主锚和尾锚，起到固定钢围堰位置的作用。

(2)锚碇系统计算。

1)船只水流作用力 R_1。

$$R_1=\frac{1}{100}(fs+\varphi F)\cdot n\cdot V^2 \tag{11}$$

式中　R_1——船只水流作用力(kN)；

V——水流速度(m/s)；

f——摩擦系数，铁驳 $f=0.17$；

s——浸水面积 $s=L(2T+0.85B)$(L 为船长，T 为吃水深度，b 为船宽)；

φ——阻力系数，方头取 $\varphi=10$；

F——船只入水部分垂直水流的投影面积；

n——船只数量。

2)钢围堰流水阻力 R_2。

$$R_2=K_2\frac{rV^2}{2g}A \tag{12}$$

式中　K——水流阻力系数，取 $K=0.75$；

γ——水的容重 $\gamma=10\ \mathrm{kN/m^3}$；

V——水流速度(m/s)；

A——围堰入水部分在垂直于水流方向的投影面积($\mathrm{m^2}$)；

g——重力加速度 $g=9.81\ \mathrm{m/s^2}$。

3)钢围堰风阻力 R_3。

$$R_3=K_1\cdot K_2\cdot K_3\cdot K_4\cdot w_0\cdot F \quad (13)$$

式中 K_1——设计风速频率换算系数 $K_1=1.0$；

K_2——风载体型系数 $K_2=0.8$；

K_3——风压高度变化系数 $K_3=1.0$；

K_4——地形、地埋条件系数 $K_4=1.0$；

w_0——基本风压值 $\omega_0=500$ Pa；

F——挡风面积(m^2)。

4)定位船风阻力 R_4。

$$R_4=(K_1\cdot K_2\cdot K_3\cdot K_4\cdot w_0\cdot F)\cdot n \quad (14)$$

K_2 取 0.8，n 为定位船数量，其余系数同上式。

5)导向船风阻力 R_5。

$$R_5=(K_1\cdot K_2\cdot K_3\cdot K_4\cdot w_0\cdot F)\cdot n \quad (15)$$

系数同定位船风阻力。

总阻力 $R_主$：

$$R=R_1+R_2+R_3+R_4+R_5 \quad (16)$$

6)锚重计算。

锚的选择应综合考虑抛锚区内水深、河床覆盖层土质类别等情况，并先预估抛锚区范围，然后在抛锚区内进行调查，看有无影响抛锚的异物或其他设施。

锚重 G 覆盖层为砂土时：

铁锚：$G=R_主/5$；钢筋混凝土锚：$G=1.5R_主$。

每个主锚受力：$F=R_主/P$（P 为锚数）

7)主锚链计算。

①采用普通有横档锚链，链条直径：

$$d=\sqrt{P\cdot K/0.025} \quad (\text{mm}) \quad (17)$$

式中 K——安全系数，$K=4$；

P——拉力(kN)。

②锚链长度 $l_0=(2.5\sim5)h$，h 为锚索马口与锚位处河床标高差(m)。

8)锚索计算。

①钢丝绳容许拉力计算。

$$K=\frac{\alpha\cdot F_g}{p} \quad (18)$$

式中 α——为钢丝绳破断拉力换算系数，对 6×37 钢丝绳取 0.82；

F_g——钢丝破断拉力总和，K 为安全系数，$K=3\sim6$；

P——钢丝绳实际拉力。

②锚索长度计算。

$$l=s_m+l_0 \quad (19)$$

长锚索：

$$s_m=\sqrt{h^2+\frac{2hR}{q}}$$

式中 s_m——锚索长度(m)；

H——锚索马口与锚位处河床标高差(m)；

R——总阻力；

q——钢丝绳或锚链在水中的重力(kN/m)，按在空气中的重量的 0.7 计。

短锚索：

$$s_m = l + \frac{1}{6}\left(\frac{q}{R}\right)^2 l^3$$

式中　l——锚船马口至锚位的水平距离(m)。

s_m、R、q、h 符号意义同长锚索公式。

③边锚计算。

导向船组边锚、定位船边锚分别按导向船组和定位船顺水流向受力的 50% 计算，其计算方法同主锚。

④钢围堰下兜缆计算。

当钢围堰下沉时，为抵御水流阻力，保持钢围堰的竖直，应设下兜缆，如图 9。

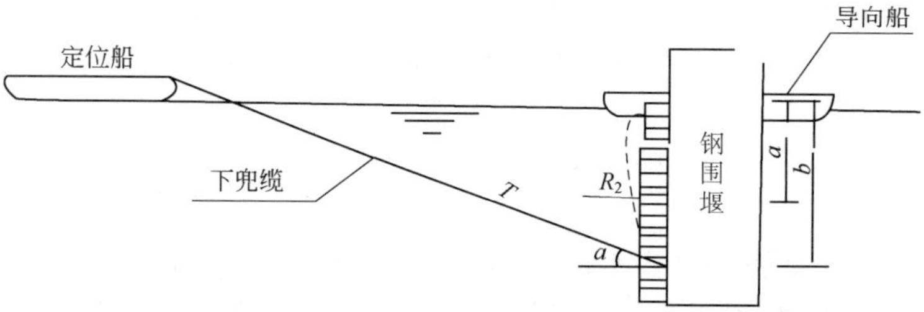

图 9　钢围堰下兜缆示意图

下兜缆阻力 T：

$$T = aR_2 / b\cos\alpha \tag{20}$$

式中　R_2——为钢围堰入水部分的水流力。

a、b——分别为 R_2 的作用力点与下兜缆作用力点至钢围堰导向船组下游联结梁支点的距离。

4.6.8　组拼作业平台、钻孔作业平台验算

水上作业平台是为深水桩基施工服务，设计时需考虑河床地貌、地层、汛情、涨落潮、航道等情况。

(1)作业平台分类。

双壁钢围堰钻孔灌注桩基础的施工为先下钢围堰后成桩的施工方案。作业平台分为浮动施工平台和固定施工平台两种。

(2)钻孔作业平台在功能上应满足的要求。

①满足钻机成孔工艺与设备布置的要求。

②必须保证清孔、水下混凝土灌注等成桩工艺与设备布置的要求。

③保证围堰、承台顺利施工。

④保证作业人员良好的工作环境。

⑤平台不受一般汛情和小涨落潮的影响，以确保安全施工，不影响施工进度。

⑥平台为临时结构，应便于安装、拆卸与迁移，可重复利用。

(3)钻机作业平台实例。

1)泸纳铁路沱江大桥 6# 墩浮式作业平台如图 10。

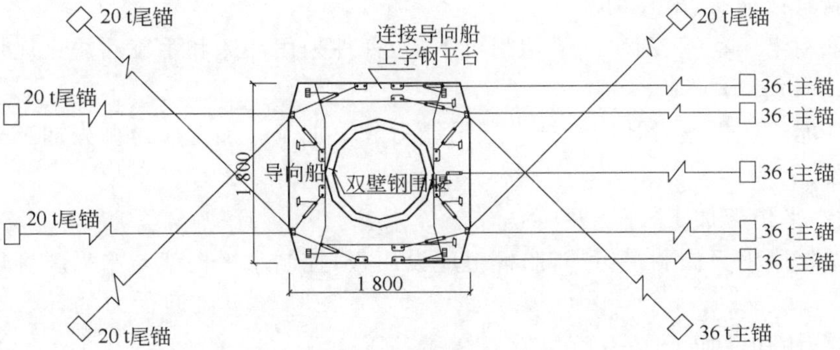

图 10　沱江大桥 6 号墩浮式作业平台

该浮式作业平台主要由两艘导向船组成，导向船间用 45a 工字钢平台联结。导向船就位后按图示抛锚固定导向船。

2)南昆铁路作业平台为用中-60 型浮箱组成，如图 11。

浮箱定位、导向平台的组拼方法如下：

①地岸上设置浮箱组拼滑道，滑道下设置便于浮箱底面连接的"⊥"形槽，如图 11。浮箱平台按四大块在滑道上组拼滑入河中。

②由潜水工在水中将四大块组拼合龙形成平台，将卷扬机、收紧锚缆设备安装就位。

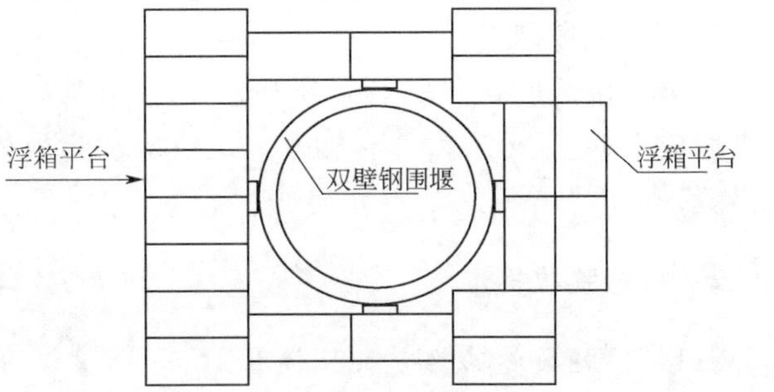

图 11　左江大桥 2 号墩浮箱平台

③用缆索吊机将平台拖至墩位临时锚碇。

④抛锚：将锚、锚缆(钢丝绳及锚链)及抛锚设备运到锚位，观察岸上设立的交会杆进行抛锚作业，然后将锚缆送到平台上。

⑤待各锚缆送到平台上，分别与各自的卷扬机相连。按主锚、尾锚、斜锚的顺序依次收紧锚缆，校正平台位置，用测力计测定锚力达到设计值时锁定。

3)钻机作业平台计算。

左江大桥钻机作业平台直接放在双壁钢围堰上。底部是用万能杆件拼成的网架结构，有三十六个支点。上层为纵横向钢轨。钻机平台计算根据钻机布置，用有限元软件计算分析。

5　双壁钢围堰的加工制作及检查验收标准

5.1　双壁钢围堰的加工制作

双壁钢围堰加工工序为：

材料进场→材料检查验收→编制加工工艺指导书→加工工艺交底→下料→水平桁架加工→1/8 单块骨架加工→底节整节钢围堰拼装→焊缝水密检查→整节质量验收合格→吊装下放入水→第二节整节加工完成→第二节质量验收合格→吊装至现场→第二节与底节现场对接→对接焊缝水密检查→第三至最后节对接完成。

5.1.1　单根(块)构件的下料

双壁钢围堰单个构件包括水平桁架内外环板、水平桁架斜杆、刃脚内、外侧壁板、刃脚扇形板、隔舱板、隔舱板加肋、吊耳构件。

板件均采用半自动氧、乙炔火焰切割机下料，杆件采用冲床和手工乙炔火焰切割下料。

5.1.2　单元结构的加工

单元构件加工应根据设计图纸结合起吊能力分块加工。加工应遵循先加工刃脚构件后加工其他普通段。

(1)单块水平桁架加工。

水平桁架是用钢板作胎模组焊，胎模上应设压板，控制水平桁架与水平斜杆焊接时板面波浪变形。

(2)整节分块构件加工。

将焊接好的单块水平桁架按设计图纸规定的层间间距在钢靠模上布置好，与竖肋焊接，组焊为整节分块。组焊分块构件时应严格控制层间距离，防止围堰整拼装时接头错位。

(3)刃脚加工。

刃脚内、外侧厚板应用卷板机分块压制成形。

(4)整节拼装。

整节拼装应在混凝土样台上进行，样台基础要牢固，在内、外壁板范围内应预埋钢板，样台表面应平整，并分点对样台抄平。组拼应注意内外防水壁板、水平环板、水平斜撑分块断面应错缝。

5.2　检查验收标准

5.2.1　焊缝质量的检查验收标准

(1)水平环板和刃脚处的内、外侧板组焊焊缝质量应达到国标二级焊缝，其余焊缝均应达到国标三级焊缝及以上标准。

(2)所有内、外壁板焊缝，隔舱板焊缝均应按图纸施焊，并要求水密。必须进行煤油渗透试验，并符合要求。

5.2.2　结构尺寸的检查验收标准

(1)双壁钢围堰轴中心线偏差不得大于1/500，每节直径误差：顶面不超过±20 mm，底面不超过－20 mm。

(2)环形板焊接后翘曲变形不得超过±5 mm。

(3)每节的倾斜度不大于2‰。

(4)拼装要求。

上、下隔舱板对齐，各相邻水平环形板对齐，上、下层竖向加劲肋角钢必须和水平对接环板焊牢。

5.2.3　水密性能的检查验收标准

钢围堰的水密性能检查用煤油渗透试验，即在壁板焊缝外侧刷石灰，壁仓内焊缝刷煤油进行检查，不允许有渗油痕迹，渗漏处必须重焊。

6　双壁钢围堰的测量放线

双壁钢围堰拼装时以平台中心为基准。底节钢围堰拼装时通过下口中心与刃脚平面的垂线作中心线，控制钢围堰上口半径，以后各节接高皆以此中心线进行放样和校核。

双壁钢围堰底节吊放入水后，测量人员应根据线路的中心在钢围堰顶层环板上标注出中心十字线,并应将钢护筒定位架中心线测量引至顶面。分节加工成型的钢围堰应在内壁对称作四条高度标尺,以便于下沉时观测钢围堰入水深度和垂直度。

7 双壁钢围堰的运输

7.1 整体(底节)双壁钢围堰运输

7.1.1 大吨位缆索吊机整体吊运

根据钢围堰分节最大吊重和水下切割拆除吊运至解体作业场的高度要求对缆索吊机进行设计、施工、检查,试吊后方可投入使用。缆索吊机设计时的缆索中心线应与线路中心线设计一致,钢围堰的拼装平台中心与缆索中心线一致,吊运时不准歪拉斜吊,不准在重物上、重物下站人。围堰吊离地面 0.2 m 后停留 10 min,经检查无异常后进行起运。运至墩位停止摆动后徐徐下放,对位入水。吊运第二节及以后各节段时,待上、下节拨正对齐,上节轻轻搁在下节钢围堰上,等上、下节连接牢固后才能摘走挂钩。

7.1.2 岸滩处滑道入水方式的浮运

在岸滩处将已加工好的双壁钢围堰利用滑道和慢速卷扬机牵引下水,其施工步骤如下:

首先制作滑道,滑道应伸入河床一定距离,设置约−0.5%的纵坡,以便围堰节段下滑。水上滑道可用圆木或型钢作架,排架上以 20 cm×20 cm 的方木作横梁,横梁上铺设工字钢作纵梁,纵梁上再铺设横向枕木,纵向用钢轨作滑行轨道。

用千斤顶顶升围堰,将滑道伸入其下,推入运输平车就位固定好,然后放松千斤顶,使围堰节段落在平台上,再解除平台制动,卷扬机牵引拖至滑道尽头,再用浮吊吊离滑道浮运就位。

7.1.3 船坞入水方式的浮运

在船坞上拼装好钢围堰,船坞退出,围堰自浮,然后浮运至墩位处。

8 双壁钢围堰的组拼

8.1 缆索吊机辅助组拼

若钢围堰在施工现场加工,可利用缆索吊机辅助组拼。一般是在索道下设拼装场地,吊车将拼装好的分块件吊至索道下方进行。但通常索道不能歪拉斜吊,索道的吊装范围较小,一般不常用。

8.2 水上浮吊辅助组拼

钢围堰采用在墩位现场原位制作时,由驳船将块件运至墩位的平台上拼装。钢围堰由水上浮吊吊装单块块件,在加工拼台上拼装为整节。

8.3 墩位处龙门吊机辅助组拼

在大型桥梁双壁钢围堰施工时,钢围堰的拼焊、下沉、定位,是一座由两艘大型铁驳用上、下游连接梁和仓面平面联接系组成的双体浮式平台。上设两台大型龙门吊机。工厂制造的钢壳底层块件即在拼装船上拼焊成整体,再随同导向船浮运到墩位,钢壳底节上部节段由龙门吊吊装组拼。围堰用龙门吊起吊下沉,起吊前应调整各吊点的吊绳,使围堰顶面保持水平,再吊至定位框内匀速徐徐下放。

9 双壁钢围堰水上定位锚碇系统

钢围堰锚碇系统布置与施工区的水流向、流速和河床表层土质有关。

9.1　水流流速较小时的简易锚碇系统

9.1.1　浮箱平台(兼作钢围堰组拼平台)定位锚碇系统

9.1.2　两艘一般吨位船舶(兼作钢围堰组拼平台)选择及抛锚定位

泸纳铁路沱江大桥 6 号墩双壁钢围堰因采用的是缆索方式吊装围堰，围堰的锚碇系统由锚缆设施、导向船组成。锚碇系统设备材料见表 1，具体布置如图 12 所示。

表 1　锚碇系统设备材料表

序号	名　称	规　格	单位	数量	备　注
1	导向船		只	2	
2	主锚	36 t 钢筋混凝土锚	个	14	
3	尾锚	20 t 钢筋混凝土锚	个	8	用于导向船固定
4	纠偏锚	10 t 钢筋混凝土锚	个	4	用于钢围堰纠偏
5	钢丝绳	ϕ37.5 mm，L=150 mm	根	20	主要受力构件
6	钢丝绳	ϕ37.5 mm，L=300 m	根	4	纠偏锚
7	钢丝绳	ϕ37.5 mm，L=150 m	根	8	用于边锚
8	钢丝绳	ϕ21.5 mm，L=120 m	根	20	用于滑车组
9	木材		m^3	24	用于导向船上平台
10	工字钢	Ⅰ45a	t	20	联接导向船
11	滚筒马口	双筒	个	16	
12	马口			16	
13	缆桩		个	16	
14	手摇绞车	5 t	台	16	
15	电动卷扬机	5 t	台	8	
16	千斤绳	ϕ21.5 mm，L=400 m	条	40	

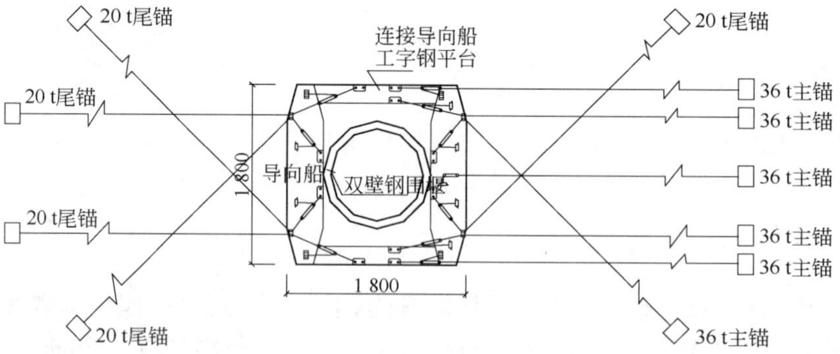

图 12　沱江大桥 6 号墩导向平台

9.2　水流流速较大时的定位措施

图 13 为芜湖长江大桥双壁钢围堰锚碇系统布置图。芜湖长江大桥 9～12 号墩位于长江主河槽内，水深流急，其基础均采用圆形双壁钢围堰施工，10 号墩钢围堰外径 30.5 m，内径 27.7 m，壁厚 1.4 m，10 号墩钢围堰总高度 52 m，总重 862 t。双壁钢围堰锚碇系统由导向船

及拉缆、边锚，前后定位船及其主锚、尾锚、边锚和下兜缆组成。

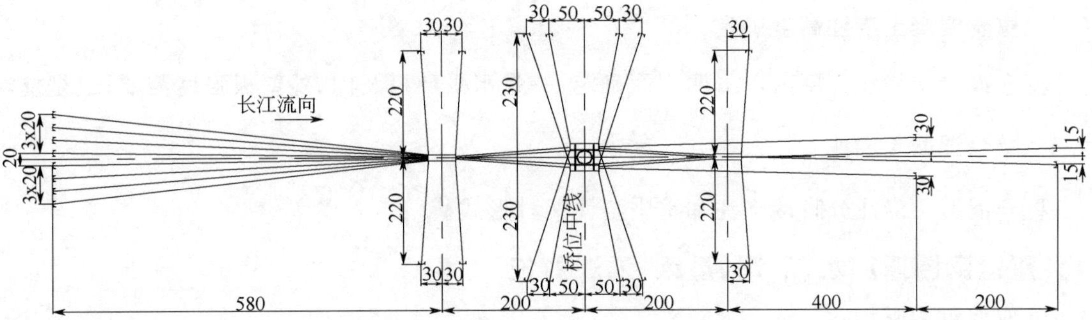

图 13　芜湖长江大桥 10 号墩双壁钢围堰锚碇系统系统布置图(单位:m)

9.2.1　定位船的选择及抛锚定位

(1)定位船的选择。

该锚碇系统前、后定位船各一艘，均为 400 t 工程铁驳，前定位船设在桥位上游距桥轴线约 200 m 处，后定位船设在桥位下游距桥轴线约 200 m 处，定位船起到确定、调整导向船组和钢围堰的位置，调节主锚受力的作用。

(2)定位船主锚抛设。

1)用驳船将锚、锚链、钢丝绳等运至施工现场靠定位船。浮吊将锚缆吊放至定位船上。

2)将驳船拖靠至指定位置。

3)在 1 000 kN 浮吊船首立棱镜，用全站仪测定主锚锚位，浮吊抛锚定位。两侧边缆需考虑覆盖主锚宽度范围。

4)浮吊理顺锚及锚链，并用卸扣连接，浮吊移船将锚在测量确定的锚位处抛下。

5)逐根调整锚缆的松紧并锁住。

9.2.2　导向船组(兼作钢围堰组拼平台)选择及抛锚定位

(1)导向船组的选择。

钢围堰采用 2 艘 800 t 工程铁驳作为导向船，两艘铁驳由 2 组万能杆件联结梁连成整体。导向船体系既作为调整、确定钢围堰位置的约束体系，也作为基础施工的辅助工作平台，如图 14 所示。

(2)导向船组抛锚定位。

1)牵引导向船就位并临时锁住。

2)挂设 2 根临时缆，导向船两侧各抛 4 根侧锚，并抛 2 只尾锚后，即可依次挂设上拉缆。

(3)揢锚、锚拉力试验。

1)在锚体抛设完毕后，进行揢锚作业，将各锚的锚链进行调整、理直、理顺。先以钢丝绳从下方穿过并兜住锚缆，然后将钢丝绳沿锚缆向下移至锚链位置，再利用钢丝绳将锚链提起，然后再收紧锚缆，将锚缆拉直。

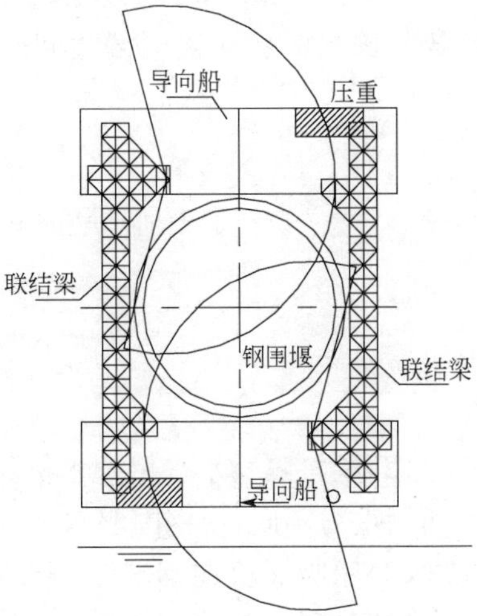

图 14　导向船与万能杆件联接梁工作平台

2)全面调整锚碇系统的受力，使同一类型的锚绳受力均匀。

3)进行锚拉力试验。利用定位船主锚和尾锚对拉测试主锚拉力。

10　双壁钢围堰壁仓混凝土浇注

10.1　壁仓混凝土浇注高度确定

壁仓混凝土浇注高度由以下两方面确定：一是水平环板及内、外壁板强度需要；二是抗浮。

10.2　壁仓混凝土浇注

壁仓混凝土浇注分直接浇注和水中浇注两种形式。

11　双壁钢围堰加水、下沉、着床、清淤就位

11.1　双壁钢围堰加水下沉

在首节钢围堰锁定后，向其隔舱内灌注混凝土或加水以压重下沉和调平围堰，并预留一定的干舷高度，使其处于待拼次节段围堰的状态。以后每一节段船运到围堰旁，由浮吊起吊与前一节进行焊接，每接高一节即均匀下沉，并预留相应的干舷高度，以便接高下一节时施焊作业。

11.1.1　抽水设备选择

抽水设备根据施工工况配制。一般是依据快速着床所需时间和所抽水量确定。

11.1.2　下沉速度控制

围堰在加水下沉中，当刃脚距河床面 0.5 m 左右时，停止灌水下沉进行纠偏。当位置正确，经一夜观测未发生变化，河床无大的改变时即迅速灌水下沉着床。

11.2　双壁钢围堰纠偏

钢围堰在下沉过程中由于受水流及风力等的影响，围堰要偏离设计位置，应对钢围堰进行纠偏。

11.2.1　纠偏措施选择及实施

双壁钢围堰常采用的纠偏方法如下：

(1)在钢围堰刃脚上方水平桁架处设围堰纠偏缆，在刃脚下方设转向滑车与定位平台上的卷扬机联接。将两侧纠偏缆同时收紧、放松，或一侧松、一侧紧达到纠偏目的，如图 15 所示。

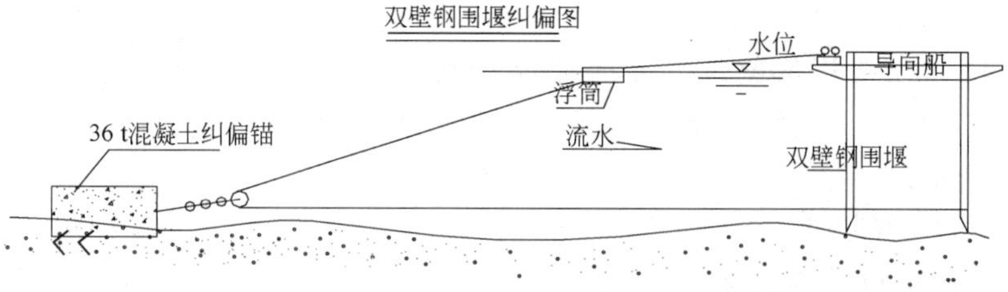

图 15　围堰纠偏示意图

(2)调整隔仓水。用抽水机往钢围堰高的一侧隔仓内加水，把低的一侧隔仓内的水抽出，利用两侧重力不同，使钢围堰水平，此方法应保证隔仓与隔仓间、隔仓与隔仓外水头差在允许范围内。

(3)用吸泥机在钢围堰的刃脚处不均匀吸泥，利用钢围堰高低两侧下沉量所受阻力不同，而使钢围堰纠正。

(4)采用在 8 个隔舱中灌注混凝土进行调平。

11.2.2　纠偏的标准

公路桥涵规定，双壁钢围堰定位落底的最后容许偏差为：

(1)倾斜度不得大于围堰高度的 1/50。

(2)中心位移不得大于高度的 1/50+25 cm。

(3)平面扭角不得大于 2°。

11.3 围堰吸泥下沉

11.3.1 吸泥下沉工艺和控制标准

围堰着床后下沉初期,入土围堰嵌固较浅,重心偏高,最易产生水平滑移和倾斜。围堰的倾斜如不及时调整就会偏位,随着入土加深调整更加困难,偏位更加严重。所以在下沉初期应以纠正围堰底口中心偏位为主,调整倾斜为辅。控制围堰底口中心偏位不大于 20 cm;此时围堰的倾斜率可适当放宽,控制在 2%以内。

在围堰下沉中期,刃尖入土深度较深时围堰嵌固深度逐渐增加趋于稳定。此期间调整围堰偏位比较困难,为保持偏位不再增加,应以控制围堰倾斜为主。控制围堰倾斜在 1%以内,最大不超过 1.5%。

在围堰下沉后期,要采用均匀吸泥方法,严格控制泥面高差不大于 1 m。控制围堰最大倾斜不大于 1%,保证围堰均匀稳定地下沉,当刃尖高程接近圆砾土顶面时,应以清基为主。在围堰顶面布置方格网,按方格网坐标点布置吸泥机逐点均匀吸泥、清基。

围堰下沉过程中,要随时测量记录围堰总高度、刃尖高程、中心偏位、顶面高差、围堰内外泥面、河床高程变化情况、围堰内外水头差等有关资料,发现问题要及时分析总结,制定对策。

钢围堰着床后,要继续灌水压重,使刃脚切入覆盖层中,稳定在河床上。

11.3.2 钢围堰一点(多点)接触河床后的支垫

钢围堰下沉一点触岩后,其余悬空部位用工字钢或者钢板焊成的楔形盒子支垫,用麻袋混凝土填塞围堰内刃脚,围堰外周围抛填片石钢筋笼护脚,保持钢围堰位正、平稳,并防止水流、泥沙进入围堰内。

11.3.3 钢围堰快速着床的技术措施

在刃脚距河床面 0.5 m 时停止下沉,用全站仪观测围堰顶上顺桥向上两个点,调整围堰的倾斜和偏位。直到两点的实际坐标与设计计算坐标相符合为止。实现围堰精确定位后,应同时起动抽水机加速对称在围堰内灌水,使围堰尽快落入河床。围堰入河床进入稳定深度后,解除下层拉缆。

11.4 双壁钢围堰内清基

围堰清基是为了水下封底混凝土与基岩面结合紧密,避免出现泥砂夹层,防止钻岩时产生漏沙现象。离围堰内壁较近的桩位是清基的重点范围,不可忽视。

11.4.1 吸泥机清基

围堰内清基一般采用 2 台 ϕ250 mm 直管吸泥机吸出围堰内壁范围内的淤泥和泥沙。利用 1 台 ϕ420 mm 吸泥机吸出较大的卵石和砂砾胶结块;配备 1 个弯头吸泥机辅助吸出刃脚斜面下的泥砂。直管吸泥机的清基顺序是从围堰中部开始,逐渐向围堰内壁移动吸泥;弯头吸泥机吸泥时,注意弯头不要直接对着刃脚与岩面的接缝长时间地吸泥,以免将刃脚处的堵物吸走,引起涌水翻砂。封底混凝土厚度范围内钢围堰内壁上的淤泥由潜水员用高压水管冲洗,并用钢刷拉毛封底混凝土范围内钢围堰的内壁,以利于封底混凝土与围堰壁结合紧密。

清基时,注意保持围堰内外水位一致。必要时采用水泵补水,防止翻砂影响清基效果。在清基过程中,应防止围堰倾斜扩大。清基后期,潜水工要配合吸泥和打捞,采用逐段清理、逐段检查的方法。清基后要达到以下标准：

①清基后露出岩面的范围不小于围堰内壁直径，围堰刃脚斜面露出长度不得小于 1.4 m。

②岩面淤砂厚度小于 5 cm，且成片面积小于 2 m^2，各片之间不能相通。

清基完毕，要按方格网坐标点逐点量测岩面的高程，然后绘出等高线，以供封底前布设钢护筒用。

11.4.2　挖土船(吸泥船)吸泥清基

当围堰内工作空间较为空旷时，可采用挖土船(吸泥船)清除围堰内淤泥，但应配备 1 个弯头吸泥机辅助吸出刃脚斜面下的泥砂。

11.4.3　潜水工水下射水辅助作业

在较坚硬的土层中利用抓斗或吸泥机在围堰内除土时，一般需辅助以高压射水松动及冲散土层，以便吸出，提高吸泥效率。在吸泥下沉时，当局部地段难于定点定向射水时，可用潜水工水下掌握操作，同一个围堰内仅能同时开动一套射水设备，且不应同时进行除泥或其他吊装作业。

射水深度的控制，原则上与除泥深度相同，特别是在近刃脚处射水时，射水嘴不宜低于刃脚底面。射水压力一般在 10～25 kg/cm^2。

12　双壁钢围堰钻孔作业平台搭设

12.1　作业平台的选择

双壁钢围堰钻孔作业平台直接支承在钢围堰顶面，根据围堰尺寸及工地现场材料确定作业平台形式，作业平台形式拼装有三种形式：万能杆件组拼承重结构形式，贝蕾梁、军用梁组拼承重结构形式，型钢承重结构形式。

12.1.1　万能杆件作业平台

南昆铁路左江大桥 2 号墩、湘黔铁路渠江大桥 2 号墩均用万能杆件组拼。

左江大桥钻机作业平台是用万能杆件拼装成网架结构，有三十六个支点。万能杆件平台顶上方利用扣轨(两根一组的钢轨)作纵梁，纵梁上密布枕木作铺板，如图 16 所示。

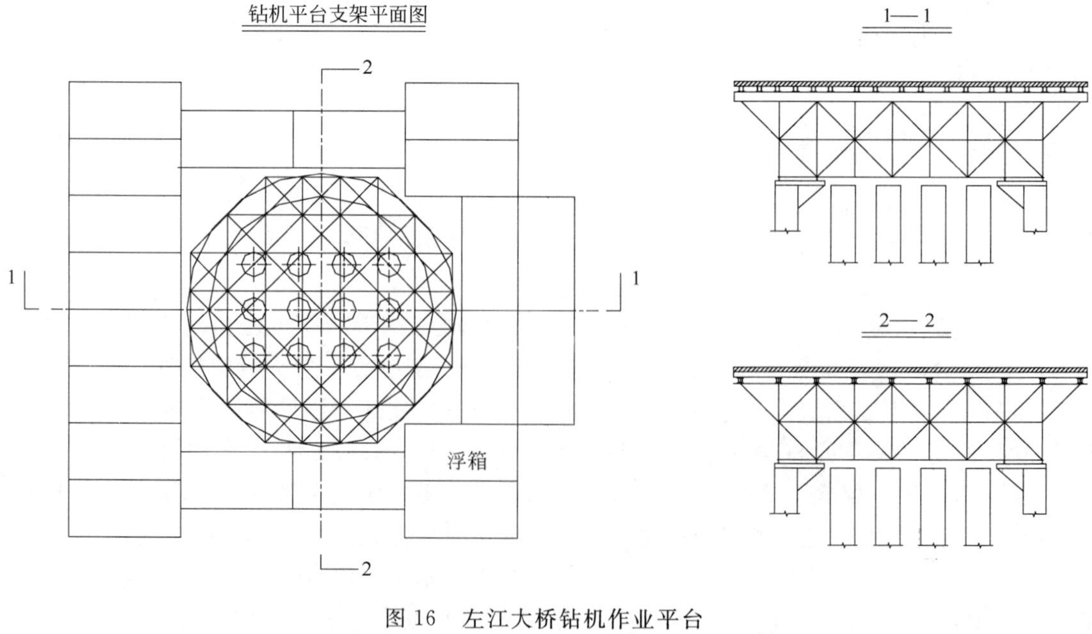

图 16　左江大桥钻机作业平台

12.1.2　贝蕾梁、拆装梁、军用梁作业平台

贝雷梁支架桁架单元为 3×1.5 m，每片由上、下弦杆(2[10)，竖杆和斜杆(Ⅰ8)组成，抗弯性能优于抗剪。桁架单元纵向联接是销接，安装方便快捷。横向标准间距有 450 mm 和 250 mm两种。若选用不同横向间距时应自加工横向联接件。贝雷梁支架计算参照黄绍金、刘陌生编著的《装配式公路钢桥》多用途使用手册，贝雷梁支架已大量应用于钻机作业平台。

拆装梁、军用梁抗弯、抗剪性能优于贝雷梁，常常用于施工荷载很大的便桥、现浇支架等。但由于它在市场的存量较少，租赁价格贵，很少使用于钻孔作业平台。

12.1.3　型钢作业平台

型钢作业平台是最简便双壁钢围钻孔桩作业平台，布置形式为纵、横向双层工字钢布置支承在围堰上，工字钢顶面布置方木。型钢作业平台只适用于钢围堰尺寸较小，钻机荷载较小时。型钢作业平台可用简化法计算。

12.2　作业平台搭设

12.2.1　作业平台整体吊装

作业平台整体吊装搭设一般按以下步骤进行：

(1)放线。在钢围堰顶面按基础中心放出十字线，以十字线为准，放出作业平台支座位置。

(2)在钢围堰顶部安设好支座，用它支承施工平台，使平台自重及平台上的钻机等施工荷载经围堰传至基底。

(3)在墩旁样台上进行万能杆件支架网架现场拼装。

(4)在网架四角设置四个吊点，整体吊装万能杆件网架至平台支座上方，慢慢下放，对线就位。

(5)安装顶上纵横分配梁。

12.2.2　作业平台墩位组拼

作业平台在墩位组拼按以下步骤进行：

(1)先在钢围堰顶部用型钢搭设临时人员操作工作平台。

(2)放线。在钢围堰顶面按基础中心放出十字线，以十字线为准，放出作业平台支座位置。

(3)在钢围堰顶部安设好支座，用它支承施工平台，使平台自重及平台上的钻机等施工荷载经围堰传至基底。

(4)利用现场起吊设备拼装支架网架。

(5)安装支架上方纵、横向分配梁及走道板。

13　钢护筒吊装

13.1　钢护筒定位导向系统

为保证钢护筒安装位置正确，应在围堰内安装钢护筒定位架。钢护筒定位架设计时根据桩的排列位置设计成空间桁架结构，桁架高度 1～1.5 m。在导向架顺桥向与横桥向的轴线方向焊有 4 个与钢围堰连接的拉带，下放时与预先在第二节钢围堰内壁的纵、横轴线方向焊上的 4 个牛腿相连。4 根拉带的长度根据定位后的钢围堰平面偏差以及钢围堰的垂直度而定，以免除钢围堰就位后的偏差对钢护筒定位产生的影响。

浮吊或其他吊装系统把导向架整体吊入钢围堰内，临时用钢绳悬挂在钢围堰井口处并调整其水平位置满足要求，把导向架缓慢下放到设计高度，放在围堰内壁牛腿上。由潜水员入水

把第一层导向架拉带与牛腿相连。再安装第二层护筒定位架。

13.2　钢护筒整根吊装或分节吊装

钢护筒整根吊装工艺:定位架安装好后,直接吊插钢护筒入定位架内,下沉至岩面。

钢护筒分节吊装工艺:钢护筒若需分节吊装,首节以现场起吊能力控制,工厂加工完成后运往施工现场以前,在钢管适当位置处设置吊耳,对接处应开 V 形坡口,用于护筒对接。

钢护筒下沉到岩面后,由潜水员下水将护筒底与基岩表面有空隙的地方用砂袋封堵严实。然后可在护筒内填一定厚的砾砂,以防止灌注封底混凝土时,混凝土挤压护筒。

13.3　缆索吊机辅助吊装

采用缆索吊机吊插钢护筒时,在钢护筒吊离地面 20 cm,停留 10 min 经检查无异常情况后进行起运。当运至墩位待钢护筒停止摆动后徐徐下降,对位后入水。

13.4　浮吊辅助吊装

采用浮吊辅助吊插护筒时,用汽车将加工制作好的钢护筒运至临时码头,用驳船运至墩位水域,根据设计的吊点,用浮吊直接起吊钢护筒对位后入水。

14　双壁钢围堰水下混凝土封底

14.1　水下混凝土封底方案

武汉军山长江大桥主塔 5 号墩钢围堰水下封底混凝土导管布置,如图 17。导管均采用刚性导管进行灌注,导管直径为 ϕ273 mm。共布设封底混凝土导管 20 根,20 根导管的作用半径覆盖全部钢围堰底部。每根导管的顶部均设有一个容量为 1 m^3 的漏斗,每个漏斗下端接上阀门管。

导管在工作平台上预先分段拼装,吊放时再逐渐接长,下放时应保持轴线顺直。导管口下放至岩面后提升到距离岩面 20～40 cm,然后固定在工作平台上。漏斗上方的工作平台上设置 4 个容量为 12 m^3 的储料斗,储料斗出口处设置溜槽,直接通到导管上方的漏斗内。

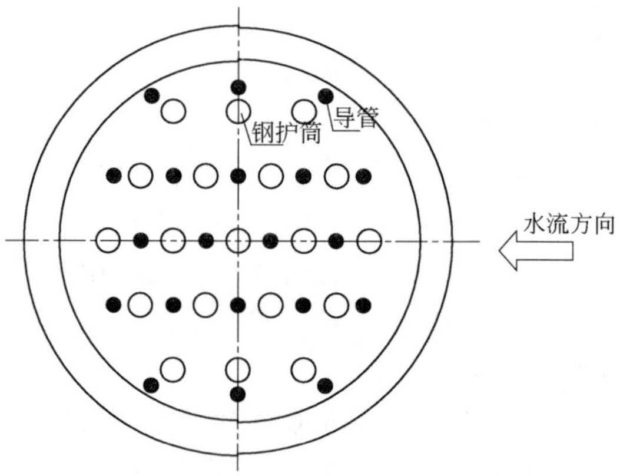

图 17　导管平面布设图

14.2　水下混凝土封底实施

水下封底混凝土灌注前应进行多次试验,根据混凝土的缓凝时间、坍落度、强度设计值,确定封底混凝土的配合比,并根据混凝土灌注数量确定混凝土的供应方式。

封底混凝土灌注应连续在尽可能短的时间内完成。根据围堰封底的面积,确定测点,灌注过程中随时用测绳进行测量,以此来掌握混凝土的流动情况,控制导管的埋深、封底混凝土的顶面标高。灌注后期适当增加混凝土坍落度,使混凝土形成较平坦的顶面,封底混凝土的灌注标高一般比设计标高提高 15～20 cm,待钻孔灌注桩完成后,再抽水凿除封底混凝土顶面的松弱层设计标高。

封底混凝土施工的关键工艺：

(1)导管布设。

封底混凝土灌注方式常用全平面整体抬高浇注方式，导管布设合理，导管布置半径不能考虑得过于保守。

(2)封底混凝土高程控制。

测点布置应在每根导管和护筒附近及钢围堰边角布置测点。测绳使用前用江水浸泡48 h，校核其长度，并在测绳上整长度(米)处作好标记。

测量时应先测初始深度、平台高程。测量过程应每30 min对各测点进行监控测量，每3 h将各测点数值在相应的施工控制断面图中反映，以便全面分析浇注情况。

15 双壁钢围堰拆除

在桥墩灌注出水后，双壁钢围堰在承台以上部分钢壳应进行拆除，拆除的方法很多，根据实际情况而定。

15.1 水下分块切割拆除

水下钢壳拆除时，事先应根据起吊能力计算，钢壳在拆除时需分块并在加工时预先在分块的横向位置处设置切割线标识。

15.1.1 潜水工水下大块切割

围堰钢壳的切除工作一般应安排在低水位时进行，这时围堰内外水头差小。若经过计算此时仅靠外壁即可承受水压，先在无水时切割内壁。然后，围堰内灌水，由潜水员在围堰内切割钢壳外壁，施工操作较为容易且安全。

切割线应设在两层水平桁架之间，为便于以后潜水员工作，切口宽度应大于70 cm。内壁切割完毕后，用木条镶固在外壁板内侧，形成周圈切割线，潜水员下水沿线进行水下切割。

切割时的安全措施：

(1)切割之前，应沿围堰内壁切割线设4对支座，支座位置的内壁先作处理，以便在切割后能保持上、下部钢壳的连接，支座处用销连接。

(2)切割前应在已筑的墩身和围堰之间设不少于两层木撑，以承受切割时或切割后围堰可能受到的水流力和船撞力。

15.1.2 缆索吊机辅助吊装出场

围堰钢壳沿整圈切割后，将上、下支座之间的连接改为插销，围堰内壁仓内隔舱上的吊耳应打开，水下检查确认切割完成后，再由潜水员水下挂好挂钩，待潜水员及设备撤离到安全地点，全面进行水域检查，确认无一障碍后，指挥索道起吊，并牵引至规定地点。

15.1.3 浮吊辅助吊装船运出场

围堰切割完成后，用起吊能力满足要求的浮吊吊装钢壳至驳壳船上，船运至规定处。

15.2 整节抽水上浮拆除

深水施工中若围堰很高，且要求多墩位重复使用围堰钢壳，无水中切割设备时，应在设计围堰时考虑整节抽水上浮拆除。

如由中铁二局集团公司施工的黎湛铁路郁江大桥、隆纳铁路沱江大桥均采用此种结构双壁钢围堰设计。具体设计结构需要拆出的钢壳和不需要拆除钢壳分为两部分，各有一底板，在

第二节封水板每仓设一个 ϕ400 mm 混凝土浇注口，以便灌注刃脚混凝土。浇注口上焊接一个龙头，用以排气，待刃脚混凝土灌注成功及注水后焊接封闭灌注口，以利第二节隔仓灌水及上浮。

钢围堰第一节（刃脚）与第二节采用 M16 螺栓栓接。栓接处的防水措施为螺栓连接处内外环板共设 4 道石棉盘根封水，2 道盘根之间压浆形成一道密封环，压浆口设在第二节底板上。具体结构如图 4。

15.2.1　潜水工水下拆除螺栓连接及加设底板

潜水工入水拆除螺栓工艺：

（1）拆除钢壳前的施工全部完成后，根据计算往第二节壁板隔舱内抽水，灌水重量大于第二节浮力，确保第二节与第一节螺栓拆除后不上浮。

（2）潜水工入水，拆除壁板内、外连接螺栓。

15.2.2　抽水上浮后拆除

第一、二螺栓拆除后，开始抽出壁仓内水使围堰上浮，继续抽水调整围堰干弦高度至合适位置，在水面上逐段切割拆除钢壳。

16　机具设备配置

左江大桥 2 号墩所需的机具设备配置见表 2、3、4、5。

表 2　钢围堰制作机械设备表

顺号	机械及设备名称	规格及型号	单位	数量	备注
1	等离子切割机	LGK—8	台	1	
2	交流电焊机		台	8	
3	二氧化碳保护焊		台	2	
4	汽车吊	8 t	台	1	
5	卷板机	20 mm	台	1	
6	机械千斤顶	15 t	个	2	
7	氧气瓶、乙炔瓶		套	10	

表 3　浮箱定位及导向平台

顺号	机械设备名称	规格及型号	单位	数量	备注
1	中—60 浮箱	6×3×2 m	个	20	
2	锚		个	8	
3	卷扬机	5 t	台	2	
4	滑车组	16 t	个	8	
5	滚筒马口		付		
6	马口		付		
7	锚链		m		按施工设计
8	锚缆钢丝绳		m		按施工设计
9	拖船	30 t	支	1	抛锚收锚用

表 4 缆索吊机主要设备表

顺号	机械设备名称	规格及型号	单位	数量	备注
1	主索	4ϕ55 封闭钢丝绳	个	m	
2	工作索道	2ϕ47.5 钢丝绳	个	m	
3	索塔	5 t	台	2	
4	索鞍	16 t	个	8	
5	铰支座		付		
6	卷扬机	10 t	付		
7	卷扬机	8 t	m		按施工设计
8	卷扬机	5 t	m		按施工设计
9	钢卡板	30 t	块	按设计	主索卡板
10	牵引绳	2ϕ26			
11	起重绳	2ϕ20			
12	搬运跑车	40 t 大搬运跑车			
13	搬运跑车	5 t 大搬运跑车			
14	滑车组	20 t、30 t			

表 5 其他机械设备

顺号	机械设备名称	规格及型号	单位	数量	备注
1	空压机	12 m^3	台	2	
2	吸泥机		台	1	
3	混凝土拌和机	400 L	台	4	
4	混凝土吊罐	1.7 m^3	个	4	

17 质量措施

双壁钢围堰深水桩基础施工是桥梁施工的关键，在施工中应根据主要施工工序：围堰加工、拼装、浮运（吊运）、起吊下沉、接高并在钢壳内灌水或灌混凝土、下沉至岩面、清基、安装施工平台及钢护筒、封底、钻孔、抽水筑承台及墩身、拆除上部钢围堰、墩身及墩帽继续灌注，制定分步的质量施工措施和施工质量保证措施。

18 安全措施

双壁钢围堰施工应执行《铁路桥涵工程施工安全技术规程》（TB 10303—2009）和《铁路工程基本作业施工安全技术规程》（TB 10301—2009）的有关规定，施工中应注意以下事项：

（1）双壁钢围堰施工钻孔桩基础是一项系统工程，安全亦属系统工程。根据系统工程的原理，针对起重安装作业、水上作业、潜水作业、焊接作业和其他施工作业等，制订操作细则，防止高空坠落、物体打击、溺水、灼伤、触电等事故的发生。

（2）应对从事各工种施工人员进行安全、技术培训，通过考核才准予上岗，在工作中严格执行安全岗位责任制。

(3)各级施工管理人员,管施工必须管安全,严格执行施工安全规程,确保施工人员安全。

(4)各类机械、工具、设备、管线路布置有序、堆放整齐牢固,做到文明施工。

19　结束语

双壁钢围堰深水桩基础施工在集团公司的一些项目中应用取得了成功,总结经验,可为今后同类工程提供参考。

(1)施工方案中设计人员应进行技术跟踪和指导,以适应工地现场实际情况。

(2)应提前做好各项施工准备工作,满足施工体系转换。

(3)狠抓项目施工、安全管理,确保施工顺利完成。

封底混凝土施工工艺

1　前　　言

一般在深水中施作承台,都会涉及到封底混凝土的施工。封底混凝土的成功与否直接关系到施工的成败,因此,封底混凝土的灌注是水中基础施工的关键环节。

2　适用范围及特点

2.1　工艺的适用范围

本施工工艺适用于各种围堰(双壁钢围堰、有无底钢套箱围堰、钢板桩围堰、锁口钢管桩围堰等)和有水基坑的水下封底混凝土灌注。灌注常用垂直导管法。

2.2　工艺的特点

导管法灌注水下封底混凝土,是利用导管中混凝土压力使混凝土通过导管进入各种围堰或有水基坑底部,并从下部向上翻挤灌注,混凝土以水压和自重压实。

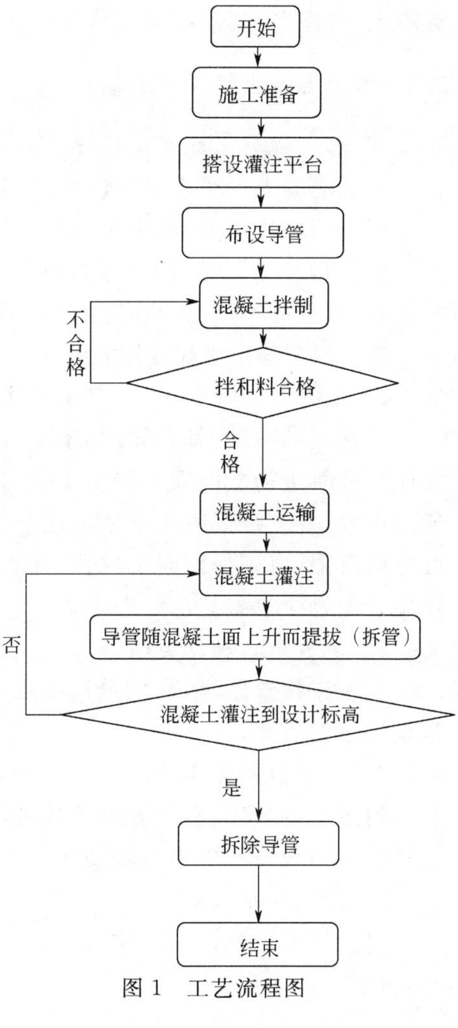

图 1　工艺流程图

3　封底混凝土设计与检算

封底混凝土设计与检算参见《围堰结构设计指南》。

4　施工工艺流程图

施工工艺流程如图 1。

5　工艺步骤说明

5.1　灌注方案设计

5.1.1　导管的选择及加压检测

水下混凝土施工导管由承接混凝土的漏斗和供混凝土流动的导管构成。漏斗位于导管顶部,导管内径一般为 25～30 cm。管径过小,管内混凝土容易堵塞或下流不畅,导致初始灌注混凝土时,导管下端的挡盖发生歪斜,且在导管向上提升操作时混凝土向水中冲下,由于混凝土量少容易与水混合。

导管使用前应进行水密试压和接头抗拉试验,严禁用压气试压。进行水密试验的水压不应小于孔内水深的 1.3 倍的压力,也不应小于导管壁和焊缝可能承受混凝土时最大内压力的 1.3 倍。

5.1.2　漏斗及储料斗的设计制作

灌注首批混凝土前,漏斗和储料斗内必须储备一

定数量的混凝土，以保证能完全排除导管内水和泥浆，并使导管出口埋深大于 1.0 m。首批混凝土的需要量为

$$V=1/3\pi R2h$$

式中，R 为 2～4 m，h 一般不小于 1.0 m。

5.1.3　导管平面布置

对于大面积的水下混凝土封底灌注，在灌注平台上按混凝土流动半径 $R=3\sim4$ m 布置混凝土导管和混凝土漏斗，四周导管的布置应较中间密集，并考虑护筒、钢管桩的阻挡及便于导管的提升，采用栓塞法灌注水下封底混凝土，导管底部悬空约 0.2～0.3 m。

5.1.4　导管提升设备选择及提升控制

导管的吊挂和升降，可用倒链、吊车，在起吊过程中需保证导管升降高度准确，其起吊能力应与导管全部填满混凝土时的重力相适应。

为了全面、准确掌握控制水下混凝土高度和流动情况，除了在导管和周边特殊位置布设测量点外，其余范围也须布设测量网格，网格间距不宜大于 3～4 m，在接近封底混凝土顶面时，测点应加密至 1 m，以防欠封或超封给后续工作留下隐患。测绳使用前应进行标定，测量铊应使用比重铊，使其能准确测定混凝土面标高。

导管提升应保持轴线竖直和位置居中，逐步提升，并保证导管埋入混凝土的深度，不出现混凝土“洗澡”或超灌过高的情况。

5.2　水下混凝土的拌制运输

5.2.1　水下混凝土配合比设计

水下混凝土的强度、等级和材料除应符合设计要求和规范规定外，并应符合下列要求：

可选用矿渣水泥、火山灰水泥、粉煤灰水泥、普通水泥或硅酸盐水泥。

粗骨料宜优先选用卵石，如用碎石，宜适当增加含砂率；骨料最大粒径不应大于导管内经的 1/6～1/8 和钢筋最小净距的 1/4，同时不应大于 40 mm。

细骨料宜采用级配良好的中砂。为使混凝土有较好的和易性，混凝土的含砂率宜为 40%～50%，水胶比宜为 0.4～0.5。有试验根据时，含砂率和水胶比可酌情加大或减少。

混凝土的初凝时间不宜小于 16 h，扩展度不宜小于 600 mm，坍落度为 18～25 cm。首批灌注的混凝土初凝时间不得早于全部封底混凝土灌注完成时间。当灌注需用时间较长时，可通过试验，在首批混凝土中掺入缓凝剂，以延缓初凝时间。同时注意，首批灌注时，混凝土坍落度应取下限，以确保混凝土堆积、导管埋深；在灌注结束时宜取上限，增加混凝土流动性，使混凝土表面趋于平整。

5.2.2　缆索吊机辅助运输

在两岸设置索塔，利用缆索吊机辅助运输，因缆索吊机运输速度较慢，一般尽可能选择其他辅助运输方式。

5.2.3　水中栈桥罐车运输

河道中的施工，在不影响航运的前提下，搭设钢管桩作为基础，型钢作为横梁和分配梁的栈桥供机械设备和材料运输使用。

5.2.4　水上船舶运输

对航道有影响的施工位置，采用水上船舶运输混凝土。在岸边和水中平台各设置一个码头，供船舶停靠和罐车上下船。

5.2.5 墩位处就地拌制

当水中平台或墩位处有条件，并比较水上运输和栈桥运输的成本后，可选择在墩位处拌制混凝土满足现场的需要。

5.3 水下混凝土的灌注施工

5.3.1 混凝土的灌注速度的控制

水下封底混凝土的灌注，原则应尽可能提高速度，缩短灌注时间。灌注时间过长容易发生灌注质量事故，如堵管、埋管等。通过分舱灌注，可以压缩灌注时间，不需要增加设备和劳动力。

灌注封底混凝土时，应探测水面或泥浆面以下的空深和所灌注的混凝土面高度，以控制沉淀层厚度、埋导管深度和桩顶高度。如图 2。

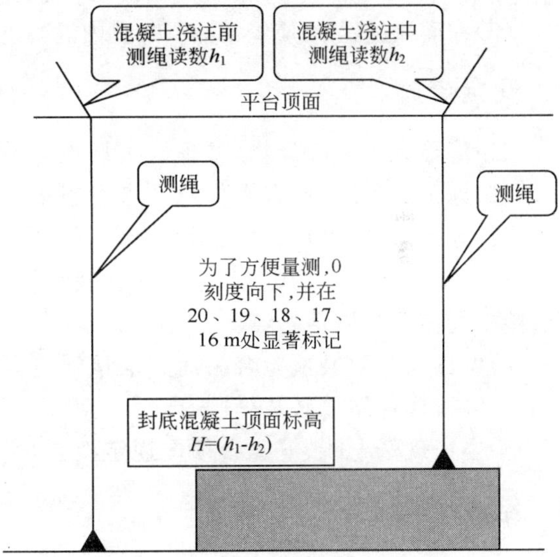

图 2 混凝土埋深测量示意图

5.3.2 混凝土在多根导管间的分配

可采用布料机、天泵、料斗、梭槽等进行混凝土在多根导管间的分配。

水下混凝土灌注不得中途间歇，已灌注的导管最长不宜超过半小时须灌入一次混凝土，避免停滞时间过长造成堵管。

5.4 混凝土大面的标高控制

5.4.1 标高控制的方法

采用测深锤测量混凝土面高度。灌注过程中，加强测量，正常灌注时每隔 10～15 min 测量一次，接近封底混凝土标高时，每 5 min 测量一次，正在灌注导管附近测点随灌随测，防止超灌或欠灌过多，增加凿除工作或影响封底混凝土的有效厚度。

5.4.2 混凝土大面起伏不平的处理措施

为保证混凝土的有效厚度，应凿除超高部分的混凝土，对欠高部分应进行凿毛并用高一个标号的水泥砂浆找平。

5.5 导管的提升拆除

当导管提升到法兰接头露出孔口以上一定高度，可拆除 1 节或 2 节导管(视每节导管长度河工作平台距孔口高度而定)。此时，暂停灌注，先取走漏斗，重新系牢井口导管，并挂上升降设备，然后松动导管的接头螺栓，快速接头。同时将起吊导管的吊钩挂上待拆的导管上端的吊环，待螺栓全部拆除，吊起待拆的导管，徐徐放在地上，然后将漏斗重新插入井口的导管内，校正好位置，继续灌注。

拆除导管动作要快，时间一般不宜超过 15 min。要防止螺栓、橡胶垫和工具等掉入孔中。已拆下的管节要立即清洗干净，堆放整齐。

6 机具设备配置

导管是灌注水下混凝土的重要工具，用钢板卷制焊成或采用无缝钢管制成。布料机或天泵、吊车、罐车、链条葫芦、测绳等。

7 质量措施

(1)首批灌注混凝土数量应能满足导管首次埋置深度(≥1.0 m)和填充导管底部的需要;

(2)混凝土拌制物运至灌注地点时,应检查其均匀性和坍落度等,如不符合要求,应进行第二次拌制,二次拌制后仍不符合要求的,不得使用。

(3)首批混凝土拌制物下落后,混凝土应连续灌注。

(4)在灌注过程中,特别是在潮汐地区和有承压力地下水地区,应注意保持孔内水头。

(5)在灌注过程中,应经常测探井孔内混凝土面的位置,及时地调整导管埋深,导管拆除要迅速。

8 安全措施

(1)清除施工的障碍物,整理施工场地,认真检查各构件情况。

(2)施工过程时,所有操作人员应思想集中,不得随意离开岗位。

(3)施工现场安全用电必须符合以下规定:

1)施工场内的一切电源、电路的安装和拆除,必须由持证电工专人管理。电器必须严格接地、接零和使用漏电保护器。

2)电器安装后经检验合格后方准接通电源使用。

3)多机作业用电必须分闸,严禁一闸多机和一闸多用。

4)施工现场电线、电缆必须按规定架空,严禁拖地和乱拉乱搭。

9 结 束 语

在现场操作中,封底混凝土施工还有很多细节的地方需要注意,在施工过程应按规程严格控制。

作业平台及通道施工

固定式作业平台设计及施工工艺

1 前　言

对于跨越海湾、江河、湖泊、水库的水上桥梁工程，当基础采用钻孔灌注桩等非打入式结构且无法采用筑岛方式施工时，搭设固定式作业平台是解决基础施工设备作业平台的常用方法。为规范固定式作业平台的结构设计及施工工艺，特编制本施工工艺。

2 工艺特点

(1)固定式作业平台受水文条件影响小，且通过栈桥等辅助设施，施工机械方便就位或退出。

(2)平台整体稳定性好、承载能力大，具体结构可根据施工机械设备配置和地质、水文等实际情况确定。

(3)平台搭设施工方便，机械设备配套要求不高。

3 适用范围

对于跨越海湾、江河、湖泊、水库的水上桥梁工程，当基础采用钻孔灌注桩等非打入式结构且无法采用筑岛方式施工时，均可采用本标准工艺。

4 工艺原理

固定式作业平台是水上桥梁基础施工的作业平台，平台结构通常采用钢管桩基础、型钢分配梁、贝雷桁架或型钢梁部及花纹钢板桥面板的结构型式；钢管桩之间、钢管桩与钢护筒之间焊接剪刀撑，以使其成为一个整体，增加平台的稳定性。平台施工采用汽车吊(或浮吊)配振动锤插打钢管桩、汽车吊(或浮吊)配人工进行梁部及桥面板安装。

5 固定式作业平台结构设计与检算

为便于阐述固定式作业平台结构设计与检算，本标准工艺以广珠城际铁路西江特大桥固定式平台为工程载体。其他工程项目需使用固定式平台时可参照该结构并通过计算分析最终确定各分部结构。

5.1 固定式作业平台结构设计

5.1.1 作业平台结构设计总体方案

基础采用ϕ1 000×10 mm 钢管桩，钢管桩之间用剪刀撑连接。钢管桩顶部开口布置2I56a 工字钢做下横梁，横梁上布置贝雷梁(或直接在横梁上铺设 I32a 工字钢)，贝雷梁上再铺设 I32a 工字钢，最后是平台面板(δ=10 mm 的防滑钢板)和栏杆的附属设施的施工。待整个工作平台形成后，在工作平台四周布置拉锚，增强工作平台的整体稳定性，并根据实际需要在平台边搭设转运码头。若无栈桥连接陆地，可铺设一根水下电缆为钻孔桩施工供电。

5.1.2 作业平台分部结构设计

(1)基础。

钢管桩采用壁厚 10 mm 的钢板在钢结构加工场卷制成ϕ1 000 mm 的钢管桩，利用 150 t

浮吊吊挂击振力为 90 t 的振动锤插打工作桩。工作桩打入强风化岩层 2.5～3.0 m,工作桩平均长度约 45 m。具体布置如图 1。在钢管桩水面以上部分焊接剪刀撑,将工作桩纵横向连接成整体,增加稳定性。

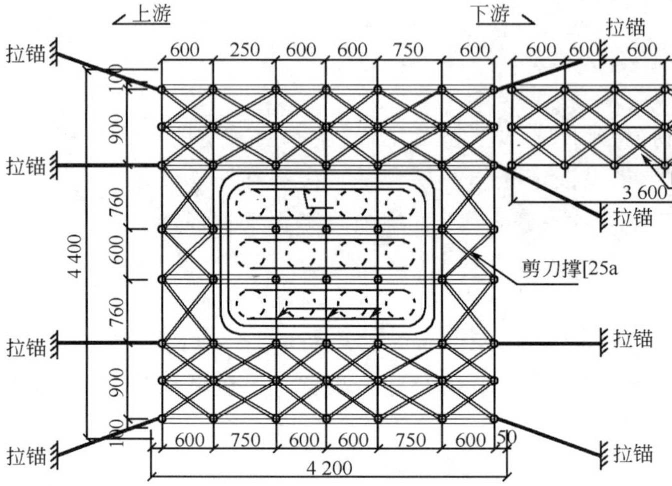

图 1　钢管桩平面布置图(单位:mm)

(2)承载分配梁。

承载分配梁包括桩顶分配梁、纵梁和横向分配梁。其中,桩顶分配梁采用 2I56a 工字钢,在钢管桩顶开口(开口处应做加固处理)布置;纵梁采用贝雷梁(也可采用型钢),贝雷梁布置情况如图 2;在贝雷梁上铺设 I32 工字钢作为横向分配梁,间距为@＝25 cm。纵横向分配梁的间距均根据受力要求确定。

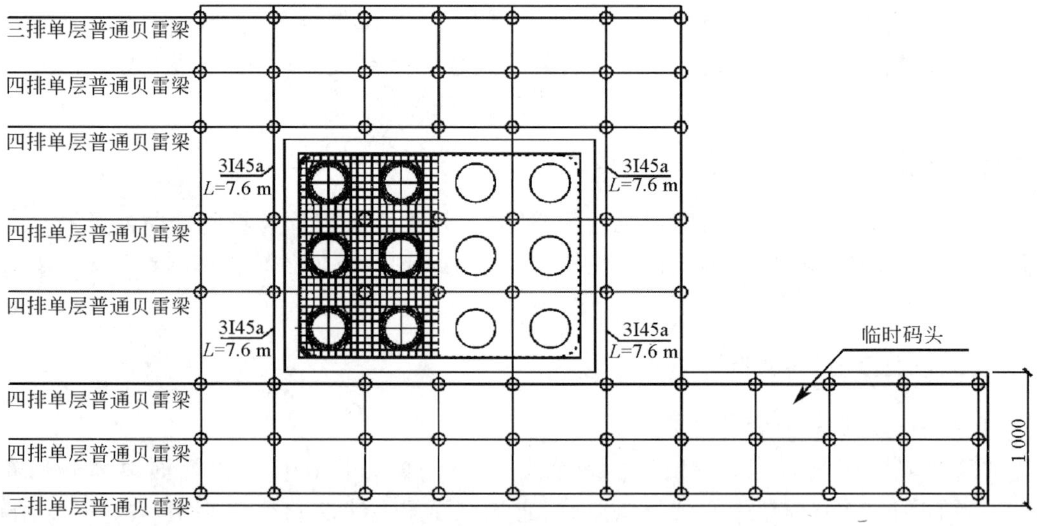

图 2　贝雷梁布置图

2I56a 工字钢与钢管桩之间用牛腿加强,牛腿与钢管桩、工字钢连接应焊接可靠。贝雷梁在拼装时,插销应安装贝雷梁配套的保险销,并保证可靠连接;贝雷梁与横梁焊接角钢限位;双排贝雷梁之间采用支撑架连接。I32 工字钢铺设时,在工字钢底面焊接角钢连接工字钢成为整体。

(3)平台台面板。

施工平台台面板采用 δ＝10 mm 的防滑钢板。面板与工字钢之间采用间断焊焊接,并保证在施工荷载作用下不会发生翘曲变形。在平台面板铺设完成后应划分车道，并标示出重车范围，以确保施工安全。

(4)平台附属设施。

1)转运码头。当平台与陆地之间没有栈桥连接时，平台边上设置转运码头，以方便起吊设备及各种车辆上下平台；转运码头的结构与施工平台基本相同，但其顶面必须设置成斜面，并且考虑到设备上下的水平力作用，特别需要注意各层结构之间的连接应该牢固，不能出现悬空现象。

2)栏杆。沿施工平台的四周应设置栏杆，防止施工作业人员落水。

3)照明设施。当平台与陆地之间没有栈桥连接时，应铺设水下电缆至平台，保证施工设备用电需要；并在平台的适当位置设置足够的配电箱、照明设施。

5.2 固定式作业平台结构检算

5.2.1 作业平台结构检算的依据

(1)桥梁工程总体施工方案。

(2)现行桥梁设计、施工技术规范。

(3)现行钢结构设计、施工技术规范。

Q235 钢材许用应力：

轴向应力：$[\sigma_Z]=140$ MPa 容许应力提高系数 1.3$[\sigma_Z]=140\times1.3=182$ MPa

弯曲应力：$[\sigma_Z]=145$ MPa 容许应力提高系数 1.3$[\sigma_Z]=145\times1.3=188.5$ MPa

剪应力：$[\tau]=85$ MPa 容许应力提高系数 1.3$[\tau]=85\times1.3=110.5$ MPa

(4)工程所在区域的工程地质、水文等环境资料。

5.2.2 荷载组合

施工平台的荷载应根据本工程总体施工方案确定。一般情况下，施工平台的荷载有桩基钻孔设备及配套设备、起吊设备和施工人员以及临时堆放的材料等。由于本施工平台上需使用 150 t 履带吊进行钢筋笼起吊等作业，该设备作用在平台荷载为控制荷载，因此，施工平台和码头分别按 150 t 履带吊走行和起吊作业时的荷载标准计算。流水作用力按最大水流速度为 1.5 m/s 考虑，对平台的影响主要体现在局部冲刷。

(1)上部结构恒载。

施工平台上的恒载主要包括防滑钢板、型钢分配梁和贝雷桁架三个部分。各项荷载具体情况如下：

1)δ10 防滑钢板　$9\times7.5\times0.01\times7.85$。

2)Ⅰ32a 横向分配梁 $11\times25\times52.7/(1\,000\times9)$。

3)贝雷梁。贝雷梁主要结构为：上下弦杆 2[10，腹杆和斜杆用 8 号工字钢，剪力由斜杆承担。贝雷梁的主要技术参数为：

A. 双排单层普通型性能参数：自重 5.83 kN/m，许用弯矩 $M=1\,576.4$ kN · m，许用剪力 $Q=490.5$ kN；

B. 双排单层加强型性能参数：自重 8.2 kN/m，许用弯矩 $M=3\,375$ kN · m，许用剪力 $Q=490.5$ kN；

C. 三排单层普通型性能参数：自重 7.8 kN/m，许用弯矩 $M=2\,246.4$ kN · m，许用剪力 $Q=698.9$ kN。

(2)活载。

施工平台的活载主要包括 150 t 履带吊及吊重、人群及小型机具荷载两个部分。为避免荷载过于集中,活载分布进行两点限制:一是在履带吊工作相邻跨内,不布置其他重车;二是由于 150 t 履带吊荷载太大,在施工平台上应限定履带吊吊装作业只能在横桥向施工平台上,且在履带长度方向垂直Ⅰ32a 工字钢长度方向。各项荷载具体情况如下:

1)150 t 履带吊自重:1 500 kN。履带吊纵向履带长 6.5 m、横向履带中心间距 5 m、履带宽度 1.1 m,如图 3 所示。

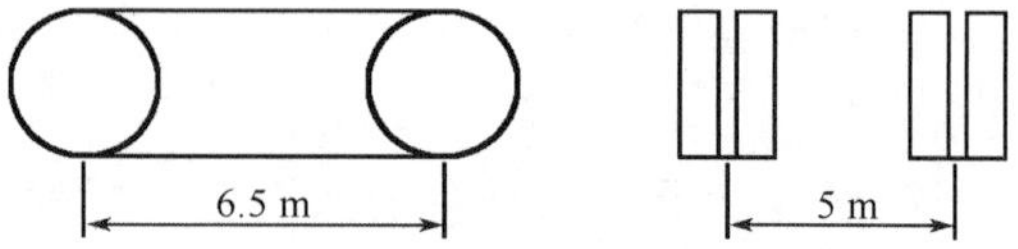

图 3　履带吊示意图

2)人群、机具荷载:3 kN/m²;

$$q_2=3\times7.5=22.5\ \text{kN/m}。$$

3)吊重:800 kN。

5.2.3　作业平台分部结构检算

(1)平台台面板。

按在贝雷梁 7.5 m 跨履带吊吊重处,按单向板计算。钢板跨度取 150 mm,取 1 m 板宽计算。

$$q=(1\ 500+800)/2/6.5=176.92\ \text{kN/m}$$

$$M=\frac{1}{8}qL^2=\frac{1}{8}\times176.92\times0.15^2=0.5\ \text{kN}\cdot\text{m}$$

$$Q=\frac{1}{2}qL=\frac{1}{2}\times176.92\times0.15=13.27\ \text{kN}$$

$$W=\frac{1}{6}bh^2=\frac{1}{6}\times1\ 000\times10^2=16\ 666.7\ \text{mm}^3$$

$$\sigma=\frac{M}{W}=\frac{0.5\times10^6}{16\ 666.7}=30\ \text{MPa}<[\sigma]$$

$$\tau=\frac{Q}{\frac{2}{3}\times1\ 000\times10}=\frac{13.27\times10^3\times3}{2\times1\ 000\times10}=1.99\ \text{MPa}<[\tau]$$

(2)承载分配梁。

1)贝雷梁计算。

①贝雷梁计算工况 B-1:履带吊吊重工作状况。

工况 B-1-1:履带吊在图 4 位置是贝雷梁最不利工况,按两跨连续梁计算 B 点处贝雷梁受力,受力计算模式如图 4。

$$q=22.5+19.18=41.68\ \text{kN/m}$$

经计算得 B 点受力:$R_B=1\ 666.82$ kN

工况 B-1-2:取荷载位于最大跨径 7.5 m 的跨中计算贝雷梁,受力计算模式如图 5。

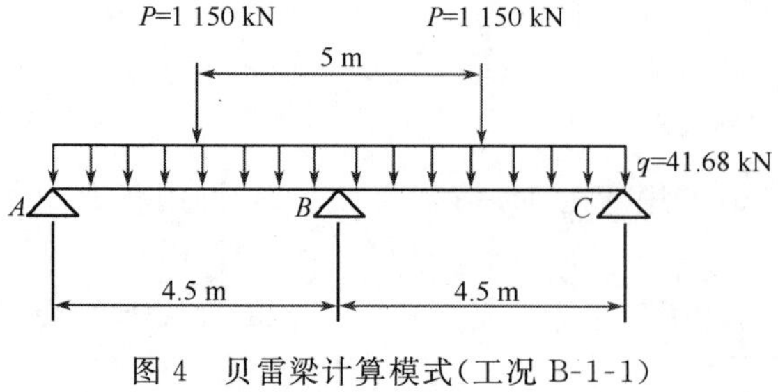

图 4　贝雷梁计算模式(工况 B-1-1)

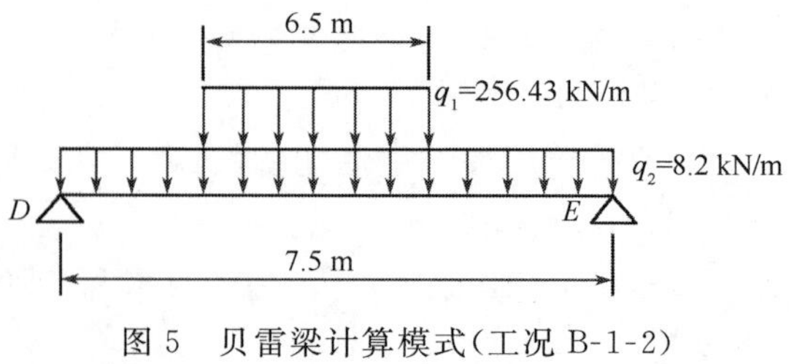

图 5　贝雷梁计算模式(工况 B-1-2)

$$q_1 = 1\ 666.82/6.5 = 256.43\ \text{kN/m}$$

该跨贝雷梁计算结果：

$M_{max} = 1\ 829\ \text{kN/m}$，$Q_{max} = 864.1\ \text{kN}$

钢管桩受轴向力：$R_D = R_E = 864.1\ \text{kN}$

工况 B-1-3：取荷载位于最大跨径 7.5 m 的一端计算贝雷梁，受力计算模式如图 6。

此工况剪力：$Q_{max} = 975.27\ \text{kN}$。

从贝雷梁的以上两种计算结果表明贝雷梁是受剪力控制，应选四排单层普通型贝雷梁(即三排单层普通型贝雷梁再加一排)。

②贝雷梁计算工况 B-2：履带吊行走工况。

当履带吊行走时一半的力直接作用在贝雷梁上，贝雷梁受力模式如图 7。

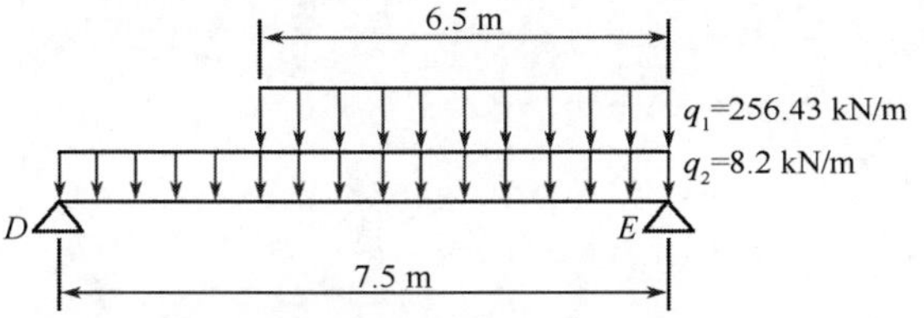

图 6　贝雷梁计算模式(工况 B-1-3)

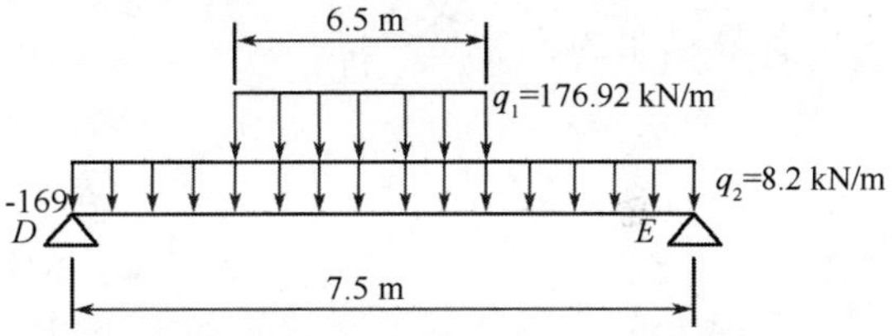

图 7　贝雷梁计算模式(工况 B-2)

计算结果如下：

$M_{max} = 1\ 280\ \text{kN/m}$，$Q_{max} = 605.7\ \text{kN}$。

应采用三排单层普通型贝雷梁，用于施工平台纵向最外两排。

2)2I56a 工字钢横梁计算。

①工况 I56a-1：履带吊吊重工作工况。

因工字钢布设在桩顶，桩尺寸为：$\phi 1\ 000 \times 10$，履带吊荷载如图 8 布置。

图 8 中 E 点支座反力为桩顶最大荷载$P = 1\ 634.72\ \text{kN}$，将其集中作用在钢管桩上。如图 9 所示。

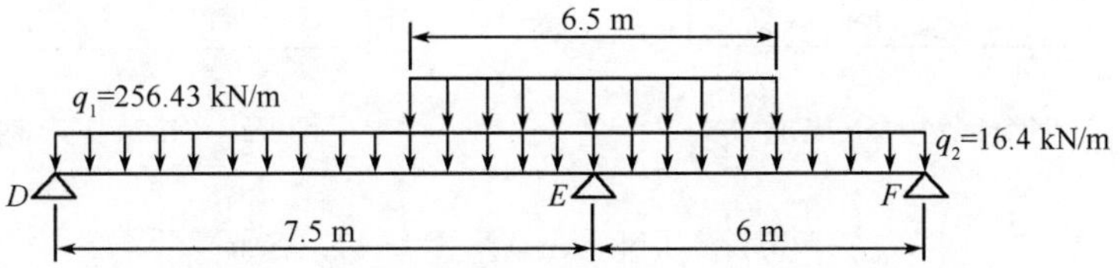

图 8　2I56a 工字钢计算模式(工况 I56a-1)

$$M = \frac{1}{4}PL = \frac{1}{4} \times 1\ 634.78 \times 1 = 408.7\ \text{kN} \cdot \text{m}$$

$$Q = \frac{1}{2} \times 1\ 634.78 = 817.39\ \text{kN}$$

$$\sigma = \frac{M}{W} = \frac{408.7 \times 10^6}{1\ 432\ 933 \times 2} = 142.61\ \text{MPa} < [\sigma]$$

$$\tau = \frac{817.39 \times 10^3}{2dt} = \frac{817.39 \times 10^3}{(560-42) \times 12.5 \times 2} = 85.84\ \text{MPa} < [\tau]$$

②工况 I56a-2:钢护筒导向架荷载作用在工字钢横梁上。

导向架放在横向 2I56a 工字钢横梁上,按四跨连续梁(7.5 m+6 m+6 m+7.5 m),最大跨度为 7.5 m,承受荷载为钢护筒重量 800 kN,按单面承重 $P=400$ kN 计算。

工况 I56a-2-1:导向架重心位置如图 10 所示。

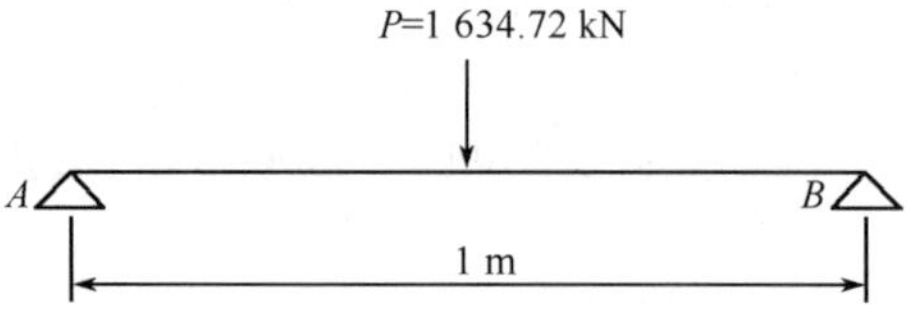

图 9 桩顶段 2I56a 工字钢计算

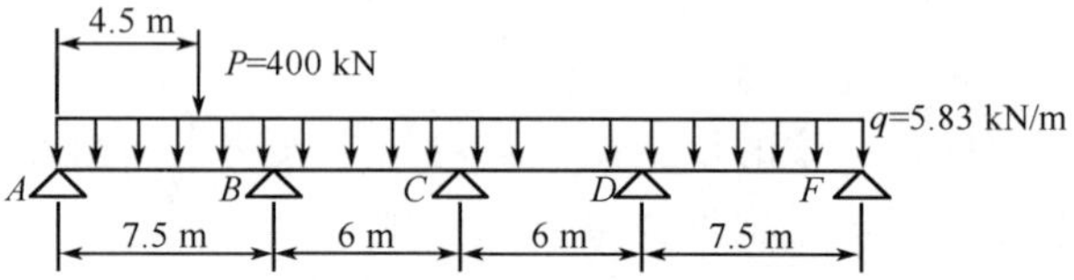

图 10 2I56a 工字钢计算模式(工况 I56a-2-1)

计算结果为:

$$M_{max}=536\ \text{kN}\cdot\text{m}$$

$$Q_{max}=311.5\ \text{kN}$$

$$R_{max}=R_B=404.32\ \text{kN}$$

工况 I56a-2-2:导向架重位置如图 11 所示。

计算结果:

$$M_{max}=428.5\ \text{kN}\cdot\text{m},Q_{max}=214.4\ \text{kN}$$

$$R_{max}=R_A=274.51\ \text{kN}$$

由上述两种计算可得 2I56a 工字钢梁受力最大为 404.32 kN。2I56a 工字钢梁最大跨径为 7.6 m,考虑钢管桩直径,可按 6.6 m 计算。受力模式如图 12。

计算结果:

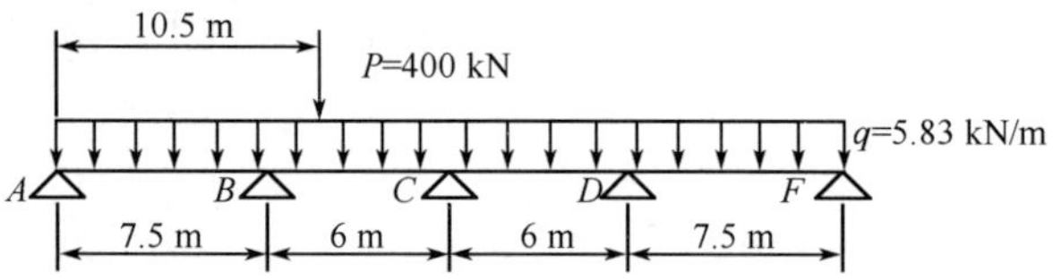

图 11 2I56a 工字钢计算模式(工况 I56a-2-1)

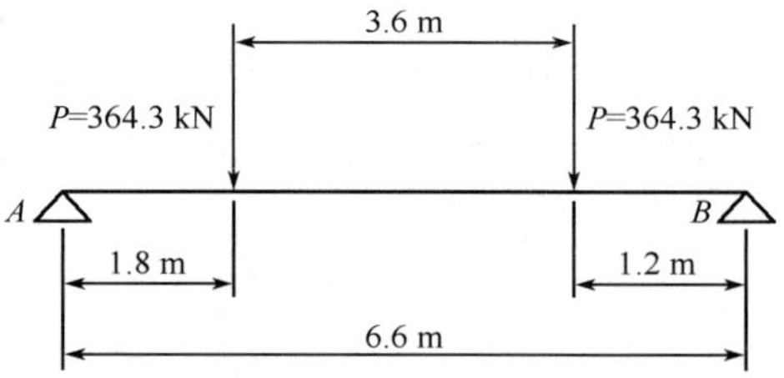

图 12 2I56a 工字钢梁组合计算

$$M_{max}=661.6\ \text{kN}\cdot\text{m},Q_{max}=441.08\ \text{kN},$$

$$\delta_{max}=23.5\ \text{mm}$$

$$\tau=\frac{441.08\times10^3}{2dt}=\frac{441.08\times10^3}{(560-42)\times12.5\times2}$$

$$=46.32\ \text{MPa}<[\tau]$$

$$\sigma=\frac{M}{W}=\frac{661.6\times10^6}{2\ 342\ 000\times2}=141\ \text{MPa}<[\sigma]$$

计算结果均满足要求。

3)I32a 工字钢横梁计算。

工字钢按 200 mm 间距布置,荷载计算分两种工况:

①工况 I32a-1:履带吊吊重在贝雷梁 7.6 m 跨中间,荷载按三跨连续梁计算。

$$q=1\ 150/6.5=176.92\ \text{kN/m}$$

支座反力：$R=2\times0.625\times176.92\times0.15=33.2$ kN，I32a 工字钢梁受力如图 13。

$$M=\frac{1}{4}PL=\frac{1}{4}\times33.2\times7.6=63.08\ \text{kN}\cdot\text{m}$$

$$Q=\frac{1}{2}P=\frac{1}{2}\times33.2=16.6\ \text{kN}$$

$$\sigma=\frac{M}{W}=\frac{63.08\times10^6}{692\ 500}=120.12\ \text{MPa}<[\sigma]$$

$$\tau=\frac{Q}{2dt}=\frac{33.18\times10^3}{(320-2\times13.7)\times9}=18\ \text{MPa}<[\tau]$$

②工况 I32a-2：履带吊空载运行在施工平台。

履带吊履带宽度 1.1 m，按每边履带下密布 5 根 I32a 工字钢计算，I32a 顺桥向最大跨距为 7.6 m。I32a 工字钢梁与 δ10 mm 厚防滑钢板组合形心 $i=175.82$ mm，惯性矩 $I=100\ 127\ 310.2$，抗弯截面模量 $W=692\ 500$。其受力情况如图 14。

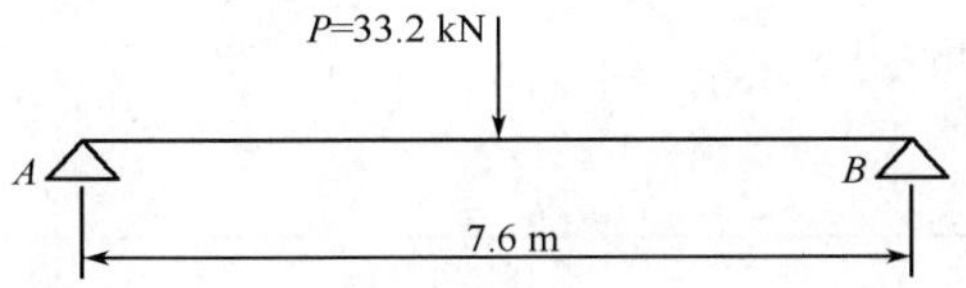

图 13　I32a 工字钢计算模式(工况 I32a-1)

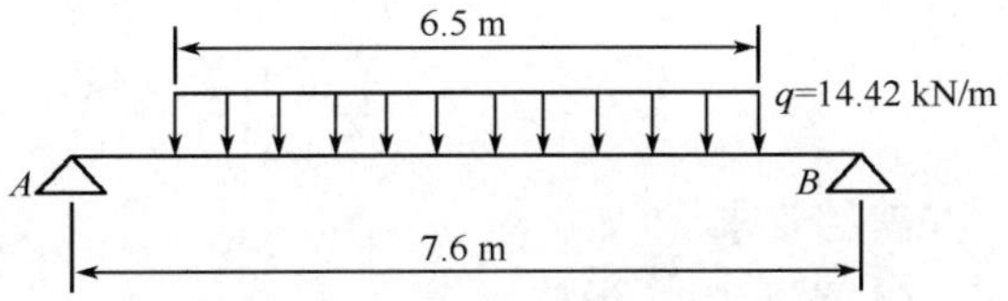

图 14　I32a 工字钢计算模式(工况 I32a-2)

$$M_{max}=101.9\ \text{kN}\cdot\text{m}$$

$$Q_{max}=46.9\ \text{kN}$$

$$\sigma=\frac{M}{W}=\frac{101.9\times10^6}{692\ 500}=161.93\ \text{MPa}<[\sigma]$$

$$\tau=\frac{Q}{2dt}=\frac{41.7\times10^3}{(320-2\times13.7)\times9}=16.2\ \text{MPa}<[\tau]$$

根据计算结果得：I32a 工字钢按中心距 200 mm 密布在贝雷梁上，总体满足要求。但应在工字钢下方通过型钢将工字钢按剪刀架方式连接为整体，增加整体性及横向刚度。

(3)基础。

桩顶荷载 $P_{max}=1\ 634.72$ kN，钢管桩选型为：$\phi1\ 000\times10$。

1)方法一：摩擦支承桩轴向承载力。

$$[P]=\frac{1}{2}(U\cdot\sum\tau_i\cdot h_i+A\sigma_R)$$

式中　$u=\pi\cdot d=\pi\cdot1.0=3.141\ 6$ m　　$A=\frac{\pi d^2}{4}=0.785\ 4\ \text{m}^2$，

$$[P]=\frac{1}{2}[\pi d(13.6\times20+1.73\times90+2\times90)+0.785\ 4\times3\ 000]=2\ 132.68\ \text{kN}>1\ 634.78\ \text{kN}$$

满足要求(桩长 45 m，桩尖进入局部冲刷线以下 2 m)。

2)方法二：用砂填实的钢管桩。

用砂填实的钢管桩 $\phi1\ 000\times10$ mm 的容许承载力

$$[P]=\varphi\cdot\frac{FR}{K}$$

式中 $\varphi=0.73$

$$[P]=\frac{0.73\times0.031\ 1\times10^6\times235}{2.5}=2\ 134.08\ \text{kN}>1\ 634.78\ \text{kN}$$

3)方法三:按压弯构件计算。

①工况一:单根沉桩完成时,桩处于悬臂状态。

此工况时,钢管庄承受水平荷载主要为流水力,流水速度 $V=2.31$ m/s,轴向荷载为钢管桩自重 $G=104.5$ kN。

$$P=KA\frac{\gamma V^2}{2g}=0.73\times1.5\times24.76\times\frac{10\times2.31^2}{2\times9.81}=73.4\ \text{kN}$$

轴心受压构件稳定系数 $\varphi=0.373$

$$\sigma=\frac{N}{\varphi A}+\frac{M}{W}=\frac{104.5\times10^3}{0.031\ 1\times10^6\times0.373}+\frac{1\ 211.1\times10^6}{7\ 621\ 488}=168.35\ \text{MPa}<[\sigma]$$

②工况二:工作桩桩顶被横向连接结后。

此工况时,工作桩按两端铰接计算。

$$M_{max}=344.08\ \text{kN}\cdot\text{m},N=1\ 634.72\ \text{kN}$$

$$\sigma=\frac{N}{A}+\frac{M}{W}=\frac{1\ 634.72\times10^3}{0.031\ 1\times10^6}+\frac{344.08\times10^6}{7\ 621\ 488}=97.72\ \text{MPa}<[\sigma]$$

满足要求。

(4)平台附属设施码头。

由于有防滑钢板所以不考虑摩擦力不足问题。取水平平面计算,没有考虑坡度问题,本次只计算横梁,横梁材料为 2I56a。活载:$P=1\ 500/2=750$ kN,计算模型如图 15。

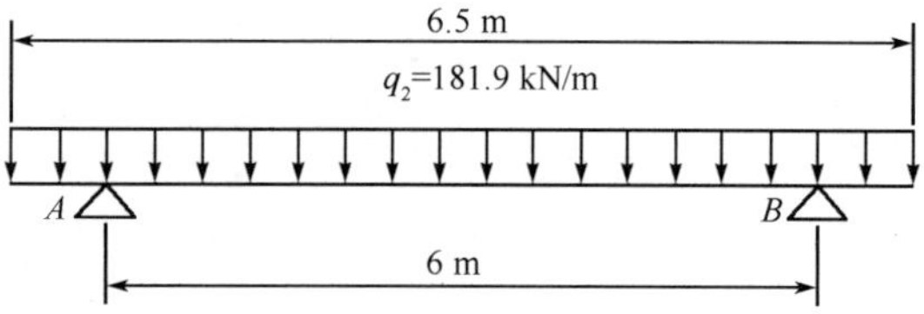

图 15 码头贝雷梁计算模型

按贝雷梁计算工况 1 计算出码头纵梁最大线形荷载:

$q=1\ 168.6/6.5+2.12=181.9$ kN/m

计算结果:$M_{max}=812.46$ kN·m,$Q_{max}=545.7$ kN,$\delta_{max}=11.5$ mm

$$\sigma=\frac{M_{max}}{W}=\frac{812.46\times10^6}{2\ 342\ 000\times2}=173.45\ \text{MPa}<[\sigma]$$

$$\tau=\frac{Q}{2\times(560-2\times21)\times12.5}=\frac{545.7\times10^3}{12\ 950}=42.14\ \text{MPa}<[\tau]$$

6 固定式作业平台施工总体方案、工艺流程及操作要点

6.1 施工总体方案

钢管桩打设利用 150 t 浮吊挂击振力为 90 t 的振动锤进行。利用两艘定位船定位 150 t 浮吊到预定位置,浮吊吊挂击振力为 90 t 的振动锤,按先上游后下游、先岸侧后江侧的原则,依次插打 ϕ1 000×10 mm 工作桩;钢管桩打设后焊接剪刀撑,增强已插打完成工作桩的整体稳定性。待插打完成 8 排工作桩(每排 7 根共计 56 根工作桩)后,架设 2I56a 工字钢做下横梁、贝雷梁做纵梁,铺设 I32a 工字钢做上横梁,$\delta=10$ mm 的防滑钢板做面板。测量放线,固定导向架,插打钢护筒;四根钢护筒插打完成后将其与工作桩刚性连接。待整个工作平台形成后,在工作平台四周布置拉锚,增强工作平台的整体稳定性。并在工作平台四周用 ϕ60 mm、ϕ40 mm钢管布设栏杆。最后铺设一根水下电缆供钻孔桩施工用电。

6.2 施工工艺流程图

施工工艺流程如图16。

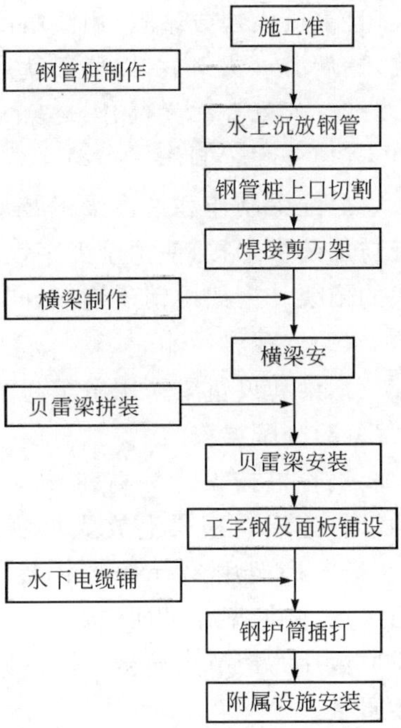

图16 固定式作业平台施工工艺流程图

6.3 施工操作要点

6.3.1 钢管桩基础施工

(1)钢管桩制作。

工作桩用壁厚10 mm的钢板在钢结构加工场卷制成外径为1.0 m的钢管。

(2)钢管桩运输。

制作验收合格的工作桩，首先用平板车运送至码头，然后两台吊车起吊上船，采用驳船运输至墩位处。

(3)钢管桩打设(含振动锤选型)。

1)振动锤选型。

根据钢管桩的承受能力和荷载最大值选用振动锤类型，插打钢管桩至不能下沉为止。

2)确定打桩顺序。

钢管桩在施工之前还必须确定好打桩顺序，防止先施打的桩妨碍后续的桩施工。钢管桩插打总体按照先上游后下游，先岸侧后江侧的施工顺序进行。

3)施工放样。

钢管桩插打前应进行准确放样，钢管桩的平面误差应控制在10 cm以内。为了后续工作中的下放双壁钢吊箱能顺利进行，与钢护筒相邻的工作桩，精度应提高至5 cm以内。

4)打桩船就位。

按照确定的打桩顺序进行打桩船的抛锚定位，抛锚的方法是，打桩船的首尾各抛两只锚，呈“八”字形，另外还要在船尾抛设一只带前进缆的锚，吊桩及桩位的调整就依靠这5根锚缆进行。抛锚定位总的原则是，所有的锚缆不得影响已经施打完毕的桩，否则，打桩船就需要重新抛锚定位。同时还应该方便运桩船喂桩。

5)沉桩。

打桩船抛锚定位完成后，后退让出空间。然后运桩船将桩运至打桩船船首处，由打桩船上的两只吊钩将要打的桩两点吊起，并将其竖起，放入河中，由测量组控制，调整钢管桩的垂直度和桩位坐标。采用一台全站仪和一台经纬仪来进行控制钢管桩垂直度。钢管桩的平面位置及垂直度调整完成后，开始压锤，依靠钢管桩自身及打桩锤的重量将其压入土层，当测量复测桩位及倾斜度偏差满足要求后，开始锤击。

钢管桩在未入土之前处于悬臂状态，在水流力的作用下，会产生一定的挠度，计算其挠度最大值。所有钢管在施打过程中不需要设置下拉缆，其在水流力的作用下摆动较小，不需要采用稳桩措施。

(4)横向连结系制作、安装。

钢管桩施打完毕后，即可进行剪刀撑得焊接，此时用小船辅助，施工人员除穿救生衣、戴安全帽外，尚需系安全带(平台安装最危险阶段就是剪刀撑的安装，因单根桩自由长度大，挠度大，且人员没地方站）。用浮吊吊装时可一点吊，使角钢的一头先下到位，用限位板和节点板连接，然后另一头下放，以便于就位准确和上人施焊。

6.3.2　承载分配梁制作、运输、安装

（1）分配梁制作。

分配梁制作和贝雷梁组装应严格按照设计要求进行。2I56a 横梁中间焊接加劲板，加劲板与加劲板焊接，使两个工字钢连接为一个整体。贝雷片在码头用吊车吊装，组拼成双排单层式的桁架。桁架用销子连接，同时安装好保险扣。

（2）分配梁运输。

横梁和贝雷梁采用吊车起吊，平板车转运至码头，然后采用驳船运输至施工地点。

（3）分配梁安装。

钢管桩按设计标高和开口切割后，浮吊起吊横梁放置在钢管桩上，横梁下焊接牛腿与钢管桩连接。横梁上放置贝雷梁。安装贝雷架时注意贝雷桁架的节点应放在 2I56a 横梁上，贝雷桁架用 20 mm 厚钢板割制成 U 形卡使之与横梁固定，在纵横方向的节点上均设置固定点，使桁架在平面位置上不能移动。桁架之间的上、下弦用角钢 L75×75×10 mm 和螺栓在贝雷片的销节点连接。贝雷桁架上 I32a 工字钢分配梁安装时应注意控制间距和整体性连接质量。

6.3.3　平台台面板制作、运输、安装

平台台面板采用 $\delta=10$ mm 的防滑钢板，在工厂集中制作。制作过程中应严格按照设计图纸要求做好质量控制。平台台面板运输采用汽车调配合，平板车和驳船分别进行陆上和水上运输。面板铺在 I32a 工字钢上，并与工字钢分段焊接，防止面板滑动。

6.3.4　平台附属设施制作、运输、安装

平台附属设施在工厂集中制作。制作过程中应严格按照设计图纸要求做好质量控制。平台附属设施采用汽车吊配合，平板车和驳船分别进行陆上和水上运输。平台附属设施现场安装应严格按照设计图纸进行，注意钢管与工字钢焊接质量。

6.3.5　平台拆除

平台拆除的工序与搭建时刚好相反。先拆除面板及附属设施，然后拆除承载梁。最后采用浮吊拔出所有的钢管桩。

7　主要施工机械设备配备

主要施工机械设备配备见表 1。

表 1　主要施工机械设备配备表

序号	设备名称	型号规格	单位	数量	备注
1	振动锤	120 型、90 型	个	各 1 个	
2	吊车	25T	辆	2	
3	柴油发电机	500 kW	台	1	
4	交流电焊机	500 kVA	台	8	
5	弯曲机	$\phi6\sim\phi38$	台	8	
6	切断机	$\phi32$	台	8	
7	浮吊	150 t	艘	1	水上吊装

续上表

序号	设备名称	型号规格	单位	数量	备注
8	运输船	300 m^3	艘	3	
9	交通船		艘	1	
10	千斤顶	200 t	套	16	
11	定位船	300 m^3	艘	2	
12	卷板机		台	1	
13	潜水设备		套	2	
14	平板车	12 t	台	3	

8 工程质量控制标准、保证质量的技术措施

8.1 工程质量控制标准

固定式施工作业平台为临时结构，其施工可参照现行的桥梁钢结构和基础工程设计、施工及验收标准。

8.2 保证工程质量的技术措施

施工过程中应严格按照国家和地方政府质量管理、标准的法律、法规等有关规定组织施工，切实做好以下几个方面的工作：

(1)开工前认真编写作业指导书，并向全体施工人员进行全面技术交底，明确该项工程的设计要求、技术标准、施工方法与其他工程的关系和施工注意事项。

(2)施工中进行自检、互检、工序交接检查，做到上道工序不清，不进入下道工序施工。施工中明确责任，检查和交接都持有互相签认字据，为施工分析留下证据。施工过程的质量控制要通过“跟踪检测、复测、抽样检验”三级检测制度来实现，对工班作业检测由专业人员跟踪检测，试验室进行复测和抽样检测。通过对施工过程的质量检验达到及时解决问题的目的，为全过程质量控制创造条件，为工程竣工验收打下基础。

(3)钢管桩打设的平面位置、倾斜度、最终灌入度控制及整体性连接质量是固定式作业平台的关键，应安排专人负责。

(4)贝雷梁的组装方法和现场的整体性连接要求严格设计要求进行，安排专人负责过程控制。

9 工程施工的重大危险源及保证施工安全的技术措施

9.1 工程施工的重大危险源

水上作业时，风浪较大，应当注意失足掉入河中。过往船只对施工平台的威胁，应当注意船只冲撞平台而引发事故。

9.2 保证施工安全的技术措施

施工过程中应严格按照国家和地方政府安全生产的法律、法规等有关规定组织施工，切实做好以下几个方面的工作：

(1)施工前，与当地航道部门联系，商定有关航运和施工的安全事项，发布通航公告。

(2)定时与当地气象、水文站联系。当六级以上大风时，停止工作，并检查加固水面上的船只和锚缆等设施。如确有需要继续作业时，采取有效措施。

(3)水上施工应设立明显的航标,以确定施工范围。

(4)施工使用的各种船只,按航政部门规定设置航运标志,并备有救生、消防及靠绑设备。并加以保管。

(5)水上施工设专用救生船,并派人值班。

(6)船上在夜间应有照明设备,没有照明设备的船只,应备有防风灯及电池灯具。

(7)运料船在作业船附近作业时,防止锚缆挂住叶轮和船舵被打坏。

(8)作业人员乘坐交通船时穿好救生衣,并服从船长的指挥。

(9)不在船头、船尾、船帮上站立和骑坐,非驾驶人员,不得私自操作。

(10)船按规定吨位装卸,不偏载。装载的料具符合安全规定。船到位后,靠稳拴好,搭好跳板后,方可卸料。

(11)料船之间的空隙,铺脚手板,或挂安全网,防止人员落水。

(12)遇有雾天雷暴雨使视线不清时,作业船只显示强烈灯光信号,并鸣锣、敲钟、喊话,引起过往船只的警惕。

(13)定位船锚定后,派人昼夜值班。

(14)上游失去控制的船只或巨大漂浮物威胁作业船只安全时,立即派出机动船协助避让。

(15)作业船只航行中认真瞭望。当来往船只动态不明或声号不统一时,立即减速停车。必要时开倒车。

(16)施工期间,在西江上下游(距离墩位约 500 m)处设置航道警示船,提示往来船舶安全行驶;在施工区域悬挂醒目的施工标志和旗帜,并安置安全警示灯。

(17)所有水上施工必须穿戴安全帽、救生衣和系安全绳。

10 工程施工的重大污染源及保护环境的技术措施

10.1 工程施工的重大污染源

施工垃圾和油污对河道的污染是平台施工中的重大污染源。

10.2 保护环境的技术措施

施工过程中应严格按照国家和地方政府环境保护的法律、法规等有关规定组织施工,切实做好以下几个方面的工作:

(1)制定详细的环境保护措施,建立严格的检查制度,避免对环境的破坏。保护好铁路沿线的植被、水环境、大气环境、自然生态环境、土壤结构,维护生态平衡系统。

(2)油和废油的管理:施工机械维修、油料存放地面应硬化,减少油品的跑、冒、滴、漏,所有油罐要有明显的标志,在不使用时要密封;对施工水域中的机械进行定期的检查,排除机械漏油事故的发生。含油废水应集中处理,严禁随意倾倒。生活污水不得直接排放至江河中,含油废水经隔油池处理后排放,防止油污染地表和水体。施工垃圾定点堆放,集中统一处理;生活污水经化粪池处理后排放。

11 结束语

本施工工艺是在我公司承建的广珠城际铁路西江大桥等几座桥梁深水基础施工经验总结的基础上编写而成,具有较好的适用性、经济性。但由于各座桥梁施工环境、施工设备选型等的不同,应用中还是需要针对其特点进行必要的调整。

浮式钻孔平台设计及施工工艺

1 前　　言

在桥梁水中钻孔桩基础施工中，必须设置钻孔平台。钻孔施工平台的种类主要有钢管桩支撑平台、钢护筒支撑平台、钢围堰支撑平台和浮式平台四大种类；施工中结合水中桥墩处的地质、水文条件等选择适宜的钻孔平台，对桥梁施工的安全、工期、经济河社会效益具有重要的意义。浮式钻孔平台适合在一些特殊的工程地质或水文条件下采用。

2 浮式钻孔平台的适用范围及特点

2.1 浮式钻孔平台的适用范围

(1)桥墩处河床无覆盖层或较薄、基岩较坚硬，钢管桩无法打入的工程地质条件。

(2)水流流速小于 2 m/s、水深超过 30 m 的水文条件，钢管桩支撑平台用钢量很大的情况。

2.2 浮式钻孔平台的特点

浮式钻孔平台具有施工方便、快捷，钢材用量较少的特点。

3 浮式钻孔平台构造

浮式钻孔平台分为浮箱式和船组式两种构造。

3.1 浮箱式钻孔平台构造

浮箱式钻孔平台由浮箱、定位锚碇系统、连接系统和承重分配梁、面板等组成，其结构如图 1 所示。连接系和承重分配梁一般合二为一，采用贝蕾梁、万能杆件或型钢组成；面板采用 5 cm厚的木板。

3.2 船组式钻孔平台构造

船组式钻孔平台由铁驳船、定位锚碇系统、联结系和承重分配梁、面板等组成，其结构如图

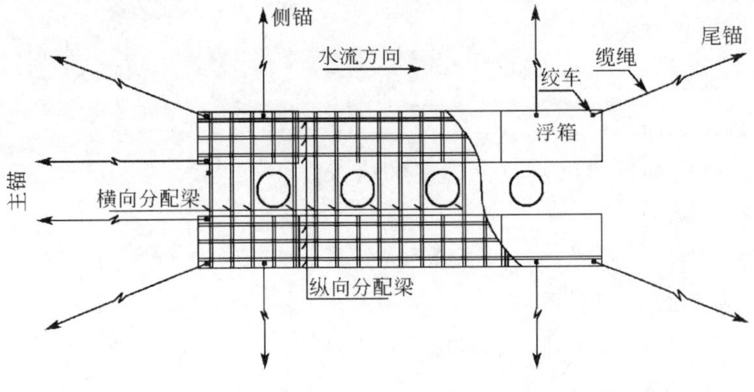

图 1　浮箱式钻孔平台结构示意图

2 所示。联结系和承重分配梁一般合二为一，采用贝雷梁、万能杆件或型钢组成；面板采用5 cm厚的木板。

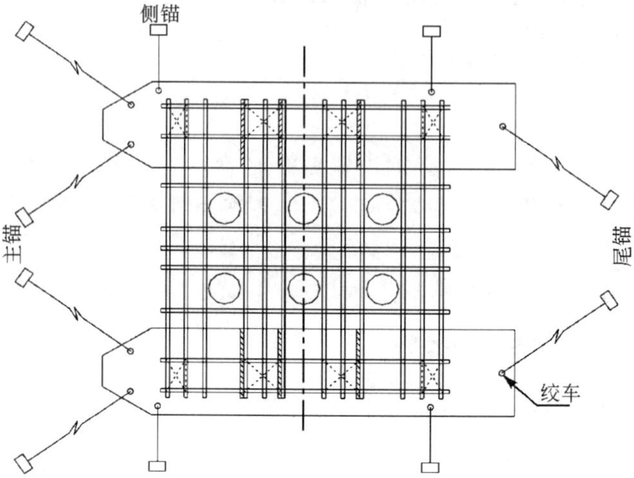

图 2　船组式钻孔平台结构示意图

3.3　浮式钻孔平台的定位锚碇系统

浮式钻孔平台的定位锚碇系统由绞车、马口、将军柱、缆绳、锚碇及定位钢管桩等组成。锚碇按其构造分有铁锚(海军锚、霍尔锚)和钢筋混凝土锚两种；锚碇按其作用分主锚、尾锚、侧锚三种。

4　浮式钻孔平台设计

4.1　平台的承载力检算

4.1.1　平台设计荷载计算

$$G=G_1+G_2+G_3+p_sS_p+\Sigma V \tag{1}$$

式中　G——总设计荷载(kN)；

G_1——船(箱)体自重(kN)；

G_2——联结系和承重分配梁自重(kN)；

G_3——钻机自重(kN)；

p_s——施工荷载(2.5 kN/m²)；

S_p——平台顶总面积(m²)；

ΣV——各锚碇缆绳拉力的垂直分力之和(kN)。

4.1.2　平台承载力检算

$$K_1=F/G>[K]=1.5 \tag{2}$$

式中　K_1——平台承载力安全系数；

F——船(箱)体设计承载力(kN)。

4.1.3　联结系、加固系检算

连接系和加固系的检算和其他平台的方法相同，本文从略。

4.2 定位锚碇系统检算

4.2.1 定位锚碇系统选择

(1)对于河床为黏性土、砂卵石或软质岩时宜采用铁锚,同时辅以定位钢管桩。定位钢管桩在平台外侧四个角和中部焊制定位耳环,用振动锤打入钢管桩而形成,如图1所示。

(2)对于河床为较坚硬裸岩,铁锚不容易锚固或铁锚数量不足时,一般采用钢筋混凝土锚,如图2所示。

(3)缆绳一般采用钢丝绳,在平台同一侧的缆绳长度应相等,以免产生锚碇受力不均匀而导致弱锚移动,强度集中,引起缆绳拉断等危险。

(4)平台应顺水流方向安放,主锚设在平台上游,一般设3～4个;如果水流方向是双向的(如临海水域),则应在平台两端都设置主锚。

4.2.2 锚碇系统验算

(1)钢护筒下沉到位后的水流阻力 R_1。

$$R_1=\omega_1\gamma A_g v^2/2g \tag{3}$$

式中 ω_1——钢护筒阻力系数,取0.8;

γ——水的容重(10 kN/m^3);

v——水的流速(m/s);

A_g——钢护筒的挡水面积(m^2);

g——重力加速度(9.81 m/s^2)。

由于钢护筒定位稳定后,钢护筒与浮式平台脱开,所以,作用于承重船之阻力仅为下沉钢护筒时一个钢护筒上的水流阻力。

(2)船(箱)身水流阻力 R_2。

$$R_2=\gamma(fS+\omega_2 A_d)v^2/g \tag{4}$$

式中 f——船(箱)摩阻系数,取0.17;

S——船(箱)浸水面积(m^2);

v——水的流速(m/s);

ω_2——船(箱)端头阻力系数,取5;

A_d——船(箱)入水部分垂直于水流方向的投影面积。

(3)水面以上部分船(箱)体及其附属物的风阻力 R_3。

$$R_3=\omega_3 A_f q \tag{5}$$

式中 ω_3——阻力系数,取1.0;

A_f——挡风面积(m^2);

q——单位面积风压力(kPa)。

(4)主锚碇计算。

1)主锚总水平拉力。

$$R=R_1+R_2+R_3 \tag{6}$$

2)主锚重量 W。

铁锚: $$W=R/10nK_3 \tag{7}$$

钢筋混凝土锚: $$W=R/10nK_4 \tag{8}$$

式中 W——每个锚碇重量(t);

n——主锚碇个数；

K_3——铁锚效率系数，根据河床覆盖层地质情况取 4～12；

K_4——钢筋混凝土锚效率，根据河床覆盖层地质情况取 0.3～0.5。

(5)缆绳计算。

1)缆绳选择。

$$[T]=P[K] \tag{9}$$

式中　$[K]$——缆绳破断安全系数，取 5；

$[T]$——单个锚碇的钢丝绳破断拉力(kN)；

P——单个锚碇的水平拉力(kN)。

根据计算的$[T]$，从有关钢丝绳性能的材料手册中查找选择适合规格的钢丝绳。

2)缆绳长度计算。

$$l=\sqrt{h^2+2hp/q}+5h \tag{10}$$

式中　p——缆绳总长度(m)；

h——缆绳马口到河床面的高度(m)；

q——钢丝绳在水中的重力(kN/m)。

4.2.3　尾锚、边锚布设

因水流方向变化，尾锚、侧锚的拉力不易计算，一般按主锚拉力的 30%配置。为尽量减少对通航的影响，侧锚一般采用短缆绳。

5　浮式钻孔平台的施工工艺及操作要点

5.1　施工工艺流程图及说明

浮式钻孔平台施工工艺流程如图 3 所示。

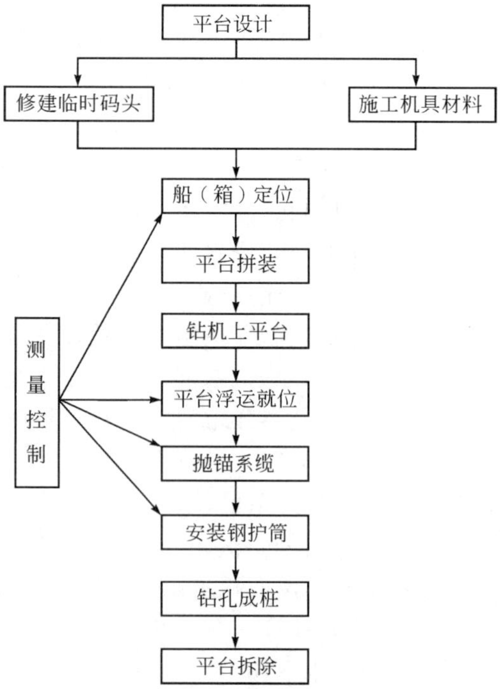

图 3　浮式钻孔平台施工工艺流程图

5.2　浮式钻孔平台的测量放线

对河中桥墩，在其上下游一定距离的河岸陆地上设置控制测量点，在平台的四个角设置标志杆。船(箱)定位、平台浮运定位和抛锚系缆施工时，两台经纬仪采用前方交汇法观测标志杆，以指导调整平台准确就位。

对海上桥墩桥墩，在平台的四个角设置固定测量点，平台浮运定位和抛锚系缆施工时，采用 GPS-RTK 适时测量系统辅助平台定位。

5.3　浮式钻孔平台拼装

5.3.1　浮箱式平台岸滩滑道上拼装及入水

(1)如在桥位附近有平缓的岸滩，浮箱式平台可采用岸上拼装、滑道入水方法下水。

(2)选择水流较慢、平缓的岸滩平整硬化平台拼装场地，横河向安置轨道和滑道(平台顺河向拼装)，一般在每个浮箱的长度范围安装 2 根轨道。在滑道上测量出平台和钻孔桩相对位置的轮廓线，在浮箱靠河侧设置临时挡块；用吊车将浮箱对位吊放到滑道上，并分组依次连接，然后在两组浮箱上安装联结系和承重分配梁、面板等构成平台。

(3)在滑道顶部安装卷扬机,用卷扬机上的钢丝绳拴住平台,收紧钢丝绳使平台脱离挡块,然后拆除挡块,在卷扬机牵引下缓慢滑入水中。

5.3.2 浮箱式平台水上拼装

在码头上将浮箱拼装成两组,分别吊放入水,一组靠码头固定,另一组用船拖离码头至相对设计位置,临时抛锚固定;然后依次将连接系、沉重分配梁、面板吊到浮箱上安装形成平台。最后可将钻机等施工设备从码头上吊放到平台上。

5.3.3 船组式平台拼装

在驳船船舱内安装万能杆件支墩,将两船移开保持设计相对位置并抛锚固定,然后依次将联接系、承重分配梁、面板吊到浮箱上安装形成平台。最后可将钻机等施工设备从码头上吊放到平台上。

5.4 浮式钻孔平台定位

5.4.1 浮式钻孔平台运输就位

(1)根据水的流速和平台大小配置足够功率的一主两副共三艘拖轮。主拖轮位于平台上游,用两根钢缆连接在平台前端的将军柱上拖拽平台前进;两艘副拖轮分别挂靠在平台后部侧面,控制平台行进的方向。

(2)浮运前要充分调查气象、水文资料,选择风力小于四级、流速正常、无雨的白天进行,向有关航道管理部门办好封锁航道手续,并在上、下游安排巡逻船只进行护航,以策安全。

(3)大致拖运到桥墩位置时,测量平台位置,将测量数据反馈到指挥中心,由指挥中心调度拖轮调整平台基本就位,然后临时抛锚固定。

5.4.2 浮式钻孔平台的定位锚碇系统施工

(1)平台浮运就位、临时抛锚固定后,运输锚碇和锚缆绳的船只和浮吊行使到抛锚位置,将带锚缆绳的锚碇沉放到河床,放缆到平台,将锚缆尾端固定在平台绞车上。抛锚放缆的顺序是先上游、后下游,最后侧面。各锚碇要严格按设计位置沉放,偏差不得大于 30 cm。

(2)全部锚碇及其缆绳施放完毕,开始收紧缆绳。收揽时各缆要同步,根据测量数据适当调整,使平台按设计位置固定,偏差不得大于 5 cm。

(3)如河床覆盖层是非硬质岩,则在平台四个角焊制定位耳环,从耳环中插入定位钢管桩并用振动锤将其打入河床,打入时保证其垂直度小于 1%。耳环采用比钢管桩直径大 5 cm、长 50 cm 的钢管制作,使其既能固定平台的相对位置,又不防碍平台随着水位涨落而上下浮动。

5.5 钻孔钢护筒安装

5.5.1 平台上钢护筒定位系统

用 L100×100×5 mm 角钢制作成 2 m 高、内径比钢护筒外径大 10 mm 的定位架。在平台上测量出钻孔桩的准确位置,将定位架对位安装到平台上。安装时保证定位架的垂直度不大于 0.5%。

5.5.2 钢护筒吊插

(1)浮吊的主钩吊住钢护筒上口、副钩吊住下口同时提升使钢护筒悬空,然后主钩继续提升直至钢护筒垂直,最后松脱副钩。

(2)吊运钢护筒从定位架导向孔插入、缓慢下放,直至进入河床不沉为止。整根钢护筒一般比较重、较长，不能一次吊起，需要边吊插边分段接长。钢护筒接长时，先将已插入的节段吊挂在平台上，然后将接长段吊来对位焊接。

(3)取下桩头千斤绳，用浮吊主钩吊振动锤到桩头，用锤夹夹紧桩壁；启动振动锤沉桩，直至设计深度停止。下沉过程中要同步松长吊机的起重绳，控制锤身与桩身保持垂直状态。

(4)钢护筒最好能打入基岩，如覆盖层较厚、钢护筒打入困难，可采用桩内射水、吸泥或抓渣等方法辅助下沉。

5.5.3 钢护筒与河床间的连接

对于河床覆盖层较薄或没有、基岩为硬质岩的情况，钢护筒不能打入河床稳定，则要采取措施使钢护筒和河床连接，以保证钻孔施工时钢护筒稳固和不漏浆。

(1)用 δ10 mm 钢板焊制一个高 1.5 m、比桩身直径大 2 m 的钢筒作为定位圈。

(2)由于浮式平台桩位处预留孔比定位圈小，因此定位圈不能从平台预留孔处直接放下。采用一个浮箱，将定位圈吊放到浮箱上并临时固定；拖拉浮箱至孔位处固定。将钢护筒沿平台预留孔处放下，其下端伸入定位圈内 1.0 m，用钢板将定位圈与钢护筒焊接成整体。为避免水流冲刷水下封底混凝土，影响封底质量，在定位圈上口与钢护筒之间的空隙，用 δ3 mm 薄钢板焊接封闭。将在钢护筒连同定位圈下放到河床面。

(3)钢护筒下沉至河床面后，将上口临时固定在浮式平台上，潜水工从护筒内下水配合，用汲泥机清除定位圈内的杂物，确保孔底干净，然后用混凝土垫块和砂袋堵塞定位圈四周的空隙，下导管，进行封底混凝土的灌注，封底混凝土高度以混凝土进入钢护筒内 1.5 m 控制。封底完成后，拆除吊点，解除钢护筒上口的临时固定，避免因水位变化引起浮式平台位移而使封底混凝土与岩面接合部开裂、漏水造成钻孔桩施工困难。待全部钢护筒下沉定位完成后，将钢护筒用槽钢牢固焊接成一个稳定的整体，并割短钢护筒，使之脱离平台。

5.6 浮式钻孔平台上钻孔作业注意事项

浮式平台上钻孔桩施工的钻机就位、钻孔、钢筋笼制作安装和灌注混凝土等施工方法与其他类型钻孔平台上的施工基本相同，本文不再详述，仅对在浮式平台上进行钻孔作业的注意事项介绍如下：

(1)钻孔前在钢护筒内填黏土 5～6 m，然后才能进行钻孔作业。

(2)浮式平台受水位变化影响时，平台会发生位移，因此，在钻孔过程中，要保持护筒与平台处于脱开状态，经常检查和调整钻杆的垂直度及对中情况，要求每班检查不少于两次，以保证成孔质量。调整方法：平台位移量大于 30 cm 时，通过收放浮式平台的锚缆进行调整；平台位移量小于 30 cm，通过移动钻机进行调整。

(3)钻进封底混凝土时，采用低档慢速钻进，特别是混凝土与岩面接合部，更应特别注意，由于软硬不一，如进尺过快，易出现斜孔。

(4)旋转钻进或冲击钻进中，宜采用慢速或小冲程进尺，避免浮式平台振动过大。

6 浮式钻孔平台的拆除

浮式钻孔平台在桩基施工完成后，一般继续留在墩位处作为承台、墩身施工的工作平台，待墩身施工完成后才拆除。

浮式平台拆除时，先将其临时固定在墩身上，解开锚缆并用船从平台回收到锚碇处，然后浮吊吊起铁锚(混凝土锚碇由潜水工入水解开锚缆，锚碇遗弃在河床)。锚碇全部拆除后，用拖船将平台拖运到码头，按照面板、承重分配梁、联结系、箱体的顺序逐步拆除。

7 机具设备配置

浮式钻孔平台施工的主要机具设备配置如表1(不含桩基础施工本身所需要的设备)。

表1 主要机具设备表

序号	名称	规格型号	单位	数量	序号	名称	规格型号	单位	数量
1	浮箱	中—60	各		7	汽车起重机	25 t	台	1
2	铁驳船(船组式)		艘	2	8	振动锤	DZ45	台	1
3	运输驳船	100 t	艘	1	9	发电机	90 kW	台	1
4	交通船	10 t	艘	1	10	交流弧焊机	BX3—500	台	2
5	拖轮		艘	3	11	铁锚		个	
6	浮吊	>25 t	台	1					

备注：表中未注明规格型号或数量的机具设备，是需要根据具体工程通过计算确定的。

8 质量控制要点

(1)浮箱入水前要全面检查是否锈蚀、漏水，如有，修复后涂刷防锈油漆。

(2)浮箱及平台联结系等要联结牢固，施工中定期检查加固。

(3)平台水中定位平面偏差小于5 cm。

(4)锚碇沉放位置偏差需小于10 cm，平台每侧的锚绳须长度相同。

(5)定位钢管桩打入时控制平面误差小于5 cm、垂直度小于1%。

(6)钢护筒底的定位圈内清理要彻底。

9 安全注意事项

(1)起重、船舶司机必须持证上岗。

(2)各种船舶及浮式平台的移动、调度要由专职人员统一指挥。

(3)平台四周必须焊制防护栏杆，配置足够的救生设备。

(4)专人收集气象、水文预报资料，做好记录，遇到到异常情况，及时通知水上作业人员采取预防措施，情况严重时立即撤离。

(5)在大洪水或台风来临前，将浮式平台撤离到港口并固定，派专人看守。

(6)各类船舶严禁超载、偏载，平台上机具设备、施工材料摆放尽量均匀。

10 结束语

在特殊的工程地质、水文条件下采用浮式钻孔平台，施工快捷、简便，能节约大量平台结构钢材，极大地节约工程施工成本，是一种具有广泛推广应用价值的桥梁水中钻孔桩基础施工平台结构。

栈桥设计及施工工艺

1　前　　言

栈桥是工地现场为解决水中材料、设备运输和人员通行而修建的临时桥梁设施，按材料分钢栈桥和木栈栈桥，但目前广泛采用钢结构，木栈桥已极少采用；按栈桥功能及荷载分人行简易栈桥和车载栈桥，单纯满足作业人员通行的栈桥相对较少，栈桥设计施工也比较简单，更多是人、车混合，功能综合型较强。不同工程项目应根据桥位水文、地质、地形等条件，结合施工工期、材料、设备状况、功能要求及通行荷载类型，进行设计施工。

2　栈桥的适用范围及特点

栈桥适用于：

(1)河流流速相对较缓，最大流速不超过 3m/s。

(2)河床有一定厚度的覆盖层，能够满足钢管立柱自稳。

(3)河面无大量漂流物。

(4)栈桥修建不影响河道正常通航要求。

其特点是可以大量采用常规材料、周转性材料进行快速搭建，在短期内能够投入使用。能够有效地解决水上物资材料快速供应、机械设备及人员通行等问题，具有快捷、方便、安全、经济等特征。

3　栈桥的结构构造

栈桥由基础、立柱、桥面及附属结构等部分组成。一般利用支撑于坚硬地层的钢管桩直接支撑桥面结构，钢管桩既是栈桥基础又是立柱柱身，钢管立柱在水面以上部位设置横向联结系，增强结构整体稳定性，立柱上端布置横向分配梁，分配梁上架设安装纵向主梁，主梁顶面铺设桥面分配梁及桥面钢板，两侧设置护栏、照明及其他附属设施。

3.1　钢管桩立柱

钢管桩立柱是栈桥主要承载结构，通常采用直径 600～1 200 mm，壁厚 6～10 mm 的钢管，常用规格为 ϕ600～800 mm，壁厚 8 mm 左右的成品钢管。具体项目根据计算分析及现有材料进行确定。每个支墩可采用双排或单排钢管桩，需要根据具体特征进行对比分析，在满足技术条件的情况下，尽可能经济实用。钢管桩打入河床，其打入深度以贯入度和入土深度控制，原则上桩底应进入坚硬地层，保证承载力满足设计要求，并处于汛期冲刷深度以下，满足汛期安全需要。水面以上部分钢管设置联结系，形成整体结构。

3.2　立柱顶横梁

立柱顶横梁一般采用Ⅰ20～Ⅰ36 的工字钢，钢管立柱顶部管壁上开口，将工字钢置于口槽内，同时，焊接牛腿支撑。

3.3 主　　梁

主梁一般采用型钢、贝雷梁、军用梁或万能杆件，跨距较小时，一般选择型钢铺设；贝雷梁、军用梁适合于跨距较大、栈桥长度较长、工程量大的项目，万能杆件拼装梁应用相对较少。

3.4 桥面结构

横向采用 I20 工字钢，按设计间距铺设在主梁之上，纵向采用[20 槽钢，桥面采用 6 mm 冷轧钢板或其他材料。两侧栏杆立柱及扶手，利用钢管或角钢以及其他材料焊接在横梁上，高度 50～80 cm，桥面一侧或两侧设置人行道及栏杆和电力线路通道。

4 栈桥设计

4.1 栈桥设计主要内容

(1)栈桥位置、长度及功能，依据总体施工方案和施工需要确定。

(2)栈桥技术标准，包括桥面宽度、荷载等级、使用年限、栈桥桥面标高等。

(3)栈桥材料选择，包括基础、立柱、柱顶横梁、主梁、桥面分配梁、桥面板及附属设施等。

(4)设计验算，相参见 4.2 条内容。

(5)栈桥设计施工图，即栈桥总体构造及分部施工设计。

(6)栈桥施工方案。

4.2 栈桥设计验算内容

(1)栈桥的设计按主梁、桥面系及下部构造三部分分别进行验算。

(2)主梁验算时，结合桥面结构的刚度大小，采用杠杆法进行横向分布系数的计算，然后运用计算程序在考虑了自重、汽车荷载、冲击力、风力等多种因素情况下，按实际可能发生的各种荷载组合，对构造结点位移、杆件应力等进行详细计算和分析。

(3)桥面系按桥面板、纵梁、横梁的顺序分别进行验算。

(4)钢管桩验算时，首先计算各片梁的最大反力值，然后作用在横梁上，再进行加载计算。采用桥梁博士软件分别对单桩承载力、桩身内力及桩顶位移进行计算。主要荷载：静水压力、流水压力、风力、浪激力及施工荷载。

(5)栈桥应尽量靠近主桥，但又不能影响主桥的施工。一般选择平行主桥的轴线方向。还要根据施工码头的布置，选择布置在上游还是下游，并充分考虑各种因素的影响。

4.3 设计参考事项

(1)在覆盖层较厚的滩涂区域，采用小管径钢管桩群桩作为临时钢栈桥的基础，具有施工方便、造价低等优点。

(2)在风大、浪高的区域。利用加劲横撑及限位板可大大地减小主梁的纵、横向位移，保证栈桥的纵、横向稳定。

(3)桩顶采用嵌入式双工字钢作分配式垫梁，因其具有足够的刚度，可较好地进行应力分配，保证群桩受力良好。

(4)采用大块焊接钢板代替临时栈桥常用的木板作为桥面板，可以大大降低栈桥的维修费用。使用时间较长的临时栈桥特别值得采用此方案。

5　栈桥施工

5.1　总体施工方案

栈桥施工一般从岸边开始，逐步向水中延伸，钢管中采用轮式或履带吊机配合振动锤下沉到位，吊机根据起吊重量和范围进行选择。水深区域，为加快进度，可选用浮式吊机配合振动锤或浮动平台上安装打桩机进行打设。梁部贝雷梁或军用梁在岸上组装成安装节段长度后，用平板车或拖轮运输到现场，采用吊车或浮吊进行架设。栈桥施工工艺流程如图1。

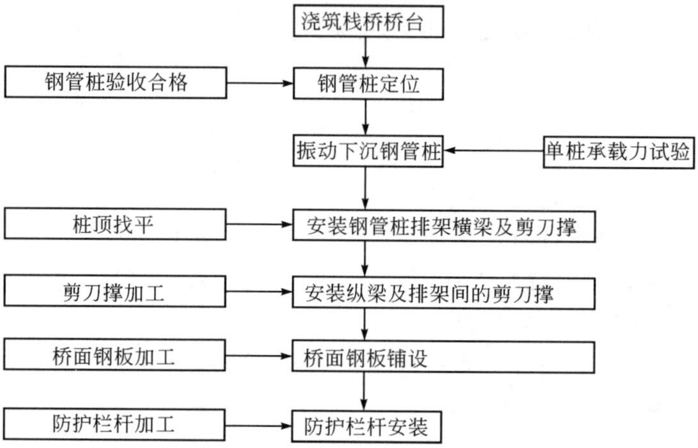

图1　栈桥施工工艺流程图

5.2　钢管桩加工施工

钢管桩在加工场制作完成后，平板车运输到现场采用轮式吊或50T履带吊结合振动锤下沉。首先进行测量，吊机初步定位，钢管运输到位后吊起钢管桩，喂入桩锤、桩帽中，下部用抱钳夹住。

调整导向架的垂直度，检查桩锤、桩帽、导向架和管桩的中轴线是否一致，采用全站仪测量桩位坐标并与设计比较，确定桩的前后移动距离，当桩位偏差在规定范围后可开始沉桩。首先利用管桩和锤的自重将其压入覆盖层，直至不下沉为止。在沉桩过程中控制好桩锤落距，做好施工记录，当贯入度达到控制要求时，即可停锤。

钢管桩需要现场接长时，连接可采用外拼板与接头对焊相结合的焊接方式或法兰盘栓接方式。焊接材料应与焊接材质相匹配，焊缝长度及焊缝高度满足规范或设计要求；对接必须保持顺直，顺直度允许偏差小于0.5%。

钢管桩打入后，根据设计的钢管桩顶标高，割去多余的钢管桩，并在钢管桩上割槽，能准确放置通长的横梁工字钢，且同一个墩的两根钢管桩的槽口必须在同一直线上。

5.3　军用梁、贝雷架的拼装和架设

在加工场对贝雷桁架或军用梁分片进行组装，用平板车运输至现场，利用履带吊车或轮式吊机安装贝雷桁架或军用梁。吊装前先用粉笔在墩顶横垫梁上定出贝雷片或军用梁的具体位置。架设按照从桥一侧向另一侧的顺序进行。第一片梁架设后采取临时固定措施，以后各片梁架设后尽快横向连接，形成整体。

5.4 桥面系施工

主梁安装完成后，采用人工配合吊机铺设横桥向工字钢，然后用吊机整体吊装桥面板安装单元，从一头向另一头铺设；防护栏杆的施工紧跟着进行，其施工进度落后于桥面板一跨主梁的距离。

横梁工字钢直接铺到贝雷梁或军用梁上，但每条工字钢都要正对贝雷梁的竖杆或斜杆位置，确保受力满足要求。工字钢铺好后，马上用 $\phi16$ 圆钢做成的 U 形卡将其卡在贝雷梁上同时拧紧螺丝。

纵梁槽钢通过汽车和吊车进行安装。槽钢按设计间距铺好后，每条槽钢都要与横梁工字钢采用点焊焊好，使它们成为一个整体，满足受力要求。

6 机具设备配置

利用水上设备施工时，应配置拖轮、浮吊等设备。设备配备见表 1。

表 1 栈桥施工机械设备配备表

序号	设备名称	型号规格	单位	数量	备注
1	振动锤	90 型	个	各 1 个	
2	吊车	25t～50t	辆	2	
3	交流电焊机	500 kVA	台	4	
4	弯曲机	$\phi6$～$\phi38$	台	6	
5	切断机	$\phi32$	台	2	
6	平板车	12 t～35 t	台	3	

7 质量措施

(1)为满足栈桥在施工中的受力要求，栈桥设计为重载栈桥，桩基沉降和结构刚度控制设计，通过每天对桩基沉降的观测来计算和检测栈桥的承载力是否满足设计要求。

(2)钢管桩单桩承载力控制：施工完毕第一排桩即做单桩承载力试验，验证与设计的偏差值，从而确定单桩振动下沉的最终贯入度，藉以控制各桩打入深度。

(3)桩和排架间的间距用定位架控制，且不得大于设计值。

(4)排架和排架间的剪刀撑要焊接牢固，所有焊缝接头严格按照标准焊缝进行焊接。

(5)桥面与纵梁、纵梁与横梁之间通过栓接及焊接方式联结紧密，空隙要楔紧垫实。

(6)栈桥成桥后，用钢筋堆放于栈桥桥面板上作为静荷载，分别采用履带式吊车和满载钢筋的拖车作为动荷载做动荷载试验，检验栈桥的受力性能，确保栈桥使用安全。

(7)现场详细记录每根钢管桩入土时间和实际打入深度，记录内容包括桩的加工长度、桩位水深、入土深度、振动锤的振动频率，确保入土深度。

(8)加强栈桥桥面板与纵梁的连接，保证正确的受力。

8 安全措施

(1)施工前报航道、海事、水利等有关部门审批通过，发布施工通告，设立相应通航、助航标志及夜间警示灯。

(2)在栈桥和工作平台上下游按规定设置航标，在夜间需有灯光显示，防止船舶撞击。夜间施工须有充足的灯光照明，并悬挂醒目的安全警示牌。

(3)栈桥标高，必须高于施工期最高水位 1 m 以上。

(4)在施工期间，设专人检查栈桥和工作平台，若有异常情况发生，应及时采取措施，确保施工安全。

(5)为保证施工人员和过往行人在栈桥施工区安全，在栈桥和工作平台均应设立防护栏杆，并需安装牢固。

(6)经常清除栈桥和工作平台上游侧的漂浮物(特别是在洪水期)，防止堵水，危及栈桥和工作平台安全。

(7)堆放在栈桥和工作平台上的机械设备和料具重量不得超过设计荷载量。

(8)对通行车辆数量采取限制措施，以避免意外交通事故发生。

(9)为方便车辆会车将采取补桩增设平台以拓宽部分栈桥桥面。

(10)坚持特殊工种的持证上岗制度，杜绝无证上岗操作行为。对施工机械要加强维修与保养，严格选用符合技术和安全规定的施工机具，并坚持安全挂牌制。

(11)所有进入施工现场的人员必须戴好安全帽，并按规定配戴劳动保护用具，如安全带、救生衣等安全工具。

9　结束语

栈桥是水中桥梁施工常用的重要临时结构，对解决水上长距离运输，保证施工设备和物资材料及时供应发挥重要作用，针对不同项目特点和施工材料、机具设备的组织情况，因地制宜，合理组织设计和施工，在满足性能安全可靠、作用得到充分发挥的前提下，应考虑栈桥施工机具、材料的周转使用，尽可能降低成本，突出技术经济性。

承台大体积混凝土施工

大体积承台混凝土施工工艺

1 前　言

大体积混凝土的裂缝控制问题是桥梁基础施工中十分重要的课题，特别是近20年来，商品混凝土的广泛应用，混凝土的配合比有了较大的改变，裂缝控制的难度也随之增加。对于桥梁基础大体积混凝土而言，如何制定合理的裂缝预防和控制措施，对混凝土材料进行准确评价并加以合理利用，将关系到整个桥梁基础工程的安全性和经济性，因此，全面深入地开展桥梁基础大体积混凝土温控防裂全套技术研究可为桥梁基础的设计和施工提供可靠的科学依据，并对保证施工质量、提高工程安全度、节约工程投资都具有重大意义；为了防止大体积承台混凝土产生裂缝，在满足大体积混凝土耐久性要求的基础上，本文主要从材料选择、配合比设计、施工工艺、养护条件、温控措施五大方面提出控制原则和具体技术指标，用于指导大体积承台混凝土施工。

2 工艺原理

大体积承台混凝土浇注裂缝主要由变形作用引起，包括温度变形（水泥的水化热、气温变化、环境生产热），收缩变形（塑性收缩、干燥收缩、碳化收缩）及地基不均匀沉降（膨胀）变形。由于这些变形受到约束引起的应力超过混凝土的抗拉强度导致裂缝，统称“变形作用引起的裂缝”。由温度收缩引起的应力又分为由平均降温差引起的外约束应力和混凝土内外非均匀降温差引起的自约束应力。外约束应力是产生贯穿性裂缝的主要原因，自约束应力主要引起表面裂缝。

变形产生裂缝的原因很复杂，它涉及到结构设计、材料组成、施工技术、环境状态等因素，研究还不够深入。而混凝土材料本身的组成与性质的变化，以及随之而来的施工技术变化可能是现代混凝土容易开裂的主要原因，这主要体现在以下几个方面：

（1）收缩及水化热增加。

与传统的普通混凝土相比，商品混凝土具有水泥用量大，水灰比大，砂率大，集料粒径偏小以及用水量偏大等特点，而这些特点最终导致了商品混凝土的收缩及水化热均高于普通混凝土。

（2）混凝土强度等级日趋提高。

有许多结构的混凝土不适当地选择了过高的强度等级。人们习惯上认为：强度等级越高，安全度越大，就高不就低，提高强度等级没坏处。有时迁就施工方便，会也采用高强混凝土。这其实是一种误导，这样会导致水泥强度等级、水泥用量和水用量的增加，细集料及粗集料粒径偏小，砂率偏大等，这就使得大体积混凝土更容易出现裂缝。

（3）结构约束应力不断增大。

结构规模日趋增大，结构形式日趋复杂，超长、超厚及超静定结构成为经常采用的结构形式（采用现浇施工）。这种结构形式有着显著的约束作用，对于各种变形作用必然产生较大约束应力。当混凝土的变形得不到有效释放时，大体积混凝土便可能由于受到过大的拉应力而产生裂缝。

(4)外加剂的负面效应。

外加剂及掺和料种类繁多,且大多数只有强度指标,而缺乏对混凝土水化热及收缩变形影响的长期试验资料(至少一年),有许多外加剂会严重地增加收缩变形,有的甚至降低了耐久性。

(5)忽略构造钢筋的作用。

因内外结构设计中都经常忽略构造钢筋的重要性,因而经常出现构造性裂缝。结构设计中经常忽略结构约束性质,缺乏相应的设计施工规范和规程。

(6)养护方法不当。

目前在大体积混凝土施工中采用的养护方法基本沿用过去的简易方法。由于泵送混凝土具有较大温度收缩变形,因此,这种方法已经无法适应泵送混凝土的养护。

3　防止大体积承台混凝土开裂的一般技术措施

由于大体积混凝土的裂缝机理是十分复杂的,因此,应从多方面采取相应的措施综合考虑。一般来说防止混凝上早期开裂要考虑的三个主要因素是:

(1)在浇注的混凝土结构中温度的发展。

(2)新浇注的混凝土的力学性能。

(3)基础或邻接结构对混凝上结构的约束程度。

大体积混凝土开裂主要是水化热使混凝土温度升高引起的,所以采取适当措施控制混凝土温度升高和温度变化速度,使温度变化产生的应力小于同龄期混凝土的抗拉强度,就可避免出现裂缝。这些措施包含于混凝土施工的全过程,包括分析混凝土内的温度分布、产生的约束应力以及选择混凝土成分、施工安排、浇注前后降低混凝土温度的措施和养护保温等。大体积混凝土裂缝控制的具体措施与方法如下。

3.1　结构措施

(1)合理配置钢筋。配筋是控制混凝土裂缝的主要手段,对于由荷载引起的裂缝及其裂缝宽度上要依靠配筋控制。主要的控制指标有:最小钢筋面积、钢筋最大直径、钢筋最大间距等。除了依据设计规范按结构承载力进行配筋外,还要考虑通过配筋控制收缩裂缝,以减少或抑制收缩裂缝的出现。

(2)设伸缩缝与后浇缝合理的分缝分块对裂缝控制有重要意义。混凝土浇注块越大,温度应力也越大、越容易产生裂缝。我国现行《混凝土结构设计规范》(GB50010—2002)规定:现浇钢筋混凝土连续式结构,处于室内或土中条件下伸缩缝的最大间距为 55 m,露天条件下为 35 m。但规范说明在有充分依据或可靠措施时可予以增减。随着施工技术的发展,为了避免永久式伸缩缝带来的缺点,在一些重大工程中采用了后浇缝的办法控制裂缝(如人民大会堂的后浇缝间距为 44 m),取得了很好的效果。这说明通过设置后浇缝可以减少结构中永久性的伸缩缝。

(3)确定合理的混凝土强度等级。在大体积混凝土施工中,混凝土强度等级高,会使水泥用量增加,从而导致混凝土内部温度过高,造成内外温差过大,从而引起结构物的开裂。对于大体积混凝土底板,应在满足抗弯及抗冲切的计算要求下,尽可能采用 C20～C35 级的混凝土。

3.2　材料选择与质量控制

材料措施是选择混凝上原材料、优化混凝土配合比。目的是使混凝土具有较大的抗裂能力,即尽量使混凝土的绝热温升较小,抗拉强度及极限抗伸变形能力较大。原则是在选材的基础上通过优化配比，以获得“低温(低浇注温度)”、“低热(低水化热温升)”混凝土，借以缩小温差，减少或避免裂缝，达到裂缝控制的目的。其具体做法如下：

(1)水泥。

为降低混凝土水化热，一般采用中、低热硅酸盐水泥，了解水泥熟料中硅酸三钙、硅酸二钙、铝酸三钙及铁铝酸四钙等矿物成分含量。使用前应进行水化热分析，并检测其碱含量及化学成分；水泥中 C3A 含量不宜超过 8%，水泥细度(比表面积)不超过 350 m^2/kg，游离氧化钙不超过 1.5%，氯离子含量不宜超过水泥质量的 0.2%，水泥含碱量不宜超过水泥质量的 0.6%。混凝土内总含碱量不应超过 3.0 kg/m^3。混凝土中胶凝材料最小用量应大于 300 kg/m^3，最大用量不宜超过 400 kg/m^3，最大水胶比为 0.50。

(2)粉煤灰。

所选用的掺和料必须品质稳定、来料均匀、来源固定。矿物掺和料中不应含放射性物质、可溶性有毒物质或其他对混凝土品质有害的物质，应有相应的检验证明和产品合格证。掺入优质粉煤灰取代水泥，进一步降低水化热，提高混凝土的工作性，并进行碱含量试验，粉煤灰烧失量应尽可能低，三氧化硫含量不大于 3%，需水量比不宜大于 105%。取代量应不少于胶结材料总量的 20%，当掺量超过 30%以上时，水胶比不宜大于 0.42。

(3)外加剂。

外加剂应具有减水、保塑、缓凝、泵送、等复合功能；使用前检测其碱含量。

外加剂供应商提供推荐掺量与相应减水率、主要成分的化学名称、氯离子含量、含碱量及施工中的注意事项、掺和方法和成功使用证明。当混合使用多种外加剂时，应事先专门测定，确保它们之间的相容性。

外加剂中氯离子含量不得大于混凝土中胶凝材料总量的 0.02%，高效减水剂中硫酸钠含量不宜大于减水剂干重的 15%。

氯化钙不能作为混凝土外加剂、防冻剂使用，不能使用亚硝酸钠类阻锈剂。

(4)粗骨料。

采用 5～31.5 mm 连续级配碎石，进一步提高混凝土内部密实度。骨料要求：

1)质地均匀坚固，粒形和级配良好、吸水率低、空隙率低(粗骨料堆积空隙率不超过 40%；对不同细度模数的砂子，控制 4.75 mm、0.6 mm 和 0.15 mm 筛的累计筛余量分别为 0～5%、40%～70%和≥95%)。粗骨料的压碎指标不大于 7%，吸水率不大于 2%，针、片状颗粒不宜超过 5%。

2)粗、细骨料中含泥量应分别低于 0.7%和 1%；粗、细骨料中的水溶性氯化物折合氯离子含量均不应超过骨料质量的 0.02%。

3)粗骨料的最大公称直径应小于钢筋间最小净距和保护层厚度的 2/3。

4)不得使用鄂式破碎机生产的粗骨料，严禁使用海砂。使用骨料前应了解骨料有无潜在活性，并通过专门验证。

5)水：混凝土拌和用水中氯离子含量不大于 200 mg/L。

3.3 施工措施与方法

(1)施工控制。

大体积混凝土的施工，一般分为三方面进行控制：第一，合理的混凝土配合比，它是降低混凝土内部温度的主要因素，同时也是对混凝土进行温度控制、应力计算的重要依据；第二，合理的泵送浇注施工是降低混凝土内部最高温度的重要环节，面层处理是保证大体积混凝土在初凝前不产生干燥收缩裂缝的关键；第三，严谨科学的温控养护技术，随时监控混凝土内部的温度变化，指导养护，避免因温差过大使混凝土内部应力超过抗拉强度导致混凝土开裂。

(2)混凝土成型工艺。

此部分亦称为混凝土的浇注方法。可用分层连续浇注或推移式连续浇注，不得留施工缝。分层连续浇注或推移式连续浇注，必须在前层混凝土初凝之前，将其次层混凝土浇注完毕，层间最长的时间间隔不大于混凝土的初凝时间。即"分段、定点、一个坡度，薄层浇注，循序推进，一次到顶"。在混凝土浇注进度安排上，尽量做到薄层、短间歇、均匀上升。

(3)温度监控与养护。

温度监控是全过程的，即从混凝土到达现场起，就开始测它的实际温度，并与设计值进行比较，同时记录大气气温；当混凝土浇注完成后，严格按施工组织设计的方案进行实测，以此作为指导混凝土养护的基础。大体积混凝土采用保温保湿的养护方法。《混凝土结构工程施工质量验收规范》(GB50204—2002)规定，温差应控制在 25 ℃以内。为保证温差小于 25 ℃，应及时浇水养护，浇注后 12 h 内铺盖塑料薄膜和 2 层麻袋进行保温保湿养护(塑料薄膜主要控制表面水分不被蒸发，2 层麻袋可使表面温度提高 25 ℃～35 ℃，保温保湿养护是必须的，也是可靠的，它对最高温度值有直接的影响，过早不利于散热，过晚会由于温度应力过大而产生裂缝。在升温阶段混凝土中心与表面都以相同的速度升温，此时混凝土有可塑性，变形引起的应力很小，所以不会产生裂缝。而在降温阶段，由于降温梯度过大，容易造成温差应力过大而使混凝土开裂，所以需要适当减慢降温速率并保证一定的温、湿度，这与温度监控有着密切关系。

(4)加强施工管理。

为了防止裂缝，除严格控制混凝土温度与内外温差之外，还需要加强施工管理，提高混凝土施工质量，尽可能提高混凝土质量的均匀性。在一个混凝土浇注块中，混凝土的强度不均匀，混凝土强度的离散系数大，裂缝出现的几率大，裂缝就多。

(5)后期维护。

混凝土结构浇注完成后，应尽早回填。这对于防止环境降温使结构产生温度应力，从而导致结构开裂，是十分有效的措施。

4 大体积承台混凝土配合比设计

4.1 配合比设计技术路线

由于大体积混凝土的特殊性，温控防裂常常是其配合比设计中首先要考虑的问题。因此，在大体积混凝土配合比设计时总要尽可能地降低混凝土的放热量，以减少混凝土的绝热温升。为此，最常用的方法是：减少胶凝材料用量；掺入混和材。实际上，大体积混凝土的温度开裂受两个因素制约：一是混凝土的放热量；二是混凝土的物理性能，特别是拉伸性能。前者反映了混凝土产生热变形的可能性，这是导致混凝土温度开裂的动力；后者反映了混凝土对热变形的承受和约束能力，这是混凝土温度开裂的阻力。大体积混凝土是否开裂取决于这两者之间的关系。因此，对于温控防裂，这二者同等重要。大体积混凝土配合比设计，既不能单纯以绝热温升高低为评价标准，也不能象普通混凝土一样以 28 d 抗压强度作为唯一标准。目前国内提出的大体积混凝土配合比优化设计理念，将耐久性(Cl^- 渗透系数)、绝热温升、工作性及 28 d 抗压强度四项功能指标进行归一化处理，以总功效系数作为考核标准，总功效系数越高，混凝土性能越好。

通过大量试验与分析，得出对 Cl^- 渗透系数、绝热温升、工作性及 28 d 抗压强度及总功效各相关影响因素的排序如下：

Cl^-渗透系数　水胶比＞外加剂＞水泥用量＞粉煤灰掺量＞水泥种类

绝热温升　水泥用量＞粉煤灰掺量＞水泥种类

工作性　水胶比＞外加剂＞粉煤灰掺量＞水泥用量

抗压强度　水胶比＞水泥用量＞粉煤灰掺量＞粗骨料种类＞水泥种类

混凝土总功效　水胶比＞粉煤灰掺量＞水泥用量＞粗骨料种类＞水泥种类

所以，根据各因素对混凝土总功效的影响程度，在大体积混凝土配合比设计时，应遵循以下设计线路：

(1)采取有效措施降低混凝土水胶比，最大不宜超过 0.50，这是大体积混凝土获得良好品质的保证。

(2)在满足强度的前提下，限制单方混凝土中胶凝材料的用量范围，并尽量减少混凝土胶凝材料中的硅酸盐水泥用量。

(3)在胶结材料总量不变时，尽可能多地使用混合材取代水泥，其取代率一般不低于15%；矿物掺和料是配制耐久性混凝土的必需组分；应使用优质粉煤灰、矿渣等矿物掺和料或复合矿物掺和料。

(4)充分利用外加剂改性功能和活性混合材的品质效应，改善混凝土的内部结构，提高混凝土的工作性、力学性能和耐久性，为使早期混凝土保持良好的温度传递梯度，进一步提高混凝土各浇注面的正常衔接，初凝时间 14～18 h。

(5)优先选用吸水率低、线胀系数小的骨料，尽量采用碎石，骨料最大粒径宜小；应特别重视混凝土骨料的级配合理、粒形良好，并保持洁净。

(6)选用低水化热、含碱量偏低、品质稳定的硅酸盐水泥或普通硅酸盐水泥，避免使用早强水泥和高 C3A 含量的水泥。

(7)外加高效减水剂，尽量降低拌和水用量。

(8)在正式施工前的混凝土试配中，进行混凝土正交试验，进行混凝土和胶凝材料抗裂性能的对比试验，并择优选择抗裂性良好的混凝土原材料和配比。

4.2　配合比正交设计

结合设计要求和原材料筛选试验情况，一般先确定采用一组胶凝材料进行设计，待试验数据积累足够时再进行配合比的优化设计。以下以广西南宁市南宁大桥主墩(C30)大体积承台混凝土 L9(34)正交设计为例，介绍混凝土配合比正交设计情况(见表 1)。南宁大桥主墩承台外形尺寸为 38.2 m×42.2 m×5～8 m，单个承台混凝土浇注方量达 11 630 m^3，承台混凝土为 C30 高性能混凝土，对混凝土的强度、抗渗、抗裂、抗侵蚀、混凝土碳化、碱骨料反应等均提出很高的要求。混凝土配合比试验方案见表 2。

表 1　正交试验因素、水平表

水平	因素			备注
	A 水泥用量(%)	B 矿粉用量(%)	C 砂率(%)	
1	45	47	39	水泥用量指占总胶凝材料的比例，矿粉用量指除水泥外外掺总料的比例，剩余为粉煤灰的用量
2	50	57	40	
3	55	67	41	

表 2 配合比试验方案

编号	水泥用量(%)	矿粉用量(%)	砂率(%)	配合比(kg/m³)						
				水泥	矿粉	粉煤灰	砂	石	水	减水剂
1	1(45)	1(47)	1(39)	162	93	105	732	1 145	156	8
2	1(45)	2(57)	2(40)	162	113	85	751	1 126	156	8
3	1(45)	3(67)	3(41)	162	133	65	769	1 108	156	8
4	2(50)	1(47)	2(40)	180	85	95	751	1 126	156	9
5	2(50)	2(57)	3(41)	180	103	77	769	1 108	156	9
6	2(50)	3(67)	1(39)	180	121	59	732	1 145	156	9
7	3(55)	1(47)	3(41)	198	76	86	769	1 108	156	9
8	3(55)	2(57)	1(39)	198	92	70	732	1 145	156	9
9	3(55)	3(67)	2(40)	198	109	53	751	1 126	156	9

通过对各组混凝土配合比强度、抗渗、抗裂性能的对比试验和胶凝材料水化热情况，优化C30 混凝土设计配合比，最终选定承台 C30 混凝土施工理论配合比(见表 3)。

表 3 承台 C30 混凝土施工理论配合比(kg/m³)

胶凝材料	水胶比	水泥	矿粉	粉煤灰	砂	石	水	减水剂
360	0.43	180	85	95	732	1 145	156	8

注:水泥:采用广西鱼峰 P. Ⅱ42.5 中热硅酸盐水泥;矿粉:采用柳州台泥新型建材有限公司的 S95 级矿粉;粗骨料:采用武鸣 5～25 mm 连续级配碎石;砂:钦州中砂,Mx=2.8;粉煤灰:田东电厂优质Ⅱ粉煤灰;减水剂:UNF-3 缓凝高效减水剂。

5 大体积承台混凝土温控计算分析

在大体积承台混凝土浇注前，应根据方案确定的承台混凝土分层浇注的顺序、混凝土配合比、通水冷却方案、混凝土养护方案，进行承台混凝土热传导分析和温度应力分析。估算混凝土浇注及养护过程中温度变化情况、管冷效果、最大温度收缩应力。并根据温控计算结果调整混凝土配合比、混凝土浇注和养护工艺。

混凝土温控分析包括热传导分析和热应力分析两个过程。热传导分析是通过考虑胶凝材料水花反应时产生的热量、对流、传导等因素，计算混凝土温度随时间变化过程；热应力分析是利用计算得到的不同时间的温度，考虑随时间和温度变化的材料特性、干缩、随时间和应力变化的徐变等，计算大体积承台混凝土各施工阶段的应力。

本文以南宁大桥主墩承台温控计算为例，运用 midas civil6.7.1 水化热分析模块进行承台混凝土热传导分析和温度应力分析，介绍南宁大桥主墩承台大体积混凝土温控计算过程。

5.1 计算依据与参数的选取

混凝土浇注后的温度与水泥的水化热温升、混凝土的浇注温度和浇注进度、外界气温、表面保护等多种因素有关。温度计算结果的准确性除了选择恰当的计算方法以外，还有赖于与上述因素有关的基本条件和材质参数的正确选取。以下温度汁算中用到的水泥水化热，混凝土配合比、强度、弹性模量及气温等参数均通过试验及相关规范资料选取。

(1)混凝土性能。

混凝土性能见表4。

表4　承台混凝土力学性能和热物理性能测试结果

指　　标	3 d	7 d	14 d	28 d
抗压强度(MPa)/相对28 d强度比(%)	12.1/28	24.6/57	32.2/74	43.4/100
抗拉强度(MPa)/相对28 d强度比(%)	1.42/38	2.64/72	3.1/85	3.65/100
弹性模量($\times10^4$ MPa)/相对28 d弹模比(%)	2.85/68	3.41/80	3.6/84	4.27/100
胶凝材料水化热(J/g)	180.1	224		

混凝土导温系数。混凝土的导热系数λ依据混凝上配合比计算取值:λ=11.02 kJ·m·h·℃,进一步算出导温系数a=0.004 8 m^2/h。

其他参数:混凝土的泊松比系数取为0.167,线膨胀系数根据实测结果取值$a=8.5\times10^{-6}$(1/℃)。

(2)温度初始条件与边界条件。

在不同的日期浇注混凝土时,应选取不同的气温和浇注温度,可利用多年温度数据以温度函数形式输入。承台下的基底模拟成具有一定比热和热传导率的结构。

(3)水化热分析数据的输入。

模型建立后,依次输入环境温度、对流系数、热源函数、管冷数据、定义分层施工阶段。

5.2　温控计算

计算温度场和应力场时,采用三元有限元法计算,将温度场和应力场纳入一个统一的网格和程序进行计算。

6　大体积混凝土温控与养护

温控监测的目的是通过实测混凝土内部温度的变化,计算温度收缩应力,预测混凝土温度应力发展趋势,调整温控措施,以确保将内外温差控制在允许范围内,防止混凝土内外温差过大,造成温度应力大于同期混凝土抗拉强度而产生裂缝。

南宁大桥工程采用"寰宇夺标®一线通大体积混凝土测温系统"。本系统只需一根信号线,即可通过不论是并联还是串联还是混联的方式,将数据传送到办公室的电脑中,具有布线量极低、安装工作量少、快捷方便、实时图形和报表显示等显著特点。

测温布点:本工程基础混凝土区域设置的测温平面布置点分为典型点和补测点(图1)。

图1中:根据不同的深度,同一竖向分别布置了6个或8个传感器,基础中心相同深度部分没有画出。其中,最上和最下一个传感器离混凝土表面的距离为100 mm,其他间距平分。温控设备:

(1)数据适配器1台。

(2)现场数据采集器17台。

(3)计算机1台。

(4)测温传感器:每平面点6~8只(含相应传感线)。

(5)数据传输线:4芯、每芯截面1.5 mm^2,实长<1 200 m。

(6)计算机软件:本系统配套检测软件。

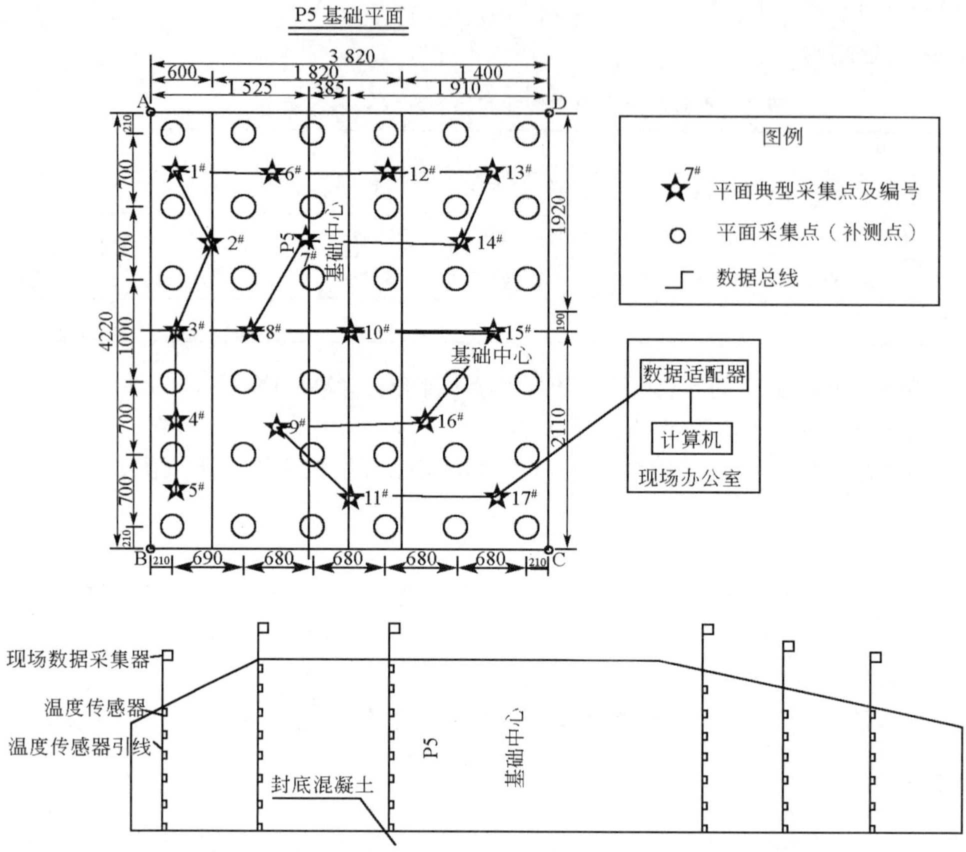

图 1　承台基础测温布点示意图(单位:cm)

测温工作于混凝土浇捣后开始,前 7 d 每 2 h 测温 1 次,7 d 之后每 4 h 测温 1 次,测至 60 d 结束。同时同步监测混凝土表面温度及环境温度。测试要按编号顺序进行,并认真记录所测数据。测温工作在混凝土浇注完毕后开始进行。

结构表层混凝土的耐久性质量在很大程度上取决于施工养护过程中的湿度和温度控制。整个承台混凝土侧模采用胶合板木模,第一、二层混凝土浇注完成至下层开始浇注的间歇期(5～7 d)混凝土表面利用冷却水管出口的温水蓄水养护。第三层混凝土表面浇注完成后覆盖一层湿麻袋洒水养护。每层混凝土湿养护期不得低于 15 d。

7　大体积承台混凝土施工质量保证措施

(1)派专人负责记录混凝土运送到工地的时间和出机坍落度、浇注时间和浇注时的坍落度、浇注时气温与混凝土浇注温度、施工缝划分、混凝土浇注高度的控制以及混凝土的养护方式和养护过程,包括养护时开始时间、混凝土养护中的表面温度与降温速率、拆模时间与拆模时气温等。如果出现裂缝,要记录裂缝出现的时间、部位、尺寸和处理情况。

(2)为保证钢筋保护层厚度尺寸及钢筋定位的准确性,宜采用工程塑料制作保护层定位法或定型生产的纤维砂浆块。当使用一般的细石混凝土垫块定位保护层的厚度时,垫块的尺寸和形状必须满足保护层厚度和定位的允差要求;垫块的强度应高于构件本体混凝土,水胶比不大于 0.4。浇注混凝土前,应仔细检查定位夹或保护层垫块的位置、数量及其紧固程度,构件侧面和底面的垫块应至少 4 个/m^2,绑扎垫块和钢筋的铁丝头不得伸入保护层内。

(3)为保证混凝土的均匀性,混凝土的搅拌宜采用卧轴式、行星式或逆流式搅拌机并严格控制拌和时间。泵送混凝土的坍落度不宜过大以避免离析和泌水。插入式振捣棒需变换其在混凝土拌和物中的水平位置时,应竖向缓慢拔出,不得放在拌和物内平拖。泵送下料口应及时移动,不得用插入式振捣棒平拖驱赶下料口处堆积的拌和物。

(4)混凝土养护应保证模板连接缝处不至于失水干燥。水养护或湿养护在整个养护期内不得间断。对于水胶比低于 0.45 的混凝土和大掺量粉煤灰混凝土,在施工浇注基础承台等大面积构件时应尽量减少暴露的工作面,浇注后应立即用塑料薄膜紧密覆盖(与混凝土表面之间不应留有空隙)防止表面水分蒸发,待进行搓抹表面工序时可卷起塑料薄膜并再次覆盖,终凝后可撤除薄膜进行水养护。

(5)当新浇的结构构件有可能接触流动水时应采取防水措施,保证混凝土在浇注后 7 d 之内不受水的直接冲刷。

(6)混凝土的拆模时间除需考虑拆模时的混凝土强度外,还应考虑到拆模时的混凝土温度可能过高,以免接触空气时降温过快而干裂,更不能在此时浇注凉水养护。

(7)在混凝土浇注后的抹面压平工序中,严禁向混凝土表面洒水,并应防止过度操作影响表层混凝土的质量。

8 结束语

本文针对大体积承台结构混凝土耐久性的要求,确定大体积承台混凝土施工质量控制要素,归纳出满足设计要求的技术控制指标。从材料选择、配合比设计、施工工艺、养护条件、温控措施五大方面归纳总结,制定相应工艺措施,突出解决了大体积混凝土温控防裂的难题。

桥墩施工

常用模板、支架设计

1 前　　言

桥墩根据桥梁所处地形、梁部设计结构的不同有高墩、矮墩，实心墩、空心墩，单柱、双柱或多柱墩之分。因桥型不同，墩身受力不一，空心墩内有横隔板，双柱或三柱墩间有系梁和盖梁。

施工单位中标一座桥梁，首先要统计桥墩类型、高度，自有（或市场）提升设备及能力，施工方案或设备（或引进设备），可选择下列施工方法：

1.1 低　　墩

采用整体钢模一次浇注成型，也可采用翻模分段浇注施工。

1.2 高墩（实心、空心）

1.2.1 翻　　模

采用两节或三节模型，每次保留最上一节作接头模，使用提升设备将其下的一节或两节模板拆除往上翻，重新立模浇注混凝土。

1.2.2 爬　　模

爬模由爬架、模板组成。爬架、模板互为爬升依托，交替爬升。模板可为一节（每次拆除模板，爬升到位，模板下部包住已浇墩身 100 mm）或两节（等高）或三节，其中两节较矮，约 400 mm为接头模，一节为标准模，每次爬升均先接标准模，再接接头模。

现在使用较普遍的爬模、模板、爬架均不能自行或交替爬升，而是依靠另行安装的提升设备来实现爬升。

1.3 其余墩部

至于空心墩内的横隔板，墩顶有实心段，墩柱间的系梁（横梁），墩顶的盖梁，则可选择落地支架（或在模隔板、横梁上再搭支架）、托架、抱箍、斜拉、劲性骨架等施工方法。

2 模板支架分类

2.1 模板分类

2.1.1 翻　　模

翻升模板即大模板施工，一般由 2～3 层模板组成一个单元。以墩身作为支承主体。上层模板支承在下层模板上，循环交替上升。翻升模板上层模板以下层模板作为支承，从而要求构筑断面一致性要好，无局部突出物，外伸预埋件要少。

2.1.2 爬　　模

爬升模板是一种适应于现浇钢筋混凝土竖直或倾斜结构施工的模板工艺，适应于墙体、桥梁、塔柱等。可分为“有架爬模”（模板拉爬架）、“无架爬模”（模板拉模板）两种。

爬升模板的工艺原理，是以墩身作为支承主体，通过附着于已完成墩身上的爬升架与模板，利用连接爬升架与模板之间的爬升设备，使一方固定，另一方作相对运动，交替向上爬升，以完成模板的爬升、下降、就位和校正等工作。

2.2　支架分类

2.2.1　落地支架分类

落地支架可分为门式钢管脚手架、碗扣式支架、扣件式钢管支架、万能杆件支架。

2.2.2　梁式支架分类

梁式支架可分为型钢梁式支架、制式器材梁式支架。

3　模板、支架构件

3.1　模板构件

3.1.1　翻模构件

翻模构件主要由内外模板、工作平台、提升设备组成。

3.1.2　爬模构件

爬模构件主要由大模板、爬升架、爬升设备三部分组成。

3.2　支架构件

3.2.1　门式支架构件

门式支架以门架、交叉支撑、连接棒、挂扣式脚手板或水平架、锁臂等组成基本结构，再设置水平加固杆、剪刀撑、扫地杆、封口杆、托座与底座，并采用边墙件与建筑物主体结构相连的一种标准化钢管脚手架。

3.2.2　碗扣式支架构件

碗扣式支架由支架垂直承力杆、支架顶端垂直承力杆、支架水平承力杆、支撑斜杆组成，使用不同的立杆间距和横杆的竖向步距组合，可使每根立杆的容许承载力从 20 kN 提高到 40 kN，以满足各种现浇构件施工的需要。

3.2.3　扣件式钢管支架构件

扣件式钢管支架以钢管、扣件、脚手板、连墙件、剪刀撑等组成，杆配件数量少；装配方便，利于施工操作；搭设灵活，能搭设高度大；坚固耐用，可多次周转。

3.2.4　万能杆件支架构件

万能杆件支架是由配套的标准构件组成的钢制脚手架，可拼装成不同的结构形式及承受不同的荷载，是能多次反复使用的常备式辅助结构。

万能杆件有 N 型和 M 型两种，常用 N 型，这两种万能杆件在结构和拼装形式上基本相同，仅弦杆角钢尺寸部分缀板的大小和螺栓孔直径稍有差异；M 型（N 型）共有大小构件 25 种，其中杆件及拼接用的角钢零件有 10 件，编号为 M_1（或 N_1）、M_2、M_3、M_4、M_5、M_6、M_7、M_9、M_{10}及 M_{16}；节点板有 9 种，编号为 M_8、M_{11}、M_{12}、M_{13}、M_{14}、M_{17}、M_{18}、M_{22}、M_{23}；缀板两种，编号为 M_{19}、M_{20}；填板 1 种，编号为 M_{15}；支座 1 种，编号为 M_{21}（共有 6 种零件），普通螺栓两种，编号为 M_{24}、M_{25}。

3.2.5　梁式支架构件

梁式支架主要采用装配式构件，常用六四式军用梁、贝雷梁；通常由主梁桁架、桥面系、支撑件、桥端构件及架设工具等组成；通常作为纵、横梁，与型钢、钢管支架或扣件式钢管进行组合使用。

4 模板、支架适用范围

4.1 模板适用范围

翻模、爬模均可应用于高桥墩墩身模板施工中。

4.2 支架适用范围

4.2.1 门式支架、碗扣支架、扣件式钢管支架适用范围

常用于陆地或不通航的河道，或桥墩不高的小跨径桥梁；其特点是在桥墩下满布支架立柱，模板直接支承在立柱上的枋木或型钢上。采用整体现浇的连续结构形式，一般都采用满堂式脚手架搭设模板；满堂式脚手架通常采用碗扣支架或扣件式钢管支架搭设，但在跨越河渠、高速公路、铁路主干线等结构物时，为了不影响下穿线路的正常运营，不能搭设满堂式脚手架，此时采用门式支架施工。

在排架式支架中，通常使用工程脚手架 $\phi48$ mm 钢管和扣件连接(也可采用碗口式支架)，设置纵横向水平连杆且在一定范围内设置纵、横向垂直剪刀撑和水平以保证排架的整体刚度和整体稳定性。

4.2.2 万能杆件支架、梁式支架适用范围

梁式支架通常是在两端设立柱，上方设承重梁，模板直接支承在承重梁上。依其跨径可采用工字钢、钢板梁或钢桁梁作为承重梁，当跨径小于 10 m 时可采用工字钢，跨径大于 20 m 采用钢桁架。

万能杆件常用于梁柱式支架，是在当梁式支架跨度比较大时，在跨的中间再设几个立柱，它可在大跨径桥上使用，梁支承在多个立柱或临时墩上而形成多跨连续支架。

5 模板结构设计与检算

5.1 配板设计

配板原则：

(1)要保证构件的形状尺寸及相互位置尺寸的正确，使构件达到设计的要求。

(2)要使模板具有足够的强度和稳定性，能够承担新浇注混凝土的重量和侧压力及施工荷载，且要求结构简单、拆装方便、不得妨碍其他工序的作业。

(3)模板配置应优先选用通用、大块模板，使其达到型号少、数量少、镶拼木条数量少。

(4)模板沿板长方向拼接应错开布置，以增强模板的整体性。

(5)模板的支撑系统应能够承担模板的荷载，保证模板在各种荷载作用下的变形在允许范围以内。

钢模板的配板组合排列，要结合工程实际并按照《组合钢模板技术规范》(GB214—89)中提出的模板规格进行组配，组配时从中选取几种规格，尽量选用大规格板形组合使用。为方便配板，可参照表 1、表 2 选配模板，两表是以长度为 1 500 mm、900 mm、600 mm、450 mm，宽度为 300 mm、200 mm、150 mm、100 mm 的常用规格模板为例，并以 1 500 mm×300 mm×55 mm的钢模板为主编制的配板表，以供参考。

5.1.1 按墩身横截面进行配板设计

当模板以 1 500 mm×300 mm×55 mm 为主板做横向排列时，各适用长度列于表 1 中，使

用此表时，首先从上而下、从左到右，找到配板长度的范围，然后由最上一行找到所需钢模板主规格的模板数量，不足之处再由其余规格块数栏中查找。表中斜线分为两种情况，分别对应采用。

模板横排合理方式的选用(见表 1、表 2)。

当钢模板以 P3015 为主板(即长 1 500 mm 宽 300 mm)，作横排时，横向长度可以 150 mm 为长度基本级差。各适用长度列于表 1 中，使用表 1 时，首先从上往下，从左往右，找到要配板的长度数字。即可找到所需主规格板块数，列于表 1 表头，表中长度与表头块数，以斜线分为两种情况，斜线上或斜线下，分别各自对应取用。不足之处，再以 900 mm、600 mm 及 450 mm 继续补足，组合方式所需块数，列于其余规格块数栏下。但当照表 1 拼配模板后，出现尾数剩余时，可考虑如下设计：

1)剩下长度为 140～100 mm 时，配上 100 mm 宽的竖向模板一列，于是仅剩 40～10 mm。

2)剩下长度为 90～50 mm 时，可将表中主规格所拼配长度移上一格，减一道序号取用，使剩下长度扩大为 240～200 mm，加配 200 mm 宽的竖向模板后，剩下亦为 40～10 mm。

3)剩下长度为 40～10 mm 时，保持不变。但是当高度较高，使横排排数较多时，对序号 2、6、8 三行，即备注栏内有△记号的，亦可以往上移一档，缺口即变为 190～160 mm，然而模板块数可以减少，即减少了直接工作量。

表 1　横排时基本长度配板表(mm)

主板块数 / 配模长度 / 序号	0 / 1	1 / 2	2 / 3	3 / 4	4 / 5	5 / 6	6 / 7	7 / 8	8 / 9	其余规格块数	备注
1	1 500	3 000	4 500	6 000	7 500	9 000	10 500	12 000	13 500		
2	1 650	3 150	4 650	6 150	7 650	9 150	10 650	12 150	13 650	2×600+1×450=1 650	△
3	1 800	3 300	4 800	6 300	7 800	9 300	10 800	12 300	13 800	2×900=1 800	☆
4	1 950	3 450	4 950	6 450	7 950	9 450	10 950	12 450	12 450	1×450=450	
5	2 100	3 600	5 100	6 600	8 100	9 600	11 100	12 600	14 100	1×600=600	
6	2 250	3 750	5 250	6 750	8 250	9 750	11 250	12 750	14 250	2×900+1×450=2 250	△
7	2 400	3 900	5 450	6 900	8 400	9 900	11 400	12 900	14 400	1×900=900	☆
8	2 550	4 050	5 550	7 050	8 550	10 050	11 550	13 050	14 550	1×600+1×450=1 050	△
9	2 700	4 200	5 700	7 200	8 700	10 200	11 700	13 200	14 700	2×600=1 200	
10	2 850	4 350	5 850	7 350	8 850	10 350	11 850	13 350	14 850	1×900+1×450=1 350	

注：1. 当长度为 15 m 以上时，可依次类推。

2. ☆(△)表示由此行向上移两档(一档)，可获得更好的配板效果。

表 2　横排时基本高度配板表(mm)

主板块数 配模长度 序号	0 1	1 2	2 3	3 4	4 5	5 6	6 7	7 8	8 9	9 10	其余规格块数
1	300	600	900	1 200	1 500	1 800	2 100	2 400	2 700	3 000	
2	350	650	950	1 250	1 550	1 850	2 150	2 450	2 750	3 050	1×200+1×150=360
3	400	700	1 000	1 300	1 600	1 900	2 200	2 500	2 800	3 100	1×100=100
4	450	750	1 050	1 350	1 650	1 950	2 250	2 550	2 850	3 150	1×150=150
5	500	800	1 100	1 400	1 700	2 000	2 300	2 600	2 900	3 200	1×200=200
6	550	850	1 150	1 450	1 750	2 050	2 350	2 650	2 950	3 250	1×150+1×100=250

注:高度 3.3 m 以上照此类推。

4)当横排最末一种模板为 450 mm 或 600 mm 时,亦可依前节所述,在高度较大情况下,将这一列改为竖排,改用 300 mm 及 150 mm 宽并列代替 450 mm,2 块 300 mm 并列代替 600 mm。

至于高度方向,横排时,根据模板宽度,可提出以 5 cm 为高度的基本级差。各基本高度及所需主规格 300 mm 的块数,列于表 2 中。不足时需以 200～100 mm 宽补充,其组合及块数列于末一栏。任何高度,需拼补木料的宽度均不超过 40 mm。

5.1.2　按墩身高度进行配板设计

模板竖排时,可看作将该配板平面旋转 90°,将原有高度当作横向长度,同样按表 1 配板。再将原有长度尺寸看作高度,按表 2 配板,便可得出竖排的合理化排列方式。

5.1.3　空心墩内模配板设计

内模平面模板配板设计同外模,只是用转角模板替换外模的收坡模板。

5.2　模板检算

5.2.1　模板荷载计算及其有关规定

(1)模板自重。

采用定型钢模时,组合钢模及连接件自重为 0.5 kN/m^2,而组合钢模、连接件及钢楞自重为 0.75 kN/m^2。

(2)新浇混凝土及钢筋自重。

对于素混凝土和砌体的容重为 24 kN/m^3;而对于钢筋混凝土(以体积计算的配筋率)为划分标准:当配筋率≤2%时,容重取 25 kN/m^3;配筋率>2%时,容重取 26 kN/m^3。

(3)施工人员、堆放及运输工具、材料重量。

1)计算模板及直接支承模板的小棱时,均布荷载可取 2.5 kPa,另以集中荷载 2.5 kN 进行验算;

2)计算直接支承小棱的梁或拱架时,均布荷载可取 1.5 kPa;

3)计算支架立柱及支承拱架的其他结构构件时,均布荷载可取 1.0 kPa。

(4)振捣混凝土时产生的荷载。

产生的荷载取 2.0 kPa。

(5)新浇混凝土时侧模板的压力。

根据已知施工气温的混凝土浇注速度，采用内部振捣器时，按《混凝土结构工程施工及验收规范》(GBJ 50204—92)中有关新浇混凝土作用在模板上的最大侧压力计算(图 1)，可按下面两式计算，并取二式中的较小值：

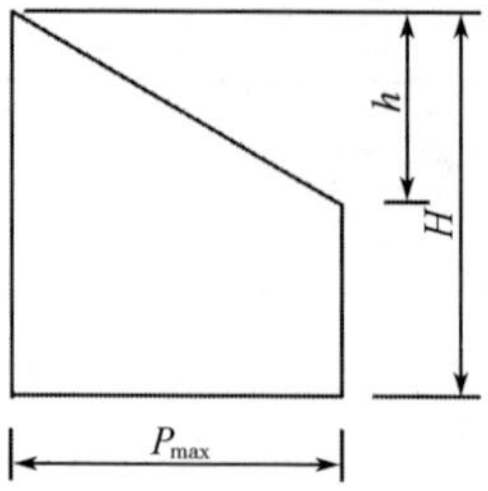

图 1　混凝土侧压力计算分布图

$$F=0.22\gamma t_0\beta_1\beta_2 v^{\frac{1}{2}} \quad (1)$$

$$F=\gamma H \quad (2)$$

式中　F——新浇注混凝土对模板的最大侧压力(kN/m^2)；

γ——混凝土的重力密度(kN/m^3)；

h——有效压头高度(m)；

t_0——新浇注混凝土的初凝时间(h)，可按实测确定。当缺乏试验资料时，可采用 $t_0=\frac{200}{T+15}$计算(T 为混凝土的温度)；

v——混凝土的浇注速度(m/h)；

β_1——外加剂影响修正系数，不加时，$K=1$；掺缓凝外加剂时，$K=1.2$；

β_2——混凝土坍落度影响修正系数，当坍落度小于 30 mm 时，取 0.85；50～90 mm 时，取 1.0；110～150 mm 时，取 1.15。

(6)倾倒混凝土时对侧模板的压力。

1)竖直模板。

同倾倒混凝土时产生的冲击荷载，它与倾倒方法和容器大小有关；

用小于及等于 0.2 m^3 容积的容器或用溜槽、串筒或导管倾倒时，荷载大小为 2.0 kPa；

用大于 0.2～0.8 m^3 容积倾倒时，荷载大小为 4.0 kPa；

用大于 0.8 m^3 容积倾倒时，荷载大小为 6.0 kPa；

混凝土层厚度大于 1.0 m 时，荷载大小不计。

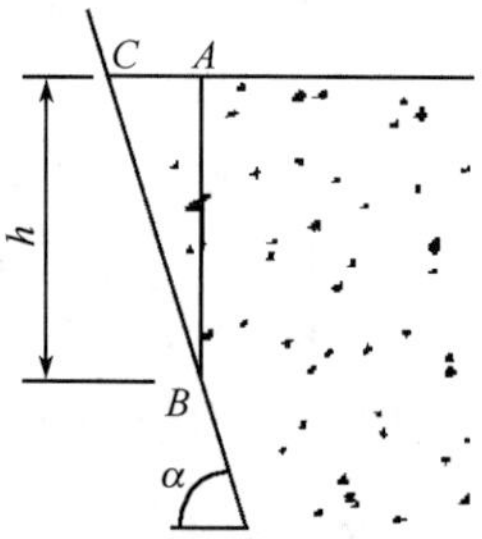

图 2　模板向外侧倾斜

2)外倾模板(图 2)。

H 为混凝土浇注高度，α 为模板倾斜角；

$\alpha\geq55°$时，沿竖直面 AB 按式(1)和(2)中的较小值计算；

$\alpha<55°$时，将△ABC 部分作为竖直荷载；

3)内倾模板(图 3)。

$\alpha=40°\sim30°$时，$H=3h$ 浇注层高；

$\alpha=30°\sim20°$时，$H=2h$ 浇注层高；

$\alpha<20°$时，不计侧压力。

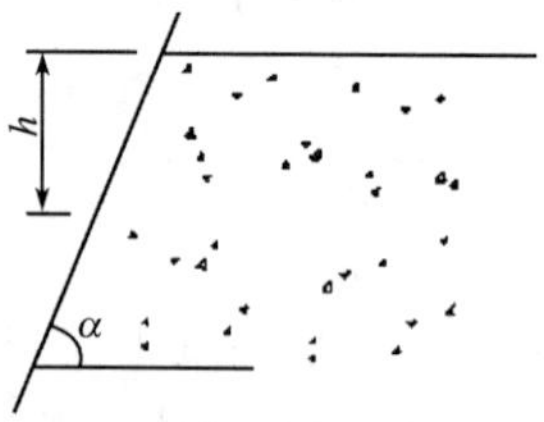

图 3　模板向内侧倾斜

(7)其他可能产生的荷载。

雪荷载、冬季保暖设施荷载等，按实际情况考虑。

5.2.2　采用容许应力法设计

(1)钢材的容许应力取值及提高系数。

用于制造钢模模板、钢管支架、拱架的钢材一般为 Q235A 普通碳素钢，其容许应力见表 3。

表 3　钢模板、钢管支架、拱架及配件的容许应力(MPa)

材　种	应力种类	符号	规范规定	新钢模板及配件	
				提高系数	计算采用
Q235A 钢材	抗拉、抗压轴向力	[σ]	140	1.25	175
	弯曲应力	[σ_w]	145	1.25	181
	剪应力	[τ]	85	1.25	106
Q235A 粗制螺栓	拉应力	[σ_t^b]	110	1.25	138
	剪应力	[σ_v^b]	80	1.25	100
	承压应力	[σ_c^b]	70	—	170

注：1. 钢材的弹性模量 E 取 2.1×10^5 MPa；

2. 当钢模板等构件及配件较旧时，提高系数应降低，但不小于 1.0。

(2)木材及各种胶合板容许应力取值。

当采用木材时，其树种可按各地区实际情况选用，材质不宜低于Ⅲ等材，木材容许应力见表 4。

表 4　各种常用木材的容许应力和弹性模量(MPa)

木材种类		树种名称	顺纹拉应力	顺纹承压应力	顺纹弯应力	顺纹剪应力	弯曲剪应力	横纹承压应力			弹性模量 $E(\times10^3)$
								全面积	局部表面及齿面	螺栓垫板下	
针叶材	A-1	东北落叶松、陆均松	9.0	14.5	14.5	1.5	2.3	2.3	3.5	4.6	11
	A-2	鱼鳞云杉、西南云杉、铁杉、红杉、赤杉、新疆落叶杉	8.5	13.0	13.0	1.4	2.0	2.0	2.9	4.1	10
	A-3	红松、樟子松、马尾松、云南松、广东松、油松、红皮云杉	8.0	12.0	12.0	1.3	1.9	1.8	2.6	3.6	9
	A-4	杉木、华北落叶杉、秦岭落叶杉	7.0	11.0	11.0	1.2	1.7	1.8	2.6	3.6	9
	A-5	冷杉、西北云杉、山西云杉、山西油杉	6.5	9.5	9.5	1.2	1.7	1.6	2.3	3.1	8.5
阔叶材	B-1	栎木、青冈	12.0	19.0	19.0	2.6	3.8	4.1	6.1	8.2	12
	B-2	水曲柳	11.0	16.5	16.5	2.3	3.2	3.7	5.5	7.4	11
	B-3	锥栗(栲木)、桦木	9.5	14.5	14.5	1.9	2.8	3.0	4.4	6.0	10

注：1. 弯曲剪应力 τ 仅用于整体梁的弯曲受剪验算；

2. 对于柱(桩)式墩盖梁、柱式座架墩底梁等在局部长度上的容许横纹承压应力为全面积容许承压应力的 2 倍；

3. 材湿度超过 30%或在水中的结构，木材横纹承压容许应力和弹性模量减低 10%；

4. 原木顺纹受压和受弯的容许应力及弹性模量可提高 15%；

5. 截面短边尺寸大于 15 cm 的方木受弯容许应力可提高 15%；

6. 本表摘自《公路桥涵钢结构及木结构设计规范》(JGJ02—86)。

当模板采用的是 18 mm 熊猫牌酚醛树脂胶合板时，其弹性模量为 6 000 MPa，容许弯曲应力为 18 MPa，容许剪应力为 1.7 MPa；由于多做临时结构，可提高 20%；提高后的容许弯曲应力为 21.6 MPa；剪应力为 2.04 MPa。

5.2.3　模板容许挠度

(1)模板容许挠度。(见表 5)

表 5　模板、拱架及支架容许挠度值

序号	模板、拱架、支架类型	容许挠度值	符号意义
1	结构表面外露的模板	$L/400$	L——模板构件计算跨度
2	结构表面隐蔽的模板	$L/250$	
3	排架、支架受载后挠曲的杆件(盖梁、纵梁)	$L/400$	L——相应结构跨度
4	支架的压缩变形值或弹性挠度	$L/1\,000$	L——相应结构计算跨度
5	钢模板的面板	1.5 mm	
6	单块钢模板	1.5 mm	

(2)模板背楞容许挠度。

1)钢愣、柱箍的容许挠度为 3.0 mm。

2)钢模板结构体系的容许挠度为 $L/1\,000$(L 为相应的结构跨度)。

3)木模板的肋条的容许挠度为 $L/500$。

5.2.4　模板强度(弯曲强度)、挠度检算(见表 6)

表 6　模板弯矩及挠度计算

名称	均布荷载	跨中的集中荷载	符号意义
弯矩	$\frac{qL^2}{10}$	$\frac{PL}{6}$	q——沿模板长度的均布荷载； P——集中荷载； L——计算跨径； I——模板截面的惯性矩； E——模板弹性模量
挠度	$\frac{qL^4}{128EI}$	$\frac{PL^3}{77EI}$	

弯曲强度：$\sigma=\frac{M}{W}\leqslant[\sigma]$，$W$——毛截面模量。　(3)

挠度检算：$\omega\leqslant[\omega]$　(4)

5.2.5　模板肋条强度(弯曲强度)、挠度检算

模板作用于肋条的支反力 q，其弯矩为：

$$M=kqL^2 \tag{5}$$

式中　k——连续梁的内力系数；

L——计算跨径。

弯曲强度：$\sigma=\frac{M}{W}\leqslant[\sigma]$，$W$——毛截面模量。

肋条的挠度为：

$$f=\frac{K_w qL^4}{100EI} \tag{6}$$

式中　K_w——挠度系数。

挠度检算：$\omega\leqslant[\omega]$。

5.2.6　模板背楞强度强度(弯曲强度、剪应力)、挠度检算

内钢楞直接支承在钢模板上，承受钢模板传递的多点集中荷载，为简化计算，通常按均布荷载计算，其计算原则是：

(1)连续内钢楞跨数不同时,按不同跨数的有关公式进行计算。

(2)连续内钢楞带悬臂时,应另行验算悬臂端的弯矩和挠度,取最大值。

(3)每块钢模板上宜有两处支承,每个支承上有两根钢楞。

(4)长度 1 500 mm、1 200 mm 和 900 mm 钢模板的内钢楞间距 a 宜分别取 750 mm、600 mm和 450 mm。

(5)热轧钢楞的强度设计值 $f=215\ \text{N/mm}^2$,冷弯型钢钢楞的容许应力$[\sigma]=160\ \text{N/mm}^2$,钢楞的容许挠度$[\omega]=3$ mm。

(6)外钢楞最大间距取决于抗弯强度和挠度的控制值,但不宜超过 2 000 mm。

(7)内钢楞与外钢楞交叉处均应设穿墙拉杆。

每根内钢楞的受荷面积见图 4。

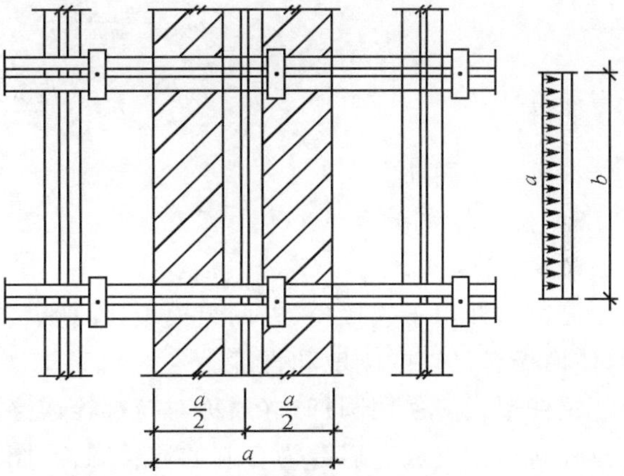

图 4　内钢楞计算简图

1)单跨及两跨连续的内钢楞计算。

①按抗弯强度计算内钢楞的跨度 b:

$$q=Fa \tag{7}$$

$$M_{\max}=\frac{qb^2}{8}=\frac{Fab^2}{8} \tag{8}$$

$$\sigma_{\max}=\frac{M_{\max}}{W}=\frac{Fab^2}{8W}\leqslant f \tag{9}$$

即得
$$b\leqslant\sqrt{\frac{8fW}{Fa}} \tag{10}$$

②按挠度计算内钢楞的跨度 b:

$$\omega_{\max}=\frac{5qb^4}{384EI}=\frac{5Fab^4}{384EI}\leqslant[\omega] \tag{11}$$

即得
$$b\leqslant\sqrt{\frac{384[\omega]EI}{5Fa}} \tag{12}$$

式中 F——混凝土的侧压力(N/mm^2);

q——均布荷载(N/mm);

a——内钢楞间距(mm);

b——外钢楞间距(或内钢楞的跨度)(mm);

$M_{\max}$——内钢楞承受的最大弯矩(N·mm);

$\sigma_{\max}$——内钢楞承受的最大应力(N/mm^2);

f——钢材的抗拉、抗弯强度设计值(N/mm^2);

W——双根内钢楞的截面最小抵抗矩(mm^3);

$\omega_{\max}$——内钢楞最大挠度(mm);

$[\omega]$——内钢楞容许挠度值(mm);

EI——双根内钢楞的抗弯刚度($\text{N}\cdot\text{mm}^2$)。

2)三跨及三跨以上连续的内钢楞计算。

①按抗弯强度计算内钢楞的跨度 b。

$$q=Fa$$

$$M_{max}=\frac{qb^2}{10}=\frac{Fab^2}{10} \tag{13}$$

$$\sigma_{max}=\frac{M_{max}}{W}=\frac{Fab^2}{10W}\leqslant f \tag{14}$$

即得

$$b\leqslant\sqrt{\frac{10fW}{Fa}} \tag{15}$$

符号意义同前

②按挠度计算内钢楞的跨度 b。

$$\omega_{max}=\frac{qb^4}{150EI}=\frac{Fab^4}{150EI}\leqslant[\omega] \tag{16}$$

即得

$$b\leqslant\sqrt[4]{\frac{150[\omega]EI}{Fa}} \tag{17}$$

符号意义同前。

5.2.7 模板拉杆检算

(1)拉杆结构。

模板拉杆用于连接内、外两组模板,保持内、外模板的间距,承受混凝土侧压力对模板的荷载,使模板有足够的刚度和强度。

拉杆型式多采用圆杆式(通称对拉螺栓或穿墙螺栓)、分组合式和整体式两种,前者由内、外拉杆和顶帽组成。后者为自制的通长螺栓(图 5)。通常采用 Q235 圆钢制作。

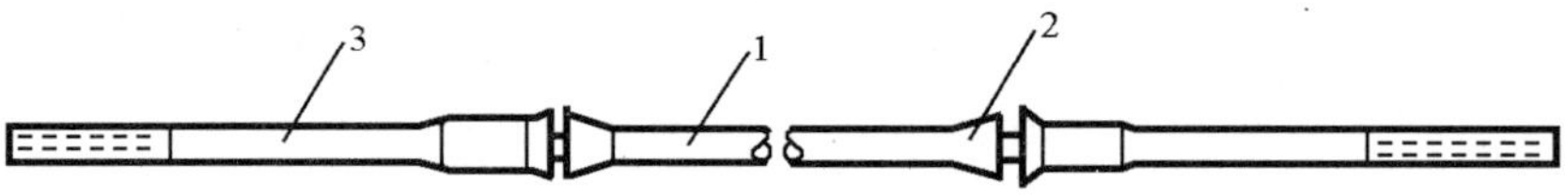

(a) 组合式

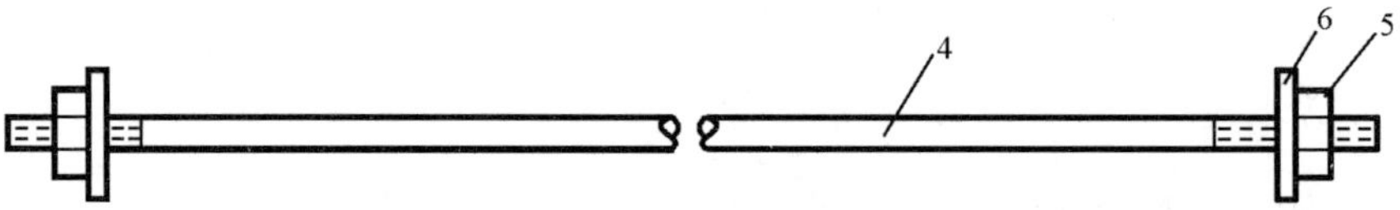

(b) 整体式

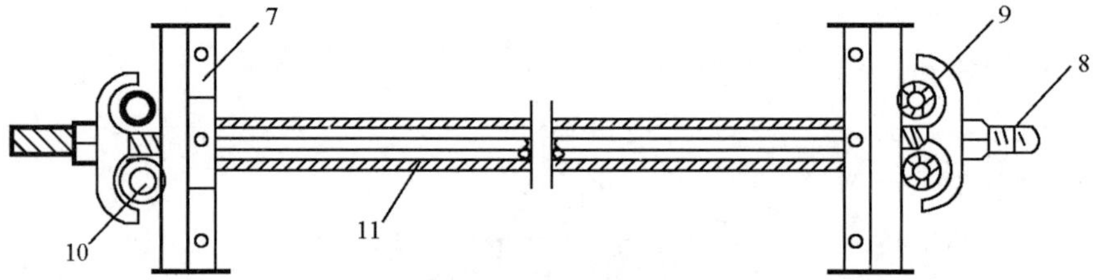

(c) 整体对拉螺栓支模

图 5 对拉螺栓

1—内拉杆;2—顶帽;3—外拉杆;4—螺杆;5—螺母;6—垫板;7—钢模板;8—对拉螺栓;9—扣件;10—钢楞;11—套管

(2)拉杆检算。

混凝土侧压力对模板拉杆的计算,计算公式如下:

$$P=FA \tag{18}$$

式中 P——模板拉杆承受的拉力(N)；

F——混凝土的侧压力(N/m^2)；

A——模板拉杆分担的受荷面积(m^2)，其值为 $A=a\times b$，

其中 a——模板拉杆的横向间距(m)，

b——模板拉杆的纵向间距(m)。

(3)拉杆容许拉力表。

表7、表8、表9和表10为按公式(18)编制的对拉螺栓拉力计算表，已知 F、a、b 可直接查出 P 值。

表11为常用对拉螺栓力学性能表，可根据计算或查出的 P 值选用螺栓直径。

表7 对拉螺栓拉力(N)计算表($F=30\ kN/m^2$)

b(m) \ a(m)	0.45	0.50	0.55	0.60	0.65	0.70	0.75
0.45	6 075	—	—	—	—	—	—
0.50	6 750	7 500	—	—	—	—	—
0.55	7 425	8 250	9 075	—	—	—	—
0.60	8 100	9 000	9 900	10 800	—	—	—
0.65	8 775	9 750	10 725	11 700	12 675	—	—
0.70	9 450	10 500	11 550	12 600	13 650	14 700	—
0.75	10 125	11 250	12 375	13 500	14 625	15 750	16 875
0.80	10 800	12 000	13 200	14 400	15 600	16 800	18 000
0.85	11 475	12 750	14 025	15 300	16 575	17 850	19 125
0.90	12 150	13 500	14 850	16 200	17 550	18 900	20 250

注：当混凝土侧压力 $F\neq30\ kN/m$ 时，对拉螺栓的拉力 $P'=PF'/F$，F' 为实际的混凝土侧压力；P 为由表7中查出之值。当 $F=40$、50和60 kN/m^2 时，可查表8、表9、表10。

表8 对拉螺栓拉力(N)计算表($F=40\ kN/m^2$)

b(m) \ a(m)	0.45	0.50	0.55	0.60	0.65	0.70	0.75
0.45	8 100	—	—	—	—	—	—
0.50	9 000	10 000	—	—	—	—	—
0.55	9 900	11 000	12 100	—	—	—	—
0.60	10 800	12 000	13 200	14 400	—	—	—
0.65	11 700	13 000	14 300	15 600	16 900	—	—
0.70	12 600	14 000	15 400	16 800	18 200	19 600	—
0.75	13 500	15 000	16 500	18 000	19 500	21 000	32 500
0.80	14 400	16 000	17 000	19 200	20 800	22 400	24 000
0.85	15 300	17 000	18 700	20 400	22 100	23 800	25 500
0.90	16 200	18 000	19 800	21 600	23 400	25 200	27 000

表 9　对拉螺栓拉力(N)计算表($F=50\ kN/m^2$)

b(m) \ a(m)	0.45	0.50	0.55	0.60	0.65	0.70	0.75
0.45	10 120	—	—	—	—	—	—
0.50	11 250	12 500	—	—	—	—	—
0.55	12 370	13 750	15 120	—	—	—	—
0.60	13 500	15 000	16 500	18 000	—	—	—
0.65	14 620	16 250	17 870	19 500	21 120	—	—
0.70	15 750	17 500	19 250	21 000	22 750	24 500	—
0.75	16 870	18 750	20 620	22 500	24 370	26 250	28 120
0.80	18 000	20 000	220 000	24 000	26 000	28 000	30 000
0.85	19 120	21 250	23 370	25 500	27 620	29 750	31 870
0.90	20 250	22 600	24 750	27 000	29 250	31 500	33 750

表 10　对拉螺栓拉力(N)计算表($F=60\ kN/m^2$)

b(m) \ a(m)	0.45	0.50	0.55	0.60	0.65	0.70	0.75
0.45	12 150	—	—	—	—	—	—
0.50	13 500	15 000	—	—	—	—	—
0.55	14 850	16 500	18 150	—	—	—	—
0.60	16 200	18 000	19 800	21 600	—	—	—
0.65	17 550	19 500	21 450	23 400	25 350	—	—
0.70	18 900	21 000	23 100	25 200	27 300	29 400	—
0.75	20 250	22 500	24 750	27 000	29 250	31 500	33 750
0.80	21 600	24 000	26 400	28 800	31 200	33 600	36 000
0.85	22 950	25 500	28 050	30 600	33 150	35 700	38 250
0.90	24 300	27 000	29 700	32 400	35 100	37 800	40 500

表 11　对拉螺栓力学性能表

螺栓直径(mm)	螺栓内径(mm)	净面积(mm^2)	重量(kg/m)	容许拉力(N)
M12	9.85	76	0.89	12 900
M14	11.55	105	1.21	17 800
M16	13.55	144	1.58	24 500
M18	14.93	174	2.00	29 600
M20	16.93	225	2.46	38 200
M22	18.93	282	2.98	47 900

(4)不用拉杆、采用加强模板背楞抗弯能力的设计。

当不用拉杆时，模板背楞需承受混凝土侧压力作用，均布荷载应考虑叠加侧压力作用，进行设计计算。

5.2.8 爬架结构设计与检算

爬升模板简称爬模，它是利用大型模板作板面，采用滑升模板的提升机械，目前采用的爬模施工技术，分有架爬模和无架爬模两类；其中有架爬模又分为外墙爬模和内外墙整体爬模两种方法。

(1)爬架结构概述。

有架爬模是以建筑物墙体为承力主体，通过依附在墙体上的爬升承力支架和悬挂在爬升支架顶端横梁上的大模板交替受力，形成模板提升靠爬架、爬架提升靠模板的独立自升施工体系。

整个液压爬模是由模板结构系统和液压提升设备系统两大部分组成。模板结构系统其构造和布置如图 6 所示，主要由模板、桁架、预埋件、液压装置、导轨、导向杆等组成。

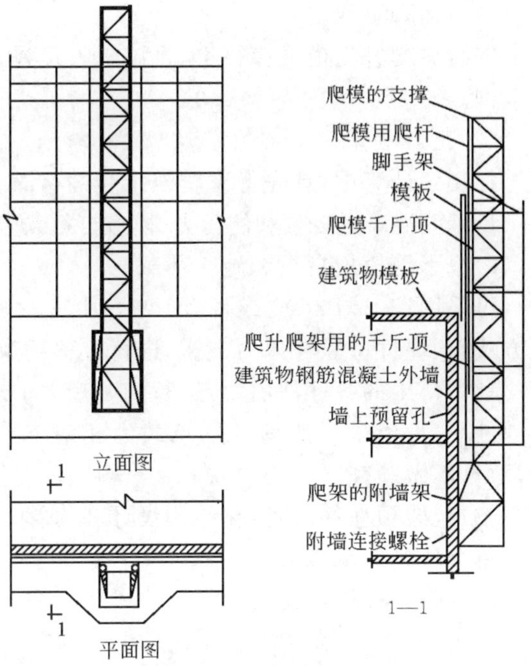

图 6　液压爬模构造

1)模板。

可根据工程设计的要求，选择适当的内、外模板形式，一般与通常使用的大模板基本相同。

2)爬升支架。

爬升支架，按爬模内、外墙施工工艺的要求，分内、外爬架两种。一般均采用格构式钢桁架制成。其中外爬架有一节下部与墙体固定连结的附墙架(底架)和 2～3 节上部支托大模板的支撑架(标准节)组成，顶部装有悬吊爬升模板爬杆的悬臂梁。外爬模的附墙架可用 M25 穿墙螺栓固定在下层墙体上，是整个爬模系统的支托，要求与墙体结合牢固。其支承架的高度，一般大于两块大模板的高度，一遍支托模板爬升。支承架标准节之间与下部附墙架的连接，均采用螺栓连接，形成一个整体。支承架中部安装供爬升支架提升用的千斤顶，下部设有供脱模用的支承架。外爬架的设置数量，视大模板平面尺寸决定，一般一块大模板设置一个，较大的模板可设置 2～3 个。爬杆可用 ϕ25 圆钢。为了防止模板和外爬架过程中摆动，可在爬杆顶部悬臂设置球头螺帽微调装置。爬杆上端套丝，用螺帽和垫板固定在悬臂梁和模板上，以调整模板的安装高度。内爬架的高度一般大于两个层高，可采用标准节加帽架用螺栓连接。内爬架一般设置在纵、横墙交接位置，用以提升外墙内模和内墙模板。

3)提升系统。

提升系统可用液压千斤顶，亦可采用电动葫芦、倒链等。外墙爬模用液压千斤顶，可选用穿心式 QH－30 或 QH－35 型。根据其设置的位置不同，有三种功能：第一种是竖向安装在模板背面的竖向龙骨上，位置要尽量接近重心平面，卡住爬杆，使模板悬吊在爬架上，供提升模板用；第二种是水平方向安装在模板背面，供脱模用；第三种是竖向安装在爬架上，供爬升支架爬升用。千斤顶统一由移动式油泵车供油，每次只能将一种功能的液压千斤顶油路接通，完成一个动作，不应同时供油。油泵车设自动控制的供油、回油线路，以缩短供、回油时间，提高工效。内墙爬模提升设备多采用电动葫芦或倒链。

4)吊挂脚手架。

安装在爬升支模或模板上,供施工人员操作和修理混凝土墙面用。其外侧要设护身栏和安全网。

(2)爬架检算。

在爬架计算中,首先考虑爬架承受的荷载:

1)承受混凝土自重和侧压力、模板自重、施工荷载;

2)只承受模板自重和施工荷载。

可采用在SAP2000或者MIDAS中采用整体建模的方式,预埋件位置考虑为支座,进行位移约束。

计算得出的各杆件内力,进行内力验算;支座反力即埋件受力,但是一般埋件的承载力相对支座反力较大,故可不做验算。

(3)爬架预埋件、预留孔结构设计和检算。

单个预埋件承载力

1)高强螺杆设计拉力

$$T=A\cdot f_u \tag{19}$$

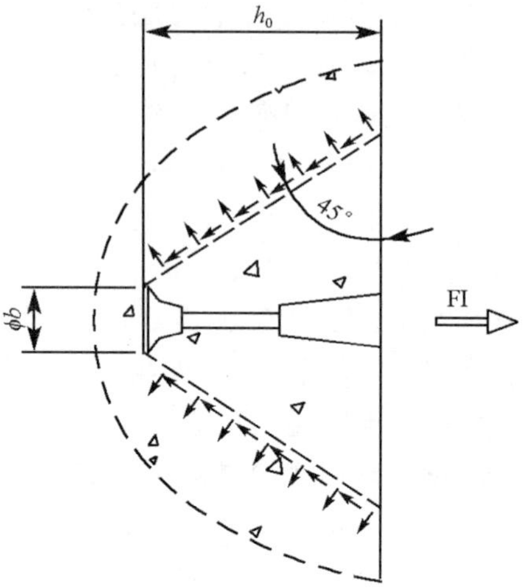

图7　混凝土握裹力受力简图

式中　A——高强螺杆有效截面面积(直径 $d=20$ mm);

f_u——高强螺杆抗拉强度(600 N/mm²)。

2)混凝土最大握裹力。

$$F_1=(0.7\beta_h f_t+0.15\sigma_{pc,m})\eta u_m h_0 \tag{20}$$

公式中的系数 η,应按下列两个公式计算,并取其中较小值:

$$\eta_1=0.4+1.2/\beta_s \tag{21}$$

$$\eta_2=0.5+a_s h_0/4u_m \tag{22}$$

式中　F_1——局部荷载设计值或集中反力设计值;

β_h——截面高度影响系数:当 $h\leqslant 800$ mm 时,取 $\beta_h=1.0$;当 $h\geqslant 2000$ mm 时,取 $\beta_h=0.9$,其间按线性内插法取用;

f_t——混凝土轴心抗拉强度设计值;

$\sigma_{pc,m}$——临界截面周长上两个方向混凝土有效预压应力按长度的加权平均值,其值宜控制在1.0~3.5 N/mm范围内;

u_m——临界截面的周长:距离局部荷载或集中反力作用面积周边 $h_0/2$ 处板垂直截面的最不利周长;

h_0——截面有效高度,取两个配筋方向的截面有效高度的平均值;

η_1——局部荷载或集中反力作用面积形状的影响系数;

η_2——临界截面周长与板截面有效高度之比的影响系数;

β_s——局部荷载或集中反力作用面积为矩形时的长边与短边尺寸的比值,β_s 不宜大于4;当 $\beta_s<2$ 时,取 $\beta_s=2$;当面积为圆形时,取 $\beta_s=2$;

α_s——板柱结构中柱类型的影响系数:对中性,取 $\alpha_s=40$;对边柱,取 $\alpha_s=30$;对角柱,取 $\alpha_s=20$。

3)锥体处混凝土承压力。

爬锥受到受力螺栓施加的剪力 N 后,力传递到周围的混凝土上,其受力分布如图8所示。

根据力与力矩平衡得方程组：

$$N=P\cdot a/2-P_x\cdot b/2$$

$$(P\cdot a/2)\cdot a/3=(P_x\cdot b/2)\cdot(2b/3+a)$$

$$L=a+b$$

$$P/P_x=a/b$$

$$P=1.35\beta_c\beta_l f_c d$$

式中　f_c——混凝土轴心抗压强度（15 N/mm²）；

β_c——混凝土强度影响系数；

β_l——混凝土局部受压时的强度提高系数（$\beta_l=1.732$）。

解方程组得：

$$N=1.35\beta_c\beta_l f_c dL/4 \tag{23}$$

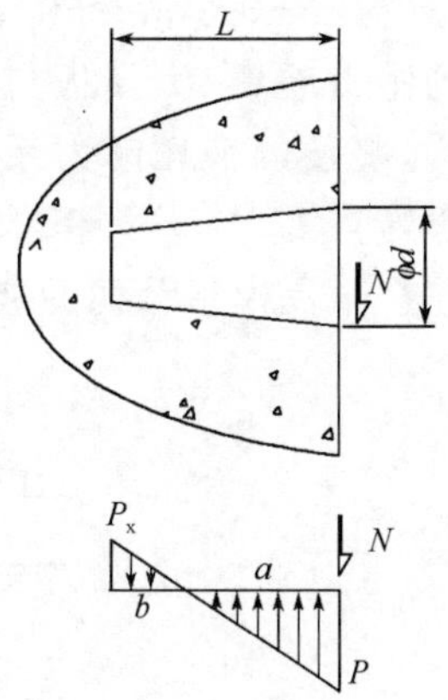

图 8　锥体处混凝土受力简图

5.2.9　专业厂家生产的爬模介绍

JFY50 型液压附着式爬架，主要用于现浇混凝土框架结构工程的施工，如图 9。

JFYM50 型液压附着式爬架，主要用于现浇混凝土剪力墙和高耸构筑物结构工程的施工，如图 10。

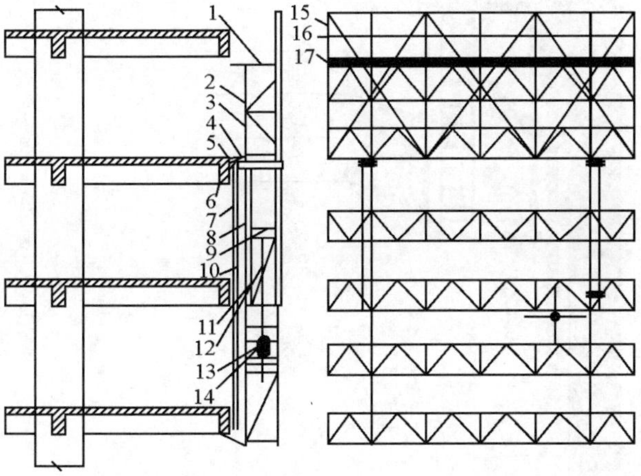

1—平台板；2—作业平台竖向支架；
3—作业平台水平梁架；4—防坠装置；
5—附墙装置；6—穿墙螺栓；
7—液压缸；8—爬升箱；
9—钢丝绳挂板；10—导轨；
11—上架体支腿；12—上架体；
13—下架体提升机；14—下架体；
15—斜撑；16—栏杆；
17—踢脚板

图 9　JFY50 型液压升降模架

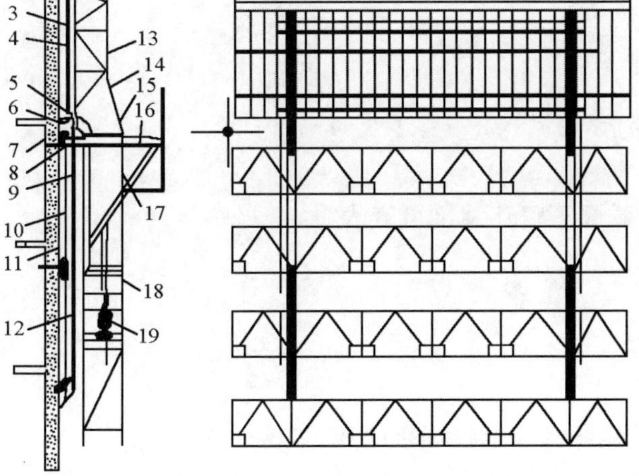

1—平台板；2—外模板；
3—附加背楞；4—锁紧板；
5—模板高低调节装置；6—防坠装置；
7—穿墙螺栓；8—附墙装置；
9—液压缸；10—爬升箱；
11—上架体支腿；12—导轨；
13—模板支撑架体；14—调节支腿；
15—模板平移装置；16—上架体；
17—水平梁架；18—下架体；
19—下架体提升机；20—栏杆；
21—踢脚板

图 10　JFYM50 型液压升降模架

JFY50/JFYM50 型液压附着式爬模爬架，具有连体爬升分体下降的架体系统，多功能的附着装置、大模板与升降脚手架的一体化，架体与导轨的互爬功能。自动可靠的爬升机构、轻便的液压动力系统、架体下降时的吊篮功能、同步升降的控制系统和完备的安全措施等特点。

卓良模板公司的液压自爬模架见图 11。

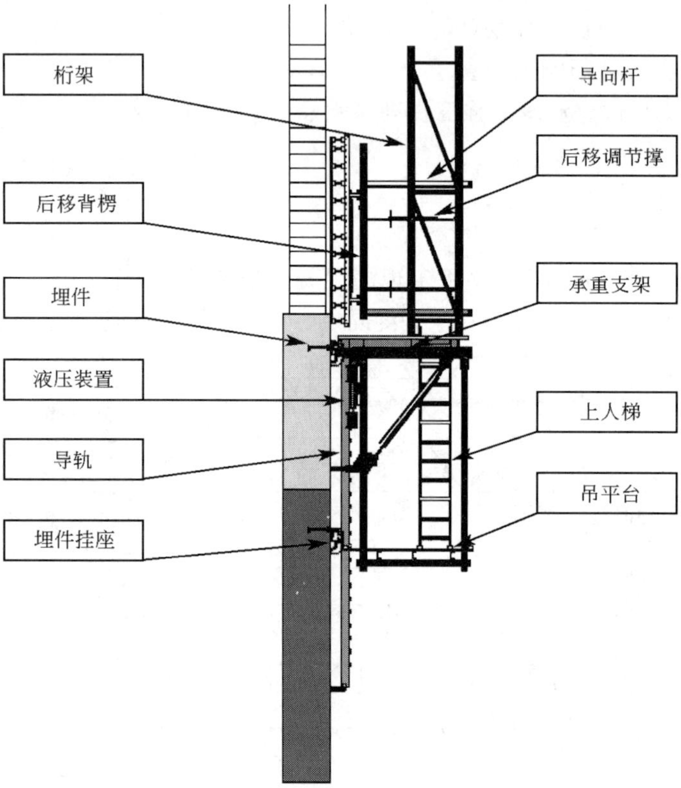

图 11 卓良模板公司的液压自爬模

6 支架结构设计与检算

6.1 结构设计与检算依据

(1)模板计算背楞(分配枋木)支点反力。

模板作用于肋条的支反力 q： $V=K_v qL$ (24)

式中 K_v——连续梁的剪力系数，对于等截面等跨连续梁可查表得；

L——计算跨径。

支反力： $R=V_{左}+V_{右}$ (25)

(2)选用支架材料。

1)门式支架。

门式钢管脚手架的主要构件，由立杆、横杆及加强杆焊接组成(如图 12)。

典型的门架几何尺寸及杆件规格见表 12、13、14、15。

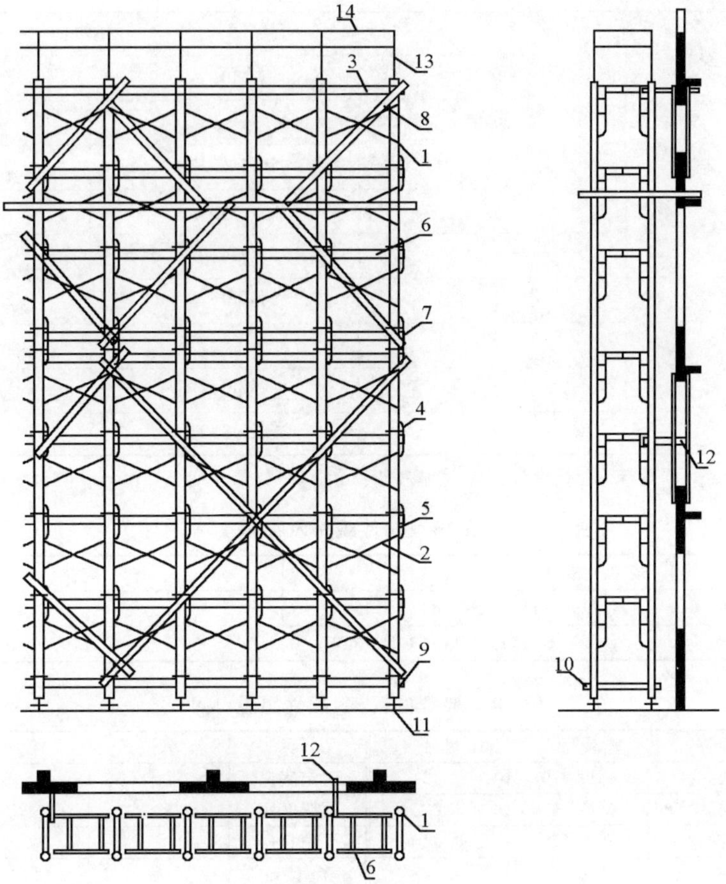

图 12　门式钢管脚手架的组成

1—门架；2—交叉支撑；3—脚手板；4—连接帮；5—锁臂；6—水平架；7—水平加固杆；8—剪刀撑；9—扫地杆；10—封口杆；11—底座；12—连墙件；13—栏杆；14—扶手

表 12　典型的门架几何尺寸及杆件规格

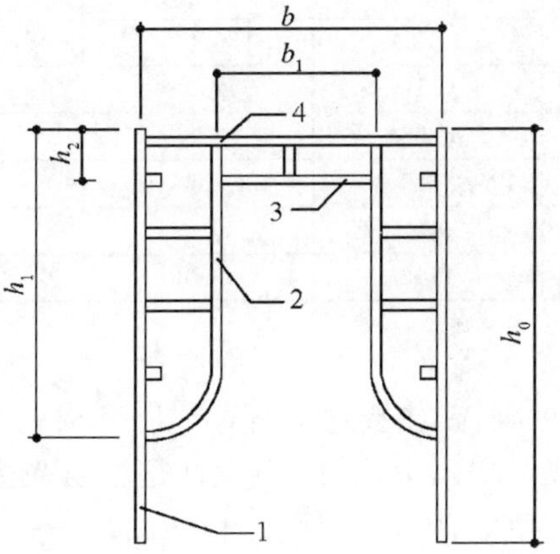

1—立杆；

2—立杆加强杆；

3—横杆；

4—横杆加强杆

续上表

门加代号		MF1219	
门架几何尺寸(mm)	h_2	80	100
	h_0	1 930	1 900
	b	1 219	1 200
	b_1	750	800
	h_1	1 536	1 550
杆件外径壁厚(mm)	1	ϕ42.0×2.5	ϕ48.0×3.5
	2	ϕ26.8×2.5	ϕ26.8×2.5
	3	ϕ42.0×2.5	ϕ48.0×3.5
	4	ϕ26.8×2.5	ϕ26.8×2.5

注：表中门架代号含义同现行行业标准《门式钢管脚手架》(JGJ 76)。

表 13　扣件规格及重量

规　格		重量(kN/个)
直角扣件	KJ4848、KJ4843、JK4343	0.0135
旋转扣件	KJ4848、KJ4843、JK4343	0.0145

表 14　典型的门架、配件重量(kN)

名称	单位	代号	重量(kN)	名称	单位	代号	重量(kN)
门架	榀	MF1219	0.224	固定底座	个	FS100	0.010
门架	榀	MF1217	0.205	可调底座	个	AS400	0.035
交叉支撑	副	C1812	0.040	可调托座	个	AU400	0.045
水平架	榀	H1810	0.165	梯型架	榀	LF1212	0.133
脚手板	块	P1805	0.184	窄型架	榀	NF617	0.122
连接棒	个	J220	0.006	承托架	榀	BF617	0.209
锁臂	副	L700	0.008 5	梯子	副	S1819	0.272

注：表中门架配件的代号同现行行业标准《门式钢管脚手架》(JGJ76)。

表 15　门式脚手架用钢管截面几何特性

钢管外径(mm)	壁厚(mm)	截面积(cm^2)	截面惯性矩(cm^4)	截面抵抗矩(cm^3)	截面回转半径(cm)
48	3.5	4.89	12.19	5.08	1.58
42.7	2.4	3.04	6.19	2.90	1.43
42.0	2.5	3.10	6.08	2.83	1.40
34.0	2.2	2.20	2.79	1.64	1.13
27.2	1.9	1.51	1.22	0.89	0.90
26.8	2.5	1.91	1.42	1.06	0.86

2)扣件式钢管脚手架(如图 13)。

扣件式钢管脚手架适用于无水或水流较浅的河流，主要由立杆(立柱)和横向水平杆(小横杆)、纵向水平杆(大横杆)、剪刀撑和斜撑等组成，立杆、大横杆、小横杆是主要受力构件，采用 Q235A 钢。扣件式钢管支架杆件连接采用直角扣件、旋转扣件和对接扣件三种，供两根钢管直角连接、搭接连接或对接连接用，3 种扣件的容许荷载分别为 6 kN、5 kN 和 2.5 kN。扣件式钢管脚手架钢管的尺寸见表 16。

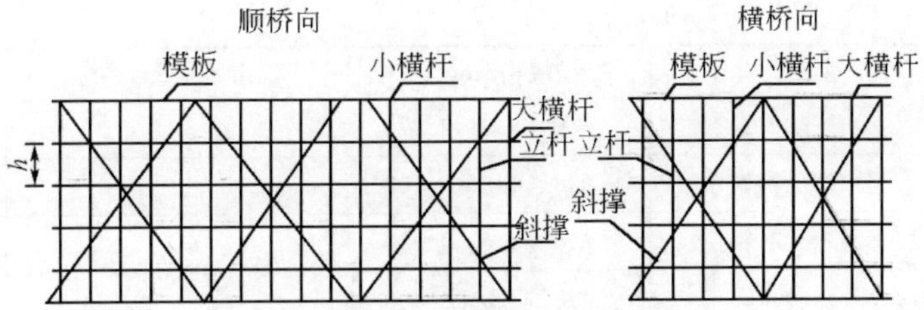

图 13 扣件式钢管脚手架的组成

表 16 脚手架钢管尺寸(mm)

截面尺寸		最大长度	
外径 *d*	壁厚 *t*	横向水平杆	其他杆
48	3.5	2 200	6 500
51	3.0		

3)碗扣式钢管脚手架。

碗扣式钢管脚手架同扣件式有很多相同之处,不同的是:

a. 杆件定型,碗扣按 0.6 m 的间距固定于立杆上,横杆仅有几种固定的规格。

b. 杆件是轴心相交,节点处为紧固式承插接头,接头构造比扣件式好,具有更强的承载能力。

c. 除设置剪刀撑外,还按一定要求设置斜杆。

碗扣式脚手架主要构配件见表 17。

表 17 碗扣式脚手架主要构、配件种类、规格及用途

名称	型号	规格(mm)	市场重量(kg)	设计重量(kg)
立杆	LG—120	ϕ48×3.5×1 200	7.41	7.05
	LG—180	ϕ48×3.5×1 800	10.67	10.19
	LG—240	ϕ48×3.5×2 400	14.02	13.34
	LG—300	ϕ48×3.5×3 000	17.31	16.48
横杆	HG—30	ϕ48×3.5×300	1.67	1.32
	HG—60	ϕ48×3.5×600	2.82	2.47
	HG—90	ϕ48×3.5×900	3.97	3.63
	HG—120	ϕ48×3.5×1 200	5.12	4.78
	HG—150	ϕ48×3.5×1 500	6.28	5.93
	HG—180	ϕ48×3.5×1 800	7.43	7.08
间横杆	JHG—90	ϕ48×3.5×900	5.28	4.37
	JHG—120	ϕ48×3.5×1 200	6.43	5.52
	JHG—120＋30	ϕ48×3.5×(1 200＋300)	7.74	6.85
	JHG—120＋60	ϕ48×3.5×(1 200＋600)	9.69	8.16
专用斜杆	XG—0912	ϕ48×3.5×150	7.11	6.33
	XG—1212	ϕ48×3.5×170	7.87	7.03
	XG—1218	ϕ48×3.5×2 160	9.66	8.66
	XG—1518	ϕ48×3.5× 2 340	10.34	9.30
	XG—1818	ϕ48×3.5×2 550	11.13	10.04

续上表

名称	型号	规格(mm)	市场重量(kg)	设计重量(kg)
专用斜杆	ZXG—0912	ϕ48×3.5×1 270		5.89
	ZXG—1212	ϕ48×3.5×1 500		6.76
	ZXG—1218	ϕ48×3.5×1 920		8.73
十字撑	XZC—0912	ϕ30×2.5×1 390		4.72
	XZC—1212	ϕ30×2.5×1 560		5.31
	XZC—1218	ϕ30×2.5×2 060		7
窄挑梁	TL—30	宽度 300		1.53
宽挑梁	TL—60	宽度 600		8.60
立杆连接销	LLX	ϕ12		0.18
可调底座	KTZ—45	可调范围≤300		5.82
	KTZ—60	可调范围≤450		7.12
	KTZ—75	可调范围≤600		8.5
可调托座	KTC—45	可调范围≤300		7.01
	KTC—60	可调范围≤450		8.31
	KTC—75	可调范围≤600		9.69
脚	JB—120	1 200×270		12.8

4)万能杆件支架(见表 18)。

表 18　N 型万能杆件规格重量表

编　号	零件号	杆件名称	规格(mm)	长度(mm)或面积(m^2)	件数	重量(kg)		
						单件重	共重	编号重
N1	1	长弦杆,长立柱	∠120+120×10	3 994	1	73.09	73.09	73.09
N2	1	短弦杆,短立柱	∠120+120×10	1 994	1	36.49	36.49	36.49
N3	1	斜杆	∠100+75×10	2 290	1	30.00	30.00	30.00
N4	1	立杆,横撑	∠75+75×8	1 730	1	15.61	15.61	15.61
N5	1	斜杆,斜撑	∠75+75×8	2 418	1	21.82	21.82	21.82
N6	1	弦杆(立柱)拼接角钢	∠100+100×10	780	1	11.78	11.78	11.78
N7	1	支承角钢	∠120+120×10	594	1	10.87	10.87	10.87
N8	1	纵向联接系节点板	□265×10×510	0.135	1	10.61	10.61	10.61
N9	1	斜杆拼接角钢	∠75+75×8	690	1	6.23	6.23	6.23
N10	1	立杆,横撑	∠75+75×8	5 730	1	51.71	51.71	51.71
N11	1	连接斜杆、立杆与弦杆的节点板	□590×10×870	0.491	1	38.53	38.53	47.32
	2		□200×10×330	0.056	2	4.396	8.79	
N12	1	连接立杆与弦杆的节点板	□380×10×590	0.187	1	14.68	14.68	14.68
N13	1	连接立杆与弦杆的节点板	□580×10×590	0.271	1	21.26	21.26	21.26
N14	1	纵向联接系节点板	□440×10×890	0.333	1	26.12	26.12	34.91
	2		□200×10×330	0.056	2	4.396	8.79	

续上表

编号	零件号	杆件名称	规格(mm)	长度(mm)或面积(m^2)	件数	重量(kg)		
						单件重	共重	编号重
N15	1	弦杆节点处的填板	□80×10×680	0.054	1	4.27	4.27	4.27
N16	1	立杆、横撑	∠75+75×8	3 730	1	33.66	33.66	33.66
N17	1	横向联接系节点板	□370×10×670	0.234	1	18.60	18.60	18.60
N18	1	横向联接系节点板	□325×10×325	0.075	1	5.89	5.89	5.89
N19	1	弦杆的垫板	□180×10×220	0.039 6	1	3.11	3.11	3.11
N20	1	斜杆、立杆、斜撑及横撑的垫板	□160×10×180	0.028 8	1	2.26	2.26	2.26
N21	1	柱帽或柱靴	□260×16×260	0.067 6	1	8.50	8.50	32.37
	2		□240×16×260	0.062 4	1	7.84	7.84	
	3		□90×16×260	0.023 4	1	2.93	2.93	
	4		□70×16×260	0.018 2	1	2.28	2.28	
	5		□195×16×260	0.050 7	2	3.98	7.96	
	6		□140×16×260	0.036 4	1	2.86	2.86	
N22	1	连接斜杆、立杆与弦杆的节点板	□420×10×610	0.256	1	20.11	20.11	20.11
N23	1	纵向联结系节点板	□290×10×600	0.166	1	13.02	13.02	13.02
N26	1	交叉斜杆的节点板	□610×10×610	0.372	1	29.21	29.21	29.21
N27	1	双主桁斜杆的连接垫板(短)	□160×10×260	0.041 6	1	3.27	3.27	3.27
N28	1	双主桁斜杆的连接垫板(长)	□160×10×460	0.073 6	1	5.78	5.78	5.78
N29	1	交叉斜杆的节点板	□870×10×930	0.764	1	59.98	59.98	77.56
	2		□200×10×330	0.056	4	4.396	17.58	
N30	1	双主桁立杆的连接垫板	□160×10×260	0.041 6	1	3.27	3.27	3.27
N24	1	粗制螺栓带帽	ϕ22×50		1	0.300	0.300	0.361
	2	垫圈	ϕ23/42×4		2	0.030 4	0.061	
	1	粗制螺栓带帽	ϕ22×60		1	0.326	0.326	0.387
	2	垫圈	ϕ23/42×4		2	0.030 4	0.061	
	1	粗制螺栓带帽	ϕ22×70		1	0.356	0.356	0.417
	2	垫圈	ϕ23/42×4		2	0.030 4	0.061	
N25	1	粗制螺栓带帽	ϕ27×60		1	0.590	0.590	0.696
	2	垫圈	ϕ28/50×5		2	0.052 9	0.106	
	1	粗制螺栓带帽	ϕ27×70		1	0.629	0.629	0.735
	2	垫圈	ϕ28/50×5		2	0.052 9	0.106	
	1	粗制螺栓带帽	ϕ27×80		1	0.667	0.667	0.773
	2	垫圈	ϕ28/50×5		2	0.052 9	0.106	
	1	粗制螺栓带帽	ϕ27×90		1	0.706	0.706	0.812
	2	垫圈	ϕ28/50×5		2	0.052 9	0.106	

(3)选用支架使用说明书。

门式钢管脚手架的搭设高度见表 19。

表 19 门式钢管脚手架搭设高度

施工荷载标准值$\sum Q_k$(kN/m^2)	搭设高度(m)
3.0～5.0	≤45
≤3.0	≤60

可调底座调节螺杆伸出长度不宜超过 200 mm。当超过 200 mm 时,一榀门架承载力设计值,即 N^d 应根据可调底座调节螺杆伸出长度进行修正:伸出长度为 300 mm 时,应乘以修正系数 0.90,超过 300 mm 时,应乘以修正系数 0.80。模板支撑架的高度调整宜以采用可调顶托为主。

表 20 扣件碗扣式钢管脚手架允许搭设高度

脚手架种类	单排脚手架	双排脚手架
扣件式钢管脚手架	25 m	50 m
碗扣式钢管脚手架	30 m	60 m

用万能杆件拼制桁架时,桁架高度为 2 m 为基数,可以拼成 2、4、6 m 及以上。当高度为 4 m 时,腹杆为菱形;高度为 6 m 及以上时可拼成多斜杆式。

表 21 N 型万能杆件名称用途表

<table>
<tr><th>类别</th><th colspan="2">名称及用途</th><th>编号</th><th>附注</th></tr>
<tr><td rowspan="10">角钢(有10个编号)</td><td colspan="2" rowspan="2">弦杆或立柱</td><td>N1</td><td rowspan="2">垫板用 N19;节点板:主桁面常用 N22 或 N11,纵联面常用 N8</td></tr>
<tr><td>N2</td></tr>
<tr><td colspan="2">弦杆拼接角钢</td><td>N6</td><td>常用</td></tr>
<tr><td colspan="2">支承角钢</td><td>N7</td><td>常用</td></tr>
<tr><td colspan="2">斜 杆</td><td>N3</td><td>垫板用 N20;节点板只能用 N11、N29 或 N14</td></tr>
<tr><td colspan="2" rowspan="3">立杆或横撑</td><td>N4</td><td>垫板用 N20;N4 使用较多</td></tr>
<tr><td>N16</td><td>少用</td></tr>
<tr><td>N10</td><td>少用</td></tr>
<tr><td colspan="2">斜杆或斜撑</td><td>N5</td><td>垫板用 N20;由 1～2 根组成</td></tr>
<tr><td colspan="2">斜撑拼接角钢</td><td>N9</td><td>少用</td></tr>
<tr><td rowspan="7">板(有17个编号)</td><td rowspan="3">节点板</td><td>主桁用</td><td>N11,N12,N13,N22,N26,N29</td><td>常用 N22、N26;斜杆内力大时,应用 N11、N29</td></tr>
<tr><td>纵联用</td><td>N8,N14,N23</td><td>常用 N8;斜杆或斜撑内力较大时,应用 N14</td></tr>
<tr><td>横联用</td><td>N17,N18</td><td>常用 N18</td></tr>
<tr><td colspan="2">填板</td><td>N15</td><td>常用</td></tr>
<tr><td rowspan="3">垫板</td><td>弦杆用</td><td>N19</td><td>常用</td></tr>
<tr><td>腹杆用</td><td>N20</td><td>常用</td></tr>
<tr><td>双主桁用</td><td>N27、N28、N30</td><td></td></tr>
<tr><td colspan="3">柱帽或柱靴</td><td>N21</td><td>常用</td></tr>
<tr><td colspan="3" rowspan="2">螺栓(有 2 个编号)</td><td>N24</td><td>d=22,螺栓长 L=50,60,70 mm</td></tr>
<tr><td>N25</td><td>d=27,螺栓长 L=60,70,80,90 mm</td></tr>
</table>

(4)选用支架各杆件容许承载力。

1)门式脚手架的稳定性应按下列公式计算。

$$N \leqslant N^{d} \tag{26}$$

式中 N——作用于一榀门架的轴向设计值,也就上部传来的反力荷载;

N^{d}——一榀门架的稳定承载力设计值,按表 22 查取。

表 22 一榀门架的稳定承载力设计值

门架代号		MF1219	
门架高度 h_0(mm)		1 930	1 900
立杆加强杆高度 h_1(mm)		1 536	1 550
立杆换算截面回转半径 i(cm)		1.525	1.652
立杆长细比 λ	$H \leqslant 45$ m	148	135
	$45 < H \leqslant 60$ m	154	140
立杆稳定系数 ϕ	$H \leqslant 45$ m	0.316	0.371
	$45 < H \leqslant 60$ m	0.294	0.349
钢材强度设计值 f(N/mm²)		205	205
门架稳定承载力设计值(kN)(tf)	$H \leqslant 45$ m	40.16(4.10)	74.38(7.59)
	$45 < H \leqslant 60$ m	37.37(3.81)	69.97(7.14)

2)扣件式钢管脚手架立杆按两端铰接的受压构件计算

计算长度 L=大横杆步距 h

$$N \leqslant \phi A[\sigma] \tag{27}$$

3)纵、横向水平杆按受弯构件计算

①横向水平杆(顶端小横杆):认为所有荷载均有小横杆承受并传给立杆。按两跨或三跨连续梁验算其抗弯强度和挠度,也可按近似公式计算:

弯曲强度:
$$\sigma = \frac{ql_1^2}{10W} \leqslant [\sigma] \tag{28}$$

抗弯刚度:
$$f = \frac{ql_1^4}{150EI} \leqslant [f] \tag{29}$$

②纵向水平杆(大横杆):按两跨或三跨连续梁计算,梁的跨度 L=立杆间距。用小横杆传来的最大反力计算值,在最不利荷载布置计算其最大反力计算值,在最不利荷载布置计算其最大弯矩值,其弯曲强度按下式验算:

$$\sigma = \frac{M_{max}}{W} \leqslant [\sigma] \tag{30}$$

当按两跨连续梁计算时:

$$M_{max} = 0.333Fl_2, f = 1.466\frac{Fl_2^2}{100EI} \tag{31}$$

式中 l_1——小横杆的计算跨径;

l_2——大横杆的计算跨径;

q——小横杆的均布荷载值;

F——小横杆作用在大横杆上的集中荷载。

4)扣件抗滑承载力:

$$R \leqslant R_C \tag{32}$$

表 23　钢管支架容许荷载[N]

横杆间距 L(cm)	ϕ48×3 钢管		ϕ48×3.5 钢管	
	对接立杆(kN)	搭接立杆(kN)	对接立杆(kN)	搭接立杆(kN)
100	31.7	12.2	35.7	13.9
125	29.2	11.6	33.1	13.0
150	26.8	11.0	30.3	12.4
180	24.0	10.2	27.2	11.6

5)纵向、横向水平杆的抗弯强度应按下式计算。

$$\sigma=\frac{M}{W}\leqslant f \tag{33}$$

6)纵向、横向水平杆的挠度应符合式(34)要求(见表 24)。

$$\upsilon\leqslant[\upsilon] \tag{34}$$

表 24　受弯构件的容许挠度

构件类别	容许挠度[υ]
脚手板,纵向、横向水平杆	$l/150$ 与 10 mm
悬挑受弯杆件	$l/400$

注:l 为受弯构件的跨度

表 25　N 型万能杆件容许轴力计算表

杆件编号	名称	截面		容许轴力			螺栓连接控制情况
		布置	组成	受拉(t)	受压(t)	螺栓连接(t)	
N1 N2	弦杆或立柱	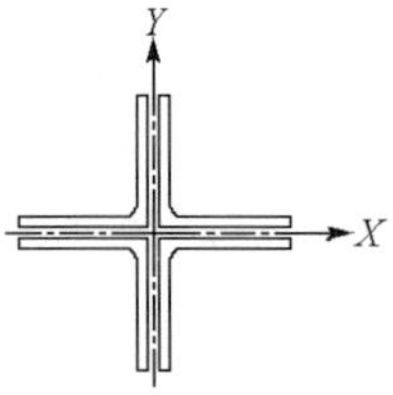	4∠120+120×10	126.5 126.5	148.0 120.2	181.4 (129.6) 90.7 (64.8)	有 N628 个承压 (20)个承压 无 N614 个承压 (10)个承压
		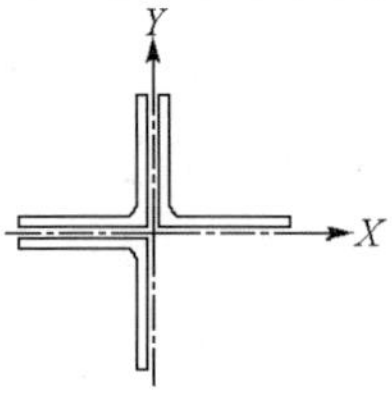	3∠120+120×10	95.0 95.0	109.2 83.9	136.0 (97.2) 85.5 (61.1)	有 N621 个承压 (15)个承压 无 N67 个承压 7 个单剪(5)个承压(5)个单剪
		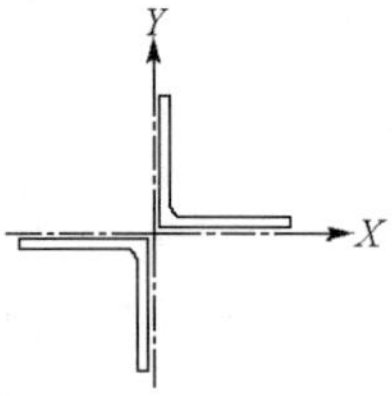	2∠120+120×10	63.4 63.4	72.4 55.0	90.7 (64.8) 80.2 (57.3)	有 N614 个承压 (10)个承压 无 N610 单剪 (10)个单剪
		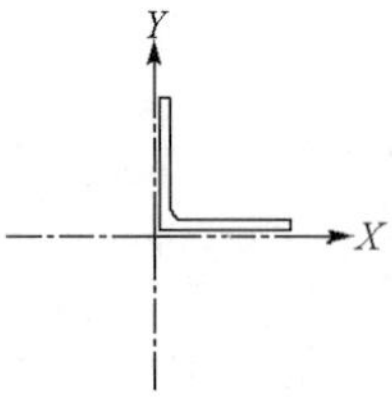	∠120+120×10	31.7 (26.9) 31.7 (26.9)	27.8 (19.5) 9.7 (8.8)	45.4 (32.4) 40.1 19.4	有 N67 个承压 (5)个承压 无 N66 个承压 (3)个承压

续上表

杆件编号	名称	截面		容许轴力			螺栓连接控制情况
		布置	组成	受拉(t)	受压(t)	螺栓连接(t)	
N3	斜杆	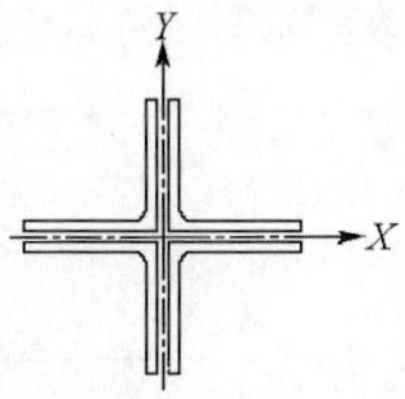	4∠100＋75×10	94.5 94.5	85.0 85.0	68.8	6个双剪
		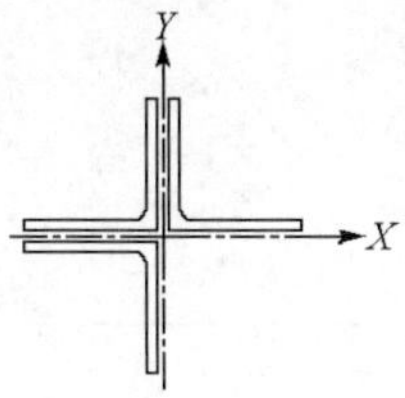	3∠100＋75×10	70.9 70.9	66.4 60.1	51.6	3个双剪3个单剪
		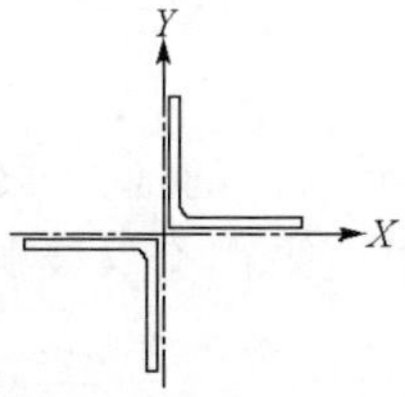	2∠100＋75×10	47.3 47.3	41.1 37.9	34.4	6个单剪
N4 N10 N16	立杆或横撑	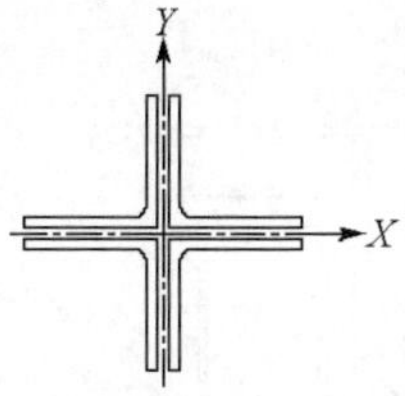	4∠75＋75×8	59.0 65.7	66.5 66.5	21.1 42.2	4个承压 8个承压
		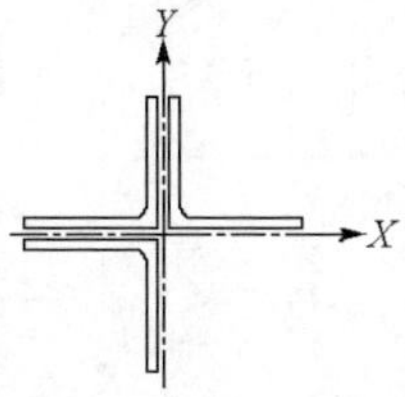	3∠75＋75×8	44.3 44.3 49.3 49.3	49.8 47.7 49.8 47.7	18.2 18.2 36.3 36.3	4个承压4个单剪
		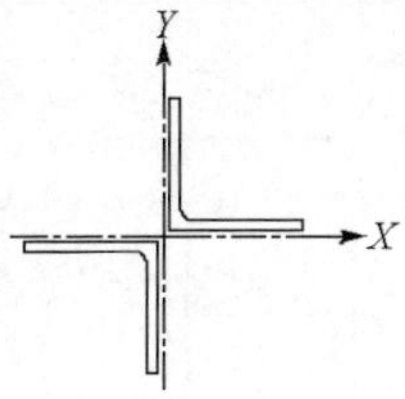	2∠75＋75×8	29.5 29.5 32.8 32.8	31.8 36.9 32.4 30.9	15.2 15.2 30.4 30.4	4个单剪 4个单剪 8个单剪 8个单剪
		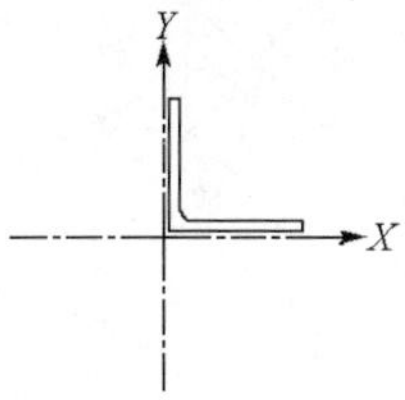	∠75＋75×8	12.5 12.5 14 14	6.75 5.82 6.75 5.82	6.45 6.45 12.9 12.9	2个单剪 2个单剪 4个单剪 4个单剪

续上表

杆件编号	名称	截面		容许轴力			螺栓连接控制情况
		布置	组成	受拉(t)	受压(t)	螺栓连接(t)	
N5	斜杆或斜撑	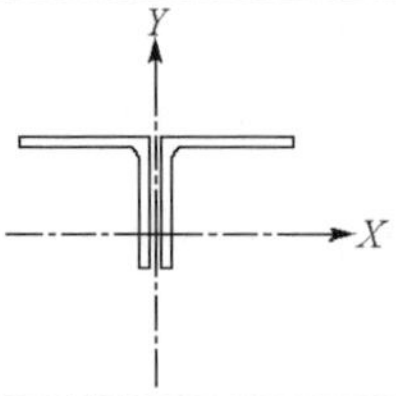	2∠75＋75×8	32.8 32.8	23.8 16.2	22.8 15.9(10.6)	3个双剪 3(2)个承压
		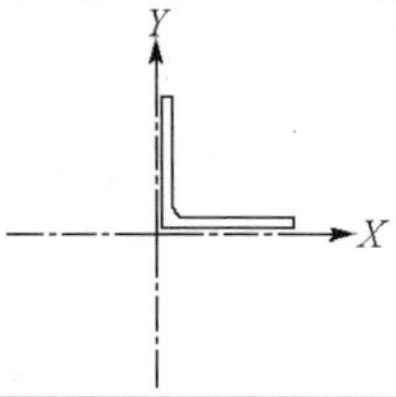	∠75＋75×8	16.9 16.9	4.4 3.7	9.68 6.45	3个单剪 2个单剪

(5)组架方式。

门式钢管脚手架用作模板支撑和满堂脚手架时，结构、构造设计应根据荷载、支撑高度、使用面积等作出，并列入施工方案中。

用于梁模板支撑的门架，可采用平行或垂直于梁轴线的布置方式。垂直于梁轴线布置时，门架两侧应设置交叉支撑(图14)；平行于梁轴线设置时，两门架应采用交叉支撑或梁底模小楞连接牢固(图15)。

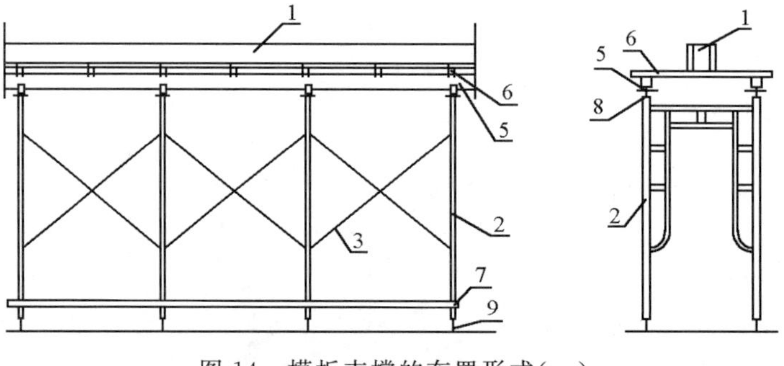

图14　模板支撑的布置形式(一)

1—混凝土梁；2—门架；3—交叉支撑；4—调节架；5—托梁；6—小楞；7—扫地杆；8—可调托座；9—可调底座

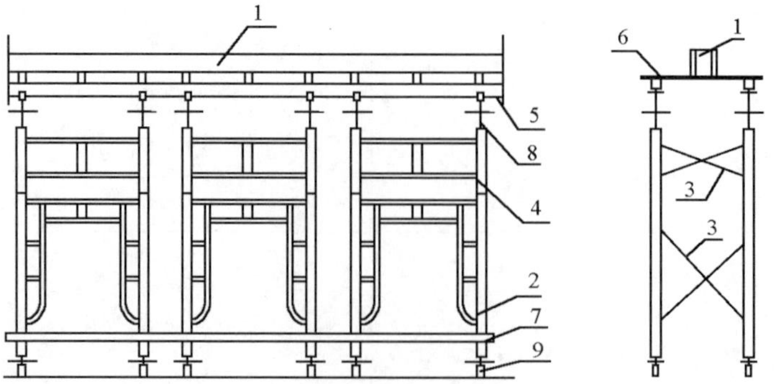

图15　模板支撑的布置形式(二)

1—混凝土梁；2—门架；3—交叉支撑；4—调节架；5—托梁；6—小楞；7—扫地杆；8—可调托座；9—可调底座

当模板支撑高度较高或荷载较大时，模板支撑可采用图 16 的构架形式支撑。

扣件式钢管脚手架立杆间距应根据计算确定，一般顺桥向(纵向)为 1.0～1.2 m，横桥向以 0.5～1.1 m 为宜，大横杆步距不宜超过 1.5 m。

用万能杆件杆件拼装成各种高度和跨度的桁式支架，桁架高度可为 2 m、4 m、6 m 或 6 m 以上。当高度为 2 m 时，腹杆拼成三角形；高度为 4 m 时，腹杆拼成菱形；高度超过 6 m 时，拼成多斜杆的形式；用万能杆件拼装墩架时，柱与柱之间的距离应与桁架之间的距离相同，柱高除柱头及柱脚外应为 2 m 的倍数。

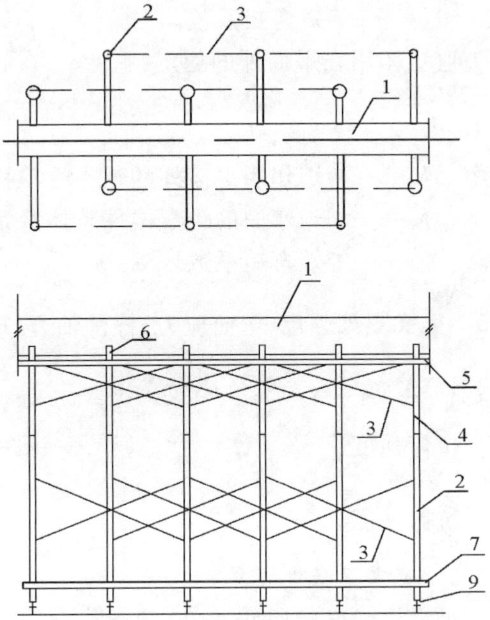

图 16　模板支撑的布置形式(三)

1—混凝土梁；2—门架；3—交叉支撑；4—调节架；5—托梁；6—小楞；7—扫地杆；9—可调底座

(6)相关国标安全技术规范。

《建筑施工门式钢管脚手架安全技术规范》JGJ128—2000。

《建筑施工扣件式钢管脚手架安全技术规范》JGJ130—2001。

《建筑施工碗扣式脚手架安全技术规范》。

《混凝土结构工程施工及验收规范》GB 50204。

《组合钢模板技术规范》GBJ214。

6.2　其他支架强度、稳定性验算

钢管支架，枋木的反力传给支架，支架为受压构件或压弯构件。

(1)轴心受压构件强度。

$$\sigma=\frac{N}{A_n}\leqslant f \tag{35}$$

(2)轴心受压构件稳定性。

$$\frac{N}{\phi A}\leqslant f \tag{36}$$

(3)压弯构件强度。

$$\frac{N}{A_n}\pm\frac{M_x}{\gamma_x W_{nx}}\pm\frac{M_y}{\gamma_y W_{ny}}\leqslant f \tag{37}$$

弯矩作用在对称轴平面内(绕 x 轴)的实腹式压弯构件，其稳定性：

$$\frac{N}{\phi_x \mathrm{A}}+\frac{\beta_{\max}\mathrm{M}_x}{\gamma_x \mathrm{W}_{1x}\left(1-0.8\dfrac{\mathrm{N}}{\mathrm{N}'_{Ex}}\right)}\leqslant f \tag{38}$$

式中　N——所计算构件段范围内的轴心压力；

$N'_{\mathrm{E}x}$——参数，$N'_{\mathrm{E}x}=\pi^2 EA/(1.1\lambda_x^2)$；

ϕ_x——弯矩作用平面内的轴心受压构件稳定系数；

M_x——索计算构件段范围内的最大弯矩；

W_{1x}——在弯矩作用平面内对较大受压纤维的毛截面模量；

β_{max}——等效弯矩系数。

弯矩作用在平面外的稳定：

$$\frac{N}{\varphi_y A}+\eta\frac{\beta_{1m}M_x}{\varphi_b W_{1x}}\leqslant f$$

式中　ϕ_y——弯矩作用平面外的轴心受压构件稳定系数；

ϕ_b——均匀弯曲的受弯构件整体稳定系数；

β_{1m}——等效弯矩系数。

6.3　梁式支架强度(弯曲应力、杆件轴力、剪应力)、挠度检算

6.3.1　型钢梁式支架强度检算

抗弯强度：
$$\frac{M_x}{\gamma_x W_{nx}}+\frac{M_y}{\gamma_y W_{ny}}\leqslant f \tag{39}$$

抗剪强度：
$$\tau=\frac{VS}{It_w}\leqslant f \tag{40}$$

6.3.2　贝雷梁强度检算

贝雷梁强度指标见表 26、27。

表 26　桁架单元杆件性能

杆件名	材料	横断面型式	横断面积(cm^2)	理论容许承载能力(kN)
弦杆	16Mn	2[10	2×12.74	560
竖杆	16Mn	工 8	9.52	210
斜杆	16Mn	工 8	9.52	171.5

表 27　桁架容许内力表

桥型 / 容许内力	不加强桥梁					加强桥梁				
	单排单层	双排单层	三排单层	双排双层	三排双层	单排单层	双排单层	三排单层	双排双层	三排双层
弯矩(kN·m)	788.2	1 576.4	2 246.4	3 265.4	4 653.2	1 687.5	3 375.0	4 809.4	6 750.0	9 618.8
剪力(kN)	245.2	490.5	698.9	490.5	698.9	245.2	490.5	698.9	490.5	698.9

6.3.3　桁架挠度检算

(1)弹性挠度计算。

可以采用局有限元分析软件，输入贝雷梁参数进行建模，得出变形值。

(2)非弹性挠度计算：

当桁架节数为奇数时
$$f_{max}=d(n^2-1)/8 \tag{41}$$

当桁架节数为偶数时
$$f_{max}=dn^2/8 \tag{42}$$

式中　n——桁架节数；

d——常数，对单层桁架，d=0.355 6 cm；对双层桁架 d=0.171 7 cm。

6.3.4　六四式军用梁强度检算

表 28　基本杆件的断面特性和承载能力

构件名称	杆件部位	材质	断面组成	断面积（cm^2）	计算长度（cm）	承载能力	
						受力状态	承载力(t)
标准三角① 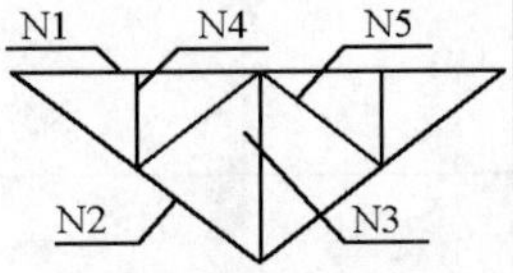	N1	16 锰	2[16b	50.30	400	受拉	100
						受压	100/107
	N2	16 锰	2[8	320.48	250	受拉	42
						受压	42
	N3	16 锰	2∠50×50×5			受压	10
	N4	16 锰	2∠50×50×5			受压	10
	N5	16 锰	2∠50×50×5			受拉	8
	标准弦杆节点	16 锰				受拉	100
加强三角 21 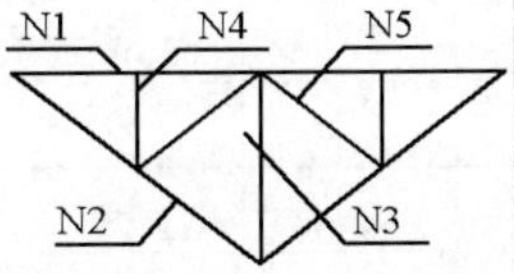	N1	15 锰钒氮	2[16b	50.30	400	受拉	140
						受压	142/152
	N2	16 锰	2[8	320.48	250	受拉	42
						受压	42
	N3	16 锰	2∠50×50×5			受压	10
	N4	16 锰	2∠50×50×5			受压	10
	N5	16 锰	2∠50×50×5			受拉	8
	标准弦杆节点	15 锰钒氮				受拉	140
端构架② 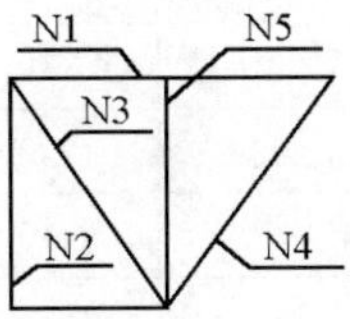	N1	16 锰	2[16a	43.9	200	受压	86
						受挠	71
	N2	16 锰	2[10	25.48	150	受压	54
	N3	16 锰	2[10	25.48	180	受压	55
	N4	16 锰	2[8	20.48	180	受压	41
	N5	16 锰	2∠50×50×5			受拉	10
	标准弦杆节点	16 锰				受拉	45
标准弦杆③		16 锰	2[16b	50.30	400	受拉	100
加强弦杆 23		15 锰钒氮	2[16b	50.30	400	受拉	140
端弦杆④		16 锰	2[16a	43.90	300	受压	100
斜弦杆⑤	弦杆	16 锰	2[16a	43.90	180	受压	100
	撑杆节点						45

续上表

构件名称	杆件部位	材质	断面组成	断面积(cm²)	计算长度(cm)	承载能力	
						受力状态	承载力(t)
撑杆⑥ 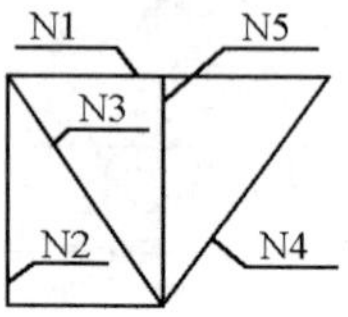		16锰	2[16a	43.90	300	受压	45
	N1	16锰	2[16a	43.9	150	受压	93
						受挠	40
	N2	16锰	2[10	25.48	150	受压	54
	N3	16锰	2[10	25.48	158	受压	55
	N4	16锰	2[8	20.48	180	受压	41
	撑杆节点	16锰				受拉	45
端构架⑧ 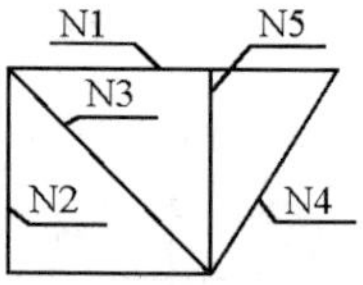	N1	16锰	2[16a	43.9	250	受压	92
						受挠	64
	N2	16锰	2[10	25.48	150	受压	54
	N3	16锰	2[10+2□76×8	37.46	212	受压	76
	N4	16锰	2[8	20.48	180	受压	41
						受拉	41
	N5	16锰	2∠50×50×5			受拉	10
	撑杆节点	16锰					45
端构架⑨ 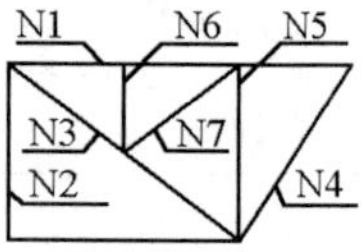	N1	16锰	2[16a	43.9	250	受压	82
						受挠	58
	N2	16锰	2[10	25.48	150	受压	54
	N3	16锰	2[10+2□76×8	37.46	212	受压	76
	N4	16锰	2[8	20.48	180	受压	41
						受拉	41
	N5	16锰	2∠50×50×5			受压	10
	N6	16锰	2∠50×50×5			受压	10
	N7	16锰	2∠50×50×5			受拉	8
	撑杆节点	16锰					45
端构架⑩ 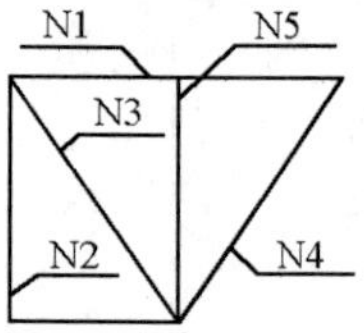	N1	16锰	2[16a	43.9	200	受压	86
						受挠	71
	N2	16锰	2[10	25.48	180	受压	55
	N3	16锰	2[8	20.48	180	受压	41
	N4	16锰	2∠50×50×5		180	受压	10
	支点承力						52
	撑杆节点	16锰					45

续上表

构件名称	杆件部位	材质	断面组成	断面积（cm^2）	计算长度（cm）	承载能力	
						受力状态	承载力(t)
端构架⑪ 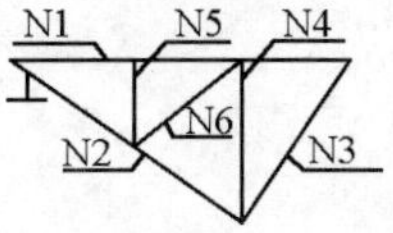	N1	16 锰	2[16a	43.9	250	受压	82
						受挠	58
	N2	16 锰	2[10	37.46	150	受拉	76
	N3	16 锰	2[10＋2□76×8	20.48	180	受压	41
						受拉	41
	N4	16 锰	2∠50×50×5			受压	10
	N5	16 锰	2∠50×50×5			受压	10
	N6	16 锰	2∠50×50×5			受拉	8
	支点承力						52
	撑杆节点	16 锰					45

恒载挠度：
$$f_{恒}=g\times\sum\Omega \tag{43}$$

式中 $\sum\Omega$——挠度影响线面积；

g——每片桁梁的恒载。

销孔挠度：由于销钉与销孔间存在的间隙而产生的挠度。

$$f_{销}=\sum\delta\times N_{p1/2} \tag{44}$$

式中 δ——由于销钉与销孔间的间隙而使杆件长度产生的变化值；

$N_{p1/2}$——单位力 $P=1$ 作用在跨中时的桁架杆件内力。

6.4 支撑结构检算

6.4.1 落地支架支撑结构检算

(1)地基处理检算。

立杆基础底面的平均压力应满足式(45)的要求：

$$p\leqslant f_g \tag{45}$$

式中 p——立杆基础底面的平均压力，$p=\dfrac{N}{A}$；

N——上部结构传至基础顶面的轴向力设计值；

A——基础底面面积；

f_g——地基承载力设计值，$f_g=k_c g f_{gk}$，其中 k_c—脚手架地基承载力调整系数，对碎石土、砂土、回填土应取 0.4；对黏土应取 0.5；对岩石、混凝土应取 1.0。

(2)落地支撑架检算。

同轴心受压计算，但模板支架立杆的计算长度 l_0，应按下式计算：

$$l_0=h+2a \tag{46}$$

式中 h——支架立杆的步距；

a——模板支架立杆伸出顶层横向水平杆中心线至模板支撑点的长度。

6.4.2 梁式支架支撑结构检算

(1)预埋件焊制牛腿支撑检算。

1)预埋件检算。

地脚螺栓的承载能力，是由地脚螺栓本身所具有的强度和它在混凝土中的锚固强度所决定。地脚螺栓锚固强度的计算方法，大致分为按粘结力计算和按锚板作用计算两种。

①按粘结力计算锚固强度。

对于弯钩螺栓（包括直钩、弯折和鱼尾形螺栓），其锚固强度的计算，一般只考虑埋入混凝土基础内的螺栓表面与混凝土的粘结力，而不考虑螺栓端部的弯钩在混凝土基础内的锚固作用。锚固强度按式(47)计算：

$$F=\pi dh\tau_b \tag{47}$$

锚固深度计算时，应考虑一定安全度：

$$h\geqslant\frac{F}{\pi d\tau_b} \tag{48}$$

式中　F——锚固力，即作用于地脚螺栓上的轴向拔出力(N)；

d——地脚螺栓直径(mm)；

h——地脚螺栓在混凝土基础内的锚固深度(mm)；

τ_b、$[\tau_b]$——混凝土与地脚螺栓表面的粘结强度和容许粘结强度(N/mm^2)。一般在普通混凝土中，取 $\tau_b=2.5\sim3.5$ N/mm^2；$[\tau_b]=1.5\sim2.5$ N/mm^2。

当 F 值未知时，则以地脚螺栓截面抗拉强度代替，即 $F=\frac{\pi}{4}d^2f_y$

则

$$\frac{\pi}{4}d^2f_y=\pi dh\tau_b$$

$$h\geqslant\frac{df_y}{4[\tau_b]}$$

当地脚螺栓采用 Q235 钢时，上式可写成：

$$h\geqslant\frac{53.8d}{[\tau_b]} \tag{49}$$

式中　f_y——地脚螺栓的抗拉强度(N/mm^2)，用 Q235 钢时，$f_y=215$ N/mm^2。

一般光圆螺栓在混凝土中的锚固深度为 20～30 d；有弯钩时为 15～20 d。

②按锚板锚固计算锚固强度。

死螺栓中的锚板螺栓以及活螺栓中的丁头螺栓、拧入螺栓和对拧螺栓的螺杆端部均带有锚板。因此计算时一般不考虑地脚螺栓与混凝土的粘结力，而均按锚板锚固强度计算。锚固能力全由锚板通过基础混凝土承担。计算方法有以下三种：

a. 按冲切强度计算。

假定螺栓承受的轴向拔出力 F 完全由锚板周边对混凝土的冲切而产生的内力来平衡，而锚固力 F 可由下式计算：

$$F\leqslant uh[\tau] \tag{50}$$

式中　u——锚板周长(mm)；

h——锚固深度(mm)；

$[\tau]$——混凝土的容许剪切强度(N/mm^2)。

b. 按局部抗压强度计算。

锚板通常采用正方形，假定其尺寸由基础混凝土的局部抗压强度决定，计算公式如下：

$$F\leqslant(b^2-\frac{1}{4}\pi d^2)f_{cc}$$

若以 $F=\frac{1}{4}\pi d^2f_y$ 代入，整理得：

$$b \geqslant \frac{d}{2}\sqrt{\pi(1+\frac{f_y}{f_{cc}})} \quad (51)$$

式中 b——锚板边长(mm)；

d——螺栓直径(mm)；

f_y——螺栓抗压强度设计值(N/mm²)；

f_{cc}——混凝土的局部挤压强度设计值(N/mm²)，$f_{cc}=0.95f_c$。

c.按锥体破坏计算。

假定地脚螺栓到基础边缘有足够的距离，锚板螺栓在轴向力 F 作用下，地脚螺栓及其周围混凝土以圆台锥形从基础中拔出破坏。

$$F=0.2f_c(2.3h^2+bh) \quad (52)$$

式中 h——破坏锥体高度(通常与锚固深度相同)(mm)；

b——锚固边长(mm)。

2)牛腿结构检算(计算简图如图 17)。

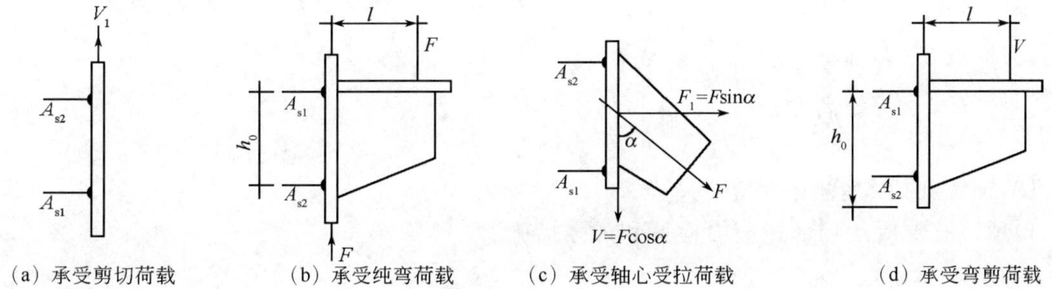

图 17 牛腿计算简图

①承受剪切荷载的预埋件计算。

$$K_1V_j \leqslant \mu(A_{s1}+A_{s2})f_{sv}a_r \quad (53)$$

式中 V_j——作用于预埋件的剪切荷载；

K_1——抗剪强度设计安全系数；

μ——摩擦系数，取 $\mu=1$；

A_{s1}、A_{s2}——钢筋截面面积，当为双排锚筋时，$A_{s1}=A_{s2}$；

f_{sv}——钢筋在混凝土中的抗剪强度设计值；

a_r——锚筋层数的影响系数，当等间距配置时，二层取 1.0；三层取 0.9；四层取 0.85。

②承受纯弯荷载的预埋件计算。

$$K_2M_j \leqslant h_0A_{s1}f_{si}a_r \quad (54)$$

式中 M_j——作用于预埋件的纯弯矩，$M_j=Fl$；

K_2——抗弯强度设计安全系数；

h_0——加荷牛腿顶点至受拉锚筋的距离；

A_{s1}——下部锚筋的截面面积；

f_{si}——锚筋抗拉强度设计值。

③承受轴心抗剪荷载的预埋件计算

$$K_3F_j \leqslant \frac{A_sf_{si} \cdot a_r}{\sin\alpha+\frac{\cos\alpha}{\mu_1\mu}} \quad (55)$$

式中　F_j——作用于预埋件的拉力；

K_3——抗拉剪强度设计安全系数；

A_s——总锚筋，为 $A_{s1}+A_{s2}$；

α——外力 F 与预埋件的轴线夹角；

μ_1——系数，与 α 角的大小有关，当 $\alpha=30°$，$\mu_1=0.9$；$\alpha=45°$，$\mu_1=0.8$；$\alpha=60°$，$\mu_1=0.7$；

μ——摩擦系数，取 $\mu=1$。

④承受弯剪荷载的预埋件计算

$$K_1V_j \leqslant (1.5A_{s1}f_{st1}+A_{s2}f_{st2})a_r \tag{56}$$

$$K_2M_j \leqslant 0.85h_0A_{s1}f_{st1} \cdot a_r \tag{57}$$

式中　f_{st1}、f_{st2}——分别为锚筋 A_{s1}、A_{s2} 的计算抗拉强度设计值。

3)焊缝检算

剪应力：
$$\tau_f=\frac{N_{tmax}^b}{h \cdot t} \leqslant f_v \tag{58}$$

正应力：
$$\sigma_f=\frac{5N_{tmax}^b}{h^2 \cdot t} \leqslant f \tag{59}$$

式中　N_{tmax}^b——焊缝承受的最大拉力；

h——焊缝高度；

t——板厚。

(2)预留孔插入承托件检算。

1)预留孔混凝土局部压应力检算和加强措施。

$$\sigma \leqslant [\sigma_{c-1}] \tag{60}$$

表 29　混凝土的局部容许承压应力 $[\sigma_{c-1}]$

混凝土强度等级(MPa)								
C20	C25	C30	C35	C40	C45	C50	C55	C60
$5.4\sqrt{\frac{A}{A_c}}$	$6.8\sqrt{\frac{A}{A_c}}$	$8.0\sqrt{\frac{A}{A_c}}$	$9.4\sqrt{\frac{A}{A_c}}$	$10.8\sqrt{\frac{A}{A_c}}$	$12.0\sqrt{\frac{A}{A_c}}$	$13.4\sqrt{\frac{A}{A_c}}$	$14.8\sqrt{\frac{A}{A_c}}$	$16.0\times\sqrt{\frac{A}{A_c}}$

注：A—计算的面积；A_c—局部承压面积。

如计算所得压应力接近于容许应力时，可考虑铺设钢筋网或加大承压面积来改善受力。

2)承托件强度、刚度检算。

参见 6.4.2 中 2)牛腿结构检算。

(3)抱箍支撑检算。

1)抱箍结构检算(结构如图 18)。

①设计荷载。

荷载组成为：混凝土盖梁自重并计入 20%的冲击荷载，模型、分配梁、工字钢及抱箍等的重量 P。

②抱箍每端的拉力。

钢材与混凝土的摩擦系数 $\mu=0.4$，$F=P/n\mu$，(n 为抱箍数量)

③抱箍应力计算

$$\sigma=F/A \leqslant [\sigma] \tag{61}$$

2)抱箍与橡胶板之间的摩擦力计算。

在高强螺栓拉力作用下，当抱箍钢板达到允许应力时，抱箍对橡胶板产生的压应力为：

$$\delta_y=\frac{TD}{2t}\text{则 }P=\frac{2t\cdot\delta_y}{D} \tag{62}$$

式中 T——抱箍对橡胶板产生的压应力；

δ_y——抱箍在螺栓作用下产生的周向拉应力；

D——抱箍直径；

t——抱箍厚度。

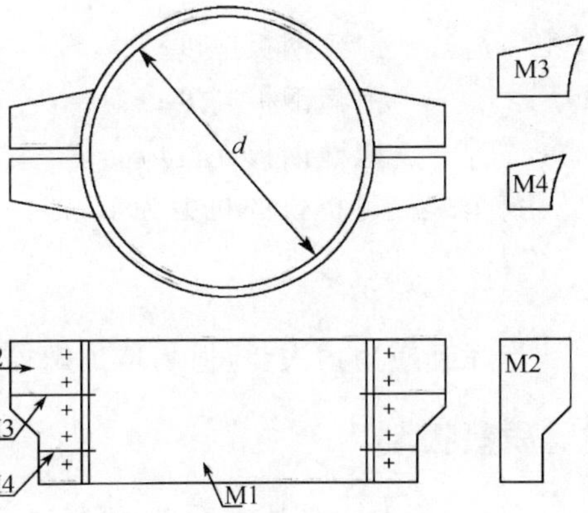

图 18 钢抱箍结构图

整个抱箍对橡胶板所产生的正压力为

$$N=\pi D_g h_g P \tag{63}$$

式中 D_g——抱箍直径；

h_g——抱箍高度；

P——总荷载。

由于钢抱箍有一定刚度，又不一定非常圆顺，有些地方与橡胶板接触不很严密，所以，将正压力按 80%进行折减，则折减后的正压力为

$$N_1=0.8\ N \tag{64}$$

钢与橡胶之间的摩擦系数 $f_1=0.2$，则每一套抱箍与橡胶板之间的摩擦阻力为

$$N'_1=f_1 N_1 \tag{65}$$

$$K_1=\frac{N'_1}{P} \tag{66}$$

式中 K_1——安全系数，不小于 1.5。

抱箍自身的轴向应力为 $$\delta_x=\frac{TD}{4t}=\frac{1}{2}\delta_y \tag{67}$$

所以，用抱箍的轴向应力控制设计。

3)橡胶板与混凝土之间的摩擦力计算。

橡胶是一种弹性材料。在橡胶微分单元受到三向应力时，橡胶的体积应变为 e

$$e=\frac{1-2\gamma}{E}(\delta_x+\delta_y+\delta_z) \tag{68}$$

说明橡胶体积应变 e 和体积和体积应力 δ 成正比。根据测定，橡胶的泊松比 γ 接近于 0.5，所以，不论在何种荷载作用下，体积应变 e 接近于零。表明橡胶的体积几乎是不可压缩的。

橡胶板将受到的抱箍压应力又传递到混凝土上，由于混凝土截面不一定非常圆，所以，这个压应力亦应按 80%进行折减，则折减后橡胶板与混凝土之间的正应力为

$$N_2=0.8N_1 \tag{69}$$

橡胶与混凝土之间的摩擦系数 $f_2=0.3$，则橡胶板与混凝土之间的摩擦力为：

$$N'_2=f_2 N_2 \tag{70}$$

$$K_2=\frac{N'_2}{P} \tag{71}$$

式中 K_2——安全系数，不小于 1.5。

4)高强螺栓的数量确定。

当抱箍钢板达到允许应力时，高强螺栓所需提供的拉力(未计拉力损失)为 N_3：

$$N_3=[\delta]g_t g_h \tag{72}$$

式中 g_t——抱箍钢板厚度；

g_h——抱箍钢板高度；

$[\delta]$——抱箍钢板允许应力。

每个螺栓可提供的拉力为 R，则：

$$n=\frac{N_3}{R} \tag{73}$$

考虑到应力损失，应适当增加螺栓数量。

7 质量控制

(1)为确保墩身外观质量，模板爬升到位后，必须对模板进行彻底清理，调直、修补和加固。

(2)为确保墩身截面尺寸准确，在每次灌注混凝土后、模板爬升前，在混凝土面上由经纬仪进行复测定位，模板以测点为基准支立、加固。

(3)水平施工缝凿毛处理，在每板混凝土施工后，均留下一道水平施工缝，当混凝土终凝前，即可由人工在内外模外侧，由近及远绕周圈凿混凝土表面浮浆。

(4)模板加固时，要外箍内撑，且拉杆要拉紧，位置均匀对称，保证空心墩结构尺寸和定位尺寸。

(5)埋件系统预埋的位置要求准确，在浇注混凝土前必须由专人再次复核其位置，确保误差不大于 1 mm。

8 安全设施及其注意事项

(1)在外模爬架平台四周设置防坠落安全网。

(2)墩身四周设置安全区域，做好围栏，防止高空坠物伤人。

(3)模板拆除要等到混凝土达到 10 MPa 以上才能进行。模板安装及拆除时，操作人员必须配戴安全带。

(4)悬臂模板吊升必须在白天进行，模板吊升应由专人指挥，并不得超出塔吊的负荷吊装。

(5)当遇到雷雨、风力达到 5 级以上时，不得进行作业。

(6)严禁在悬臂模板架上堆放重物，悬臂模板架主平台设计荷载 3 kN/m^2，上平台及吊平台为 0.75 kN/m^2。

(7)模板上的脚手架必须符合安全要求，平台跳板必须与脚手架捆绑牢固，跳板尽量不要出现悬挑的现象。

9 结束语

以上内容在施工设计中，充分考虑了工期和可操作性，并保证混凝土的质量内实外美，在项目实施中可获得较好的效果。

空心墩翻模施工工艺

1 前　　言

翻模施工工艺是一种常规的施工方法，只是外模多采用大块钢模，大块钢模对桥梁外观质量比较好，现在的施工单位在空心高墩施工中多采用翻模施工工艺。

空心墩翻模施工是利用已浇注成型的钢筋混凝土为支承主体，内、外模板通过拉杆与混凝土实现密贴，由下层模板与混凝土之间的粘结力和摩擦力支承上层模板及操作平台。随着墩身钢筋骨架的接高，通过起重设备逐节提升操作平台，并带动模板不断上翻，完成每次预定高度的墩身混凝土浇注任务，如此反复循环直至墩顶。

2 适用范围

空心墩翻模施工工艺适用于铁路、公路的圆形、圆端形及矩形空、实心桥墩施工，同时亦可用于倒锥壳水塔的筒身及高大的烟囱施工。对以上结构其截面尺寸可不受限制，建筑高度越高越显示出优越性。模板的提升可配备塔吊或架空索道或扒杆或链滑车。

3 使用特点

(1)采用大块钢模板施工，混凝土表面平整度、垂直度易于调整、控制，墩身外观质量好，同时避免了施工误差的积累，轴线能够得到控制。

(2)翻模施工工艺对混凝土损伤小，能够很好地保护混凝土表面及棱角。上、下层模板通过螺栓紧密连接，新老混凝土接缝好，无错台。

(3)采用小块定型钢模板组拼成大块模板作为内模，通过起吊设备吊装，加快了施工进度，且劳动强度低，安全系数大。

(4)采用桁片作为施工平台，并作为模板的加固背杠，增强了模型刚度，从而节约了材料，降低了施工成本，方便施工人员操作，设计更加趋于人性化。

(5)翻模施工工艺有利于清理模板和涂刷脱模剂，不易污染钢筋和混凝土。

(6)翻模施工工艺简单、易掌握。

4 工艺流程及操作要点

4.1 工艺流程

工艺流程见图1。

4.2 操作要点

(1)根据模板设计高度，从墩顶往下排，不足整节模板高度者称为零节，零节模板可单做，亦可用整节模板代用，但需注意脱模后重新立上一节模的支垫和与零节混凝土的锁固，不得出现接缝错台、漏浆。

(2)翻模施工过程中，起吊前仔细检查模板与混凝土之间是否完全脱离，起吊扣件是否牢固，操作平台上的机、具、料是否清理干净，防止出现安全隐患。

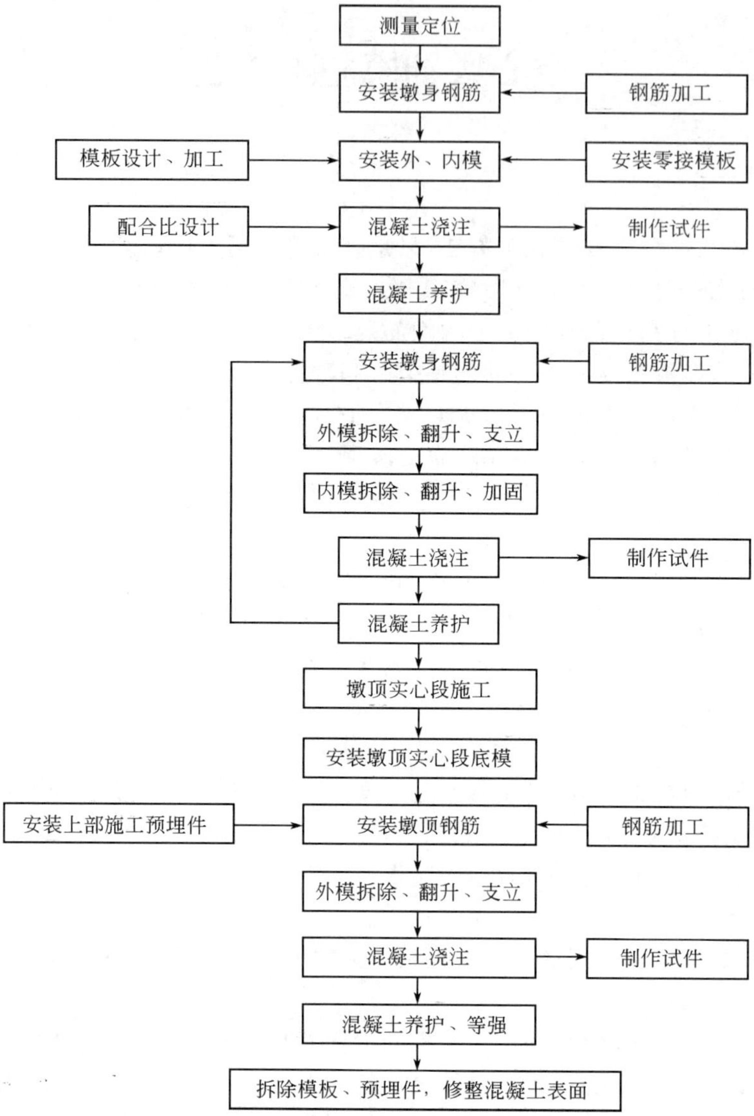

图 1　工艺流程图

(3)墩顶实心段施工时，提前做好预埋件或预留孔的准备工作，预埋件的位置要准确，定位要牢固，并防止混凝土浇注过程中位置移动。

(4)内模板支撑加固必须牢固，相邻模板之间的连接翻升过程中须断开，拼装时应连接成整体。

4.2.1　模板工程

(1)模板设计。

翻模施工工艺外模采用的是大块钢模板或小块钢模板组拼成的大块模板，内模采用小块定型钢模和木模组拼，内外模加固，采用内撑外拉加固，配备起重设备进行起吊翻升模板(如图 2 所示)。

1)外模设计。

采用大板模设计，根据墩身高度、墩身断面尺寸和起重设备的起吊能力，以及施工时钢筋长度综合考虑来确定模板尺寸。从节约成本、加快施工进度方面考虑，多采用 2～3 节模板，每次向上翻升 1～2 节，保留一节作为接头模。同时，设计也需考虑上部结构的尺寸，以便模板倒用。

2)内模设计。

采用定型钢模板和木模组拼，用枋木或钢管作为内撑杆加固模板。竖向倒角连接处应有一侧设计为锐角，以便脱模。

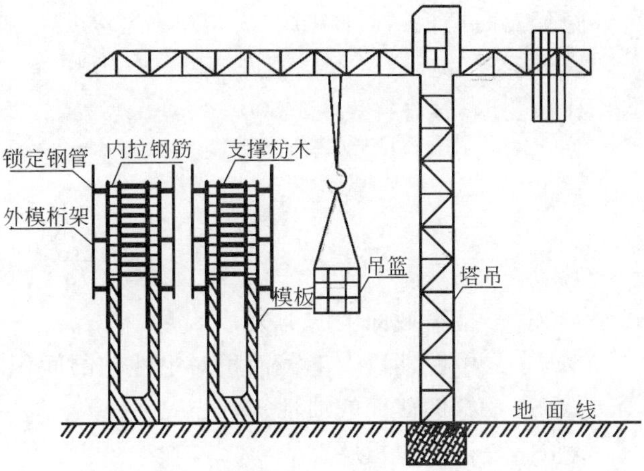

图 2　翻模施工结构形式图

3)操作平台和安全设施。

采用桁片结构为施工平台，并作为模型加固的背杠，增强模型刚度。设计时主要根据承受小型机具、周转材料和操作人员的重量进行设计，在桁片上安装竖向钢管作为栏杆立柱，加横杆两道，并挂设 1.2～1.5 m 高安全网作防护，平台上铺步板。内、外竖向设挂梯，确保施工人员安全。

4)内、外模板和其他受力构件均需作强度、刚度和稳定性检算。

①荷载。

墩顶实心段为竖向荷载：

Ⅰ　模板及纵横梁木自重；

Ⅱ　新浇实心段混凝土及钢筋自重；

Ⅲ　施工人员、堆放材料及运输工具重量；

Ⅳ　振捣混凝土时产生的荷载；

Ⅴ　其他可能产生的荷载，如雪载、冬季保温设施荷载等。

空心墩壁为水平荷载：

Ⅵ　新浇混凝土对侧模产生的压力。

表 1　荷 载 组 合

顺次	构件名称	荷载组合	
		强度验算	挠度验算
1	底板	Ⅰ＋Ⅱ＋Ⅲ＋Ⅳ＋Ⅴ	Ⅰ＋Ⅳ＋Ⅴ
2	侧模板	Ⅳ＋Ⅵ	Ⅵ

②材料强度取值。

Ⅰ　钢材：按《公路桥涵设计规范》A3 钢(Q235)，临时工程容许应力提高系数 $K=1.3$

轴向应力 $[\sigma]=140\times1.3=182$ MPa

弯曲应力 $[\sigma]=145\times1.3=188.5$ MPa

剪切应力 $[\tau]=85\times1.3=110.5$ MPa

Ⅱ　竹胶板：酚醛树脂胶合板的强度，按材料说明书或作试验确定。

Ⅲ　容许挠度：

结构外露模板：容许挠度 $\leqslant l/400$，l 为跨度

隐蔽表面模板：容许挠度≤$l/250$，l 为跨度

模板钢棱(纵、横梁木)：容许挠度≤$l/500$

柱箍变形：容许挠度≤$l/500$

Ⅳ　剪切应力计算公式：

型钢：

$$\tau=\frac{QS}{Id}\leqslant[\tau] \tag{1}$$

式中　Q——检算截面上的剪力；

S——中性轴以上毛截面积对中性轴的面积矩；

I——杆件截面的惯性矩；

d——杆件腹板厚度。

矩型截面：

$$\tau=\frac{3}{2}\times\frac{Q}{A}\leqslant[\tau] \tag{2}$$

式中　A——杆件截面面积。

圆型截面：

$$\tau=\frac{4}{3}\times\frac{Q}{A}\leqslant[\tau] \tag{3}$$

薄壁圆环形截面：

$$\tau=2\times\frac{Q}{A}\leqslant[\tau] \tag{4}$$

设计计算方法：

容许应力法(亦称安全系数法)：容许应力＝屈服强度/k(k＝1.7)

极限状态设计法：

$$\sigma=\frac{f}{r_0 r_G} \tag{5}$$

式中　$f=\frac{\text{屈服强度}}{\text{材料抗力分项系数}}$

r_0——结构安全系数，$r_0=1.1$，$r_0=1.0$，$r_0=0.9$；

r_G——荷载分项系数(永久荷载 $r_G=1.2$，可变荷载 $r_G=1.4$)。

(2)模板加工。

1)加工标准。

按照批准的加工图和《钢结构工程施工及验收规范》进行加工。

2)质量验收。

在厂家或施工现场进行自由状态下预拼装，根据设计图纸和《钢结构加工质量标准》进行验收，检查模板的长、宽、高、螺栓孔直径、大面平整度、接缝错台(含节间接缝)、焊接质量等。检查合格后，对模板编号，并在模板上标注中心线、控制基准线等标记。

3)运输存放。

根据模板的长度、重量选用车辆；模板在运输车辆上的支点、两端伸出的长度及绑扎和包装方法均须保证模板不产生变形、不损伤涂层。

模板存放场地平整坚实，无积水。按照规格、型号、安装顺序分区存放；模板底层垫枕须有

足够的支承面，防止支点下沉。相同型号的模板垫放时，各层的支点在同一垂直线上，防止模板被压坏或变形。

(3)模板安装。

1)墩底零节处理。

为了方便脱模，翻模施工工艺要求在墩底设置零接模板。零接模板上端与墩身翻模模板相连接，下端直接支承在承台上，最先拆除的一块模板下端与承台的接触边设计为锐角，方便脱模。

2)模板的安装与支撑。

采取先安装外模、再安装内模的安装顺序。内撑外拉、节间螺栓锁紧，防止浇注混凝土过程中移位、漏浆。

在浇注底部两节墩身混凝土时，模板的校正采取拉缆风绳的方式，从第三节开始，采用预埋于底节顶面混凝土中的预埋扣环进行校正。

3)预留孔、预埋件的安装。

钢筋拉杆采用PVC管做套管，以便重复使用；通风孔采用PVC管安设，用U形或井字形钢筋牢固定位在主筋上。

(4)模板拆除、翻升、整修、涂刷脱模剂。

钢筋安装好后，进行模板的拆除、翻升、整修、涂刷脱模剂，顺序为先外后内、先下后上逐块逐节进行。具体过程如下：

1)预松拉杆、脱模板，拆除相邻模板之间的连接，并把操作平台上的机具料清理干净。

2)起吊扣件锁紧后，将模板吊至地面并支垫。

3)用平刮刀清除模板板面残留的混凝土，注意不要将板面挂伤。如肋边发生翘曲、弯折、板面发生变形时，需进行矫正平直，开焊处要补焊牢固，并将面板清理干净。

4)在模板表面均匀涂刷同一品种的脱模剂。

5)提升并安装模板。

(5)墩顶与实心段(横梁、系梁)的衔接处理。

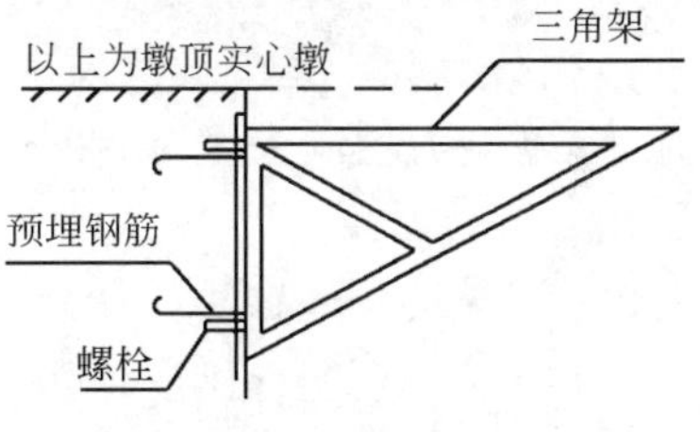

图3 墩顶实心段示意图

在墩顶实心段施工时，预先埋好带螺栓的预埋件，当拆除模板后，安装作为工作平台骨架的三角托架；在三角托架上布置工字钢，铺设枋木，作为施工平台进行墩顶实心段施工。并在墩顶预埋U形钢筋，作为模板、三角托架拆卸时的运输设备(见图3)。

4.2.2 钢筋及预应力筋工程

(1)钢筋及预应力筋的检查与验收。

钢筋进场检查出厂质量证明书或试验报告，每捆(盘)钢筋的标牌，并分批验收堆放。验收内容包括对标牌、外观质量检查及力学性能检验，合格后方可使用。

热轧钢筋表面不得有裂缝、结疤和折叠。钢筋表面的凸块不允许超过螺纹的高度；冷拉钢筋表面不允许有裂纹和缩颈；预应力筋表面不得有折断、横裂和相互交叉的钢丝，表面无润滑剂、油渍和锈坑。

钢筋进场时按国家标准的规定取试件做力学性能检验，其质量必须符合有关标准的规定。

(2)钢筋及预应力筋的加工。

钢筋一般在加工场加工，然后吊运至墩身现场安装或绑扎。墩身主筋采用直螺纹套筒连接，箍筋、钩筋等采用闪光对焊连接，然后按照设计图纸尺寸及规范要求进行下料、弯曲。

预应力筋按照设计尺寸，采用圆盘锯切割下料，预先编束穿入波纹管道内，整体吊装至施工现场进行安装。严禁使用电或氧弧焊切割。

(3)钢筋及预应力筋的安装。

钢筋的安装应与模板安装配合，墩身钢筋安装一般在模板安装前进行。用起吊设备吊运至施工现场，直立钢筋采用先调直上、下钢筋轴线，采用扭力扳手拧紧直螺纹套筒，两头旋入套筒的长度一致。箍筋、钩筋安装应按照设计先划线，然后摆料、绑扎。

按照设计或规范要求设置钢筋的保护层厚度。工地常采用预制水泥砂浆垫块或购置给定高度的塑料垫块支垫在钢筋与模板间，控制保护层厚度。

预应力筋多设计在墩顶实心段位置，后张法施工。严格按照设计图纸位置、尺寸、间距等采用U形钢筋对波纹管定位，张拉端采用锚盒保护，防止漏浆；在模板上开窗伸出墩外，确保张拉所需要的工作长度。预应力筋安装时，要求线形顺直、定位牢固，防止混凝土浇注过程中移位。

(4)主筋架立的稳定性及其采取的技术措施。

墩身主筋架立时，因主筋购置长度一般为7～9 m，单根接长时，稳定性较差，未绑扎成形之前，必须采取相应的防倾倒措施。可按照墩身断面尺寸及钢筋位置，用角钢或钢管制作骨架立于墩身适当位置，在骨架顶标出钢筋位置，采用U形钢筋准确定位，主筋从骨架上方的U形钢筋内直接穿入，实现与前一节段主筋连接。

(5)预应力筋的张拉控制。

墩身混凝土达到设计要求强度时，方可进行预应力筋张拉。预应力筋以应力和伸长量双控，多以应力控制为主，用伸长量进行校核，实际伸长值与理论伸长值的差值应控制在±6%范围内。

4.2.3　混凝土工程

(1)混凝土配合比设计。

空心墩翻模施工工艺所采用的混凝土，要求和易性能好，不易产生离析、泌水现象，并且墩身内、外侧钢筋密集，因此细骨料比例稍大，粗骨料的粒径应小一些，坍落度控制在120～160 mm。

(2)混凝土材料的采购与质量控制。

1)水泥。采购与要求配置的混凝土强度等级相适应的水泥。要求收缩小并节约水泥。

2)粗骨料。采购坚硬的卵石或碎石。按产地、类别、加工方法和规格等不同，按现行《公路工程集料试验规程》分批进行检验。

3)细骨料。采购级配良好、质地坚硬、颗粒洁净、最大粒径小于5 mm的中粗砂。

4)水。使用的水不得含有影响水泥正常凝结与硬化的有害杂质或油脂、糖类及游离酸类等。

5)外加剂。采购改善混凝土拌和物流动性能的高效减水剂，其掺量不得大于水泥质量的5%。

(3)混凝土拌制、运输、入模浇注程序与捣固。

1)混凝土拌制。

使用强制式搅拌机进行集中搅拌，搅拌延续时间根据搅拌机类型、混凝土坍落度等情况确定，时间不足时拌和物将达不到均匀要求，时间过长时拌和物可能产生离析。

搅拌机搅拌的转速须严格控制，以减少拌和物的离心作用，不得为缩短搅拌延续时间而使转速超过该机规定的转速。

2)混凝土运输。

根据混凝土的浇注数量、混凝土凝结时间、浇注速度、运输时间限制、搅拌机生产率等情况，确定运输机具的类型和数量。必须使浇注工作不间断，并使混凝土拌和物运到浇注地点时不离析并保持良好的均匀性。当混凝土拌和物运距较近时，可采用无搅拌器的运输工具；当运距较远时，须采用搅拌运输车。

3)混凝土入模浇注程序。

下节混凝土顶面经过凿毛处理，洒水湿润后浇注上节混凝土。

混凝土采用输送泵泵送至墩顶，通过漏斗、挡板等防离析装置，再由串筒缓慢入模，串筒一般用多节上大下小的管筒连成，可用薄钢板制作，各管筒之间用钩环连接。分层浇注混凝土，每层最大厚度 30 cm。串筒上口挂在漏斗上或焊接在一起，通过起吊设备一起移动。

4)混凝土捣固。

采用插入式捣固器捣固，按照直线行列移位或交错行列移位，一般以振动作用半径的 1.5 倍作为移动间距。振动器的移动距离，保持一定的规律，防止漏振或过振。振动棒与侧模保持 50～100 mm 的距离，并避免碰撞模板、钢筋以及其他预埋件。

振动深度一般不超过振动棒长度的 2/3～3/4 倍。振动时不断上下移动振动棒，以便捣实均匀；插入下层混凝土的深度 50～100 mm，并在下层混凝土初凝前振动完成其相应部位的上层混凝土，使上下层混凝土紧密结合。

振动时间一般根据现象判断，当出现混凝土不再有显著的沉落，不再出现大量的气泡，混凝土表面均匀、平整、并已泛浆，即可停止。

(4)混凝土养护。

混凝土浇注成形后水泥硬化时，及时洒水养护，养护用水条件与拌和用水相同。墩顶裸露面可用麻布覆盖，并经常洒水，使覆盖物湿润。墩身模板在翻升前，应经常洒水，确保模板湿润。

混凝土的浇水养护时间，根据水泥品种、气候条件及养护方法确定。在相对湿度大于 60%的潮湿环境中养护，不宜少于 7 d；在相对湿度小于 60%的干燥环境中养护，应延长至 14 d。

(5)混凝土拆模。

内、外模板的拆除，在混凝土强度能够保证其表面及棱角不因拆模而受损坏后方可拆除，一般须达到 2.5 MPa 的抗压强度。

先外后内、先下后上逐节逐块进行模板翻升施工。当上节钢筋安装好后，起吊扣件必须扣紧模板的吊点，相邻模板之间无连接的情况下，方可拆模翻升。

(6)预埋件拆除、预留孔封堵与混凝土表面修整。

在墩顶预埋吊点，方便人员、机具材料运输。进入上部施工阶段方可拆除墩顶预埋件，然后凿除表面 5 cm 混凝土，切割外露的预埋部分，用与墩身相同标号的水泥配置泥胶补填空洞，保证墩身表面色泽一致。

5 机、料具计划表

机、料具计划见表 2。

表 2　机、料具计划表

序号	名称	规格	单位	数量
1	内、外模型		套	1
2	起重设备		台	1
3	钢筋切割机		台	1
4	闪光对焊机		台	1
5	车丝机		台	1
6	扭力扳手		把	4

6　劳动力组织计划表

劳动力组织计划见表 3。

表 3　劳动力组织计划表

序号	1	2	3	4	5	6	7	合计
工种	技术	领工	钢筋工	木工	混凝土工	起重工	杂工	
人数(名)	2	2	10	4	6	2	10	36

7　安全注意事项

(1)进入施工现场人员必须戴安全帽,高空作业人员必须系安全带。

(2)工作面上的荷载(包括人员、工具、材料等),不得超出设计的规定;且应分布均匀,避免荷载集中超出设计范围。

(3)工作面上的材料应及时清理,保持工作面规整畅通,不得乱堆乱放工具材料,以免影响作业安全和发生坠物伤人。

(4)模板翻升作业时,必须正确选择模板吊点的位置,合理穿挂索具,由专人负责指挥、检查。必须待模板完全脱离混凝土面,相邻模板之间无连接的情况下,才能进行起吊翻升。

(5)墩身下方设警戒区,禁止人员进入。模板翻升时,应配有专人指挥和监护,并做好相邻模板之间的防护工作。

(6)六级以上大风应停止模板翻升作业,冬天下雪后须清除积雪并经检查确认,确保安全操作时,方可作业。

8　质量控制标准

(1)严格控制主筋机械接头丝头的加工质量,对中径尺寸、螺纹加工长度、螺纹牙型严格检查,不合格的丝头必须切割重新加工。安装过程中,应使两个丝头在套筒中央相互顶紧,套筒每端外漏不得超过一个以上的完整丝扣。

(2)严格控制闪光对焊焊接接头的加工质量,对钢筋轴线、接头质量等严格检查,不合格的焊接接头必须切割重新焊接。

(3)为保证两节混凝土墩身接头处表面光滑平顺,在模板设计时上下模板块数应相等,按照预拼装时的编号顺序安装。当采用两层以上的模板时,下层模板安装完成并整体连接好后,方可进行上层模板的安装。

(4)为保证墩身截面尺寸准确,内模撑杆必须撑紧,其尺寸误差不得超过±2 mm。

(5)模板安装好后,采用全站仪对墩身中线及水平进行复核,如有偏差,需校正好后方可进行混凝土的浇注。模板安装偏差及检验方法见表4。

表4 墩身模板允许偏差和检验方法

序号	项目	允许偏差(mm)	检验方法
1	前后、左右距中心线尺寸	±10	测量检查每边不少于2处
2	表面平整度	3	1 m靠尺检查不少于5处
3	相邻模板错台	1	尺量检查不少于5处
4	空心墩壁厚	±3	尺量检查不少于5处
5	同一梁端两垫石高差	2	测量检查
6	墩台支承垫石顶面高程	0～5	经纬仪测量
7	预埋件和预留孔位置	5	纵横两向尺量检查

(6)认真完成各项工序之间的交接检,做好自检工作。

9 结束语

空心墩翻模施工工艺虽是常规的施工工艺,但目前仍为很多高墩施工所选用。在实际施工中,只有经过系统和全面的准备,做好施工设计,在每一道施工工序中严格按照工艺要求进行作业,才能控制好墩身质量、加快施工进度,降低施工成本、确保施工安全。

由于工程的条件和要求不完全一致,因此在墩身的翻模施工过程中,需要根据工程自身的特性和条件对工艺进行调整,以满足施工要求和质量标准。

空心墩爬模施工工艺

1　前　　言

空心墩爬模法是用内、外侧模板、爬架与脚手架组成的成套施工设备进行墩身施工的一种方法。在大量运用中主要是爬架和模板的提升动力的不同引起了施工操作的变化，常见的有液压式、牛腿顶升式、架空索道和塔吊提升、依靠墩身钢筋或结构体用手动葫芦提升或用模板、爬架互为依托爬升等多种形式；其模板爬架的制造可采用专业厂家定制，也可采用工地自制，但需控制结构体外型大面平整、线条顺直、错台小、板缝密贴不漏浆。空心墩爬模法施工具有制造成本低、施工速度快、操作安全、质量高、劳动强度低等特点。

2　适用范围

本施工工艺适用于各种墩身截面，不同的墩身坡率和墩身高度和其他高耸结构物。

3　使用特点

(1)各种爬模，其结构的特性不同，使用时有不同的特点。

(2)减少垂直运输机械，减少模板及支架的重复支设，节省劳动力，降低工人劳动强度。

(3)设置预埋件、预留孔，操作简单，只需一般工人即可。

(4)爬模施工投资小，节约大量机具、材料和人工，经济效益高。

(5)模板附有吊架及全封闭安全网，施工安全可靠。

4　工艺流程及操作要点

4.1　工艺流程图

工艺流程如图 1。

4.2　操作要点

4.2.1　模板工程

爬模施工工艺外模采用的是大块钢模板或小块钢模板组拼成的大块模板，内模采用小块定型钢模和木模组拼，内外模加固，采用内撑外拉。通过在已浇节段混凝土的预留件(或预留孔)安装托架来锁定模板下端，利用模板爬架动力提升模板。

(1)模板设计。

1)外模设计。

①空心墩墩柱施工采用内部振捣器振捣时，主要受新浇混凝土对它的侧压力、冲击力，模板设计时所采用的荷载设计值，应取荷载标准值分别乘以相应的荷载分项系数 γ_1(见表 1)，然后组合而得。

a. 新浇注混凝土作用于模板的最大侧压力按式(1)和式(2)计算，并取二式中的较小值：

$$F=0.22\gamma_c t_0\beta_1\beta_2 v^{1/2} \tag{1}$$

$$F=\gamma_c H \tag{2}$$

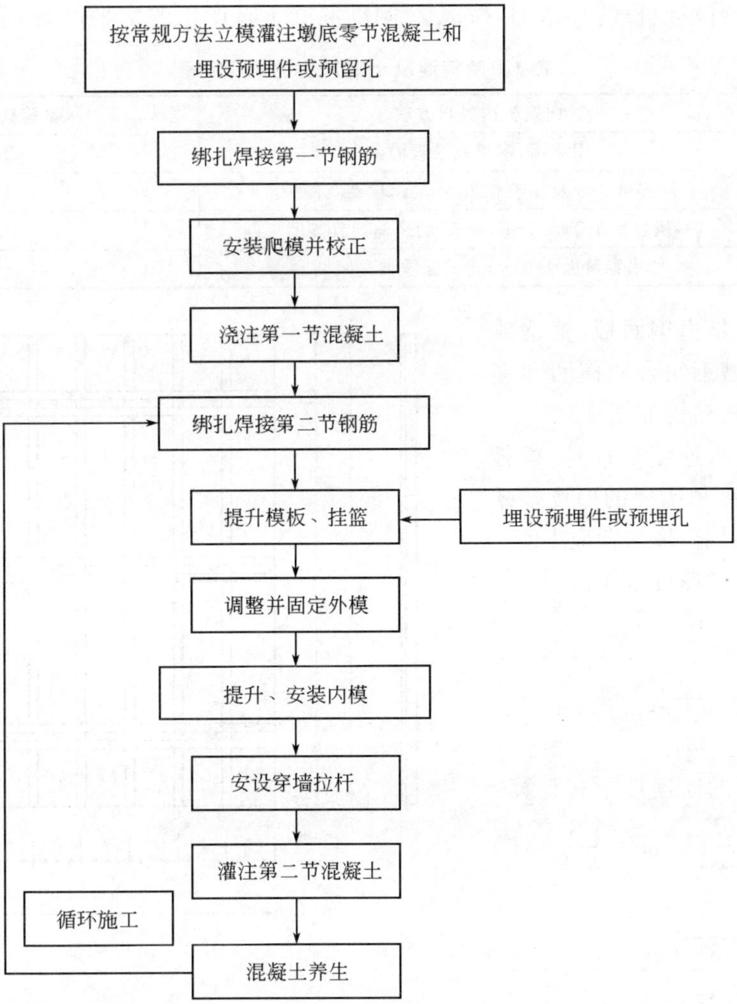

图 1　墩身施工工艺流程图

表 1　荷载分项系数 γ_1 取值

荷载类型	γ_1
新浇混凝土时对侧模板的压力	1.2
倾倒混凝土时产生的水平荷载	1.4

式中　F——新浇注混凝土对模板的最大侧压力(kN/m^2)；

γ_c——混凝土的重力密度(kN/m^3)；

t_0——新浇混凝土的初凝时间(h)，可按实测确定，当缺乏资料时，可采用 $t=200/(T+15)$；

T——混凝土的温度(℃)；

v——混凝土的浇注速度(m/h)；

H——混凝土侧压力计算位置至新浇混凝土顶面的总高度(m)；

β_1——外加剂影响修正系数，不掺外加剂时取 1.0；掺具有缓凝作用的外加剂时取 1.2；

β_2——混凝土坍落度影响修正系数，当坍落度小于 30 mm 时，取 0.85；50～90 mm 时，取 1.0；110～150 mm 时，取 1.15。

b. 混凝土下料对模板的冲击力，按表 2《倾倒混凝土时产生的水平荷载》采用。

表 2　倾倒混凝土时产生的水平荷载

序号	向模板内供料方法	水平荷载(kN/m^2)
1	用溜槽、串筒或导管输出	2.0
2	用容量 0.2 及小于 0.2 m^3 的运输器具倾倒	2.0
3	用容量小于 0.2～0.8 m^3 的运输器具倾倒	4.0
4	用容量大于 0.8 m^3 的运输器具倾倒	6.0

②模板主要是由钢面板、槽钢或角钢纵肋、两根槽钢组合的横肋和穿墙拉杆等组成，其结构如图 2。

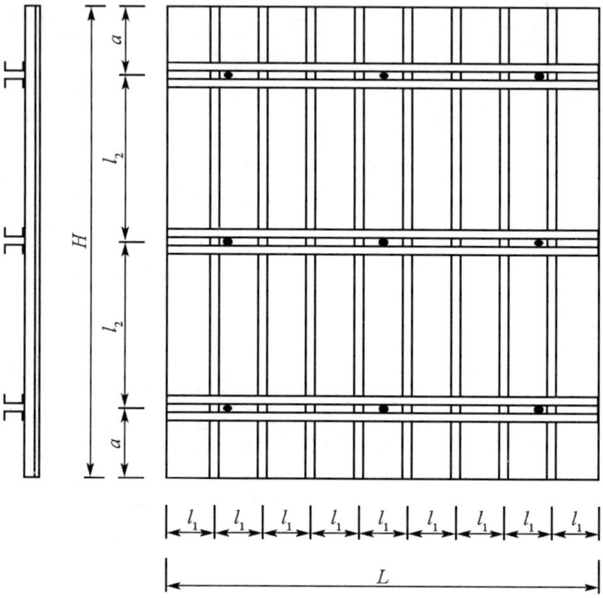

图 2　模板构造

模板按照五跨连续梁计算，模板承受弯距值和挠度值需要的厚度按式(3)、(4)、(5)、(6)计算，取二者最小值。

按弯矩需要的厚度按下式计算：

$$M=0.105ql_1^2 \tag{3}$$

整理得

$$h=\sqrt{\frac{6x0.105ql_1^2}{bf_m}} \tag{4}$$

按挠度需要的厚度按下式计算：

$$\omega_A=\frac{0.664ql_1^4}{100EI}\leqslant[\omega]=\frac{S}{400} \tag{5}$$

整理得

$$h=\sqrt[3]{\frac{31.9ql_1^3}{b}} \tag{6}$$

式中　M——模板承受的弯距(N·mm)；

q——模型所承受的设计线荷载(N/mm)；

l_1——肋的间距(mm)；

b——模板的宽度(mm)；

h——模板的厚度(mm)；

E——模板的弹性模量；

I——模板截面惯性距，$I=1/12bh^3$；

f_m——模板的强度设计值(N/mm^2)。

③肋条纵或背楞检算。

纵肋为模板的支承，其间距 l_1 由侧模板刚度来控制，纵肋由横肋来支撑，按两跨连续梁计算，其挠度按式(7)、(8)计算。

$$\omega=K_f q_1 l_2^4/100E_t I\leqslant[\omega]=l_2/500 \tag{7}$$

整理得

$$l_2=(E_t I/4K_f q_1)^{1/3} \tag{8}$$

式中　l_2——横肋间距(mm)；

ω——模板挠度(mm)；

$[\omega]$——模板容许挠度 $l_2/500$；

E_t——槽钢弹性模量；

I——模板截面得惯性距，$I=1/12bh^3$；

b——模板宽度(mm)；

h——模板厚度(mm)；

K_W——系数，两跨连续梁，$K_W=0.521$；

q_1——侧压力线荷载。

④横肋的截面选择

如图3所示(可根据各自墩身截面另行设计)，对于长边，假定设置钢拉杆，则按悬臂简支梁计算，对于短边，不设钢拉杆，则按简支梁计算：

$$M_{max}=(1-4\lambda^2)q_1d^2/8 \quad (9)$$

横肋长边需要的截面抵抗距

$$W=M_{max}/f_m=(d^2-4a^2)q_1/1\ 508 \quad (10)$$

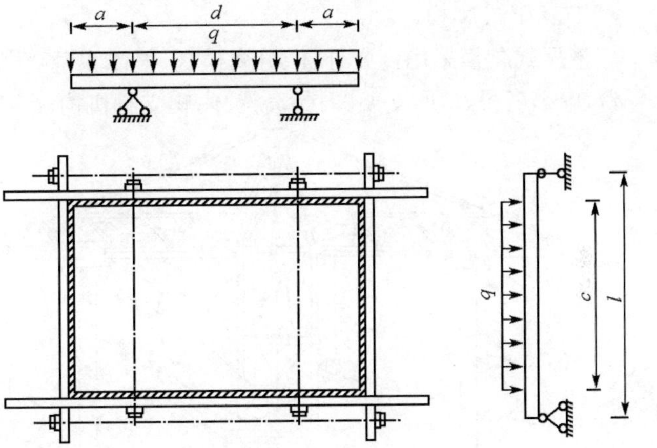

图3　横肋长短边计算简图

对于短边按简支梁计算，其最大弯距按下式计算：

$$M_{max}=(2-\eta)q_2c1/8 \quad (11)$$

横肋短边需要的截面抵抗距：

$$W=M_{max}/f_m=(2l-c)q_2c/1\ 508 \quad (12)$$

式中　M_{max}——横肋长、短边最大弯距(N·mm)；

d——长边跨中长度(mm)；

λ——悬臂部分长度 a 与跨中长度 d 的比值，即 $\lambda=a/d$；

q_1——作用于长边的线荷载(N/mm)；

q_2——作用于短边的线荷载(N/mm)；

c——短边线荷载分布长度(mm)；

l——短边计算长度(mm)；

η——c 与 l 的比值，即 $\eta=c/l$；

W_1、W_2——横肋长、短边截面抵抗距(mm^3)；

f_m——槽钢抗弯强度。

⑤拉紧螺栓的选用。

横肋多采用双根槽钢组合成"工"字形，拉紧螺栓从两槽钢之间穿过，配合垫板利用螺母拉紧。螺栓受的拉力 N，等于横肋处的反力。拉紧螺栓的拉力 N 和需要的截面积按下式计算：

$$N=q_3l_1/2 \quad (13)$$

$$A_0=N/f_{tb}=q_3l_1/(2\times170) \quad (14)$$

式中　q_3——作用于横肋上的线荷载(N/mm)；

l_1——横肋的计算长度(mm)；

A_0——螺栓需要的截面面积(mm)；

f_{tb}——螺栓抗拉强度计算值，采用Q235钢，$f=170$ MPa。

2)内模设计。

一般采用小块定型钢模板和模板组拼,用枋木或钢管作内支撑杆,并设横向支撑加固模板。竖向倒角连接处应有一侧为锐角,便于脱模。

按侧模进行相应检算。

3)爬架设计。

爬模施工爬架按爬升动力不同可分三大类:液压式爬模、牛腿顶升爬模、托架定位提升爬模(通过架空索道、塔吊、手动葫芦等提升模板)。

①液压式爬模。

液压式爬模采用内爬外挂、分离模板、整体双臂双吊钩塔吊、液压爬升式爬模,主要由网架工作平台、中心塔吊、L 形支架、内外套架、内爬支脚机构、液压顶升机构和模板体系组成。如图 4 所示。

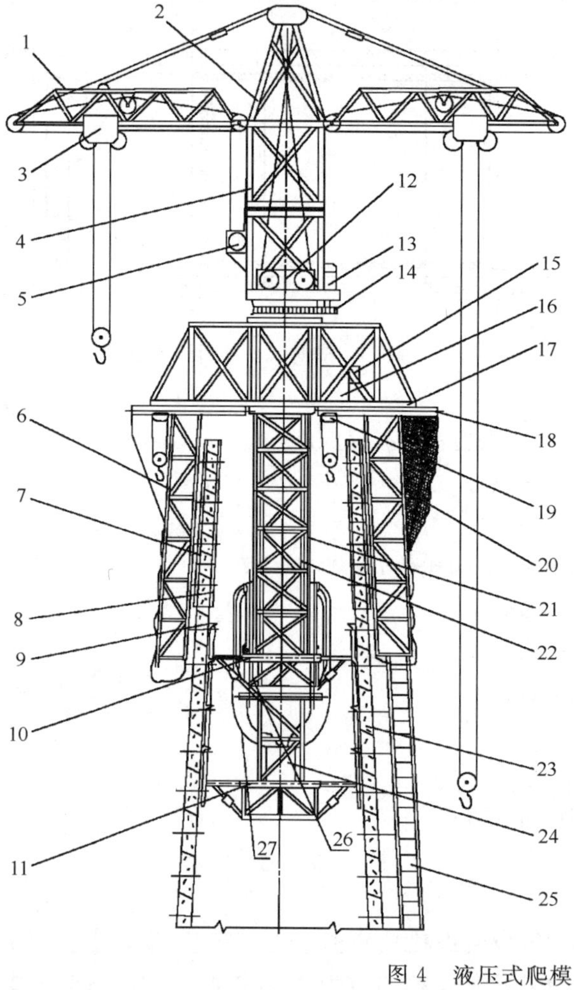

1—塔吊顶架;2—吊臂;
3—水平走行小车;4—塔吊井架;
5—电动葫芦;6—外挂 L 支架;
7—外模板;8—内模板;
9—附壁爬靴支座;10—上爬升梁;
11—下爬升梁;12—主卷扬机;
13—回转机构;14—回转支承;
15—控制箱;16—配电柜;
17—网架工作平台;18—水平导轨;
19—环链电葫芦;20—安全网;
21—外套架;22—内井架;
23—模板拉杆;24—液压泵站;
25—爬梯;26—顶外油缸;
27—油管

图 4　液压式爬模

工艺原理:以空心墩已凝固的混凝土墩壁为承力主体,以内爬支脚机构的上下爬架及液压顶升油缸为爬升设备,通过油缸活塞与缸体间一个固定一个上升,上下爬架间也是一个固定一个作相对运动,从而达到内套架交替爬升带动外套架爬升,最后形成爬模结构整体的上升。

②牛腿顶升爬模。

该型爬模为内架托、外挂架,由爬升架支腿、承重梁、内井架、顶面桁架网片结构、外吊架组成。如图 5 所示。

工作原理:在已浇混凝土墩身内壁预埋爬窝,利用内井架底部设置的双层伸缩梁爬升架,通过螺旋千斤顶交替爬升使整个爬架上升(也有在具有一定强度的新浇混凝土顶面设过梁,用链条葫芦提升的)。

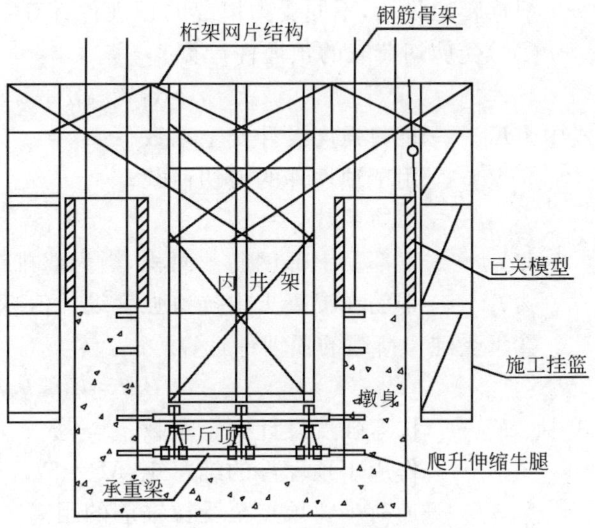

图 5　牛腿顶升爬模

③托架定位提升爬模,如图 6。

该型爬模采用外架托、内落地井架,由爬模托架系统、外模及工作架系统、内模及内井架系统和塔吊、手动链条葫芦等动力系统组成。

工作原理:在已浇混凝土墩身外壁预埋托架锥窝,利用爬模托架支托外模,对穿拉杆锁紧内、外模板,其动力是通过塔吊或架空索道或依附钢筋笼或劲性骨架用手动链条葫芦分块提升模板和爬架上升。

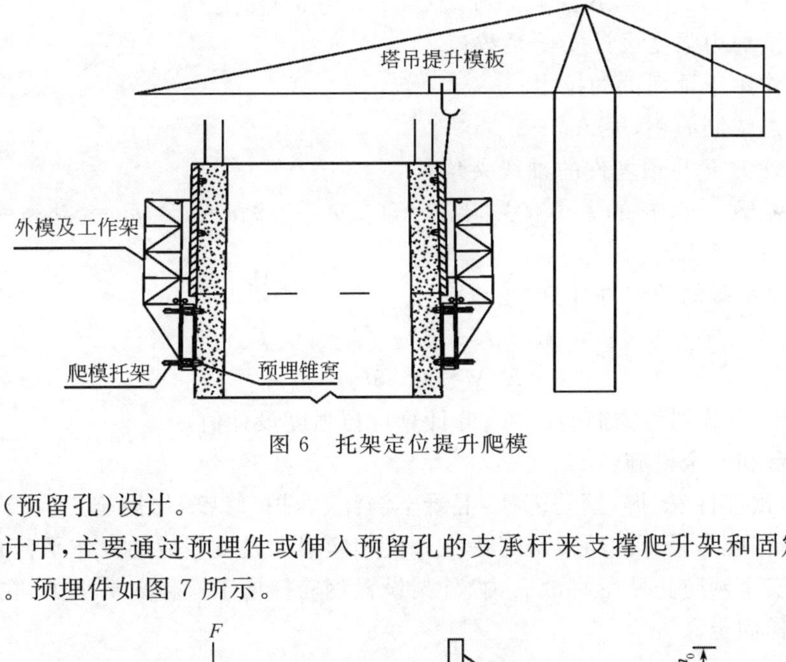

图 6　托架定位提升爬模

4)预埋件(预留孔)设计。

在爬模设计中,主要通过预埋件或伸入预留孔的支承杆来支撑爬升架和固定模型,因此其设计至关重要。预埋件如图 7 所示。

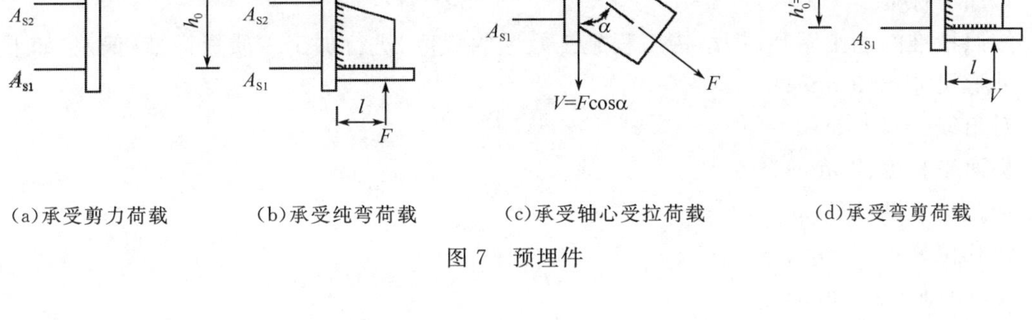

(a)承受剪力荷载　(b)承受纯弯荷载　(c)承受轴心受拉荷载　(d)承受弯剪荷载

图 7　预埋件

根据爬架设计，不同受力情况的预埋件计算：

①承受剪切荷载的预埋件计算。

$$K_1V_j \leqslant \mu(A_{S1}+A_{S2})f_{sv} \tag{15}$$

式中　K_1——抗剪强度设计安全系数；

V_j——用于预埋件的剪切荷载；

μ——摩擦系数，$\mu=1$；

A_{S1}、A_{S2}——下部及上部钢筋截面积，当为双排锚筋时，$A_{S1}=A_{S2}$；

f_{sv}——钢筋在混凝土中抗剪强度设计值，取 $0.7f_{st}$。

②承受纯弯荷载的预埋件计算。

$$K_2M_j \leqslant h_0A_{S1}f_{st} \tag{16}$$

式中　K_2——抗弯强度设计安全系数；

M_j——作用于预埋件的纯弯矩，$M_j=Fl$；

h_0——加荷牛腿顶点至受拉锚筋的距离；

f_{st}——锚筋抗剪强度设计值。

③承受轴心受拉荷载的预埋件计算。

$$K_3F_j \leqslant A_Sf_{st}/(\sin\alpha+\cos\alpha/(\mu_1\mu_2)) \tag{17}$$

式中　K_3——抗剪力强度设计安全系数；

F_j——作用于预埋件的拉力；

A_S——总锚筋面积，为 $A_{S1}+A_{S2}$；

α——外力 F 与预埋件的轴线夹角；

μ_1——系数，与 α 角的大小有关，当 $\alpha=30°$，$\mu_1=0.9$；$\alpha=45°$，$\mu_1=0.8$；$\alpha=60°$，$\mu_1=0.7$；

μ_2——摩擦系数，$\mu_2=1$。

④承受弯剪荷载的预埋件计算。

$$K_1V_j \leqslant 1.5A_{S1}f_{st1}+A_{S2}f_{st2} \tag{18}$$

$$K_2M_j \leqslant 0.85h_0A_{S1}f_{st1} \tag{19}$$

式中　f_{st1}、f_{st2}——分别为锚筋 A_{S1}、A_{S2} 的计算抗拉强度设计值。

⑤操作平台和安全设施。

爬模拆除，预埋件安、拆，钢筋绑扎，混凝土浇注、养护、修整，均需施工人员在相应的平台上实现，因此根据爬模设计的特点应考虑在外模和爬架上设置相应的操作平台和内外挂架，外架外侧挂密目安全网防止坠落事故。内、外架设置钢筋梯便于操作人员上下，在已成形的部分墩身上应将爬梯固定。

(2)模板加工。

1)加工标准。

按照批准的加工图和《钢结构工程施工及验收规范》进行加工。质量标准(偏差)如下：

外形尺寸：−3 mm；

对角线：−5 mm；

板面平整度：2 mm；

板边平直度：±2 mm；

螺孔位置：±2 mm；

螺孔直径：+1 mm；

焊缝:按图纸要求。

2)质量验收。

在工厂或施工现场进行自由状态下预拼装,根据设计图纸和《钢结构加工质量标准》进行验收,检查模板的长、宽、高、螺栓孔直径、间距、大面平整度、接缝错台(含节间接缝)、焊接质量等。检查合格后,对模板编号,并在模板上标注中心线、控制基准线等标记。

3)运输存放。

根据模板的长度、重量选用车辆;模板在运输车辆上的支点、两端伸出的长度及绑扎和包装方法均须保证模板不产生变形、不损伤涂层。

模板存放场地平整坚实,无积水。按照规格、型号、安装顺序分区存放;模板底层垫枕须有足够的支承面,防止支点下沉。相同型号的模板垫放时,各层的支点在同一垂直线上,防止模板被压坏或变形。

(3)模板安装。

1)墩底零节处理。

为了方便配板和脱模,爬模施工工艺要求在墩底设置零节模板。零节模板上端与墩身爬模模板相连接,下端直接支承在承台上,最先拆除的一块模板下端与承台的接触边设计为锐角,方便脱模。采用塔吊或汽车吊配合安装外模、内模,混凝土浇注至计算零节高度。

2)附墙件的埋设。

根据爬架设计,在零节钢筋绑扎完成、模型安装前将附墙件对应的位置精确测设标注,并将制作好经检查合格、通过验收的附墙件埋设在对应位置,保证深度、方向、标高一致。在附墙件周围设置 U 形或井字形钢筋牢固定位在主筋上。

3)爬架与模板的安装。

在零节模型拆除后,清理干净附墙件,以保证爬架的安装精度。按爬架设计要求先安装托架、牛腿等支撑结构,由下而上依次吊装爬架。对照设计检查各系统是否安装准确,并运作正常。

然后按先安装外模、再安装内模的安装顺序架立模板。按设计板块进行组拼,定位、钻拉杆孔位;模板组拼好后清除面板锈迹,打磨平整刻痕,涂刷脱模剂。在背面安装固定外模施工挂篮,悬挂安全网。钢筋施工结束后,利用塔吊或汽车吊吊装至设计高度,以 3T 链条葫芦微调悬挂固定,收紧连接螺栓、穿墙拉杆将模板固定在墩身混凝土上。模板内支撑主要靠搭接部分的混凝土和钢筋骨架上设置的支撑垫块来实现。为防止板缝漏浆,模板的每边均设 1 cm 搭接,墩身混凝土与模板的搭接处设厚度 1.5 cm 的海绵,用万能胶将其固定在模板上。

(4)模板的拆除、整修、涂刷脱模剂、爬模的爬升。

钢筋安装好后,进行模板的拆除、整修、涂刷脱模剂和爬升,顺序为先外后内、先上后下逐块进行。

1)预松拉杆、脱模板,拆除相邻模板之间的连接,并把操作平台上的机具料清理干净。

2)起吊扣件锁紧后,利用托架和链条葫芦将模板悬吊后移固定。

3)用长把平刮刀清除模板板面残留的混凝土,注意不得将板面挂伤。如肋边发生翘曲、弯折、板面发生变形时,需进行矫正平直,开焊处要补焊牢固,并将面板清理干净。

4)用滚筒在模板表面均匀涂刷同一品种的脱模剂。

5)利用爬架的提升动力提升模板。

(5)墩顶与实心段(横梁、系梁)的衔接处理。

在墩顶实心段施工时,预先埋好带螺栓的预埋件,当拆除模板后,安装作为工作平台骨架的三角架，在三角架上布置工字钢，铺设枋木，作为施工平台进行墩顶实心段的施工。在墩顶预埋U形钢筋，作为模板、三角架拆卸时的运输设备。墩顶实心段示意如图8。

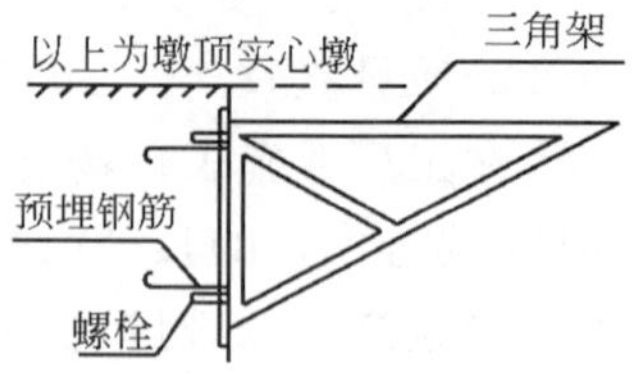

图8　墩顶实心段示意图

4.2.2　钢筋及预应力筋工程

(1)钢筋及预应力筋的检查与验收。

钢筋进场检查出厂质量证明书或试验报告，每捆(盘)钢筋的标牌，并分批验收堆放。验收内容包括对标牌、外观质量检查及力学性能，合格后方可使用。

热轧钢筋表面不得有裂缝、结疤和折叠。钢筋表面的凸块不允许超过螺纹的高度；冷拉钢筋表面不允许有裂纹和缩颈；预应力筋表面不得有折断、横裂和相互交叉的钢丝，表面无润滑剂、油渍和锈坑。

钢筋进场时按国家标准的规定取试件做力学性能检验，其质量必须符合有关标准的规定。

(2)钢筋及预应力筋的加工。

钢筋一般在加工场加工，然后吊运至墩身现场安装或绑扎。墩身主筋采用直螺纹套筒连接，箍筋、钩筋等采用闪光对焊连接，然后按照设计图纸尺寸及规范要求进行下料、弯曲。

预应力筋按照设计尺寸，采用圆盘锯切割下料，预先编束穿入波纹管道内，整体吊装至施工现场进行安装。严禁使用电或氧弧焊切割。

(3)钢筋及预应力筋的安装。

钢筋的安装应与模板安装配合，墩身钢筋安装一般在模板安装前进行。用起吊设备吊运至施工现场，直立钢筋采用先调直上、下钢筋轴线，采用扭力扳手拧紧直螺纹套筒，两头旋入套筒的长度一致。箍筋、钩筋安装应按照设计先划线，然后摆料、绑扎。

按照设计或规范要求设置钢筋的保护层厚度。工地常采用预制水泥砂浆垫块或购置给定高度的塑料垫块支垫在钢筋与模板间，控制保护层厚度。

预应力筋多设计在墩顶实心段位置，后张法施工。严格按照设计图纸位置、尺寸、间距等采用U形钢筋对波纹管定位，张拉端采用锚盒保护，防止漏浆；在模板上开窗伸出墩外，确保张拉所需要的工作长度。预应力筋安装时，要求线形顺直、定位牢固，防止混凝土浇注过程中移位。

(4)主筋架立的稳定性及其采取的技术措施。

墩身主筋架立时，因主筋购置长度一般为7～9 m，单根接长时，稳定性较差，未绑扎成形之前，必须采取相应的防倾倒措施。可按照墩身断面尺寸及钢筋位置，用角钢或钢管制作骨架立于墩身适当位置，在骨架顶标出钢筋位置，采用U形钢筋准确定位，主筋从骨架上方的U形钢筋内直接穿入，实现与前一节段主筋连接。

(5)预应力筋的张拉控制。

墩身混凝土达到设计要求强度时，方可进行预应力筋张拉。预应力筋以应力和伸长量双控，以应力控制为主，用伸长量进行校核，实际伸长值与理论伸长值的差值应控制在±6%范围内。

4.2.3　混凝土工程

(1)混凝土配合比设计。

空心墩爬模施工混凝土采用塔吊吊装或泵送，要求和易性能好，不易产生离析、泌水现象，并且墩身内、外侧钢筋密集，因此细骨料比例稍大，粗骨料的粒径应小一些，坍落度控制在120～160 mm。

(2)混凝土材料的采购与质量控制。

1)水泥。采购与要求配置的混凝土强度等级相适应的水泥。要求收缩小并节约水泥。

2)粗骨料。采购坚硬的卵石或碎石。按产地、类别、加工方法和规格等不同,按现行《公路工程集料试验规程》分批进行检验。

3)细骨料。采购级配良好、质地坚硬、颗粒洁净、最大粒径小于 5 mm 的中粗砂。

4)水。使用的水不得含有影响水泥正常凝结与硬化的有害杂质或油脂、糖类及游离酸类等。

5)外加剂。采购改善混凝土拌和物流动性能的高效减水剂,其掺量不得大于水泥质量的5%。

(3)混凝土拌制、运输、入模浇注程序与捣固。

1)混凝土拌制。

使用强制式搅拌机进行集中搅拌,搅拌延续时间根据搅拌机类型、混凝土坍落度等情况确定,时间不足时拌和物将达不到均匀要求,时间过长时拌和物可能产生离析。

搅拌机搅拌的转速须严格控制,以减少拌和物的离心作用,不得为缩短搅拌延续时间而使转速超过该机规定值。

2)混凝土运输。

根据混凝土的浇注数量、混凝土凝结时间、浇注速度、运输时间限制、搅拌机生产率等情况,确定运输机具的类型和数量。必须使浇注工作不间断,并使混凝土拌和物运到浇注地点时不离析并保持良好的均匀性。当混凝土拌和物运距较近时,可采用无搅拌器的运输工具;当运距较远时,须采用搅拌运输车。

3)混凝土入模浇注程序。

下节混凝土顶面经过凿毛处理,洒水湿润后浇注上节混凝土。

混凝土采用塔吊吊装或输送泵泵送至墩顶,通过漏斗、挡板等防离析装置,再由串筒缓慢入模,串筒一般用多节上大下小的管筒连成,可用薄钢板制作,各管筒之间用钩环连接。分层浇注混凝土,每层最大厚度 30 cm。串筒上口挂在漏斗上或焊接在一起,通过起吊设备一起移动。

4)混凝土捣固。

采用插入式捣固器捣固,按照直线行列移位或交错行列移位,一般以振动作用半径的 1.5 倍作为移动间距。振动器的移动距离,保持一定的规律,防止漏振或过振。振动棒与侧模保持 50～100 mm 的距离,并避免碰撞模板、钢筋以及其他预埋件。

振动深度一般不超过振动棒长度的 2/3～3/4 倍。振动时不断上下移动振动棒,以便捣实均匀;插入下层混凝土的深度 50～100 mm,并在下层混凝土初凝前振动完成其相应部位的上层混凝土,使上下层混凝土紧密连结。

振动时间一般根据现象判断,当出现混凝土不再有显著的沉落,不再出现大量的气泡,混凝土表面均匀、平整,并已泛浆,即可停止。

(4)混凝土养护。

混凝土浇注成形后水泥硬化时,及时洒水养护,养护用水条件与拌和用水相同。墩顶裸露面可用麻布覆盖,并经常洒水,使覆盖物湿润。墩身模板在爬升前,应经常洒水,确保模板湿润。

混凝土的浇水养护时间,根据水泥品种、气候条件及养护方法确定。在相对湿度大于 60%的潮湿环境中养护,不宜少于 7 d;在相对湿度小于 60%的干燥环境中养护,应延长至 14 d。

(5)混凝土拆模。

内、外模板的拆除,在混凝土强度能够保证其表面及棱角不因拆模而受损坏后方可拆除,一般须达到 2.5MPa 的抗压强度。

先外后内、先下后上进行拆模板。当上节钢筋安装好后，起吊扣件必须扣紧模板的吊点，相邻模板之间无连接的情况下，方可拆模爬升。

(6)预埋件拆除、预留孔封堵与混凝土表面修整。

在墩顶预埋吊点，方便人员、机具材料运输。进入上部施工阶段方可拆除墩顶预埋件，然后凿除表面 5 cm 混凝土，切割外露的预埋部分，用与墩身相同标号的水泥配置泥胶补填空洞，保证墩身表面色泽一致。

5 机、料具计划表

机、料具计划见表 3。

表 3 机、料具计划表

序号	名称	规格	单位	数量
1	爬架系统设备		套	1
2	起重设备		台	1
3	内、外模型		套	1
4	钢筋施工设备		套	1
5	混凝土施工设备		套	1

6 劳动力组织计划表

劳动力组织计划见表 4。

表 4 劳动力组织计划表

序号	1	2	3	4	5	6	7	合计
工种	技术	领工	钢筋工	木工	混凝土工	起重工	杂工	
人数(名)	2	2	8	4	6	4	4	30

7 安全注意事项

(1)进入施工现场人员必须戴安全帽，高空作业人员必须系安全带。

(2)工作面上的荷载(包括人员、工具、材料等)，不得超出设计的规定；且应分布均匀，避免荷载集中超出设计范围。

(3)工作面上的材料应及时清理，保持工作面规整畅通，不得乱堆乱放工具材料，以免影响作业安全和发生坠物伤人。

(4)模板爬升作业时，必须正确选择模板吊点的位置，合理穿挂索具，由专人负责指挥、检查。必须待模板完全脱离混凝土面，相邻模板之间无连接的情况下，才能进行爬升。

(5)墩身下方设警戒区，禁止人员进入。模板爬升时，应配有专人指挥和监护，并做好相邻模板之间的防护工作。

(6)六级以上大风应停止模板作业，冬天下雪后须清除积雪并经检查确认，确保安全操作时，方可作业。

8 质量控制标准

(1)严格控制主筋机械接头丝头的加工质量，对中径尺寸、螺纹加工长度、螺纹牙型严格检查，不合格的丝头必须切割重新加工。安装过程中，应使两个丝头在套筒中央相互顶紧，套筒每端外漏不得超过一个以上的完整丝扣。

(2)严格控制钢筋焊接接头的加工质量，对钢筋轴线、接头质量等严格检查，不合格的焊接接头必须切割重新焊接。

(3)为保证两节混凝土墩身接头处表面光滑平顺，在模板设计时上下模板块数应相等，按照预拼装时的编号顺序安装。当采用两层以上的模板进行组拼时，下层模板安装完成并整体连接好后，方可进行上层模板的安装。

(4)为保证墩身截面尺寸准确，内模撑杆必须撑紧，其尺寸误差不得超过±2 mm。

(5)模板安装好后，采用全站仪对墩身中线及水平进行复核，如有偏差，需校正好后方可进行混凝土的浇注。

模板安装偏差及检验方法见表5，预应力钢束制作、安装允许偏差见表6，混凝土施工质量标准见表7。

表5　墩身模板允许偏差和检验方法

序号	项　目	允许偏差(mm)	检验方法
1	前后、左右距中心线尺寸	±10	测量检查每边不少于2处
2	表面平整度	3	1 m靠尺检查不少于5处
3	相邻模板错台	1	尺量检查不少5处
4	空心墩壁厚	±3	尺量检查不少5处
5	同一梁端两垫石高差	2	测量检查
6	墩台支承垫石顶面高程	0～5	经纬仪测量
7	预埋件和预留孔位置	5	纵横两向尺量检查

表6　预应力钢束制作、安装允许偏差

项　目		允许偏差(mm)
管道坐标	长度方向	30
	高度方向	10
管道间距	同排	10
	上下层	10

表7　混凝土施工质量标准

项　目	规定值或允许偏差(mm)
混凝土强度(MPa)	在合格标准内
轴线偏位(mm)	10
断面尺寸	+10
锚固点高程(mm)	±10
锚具轴线与孔位轴线偏差(mm)	5

(6)认真完成各项工序之间的交接检，做好自检工作。

9　结束语

空心墩爬模施工工艺是高墩施工经常选用的一种施工方法。在实际施工中，只有经过系统和全面的准备，做好施工设计，在每一道施工工序中严格按照工艺要求进行作业；并根据工程自身的特性和条件进行调整，才能控制好墩身质量、加快施工进度，降低施工成本、确保施工安全，满足施工要求和质量标准。

墩顶盖梁现浇施工工艺

1　前　　言

盖梁，亦称帽梁，设于墩柱顶部，是钢筋混凝土简支梁片主要承力构件。盖梁采用现浇施工，其施工质量，不仅受控于混凝土配合比、浇注方法，且与采用的支托方法密切相关。只有选择了坚实的支撑托架，使模板安装牢固、可靠，拼缝严密、接口顺直，能抵抗混凝土自重和施工荷载，才能确保结构可靠和人身安全。

2　方法种类

墩顶盖梁常用的施工方法有：膺架法、抱箍法、托架法、斜拉法、劲性骨架法。

3　方法结构

(1)膺架法。膺架可用万能杆件、钢管脚手架、碗扣支架和门式支架搭设。其盖梁自重和施工荷载由支架承受，直接传到地基上。

(2)抱箍法。在墩柱顶部适当部位安装抱箍并使之与墩柱抱紧，利用抱箍与墩身之间摩擦力承担盖梁自重和施工荷载。

(3)托架法。在墩柱内设置预留孔，在孔中穿入型钢或钢棒(也有在混凝土中埋入钢板焊接牛腿)支撑底模平台，承担盖梁自重和施工荷载。

(4)斜拉法。当桥下净空受限，在墩顶上支立小塔架，通过斜拉杆吊住底模平台承担盖梁自重和施工荷载。

(5)劲性骨架法。利用焊制的型钢劲性骨架代替部分盖梁钢筋、通过劲性骨架悬吊底模平台，承担盖梁自重和施工荷载。

4　适用范围和使用特点

4.1　膺 架 法

适用于墩高较小，地基承载力满足要求，地面交通或河流可预留孔洞满足要求的盖梁施工。

使用特点：

(1)支架的取材和组成形式不受地形和墩柱的高度限制，可随机变化，方便灵活。

(2)不用在墩身上预埋铁件或预留孔洞，不会对墩柱外观造成破坏影响。

(3)由于支架的搬运和搭拆、堆载预压、模板支立均可采用人工完成，故不需要大型起重设备。

(4)对地基的承载力要求比较高，一般均要求对地基进行压实，对软土地基还需要进行换填和硬化。

(5)对支架需要进行预压以消除非弹性变形，测出变形值。

4.2　抱 箍 法

适用于圆形墩，墩身较高，地面交通不能中断，水中墩的盖梁施工。

使用特点：

(1)对抱箍进行设计和检算，使用前进行实地试验，满足设计要求后才能用于工程上。

(2)只需设置调节底模高度的木楔，用料省。

(3)抱箍法不会造成墩柱外观损坏，而且抱箍法施工时支架不存在非弹性变形，不用进行预压。

4.3 托架法

适用范围与抱箍法基本相同，通过在墩身上预留孔或预埋型钢支立底模平台进行盖梁施工。

使用特点：托架悬臂比抱箍托板可做得长一些，减少底模梁跨及悬臂长度，变形控制要容易得多。

4.4 斜拉法

适用范围：桥下净空受限，采用斜拉法较好。

使用特点：桥下净空受限，采用支架法又影响交通的条件下，在墩顶支立小塔架，斜拉底模平台承担盖梁自重和施工荷载。小塔架和斜拉吊带部位埋入盖梁中，无法拆除。设计检算较复杂。

4.5 劲性骨架法

适用范围和使用特点同斜拉法。

5 工艺流程及操作要点

5.1 工艺设计和受力检算

5.1.1 膺架法

(1)地基处理。

根据现场地质情况，需检算地基承载力是否满足设计要求，不满足设计要求时，则需对地基进行处理。

1)基底应力计算：

$$\sigma_{max}=N/A\leqslant[\sigma_0]$$

式中 N——作用于基底的合力(kN)；

A——支架基础底面积(m^2)；

$[\sigma_0]$——地基土的容许承载力(kPa)；

当基础宽度 $b\geqslant2$ m，基础埋深 $h\geqslant3$ m，且 $h/b\leqslant4$ 时，地基的容许承载力应按下式进行修正：

$$[\sigma]=[\sigma_0]+k_1\gamma_1(b-2)+k_2\gamma_2(h-3)$$

式中 $[\sigma]$——地基土按照深度和宽度修正后的容许承载力(kPa)；

k_1、k_2——地基土容许承载力随基础宽度和深度的修正系数，按持力层决定，查相关规范可得；

b——基础底面的最小边宽(m)，当 $b<2$ m 时，取 $b=2$ m，当 $b>10$ m 时，取 $b=10$ m；

h——基础底面埋置深度(m)，对于受水冲刷的基础，由一般冲刷线算起，不受水流冲刷者，由天然地面算起；位于挖方内的基础由开挖后的地面算起；当 $h<3$ m 时，

取 $h=3$ m；

γ_1——基底以下持力层的天然容重（kN/m³）；

γ_2——基底以下土的容重（kN/m³）。

2)地基处理。

如 σ_{max} 大于 $[\sigma_0]$，则须对地基进行换填或改良。

换土垫层系指将基础下面一定厚度的软弱土层挖除，然后换以中砂、粗砂、角（圆）砾、碎（卵）石、灰土或黏性土以及其他压缩性小、性能稳定、无侵蚀性材料，经拌和、分层回填夯（压）实而成，作为地基的持力层。通过试验和计算以确定垫层的铺设厚度、宽度以及承载力等，以指导施工和控制质量，如图 1 所示。

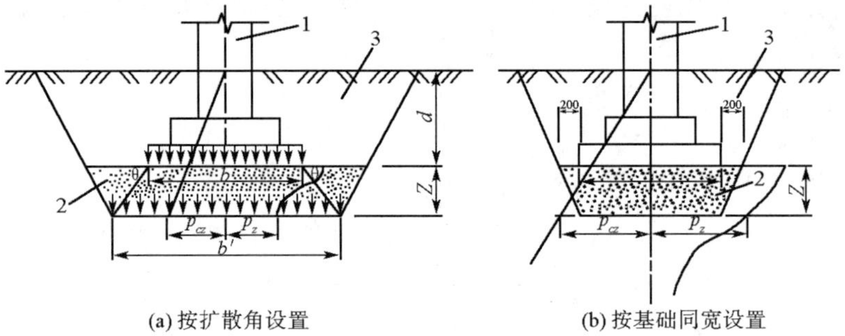

图 1　垫层内应力分布

1—基础；2—填土垫层；3—回填土

①垫层的厚度。

地基采用换土垫层（又称换填法）处理软弱地基，常采用砂、砂石、灰土等材料，垫层的厚度应根据作用在垫层底部软弱土层底面处土的自重压力（标准值）与附加压力（设计值）之和不大于软弱土层经深度修正后的地基承载力标准值的条件确定，即应符合下列要求：

$$p_{cz}+p_z\leqslant f_z$$

p_z 可根据基础不同形式分别按以下简化式计算：

条形基础

$$p_z=\frac{bl(p-p_c)}{(b+2Z\text{tg}\theta)(l+2Z\text{tg}\theta)}$$

矩形基础

$$p_z=\frac{b(p-p_c)}{b+2Z\text{tg}\theta}$$

式中　p_{cz}——垫层底面处土的自重压力（kN/m²）；

p_z——垫层底面处的附加压力（kN/m²）；

f_z——垫层底面处土层的地基承载力（kN/m²）；

b——条形基础或矩形基础底面的宽度（m）；

l——矩形基础的底面长度（m）；

p——基础底面压力（N/m²）；

p_c——基础底面处土的自重压力（N/m²）；

Z——基础底面下垫层的厚度（mm）；

θ——垫层的压力扩散角，可按表 1 采用。

表 1　垫层的压力扩散角 θ

换填材料 / Z/b	中砂、粗砂、砂砾、圆砾、角砾、卵石、碎石	黏性土和粉土 (8＜IP＜14)	灰土
0.25	20	6	30
＞0.50	30	23	30

注：1. 当 $Z/b<0.25$ 时，除灰土仍取 $\theta=30°$ 外，其余材料均取 $\theta=0°$；

2. 当 $0.25<Z/b<0.50$ 时，θ 值可内插取得。

按地基承载力确定垫层厚度时，需要用试算法，即预先估算一个厚度，再按地基承载力校核，若不满足要求时，再增加垫层厚度，直至满足要求为止。

垫层的厚度一般为 0.5～2.5 m，不宜大于 3.0 m，否则费工费料，不经济，但也不宜小于 0.5 m，垫层过薄则效果不明显。

为减少计算工作量，亦可采用图 2 所示垫层厚度直接计算法曲线来确定，计算步骤如下：

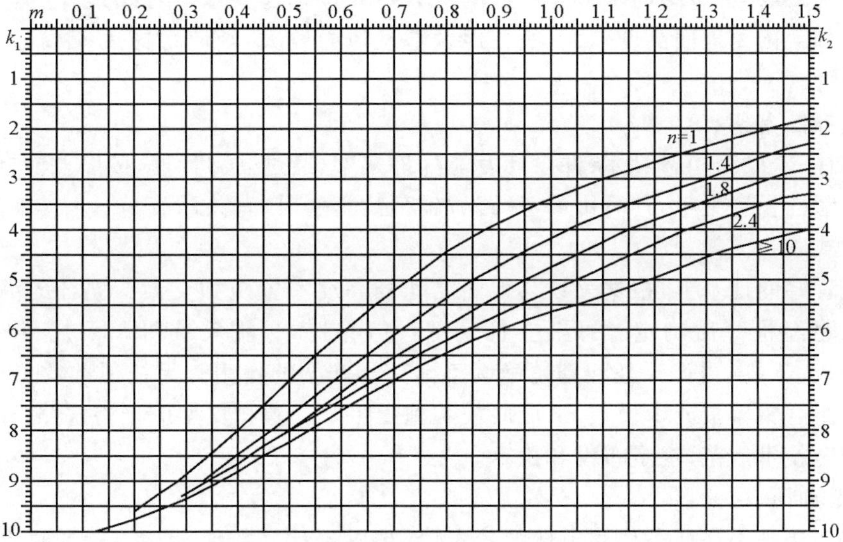

图 2　垫层厚度直接计算法曲线

先按下式计算 k_1 值：

$$k_1=\frac{1}{p_0}[f_k+\eta_b\gamma_0(b-3)+\eta_b\gamma_0(d-0.5)-\gamma_0 d]\times 10$$

再按下式计算 k_2 值：

$$k_2=k_1+\frac{15b}{p_0}(\eta_d\gamma_0-\gamma_s)$$

式中　p_0——为基础底面附加压力(kN/m^2)；

f_k——垫层底面处软弱土层的承载力标准值(kN/m^2)；

η_b、η_d——分别为基础宽度和埋深度的承载力修正系数，按表根据垫层底面处软弱土层的名称确定；

d——基础埋置深度(m)；

γ_0、γ_s——分别为软弱土层和垫层的重度(kN/m^3)；

根据 k_1、k_2 和基础底面长边与短边的比值 $n=l/b$，由图 2 曲线可查得 m 值。

按下式直接计算需要垫层的厚度：

$$Z=mb$$

②垫层的宽度。

垫层的宽度应满足基础底面应力扩散的要求，按下式计算：

$$b'\geqslant b+2Z\text{tg}\theta$$

式中 b'——垫层底面宽度；

θ——垫层的压力扩散角，可按表 1 选用；当 $Z/b<0.25$ 时，按表中 $Z/b=0.25$ 取值。

根据建筑经验，垫层的顶宽一般采用较基础底边每边宽出 200 mm，垫层的底宽可取基础同宽。

(2)支架类型选择与结构设计、受力检算。

支架立柱可当作两端简支的轴心受压构件计算，先初选构件类型（如钢管、型钢或门式支架等），再根据最大轴力的数据，按计算值选择构件型号及截面，最后验算抗压稳定性和水平联系杆的竖向间距（亦称步距即水平联系杆的道数），并按构造要求设置扫地杆、剪刀撑、抛撑和缆风绳等。如盖梁离地面高度较大，所在地区基本风力较大，则应考虑风荷载，并核算选择抛撑和缆风绳。

1)万能杆件支架。

根据墩柱、盖梁结构，地形条件设计万能杆件支架，经过受力计算，按照万能杆件特性选择杆件截面和螺栓设置数量，计算可参考《路桥施工计算手册》有关章节。

2)满堂式碗扣支架。

在已处理好的地基上，根据梁顶与地面之间的高度布置碗扣支架。立杆的纵横向间距和横杆竖向步距经检算后确定。每根立杆底部设置垫座，顶端安装可调天托，根据高度选取 30 cm或 60 cm 天托，可调天托起到精确调整标高和卸架的作用。天托顶部放置横纵向枋木，枋木上铺设组合钢模板或木模板，形成底模和施工平台。碗扣支架应严格按照《建筑施工碗扣式脚手架安全技术规范》规定布设和检算。

(3)膺架预压。

由于支架法施工在荷载作用下变形较大，且难以预计其数值，因此，考虑对支架进行加载预压，预压重量应相当于浇注混凝土的重量。

(4)预拱度的设置与调整。

根据预压变形值和计算预拱度进行对比修正，来调节底模预拱度。

预拱度 $$\delta=\delta_1+\delta_2+\delta_3+\delta_4+\delta_5$$

式中 δ——跨中预拱度值；

δ_1——由上部构造自重及活载一半产生的竖向挠度；

δ_2——支架在荷载作用下的弹性压缩（$\delta_2=\sigma L/E$，其中：σ——支架构件的压应力，L——杆件长度，E——弹性模量）；

δ_3——支架在荷载作用下的非弹性压缩（$\delta_3=2k_1+3k_2+2k_3+2.5k_4$，$k_1$——顺纹木料接头数目，$k_2$——横纹木料接头数目，其中：$k_3$——木料与金属或木料与圬工接头数目，$k_4$——顺纹与横纹木料的接头数目）；

δ_4——支架基底在荷载作用下的非弹性沉陷；

δ_5——由混凝土收缩、温度变化引起的挠度；

预拱度设置：按二次抛物线法分配 $\delta_x=4\delta_x(L-x)/L^2$

按直线分配 $\delta_x = \delta_x / L$（左半跨）

δ_x——距左支点 x 的预拱度值；

x——距左支点的距离；

L——跨长。

5.1.2 抱箍法

(1)结构设计。

采用两块半圆弧型钢板制成，高强螺栓连接。抱箍紧箍在墩柱上产生摩擦力提供上部结构的支承反力，是主要承力结构。为了提高墩柱与抱箍间的摩擦力，同时对墩柱混凝土面进行保护，在墩柱与抱箍之间设一层 2～3 mm 厚的橡胶垫，纵梁与抱箍之间采用 U 形螺栓连接。抱箍加工完成安装前，必须先进行压力试验，变形满足要求后方可使用。

(2)抱箍承载力计算。

1)荷载计算。

每个盖梁按墩柱各设一个抱箍体支承上部荷载，以最大值 R 为抱箍体需承受的竖向压力 N 进行计算，该值即为抱箍体需产生的摩擦力。

2)抱箍受力计算。

①螺栓数目计算。

抱箍体需承受的竖向压力 $N = R_c$；抱箍所受的竖向压力由 M24 的高强螺栓的抗剪力产生，可查《路桥施工计算手册》。

②螺栓轴向受拉计算。

混凝土与钢之间设一层橡胶，按橡胶与钢之间的摩擦系数取 $\mu = 0.3$ 计算；抱箍产生的压力 $P_b = N/\mu$，由高强螺栓承担，则：$N' = P_b$，抱箍的压力由 m 条 M24 的高强螺栓的拉力产生。即每条螺栓拉力为：

$$N_1 = P_b / m \leqslant [S];\ \sigma = N'' / A = N'(1 - 0.4 m_1 / m) / A \leqslant [\sigma]$$

式中 N'——轴向力；

m_1——所有螺栓数目；

A——高强螺栓截面积。

③求螺栓需要的力矩 M。

由螺帽压力产生的反力矩 $M_1 = u_1 N_1 \times L_1$（$u_1 = 0.15$ 钢与钢之间的摩擦系数）$L_1 = 0.015$ 力臂。

M_2 为螺栓爬升角产生的反力矩，升角为 10°。

$$M_2 = \mu_1 \times N' \cos 10° \times L_2 + N' \sin 10° \times L_2$$

式中 L_2——力臂，取 0.011。

要求螺栓的扭紧力矩 $M = M_1 + M_2 \geqslant [M]$。

(3)抱箍体的应力计算。

抱箍壁为受拉产生拉应力拉力 $P_1 = mN_1/2$；抱箍壁采用面板 δ 厚的钢板，抱箍高度为 h；抱箍壁的纵向截面积：$S_1 = \delta h$。则 $\sigma = P_1 / S_1 < [\sigma]$。

抱箍体剪应力 $\tau = (1/2R)/(2S_1) \leqslant [\tau]$；根据第四强度理论 $\sigma_W = (\sigma^2 + 3\tau^2)^{1/2} \leqslant [\sigma_W]$

5.1.3 托架法

(1)结构设计。

以各个墩柱实心段位置对称预埋的型钢或预留孔插入的型钢件来支撑整个盖梁所产生的

荷载，以此来决定预埋型钢、纵横梁的规格，并检算支架的稳定性。

(2)纵、横梁选择。

根据盖梁结构尺寸和施工荷载，绘制荷载分布图和移动托架位置，使其正、负弯矩基本相等，以此选择纵、横梁截面尺寸。

(3)墩身预埋件、强度计算。

盖梁自重和施工总荷载为：混凝土＋钢筋＋施工荷载＋纵横梁重量＋模型重量＋墩柱和盖梁同时施工部分混凝土重量＋其他荷载

每墩柱每面各设一个支座 P＝盖梁自重和施工总荷载/4。

1)材料选择。

以 $W=M/[\sigma]$选支座截面。

校核剪力(以选择的支座材料计算)，如果不满足要求，要加大杆件截面或局部加强。

2)凡支座工字钢不是按两个通长设置，为防止分段工字钢振动外移失稳，在对称两个分段设置的支座工字钢两侧各加对拉杆 1 根，一套共 2 根。

3)为防止纵梁外移，加设限位板一套 4 块。

4)支座防倾覆措施。

为防止支座预埋件(预留孔局部)混凝土所承受荷载超过极限值，应检算混凝土局部受压和采取设置垫板或钢筋网补强。

5.1.4　斜拉法和劲性骨架法

斜拉法和劲性骨架法使用较少，本文从略。

5.2　工艺流程

5.2.1　膺架法

地基处理→支架搭设→支架预压→底模安装→绑扎钢筋、安装预应力筋→立侧模→浇注混凝土→养护至拆模强度→拆侧模→张拉预应力筋→拆除底模和支架。

5.2.2　抱箍法

抱箍、纵横梁加工→抱箍、纵横梁安装→抱箍、纵横梁吊装→试压→安装底模→绑扎钢筋、安装预应力筋→立侧模→浇注混凝土→养护至拆模强度→拆侧模→张拉预应力筋→拆除底模平台及抱箍。

5.2.3　托架法

支座、纵横梁加工→支座、纵横梁拼装→支座、纵横梁吊装→安装底模→绑扎钢筋、安装预应力筋→立侧模→浇注混凝土→养护至拆模强度→拆侧模→张拉预应力筋→拆除纵横梁及支座→凿补墩身预埋件(孔)。

5.2.4　斜拉法

塔架拼装→斜吊纵梁→分布横梁→安装底模→绑扎钢筋、安装预应力筋→立侧模→浇注混凝土→混凝土养护至拆模强度→拆侧模→张拉预应力筋→拆除露出盖梁部分的塔架、斜吊带和底模平台。

5.2.5　劲性骨架法

型钢劲性骨架的盖梁钢筋笼整体吊装→底模拼装后整体提升并与劲性骨架连接固定→安装预应力筋→侧模吊装支立在底模上→模型调整加固→混凝土浇注→混凝土养护至拆模强度→拆侧模→张拉预应力筋→拆底模。

5.3 操作要点

(1)膺架法。

1)碗扣支架法施工。

①支架立杆接长缝应错开,使立杆接长缝不在同一水平面上,保证支架整体强度。

②拼装时随时检查横杆水平和立杆垂直度,注意水平横杆的直线度,防止支架偏扭。立杆竖直度偏差小于0.5%,顶部绝对偏差小于0.1 m。

③注意剪刀撑的设置,提高碗扣支架的整体稳定性。剪刀撑不能随意拆除,实有必要暂时拆除时,必须严格控制同时拆除的根数,并及时装上,且应先装后拆。高层支架的低层框架不允许拆除。

④靠近墩柱的碗扣支架,应注意连墙撑的设置,提高支架的整体稳定性。

⑤支架顶天托和底座的自由长度,应根据设计计算确定,超过计算长度的应加设纵、横杆,防止碗扣支架失稳。

⑥做好地基四周的防排水措施,保证地基牢固。

⑦在预压前进行支架检查,对不符设计的及时进行整改。

2)万能杆件法施工。

①万能杆件的柱脚应全部埋入基础中,柱底的杆件间应有斜杆联系,万能杆件与墩柱连接的杆件也应有斜杆联系;万能杆件支架顶部的异形杆件应保证与万能杆件连接可靠,顶部托架杆件在纵向应设置连接杆件。

②万能杆件支架的支墩较高,在施工中应设置抗风索。

③万能杆件支架在浇注混凝土前应进行预压,检验支架的承载能力,在施工中注意监测支架变形和杆件应力,发现异常,及时处理。

(2)抱箍法。

1)"抱箍"与墩柱间的正压力是由连接螺栓施加的,螺栓应首先进行预紧,然后再用经校验过的带响扳手进行终拧。预紧及终拧顺序均为先内排后外排,以使各螺栓均匀受力。

2)浇注盖梁混凝土时,由于"抱箍"受力后产生变形,螺栓的拉力值会发生变化。因此,在浇注盖梁的全过程中应反复对螺栓进行复拧,即每浇注一层混凝土复拧螺栓一次。

3)混凝土浇注时从两墩柱位置对称向各自两侧浇注。

4)施工过程中应观测抱箍与墩柱的相对移位,并分析其结果对下步施工产生的影响,及时制定处理方案。

(3)托架法。

1)预留孔位局部受力大,通过设置加强筋防止混凝土开裂。

2)预埋件、底模承重梁应按设计进行施工,对焊缝进行超声波检测。

3)底模拼装时应设置两悬臂端和跨中预拱度。

4)混凝土浇注时从两墩柱位置对称向各自两侧浇注,浇注混凝土过程中应对支架进行观测;

5)在墩柱内埋设的预留孔,易影响墩柱的外观质量,托架拆除后应及时认真修补。

6 安全设施及安全注意事项

安全生产是企业的头等大事,坚持"安全第一、预防为主"的原则,严格管理,加强安全生产的领导,强化安全保证体系,落实安全生产责任制,严格执行各类安全技术规则,有效控制施工安全。因此应严格制订各种安全措施。

(1)盖梁施工均应进行封闭式作业,根据相关部门批准的专题施工方案和安全技术措施进行施工,确保下方车辆、行人、船舶的安全。

(2)盖梁施工属于高空作业,人员上、下须设置专用通道。

(3)在盖梁施工时,各工种防护用品需配戴齐备,应备有简易救生设备,并应执行相关安全规范。

(4)盖梁顶部及底模作业平台四周均需设置栏杆,挂安全网,铺设人员通道步板,防止坠落事故发生。

(5)各工种必须按照相应操作规程,按章操作,不得违规作业。

(6)作业场所悬挂安全警示牌,提醒人员自觉防范。

(7)材料应堆放整齐、稳定,不得超高,支座支垫牢固、设备完好,电源开关装箱上锁。

(8)施工现场要建立健全防火管理制度,严禁火种带入易燃、易爆物品储存场所。

7 质量控制标准

质量控制标准见表2、表3。

表2 预应力钢束制作、安装允许偏差

项目		允许偏差(mm)
管道坐标	长度方向	30
	高度方向	10
管道间距	同排	10
	上下层	10

表3 混凝土施工质量检验标准

项目	规定值或允许偏差(mm)
混凝土强度(MPa)	在合格标准内
轴线偏位(mm)	10
断面尺寸	+10
锚固点高程(mm)	±10
锚具轴线与孔位轴线偏差(mm)	5

8 结束语

(1)盖梁的各种施工方法各有千秋,施工中应根据环境情况,本着安全、高效、节省的原则选用。

(2)各种方法均应通过设计计算,确保承载力及变形达到要求。

(3)无论采用何种施工方法底模均会产生一定变形,施工中应注意预拱度的设置,并合理安排混凝土浇注顺序。采用支(托)架施工时,在混凝土灌注前需进行等载或超载预压,以消除非弹性变形,弹性变形值加设在预拱度内。

(4)混凝土灌注可采用塔吊、汽车吊、汽车泵、拖泵等设备。

(5)盖梁模板与支架的拆除均可通过成型盖梁进行吊放,汽车吊或塔吊予以配合。

(6)除落地支架可方便人员上下外,其他方法应设置人员上下的挂梯、电梯、爬梯等装置。

预应力混凝土连续梁逐跨现浇施工

下承式移动模架(造桥机)选型与安装工艺

1 前　　言

移动模架(造桥机)国外称之为移动支撑系统(move support system)简称 MSS,是桥梁施工的先进方法。施工时利用桥墩墩身或承台安装支撑托架,支撑托架安装有模板的主钢梁系统,是一种在桥跨位置进行梁体混凝土原位现场浇注的施工设备。移动模架造桥机施工技术在国外得到广泛的应用,在我国随着桥梁建设的飞速发展,也在逐步得到推广与应用。移动模架法施工具有以下明显的优点:

(1)标准化作业、施工周期快、质量好,单孔箱梁整体现浇作业的工期为 12～15 d,最快可达到 10 d。

(2)可利用牵引设备移动,操作简单,安全可靠。

(3)多跨连续浇注,伸缩缝少,行车舒适。

(4)不需进行地基的处理,适用范围广。

(5)能对高度较大,无法或较难设置满堂支架和钢管桩支架的桥梁进行施工,减少了对环境的依赖性和破坏性。

2 移动模架造桥机类型

2.1 移动模架造桥机的分类

移动模架系统一般由模架支承系统、桁架(主梁)系统、模板系统及液压走行系统组成。按照移动模架造桥机主梁的支承位置,可分为上承式、下承式两种。按支承牛腿的走行方式又可分为自行式牛腿式、非自行式牛腿式两种。

2.1.1 按照造桥机主梁的支承位置分

(1)上承式移动模架。

上承式系指移动模架的主承载结构(主梁)位于施工桥面之上,模板吊挂在主承载结构上,支腿一般安装在桥墩墩顶上。例如用于甬(宁波)台(台州)温(温州)铁路客运专线的 DSZ32/900 型移动模架为上承自行式移动模架。如图 1、图 2。

图 1　上承式移动模架(一)

图 2　上承式移动模架(二)

(2)下承式移动模架。

上承式系指移动模架的主承载结构(主梁)位于施工桥面之下,模板通过底模横梁支撑在主承载结构上,支撑托架(支腿)利用桥墩墩身或桥墩承台进行安装。例如用于广州凫洲大桥的移动模架为下承式移动模架。如图 3。

图 3　下承式移动模架

2.1.2　按支承牛腿的走行方式分

(1)自行式牛腿移动模架。

移动模架牛腿可以挂在模架上依靠自身的动力系统进行移动,无需其他起重设备进行安装。例如用于广州凫洲大桥的移动模架为自行式牛腿移动模架。如图 4。

图 4　自行式牛腿移动模架

图 5　非自行牛腿移动模架

(2)非自行牛腿移动模架。

移动模架牛腿在模架上不安装牛腿移动的动力系统移动,支撑牛腿需借助其他设备转运、安装。如图 5。

2.1.3　下承式长导梁移动模架系统的附墩支承方式

(1)在墩身上预留孔洞。

此方式是在桥墩上预留孔洞,施工中用以安装移动模架带牛腿的托架作为移动模架系统的支承。牛腿与墩身上预埋的钢板之间采用相互吻合的应力扩散板接触。预埋钢板下面采用加密钢筋网的形式扩散由牛腿传递下来的竖向力,满足局部抗裂和局部承压的要求。例如用于广州凫洲大桥的移动模架。如图 6。

图 6 在墩身上预留孔洞

(2)精轧螺纹钢或预应力索抱箍式。

此方式是借助摩擦力来实现移动移模架系统的悬挂。采用精轧螺纹钢或预应力索，将事先加工好的钢箱箍在墩身上，再通过张拉精轧螺纹钢或预应力索，将钢箱箍紧压在墩身混凝土表面，达到增加钢箱与墩身表面之间摩擦力的目的，从而将移动模架系统传递下来的荷载传递给墩身，实现移动模架系统的支撑。如图 7。

图 7 精轧镙纹钢或预应力索抱箍式

(3)钢管支架或型钢支架支承于桥墩承台上。

此方式是移动模架系统采用钢管支架或型钢支架支承于桥墩承台上，将移动模架系统竖向荷载通过钢管支架或型钢支架传递到桥墩承台上。如图 8。

(4)预埋牛腿。

此方式是在墩身两侧预埋钢结构的牛腿，作为承受托架传递下来的竖向荷载的结构，再由墩身传递到基础。

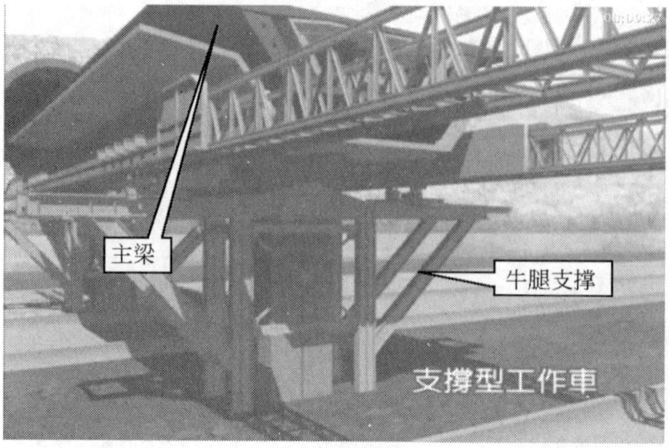

图 8　牛腿支撑直接安装在承台上

3　下承式移动模架选型

3.1　工程概况

广州凫洲大桥 2 标工程起讫里程为 K2＋079～K4＋200，线路长度 2 121 m，桥梁最大纵坡 2.45%，最小竖曲线半径：28 000 m，平曲线半径 2 000 m。第二标施工起点设在 64 号墩，向主桥方向推进至 33 号墩(64 号～69 号桩基在引道、辅道软基处理达到设计要求后施工)。该桥为双向 6 车道的公路桥梁，其上部结构主要为现浇混凝土连续箱梁，包括一联 5×30、六联 4×40 和一联 3×40，共计八联 32 跨。

30 m/40 m 连续箱梁采用单箱单室断面，半幅桥 15.0 m 宽，其中箱底宽 6.264 m/6.00 m，两侧悬臂翼缘板宽度 4.0 m，箱梁梁高 H=1.8 m/2.2 m，箱梁腹板厚度采用 70～50 cm，箱梁底板厚度 25 cm，箱梁顶板厚度 28 cm；箱梁横坡由箱梁斜置，顶板、底板保持平行，设置 2%横坡。

3.2　移动模架选型

由于该标段内除 61 号～69 号在陆地外，33 号～60 号均处在水中及浅滩地段，受潮汛影响较大，地基承载力极低，高墩近 30 m，常规的满堂支架法难以施工。考虑到该工程工期紧、任务重的实际情况，为确保工期，结合现浇梁体重量、梁跨以及资源配置等现场情况(见图 9)，

图 9　广州凫洲大桥施工现场

经过研究比选认为，采用移动模架法施工现浇混凝土连续箱梁较为合理。并选用了MSS40—1350牛腿自行式移动模架系统。该移动模架设备，适用于30～40 m跨径预应力混凝土连续箱梁逐孔现浇。尽管存在结构较非自行式移动模架复杂，移动较非自行式移动模架困难，并且不能像非自行式移动模架牛腿可在下一墩上预先安装，移模时间较非自行式移动模架长，整个循环时间相对也要长一些。但考虑到以下几个方面的情况：

(1)大部分墩位处在水中及浅滩地段，受潮汛影响较大，如采用非自行式移动模架，则起吊、运输设备难以到位，牛腿吊装、倒运非常困难。

(2)墩位高，非自行式移动模架牛腿安装要求较大数量的支架，运输、安装成本较高。

(3)牛腿自行式移动模架仅用两套牛腿，可减少牛腿数量，降低成本。

(4)采用牛腿自行式移动模架还可以提前拆除施工栈桥，大大节约栈桥设施使用费。

因此，选用了牛腿自行式移动模架，而不是非自行式移动模架。

3.3 下承牛腿自行式移动模架总体结构

MSS40—1350移动模架造桥机专为广州凫州大桥设计，今后可用于同等上部结构重量和跨度的其他工程。在用于其他项目时需对整体结构重新验算。

MSS40—1350移动模架造桥机结构总体系统主要由牛腿、主梁、鼻梁(导梁)、模板横梁、C形梁、吊点(后)横梁、前支撑横梁、外模及内模(选配)等组成，其总体结构如图10、图11。

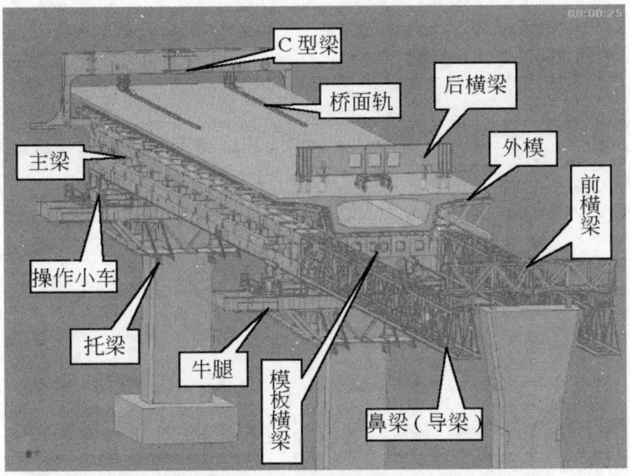

图10 MSS40—1350移动模架造桥机结构总体(一)

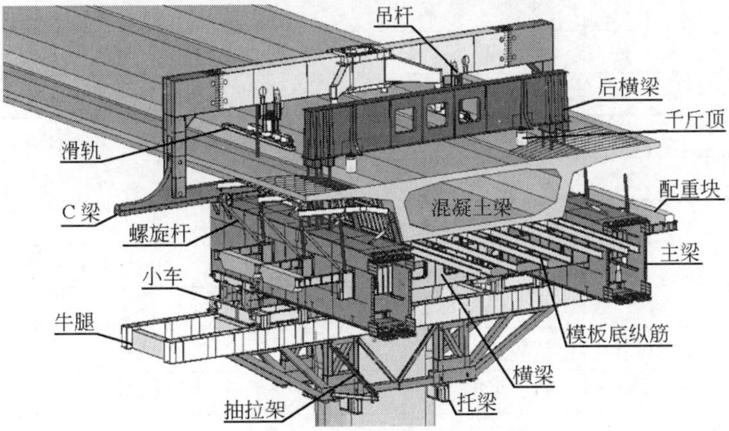

图11 MSS40—1350移动模架造桥机结构总体(二)

3.4 MSS 移动模板支架系统主要性能

3.4.1 主要性能

主要性能见表 1。

表 1 MSS 移动模板支架系统主要性能表

系统最小曲率半径	2 000 m
施工状态下主梁最大净挠度	≤跨径的 1/500
纵向推拉能力	390 kN/270 kN×6 台
横向推拉能力	300 kN/200 kN×12 台
系统纵移速度	1 m/min
系统适应桥梁最大纵坡	≤3%
系统横移速度	0.5 m/min
系统适应桥梁最大横坡	≤2%
系统落模顶升能力	3 600 kN×0.45 m×8 台;3 600 kN×0.35 m×4 台
适合施工桥宽	≤15 m
单孔施工跨径	≤40 m+8 m(悬臂)
最大承重混凝土荷载	1 350 t
施工时适合的净高(梁底到承台)	≥9.5 m
外模分合	主梁带动外模升降和侧移
外模调节	通过调节横梁和模板间机械螺旋,调节标高
内模组立	人工支立
内模调节	用双向螺杆调节
系统行走时抗倾覆稳定系数	≥1.25

3.4.2 部件明细

部件明细见表 2。

表 2 主要部件明细表

序号	项目名称	主要尺寸特征(m)	数量	单重(t)	总量(t)	备注
1	主梁	12.8×1.8×2.8	8 节	22	174	
2	鼻梁	11.3/11.8/9.1	6 节	8	40	
3	牛腿横梁	9.2×3.1×1 300	4 根	12	48	
4	牛腿三角架	7.0×0.6×2.5	8 件	4.5	36	
5	推进平车	3.4×2.1×1.5	4 台	12	48	
6	横梁	7.0×0.3×1 400	30 根	1.6	48	
7	外模		1 套	1.4	148	
8	前支撑横梁	6.1×1.3×2.2	4 件	2.5	6	
9	后吊点 C 梁及悬挂装置	12.0×1.0×2.0	5	7	18	
10	后吊点横梁	11.5×2.0×1.0	1 套	9.5	14	
11	人行道、护栏		1 套		7	

续上表

序号	项目名称	主要尺寸特征(m)	数量	单重	总量	备注
12	机加工件		1套		20	
13	螺栓及拉杆		1套		8	
14	推进平车液压电气系统		4		6	
15	后、中吊点液压系统		1		2	

注:表中尺寸及单重为同一系统中或同类部件中的最大尺寸和重量。

4　MSS40—1350 移动模架造桥机的拼装

4.1　拼装场地布置

4.1.1　拼装场地基本情况

根据混凝土箱梁施工的方向和顺序,选定在 64# ~62# 墩左幅进行拼装,拼装场地约 2 亩地,硬化场地 60 m×23 m。

(1)64# ~62# 墩之间为淤泥软基。

(2)64# 墩处混凝土箱梁底低端标高:12.067 m,承台上表面标高:6.500 m。

(3)63# 墩处混凝土箱梁底低端标高:12.619 m,承台上表面标高:6.500 m。

(4)移动模架合模浇注状态外模板低端至牛腿梁底高差:5 218 mm。

(5)移动模架合模浇注状态外模板低端至小车滑板高差:2 871 mm。

4.1.2　地基处理

为了使地基能够承受拼装时吊机及移动模架部件的重量,须对场地进行硬化处理,本着就地取材的原则,确定用砂性土进行换填,换填深度不低于 1 m,并在场地平整后用压路机进行碾压。

4.1.3　布置临时支撑

移动模架直接拼装成水平落模状态,须在滑移小车上进行拼装,并且在主梁到地面之间需搭设临时支撑(见图 12、13)。测算标高及移动模架尺寸,可知需在 63# 承台上浇注高 0.5 m、宽 1.0 m 的临时墩。临时支撑选用 ϕ530 钢管桩,优点是取材方便,施工简易。每根钢管桩下部浇注 1.0 m×1.0 m×0.5 m 的混凝土基础,既满足了承载要求,同时又节省了材料。相邻钢管桩上方用工字钢横向连接,同时用剪刀撑纵向连接,确保支撑的稳定。

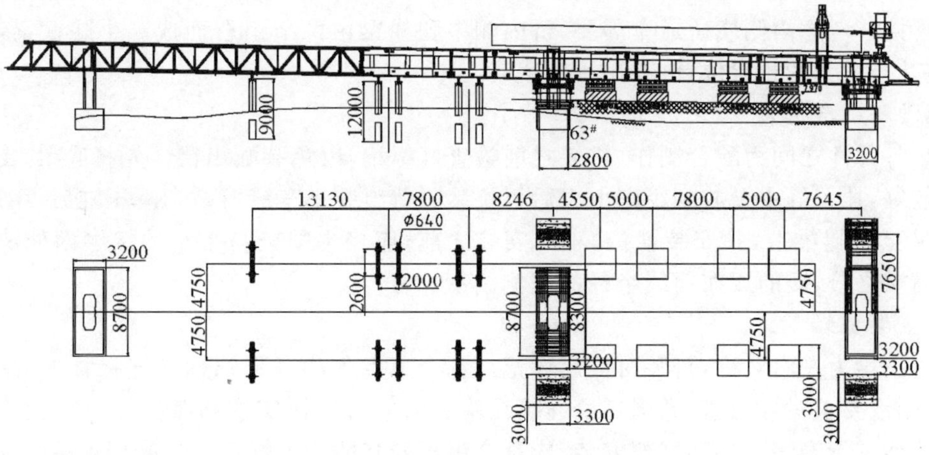

图 12　临时支撑布置图(单位:mm)

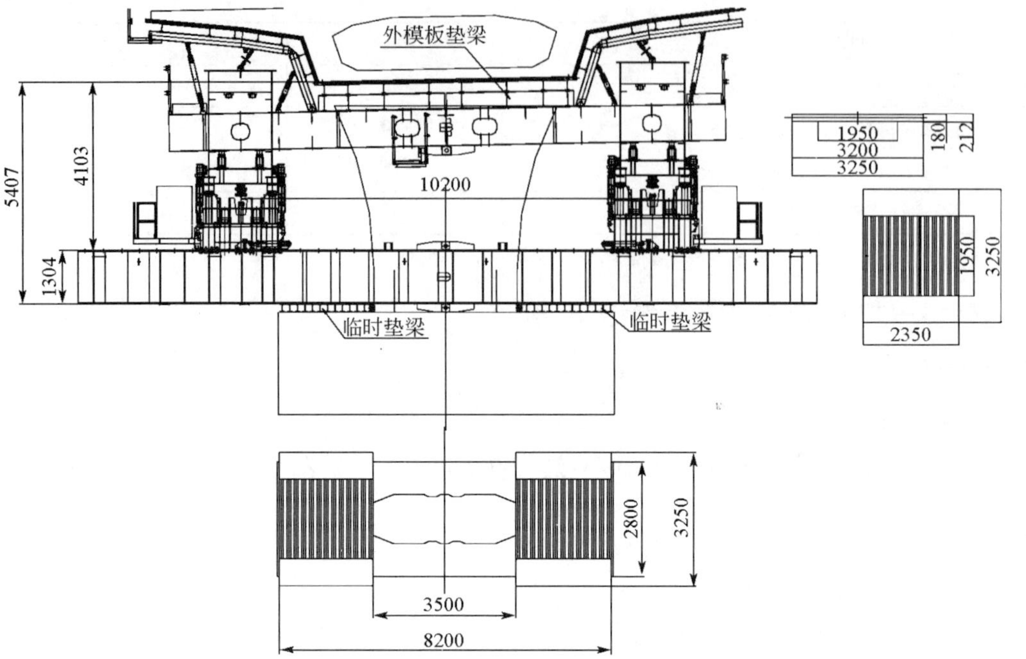

图 13　64 号墩临时垫梁图(单位:mm)

4.2　组装工艺流程

根据施工现场的实际情况和 MSS40—1350 移动模架造桥机结构设计的特点,其现场组装顺序为:

拼装方案设计→场地硬化→设备进场存放→布置临时支撑→拼装牛腿梁、小车→拼装主梁→安放主梁内螺旋顶→拼装横梁→拼装横梁下走道护栏→拼装底模纵筋→拼装底模板、墩顶模板→拼装侧模支撑架、侧模→拼装鼻梁→拼装前横梁→校核尺寸→调试液压系统→拼装完毕。

4.2.1　牛腿梁拼装

因墩身高度限制,无法将牛腿整体拼装,只能先将牛腿横梁先行放置在承台上,牛腿支撑桁架要到高墩处拼装。每组牛腿横梁由左右两根对接组成,接头处下端用销子连接,上端以高强螺栓连接。考虑内侧栈桥通车需要,桥内侧牛腿横梁由两节组合而成。牛腿横梁对接紧固后,调整其与墩身的相对位置,并用方木塞紧。

4.2.2　滑移小车拼装

小车各部件之间为配合制作,拼装之前检查好标记,以免装配出错。先将底梁、支梁、护栏踏板拼装好,挂梁等主梁放到小车上以后再拼装。待组装小车液压站和液压缸后,用吊机将小车整体吊至牛腿梁上,并安装就位,小车安装之前,应将牛腿梁与小车的接触面处清理干净。小车有高矮之分,矮的放在曲线半径的内侧。

4.2.3　主梁拼装

两对主梁为左右对称,拼装时注意标记。各个节点处的高强螺栓和连接板的规格各不相同,要按图纸要求对号入座,高强螺栓连接在施工前应对连接实物和摩擦面进行检验和复验,合格后才能进行安装。移动模架安装,应符合钢桥安装的相关规定。连接板连接之前,应先检查主梁及连接板连接面是否喷砂。高强螺栓终拧完毕后,将部分抽检螺栓做好标记,用标定过的扭矩扳手对抽检螺栓进行紧固力检测。检测值不小于规定值的10%，不大于规定值的5%为合格。对于主梁节点及纵横梁连接处，每栓群5%抽检，但不得少于两套。不合格者不得超过抽检总数的20%，否则应继续抽检，直至达到累计总数80%的合格率为止。对于欠拧者补拧，超拧者更换后，重新补拧。

4.2.4 横梁的安装

主梁拼装完成后(按照横坡尺寸调整、安装好梁内螺旋千斤顶)，利用滑移小车，将其在横向和纵向上精确定位。用吊机将横梁一片片吊起与主梁对齐连接，为保持平衡，先装靠近墩身的横梁；横梁安装好后，再装底模纵筋(H钢)及各连接撑杆；单侧横梁连接完毕，要检测纵桥向横梁的直线度，如果纵桥向横梁不在一条直线上，用垫板调整；两侧横梁连接好后，主梁横移至合模状态，此时，因横梁与主梁未拧紧，可适当进行微调以保证两侧横梁连接，全部连接完毕后，再将主梁与横梁拧紧。横梁装完后，两行走小车横向向墩身靠近，使横梁对接起来，并用连接销轴将横梁连接起来。从而使整个系统形成一个稳定的框架系统。

4.2.5 模板拼装

待横梁全部安装完成后，在墩中心放出单幅桥轴线，按桥轴线方向调整横梁。待调整好后铺设底板，并及时检查、调整好横坡坡度(其实横坡已在安装主梁内螺旋顶时，由螺旋顶的高差基本决定)、纵坡坡度及曲线，并通过主梁内螺旋顶调好预拱度。值得注意：如果先将腹板、肋板及翼缘板都安装好后，线型调整就非常困难了。待底模安装好后安装机械调节支撑座、侧模支撑梁，再安装外腹板、肋板及翼缘板，同时调整腹板净空尺寸、翼缘板标高。最后进行模板挠度值调整，挠度值主要由混凝土自重产生的挠度值、由后悬臂吊杆集中力产生的挠度值(第二孔以后各孔考虑此值)、预应力钢束张拉产生的反拱值、牛腿间钢板层间压缩产生的挠度值、后悬臂吊杆伸长产生的挠度值、主梁自重产生的挠度值六部分组成。

4.2.6 鼻梁拼装

利用吊机自右侧依次交叉拼装1#、2#、3#和左侧1#、2#、3#。拼装时注意螺栓的规格型号，必要时增加垫圈个数。1#、2#鼻梁安装完毕后，即可在62#墩顶安装前横梁，并与鼻梁连接固定。

4.3 资源配置及人员组织

4.3.1 人员配备

为便于设备组装的协调指挥，成立专门的领导小组和组织机构，有关人员配备情况见表3。

表3 设备组装人员配置表

序号	类别与工种	人 数	参考值
1	负责人	1	
2	技术员	1	
3	工长	2	
4	测量员	3	
5	电焊工、铆工、电工	按需	6
6	起重工	按需	2
7	机械工人	按需	10
8	配合工人	按需	10
9	博瑞公司技术指导	按需	1

4.3.2 主要拼装设备

根据移动模架组装总体方案，其主要拼装设备配置情况见表4。

表 4　主要拼装设备配置表

序号	设备名称	规格型号	单位	数量	备　注
1	吊机	40 t(25 t)	台	1(2)	
2	载重汽车	15 t	辆	1	转运材料
3	装载机	Zl—50	台	1	
4	电焊机	400	台	3	
5	气割设备		套	2	
6	横移镐	50～80 t	台	4	河北承德普宁
7	扭矩扳手	1 500 N·m	台	2	配套的联结套筒
8	电动扳手	1 500 N·m	台	3	
9	手动千斤顶	10 t/32 t	个	4/2	
10	手拉葫芦	2 t/5 t	个	4/3	
11	超薄液压顶	20～30t	个	2	自身高度小于 110 mm

5　等载预压空行试验

等载预压空行试验的目的是：通过预压消除结构非弹性变形，得出载荷-挠度曲线，并检验设计计算结果，调整预拱度，以求得混凝土箱梁施工控制的准确参数；检验设备结构及加工、安装所存在的问题和隐患，提前调整和整修，防患于未然。

5.1　预压程序及方法

5.1.1　预压前的准备工作

(1)检查所有普通螺栓连接是否可靠。

(2)检查模架主梁内螺旋顶的连接情况。

(3)对拉螺丝是否安装完毕。

(4)牛腿是否安装可靠、限位块是否限位。

(5)挠度测量控制点是否设置完毕。

(6)砂袋挡水墙的高度不得超出设计荷载，在墩顶出设置挡水墙。

(7)预压时尽量阻止水进入机体主梁箱体内。

(8)清扫杂物，以防落物伤人。

5.1.2　预压荷载控制

(1)不得超出混凝土实际荷载的 5%，实际加载时派专人分级计量。

(2)翼缘板荷载分布偏差不得超过 6%，否则引起塑性变形。

5.1.3　布置挠度测量控制点

挠度测量布置如图 14、图 15、图 16。

5.1.4　加载试验过程

待 MSS40—1350 移动模架系统于地面全部拼装完成后，即做设备的加载试验。试验步骤如下：

(1)试验采用砂袋堆载配合水压的方法逐级加载，直至加至与混凝土等载(可超 5%)。堆载时根据混凝土箱梁腹板与顶底板处荷载不同，应尽量保证移动模架系统的受力与实际浇注混凝土时一致。

(2)按照 50%、70%、100%、120%的荷载等级分级加载，在最后一级荷载加载完成后持荷 48 h。

(3)在各级加载过程中，观测设备各构件、零部件的变形量和沉降量，并做好记录。

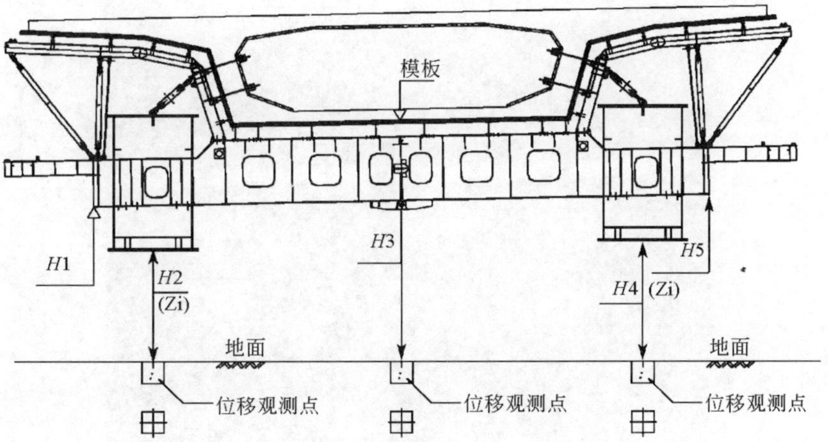

图 14　横梁观测点分布图

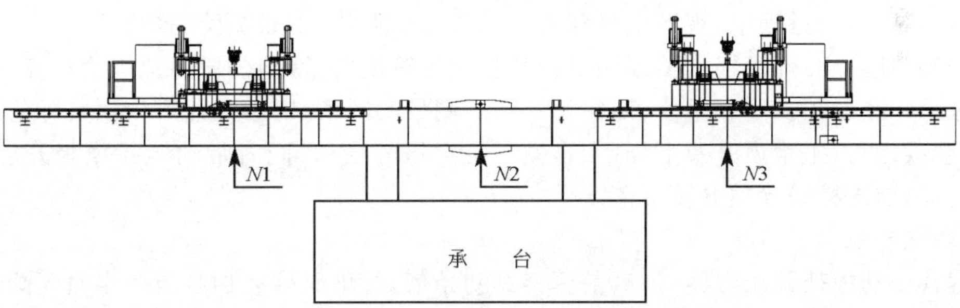

图 15　牛腿观测点分布图

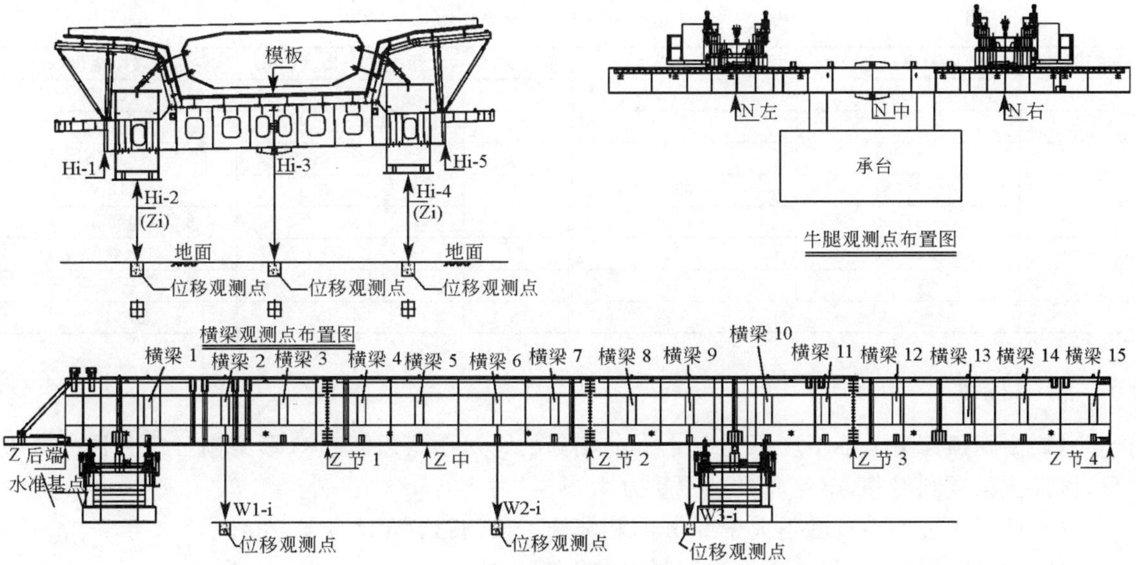

图 16　主梁观测点分布在主梁连接处及各个横梁位置

说明：1. 每组横梁设 5 个观测点。2. 左右主梁在跨中及 70#/71# 墩中心处各设一个观测点，以测主梁挠。跨比；在左右主梁每节连接各设一个观测点；在主梁前端（悬臂端）及后端各设一个观测点。3. 牛腿各设三个（左中右）观测点。4. 在与主梁及模板中心相对应的地面处用混凝土埋设位移观测点。

图 17　加载试验

(4)在各级加载过程中，观测主梁和模板的挠度变形值，加载试验完毕。

(5)确定预拱度：现场根据实际测量值与理论计算值(由博瑞公司根据理论计算数据提供)对比确定第一孔的预拱度调整值(浇完第一孔后测量实际值，以后浇注可根据实际值调整)。

(6)空载运行：主梁顶升及下降(含自锁)；主梁里外横移，同时带动运行模板开启闭合；主梁前移后退；前支撑横梁顶升及下落。

5.1.5　测试结果

根据移于动模架预压方案，加载前测得其初始值，待堆码砂袋加载至一半时观测各点沉降及位移，灌水之前再观测一次，灌完水后观测两天，每天观测三次，卸载后观测一次，一共九次。

沉降观测结果表明：模架在加载前后无明显的平面位移(见表 5)。

表 5　主梁课论计算和加载试验挠度对应表

横梁位置	设计主梁净挠度(cm)	实测主梁净挠度(cm)	横梁位置	设计主梁净挠度(cm)	实测主梁净挠度(cm)
1	−8.94	−10.2	9	−59.98	−61.2
2	−31.34	−32.2	10	−51.65	−52.6
3	−45.74	−47.7	11	−45.38	−47.4
4	−60.81	−63.8	12	−12.42	−13.5
5	−67.99	−69.6	13	6.44	8.2 (悬臂端 8m)
6	−72.41	−73.8	14	37.59	35.9(悬臂端 8m)
7	−72.63	−74.1	15	50.22	48.6 (悬臂端 8m)
8	−67.23	−70.4			

6　质量控制

(1)牛腿顶面滑道不平度不大于 5 mm，相邻的 2 对牛腿顶面和 C 形梁高程应为同一个坡度，保证主梁顺利滑移，避免鼻梁集中受力。

(2)模板拼装不平整度不大于 2 mm，相邻施工段的错台不大于 5 mm。

(3)翼板支撑牢固，防止在浇注混凝土时出现下沉。

(4)主梁分 4 节运至现场后再拼装成一根主梁，其各节之间用螺栓连接，每一螺栓需施加相同预压力。

(5)千斤顶的标定应委托有资质的单位进行，标定的频率按现行规范及设计图纸有关规定执行。

(6)由于移动模架在作业时，受风荷载限制当风速≤12 m/s(6 级)时设备可以在正常推进；当风速在 12～22 m/s(7～8 级)时设备要保持静止，但上面可以施工箱梁；当风速在 22～30 m/s(9～10 级)时设备要保持静止不施工但不需要加固绑扎；当风速在≥30 m/s(10 级)时设备要保持静止并要进行绑扎固定。

(7)移动模架地操作应遵守相关机械操作规范及模架设计公司的要求执行。

7 安全措施

移动模架施工均是高空作业，危险性很大，在施工中除严格遵守桥梁施工安全技术规程的有关规定外，还应注意以下几点：

(1)移动模架模板均为大块钢模，面积大，自重大，利用起吊设备安装时要注意吊机位置，起吊高度，防止出现吊机倾覆事故；同时加强现场指挥，施工人员必须佩戴安全带。

(2)牛腿上的操作平台边缘要加焊栏杆，用于主梁行走的小型机具及构件要安放牢固。作业人员的扳手、锤头、撬棍等，必须用绳子拴在吊篮内，防止失落。

(3)移动模架中的施工用动力、照明线路必须由专业人员敷设，并经常清理检查，以消除漏电、短路隐患。

(4)移动模架上应在梁端、栏杆断开处及上下人行梯挂好安全网。同时应配备消防器材，以防止电焊作业等原因可能引燃防雨遮晒篷布、安全网等易燃物而出现的火灾。

(5)加强起重用千斤顶、链条滑车、钢丝绳等机具设备的维修养护，发现问题，及时处理。

(6)施工人员上移动模架前，必须经过培训。工作时间不得推搡打闹，酒后严禁上桥作业。

(7)设备在落模时应注意，首先将竖向主千斤顶回油，待主梁及模板完全落在小车滑板上时方可打开横梁上连接销。切记不能在主梁尚未落到位，为抢时间而提前打开所有的横梁销子，这样易造成设备倾斜失稳。

(8)设备在行走及开合模时除了液压机电操作手外，每边需一个负责设备的整体移位指挥人员，做到每一步操作都通过对讲机统一指挥。防止左右半幅操作不同步，对设备造成损坏甚至出现危险。

8 结束语

通过对皂洲大桥 MSS40—1350 移动模架的初步使用，有以下几点体会值得类似工程项目供参考。

(1)造桥机适应于长度为 800 m 以上的桥梁，以 1 200 m 以上更为经济。

(2)设备选型、加工方面。根据工地施工环境条件，认真对比自行和非自行移动模架的特点，权衡施工工期及成本；认真对供应商(设计及加工单位)的考察，必须要求设计单位根据桥梁实际情况进行全程工况模拟，而不是单跨、单片，必须严格要求产品设备出厂前的预拼装工作。

(3)设备使用前必须彻底熟悉设计图纸各部安装尺寸，使用过程中严格按照操作规程施工，这是确保工程施工安全和质量的关键。

(4)使用情况，从第一次浇注循环时间 30 d 发展到现在的 9～10 d；移模时间从当时的 6 d 到现在的 1～1.5 d，工序日趋熟练。由此可见，此类设备今后只要对设计和加工方面作进一步完善，效果还是非常理想的。

(5)移动模架最大的缺点：体积、重量较大，存放、转运困难；设备通用性较差、改制困难，同时费用也较高。

移动模架造桥机施工工艺

1　前　　言

MSS 移动模架系统(move support system)简称 MSS,移动模架国外称之为移动支撑系统(move support system)简称 MSS,是桥梁施工的先进方法。施工时利用桥墩墩身或承台安装支撑托架,支撑托架安装有模板的主钢梁系统,在桥跨位置进行梁体混凝土原位现场浇注。移动模架造桥机施工技术在国外得到广泛的应用,在我国随着桥梁建设的飞速发展,也逐步得到推广与应用。移动模架法施工具有以下优点:

(1)标准化作业、施工周期快、质量好,单孔箱梁整体现浇注作业的工期为 12～15 d,最快可达到 10 d。

(2)可利用牵引设备移动,操作简单,安全可靠。

(3)多跨连续浇注,伸缩缝少,行车舒适。

(4)不需进行地基的处理,适用范围广。

(5)能对高度较大,无法或较难设置满堂支架和钢管桩支架的桥梁进行施工,减少了对环境的依赖性和破坏性。

2　连续箱梁移动模架施工方法

2.1　移动模架的施工工艺流程图

移动模架的施工工艺流程如图 1。

2.2　施工阶段划分

移动模架造桥机墩顶原位现浇连续箱梁,箱梁施工从岸跨墩柱开始(从南向北),每次施工缝设在下一跨的 6 m(30 m)或 8 m(40 m)处($L/5$)连续施工。以 40 m 连续箱梁 3 跨 1 联为例,施工阶段划分如图 2。

2.3　施工方法

2.3.1　移动模架第一次落模

在已完梁段腹板、底板、顶板的纵向预应力钢束张拉完成后,拆除后吊点横梁吊杆,安置滑移轨道,前移后吊点横梁到位并穿上 8 根吊杆和 C 形梁 2 根吊杆,伸出前横梁油缸(使前横梁支撑在墩身上),达到前、中、后三点吊起整个系统主梁及前鼻梁,下降小车主顶(注意整个模架基本同步下降),使整个系统主梁及前鼻梁靠前、中、后三点吊起。此时模板与混凝土分离,其分离距离很小。完成第一次落模。

设备在落模时应注意到:

(1)将竖向主千斤顶回油,待主梁及模板完全落在小车滑板上时方可打开横梁上连接销。切记不能在主梁尚未落到位,为抢时间而提前打开所有的横梁销子,这样易造成设备倾斜失稳。

(2)所有小车悬挂油缸活塞杆头部必须错开小车吊耳,避免落模时顶坏油缸活塞杆。

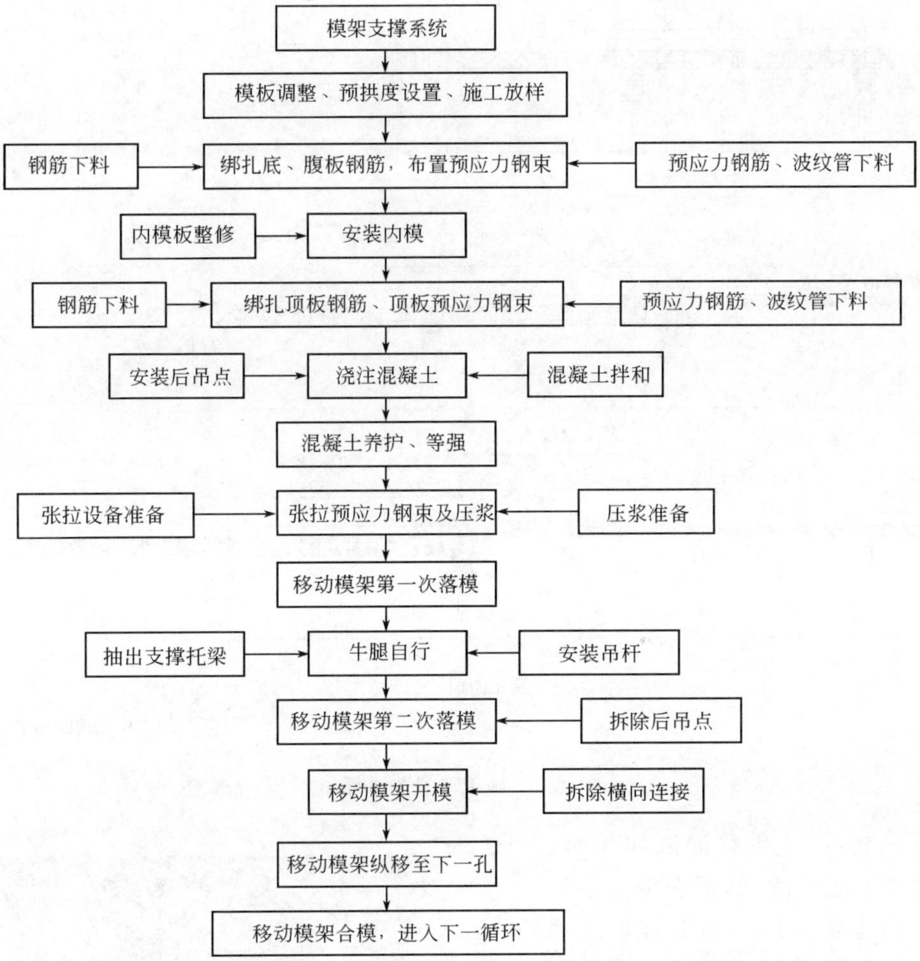

图 1　移动模架的施工工艺流程图

(3)在刚开始落模时，应注意模板与混凝土的粘接情况，避免拉坏模板或设备。

(4)落模过程中，各顶升油缸回程不能相差太大，避免设备倾斜失稳。并确认主梁及模板完全落在小车滑板上，C 形梁和后横梁不再受力。

2.3.2　牛腿自行

在牛腿横梁纵移前，首先应检查小车夹板螺栓是否连接可靠。必须在前横梁下安装辅助支撑(方木或钢架)，以保证前支撑的稳定性，并应在牛腿横梁纵移过程中，注意观察。如图 3 所示。

此时模板与混凝土分离间隙很小，在小车主顶下降到位(保证牛腿悬挂油缸将牛腿横梁及小车提起的间隙)，穿上牛腿悬挂油缸销子，用薄饼液压千斤顶拆出前、后牛腿横梁穿销并将前、后牛腿横梁稍提离牛腿托梁，联结上机械保险杆(4 根/小车)，纵移前、后墩两牛腿(不一定要同步)分别到下两墩，合龙牛腿横梁并穿销，穿墩身上的牛腿托梁，将牛腿下降放至牛腿托梁上。

牛腿横梁纵移时，同一牛腿横梁上的两小车操作人员必须用对讲机统一行动。同时，小车人员必须随时观察行走轮是否能顺利通过主梁或鼻梁的各段连接板及螺栓。随时注意小车行走轮是否有跳轨倾向，保持轨面清洁无杂物。由于线路存在纵坡，所以小车行走时，应用三角

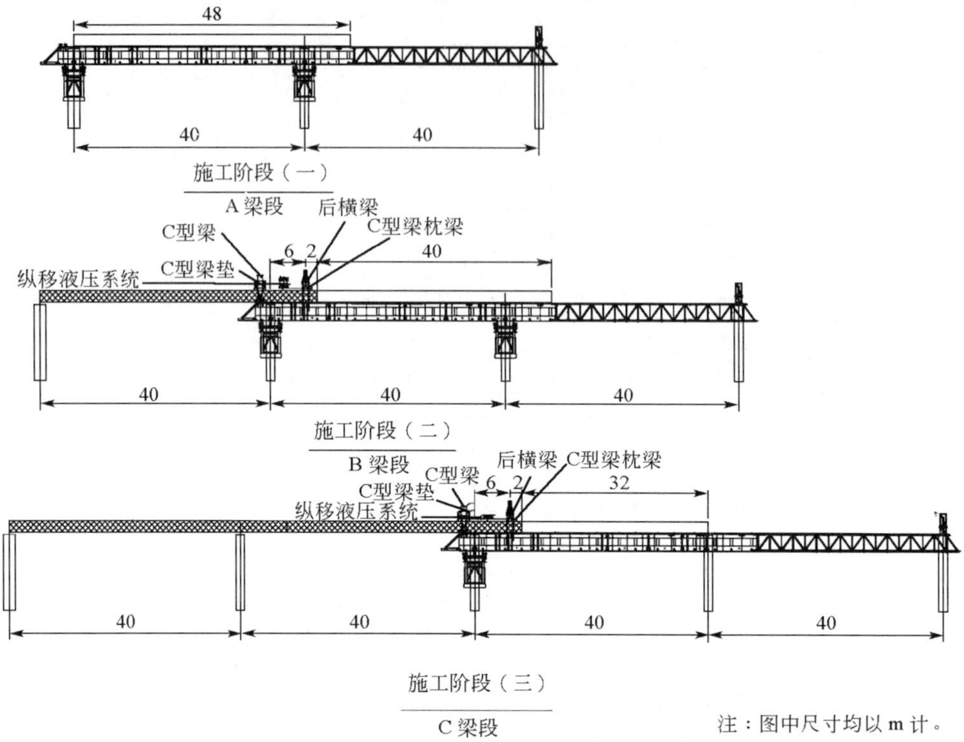

图2 施工阶段划分图

木垫塞行走轮，防止纵移油缸回程时，小车及牛腿一起后滑，危及安全。在牛腿横梁纵移到位调平时，各悬挂油缸动作尽量均衡、逐个调整，使牛腿横梁水平穿销，避免悬挂油缸动作参差太大而憋坏。

2.3.3 移动模架第二次落模

将各小车主顶升至接触主梁下滑面，完全下降吊点横梁及C形梁油缸（有定位销孔），收回前横梁支撑油缸，使整个主梁落至4个小车主顶上，由各小车主顶及C形梁承受主梁及模板的力量，拆除后吊点横梁吊杆并利用各小车主顶及C形梁主顶将整个主梁及模板落至小车滑面上，进行二次落模。然后抽出15根模板横梁销子、拆除底模中缝连接螺丝，利用4个小车及C形梁上横移油缸将主梁和模板横向打开到位。

图3 牛腿在主梁上自行

2.3.4 移动模架开模

解除两组模架横向移动的所有约束（拆除前横梁、外模横梁上的横向连接销），检查各液压元件，清除牛腿轨道上杂物并涂润滑油，通过C形梁上的横移液压油缸和小车横移油缸横移，使主梁及模板分别向外基本同步水平移动。每次移动小于千斤顶行程，直至满足过孔宽度要求。

此动作因为参与人员较多，重点在动作统一。具体要求如下：

(1)进一步检查模板横梁销及模板中缝连接螺丝是否全部拆卸完毕。

(2)必须指定专人在C形梁上用对讲机统一指挥,使梁面C形梁和箱梁下4个小车操作人员动作同步。

(3)开模时,应尽量保持两边模型同步;如要采用分侧先后开模,两侧位移不能相差太大(不能大于2个行程),避免系统失稳,造成倾斜侧翻。

(4)模板打开过程中,同一侧面的前、后两个小车的位移应基本保持一致。C形梁横移轨面应保持清洁,同时应有足够的润滑脂。

2.3.5 模架纵移

检查液压元件和牛腿的安全情况,解除所有影响其纵向移动的约束,同步牵引模架纵向就位。两组模架不同步误差不得大于1 m。操作过程中,涉及人员多,牵涉面广,应由现场技术人员统一指挥,注意:

(1)模架纵移前,必须用方木塞紧牛腿横梁与墩身之间隙,防止主梁纵移时,牛腿横梁位置偏移,造成危险。

(2)确认所有吊杆是否拆除、前横梁油缸是否收回。

(3)小车人员必须随时观察主梁或鼻梁的各段连接板及螺栓,看是否能顺利通过小车,注意有无构件阻碍。

(4)主梁行走时,随时给主梁滑面涂抹润滑脂,减少对小车上PE板的磨损。

(5)两侧主梁行进时,主梁与主梁之间、主梁与C形梁之间速度、位移应基本保持一致。

(6)桥面C形梁行进时:应注意纵移轨道是否平整、润滑脂是否足够。同时观察翼板上防撞墙预埋钢筋是否阻碍C形梁前进。

(7)主梁及模架纵移到位时,应尽量使小车液压主顶对准主梁内横向加强筋位置,保证主梁良好受力。检查左右主梁与墩身中线距离是否相等,避免偏载。如图4所示。

图4 模架纵移

2.3.6 合 模

纵移就位后,横移油缸伸缸,使两组模架分别向内水平移动,横向合模。当接近合龙时,外模横梁各连接点处有人检查,时刻注意各处对位情况,合龙后连接横梁,顶升至浇注位置。

合模与开模为反向过程,在合龙模板、穿模板销子后,升模至标高,调整外模及校正模型曲线,并在浇注混凝土之前装上后横梁8根吊杆,并均匀收紧到预紧力(使新旧箱梁联结处无错台)。

同一侧面的前、后两个小车的位移应基本保持一致。注意模板工作面是否存在其他作业人员及物件。上升模架时,各小车液压主顶位移应基本保持一致,顶升到位后及时锁定油缸机械锁紧装置。

2.3.7 模板调整、预拱度设置

模架合模后,要调整各支点处模板的纵向标高,使模板处于浇注混凝土时的正确位置,与此同时设置好预拱度。预拱度设置由安装在横梁上的机械支撑来完成,预拱度值由模架自身挠度和连续箱梁预拱度两部分组成。

(1)移动模架系统挠度值的组成。

理论预拱度是整个移动模架系统的理论挠度值与设计预应力张拉反拱值综合计算而得，主要由六部分组成：

1)整机自重和主梁弹性、非弹性变形产生的挠度值。

2)混凝土自重产生的挠度值。

3)牛腿、小车沉降产生的挠度值(预压实测结果：$H_{牛腿}=2$ mm$<H_{设计}=13.5$ mm，$H_{小车}=1$ mm$<H_{设计}=2.78$ mm，按实测值计算)。

4)后悬臂吊杆伸长产生的挠度值(第二孔以后各孔考虑：实测值 2 mm，理论值 7 mm)。

5)由后悬臂杆集中提升(力)产生的挠度值。

6)预应力钢束张拉产生的反拱值(支点间按二次抛物线计算)。其曲线方程如下：

$$y=\frac{4f_{拱}\ x(L-x)}{L^2}$$

式中　L——表示跨长；

$f_{拱}$——表示梁段最大矢高。

另外，还要考虑混凝土的收缩、徐变以及路面层及桥面附属设施等后期施加的永久荷载对挠度值的影响。

(2)立模标高的确定。

$$H_i=H_{设计}+\delta_{支架}+\delta_{施工荷载}+\delta_{使用荷载预拱值}+\delta_{其他}-H_{理论预应力}$$

式中　$\delta_{支架}=H_2-H_3+H_1$ 为支架在现浇梁、模板及支架自重作用下的弹性变形；

其中　H_1——主梁在自重下的位移；

H_2——主梁加载后的最终位移；

H_3——主梁卸载后的位移；

$\delta_{施工荷载}$——移动支架对已浇梁作用的变形，由设计提供；

$\delta_{使用荷载预拱值}$——汽车＋其他活载作用下的变形，本桥由于预应力产生的反拱值均大于活载变形，本项取 0；设计院要求 30 m 跨张拉反拱度，施工单位不需要考虑，设计希望有反拱度(根据设计年限)；

$\delta_{其他}$——包含施工过程温度变化、支架非弹性变形、牛腿、小车沉降值、移动模架 C 梁吊带伸长(C 形梁安装后，进行第二跨浇注时，要计算吊带的伸长值)等。

考虑到本次仅浇注第一孔箱梁，$\delta_{支架}$已经得出，$\delta_{使用荷载拱值}$为 0；$\delta_{施工荷载}$暂时按悬臂端 12 mm 考虑，如加载时主梁是上翘，就不设；$\delta_{其他}$目前计入牛腿、小车沉降值、C 梁吊带伸长，在施工中调整即可。初步得到本次立模标高：1～30 m 时，$H_i=H_{设计}+\delta_{支架}$；30～36 m 时，$H_i=H_{设计}+\delta_{支架}+\delta_{施工荷载}$，其中 $\delta_{施工荷载}$为 0～12 mm(见表 1)。40 m 跨 A 梁段立模标高是根据 30m 跨施工中收集的参数推算而得，具体结果见表 2。

表 1　64# ～63# 墩左幅 A 梁段(36 m)挠度汇总表

测　点	整机(含牛腿、小车)沉降值(mm)	主梁净挠度(mm)		理论反拱度(mm)	实设预拱度值(mm)	纵距(mm)	附注
		理论	实测				
横梁 1	试压测算	−4.87	−5.0	0	−5.0	1 430	
横梁 2	试压测算	−15.28	−15.0	0	−15.0	3 800	
横梁 3	试压测算	−21.25	−20.3	0	−20.3	2 800	

续上表

测点	整机(含牛腿、小车)沉降值(mm)	主梁净挠度(mm)		理论反拱度(mm)	实设预拱度值(mm)	纵距(mm)	附注
		理论	实测				
横梁 4	试压测算	−26.07	−24.5	0	−24.5	3 800	
横梁 5	试压测算	−26.86	−26.5	0	−26.5	2 800	
横梁 6	试压测算	−24.61	−24.0	0	−24.0	3 800	
横梁 7	试压测算	−20.81	−20.0	0	−20.0	2 800	
横梁 8	试压测算	−13.37	−13.0	0	−13.0	3 800	
横梁 9	试压测算	−6.62	−6.0	0	−6.0	2 800	
横梁 10	试压测算	2.32	2.4	0	2.5	3 800	
横梁 11	试压测算	8.14	8.0	0	8.0	2 800	

注:1. 梁净挠度为在施工载荷下主梁的净变形量;

2. 理论反拱度为混凝土梁张拉后最大反拱度值(梁跨中)0 mm 计。其余分部点按二次抛物线型计算反拱值。

表 2　59# ～58# 墩左幅 A 梁段(48 m)挠度汇总表(mm)

测点	整机(含牛腿、小车)沉降值	主梁净挠度理论值	C 梁吊带伸长实测值	理论反拱度	实设预拱度值	纵距	附注
横梁 1	−3	−8.94	−2	2.9	−11.0	1 430	
横梁 2	−3	−31.34	−2	9.4	−26.9	3 800	
横梁 3	−3	−45.74	−1	13.2	−36.5	2 800	
横梁 4	−3	−60.81	−1	17.0	−47.8	3 800	
横梁 5	−3	−67.99	0	18.9	−52.1	2 800	
横梁 6	−3	−72.41	0	20	−55.4	3 800	
横梁 7	−3	−72.63	0	20	−55.6	2 800	
横梁 8	−3	−67.23	0	18.1	−52.1	3 800	
横梁 9	−3	−59.98	0	16.0	−47.0	2 800	
横梁 10	−3	−51.65	0	11.6	−43.0	3 800	
横梁 11	−3	−45.38	0	7.4	−41.0	2 800	
横梁 12	−3	−12.42	0	1.0	−14.4	3 500	
横梁 13	−3	6.44	0	−6.8	10.2	3 500	
横梁 14	−3	37.59	0	−14.0	48.6	2 800	
横梁 15	−3	50.22	0	−24.2	71.4	3 500	

注:1. 主梁净挠度为在施工载荷下主梁的净变形量;

2. 理论反拱度为混凝土梁张拉后最大反拱度值(梁跨中)20 mm 计。其余分部点按二次抛物线形计算反拱值。

(3)竖曲线段立模标高的控制。

本桥 32# 墩～42# 墩(K2＋079—K2＋479)位于直线段,其间 K2＋079—K2＋477.60 为 $R=$

28 000 m、$T=666.60$ m、$E=6.441$ m 的凸型竖曲线，连续箱梁竖曲线的设置对梁的预拱度并无影响。其基本计算式为：H＝竖曲线＋坡度＋模架系统沉降、变形＋梁体预拱值；

1)坡度：计算各跨相应位置标高；

2)竖曲线：计算各跨模板分节里程竖曲线值；

3)模架系统沉降、变形：指牛腿沉降、主梁挠度、后悬臂吊杆伸长，通过试压求得，并与造桥机设计提供校核；

4)梁体预拱值：指梁体混凝土重、弹模、预应力张拉、活荷载、混凝土收缩徐变，由设计院通过计算提供。

故综合以上，立模标高计算公式为：

$$H_{竖曲线}=x^2/2R$$

$$H_i=H_{设计}+H_{牛腿}+H_{小车}+H_{C形吊梁}+\delta_{支架}+\delta_{施工荷载}-H_{理论预应力}-H_{竖曲线}$$

(4)悬臂端立模标高的控制。

本桥 30 m 跨 A、B 梁段悬臂端长度均为 6 m，40 m 跨 A、B 梁段悬臂端长度均为 8 m。根据移动模架自身结构设计的特点，与主梁相接的前鼻梁的重量远小于主梁的重量，对悬臂端挠度的影响忽略不计(设计院结构检算决定)。悬臂端立模标高的调整通过横梁的整体升降完成。

计算公式仍然采用：$H_i=H_{设计}+\delta_{支架}+\delta_{施工荷载}+\delta_{使用荷载预拱值}+\delta_{其他}-H_{理论预应力}$

(5)模板调整。

挠度值存在于主梁上，然后表现于模板，故预拱度调整均由调整模板来完成，模板调整分为三个阶段四步程序：

1)三个阶段：安装预调(理论值)；预压后复调(实测值)；制梁(第 1、2 孔)后终调(施工预拱度值)。

2)四步程序：松开支于主梁上的支撑螺杆；调节螺旋顶，达标后固定；注意横坡的控制；锁紧支撑螺杆；模板表面铺设不锈钢板(试压以后施作)。

2.3.8 钢筋和预应力钢束安装

(1)钢筋绑扎。

调整模板线型完毕后，进入箱梁钢筋模板预应力施工。钢筋绑扎顺序为：先底板、腹板钢筋，待内模立完后再绑扎顶板钢筋。钢筋加工全部在钢筋加工场完成，运至现场绑扎成型。但要注意以下几个问题：

1)施工缝处的钢筋要为下一梁段施工留有足够的搭接长度，使搭接头在同一断面上不超过 50%。

2)钢筋与预应力束有干扰的，允许对有干扰的钢筋进行位置上的调整，但不允许直接割断或割除该处钢筋。

3)预应力的定位钢筋可以与腹板或底板架立钢筋合并使用，以减少钢筋的密集程度，以利于混凝土的浇注。

(2)预应力索安装。

预应力钢绞线安装顺序为：先底板，后腹板，最后顶板纵向、横向预应力束。

1)预应力管道定位。

预应力管道定位必须准确、牢固，严格按照图纸所示的形式设置定位筋，除各转折点必须固定外，在转点间距过大的地方按直线段不大于 1 m、曲线段不大于 0.5 m 的要求进行加密布置，保证预应力管道位置的准确。纵向预应力管道位置的坐标偏差不大于 1 cm，横向预应力管道坐标偏差不大于 0.5 cm。

预应力管道铺设完成后，仔细检查其表面是否有孔洞或裂缝，如有要立即更换或用胶带纸封补。

2)预应力钢绞线的布设(成束)。

预应力钢绞线应严格按照图纸所提供的长度进行下料，同时充分考虑千斤顶张拉的工作长度，以 500 t 千斤顶为例，工作长度应不小于 70 cm。

由于纵向及横向预应力均为一端张拉，因而在预应力钢绞线穿入预应力孔道时，应先用钢绞线挤压机对其一端用钢绞线连接头进行挤压。将挤压好的钢绞线逐根人工穿入或用卷扬机整体穿入管道内。

预应力穿束完成后，要对预应力管道口进行封堵，并将裸露在外的钢绞线包裹，防止水泥浆漏入波纹管或污染张拉端，影响预应力束的张拉。

2.3.9 浇注混凝土

采用全断面快速浇注混凝土，混凝土浇注顺序纵向由悬臂端向施工缝分段进行，每段梁横断面混凝土浇注顺序为先浇底板，再浇腹板，最后浇顶板。混凝土的振捣采用插入式振动棒和平板式振捣器。另需准备部分插钎用于箱梁下倒角振捣。

(1)底板浇注。

底板混凝土一般领先腹板混凝土 1.0～2.0 m，浇注时泵车输送管道通过内模预留窗口，将混凝土送入底板。下料时，一次数量不宜太多，并且要及时振捣，尤其边角处必须填满混凝土并振捣密实，以防浇腹板混凝土时冒浆。

(2)腹板浇注。

在超前浇注的底板混凝土未初凝(一般浇注完 2 h 左右)时，即开始斜层浇注腹板混凝土。两侧腹板混凝土要同步进行，以保持模板支架受力均衡。每层混凝土浇注厚度不得超过 30 cm，且要振捣密实，严禁漏振和过振。

(3)翼板及顶板浇注。

当腹板浇注到箱梁腋部后，开始浇注顶板混凝土。浇注顺序为：先浇中间，后浇注两侧翼板，两侧翼板要同步进行。为控制桥面标高，必须按测量抄平高度进行混凝土浇注。混凝土收浆前，对表面进行拉毛处理。混凝土终凝后，及时用土工布覆盖洒水养生。

(4)收浆、抹面及标高控制。

在箱梁顶板及翼板的浇注过程中，为确保箱梁顶面的平整度符合规范要求，必须按测量抄平高度进行混凝土浇注。可在箱梁顶面纵向每隔 5 m 布置一个高程点，全断面共 5 排，并在标高点上焊接水平钢筋，利用铝合金水平尺和木抹将混凝土面收平。

混凝土收浆前，对表面进行拉毛处理。混凝土终凝后，及时用土工布覆盖洒水养生。

2.3.10 内模、侧模托模及端模拆除

一段箱梁的混凝土全部浇注完 24 h 后，先拆除端模、侧模，在张拉前，防止张拉时内模对梁体变形影响，应先拆除内模，内模的拆除顺序是：从两个接口向端横隔梁，从顶板向两侧；另外，为了不影响造桥机第一次落模，应在第一次落模前拆除端横隔梁处的托模。

2.3.11 预应力张拉

(1)钢束张拉顺序。

腹板钢束张拉顺序为 N3→N2→N4→N1→N5(以 40 m 梁为例)，左右腹板对称张拉；顶

板、底板束按上下、左右对称张拉。锚具布置如图 5 所示。

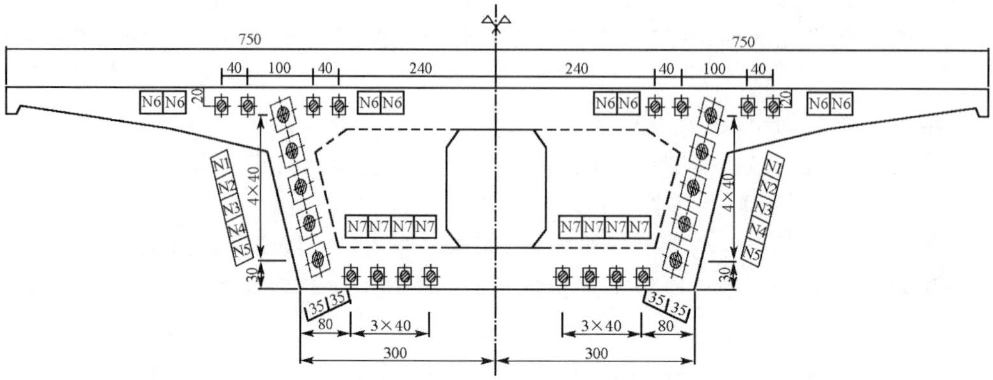

图 5　箱梁预应力钢束布置图(单位:cm)

(2)后张法的张拉工艺。

30 m、40 m 箱梁采用夹片式具有自锚性的锚具,钢绞线采用低松弛预应力钢绞线,具体张拉程序为:0—10%—20%—σ_{con}(持荷 2 min 锚固)。钢束张拉以张拉力控制为主,伸长值作为校核(预应力伸长值按设计)。要求理论伸长量与实测伸长量之间的误差不超过±6%,超过此值时,应分析原因并采取措施予以调整后方可继续张拉。

2.3.12　孔道压浆、封锚

压浆工作宜在张拉完毕后尽早进行,一般预应力混凝土构件,在张拉完毕,停 10h 左右,观察预应力钢束和锚具稳定后即可进行。采用真空法压浆。

对于埋置在构件内的锚具,压浆后应先将其周围冲洗干净并凿毛,然后按设计要求设置钢筋网和浇注封锚混凝土。封锚混凝土的强度等级应符合设计要求。

2.4　移动模架的现场拆卸

2.4.1　移动模架拆卸原则

移动模架拆除原则:始终坚持对称拆卸的原则,防止拆卸时整体结构失衡失稳。

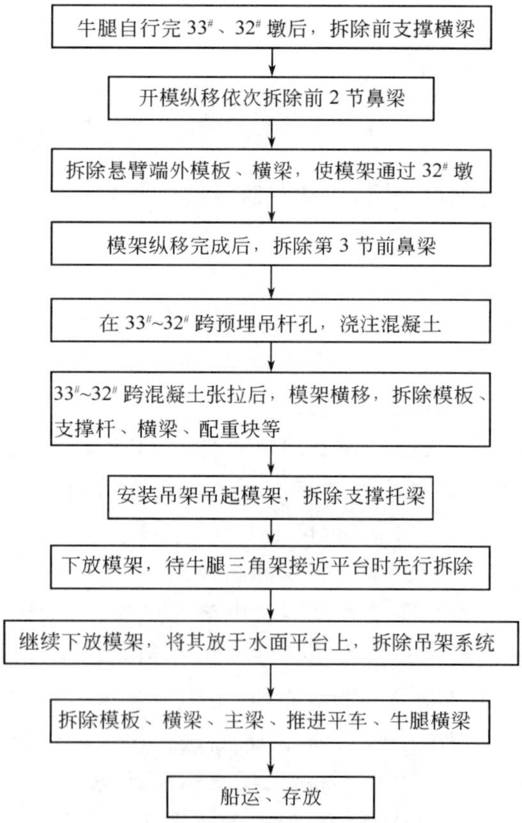

图 6　移动模架拆除工艺流程图

2.4.2　拆除工艺

(1)移动模架拆除工艺流程。

由于梁体受力所限,故采用分部拆卸。具体流程如图 6 所示。

(2)移动模架拆除步骤。

1)拆除前支撑横梁。34#～33#跨混凝土张拉完成后，牛腿自行至33#、32#墩完成后，拆除前支撑横梁。

2)拆除一、二节悬臂鼻梁。开模，模架纵移，依次拆除一、二节悬臂鼻梁。

3)拆除悬臂端模板(8 m)及横梁。移动模架继续纵移，在悬臂端模板至32#墩时，利用停放在31#～32#梁面上的吊车拆除悬臂端模板(8 m)及横梁。

4)拆除第三节悬臂鼻梁。移动模架纵移到位后，拆除第三节悬臂鼻梁。

5)埋设吊杆孔。在浇注33#～32#跨箱梁时，在其翼缘板上预埋吊杆孔。

6)拆除模板、支撑杆、横梁、配重块等。在33#～32#跨箱梁张拉完成后，模架横移，利用链条葫芦配合吊车拆除模板、支撑杆、横梁、配重块等钢箱梁以上部分结构。

7)拆除支撑托梁。先用两组贝雷梁吊架(每组吊架由单层8片贝雷梁组成)和精轧螺纹钢(四个吊点每个吊点4根，模架总吊重320 t，下吊点利用1#、4#钢箱梁的吊孔，上吊点由扁担梁承担)将移动模架整体吊挂于贝雷梁上，利用提升小车，将牛腿提升5 cm，拆除支撑托梁。

8)整体下放模架，拆除牛腿三角架。利用吊架吊杆下放模架，待牛腿三角架接近平台表面时，拆除牛腿三角架。

9)拆除模架。继续下放模架于平台上，拆除吊挂系统。用2台25 t浮吊，对称拆除模板和横梁，再由北向南的顺序，拆除4#、3#、2#、1#主梁。主梁拆除完毕后，最后拆除推进平车、牛腿横梁。

10)运输和存放。用船舶运输至指定场所堆放整齐。

3 劳动力组织

移动模架人员配备见表3。

表3 移动模架所需劳动力

序号	作业组	主要作业内容	人数		
			技术员	技工	普工
1	技术组	施工、技术指导	4	3	
2	实验组	各种材料试验	2	1	1
3	造桥作业组	移动模架作业	2	20	10
4	钢筋组	钢筋加工、制作	4	60	
5	模型组	模型加工、安装及混凝土施工	2	40	
6	张拉组	预应力张拉、压浆	2	18	

4 机具设备配置

移动模架所需机具设备见表4。

表 4　主要拼装设备配置表

序号	设备名称	规格型号	单位	数量	备注
1	吊车	40/25 t	台	1/2	用于移动模架拼装及拆除
2	载重汽车	15 t	辆	1	
3	装载机	Zl—50	台	1	
4	电焊机	400	台	3	
5	气割设备		套	2	
6	横移镐	50～80 t	台	4	
7	扭矩扳手	1 500 N·m	台	2	
8	电动扳手	1 500 N·m	台	3	
9	手动千斤顶	10 t/32 t	个	4/2	
10	手拉葫芦	5 t/10 t	个	4/3	
11	超薄液压顶	20～30 t	台	4	
12	千斤顶	24/26 t	台	2/2	箱梁张拉
13	千斤顶	100/150 t	台	2/2	
14	千斤顶	500 t	台	2	
15	压浆泵		台	1	用于压浆作业
16	真空泵		台	1	
17	挤压机		台	2	
18	净浆搅拌机		台	1	
19	汽车吊	25 t	辆	2	用于材料吊装、转运等
20	弯曲机		台	2	用于钢筋作业
21	切断机		台	2	
22	砂轮切割机		台	1	
23	插入式振动器		台	14	用于混凝土作业
24	混凝土拌和站		座	1	
25	混凝土卧泵	60 m^3/h	台	2	
26	混凝土输送车	9 m^3	台	3	

5　质量控制要点

5.1　混凝土浇注质量

40 m 连续梁每 4 孔 1 联，每联第一施工阶段浇注 48 m 梁长，混凝土量 478 m^3，中间施工阶段浇注 40 m 梁长，混凝土量 392 m^3，最后施工段梁长 32 m，混凝土量约 305 m^3。

根据移动模架造桥机的结构特点和本施工方法要求，在每孔箱梁施工阶段，混凝土首先从悬臂端开始向后依次斜向分段水平分层进行，在施工缝处与上一阶段箱梁合龙。为保证混凝土在灌注过程中不出现分层冷缝，一是延长混凝土初凝时间(本工程混凝土初凝时间控制在 18～20 h)，二是合理分段，加快浇注速度。同段内混凝土浇注由底板到腹板再到顶板，上下游基本对称进行，底板混凝土浇注由内模顶板每隔 5 m 开窗口灌注，浇注底板混凝土时留约 1/3 左右，由腹板混凝土下翻补充，腹板混凝土浇注上下游侧高度差控制在 1 m 左右。顶板混凝土先浇中间，后浇注两侧翼板，两侧翼板要同步进行。

5.2 梁体线形

连续箱梁浇注成形后，应取得与设计相一致的断面尺寸和线形。箱梁断面尺寸、轴线主要由模板控制，而线形主要通过预拱度的设置使浇注后箱梁高程与设计相符，这是本工程的施工重点。

移动模架严格按照《MSS40—1350 移动模架安装技术指导书》进行拼装，安装完成后，对模架进行全面检查合格后才进行加载预压试验，加载何载为箱梁重量的 110%，荷载基本按箱梁断面混凝土重量布置。在右幅 63# ～64# 墩 30 m 跨对移动模架进行了预压试验，以验证移动模架设计预拱度值的正确性，通过预压，得到移动模架实际扰度值与理论计算值基本吻合。30 m 跨预拱度值设计与预压试验的差异曲线如图 7。

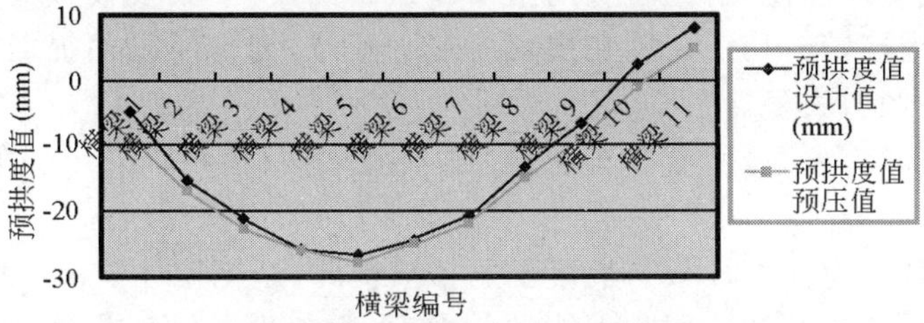

图 7　预拱度值设计与试验差异曲线

30 m 跨的连续箱梁预拱度值以预压试验结果为主，结合移动模架设计值综合考虑设置；40 m 跨没有进行堆载预压，对此套移动模架 40 m 跨预拱值的来源有以下四个方面：

(1)由于造桥机是一弹性平台，在施工荷载作用下，将产生变形，该值由模架生产厂家提供；并通过预压，消除非弹性变形，核实厂家提供的弹性变形值。

(2)40 m 跨连续梁是多次超静定体系，考虑到混凝土的收缩徐变，设计有一预拱度，即在预应力效应＋恒载＋汽车荷载作用下产生的挠度值，前、后支点之间部分按抛物线分布，40 m 抛物线中心最大下挠度按 20 mm 计，悬臂端最大上挠度按 13 mm 计(按三角形分布)。

(3)由悬臂吊杆引起的挠度(不考虑滑模自重)按 8 mm 计(按三角形分布)。

(4)加上结构本身的非弹性变形，非弹性变形值按 10 mm 考虑。

四者矢量叠加，就是梁体预拱度设置值。在实际施工中，仅需按上述四者矢量叠加的变形值设置，设置方向与计算相反。

连续箱梁线形控制的重点在于预拱度的设置、调整和施工缝的处理。预拱度按上述矢量之和设置。施工缝是连续箱梁线形易变形的部位，为避免施工缝处箱梁线形出现折线而不圆顺，采取每一联 A 梁段施工后，在进行后续 B、C 梁段的施工时，必须保证移动模架模板与已浇注梁段悬臂端混凝土密贴(特别是腹板部分)，密贴通过顶升推进小车竖向液压主顶以及调整外模板上的机械式螺旋千斤顶来实现。

由于移动模架结构庞大复杂，计算与实际施工工况不可能完全一致，故在施工完第一、第二孔后，根据实测数据分析再对梁体预拱度的设置进行调整。在施工过程中，进行实时测量监控。将实测数据与理论计算相比较，若有偏差，及时调整模板撑杆高度，使之吻合。

5.3 施工缝的处理

连续箱梁分段施工，在施工缝处合龙，为尽量减少此处错台，保证箱梁线形，采用后横梁吊杆悬挂锁定，使新老混凝土密贴。具体操作为：在浇注混凝土前，后横梁用 8 根 ϕ100 mm 的吊杆将已浇注悬臂端面混凝土后 2 m 的主梁和模板吊起，使模板与已浇混凝土密贴，减少新浇混凝土与旧混凝土错台，后横梁吊杆预紧力控制在模板自重再加 20 t。在混凝土浇至其总量的 3/4 时，放慢浇注速度，通过后横梁竖向油顶再次给吊杆施加提升力，以消除吊杆弹性变形，确保模板与混凝土面接合密贴，并锁紧油顶机械锁，施工荷载主要通过锚固装置将力传到已浇混凝土梁端，使混凝土箱梁接茬面两端一起变形，模板与老混凝土密贴，不致于产生错台。

6　安全注意事项

整个操作设备过程中，必须指定一名对设备熟悉的人员，用对讲机统一指挥。

6.1　落　　模

(1)设备在落模时应注意，首先将竖向主千斤顶回油，待主梁及模板完全落在小车滑板上时方可打开横梁上连接销。切记不能在主梁尚未落到位，为抢时间而提前打开所有的横梁销子，这样易造成设备倾斜失稳。

(2)设备在落模时应注意，所有小车悬挂油缸活塞杆头部必须错开小车吊耳，避免落模时顶坏油缸活塞杆。

(3)刚开始落模时，应注意模板与混凝土的粘接情况，避免拉坏模板或设备。

(4)落模过程中，各顶升油缸回程不能相差太大，避免设备倾斜失稳。并确认主梁及模板完全落在小车滑板上，C 形梁和后横梁不再受力。

6.2　小车、牛腿纵移

(1)检查小车夹板螺栓是否连接可靠。

(2)小车横向打开时，操作人员必须注意牛腿横梁上滑面涂抹的润滑脂，小心滑倒。

(3)牛腿横梁纵移前，必须在前横梁下安装辅助支撑(方木或钢架)，并在牛腿横梁纵移过程中，注意观察。

(4)牛腿横梁纵移时，同一牛腿横梁上的两小车操作人员必须用对讲机统一行动。

(5)小车人员必须随时观察行走轮是否能顺利通过主梁或鼻梁的各段连接板及螺栓。

(6)随时注意小车行走轮是否有跳轨倾向，保持轨面清洁无杂物。

(7)因线路存在纵坡，所以小车行走时，必须随时注意用三角木垫塞行走轮，防止纵移油缸回程时，小车及牛腿一起后滑，危及安全。

(8)牛腿横梁纵移到位调平时，各悬挂油缸动作尽量均衡、逐个调整，使牛腿横梁水平穿销，避免悬挂油缸动作因参差太大而憋坏。

6.3　系统开模

此动作因为参与人员较多，重点在动作统一。具体要求如下：

(1)进一步检查模板横梁销及模板中缝连接螺丝是否全部拆卸完毕。

(2)必须指定专人在 C 形梁上用对讲机统一指挥，使梁面 C 形梁和箱梁下 4 个小车操作人员动作同步。如果采用分侧先后开模时，两侧位移不能相差太大，避免系统失稳。

(3)模板打开过程中，同一侧面的前、后两个小车的位移应基本保持一致。

(4)随时保持 C 形梁横移轨面有足够的润滑脂。

6.4　模架纵移

(1)模架纵移前、必须用方木塞紧牛腿横梁与墩身之间隙，防止主梁纵移时，牛腿横梁位置偏移,造成危险。

(2)确认所有吊杆是否拆除、前横梁油缸是否收回。

(3)小车人员必须随时观察主梁或鼻梁的各段连接板及螺栓,是否能顺利通过小车、注意有无构件阻碍。

(4)主梁行走时,随时给主梁滑面涂抹润滑脂,减少对小车上 PE 板的磨损。

(5)两侧主梁行进时,主梁与主梁之间、主梁与 C 形梁之间速度、位移应基本保持一致。

(6)桥面 C 形梁行进时:应注意纵移轨道是否平整、润滑脂是否足够。同时观察翼板上防撞墙预埋钢筋是否阻碍 C 形梁前进。

(7)主梁及模架纵移到位时,应尽量使小车液压主顶对准主梁内横向加强筋位置,保证主梁良好受力。

(8)检查左右主梁与墩身中线距离是否相等,避免偏载。

6.5 合　模

(1)同一侧面的前、后两个小车的位移应基本保持一致。

(2)注意模板工作面是否存在其他作业人员及物件。

(3)上升模架时,各小车液压主顶位移应基本保持一致,顶升到位后及时锁定油缸机械锁紧装置。

(4)合模后,后横梁 8 根吊杆的安装受力必须均匀。

6.6 浇注时的安全注意事项

混凝土浇注前,应检测所有的液压机电系统处于正常工作状态。浇注时应遵循从前向后,先底板,再腹板,最后顶板的顺序;底板浇注完毕后暂停一段时间,待底板混凝土不翻浆时再进行腹板以上部分的浇注。

(1)在混凝土浇注过程中需指派专人对设备进行巡视,并定时检测设备的各部分的变形及有无焊缝开裂现象,出现异常立即查明原因,否则不能继续施工。

(2)混凝土浇注时重点观测部位。

1)主梁吊点与支点的变形;

2)后吊梁的变形;

3)经常观察模板与旧混凝土的贴合情况,用后横梁油缸随时收紧,避免新、旧连接处出现错台现象。

4)牛腿支点处及三角支撑桁架的变形。

5)牛腿支撑托梁的变形。

6)墩身开孔处的底面混凝土有无压酥破坏现象。

7 结束语

通过对移动模架造桥机施工工艺的研究,我们基本掌握了牛腿自行式造桥机桥梁施工技术及施工工艺,解决了各种施工技术难题,改善了施工管理水平,从而保证工程质量、施工安全、工期和综合效益,并在凫洲大桥取得显著的效果;由此,形成的一套适应较强的牛腿自行式造桥机整跨现浇预应力混凝土连续箱梁的施工技术及工艺,能够在同类桥梁施工中得到推广应用。

预应力混凝土连续梁膺架法现浇施工工艺

1 前　　言

随着桥梁建设的飞速发展，预应力混凝土连续箱梁由于具有整体刚度大、养护成本低等优点，已广泛应用于城市高架桥和大型桥梁的引桥建设中。随着预应力混凝土的广泛应用，桥梁上部结构的施工方法从20世纪70年代以后到今天已取得到了迅速的发展，其施工方法主要有就地浇注法、预制安装法、悬臂施工法、转体施工法、顶推法施工、移动模架逐孔施工法、横移法施工、提升与浮运施工等。而预应力混凝土连续箱梁的施工方法，在国内主要有膺架法、悬臂施工法、移动模架逐孔施工法等。膺架法是施工最常用的一种方法，即在桥孔位置上安装满布支架（常称脚手架）或在支墩上拼装组合钢桁梁后立模就地灌注钢筋混凝土梁的施工方法。膺架一般有满堂式支架、梁式支架两种。与梁式支架相比，满堂式支架具有安装方便、受力均匀的优点，但是对于跨越道路、河流箱梁的施工，不能满足车辆通行、通航的要求，具有一定的局限性。

2 工艺特点

预应力混凝土连续梁膺架法现浇施工工艺具有以下特点：

(1)膺架法施工无需预制场地，而且不需要大型运输、安装设备。

(2)膺架形式可根据现场实际情况采用满堂式支架或梁式支架，可多工作面同时施工，适应性强。

(3)与预制架设法施工相比，工期长，施工质量控制难度更大。

(4)施工中的支架、模板耗用量大，并且搭设支架影响排洪、通航、通车，施工期间可能受到洪水和漂流物的威胁。

3 适用范围

膺架法一般适用于地质条件较好（无水或水流较浅的河流）、跨度60 m以下、桥墩高度20 m以下的现浇连续箱梁现浇施工。在山区及受地形地势等影响，大型施工机械无法进入或无大型机械设备的情况下，采用膺架法施工比较合适。

4 工艺原理

在桥位处搭设膺架（在低墩或不跨越道路等障碍物的情况下搭设满堂式支架，在高墩或跨越道路等障碍物情况下搭设梁式支架），在膺架上安装底模，经预压后安装外侧模板、钢筋及预应力系统，然后浇注连续梁梁体混凝土；待梁体混凝土强度达到设计要求后拆除内模、端模板和进行预应力张拉施工；最后进行体系转换施工，拆除支架。根据梁体结构设计实际情况，梁体可以分节段或一联整体浇注成形。

5 现浇膺架施工设计与检算

5.1 膺架选型

5.1.1 满堂式支架

在桥墩较低(20 m以下)或地质条件较好且不跨越道路、河流等障碍物时,梁体现浇膺架宜选择满堂式支架。支架搭设材料主要采用扣件式钢管脚手架、碗扣式钢管脚手架、门式脚手架等。满堂支架具有安装方便、不需要大型施工设备、地基承载力要求低的优点,但安装质量控制要求较高。

满堂式支架系统包括纵横向分配梁(方木或型钢)、顶托、立杆、水平杆、剪刀撑、底托等部分。

5.1.2 梁式支架

在桥墩较高(20 m以上)或地质条件较差(软土地基等)或跨越道路、河流等障碍物时,梁体现浇膺架宜选择梁式支架。支架搭设材料一般为:支墩采用(钢筋)混凝土扩大基础、大直径钢管桩(钢管混凝土)立柱、型钢分配梁结构,纵梁可采用军用梁、贝雷梁(架)或型钢等。梁式支架不影响桥下通行、通航,但需要大型施工起吊设备配合,且支墩地基承载力要求较高。

梁式支架系统包括分配横梁、纵梁、支墩顶分配梁、支墩、支墩基础等部分。

5.2 膺架及模板系统计算

5.2.1 计算荷载及组合

(1)设计荷载。

1)模板、支架自重;

2)新浇注混凝土、钢筋混凝土或其他圬工结构物的重力;

3)施工人员和施工材料、机具等行走运输或堆放的荷载;

4)振捣混凝土时产生的荷载,计算取值2.0 kPa;

5)新浇注混凝土对侧面模板的压力;

6)倾倒混凝土时产生的水平荷载;

7)其他可能产生的荷载,如雪荷载、冬季保温设施荷载等,按实际情况考虑。

(2)荷载组合(见表1)。

表1 模板、支架和拱架设计计算的荷载组合表

模板结构名称	荷载组合	
	计算强度用	验算刚度用
梁、板的底模板以及支承板、支架等	1)+2)+3)+4)+7)	1)+2)+7)
侧模板	4)+5)	5)

(3)强度、刚度及稳定性要求。

1)稳定性要求。

支架受压构件纵向弯曲系数可按《公路桥涵钢结构及木结构设计规范》(JTJ025)进行计算。支架的立柱应保持稳定,并用撑拉杆固定。当验算模板及其支架在自重和风荷载等作用下的抗倾倒稳定时,验算倾覆的稳定系数不得小于1.3。

2)强度及刚度要求。

验算模板、支架及拱架的刚度时,其变形值不得超过下列数值:

①结构表面外露的模板,挠度为模板构件跨度的1/400;

②结构表面隐蔽的模板,挠度为模板构件跨度的 1/250;

③支架、拱架受载后挠曲的杆件(盖梁、纵梁),其弹性挠度为相应结构跨度的 1/400;

④钢模板的面板变形为 1.5 mm。

拱架各截面应力验算,根据拱架结构形式及所承受的荷载,验算拱顶、拱脚及 1/4 跨各截面的应力,铁件及节点的应力,同时应验算分阶段浇注或砌筑时的强度及稳定性。验算时不论板拱架或桁拱架均作为整体截面考虑,倾覆稳定系数不得小于 1.3。

5.2.2　满堂式支架计算

(1)支架顶分配梁计算。

1)支架顶分配梁:按均布荷载作用下的三跨连续梁计算,计算公式如下:

$$\sigma=\frac{K_1 ql^2}{W}<[\sigma],\qquad f=K_2\times\frac{ql^4}{100EI}<[f]$$

式中　f——分配梁的最大扰度值;

q——均布荷载;

l——计算跨径;

W——截面抵抗矩;

K_1——弯矩系数;

K_2——扰度系数;

EI——抗弯刚度;

$[\sigma]$——分配梁的容许应力;

$[f]$——容许扰度为跨径的 1/400。

2)支架顶纵梁。

按集中荷载作用下的三跨连续梁计算,计算公式如下:

$$\sigma=\frac{M_{max}}{W}<[\sigma],\qquad M_{max}=0.267Fl$$

$$f=1.883\times\frac{Fl^2}{100EI}<[f]$$

式中　f——纵梁的最大扰度值;

F——集中荷载值;

l——计算跨径;

W——截面抵抗矩;

EI——抗弯刚度;

$[\sigma]$——纵梁的容许应力;

$[f]$——容许扰度为跨径的 1/400。

(2)立杆计算。

$$N\leqslant\varphi A[\sigma]$$

式中　N——立杆轴向力计算值;

A——立杆横截面面积;

φ——立杆轴心受压构件纵向弯曲系数;

$[\sigma]$——钢材容许应力,为 182 MPa。

5.2.3　梁式支架计算

(1)支墩计算。

1)支墩基础计算。

$$\sigma=\frac{P}{A}<[\sigma]$$

式中 A——支墩基础截面面积；

P——支墩上承受的荷载；

[σ]——地基容许承载力。

2)支墩立柱计算。

$$\sigma=\frac{P}{A}<[\sigma]$$

式中 A——支墩截面面积；

P——支墩上承受的荷载；

[σ]——支墩容许承载力。

3)支墩顶分配梁。按集中荷载三跨连续梁计算，计算公式如下：

$$\sigma=\frac{M_{max}}{W}<[\sigma], \qquad M_{max}=0.267Fl$$

$$f=1.883\times\frac{Fl^2}{100EI}<[f]$$

式中 f——分配梁的最大扰度值；

F——集中荷载值；

l——计算跨径；

W——截面抵抗矩；

EI——抗弯刚度；

[σ]——分配梁的容许应力；

[f]——容许扰度为跨径的 1/400。

(2)梁部结构计算。

1)强度计算。

梁部结构强度计算主要计算梁式支架的顺桥向纵梁强度和刚度。可以按均布荷载作用下简支梁计算：

$$\sigma=\frac{M_{max}}{W}<[\sigma], \qquad M_{max}=\frac{ql^2}{8}$$

式中 M_{max}——截面弯矩；

Q——均部荷载；

L——钢梁跨度；

W——纵梁截面抵抗矩；

[σ]——纵梁的容许应力。

2)刚度计算。

$$f=\frac{5ql^4}{384EI}<[f]$$

式中 f——纵梁的最大扰度值；

q——均布荷载；

l——计算跨径；

EI——抗弯刚度；

$[f]$——容许扰度为跨径的 1/400。

5.2.4　支架变形与预拱度计算

(1)预拱度计算。

在支架上浇注连续箱梁时，在施工中和卸架后，上部构造要发生一定的下沉和挠度，为保证上部构造在卸架后能达到设计要求的外形，在支架、模板施工时设置合适的预拱度。在确定预拱度时，主要考虑了以下因素：

1)由结构自重及活载一半所引起的弹性挠度 δ_1：一般由设计单位提供；

2)支架在承荷后由于杆件接头的挤压和卸落设备压缩而产生的非弹性变形 δ_2：根据接头数量和卸落设备情况确定；

3)支架承受施工荷载引起的弹性变形 δ_3：理论计算值；

4)支架基底在受载后的非弹性沉陷 δ_4；经验取值见表 2。

表 2　支架基底沉陷(cm)

土　壤	枕　梁	柱	
		当柱上有极限荷载时	柱的支撑能力不充分利用
砂土	0.5～1.0	0.5	0.5
黏土	1.5～2.0	1.0	0.5

5)超静定结构由混凝土收缩、徐变及温度变化而引起的挠度 δ_5：理论计算值；

理论预拱度值 $\delta=\delta_1+\delta_2+\delta_3+\delta_4+\delta_5$。

理论预拱度值应根据支架预压的实际变形值监测和首段梁体现浇施工的监测值进行调整。

(2)预拱度设置。

根据梁的挠度和支架的变形所计算出来的预拱度之和，作为预拱度的最高值，设置在梁的跨径中点。其他各点的预拱度计算时，δ_1 和 δ_5 应以中点为最高值，以梁的两端部为支架弹性变形量，按二次抛物线进行分配：

$$\delta_x=\frac{4\delta\times x\times(L-x)}{L^2}$$

式中　δ_x——距左支点的 x 的预拱度值；

x——距左支点的距离；

L——跨长。

5.2.5　模板系统设计

梁体现浇的模板系统主要包括内模和外模系统两个部分，其中，外模系统包括底模、外侧模和端模及翼缘板侧模。

(1)底模板系统设计。

1)底模板结构：先纵横向铺设方木，然后铺设胶合板。

2)底板计算：按五跨连续梁进行计算。

① 强度计算。

$$M=Kql^2,\qquad \sigma=\frac{M}{W}<[\sigma]$$

式中　M——计算最大弯矩；

σ——抗弯强度设计值；

q——均部荷载；

l——计算跨度；

W——纵梁截面抵抗矩；

$[\sigma]$——胶合板的容许应力。

②刚度计算。

$$f=K\times\frac{ql^4}{100EI}<[f]$$

式中 f——配梁的最大扰度值；

q——均布荷载；

l——计算跨径；

K——扰度系数；

EI——抗弯刚度；

$[f]$——容许扰度为跨径的 1/400。

(2)外侧模板系统设计。

1)外侧模板采用大块钢板或木模(外贴胶合板)。

2)外侧模板系统计算:按三跨连续梁计算。

①强度计算。

$$M=Kql^2,\qquad \sigma=\frac{M}{W}<[\sigma]$$

式中 M——计算最大弯矩；

σ——抗弯强度设计值；

Q——均部荷载；

l——计算跨度；

W——纵梁截面抵抗矩；

$[\sigma]$——面板的容许应力。

②刚度计算。

$$f=K\times\frac{ql^4}{100EI}<[f]$$

式中 f——外侧板的最大扰度值；

q——均布荷载；

l——计算跨径；

K——扰度系数；

EI——抗弯刚度；

$[f]$——容许扰度为跨径的 1/400。

(3)内模板系统设计。

1)内模结构形式 。

内模结构包括内模板、内模桁架、内模支撑等部分。内模板可以采用木模,也可以采用钢模;内模桁架用方木或角钢等制作成框架;内模支撑一般采用 ϕ48×3.5 脚手架钢管搭设。

2)内模计算。

内模计算参照外侧模板进行。内模桁架、内模支撑参照支架进行。

6 施工工艺流程及施工操作要点

6.1 施工工艺流程

施工工艺流程见图 1。

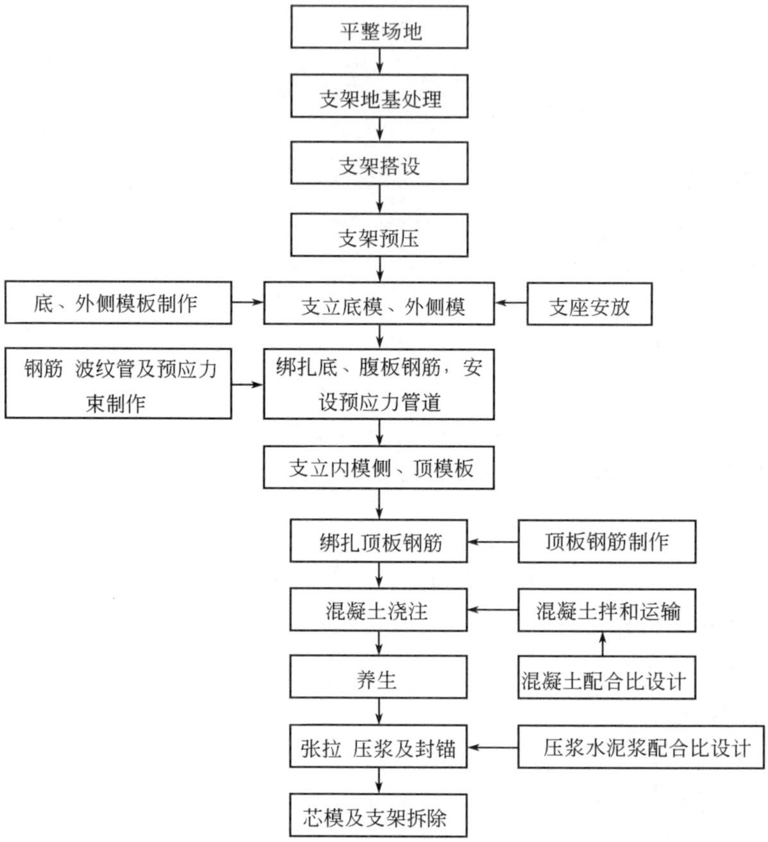

图 1 现浇预应力混凝土箱梁施工工艺框图

6.2 施工操作要点

6.2.1 地基处理

(1)满堂式支架地基处理。

根据桥位处的地基实际情况，对桥位整个地基进行处理，最终使地基承载力达到设计要求。处理方式有：原地基地质状况较差为淤泥，用挖掘机挖出一定深度的淤泥，换填砂砾、石料；如原地基地质状况较好，将原有地基整平压实后，在其上分层填筑一定厚度的土或砂砾，并用振动压路机进行碾压密实，确保压实度不小于 90%，并设置横向单向横坡，坡度控制在 1% 范围内，便于及时排除雨水，如纵向坡度过大，采取设置台阶方式，便于底托支垫平整。然后在处理后的地基上施作 15～20 cm 厚的 5%石屑水泥稳定层或 C20 素混凝土作为支架基础，并按照满堂支架脚手钢管立杆所对应的位置铺设方木或 5 cm 木板。为避免处理好地基受水浸泡，在两侧开排水沟，排水沟分段开挖形成坡度，低点开挖集水坑。

(2)梁式支架地基处理。

梁式支架一般两端利用桥墩承台为基础,中间支撑点采用扩大基础或钢管桩基础。

扩大基础采用现场浇注 C30 钢筋混凝土。钢管桩基础采用 DZ45 型振动锤施工,打到设计入土深度。

6.2.2 膺架系统安装施工

(1)满堂式支架搭设。

1)钢管脚手架搭设。

支架基础施工完成后,支架搭设前,对箱梁支架进行放样,确定其平面位置。必须挂好每孔的纵向中心线,支架沿中心线向两侧对称搭设。为确保支架的整体强度、刚度和稳定性,竖向钢管用纵横钢管水平联结,一定距离设置顺桥向通长剪刀撑、横桥向每隔一定距离设 1 道剪刀撑。剪刀撑与碗扣支架立杆、水平杆相交处,转扣设置数量按大于 85%控制,杆件的连接必须紧密。最后按作业要求设置防护栏及连接、加固杆件。可调顶托调整高度严格控制在 30 cm 以内,以确保架子顶自由端的稳定。每联支架搭设至下一联邻近孔的 $L/5$ 处或设计规定的部位。底托安放时必须用硬木楔垫平,以保证立杆的垂直度。考虑到浇注顶板混凝土时需留设施工平台、过道,支架在搭设时要有一排延伸到翼缘板的外侧,并保证翼缘板下横桥向有 2～3 排支撑。

搭设质量要求:竖杆要求每根竖直,采用单根钢管。立竖杆后及时加纵、横向平面钢管固定,确保满堂支架具有足够的强度、刚度、稳定性。满堂钢管支架搭设完毕后,应测量放样确定每根钢管的高度(每根钢管的高度按其位置处梁底高〈考虑预拱度设置〉减构造模板厚度和方木楞、木楔的厚度计算),并在钢管上做标记,对高出部分的钢管用电焊机切割,保证整个支架的高度一致并满足设计要求。在支架顶部横桥向设横向钢管(以在其上直接设方木楞和木楔,铺装模板),在横向钢管扣件的下部紧设纵向钢管,要求横向钢管扣件紧贴在纵向钢管扣件之上,再在纵向钢管扣件下紧贴着增设一个加强扣件,这样就能保证横向钢管与竖向钢管的扣件连接具有足够的强度来承受施工荷载。为了施工方便和安全,外侧搭设人行工作梯,并在支架两侧设置 1.2 m 宽的工作、检查平台,工作梯和平台均要安装 1.2 m 高的护栏。

2)碗口式支架搭设。

在顺桥向按照支架间距铺设枕木,然后搭设碗扣式脚手架,严格按照支架设计图纸布置纵向间距、横向间距,支架上设顶托,横向每三道设置一道剪刀撑,纵向两外侧设置剪刀撑。

其余要求参照钢管脚手架搭设。

3)门式支架搭设。

门式支撑架的搭设采用逐排和逐层搭设的方法,其交叉支撑、剪刀撑、水平纵横加固杆应紧随门架的安装及时设置,做到随搭随设的要求;连接门架与配件锁臂、搭钩必须处于锁住状态。

在地基处理好后,铺设枕木,将支架立杆置于枕木上。门架搭设前必须按门架搭设平面布置图所示位置先弹出门架立杆位置线,垫板、底座安放位置应准确,然后由低向高搭设支架,门式支架搭设完成后设纵横向钢管剪刀支撑和水平加固杆,支架下设可调底座、支架顶安设可调顶托,顶、底可调范围为 60 cm,可调顶底托是用来调整支架高度和拆除模板的。

交叉支撑应在每列门架两侧设置,并采用锁与门架立杆锁牢,施工期间不得随意拆除;水平加固杆采用 $\phi48\times3.5$ 钢管,必须在整个支撑架的周边顶层、底层及中间每 2 列、2 排通长设置,并应采用扣件与门架立杆扣牢;整个支撑架必须设置扫地杆,扫地杆距原地面 0.2 m。

剪刀撑架应在满堂脚手架的外侧周边和内部每隔 5 m 纵横设置,剪刀撑宽度不大于 4 个跨距或间距，斜杆与地面夹角宜为 45°～60°。

铺设纵横方木和底模，调整承托高度，测量底模标高，底模标高及平整度合格后，逐个检查承托松紧度并固定。

(2)梁式支架搭设。

1)支墩安装施工。

支墩安装一般采用汽车调配和人工进行，应严格控制支墩的垂直度和平面位置。支墩之间用水平撑、斜拉撑与支墩上的拼接钢板(T 形、十字形)联结，上端与型钢垫梁、下端与预埋钢板螺栓联结，加固成排架，提高整体稳定性。

2)贝雷桁架安装施工。

贝雷桁架安装采用先拼装成片拼、再视起吊能力拼装成组、分段吊装就位的方法。在地面上将标准三角、端构架、撑杆和弦杆等用钢销销接成一片完整的支架。用吊车在地面将拼接好的军用梁吊起安放于临时支墩上的垫梁上，然后横向用连续系槽钢或钢管联系成整体，提高其整体稳定性和抗扭转能力。

3)型钢梁安装施工。

型钢梁安装采用汽车调配和人工进行。箱梁支架基础完成后，在其上搭设贝雷片墩或型钢立柱，墩顶上安置卸落支架用的钢制砂筒(大小可以采用 $\phi 32\times 30$ cm)，砂筒上安放工字钢的横盖梁。支架在采用型钢作纵梁，型钢上铺设加强弦杆或方木。

6.2.3　模板系统安装施工

(1)底模系统。

箱梁底模板采用胶合模板，根据箱梁结构尺寸现场加工。底模采用大块胶合板，铺在分配梁方木上，调模、卸模采用可调顶托完成。支架顶设可调高度顶托，顶托横向铺方木，纵向用方木连接，间距 30～40 cm，方木与胶合板用钉子固定。如为曲线梁，模板加工时可根据箱梁线形曲线及宽度将模板分段(按顺桥向每 5 m 为一段考虑)制作，将每一段视为直线段，即分段用折线代替圆曲线，从而提高模板的使用效率。

(2)外侧模系统。

外侧模板和翼缘模板采用钢模或木模，钢模由专业模板加工厂家加工制作；为施工方便，将外侧模板和翼缘模板加工成整体。木模在施工现场加工。

钢模外侧模板及翼缘模板安装时，采用汽车吊起吊。模板起吊前，要将相应的丝杆和横向 I14 工字钢连接好。由于每块模板面板均为平面，没有按照箱梁平曲线设置弧面，故安装模板时，模板与模板之间应确保留有 15 mm 左右的间隙，以来调出箱梁的平曲线(实际为若干折线)。模板之间的间隙通过木板条和玻璃胶进行堵塞，不留缝隙。外侧模板采用方木及钢管脚手架固定，同时在模板之间用钢筋作为拉杆连结，纵横间距 60 cm。

(3)端模系统。

堵头模板因有钢筋及预应力管道孔眼，模板采用胶合板挖孔，按断面尺寸挖割。孔眼必须按钢筋及预应力管道位置精确定位切割。每个预应力预留孔位要编号，以便在下节段现浇施工中快速准确定位。竖向及横向预应力张拉端槽口尺寸及位置要求准确。

(4)内模系统。

箱梁内模可以采用木模分节段加工，也可以采用组合钢模，分节段加工，内模先在拼装场地按 4～6 m 拼装成节，待底板、腹板钢筋及波纹管道安装完毕后，将内模分节吊入箱梁内组拼。为了保证箱梁内模位置，内模与钢筋间设置混凝土垫块作为支撑。为了防止内模上浮，每隔 1～1.2 m 在外模设一道横梁，以模板横梁作为支撑用可调螺杆向下顶紧。为了固定内模使其不偏移轴线位置，采用木方及三角楔将内模与外模顶牢，在浇注混凝土时将木撑逐步拆除。箱梁顶板采用钢管支架支模，支架直接支撑在底板。

6.2.4 支架预压

(1)预压目的。

检验支架及地基的强度及稳定性，消除整个支架的塑性变形，消除地基的沉降变形，测量出支架的弹性变形。

(2)预压方法。

在铺设完箱梁底模后，用编织袋装砂或水箱对支架、模板分节段进行预压，预压荷载为梁体自重的 120%。

(3)预压观测。

为了解支架沉降情况，在加水预压之前测出各测量控制点标高，测量控制点按顺桥向每 5 m布置一排，每排 4 个点，在预压前对底模的标高观测一次，在加载 50%和 100%后均要复测各控制点标高，在预压的过程中平均每 2 h 观测一次，观测至沉降稳定为止，预压时间一般为 72 h，在预压荷载卸载后再对底模标高观测一次，从以上的观测资料中计算出支架的弹性变形及地基的下沉。

(4)预压完成移除水箱或砂袋，拆除模板，根据预压结果得出设置预拱度有关的数值，据此对理论计算数值进行修正以确定更适当的预拱度，并重新放样，调整立杆高度。

6.2.5 钢筋及预应力管道制作、安装

(1)钢筋制作、运输及现场安装。

钢筋由工地集中加工制作，运至现场由汽车吊提升现场绑扎成形。顶板、底板、腹板内有大量的预埋波纹管，为了不使波纹管损坏，一切焊接在波纹管埋置前进行，管道安装后尽量不焊接，当普通钢筋与波纹管位置发生矛盾时，适当移动钢筋位置，准确安装定位钢筋网，确保管道位置准确。钢筋绑扎前由测量人员复测模板的平面位置及高程，无误后方进行钢筋绑扎。纵向普通钢筋在两梁段的接缝处的连接方法及连接长度满足设计及规范要求。悬浇梁段及现浇段先进行底板普通钢筋绑扎及竖向预应力钢筋梁底锚固端(包括垫板、锚固螺母及锚下螺旋筋)的安装，再进行腹板钢筋的绑扎、竖向波纹管及预应力钢筋的接长、腹板内纵向波纹管的安装，最后进行顶板普通钢筋的绑扎、顶板内纵向波纹管的安装、横向钢绞线及波纹管的安装。为使保护层数据准确，保护层垫块不被压坏，箱梁施工垫块采用定型塑料垫块或混凝土垫块。

(2)预应力管道制作、运输及现场安装要点。

首先设计图纸要求在箱梁肋上准确布置波纹管的定位筋，纵向间距应小于 0.8 m，横向位置按设计图纸上的座标定位。在波纹管接头处一定要将波纹管接口用小锤整平，以防在穿束时引起波纹管翻卷，严重时会导致管道堵塞。还要检查波纹管是否因为焊接等原因产生破损或变形，若发现一定要在浇注混凝土之前补好。在与锚垫板接头处，一定要用胶带或其他东西堵塞好以防水泥浆渗进锚孔内。

6.2.6 混凝土施工

(1)混凝土配合比设计。

1)混凝土的配合比设计应使用施工实际采用的材料，配制的混凝土拌和物不仅应满足和易性、凝结速度等工作性能要求，而且应符合强度、耐久性(抗冻、抗渗、抗侵蚀)等力学性能和耐久性要求。

2)普通混凝土的配合比,可参照现行《普通混凝土配合比设计规程》(JGJ/T55),通过试配确定。混凝土的试配强度,应根据设计强度等级,考虑施工条件的差异和变化以及材料质量可能的波动。对于有特殊要求的混凝土的配合比设计(包括抗渗混凝土、抗冻混凝土、高强混凝土、泵送混凝土、大体积混凝土),亦可参照上述规程,经过试配确定。在施工过程中,应及时积累资料,为合理调整混凝土配合比提供依据。

3)混凝土的最大水灰比和最小水泥用量应符合表 3 的规定。

表 3　混凝土的最大水灰比和最小水泥用量

混凝土结构所处环境	无筋混凝土		钢筋混凝土	
	最大水灰比	最小水泥用量(kg/m³)	最大水灰比	最小水泥用量(kg/m³)
温暖地区或寒冷地区,无侵蚀物质影响,与土直接接触	0.60	250	0.55	275
严寒地区或使用除冰盐的桥涵	0.55	275	0.50	300
受侵蚀性物质影响	0.45	300	0.40	325

注:1. 本表中的水灰比,系指水与水泥(包括外掺混合材料)用量的比值。

2. 本表中的最小水泥用量,包括外掺混合材料。当采用人工捣实混凝土时,水泥用量应增加 25 kg/m^3。当掺用外加剂且能有效地改善混凝土的和易性时,水泥用量可减少 25 kg/m^3。

3. 严寒地区系指最冷月份平均气温≤－10℃且日平均温度≤5℃的天数不小于 145d 的地区。

(2)混凝土生产。

混凝土生产集中在拌和站进行。拌制混凝土配料时,各种计量器具应保持准确。对骨料的含水率应经常进行检测,雨天施工应增加测定次数,据以调整骨料和水的用量。配料数量的允许偏差(以质量计)为:水泥、矿物外掺材料:±1%;粗、细骨料:±2%;水、外加剂:±1%。拌制时间应根据工艺试验成果控制。混凝土生产过程中应加强对对混凝土的坍落度、扩展度等各项工作性能的检测,确保混凝土生产质量。

(3)混凝土运输。

表 4　混凝土拌和物运输时间限制

气温(℃)	运输时间(min)
20～30	60
10～19	75
5～9	90

混凝土的运输能力应适应混凝土凝结速度和浇注速度的需要,使浇注工作不间断并使混凝土运到浇注地点时仍保持均匀性和规定的坍落度。混凝土拌和物应采用搅拌运输车运输,混凝土的装载量约为搅拌筒几何容量的 2/3。运输时间不宜超过表 4 的规定(掺用外加剂或采用快硬水泥拌制混凝土时,应通过试验查明所配制混凝土的凝结时间后,确定运输时间限制)。混凝土运输途中应以 2～4 r/min 的慢速进行搅动。混凝土运至浇注地点后发生离析、严重泌水或坍落度不符合要求时,应进行第二次搅拌。二次搅拌时不得任意加水,确有必要时,可同时加水和水泥以保持其原水灰比不变。如二次搅拌仍不符合要求,则不得使用。

(4)混凝土现场浇注。

1)浇注混凝土前,应对支架、模板、钢筋和预埋件进行检查,并做好记录,符合设计要求后方可浇注。模板内的杂物、积水和钢筋上的污垢应清理干净。模板如有缝隙,应填塞严密,模板内面应涂刷脱模剂。浇注混凝土前,应检查混凝土的均匀性和坍落度。

2)为防止混凝土离析，自高处向模板内倾卸混凝土时，应符合下列规定：

①从高处直接倾卸时，其自由倾落高度不宜超过 2 m，以不发生离析为度；

②当倾落高度超过 2 m 时，应通过串筒、溜管或振动溜管等设施下落；倾落高度超过 10 m 时，应设置减速装置；

③ 在串筒出料口下面，混凝土堆积高度不宜超过 1 m。

3)混凝土应按一定厚度、顺序和方向分层浇注，应在下层混凝土初凝或能重塑前浇注完成上层混凝土。上下层同时浇注时，上层与下层前后浇注距离应保持 1.5 m 以上。在倾斜面上浇注混凝土时，应从低处开始逐层扩展升高，保持水平分层。混凝土分层浇注厚度不宜超过 300 mm。

4)浇注混凝土期间，应设专人检查支架、模板、钢筋和预埋件等稳固情况，当发现有松动、变形、移位时，应及时处理。

5)混凝土的浇注应连续进行，如因故必须间断时，其间断时间应小于前层混凝土的初凝时间或能重塑的时间。混凝土的运输、浇注及间歇的全部时间不得超过表 5 的规定。当需要超过时应预留施工缝。

表 5　混凝土的运输、浇注及间歇的全部允许时间(min)

混凝土强度等级	气温不高于 25 ℃	气温高于 25 ℃
≤C30	210	180
>C30	180	150

注：当混凝土中掺有促凝或缓凝剂时，其允许时间应根据试验结果确定。

6)混凝土浇注顺序纵向由悬臂端向施工缝端进行，分层浇注，每层 30 cm，每段梁横断面混凝土浇注顺序为先浇底板，再浇腹板，最后浇顶板。混凝土的振捣采用插入式振动棒和平板式振捣器。在前层混凝土初凝之前将次层混凝土浇注完毕，保证无层间冷缝，混凝土的振捣严格按振动棒的作用范围进行，严防漏捣、欠捣和过度振捣，当预应力管道密集，空隙小时，配备小直径 30 型的插入式振捣器，振捣时不可在钢筋上平拖，不可碰撞预应力管道、模板、钢筋、辅助设施(如定位架等)。

(5)混凝土养护。

混凝土养护应根据施工对象、环境、水泥品种、外加剂以及对混凝土性能的要求，提出具体的养护方案，并应严格执行规定的养护制度。混凝土的洒水养护时间一般为 7 d，可根据空气的湿度、温度和水泥品种及掺用的外加剂等情况，酌情延长或缩短。混凝土强度达到 2.5 MPa 前，不得使其承受行人、运输工具、模板、支架及脚手架等荷载。

1)一般混凝土浇注完成后，应在收浆后尽快予以覆盖和洒水养护。对于炎热天气浇筑的混凝土以及桥面等大面积裸露的混凝土，有条件的可在浇注完成后立即加设棚罩，待收浆后再予以覆盖和洒水养生。覆盖时不得损伤或污染混凝土的表面。混凝土面有模板覆盖时，应在养护期间经常使模板保持湿润。当气温低于 5 ℃时，应覆盖保温，不得向混凝土面上洒水。每天洒水次数以能保持混凝土表面经常处于湿润状态为度。采用塑料薄膜或喷化学浆液等养护层时，可不洒水养护。

2)当结构物混凝土与流动性的地表水或地下水接触时，应采取防水措施，保证混凝土在浇注后 7 d 以内不受水的冲刷侵袭。当环境水具有侵蚀作用时，应保证混凝土在 10 d 以内，且强度达到设计强度的70%以前，不受水的侵袭。

3)对大体积混凝土的养护，应根据气候条件采取控温措施，并按需要测定浇注后的混凝土表面和内部温度，将温差控制在设计要求的范围内，当设计无要求时，温差不宜超过25 ℃。

6.2.7　预应力张拉及管道压浆

(1)预应力筋制作及现场安装。

1)预应力束制作应在干净的水泥地坪上编束，以防钢束受污染；在编束前应用专用工具将钢束梳一下，以防钢绞线绞在一起；将钢束端头做成圆锥状，用电焊焊牢，表面要用砂轮修平滑，以防钢束在波纹管接头处引起波纹管翻卷，堵塞孔道。

2)在穿束之前应清除锚头上的各种杂物以及多余的波纹管，用高压水冲洗孔道；卷扬机上的钢丝绳要换成新的，并要认真检查是否有破损处。

3)若预应力束孔道是曲线状，用人工穿束就比较困难，通常将钢丝绳系在高强钢丝上，用人工先将高强钢丝拉过孔道，然后将钢丝绳头用半圆钢环与钢束头焊接在一起，开启卷扬机将钢束徐徐拉过孔内，在钢束头进孔道时，人工协助使其顺利入孔。如果在钢束穿进过程中堵塞，要立即停止，查准堵塞管位置，凿开混凝土清除管道内的堵管杂物，仍继续用卷扬机将束拖过孔道。

(2)预应力张拉及管道压浆。

1)准备工作。

①钢绞线进场后要取样做拉伸试验，抽查钢绞线的断面尺寸；锚具、塞片到场后要检查锚固效率系数，其值不可小于0.95；要定期抽查塞片的硬度；油顶油表要定期进行校验。

②将锚垫板喇叭管内的混凝土清理干净；消除钢绞线上的锈蚀、泥浆。

③套上工作锚板，在锚板锥孔内抹上一层薄薄的黄油，在锥孔内装上工作夹片。

2)千斤顶的定位安装。

①套上相应的限位板；

②装上张拉千斤顶，并且与油泵相连接，注意千斤顶要和油压表配套使用；

③装上工具锚板，在锚板锥孔内装上工具锚夹片，锥孔内表面和夹片表面涂上约1 mm厚的蜡质润滑剂，以使张拉完毕后夹片能自动松开。

3)张拉。

①浇注混凝土强度到达设计强度的80%以上，同时龄期必须为3 d以上方可进行张拉，张拉按照设计顺序进行，采用张拉力和伸长值双控，伸长值容许误差控制在±5%以内，同一断面的断丝率不得大于1%，更不容许整根钢绞线被拉断；

②张拉过程如下：0→初应力15%σ_k→张应力100%σ_k，持荷3 min后回油；

③伸长量较大时应采用两次或多次张拉，此时应注意控制千斤顶的伸长值不超过千斤顶的行程20 cm；

④为了消除钢绞线束不直和初始受力不均的影响，一般应在张拉力达到一定初始值之后，再进行伸长值的量测。可在钢束张拉时初始张拉力(取设计张拉力的15%)状态下标注伸长量起始记号，用量测值和理论计算值复核；

⑤若伸长量不足或过大，要及时分析原因，一般是管道布置不准，增大孔道摩阻，应力损失过大，有时也有可能是设计计算使用的钢绞线的弹模值与实际使用的弹模值不相同。总之要及时查明原因，采取相应的措施后方可进行下一步施工。

4)锚固。

① 松开送油油路截止阀，张拉活塞在预应力筋回缩下回程若干毫米，工作锚片锚固好预应力筋；

② 关闭回油油路截止阀，向回程油缸送油，活塞慢慢回程到底；

③ 按顺序取下工具夹片、工具锚板、张拉千斤顶、限位板。

5)管道压浆。

① 一般在张拉后 24 h 内往张拉孔道内压浆，如情况特殊不能及时压浆，应采取保护措施保证锚固装置及钢绞线不被锈蚀，以防滑丝；

② 压浆是后张法预应力施工中的最后也是关键的一步，压浆前对压浆机进行认真检查、标定，用压浆机向管道内注压清水，充分冲洗，润湿管道，至全部管道冲洗完后，正式拌浆，开始压浆。压浆开始后需等另一端排水，排水孔亦喷出纯浆并稳定后，才可封闭排气孔，其后对管道加压至 0.6 MPa 以上并持荷 3 min 后封闭。

6)封锚。

① 在距工作夹片 5 cm 处，切除多余的预应力筋，用混凝上封住锚头；

② 切割多余的钢绞线一般用砂轮切割机。

7)施工注意事项。

① 夹片与锚环孔不应粘附泥浆或其他杂物，且不允许锈蚀(若有轻微浮锈，应彻底清除)。

② 对表面有锈的钢绞线，张拉前应彻底除锈，以减少磨擦损失。

③ 锚具安装到位后，应及时张拉，以防止因锈蚀而产生滑丝、断丝。

④ 限位板应根据千斤顶的外径选择。

⑤ 工作锚板夹片与工具锚夹片不能混用(工作锚具不能重复使用)。

⑥ 工具锚夹片对表面和锥孔内表面用前应涂有润滑剂以便退锚灵活。

⑦ 张拉设备应定期进行标定，并且保证顶、表、油泵配套使用。

⑧ 灌浆后 3 d 内不得切割钢绞线和碰撞锚具。

⑨ 在张拉过程中，应注意是否有异常现象，如响声、油压表指针抖动等，张拉完成后检查钢绞线上夹片留下的咬痕，以便及时发现滑丝问题。如出现滑丝，可用单根张拉千斤顶进行补张拉。

⑩ 张拉前应检查张拉系统安全可靠，张拉时应有安全措施，张拉千斤顶后严禁站人。

6.2.8 膺架系统拆除

在压浆强度达 90%及封锚完成后拆除所有支架。拆除支架时从跨中开始对称向两头均匀拆卸，以便使桥体重量对称、均匀地由两端支座平均承担，同时预防箱梁因受力不均匀产生裂纹。拆除底模时防止损坏箱梁外观质量。拆除时，禁止无关人员进入危险区域。拆除要统一指挥，上下应动作协调。

拆除脚手架时，拆除应按顺序由上而下，一步一清，不准上下同时作业。拆除脚手架大横杆、剪刀撑，应先拆中间扣，再拆两头扣，由中间操作人员往下顺杆子。拆下的材料，应向下传递用绳吊下，禁止往下投扔。

箱梁浇注时在每孔桥墩的支点处两侧翼板预留孔，在拆梁式支架时，先松动砂筒，然后用安放在桥面支点处的卷扬机缓缓提起该处支架的工字钢横梁，使整个纵梁提离型钢立柱，接着拆除钢管或型钢立柱，最后一起放下贝雷片或型钢纵梁。拆支架时应缓慢、对称地用水冲落砂筒使梁体结构均匀受力，注意保留该段与尚未浇注的下一段相邻跨的支架不拆，使梁体在施工阶段的受力更趋合理，有效防止混凝土的开裂。

7　主要施工机械设备配备

主要施工机械设备见表 6。

表 6　主要施工机械设备表

编　号	设备类别	机械设备名称	单　位	数　量	备　注
1	混凝土拌合、运输、振捣设备	拌和站	套	1	120 m^3/h
		装载机	台	1	
		混凝土运输车	辆	5	
		混凝土输送泵车	辆	2	
		插入式振捣棒	台	15	
		平板振捣器	台	3	
2	钢筋设备	钢筋弯曲机	台	4	
		对焊机	台	2	
		钢筋切割机	台	3	
		交流电焊机	台	10	BX3－500
3	起吊设备	汽车吊机	台	2	25 T
4	电力设备	内燃发电机	台	2	200 kW
		变压器	台	1	315 kVA
5	张拉设备	千斤顶	台	2	YCW—500
		千斤顶	台	4	YCW—250
		千斤顶	台	2	YCW—150
		挤压器	台	2	GYJA
		电动油泵	台	3	ZB4—500S
6	木工设备	木工加工设设备	套	2	
7	测量设备	全站仪	台	1	
		水准仪	台	2	S3
8	试验设备	混凝土坍落度测定仪	台	6	
		万能材料试验机	台	1	
		2 000 kN 压力机	台	1	
		混凝土试模	套	30	

8　工程质量控制标准、检验方法及保证质量的技术措施

8.1　工程质量控制标准

(1)模板质量控制标准见表 7。

(2)钢筋质量控制标准见表 8。

表 7 模板质量控制标准

编号	检查项目	规定值或允许偏差
1	模板轴线位置	±10 mm
2	模板平面标高	±10 mm
3	模板内部尺寸	+5 mm,0 mm
4	相邻两块模板高差	2 mm
5	模板表面平整度	5 mm

表 8 钢筋质量控制标准

编号	检查项目	规定值或允许偏差
1	受力筋顺长度方向加工后的全长	+5 mm,−10 mm
2	弯起钢筋各部尺寸	±20 mm
3	箍筋尺寸	±5 mm
4	两排以上受力钢筋排距	±5 mm
5	同一排受力筋间距	±10 mm
6	钢筋弯起点位置	±20 mm
7	箍筋横向筋间距	±20 mm
8	保护层厚度	±5 mm

(3)现浇梁质量控制标准见表 9。

表 9 现浇梁质量控制标准

编号	检查项目		规定值或允许偏差
1	混凝土强度(MPa)		在合格标准内
2	轴线偏位(mm)		10
3	梁顶面高程(mm)		±10
4	断面尺寸(mm)	高度	+5,−10
		顶宽	±30
		箱梁底宽	±20
		顶、底、腹板或梁肋厚	+10,−0
5	长度(mm)		+5,−10
6	横坡(%)		±0.15
7	平整度(mm)		8

8.2 工程质量检验方法

(1)模板。模板平面位置采用经纬仪或全站仪检查;平面标高采用水准仪检查;板面局部不平用 2 m 直尺、塞尺检测;其余检测项目采用尺量检查。

(2)钢筋。钢筋检测项目采用尺量检查。

(3)箱梁。梁轴线偏位采用经纬仪或全站仪检查;顶面标高、横坡采用水准仪检查;断面尺寸、长度采用尺量检查;平整度采用 2 m 直尺检查。

8.3 保证工程质量的技术措施

施工过程中应严格按照国家和地方政府质量管理、标准的法律、法规等有关规定组织施工，切实做好以下几个方面的工作：

(1)认真执行设计图纸会审和“交底”制度。

(2)建立质量责任制，设置专职质量员，认真执行“三检”制度。

(3)选择合格材料按照工程试验检测规程进行检查试验。

(4)执行施工技术规范和操作流程。加强施工测量、试验和监测，制定详细的操作规程和要求。

(5)根据支架设计要求的间距搭设满堂钢管支架，并设好连接支撑。支架搭设完成后，在模型安装前进行预压，消除支架的非弹性变形。

(6)用酚醛树脂胶合板作外模，模板安装要保证其位置的准确性，模板接缝要平顺，并用胶泥密封。

(7)箱梁底模设预拱度，其数值由试验预加荷载和施工规范设定。浇注混凝土前，对预应力钢束的位置和波纹管道的外表进行检查，并检查锚垫板和螺旋筋放置是否正确、稳固。经检验确认后方可浇注梁体混凝土。

(8)采用泵送混凝土入模，由一端向另一端斜坡分层灌注，先灌底板，其次腹板，最后顶板，应在箱梁顶板的底模上开窗口，以便混凝土直接下到箱梁的底板，使底板混凝土均匀密实。设专人负责捣固，对箱梁底板混凝土有专人入内箱对其进行捣固。以免欠捣、漏捣和振捣过度，捣固标准以表面出浆无气泡排出，且不再下沉为宜。混凝土振捣时，严禁让振动器直接接触波纹管。

(9)混凝土浇注完毕立即除去表面浮浆，并拉毛，待混凝土初凝时间内塑料薄膜将混凝土外露部分覆盖，待初凝后洒水养护。

(10)为提高承载力，防止梁体在张拉后产生水平裂纹，锚垫板和螺旋筋与梁体骨架钢筋必须连接牢固，混凝土振捣要密实。

(11)混凝土灌注两天后，拆除非承重的腹板侧模；混凝土强度达到 90%以上的设计强度，张拉完成后，方可拆除翼缘板下的模板和支架。

(12)张拉设备如油泵、压力表、千斤顶和油管及阀门接头等，必须处于良好工作状态。经过更换配件的千斤顶和油表压力表必须重新校验。

9 保证施工安全的技术措施

施工过程中应严格按照国家和地方政府安全生产的法律、法规等有关规定组织施工，切实做好以下几个方面的工作：

(1)施工现场的布置符合防火、防风、防雷击、防洪、防触电要求。

(2)现场的生产、生活区设足够的消防水源和消防设施网点。各类房屋、库棚、料场等的消防安全距离符合规定。

(3)氧气瓶与乙炔隔离存放。对操作人员严格管理，坚持持证上岗，切实加强安全工作的落实，配备劳动保护用具、安全生产用具。

(4)设立明显的安全标志牌，时刻警惕，防止麻痹大意造成安全事故的发生。

(5)制定详细的技术操作规程，防止不规范行为及个人意识导致的安全质量事故。

(6)各箱梁支架搭设稳固,承载力满足设计、施工荷载要求。按交通规则要求设计交通标志及警示牌,确保既有公路行车和行人安全。

(7)预应力张拉作业区,无关人员不得进入,千斤顶的对面及后面严禁站人,作业人员只能站于千斤顶的两侧。

(8)张拉前作业人员要确定联络信号,张拉两端相距较远时,用对讲机等通讯设备进行联络。电动油泵开动后,进、回油速度与压力表指针升降应平衡,均匀一致,安全阀保持灵敏可靠。

(9)对于重要工作和关键工序实行重点管理,并做好经常性的检查和监护,特别是对高空作业和预应力张拉,教育工人加强个人安全防护,并严格按照规程操作。

(10)加强防火工作,现场设置消防器材。在搭设支架、立筑模型和混凝土养护生火时,加强消防检查,保证工程不发生火灾。

(11)生产、生活用电按《施工现场临时用电安全技术规范》有关规定执行。

10 保护环境的技术措施

施工过程中应严格按照国家和地方政府环境保护的法律、法规等有关规定组织施工,切实做好以下几个方面的工作:

(1)污水排放管理方案、控制措施。

1)职工食堂设置滤油池、挡渣网对食堂产生的生活污水进行处理,通过下水道排放,严禁不经过处理直接排放;住房周围设置排水沟和沉淀池,生活污水经排水沟沉淀池沉淀后再排放。

2)卫生间每天安排专人打扫,保证清洁,定期消毒,厕所设置化粪池,完工后进行填埋处理。

3)拌和站周围设置排水沟和沉淀池,冲洗拌和机和混凝土运输车辆的污水经沉淀池沉淀和过滤后通过排水沟排放,并派人随时清理沉淀池。

4)机修间周围设置排水沟和集油池,污水经集油池过滤、沉淀后通过排水沟排放。

(2)噪声控制措施。

1)钢筋加工、机械修理均安排在昼间进行,以防止夜间噪声扰民。

2)主梁施工、拌和站混凝土搅拌作业时,其周围设置围护措施,以尽量减少噪声对周围环境的影响。

3)加强各种机械设备的维修保养工作,尽量降低设备噪声排放防止噪声超标。

(3)粉尘控制措施。

1)设置拌和站集中供应混凝土,粗细骨料集中堆放,水泥采用灌装,混凝土拌和时对粗骨料采取洒水措施等以减少粉尘的排放。

2)主要运输便道和车辆进出口采取定时洒水的措施,以减少扬尘。

3)跨公路短距离调运时,车斗内减少装载量并慢速行驶,安排洒水车对公路进行洒水以降低扬尘,并派专人清扫路面。

4)施工中产生的废弃物,采用袋装集中清理、统一堆放、分类处理,禁止从高处向下自由抛撒产生粉尘。

(4)运输遗洒控制措施。

1)原材料运输时,水泥等袋装材料要保持包装完好并采取遮盖措施,钢筋、木料等材料要捆绑固定牢固，砂、石等颗粒材料要采取遮盖措施，型钢、钢模等长大件要可靠固定并使其重心位于车轴中心。

2)生产、生活废旧物品应送往回收站，运输时采取遮盖措施。

3)混凝土运输采用专用罐车运送，混凝土罐车出拌和站前应对其进行冲洗，防止混凝土洒落在公路路面上。

(5)植被保护、防止水土流失控制措施。

1)严格按设计进行施工，严禁破坏设计红线以外的原有地貌和植被。

2)合理选定弃土场，弃土场应尽量少占田地、耕地。弃土堆坡脚设置挡渣墙，坡面植草，并按设计要求做好防护工程，防止水土流失。

3)施工便道边坡、临时建筑周围易发生水土流失地段应设置骨架护坡或挡土墙，并设置合理截面的排水沟。骨架护坡用浆砌片石砌筑，内种草皮；挡土墙和排水沟用浆砌片石砌筑。

(6)固体废弃物处理方案、措施。

1)钢筋余料、废弃钢材、报废设备等，送至地方指定回收站进行处理。

2)旧钢模、设备等按公司要求进行退租或集中存放。

3)桥梁周围的废弃物随时派人进行清理，确保完工后场地整洁；废弃塑料、包装袋等进行集中填埋处理；废弃木料、玻璃品等运送至地方指定回收站进行处理。

11　结束语

本施工工艺是在我公司承建的西安绕城公路大桥、攀枝花金江金沙江大桥等几座桥梁施工经验总结的基础上编写而成，具有较好的适用性、经济性。但由于各座桥梁结构设计的差别和施工技术规范的不断修订，该施工工艺应用中还需要针对具体工程特点进行必要的调整。

预应力混凝土连续梁（刚构）对称悬臂现浇施工

预应力混凝土连续梁(刚构)挂篮设计与施工工艺

1 前　　言

1953年联邦德国在主跨114.2 m的胡尔姆斯(Worm. s)桥施工中成功地采用悬臂浇注法,开创了挂篮悬臂施工的先河。之后,悬臂浇注法成为预应力混凝土连续梁(刚构)桥的主要施工方法。我国已经建成的预应力连续梁(刚构)桥很多都采用挂篮悬臂施工。

为适应不同跨径、不同截面的桥梁,挂篮也在不断的创新。挂篮越来越趋向轻型化,受力越来越合理,走行也越来越方便。挂篮的设计原则是挂篮结构应具有足够的强度、刚度和稳定性,自重轻,结构简单,受力明确,易于加工拼装,走行方便。考虑到挂篮的重复利用,挂篮还需具有通用性强,便于改造的特点。为保证挂篮施工安全和桥梁的质量,挂篮的选择、设计、加工、安装以及验收的每一环节都非常重要。

2 挂篮种类、特点及适用范围

为适应各种预应力混凝土连续梁(刚构)桥的施工需要,挂篮的形式也是多种多样。挂篮按结构形式可分为桁架式挂篮、斜拉式挂篮以及复合式挂篮。

2.1 桁架式挂篮

桁架式挂篮是最为常用的一种,根据其不同结构、不同受力特点,又分为平行桁架式挂篮、弓弦式挂篮、三角挂篮和菱形挂篮。

2.1.1 平行桁架式挂篮

平行桁架式挂篮的上部结构一般为等高桁架,采用万能杆件或贝雷梁组拼作为承重主桁(总体方案如图1)。有专门的厂家生产或出租贝雷梁和万能杆件,现场可以根据需要拼装,其主桁成形较快;但是该挂篮由于其自身载荷大,承重能力低,适合小跨度、节段重量较轻的连续梁或连续刚构桥。受桥梁施工工期以及各种因素的影响,还需考虑租金问题。

2.1.2 弓弦式挂篮

弓弦式挂篮由于杆件以常备式为主(总体方案如图2),而且较轻,桁高随弯距大小而变化,受力比较合理。对不想一次投入过多的施工单位有一定吸引力。另外它还可以在安装时在结构内部施加预应力来消除非弹性变形。但是缺点是杆件数量多,安装比较麻烦,且易丢失。适合中小跨度连续梁或连续刚构桥。

2.1.3 三角式挂篮

三角式挂篮结构简单,受力明确,承重能力大,和弓弦式、菱形挂篮相比,其重心更低,悬灌时挂篮稳定性和挂篮走行时的稳定性更好(总体方案图如3)。挂篮杆件一般用型钢组焊成箱形结构。主桁纵梁也可以采用钢板组焊,斜杆也可以采用钢带、圆钢或精轧螺纹钢筋。三角式挂篮适用范围更广,常用于单节梁段比较重的大跨度连续刚构桥或斜拉桥。

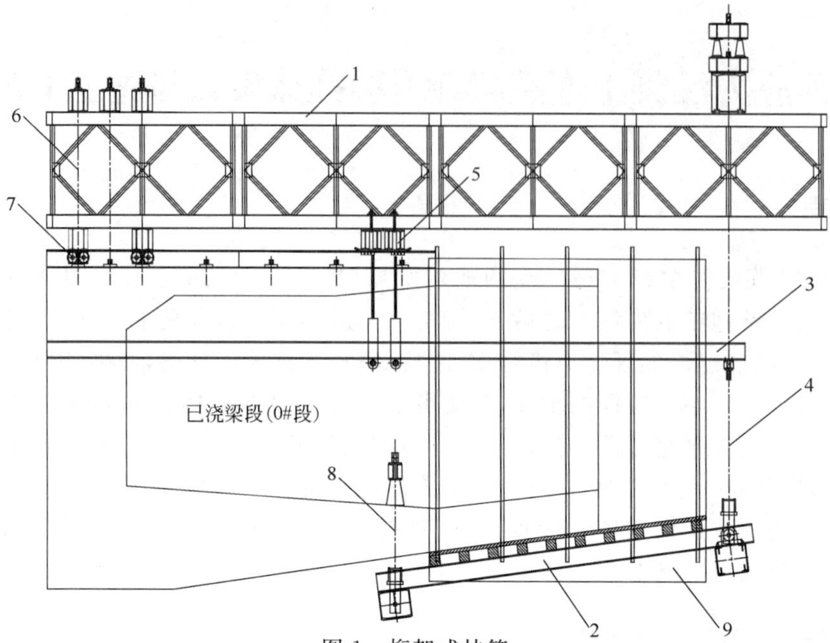

图 1　桁架式挂篮

1—贝雷梁主桁架；2—底模；3—内外滑梁；4—底模前吊杆；5—前走船；6—主桁后锚杆；7—走行装置；8—底模后锚杆；9—外模模板

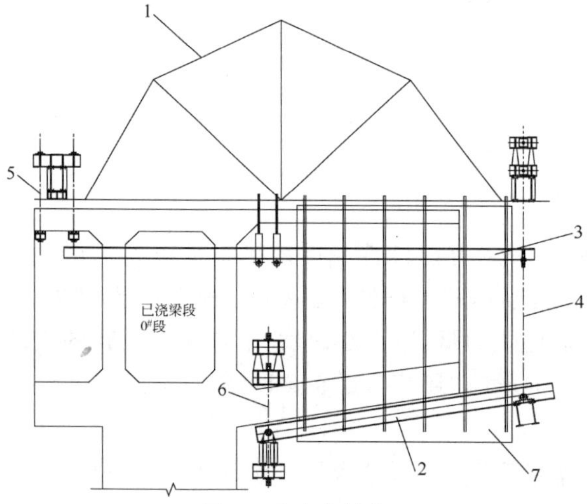

图 2　弓弦式挂篮

1—弓弦式主桁架；2—底模；3—内外滑梁；4—底模前吊杆；5—主桁后锚杆；6—底模后锚杆；7—外模模板

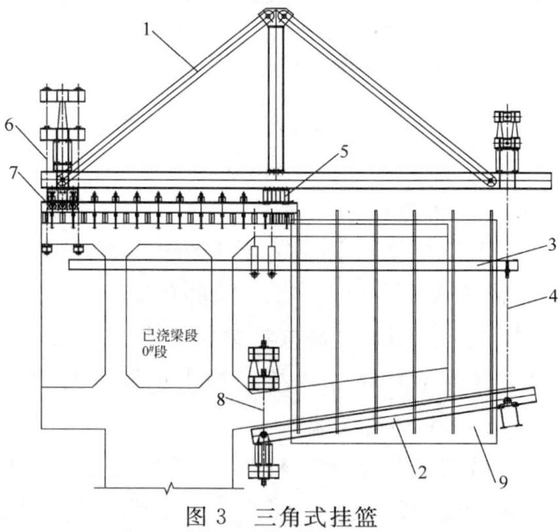

图 3　三角式挂篮

1—三角主桁架；2—底模；3—内外滑梁；4—底模前吊杆；5—前走船；6—主桁后锚杆；7—走行装置；8—底模后锚杆；9—外模模板

2.1.4　菱形挂篮

菱形挂篮结构简单，受力明确，构件一般用型钢组焊成箱形结构（总体方案如图 4）。菱形结构由于其结构的特点，前面部分空间较大，对工人施工操作影响较小；但挂篮重心比较高，主桁前横梁离桥面较高，调整标高时，施工人员上下不是很方便，安全隐患大。

2.2　斜拉式挂篮

2.2.1　滑动斜拉式挂篮

滑动斜拉式挂篮其上部采用斜拉体系代替梁式或桁架式结构的受力，而由此引起的水平分力,通过上、下限位装置(或称水平制动装置)承受,主梁的纵向倾覆稳定由后端锚固压力维持(总体方案如图 5)。该挂篮由于轻且无平衡重等特点,可以说是国内目前最轻的挂篮之一。但当跨度和梁高都较大时,由于斜拉杆长度较大,弹性伸长较大,而且上下限位装置的水平力随之增大,故其应用受到限制。

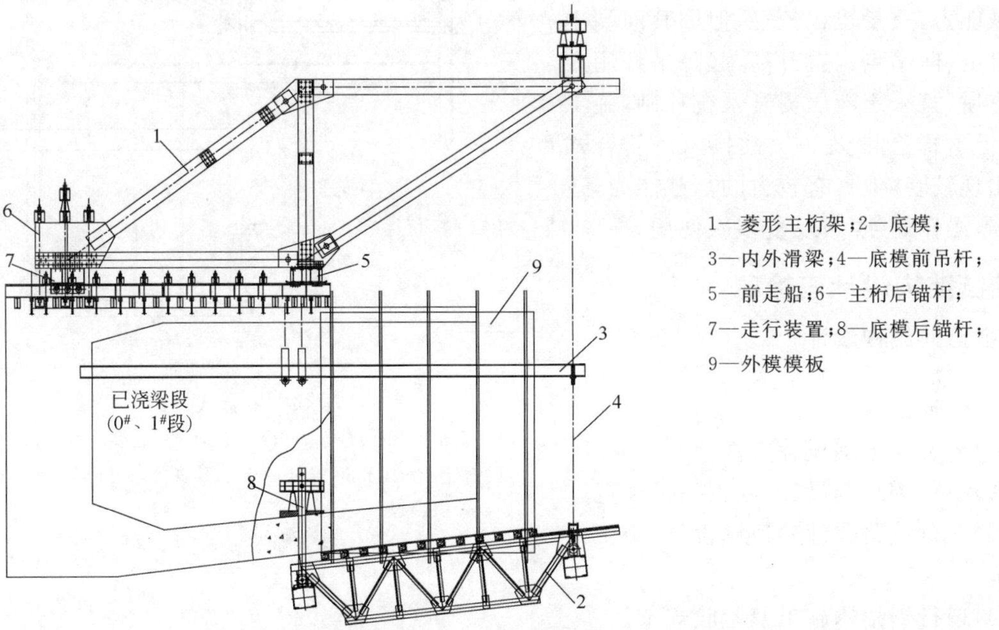

图 4　菱形式挂篮

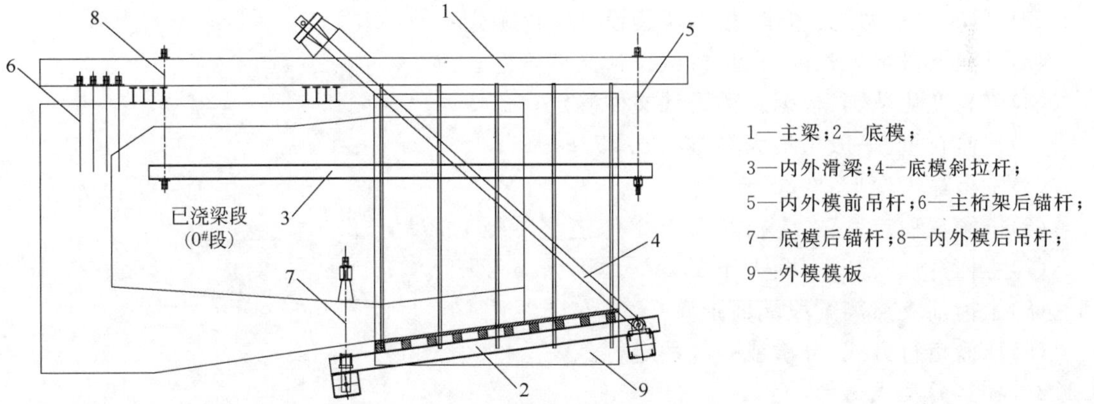

图 5　滑动斜拉式挂篮

2.2.2　预应力斜拉式挂篮

预应力斜拉式挂篮挂篮的最大特点是利用梁体内腹板的预应力筋拉住模板,从而使得挂篮结构简化,重量变轻。该挂篮系利用梁部结构本身的预应力束拉紧刚性模板,使得临时设施数量大大减少,但因属永久结构和临时结构相结合,需设计、施工、建设单位意见一致方可采用。特别应考虑预应力束在锚固模板系统时的锚下控制张拉力,锚具的可靠度,锚具对预应力束的刻压损伤等问题,既保证悬灌作业的安全,又保证预应力束在运营期间的耐久性和可靠度。

2.3　复合式挂篮

复合式挂篮有些类似菱形挂篮(总体方案如图6),其结构受力明确,具有较大的承载能力,重量也比较轻,但因其前端主桁架悬空,前吊点位置升高,起降吊杆用人工不方便,宜采用液压提升系统控制,施工简便,但这样会增大一次性投入。复合式挂篮出现较晚,但具有较大的承载能力,适用性强,操作简便,可反复多次使用。

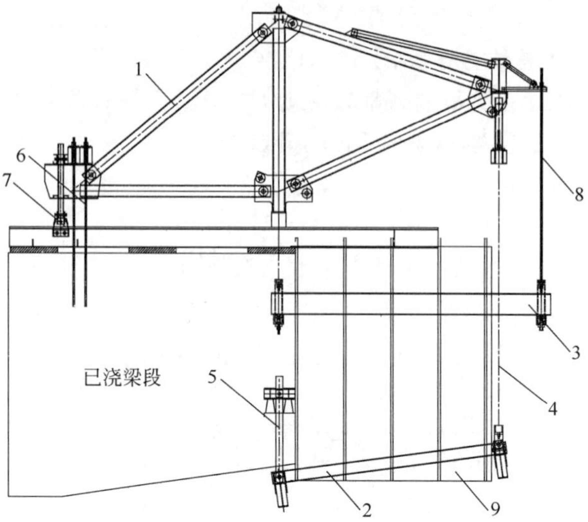

图6　复合式挂篮

1—主桁架;2—底模;3—内外滑梁;4—底模前吊杆;5—底模后锚杆;6—主桁后锚杆;7—走形装置;8—内外模前吊杆;9—外模模板

3　挂篮结构设计与检算

3.1　挂篮的结构设计

3.1.1　设计依据

(1)桥梁施工图设计文件。

(2)现行钢结构设计、施工技术规范。

(3)现行铁路(公路)桥涵设计、施工技术规范。

(4)现行钢结构施工及验收规范。

(5)梁段细部情况。

3.1.2　挂篮的主要技术指标

(1)可灌梁段的最大重量:根据桥梁设计文件确定。

(2)可灌梁段最大长度:根据桥梁设计文件确定。

(3)梁高变化范围:根据桥梁设计文件确定。

(4)挂篮自重:一般为最大梁重的0.35～0.45。

(5)主桁最大变形:≯20 mm。

(6)抗倾覆稳定系数:走行时大于2.0;浇注混凝土时大于2.0。

(7)主桁杆件安全系数:大于1.2。

(8)主桁前支点离梁段端面距离:≮0.5 m。

(9)挂篮走行方式:分次或一次性走行。

3.1.3　挂篮的型式选择

应根据梁段细部情况和挂篮设计原则,选取不同型式的挂篮进行悬浇施工。各种类型的挂篮的区别在于主桁部分,其余部分如底模、内外模都大致相同。根据不同挂篮的特点及其适用性综合考虑,选取主桁的形式。另外,考虑挂篮的利用系数和节约,应尽量减轻挂篮的自重,挂篮走行取消了配重,采用反扣轨道走行,主桁架、底模、外模一次走行到位,缩短施工周期。如一次走行有困难,也可分步走行。挂篮施工属于高空作业,为确保安全,需专门设置施工平台,安装防护栏杆,并挂设防护网。

3.1.4　结构设计

挂篮一般主要由主桁系统、底模系统、外模系统、内模系统和悬吊及走行系统五大部分组成。各部结构设计情况如下:

(1)主桁系统。

挂篮主桁系统是整个挂篮的承力构件。

1)菱形式挂篮。

菱形挂篮主桁系统主要由菱形主桁架、横向联结系和前横梁组成。菱形主桁架一般由型钢或者钢板焊接成箱形结构,杆端采用节点板栓接,也可以焊接,主桁前端在节点处放置前横梁。菱形主桁架立柱和后斜杆之间应各设置一道横向联结系,保证整个挂篮悬灌时主桁架受力均衡,以及挂篮走行时的稳定性和一致性。

2)弓弦式挂篮。

弓弦挂篮主桁架由弓弦桁架弧杆、腹杆组成;弓弦桁架弧杆全为拉杆,腹杆全为压杆,两者均采用万能杆件 N_1 组拼而成,腹杆用槽钢组拼,并与弧杆铰结,其余用节点板螺栓连接。主桁间以万能杆件平联连接,后锚梁用型钢组拼。

3)三角式挂篮。

三角挂篮主桁系统主要由三角主桁架、横向联结系和前后横梁组成。前后横梁可以采用型钢组合而成,所使用型钢大小,可以根据计算确定。三角主桁架的纵梁可以用型钢组焊,也可以采用钢板焊接成箱形结构,从材料节约和加工难易程度出发,采用型钢组焊更为合适。斜杆一般采用钢带,用钢销和纵梁进行连接,立柱采用型钢组焊。三角主桁同样设有横向联结系,其作用和菱形挂篮横向联结系相同。

4)斜拉式挂篮。

斜拉式挂篮主桁系统主要结构是:主纵梁、各种横梁、斜拉吊带、上、下限位装置。上横梁及斜横梁由槽钢拼接(或焊接)而成,前者除主梁连成整体外,主要用来吊挂内外模板系统,后者将斜拉带传来的底模及灌注梁段混凝土重量再传递给主梁,斜拉带是挂篮最关键的构件,一般用 16Mn 或其他性能更优的钢板制成,拉杆一般做成 4 至 5 段,各段端部设有销孔,组装时用钢销连接成整体。并随梁高的变化增减,斜拉带上端通过元宝梁固定在斜拉横梁上。复合式挂篮:复合式挂篮的主要构件采用薄壁方钢管或以型钢加钢板加焊,各杆件之间大多以节点板焊连,并辅以铰销连接,与菱形挂篮的结构差不多。

(2)底模系统。

底模系统包括底模前后横梁、底模纵梁、模板系统和辅助施工平台。底模前后横梁由型钢组焊箱形结构,前后横梁上设置吊耳。底模纵梁按照荷载分布进行布置,腹板位置布置稍密,底模纵梁也可以用桁架代替,采用小型钢组拼。底模纵梁上横向铺设 16 cm×16 cm 方木,用钢丝或螺钉和底模纵梁固定,方木上满布 5 cm 厚木板,上面钉 4 mm 厚铁皮。也可在底模纵梁上直接铺设钢模板。底模后吊可以采用吊带或吊杆,悬灌时贯穿梁底板锚固,走行时需解开和后横梁的连接,为保证施工安全,在后横梁位置设置施工平台,前后横梁之间设置走行平台。

(3)外模系统。

挂篮外模系统由外模模板、外模桁架、外滑梁及吊架组成。外模模板 5 mm 面板和[5 槽钢组焊成框架结构,为保证梁段外观质量,模板面板焊后不平整度应小于 1/1 000 mm,加工质量应符合规范要求,面板拐角处焊后应磨光打平。为节约成本也可以利用墩身模型改制,使用前应检查钢模板的平整度和完整性,保证梁段浇注完成后表面质量。外模桁架由型钢组焊而成。两侧外模模板和外模桁架可支承在外滑梁上,外滑梁通过前后吊杆分别锚固在前上横梁和已浇注梁段上,也可支承在底模平台的纵梁上。

(4)内模系统。

内模模板采用 P3015 小块钢模型,内模骨架采用小槽钢,腹板厚度的变化由骨架长孔调整,骨架上设置铰,易于拆模。内模骨架和模板支承在内滑梁上,内滑梁通过前后吊杆分别锚固在前上横梁和已浇注梁段上。内外模支架用对拉杆和背杆固定,防止爆模。

(5)悬吊及走行系统。

挂篮底模前、后吊杆一般可以采用精轧螺纹钢筋、圆钢和钢带,前吊杆比较长,现场可以根据需要进行分段连接。精轧螺纹钢筋需用专用连接器接长,但必须注意精轧螺纹钢筋有效螺纹连接长度。精轧螺纹钢筋涂上红色标记,悬浇前应仔细检查此项目,使用精轧螺纹钢筋做吊杆时,最好采用通长。底模后吊锚固在已浇梁段底板上,通过千斤顶调整标高。前后吊杆、吊带都通过钢绞和底模前后横梁用钢销连接。

3.2 结构检算

3.2.1 结构检算的依据

(1)浇注混凝土的动力冲击系数:1.2。

(2)空载走行时的冲击系数:1.3。

(3)挂篮总重控制在设计范围内,允许最大变形(包括吊带变形的总和)≤20 mm。

(4)自锚系统的安全系数:2.0。

(5)浇注混凝土和挂篮走行时的抗倾覆稳定系数:2.0。

3.2.2 荷载组合

(1)荷载组合Ⅰ。混凝土自重+动力冲击荷载+挂篮自重+人群和施工机具荷载(计算强度)。

(2)荷载组合Ⅱ。混凝土自重+挂篮自重+人群和施工机具荷载(计算刚度)。

(3)荷载组合Ⅲ。挂篮自重+冲击附加荷载+风载(计算走行)。

3.2.3 挂篮结构检算

根据梁段的细部情况,梁截面可以分为底板、腹板、顶板和翼板进行荷载计算,底板和腹板荷载由底模系统承担,顶板荷载由内模系统承担,翼板荷载由外模系统承担,通过前后吊杆吊带传递到前上横梁和已浇梁段上。各个部分传递到前上横梁的所有荷载都传递到主桁架上。主桁架再通过前支点和后锚点把力传递到已浇梁段顶板。悬吊系统部分在整个挂篮受力中起到力系转换的作用。挂篮传力过程示意图(如图 7)。

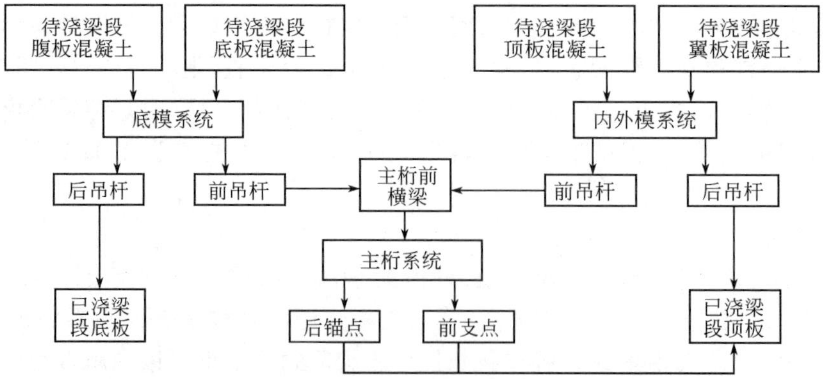

图 7 挂篮传力过程示意图

挂篮结构计算可以整体建模计算,也可分部建模计算,这里介绍分部建模计算。

(1)底模系统。

1)荷载分析。

为方便,取单箱单室截面为例,箱梁荷载分布如图 8。计算中,把底板荷载 V_1 和腹板荷载 V_2 按照图 9 均布荷载进行分布,支座间距和数量根据底模纵梁的间距确定。

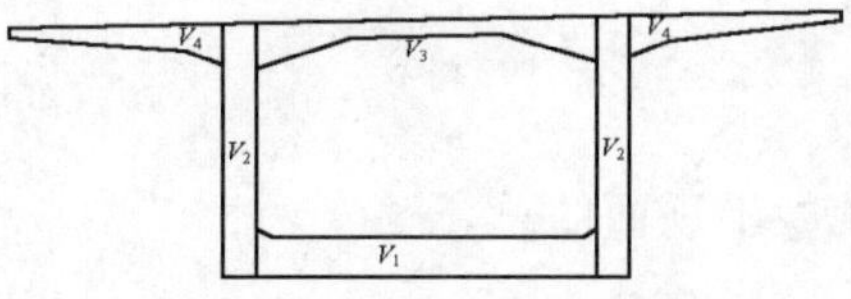

图 8　箱梁荷载分布图

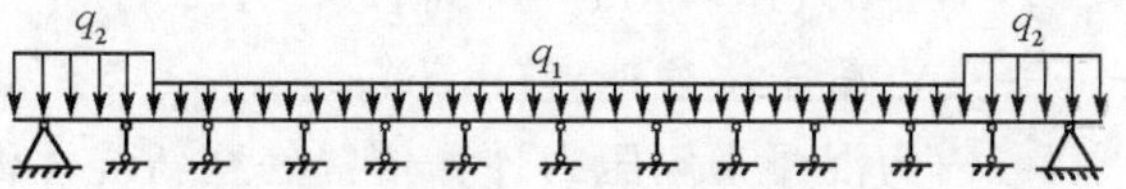

图 9　底模荷载分布图

利用 MIDAS 分析软件进行受力计算得出支座反力 R。

2)底模纵梁计算。

根据纵梁上 $\tau_{\max}=\dfrac{Q\cdot S_x}{I_x\cdot b}<[\tau]=110\ \text{MPa}$ 的模板荷载反力,确定底模纵梁荷载 P(支座反力 R)分布如图 10。利用 MIDAS 计算软件计算得出底模纵梁最大剪力 $Q_{\max}$、最大弯矩 $M_{\max}$、最大挠度 $f_{\max}$。底模纵梁强度、刚度计算如下:

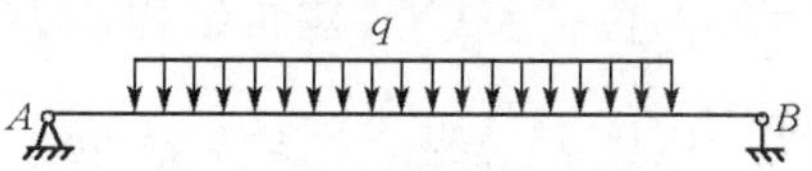

图 10　底模纵梁分布图

最大剪应力

最大弯曲力　$\sigma_{\max}=\dfrac{M_{\max}}{W}<[\sigma]=180\ \text{MPa}$

最大挠度　$f_{\max}\leqslant[f]=\dfrac{l}{400}$

3)底模前后横梁计算。

底模前后横梁承受荷载比值按照 1∶1 分布如图 11,根据纵梁计算的支座反力 R 进行荷载分配,利用 MIDAS 计算软件计算得出前后横梁最大剪力 $Q_{\max}$、最大弯矩 $M_{\max}$、最大挠度 $f_{\max}$。底模前后横梁强度、刚度计算如下:

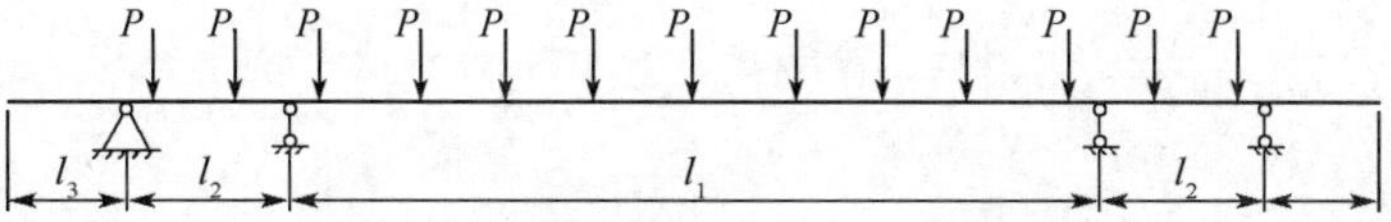

图 11　底模横梁荷载分布图

最大剪应力　$\tau_{\max}=\dfrac{Q\cdot S_x}{I_x\cdot b}<[\tau]=110\ \text{MPa}$

最大弯曲力　$\sigma_{\max}=\dfrac{M_{\max}}{W}<[\sigma]=180\ \text{MPa}$

最大挠度　$f_{\max}\leqslant[f]=\dfrac{l}{400}$

(2)外模系统。

1)侧压力计算。

新浇混凝土最大侧压力可按下列两种公式计算,取二者较小值:

$$F=0.22\times r\times t_0\times\beta_1\times\beta_2\times\sqrt{V},\quad F=r_c H$$

式中　r_c——混凝土比重，24 kN/m^3；

t_0——新混凝土的初凝时间，可按实测确定。但缺乏试验资料时，可采用 $t=\frac{200}{(T+15)}$ 计算，T 为混凝土温度；

β_1——外加剂影响系数，不掺外加剂时取 1.0，加外剂时取 1.2；

β_2——混凝土坍落度影响修正系数，坍落度小于 30 mm 时，取 0.85；50～90 mm 时，取 1.0；110～150 mm 时，取 1.15；

V——混凝土浇注速度(m/h)；

H——为混凝土侧压力计算位置处至新浇注混凝土顶面的总高度。

2)面板验算。

① 面板强度。

按双向板计算，选用区格中三面固结，一面简支的最不利情况进行计算，区格 $l_x=300$，$l_y=300$，由 $\frac{l_x}{l_y}=1$ 查《建筑结构静力学手册》得：泊松比 $\mu=0$ 时，$K_W=0.0016$，$kM_x=0.0227$，$kM_y=0.0168$，$kM_x^0=-0.060$，$kM_y^0=-0.0550$。

取宽度 $l=1$ mm 荷载，计算荷载 $q=Fl$：

板抗弯模量：$W=\frac{1}{6}bh^2=\frac{1}{6}\times1\times5^2=4.167\ mm^2$

支座弯矩：$M_x^0=KM_x^0\times q\times l_x^2$

$M_y^0=KM_y^0\times q\times l_y^2$

跨中弯矩：$M_x=KM_x\times q\times l_x^2$

$M_y=KM_y\times q\times l_y^2$

跨中弯矩修正：泊松系数 $\mu=0.3$

$$M_x^\mu=M_x+\mu M_y$$
$$M_y^\mu=M_y+\mu M_x$$

支座弯矩应力：$\sigma_{max}=\frac{M_x^0}{W}<[\sigma]=180$ MPa

跨中弯矩应力：$\sigma_{max}=\frac{M_x^\mu}{W}<[\sigma]=180$ MPa

② 面板刚度。

$$\omega_{max}=K_W\times\frac{Fl^4}{B_0}<[\omega]=\frac{l}{500}$$

式中　F——混凝土最大侧压力；

K_W——挠度计算系数；

B_0——构件刚度：

$$B_0=\frac{E\cdot h^3}{12(1-\mu^2)}$$

其中　h——为钢板厚度，

E——为钢材弹性模量，

μ——为钢材泊松系数。

3)横肋验算。

横肋上荷载间距 $h=300$ mm,采用[5 槽钢,支承在竖向桁架上。

横肋上荷载 $q=Fh$。按三跨连续梁受力分析,荷载分布情况如图 12。

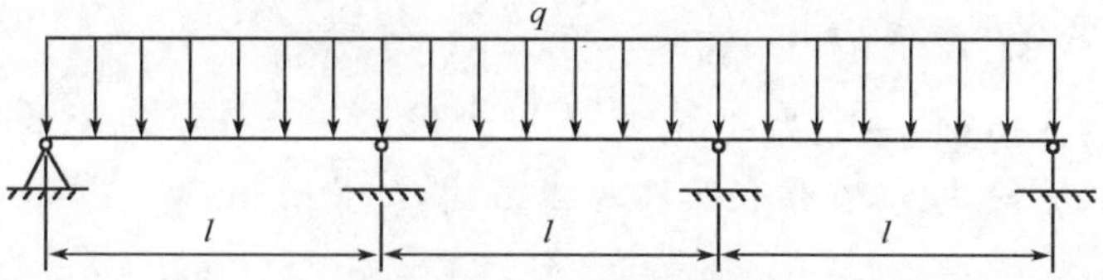

图 12 横肋荷载分布图

利用 MIDAS 分析软件计算得 $M_{\max}$、$Q_{\max}$、f_1,强度、刚度验算如下:

$$\sigma_{\max}=\frac{M_{\max}}{W}<[\sigma]=180\ \text{MPa}$$

$$\tau_{\max}=\frac{Q\cdot S_x}{I_x\cdot b}<[\tau]=110\ \text{MPa},f_{\max}=<[f]=\frac{l}{400}$$

4)竖肋验算。

竖向大肋[10 组焊成 1 m 桁架。竖向荷载 $q=F\times l$,按 800 mm一组背杠固定。竖肋上荷载 $q=Fl$;按三跨连续梁受力分析,荷载分布情况如图 13。

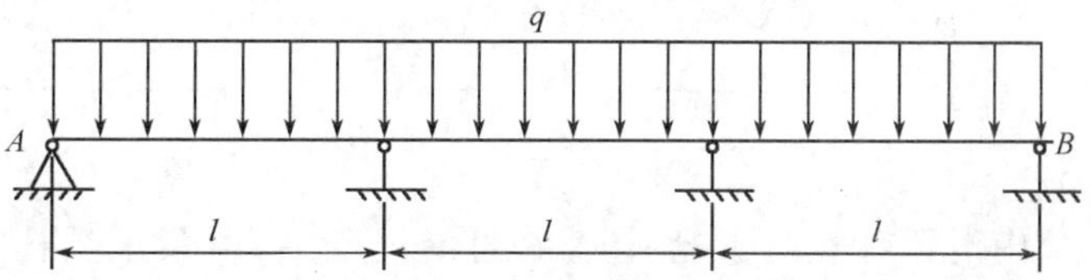

图 13 竖肋荷载分布图

利用 MIDAS 分析软件计算得 $M_{\max}$、$Q_{\max}$、f_2,强度、刚度检算如下:

$$\tau_{\max}=\frac{Q\cdot S_x}{I_X\cdot b}<[\tau]=110\ \text{MPa},f_{\max}=<[f]=\frac{l}{400}$$

面板与横肋组合挠度:$\omega=\omega_{\max}+f_1<3$ mm。

面板与竖肋组合挠度:$\omega=\omega_{\max}+f_2<3$ mm。

5)外模滑梁计算。

外模滑梁根据挂篮施工情况按两种工况进行计算:

工况一:挂篮在悬灌过程中,滑梁承受挂篮外模自重 q_1 和梁段翼板荷载 q_2,荷载分布情况如图 14。

工况二:挂篮在走行过程中,滑梁承受外模自重 q_1,荷载分布情况见图 15。

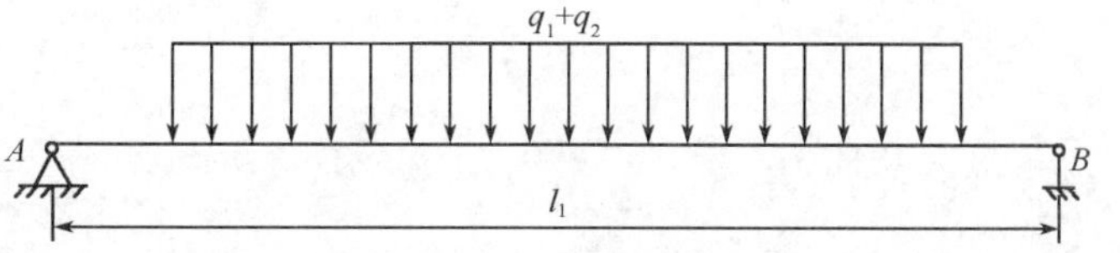

图 14 荷载分布图

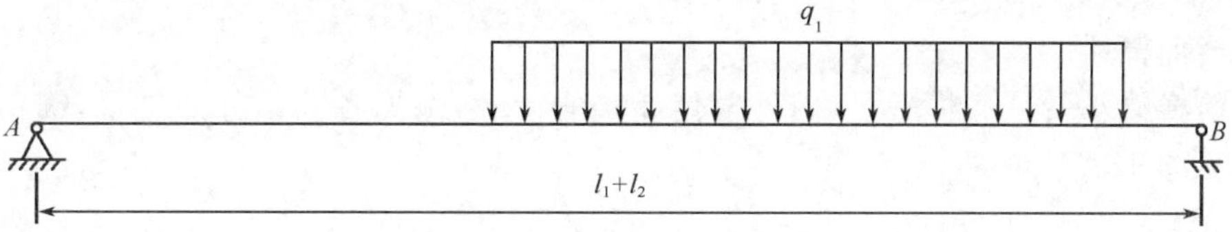

图 15 荷载分布图

利用 MIDAS 分析软件计算得两种工况外滑梁最大剪力 $Q_{\max}$、最大弯矩 $M_{\max}$、最大挠度 f_1 和 f_2,强度、刚度计算如下:

最大剪应力 $\tau_{\max}=\dfrac{Q_{\max}\cdot S_x}{I_x\cdot b}<[\tau]=110\ \text{MPa}$

最大弯曲力　$\sigma_{max}=\frac{M_{max}}{W}<[\sigma]=180\ \text{MPa}$

最大挠度应满足　$f_1=<[f]=\frac{l_1}{400}$　$f_2=<[f]=\frac{l_1+l_2}{400}$

式中　l_1——梁段为 4 m 时，一般为 5 m；

l_2——由最长梁段决定，在最长梁段为 4 m 时，l_2 为 4 m。

(3)内模系统。

内模模板采用 P3015 钢模板，在这里不进行计算。内模桁架由单独的桁片组成，桁片间距一般为 0.7～1.0 m，检算时计算受力最大的桁片。桁片荷载根据高度变化为梯形荷载，荷载分布如图 16。

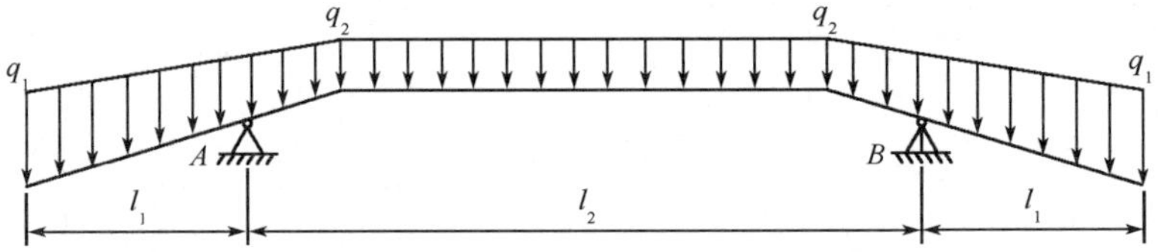

图 16　荷载分布图

内滑梁计算时工况：挂篮在悬灌过程中，滑梁承受挂篮内模系统自重 q_3 和梁段顶板荷载 q_4，荷载分布如图 17。

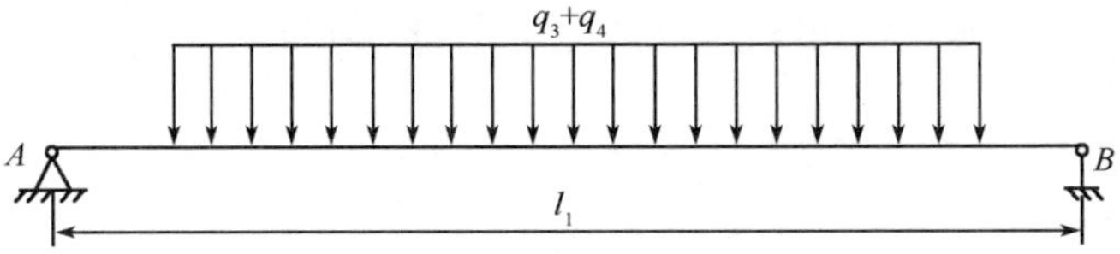

图 17　荷载分布图

利用 MIDAS 分析软件计算得内滑梁最大剪力 Q_{max}、最大弯矩 M_{max}、最大挠度 f。强度、刚度计算如下：

最大剪应力　$\tau_{max}=\frac{Q_{max}\cdot S_x}{I_x\cdot b}<[\tau]=110\ \text{MPa}$

最大弯曲力　$\sigma_{max}=\frac{M_{max}}{W}<[\sigma]=180\ \text{MPa}$

最大挠度应满足　$f=<[f]=\frac{l_1}{400}$

(4)主桁系统。

1)主桁前横梁。

主桁前横梁承受从底模平台、内外模传递来的荷载，根据各前吊杆的位置，确定各荷载的加载情况见图 18。

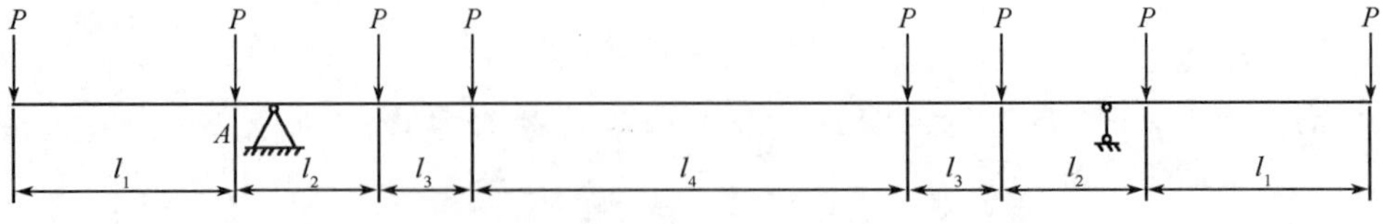

图 18　前上横梁荷载分布图

利用 MIDAS 计算软件进行计算得主桁前横梁的最大剪力 Q_{max}、最大弯矩 M_{max} 和最大挠度 f。强度、刚度计算如下：

最大剪应力 $\tau_{max}=\dfrac{Q_{max}\cdot S_x}{I_x\cdot b}<[\tau]=110\ \text{MPa}$

最大弯曲力 $\sigma_{max}=\dfrac{M_{max}}{W}<[\sigma]=180\ \text{MPa}$

最大挠度应满足 $f=<[f]=\dfrac{l}{400}$

2)主桁架计算。

① 菱形主桁架。

主桁系统承受从前横梁传递的荷载 P，利用 MIDAS 计算软件进行计算，计算简图如图 19。

计算得各杆件轴力 N，最大挠度 f，强度计算：

$$\sigma=\frac{N}{A}<[\sigma]=180\ \text{MPa}$$

式中 N——各杆件轴力；

A——各杆件截面积。

② 三角主桁架。

三角主桁架荷载分布情况如图 20。

计算得三角架纵梁 N_1 最大剪力 Q_{max} 和最大弯矩 M_{max}，斜杆 N_2、立柱 N_3 最大轴力，及主桁架最大挠度 f。

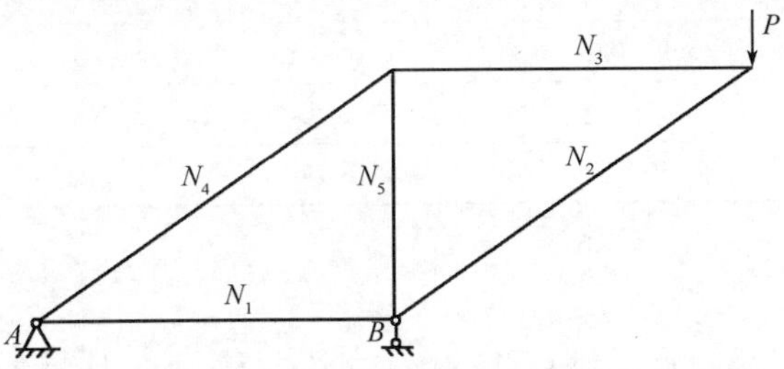

图 19 菱形主桁模型计算

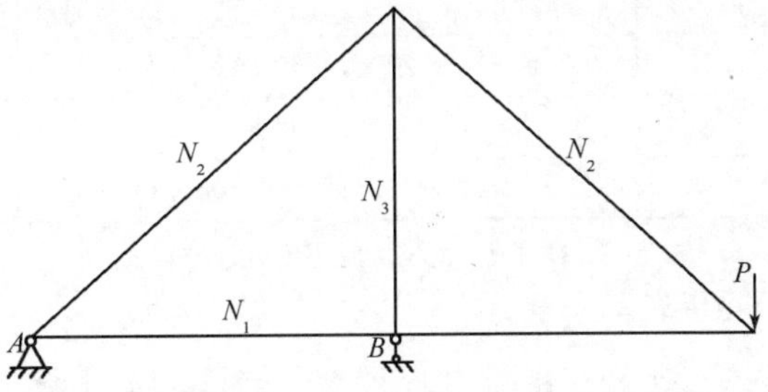

图 20 三角主桁模型计算

纵梁 N_1：最大剪应力 $\tau_{max}=\dfrac{Q_{max}\cdot S_x}{I_x\cdot b}<[\tau]=110\ \text{MPa}$

最大弯曲力 $\sigma_{max}=\dfrac{M_{max}}{W}<[\sigma]=180\ \text{MPa}$

斜杆 N_2、立柱 N_3 $\sigma=\dfrac{N}{A}<[\sigma]=180\ \text{MPa}$

式中 N——各杆件轴力；

A——各杆件截面积。

3)主桁后横梁。

根据主桁架计算中支座反力 R_A 利用 MIDAS 分析软件建模计算得主桁后横梁的最大剪力 Q_{max}、最大弯矩 M_{max}、最大挠度 f 及后锚杆拉力 P。强度、刚度计算如下：

最大剪应力 $\tau_{max}=\dfrac{Q_{max}\cdot S_x}{I_x\cdot b}<[\tau]=110\ \text{MPa}$

最大弯曲力　$\sigma_{max}=\frac{M_{max}}{W}<[\sigma]=180\ \text{MPa}$

最大挠度应满足　$f=<[f]=\frac{l}{400}$

主桁后锚一般有两种方式：

① 采用后锚杆锚固后横梁，预先在已浇梁段上预埋孔道，施工时后锚杆穿过梁顶板锚固在顶板位置，同时后锚杆上端用千斤顶顶紧，给主桁架后锚一个反力，消除浇注过程中主桁架后锚产生的负向位移，有利于标高控制，当设计中遇到单根后锚杆受力过大，可以采用分配梁进行分配，提高后锚的安全系数。

② 利用梁段腹板的竖向预应力筋锚固挂篮后锚，竖向预应力筋露出梁部长度不够时，可以用精轧螺纹钢筋连接器接长，根据主桁架后锚的反力确定锚固的竖向预应力筋数量。这种方式可以节约一定的材料，减少预埋孔对已浇梁段的破坏，施工较为方便。

上面两种方式在挂篮施工中都经常使用，具体哪一种方式更为适合，可以根据梁段需要进行选择。

(5)悬吊及走行系统。

1)悬吊系统。

悬吊系统主要包括底模前后吊杆吊带、内外前后吊杆及相关的分配梁，通过底模、内外模计算得出各个吊杆、吊带的所受的最大拉力 N_{max}。吊杆、吊带的使用情况见表 1。

表 1　常用吊杆、吊带规格表

编号	吊杆及材料	容许拉力 (kN)	容许拉应力 (MPa)	吊杆受力(kN)
1	ϕ32 精轧螺纹钢筋	550	690	N_{max}
2	ϕ70 45# 圆钢	1 380	650	N_{max}
3	δ36 mm Q345B 钢带 120 mm×36 mm	1 250	290	N_{max}

说明：表中吊杆受力 N_{max}应小于容许拉力。

2)走行系统。

挂篮在走行过程只承受挂篮自重荷载 P_1、部分施工机具荷载 P_2 和风荷载 $M_{风}$，还要考虑挂篮走行时的冲击系数 1.3。

空载走行时的倾覆力矩：$M=(1.3P_1+P_2)l_1+M_{风}$

抗倾覆力：$F=\frac{M}{l_2}=\frac{(1.3P_1+P_2)l_1+M_{风}}{l_2}$

假设挂篮主桁架为 2 片，单边轨道有 6 个走行轮，挂篮走行中按单轨 4 个走行轮受力进行计算。走行轮轴一般用 20CrMnTi，也可以用 45 钢进行车制。单个后锚走行轮轴所受弯矩：

强度计算：
$$M=\frac{Pl}{8}$$
$$\sigma_{max}=\frac{M}{W}<[\sigma]=290\ \text{MPa}$$

式中　P——挂篮抗倾覆力；

l——走行轮轴的有效长度；

W——走行轮轴的抗弯模量。

挂篮在走行过程中，走行轮反扣轨道，一般都是利用梁段自身的竖向预应力筋锚固轨道，

假设每次挂篮后锚移动到轨道任何位置,都有两根竖向预应力筋受力,进行强度计算:

$$\sigma_{max}=\frac{N}{A}<[\sigma]=675\ \text{MPa}$$

式中 N——单根竖向预应力筋所受拉力;

A——竖向预应力筋截面积。

挂篮抗倾覆系数:$K=\frac{[\sigma]}{[\sigma_{max}]}>2$

(6)细部结构。

销子、斜拉杆销孔削弱计算,立柱的稳定性计算等。

1)销子、斜杆销孔削弱计算。

挂篮主桁是整个挂篮的重要受力构件,对各杆件相互之间的连接需进行检算。三角架斜杆为 2 根 $t=20$ mm 钢带,所受拉力为 N,连接钢销材料为 20CrMnTi,立柱头连接钢板材料为 16Mn,容许承压应力为 295 MPa。

销孔承压应力:$\sigma=\frac{N}{A_1}=\frac{N}{2dt}<[\sigma]=259\ \text{MPa}$

销子剪应力:$\tau=\frac{N}{A_2}<[\tau]=170\ \text{MPa}$

销子所受弯应力:$\sigma=\frac{M}{W}=\frac{Nt}{2W}<[\sigma]=295\ \text{MPa}$

式中 d——钢销直径;

t——钢带厚度;

A_2——钢销的截面积;

W——钢销的抗弯模量。

2)立柱稳定性计算。

三角架所受轴向力为 N,立柱两端按铰接计算,有效长度为 l_0,Q235 钢容许应力为 170 MPa。

$$\lambda=\frac{l_0}{i_y}<150$$

长细比计算:由 λ 查得 φ 值。

强度计算:

$$\sigma=\frac{N}{\varphi A}<[\sigma]=170\ \text{MPa}$$

式中 A——立柱截面积。

缀板沿柱纵向的长度 d 不小于 $2a/3$(a 为柱肢轴线间距距离);厚度 t 不小于 $a/40$,并不小于 6 mm。缀板宽度 b 可以取 $b=a$。缀板和立柱的焊接采用三面围焊,两缀板之间的距应不小于 $40i$(i 为单肢对垂直于缀板轴的回转半径)。

4 挂篮加工及拼装工艺技术要求

4.1 挂篮加工工艺

应按照国家有关技术标准和相关规范,结合厂内及现场加工的具体情况,对挂篮钢结构加工工艺提出技术要求。

4.1.1 材 料

(1)材料应采用具有出厂证明书及材质报告书的合格材料。还应按有关现行标准进行检验和验收,做好检查记录。

(2)材料均应符合设计图纸要求，如需代用时，工厂应同设计单位共同研究决定。

4.1.2　下料和矫正

(1)下料。

1)对板材，均采用自动或半自动气割，根据图纸要求进行刨边或手砂轮修整，以达到组焊精度要求，坡口可气割或刨边；

2)容许偏差：板材长度及宽度偏差不超过±2 mm，型钢长度偏差±1 mm。

(2)矫正。

钢板矫正后的允许偏差应满足下列要求：

1)钢板纵、横向不平整度在1 m范围内不超过1 mm；

2)型钢不直度在1 m范围内不超过1 mm，全长范围内不超过3 mm。

4.1.3　部件组焊

(1)为保证组焊后部件尺寸，部件组焊必须满足下列要求：

1)焊前进行拼装检查，复核组焊尺寸；

2)零件组焊时应按规范要求，预留焊接收缩量；

3)组焊时利用必要的工装卡具；

4)焊接时应控制电流，采用适当的焊接顺序，减少焊接变形；

5)必要时应进行组焊试验、调整工艺、修改卡具，然后进行正式组焊。

(2)为确保挂篮各部件焊缝尺寸及焊接质量，应注意：

1)按《建筑钢结构焊接技术规范》规定选用焊条型号，焊条使用方法、焊接工艺、焊接的检查和验收方法；

2)焊前应仔细清除焊接部位的铁锈、油垢及气割熔渣；

3)为保证焊接质量，坡口对接焊缝，应焊透，不符要求的应清根重焊。

(3)焊后不要求回火处理，但应进行校正。校正时必须注意不要损伤原材料及焊缝。

(4)组焊并校正后，容许偏差为形位公差12级。

4.1.4　钻　　孔

设计图纸上已有注明的，应按图纸要求加工。其余应满足下列要求：

(1)有互换要求的构件，其钻孔尽量利用样板进行，样板的尺寸及板的孔位应用精密划线方式划出。样板上的孔位误差不得超过下列限度：

1)两相邻孔间中心距不超过 ±0.3 mm；

2)板边钻孔中心间距不超过 ±0.3 mm；

3)对角线钻孔套中心间距±0.5 mm；

4)孔尺寸误差不超过±0.2 mm。

(2)对两面有孔的杆件，要保证面间孔位的立体偏差：

1)各面孔轴线应平行(或垂直，按图纸的要求)；

2)在相互垂直的面的孔轴线距两面交线的偏差不大于±0.5 mm。

(3)钻孔后，清除板面的飞边、毛刺。

4.1.5　试 拼 装

(1)为对设计性能及加工尺寸进行检验，在挂篮构件加工完毕后，即进行试拼装，试拼装时，应按使用状态备齐全部构件、零件及螺栓等。

(2)试拼时不准使用重锤敲打，如发现螺孔或销孔位置不对时，应慎重研究，妥善处理。

(3)挂篮拼装允许偏差为:主桁架片间偏差不大于±10 mm。如试拼装时发现超过误差时,需会同有关人员共同研究处理方法。

4.1.6 涂漆、编号

在挂篮进行试拼装(必要时进行局部修整)到设计要求后再进行除锈、涂漆、编号,涂漆前先行除锈,清除焊渣及污垢等,并在干燥状态下涂漆。

(1)涂漆。

1)所有钢结构加工构件应涂两层红丹底漆,然后涂橙红色面漆;

2)紧固件(螺栓、螺母、垫圈、销钉、吊杆等)涂防锈油。

(2)编号。

为便于零件识别,保证组装正确,加快组装速度,挂篮零部件按图纸的编号目录进行编号。编号用深兰色油漆写在该零件的易于看到的位置上,要求整齐、清楚、美观。

4.2 挂篮拼装技术要求

为保证挂篮正确、安全地进行安装,在安装过程中必须注意以下事项:

(1)挂篮拼装要严格按照设计图要求进行,不得遗漏,部件若有变形须校正合格后方可使用。

(2)拼装完毕后必须检查所有螺栓是否拧紧,开口销有无遗漏,保证连接的可靠性。

(3)槽钢、工字钢栓接处必须加专用斜垫圈。不得用小号螺栓代替大号螺栓拼装。

(4)拼装过程中严禁对螺栓孔进行切割、扩孔,确因设计或加工需作修改时,必须征得设计单位的同意。

(5)严禁对精轧螺纹钢筋吊杆进行电焊切割、搭火,挂篮所用的精轧螺纹钢筋前吊杆和内、外模吊杆必须加双螺母并用麻袋包裹。

(6)对前、后吊杆(带)销座处用麻布包,以防混凝土飞溅,方便下次拆装。

5 挂篮现场安装及验收

5.1 挂篮现场安装

在挂篮拼装前,可将各部位大件如主桁片、主桁横向联结系、内外模桁架等预先组拼,组拼件大小可根据起吊设备的起重能力确定。挂篮拼装应尽量保证拼装过程中的强度和稳定性。拼装顺序如下:

(1)从 0# 梁段向两侧各铺设好轨道,将露出箱梁顶面的竖向预应力筋插入轨道底面的预留孔内,接长竖向预应力钢筋。测量确认轨距、水平和位置无误后,用精轧螺纹钢筋(ϕ32 或 ϕ25)及锚梁将轨道固定。

(2)吊装主桁架,过程为:先吊一片对好位置并利用后锚临时锚固,再吊另一片,安装横向连接系,将两片桁架连成整体,安装后横梁锚固主桁架。

(3)安装主桁前横梁、底模前吊杆、底模后吊带和内外模吊杆。

(4)安装底模前后横梁及底模板,也可以把底模系统拼装成整体吊装(根据实际起吊能力定)。

(5)安装内外模及滑梁,注意安装内外滑梁时,每根滑梁后端有两组滑动装置(即吊架),带轴承的吊架应放在前面,走行时有轴承的吊架受力,无轴承的吊架放松起保险作用,走行到位后将吊架依次朝前进行倒换。灌注时,两组吊架同时受力。

(6)吊装顶板纵向张拉平台(施工单位根据施工需要自备)。

(7)调整挂篮位置,调整内容及标准为:挂篮中线应与上、下线桥梁中线重合(偏差不得超过 5 mm)；变形量以现场实测值为准。

5.2 挂篮验收

在使用挂篮之前，应进行对挂篮验收检查。从最初的原材料及成品进场、焊接工程、紧固件连接工程、零件及部件加工工程、挂篮拼装工程到钢结构涂装工程，进行有计划的各个阶段性检查，记录各阶段检查结果，对挂篮的进行综合评价。挂篮设计中必须遵循《现行钢结构设计、施工技术规范》。采用的原材料及成品应进行进场验收，做好质量检查记录，质量证明文件等资料应完整。各工序应按施工技术标准进行质量控制，每道工序完成后，应进行检查。

6 挂篮加载试验

6.1 加载试验目的、方案和步骤

(1)加载试验目的。

为了消除挂篮的非弹性变形和实际观察挂篮承载情况，在灌注 $1^{\#}$ 梁段混凝土前对挂篮预加载，并在加载过程中观测弹性和非弹性变形之值作为今后梁段调整立模标高的参考。挂篮加载中还可以在挂篮主桁架杆件上贴应变片，测得准确的应力值。

(2)挂篮加载试验方案。

一般可采用以下三种方案：

1)主桁架对拉加载方案。此加载方案比较简单，试验所需材料、费用投入少，试验时间短(一般为一天)，对工期紧张的项目，且小跨度桥梁比较合适。

2)地面模拟实际施工加载。此加载方案相对比较复杂，试验费用投入大，准备时间比较长，需布设场地，拼装好挂篮主桁架系统及前后横梁，挂篮前后支点位置需预设支撑点(混凝土支墩)，在地面预埋前后锚杆，并检测锚杆的抗拔力。

3)桥上模拟实际施工加载。加载方案是在底模平台上加沙袋或水箱，由于加载过程中，荷载分布不合理，底模前后横梁及主桁前横梁所测得的挠度不准确，且加载速度慢，不方便。

(3)按照主桁架对拉加载方案加载步骤。

加载工况根据等效集中荷载的 10%、50%、100%、120%进行加载。首先按等效集中荷载的 10%加载，持荷 10 min，消除结构非弹性变形。然后加载至等效集中荷载的 50%，持荷 10 min，检查两片主桁受力变形情况。加载至等效集中荷载 100%，持荷 10 min 进行有关项目测试。最后加载等效集中荷载的 120%，检验两片主桁在超载工况下的承载能力。加载过程中，记录挂篮变形数据，经过分析得出挂篮实际挠度，为箱梁施工控制提供准确的数据。

6.2 加载要求及注意事项

(1)挂篮加载试验过程中，统一信号，统一行动，除指定的现场指挥人员外，其他人员不得直接指挥千斤顶加载。

(2)开始试验前，应对悬吊及锚固系统进行一次全面的安全检查，确保连接的安全可靠。每一级加载前，均应对整个挂篮进行一次全面检查，才能进行下一级加载。

(3)认真做好各项试验数据的记录，如发现异常情况，立即中止加载，分析出原因后并采取相应措施后，方能继续进行。

7 挂篮走行

完成一个梁段施工后，挂篮需前移灌注下一个梁段，移位顺序如下：

(1)放松底模前吊杆、底模后吊带、内外模前吊杆。主桁架后锚此时不能松开。

(2)将刚灌好的梁段顶面找平,铺设好走行轨道,并锚固轨道。

(3)将底模后横梁两端分别用一个 10 t 倒链悬挂外模滑梁上,放松底模后吊杆。

(4)在主桁前横梁仍用吊杆与内、外模滑梁前端连接。

(5)拆除底模后吊装置与底模后横梁的联结。

(6)解除内模与外模的长锚固螺栓。

(7)在轨道顶面安装 5 t 倒链,并标好前支座应到的位置。

(8)利用后锚杆上的紧放力装置,解除后锚杆的受力,使挂篮倒挂轮紧贴轨道。

(9)在挂篮的主桁架尾端设返向导链一组可制动挂篮,并在走行轨道前支座到位处设限位块。

(10)用倒链牵引前支座,使主桁架、底模、内模走行梁、外模及外模走行梁一起向前移动,注意 T 构两边的挂篮要保持与之同步前移。

(11)挂篮牵引到位后,利用后锚紧放力装置,使挂篮的倒扣轮脱离轨道(严禁过压倒扣轮在轨道的下翼缘上),并锁紧后锚杆。

(12)移动到位后,安装底模后吊杆、底模前吊带和前吊杆,将底模架吊起。

(13)待底板,腹板的钢筋和预应力筋绑扎完后,用吊杆锚固好内模走行梁,将内模沿内滑梁上移动牵引拉出。

(14)调整立模标高后,重复上述施工步骤进行下一梁段的施工。

8 安全质量技术控制

(1)挂篮拼装要保证所有零件按设计图拼装齐全,不得有遗漏。

(2)挂篮作业时,后锚杆锚固力要调试均匀。

(3)每次挂篮就位后,其前吊杆、后吊带装置要调试均匀。

(4)每段浇注混凝土前必须仔细检查各锚固是否牢固;所有螺栓是否拧紧;开口销有无遗漏,保证连接的可靠性;槽钢、工字钢栓接处必须加专用斜垫圈。

(5)在松脱吊杆之前必须全面检查,弄清各处承力关系,才能进行承载力转换,并由专人指挥。

(6)挂篮走行前和走行中,均应有专人检查走行轨道的锚固,防止漏锚、虚锚,并由专人指挥走行。

(7)为确保挂篮走行时安全,应在挂篮尾端加倒链制动、前端轨道加限位系统。

(8)为减少走行摩擦,使走行更轻松平稳,可根据实际施工需要给轨道等走行部位上涂抹一些润滑黄油。

(9)严禁利用挂篮吊杆或锚杆作电焊工作的搭火、零线和电流通路等。

(10)挂篮前吊杆、内外模吊杆均应戴双螺母。

(11)精轧螺纹钢筋不能受弯。

(12)各梁段预留孔按图预埋,切勿遗漏。

9 结束语

挂篮作为预应力混凝土连续梁(或刚构)悬灌注的一种常用设备,应用已很普遍,我公司已成功设计应用了三角挂篮、菱形挂篮、弓弦挂篮于多座桥梁施工上,目前我公司设计的挂篮能悬灌最大重量为 300 t,悬灌长度达 6 m。实践证明,我公司设计的挂篮结构合理,能很好地满足施工要求,重量轻,操作方便,并可改造用于多座桥梁上。

预应力混凝土连续梁(刚构)0 号段现浇施工工艺

1　前　　言

连续(刚构)桥主梁 0 号段由于结构受力复杂,梁段高、节段长、混凝土数量大、各向预应力管道密集交错,给施工带来较大的困难。实施过程中,应根据结构的施工重难点,制定可靠、可行、经济、实用的施工方法和操作工艺,严格过程控制,确保按照设计及规范要求施工。

2　工艺原理和使用范围

(1)根据主梁 0 号段的结构及施工特点,应视其结构形态及高度,原则上应采用全断面一次灌注梁体混凝土。当梁体高度大于 5 m 时,可考虑分两层浇注梁体混凝土,两次浇注时间不能过长,以防止上下两层混凝土因收缩量差异出现拉裂。

(2)主梁 0 号段采用的施工方法一般为支架现浇或以桥墩为依托,在墩位设置牛腿支撑、采用型钢或常备式构件拼装支承托架。施工时选择原则为墩高小于 20 m 时可采用落地支架法,当墩高大于 20 m 时则采用后者。

(3)当 0 号段长度较短,若在其梁段长度上拼装挂篮有困难时,原则上可考虑主梁 1 号节段与 0 号节段同时浇注施工。

(4)梁体应配制具有早强、高强、缓凝、高流态、良好工作性能的高性能混凝土,采用泵送入模。

3　施工设计方案

3.1　支架、模型的设计

(1)墩旁托架

托架结构采用在墩身预埋钢板锚筋,搭设牛腿支架由槽钢组拼而成。托架与预埋钢板之间采用节点板,一端焊接,托架各个杆件之间采用栓接。托架应有足够的刚度和承载能力,在铺设底模前托架结构应按规范要求对其进行预加载,据以考核结构的安全度,同时消除非弹性变形、测定结构的弹性变形值,以确定立模标高。施工偏差和定位要求应符合有关规范的规定,以确保施工质量。托架上横桥向铺设工字钢作横梁,纵桥向铺设槽钢,横桥向再铺设方木,最后在方木上铺设底模模板。0 号段底面有一定斜度,可用木楔块调整到位,拆模时也比较方便。翼板位置采用碗扣式钢管架支撑在槽钢上,墩身侧面另外预埋钢板锚筋,搭设 2 个小牛腿,起到支撑槽钢的作用。如图 1 所示。

(2)落地支架,参见“膺架法现浇施工工艺”相关内容。

为保证混凝土外观的美观,节约投资,外模模板原则上可利用挂篮系统的外侧模板,部分特殊位置辅以木模,使用前应仔细检查模型板的平整度及匹配情况,使施工顺利进行。内模采用小块钢模板,拐角处采用木模接拼,内衬由槽钢固定模型板,用钢管做支撑,钢管架设剪刀撑,增加钢管架的整体稳定性。内、外模板上设置背杠,采用钢筋作对拉杆,以克服混凝土产生的侧压力,增加整个内外模型的稳定性。对拉杆的间距和位置可根据实际施工来调整。

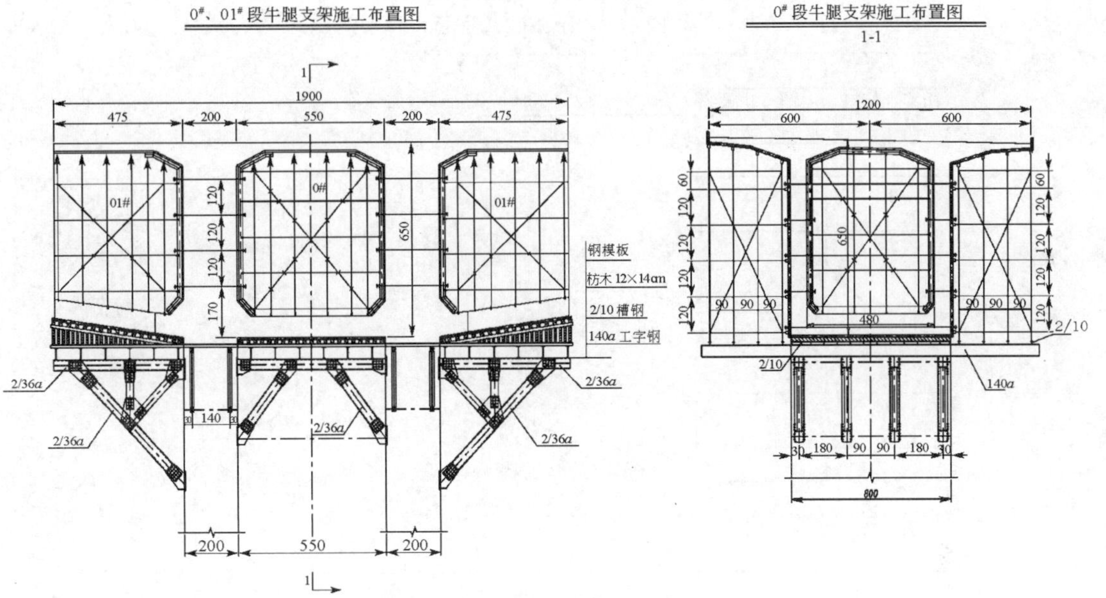

图 1　墩旁托架施工图(单位:cm)

3.2　临时支座(撑)设计

对于连续梁桥,为承受悬臂施工中 T 构梁体重量及不平衡弯矩,需设置临时支座或墩旁钢支撑。设置原则:64 m 及以下跨度梁跨可考虑在墩顶设置临时支座,大于 64 的梁跨原则上应采用后者。

3.2.1　墩顶临时支座

对于连续梁墩顶均布置双排共 4 个临时支座。每个临时支座设在相应正式支座近梁体中心线内侧,临时支座底部为 20 cmM30 硫磺砂浆,其内部布置加热电阻丝,以便于箱梁落于正式支座时,软化硫磺砂浆,临时支座硫磺砂浆层上面为 M30 混凝土。各临时支座横桥向靠外侧分别设置 4 排 16 根直径 32 mm 精轧螺纹钢筋,上、下端分别锚固于梁体与墩身内,以增加抗震、防滑能力并承受一定的拉力。临时支座设计时对锚固方法及固定结构强度需进行详细的分析计算。

3.2.2　墩旁临时钢管支撑

临时支撑一般均采用大直径无缝钢管,内填高强混凝土。钢管结构的大小、尺寸,应根据主梁悬臂浇注过程中的不平衡弯矩等因素确定。支撑可支承在承台顶上或承台外专设的基础上,基本要求是受力时不得发生不均匀沉降,结构自身受力行为良好。

4　施工工艺流程

0 号段施工工艺流程如图 2 所示。

5　施工工艺及操作要点

5.1　支架搭设及预压

墩身施工完成后,将拼装完成的托架利用塔吊吊至墩上预埋的位置进行对位及焊接。焊接完毕后必须由现场管理人员对焊缝逐一检查,合格后方可开始铺设工字钢横梁。铺设横梁

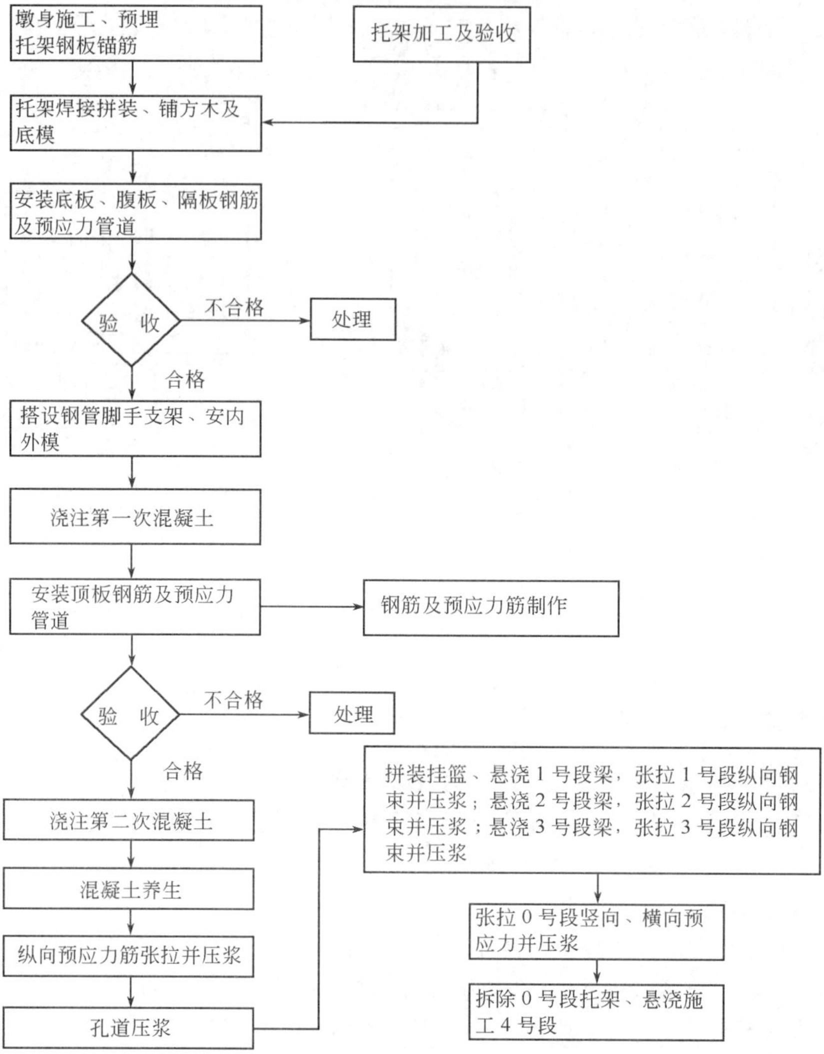

图2　0号段施工工艺流程图

时应保证工字钢稳定，防止其滑移，而后槽钢（纵梁）及底模的安装。对落地支架基本施工工艺可参见相关章节。

连续梁0#段现浇支架预压：

根据设计文件及规范要求，临时托架或支架需在0号段施工之前进行模拟加载试验，检验支架各部分的承载能力及受力变形情况。临时支架的下沉量及弹性、塑性变形采用高精度水准仪测量。通过临时支架的挠度变形情况，对支架的安全性进行综合评价，同时确定立模标高。加载过程分别按设计荷载的50%、100%、120%三种工况进行加载试验。

5.2　大吨位盆式橡胶支座安设

永久支座采用盆式橡胶支座。支座安装前，按规定复查其规格及产品合格证，并进行配套检查，同时对支承垫石顶面进行凿毛，对锚栓孔位置、孔径大小与深度进行检查并将孔内清理干净，对支座中心放线。支座安装过程中，上下板整体吊装。为防止上、下板间相互错动，先预以临时固定，支座下板按设计标高进行调整后再用钢楔块调整。下锚栓旋紧螺母后在预留孔内填塞环氧树脂砂浆,下板与垫石顶面间空隙则直接干砸砂浆,支座按设计中心线布置,不设预偏量,支座顶面四角高差不得大于 2 mm。

永久支座安装预偏量设置,应根据合龙段施工时的温度计算预偏量。支座预偏量设置可委托支座生产厂家协助完成。

5.3 临时支座(撑)安设

临时支撑采用无缝钢管混凝土结构做竖向支撑、普通钢管作横向连接。承台施工时预埋支撑管底座钢板,其上安装支撑钢管,横向连接杆。临时支撑安装完毕后,施工柱顶混凝土块,及 2 cm 的 C50 硫磺砂浆夹层。然后施工连续梁 0# 段,张拉临时支墩预应力筋,施工连续梁悬臂段,连续梁合龙段施工完后拆除临时支撑,完成体系转换。

5.4 模板工程

5.4.1 底模安装

0 号梁段在支架上进行现浇施工,应严格按照结构尺寸要求控制顶面分配梁的标高,在固定平台上分段整体拼装模板,精确测量定位后进行锁定。为保证梁的外观质量,模型在安装时,必须严格打磨干净并保证有一定的光洁度。底模的高度调节及卸架采用杂木楔进行,还应按设计要求设好预拱度。杂木楔垫在 12 cm×14 cm 方木及 2[10 槽钢之间,高度调节好后将两块木楔用钉子连接,以防止木楔脱落。因悬臂端底模离托架顶面较高,故其间采用方木及木楔进行调节,纵向方木必须采用扒钉或铁线连接牢固,防止方木倾倒。模板的板面要求要平整、严密不漏浆,保证混凝土表面的美观。

5.4.2 侧模安装

0 号段的侧模有条件时可采用挂篮的外模,辅以木模拼装。若采用木模,板面之间要求平整,接缝采用平缝,模板缝隙采用双面胶密封,防止漏浆。侧模在拼装台上拼装好,根据 0 号段的侧面面积,加工成一定大小面积的整体模型,利用塔吊安装。背杠采用 12 cm×14 cm 方木,模型内部在拉筋附近设置钢管内支撑,以控制结构尺寸准确,待混凝土浇注后到钢管位置时再拆除。派专人检查模型安装质量,结构尺寸符合设计要求,线条流畅。

5.4.3 端模安装

端模安装是保证 0 号段端部及预应力管道成型要求的关键环节之一。端模采用 3 mm 的钢板制作,将钢板放在平台上,将设计预应力管道、钢筋的位置准确布置在钢板上,然后割出预应力管道和钢筋的预留孔,预留孔的直径应大于预应力管道和钢筋直径的 2~3 mm。应在底模和侧模内侧准确放测出端模的设计位置线,采用外拉外支撑加固定位。在安装纵向预应力管道和钢筋时,将其从端模预留孔的相应位置穿入和穿出。在混凝土浇注前,用棉纱堵塞端模上预留孔的缝隙,以防止漏浆。

5.4.4 模型加固

底模安装好后,用螺栓将其固定在支架平台上,不能栓接时每块钢板应间隔一定距离与支架进行焊接,以防止模板位移。侧模采用上中下三层对拉螺杆和钢管内支撑加以固定,以保证混凝土在浇注时不发生涨模。端模采用外拉外支撑加固定位。模型安装完成后必须经过技术人员、测量员和技术负责等验收合格,保证构件几何尺寸、坐标均满足设计及规范要求后方可浇注混凝土。

5.5　钢筋及预应力工程

5.5.1　钢筋的制作及安装

钢筋的制作应严格按照设计图和规范施工，因0号段的钢筋型号繁多，加工好后的各种型号钢筋要有标示牌，部分腹板钢筋为平均值，下料时应分别计算，以免在制作、安装的过程中出错。底板钢筋为多层钢筋网片，且分布有角隅加强钢筋，交错较多，必须在各层网片间增加一定数量的架立钢筋，保证各层钢筋位置的正确性及稳定性。腹板及横隔板厚度尺寸小而高度较高，钢筋为双层网片状，稳定性差，安装时应用钢管脚手架临时固定，以保证安全。顶板钢筋为网片状，面积大而刚度小，安装时应设好混凝土垫块、架立钢筋或与腹板、横隔板钢筋连接牢固，确保顶层网片不下挠。

腹板上通气孔位置若与钢筋干扰时，移动通气孔位置。普通钢筋与预应力管道干扰时，应首先保证管道的基本坐标位置，移动普通钢筋。若普通钢筋移动困难时，可断开普通钢筋，采用桥接钢筋加强，以绕过预应力管道。

安装顶板钢筋时同时安装防撞护栏的预埋钢筋、桥面泄水管孔洞，并埋设泄水孔补强钢筋网片。桥面泄水孔的安装应从桥的起点方向沿纵向统一推算，并避开桥台胸墙位置。

5.5.2　预应力制作及管道安装

参见“预应力施工工艺”章节内容。

5.5.3　预应力张拉

参见“预应力施工工艺”章节内容。

5.5.4　压　　浆

参见“预应力施工工艺”章节内容。

5.5.5　封　　锚

压浆完成后，外露锚头封锚时先将锚槽处的水泥浆等杂物清理干净，并将端面混凝土凿毛，同时清除支承垫板、锚具及端面混凝土的污垢，绑扎封锚钢筋，浇注封锚混凝土，洒水养护。

5.6　混凝土工程

5.6.1　原 材 料

(1)水泥

水泥进场后，应按其品种、强度、证明文件以及出厂时间等情况分批检查验收，对水泥应进行复查试验。袋装水泥应防止受潮，堆垛高度不宜超过10层，不同强度等级、品种和出厂日期的水泥应分别堆放。水泥受潮或存放时间超过3个月，应重新取样试验，并按其复检结果使用。同一结构部位应使用同一种水泥，以保证混凝土外观、色泽一致。

(2)细骨料

细骨料应级配良好、质地坚更、颗粒洁净，最大粒径不小于5 mm。混凝土用细骨料的质量标准为：含泥量≤3%(其中泥块含量≤1%)，云母含量<2%，轻物质含量<1%，硫化物和硫酸盐SO_3<1%等，重点控制砂的细度、含泥量、坚固性等指标。

(3)粗骨料

粗骨料应采用连续级配与单级配合使用，对粗骨料每批检验不超过400 m^3。粗骨料最大粒径不超过结构最小边尺寸的1/4和钢筋最小净距的3/4；在两层或多层密布钢筋结构中，不得超过钢筋最小距离的1/2。粗骨料质量技术要求为：C55～C40混凝土石料压碎指标≤12%；片状颗粒含量≤15%;含泥量≤1%;泥块含量(按质量计)≤0.5%;小于2.5 mm颗粒含量≤0.5%;硫化物及硫酸物 SO_3(按质量计)≤1%;材料必须做碱活性试验。

(4)拌和水

拌和水不应含有影响水泥正常凝结与硬化的有害杂质或油脂、糖类、游离酸类等,污水、pH值小于5的酸性水及硫酸盐量超过水质量0.27 mg/cm^{3}的水不得使用。供饮用的水一般满足要求,可不做试验。

所采用的外加剂必须是经过有关部门检验并有合格证的产品。不同品种的外加剂应分别放,做好标记,在运输和存放过程中不得混入杂物和遭受污染。

5.6.2 配合比设计

梁体为高强(高性能)混凝土,根据其结构特点及施工工艺要求,梁体混凝土应具有高强、早强、缓凝、高流态等特性,同时应有良好的工作性(流动性、黏聚性、保水性及坍落度经时损失程度等)。

混凝土按以下原则配制:

(1)满足高强(高性能)混凝土的各种特性指标;

(2)混凝土初凝时间不小于10 h,3 d强度达到80%(普通高强混凝土)、90%(高性能混凝土)。

(3)弹模指标3 d达到设计要求;

(4)泵送混凝土的入模坍落度:普通高强混凝土不小于14 cm,高性能混凝土不小于18 cm,扩展度不小于50 cm。

5.6.3 施工顺序

0号段混凝土的顺序,必须按照:中部底板——悬臂端底板——中部腹板——悬臂端腹板——墩顶隔板——顶板的顺序施工,尽量做对称施工。沿线路前进方向左右对称浇注,以墩顶为界两悬臂端及墩顶隔板要求前后对称浇注,最后严格在规定的施工缝处找平。

5.6.4 混凝土施工及养护

设专人进行混凝土振捣。采用插入式振动器,移动间距不应超过振动器作用半径的1.5倍,与侧模应保持50~100 mm距离,插入下层混凝土50~100 mm,每处振动应垂直、自然地插入混凝土中,该处振捣完毕后应边振动边慢慢拔出振动棒,应避免振动棒碰撞模板、钢筋和其他预埋件。每一振动部位,必须振动到该处混凝土密实为止,一般为20~30 s,以混凝土不再下沉及冒泡、表面呈现平坦、泛浆为止。设专人进行混凝土养护,混凝土浇注完毕后采用草帘、麻袋等对混凝土外表面进行覆盖,浇注后8 h左右开始对混凝土进行洒水养生,并随时保持混凝土表面湿润,养生时间不得少于14 d。

5.7 支架与模型解除

混凝土的标号高,早期强度增长快,故侧模及翼缘板模型在1~2 d即可以拆除(最终拆除时间以试压强度为准)。模板和支架拆除时应按照后支先拆、先支后拆的顺序进行。总的原则是对称、少量、多次、逐渐完成,使结构物逐步承受荷载;总的目的是避免结构物在卸架过程中发生开裂等质量事故。卸落量开始宜小,以后逐渐增大。在纵向应对称均衡卸落,在横向上应同时一起卸落。卸架顺序从两悬臂端、跨中部分逐一向支点位置卸落。卸架时应设专人观察梁体是否有开裂现象。托架卸落时要等悬臂浇注到梁体的第3段后才开始卸落,托架卸落时采用卷扬机,在施工0号段时要在梁体的位置上埋上预埋孔,以便卷扬机在卸落时穿钢丝绳。

5.8　临时支座(撑)拆除

待边跨合龙段终张拉,并压浆完毕后,即可解除中支墩的临时支墩约束。

解除临时支撑约束时,先对预应力钢筋进行放张,然后对设在临时支墩墩顶的 2 cm 厚的硫磺砂浆内的电阻丝进行通电,对硫磺砂浆层进行加热,使之软化,落梁,进行体系转换。

通电时应注意临时支墩的通电应一致,使硫磺砂浆层软化速度一致。在移除临时支墩后,应注意梁体的外观质量,对梁体底板临时支座(撑)位置的混凝土应打磨光滑。

6　主要施工机械和设备

根据现场的施工需要,确定设备的型号、种类、数量,其主要目的是必须满足施工的需要。

(1)起重设备:塔式起重机、汽车式起重机、卷扬机。

(2)运输设备:混凝土运输车罐车、装载机、其他运输车等。

(3)混凝土设备:混凝土拌和站、混凝土输送车、插入式捣固器。

(4)张拉设备:千斤顶、高压油泵、压花机、压浆机、真空灌浆设备。

7　质量标准与检验、验收方法

(1)模板、支架制作应根据设计要求确定模板的精度要求。

(2)加工钢筋的允许偏差,见表 1。

表 1　加工钢筋的允许偏差表

项　　目	允许偏差(mm)
受力钢筋顺长度方向加工后的全长	±10
弯起钢筋各部分尺寸	±20
箍筋、螺旋筋各部分尺寸	±5

(3)预应力工程:

1)应对预应力钢材编束、孔道预留、施加预应力、孔道压浆等项目的施工检验以及预应力筋、张拉机具、锚夹具的质量检验。混凝土表面应平整、密实,预应力部位不得有蜂露筋现象。

2)预应力制作安装允许偏差,见表 2。

表 2　预应力制作安装允许偏差表

项　　目		允许偏差(mm)
管道坐标	梁长方向	30
	梁高方向	10
管道间距	同排	10
	上下层	10

8　施工技术和质量保证措施

8.1　施工技术措施

优化施工组织设计,做到科学施工,信息反馈及时,适时调整和优化施工计划,确保工序按时或提前完成。组织好流水化,程序化的施工作业,保证一环紧扣一环的施工程序。发挥技术管理的保障作用,细审核、严交底、勤检查、抓落实。当遇到难度较大的技术问题,积极会同设计、监理部门共同研究解决方案。专业技术工作者,要深入施工全过程,及时搞好技术交底和指导,并做到发现问题及时解决,确保技术可靠、工艺先进、工序合理,保证施工的顺利进行。重点注意以下几点:

(1)支架的加工(焊接)要符合规范要求。

(2)支架的拼装及安装质量(尤其焊接要符合规范要求)。

(3)钢筋的加工及安装要符合规范要求。

(4)预应力管道安装及有效预应力是否符合规范要求。

(5)混凝土的品质及施工要符合规范要求。

8.2 质量保证措施

工程质量达到现行"规范"及"验收标准"的基本要求。

8.2.1 梁体保证措施

(1)开工前应编制详细的施工组织设计,并报监理工程师审批。

(2)各种施工用的原材料进场前具备材质证明,并按要求对进场材料进行检验,杜绝不合格的材料用于工程内。

(3)支架搭设后预压以消除非弹性变形。

(4)梁体钢筋规格、位置、尺寸正确,钢筋焊接、搭接,满足规范要求。

(5)梁体外模安装平整,接缝严密。泵送混凝土入模,连续浇注混凝土,混凝土捣固密实。

(6)灌注时应随时检查模型系统的变形情况,并根据情况采用相应的处理措施。

(7)混凝土配合比设计满足缓凝、早强、高流态及良好工作性能的要求。

8.2.2 预应力保证措施

(1)千斤顶、油表有计量资质的单位配套标定,保证张拉机具的精度。

(2)按坐标准确安装波纹管,沿纵向每隔 0.5 m 设定位钢筋与梁体钢筋点焊连接。

(3)进场钢绞线分批验收,分批实验。

(4)锚具安装时与模板牢固连接,用定位筋等做固定,保证端面与预应力束垂直。

(5)在浇注混凝土时,间隔一定的时间要来回的抽拔钢束,防止孔道进浆。

(6)采用双控张拉,以张拉力为主,伸长值为辅。

(7)压浆完毕后,截除外露钢绞线,用梁体相同标号的混凝土封锚。

(8)预应力张拉力、张拉顺序正确。

8.2.3 冬季施工质量保证措施

(1)落实混凝土施工养护过程各环节的防寒保温措施。严格温度监测制度,掌握混凝土施工养护过程各环节各部位的温度情况,采取有效措施确保混凝土不受冻。

(2)准备充足的防寒保温物资设备,所有防寒保温物资要有一定的备用量,供暖用设备要有足够大的功率,要有备用的能源和电源。

(3)加强混凝土施工设备的维护保养,确保施工各环节顺利进行,施工前对搅拌设备、运输罐车、混凝土泵及管道用热水或蒸汽进行预热,施工完毕后,认真进行清洗并将余水排放干净。

(4)经常检查暖棚的密封情况,检查供暖设备的完好情况,检查施工设备的防寒保温情况,发现问题及时处理。

(5)混凝土中不得加入易引起钢筋锈蚀的氯盐外加剂,混凝土拌和物搅拌均匀,防止因钢筋锈蚀致使混凝土主筋和箍筋方向产生裂纹。

(6)加强混凝土养护期间环境湿度的监测控制，采取供蒸汽的措施，保证混凝土养护环境足够的湿度，保持混凝土表面湿润，防止混凝土失水过快引起混凝土表面裂纹。

(7)严格控制混凝土水胶比，掺入减水剂、引气剂等外加剂，加强振捣，提高混凝土结构的致密性，控制养护过程中混凝土结构内外温差(小于 15 ℃)，防止水分转移造成混凝土结构疏散。

(8)采取适当控制外加剂的掺量，外加剂充分溶解后与混凝土料搅拌均匀，加强混凝土养护等措施，防止外加剂渗透到混凝土表面形成泛霜。

(9)开春后，随着气温的回升，根据工地气温监测情况，必须达到连续七昼夜最低气温超过 0 ℃的条件时，方可解除冬季施工措施。但为了加快混凝土强度增长，可继续对浇注段采用加热养护措施。

(10)所有钢筋焊接必须在暖棚内进行。

(11)梁体温度在负温情况下，严禁预应力管道注浆作业。

9　施工安全与环保控制

9.1　施工安全的一般要求

施工期间确保既有道路行车安全、人身安全。无重大安全事故，安全生产指标达国家标准，争创“安全文明施工样板工地”。

(1)施工前，应对施工现场、机具设备及安全防护设施等，进行全面检查，确认符合安全检查要求后方可施工。

(2)手持式电动工具应按(GB3789—1993)的规定，根据手持式电动工具的类别和作业场所的安全要求，加设漏电保护器。

(3)从事施工的作业人员定期进行体检，发现有不宜高空作业的病症，不准按排作业。

(4)所有进场的施工人员必须戴安全帽，并按规定配戴劳动保护用具。

(5)作业人员严禁酒后上班、不得穿拖鞋、高跟鞋、易滑鞋上班或进入现场。

(6)搭设支架牵固可靠，铺设作业平台时施工人员应拴好安全带，并要稳固可靠。从事架子施工的人员要取得特种作业证方能上岗。

(7)施工作业搭设的扶梯、工作台、脚手架、护身栏、安全网等必须牢固可靠，并经验收合格后方可使用。

(8)作业的料具应放置稳妥，小型工具应随时放入工具袋内，禁止将杆、扣件、模板等向下抛掷。

9.2　环保控制

严格遵守国家和政府有关环境保护法律法规，并结合本工程的具体情况，制订切实可行的环保措施，尽量少占地，减少施工中对既有植被的破坏，保持工地周围的环境。

(1)工程开工前，根据施工现场场地布置情况，设置统一的排水和污水净化池，生活及施工污水经沉淀净化处理达标后再行排放。派专人对排水系统、净化池进行检查，并视其情况不定期进行清除，废弃物用汽车运至指定地点废置，不得将含有污染物质或悬浮物质的水排入灌溉水中。

(2)散体物料及混凝土运输应严格执行城市运输有关规定。混凝土灌注作业后，运输车辆、机械和拌和场地及时清除清洗，污水排入污水净化池。混凝土运输车辆及渣土运输车辆必须经冲洗后才能驶入正式公路。

(3)除图纸设计或监理工程师指示外,不得破坏和拆除任何构造物及设施,不得随意清除植被和树木。

(4)临时排水设施设置要与永久排水设施相结合,场地排水不得直接排入河流、农灌渠、饮用水源等处,以防止污染。

(5)水泥、油料存放在防雨、干燥的库房中,地面做硬化处理,并派专人看守、管理,溢漏油料采用铁桶回收。库房周围设置隔离沟,以防在雨季中物料随雨水污染环境。

(6)各种临时设施的设置尽量远离居民区,施工便道、拌和场应经常洒水,以减少粉尘污染。

(7)加强对施工人员环保教育,强化环保意识,渣土和生活垃圾实行定点倾倒,集中处理,严禁将废弃物倒于水渠、河床内。

(8)工程完工后,按要求及时清除临时设施和地面硬化层,并将工地及周围环境清理整洁,做到工完、料清、场地净。恢复原有地貌景观,不留有碍自然景观和耕作环境的施工痕迹,以利当地居民尽快恢复生产。

10 结束语

目前预应力连续梁(刚构)桥主梁0号段施工方法已日臻成熟。

预应力混凝土连续梁(刚构)主梁现浇施工工艺

1 前　言

连续梁悬臂浇注施工技术含量高、工艺复杂影响施工质量的因素多。但是该方法经过多年的实践,技术上已经得到了提高,质量上已经完全掌控,施工工艺已经成熟。在诸多连续梁施工方法中挂篮的悬臂浇注是最经济的施工方法。

1.1 技术准备

(1)技术资料准备:复核图纸,详细理解设计文件,领会设计意图,熟练掌握有关施工技术规范、验标及相关规定和文件。确定重难点工程和关键工序,编制作业指导书,提出材料供应计划。逐级进行技术交底和岗前培训。

(2)测量准备:配备合格、精良的测量仪器,布置测量施工控制网,进行桩位及高程的测设与放样、水准点的加密和复核测量成果。同时对主要桩位设置护桩,并加密临时水准点。

(3)试验准备:设立中心试验室,配齐各种试验所需的仪器设备,作业现场建立工地临时试验室。中心实验室建立试验台账,进行原材料和材料组合效果检验和试验、进行配合比的选定,为施工质量提供可靠的依据。对钢绞线、锚具、支座等材料建立委托试验制度,及时进行施工前的检测。

(4)根据主梁结构特点、制定主梁施工方案,并进行挂篮结构系统的设计。对重点工序编制施工工艺及作业指导书。

1.2 机具设备准备

根据施工组织计划,配齐所需的施工机械设备和测量、试验、检验设备。

1.3 劳动力准备

根据施工技术方案、施工组织及施工工期要求,做好以下劳动力准备工作。

(1)选择责任心强、施工经验丰富的人员负责主梁施工的技术工作、现场管理工作,并提前进行相应的学习、培训。

(2)对主梁悬臂施工所需的特殊工种,如起重工、张拉工、焊工等提前进行培训,并达到上岗要求,取得相应资质。

(3)其他工种人员按工程的需要配属。

2 混凝土工程

2.1 高强、高性能混凝土制备

2.1.1 配合比设计

(1)基本原则

1)根据混凝土设计强度等级、混凝土耐久性、原材料品质和施工工艺对混凝土工作性能等要求,通过计算、试配、调整等步骤进行混凝土的配合比设计、选定。配制的混凝土拌和物应满足施工要求,配制成的混凝土应满足设计强度、耐久性等质量要求。

2)为提高混凝土的耐久性,改善混凝土的施工性能和抗裂性能,混凝土中应适量掺加优质的粉煤灰、磨细矿渣粉或硅灰等矿物掺和料。不同矿物掺合料的掺量应根据混凝土的性能通过试验确定。

3)混凝土中应掺加适量能提高混凝土耐久性能的外加剂,优先选用多功能复合外加剂。

4)考虑到工期和挂篮移动周期,预应力混凝土对早期弹性模量、强度要求较高,因此在混凝土性能满足施工要求的情况下,尽量降低混凝土的坍落度和砂率。

(2)基本指标

1)混凝土的最大水胶比和单方胶凝材料的最低用量宜满足设计要求,C50及以上混凝土不宜高于500 kg/m^3。

2)混凝土中由水泥、矿物掺和料、骨料、外加剂合拌用水等引入的氯离子总含量不超过胶凝材料总量的0.10%,预应力混凝土结构的锂离子总含量不应超过胶凝材料总量的0.06%。

3)各项混凝土力学性能指标满足规范设计施工要求。

4)混凝土有抗冻要求时,混凝土的入模含气量应满足冻融要求指标。

5)高性能混凝土应具有较佳的耐久性,各项耐久性指标应满足规范设计要求。

6)高性能混凝土应具有较高的体积稳定性,即混凝土在硬化早期应具有较低的水化热,硬化后期具有较小的收缩变形。

7)混凝土初终凝结时间满足设计和施工要求。

2.1.2 工艺性试验

(1)工作性能:混凝土要求具有良好的工作性、黏聚性和保水性,混凝土拌和物应具有较高的流动性,混凝土在成形过程中不分层、不离析,易充满模型;泵送混凝土、自密实混凝土还具有良好的可泵性、自密实性能。

(2)高性能泵送混凝土入模坍落度不小于180 mm。普通高强混凝土坍落度不小于140 mm。

(3)混凝土初凝时间不小于8 h。

(4)高性能混凝土三天强度达到设计强度的90%以上。普通高强混凝土三天强度达到设计强度的80%以上。

(5)混凝土三天弹性模量值满足设计及规范要求。

(6)出机含气量控制在2.0%~4.0%,半小时含气量≥2.0%。

2.2 混凝土的拌制及运输

2.2.1 基本方案

(1)混凝土制备

混凝土应采取集中设厂拌制。拌合站的布置应根据桥梁所在位置就近设置。

1)混凝土的单位时间内拌制和运输的混凝土量,必须连续均匀满足泵送浇注的速度要求。在混凝土搅拌前要确保原材料的质量、储备数量以及机械设备、控制系统的状况完好。

2)冬季混凝土应先经过热工计算,并经试拌确定水和骨料需要预热的最高温度,以保证混凝土的入模温度满足规定。

3)炎热季节搅拌混凝土时,宜采取措施控制水泥的入搅拌机温度不大于40 ℃。应采取在骨料堆场搭设遮阳棚、采用低温水搅拌混凝土等措施降低混凝土拌和物的温度,或尽可能在傍晚和晚上搅拌混凝土,以保证混凝土的入模温度满足规定。

(2)混凝土运输

1)混凝土的拌制和运输能力首先要适应混凝土的凝结时间和浇注速度的需要,保证浇注过程连续进行。运输过程中,应确保混凝土不发生离析、泌浆、严重泌水及坍落度损失过多等现象。

2)浇注地点距离搅拌站较远,要提前做好应急方案,合理调配车辆,同时编制交通运输紧急预案,确保混凝土连续供应,运至浇注地点的混凝土应保持均匀和规定的坍落度。

3)为避免日晒、雨淋和寒冷气候对混凝土质量的影响,防止局部混凝土温度升高(夏季)或冻伤(冬季),需要时应将运输混凝土的容器加上遮盖物或保温隔热材料。

2.2.2　混凝土的水平及垂直运输

(1)泵管布置原则

既要保证摊铺的混凝土能够覆盖所有施工部位,又要保证运输车停靠及会车的场地,同时还要使泵机用水、用电方便,泵管的布置应符合"线路短、弯道少、接头密"的要求。

1)同时要注意水平与垂直长度的关系,一般水平距离应大于垂直落差的3倍;

2)垂直向上输送时,泵与垂直管之间应设置一段10～15 m的水平管以抵消反坠力的影响,并在混凝土泵出料口15 m处的输送管上加一个止流阀,泵送开始时,将止流阀打开,混凝土能顺利地输送,当混凝土暂停输送或混凝土出现倒流时,应及时予以关闭。

3)所有泵管的布置均采用"退管浇注"的施工方法,避免施工中接管的麻烦。

(2)泵管安设

在混凝土泵送过程中,由于泵送的冲击力会使泵管来回窜动,这样会损坏泵管的接头连接件(紧箍变性、密封圈损坏),还会使泵压降低,特别是在远距离或超高混凝土泵送施工中,泵管的固定尤为重要,通常采取以下措施:

1)管路连接要牢固、稳定,各管卡位置不得与地面或支撑接触,管卡在水平方向距离支撑物≥100 mm,距离地面≥100 mm,接头密封严密(垫圈不能少)。

2)混凝土在泵送过程中,管路中有较大的脉冲振动,故输送管道的支撑必须与模板、钢筋的支架分离,以防止泵送过程中振动引起模板和钢筋位置的变异,泵管也不得与模板、钢筋等直接接触。

3)水平泵管要设置一定量的支撑点,以防止泵送混凝土时,因自重和脉冲振动引起泵管变形和接头连接损坏。

4)为防止地面水平管转向垂直管处的90°弯管变形,应增加钢筋支撑以加固。

(3)泵管运行中的管理

1)检查泵机就位是否牢固,布管是否正确,搅拌机混凝土罐车导入缸料槽布置是否正确。

2)泵送混凝土之前,应先用水泥浆或与泵送混凝土配比相同,但粗骨料减少50%的混凝土通过管道。

3)在料斗中砂浆未完全泵完,料位在搅拌轴以上时,加入混凝土料,开始泵送。

4)泵送开始时的速度要先慢后快、逐步加速;同时观察混凝土泵的压力和各系统的工作情况,待各系统运转顺利后,再按正常速度进行泵送。

5)中断泵送后,再次泵送时,应先反泵2～3个行程,将分配阀内的混凝土吸回到料斗中经充分搅拌后再泵送。

6)泵送结束后,应及时清洗泵机及管路。应拆开水平管与垂直管结合处管卡,将垂直管路的混凝土料卸掉,然后加满水,用卡球将混凝土缸及料斗冲洗干净。

7)冬季采用泵送混凝土时,必须严格按冬期施工方案施工。夏季泵送混凝土时,对暴露阳光下的泵管必须加盖麻袋,并经常浇水湿润,防止泵管在强烈阳光照射下过热引起脱水、堵塞泵管。

8)超高度泵送时,为了防止泵送突然中断而产生的混凝土逆流压力的冲击,必须在泵出口的水平管道上安装截止阀,每泵送 200 m^3 的混凝土,对管路及卡箍要进行检查。

9)因堵塞管等原因必须拆管时,应反泵清除输送管内的残余压力,泵送混凝土的搅拌、运输、泵送、浇注形成一个有节奏的整体,因此要建立及时、准确的通讯联络系统,以确保泵送混凝土的施工质量。

10)泵管跨越公路等通道时,要考虑采取适当的防护措施,避免泵管因为漏浆、暴裂,使落下的砂浆、混凝土对经过的人员车辆造成损害。

3 梁段混凝土施工

3.1 混凝土施工工艺流程图

混凝土施工工艺流程如图 1。

3.2 基本原则

(1)梁段悬浇施工的一般顺序:挂篮就位—调整挂篮底模、外模标高并固定—吊装或绑扎底板、腹板钢筋,安装底板、腹板波纹管、固定锚具—内模就位并涂隔离油—安装端头模板—绑扎顶板钢筋,安装顶板波纹管—固定顶板锚具—对称灌注梁段混凝土—覆盖养护—穿束—张拉—压浆—挂篮前移—进入下一梁段的施工循环。

(2)灌注顺序:两腹板对称同时浇注,然后灌中间部位的底板,顺序为先前后尾。灌注顶板及翼板混凝土时,应从两侧向中央推进,以防发生裂纹。混凝土浇注时,两悬臂段应同时对称浇注,并确保两端最大不平衡重不超过设计允许值。

(3)施工控制:由于箱梁在悬臂浇注施工时受混凝土自重、日照、温度变化、墩柱压缩等因素影响而产生竖向挠度,混凝土自身还存在收缩、徐变等因素,也会使悬臂段发生变化,为使合龙后的桥梁成形及应力状态符合设计要求,达到合龙高程误差控制在 20 mm 以内的要求,最大限度地使实际的状态(应力与线形)与设计的相接近,必须对各悬臂施工节段的挠度与应力进行观测控制,以便在施工过程中及时调整有关参数,为下节的模板安装提供数据预报,确定下节段合适的模板标高。

3.3 施工工艺

主梁悬灌节段混凝土采取全段面一次性浇注,先浇注箱梁底板倒角混凝土,再浇注腹板,最后浇顶板混凝土。混凝土浇注按从挂篮前端向挂篮后端水平分层进行,主墩两侧对称均衡浇注,同一端梁中心线两侧左右对称下料浇注。

悬浇段混凝土施工的初凝时间不少于 8 h,混凝土入模坍落度高性能混凝土不小于 18 cm,扩展度 450～500 mm,一般高强混凝土不小于 14 cm。同时要求泵送混凝土应具有较好的工作度。

3.3.1 腹板及顶板混凝土

(1)腹板混凝土浇注:由于腹板一般均较高,为保证混凝土不离析和保护腹板内波纹管,在

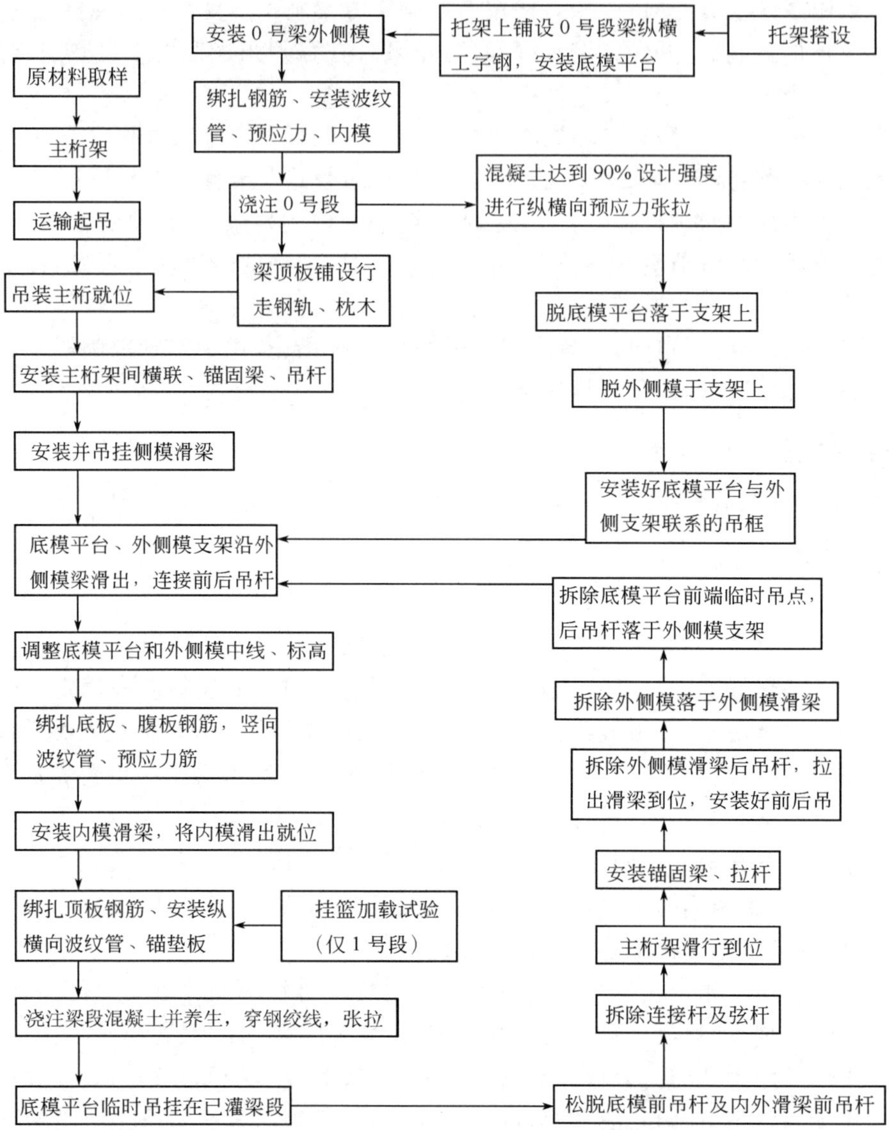

图1　施工工艺流程图

浇注腹板混凝土时采用在腹板内安装下料导管进行送料，导管口距离捣固面不大于1 m为最佳。从远端向近端，斜向分层浇注；分层厚度不大于30 cm。在每一侧腹板内下2名捣固操作手，设置两台插入式捣固器进行振捣作业。在内箱侧面开一窗口，供捣固手上下和观察浇注情况；窗口离顶板小于1.5 m；当浇注到窗口位置时，暂停作业，捣固手从腹板出来，进行窗口处内箱模板封堵。拔除导管，从顶板直接下料和捣固，完成腹板混凝土浇注。

(2)顶板混凝土浇注：由于顶板一般均较薄，采用泵管直接进行送料，从远端向近端，水平分层浇注，分层厚度不大于30 cm。由于需要进行顶板收平抹面的面积较大，浇注速度应根据配置的抹面人员的收面速度相适应，避免抹面不及时造成顶板混凝土过早凝固，影响桥面平整度。

采用变坡点设置控制桥面高程的角钢(具有变形小、菱角外露面少的优点)，在角钢下纵向每50 cm设置一道架立钢筋支撑，以保证角钢的位置准确、不下沉。混凝土浇注前和浇注过程中由测量人员进行测设，派专人负责检查变坡点的角钢安装质量。

平整度采取两次抹面,即在混凝土浇注完成时和混凝土初凝前进行抹面。抹面的方法为:捣固后先采用直尺沿角钢顶面纵向移动来刮平混凝土面,然后人工用抹子收光;收光后再用另一把直尺检查收光面是否平整,应及时添减混凝土,并进行再次抹平收光。

操作人员应站在专用的收光抹面工作平台上进行操作,采用焊接在结构钢筋高出桥面 15 cm 的 U 形支撑架上铺设木板为工作平台。

3.3.2 挂篮结构系统的维护

(1)在浇注混凝土前必须仔细检查悬吊系统、锚固系统及走行系统的连接情况,保证可靠,槽钢、工字钢栓接处必须加专用斜垫圈。

(2)加强新浇梁段及已成梁段接头处内外模的联结,以防出现错台。

(3)为减少摩擦,使走行更轻松平稳,可在挂篮走行滑梁上抹一些黄油,并掺加一些减摩剂。

(4)挂篮采用的 $\Phi32$ 精扎螺纹钢吊杆和锚杆,为防止精扎螺纹钢通电或电焊时火花溅落导致受损而发生脆断,应在精扎螺纹钢上面嵌套 PVC 管。

3.3.3 操作要点及注意事项

(1)挂篮结构安装及运行

1)先将底模平台前横梁和外滑梁前端用 10 个 5 t 的链滑临时吊挂在已浇注的梁端,然后松脱所有前吊杆,并在已浇注梁段距端部 1 m 的混凝土顶面采用支撑垫块支撑好三角架纵梁。

2)将外模靠内侧的滑梁用倒扣轮锚固于混凝土面上,然后松脱外模靠内侧的吊杆;采用方木等临时支撑预先将内模支撑,然后松脱内滑梁后侧的两吊杆。

3)将底模平台后横梁除最外侧的两根吊杆外的所有吊杆松脱,同时将腹板的对拉杆松脱,随后通过调节液压千斤顶使底模和外模脱离混凝土面 5~10 cm。

4)松脱后锚梁,使后走行轮倒扣在走行滑梁上,然后用液压千斤顶牵引使主桁连同外模、底模平台和内滑梁一起向前滑移到位,就位后首先通过预留孔将后锚梁锚固,然后通过预留孔将内外滑梁后端和底模平台后横梁锚固在已施工的梁段,使内外滑梁分别承担内外模桁架重量。

5)初步调整底模平台及外侧模中线、标高。

6)绑扎底板、腹板钢筋及竖向预应力筋。

7)安装内滑梁,将内模滑出就位。

8)绑扎顶板钢筋,安装纵横向预应力管道。

9)最后调整立模标高,浇注梁段混凝土。

10)注意事项:

挂篮走行过程中要保证同一挂篮两片主桁的同步,避免挂篮走行过程中出现中线偏移和前行失控,在走行过程中还需有一定的限位措施。在松脱吊杆之前必须全面检查,弄清各处承力关系,充分肯定各处承载能力后,统一指挥,确保走行安全。具体应检查:

① 后锚系是否已锚固可靠。

② 底模平台前后吊点是否稳妥可靠。

③ 外侧模支架是否还承力于腹板对拉螺栓上或底模平台上,稳定性及承载力如何。

④ 为使挂篮主桁在灌注梁段混凝土中受力良好,避免产生过大和不均匀沉降,挂篮前支

点(前走船)轨道下必须用型钢垫实;中线及高度须用水平仪控制,砂浆抹平;走船前后用硬木楔或钢楔楔紧。

⑤ 各梁段预留孔按图预埋,避免改变挂篮的受力。

⑥ 为使挂篮桁架走行时不偏离中线(走行滑梁),可在走船内侧增焊限位板。

(2)保持"T"构两侧平滑稳定,具体措施为混凝土灌注过程中,两侧块段灌注速度同步,混凝土最大差值不超过 10 m^3。

(3)加强梁体挠度的观测,除在每道主要工序转换时刻进行测量外,每一梁段施工中还应着重作 3 次观测(浇注混凝土前、浇注混凝土后、张拉纵向悬臂束后),根据观测结果及时调整模板标高,确保该梁段的顺利施工。

4 钢筋工程

4.1 钢筋制作

所有钢筋均在钢筋加工场统一下料制作。钢筋按不同品种、等级、牌号、规格及生产厂家分批验收,分别堆放;钢筋的加工严格按图纸中的尺寸、位置以及规范要求的质量标准进行。见表 1。

表 1　钢筋加工尺寸允许偏差和检验方法

序 号	名 称	允许偏差(mm)	检验方法
1	受力筋全长	±10	尺量
2	弯起钢筋的弯起位置	20	
3	箍筋内净尺寸	±3	

4.2 钢筋安装

采用汽车运送至现场安装,吊车(塔吊)吊至桥面,先安装底板钢筋和预应力管道,再安装腹板钢筋和预应力管道及竖向预应力钢筋,最后安装顶板钢筋、预应力管道和预埋件。钢筋在绑扎时,绑扎铁丝的尾段不应伸入保护层内。在梁体预留孔处均增设相应的环状钢筋,桥面泄水孔处钢筋可适当移动,并增设斜置的井字形钢筋进行加强,施工中为确保腹板、顶板、横隔板、底板钢筋的位置准确,应根据实际情况加强架立筋的设置,可采用增加架立筋的数量或增设 W 形或矩形的架立钢筋等措施。采用垫块控制净保护层厚度时,垫块采用高性能混凝土垫块,按照 4 个/m^2、梅花形布置。预埋件严格按照设计位置埋设准确无误,无遗漏。见表 2、表 3。

表 2　钢筋安装允许偏差和检验方法

序号	项　　目	允许偏差(mm)	检验方法
1	桥面主筋间距及位置偏差(拼装后检查)	15	尺量检查不少于 5 处
2	底板钢筋间距及位置偏差	8	
3	箍筋间距及位置偏差	15	
4	腹板箍筋的垂直度(偏离垂直位置)	15	
5	钢筋保护层厚度与设计值偏差	+5 0	
6	其他钢筋偏移量	20	

表 3 钢筋焊接尺寸偏差允许值

序号	名 称	单位	允许偏差值
1	帮条对焊接头中心的纵向偏移	mm	0.5 *d*
2	接头处钢筋轴线的弯折	°	4
3	接头处钢筋轴线的偏移	mm	0.10 *d*
4	焊缝高度	mm	3
5	焊缝宽度	mm	+0.10～0 *d*
6	焊缝长度	mm	−0.5 *d*
7	咬肉深度	mm	0.05 *d*
		mm	0.5
8	在长 2*d* 的焊缝表面上,焊缝气孔及夹渣的数量和大小	个	2
		mm^2	6

4.3 预应力施工(见预应力施工工艺)

5 混凝土养生

5.1 养护原则及方法

混凝土养护期间,应重点加强其湿度和温度的控制,尽量减少表面混凝土的暴露时间,及时对其暴露面进行紧密覆盖,防止表面水分蒸发;以保持其表面一定湿度、控制其内外温度、防止表面开裂为原则。采取的主要方法有覆盖、洒水、喷射水蒸汽和养护剂。

5.2 传统养生方法

在混凝土浇注完毕后应对其进行保水潮湿养护,梁体表面应采用草袋或麻袋覆盖,并在其上覆盖塑料薄膜,梁体洒水次数应能保持混凝土表面充分潮湿为度。当环境相对湿度小于60%时,养护时间不应少于 28 d;相对湿度在 60%以上时,养护不应少于 14 d。养护时间不得少于规范规定。

当环境温度低于 5 ℃时禁止洒水,梁体表面应喷涂养护剂,并采取保温措施。

6 质量控制

加强技术管理的基础工作,施工中对隐蔽工程和每道工序严格执行施工质量"三检制"和"联检制",坚持施工班组自检、作业队质检员复检、质检工程师终检制度,在三检合格的情况下由质检工程师将检验合格证呈交监理工程师,质检工程师、质检员与监理工程师一起,对申请验收的部位进行联检,在联检合格后,监理工程师在验收合格证上签字后进行下道工序的施工作业。

试验室按照国家的有关规定和规范要求或设计文件要求对工程上使用的原材料进行现场取样和质量检测及分析,并及时将有关的检验成果上报有关部门和领导。

为了达到过程的有效控制,须做到质量、成本、工期三位一体,施工过程中,明确各职能部门的控制任务,进行密切协作,建立关键工序的管理点和控制点,作好设计变更、工艺更改和相关施工文件的控制工作。

在施工质量验收中,严格按照规范要求,对各工序的单元工程进行验收评定。

6.1　混凝土工程质量控制措施

(1)加强原材料质量检验,保证混凝土拌和物的性能稳定。

(2)使用插入式振动器时,混凝土灌注分层厚度不得大于 30 cm,振动时间 20～30 s,操作时垂直插入混凝土内,拔出时速度要缓慢,相邻两个插入位置的距离不大于 50 cm,插入下层混凝土的深度为 5～10 cm。表面振动器的移动距离,以能覆盖已振实部分的边缘为度,分层厚度 25 cm。

(3)箱梁每浇注段采用斜向分段、斜向分层的方法连续浇注,一次成形,每段浇注时间不宜超过 12 h。

(4)一般情况下,混凝土灌注完毕 10～12 h 以内,用土工布等覆盖并浇水养护,养护期限不得少于 28 d。

6.2　钢筋工程质量控制措施

(1)每批钢筋,附有批号、炉罐号、出厂合格证,以及有关材质、力学性能试验资料等质量证明资料;

(2)到工地的每批钢筋按规范要求进行抽样试验,所有试验符合有关标准的规定。钢筋按不同品种、等级、牌号、规格及生产厂家分批验收,分别堆放;

(3)钢筋的加工、绑扎、焊接以及安装严格按图纸中的尺寸、位置以及规范要求的质量标准进行。

6.3　冬季施工质量控制措施

当因特殊原因需进行冬季施工时,应根据当地的冬季气温特点,主要考虑钢筋、混凝土工程施工的冬季施工措施,采取蓄热法养护混凝土。混凝土工程冬季施工规定:室外日平均气温连续 5 d 稳定低于 5 ℃或最低气温降低于 0 ℃或 0 ℃以下时,混凝土工程进入冬季施工。除因工期等特殊要求,为保证梁段施工质量,原则上应尽量避免冬季进行施工。

6.3.1　冬季施工组织措施

(1)按照编制的冬季施工方案,针对施工方法,现场布置,设备、材料、能源、工具的供应计划,安全防火措施,测温制度和质量检查制度组织有关人员学习,并向作业班组进行交底。

(2)冬季施工时,不定期对测温保温人员、热风机操作人员、电热毯管理人员进行技术业务培训,学习本工作范围内的有关知识,明确职责,经考试合格后,方准上岗工作。

(3)与当地气象台站保持联系,及时接收天气预报,防止寒流突然袭击。

(4)安排专人测量施工期间的室外气温,暖棚内气温,混凝土的温度,并做好记录。

(5)试验室应进行低温环境下混凝土配合比的验证工作。确认环境温度为 5 ℃～10 ℃条件下 3 d、5 d、7 d、28 d 混凝土时间强度。

6.3.2　钢筋工程冬季施工措施

(1)钢筋的冷拉和冷弯。

①钢筋冷拉温度不宜低于－20 ℃,预应力钢筋张拉温度不宜低于－15 ℃。

②钢筋负温冷拉方法可采用控制应力方法或控制冷拉率方法。用作预应力混凝土结构的预应力筋,宜采用控制应力方法;不能分炉批的热轧钢筋冷拉,不宜采用控制冷拉率的方法。

③在负温条件下采用控制应力方法冷拉钢筋时，由于伸长率随温度降低而减少，如控制应力不变，则伸长率不足，钢筋强度将达不到设计要求，因此在负温下冷拉的控制应力应较常温提高。而冷拉率的确定应与常温施工相同。

④钢筋冷拉设备仪表和液压工作系统油液应根据环境温度选用，并应在使用温度条件下进行配套校验。

⑤当温度低于－20 ℃时，严禁对低合金Ⅱ、Ⅲ级钢筋进行冷弯操作，以避免在钢筋弯点处发生强化，造成钢筋脆断。

(2)钢筋焊接。

①冬季在负温条件下焊接钢筋，应尽量安排在室内进行。如必须在室外焊接，其环境温度不宜低于－20 ℃，风力超过 3 级时应有挡风措施。焊后未冷却的接头，严禁碰到冰雪。

②为确保闪光对焊质量，连续梁施工严禁在负温下闪光对焊。如室外气温低于 0 ℃，采用室内对焊，保证室内气温高于 0 ℃。3～4 月份温度较低时闪光对焊宜采用预热闪光焊或闪光——预热——闪光焊工艺。钢筋端面比较平整时，宜采用预热闪光焊；端面不平整时，宜采用闪光——预热——闪光焊。

③ 负温电弧焊。钢筋负温电弧焊时，必须防止产生过热、烧伤、咬肉和裂纹等缺陷，在构造上应防止在接头处产生偏心受力状态。

④ 冬季钢筋焊接前，必须根据施工条件进行试焊，经试验合格后，方可正式施焊。

6.3.3　混凝土工程冬季施工措施

(1)冬期混凝土施工对原材料的要求。

1)水泥优先选用硅酸盐水泥、普通硅酸水泥，应注意其中掺和材料对混凝土抗冻、抗渗等性能的影响，水泥标号不应低于 425 号，混凝土的水泥最小用量不应少于 300 kg/m^3，水灰比不应大于 0.6。掺用防冻剂的混凝土，严禁使用高铝水泥。

2)混凝土所用骨料必须清洁，不得含有冰雪等冻结物及易冻裂的矿物质。在掺用含有钾、钠离子防冻剂的混凝土中，骨料中不得混有活性材料，以免发生碱-骨料反应。

3)冬季进行混凝土浇注施工，应合理选用外加剂，注意含氯盐外加剂对钢筋的锈蚀作用，使用无氯盐防冻剂。氯盐掺量不得超过水泥重量的 1%。

4)拌和水，一般饮用的自来水及洁净的天然水都可作为拌制混凝土用水，但污水、工业废水、pH 值小的酸性水、硫酸盐含量(按 SO_4)超过水重约 1%的水，不得用于混凝土中。为了减少冻害，应将配合比中的用水量降低至最低限度。办法是：控制坍落度，加入减水剂，优先选用高效减水剂。

(2)混凝土的搅拌。

冬期混凝土搅拌应制定合理的投料顺序，使混凝土获得良好的和易性和使拌和物湿度均匀，有利于强度发展。

其投料顺序一般先投入骨料和粉状外加剂，干拌均匀再投入加热的水，等搅拌一定时间后，水温降至 40 ℃左右时投入水泥，拌和均匀。搅拌时要绝对避免水泥遇过热出现假凝现象。混凝土的搅拌时间应比常温延长 50%并符合有关规定。

(3)混凝土输运。

混凝土搅制好后，应及时运到浇注地点，在运输过程中，要注意防止混凝土热量散失、表层冻结、混凝土离析、水泥砂浆流失、坍落度变化等现象。在运输距离长，倒运次数多的情况下，加强运输工具的保温覆盖。保证混凝土入模温度 10 ℃以上，最少不低于 5 ℃。混凝土在浇注前，应清除模板和钢筋的冰雪和污垢，装运拌和物用的容器应有保温措施，浇注过程中发生冻结现象时，必须在浇注前进行加热拌和，保证混凝土的入模温度不低于 15 ℃。

(4)篷布蓄热防护。

悬灌段采用挂篮上搭设暖棚防护，混凝土浇注时采用热风机供热，终凝后采用蒸汽养护，混凝土升温、降温应满足规范的要求。对已成梁段采用全包裹方式防护，梁体用塑料薄膜、电热毯、篷布包裹。混凝土入模温度按不低于 10 ℃控制，拌和站应按此要求做好混凝土拌制、运输保温等相关工作。混凝土浇注时及已成梁段混凝土的温度采用预埋温度传感器进行监控，梁体混凝土温度低于 5 ℃严禁灌浆作业，以确保新浇混凝土、管道压浆满足冬季施工要求。施工时应按上述原则编制详细的冬季施工技术措施，并报监理及相关单位审定后方能组织实施。

7　安全控制

安全目标为："四无、一杜绝"和"一创建"。

"四无"即：无重伤事故、无交通事故、无火灾洪灾事故、无行车事故；"一杜绝"即：杜绝死亡事故。施工安全工作贯彻"安全第一，预防为主"的方针，"一创建"为创建安全标准工地。

安全工作是项目施工管理的重要内容，确保施工安全及运营和行车安全，避免事故发生，是参加施工的全体职工的重要任务。

7.1　建立安全保证体系

建立安全保证体系：建立经理部和施工作业队两级安全保证体系。作业队设专职安全工程师和安全管理部门，班组设专职安全员，主抓安全工作。

作业队成立以队长为组长的安全管理领导小组。各施工班组成立以班组长为组长的安全管理小组，设专职安全员，班组设兼职安全员。安全员具体负责安全工作，组织实施对项目的安全管理，保证安全工作贯穿于施工全过程。充分发挥各专职安全人员的监督作用。

7.2　安全施工管理措施

7.2.1　建立安全施工责任制度

建立各级安全施工责任制，各级人员必须认真执行国家有关安全方面的政策、法令和规章制度。建立安全岗位责任制，逐级签订安全生产责任状，明确分工，责任到人。

7.2.2　编制安全技术措施

在编制施工组织设计和施工计划时，必须同时编制安全技术措施。

根据工程和施工特点编制安全交底。班组在班组长的领导下和专职安全人员的指导下，负责本班组的安全施工，督促工人遵守操作规程和各项安全施工制度，并组织班前班后的安全监查。安全技术措施主要有：

(1)施工场地安全控制。

1)在施工现场周围配备、架立并维护一切必要而合适的警告、危险、禁止等标志牌。

2)施工操作人员进入现场时必须佩戴安全帽，高空作业必须系安全带。

3)定期检查和维修保养机具设备，保证使用安全。

4)对工地上设置的消防器材要定期维护和检查。油库、木工加工棚及有明火的地段，应作为防火的重点，严加管理。

5)现场统一布设电力线路，不准私拉乱接电线。

(2)钢筋模板施工安全控制措施。

1)钢筋模板安装前，搭脚手架平台、栏杆及上下扶梯，挂设安全网。

2)钢筋起吊时，捆绑牢靠，钢筋绑扎时，用力一致，协同操作。在已安装的钢筋上不得行走，架设交通跳板，或另搭脚手架。

3)对加工和安装好的钢模进行强度、刚度安全度检查，重要部位模板还必须进行强度检算。

4)拆除模板之前，设立禁区。拆除模板时，按规定的程序进行，先拴紧吊具挂钩，再拆除模板。模板、材料、工具不得往下扔。施工人员与拆下的模板之间，有一定的安全距离。

(3)高空作业安全控制措施。

1)高空作业处应有牢靠的立足处，必须视具体情况配置安全网、栏杆等防坠落安全设施。

2)高空作业人员上岗前必须进行体检和培训考核，合格持证后方可上岗作业。

3)高空作业中必须合理使用安全设施，戴好安全帽，系好安全带，穿好软底防滑鞋。

4)高空作业的物料应堆放平稳，不可堆放在临边附近，也不可妨碍通行，传递物料时不能抛掷。

5)高空作业同其他作业交叉施工时，应派专人负责协调作业顺序，以防发生意外。

6)脚手架所用的杆件、扣件等搭设材料，必须有材质和性能鉴定合格证明材料。

(4)挂篮安装。

1)挂篮拼装完成后，进行加载预压，并测量各级加载的变形值，确保挂篮结构的可靠性及安全性。

2)挂篮前移过程中应注意：两边挂篮两端同时缓慢向跨中匀速移动；每前移 50 cm，用经纬仪、水准仪检测挂篮的方向、标高，防止挂篮左右偏向或扭转。挂篮前移由专人指挥，随时观测挂篮的移动情况，确保安全。

(5)交通安全控制措施。

在跨越交通道路上施工桥梁时，采用现浇支架法施工梁时，其支架和模板系统就对其下交通道路形成了一道安全防护，而采用挂篮悬灌施工时应采取以下防护措施：

1)搭设道路安全防护棚。

在跨越城区主干道、高速公路，当采用大跨度连续梁悬臂浇注施工时，道路交通又不能阻断时，需要对车辆行驶采取安全保护措施。具体方法为采用万能杆件、型钢在道路上搭设安全防护棚架。采用钢管立柱、型钢桁架作为防护棚的支撑骨架，上铺 3～5 cm 厚的木板，木板上铺 1 mm 厚的铁皮；按照交通安全技术标准在上下行车道上均应安装限高架、减速装置、警示标志等道路行车安全设施；这样既保证了道路的车辆行驶安全，又能避免上部掉下的火星(火源)使支架着火。

2)挂篮安全防护措施。

除了要求在道路上搭设防护棚架外，采用在挂篮底桁下设一防护吊篮，成为道路交通安全的第二道防线。

吊篮骨架采用 L45×45×3 mm 的角钢焊接而成，底面和两侧面用 2 mm 厚的铁皮全部封闭，通过角钢吊杆焊接在挂篮底桁下部。

挂篮的底桁后操作平台也采用 2 mm 厚的铁皮全部封闭，封闭后与吊篮交叉重叠搭接 20 cm 宽，其高度低于吊篮底面，使吊篮上的杂物能够滑入其内，形成一个杂物汇集带，以便每天及时清除。

在挂篮的两侧面和前端焊接槽钢骨架，用钢丝网将侧面全部封闭，与已浇注梁段形成共同的安全防护网。

8　主要机具设备

主要机具设备详见表 4。

表 4　主要机械设备配置表

序号	机械名称	规格型号	额定功率(kW)或吨位或容量	数量(台)
1	混凝土拌和楼			1
2	混凝土输送泵车	HBT80	80 m^3/h	4
3	混凝土搅拌运输车		8 m^3	16
4	吊车	QY25	25 t	4
5	挂篮		按要求配置	4
6	砂浆搅拌机	SJ350	350 L	3
7	压浆机		搅拌速度大于 700 r/min	3
8	钢筋切断机	HQJ10	1.5 kW	2
9	钢筋弯曲机			2
10	钢筋调直机	TQ4—14	5.5 kW	2
11	对焊机	LP—100	100 kW	4
12	电焊机	3000 型		16
13	装载机	ZL50		1
14	洒水车	EQ1141G70	8 000 L	1
15	预应力张拉千斤顶	穿心式	按要求配置	4
16	预应力张拉千斤顶	YDC240Q 型		2
17	预应力张拉千斤顶	YC60A	竖向预应力筋张拉	2

9　劳动力组织

根据挂篮悬臂施工的特点，按照施工作业面、工序和工种情况进行劳动人员分工，定员定岗定任务，采取三班制流水作业，在规定的工序时间内必须完成相应工作任务。一只挂篮按照 50 人进行施工组织。见表 5。

表 5　劳动人员配置表

工种	钢筋工	木工	电焊工	起重工	普通工
人数	15	12	9	6	8
合计	(不含拌和站、混凝土供应配置的人员)50 人				

10　结束语

连续梁的悬灌施工技术已经成为一种成熟的工法，并得到了广泛应用，是连续梁施工方法中较为经济、安全和质量易于控制的施工技术。本节重点针对实施过程中的主要工序施工工艺进行了阐述，可为今后同类施工提供借鉴。

预应力混凝土连续梁(刚构)预应力施工工艺

1 前　言

预应力混凝土与普通混凝土相比具有抗裂性好、刚度大、材料省、自重轻、结构寿命长等特点,为建造大跨度结构创造了条件。预应力混凝土已由单个预应力构件发展成预应力混凝土结构,广泛应用于土建、桥梁、管道等领域。预应力施工工艺的好坏直接影响预应力结构的质量和寿命,因此总结预应力施工工艺,进行标准化施工,是保证质量的根本所在。

2 适用范围及特点

本施工工艺适用于悬臂浇注预应力混凝土连续梁和刚构的预应力施工。其特点为预应力种类多、预应力管道长、线形复杂,质量要求高,工期要求紧。

3 预应力工程概况

3.1 预应力筋

预应力筋目前常用的是钢绞线束、单根精轧螺纹钢筋。

3.1.1 钢绞线束

采用抗拉强度标准值为 1 860 MPa 的高强度低松弛钢绞线,公称直径 15.2 mm,其技术条件应符合 GB/T5224—2003 标准。采用 OVM 系列锚具及锚固体系,张拉采用与之配套的机具设备,管道形成采用金属波纹管或橡胶抽拔管成孔。

3.1.2 精轧螺纹钢筋

一般采用换 ϕ25 mm 高强度精轧螺纹钢筋作为竖向预应力筋,型号为 JL785,极限强度 $f_{pk}=980$ MPa,屈服强度 $\sigma_{0.2}=785$ MPa,伸长率 $\delta_s\geqslant 7\%$,10 h 松弛率$<1.5\%$;锚固体系采用 JLM—25 型锚具;张拉采用 YC60A 型千斤顶;管道形成采用内径 ϕ35 mm 铁皮管成孔。

3.1.3 预应力材料进厂检验

(1)预应力钢丝、钢绞线每批由同一牌号、同一规格、同一交货状态的钢丝组成,并不得大于 30 t;对每批钢绞线应按有关要求和比例对其表面质量、直径偏差、捻距、力学性能和伸长率进行抽检。检验合格方可投入使用。

(2)精轧螺纹钢筋、粗钢筋每批由同一牌号、同一规格、同一交货状态的钢丝组成,并不得大于 60 t。

3.2 预应力锚具、夹具、连接器

3.2.1 钢绞线束锚具、夹具、连接器

钢绞线束用于预应力筋时,两边同时张拉,张拉端锚具一般由螺旋筋、锚垫板、锚环和夹片组成;单端张拉的,固定端采用镦头锚具或挤压套,锚具分圆形和扁形。

钢绞线束的连接器分单孔和多孔。单孔连接器在先张法施工中可用于接长预应力筋,与单孔工具锚具配合使用,大大节约预应力筋;多孔连接器和相应的锚具一起使用,在连续梁中

将预应力束连为多波形整体，使用连接器后，可以实现分段张拉，使预应力损失最小，可保证足够的有效预应力。

3.2.2　精轧螺纹钢筋锚具、连接器

精轧螺纹钢锚具采用螺母和垫板，一般采用单端张拉，张拉端采用垫板(螺旋钢筋)＋螺母，固定端亦同。

3.2.3　锚、夹具进厂检验

锚具、夹具、连接器进场时，除应按出厂合格证和质量证明书核查其锚固性能类别、规格及数量外，还应按下列规定进行验收：

(1)外观检查。

(2)硬度检验。

(3)静载锚固试验。

(4)验收批的划分：在同种材料和同一生产工艺条件下，锚具、夹具应以不超过 1 000 套组为一个验收批；连接器以不超过 500 套为一个验收批。

3.2.4　静载锚固性能试验

从同一批抽取 6 套锚具(夹具或连接器)组成 3 个预应力筋锚具组装件，进行静载锚固性能试验。如果有一个试件不符合要求，则应另取双倍数量的锚具(夹具或连接器)重做试验。如仍有一个试件不符合要求，则该批锚具(夹具或连接器)判为不合格。

3.3　预应力张拉机具

3.3.1　张拉用各型千斤顶

张拉千斤顶分为台座式(普通油压千斤顶)、穿心式、锥锚式和拉杆式，张拉千斤顶应与锚具配套使用，并在进场前进行校验。

张拉千斤顶在整张整放工艺和单拉整放工艺中，单束初调及张拉宜采用穿心式双作用千斤顶。整体张拉和整体放张宜采用自锁式千斤顶，张拉吨位宜为张拉力的 1.5 倍，不得小于 1.2 倍。

在连续梁悬灌施工中，纵向预应力一般为一束多根钢绞线整体张拉，使用液压穿心式张拉千斤顶；横向预应力一般一束钢绞线根数少、设计为扁形，宜采用液压穿心式单根张拉千斤顶。见表 1、2。

表 1　穿心式千斤顶参数表

千斤顶型号	YCW100B	YCW150B	YCW200B	YCW250B	YCW400B	YCW500B	YCW650B	YDC250Q 前卡式
公称张拉力(kN)	1 015	1 510	1 976	2 478	3 946	4 924	6 500	250
公称油压(MPa)	50	50	52	54	52	50	50	50
穿心孔径(mm)	ϕ82	ϕ103	ϕ120	ϕ140	ϕ175	ϕ196	ϕ215	ϕ18
张拉行程(mm)	200	200	200	200	200	200	200	200
主机重量(kg)	79	106	135	160	193	375	617	18.2
外形尺寸(mm)	370×ϕ240	360×ϕ280	380×ϕ310	370×ϕ350	390×ϕ380	445×ϕ490	575×ϕ465	580×ϕ108
回程油压(MPa)	＜25	＜25	＜25	＜25	＜25	＜25	＜25	＜25
钢绞线预留长度(mm)	900	900	950	950	950	950	950	250

表 2 台座式千斤顶参数表

型号	额定推力(kN)	活塞面积(cm)	额定油压(MPa)	行程(mm)	外行尺寸(mm×mm)
YDD1500	1 500	314	50	600	ϕ245×885
YDD2000	2 000	415	48	600	ϕ275×885
YDD2500	2 500	491	51	600	ϕ310×885
YDD3000	3 000	616	50	600	ϕ345×895
YDD4000	4 000	804	50	600	ϕ485×895

锚具、夹具和连接器的选用应根据钢筋种类以及结构要求、产品技术性能和张拉施工方法等选择,张拉机械则应与锚具配套使用。在后张法施工中锚具及张拉机械的合理选择十分重要,工程中可参考表 3 进行选用。

表 3 预应力筋、锚具及张拉机械的配套选用表

<table>
<tr><td rowspan="3">预应力筋品种</td><td colspan="3">锚具形式</td><td rowspan="3">张拉机械</td></tr>
<tr><td colspan="2">固定端</td><td rowspan="2">张拉端</td></tr>
<tr><td>安装在结构之外</td><td>安装在结构之内</td></tr>
<tr><td>钢绞线及钢绞线束</td><td>夹片锚具挤压锚具</td><td>压花锚具挤压锚具</td><td>夹片锚具</td><td>穿心式</td></tr>
<tr><td rowspan="3">钢丝束</td><td rowspan="3">夹片锚具
镦头锚具
挤压锚具</td><td rowspan="3">挤压锚具
镦头锚具</td><td>夹片锚具</td><td>穿心式</td></tr>
<tr><td>镦头锚具</td><td>拉杆式</td></tr>
<tr><td>锥塞锚具</td><td>锥锚式、拉杆式</td></tr>
<tr><td>精轧螺纹钢筋</td><td>螺母锚具</td><td></td><td>螺母锚具</td><td>拉杆式</td></tr>
</table>

3.3.2 油泵、压力表及管路

油泵的油箱容量宜为张拉千斤顶总输油量的 1.5 倍,额定油压数宜为使用油压数的 1.4 倍。压力表应选择防振型,表面最大读数为张拉力的 1.5～2.0 倍,精度不低于 1.0 级。压力表首次使用前必须经过计量部门检定,检定周期为一周;当使用 0.4 级压力表时,检定周期可为 1 个月。压力表发生故障后必须重新校验。

油泵管路在满足施工要求的情况下尽量减少长度,在油泵与管路、管路与千斤顶接头处,要安放垫圈,防止加压时漏油,同时人员操作时,尽量避免直接对着管路接口处,防止液压油飞溅和管路突然发生崩裂,对人员造成伤害。见表 4。

表 4 电动油泵参数表

型号	额定油压(MPa)	额定流量	外形尺寸(mm)
YBMZ2×2/50	50	2×2	825×490×1 000
YBMZ2×1.5/63	63	2×1.5	825×490×1 000

3.3.3 千斤顶、油泵配套校正检验

(1)油泵、压力表与千斤顶张拉设备要配套使用,并要定期进行校验。

(2)张拉千斤顶的作用力一般用油压表测定和控制。油压表上的指示读数为油缸内的单位油压,在理论上将其乘以活塞面积即应为千斤顶的作用力。但是油缸与活塞之间有一定的摩擦阻力，会抵消一部分作用力，因此实际作用力要比理论值小。为正确控制张拉力，一般采用校验标定的方法测定油压千斤顶的实际作用力与油压的读数的关系。校验时，应将千斤顶及配套使用的油泵、油压表一起配套使用。

(3)校正有效期为一个月且不超过 200 次张拉作业，拆除更换配件的千斤顶必须重新进行校验。

3.4　压浆机具

JB180 型搅拌机与 HB3 型、2HB6 型灰浆泵配套使用，用于建筑、桥梁、涵洞、坑道的预制构件或现浇构件的孔道灌浆或加固维修等。HB3 型、2HB6 型灰浆泵主要用于预应力构件预留孔道的灌浆，也可以用于地基基础的灌浆加固和作为输送浆料的设备。见表 5、6。

表 5　JB180 型搅拌机参数表

容量	电动功率	转速	搅拌量	外形尺寸
180 L	3 kW	70 r/min	6 m/h	ϕ1 000×1 200 mm

表 6　HB3 型，2HB6 型灰浆泵参数表

型号 技术参数	HB3	2HB6
输送量	m^3/h	
垂直输送距离	40 m	40 m
水平输送距离	150 m	150 m
工作压力	1.5 MPa	1.5 MPa
电动机容量	4 kW	5.5 kW
电动机转速	1 440 r/min	1 440 r/min
排浆口胶管直径	51 mm(2″)	51 mm(2″)
进浆口胶管直径	64 mm(2.5″)	64 mm(2.5″)
重量	250 kg	320 kg
外型尺寸	1 035 mm×480 mm×900 mm	1 614 mm×530 mm×1 110 mm

3.4.1　普通压力压浆机具

普通压力压浆机具包括：灰浆泵、灰浆搅拌机、滤浆筛和压浆管等。一般采用柱塞式灰浆泵，额定压力 1.5 MPa、输送量 3 m^3/h、垂直输送高度达到 40 m，往复次数 150 次/min。搅拌机采用叶片强制式。

3.4.2　真空压浆机具

真空压浆机具包括：灰浆泵、真空泵、灰浆搅拌机、滤浆筛和压浆管等。真空泵一般采用旋片式油封单级真空泵。用来抽除管道中的气体，以获取真空的设备。其他机具同普通压力压浆机具。

3.5　预应力管道

预应力管道应与锚具和预应力钢束的大小配套，其关系如表 7。

表7　预应力管道与锚具和预应力钢束的大小配套表

管道直径(mm)	50	60	70	76	80	85
配套锚具与预应力束	15— 3～5	15— 5～6	15— 6～7	15— 9～12	15— 10～12	15— 12～15
管道直径(mm)	90	100	115	120	130	
配套锚具与预应力束	15— 12～15	15— 15～19	15— 20～25	15— 25～27	15— 28～31	

3.5.1　铁皮波纹管

(1)铁皮波纹管必须是符合《预应力混凝土用金属螺旋管》(JG/T3013)的要求,直径满足设计要求,壁厚 $t \not< 0.3$ mm,卷制接缝牢固、严密不漏浆,具有足够的强度,以使其在混凝土的重量作用下能够保持原有的形状。且能按要求传递粘结应力。

(2)接长可采用大一号同型波纹管作为接头,接头长度不小于 30 cm。接头装置宜避开孔道弯曲处。管两端用密封胶带或塑料热缩管封裹。管内预先穿入塑料管芯棒,并在混凝土初凝前窜动。

3.5.2　塑料波纹管

(1)塑料波纹管的制作材料和管道性能应符合要求,波纹管的波峰和纵向接缝处壁厚:对于内径小于 100 mm 的管,壁厚不小于 2.0 mm;对于直径大于 100 mm(包括 100 mm)的管,壁厚不小于 2.5 mm。

(2)管道材料应具有一定的强度,以使其保持一定的形状,防止在搬运和浇注混凝土时损坏。

3.5.3　普通铁皮管

普通铁皮管应具有良好的柔韧性、耐磨性和绝缘性能。用于精轧螺纹钢筋和粗钢筋的预应力管道成孔。

3.5.4　进浆管、出浆管

进浆管一般采用能够承受高压的加筋塑料管,出浆管采用厚铁管。在预应力管道进浆口和出浆口安装阀门开关,以便控制浆液进出和保持管道内浆液倒流。

3.6　张拉控制应力、预应力束伸长值确定

3.6.1　张拉控制应力确定

预应力筋的张拉控制应力符合设计要求。当施工中预应力筋需要超张拉或计入锚圈口预应力损失时,张拉控制应力可比设计要求提高 5%,但在任何情况下均不得超过设计规定的最大张拉控制应力。

3.6.2　预应力束伸长值确定

预应力束伸长值的确定应根据预应力束的设计线形确定计算方法,当为直线或线形简单,可以采用平均张拉力计算伸长值。

预应力束为多段曲线组成时,应采用分段实际张拉力来计算各段伸长值,该束总伸长值为各段叠加,计算公式如式(1):

$$\Delta L=\sum\Delta L_i=\sum(\sigma_{i1}+\sigma_{i2})L_i/2E_s \tag{1}$$

式中　σ_{i1}、σ_{i2}——分别为第 i 线段两端预应力筋拉应力;$\sigma_{i2}=\sigma_{i1}\times e-(kL_i+\mu\theta)$;

k——管道偏差对摩擦影响的系数;

θ——从张拉端至计算截面曲线孔道部分切线的夹角；

μ——预应力筋与孔道壁的摩擦系数；

E_s——预应力筋弹性模量；

L_i——第 i 线段预应力筋长度；

ΔL_i——第 i 线段预应力筋伸长值；

ΔL——预应力筋总伸长值。

计算出来的理论伸长值应与张拉实际伸长值比较，其差值应控制在6%之内，否则应暂停张拉，待查明原因并采取措施予以调整后，方可继续张拉。

3.7　预应力管道摩阻损失试验

(1)管道摩阻损失试验的目的是验证设计数据和积累施工资料。

(2)孔道摩阻力导致预应力损失值 σ_n 由式(2)求得：

$$\sigma_n = \sigma_k[1 - e - (\mu\theta - kx)] \tag{2}$$

式中　σ_k——张拉控制应力(MPa)；

θ——弯曲孔道端部切线交角(rad)；

x——直线段孔道长度(m)；

μ, k——孔道摩阻系数和孔道偏差系数。

试验时在锚下安放压力筒，一端为张拉端，另一端为锚固端。

(3)孔道摩阻力的测算应符合下列规定：

①先进行直线孔道摩阻力试验，按上式 θ 为零时求得 k 值；

②再进行与直线孔道同工艺及施工条件带有曲线孔道的摩阻力试验，并以上项 k 值代入上式求得 μ 值。

(4)测力过程：

① 锚固端千斤顶主缸进油空顶10 cm，两端预应力钢束均匀箍紧于张拉千斤顶上。两端装置对中。

② 张拉端千斤顶进油张拉。以油表压力从0到超张拉值，按照0.4 kN到0.5 kN分级。逐级增压张拉，每级张拉时均记录两端读数(压力筒读数和压力表压力)。

③ 从张拉第二级(油压约1 kN左右时)起，钢束上划细线，逐级测量钢束伸长量。

④ 当千斤顶张拉到(超)张拉吨位时，逐渐回油到0，再重复逐级张拉一次，并记录各级读数和延伸量。

⑤ 超张拉持续5 min，再回压到张拉值，顶塞锚固。锚固时主缸油保持不低于张拉值，也不超过超张拉值，测量锚塞外伸值。

⑥ 张拉端千斤顶回油到0，记录压力筒压力及锚塞外露值。

⑦ 锚固端千斤顶回油，卸下两端张拉装置。

(5)测试结果：

两端压力筒的的压力差为钢束沿孔道全长的摩阻损失值。

3.8　锚圈口摩阻损失试验

(1)试验方法同预应力管道摩阻损失试验。

(2)测试结果：

张拉端千斤顶拉力和压力筒压力差为锚圈口摩阻损失值。

4 预应力工程施工

4.1 预应力筋制作

4.1.1 钢绞线下料、编束

(1)一般钢绞线束

钢绞线采取在规定场地统一下料,预应力筋下料时按照设计下料长度进行下料,钢绞线采用砂轮切割机切割(严禁使用电弧焊和氧气切割)。每束钢绞线应对齐两个端头并用铁丝绑扎头部,防止钢绞线送散;每间隔 1 m 左右采用铁丝将整束理顺绑扎编束,防止预应力束在施工过程发生松弛;为防止安装夹片和锚具时,钢绞线错乱,应对每一根钢绞线两头进行编号。对制作好的每一预应力筋束均应标示其名称、长度、使用部位等。

(2)单端张拉钢绞线束

单端张拉钢绞线束按照设计下料长度在下料场下料,然后将锚固端的钢绞线头套上挤压筒,用挤压机将该头挤压成型。将每一根钢绞线两头进行编号,每间隔 1 m 左右采用铁丝将整束理顺绑扎编束。对于扁形波纹管应先穿入钢绞线,再安装。对制作好的每一预应力筋束均应标示其名称、长度、使用部位等。

(3)带连接器钢绞线束

带连接器钢绞线束按照设计下料长度在下料场下料,然后将锚固端的钢绞线头套上挤压筒,用挤压机将该头挤压成型。将每一根钢绞线两头进行编号,每间隔 1 m 左右采用铁丝将整束理顺绑扎编束。待上一段预应力筋张拉结束后将锚固端套入连接器的齿槽中,再将该处的喇叭形铁皮管(与连接器配套的厂制成品)安装就位,然后将波纹管从张拉端套入,直到伸入喇叭形铁皮管内,并用封口胶带缠好铁皮口。

4.1.2 精轧螺纹钢筋下料

精扎螺纹钢筋采取按照设计长度在生产厂家定制或运到加工场采用砂轮切割机按照设计长度进行切割下料,再根据精扎螺纹钢筋的长度对铁皮管下料,然后将精扎螺纹钢筋穿入铁皮管,在锚固端安装弹簧钢筋、锚固钢板、锚具和压浆管,在另一端安装好排气管,这样制作成型后运送至设计结构处进行安装。

所有下好料的精扎螺纹钢筋均用方木支垫,防止钢绞线或精扎螺纹钢筋锈蚀和受到污染。

4.2 锚下钢垫扳、螺旋钢筋制作

所有锚垫板和螺旋钢筋一般均由锚具厂进行配套加工生产;当需要在现场进行制作时,其规格、尺寸、型号和强度必须满足设计要求。

4.3 预应力管道成孔

4.3.1 铁皮波纹管、塑料波纹管成孔

(1)管道位置测量放线

严格按设计图提供的坐标由技术和测量人员进行放线定位,按照设计线形每 60 cm 应进行管道中心位置的标定,在曲线上,特别是起弯点前后、最高点、最低点应该加密定位点的测设。

(2)管道及预埋件安装定位

采用 U 形箍筋进行波纹管定位，直线段间距为 60 cm，曲线段为 30 cm，在曲线段应加密，特别是起弯点前后、最高点、最低点等处应增加定位钢筋，使其定位后不发生移动。

管道的连接套管比被连接管稍微大一个型号，连接套管长度不小于 30 cm；将两主管（被连接管）的管头旋进连接套管，使其管口在连接套管的中间靠近，尽量密贴；套好后再采用黏性很好的胶带纸将套管两头抱裹严密、牢固。

波纹管与普通钢筋位置发生冲突时，适当移动普通钢筋。由于高速铁路预埋件要求精确，因此当管道与预埋件发生冲突时，经设计确定移动预埋件或波纹管的位置。

(3)管道保护

防止电焊等火花溅落到波纹管上，气割、电弧焊时防止烧伤管壁，必须远离波纹管；必须在其附近气割、电弧焊时应该采用保护板（厚铁板或厚木板）隔离；安装好的预应力金属波纹管道上不能压重、踩踏；浇注混凝土前必须在每根管道内穿上内衬塑料管，内衬塑料管外径比金属波纹管内径小 1 cm 为宜，并具有一定的强度和柔韧性，保证起到波纹管的内支撑作用，使混凝土浇注时管道不变形；在捣固混凝土前，捣固工人必须事先知道预应力管道的位置，并明确在管道周围的捣固方法；在混凝土初凝前后，将内衬塑料管来回抽动数次。

(4)管道检孔及处理

波纹管安装前的检查：所有管道必须形状完好，没有变形、扭曲和孔眼，否则应予切除更换；管口必须齐整，无向管内的毛齿和扁口。安装过程和结束时均应派专人进行金属波纹管的连接、安装、定位和线形进行检查验收，发现问题及时处理。

4.3.2 带预应力筋的铁皮波纹管、普通铁皮管成孔

(1)管道位置测量放线

严格按设计图提供的坐标由技术和测量人员进行放线定位，按照设计线形每 60 cm 应进行管道中心位置的标定，在曲线上，特别是起弯点前后、最高点、最低点应该加密定位点的测设。

(2)管道及预埋件安装定位

采用 U 形箍筋进行波纹管定位，直线段间距为 60 cm，曲线段为 30 cm，在曲线段应加密，特别是起弯点前后、最高点、最低点等处应增加定位钢筋；使其定位后不发生移动。

管道的连接套管比被连接管稍微大一个型号，连接套管长度不小于 30 cm；将两主管（被连接管）的管头旋进连接套管，使其管口在连接套管的中间靠近，尽量密贴；套好后再采用黏性很好的胶带纸将套管两头抱裹严密、牢固。

波纹管与普通钢筋位置发生冲突时，适当移动普通钢筋。由于高速铁路预埋件要求精确，因此当管道与预埋件发生冲突时，经设计确定移动预埋件或波纹管的位置。

(3)管道保护

防止电焊等火花溅落到波纹管上，气割、电弧焊时防止烧伤管壁，必须远离波纹管；必须在其附近气割、电弧焊时应该采用保护板（厚铁板或厚木板）隔离；安装好的预应力金属波纹管道上不能压重、踩踏。

(4)管道检孔及处理

波纹管安装前的检查：所有管道必须形状完好，没有变形、扭曲和孔眼，否则应予切除更换；管口必须齐整，无向管内的毛齿和扁口。

安装过程和结束时均应派专人进行金属波纹管的连接、安装、定位和线形进行检查验收，

发现问题及时处理。

(5)预应力管道堵塞处理措施

当正在浇注混凝土时预应力管道发生进浆,应在浆液初凝前采用高压水冲洗;当在穿束时才发现管道堵塞,则应精确确定其堵塞位置,采用从结构混凝土最薄侧凿开混凝土、切断钢筋、露出管道,进行疏通处理,待预应力束穿过后采用高强度混凝土封堵。

4.4 预应力筋穿束

4.4.1 人工单根或整束穿束

(1)在穿预应力钢绞线之前必须进行管道检查,先采用略小于管道直径 20 mm 的塑料球进行试穿通过。用塑料球试通过时必须小心缓慢,速度不能太快,更不能强行硬拉。及时记录塑料球通过时的状况,当发现通过不畅应标明所在管道的位置,在以后穿预应力钢绞线时就应该十分小心和采取人工拖拉措施(禁止用卷扬机拖拉);当发现塑料球也穿不通时,就应该采用更小一型号的塑料球来探测其内径缩颈位置和大小,并与钢绞线束的截面大小进行比较,确定不可以穿过钢绞线束时,就应该立即进行凿开该处混凝土,露出管道进行疏通和扩孔,待钢绞线束穿过后再封堵开槽位置。

(2)将整束钢绞线束一端线头错开绑扎成梭形,并包裹好或戴好梭形罩,缓慢伸进管道,从一端向另一端拖拉就位,防止钢绞线头碰撞波纹管壁。

如果整束钢绞线穿过困难时可以采用先穿过一半数量,起到保护波纹管壁的作用;将其余钢绞线头错开成梭形拴在一起,再在先穿过的中间选用一根筋作为牵引线,将剩余钢绞线穿入管道。

(3)检查孔道后发现管道畅通,管道先行平顺,则可以采用人工单根穿束,但是每根前进线头均应用胶带纸包扎成梭形,防止钢绞线松散,刮坏波纹管壁。

4.4.2 简易机械整束穿束

(1)在穿预应力钢绞线之前也必须进行管道检查。检查完后在管道内先人工穿过一根牵引绳。

(2)选用 3～5 t 牵引力的卷扬机进行钢绞线束的拖拉牵引。

(3)将整束钢绞线束一端线头错开绑扎成梭形,并包裹好或戴好梭形罩,套上牵引绳,缓慢伸进管道 1 m 左右后,从牵引绳的另一端向拖拉就位。拖拉要缓慢,防止钢绞线头碰撞波纹管壁。

如果整束钢绞线穿过困难时可以采用先穿过一半数量,起到保护波纹管壁的作用;将其余钢绞线头错开成梭形拴在一起,再在先穿过的中间选用一根筋作为牵引线,将剩余钢绞线穿入管道。

4.5 预应力筋张拉

4.5.1 装顶及张拉

(1)钢绞线束的张拉

1)锚具安装时,锚垫板的中心、喇叭管中心、管道中心三者应同轴。

2)工作锚板应紧贴锚垫板,并刚好镶入锚垫板的凹槽内。

3)工作夹片安装时要均匀推入,同一个夹片之间的端面保持齐平,并用钢管打紧,外露于锚板外面的部分应以能刚好看到放胶圈的凹槽为准。

4)千斤顶应与锚垫板垂直,千斤顶端部周边应紧贴限位板。安装过程严格按以下程序执行:

工作锚(连接器)→工作夹片→限位板→穿千斤顶→工具锚→工具夹片。

5)混凝土构件达到规定强度以上方可进行预应力筋张拉,并按设计张拉顺序进行钢束张拉,并采取应力和伸长值双向控制。

6)张拉前根据钢束的截面积、设计张拉应力及千斤顶标定情况,对各级张拉力及油表值进行计算并列表,以便张拉过程对照查阅。

7)两端张拉操作方法如下:

① 张拉操作准备工作就绪后,两端人员利用对讲机互打招呼,开始张拉后让油缸缓缓进油,观察锚具、千斤顶、钢绞线的轴线是否互相重合,如发现异常立即停止进油,查明原因并处理后再继续张拉。

② 到达初应力时,千斤顶受力一定程度后尾端开始上翘,此时应放松悬吊千斤顶的手动葫芦,停止进油,持荷 5 min。测量千斤顶伸出长度 L_1,并做记录。在千斤顶的端处钢丝上划线作记号。

③ 由初应力到张拉控制应力应缓慢进油,两端通过对讲机由专人指挥,尽量做到同步进行,使升压速度大致保持一致。

④ 张拉到锚固张拉力时,停止进油,持荷 5 min,以减少钢绞线松弛影响。测量千斤顶伸出长度 L_2,并做记录。

⑤ 为卸锚方便,工具锚孔和夹片锥面,应均匀涂抹石墨或黄油作为润滑剂,拆卸工具锚时,若夹片不易脱离锚板孔,应轻轻锤击锚板振落夹片,绝不可敲击夹片。最后将所有数值记录入表。

(2)精轧螺纹钢筋的张拉

1)锚具安装时,锚垫板的中心、精轧螺纹钢筋、千斤顶中心三者应同轴。

2)千斤顶应与锚垫板垂直,安装过程严格按程序执行:工作锚→穿千斤顶→工具锚。

3)混凝土构件达到规定强度以上方可进行预应力筋张拉,并按设计张拉顺序进行张拉,采取应力和伸长值双向控制。

4)张拉前根据钢束的截面积、设计张拉应力及千斤顶标定情况,对各级张拉力及油表值进行计算并列表,以便张拉过程对照查阅。

5)单端张拉操作方法如下:

① 张拉操作准备工作就绪后,开始张拉后让油缸缓缓进油,观察锚具、千斤顶、精轧螺纹钢筋的轴线是否互相重合,如发现异常立即停止进油,查明原因并处理后再继续张拉。

② 到达初应力时,千斤顶受力一定程度后尾端开始上翘,此时应放松悬吊千斤顶的手动葫芦,停止进油,持荷 5 min。测量千斤顶伸出长度 L_1,并做记录。

③ 由初应力到张拉控制应力应缓慢进油,张拉到锚固张拉力时,停止进油,持荷 5 min,测量千斤顶伸出长度 L_2,并做记录。

4.5.2　张拉控制应力、伸长值双控确认

事先计算出张拉控制应力和理论计算伸长值,在施加应力后进行实际伸长值的测量,然后比较理论伸长值与实际伸长值偏差。如果偏差值在±6%以内,则为合格;如不在此范围内,应分析原因,现场及时调整。

4.5.3 锚　固

(1)钢绞线束的锚固

向千斤顶油缸充油并对钢绞线进行张拉，油压达到张拉吨位后关闭主油缸油路，并保持5 min，测量钢绞线伸长量加以校核。在保持5 min以后，若油压稍有下降，须补油到设计吨位的油压值。千斤顶回油，夹片自动锁定则该束锚固、张拉结束。

(2)精扎螺纹钢筋的锚固

向千斤顶油缸充油并对精扎螺纹钢筋进行张拉，油压达到张拉吨位后关闭主油缸油路，并保持5 min，测量精扎螺纹钢筋伸长量加以校核。在保持5 min以后，若油压稍有下降，须补油到设计吨位的油压值。人工将精扎螺纹钢筋锚固螺母旋紧，并用榔头及扁钻打紧。千斤顶回油，张拉结束。

4.5.4 退　顶

关闭送油阀、打开回油阀，开启油泵，缓慢将油送回油缸，千斤顶回缩、预应力筋锚固后，退出千斤顶。

4.5.5 断丝、滑移判断及处理

在张拉过程中，应注意观察预应力筋的变形过程是否一致，听见有异常声音时应停止张拉，检查发现有钢丝松动时，即为断丝。

在张拉过程中，应注意观察预应力筋的变形过程是否一致，发现有个别钢丝伸长变形与其他不同步或者不伸长、检查有松动时，即为钢丝滑移。

全梁断丝、滑丝总数不得超过钢丝总数的0.5%，且一束内断丝不得超过一丝，也不得在同一侧。否则，应进行停止张拉作业，退出千斤顶，进行放张、更换断丝和滑移的预应力束。

4.6 预应力管道压浆

4.6.1 管道清洁处理

管道清理宜先采用高压水从高端向低端进行管道冲洗，出口流出的水无污物为止；再采用高压风将管道内的积水吹干净。

4.6.2 水泥浆制备

在压浆现场按照水泥浆的设计配合比，先在搅拌机内加入定量的清水，再加入定量的水泥，开启搅拌机进行水泥浆的拌制，拌和时间不小于设计规定，使水泥搅拌均匀。然后通过滤网筛将水泥浆放出流入储浆罐。

4.6.3 普通压力压浆

(1)张拉完毕24 h后，用砂轮切割机切割锚具外露的钢绞线，钢绞线超出锚具外留5 cm；然后将锚具周围预应力筋间隙用水泥浆封锚。待封锚水泥浆抗压强度达到2 MPa时，才得进行压浆。且管道压浆应在张拉完成两天内进行。

(2)将灰浆泵的压力表安装好，将进浆管放入储浆罐底部，检查所有压浆进浆管路连接牢固、封闭严密；开启灰浆泵进行压浆作业。

(3)压浆时，对曲线孔道和竖向孔道宜从最低点的压浆孔压入，由最高点的排气孔排水或泄水。

(4)压浆宜先压注下层孔道。压浆泵应采用连续式；同一管道压浆应连续进行，一次完成。

(5)管道出浆口应装有三通管，确认出浆浓度与进浆浓度一致时，待到稳定后再点动压浆机3到5下进行补压，以确保压浆饱满方可封闭保压。为保证管道中充满浆体，关闭出浆口后，应保持不小于0.5 MPa的一个稳压期，该稳压期不宜少于2 min。

(6)串浆的处理：当发现从旁边的管道溢出浆液时，即为管道串浆。如果旁边的管道已经张拉，则采取增加压浆设备、两根(多根)管道同时压浆；如果串浆的管道没有张拉，则采取用高压水冲洗已经压浆的管道和串浆的管道，将浆液冲洗干净，找出串浆位置进行封堵，然后进行二次压浆。

4.6.4　真空压浆

真空压浆与普通压力压浆的区别在于在预应力管道出浆口安装有真空泵，其余制浆压浆设备不变。工艺顺序在于先开启真空泵，将管道内的空气抽出，使孔道内处于80%的真空状态，使孔道的水蒸发为水气。再开启灰浆泵，在负压力下，压浆泵将浆体压入孔道。通过真空泵的一段透明管道观察被抽出来的水泥浆液达到一定浓度后，关闭出浆管球阀开关，继续压浆，压力达到规定后方可停止压浆，关闭进浆口球阀开关。

4.6.5　二次压浆工艺

待到压力稳定后再点动压浆机3到5下进行补压，以确保压浆饱满方可封闭保压。为保证管道中充满浆体，关闭出浆口后，应保持不小于0.5 MPa的一个稳压期，该稳压期不宜少于2 min。

4.7　封　　锚

4.7.1　封锚区域凿毛、冲洗处理

在预应力筋张拉锚固结束后，进行梁端封锚区新旧混凝土结合面的凿毛。采用人工用铁钎凿除结合面的灰浆，露出新鲜的混凝土。

凿毛完毕，用压力水将结合面上的杂物冲洗干净。

4.7.2　封锚区域钢筋网设置

按照设计封锚钢筋进行钢筋制作和安装，与梁体预留钢筋绑扎焊接在一起。

4.7.3　浇注封锚区域混凝土

按照设计封锚尺寸，进行模板制作和安装。模板内表面应清理干净、涂上脱模剂；加固牢固，防止浇注混凝土跑模。采用溜槽将混凝土放入模板内，用插入式捣固器进行振捣。由于封锚区钢筋密集、空间尺寸小，宜采用直径最小的插入式捣固棒，振捣缓慢、仔细，保证封锚区混凝土密实。

5　工艺流程

5.1　张拉工艺流程图

张拉工艺流程如图1。

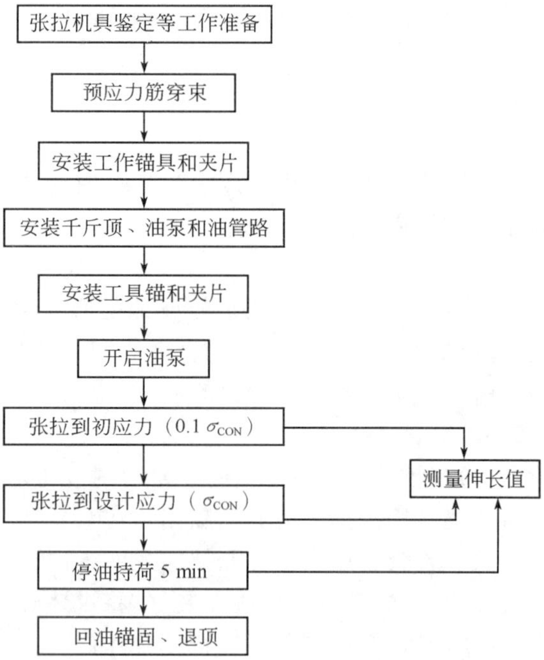

图1　张拉工艺流程图

5.2　压浆工艺流程图

压浆工艺流程如图2。

6　质量措施

(1)张拉前应对梁体认真检查，对混凝土

缺陷经允许后方可进行修补,对裂纹作出观测记录。

(2)当混凝土强度达到设计要求后,经监理工程师认可才能进行张拉,张拉应按设计和施工规范要求分批对称进行,整个张拉过程中应严格按照张拉吨位及钢束伸长值进行双控,确保张拉质量。

(3)预施应力前,应将支承板上的灰浆清除干净。

(4)装工作锚前,应校对检查每束钢绞根数是否与设计相符。

(5)将工作锚环套入钢绞线束,按钢绞线自由状态依顺时针方向插入夹片,并用小空心钢管轻轻将夹片击入锚环内。工作锚装好后,将钢绞线尾端100 mm处绑扎成束,以利安装千斤顶。

(6)安装千斤顶并与孔道中线初对位。安装工具锚于千斤顶后盖上,精确对中,钢绞线应在工作锚与工具锚之间顺直无扭结。张拉时应认真做到孔道、锚环与千斤顶三对中,以便张拉工作顺利进行,并不致增加孔道摩擦损失。

(7)实际伸长值两端之和与计算伸长值之差不超过计算伸长值的±6%。

(8)按检验规定控制滑丝、断丝数量。

(9)张拉过程中出现以下情况之一者,需要换锚具或换钢绞线束重新张拉:

1)锚具中夹片断裂者,锚具夹片错牙在10 mm以上者;

2)锚具内夹片断裂两片以上者(含有错牙的两片断裂);

3)片梁中滑丝量超过规定,选最不利的一束进行处理;

4)锚环裂纹损坏者,切割钢绞线或压浆时又发生滑丝者。

(10)如果气温达到冬季施工要求,则要采用冬季施工方案保证张拉和注浆时的温度,将梁部用一层塑料布、一层电热毯、一层篷布在拆模后全部包裹,内箱采用热风机供暖,直至张拉、注浆养护期结束。

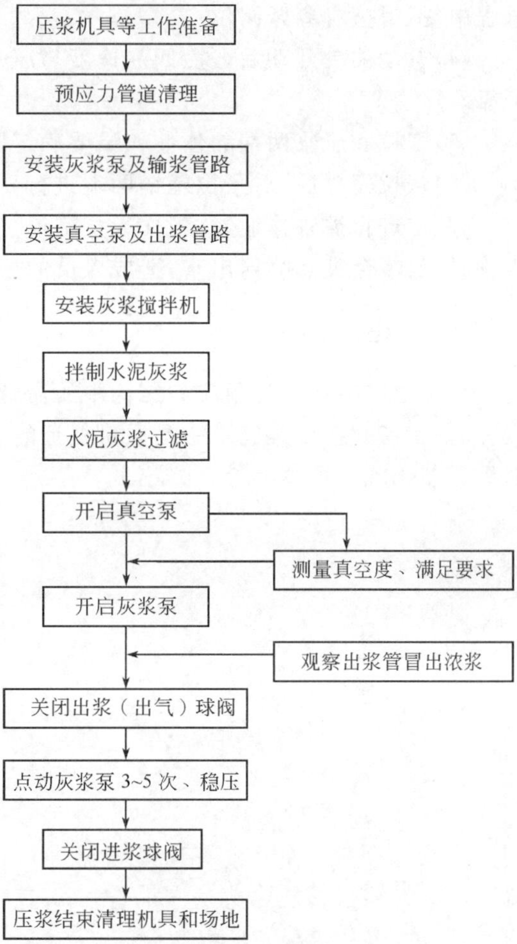

图2 压浆工艺流程图

(11)向张拉钢绞线时,用对讲机进行联络,必须两边同时给千斤顶主油缸徐徐充油张拉,两端伸长应基本保持一致,严禁一端张拉。

(12)工具锚的夹片,应注意保持清洁和良好的润滑状态。新的工具夹片第一次使用前,应在夹片背面涂抹润滑脂,以后每使用5～10次,应将工具锚上的挡板连同夹片一起卸下,向锚板的锥形孔中重新涂抹一层润滑剂,以防夹片在退楔时卡住。

(13)预应力筋锚固后的外露长度,不宜小于30 mm,长期外露的锚具,可涂刷防锈油漆,或用混凝土封裹,以防腐蚀。

(14)压浆完成后,及时封锚。

7 安全措施

(1)用于张拉压浆作业用的设备必须出具出厂合格证明书,并经相关单位标定检查;

(2)预应力张拉和压浆作业区,无关人员不得进入,千斤顶和出浆口的正对面严禁站人,且张拉作业时千斤顶的正前面要做好防夹片飞出措施;

(3)操作千斤顶和量测伸长值人员,应站在千斤顶侧面操作,严格遵守操作规程;油泵开动过程中,不得擅自离开岗位;

(4)电动油泵开动后,进、回油速度与压力表指针升降应平衡,均匀一致,安全阀保持灵敏可靠;

(5)张拉和压浆两端的作业人员要确定联络信号,保障信息的及时传递;

(6)张拉完毕后,对张拉施锚两端进行妥善保护,严禁撞击锚具、钢束等;

(7)在进行灌浆作业时,工作人员不得往管道孔或排气软管里直视,以防由于临时遇到阻碍物时,灰浆会突然喷射出来,造成人员的严重伤害。

8 结 束 语

预应力施工技术是预应力结构中的命脉,是主要承力结构,多年来该技术得到了广泛地发展和运用,特别在桥梁施工中是质量保证的关键工序。本节总结了连续梁预应力施工技术,为以后标准化施工提供参考。

预应力混凝土连续梁(刚构)边跨现浇段施工工艺

1 前　　言

近年来,预应力混凝土连续梁(刚构)在国内外得到了广泛的应用,其主梁一般情况下均采用悬臂浇注法施工。基于悬臂浇注法施工的原理,预应力混凝土连续梁(刚构)被划分为 0# 段、悬臂浇注段、边跨现浇段及边(中)跨合龙段,其中的边跨现浇段长度一般不大(小于 15 m),但受到施工场地条件、支座安装和边跨合龙段施工的影响,其施工有一定技术难度,主要涉及支架方案的选择、地基处理、模型方案的选择、安装以及对施工工序的质量控制等方面。

2 工艺特点

(1)充分考虑了边跨现浇段的受力特点,充分体现桥梁结构设计意图,施工质量可靠。

(2)边跨现浇段施工支架可根据现场实际情况,灵活选择落地支架、桥墩牛腿支架和挂篮吊架方案,施工方便,且施工费用低。

3 适应范围

本工艺适用于所有的预应力混凝土连续梁(刚构)边跨现浇梁段施工。

4 工艺原理

预应力混凝土连续梁(刚构)边跨现浇段施工工艺与现浇箱梁施工工艺相近,但由于与悬臂浇注段和合龙段施工相关联,其施工工艺有其特殊性。

预应力混凝土连续梁(刚构)边跨现浇段施工工艺的工艺原理为:根据桥梁结构设计和施工现场的实际情况选择适宜的支架方案(包括落地支架、桥墩牛腿支架和挂篮吊架)和地基处理方案,待支架(含地基处理)施工好后进行支架预压(包括堆载预压和反拉预压方案);预压完成后进行底模和外侧模安装,再进行底腹板及横隔墙钢筋、预应力管道安装,再进行内模安装和顶板钢筋、预应力管道安装,最后进行混凝土浇注和养护。

5 支架设计

5.1 支架方案选择及结构设计

5.1.1 支架方案比选

预应力混凝土连续梁(刚构)边跨现浇段施工属于高空作业范围,其所用支架一般考虑以下三种方案:落地支架、挂篮现浇支架和墩柱预埋牛腿支架,适用范围及各自的优缺点见表 1。

表 1　支架方案比选表

序号	支架方案名称	适用范围	优　缺　点
1	落地支架	(1)桥位无水或水较浅或地基较好,有利于落地支架搭设; (2)桥墩高度在 20 m 以下	优点:支架可利用常备式杆件,减小一次性投入;技术要求低,施工方便。 缺点:需进行必要的地基处理;支架安装、拆除费时、费力,劳动力投入大
2	挂蓝悬灌支架	边跨现浇段长度不大,且边跨与中跨跨径比在 0.55～0.58 之间	优点:直接利用挂篮作为施工支架,施工方便快捷,方案经济性好。 缺点:桥梁结构在设计上满足受力要求
3	墩身预埋牛腿支架	(1)桥下有水或地基较差,不利落地搭设支架; (2)边跨现浇段长度不大,桥墩高度在 20 m 以上	优点:不受地形条件影响,且可与悬灌段施工同时进行。 缺点:支架搭设难度大、技术要求高,对起重设备要求较高;桥墩受偏心荷载影响

5.1.2　支架及模板结构设计

(1)落地支架。

落地支架可分为梁柱式支架和满堂是支架两大类。

满堂式支架根据所用材料不同,分为普通钢管脚手架、碗扣式支架和门式支架等几种。满堂式支架主要由立杆(立柱)和横向水平杆(小横杆)、纵向水平杆(大横杆)、剪刀撑和斜撑等组成,立杆、大横杆和小横杆是主要受力构件。支架杆件连接用扣件式,采用直角扣件、旋转扣件和对接扣件三种,供两根钢管直角连接、搭接连接或对接连接用,三种扣件的容许荷载分别为 6 kN、5 kN 和 2.5 kN。立杆间距应根据计算确定,一般正面为 1.0～1.2 m,横桥向以 0.5～1.1 m为宜,大横杆步距不宜大于 1.5 m。若使用碗扣式支架搭设,则应该按照实际情况把立杆布置成梅花状,以减小横杆步距。

普通钢管支架结构方案如图 1。

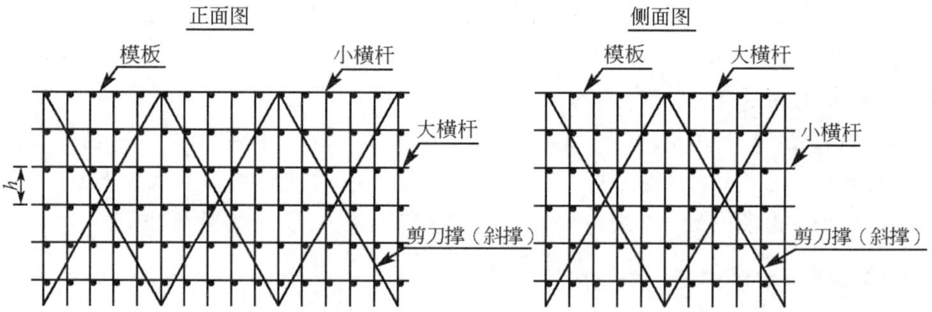

图 1　满堂式支架图

(2)挂篮悬灌支架。

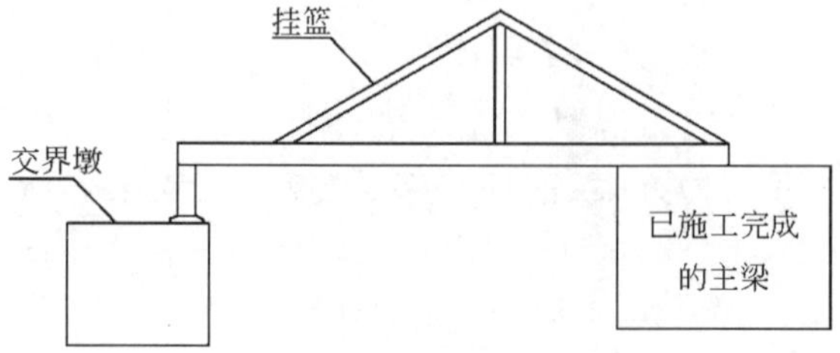

图 2　挂篮悬灌支架方案图

当主梁施工已完成至边跨现浇段,可在主梁与交界墩之间利用既有挂蓝进行现浇段施工。即利用已浇注的箱梁节段悬浇施工所用的轻型挂篮作为吊架,使挂篮两组主桁架底纵梁的前端支撑在已安装完毕的 T 梁顶面或者交界墩盖梁顶面,后端支撑在已施工完毕的箱梁节段上,由于现浇段和合龙段宽度之和与标准段不等,在预埋挂篮吊杆孔时,应改变其预埋位置。现浇段几何结构与标准段也有不同,故在利用原挂篮施工现浇段时,需适当修改底模。此方法安全可靠,且可最大限度地利用既有挂篮设施,节省大量人力、钢材、资金,降低了施工危险程度,施工方便快捷,不影响相邻区域项目的施工。挂篮悬灌支架方案如图 2。

(3)墩身预埋牛腿支架

墩身预埋牛腿支架法是在施工交界墩时,根据现浇段底面标高,按照一定的高度预埋牛腿在交界墩中,在预埋牛腿的同时注意对牛腿中的螺栓孔进行必要的保护。然后在墩身施工完成后拼装支架。预埋牛腿支架主要由牛腿、斜支撑杆、纵向小横杆和横向大横杆等组成。墩身预埋牛腿支架方案如图 3。

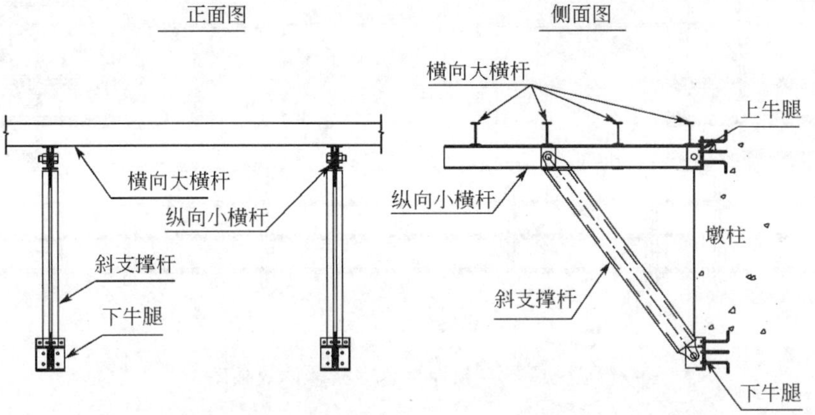

图 3 墩身预埋牛腿支架方案图(一)

横向大横杆和预埋牛腿应在计算出荷载后按照实际情况确定间距和数量。

在连续梁(刚构)现浇段施工中,现浇段宽度有时会比交界墩盖梁宽,而预埋牛腿支架只能解决一部分现浇段混凝土的浇注,在盖梁两侧超出部分则需另寻它法解决。这时可考虑在施工盖梁的时候预埋拉环在盖梁顶面,外挑杆件来满足施工需要。其总体结构如图 4。

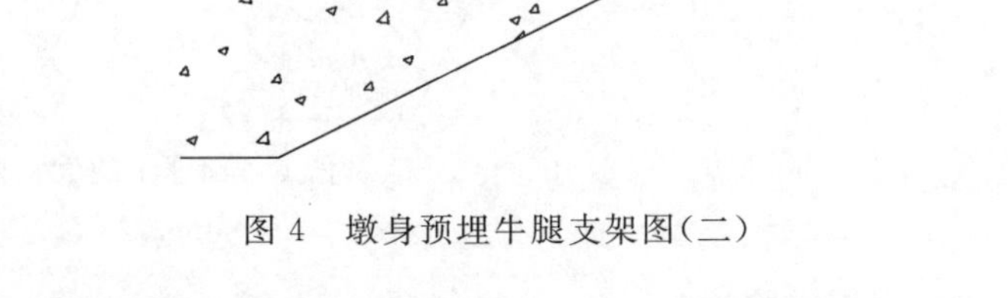

图 4 墩身预埋牛腿支架图(二)

预埋扣件、外挑梁及横向梁也应按照实际情况确定间距和数量。

以某大桥边跨现浇段支架为例,其结构如图 5(墩身预埋牛腿支架整体效果图)。

从图 5 中可以看出,运用此支架方案施工边跨现浇段会使盖梁及墩柱处于单边受力状态,故在引桥侧应考虑一加载方案,来使盖梁和墩柱受力平衡。

牛腿预埋件结构是本方案的关键结构之一。牛腿预埋件主要分为预埋部分和连接部分。预埋部分又包含了锚固钢筋、钢筋套筒、预埋钢板和预埋垫板;连接部分包含了牛腿钢板、辅助板和连接板。预埋部分在施工墩柱和盖梁时应及时预埋,并做好必要的保护措施,在盖梁施工

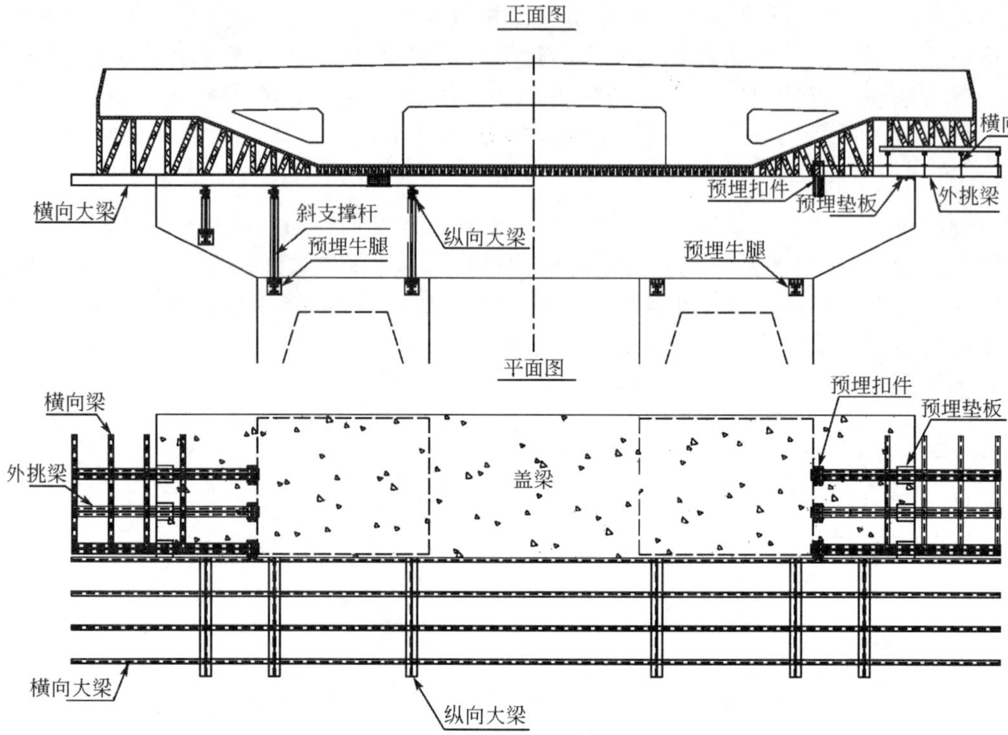

图 5　墩身预埋牛腿支架整体效果图

完成后，用螺栓将预埋部分和连接部分连接起来，便可进行斜支撑杆的连接了。

牛腿预埋件结构示意图如图 6。

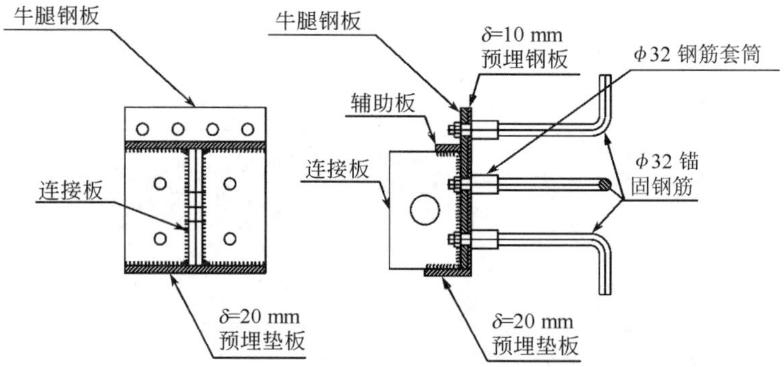

图 6　预埋牛腿大样图

5.2　模板结构设计

模板的主要结构包括面板、纵肋、横肋、模型骨架以及对拉螺杆。面板和纵肋、横肋组成了单位模板，再用过模型骨架拼组成大块钢模。

采用满堂式支架法及墩身预埋牛腿支架法进行边跨合龙段施工时，需另外制作加工模型。模型可用大块钢模，亦可采用胶合板，根据现浇段结构设计情况，采用内拉外撑的方式进行加固，以达到施工需要。若采用挂篮悬灌支架法进行边跨现浇段施工，外侧模和底模可利用主梁悬灌模型适当调整使用，但内模须根据实际断面尺寸设计。

5.3 支架及模板检算

5.3.1 计算荷载及组合

(1)设计荷载。

1)模板、支架和拱架自重;

2)新浇注混凝土、钢筋混凝土或其他圬工结构物的重力;

3)施工人员和施工材料、机具等行走运输或堆放的荷载;

4)振捣混凝土时产生的荷载,计算取值 2.0 kPa;

5)新浇注混凝土对侧面模板的压力;

6)倾倒混凝土时产生的水平荷载;

7)其他可能产生的荷载,如雪荷载、冬季保温设施荷载等,按实际情况考虑。

(2)荷载组合。

荷载组合见表 2。

表 2 模板、支架设计计算的荷载组合表

模板结构名称	荷载组合	
	计算强度用	验算刚度用
梁、板的底模板以及支承板、支架等	(1)+(2)+(3)+(4)+(7)	(1)+(2)+(7)
侧模板	(4)+(5)	(5)

(3)强度、刚度及稳定性要求。

1)稳定性要求。

支架受压构件纵向弯曲系数可按《公路桥涵钢结构及木结构设计规范》(JTJ025)进行计算。支架的立柱应保持稳定,并用撑拉杆固定。当验算模板及其支架在自重和风荷载等作用下的抗倾倒稳定时,验算倾覆的稳定系数不得小于 1.3。

2)强度及刚度要求。

验算模板、支架及拱架的刚度时,其变形值不得超过下列数值:

结构表面外露的模板,挠度为模板构件跨度的 1/400;

结构表面隐蔽的模板,挠度为模板构件跨度的 1/250;

支架受载后挠曲的杆件(盖梁、纵梁),其弹性挠度为相应结构跨度的 1/400;

钢模板的面板变形为 1.5 mm。

5.3.2 模板结构计算

(1)底模板系统设计。

底模板结构:先纵横向铺设方木,然后铺设胶合板。

底板计算:

按五跨连续梁进行计算。

① 强度计算:

$$M=Kql^2 \qquad \sigma=\frac{M}{W}<[\sigma]$$

式中 M——计算最大弯矩;

σ——抗弯强度设计值;

q——均部荷载；

l——计算跨度；

W——纵梁截面抵抗矩；

$[\sigma]$——胶合板的容许应力。

② 刚度计算：

$$f=K\times\frac{ql^4}{100EI}<[f]$$

式中　f——分配梁的最大扰度值；

q——均布荷载；

l——计算跨径；

K——扰度系数；

EI——抗弯刚度；

$[f]$——容许扰度为跨径的 1/400。

(2)外侧模板系统设计。

1)外侧模板采用大块钢板或木模(外贴胶合板)。

2)外侧模板计算：

按三跨连续梁计算

① 强度计算：

$$M=Kql^2\qquad \sigma=\frac{M}{W}<[\sigma]$$

式中　M——计算最大弯矩；

σ——抗弯强度设计值；

q——均部荷载；

l——计算跨度；

W——纵梁截面抵抗矩；

$[\sigma]$——面板的容许应力。

② 刚度计算：

$$f=K\times\frac{ql^4}{100EI}<[f]$$

式中　f——外侧板的最大扰度值；

q——均布荷载；

l——计算跨径；

K——扰度系数；

EI——抗弯刚度；

$[f]$——容许扰度为跨径的 1/400。

(3)内模板系统设计。

1)内模结构形式。

内模结构包括内模、内模骨架、内模支撑。内模可以采用木模，也可以采用钢模；内模骨架用方木或角钢等制作成框架；内模支撑采用 $\phi48\times3.5$ 脚手管做排架。

2)内模计算。

内模计算参照外侧模板进行。内模骨架、内模支撑参照支架进行。

5.3.3 支架结构计算

(1)满堂式支架计算。

满堂式支架计算包括立柱、地基承载力的计算,纵横向水平杆、剪刀撑等满足构造设计要求后可不进行计算。

1)立杆。

$$N \leqslant [N]$$

式中 N——立杆外荷载,根据模板分配梁计算的支反力确定;

$[N]$——立杆的允许承载力,按两端铰接的受压构件计算。

$$[N]=\varphi A[\sigma]$$

式中 A——立杆横截面面积;

φ——立杆轴心受压构件纵向弯曲系数;

$[\sigma]$——钢材强度极限值,为 215 MPa。

2)地基承载力。

$$P=N/A_b \leqslant [\sigma]$$

式中 P——立柱基础底面处的平均压力设计值;

N——上部结构传至基础顶面的轴心设计值;

A_b——基础底面积;

$[\sigma]$——地基承载力设计值,$[\sigma]=f_k \times k_b$;

f_k——地基承载力标准值,按国家现行标准《建筑地底基础设计规范》中附录五的规定采用;

k_b——地基承载力调整系数,对碎石土、砂土、回填土 $k_b=0.4$;对黏土 $k_b=0.5$;对岩石、混凝土 $k_b=1.0$。

(2)挂篮悬灌支架计算。

挂篮悬灌支架计算参照主梁悬臂施工用挂篮设计计算。

(3)桥墩牛腿支架计算。

桥墩牛腿支架计算主要包括牛腿整体计算、压杆稳定计算、预埋件计算、焊缝计算和混凝土局部承压、抗拉计算等部分。

1)牛腿整体计算。

牛腿整体计算是整个结构计算的基础,其外荷载由模板分配梁计算的支反力确定。当边跨现浇段的长度不长时,牛腿只需采用简单的三角形结构(由纵梁和斜杆组成);当边跨现浇段的长度大时,牛腿应设计成梁、桁架组合结构,以缩短梁的跨度和斜杆的自由长度。因此,牛腿计算一般可采用结构分析软件进行。为分析各杆件的最不利受力状态,桁架与桥墩的连接可分别按铰接和刚接进行比较。

2)压杆稳定计算。

在牛腿整体计算的基础上,对于桁架中的受压杆件还必须进行稳定性分析,特别应注意型钢弱轴方向的稳定验算。计算方法如下:

$$N \leqslant [N]$$

式中 N——压杆外荷载,根据牛腿整体计算的支反力确定;

$[N]$——压杆的允许承载力,按两端铰接的受压构件计算。

$$[N]=\varphi A[\sigma]$$

式中　A——压杆横截面面积；

φ——立杆轴心受压构件纵向弯曲系数；

$[\sigma]$——钢材强度极限值，为 215 MPa。

3）预埋件计算。

在牛腿整体计算的基础上，对于预埋于桥墩的各预埋件必须进行预埋钢筋抗拉、抗剪验算，验算时应注意到由于节点弯矩可能引起的预埋钢筋抗拉力的不平均性。由于预埋件是整个牛腿传力至稳定结构的基础，应适当提高其安全系数。

4）焊缝计算。

在牛腿整体计算的基础上，对于杆件与各预埋件连接的焊缝必须进行抗拉、抗剪验算，验算时应注意到由节点弯矩可能引起的焊缝受力的不平均性。由于预埋件是整个牛腿传力至稳定结构的关键，再加上受高空焊接作业环境和焊工水平的影响，应适当提高其安全系数。必要时应采取超声波等技术对焊缝质量进行检测。

5）混凝土局部承压、抗拉计算。

当预埋件位置处于桥墩的特殊位置（如薄壁结构等）或局部应力较大时，应对预埋件位置的混凝土局部承压、抗拉计算。混凝土局部承压、抗拉计算可采用 ANSYS 等专用分析软件进行。

6　施工工艺流程及施工操作要点

6.1　施工工艺流程

施工准备→测量放样→支架搭设及预压→边墩支座安装→测量控制底模标高→底、外侧模安装→底、腹板钢筋及预应力管道安装→内模及支架安装→顶板钢筋及预应力管道安装→端模安装→混凝土浇注、养护→预应力张拉→施工结束。

6.2　施工操作要点

6.2.1　支架地基处理

本标准工艺中的三种支架方案，仅有落地支架才需要进行地基处理。若采用满堂式支架，其地基承载力要求不高，一般采用浅层处理方案：可先将地表腐质土、杂填土等不良土清除，然后回填满足路基填筑要求的砂类土、黏性土或石料进行整平压实，再铺设 15 cm 厚 C15 混凝土；若采用梁柱式支架，其地基承载力要求较高，一般应根据荷载、地基情况确定相应的处理方案（桩基础或明挖基础）。

6.2.2　支架安装及预压

（1）支架安装。

1）满堂式支架安装。

支架一般采用“碗扣”式满堂支架，其结构形式如下：纵向立杆布置间距以 90 cm 为主，箱梁两端为 60 cm；横向立杆在箱梁腹板所对应的位置间距 90 cm，腹板及底倒角处钢管间距 60 cm，其中腹板下加密两列普通钢管，以加强腹板处支架的承载能力；翼缘横、纵向立杆均按 90 cm 布置。在高度方向横杆步距 120 cm，使所有立杆联成整体，为确保支架的整体稳定性，在每三排横向立杆和每三排纵向立杆各设置一道剪刀撑。在地基处理好后，按照施工图纸进行放线，纵桥向铺设好支垫钢板，便可进行支架搭设。支架搭设好后，用可调顶托来调整支架高度或拆除模板。

2)挂篮悬灌支架安装。

主梁施工至边跨合龙段时,利用挂篮行走小船将挂篮平移到位,后锚杆锚固于已浇筑的主梁,前臂伸至交界墩(必要时可焊接接长前臂),再与交界墩顶部的支架连接成一整体。两部挂篮经过以上步骤架设完毕后,再在两部挂篮上横铺工字钢以完成支架最后的架设。

3)墩柱预埋牛腿支架安装。

此类支架都应有相应的支架设计图,在施工交界墩墩柱的同时即应预埋牛腿。牛腿预埋高度应事先根据梁底标高和支架总高度来确定,牛腿预埋数量则应根据现浇段总体荷载和支架自身重量计算,然后再按照图纸逐一安装斜支撑架。斜支撑架安装完毕后在其上横铺工字钢,工字钢以上再安放木质碰头楔块,以便梁体底模标高调整和方便以后拆除模型。

(2)支架预压。

支架预压的目的:一是检查支架的安全性,确保施工安全;二是消除地基非弹性变形和支架非弹性变形的影响,有利于桥梁线形控制。

1)支架预压方案比选。

为检查支架的安全性,确保施工安全,消除整个支架的塑性变形,在支架搭设完成后要对其进行预压,预压重量应模拟总体荷载,即混凝土自重、施工人员及机具重量、模板及支架重量等的总和。预压方法依据箱梁混凝土重量分布情况,按照堆放重物或者施加张拉力预压。堆放重物预压即是在搭好的支架上堆放与荷载等重的预压材料。预压材料可采用沙袋、水箱及既有钢材,因水箱预压需要场地面积较大,对边跨现浇段施工的场地来说是完全不能实现的,故水箱预压不能用于此处,可考虑其他两种材料进行预压。施加张拉力预压是指在合龙段垂直以下地面打上地锚,然后利用预应力束对其施加同等重量的张拉力。施加张拉力预压施工简单,适合在起吊重物困难和重物材料不足的情况,但也有其缺点,就是施加力较集中,不能有效地反应梁体重力分布。

2)沉降观测。

为了解支架沉降情况,在预压之前测出各测量控制点标高,测量控制点按顺桥向每 2 m 布置一排,每排 4 个点,必要时应增加控制点。在加载 50% 和 120% 后均要复测各控制点标高,加载 100% 预压荷载并持荷 24 h 后要再次复测各控制点标高,如果加载 120% 后所测数据与持荷 24 h 后所测数据变化很小时,说明支架已基本沉降到位,可卸载,否则还须持荷进行预压,直到支架沉降到位方可卸压。支架日沉降量不得大于 2.0 mm(不含测量误差),一般预压时间为 3 d。卸压完成后,要再次复测各控制点标高,以便得出支架的弹性变形量(等于卸压后标高减去持荷后所测标高),用总沉降量(即支架持荷后稳定沉降量)减去弹性变形量即为支架的非弹性变形(即塑性变形)量。预压完成后要根据预压成果来调整现浇段底模标高。

6.2.3 边墩支座安装

支座安装根据不同的型号应采用不同的方法。一般情况下,支座生产厂家对其产品的安装方法均有详细的说明,因此,支座安装前应请厂家派技术人员到现场进行技术交底,并在过程中进行技术指导。有一点值得注意的是关于支座的预偏量设置的问题,该预偏量值应根据设计文件规定,在委托厂家生产时明确有关技术要求。支座安装质量控制的重点包括平面位置、标高、四角高差、预偏量以及灌浆质量等方面,必须指定专门的技术人员负责。

6.2.4 模板工程

(1)底模安装。

底模受竖向自重作用,其安装重点在于模型底部、支架顶部的纵横向分配梁的调平,同时根据预压后的结果，采用小木条作为碰头楔块来调整底模标高，也便于拆除底模支架。在模型接缝处应粘贴透明胶带，保证模型之间无缝隙，防止漏浆，对现浇段质量产生影响。

(2)外侧模安装。

外侧模受侧向压力，横向端为外露面，采用表面光滑的胶合板或钢模，可通过设置的单头拉杆加背杠固定；而其中一面纵向端为与边跨合龙段交界面，必须为粗糙面，因此采用木板封面、单头拉杆加背杠固定。

(3)内模安装。

因设计一般都为箱梁，为保证底板混凝土密实无空洞，内模安装时应根据捣固器的作用半径和钢筋、预应力的位置适当预留空洞用于振捣和排气，待混凝土逸出见粗颗粒时再封闭。

(4)模型加固。

模型加固重点是内模和侧模。为防止施工混凝土内箱结构变形和顶板钢筋上浮，对穿拉杆通过底板将底模和内模底部相连，内箱加方木或钢管支撑加固。侧模采用单头拉杆背杠加固，确保结构尺寸满足设计要求。

6.2.5　钢筋及预应力管道安装

边跨现浇段在底模、外侧模完成后便可开始施工钢筋，钢筋在钢筋房精度加工成半成品后，运至施工现场。需注意的是，钢筋严禁存放于支架上。

(1)钢筋制作及安装。

钢筋在加工房加工成半成品，汽车运输至现场，用塔吊配合人工安装。主筋直径大于 25 mm 的钢筋采用滚轧直螺纹套筒联接，主梁分段连接钢筋采用焊接接头。环向箍筋及架立钢筋用扎丝绑扎、接头点焊，其搭接长度不小于规范规定。在同一断面内钢筋接头数量不应超过 50%。

(2)预应力束、管道制作及安装。

预应力束在现场制作，根据设计和工作长度进行下料，按组别编号和存放；设置有挤压锚的预应力应保证内含挤压簧，以增加摩擦防止张拉施工时预应力筋与挤压套筒脱落造成事故。

塑料波纹管直接购买专业厂家生产的成品。金属波纹管可直接购买专业厂家生产的成品，也可在现场加工制作；在现场加工时，采用 0.3 mm 钢带卷制而成，波纹管的加工长度在 10 m 左右。波纹管严格按照设计坐标准确、牢固安装，要求安装的管道平顺，无死弯，设置“井”字形架立钢筋。波纹管的接长采用大一型号的同型波纹管作为接头管，接头管的长度为 300 mm，管两端用密封胶带封裹以防漏浆。波纹管安装好以后在两端安装锚头垫板和螺旋筋，垫板与端模连在一起。

6.2.6　混凝土工程

(1)原材料选择及配合比设计。

原材料的选择是本着就近选材及经济合理的原则，经试验之后确定选用符合高标号混凝土施工的优质材料：水泥应注重综合性能，其各项指标均需达到国标要求；粗骨料粒径应控制在 5～25 mm 范围内，含泥量必须满足规范要求方可使用；细骨料宜采用中粗河砂；外加剂的选择应注意与水泥的相容性，其减水率和合易性等方面需达到要求。

边跨现浇段箱梁混凝土与悬管段梁部的配合比相同，可直接采用。设计方法此略。

(2)混凝土生产、运输、现场浇注及养护。

边跨现浇段箱梁混凝土在拌和楼集中生产，混凝土罐车运输至施工点地面，再利用输送泵泵送入模。箱梁混凝土分三部分浇注，第一部分浇注底板及横隔板，第二部分浇注竖腹板及斜腹板，第三部分浇注顶板。各部分混凝土的间隔时间应控制在下部分混凝土的初凝时间内，并满足模板受力要求的前提下尽可能缩短。混凝土分层浇注,分层厚度 30 cm,均匀摊铺,连续灌注。

混凝土振捣采用插入式捣固器捣固密实,捣固时严格按规范控制插入深度、捣固时间及距离,浇注腹板混凝土时用木棰敲击模板,以保证混凝土内实外美。顶板混凝土浇注完,待混凝土收浆时进行抹面,完后覆盖。待混凝土初凝后,采用草袋或土工布洒水养护,养护时间不得小于 7 d。在养护过程中,通过预先埋设的测温元件进行温度监测,每小时对混凝土的内部和外部进行温度测量,通过加强养护,控制温度不大于 25 ℃。拆模时梁体混凝土表面温度与环境温度相差不宜大于 15 ℃。拆模完成后,应再派专人对梁端面进行凿毛,以便新旧混凝土的接触。凿毛至可见粗骨料即可。

6.2.7 预应力束张拉及管道压浆

(1)准备工作。

1)将锚垫板喇叭管内的混凝土清理干净;

2)消除钢绞线上的锈蚀、泥浆;

3)套上工作锚板,在锚板锥孔内抹上一层薄薄的黄油,在锥孔内装上工作夹片。

(2)千斤顶的定位安装。

1)套上相应的限位板;

2)装上张拉千斤顶,并且与油泵相连接,注意千斤顶要和油压表配套使用;

3)装上工具锚板,在锚板锥孔内装上工具锚夹片,锥孔内表面和夹片表面涂上约 1 mm 厚的蜡质润滑剂,以使张拉完毕后夹片能自动松开。

(3)张拉。

1)当浇注混凝土强度到达设计强度的 80%以上,同时龄期必须为 3 d 以上方可进行张拉(若设计有规定则应按设计执行)。张拉按照设计张拉顺序进行,采用张拉力和伸长值双控,伸长值容许误差控制在±5%以内,同一断面的断丝率不得大于 1%,更不容许整根钢绞线拉断;

2)张拉过程如下:0→初应力 15%σ_k→张应力 100%σ_k,持荷 3 min 后回油;

3)伸长量较大时应采用两次或多次张拉,此时应注意控制千斤顶的伸长值不超过千斤顶的行程 20 cm;

4)为了消除钢绞线束不直和初始受力不均的影响,一般应在张拉力达到一定初始值之后,再进行伸长值的量测。可在钢束张拉时初始张拉力(取设计张拉力的 15%)状态下标注伸长量起始记号,用量测值和理论计算值复核;

5)若伸长量不足或过大,要及时分析原因,一般是管道布置不准,增大孔道摩阻,应力损失过大,有时也有可能设计计算使用的钢绞线的弹模值与实际使用的弹模值不相同。总之要及时查明原因,采取相应的措施后方可进行下一步施工。

(4)锚固。

1)松开送油油路截止阀,张拉活塞在预应力筋回缩下回程若干毫米,工作锚片锚固好预应力筋;

2)关闭回油油路截止阀,向回程油缸送油,活塞慢慢回程到底;

3)按顺序取下工具夹片、工具锚板、张拉千斤顶、限位板。

(5)管道压浆。

1)一般在张拉后 24 h 内往张拉孔道内压浆,如情况特殊不能及时压浆,应采取保护措施保证锚固装置及钢绞线不被锈蚀,以防滑丝;

2)压浆是后张法预应力施工中的最后也是关键的一步,压浆前对压浆机进行认真检查、标定，用压浆机向管道内注压清水，充分冲洗，润湿管道，至全部管道冲洗完后，正式拌浆，开始压浆。压浆开始后需等另一端排水，排水孔亦喷出纯浆并稳定后，才可封闭排气孔，其后对管加压到 0.6 MPa 以上并持荷 3 min 后封闭。

(6)封锚。

1)在距工作夹片 5 cm 处，切除多余的预应力筋，用混凝上封住锚头；

2)切割多余的钢绞线一般用砂轮切割机。

(7)施工注意事项

1)夹片与锚环孔不应粘附泥浆或其他杂物，且不允许锈蚀(若有轻微浮锈，应彻底清除)。

2)对表面有锈的钢绞线，张拉前应彻底除锈，以减少磨擦损失。

3)锚具安装到位后，应及时张拉，以防止因锈蚀而产生滑丝、断丝。

4)限位板应根据千斤顶的外径选择。

5)工作锚板夹片与工具锚夹片不能混用(工作锚具不能重复使用)。

6)工具锚夹片对表面和锥孔内表面用前应涂有润滑剂以便退锚灵活。

7)张拉设备应定期进行标定，并且保证顶、表、油泵配套使用。

8)灌浆后 3 d 内不得切割钢绞线和碰撞锚具。

9)在张拉过程中，应注意是否有异常现象如响声、油压表指针抖动等，张拉完成后检查钢绞线上夹片留下的咬痕，以便及时发现滑丝问题。如出现滑丝，可用单根张拉千斤顶进行补张拉。

10)张拉前应检查张拉系统安全可靠，张拉时应有安全措施，张拉千斤顶后严禁站人。

6.2.8 支架与模型拆除

待混凝土强度达到设计要求后，外侧模、端模和内模均可拆除；底模及支架系统必须待边跨合龙段施工完成后，按照体系转换施工的总体要求进行。

7 主要施工机械设备配备

预应力混凝土连续梁(刚构)边跨现浇段施工主要机械设备同悬灌段见表 3。

表 3 主要施工机械设备表

设备类型	名称	型　号	生产能力或功能	数量(台或套)
起重设备	塔式起重机	QTZ25C 或 QTZ40D 或 QTZ60		1
	汽车起重机	8～30 t		1
	单筒卷扬机		1～5 t	4
运输设备	装载机	ZL40、ZL50		2
	自卸汽车		5 t、10 t	2
混凝土施工设备	HZD 混凝土拌和楼		50 m^3/h 以上	1
	混凝土运输车	JY—3000，JC6	6 m^3 以上	3
	混凝土泵	HBT60、80		1
	混凝土捣固棒	30、50		10 以上
预应力施工设备	预应力张拉设备		满足设计要求	4 套
	高压压浆泵	SNS 系列卧式		2 套
钢筋加工设备				2 套
木工加工设备				1 套

8 施工质量保证措施

8.1 工程质量控制标准

边跨现浇段施工质量按照悬臂浇注预应力混凝土梁质量标准执行,见表4。

表4 边跨现浇段施工质量标准

项 目		规定值或允许偏差(mm)
混凝强度(MPa)		符合设计要求
轴线偏位	$L\leqslant100$ m	10
	$L>100$ m	$L/10\ 000$
顶面高程	$L\leqslant100$ m	±20
	$L>100$ m	$L/5\ 000$
	相邻节段高差	10
断面尺寸	高度	+5,−10
	顶宽	±30
	顶底腹板厚	+10,−0
同跨对称点高程差	$L\leqslant100$ m	20
	$L>100$ m	$L/5\ 000$

8.2 工程质量控制措施

施工过程中应严格按照国家和地方政府质量管理、标准的法律、法规等有关规定组织施工,切实做好以下几个方面的工作:

(1)认真落实项目质量管理制度、健全质量岗位责任制,做到奖罚分明,逐级签订质量责任书,明确分工,责任到人,把质量落到实处。

(2)严格把好原材料质量关,对锚具、钢绞线、钢筋、水泥、砂、石等原材料做好进场质量检验、检测工作。根据高等级混凝土的技术要求,对全部材料都在施工前进行化学及物理性能检验;选择级配良好的中砂及粗骨料,控制各项指标达到设计要求;在施工过程中,不能用普通的抽样检验方法,采取全时制检验,原材料与施工工艺规程需与所制定的计划方案保持一致,符合该混凝土所应具有的技术条件;在高温燥热季节和高温地区时,要对原材料及管道进行降温处理;以上所有工作需有文字记载。

(3)认真做好混凝土质量控制工作,混凝土在生产过程要进行动态控制。由试验室根据工程情况、设计要求、气候变化、运输途中的交通状况、原材料的变化情况及工地的配合程度等因素,结合实践经验进行必要调整。混凝土振捣严格按规范控制插入深度、捣固时间及距离,且做到定人定点捣固,严禁出现过捣和漏捣现象。

(4)支座安装在厂家指导下进行,并指定专人负责质量控制工作。

(5)支架预压严格按照制定的技术方案进行,及时做好变形观测,为梁部线形控制提供准确的技术数据。

9 施工安全保证措施

施工过程中应严格按照国家和地方政府安全生产的法律、法规等有关规定组织施工,切实做好以下几个方面的工作：

(1)施工现场全体人员应严格执行《建筑安装工程安全技术规程》和《建筑安装工人安全技术操作规程》。

(2)在主要施工部位、作业点、危险区、主要通道口挂安全宣传标语或安全警告牌。

(3)施工机械进场安装后应经安全检查合格后投入使用，并严格按照施工机械设备管理和使用规定进行。

(4)预应力张拉施工安排具有资质的人员负责；施工过程中，千斤顶操作时前方不许站人，设备安装要求端部平整对中；油泵操作时需缓慢、均速加压和卸压，严禁超压和快速加压。

(5)施工支架平台上设安全防护措施，严防坠物；高空作业时不得向地面抛掷物品；脚手架、安全网的搭设要符合安全要求，并要定期检查、维修、保养。

10　环境保护措施

施工过程中应严格按照国家和地方政府环境保护的法律、法规等有关规定组织施工，切实做好以下几个方面的工作：

(1)污水排放管理方案、控制措施：

1)职工食堂设置滤油池、挡渣网对食堂产生的生活污水进行处理，通过下水道排放，严禁不经过处理直接排放；住房周围设置排水沟和沉淀池，生活污水经排水沟沉淀池沉淀后再排放。

2)卫生间每天安排专人打扫，保证清洁，定期消毒，厕所设置化粪池，完工后进行填埋处理。

3)拌和站周围设置排水沟和沉淀池，冲洗拌和机和混凝土运输车辆的污水经沉淀池沉淀和过滤后通过排水沟排放，并派人随时清理沉淀池。

4)机修间周围设置排水沟和集油池，污水经集油池过滤、沉淀后通过排水沟排放。

(2)噪声控制措施：

1)钢筋加工、机械修理均安排在昼间进行，以防止夜间噪声扰民。

2)主梁施工、拌和站混凝土搅拌作业时，其周围设置围护措施，以尽量减少噪声对周围环境的影响。

3)加强各种机械设备的维修保养工作，尽量降低设备噪声排放防止噪声超标。

(3)粉尘控制措施：

1)设置拌和站集中供应混凝土，粗细骨料集中堆放，水泥采用灌装，混凝土拌和时对粗骨料采取洒水措施等以减少粉尘的排放。

2)主要运输便道和车辆进出口采取定时洒水的措施，以减少扬尘。

3)跨公路短距离调运时，车斗内减少装载量并慢速行驶，安排洒水车对公路进行洒水以降低扬尘，并派专人清扫路面。

4)施工中产生的废弃物，采用袋装集中清理、统一堆放、分类处理，禁止从高处向下自由抛撒产生粉尘。

(4)运输遗洒控制措施：

1)原材料运输时，水泥等袋装材料要保持包装完好并采取遮盖措施，钢筋、木料等材料要捆绑固定牢固，砂、石等颗粒材料要采取遮盖措施，型钢、钢模等长大件要可靠固定并使其重心位于车轴中心。

2)生产、生活废旧物品应送往回收站,运输时采取遮盖措施。

3)混凝土运输采用专用罐车运送,混凝土罐车出拌和站前应对其进行冲洗,防止混凝土洒落在公路路面上。

(5)植被保护、防止水土流失控制措施:

1)严格按设计进行施工,严禁破坏设计红线以外的原有地貌和植被。

2)合理选定弃土场,弃土场应尽量少占田地、耕地。弃土堆坡脚设置挡渣墙,坡面植草,并按设计要求施工防护工程,防止水土流失。

3)施工便道边坡、临时建筑周围易发生水土流失地段应设置骨架护坡或挡土墙,并设置合理截面的排水沟。骨架护坡用浆砌片石砌筑,内种草皮;挡土墙和排水沟用浆砌片石砌筑。

(6)固体废弃物处理方案、措施:

1)钢筋余料、废弃钢材、报废设备等,送至地方指定回收站进行处理。

2)旧钢模、设备等按公司要求进行退租或集中存放。

3)桥梁周围的废弃物随时派人进行清理,确保完工后场地整洁;废弃塑料、包装袋等进行集中填埋处理;废弃木料、玻璃品等运送至地方指定回收站进行处理。

11 结束语

预应力混凝土连续梁(刚构)边跨现浇段的施工是整个连续梁(刚构)施工中的重要环节之一,本施工工艺是在我公司承建的重庆郁山大桥、重庆渝澳大桥及京津城际客运专线连续梁等几座连续梁(刚构)合龙段及体系转换施工经验总结的基础上编写而成,具有较好的适用性、经济性。但由于各座桥梁结构设计的差别和随着施工技术规范的修订,该施工工艺还需要针对其特点进行必要的调整。

预应力混凝土连续梁(刚构)合龙段及体系转换施工工艺

1 前　言

近年来,预应力混凝土连续梁(刚构)在国内外得到了广泛的应用,其主梁一般情况下均采用悬臂浇注法施工。基于悬臂浇注法施工的原理,预应力混凝土连续梁(刚构)被划分为0#段、悬臂浇注段、边跨现浇段及边(中)跨合龙段,其中的合龙段施工方案、施工工艺及体系转换是连续梁(刚构)施工的重难点之一,其施工质量将直接影响全桥的施工质量和结构安全。合龙段长度一般1.5～2.0 m,但受到施工场地条件、支座安装和边跨现浇段施工的影响,其施工有一定技术难度。本施工工艺即针对合龙段及体系转换施工存在的技术难点而编制。

2 工艺特点

(1)充分考虑了合龙段和体系转换阶段桥梁结构的受力特点,合龙段劲性骨架和临时预应力索、临时支座设计合理,施工质量可靠。

(2)合龙段施工支架可考虑利用挂篮或搭设落地支架方案,根据现场实际情况选择,施工方便。

(3)模板可利用悬灌段施工的外侧模和底模,仅内模可能受横隔板的影响需另行加工模板,施工费用低。

3 适用范围

本标准工艺适用于所有预应力混凝土连续梁(刚构)的合龙段及体系转换施工。

4 工艺原理

本施工工艺工艺原理为:根据预应力混凝土连续梁(刚构)结构设计情况,将合龙段劲性骨架、临时预应力索、临时支座等结构与桥梁墩、塔、斜拉索及梁部结构一起建立计算模型,综合分析合龙段劲性骨架、临时预应力索、临时支座等结构的最不利受力情况,据此进行其结构设计和施工;合龙段施工支架根据现场实际情况选择挂篮或搭设落地支架方案;模板除内模外均可采用悬灌段施工的外侧模和底模;按照等载替换原则配置换重荷载;在设计规定的温度范围进行合龙段劲性骨架和混凝土浇注施工;按照设计要求的程序进行体系转换施工。

5 合龙段及体系转换施工设计与检算

合龙段及体系转换施工设计与检算的内容主要包括合龙段劲性骨架、临时预应力索、换重设计和墩顶临时固结(临时支座)以及支架、模板系统等部分内容。

5.1 设计与检算依据

(1)桥梁结构设计文件;

(2)总体施工技术方案;

(3)现行钢结构设计与施工技术规范;

(4)现行桥梁结构设计与施工技术规范。

5.2 设计与检算方法

5.2.1 合龙段劲性骨架、临时预应力索、临时支座设计与检算

受温度应力的影响,合龙段劲性骨架、临时预应力索、临时支座设计与检算很难准确,必须根据预应力混凝土连续梁(刚构)结构设计情况,将合龙段劲性骨架、临时预应力索、临时支座等结构与桥梁墩、塔、斜拉索及梁部结构一起建立计算模型,结合环境温度监测情况综合分析合龙段劲性骨架、临时预应力索、临时支座等结构的最不利受力情况(包括边、中跨合龙口轴力、剪力和弯矩值,以及临时支座承受的最大不平衡弯矩值),据此进行其结构设计和施工。预应力混凝土连续刚构桥不必考虑临时支座。一般情况下,可委托桥梁监控单位或设计单位负责该项工作。

5.2.2 合龙段换重设计与检算

(1)边跨合龙段换重设计与检算。

当边跨合龙段在落地支架上进行时,可不考虑换重;当边跨合龙段采用吊架合龙或挂篮时会造成边中跨荷载不对称,此时边中跨受力不对称,这时不仅要考虑换重的重量,还要考虑加设配重。加设配重重量计算为:加设配重重量(G)＝中跨挂篮重量－边跨挂篮重量或(吊架重量)＋其他原因引起的额外配重;换重重量计算为:换重重量(G)＝合龙段混凝土引起增加的悬灌段重量＋临时施工施荷载。

(2)中跨合龙段换重设计与检算。

若采用挂篮进行中跨合龙段施工,需将另一套挂篮拆除或后移;若采用吊架合龙,需将挂篮拆除或对称后移。总之,无论采用挂篮合龙或吊架合龙,中跨合龙段施工一般只需换重,不需要加配重,当然,必须保证标高控制在规范允许范围内,否则,为调整线形需要时应增加配重。换重重量计算为:换重重量(G)＝合龙段混凝重量÷2。以上算式适用于换重重量放置位置靠近合龙段,并且重量加在桥轴线上。如换重重量放置位置远离合龙段,那么换重重量需重新计算。

5.2.3 合龙段支架、模板设计与检算

合龙段支架和模板系统设计与边跨现浇段基本相同,可参照边跨现浇段施工工艺(此略)。

6 合龙段及体系转换施工工艺流程及操作要点

6.1 施工工艺流程

连续梁(刚构)合龙段及体系转换施工顺序一般是:先边跨、后中跨,最后进行体系转换;当边跨现浇段采用挂篮悬浇时,施工顺序为:先中跨、后边跨,最后进行体系转换。体系转换施工主要包括滑动支座约束解除、临时支座拆除(预应力混凝土连续刚构桥无临时支座)和后期预应力张拉等内容,其施工顺序应严格按照设计文件规定进行。边跨、中跨合龙段施工工艺流程如图 1。

6.2 施工操作要点

6.2.1 施工准备

合龙段施工前应积极做好各项准备工作,包括技术准备(施工技术方案编制及报批、技术交底和施工测量等)和施工组织准备(施工人员安排、设备及物资准备及进度安排)以及各项施工预案编制等。

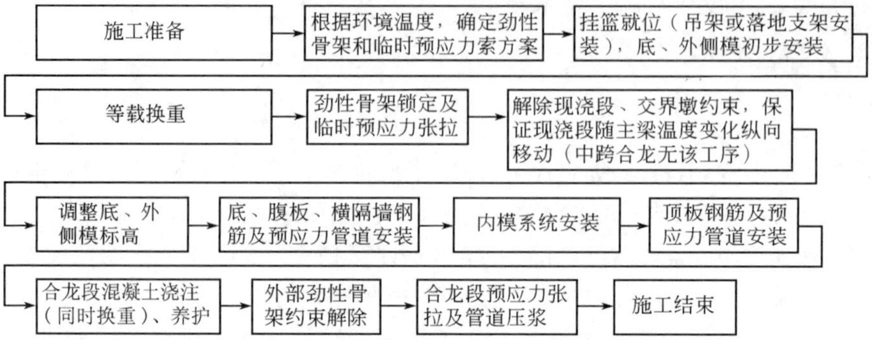

图 1　边跨、中跨合龙段施工工艺流程图

6.2.2　合龙段施工前的施工量测

在最终的合龙段施工技术方案确定前，应安排专人负责进行环境气温监测、合龙口空间变形（纵、横、竖向）监测以及关键控制截面应力监测，以此确定最终的合龙段施工技术方案。

6.2.3　挂篮就位或支架安装

(1)边跨合龙段施工。

采用挂篮作为合龙段施工支架时，在最后一个悬灌段施工时应注意预留孔道，待悬灌完成后即可将挂篮走行就位并锚固好；采用落地支架施工合龙段时，支架地基处理、搭设可参照边跨现浇段落地支架施工。

(2)中跨合龙段施工。

中跨合龙段施工一般采用挂篮作为合龙段施工支架，在最后一个悬灌段施工时应注意预留孔道，待悬灌完成后即可将一个挂篮后退或拆除，另一个挂篮走行就位并锚固好。

6.2.4　模板安装

(1)底模系统安装。

采用挂篮作为合龙段施工支架时，底模系统直接利用悬灌段施工的底模系统，随挂篮一起就位；采用落地支架施工合龙段时，底模系统一般采用木模结构（胶合板面板＋方木加劲肋＋分配梁），人工由下至上安装。

(2)外侧模系统安装。

外侧模系统一般情况下直接利用悬灌段施工的外侧模系统，随挂篮一起就位。

(3)内模系统安装。

内模系统在底、腹板及横隔墙钢筋、预应力管道安装完成后进行，一般采用组合钢模与木模相配合的结构，在进行安装时应注意加固，尤其对斜腹板的加固，如加固不到位，有可能造成模板上浮。

6.2.5　合龙段钢筋及预应力管道安装

合龙长度设计一般为 1.5～2 m，其结构尺寸复杂、钢筋、预应力管道、预埋件较多，为了保证其施工质量，必须按照制定好的工序及工艺进行实施：

(1)钢筋加工制作及安装严格按设计和施工规范要求进行施工。

(2)波纹管制作和安装。

波纹管制作和安装在以下几个方面应特别注意：

1)布置波纹管时首先用钢筋加工井字架作为波纹管的定位架，纵、横向位置按设计图纸尺寸定位，波纹管中穿内衬尼龙管，为保证波纹管的成孔质量，在浇注混凝土时派专人来回拉动内衬管；

2)在波纹管接头处一定要将波纹管接口剪平后外套接头管，用胶带裹紧，以防止漏浆或在穿束时引起波纹管翻卷导致管道堵塞；

3)浇注混凝土前应检查波纹管是否有孔洞或变形，尤其是接头处是否密封好；

4)浇注混凝土时应尽量避免振捣棒直接接触波纹管，以防损坏波纹管，造成漏浆堵孔。

6.2.6 合龙段配重、换重施工

合龙段配重和换重施工应在劲性骨架锁定和临时预应力索张拉前进行。配重和换重一般均采用水箱或砖砌水池装水，便于加载和卸载计量；也可以采用混凝土块或钢材，但应注意准确计量。采用水箱加水换重具体方法为：在劲性骨架锁定前，在梁端加设水箱与合龙段混凝土换重(每端水箱装水重量与吊点承受的重量一致，水箱重心位置与吊杆合力作用点重合)。在浇注合龙段混凝土时，根据混凝土浇注量，边浇注混凝土边放水，放水速度根据混凝土浇注速度而定，原则是同一时段内浇注的混凝土重量尽可能与放出的水重量相等(灌注混凝土前先要在水箱上做好标志，以便控制放水量，放水量与合龙段混凝土浇注量相差不超过 5 t)。通过水箱放水使合龙段两端悬臂在混凝土浇注过程中受力保持一致，从而使合龙段两边悬臂高差始终保持不变，尽可能避免因施工原因而使结构引起附加应力，实现“无应力”合龙。

边跨合龙采用挂篮合龙时由于中跨挂篮与边跨的重量可能不一致，此时应根据实测标高及边中跨挂篮的重量经过计算在边跨应加配重，配重加设完成后重新测量标高，标高确定后再根合龙段混凝土的重量确定需要加设的换重重量。边跨合龙采用落地支架时，由于合龙段混凝土的重量直接由支架传递给地面，对梁部线形无影响，不必考虑换重。

6.2.7 合龙段劲性骨架安装及临时预应力束施工

合龙临时锁定有两个步骤：首先是焊接锁定劲性骨架，然后张拉临时预应力束。

劲性骨架用来连接两端梁，保证合龙段净空，防止在浇注合龙段混凝土的过程中及合龙段混凝土未达到设计强度的养护过程中梁两端错动，同时用来抵抗合龙段因温度升高而产生的压应力及梁体可能错动而起的竖向剪应力。

由于劲性骨架采用焊缝连接，焊缝抗拉能力低，故采用临时预应力来抵抗合龙段两端梁体因温度降低收缩而在合龙段混凝土中产生的拉应力。临时预应力束一般采用设计的正式的合龙段预应力束。根据混凝土因温度降低而产生的拉应力确定每根束临时张拉预应力，临时预应力束张拉力未达到设计张拉力，待合龙施工完成、合龙段混凝土强度达到设计强度后，再将其补拉至设计吨位。

劲性骨安装时应注意以下事项：

(1)合龙前几天连续观测昼夜温度变化、合龙口高程变化、合龙口长度变化，确定温度变化与高程、长度的关系，选定适当的安装时间。

(2)安排技术水平高的焊工负责焊接，确保劲性骨架焊缝质量。

(3)认真做好施工组织，尽量缩短劲性骨架的安装时间。

6.2.8 合龙段混凝土施工

(1)合龙段混凝土配合比设计。

合龙段混凝土强度设计要求一般与其他悬灌节段强度一样，但是为了保证合龙段的施工质量，一般情况下合龙段的混凝土强度实际施工中要提高一个等级。

(2)合龙段混凝土生产、运输、现场浇注、养护。

合龙段混凝土采用拌和站集中生产、罐车运输，要求与一般悬灌段混凝土生产、运输相同。混凝土浇注时间应在全天最低温度、温差变化小的时段进行，一般选择在晚上的 12 点～第二天清晨 6 点。合龙段混凝土浇注完成后，应加强混凝土养护，减小混凝土收缩，顶板持续洒水达至 80%强度，降低顶底板温差影响；合龙段混凝土养护期间，应禁止施工荷载上桥，避免扰动开裂。

6.2.9　合龙段预应力施工

(1)预应力束制作、安装。

1)钢绞线下料在桥面上进行，并清除其表面上的杂物及锈蚀，以防钢束受污染。下料长度以技术部门提供的下料长度为准，采用卷扬机穿束则需增加 20 cm，下料时用砂轮切割机切割；

2)将钢绞线理顺，用扎丝绑扎好，以防在穿束过程中钢绞线打绞，张拉时受力不均，导致有的钢绞线达不到张拉控制应力而有的则可能被拉断；

3)将钢束端头做成圆锥状，用氧焊焊牢，切忌使用电焊焊接。表面要用砂轮修平滑，以防钢束在波纹管接头处引起波纹管翻卷，堵塞孔道；

4)穿束前用高压水冲洗孔道，清除孔内杂质，保证穿束通顺；

5)因合龙段预应力通长束较长，用人工穿束比较困难，通常将卷扬机的钢丝绳系在引绳上，用人工先将引绳拉过孔道，然后将钢丝绳头用卡环与钢束头接在一起，开启卷扬机将钢束徐徐拉进孔内，在钢束头进孔道时，人工协助使其顺利入孔。如果在钢束穿进过程中堵塞，要立即停止，找准堵塞管位置，凿开混凝土清除管道内的堵管杂物，仍继续用卷扬机将束拖过孔道。桥面开仓时不可损坏邻近的波纹管，封仓前应先把割断的桥面钢筋焊好，最好在封仓处埋有排气孔，便于压浆。

(2)预应力束张拉及管道压浆。

1)准备工作。

① 将锚垫板喇叭管内的混凝土清理干净；

② 消除钢绞线上的锈蚀、泥浆；

③ 套上工作锚板，在锚板锥孔内抹上一层薄薄的黄油，在锥孔内装上工作夹片。

2)千斤顶的定位安装。

① 套上相应的限位板；

② 装上张拉千斤顶，并且与油泵相连接，注意千斤顶要和油压表配套使用；

③ 装上工具锚板，在锚板锥孔内装上工具锚夹片，锥孔内表面和夹片表面涂上约 1 mm 厚的蜡质润滑剂，以使张拉完毕后夹片能自动松开。

3)张拉。

①浇注混凝土强度到达设计强度的 80%以上，且龄期在 3 d 以上方可进行张拉(若设计有规定则应按设计执行)。张拉按照设计张拉顺序进行，采用张拉力和伸长值双控，伸长值容许误差控制在±5%以内，同一断面的断丝率不得大于 1%，更不容许整根钢绞线拉断。

② 张拉过程如下：0→初应力 15%σ_k→张应力 100%σ_k，持荷 3 min 后回油。

③ 伸长量较大时应采用两次或多次张拉，此时应注意控制千斤顶的伸长值不超过千斤顶的行程 20 cm。

④ 为了消除钢绞线束不直和初始受力不均的影响，一般应在张拉力达到一定初始值之后，再进行伸长值的量测。可在钢束张拉时初始张拉力(取设计张拉力的 15%)状态下标注伸

长量起始记号,用量测值和理论计算值复核。

⑤ 若伸长量不足或过大,要及时分析原因,一般是管道布置不准,增大孔道摩阻,应力损失过大,有时也有可能设计计算使用的钢绞线的弹模值与实际使用的弹模值不相同。总之要及时查明原因,采取相应的措施后方可进行下一步施工。

4)锚固。

① 松开送油油路截止阀,张拉活塞在预应力筋回缩下回程若干毫米,工作锚片锚固好预应力筋;

② 关闭回油油路截止阀,向回程油缸送油,活塞慢慢回程到底;

③ 按顺序取下工具夹片、工具锚板、张拉千斤顶、限位板。

5)管道压浆。

① 一般在张拉后 24 h 内往张拉孔道内压浆,如情况特殊不能及时压浆,应采取保护措施保证锚固装置及钢绞线不被锈蚀,以防滑丝;

② 压浆是后张法预应力施工中的最后也是关键的一步,压浆前对压浆机进行认真检查、标定,用压浆机向管道内注压清水,充分冲洗,润湿管道,至全部管道冲洗完后,正式拌浆,开始压浆。压浆开始后需等另一端排水,排水孔亦喷出纯浆并稳定后,才可封闭排气孔,其后对管加压到 0.6 MPa 以上,并持荷 3 min 后封闭。

6)封锚。

① 在距工作夹片 5 cm 处,切除多余的预应力筋,用混凝上封住锚头;

② 切割多余的钢绞线一般用砂轮切割机。

7)施工注意事项。

① 夹片与锚环孔不应粘附泥浆或其他杂物,且不允许锈蚀(若有轻微浮锈,应彻底清除)。

② 对表面有锈的钢绞线,张拉前应彻底除锈,以减少磨擦损失。

③ 锚具安装到位后,应及时张拉,以防止因锈蚀而产生滑丝、断丝。

④ 限位板应根据千斤顶的外径选择。

⑤ 工作锚板夹片与工具锚夹片不能混用(工作锚具不能重复使用)。

⑥ 工具锚夹片对表面和锥孔内表面用前应涂有润滑剂以便退锚灵活。

⑦ 张拉设备应定期进行标定,并且保证顶、表、油泵配套使用。

⑧ 灌浆后三天内不得切割钢绞线和碰撞锚具。

⑨ 在张拉过程中,应注意是否有异常现象,如响声、油压表指针抖动等,张拉完成后检查钢绞线上夹片留下的咬痕,以便及时发现滑丝问题。如出现滑丝,可用单根张拉千斤顶进行补张拉。

⑩ 张拉前应检查张拉系统安全可靠,张拉时应有安全措施,张拉千斤顶后严禁站人。

6.2.10 桥梁体系转换施工

桥梁体系转换施工主要包括滑动支座约束解除、临时支座拆除(预应力混凝土连续刚构桥无临时支座)和后期预应力张拉等内容,其施工顺序应严格按照设计文件规定进行。在桥梁合龙段施工过程中,主梁由悬臂状态向固定状态转变,桥梁体系转换施工也同步进行,此时梁段是处于比较复杂的受力状态,其施工的好坏将直接影响到整个桥梁的结构安全和质量,因此在施工时需注意以下事项:

(1)保证劲性骨架及临时预应力束的施工质量,因为劲性骨架及临时预应力束锁定的好坏将决定着合龙段的施工好坏。

(2)滑动支座和现浇段的约束应及时解除,保证现浇段能随主梁温度变化自由伸缩。

(3)临时支座拆除应严格按照设计要求的时间和方法进行,确保桥梁整个体系与设计一致。

(4)后期预应力束一般比较长,制索、穿索及张拉施工均比较麻烦,应认真做好施工组织安排和施工质量控制工作,确保成桥质量。

7　主要施工机械设备配备

预应力连续梁(刚构)合龙段与体系转换施工主要机械设备均可利用悬灌段施工设备,主要设备见表1。

表1　主要施工机械设备表

设备类型	名称	型　号	生产能力或功能	数量(台或套)
起重设备	塔式起重机	QTZ25C 或 QTZ40D 或 QTZ60		1
	汽车起重机	8～30 t		1
	单筒卷扬机		1～5 t	4
运输设备	装载机	ZL40、ZL50		2
	自卸汽车		5 t、10 t	2
混凝土施工设备	HZD 混凝土拌和楼		50 m^3/h 以上	1
	混凝土运输车	JY—3000,JC6	6 m^3 以上	3
	混凝土泵	HBT60、80		1
	混凝土捣固棒	30、50		10 以上
预应力施工设备	预应力张拉设备		满足设计要求	4 套
	高压压浆泵	SNS 系列卧式		2 套
钢筋加工设备				2 套
木工加工设备				1 套

8　工程质量控制标准、检验方法及保证质量的技术措施

8.1　工程质量控制标准

合龙段施工质量按照悬臂浇注预应力混凝土梁质量标准执行,见表2。

表2　合龙段箱梁施工质量标准

项　目		规定值或允许偏差(mm)
混凝强度(MPa)		符合设计要求
轴线偏位	$L\leqslant100$ m	10
	$L>100$ m	$L/10\ 000$
顶面高程	$L\leqslant100$m	±20
	$L>100$m	$L/5\ 000$
	相邻节段高差	10
断面尺寸	高度	+5,−10
	顶宽	±30
	顶底腹板厚	+10,−0

续上表

项　目		规定值或允许偏差(mm)
同跨对称点高程差	$L \leqslant 100$ m	20
	$L > 100$ m	$L/5\ 000$

8.2 工程质量检验方法

8.2.1 实测项目检查

(1)混凝土强度检查方法:混凝土强度等级是以边长 150 mm 的立方体试件,按标准方法制作和试验,28 d 龄期且具有 95%保证率的抗压强度。

(2)轴线偏位检查方法:采用经纬仪进行检查,每段检查 2 个点。

(3)断面尺寸检查方法:采用钢尺或皮尺进行检查,每段检查 2 个断面。

(4)横坡检查方法:采用水平仪进行检查,检查每个梁段。

(5)锚具轴线与孔道轴线偏位检查方法:采用钢尺进行检查,全部锚具都要进行检查。

(6)预埋件位置检查方法:采用钢尺进行检查,每件预埋件都要进行检查。

(7)平整度检查方法:采用 2 m 直尺,检查竖直、水平两个方向,每侧 10 m 梁长测 1 处。

8.2.2 外观检查

(1)线形平顺,梁顶面平整,每段无明显折变。

(2)相邻块件的接缝平整密实,颜色一致,棱角分明,无明显错台。

(3)混凝土表面不应出现蜂窝、麻面,如出现必须修整。

(4)混凝土表面不应出现非受力裂缝,裂缝宽度超过设计规定或设计未规定时超过 0.15 mm必须处理。

(5)梁体内不应遗留建筑垃圾、杂物、临时预埋件等。

8.3 保证工程质量的技术措施

在合龙段施工过程中,由于结构体系的转换、昼夜及日照温差的变化,新浇混凝土因水化热的伸胀及随后的混凝早期收缩、已完成梁段混凝土的收缩和徐变、施工荷载的变化等因素,将对尚未达到强度的合龙段混凝土的质量产生直接影响,因此成为施工的重要环节。因此合龙段施工尤其应注意加强质量管理,确保合龙构造措施到位,严格按合龙施工流程进行作业。

(1)在合龙段施工前,应清除桥上杂物,将机具设备移至墩顶 0 号块附近。

(2)合龙段劲性骨架锁定时间应与设计、监理单位共同研究确定,一般选在晚 11 时后至次日凌晨前的稳定低气温状态下锁定劲性骨架接头。

(3)劲性骨架锁定后,及时放松交界墩支座及现浇段支架的水平向临时约束,张拉合龙临时钢束。

(4)合龙段混凝土浇注安排在晚 11 时后至次日凌晨前的稳定低气温状态下进行。注意随合龙段混凝土浇注重量的增加,要求按对应重量成比例逐步拆除边跨换重,合龙段混凝土浇注完,换重刚好拆完。

(5)必须加强合龙段混凝土养护工作。

(6)合龙段预应力钢束张拉严格按设计文件要求的顺序进行。

9　工程施工的重大危险源及保证施工安全的技术措施

9.1　工程施工的重大危险源

(1)挂篮走行;

(2)挂篮后锚系统;

(3)挂篮前吊系统;

(4)挂篮底模系统前移;

(5)混凝土浇注;

(6)纵横向预应力张拉;

(7)边跨现浇段施工及边中跨合龙段施工。

9.2　保证施工安全的技术措施

施工过程中应严格按照国家和地方政府安全生产的法律、法规等有关规定组织施工,切实做好以下几个方面的工作:

(1)挂篮设计图必须经过审批,设计时充分考虑挂篮在走行、混凝土浇注等各种工况下可能出现的荷载,确保挂篮安全可靠。施工时必须按设计图进行操作,不得随意变更。

(2)挂篮在使用前必须进行试拼,并做加载实验,合格后才能上桥安装,并加强施工过程中的检查。

(3)挂篮拼装及悬臂组装中,对临边部位按规定设置安全防护栏、安全防护网,临边作业时人员必须悬挂安全绳;对地面设定安全区域,并派专人进行防护;在桥面坑洞部位视具体情况设置安全防护设施。

(4)挂篮使用时,后锚固筋、张拉平台的保险绳应经常检查。底模标高调整时,应设专人统一指挥。

(5)主桁平台走行注意事项:

1)牵引点必须设置在走行小车上,移动前仔细清除走行导轨及走行轮的混凝土块及其他杂物,并准备好制动木楔。

2)保持主桁平台走行缓慢、匀速,速度应控制在 0.1 m/min 以内,并随时注意走行阻力的变化。如走行阻力过大,应仔细检查走行系统并排除故障,严禁野蛮牵引。

3)两挂篮的主桁平台必须对称移动,确保对称移动偏差不大于 100 mm,避免对桥梁结构产生不利影响。

(6)在底模前移前,必须详细检查挂篮位置,后端压重、后锚及吊杆安装情况,确认安全后,方可前移。

(7)成立专门的挂篮安全施工小组,对挂篮各装置在走行和浇注过程中的安全状况随时实行监控。

(8)悬臂浇注混凝土施工时,应按两端同步对称进行,两边偏载不得超过 20 t。

(9)仔细检查使用的机具设备(如千斤顶、滑车、手拉葫芦、钢丝绳等),不符合安全规定的严禁使用。

(10)施工时,严格控制桥面堆载,桥面机具材料实行定位定量管理,除按指定位置设置挂篮、预应力张拉设备及必要的施工用料外,不得堆放其他机具及材料,确保力、变形和各项监测数据的准确,以正确指导施工。

(11)按规定时间校验、标定千斤顶,以确保张拉预应力大小(预应力误差控制在3%以内)和伸长量的精度,张拉时采用应力和伸长值双控法进行,以张拉力为主控,伸长量误差控制在-6%~+6%,且不允许断丝,并按规定做好各项记录。当张拉应力与伸长值出现异常时,必须暂停施工并报告技术部门,待找出原因制定方案解决存在问题后,方可继续施工。施工时,预应力钢材应注意防止电焊烧灼和其他机械性损伤,严禁撞击锚头和钢束,多余钢绞线用切割机切割,禁止电弧切割。千斤顶操作时前方不许站人,设备安装要求端部平整对中;油泵操作时需缓慢、均速加压和卸压,严禁超压和快速加压;注油时要求接头可靠,保持规定压力但严禁超压,注意劳动保护。

(12)合龙段两端加设换重,换重采用水箱,其重心位置分别与挂篮主桁平台前后吊杆合力作用点重合,排水流量须根据混凝土浇注量严格控制,放水量与合龙段混凝土浇注量相差不超过5 t。

(13)设计和制作模板,保证模板和几何尺寸精度,防止因混凝土涨模而较设计增加重量,造成安全隐患。

(14)施工支架平台上设安全防护栏和安全网,严防坠物;高空作业时不得向地面抛掷物品;脚手架、安全网的搭设要符合安全要求,并要定期检查、维修、保养。

(15)严格施工机械设备作业管理:严禁非机械设备作业人员擅自操作机械;起重机械作业时起重臂下严禁站人;塔吊作业必须有专人指挥,塔吊司机必须遵守塔吊的有关操作规程。

10 工程施工的重大污染源及保护环境的技术措施

10.1 工程施工的重大污染源

工程施工重大污染源主要有污水、噪声、粉尘、运输遗洒、植被保护和防止水土流失、废弃物处理等环境危害因素。

10.2 保护环境的技术措施

施工过程中应严格按照国家和地方政府环境保护的法律、法规等有关规定组织施工,切实做好以下几个方面的工作:

(1)污水排放管理方案、控制措施:

1)职工食堂设置滤油池、挡渣网对食堂产生的生活污水进行处理,通过下水道排放,严禁不经过处理直接排放;住房周围设置排水沟和沉淀池,生活污水经排水沟沉淀池沉淀后再排放。

2)卫生间每天安排专人打扫,保证清洁,定期消毒,厕所设置化粪池,完工后进行填埋处理。

3)拌和站周围设置排水沟和沉淀池,冲洗拌和机和混凝土运输车辆的污水经沉淀池沉淀和过滤后通过排水沟排放,并派人随时清理沉淀池。

4)机修间周围设置排水沟和集油池,污水经集油池过滤、沉淀后通过排水沟排放。

(2)噪声控制措施:

1)钢筋加工、机械修理均安排在昼间进行,以防止夜间噪声扰民。

2)主梁悬灌施工、拌和站混凝土搅拌作业时,周围采取防护措施,以尽量减少噪声对周围环境的影响。

3)加强各种机械设备的维修保养工作,尽量降低设备噪声排放,防止噪声超标。

(3)粉尘控制措施：

1)设置拌和站集中供应混凝土，粗细骨料集中堆放，水泥采用灌装，混凝土拌和时对粗骨料采取洒水措施等以减少粉尘的排放。

2)主要运输便道和车辆进出口采取定时洒水的措施，以减少扬尘。

3)跨公路短距离调运时，车斗内减少装载量并慢速行驶，安排洒水车对公路进行洒水以降低扬尘，并派专人清扫路面。

4)施工中产生的废弃物，采用袋装集中清理、统一堆放、分类处理，禁止从高处向下自由抛撒。

(4)运输遗洒控制措施：

1)原材料运输时，水泥等袋装材料要保持包装完好，并采取遮盖措施，钢筋、木料等材料要捆绑固定牢固，砂、石等颗粒材料要采取遮盖措施，型钢、钢模等长大件要可靠固定并使其重心位于车轴中心。

2)生产、生活废旧物品应送往回收站，运输时采取遮盖措施。

3)混凝土运输采用专用罐车运送，混凝土罐车出拌和站前应对其进行冲洗，防止混凝土洒落在公路路面上。

(5)植被保护、防止水土流失控制措施：

1)严格按设计进行施工，严禁破坏设计红线以外的原有地貌和植被。

2)合理选定弃土场，弃土场应尽量少占田地、耕地。弃土堆坡脚设置挡渣墙，坡面植草，并按设计要求施工防护工程，防止水土流失。

3)施工便道边坡、临时建筑周围易发生水土流失地段应设置骨架护坡或挡土墙，并设置合理截面的排水沟。骨架护坡用浆砌片石砌筑，内种草皮；挡土墙和排水沟用浆砌片石砌筑。

(6)固体废弃物处理方案、措施：

1)钢筋余料、废弃钢材、报废设备等，送至地方指定回收站进行处理。

2)旧钢模、设备等按公司要求进行退租或集中存放。

3)桥梁周围的废弃物随时派人进行清理，确保完工后场地整洁；废弃塑料、包装袋等进行集中填埋处理；废弃木料、玻璃品等运送至地方指定回收站进行处理。

11　结束语

预应力混凝土连续梁(刚构)合龙段及体系转换施工是整个连续梁(刚构)施工中的重要环节之一。本施工工艺是在我公司承建的重庆郁山大桥、重庆渝澳大桥及京津城际客运专线连续梁等几座连续梁(刚构)合龙段及体系转换施工经验总结的基础上编写而成，具有较好的适用性、经济性。但是随着施工技术规范的修订和具体桥梁结构设计的差别，应用中该施工工艺还需要针对工程特点进行必要的调整。

预应力混凝土连续梁主梁施工控制

1　施工控制基本特点及内容

大跨度预应力混凝土连续梁(刚构)桥采用悬臂施工法,施工过程存在结构体系转换的特点。在施工过程中,由于结构体系不断改变,相应的结构内力和变形也随之发生变化,因此成桥的梁部线性和结构内力与施工过程密切相关。另一方面,由于桥梁结构设计时提供的施工预拱度等参数(如材料的弹性模量、混凝土收缩、徐变系数、结构自重、施工荷载、温度影响等)都是基于规范要求来确定的设计参数,往往难以做到与施工现场材料参数、环境温度一致,两者之间会存在偏差。若在施工过程中对偏差不加以及时有效的调整,随着主梁悬臂长度的延伸,将会造成主梁的标高偏离设计值,造成合龙困难或影响成桥的内力和线性。特别是采用悬臂施工技术的大跨度桥梁,施工中如不能及时地加以识别和处理,主梁在最大受力状态时可能发生积聚而超出设计安全状态发生施工事故。

1.1　施工控制的任务

根据实际的施工工序以及现场获取的参数和数据,对桥跨结构进行实时理论分析和结构验算;对每一施工阶段,根据分析验算结果给出其主梁悬臂端的挠度(每阶段施工挂篮的立模标高或梁段定位标高)等施工控制参数,分析施工误差状态,采用应力预警体系对施工状态进行安全度评价和灾害预警。这样,才能保证结构的受力和变形始终处于安全的范围内,成桥后的结构内力和线性接近设计的理想状态。

1.2　施工控制的目标

将大跨度桥梁施工控制的理论和方法应用于实际施工过程,对桥梁施工期间的结构内力和变形徐变状态进行有效地控制和调整,并确保在全桥建成以后桥梁的内力状态、外形曲线与设计尽量相符。

1.3　施工控制主要工作内容

(1)确定控制方法和建立施工控制系统;
(2)施工控制的现场测试(包括材料容重、抗弯刚度、徐变收缩等);
(3)施工控制的实时测量(如结构应力、主梁线性、主墩偏位、施工温度等);
(4)施工控制的结构计算、误差分析和调整;
(5)施工控制报表生成及传递等;
(6)实时控制。

1.4　施工控制工作重点

应为主梁标高即线形的控制,辅以应力检测以策结构安全。对标高的控制予以分解后即为主梁各节段施工标高的确定,也就是主梁预拱度的设置。

以上各项工作需要由监控单位与建设、监理、施工和设计等单位在多方面共同配合完成。

1.5　结构变形控制

结构的变形受到诸多因素的影响，使得桥梁结构在施工过程中的实际位置（立面标高、平面位置）状态偏离预期状态，或成桥线形形状与设计要求不符，所以必须对桥梁实施控制，主要包括主墩压缩变形及主梁挠度监测，使其结构在施工中的实际位置状态与预期状态之间的误差在容许范围，成桥线形状态符合设计要求。

与桥梁工程质量的优劣需用其质量检验评定标准来检验一样，施工控制的结果也需要有一定的标准，即误差容许值来评判。桥梁施工控制中的几何控制总目标就是达到设计的几何状态要求，最终结果的误差容许值与桥梁的规模、跨径大小、技术难度等有关，须根据具体桥梁的施工控制需要具体确定。同时，为保证几何控制总目标的实现，每道工序的几何控制误差容许范围应根据“规范”要求确定。

各分部工程允许偏差：

悬臂浇注预应力混凝土连续梁、连续—刚构桥误差限值(mm)：

(1)成桥后线形(标高)±50；

(2)合龙相对高差±30；

(3)轴线按《公路桥涵施工技术规范》(JTJ041—2000)执行。

1.6　结构应力控制

桥梁结构在施工过程中以及在成桥状态的受力情况是否与设计相符合，是施工控制应了解的重要问题，通常通过对结构应力的检测来了解实际应力状态。若发现实际应力状态与理论（计算）应力状态的差别超限就要进行原因查找和控制，使之在容许范围内变化。施工过程中应对结构分析所确定的结构关键截面的受力情况进行应力监测，适时发出安全预警，以采取处置措施保证结构安全。

内力控制值：

对应力控制的项目和精度还没有明确的规定，需根据实际情况确定，通常包括：

(1)结构在自重下的应力（实际应力与设计相差宜控制在+5%）；

(2)结构在施工荷载下的应力（实际应力设计应力相差宜控制在+5%）；

(3)结构预加应力：

结构预加应力除对张拉实施双控（油表控制和伸长量控制，伸长量误差容许在±6%以内）外，还必须考虑管道摩阻影响（对于后张结构）；

(4)温度应力，特别是大体积基础、墩柱等；

(5)其他应力，如基础变位、风荷载、雪荷载等引起的结构应力；

(6)施工中采用的对桥梁安全有直接影响的支架、挂篮系统等对桥梁结构产生的应力在安全范围内。

1.7　结构稳定控制

桥梁结构的稳定性关系到桥梁结构的安全，它与桥梁的强度有着同等的甚至更重要的意义。桥梁施工过程中不仅要严格控制变形和应力，而且要严格地控制施工各阶段结构构件的局部和整体稳定。

目前，桥梁的稳定性已引起人们的重视，但主要注重于桥梁建成后的稳定计算。对于施工过程中可能出现的失稳现象,应建立一套完整的稳定监控系统。目前主要通过稳定分析计算(稳定安全系数),并结合结构应力、变形情况来综合评定、控制其稳定性。

施工中,除桥梁结构本身的稳定性必须得到控制外,施工过程中所有的支架、挂篮、缆索吊装系统等施工设施的各项稳定系数也应满足要求。

2 施工控制方法

2.1 影响参数

2.1.1 结构参数

在进行结构设计时,结构设计参数主要是按规范取用,因此,应对部分主要设计参数提前进行测定,以便在施工前对部分结构设计参数进行一次修正,从而进一步修正原设计结构线形,为保证成桥后满足设计要求奠定基础。

(1)结构构件截面尺寸。

任何施工都可能存在结构尺寸误差,施工时应严格按验收规程的允许误差限值进行控制。而这种误差将直接导致截面特性误差,从而直接影响结构内力、变形等的分析结果。

(2)结构材料弹性模量。

结构材料弹性模量对结构变形有直接影响。对超静定结构,弹性模量对结构分析影响更大。但施工成品构件的弹性模量(主要是混凝土结构)总与设计采用值不完全一致,所以,在施工过程中要根据施工进度做经常性的现场抽样试验,特别要注意的是:在混凝土强度波动较大的情况下,应随时对控制分析中材料弹性模量的取值进行修正。

(3)材料容重。

材料容重是引起结构内力与变形主要因素之一。施工控制中必须要计入实际容重与设计取值之间可能存在的误差,特别是混凝土材料,不同的集料与不同的钢筋含量都会对容重产生影响,施工控制中必须对其进行准确识别。

(4)材料热膨胀系数。

热膨胀系数的准确与否也将对施工控制产生影响,尤其是钢结构要特别注意。

(5)施工荷载。

在所有自架设体系中,都存在施工荷载,这部分临时荷载对受力与变形的影响在控制分析中是不能忽略的,一定要根据实际取值,并事先向设计和监控单位报告。

(6)预应力。

预加应力是预应力混凝土结构内力与变形控制考虑的重要结构参数,但预加应力值的大小受很多因素的影响,包括张拉设备、管道摩阻、预应力钢筋断面尺寸、弹性模量等,施工控制中要对取值误差作出合理估计。

2.1.2 施工工艺

施工控制是为施工服务的,反过来,施工的质量又直接关系到监控目标的实现。除要求施工工艺必须符合控制要求外,在施工控制中必须充分考虑施工条件非理想化而带来的构件制作、安装等方面的误差,使施工状态保持在可控之中。

2.1.3 温度变化

温度变化对桥梁结构的受力与变形影响较大,这种影响随温度的改变而改变。在不同的环境温度下(应力、变形状态)进行量测,其结果是不一样的。施工控制中必须考虑温度变化的影响。温度变化包括季节温差、日照温差、骤变温差、残余温差、不同温度场等,而在原定控制状态中又无法预先知道温度实际变化情况。通常都是将控制理想状态定位在某一特定温度下，从而将温度变化对结构的影响相对排除(过滤)。一般是将一天中温度变化平稳的早晨作为监控所需实测数据的采集时间。对季节温差和桥体内温度参与影响也应予以重视。

2.1.4　材料收缩、徐变

对混凝土桥梁结构而言，材料收缩、徐变对结构内力、变形有较大的影响，这主要是由于施工中混凝土普遍存在加载龄期短、各阶段龄期相差大等引起的，控制中要认真研究，以期采用合理的、符合实际的徐变参数和计算模型。

2.2　施工控制系统的建立

各种桥梁施工控制中都必须根据实际情况与控制目标建立完善的施工控制体系。

施工监测系统是大跨度桥梁施工控制系统中的一个重要部分。不论何种类型的桥梁，其施工监测系统中一般都包括结构设计参数监测、几何状态监测、应力监测、动力监测、温度监测等几个部分。通过施工监测系统的建立，跟踪施工过程并获取结构的真实状态，不仅可以修正理论设计参数，保证施工控制预测的可靠性，同时又是一个安全警报系统。通过警报系统可及时发现和避免桥梁结构在施工过程中出现的超出设计范围的参数(如变形、截面应力等)以及结构是否破坏。另外，该监测系统还可在桥梁使用过程中对其安全状态进行监测，为桥梁的科学管理与维护提供数据资料。

施工监测系统如图 1。

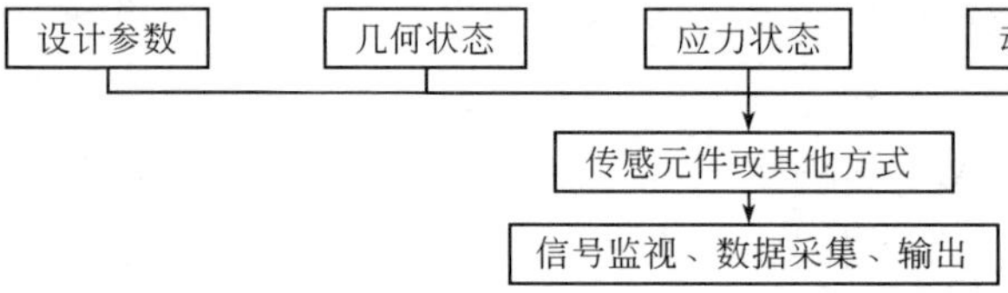

图 1　施工监测系统示意图

施工控制的工作，广义上讲，就是指施工控制系统的建立和正确的运作。根据设计和施工的具体特点，拟建立图 2 所示的施工控制系统，据此进行施工控制。

桥梁的施工控制是与桥梁设计、施工及监理密切联系的。桥梁的施工控制过程是一个信息采集、信息分析处理和信息反馈的过程。通过实时测量体系和现场测试体系，采集桥梁施工过程中各类所需数据信息。借助桥梁施工控制的计算分析体系，依据采集的数据信息可以对施工误差做出评价，并根据需要研究制定出精密控制和误差调整的具体措施。最后以施工控制指令的形式为桥梁的施工提供反馈信息。在施工控制计算和误差分析中，通过对施工容许误差度指标数据体系、施工反馈数据(尤其是应力监测数据)、施工控制目标值数据的分析，确立施工状态的应力预警体系。

2.3　施工控制结构理论计算方法

2.3.1　正装计算法

为了计算出桥梁结构在成桥后的受力状态，可根据实际结构的配筋情况和既定施工方案逐个阶段地进行计算，最终到成桥结构的受力状态和变形情况。这种计算方法的特点是：随着施工阶段的推进，结构形式、边界约束、荷载形式在不断地改变，前期结构将发生徐变，其几何位置也在改变，因此，前一阶段的结构状态将是本次施工阶段结构分析的基础。我们将这种按

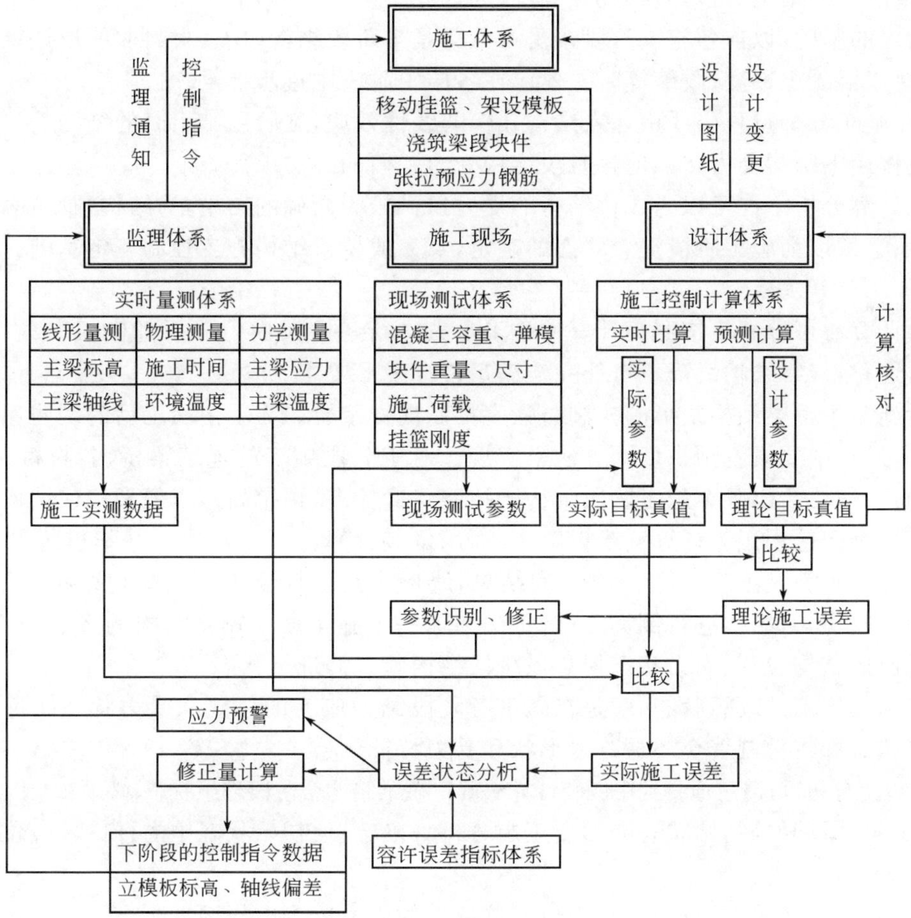

图 2　施工控制体系图

施工阶段前后次序进行的结构分析方法称为正装计算法。

正装计算法能够较好地模拟桥梁结构的实际施工历程。

(1)确定结构初始状态,主要包括:中跨及边跨(次边跨)的大小、桥面线形、桥墩的高度、横截面信息、材料信息、约束信息、预应力束信息、混凝土徐变信息、施工临时荷载信息、二期荷载信息、体系转换信息等。

(2)基础、桥墩和 0 号块浇注完成:计算已浇注部分在自重和外加荷载作用下的变形和内力。

(3)在每一个桥墩上对称地依次悬臂浇注各个快件,直到悬臂浇注完成,拆除挂篮。计算每一次悬臂浇注时结构的变形和内力,每一阶段计算均依照上一阶段结束时结构变形后的几何形状为基础。

(4)进行边跨合龙(次边跨合龙)、中跨合龙,计算这几个主要阶段结构的内力和变形。

(5)桥面铺装:计算二期恒载作用下结构的内力与变形。

正装计算法的特点:

(1)桥梁结构在正装计算之前,必须制定详细的施工方案,只有按照施工方案中确定的施工加载顺序进行结构分析,才能得到结构中间阶段或最终成桥阶段的实际变形和受力状态。

(2)在结构分析之处,要确定最初实际状态,即以符合设计要求的实际施工结构(如跨径、标高等)倒退到施工的第一阶段作为结构正装计算分析的初始状态。

(3)本阶段的结构分析必须以前一阶段的计算结果为基础,前一阶段结构位移是本阶段确定结构轴线的基础,以前各施工阶段接受力状态是本阶段结构时差、材料非线形计算的基础。

(4)对于混凝土徐变、收缩等时差效应在各施工阶段中逐步计入。

(5)在施工分析过程中严格计入结构几何非线性效应,本阶段结束时的结构受力状态用本阶段荷载作用下结构受力与以前各阶段结构受力平衡的办法求得。

正装计算分析不仅可以为成桥结构的受力提供较为精确的结果,为结构强度、刚度验算提供依据,而且可以为施工阶段理想状态的确定,及完成桥梁结构施工控制奠定基础。

2.3.2　倒装计算法

正装计算法可以严格按照设计好的施工步骤进行各阶段内力分析,但由于分析中结构节点坐标的迁移,最终结构线形不可能完全满足设计线形要求。

实际施工中桥梁结构线形的控制与强度控制同样重要。为了使竣工后的结构保持设计线形,在施工过程中要设置预拱度的方法来实现。对于分段施工的连续梁桥、斜拉桥、悬索桥等复杂结构,一般要给出各个施工阶段结构物控制点的标高(预抛高),以便最终使结构物满足设计要求。这个问题用正装计算法难以解决,而用倒装计算法可以解决。基本思想是,假设 $t=t_0$ 时刻内力分布满足正装计算 t_0 时刻的结果,线形满足设计要求。在此初始状态下,按照正装分析的逆过程,对结构进行倒拆,分析每次卸除一个施工段对剩余结构的影响,在一个阶段内分析得出的结构位移、内力状态便是该阶段结构施工的理想状态。

所谓结构施工的理想状态,就是在施工各阶段结构应有的位置和受力状态。每个阶段的施工理想状态都将控制着全桥最终的形状和受力特征。

通过以上分析,可清楚地看到用倒装计算法确定桥梁结构个阶段理想状态,必须注意以下几点:

(1)倒装计算时的初始状态必须由正装分析来确定,但初始状态中的杆件轴线位置可取设计轴线位置。

(2)拆除单元的等效荷载,用被拆单元接缝外的内力反方向作用在剩余主体结构接缝处加以模拟。

(3)拆除杆件后的结构状态为拆除杆件前结构状态与被拆除杆件等效荷载作用状态的叠加。换言之,本阶段结束时,结构的受力状态用本阶段荷载作用下的结构受力与前一阶段的结构受力状态叠加而得,即认为在这种情况下线性叠加原理成立。

(4)拆构件应满足零应力条件,剩余主体结构出现新的接缝面应力等于此阶段对该接缝面施加的预加应力,这是正确进行倒退分析的必要条件。

除此之外,还应该了解倒装计算法的局限性,这主要指以下两个方面:

(1)对于几何非线性十分明显的大跨度桥梁如斜拉桥,尤其像悬索桥,由于缆索的非线性影响,按倒装计算法的结果进行正装施工,桥梁结构将偏离预定的成桥状态。

(2)原则上讲,倒装计算无法进行混凝土收缩、徐变计算,因为混凝土构件的收缩、徐变与结构的形成历程有密切关系。由于倒装计算的顺序是结构形成历程的逆过程,所以在倒装分析时,考虑结构的时差效应的影响是有一定困难的。

2.3.3　无应力状态法

通过进行倒装计算来确定大跨度桥梁构件在施工各阶段的中间理想状态。倒装计算法是通过分析桥梁结构的内力来建立起各施工阶段中间状态与桥梁结构成桥状态之间的联系。由于结构的内力与结构的形成历程密切相关,是一个相对不稳定、不独立的,因而用倒装计算法确定结构的中间理想状态是比较困难的。我们能否通过其他方式来确定桥梁结构施工各阶段中间理想状态,或者说,能否找到一种相对稳定或恒定不变的量来建立起各施工阶段中间状态与成桥状态之间的联系呢?答案是肯定的,这就是我们要讲的无应力状态计算法。

设想将一座已建成的桥梁结构解体,结构中各构件或者单元的无应力长度和曲率是一个确定的值,在桥梁结构施工中或建成后,不论结构温度如何变化,如何位移,以及如何加载,即在任何受力状态下,各构件或单元的无应力长度和曲率恒定不变,只是构件或单元的有应力长度和曲率不相同而已。我们用构件或单元的无应力长度和曲率恒定不变的原理进行结构状态分析的方法叫做无应力状态法。

桥梁结构无应力状态只是一个数学目标,通过它将桥梁结构安装的中间状态和终结状态之间联系起来,为分析桥梁结构各种受力状态提供了一种有效的方法。

2.3.4 桥梁结构分析的有限元法

有限元法就是将连续体分成有限个单元,单元间相互由结点连接的理想结点系统。分析时,先进行单元分析,用结点位移表示单元内力,然后将单元在合成结构,进行整体分析,建立整体平衡关系,由此求出结点位移。

有限元法是随着计算机的发展以及为适应复杂的结构分析需要而发展起来的一种有效的数值分析方法。目前,有限元法已成为结构分析的通用方法,采用有限元计算机程序进行结构分析可大大减轻劳动强度、缩短计算时间、提高工作效率;桥梁结构属于空间结构,且结构越来越复杂,超静定次数越来越高,如采用解析法手算,就必须进行结构简化,而这些简化与实际结构之间往往存在较大差别,从而使计算机结果与实际不符,只有采用空间有限元法分析才能得出较精确的结果;随着建桥材料性能的提高,桥梁跨径越来越大,如对大跨径桥梁也采用中小型桥梁分析所用的弹性结构线性分析法,已不能反映结构的真实受力情况,而必须考虑非线性的影响(包括材料、几何非线性),要进行桥梁结构非线性分析,只有通过电算来实现;大跨径桥梁除必须满足强度、刚度要求外,结构的稳定性、动力特性往往成为控制因素,结构的稳定与动力分析也需要借助有限元分析来完成;桥梁施工的方法多样,一般情况下桥梁结构分析计算必须考虑结构施工与形成过程,而结构施工过程仿真分析计算复杂、量大,绝非简单的解析手算所能完成。

采用有限元法进行施工控制中的结构分析计算与通常的结构分析计算一样,首先要建立数据文件。数据文件准备按照采用的分析软件的具体要求进行,一般分为四步:

(1)桥梁结构的模型化。

桥梁结构的模型化就是将实际结构理想化为有限个单元的集合。计算模型建立的正确与否(是否与实际结构相符)是保证计算分析结果是否正确的关键,其中,根据结构的受力特性与工作行为选择恰当的单元形式来模拟实际结构以及选择正确的约束模拟形式尤为重要。

就结构分析模拟来看,与一般的已成桥梁分析不同的是施工控制的结构分析模拟一般是随着施工的不断推进而不断变化的,这是由于桥梁在形成过程中的结构体系是在不断变化的。实际工作中,可对不同的施工状态建立不同的分析模型,但其工作量大,不够方便。通常可考虑建立一个统一的模型,而对某个施工状态的结构模拟则可通过某些单元的是否激活来实现。

计算模型中单元的选择应以能准确描述施工过程中结构受力与变形状态为准。有限元分析中的单元类型较多,根据不同的结构体系、构造形式以及受力情况,模型中的单元可以是杆元、梁元、板元、体元、索元等,一个模型可以是由一种单元组,也可以是由几种单元组成。

(2)桥梁结构的离散化。

桥梁结构的离散化就是在模型化处理后,将结构离散为带有有限个自由度的结构。单元大小与节点位置确定应充分考虑结构受力情况与施工单元的划分。

(3)按所用软件的输入要求形成数据文件。

(4)检查、校正数据文件。

计算模型最终体现为数据文件,数据文件正确方能保证计算模型的正确,才能保证计算结果的正确性。

其次,进行软件分析。一般的结构分析软件种类较多,可以是自己开发的专用软件,也可以是通用软件(如 SAP、ADINA、NASTRAN 等)。选择何种软件关键是看分析的对象的实际受力情况、分析内容等。对于桥梁施工控制中的结构分析,由于计算模型随着施工过程的改变,同时要求分析跟踪进行,采用常规通用软件来分析是有一定困难的,应采用具有施工控制跟踪、仿真分析功能的软件,也可将通用软件作为一个平台,通过作必要的前后处理来适应施工控制结构分析的需要。

最后,对分析结果进行分析和处理。

3 施工监测及信息反馈

3.1 施工监测方法

3.1.1 材料参数监测

(1)混凝土弹模、收缩、徐变。

混凝土的收缩、徐变对主梁的内力与挠度均有较大影响,应专门进行混凝土 7 d、14 d、28 d、90 d 四个加载龄期的徐变、收缩试验,得出相应的收缩、徐变系数和弹模值。同时,现场取样的方法分别测定混凝土在 3 d、7 d、14 d、28 d、60 d 龄期弹模值,以得到完整 $E—t$ 曲线,为主梁预拱度的修正提供数据。

(2)混凝土容重。

混凝土容重的测定也采用现场取样,在实验室用常规方法测定。

(3)预应力材料检查。

对预应力材料应检测其弹性模量,对每一批次应送检,生产厂家对每批预应力应出具检测报告。

3.1.2 机构几何形态监测

几何形态监测的目的主要是获取(识别)已形成的结构的实际几何形态,其内容包括标高、跨长、结构变形或位移等,它对施工控制、预报非常关键。

(1)监测仪器。

目前用于桥梁结构几何形状监测的主要仪器包括测距仪、水准仪、全站仪、光电图像式挠度仪等。通常采用测距和测交精度不低于规定值(如±(2 mm+2 ppm)和+2″)的全站仪并结合固定高光度发光体照准目标作为需要全过程动态跟踪监测的三维几何形态参数(连续梁刚构桥墩位、悬臂施工箱梁的平面位置等)的监测手段;采用精密水准仪和铟钢水准尺水准联测、活动占标视准线法观测和精密电子倾角仪倾角测量等激光挠度仪等作为标高、变形(位)等的监测手段。

(2)监测基本要求。

对需全过程跟踪监测的结构几何形态参数的监测通过指定控制点位置坐标监测加以体现。一般系在结构温度趋于恒定的时间区段内(一般为夜间 00:00 至次日凌晨 6:00),利用桥址附近的施工平面和高程控制网,采用全站仪并以安装在各控制点的高度发光体和测距棱镜作为照准目标,进行多测回观测的极坐标或三角高程测量获取控制测点三维大地坐标,并通过坐标变换求出控制测点的施工设计位置坐标。在进行控制点位置坐标监测时,应同时对结构温度进行监测，只有在结构温度趋于稳定后，所观测到的控制点位置坐标方可作为监测结果。对于结构温度趋于稳定的标准问题，根据经验可定为：若以结构构件同一断面上的表面测点平均温度作为结构构件断面测试温度，则构件长度方向测试断面的最大温差 Δt 的绝对值应不超过 2 ℃，在同一测试断面上测点温度的最大温差 Δt 的绝对值应不超过 1 ℃。

(3)数据处理。

由于几何形态参数监测结果将直接反馈给施工控制系统，所以，不但要求其结果具有准确性，同时还要求数据整理及时，这可通过监测数据实时处理分析系统完成。对于定期监测的数据，按照不同等级水准测量的国家规范等有关标准规定的作业成果纪录整理方法，采用手记录、现场外业手簿联测的闭合差、测量中误差以及观测点的变形或变形位移。对全过程动态跟踪的几何参数监测，首先对现场手工纪录的角度、距离等原始观测值进行 100% 的检查，在观测数据满足有关规定、标准规定的限差要求的前提下，对观测成果进行必要的改正(如仪器常数、气象条件等)，然后进行观测点的三维坐标转换(一般需转换至施工设计位置坐标)。上述实时处理分析系统可通过计算机完成，并可将其结果直接与施工控制系统相联系。

3.1.3 结构截面应力监测

结构截面的应力(包括混凝土应力、钢筋应力、钢结构应力等)监测是施工监测的主要内容之一，它是施工过程的安全预警系统。

(1)测点布置。

在大跨度预应力混凝土连续梁(刚构)梁桥，主要测试大桥的桥墩和箱梁的截面应力，对预应力混凝土连续(刚构)梁桥还必须注意墩梁临时固结构件的应力情况。一般来说，桥墩上测点布置在墩底、横系梁及墩顶截面处，主梁上测点布置在悬臂跟部、$L/4$、$L/2$ 等关键截面上。测试仪器有各种应变仪(应变片)、测力计、应变式测力传感器、钢弦式应力计等。

(2)测点实时状态分析及调整。

在大桥上部结构(箱梁)控制截面布置应力观测点，以观测施工过程中这些截面的应力变化与应力分布情况。结合反馈控制的实时跟踪分析系统(即随机最优控制系统)，由反馈控制子系统提供最优可调变量的调整方案，由实时跟踪分析系统分析在计入误差和变量调整之后每阶段乃至竣工后结构的实际状态(这样有利于桥梁结构可靠的后评估)，同时可根据当前施工阶段向前计算至竣工，预告今后施工可能出现的状态并预报下一阶段当前已安装构件或即将安装的构件是否出现不满足强度要求的状态，以确定是否在本施工阶段对可调变量实施调整。

(3)测试仪器及元件。

由于桥梁施工的时间一般较长，所以，应力监测是一个长时间的连续的量测过程。要实时、准确监测结构的应力情况，采用方便、可靠和耐久的传感组件非常重要。目前应力监测主要采用电阻应变片传感器、钢弦式传感器等。电阻应变片传感器只能用于短暂的荷载增量下的应力测试，并且使用不便、耐久性差，所以，一般仅用于辅助应力测试与校核。对于适合于现场复杂情况、连续时间较长且量测过程始终要以初始零点作为起点的应力监测，目前基本上均用钢弦式传感器。主要原因是钢弦式传感器具有较良好的稳定性，抗干扰能力较强，数据采集方便等。

3.1.4 预应力监测

预应力水平是影响预应力桥梁(如连续梁、连续刚构桥等)施工控制目的实现的主要因素之一。在进行钢绞线张拉时，由于管道摩阻会造成预应力不同程度的损失。本测试旨在定量地测定钢绞线摩阻损失以便确定实际有效的预应力吨位和预应力筋的延伸量。如果张拉千斤顶不宜回缩，可采用将波纹管开孔，在钢绞线上贴电阻片的方式来进行测量。一般情况下，选择竖弯索和平、竖弯空间索各一组进行。

3.1.5　温度监测

在大跨度桥梁施工过程中对结构的温度进行监测、寻求合理的立模、架设等时间，修正实测的结构状态的温度效应，对桥梁按目的施工和实施施工监控都是十分重要的。

温度是影响主梁挠度的主要因素之一。温度变化包括季节温度变化和日照温度变化两个部分。日照温度变化最为复杂，尤其是日照作用会引起主梁顶、底板的温度差，使主梁发生挠曲，同时，也会引起墩身两侧的温度差，使墩身产生偏移。而季节温差对主梁挠度的影响比较简单，由于其变化的均匀性，既不会使主梁发生挠曲，也不会是墩发生偏转，而是通过使墩身产生轴向伸缩从而对主梁的挠度产生影响。由于日照温度变化的复杂性，在挠度理想状态计算时难以考虑日照温度的影响，日照温度的影响只能通过实施观测来修正。日照温差测试一般采用测点埋设铂电阻，引出测试导线，再用温度测试显示仪进行适当的观测，摸清箱梁日照温变的情况。季节温差可采集各阶段在施工阶段的温度，输入计算机中，分析其对挠度产生的影响。

目前，结构温度的测量方法较多，包括辐射测温法、电阻温度计测温法、热点偶测温法以及其他各种温度传感器等。每种方法的测量范围、精度和测量仪器的体积及测量繁杂程度都有所不同，通常选用体积小、附着性好、性能稳定、精度高且可进行长距离监测传输的测温组件。

对结构表面温度采用表面温度点测计测量，点测计测量灵活性大，可对任意点处的表温进行测量；对体内温度测量通常是将选好的温度传感器贴在钢筋上，在作防潮和防机械损伤处理后埋入指定截面的混凝土体内并引出导线，通过温度测量显示仪读取量测值。

3.1.6　数据采集与分析

(1)基础资料的收集。

1)混凝土弹模试验。

混凝土弹性模量是连续梁施工自适应控制中需要识别的重要参数之一，应根据要求进行混凝土弹性模量的试验。

2)混凝土容重试验。

混凝土容重对连续梁内力及标高都有影响。混凝土的容重主要影响连续梁的恒载，当恒载发生变化时，导致主梁的内力和标高产生变化。为避免混凝土容重离散带来影响，应做混凝土容重试验。

3)预应力材料检查。

对预应力材料应检测其弹性模量，对每一批次应送检，生产厂家对每批预应力应出具检测报告。

4)结构尺寸检查。

结构构件的截面尺寸除决定了构件刚度外，同时也决定可构件的自重，因此对结构的内力、应力和变形影响较大，所以应加强构件尺寸的检测，避免累计误差对结构的影响。

竣工构件的尺寸误差以及变形、偏位误差均应满足《公路工程质量检验评定标准》的要求。

5)气象资料：晴雨、气温、风向、风速。

6)实际工期与未来进度的安排。

7)挂篮支点反力与其他施工荷载在桥上的位置与数值。

(2)误差分析和识别。

1)节段预应力张拉误差对结构的影响；

2)挂篮结构刚度对标高的影响；

3)梁段自重误差对结构的影响；

4)混凝土弹性模量误差对结构的影响;

5)混凝土收缩徐变对结构的影响;

6)施工荷载变动对结构的影响;

7)温度的影响。

4 控制实施

4.1 主梁施工过程中的线性控制

4.1.1 施工标高控制设计

在主梁的悬臂浇注过程中,梁段立模标高的合理确定,关系到主梁的线形是否顺直、是否符合设计的一个重要问题。如果在确定立模标高时考虑的因素比较符合实际,而且加以正确的控制,则最终桥面线形较为良好;如果考虑的因素与实际情况不符合,控制不力,则最终桥面线形与设计线形偏差较大。

立模标高并不等于设计中桥梁成桥后的标高,应根据监控采集的数据,经计算机动态分析、按不同的工况设置各梁节段施工预拱度,以抵消施工中产生的各种变形(挠度)。其计算公式如下:

$$H_{\mathrm{lm}i}=H_{sji}+\sum f_{1i}+\sum f_{2i}+f_{3i}+f_{4i}+f_{5i}+f_{\mathrm{gl}}$$

式中 $H_{\mathrm{lm}i}$——i 节段立模标高(阶段上某确定位置);

H_{sji}——i 节段设计标高;

$\sum f_{1i}$——由各梁段自重在 i 节段产生的挠度总和;

$\sum f_{2i}$——由张拉各节段预应力在 i 节段产生的挠度总和;

f_{3i}——混凝土收缩、徐变在 i 节段引起的挠度;

f_{4i}——施工临时何在在 i 节段引起的挠度;

f_{5i}——使用荷载在 i 节段引起的挠度;

f_{gl}——挂篮变形值。

其中挂篮变形值是根据挂篮加载试验,综合各项测试结果,最后绘制出挂篮荷载——挠度曲线,进行内插而得。而$\sum f_{1i}$、$\sum f_{2i}$、f_{3i}、f_{4i}、f_{5i}五项在前进分析和倒退分析计算中已经加以考虑,倒退计算分析输出结果中的预抛高值 Hypgi 就是这五项挠度的总和。

预计标高的计算公式为:

$$H_{yji}=H_{\mathrm{lm}i}-f_{\mathrm{gl}}-f_i$$

式中 H_{yji}——i 节段预计标高;

f_i——块件浇注完后,i 节段的下挠值。

挠度观测资料是控制成桥线形最主要的依据。实施时在每个施工梁段块件上布置 3 个观测点,一个在箱梁中心,另两个对称布置,这样不仅可以测量箱梁的挠度,同时可以观察箱梁是否发生扭转变形。在施工过程中,对每一截面需进行立模、混凝土浇注前、混凝土浇注后、钢筋张拉前、钢筋张拉后的标高观测,以便观察各点的挠度及箱梁曲线的变化历程,保证箱梁悬臂端的合龙精度及桥面线形。高程控制点布置在离块件前端 10 cm 处,采用 $\phi16$ 以上的钢筋在垂直方向与顶板的上下层钢筋点焊牢固,并要求竖直。测点(钢筋)露出箱梁混凝土表面 2 cm,侧头磨平并用红油漆标记。

4.1.2 标高控制的主要措施

(1)布置在 0 号块件上的高程观测点是为了控制顶板的设计高程,同时也作为以后各悬浇节段高程观测的基准点。

(2)以后每个阶段设计 3 个观测点，距块件前端 10 cm，中心布置一个，另两个从翼板边缘向梁中心 50 cm 的距离对称布置。为确保测点在施工过程中不宜被损坏，测点露出梁顶面 2 cm。

(3)为尽量减少温度的影响，挠度的观测安排在早上太阳出来之前进行。

(4)在整个施工过程中主要观测内容：立模、混凝土浇注前后、预应力张拉前后、移动挂篮后、边(中)跨合龙前、最终成桥前的各项标高值。

5　质量控制

(1)在悬臂施工过程中，对挠度和施工标高进行施工精密测量。

(2)对悬臂施工原则上应实行具有资质的第三方监控，确保挠度和施工标高的测量准确无误。

(3)在预应力钢绞线张拉过程中，及时向设计人员提供有关数据，以便核对延伸量，验证预应力有关参数的准确性。

(4)施工单位应将已经施工阶段的实测挠度及标高等参数提前 3 天反馈给设计人员，以便设计人员对将施工阶段的标高进行调整和控制。

(5)悬臂施工按照对称平衡的原则进行施工，施工过程中应随时注意两悬臂不得出现不平衡荷载。

(6)为了避免不平衡荷载的出现，悬臂施工段除了施工机具外，不得堆放其他物品和材料，以免引起挠度偏差。

(7)长臂和边中跨合龙宜尽可能避开台风季节，在每一梁段施工过程中出现台风预报应停止施工，并做好施工的防台风工作。

6　安全注意事项

(1)同一 T 构上的同号梁段浇注混凝土的速度尽量一致。

(2)同一 T 构上的同号梁段浇注混凝土的方量要一致，避免累计误差产生，对梁体挠度变化的影响。

(3)同一 T 构上的施工临时荷载要对称摆放。

(4)悬臂施工期间要避开怪风、雷雨大风、台风等。

(5)在长悬臂施工完成进行边跨合龙时，将中跨悬臂之间先临时用钢桁架连在一起，借助桁架形成一个整体，使结构的抗风状态大为改善。

(6)根据风洞试验中反映出来的问题，可将上、下梁的腹板及翼板临时进行连接，以起到抑制振幅的作用。

(7)悬臂施工时，认真控制截面的施工尺寸，并注意梁上施工机具的布置，做到平衡施工，以减少附加弯矩对结构抗风能力的影响。

7　结 束 语

桥梁施工监控是桥梁施工技术的重要组成部分。控制实施是控制理论、控制方法及控制分析的实际应用过程，是施工控制工作的具体实施过程，其工作质量、直接关系到控制工作的最终结果。这就需要针对项目本身，建立施工控制管理系统，协调处理施工控制中的有关问题，以保证工程质量和施工安全。

预应力混凝土斜拉桥施工

预应力混凝土斜拉桥索塔翻模、爬模、支架设计

1 前　言

1.1 工艺原理

索塔施工属高空作业，工作面狭小，其施工工期影响全桥总工期，在设计索塔模型和支架时应本着利用现有的起重设备(塔吊)，配合可多处使用的支架来进行模型、钢筋和混凝土施工。

1.2 适应范围

本文以金沙江大桥索塔施工为蓝本，结合其他先进施工技术而编写，适用于预应力混凝土斜拉桥索塔施工中的模型工程和支架工程。

2 质量标准与检验、验收方法

为确保模板的结构安全、可靠，模板必须具有足够的强度和刚度，在施工中不变形，不错位，不漏浆，且结构简单合理，便于制作、安装、调整定位、拆除与重复使用。

在模板使用前，需对其进行刚度、强度等的检算，检算合格后才能使用。

3 施工准备

3.1 施工方案的选择

索塔分下塔柱、中塔柱和上塔柱，整体成 H 形；在中塔柱与下塔柱交界点分别向上和向下微收；均为空心薄壁墩柱。由于中塔柱与下塔柱墩柱截面是变截面，且墩柱在竖向上有一定坡度，可采用翻模施工或者倒链手动爬模施工，配合万能杆件搭设的支架和塔吊等提升设备进行施工。上塔柱为等截面的垂直墩柱，可采用翻模或爬模，配合塔吊进行施工。

3.2 材料的选用

模板面采用 5 mm 厚的钢板进行加工制作；纵肋可采用槽钢、角钢和矩管；横肋多采用 2 根槽钢组合成工字形。模板骨架采用型钢制成桁架式。

拉紧螺栓和穿墙螺栓采用 Q235 钢制作加工；工作平台采用型钢制作，附着在模型骨架上。

4 设计工艺流程

4.1 翻　模

首先拟定每套模板的组成，按照实际情况设定模板高度和宽度，再按照模板所受的力来确定模板材料的型号。施工平台附着在模型骨架上，所以在设计模型骨架时还应考虑两个方面：

(1)竖向受重力方面：除模型骨架自身重力以外，还应考虑施工荷载。

(2)模型组合方面：模型是通过模型骨架将数块单位模型组合成整块模型的，在考虑安装和拆除模型方便的同时，还应根据起吊设备的起吊能力来设计单位模型的组合。

4.2 爬　　模

爬模设计采用在空心墩内设 ϕ48 mm 钢管内井架，用钢管扣件联结；顶部拼装网架桁片结构来增加刚度；为保证井架稳定性，须设置齐全的剪力撑。井架顶部安置 10 mm 钢板焊成的箱形横挑梁，固定后悬挂手动倒链葫芦作提升动力来安拆模型，接高内井架支撑柱和提高顶部网架桁片结构来循环作用。

在设计模板时，要根据混凝土振捣情况、模板的重力、起重能力的限制等来确定一节钢模的高度。

4.3 支　　架

索塔施工具有一定的高度，且施工作业面较小。针对实际情况，索塔施工所需的支架可考虑使用万能杆件配合碗扣式支架搭设。设计之前应考虑支架的使用不能单一化，它不仅要适用于索塔施工，还要适用于索塔的横梁施工以及主梁施工。

5 设计的要点

5.1 主要结构的组成

模型的主要结构包括：模板、纵肋、横肋、模型骨架以及拉紧螺栓。模板和纵肋、横肋组成单位模板，再用过模型骨架拼组成大块钢模，通过拉紧螺栓的作用，便可构成完整的一套模型。

5.2 力学模型的建立及力学检算

模型主要受混凝土的侧压力、模型自身重力以及施工荷载作用。计算出混凝土对模板侧面的最大压力值，便可以计算确定模板厚度和支撑的间距等。

混凝土作用于模板的侧压力，根据测定，是随混凝土浇注高度而增加的，当浇注高度达到某一临界值时，侧压力便不再增加，此时便为混凝土对模板的最大侧压力。最大侧压力可用下式计算：

$$F = 0.22\gamma_c t_0 \beta_1 \beta_2 v^{1/2}$$

$$F = \gamma_c H$$

式中　F——混凝土对模板的最大侧压力(kN/m^2)；

γ_c——混凝土的重力密度(kN/m^3)；

t_0——混凝土的初凝时间(h)，可按实测确定。缺乏试验资料时，可采用 $200/(T+15)$ 计算；

T——混凝土的温度(℃)；

v——混凝土的浇注速度(m/h)；

H——混凝土侧压力计算位置处至混凝土顶面的总高度(m)；

β_1——外加剂影响修正系数，不掺外加剂时取 1.0；掺具有缓凝作用的外加剂时取 1.2；

β_2——混凝土塌落度影响修正系数，当坍落度小于 30 mm 时，取 0.85；50～90 mm 时，取 1.0；110～150 mm 时，取 1.15。

确定混凝土对模板的最大侧压力后，便可以对模板所受的弯距、横肋所受的弯距、拉紧螺栓所受拉力等进行计算，进一步来确定模板的厚度、横肋的间距以及截面大小和拉紧螺栓的数量以及截面大小。

5.3 模型设计

5.3.1 模型工艺

根据墩身高度来进行模板设计，主要是从墩顶向下排，不足整节模板高度者称为零节，零节模板可单做，亦可用整节模板代用，但需要注意脱模后重新立上一节模的支垫和与零节混凝土的锁固，不得出现接缝错台、漏浆。

根据墩身横截面配板设计，主要是先整块模型，再根据墩柱横截面进行补充异型模板，异型模板需另加工，且在设计时需注意异型模板可重复使用。

(1)翻模。

翻模系统依靠混凝土对模板的黏着力自成体系，且制造简单，构件种类少，模板的大小可根据施工能力灵活选用，混凝土接缝较易处理，施工速度快。但模型本身不能爬升，要依靠塔吊等起重设备提升。如图1所示。

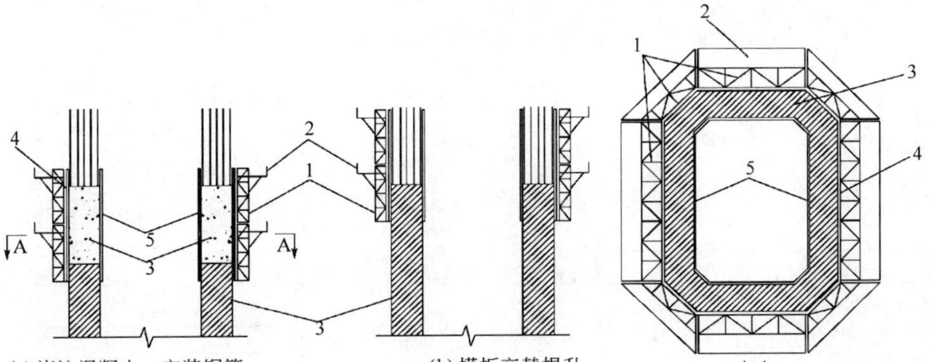

图1 翻模系统示意图

1—模板桁架；2—工作平台；3—已浇注索塔；4—外模板；5—内模板

每套模板由内外模、对拉螺杆、护栏及工作平台等组成，不必另设脚手架。模型一般分两种：一种为标准板，一般高3 m；一种为接缝板，高1.0～1.5 m。施工程序为先安装第一层模板(接缝节＋标准节＋接缝节)，浇注混凝土，完成一个基本节段的施工；以已浇混凝土为依托，拆除最下一层接缝节和标准节(顶节接缝节不拆)，向上提升，将标准节接于第一层的顶节接缝节上，并将拆下的接缝节立于标准节上，安装对拉螺杆和内撑，完成第二层模板安装。如此由下至上依次交替上升，直至达到设计的施工高度为止。

(2)爬模。

爬模由内外模、提升桁架、脚手架、对拉螺杆、护栏及工作平台等组成，接高内井架支撑柱和提高顶部网架桁片结构来提升模型达到循环施工的目的。如图2所示。

1)横挑梁采用10 mm厚钢板焊成箱形梁，两端悬挂手动倒链葫芦，其结构为一简支梁，截面尺寸选定应检算其强度和挠度。如图3、4所示。

跨中弯矩为：$M_{max}=Ra\times L/2-P\times(L/2-a)$

式中 M_{max}——跨中弯矩(N·cm)；

P——内井架力柱传来的力(N)；

L——跨度(cm)，即两端手动倒链葫芦吊点距离；

a——手动倒链葫芦吊点至内井架第一根立柱间距(cm)。

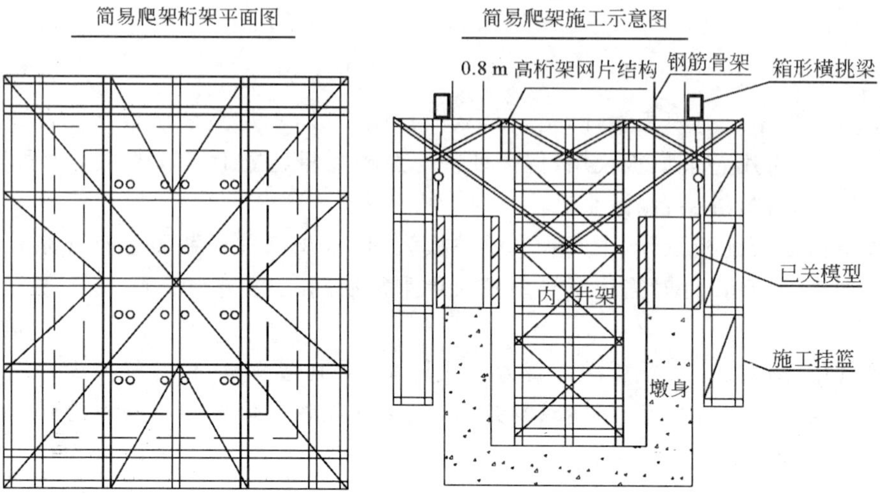

图 2　爬模系统示意图

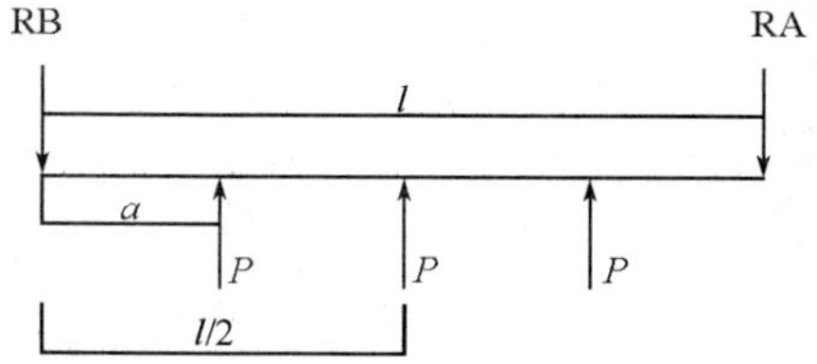

图 3　爬架横挑梁受力简图

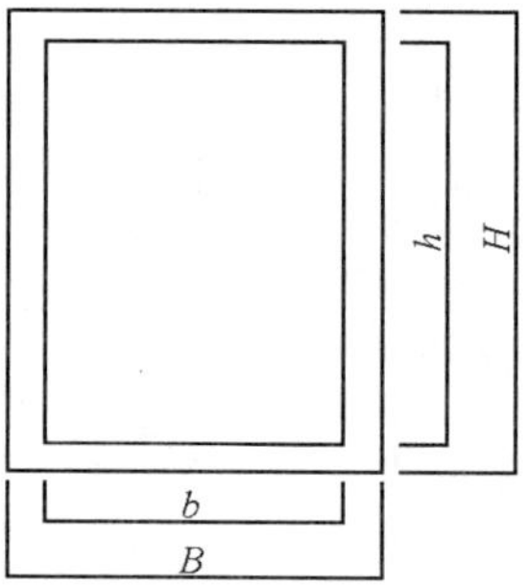

图 4　箱形横挑梁截面尺寸图

截面矩量：$W=M_{max}/[\sigma]$

式中　W——截面矩量(cm^3)；

M_{max}——跨中弯矩(N·cm)；

$[\sigma]$——钢的容许应力，取 14 000 N/cm^2；

箱形梁截面尺寸按下式选用：$W\geqslant(BH^3-bh^3)/(6H)$

挠度按下式计算：$f_{max}=PL^3/(48EJ)\leqslant1/200$

式中　P——内柱传来的轴力(N)；

L——跨度(cm)；

E——钢的弹性模量，$2.1\times10^7(N/cm^2)$；

J——截面惯矩，$(BH^3-bh^3)/12(cm^4)$。

2)内井架支撑顶面网架工作平台传来的力，用 $\phi48$ mm 钢管以扣件相联。由于钢管直径、壁厚太小，承受轴力不大，必须检算钢管的容许承载力，控制组合节间间距。

钢管容许承载力按下述内容检算：

钢管外径 D(cm)，钢管内径 d(cm)；

钢管计算长度 l(cm)(取横杆间距)，钢管横截面积 $F=\pi(D^2-d^2)/4(cm^2)$；

钢管横截面惯矩 $J=\pi(D^4-d^4)/64(cm^4)$，回转半径 $i=1/4(D^2+d^2)^{1/2}$；

长度系数 $\mu=1$(两端铰支)，长细比 $\lambda=\mu l/i$；

弹性模量 $E=2.1\times10^{7}$(N/cm²)，临界力 $P_{cr}=\pi2EJ/(\mu l)2$(N)；

临界应力 $\sigma_{cr}=P_{cr}/F$(N/cm²)，折减系数 $\psi=\sigma_{cr}/24\ 000\times1.6/2$；

容许应力$[\sigma]=\psi\times14\ 000$(N/cm²)；

钢管节间长度容许承载力$[P]=[\sigma]\times F$(N)。

3)内井架按双向偏心受压的格构柱检算其整体稳定性：

$$\sigma=N/(\Psi F)+0.9M/W\leqslant[\sigma]$$

式中 N——轴向力(N)；

M——弯矩(N·cm)；

F——截面面积(cm²)；

W——截面抵抗矩(cm³)；

Ψ——格构式偏心受压构件在弯矩作用平面内的稳定系数，其值根据 $\lambda(\lambda=l_c/i)$和 $\varepsilon(\varepsilon=M/N\times F\cdot x_0/J)$查《金属结构计算》P488 表。

其中 λ——长细比；

l_c——计算长度(cm)；

i——回转半径(cm)；

ε——偏心率；

$x_0=\alpha/2-e$(cm)

α——肢柱轴线间的距离；

J——截面矩量(cm⁴)；

e——单根肢柱的重心矩(cm)。

5.3.2 模板检算

(1)模板检算。

模板主要是由 5 mm 厚钢面板、槽钢、角钢或矩管纵肋、两根槽钢组合的横肋和穿墙螺栓等组成，其结构如图 5 所示。

模板按照简支梁考虑，模板承受住弯距值 M 需要的厚度按下式计算：

$$M=q_1S^2/8=1/6bh^2[\sigma_w]$$

整理得 $h=S(\frac{3}{4}q_1/b)^{1/2}$

按挠度需要的厚度按下式计算：

$\omega A=5q_2S^4/384EI\leqslant[\omega]=S/400$

整理得 $h=S/5.3(q_2/b)^{1/3}$

式中 M——模板承受的弯距(N· mm)；

q_1,q_2——分别为模型所承受的设计和标准线荷载(N/mm)；

S——横肋的间距(mm)(在横肋检算中有介绍)；

b——模板的宽度(mm)；

E——槽钢的弹性模量；

I——模板截面得惯性距，$I=1/12bh^3$。

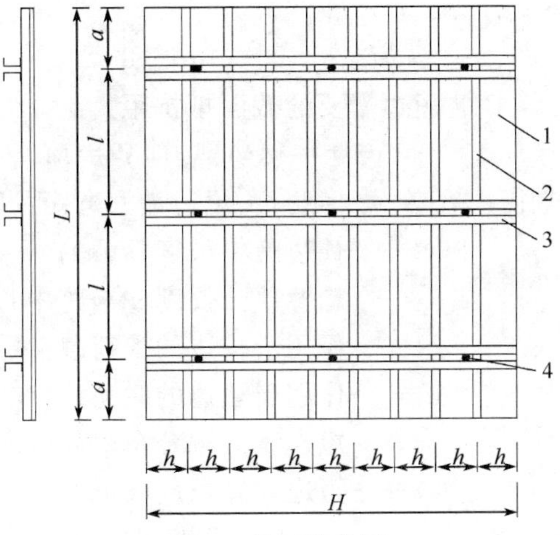

图 5 模板构造图

1—面板；2—纵肋；3—横肋；4—穿墙螺栓

(2)肋条(纵、横)或背楞检算。

模板主要承受混凝土的侧压力和倾倒混凝土时的冲击荷载，其倾倒混凝土时的冲击荷载按照 2 kPa 采用。其计算简图如图 6 所示。

横肋为模板的支撑和支承，其间距 S 由柱的侧模板刚度来控制。按两跨连续梁计算其挠度，按下式计算，并应满足以下条件：

$$\omega=KFqS^4/100E_tI\leqslant[\omega]=S/400$$

整理得 $S=(E_tI/4K_wq)^{1/3}$

式中　S——横肋间距(mm)；

ω——模板挠度(mm)；

$[\omega]$——模板容许挠度(mm)；

E_t——槽钢弹性模量；

I——模板截面的惯性距，$I=1/12bh^3$；

b——模板宽度(mm)；

h——模板厚度(mm)；

K_W——系数，两跨连续梁，$K_W=0.521$；

q——侧压力线荷载，如模板每块拼板宽度为 100 mm，则 $q=0.1F$；

F——模型受到的混凝土侧压力(kN/m^2)。

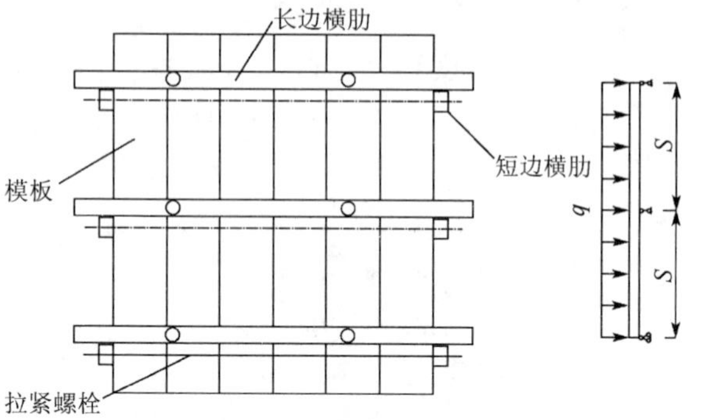

图 6　模板计算简图

(3)横肋的截面选择。

如图 7 为横肋长短边计算简图。

对于长边，假定设置钢拉杆，则按悬臂简支梁计算，不设钢拉杆，则按简支梁计算

$$M_{max}=(1-4\lambda^2)q_1d^2/8$$

横肋长边需要的截面抵抗距

$$W=M_{max}/f_m=(d^4-4a^2)q_1/10^4$$

对于短边按简支梁计算，其最大弯距按下式计算：

$$M_{max}=(2-\eta)q_2cl/8$$

横肋短边需要的截面抵抗距：

$$W=M_{max}/f_m=(2l-c)q_2c/10^4$$

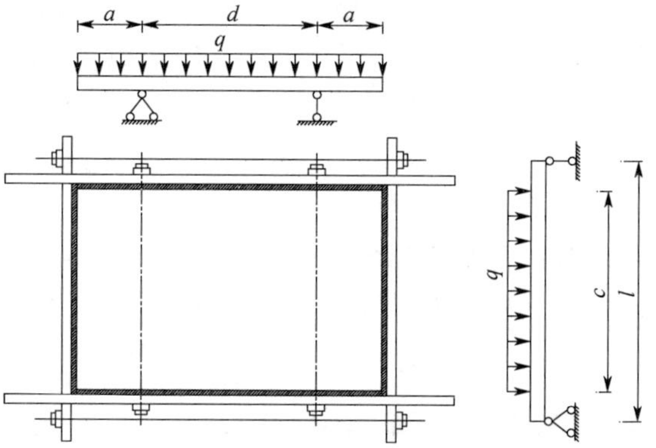

图 7　横肋长短边计算简图

式中　M_{max}——横肋长、短边最大弯距(N·mm)；

d——长边跨中长度(mm)；

λ——悬臂部分长度 a 与跨中长度 d 的比值，即 $\lambda=a/d$；

q_1——作用于长边的线荷载(N/mm)；

q_2——作用于短边的线荷载(N/mm)；

c——短边线荷载分布长度(mm)；

l——短边计算长度(mm)；

η——c 与 l 的比值，即 $\eta=c/l$；

W_1、W_2——横肋长、短边截面抵抗距(mm^3)；

f_m——槽钢抗弯强度。

(4)拉紧螺栓的选用。

横肋多采用双根槽钢组合成工字形,拉紧螺栓与两槽钢之间穿过,配合垫板利用螺母拉紧。螺栓收到的拉力 N 等于横肋处的反力。拉紧螺栓的拉力 N 和需要的截面积按下式计算:

$$N=1/2q_3l_1$$

$$A_0=N/[\sigma_1]=q_3l_1/170$$

式中 q_3——作用于横肋上的线荷载(N/mm);

l_1——横肋的计算长度(mm);

A_0——螺栓需要的截面面积(mm);

$[\sigma_1]$——螺栓抗拉强度计算值,采用 Q235 钢,$[\sigma_1]=170$ MPa。

5.3.3 预埋件(对爬模)

爬模的施工需要预埋预埋件来承受模型重量和施工荷载,其预埋位置如图 8 所示。

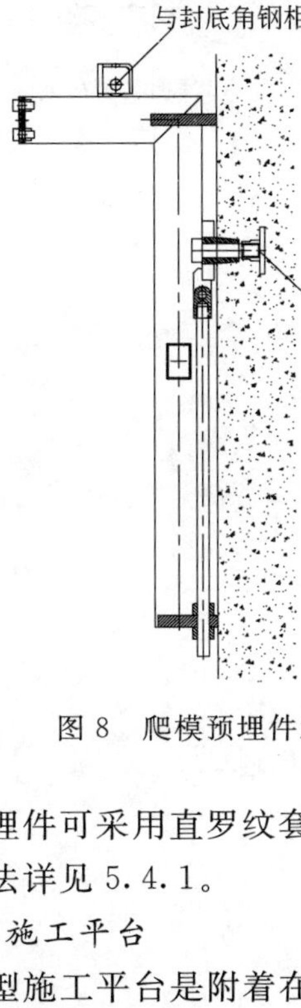

图 8 爬模预埋件示意图

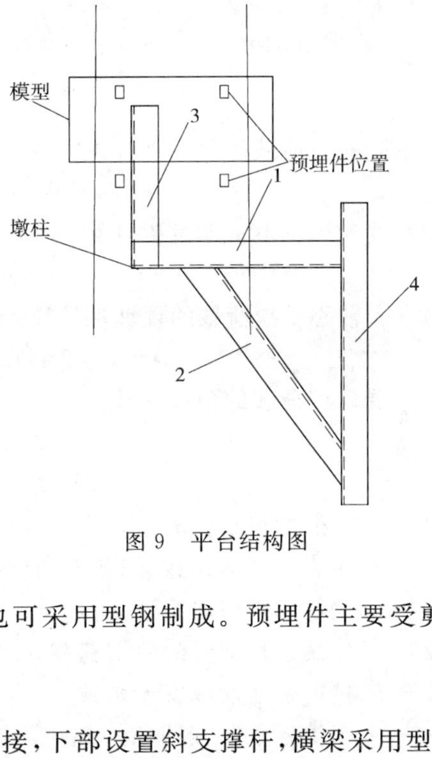

图 9 平台结构图

预埋件可采用直罗纹套筒加 L 形钢筋制成,也可采用型钢制成。预埋件主要受剪力,其检算方法详见 5.4.1。

5.3.4 施工平台

模型施工平台是附着在模板上的,采用型钢焊接,下部设置斜支撑杆,横梁采用型钢于斜支撑杆焊接成一整体,如图 9 所示。

横梁面铺设钢筋网片或者木板,并与横梁固定牢固。围栏立杆焊接横向钢筋,并在其上面挂安全网。

平台上严禁堆放钢材,施工机械等重物。

5.4 支架设计和检算

5.4.1 预埋件

在预埋件的计算中,通常应用"剪力-摩擦"理论,即假定:

①预埋铁件承受剪力时,由垂直于受剪面的锚筋阻止其变位,因混凝土无法对钢筋时间剪力,全靠最前面一段混凝土将锚筋握裹住,因而使锚筋实际是在受拉状态下工作;

②受剪面不论采用哪种粘接形式，受剪钢筋的锚固长度大于或者等于 10 倍锚筋直径时，即可充分发挥其作用，它的强度可认为已经达到了屈服点 σ_T，其极限抗剪力 V 可用下式表示：

$$V=\mu_0 A_S \sigma_T$$

由试验可知，预埋件被破坏之前，剪切面先开裂，使锚固筋受拉，剪切面将产生摩阻力来承担剪力。抗剪能力由剪切面的摩擦所决定。

图 10 为几种常用的不同受力情况下的预埋件计算。

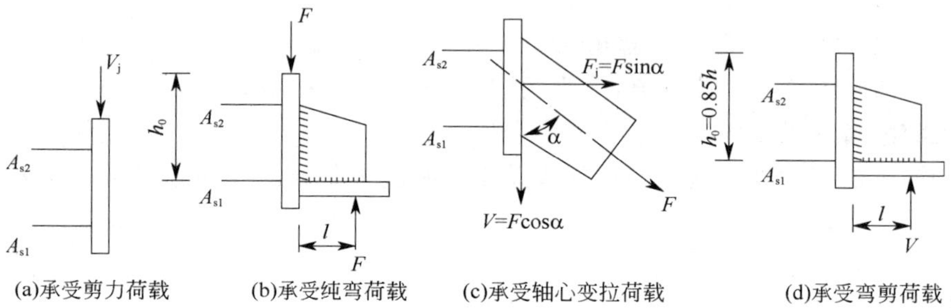

图 10　预埋件计算简图

(a)承受剪力荷载的预埋件计算：

$$K_1 V_j \leqslant \mu(A_{s1}+A_{s2}) f_{sv}$$

(b)承受纯弯荷载的预埋件计算：

$$K_2 M_j \leqslant h_0 A_{s1} f_{st}$$

(c)承受轴心受拉荷载的预埋件计算：

$$K_3 V_j \leqslant A_s f_{st}/(\sin\alpha+\cos\alpha/\mu_1\mu_2)$$

(d)承受弯剪荷载的预埋件计算：

$$K_1 V_j \leqslant 1.5 A_{s1} f_{st1}+A_{s2} f_{st2}$$

$$K_2 M_j \leqslant 0.85 h_0 A_{s1} f_{st1}$$

式中　V——锚筋的极限抗剪力；

μ_0——相当于摩擦系数，随剪面的粘接形式而变化，越粗糙，值越大；

σ_T——钢筋的极限屈服强度；

V_j——作用于预埋件的剪切荷载；

K_1——抗剪强度设计安全系数；

μ——摩擦系数，一般取 $\mu=1$；

A_{s1}、A_{s2}——下部及上部钢筋截面面积，当为双排钢筋时 $A_{s1}=A_{s2}$；

f_{sv}——钢筋在混凝土中抗剪强度设计值，取 0.7 f_{st}；

M_j——作用于预埋件的纯弯距，$M_j=F_l$；

K_2——抗弯强度设计安全系数；

h_0——加荷牛腿顶点至受拉钢筋的距离；

f_{st}——锚筋抗拉强度设计值；

F_j——作用于预埋件的拉力；

K_3——抗拉剪强度设计安全系数；

α——外力 F 与预埋件的轴线夹角；

μ_1——系数，与 α 角大小有关，当 $\alpha=300$ 时，$\mu_1=0.9$；当 $\alpha=450$ 时，$\mu_1=0.8$；当 $\alpha=600$

时，$\mu_1=0.7$；

μ_2——摩擦系数，取 $\mu_1=1$；

f_{st1}、f_{st1}——分别为锚筋 A_{s1}、A_{s2} 的计算抗拉强度设计值。

(1)直锚筋受剪强度计算。当锚筋布置为横向边距 $c/d\geqslant3$、纵向边距 $c_1/d\geqslant6$，锚筋锚固长度 $l_a\geqslant15d$ 时，锚筋为带标准弯钩的Ⅰ级光圆钢筋和Ⅱ级变形钢筋，锚板厚度 $t\geqslant0.6d$，钢筋与锚板的焊缝高度不小于 6 mm 及 $0.5d$(Ⅰ级钢筋)、$0.6d$(Ⅱ级钢筋)时，可按下式计算：

$$V_u=a_v\cdot a_r\cdot f_y\cdot A_s$$

式中 V_u——预埋件的抗剪强度值，N 或 kN；

a_v——锚筋的抗剪强度系数，≤0.7。$a_v=(4-0.08d)\sqrt{\dfrac{f_c}{f_y}}$

c——锚筋至横向边缘距离；

c_1——锚筋至纵向边缘距离；

d——锚筋直径(mm)；

l_a——锚筋锚固长度；

f_c——混凝土抗压设计强度；

f_y——锚筋的抗拉设计强度；

a_r——锚筋排数影响系数；二排取 1.0；三排取 0.9；四排取 0.85。

当锚筋布置不能满足上述要求时，可按下述规定对按上式计算出的抗剪强度值 V_u 乘以相应的折减系数。

1)当锚筋横向边距 $2\leqslant c/d<3$ 时，按 $\S_2=1-0.08(3-c/d)$(c、d 同前)

2)当锚筋纵向边距 $4\leqslant c_1/d<6$ 时，按 $\S_3$ 取值。

$c_1/d=6$，$\S_3=1$；

$c_1/d=5$，$\S_3=0.75$；

$c_1/d=4$，$\S_3=0.5$；

中间值时内插。

3)当锚筋锚固长度，$5d\leqslant l_a<15d$

$\S_4=1-0.027(15-l_a/d)$(l_a、d 同前)

(2)其他如配置角钢锚筋的受剪预埋件，配置直锚筋与弯折锚筋的受剪预埋件、轴心受拉和偏心受拉预埋件、弯剪预埋件、拉剪和拉弯剪等较为复杂的预埋件的有关计算，请参考《钢筋混凝土结构预埋件设计》(中国建筑工业出版社)。

5.4.2 支 架

斜拉桥索塔一般分三部分：下塔柱、中塔柱和上塔柱。下塔柱一般呈 V 字形，向两边倾斜；中塔柱与下塔柱相反，两塔柱向中间倾斜；上塔柱为拉索柱，都为等截面垂直墩柱。在下塔柱与中塔柱节点处设置一下横梁，中塔柱与上塔柱节点处设置一上横梁，以连接两索塔。

在支架设计方面，首先考虑在有限的空间里搭设较高的支架，需采用的万能杆件配合碗扣式支架来完成施工任务，这样的支架既可辅助索塔的施工，亦可解决横梁的施工。

(1)下塔柱处支架。

下塔柱支架的主要任务是完成下横梁以及主梁 0# 块的施工，根据索塔的形状，下塔柱支架可设计成图 11 形状。

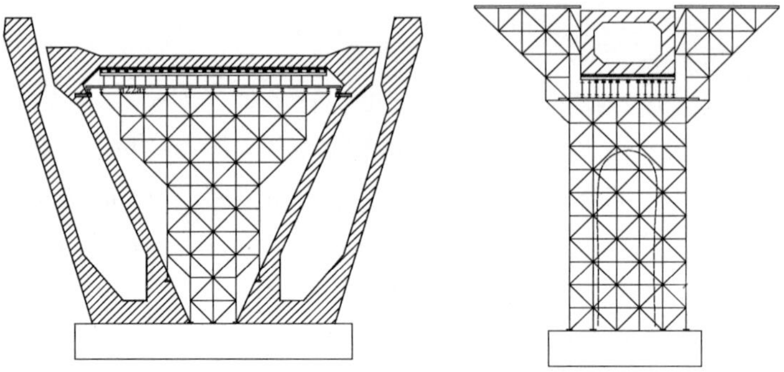

图 11　下塔柱支架示意图

(2)中塔柱支架。

根据施工设计要求,中塔柱为内倾形状,为了防止中塔柱向内侧挠曲变形过大,影响结构受力,可利用千斤顶和支架对中塔柱施加向外的推力。故支架还受到顶推荷载。如图 12 所示。

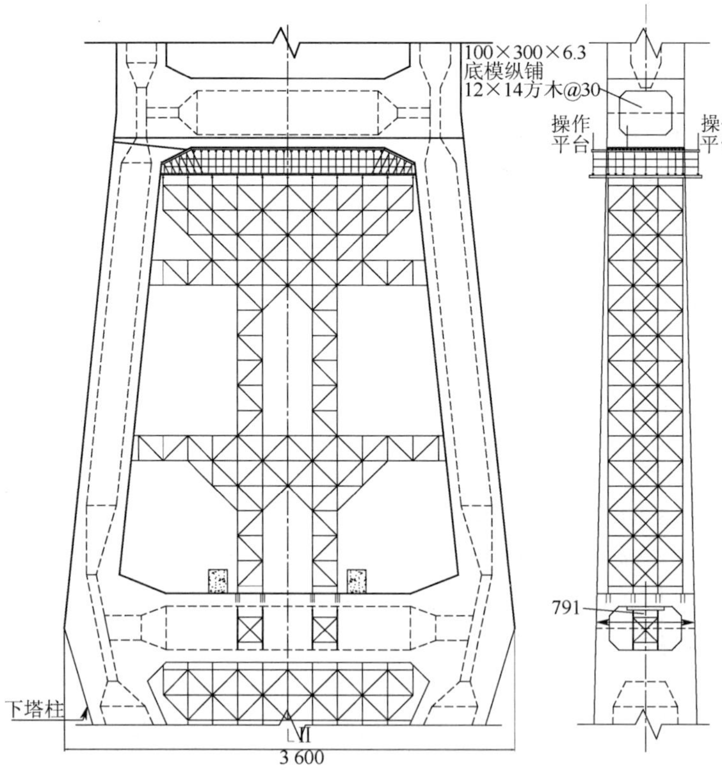

图 12　中塔柱支架示意图

5.5 加工过程的工艺要求

在模型加工前对加工平台用水准仪抄平,加工过程中,严格控制几何此尺寸和平整度,保证焊接质量。使用前要进行整体组装,模板面要平整、光滑,无凹凸现象;模板之间的接缝要闭合严密、平直,无错台现象,合格后才能投入使用。

6 施工安全控制要点

(1)模型的各种连接螺栓,必须严格按照设计要求全部上齐并拧紧。

(2)模型的各种横肋、拉紧螺栓,必须严格按照设计要求设置齐全,并加固牢靠。严禁擅自更改横肋和拉紧螺栓的型号、数量及间距,防止模型加固体系失稳导致模型跨塌。

(3)横肋和拉紧螺栓采用焊接接长,必须采用帮条搭接面焊,焊接牢固,焊接长度必须严格按照规范要求进行。

(4)支架施工使用的各种杆件、节点板、连接螺栓、钢管及扣件等材料必须合格,安装之前及使用过程中均需仔细检查,不得使用破损、弯曲变形、截面削弱等导致受力性能降低的材料。如有破损,及时更换。

(5)支架的各种杆件、节点板、连接螺栓、钢管及扣件的型号、间距、数量、连接方式等均需严格按照设计图施工,严禁擅自更改。

(6)支架的各种连接必须牢固可靠,栓接时,螺帽必须采用大扭矩扳手全部拧紧。螺帽拧紧后,螺杆端部丝口露出螺帽至少 2～3 颗。严禁为了少拧螺帽而多加垫圈,导致螺杆丝口出露长度不够。

(7)碗扣支架所有地托中心必须落实在支垫方木中心上,所有天托中心必须支撑于顶铺方木中心。支架体系要求横平竖直,所有碗扣必须拧紧,剪刀撑严格按照设计图搭设。

(8)碗扣支架搭设的地基承载力必须满足设计要求。支架搭设完毕,在浇注混凝土之前,应仔细检查地基情况有无变化,并逐个仔细检查每根立杆上下是否垫实,如有不符合混凝土浇注条件的,及时整改后方可进行混凝土浇注。

(9)从事高空作业的人员应定期进行体检,发现有不宜登高的病症,不安排从事高空作业。

(10)所有进入施工现场的人员必须戴好安全帽,并按规定配戴劳动保护用具。

(11)作业人员严禁酒后上班,不得过度疲劳上班、不得穿拖鞋、高跟鞋、硬底鞋、易滑鞋和裙子上班或进入施工现场。

(12)塔架、墩上施工等的人员均应拴好安全带,并要稳固可靠。

(13)从事起重施工、架子施工的人员要取得特种作业操作证方能上岗。

(14)施工作业搭设的扶梯、工作台、脚手架、护身栏、安全网等必须牢固可靠,并经验收合格后方可使用。架子工应符合《建筑施工高处作业安全技术规范》(JGJ—90)和《建筑安装工人安全技术操作规程》规定要求。

(15)作业用的料具应放置稳妥,小型工具应随时放入工具袋内,禁止将杆、扣件、模板等向下抛掷。

7 结束语

斜拉桥具有线型和柔性结合体的景观效果,其索塔的施工方案也日新月异,对模型工程和支架工程的要求也越来越高,新颖的施工方案必定会出现新颖的模型设计及支架设计。本文为传统的施工方案,模型设计和支架设计也需更新。

预应力混凝土斜拉桥索塔施工方法及工艺

1 前　言

斜拉桥以独特优美的造型及较大的跨越能力在我国已得到较快发展，是我国大跨径桥梁广泛使用的桥型之一。其中作为斜拉桥的重要组成部分之一的索塔，是全桥的主要承重构件，具有造型富于变化、建筑高度大、安装精度高、施工技术复杂、安全威胁大等特点，是斜拉桥施工的关键结构之一。斜拉桥索塔以结构形式可分为：独柱式索塔、门式索塔、A字形索塔、H形索塔、倒Y形索塔、钻石型索塔等，以施工材料可分为：钢结构索塔、钢混凝土结合索塔、预应力混凝土索塔等。本章主要介绍预应力混凝土索塔的施工方法及工艺。

1.1 各种类型索塔型式

(1)独柱式索塔。

独柱式索塔通常用于主梁抗扭刚度较大的单索面斜拉桥。索塔构造简单，易于施工，但承受横向水平力的能力差。结构形式如图1。

图1　广东南海紫洞大桥采用的是独柱式索塔结构

(2)门式索塔。

门式塔系两根塔柱组成的门形框架，构造较独柱式复杂，抵抗横向水平力较强。如世界上第一座现代斜拉桥瑞典的斯特罗姆松德(Stromsund)桥，就是采用的门式索塔结构。门式索塔如图2、图3。

(3)倒Y形、A形索塔。

倒Y形索塔、A形索塔的结构横向刚度大，抗风、抗震性能较高，适用于大跨径或特大跨径的斜拉桥。但其构造、受力复杂，施工难度较大。

著名的法国诺曼底大桥采用的是倒Y型索塔结构，它是现代大跨度斜拉桥应用的典范，如图4。

图 2　瑞典的斯特罗姆松德(Stromsund)桥

图 3　现代门式索塔结构斜拉桥(美国 P-K 桥)

图 4　法国诺曼底大桥

(4)H 形索塔。

H 形索塔又称花瓶形索塔结构,具有构造美观,抗震、抗风性能好等特点,如图 5。

(5)钻石形索塔。

钻石型结构索塔,其独特优美造型,以及其空间索可使主梁获得较高的扭转自振频率,提高其临界颤振风速,而被广泛应用。如图 6。

图 5　H 形结构索塔

1.2　适用范围

斜拉桥的主塔其结构形式、建筑高度、截面尺寸大小和塔底支撑形式由桥位处的地质条件、环境条件、斜拉桥的跨径、桥面宽度、拉索布置及建筑造型要求等因素决定。

1.3　主要施工方法

1.3.1　整体搭架分节立模浇注

采用常备式受力构件搭设受力支架,一般可用万能杆件、装配式公路钢桁架片或组合型钢等。以支架为依托立模浇注。

图 6　钻石形索塔

1.3.2　滑升模板法

要求滑动模板在结构上应有足够强度、刚度和稳定性。每段模板高度一般为 1～1.5 m，滑动模板的支撑杆及提升设备应能保证模板竖直均衡上升。但其仅适用于等截面的垂直塔柱，有较大的局限性，目前已较少采用。

1.3.3　翻转模板法

每套翻转模板由内外模、对拉螺杆、护栏及内工作平台等组成，不另设内外脚手架。模板分节高度及分块大小，根据起重设备吊装能力和塔柱构造要求确定。一般情况下，每套模板沿高度方向分为三节，每节高度为 1～3 m。由下至上依次交替上升循环浇注，直至达到设计的高度为止。

1.3.4　爬 模 法

爬模系统采用自备爬架提升模板，对起重设备要求不高。一般由模板、爬架及提升三大部分组成，待爬模起始段施工完成后拼装爬模系统，依次循环进行索塔的爬模施工，具有施工速度快、安全可靠等特点，但对折线形索塔适应性较差，一般适用于直线型索塔的施工。

1.3.5　装 配 法

采用装配式预应力混凝土预制块件逐节吊装，然后在块件预留上下贯通的孔道内穿入预应力钢材后张拉锚固，自下而上装配完成。

2　施工准备

2.1　技术准备

(1)在全面熟悉施工图的基础上，充分了解索塔施工的技术标准、技术条件和要求，对施工图进行核查，并做好记录。

(2)根据工程特点、实际工程数量、工期要求编写和落实施工组织设计、施工工艺设计和工序质量控制设计；编制作业指导书和操作规程；制定安全、质量保证及防治措施；组织技术交底和技术培训。施工组织设计必须报批后执行。

(3)建立合理导线控制网和水准网，进而准确控制索塔中心线和倾斜度。

(4)制定倾斜塔柱的有效防护措施和方案，建立合理力学体系。

2.2 下、中、上塔柱施工方案

根据塔柱结构设计特点，下、中、上塔柱采用翻模法施工，选择分段高度 3 m 浇注一次混凝土，为保证混凝土结构面的外观平、顺、直的要求，采用特制组合钢模拼成大块整体吊装方案；劲性骨架采用在地面分节制作成桁架整体安装结构方案。为保证钢筋施工质量和加快施工进度，塔柱竖向主筋采用直螺纹连接，其余钢筋采取绑扎搭接和焊接进行施工。

为了保证下、中塔柱结构在施工过程中的安全，经计算在下塔柱上设置两层对拉杆，以抵抗因下塔柱两肢塔柱外倾造成对塔柱根部产生的附加弯矩。

上塔柱两肢通常为竖向箱型柱结构，是斜拉索的锚固区，既有斜拉索导管又有环向预应力。斜拉索索管及锚箱的定位加固，主要是利用劲性骨架作依托；环向预应力施工采取先穿钢绞线法；斜拉索锚板采取与齿板分体安装，确保锚点座标精度。

2.3 生产要素准备

2.3.1 人员组织

组织从项目经理、总工以及相应技术人员、质量安全监督人员和熟练合格工人一系列人员。并对进场人员进行岗前培训。

2.3.2 机械设备

根据索塔的结构和施工特点，以及建设单位的要求，选择适用的施工机械型号、规格，按照总工程量和工期确定需要配置的各种机械的总数量，按照作业班组制度和现场管理的需要确定适宜的机械组合。

2.3.3 材料准备

根据工程数量及工期安排，组织钢材、水泥、砂石、预应力等材料进场、检验，取得各种原材料及其抽检试验报告、混凝土配合比设计报告以及有关资料。

3 施工设计方案

3.1 横梁结构支承系统设计

(1)在常见的索塔结构中，除独立式单柱索塔，其他结构索塔均设有横梁，数量一般为一至三道。横梁的施工应根据横梁跨度、结构形式等选择相应施工方案。多以搭设落地支架为主，亦可采用预埋牛腿支座，搭设钢桁架作为承重结构施工横梁。支架施工需根据结构物的大小、空间高度选择不同的支架形式。常用的有碗扣式脚手架、型钢支架和钢管支架。

(2)施工过程中要考虑到模板支撑系统的连接间隙变形、弹性变形、支承的不均匀沉降变形，混凝土梁、柱与钢支撑之间不同的线膨胀系数影响，日照温差对混凝土、钢的不同时间效应等产生的不均匀变形的影响，以及相应的调节措施。混凝土上下横梁可根据设计要求、构造特点和施工机具设备能力一次或两次浇注完成，每次浇注混凝土的供应量须保证在混凝土初凝前完成，且须采取有效措施防止在早期养护期间及每次浇注过程中由于支架的变形而造成混凝土开裂。

(3)在支架的设计中，应充分考虑到其整体稳定性，并计算整体支架的挠度值及受力工况满足设计规定，注重支架的安全性。验算各预埋件(牛腿)的强度，支架组成单元的受力特性等内容。为拆模方便，应在底模设置落架调控装置(如图 7、图 8)。

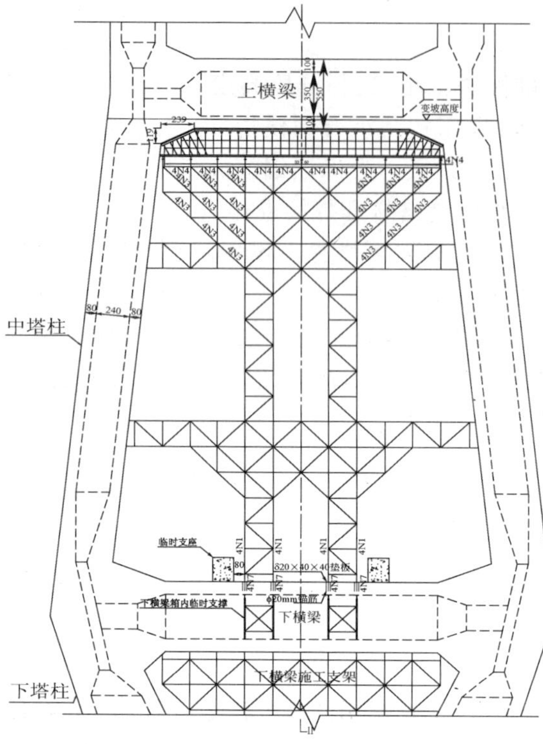

图 7　上横梁支架图

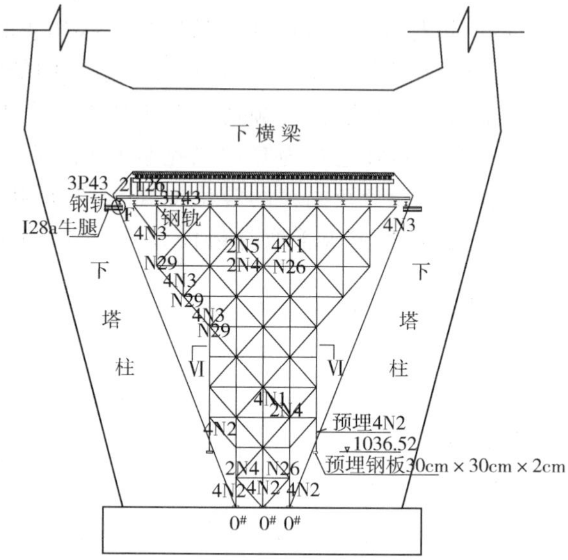

图 8　下横梁支架图

3.2　塔柱结构模型设计

斜拉桥索塔施工的模板按照不同结构形式采用提升模型或翻模结构系统。提升模型按照其吊点不同可分为依靠外部吊点的单节整体模板逐段提升、多节模板交替提升(翻转模板)及本身带爬架的爬升模板(爬模)。而提升模板因适应性强、施工快捷的特点被大量采用。由于下塔柱结构斜度较大,可选择高度 1.5 m 浇注一次混凝土。为保证混凝土结构面的外观平、顺、直,应采用特制组合钢模拼装大块整体吊装方案。滑模因只适用于等截面的垂直塔柱,有较大的局限性,目前已较少采用。

上塔柱与中、下塔柱的不同之处在于设计有环向预应力及斜拉索套管。根据结构设计特点可采取每 3 m 高浇注一次混凝土;模型通过改装中塔柱原有模型,仍然是采用大板翻模法施工。索管的定位加固,主要是利用劲性骨架作为支承和定位;环向预应力施工采用先成孔法。

3.3　索塔支撑系统设计

除独立式单柱形索塔外,H 形、A 形及钻石型等型式的索塔结构其塔柱采用的是倾斜塔柱,即相对桥轴线向两侧倾斜。由于塔柱施工为分节浇注,在未施工横梁之前,形成一个斜向的悬臂结构,在结构自重和施工荷载的作用下塔柱将承受附加弯矩。为平衡塔柱根部受拉侧的弯矩,防止根部开裂,应根据浇注的混凝土质量和施工荷载以及风力的作用进行计算,确定施加预应力。施工中,采用在塔柱设置对拉杆或主动顶撑装置,并用千斤顶给对拉杆和横撑施加预应力以平衡塔柱自重和施工荷载产生的弯矩。待横梁施工完形成整体结构后,拆除对拉杆和顶撑装置。具体的布置间距应根据塔柱构造经过设计计算确定。拉杆材料可选择高强钢筋或钢绞线，顶撑材料可选择钢管、钢桁架等。防护布置示意如图 9。

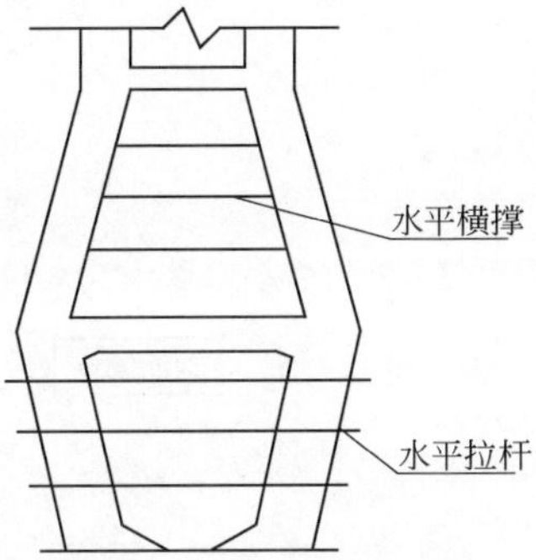

图 9 防护布置示意图

4 施工工艺流程

预应力混凝土斜拉桥索塔各分项工程的施工工艺流程如图 10、11。

5 主要施工机械和设备

5.1 设备选型

索塔施工属于高空作业，工作面狭小，安装工艺复杂，其施工进度将直接制约主梁的总工期。应根据索塔结构形式及所定的施工方案合理选择施工机械设备。主要的机械设备有塔吊、汽车吊、施工电梯、装载机、载重汽车、混凝土拌和楼、混凝土输送泵、混凝土运输车、张拉设备等。

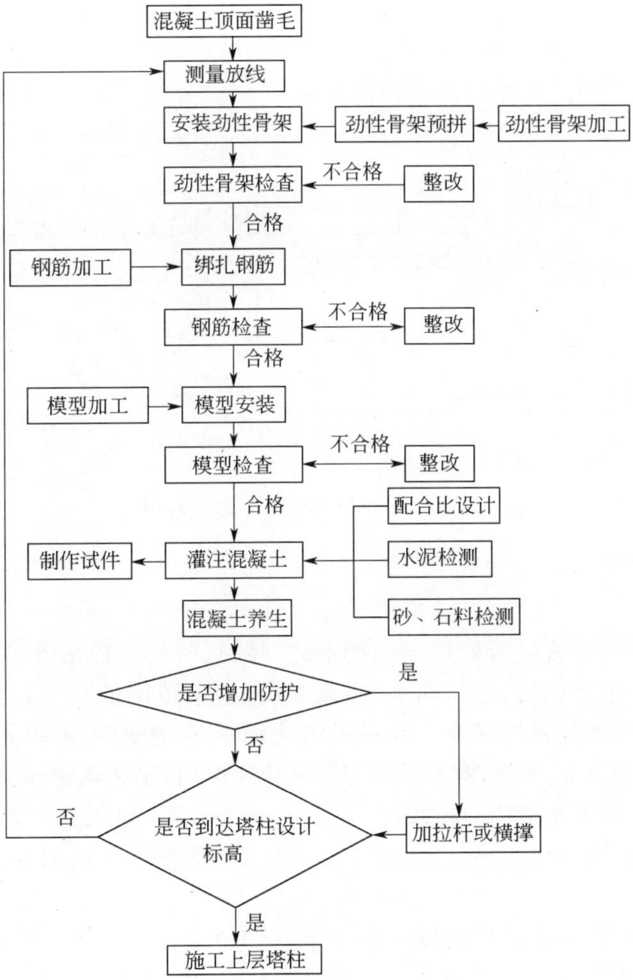

图 10 索塔塔柱施工工艺流程图

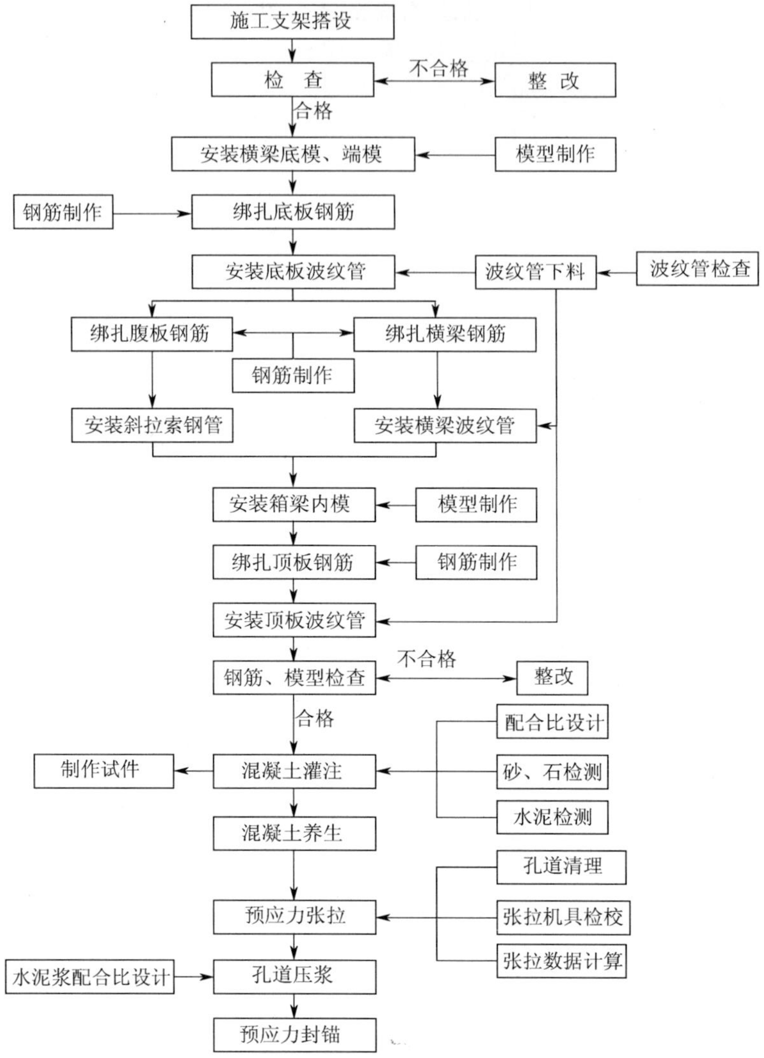

图 11　索塔横梁施工工艺流程图

5.2　起重设备

起重设备的选型和布置应视索塔的结构形式、规模、桥位地形条件等因素确定。起重设备必须满足索塔施工的垂直运输、起吊荷载、吊装高度、起吊范围的要求，且操作安装简单、安全可靠，并需综合考虑经济效益等因素。在塔吊的选择中，一般均采用附着式自升塔吊，其起重力矩为 600～2 500 kN · m 不等，起重力可达 100 kN 以上，吊装高度可达 150 m 以上。

常用的塔吊布置方案主要有(图 12)：

(1)先在索塔正面设一台塔吊，待上横梁完成以后，再利用此塔吊在上横梁顶面安装另一台塔吊，见方案一；

(2)在索塔正面且靠近索塔处安装一台塔吊，见方案二；

(3)在索塔两侧且靠近索塔处安装一台塔吊，目前该方案较多采用，见方案三；

整个塔吊的安装过程都必须按照工艺及规范要求进行。为确保安全，还必须在经过试吊合格、塔身垂直度和安全装置检查结果合格的情况下才能进行正常的起重作业。

5.3　运输设备

用于材料运输和混凝土的运输，主要设备有装载机、载重汽车、自卸汽车、混凝土运输车等。运输设备的型号和数量应根据索塔构造特点、工艺要求、施工速度等因素来确定。

5.4　混凝土设备

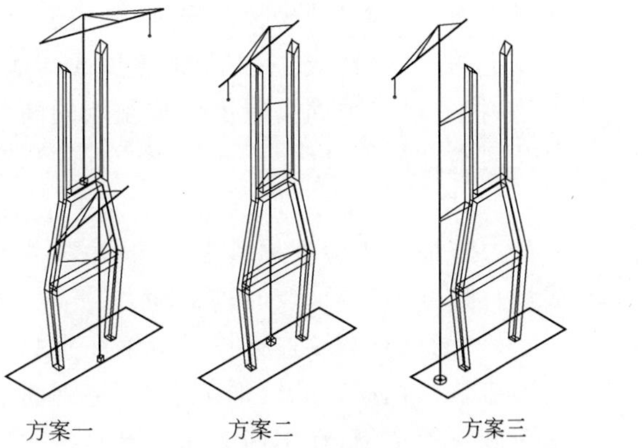

图 12　塔吊布置方案图

混凝土设备应根据施工当地实际情况而定，宜首选商品混凝土满足施工。索塔混凝土一般采用吊斗提送或混凝土卧式泵泵送的方法浇注。但当塔柱较高时，采用吊斗提送混凝土的浇注速度往往难以满足设计及施工要求，而泵送混凝土则能很好地解决这个问题。泵送混凝土具有施工速度快、机械化程度高、造价省等特点，是目前桥梁混凝土浇注的主要方法。

5.5　张拉设备

应根据索塔预应力的种类和形式选择配套预应力设备。应选用成熟厂家的张拉设备，如柳州 OVM 公司、雷姆公司等专用设备厂家生产的张拉设备。

6　施工要点

6.1　施工支架施工与预压

在索塔支架的施工中应秉着安全、实用、快捷的原则进行，支座与预埋件的位置要求精确，质量合格。待支架在搭设完毕后，应根据结构物混凝土比重及施工荷载对支架进行预压，消除部分非弹性变形的影响，同时测定弹性变形值，据此设置支架底模预拱度。预压材料可选择施工材料或者预装好的沙袋，根据支架实际的受荷载情况进行布置。

6.2　横梁施工

横梁施工多采用搭设支架现浇施工。可根据设计要求、构造特点和施工机具设备能力选择一次或两次浇注。为有利预拱度设置及拆模方便，施工时应在支架与横梁底模之间安设调节装置，以便于模型标高的调节和模型、杆件拆除。

6.3　塔柱施工

(1)劲性骨架一般采用在加工厂分段加工，在现场分段超前拼装，精确定位的方法。劲性骨架安装定位后，可供测量放样、立模、钢筋绑扎及斜拉索钢套管定位，也可承受部分施工荷载。劲性骨架安装后，自由悬臂长度较大，主筋安装、拉索管道安装及立模工作完成后，在倾斜塔柱内受水平分力作用，可能会发生水平变位，从而造成模板安装困难，平面位置变化。为确保劲性骨架受力后顺塔肢倾斜度，须采取骨架安装预偏的方法来保证劲性骨架受力后线形满足塔柱施工要求。预偏法就是根据侧面主筋的水平力来确定预偏角度，根据塔肢坡度大小采取大于塔肢坡度 0.5°～1°仰角来消除受力引起的误差。

(2)在施工中，拉索索管制作和安装定位的精度要求较高。首先建立三维坐标系，利用空间点到面的距离(即坐标或坐标差)的原理,确定空间点的三维坐标来定位索管。利用塔柱上已放出的纵、横轴线,来控制索管顶面与底口中心点;在纵桥向和横桥向的坐标位置,用钢尺导入法,将中横梁顶面高层定位控制点的高程引测至塔柱已浇段顶面的临时水准点上;然后,再以几何水准测量,配合竖向量距的方法测定索管顶口和底口中心的高程。

(3)塔柱施工中,倾斜塔柱的防护措施可见索塔防护设计。拉杆或水平横撑设置的数量和平衡力施加大小应根据索塔结构形式、截面大小、倾斜程度等因素计算确定,并应在横梁结构成型且强度满足后,及时进行卸力、拆除,避免塔柱承受额外应力。

(4)钢筋直螺纹连接技术。钢筋直螺纹连接工艺在地面进行钢筋接头加工,最后在塔上安装连接。在钢筋直螺纹加工之前,将钢筋端部的弯折或扭曲作矫正或切除处理,并清除表面的铁锈砂浆等杂物;在钢筋上面作出明显的加工标记和检查标记。在地面先将套筒与钢筋一段拧紧,形成带帽钢筋,吊装到作业现场进行对接。对接时务必检查钢筋端头定位的标记,使钢筋插到套筒中央。

6.4 高塔测量施工技术

由于塔柱施工是分节浇注,因此,每浇注一节有很多工序都离不开测量。

(1)墩中心点的布设。

墩中心点的布设是整个塔柱施工测量的关键,其正确与否直接影响塔柱及索管定位的质量。墩中心点的布设方法:根据索塔中心线上任意一点到索塔外控制点的水平距离相等的原理,利用全站仪在桥外控制点直接测出两个塔墩顶面中心控制点的水平距离 L,再在下横梁纵向中轴线上找出一点 C,使 C 点到桥外控制点的水平距离也为 L,则 C 点即为下横梁上中心控制点。

(2)塔柱中心的施测放样。

在墩中心架设经纬仪,后视桥轴线方向,转镜 90°,直接投放横桥向中心线,高度较大时利用折角目镜投放。

塔柱顺桥向轴线的施工放样:采用平移的方法,在桥外轴线控制点置镜、转镜 90°,找取一点 $A(B)$,使 $A(B)$ 点到该控制点距离为 L(塔柱纵向轴线到墩中心纵向轴线的水平距离)。再置镜 $A(B)$,后视控制点,转镜 90°,即为塔柱顺桥向轴线。

(3)塔柱模板控制。

塔柱模板的控制是依据中心十字线来进行。根据模型的尺寸、模板总体布置及塔柱倾斜度,可计算出每节模板顶口顺桥向中心线到桥轴线的距离;在横梁上作出相应的控制点,用激光扫平仪在横梁上的控制点置镜,扫描模口位置,即可控制每节塔柱模板的位置。

6.5 混凝土施工

6.5.1 原材料质量控制

对混凝土原材料按照质量标准进行严格的检验,确保从原材料关进行质量控制。

6.5.2 配合比设计与控制

混凝土配合比设计时,应考虑混凝土的抗压强度、弹性模量、水泥型号、粉煤灰掺加量、粗集量用量、外加剂、初凝时间、坍落度等因素,以满足缓凝、早强、高强,良好工作性能等需要。严格按配合比施工,各种拌和材料的配量偏差为:水泥不大于±2%,粗、细骨料不大于±3%,水和外加剂不得大于±1%,初凝时间 8~10 h。入模坍落度控制在 14 cm 以上。

6.5.3 运输(途中运输和入模方式)

混凝土经拌和站配制完成后由混凝土运输车运送至施工现场,然后由混凝土输送泵泵送或塔吊吊送入模。混凝土在运输过程中不发生离析、漏浆、严重泌水及坍落度损失过大等现象。用吊斗(罐)运输混凝土时,吊斗出口到承接面间的高度不超过 2 m。

6.5.4 捣 固

使用插入式振捣器时,混凝土灌注分层厚度不大于 30 cm,振动时间为 20～30 s,操作时依次垂直插入混凝土内,拔出时速度要缓慢,相邻两个插入位置的距离不大于 50 cm ,插入下层混凝土的深度为 5～10 cm。表面振动器的移动距离,以能覆盖已振实部分的边缘为度,分层厚度 25 cm。使用附着式振动器的分层厚度不大于 30 cm。

6.5.5 收面与凿毛

每一节段混凝土浇注完毕并达到初凝后,凿除施工接缝面上的水泥砂浆薄膜和表面上松动的石子及松弱混凝土层,并以压力水冲洗干净,使之充分湿润,不存积水。在下一节混凝土施工前在施工缝表面上先铺一层与混凝土灰砂比相同而水灰比略小的水泥砂浆,厚约 15 mm,再灌新混凝土。施工接缝处的混凝土加强振捣,使新旧层混凝土紧密结合。

6.6 预应力施工

6.6.1 预应力制作及管道安装

两端张拉预应力筋需控制下料长度,预留张拉工作长度。单端张拉预应力筋应按照规范要求制作连接头,保证连接质量。预应力管道使用塑料波纹管,管道的安装应满足设计规范允许的误差要求。即在劲性骨架、索套管及主筋安装完毕后,在骨架和钢筋上采用定位钢筋定位塑料波纹管,并人工穿入钢绞线。

6.6.2 环形预应力

由于上塔柱是斜拉索锚固区,而斜拉索的力使塔柱箱壁产生拉应力。因此,设计时在塔柱箱壁内设置环向预应力以抵消斜拉索对箱壁的拉应力。索塔拉索锚固区的 U 形环形预应力较多,施工前应进行环向锚固区试验,获取管道摩阻系数,设计水平力下索塔节段混凝土表面应力情况,索塔节段的水平极限荷载等各项施工技术数据以指导施工。

6.6.3 预应力张拉

预应力的张拉可分为单端张拉和两端同时张拉两种,均应采用张拉力与伸长值双控,用模型试验数据进行调整,伸长量误差应满足设计标准要求。

6.6.4 压 浆

孔道的压浆有传统压浆和真空压浆等方式,索塔施工多采用真空压浆。真空压浆工艺流程如下:

(1)张拉施工完成之后,切除外露的钢绞线(注意钢绞线的外露量≤30 mm),进行封锚。封锚采用保护罩封锚:保护罩作为工具罩使用,在灌浆后 3 h 内拆除。将锚垫板表面清理,保证平整,在灌浆保护罩底面和橡胶密封圈表面均匀涂上一层玻璃胶,装上橡胶密封圈,将保护罩与锚垫板上的安装孔对正,用螺栓拧紧,注意将排气口朝正上方。

(2)清理锚垫板上的灌浆孔,保证灌浆通道通畅。确定抽真空端及灌浆端,安装引出管,球阀和接头,检查其功能。搅拌水泥浆使其水灰比、流动度、泌水性达到技术要求指标。

(3)启动真空泵抽真空,使真空度达到−0.06～−0.1 MPa,并保持稳定。启动灌浆泵,当灌浆泵输出的浆体达到要求稠度时,将泵上的输送管接到锚垫板上的引出管上,开始灌浆。灌浆过程中，真空泵保持连续工作。待抽真空端的空气滤清器中有浆体经过时，关闭空气滤清器前端的阀门，稍后打开排气阀，当水泥浆从排气阀顺畅流出，且稠度与灌入的浆体相当时，关闭抽真空端所有的阀。

(4)灌浆泵继续工作，压力达到 0.6 MPa 左右，持压 1～2 min。

(5)关闭灌浆泵及灌浆端阀门，完成灌浆。

(6)拆卸外接管路、附件，清洗空气滤清器及阀等。

(7)完成当日灌浆后，必须将所有沾有水泥浆的设备清洗干净。

(8)安装在压浆端及出浆端的球阀，应在灌浆后 1 h 内拆除并进行清理。

6.6.5　封　锚

压浆完毕后，截除外露钢绞线，恢复并接长钢筋，用相同标号的混凝土进行封锚。

6.7　支架的拆除

在索塔施工完毕后，应对施工支架进行拆除。支架的拆除应秉着从上而下、逐件逐块拆除原则，制定安全保障措施确保拆除过程的安全进行，指派专人负责整个拆除过程的指挥与监督。

7　主要施工设备配备表

主要施工设备配备见表 1。

表 1　索塔施工主要机械设备表

序号	名称	型号	生产能力或功能	数量
一	运输设备			
1	装载机	ZL50D	3 m^3	1
2	装载机	ZL50C	3 m^3	1
3	汽车吊	QY25	25 t	2
4	载重汽车	EQF3041G	8 t	4
5	自卸汽车	CQ30	17 t	10
6	混凝土运输车	SQH5260GJBHY	6 m^3	8
二	混凝土设备			
1	混凝土输送泵	709	30 m^3/h	按需配置
2	混凝土输送泵	HBT60C	60 m^3/h	按需配置
3	混凝土拌和站		60 m^3/h	1
4	混凝土拌和站		60 m^3/h	1
三	桥梁设备			
1	附着式塔吊	F0/23B	高 160 m，115 t·m	2
2	施工电梯	SCD200	高 120 m，单笼 2 t	2

续上表

序号	名称	型号	生产能力或功能	数量
四	张拉设备			
1	张拉千斤顶		按需要配置	4
2	油泵	ZB4—500		10
3	压浆机	100/IS		4

8 质量标准与检验、验收方法

斜拉桥预应力混凝土索塔的施工质量标准应符合表 2 规定(JTJ041—2000)。

表 2 斜拉桥预应力混凝土索塔的施工质量标准

序号	分　项	规定值或允许偏差(mm)
1	混凝土强度(MPa)	在合格标准内
2	地面处水平偏位	10
3	倾斜度	塔高的 1/3 000,且不大于 30 或设计要求
4	断面尺寸	±20
5	锚固点高程	±10
6	横梁高程	±10
7	预埋管三维坐标	±5,且两端同向

9 施工技术和质量保证措施

9.1 施工技术措施

编制施工方案并做好施工交底。详见施工要点和施工工艺流程图。

9.2 质量保证措施

质量保证措施如图 13。

10 施工安全与环保控制

10.1 施工安全

(1)从事高空作业的人员应定期进行体检,发现有不宜登高的病症,不安排从事高空作业。

(2)所有进入施工现场的人员必须戴好安全帽,并按规定配戴劳动保护用具。

(3)作业人员严禁酒后上班,不得过度劳疲劳上班、不得穿拖鞋、高跟鞋、硬底鞋、易滑鞋和裙子上班或进入施工现场。

(4)塔架、墩上施工等的人员均应拴好安全带,并要稳固可靠。

(5)从事起重施工、架子施工的人员要取得特种作业操作证方能上岗。

(6)施工作业搭设的扶梯、工作台、脚手架、护身栏、安全网等必须牢固可靠,并经验收合格

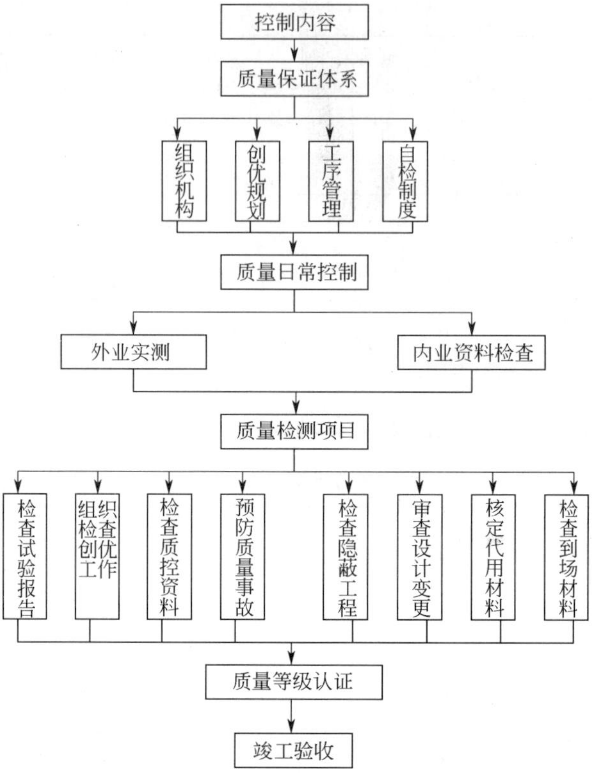

图 13　质量保证措施

后方可使用。架子工应符合《建筑施工高处作业安全技术规范》(JGJ—90)和《建筑安装工人安全技术操作规程》规定要求。

(7)作业用的料具应放置稳妥,小型工具应随时放入工具袋内,禁止将杆、扣件、模板等向下抛掷。

(8)高空露天作业,大型构件起重吊装时,根据作业高度和现场风力大小对作业的影响程度,制定适用于施工的风力标准,遇有六级以上大风时,应停止作业。

(9)根据主塔墩高的特点,制定单项施工方案及其安全技术措施,向施工作业人员进行安全技术交底。

(10)模板提升到 2 m 以上高位后,必须搭设内外吊架脚手架平台、栏杆、上下扶梯,挂设安全网。

(11)钢筋起吊时,应捆绑牢靠,钢筋绑扎时,应用力一致,协同操作。

(12)在带电导线附近进行钢筋作业时,应采取防护措施。电焊钢筋时,应防止电弧光击伤眼睛。

(13)对加工的翻模进行强度、刚度和安全度检查,确保模型能满足施工作业和荷载的要求。

(14)在已安装的钢筋上不得行走,必须架设交通跳板,或另搭脚手架。

(15)混凝土灌注平台上的减速漏斗,应以吊具固定在平台方木或钢构件上,不得用扒钉或铁线拴挂。减速漏斗外的缝隙,应用木板封闭。漏斗、串筒之挂钩、吊环,均应牢固可靠,悬挂之串筒,应有保险钢丝绳,平台上应规定人群荷载和堆放材料的限量标准,材料要均匀摆放,不得多人聚集一处。

(16)使用吊斗灌注混凝土时,严禁吊斗碰撞模板和脚手架,并应先通知墩柱内作业人员避让,不得依靠栏杆推动吊斗。

10.2 环保控制

(1)严格遵守国家和地方政府的环境保护法规。

(2)高空作业,不得随意乱扔垃圾。

(3)认真做好油库的管理工作,防止油料溢漏后污染环境。

(4)施工作业区的废弃物采用废物处理车或垃圾车,运到监理工程师或当地环保部门同意的指定地点进行弃置,污水要妥善处理,以免影响环境卫生和污染长江水源。

11 结束语

预应力混凝土索塔是斜拉桥施工的关键之一,需要严密的组织,精心的策划,认真的执行,才能在保证安全质量的前提下圆满完成。

牵索式挂篮设计与施工工艺

1 前　　言

斜拉桥悬灌施工可采用后支点挂篮，也可采用前支点挂篮。一般而言，如果梁体截面尺寸不大，节段不长(6 m 以内)，重量不大，以选择后支点挂篮为佳；前支点牵索式挂篮适用于主梁现浇节段长，重量大，横向宽度大的斜拉桥，主要是考虑工期问题和经济问题，如果采用后支点挂篮，受一次悬浇梁段长度和后支点挂篮重量的限制，常常会将混凝土主梁的一个合理斜拉索节间长度分成两次浇注，而每梁段现浇混凝土需要一定的养护期，致使每一个索距的工期中梁段的混凝土养护期占到相当大的比例，使得整个斜拉桥的主梁施工期拖得很长。另外斜拉桥最不利状态及截面内力控制设计状态往往发生在施工阶段，而不是发生在运营阶段，为了满足受力要求，需要增加一些运营阶段不必要的而且有时对运营阶段不利的预应力钢筋来克服施工中出现的内力峰值，甚至不得不加大梁高来满足施工要求，因此需采用牵索式挂篮来解决这些问题。本施工工艺中详细了介绍牵索式(前支点)挂篮的设计、安装及验收情况。

2 牵索式挂篮的分类、特点及适用性

2.1 牵索挂篮的分类

2.1.1 牵索挂篮按平台的长短可分为长平台牵索挂篮和短平台复合型牵索挂篮

长平台牵索挂篮一般在已成梁段或待浇梁段的混凝土主梁下均设置挂篮平台，且已成梁段下的挂篮平台长度一般要略长于待浇梁段下的挂篮的平台长度，因而使挂篮的总长度很长，其目的一是为了挂篮的走行，二是为了保证挂篮在顺桥向的刚度。由于自重较大，将导致挂篮挂钩处在走行时集中力较大而需增大主梁截面，增加工程费用。

短平台复合型牵索挂篮是在已成梁段上设三角桁架作为挂篮行走的吊挂受力结构，从而大大减小了挂篮的后挂钩作用于主梁上的反力，同时，挂篮平台的长度相应减小，可减轻挂篮自重。但由于此样的结构，其平台与主梁的连接刚度非常小，且在挂篮和模板等自重作用下的牵索刚度也较小，所以，为了保证灌注主梁时的竖向刚度，除了在挂篮平台前设牵索外，同时将平台端通过吊杆吊挂于三角架上，并在施工中保持适当的拉力，以保证灌注主梁的标高准确和线型匀顺。

2.1.2 牵索挂篮按接杆件来源可分为常备杆件组拼式牵索挂篮和型钢组焊式牵索挂篮

常备杆件组拼式牵索挂篮的平台和挂钩的大部分杆件均采用万能杆件等常备式杆件组拼而成，故其可随受力不同而增减杆件，以适应不同的结构，且摊消成本也较小，杆件易得；但外形较庞大。

型钢组焊式定型牵索挂篮其平台及挂钩和三角架基本都用钢板或型钢组焊或组拼而成，结构简洁紧凑，但由于是专门制作，故费用较高，且后续在其他不同的桥上使用时，可能出现大马拉小车或承载力不足需加强或改制等问题。

2.2 牵索挂篮的特点及其适用性

2.2.1 牵索挂篮的力学特点

各类牵索挂篮的共同特点是，改变了后支点挂篮单纯吊挂传力给主梁的方式，采用吊挂和

牵拉相结合的传力方式将荷载分别传给主梁和塔，从而大大减小了主梁的受力，避免了因施工原因不得不加大主梁截面和增加布筋，使得大跨斜拉桥的一个索间梁段一次悬浇成为可能。

长平台牵索挂篮在灌注混凝土时，前端荷载靠牵索拉力的竖向分力抵消，后端荷载主要靠锚固系统的竖吊杆承受，锚固系统的斜拉杆则主要是为了平衡牵索拉力产生的水平分量。而其在前移走行时，则主要由吊挂牛腿承担挂篮重量，此外，由于平台在牛腿前部重，后部轻，则后部的走行轮紧抵主梁底面滚动，使挂篮稳定地平行前移。总的来说，挂篮的刚度和整体性是较强的。

短平台复合型牵索挂篮在灌注混凝土期间，前端荷载由牵索拉力的竖直分量与前吊杆的有限拉力抵消，这里前吊杆的主要作用是弥补挂篮由于底平台较短而竖向刚度差的缺陷。由牵索拉力产生的水平分力则由水平支承系统传给主梁，而后吊杆则承担挂篮后端荷载并将其传给主梁底板。前移行走时，则除了挂篮后端由 r 形挂钩系统代替了滑梁吊挂系统外，其与普通的三角斜拉式挂篮的前移走行方式基本相同。

2.2.2 牵索挂篮的使用特点

就挂篮的走行而言，长平台牵索挂篮为一步到位，而短平台复合型牵索挂篮分两步；就施工控制而言，前者因纵向长度较大，要求更严些；而对灌注混凝土而言，由于后者前端由前吊杆和牵索共同受力，故应严格控制吊杆的受力，以防超载。

2.2.3 牵索挂篮的适用性分析

由于常备杆件组拼式长平台牵索挂篮取材较易，大部分杆件可有多种用途，故一次摊消成本可能较低，对于跨度不是很大，且挂篮利用率不是很高的情况较适用，而型钢组焊式短平台复合型牵索挂篮由于是用型材特殊加工而成，故成本较高，但其结构简洁紧凑，使用较为方便，适用于跨度较大且利用率较高的情况。

3 牵索挂篮的结构设计

3.1 设计依据

(1)梁体施工设计图；
(2)现有主梁承受施工荷载的能力；
(3)现行公路、铁路桥梁设计、施工技术规范。

3.2 挂篮的主要技术指标

(1)悬灌的最大梁段；
(2)梁的最大长度；
(3)梁的高度变化范围；
(4)挂篮的总重：梁体悬灌重量的 0.45 倍左右；
(5)挂篮的走行方式：长平台牵索挂篮一般是一次性走行，短平台牵索挂篮一般分步走行；
(6)模板升降方式：采用液压千斤顶。

3.3 各类牵索挂篮的构造

3.3.1 长平台牵索挂篮的结构构造

长平台牵索挂篮的基本结构构造主要由主桁承重系统、模板系统、牵索系统、锚固系统、调高系统及走行系统六大部分组成，总体方案如图 1。

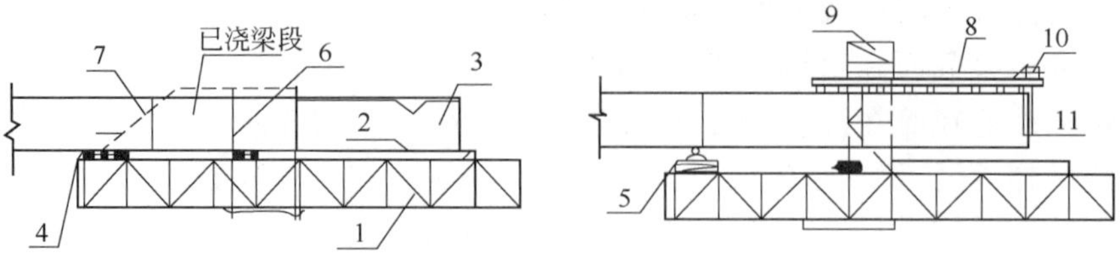

图 1　组拼式牵索挂篮结构图

1—主桁架承受系统；2—底模；3—牵索系统；4—调高系统；5—走行系统；6—竖吊杆；7—斜拉杆；8—牵引杆；9—牛腿；10—千斤顶；11—滑道

(1)主桁承重系统。

根据梁段的尺寸及自重，主桥纵、横向可分别由数榀组拼式桁梁组成，其各榀桁梁之间的间距可根据需要调整。在外侧桥梁前端一定长度范围内设置与牵索系统连接的锚固滑槽，在纵向桥梁中间区域设置吊挂式走行牛腿。在灌注梁段期间，施工荷载传于主塔及已灌梁段上，挂篮通过走行牛腿及尾端横梁上的走行轮前移时，其自重全部传给梁部。

(2)模板系统。

模板系统由底模、外侧模、内模等组成，底模一般采用型钢及钢板焊成的整体格构。外侧模在标准节段采用钢模，在牵索锚块附近一般宜采用钢木模结合。内模一般也采用钢木模结合。模板系统主要承受灌注混凝土时的各种压力，并按设计梁线性成型。在模板系统中一般应设置锁定及调整部件，主要是锁定、调整模板到设计位置。

(3)牵索系统。

牵索系统由异形接头、牵引杆、吊耳、水平调整螺杆、扁担梁、元宝梁及千斤顶等组成(如图 2)。吊耳位于固定在主桥上的锚固滑槽内，元宝梁与吊耳之间采用销轴连接。异性接头一端与拉索冷铸锚联接，另一端与牵引杆连接。牵引杆通过元宝梁和扁担梁进行锚固。在元宝梁与扁担梁之间安装千斤顶。千斤顶的作用是调整缆索至正确的位置和完成体系转换。牵索系统主要作用是将挂篮前端的垂直荷载直接传至斜拉桥主塔，以减小挂篮作用在斜拉桥主梁上的垂直荷载。牵索系统的另一作用是完成体系转换，即施工时缆索锚固在挂篮上，施工后拉索锚固在斜拉桥主梁上。

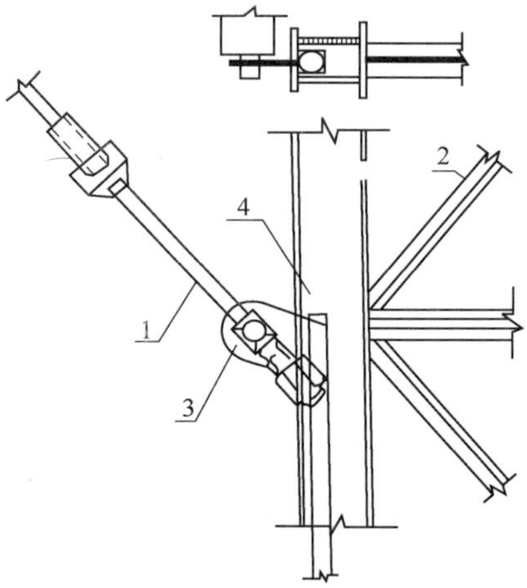

图 2　牵索系统示意图

1—牵索系统；2—主桁系统；3—拉耳；4—滑道

(4)锚固系统。

锚固系统由侧锚、中锚和后锚组成。侧锚由垫梁、垂直吊杆、斜向拉杆、锚梁、分配梁、扁担梁及千斤顶组成。垫梁搁放在已成主梁的顶板上，前端连在主梁的混凝土上，垫梁与主梁间垫橡胶垫以增加水平摩擦力。垂直吊杆与斜向拉杆一端锚固在主桁处的锚梁上，另一端锚固在垫梁上，并与扁担梁连接。在垫梁与扁担梁间设有千斤顶，用以安装和拆除锚固系统。该系统主要承受主桁两侧的垂直反力及由牵索系统传来的水平反力，并将这些力传至斜拉桥主梁上。在挂篮前移时，垂直吊杆通过千斤顶将挂篮主桁落在走行滑槽内。

中锚一般由上下锚梁、分配梁、扁担梁、垂直吊杆、斜拉杆、扁担梁及千斤顶等组成。上锚梁安放在主梁顶面，分配梁及下锚梁安装在主桁架上。垂直吊杆及斜拉杆一端锚固在下锚梁上，另一端锚固在上锚梁上，并与扁担梁连接。千斤顶安装在上锚梁与扁担梁之间，用来安装及拆除锚固系统，该系统主要是将桁梁中部垂直荷载传至斜拉桥主梁上，水平力自相平衡。

后锚由小锚梁和拉杆等组成，它位于挂篮的尾部。小锚梁安放在主梁面上，拉杆上端锚固在小锚上，下端锚固在桁梁上。该系统的作用是将挂篮的尾部与斜拉桥主梁进行锚固连接。

(5)走行系统。

走行系统由滑块、滑槽、走行轮、牵拉杆及穿心式千斤顶等组成，滑块安装在走行牛腿上，滑槽铺在主梁顶面，走行轮安装在尾端调高楔块上。当挂篮灌注完一梁段后，用千斤顶通过牵拉杆牵引挂篮移动到下一段。

(6)调高系统。

调高系统由模块组成，其位于挂篮的中间和尾端横梁上，该系统的作用是调整挂篮标高到设计位置，而且挂篮走行时尾部调高楔块可兼作走行轮安装架。

3.3.2 短平台复合型牵索挂篮结构构造

短平台复合型牵索挂篮由挂篮平台、三角架和伺服系统(牵索系统、悬吊系统、走行系统、锚固系统、水平交承系统、微调定位系统等)三大部分组成，总体方案如图 3。

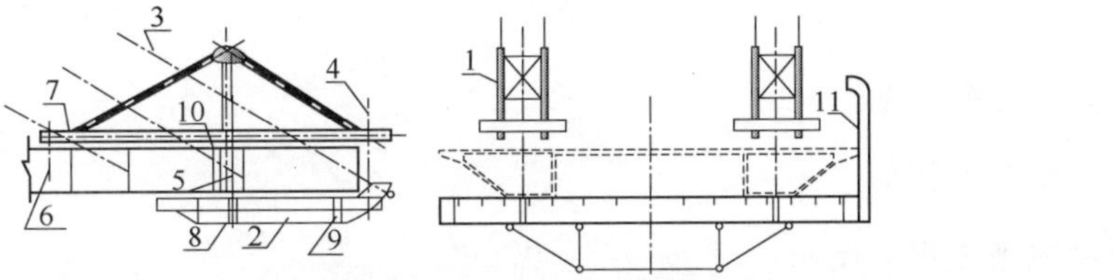

图 3 短平台复合型牵索挂篮

1—三角架；2—挂篮平台；3—牵索系统；4—前吊赶；5—后吊杆；6—后锚杆；7—压重；8—后桁架；9—前横梁；10—抗剪柱；11—挂钩

(1)挂篮平台。

挂篮平台是牵索挂篮的主体，它由前横梁、后横梁、牵索纵梁、吊杆纵梁、普通纵梁、安全尾梁、水平桁架和纵梁平联组成，前、后横梁为箱形截面的刚性主梁与平弦桁架的组合结构。

(2)三角架。

三角架的结构是刚性的下弦梁用三角式桁架加劲后的组合结构。

(3)伺服系统。

伺服系统由牵索系统、悬吊系统、走行系统、锚固系统、水平交承系统、微调定位系统等组成。

1)牵索系统由斜拉索和其梁下锚具以外的其他锚具及连杆组成，其作用是把挂盘前端的荷载传给主塔。

2)悬吊系统由前后横梁上以销轴安装的四根吊杆、扁担梁及千斤顶组成，千斤顶用作调整标高及升降挂篮，在灌注梁段时，两根后吊杆承受挂盘后支点的全部荷载，而前吊杆则通过测力系统在一定受力范围内与牵索共同承受挂篮前端的荷载。

3)走行系统分为三角架走道和挂篮后端挂钩走道系统。

三角架走道设于三角架下弦梁下，由槽钢和聚四氟板组成，固定在桥面上。后端走行系统由 r 形挂钩及走道组成。

4)如图 4 所示，水平支承系统由抗剪柱、水平螺旋支顶及滚轴等组成，其垂直穿入箱梁的预留孔中，以抵抗牵索产生的水平分力。

5)微调定位系统的功能是靠安装在三角架走道上的纵横向千斤顶和三角架后支座处的可

调高结构，以及安装在挂篮后横梁上的手动千斤顶实现的。

6)锚固系统包括弧形承压锚碇系统和三角架后端锚固系统。如图5所示，弧形承压锚底系统是由牵索纵梁前端的弧面及锚座等组成的，锚座在一定角度范围内滑移时，牵索施力方向均在弧面法向线上。三角架后端锚固系统由预埋在主梁中的锚板、夹板及吊耳和接至三角架尾端的后锚杆等组成，其作用是抵消三角架在施工时产生的倾覆力矩。

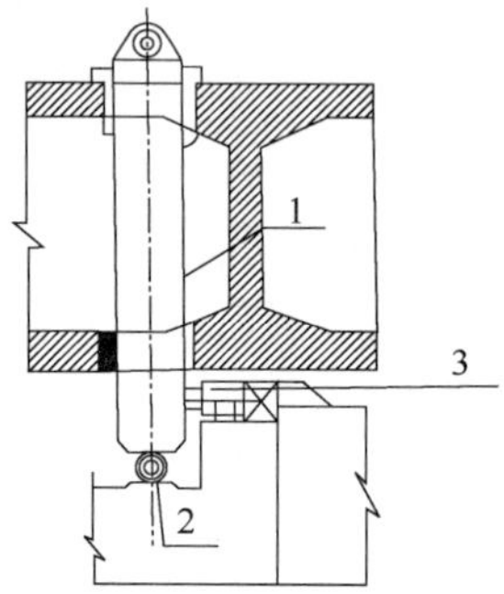

图4　水平支撑系统

1—抗剪柱；2—滚轴；3—水平螺旋支顶

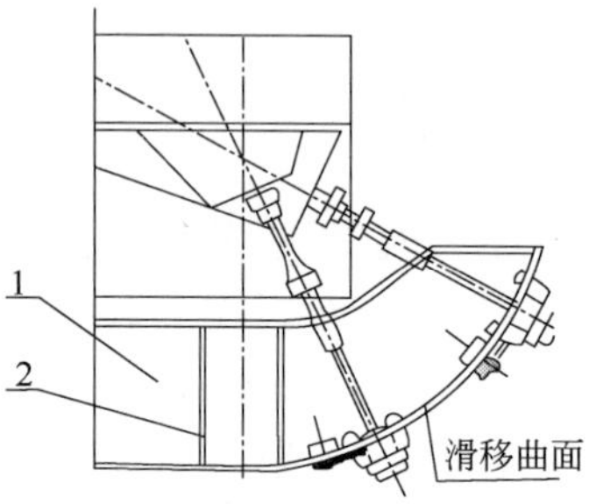

图5　弧形承压锚碇系统

1—挂篮平台；2—前横梁

4　挂篮的结构计算

4.1　结构检算的依据

(1)梁体施工设计图；

(2)现有主梁承受施工荷载的能力；

(3)现行公路、铁路桥梁设计、施工技术规范。

4.2　荷载系数

有关荷载系数依据铁道部颁发的铁路桥涵设计和施工规范，荷载系数取值如下：

(1)考虑箱梁混凝土浇注时胀模等因素的超载系数：1.05；

(2)浇注混凝土时的动力系数：1.2；

(3)挂篮空载行走时的冲击系数：1.3；

(4)浇注混凝土和挂篮行走时的抗倾覆稳定系数：2.0。

4.3　作用于挂篮的主要荷载

根据浇注梁段的最大重量，考虑浇注混凝土时动力因素和挂篮施工安全方面的重要性(施工机具及人荷载考虑取5 t)，控制设计最大荷载为1.2倍重量。

4.4　荷载组合

荷载组合1：挂篮自重＋1.2混凝土自重；

荷载组合2：挂篮自重＋混凝土自重；

荷载组合3：挂篮自重＋挂篮移动时的冲击荷载＋风荷载；

荷载组合1：用于混凝土浇注时挂篮结构的强度验算；

荷载组合2：用于各结构的挠度验算；

荷载组合3：用于挂篮走行中挂篮走行计算。

4.5 结构计算

根据悬灌梁段的实际情况，挂篮分以下几种情况进行受力检算：梁段施工时挂篮受力最不利情况下的整体结构检算；结构细部受力计算；挂篮走行时的受力检算。

4.5.1 整体结构计算

挂篮的结构计算可采用整体建模计算，也可采用分部计算，分部计算这里不做详细介绍，只对整体结构骨架结构计算做进一步介绍。

结构计算的目的是通过对结构各构件的受力和变形计算，调整构件尺寸，使所有的构件满足刚度和强度的要求，从而使得结构既安全可靠，又降低挂篮的自重，计算时根据各工况时挂篮的实际受力情况，建立理想的计算模型，采用电算程序（MDIAS，SAP，桥梁博士）等软件对挂篮各主要构件进行受力分析，然后进行配杆，再进行结构验算。

(1)计算说明：根据确定的挂篮结构，先简化成计算模式，再将计算模式进行单元分类，然后将杆件相应的材料数据以及根据挂篮施工各工况所受荷载分配到节点或者杆件上的受力荷载输入计算机，进行各工况的结构内力计算，并根据内力分析结果对结构再次进行配杆，然后将相应的杆件材料数据重新输入计算机再次计算，反复调整满足要求的杆件数据。

(2)计算工况的划分：根据斜拉桥设计要求，斜拉索在施工时不能一次预拉到位，而是在施工过程中不断调整索力，进行施工控制。要求在挂篮就位后，混凝土浇注前，混凝土浇注30%、50%、70%时，浇注混凝土完成后需进行斜拉索索力调整来保证各浇注梁段混凝土顶面标高。据要求分工况进行计算。工况分以下几项计算，工况 1：空篮混凝土浇注前，索力预拉浇到设计要求浇注的 30%的平衡值索力；工况 2：浇注设计要求 30%时，预拉 50%的平衡值索力；工况 3：浇注设计要求 50%时，预拉 70%的平衡值索力；工况 4：浇注设计要求 70%时，预拉 100%的平衡值索力；工况 5：浇注设计要求 100%时，预拉 100%的平衡值索力；工况 6：浇注完毕，形成设计要求强度，索力调整到设计预拉应力值。

(3)计算结果整理：可以将计算结果用表格和文字的形式表现出来，并找出每部分结构受力最大的位置和数值，与规范相对比。

根据受力计算，各杆件必须满足以下的力学指标：

1)各主要杆件强度的安全系数：>1.2。

2)各梁系结构的挠度：<1/400。

3)锚固系统的安全系数：>2。

4)挂篮走行时的抗倾覆稳定系数：>2

5)挂篮最大变形（包括吊杆变形的总和）：<20 mm。

4.5.2 细部结构计算

(1)面板计算

按双向板计算，选用区格中三面固结，一面简支的最不利情况进行计算，区格 $l_x=300$，$l_y=300$，由 $l_x/l_y=1$ 查《建筑结构静力学手册》得：泊松比 $\mu=0$ 时，$K_w=0.001\ 6$，$kM_x=0.022\ 7$，$kM_y=0.016\ 8$，$kM_x^0=-0.060$，$kM_y^0=-0.055\ 0$。

取宽度 $l=1$ mm 荷载，计算荷载 $q=F\cdot l$：

板抗弯模量 W：

$$W=\frac{1}{6}bh^2=\frac{1}{6}\times1\times5^2=4.167\ \text{mm}^2$$

支座弯矩：$M_x^0 = KM_x^0 \times q \times l_x^2$

$M_y^0 = KM_y^0 \times q \times l_y^2$

跨中弯矩：$M_x = KM_x \times q \times l_x^2$

$M_y = KM_y \times q \times l_y^2$

跨中弯矩修正：泊松系数 $\mu = 0.3$

$$M_x^\mu = M_x + \mu M_y$$

$$M_y^\mu = M_y + \mu M_x$$

1)面板强度计算。

支座弯矩应力：$\sigma_{\max} = \dfrac{M_x^0}{W} < [\sigma] = 182\ \text{MPa}$

跨中弯矩应力：$\sigma_{\max} = \dfrac{M_x^\mu}{W} < [\sigma] = 182\ \text{MPa}$

2)面板挠度计算。

$$\omega_{\max} = K_w \times \frac{Fl^4}{B_0} < [\omega] = \frac{l}{500}$$

式中　F——混凝土最大侧压力；

K_w——挠度计算系数；

B_0——构件刚度：$B_0 = \dfrac{E \cdot h^3}{12(1-\mu^2)}$；

其中　h——钢板厚度，E——钢材弹性模量，μ——钢材泊松系数。

3)横肋验算。

横肋上荷载间距 $h = 300$ mm，采用 5 槽钢，支承在竖向桁架上。

横肋上荷载 $q = F \cdot h$。

按三跨连续梁受力分析如图 6。

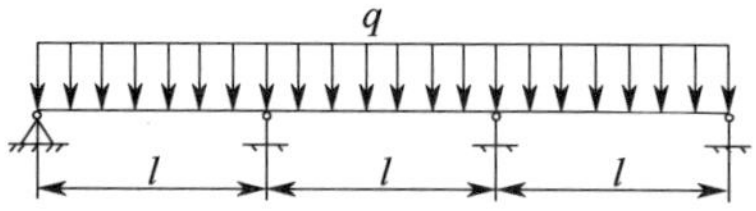

图 6　横肋荷载分布图

利用 MIDAS 计算软件计算得：$M_{\max}$，$Q_{\max}$，f_1。

强度验算：$\sigma_{\max} = \dfrac{M_{\max}}{W} < [\sigma] = 182\ \text{MPa}$

$$\tau_{\max} = \frac{Q \cdot S_x}{I_x b} < [\tau] = 110\ \text{MPa}$$

$$f_1 < [f] = \frac{l}{400}$$

4)竖肋验算。

竖向大肋[10 组焊成 1 m 桁架。竖向荷载 $q = F \times l$，按 800 mm 一组背杠固定。

竖肋上荷载 $q = F \cdot l$。

按三跨连续梁受力分析如图 7。

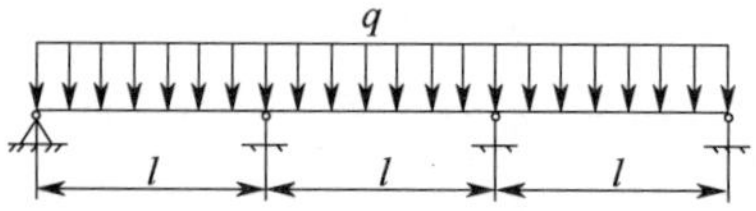

图 7　竖肋荷载分布图

利用 MIDAS 分析软件计算得：$M_{\max}$，$Q_{\max}$，f_2；

强度检算：$\sigma_{\max} = \dfrac{M_{\max}}{W} < [\sigma] = 182\ \text{MPa}$

$$\tau_{\max} = \frac{Q \cdot S_x}{I_x b} < [\tau] = 110\ \text{MPa}$$

$$f_2 < [f] = \frac{l}{400}$$

面板与横肋组合挠度：$\omega=\omega_{max}+f_1<3$ mm

面板与竖肋组合挠度：$\omega=\omega_{max}+f_2<3$ mm

(2)销子、斜杆销孔削弱计算。

由整体结构计算出与销子相连的杆件轴力的剪力，然后对销子、斜杆销孔削弱进行计算，根据材质选取容许应力。

销孔承压应力：$\sigma=\dfrac{N}{A_1}=\dfrac{N}{2\cdot d\cdot t}<[\sigma]=300$ MPa

销子剪应力：$\tau=\dfrac{N}{A_2}<[\tau]=290$ MPa

销子所受弯应力：$\sigma=\dfrac{M}{W}=\dfrac{Nt}{2W}<[\sigma]=290$ MPa

式中 d——钢销直径；

t——钢带厚度；

A_2——钢销的截面积；

W——钢销的抗弯模量。

斜杆强度检算斜杆所受的最大拉力由整体结构计算可得。

在销接接头中，带销孔的受接杆件其销孔各部尺寸应符合下列规定：

1)垂直受力方向销孔直径处的净载面积应比杆件计算所需的面积大 40%(对于临时结构，容许应力提高系数最小为 1.3，见《桥梁施工常用数据手册》)。

计算最小面积为：$A_{计}=\dfrac{N}{1.3[\sigma]}$。

所配杆件面积为：$A\geqslant 1.4A_{计}$。

2)由销孔边缘至斜拉板端的截面积应不小于杆件的计算截面积。

(3)立柱稳定性计算。

对于短平台牵索式挂篮，还应对三角架立柱的稳定性进行计算，三角架立柱的轴力由整体结构计算出来，然后对稳定性进行计算。

三角架所受轴向力为 N，立柱两端按铰接计算，有效长度为 l_0，Q235 钢容许应力为 182 MPa。

长细比计算：$\lambda=\dfrac{l_0}{i_y}<150$，由 λ 查得 φ 值。

强度计算：$\sigma=\dfrac{N}{\varphi\cdot A}<[\sigma]=182$ MPa，A 为立柱截面积。

缀板沿柱纵向的长度 d 不小于 $2a/3$(a 为柱肢轴线间距距离)，厚度 t 不小于 $a/40$，并不小于 6 mm。缀板宽度 b 可以取 $b=a$。缀板和立柱的焊接采用三面围焊，两缀板之间的间距应不小于 $40i$(i 为单肢对垂直于缀板轴的回转半径)。

5 挂篮加工工艺及安装技术要求

5.1 挂篮加工工艺技术要求

5.1.1 材 料

(1)材料应采用具有出厂证明书的合格材料，还应按有关现行标准进行检验和验收，做好检查记录。

(2)材料均应符合设计图纸要求，如需代用时，工厂应同设计单位共同研究。

5.1.2　下料和矫正

(1)下料。

1)小于或等于 12 mm 厚板材尽量用剪板机进行剪切,剪后用手砂轮对板材边缘进行局部修整。

2)大于 12 mm 厚板材,可采用气割,根据图纸要求进行刨边或手砂轮修整,以达到组焊精度要求;坡口可气割或刨边。

3)容许偏差:板材长度及宽度偏差不超过±2 mm,型钢长度偏差不超过±2 mm。

(2)矫正。

钢板矫正后的允许偏差应满足下列要求:

1)钢板纵、横向不平整度在 1 m 范围内不超过 1 mm;

2)型钢不直度在 1 m 范围内不超过 1 mm,全长范围内不超过 3 mm。

5.1.3　部件组焊

(1)为保证组焊后部件尺寸要求,应做到:

1)焊前进行拼装检查,复核组焊尺寸;

2)零件上放出适当的焊接收缩预留量;

3)组焊时利用必要的工装卡具;

4)焊接时应控制电流,采用适当的焊接顺序,减少焊接变形;

5)必要时,应进行组焊试验,调整工艺,修改卡具,然后进行正式组焊。

(2)为确保挂篮各部件中受力焊缝要求的焊缝尺寸及焊接质量,为此:

1)采用结构钢 T42 型焊条,焊条使用前应在适当温度下烘干。

2)焊前仔细清除焊接部位的铁锈、油垢、污泥及气割溶渣。

3)对焊接缝,贴角、坡口焊缝,应焊透焊好,不符要求者应清除重焊,保证焊接质量。

(3)焊后不要求回火处理,但应进行校正,校正时必须注意不要损伤原材料及焊缝。

(4)组焊并校正后,容许偏差应符合"焊接结构件几何尺寸允差"、形位公差 12 级。

5.1.4　钻　　孔

设计图纸上已有注明的,应按图纸要求加工,其余应满足下列要求:

(1)有互换要求的构件,其钻孔尽量利用样板进行,样板的尺寸及板的孔位应用精密划线方式划出。样板上的孔位误差(图中有规定者除外)不得超过下列限度:

1)两相邻钻孔套中心间距:±0.5 mm;

2)板边钻孔套中心间距:±0.5 mm;

3)对角线钻孔套中心间距:±1.0 mm。

(2)对两面有孔的杆件,要保证面间孔位的立体偏差满足下列要求:

1)各面孔轴线应平行或垂直(按图纸的要求);

2)在相互垂直的面的孔轴线距两面交线的偏差不大于±0.5 mm。

(3)钻孔表面粗糙度 25,孔直径误差±0.25 mm。钻孔后,清除板面的飞边、毛刺。

5.1.5　试 拼 装

(1)为对设计性能及加工尺寸进行检验,在挂篮构件加工完毕后,即进行试拼装。试拼装时,应按使用状态装齐全部构件、零件、螺栓及液压动力系统。

(2)试拼时不得使用重锤敲打,如发现螺孔或销孔位置不对时,应慎重研究,妥善处理。

(3)挂篮拼装允许偏差:主桁在现场拼装焊接时要保证型钢和杆件间的垂直度和平行度,

偏差不大于±10 mm;如试装时发现超过误差时,需会同有关人员共同研究处理方法。

5.1.6　涂漆、编号

(1)在挂篮进行试拼装(必要时进行局部修整)达到设计要求后再进行除锈、涂漆、编号。

(2)漆前先行除锈,清除焊渣及污垢等,并在干燥状态下涂漆。

(3)涂漆:

1)所有钢结构加工构件应涂两层红丹底漆。

2)紧固件(螺栓、螺母、垫圈、销钉、吊杆等)涂防锈油。

(4)编号。为便于零件识别,保证组装正确,加快组装速度,挂篮零部件按图纸的编号目录进行编号。编号用深兰色油漆写在该零件易于看到的位置上,要求整齐、清楚、美观。

5.1.7　包装、运输及其他

(1)模板及挂篮解体成零部件后进行运输;

(2)紧固件(螺栓、螺母、垫圈、销钉、吊杆等)应装箱。建议采用铁皮箱,每箱(连箱皮)重约50～100 kg。箱子上应写明内装品名及数量。

(3)零部件吊装时每捆不宜太多,并轻吊轻放。

(4)装车时注意堆放顺序,以免使型钢,加工件及其他部件压弯变形

5.2　挂篮拼装技术要求

5.2.1　拼装前准备

(1)在确定挂篮拼装方案后,应组织有关人员进行详细的施工技术交底和安全作业交底。

(2)挂篮在拼装前,应保证 0# 节段混凝土强度达到设计强度的 85%以上。

(3)0# 节段内、外模板及悬臂段底模支架卸落完毕。

(4)吊杆预留孔齐全,孔位准确。

(5)走行滑轨范围清理平整,标高符合设计要求,轴线测设准确。

(6)塔吊有效吊高超出梁顶 10 m 以上,并加固牢靠,保证正常的吊装作业。

(7)箱梁顶面场地清理干净。

5.2.2　拼装试拼

挂篮在工厂加工后,组装成部件,但在挂篮拼装前,可将各部位大件如主纵桁片、主桁横向联结系、内外模桁架等预先组拼,检验各部件设计和加工尺寸是否合理、准确,经检查合格后,再移到工地组装,组拼件大小可根据塔吊的起重能力确定。挂篮拼装应尽量保证拼装过程中的强度和稳定性。

5.2.3　挂篮拼装的技术要求

为保证挂篮正确、安全地进行安装,在安装过程中必须注意以下事项:

(1)挂篮拼装应严格按照设计图要求进行,零件不得遗漏,若有变形须校正合格后方可使用。

(2)拼装完毕后必须检查所有螺栓是否拧紧,开口销有无遗漏,保证连接的可靠性。

(3)槽钢、工字钢栓接处必须加专用斜垫圈。不得用小号螺栓代替大号螺栓用于拼装。

(4)拼装过程中严禁对螺栓孔进行切割、扩孔,确因设计或加工原因需作修改时,必须征得设计单位同意。

(5)严禁对精扎螺纹钢吊杆进行电焊切割、搭火,所有精扎螺纹钢吊杆须加双螺帽并用麻袋包裹。

6 牵索挂篮的施工程序及工艺要点

6.1 牵索挂篮的体系转换

为了利用斜拉桥的斜拉索作为挂篮的前支点，首先必须解决斜拉索与挂篮前端的临时连接方式，对于普通的扇形索，由于每一根索与梁的夹角都是不同的，所以索与挂篮的前端联结角度也应该可以调整，以适应夹角的变化。而对于空间索面的斜拉桥，由于拉索位置在三维空间变动，牵引杆固定端相对于挂篮也要能够在三维空间移动，需要在挂篮内设置一特殊转动锚座以满足这一要求。其次，牵索式挂篮设计最主要的是要解决如何将斜拉索在挂篮上引起的水平分力传递给主梁，这一水平分力相当大，也是牵索式挂篮成败的关键，必须设置足够多的反向斜拉杆来传递这种水平力(也可设置挡块来传递水平力)。另外，牵索式挂篮还应该具有底模可调功能，当挂篮与斜拉索联接并张拉之后，挂篮本身不能再作调整(临时索力值与主梁标高也是相对应的)，但可以将底模系统与挂篮主桁结构脱开，调整底模而不影响挂篮上的临时索力，使得这一问题简化，以适应每一节斜拉桥的高差可能不同的情况。还需要解决的一个主要问题是如何进行体系转换，当用斜拉索作为挂篮前端点的临时支承后，在现浇梁段预应力张拉完成后，必须将斜拉索从挂篮口转换到斜拉桥主梁上去，体系转换可以采:先将千斤顶顶开，再旋紧斜拉索锚头的螺母，放松千斤顶，即完成体系转换。

6.2 长平台牵索挂篮的施工程序及工艺要点

6.2.1 挂篮安装

在主梁的 1 号、2 号梁段适当位置预设 4 个吊孔，用倒链或千斤顶将组拼成整体的主桁承重系统和底模板整体提升到安装位置(如果主桁承重系统未拼装成整体，则先起吊安装承重系统的前、后横梁，再安装纵梁和底模板。)，然后安装牛腿顶端部分，若主桁未到安装位置，则安装走行系统，使其走行到位。同时安装梁上的锚固部件，并拆除走行轮，将主桁锚固。之后安装外侧模、开箱内模，绑扎钢筋，并安装牵索系统，经精确调整后即可灌注混凝土。

6.2.2 挂篮前移

梁段混凝土等强张拉预应力束后，解除锚固系统的斜拉杆及有关模板的连接，铺好梁顶走行滑槽，用锚固系统的垂直吊杆将挂篮主桁等缓缓下落，直至梁侧牛腿落在滑槽内。之后解除垂直吊杆，卸去梁底楔块，换装走行轮，在主梁上用千斤顶和牵拉杆带动牛腿将挂篮缓缓平行前移，并在后方设倒链作保险制动。

6.2.3 挂篮就位及调整

挂篮到位后，先将两侧中间的垂直吊杆临时锚固，再将有关的锚固件和模板前移安装，再用中间的中锚吊杆将主桁提升并进行相应锚固，然后精确调整后即可施工下一梁段。

6.2.4 挂篮施工要点

(1)锚固吊杆及斜拉杆的预留孔一定要准确，以保证各杆不受弯。

(2)锚固系统的垫梁及滑道与主梁的接触面一定要平整，必要时进行整修，以保证受力合理可靠。

(3)主梁底部的调高楔块要与梁底顶紧，以保证梁段间顺接。

6.3 短平台复合型牵索挂篮的施工程序及工艺要点

6.3.1 挂篮安装

将挂篮三角架及其后锚等构件吊上桥面安装就位，然后用倒链或卷扬机将整体组拼的挂篮平台提升(如果主桁承重系统未拼装成整体,则先起吊安装承重系统的前、后横梁,再安装纵梁和底模板),并安装相关的伺服系统,检查无误后灌注混凝土。

6.3.2 短平台挂篮前移

梁段混凝土等强张拉预应力束后,解除挂篮牵索并与主梁锚连,将挂篮平台下放一定高度,然后将挂篮三角架向前移动一个梁段长度,到位后再将挂篮平台沿梁顶滑道和三角架下弦梁下翼级前移就位,上述为两次走行,适应梁宽且重的情况。若梁较窄和较轻时,也可一次走行到位,即利用梁顶滑道将两个三角架和其悬吊的平台同步前移。

6.3.3 挂篮就位及调整

利用倒链将平台提起,安装吊杆及牵索等,然后精确调整后即可施工下一梁段。

6.3.4 挂篮施工要点

灌注混凝土时,由于挂盘前端荷载由牵索和前吊杆共同承受,为保证前吊杆不超载,利用千斤顶和特设的数字式压力传感器测其杆力,超出其设计受力的部分通过分次调整临时牵索来平衡。

7 挂篮加载试验

7.1 挂篮加载的目的、方案和步骤

7.1.1 加载试验目的

根据公路桥梁施工技术规范要求,为了确保挂篮施工的安全运行,挂篮在施工之前需进行模拟工况下的静载预压试验,同时通过跟踪监测取得挂篮各部分的弹、塑性变形值以及对应工况下牵索索力等各项数据,对本挂篮的安全性进行综合评价。

7.1.2 试验方案

(1)预压重量:根据设计要求,选主梁最大混凝土重量并取1.2的安全系数,再考虑桥面各种料具、人员及浇注混凝土误差,按施工实际情况先估算这个重量加进去作为预压的总重量。

(2)一般选择在一个桥墩两端进行加载试验,加载试验在悬灌第一个梁段之前进行。若无特殊情况,不再进行其他梁段的加载试验。

(3)预压模拟工况:

工况1:挂篮安装完成,第1次牵索前后;

工况2:预压重量增加至设计荷载一半,第二次牵索前后;

工况3:预压重量增加至100%设计荷载,第三次牵索前后;

工况4:预压重量增加至预压总重时,第4次牵索,此后逐次卸载。

(4)压重及测点布置:根据主梁重量的平面分布来布置压重,一般采用液压千斤顶反拉进行加载(如果没条件也可以加压重),压重的布置顺序和重量完全按照浇注混凝土顺序和方量进行,且逐次加载和卸载都须均衡对称,以免挂篮受力不均产生过大变形,加载的方式根据现在情况确定。

7.1.3 测试前的准备

(1)加载试验前应就试验方案向有关技术人员进行技术交底,并进行必要的安全交底。

(2)严格按照挂篮设计图完成挂篮拼装工作。

(3)按照实验方案中的《测试点位布置图》进行有关项目的测点的布置。

(4)按照实验方案中《测试点位布置图》准备试验所需的预埋件和准备试验所需的钢绞线。

(5)将用于试验仪器进行校核和标定,以确保测量和测试精度。

(6)按照挂篮加载试验总体方案进行起吊系统的选型配套以及必要的检测试验工作，确保加载试验工作能安全、顺利地进行。

7.1.4　加载步骤

按照预压力模拟工况(四种工况)进行各工况的加载，注意每级加载持续时间至少持续 12 h 以上，将测试值填入预先制定的表格，并与计算的理论值相对比，测试的内容包括杆力、索力、高程。

7.2　加载要求及注意事项

(1)严密组织试验测试，统一信号，统一行动，除指定的现场指挥人员外，其他人员不得直接指挥千斤顶加载。

(2)开始试验前，应对悬吊及锚固系统进行一次全面的安全检查，确保连接的安全可靠。以后每做一级试验，均应对整个挂篮进行一次全面检查，才能进行下一级试验测试。

(3)认真做好各项试验数据的记录，如发现异常情况，立即中止加载，分析出原因并采取相应措施后，方能继续进行。

8　安全质量技术控制

(1)挂篮拼装要保证所有零部件按设计图拼装齐全，不得有遗漏。

(2)在浇注混凝土前必须仔细检查所有螺栓是否拧紧，开口销有无遗漏，保证连接的可靠性，槽钢、工字钢栓接处必须加专用斜垫圈。

(3)挂篮的安装标高，要严格按照设计给定标高进行。

(4)在浇注混凝土前，应对挂篮进行加载试验。

(5)灌注梁段混凝土过程中，应从挂篮前端分层均匀地向尾端进行。

(6)挂篮的预拉力，要按设计准确设置。斜拉索套管定位需准确，以保证斜拉索受力符合要求。

(7)各梁段预留孔按图预埋，应勿遗漏并应准确，不得使吊杆及拉杆受弯。

(8)锚固螺栓要借助千斤顶将其拧紧。

(9)采用的 Φ32 精扎螺纹钢吊杆和锚杆，严禁利用其作电焊工作的搭火、零线和电流通路等，以免引起精扎螺纹钢脆断。

(10)外侧模在锚垫板处不要包死。采用锚垫板作为模板的一部分，以便冷铸的锚杯在不拆模的情况下可进行锚固。

(11)千斤顶是施工中的重要工具，必须认真养护，防止碰伤及雨淋等。

(12)走行前，须用经纬仪、水准仪精确定位走行滑轨。走行时，一定要平稳前移，如有偏斜情况，要及时调整。走行系统要经常进行润滑保护。

9　结 束 语

牵索式挂篮的研究开发，通过在兰州银滩黄河大桥牵索挂篮的应用实践，证明其结构合理、应用操作简便，提高了工效、节省了成本，达到了设计预期目的。为全桥提供了可靠的技术保证，并取得了良好的社会效益和经济效益。

预应力混凝土斜拉桥 0 号段现浇施工工艺

1 前　　言

斜拉桥 0 号段施工标志着全桥工序转换，正式开始了主梁及斜拉索施工。主梁 0 号段采用支架法施工，具有设计结构复杂、施工要求精度高、难度大，混凝土灌注量大等特点。

2 工艺原理和适应范围

主要通过在承台（系梁）上或在已施工塔柱下横梁上设置钢管或万能杆件支架平台，利用施工平台进行 0 号段施工，全桥体系转换前通过底部正式支座或临时支座（撑）体系承受其自重和其他施工荷载。适用于塔梁结合、塔梁分离的非漂浮、漂浮、半漂浮体系的预应力混凝土斜拉桥 0 号段施工。

3 施工设计

3.1 支架、模型的设计

主梁 0 号段在支架或塔下托架上施工时，应根据其结构型式、重量及支撑高度设置可靠的模板和支撑体系，考虑弹性和非弹性变形，支撑下沉、温差及日照的影响，同时应考虑设置落架装置。

3.1.1　支架设计

0 号段支架设计应根据现场实际情况来确定，一般采用落地式现浇支架（如图 1）。对于塔梁结合的斜拉桥在施工 0 号段时支架设计应结合临时支撑（固结）方案充分考虑相互的位置关系，并按设计提供的不对称拉、压力进行设计。支架设计时应与 $0^{\#}$ 节段、桥墩中心重合。支架应进行设计计算，确保施工时有足够的强度、刚度和稳定性，且变形应在允许范围内。

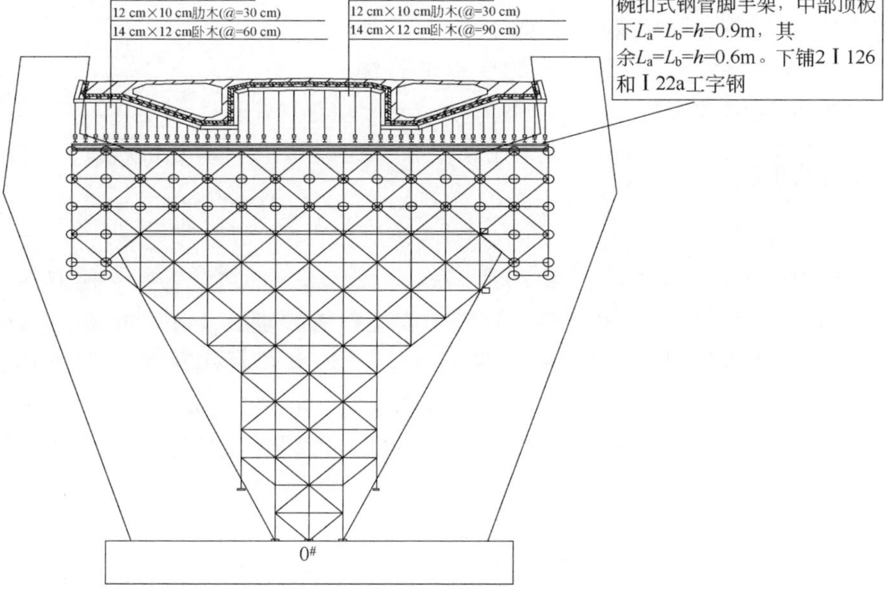

图 1　0 号段施工支架示意图

3.1.2 模型设计

主梁 0# 节段底模通过支架支撑天地托调节高度。因其结构为内空薄壁，棱角变化多，底模和侧模（端模、隔板模）设计时应考虑循环施工使用，从经济和便利的角度可选用组合或新制钢模，方木或钢管加撑；内模多棱角变化，材料损耗大，可利用小块钢模和木板组拼，方木或钢管加撑。端模可采用木模。

3.2 临时支座（承）设计

在主梁悬臂施工过程中，索塔两侧的梁体因自重荷载的不平衡将产生一定的倾覆力矩，且两侧斜拉索张拉索力的不对称亦将产生一定的水平推力。当飘浮体系的斜拉桥采用悬臂法进行主梁施工时，为确保结构在施工阶段的安全，一般在施工中都需采取适当的措施进行塔梁临时固结，待施工完毕后再拆除。对于塔梁墩固结的斜拉桥则不需临时固结。

4 施工工艺流程

施工工艺流程见图 2。

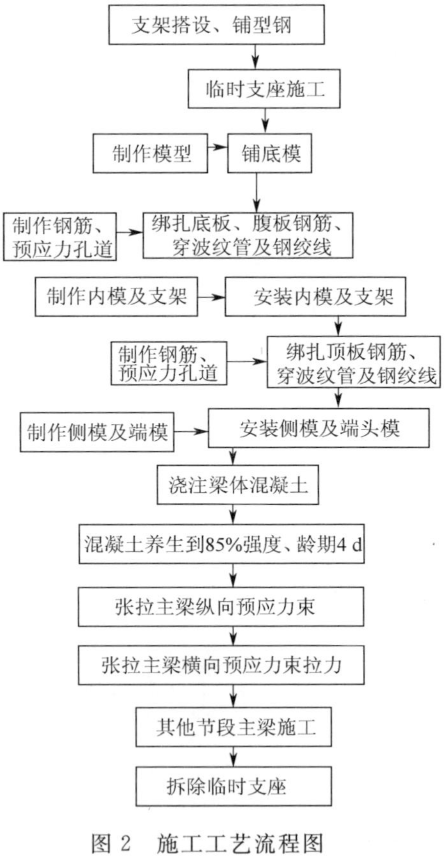

图 2 施工工艺流程图

5 施工工艺及操作要点

5.1 支架搭设及预压

0# 节段设计轴线与横梁轴线重合，因此在按方案支架时，为保证支架受力均衡、对称，施工前要求测量出塔身纵、横轴线，对称布置支架点位并搭设。

在支架施工完成后，应对现浇支架进行预压，加载时应根据主梁荷载分布进行加载。预压荷载为设计荷载的 100%～120%，分级加载，以消除支架的非弹性变形，验证支架结构的稳定性，并测定弹性变形，为设定底模高度提供参考。

每一次加载完成时，应持荷一段时间，待支架变形稳定后，对支架进行检查，并对支架的变形进行测量，在确认支架稳定后，才可进行下一级加载。

5.2 大吨位盆式橡胶支座安设

5.2.1 支座的安设

盆式橡胶支座与桥梁连接有焊接和地脚螺栓两种。焊接时，应在下横梁顶部和主梁底部相应的支座位置预埋比支座顶板和底盆的钢板大些的钢板，并在预埋钢板背面焊接锚固钢筋使其固定，支座就位后用跳动的焊接方法将支座顶板、底板分别与预埋钢板焊接在一起。使用地脚螺栓时，则是将顶板和底板分别固定在梁体底面和下横梁顶面上。用预留螺栓孔的地脚螺栓连接时，须用环氧树脂砂浆将地脚螺栓埋置于混凝土内。

施工阶段主梁为悬臂受力状态，支座受力很小，当合龙后体系转换为成桥受力状态时，梁体自重全部作用在支座上，在体系转换前将盆式支座的安装连接板全部拆除，解除约束，使支座按设计受力状态正常发挥作用功能。

5.2.2 安设注意事项

(1)安装前相对各滑移面用丙酮或酒精仔细擦试干净,支座其他部件也应擦洗干净。

(2)安装支座除标高符合要求外,还应保证两个方向的水平,其四角高差不得大于2 mm。

(3)支座上各个部件纵横向必须对中,当安装温度与设计温度不同时,纵向支座各部件错开的距离必须与计算值相等。

(4)安装纵向活动支座时,支座上下导向挡块必须保持平行,交叉角不得大于5′。

(5)支座中心线与主梁中心线应重合或平行。

(6)安装地脚螺栓时,其外露螺母顶面的高度不得大于螺母的厚度。

(7)模板和废弃混凝土要随时清除干净,防止积水导致钢盆锈蚀,影响支座使用功能。

5.3 临时支座(承)安设

非与索塔结构固结的主梁施工时,必须使塔梁临时固结,并按要求的程序解除临时固结,完成设计的支撑体系。临时固结主要为:加临时支座并锚固主梁和设临时支撑两种措施。如图3所示。

5.3.1 加临时支座并锚固主梁

该措施构造简单,制作和装拆方便、安全可靠。即在下横梁上设置4个混凝土临时支座,将粗螺纹钢筋的下端预埋在主塔下横梁中,钢筋中段穿过支座和梁体并锚在0号梁段顶部,钢筋的数量由施工反力计算确定。为便于拆除,在每个支座中间按设计要求加硫磺砂浆夹层,并按试验确定的溶化方案布置电阻丝,待达到临时支座拆除条件时通电解除临时固结;实际施工中设置硫磺砂浆夹层方案很难控制,现场多采用沿支座四周设置厚20 cm的同标号混凝土环,中间填塞中粗砂,顶部铺设油毛毡防水隔离层,待达到临时支座拆除条件时用小型空压机拆除四周混凝土环,高压水冲洗中粗砂后即可解除临时固结。

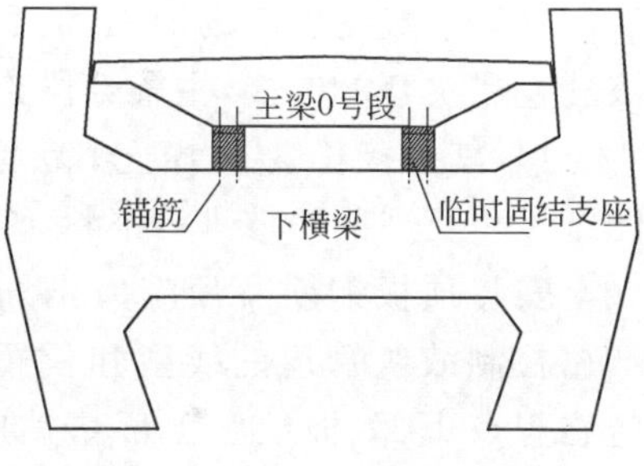

图3 临时支座示意图

5.3.2 设临时支承

在塔墩两旁设立临时支承与临时支座共同承担施工反力,临时支承常用钢管桩、钢护筒或混凝土立柱,在下塔柱上设置预埋件作为临时支承的锚座。

5.4 模板工程

5.4.1 底模安装

底模受自重作用,其安装重点在于模型底部、支架顶部的纵横向分配梁的调平,同时应保证天地托有一定的调节空间,便于拆除底模支架。

在有临时支座或盆式橡胶支座的施工时,安装底模应保证其与支座之间无空隙,并特别加固支撑,防止该处发生爆模、漏浆。

5.4.2 侧模安装

$0^{\#}$节段侧模受侧向压力,横向端为外露面,采用表面光滑的胶合板或钢模,可通过设置的单头拉杆加背杠固定,也可用方木或钢管通过支撑在两侧塔柱与背杠上达到固定作用;而纵向端为$1^{\#}$节段的交界面,必须为粗糙面,因此采用木板封面、单头拉杆加背杠固定。

5.4.3 内模安装

为保证底板混凝土密实无空洞，内模安装时应根据捣固器的左右半径和钢筋、预应力的位置适当预留空洞用于振捣和排气，待混凝土逸出见粗颗粒时再封闭。

5.4.4 模型加固

0# 节段模型加固重点是内模和侧模。为防止施工混凝土内箱结构变形和顶板钢筋上浮，对穿拉杆通过底板将底模和内模底部相连，内箱加方木或钢管支撑加固。侧模采用单头拉杆背杠加固，防止结构变化。

5.5 钢筋及预应力工程

主梁设计复杂，预埋管线和钢筋密集，模型、钢筋、部分预应力施工须交叉进行。底板模型施工结束后开始底板钢筋和纵、横隔板钢筋施工，然后进行底板和纵、横隔板预应力及竖向预应力施工；接着进行内箱模型铺设和加固；再进行顶板钢筋施工和顶板纵、横预应力施工。0号段有挂索时，梁上的索管定位要确保准确。

5.5.1 钢筋的制作及安装

钢筋一般在加工场加工，然后吊运至现场安装或绑扎。主筋直径大于 25 mm 的钢筋采用滚轧直螺纹套筒连接，主梁分段连接钢筋采用焊接接头。环向箍筋及架立钢筋用扎丝绑扎、接头点焊，其搭接长度不小于规范规定。在同一断面内钢筋接头数量不应超过 50%。按照设计图纸尺寸及规范要求进行下料、弯曲。

安装顶板钢筋及预应力钢筋时，由于顶板面积大，预应力管道密集，在施工钢筋时，要严格控制波纹管道的线型和位置，保持波纹管的完整性。在波纹管上方进行电焊施工时，应在焊点下部、波纹管上部垫铁皮，防止焊渣损坏波纹管，致使混凝土浇注时管道进浆堵塞波纹管道。

钢筋在绑扎时，绑扎铁丝的尾段不应伸入保护层内。所有梁体预留孔处均增设相应的环状钢筋，桥面泄水孔处钢筋可适当移动，并增设斜置的井字形钢筋进行加强。施工中为确保腹板、顶板、底板钢筋的位置准确，应根据实际情况加强架立筋的设置，可采用增加架立筋的数量或增设 W 形或矩形的架立钢筋等措施。当采用垫块控制净保护层厚度时，垫块应采用与梁体同等寿命的材料，且保证梁体的耐久性。

5.5.2 预应力制作及管道安装

参见“预应力施工工艺”章节内容。

5.5.3 预应力张拉

参见“预应力施工工艺”章节内容。

5.5.4 压　浆

参见“预应力施工工艺”章节内容。

5.5.5 封　锚

压浆结束后应及时进行封锚，先凿毛混凝土表面，恢复截断的设计钢筋，然后关模加固，按主梁同等级标号配制混凝土人工振捣密实。并按规定进行养护。

5.6 混凝土工程

5.6.1 原材料

根据当地现有材料，本着就近选材及经济合理的原则，经试验之后确定选用符合主梁高性能混凝土施工的优质材料。

(1)水泥:采购与要求配置的混凝土强度等级相适应的水泥。要求收缩小、和易性好并节约水泥。

(2)粗骨料:采购坚硬的卵石或碎石。按产地、类别、加工方法和规格等不同,按现行《公路工程集料试验规程》分批进行检验。

(3)细骨料:采购级配良好、质地坚硬、颗粒洁净、最大粒径小于 5 mm 的中粗河砂。

(4)水:选择的水必须不含有影响水泥正常凝结与硬化的有害杂质或油脂、糖类及游离酸类等。

(5)外加剂:采购改善混凝土拌和物流动性能的高效减水剂,其掺量不得大于水泥质量的5%。

5.6.2 配合比设计

主梁设计为高性能混凝土,因此在混凝土设计时应遵循下列原则:

(1)确定水灰比范围:高性能混凝土不能用普通的设计方法进行计算和推算,而水灰比对高性能混凝土的强度及耐久性影响很大,该水灰比一般在 0.25~0.40 之间;

(2)根据砂、石级配及最小空隙率法则,先确定混合后最小空隙率,对高性能混凝土来说,常在 20%~25%之间;

(3)确定胶凝材料浆量:根据最小空隙率及原材料和混凝土工作性的关系,确定胶凝材料浆量,一般在 30%~35%之间。

在实际设计配合比时通过掺入硅粉,内掺 4%~10%取代一部分水泥,以提高混凝土的和易性,减少泌水及离析;外掺 6%~10%不取代水泥,以增加胶凝材料量,提高混凝土强度。

考虑主梁施工特点,利用正交试验 L9(34)作配合比设计,要求 3 d 强度必须达到 28 d 强度的 80%,满足早强、高扬程泵送混凝土的条件,通过对混凝土 3 d、28 d 强度的各项性能指标试验、分析,取最优组合的配合比作初、终凝试验,对初凝时间、终凝时间和 1 h 坍落度损失的结果分析,至满足施工需要。

夏季高温时与冬季低温时不能使用同一个配合比,在选定配合比时就需要按冬季和夏季分别选定配合比。

5.6.3 施工顺序

斜拉桥 0 号段混凝土应一次性灌注,分三部分浇注,第一部分浇注底板及横隔板,第二部分浇注竖腹板及斜腹板,第三部分浇注顶板。各部分混凝土的间隔时间应控制在下部分混凝土的初凝时间内。混凝土分层浇注,分层厚度 30 cm,均匀摊铺,连续灌注。

5.6.4 混凝土施工及养护

由于主梁混凝土方量大,要求每个主墩配置 2 台输送泵,混凝土在拌合楼集中拌制,高压输送泵泵送入模。

(1)拌制。

用强制式搅拌机进行集中搅拌,搅拌延续时间根据搅拌机类型、混凝土坍落度等情况确定,时间不足时拌和物将达不到均匀要求,时间过长时拌和物可能产生离析。搅拌机搅拌的转速须严格控制,以减少拌和物的离心作用,不得为缩短搅拌延续时间而使转速超过该机规定的转速。

(2)运输及入模。

根(据混凝土的浇注数量、混凝土凝结时间、浇注速度、运输时间限制、搅拌机生产率等情况，确定运输机具的类型和数量。必须使浇注工作不间断，并使混凝土拌和物运到浇注地点时不离析并保持良好的均匀性。当混凝土拌和物运距较近时，可采用无搅拌器的运输工具；当运距较远时，须采用搅拌运输车。混凝土采用输送泵泵送至梁面，通过漏斗、挡板等防离析装置，再由串筒缓慢入模，串筒一般用多节上大下小的管筒连成，可用薄钢板制作，各管筒之间用钩环连接。分层浇注混凝土，每层最大厚度 30 cm。

(3)捣固。

浇注方向从梁的中部同时进行，顺序进展向另一端，分层下料振捣，每层厚度不超过 30 cm，上下层浇注间隔时间不超过 1 h，混凝土的振捣采用插入式振动棒进行。腹板上部可采用在顶板上直接灌注，但要保证混凝土浇注时不离析，混凝土在支架部分由悬臂段向根部段方向灌注。腹板采取水平分层灌注，分层厚度 30～40 cm。混凝土振捣以插入式振捣器为主，并辅以附着式振捣器及平板式振捣器，在腹板与底板倒角处，应注意振捣密实，腹板灌注混凝土后不再振捣底板，以防止腹板棱角处混凝土外鼓，上部悬空，出现空洞。顶板混凝土入模与振捣，因顶板厚度不大，混凝土入模时先将腹板上的顶板部分填平，振实后在由箱体两侧分别向中心推进，捣固完成收浆后再抹平，混凝土初凝后应再次收面，保证梁顶面的平整度和倾斜率(双向)。捣固混凝土时应避免捣固棒与波纹管接触振动，混凝土捣固后，要立即对管道进行检查，及时清除渗入管内的灰浆。未振完前，禁止操作人员在混凝土面上走动，否则会引起管道下垂，促使混凝土“搁空”、“假实”现象发生，必要时用竹片将混凝土塞入管道下方。

(4)养护。

混凝土浇注完初凝后，应立即用潮湿的土工布(最好是毛毡)盖好，并洒水自然养护，保持湿润。拆模后，当环境温度高于＋5℃时应对混凝土表面洒水养护，梁体张拉的检查试件，要存放在梁顶上与梁体同环境养护。

5.6.5 施工监测与线性控制

参见“施工控制章节”内容。

5.7 支架与模型解除

达到设计规定的强度和龄期时方可拆除模型和支架，解除顺序与安装顺序相反，依次内模、侧模和底模进行解除。拆除时利用塔吊、卷扬机和手动链条葫芦进行施工。

5.8 临时支座(承)拆除

在主梁合龙后成桥受力前进行临时支座拆除，设置硫磺砂浆夹层的支座，通电使其熔化然后截断钢筋，清除砂浆形成飘浮体系；设置混凝土环的支座，人工拆除然后截断钢筋，清除砂浆形成飘浮体系。

如果塔两侧的主梁不对称，拆除这些支撑时漂浮体系会引起体系转换，梁向一端水平移动(通常是岸侧)，索力重新分布，如水平位移过大，而且突然发生时，会引起事故，因此拆除支撑时应特别注意。

6 主要施工机械和设备

0 号节段施工常用设备见表 1。

表 1 主要施工机械和设备

设备类型	设备名称	设备型号
起重设备	塔式起重机	QTZ25C,QTZ40D,QTZ60
	大型汽车	8～30 t
	重型汽车	30～90 t
	单筒卷扬机	1 t、2 t、3 t、5 t
	电梯	上海宝塔(提升速度可达 200 m)
运输设备	装载机	ZL40、ZL50 系列
	自卸汽车	5 t、10 t
混凝土设备	拌和站	HZD 混凝土拌和站(拌和能力 50 m^3/h)
	搅拌机	自落式或强制式 2～4 台
	混凝土运输车	红岩 6 m^3
	混凝土搅拌运输车	JY—3000 型
	混凝土搅拌输送车	JC6
	混凝土泵	HBT60、80
	混凝土泵车	BC85—2 臂架式
张拉设备	千斤顶	YL 型拉杆式、YC 型穿心式、YZ 型锥锚式、YT 型台座式
	立式双缸压浆机	ZNB6—32 型
	高压压浆泵	SNS 系列卧式

7 质量保证措施

(1)严格把好原材料质量关,对锚具、钢绞线、钢筋、水泥、砂、石等原材料作好进场质量检验、检测工作。

(2)认真落实项目质量管理制度、健全质量岗位责任制,做到奖罚分明,逐级签订质量责任书,明确分工,责任到人,把质量落到实处。

(3)建立交接班制度和计量器具检查制度,定期进行考核。

(4)选择有主梁悬灌施工资质和施工经验的专业队伍施工主梁。

(5)做好高标号混凝土的选料及配合比试验工作。

(6)现场具体保证措施:

1)预应力锚固槽口截断的主梁悬悬臂处钢筋在封锚前应采用帮焊连接。

2)钢束必须与锚垫板平面垂直。

3)主梁纵向预应力的张拉时间均在混凝土强度达到设计强度的 85%以上,且龄期 4 d 以后。主梁顶板横向预应力滞后一个节段张拉。

4)所有钢绞线采用张拉力和伸长量双控,张拉力为主,伸长量为辅,伸长量误差控制在 −6%～6%,且不允许断丝,施工中必须确保有效预应力的控制。

5)梁体所用预应力钢束均为高强低松驰钢绞线,不超张拉。

6)预应力钢束张拉完毕后,严禁撞击锚头和钢束,多余钢绞线用切割机切割,禁止电弧切割。

7)严格按设计规定的顺序张拉预应力束。

8)设置专业技术人员现场指导、控制、填写施工记录。

9)每节梁段配备 2 台输送泵,为防止因输送泵出现机械事故而影响梁体混凝土的浇注,必须配备一定数量的三通管,以备急用。

8　安全与环保控制

8.1　施工安全控制

(1)健全安全岗位责任制,做到奖罚分明,逐级签订安全责任书,明确分工,责任到人,把安全落到实处。

(2)严格执行各工种的《安全技术操作规程》,定期对职工进行考核。

(3)制定安全事故紧急处理预案。

(4)现场具体保证措施:

1)充分考虑承受可能出现的荷载,对支架安装、使用、拆除阶段的强度和稳定性进行详细的计算和检查,支架搭好后,先预压再使用;

2)千斤顶操作时前方不许站人,设备安装要求端部平整对中;

3)油泵操作时需缓慢、均速加压和卸压,严禁超压和快速加压;

4)施工支架平台上设安全防护措施,严防坠物;

5)注油时要求接头可靠,保持规定压力但严禁超压,注意劳动保护;

6)严禁非作业人员擅自操作机械;

7)高空作业时不得向地面抛掷物品;

8)脚手架、安全网的搭设要符合安全要求,并要定期检查、维修、保养;

9)起重机械作业时起重臂下严禁站人。

8.2　施工环保控制

(1)遵守国家和地方政府环境保护法规。

(2)根据施工现场场地布置情况,设置化粪池,施工生产、生活污水设污水沟进行疏排至池中,污水净化池进行遮盖,设有标志。

(3)散体物料及预制混凝土运输等执行有关要求。混凝土灌注作业后,运输车将泥污冲洗干净后方可出场。

(4)施工便道、施工现场设置良好的排水设施。

(5)水泥、油料存放在防雨、干燥的库房中,库房周围设置排水系统,以防在雨季或暴雨中物料随雨水径流入地表农田及河流造成污染。

(6)施工过程中发现文物,及时向当地政府或有关部门汇报,以妥善保护,不私自收藏。

(7)工程完工后,及时拆除所有工地构造物、安全防护设施和其他临时设施,将工地及周围环境清理整洁,按要求恢复原状,做到工完、料清、场地净。

(8)采取必要措施,尽量减少破坏工程范围以外的植被。

(9)作好机械保养工作,避免施工机械漏油现象发生,污染农田、河床等。

(10)施工完后,及时植草护坡,美化路容。

(11)弃土场待弃土完毕后进行复原和植树绿化。

9　结束语

斜拉桥0号段的施工,为下步挂篮悬灌奠定了基础,同时让施工人员熟悉了工序转换后的主梁技术难点和重点,其安全、质量和工期决定了成桥的工程质量和工程的总工期。

斜拉桥主梁悬臂浇注施工工艺

1 前　　言

目前我国斜拉桥主梁常用的施工方法有支架法、转体法以及悬臂浇注等方法，其中以悬臂施工法运用最为广泛。在悬臂现浇施工中，最为典型且有成熟经验的施工方法是采用预应力混凝土梁段对称平衡悬臂挂篮法施工。本工艺重点对于主梁梁段悬臂浇注施工方法、施工工艺等技术进行阐述。

1.1　技术准备

在进行主梁施工时应做好以下技术准备工作：

(1)施工方案是施工组织设计的核心。应根据工程结构特点、关键工序进行研究，并制定可靠、适用、经济的技术方案及操作细则。

(2)按照主梁结构设计等技术参数，确定主梁悬浇施工的主要施工设备挂篮系统的结构型式并进行详细的设计。

(3)主梁混凝土均为高强高性能混凝土，应根据施工现场原材料的实际材质情况，对混凝土配合比进行设计。制定出悬浇混凝土的施工方法、施工顺序、施工工艺及混凝土的养生工艺等技术方案。

(4)根据施工现场地形及工程分布情况，合理地对拌和设备及场地进行规划设计，制定出混凝拌和、水平运输、垂直运输等技术和设备方案。

(5)根据主梁结构特点，对主梁预应力及斜拉索系统施工方法、施工工艺编制详细的方案及作业指导书。

1.2　机具设备准备

根据施工技术方案和施工组织安排，应提前对以下主梁悬浇施工的主要机具设备做好准备工作：

(1)挂篮的设计加工，并按照技术要求做相应的荷载试验；

(2)准备好挂篮行走、起降所需要的千斤顶、链条葫芦、走行轨道等机具设备；

(3)准备好主梁钢筋制作、安装所需的机具设备；

(4)做好预应力施工的张拉设备、压浆设备的准备工作，并对千斤顶进行校核。

1.3　劳动力准备

根据施工技术方案、施工组织及施工工期要求组织好以下劳动力：

(1)应选择责任心强、施工经验丰富的现场管理人员负责主梁施工，并提前组织相应的学习、培训。

(2)对主梁悬臂浇注所需的特殊工种，如起重工、张拉工、焊工等应提前进行培训学习，并应具备上岗资质。

(3)其他工种人员按工程需要配属。

2　混凝土工程

2.1　高强、高性能混凝土配制

2.1.1　配合比设计

(1)基本原则。

1)在设计混凝土配合比前,认真研究结构混凝土的特性及基本性能参数,收集混凝土配合比设计基础资料,重点掌握下列情况:

① 工程概况和技术要求(如:是否是大体积混凝土,是否有早强或缓凝的特殊要求,是否要对水化热及温度进行控制,在抗渗、抗裂、补偿收缩、耐久性等方面的相关规定)。

② 原材料的品种规格、技术性能、质量及其波动情况、供应能力和价格等技术经济数据。

③ 施工工艺(如:泵送的混凝土基本工作度、自流平密实等)、运输距离或时间。

④ 季节和天气情况(晴雨天、温湿度、日夜温差、风向、风速等)。

⑤ 本企业的生产工艺条件、设备类型、人员素质、生产管理水平和质量控制水平等情况。

⑥ 施工队伍的技术、管理和操作水平等情况。

⑦ 了解施工部位混凝土质量验收评定方法,确保设计出的混凝土满足设计及规范要求的基本特性,并具有良好的施工性能,并且经济合理。

2)配制的混凝土拌和物应满足施工工艺要求,配制成的混凝土应满足设计强度、耐久性等质量要求。

(2)基本指标。

1)混凝土的最大水胶比、单方胶凝材料的最低用量宜满足设计要求,C50 及以上混凝土不宜高于 500 kg/m^3。

2)混凝土中由水泥、矿物掺和料、骨料、外加剂和拌和用水等引入的氯离子总含量不超过胶凝材料总量的 0.10%,预应力混凝土结构的氯离子总含量不应超过胶凝材料总量的 0.06%。

3)各项混凝土力学性能指标满足规范设计施工要求。

4)混凝土有抗冻要求时,混凝土的入模含气量应满足冻融要求指标。

5)高性能混凝土应具有较佳的耐久性,各项耐久性指标应满足规范设计要求。

6)高性能混凝土应具有较高的体积稳定性,即混凝土在硬化早期应具有较低的水化热,硬化后期具有较小的收缩变形。

7)混凝土初终凝结时间满足设计和施工要求。

2.1.2　工艺性试验

(1)工作性能:混凝土具有良好的工作性、黏聚性和保水性,混凝土拌和物应具有较高的流动性,混凝土在成型过程中不分层、不离析,易充满模型;泵送混凝土、自密实混凝土还具有良好的可泵性、自密实性能。

(2)高性能泵送混凝土入模坍落度不小于 180 mm。普通高强混凝土坍落度不小于 140 mm。

(3)混凝土初凝时间不小于 8 h。

(4)高性能混凝土 3 d 强度达到设计强度的 90%以上。普通高强混凝土 3 d 强度达到设计强度的 80%以上。

(5)混凝土 3 d 弹性模量值满足设计及规范要求。

(6)出机含气量控制在 2.0%～4.0%,半小时含气量≥2.0%。

2.2 混凝土的拌制及运输

2.2.1 基本方案

为保证斜拉桥主梁混凝土的施工质量，原则上要求混凝土的生产应采用拌和站工厂化集中拌制。拌和站的布置根据桥梁设计情况及桥梁所处位置，一般分为水上拌和站和陆上拌和站。其运输方式为：水平运输采用混凝土运输车进行运输，垂直运输及梁上水平运输采用混凝土输送泵，有条件时也可采用混凝土泵车。

2.2.2 混凝土生产能力及拌和设备

混凝土拌和生产能力及拌和设备的选择及配备，应根据所需混凝土量及工期计划安排来选择，要求拌和设备混凝土的生产能力应满足施工需要。

2.2.3 混凝土的水平及垂直运输

(1)泵管布置原则。

混凝土浇注泵管布置原则为：

1)首先应保证从低处往高处输送混凝土；

2)一般情况下不应在泵出口处就设有弯管，如受地形条件及场地的限制时也必须保证 20 m 范围设弯管；

3)在泵管布置过程中应尽量减少设备弯管接头。

(2)泵管安设。

斜拉桥主梁混凝土浇注泵管安设一般是从主墩底沿着主墩、下塔柱到达主梁 0# 节段后，中边跨对称安设，其中泵管垂直安设部分在施工过程保持时间较长，因此泵管的加固措施一定要到位，保证泵管的稳固。

(3)泵管运行中的管理。

为了保证在混凝土浇注过程中不使泵管脱落、漏浆、漏气等现象出现，在泵使用前、使用中及使用后必须注意以下事项：

1)在浇注混凝土前必须对泵管进行仔细的检查，检查泵管加固是否牢固，检查是否有漏气；

2)混凝土施工过程中安排专人负责泵管检查；

3)混凝土浇注完成对泵管进行仔细的清理、清洗，尤其是对不拆除的泵管更应仔细清洗，以防止清洗不干净影响下次混凝土施工。

3 梁段混凝土施工

主梁采用挂篮对称平衡悬浇施工，因结构设计需要，主梁结构多为预应力混凝土箱型结构，结构中钢筋数量大、型号多，预应力束纵横向布置，因此主梁混凝土施工难度较大，工艺复杂，必须制定详细的施工方法来保证混凝土的施工质量。

3.1 混凝土施工工艺流程图

混凝土施工工艺流程如图 1。

3.2 基本原则

主梁悬浇混凝土施工时必须进行施工控制，要加强对梁体每一施工阶段的过程控制，并对结果进行检测分析，以确定下一阶段的索力和主梁线形，周而复始直至全桥合龙。

3.3 施工工艺

主梁节段混凝土应采取全段面一次性浇注，先浇注箱梁底板混凝土，再浇注横隔板，最后浇顶板混凝土。混凝土浇注按从挂篮前端(悬臂远塔端)向挂篮后端(悬臂近塔端)水平分层进行，对称均衡浇注。混凝土初凝后，用草袋覆盖，并洒水养护，养护时间不少于 7 d。混凝土强度达到 2.5 MPa 以上后，及时凿除端头混凝土表面的水泥砂浆、凿毛，以利于下节段混凝土有良好连接。

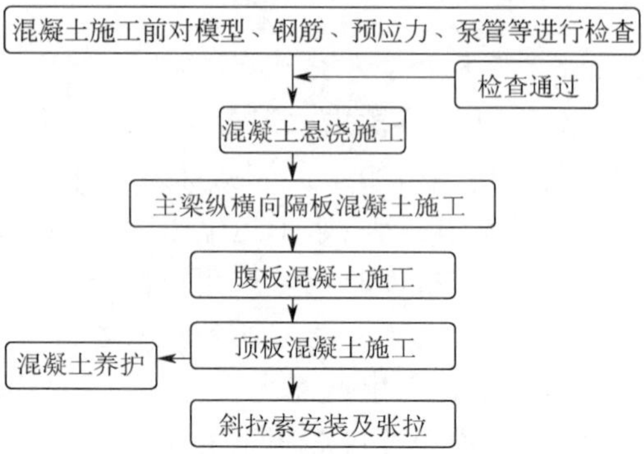

图 1　混凝土施工工艺流程图

3.3.1　腹板及顶底板混凝土

主梁箱梁混凝土浇注按照横隔板与底板倒角处→斜腹板→顶板及顶板倒角处→顶板，从梁远端向近端、从中间向两边浇注的原则进行，水平分层厚度不大于 300 mm。

根据主梁的不同部位，混凝土捣固应以插入式振捣器为主的方法。浇注横隔板与底板倒角处、斜腹板时，以插入式捣固棒捣固为主，辅以附着式捣固器，浇注其他部位时，采用插入式捣固器捣固。

3.3.2　挂篮结构型式的选择

通常情况下挂篮按其受力情况分为前支点挂篮(牵索式挂篮)、后支点挂篮。悬臂施工时挂篮的选型根据设计要求或梁段的重量来选择，下面以三角挂篮施工为例介绍悬臂施工步骤及注意事项。

(1)三角挂篮基本构造。

三角挂篮由主桁系统、悬吊走行系统、底模平台系统和模板系统四部分组成。其中，主桁系统包括三角桁架、横联；三角桁架和水平连接，采用型钢的组合结构，前横梁也采用角钢和型钢的组合结构，后锚梁采用型钢组拼。悬吊走行系统包括前横梁、后锚梁、底滑轨、三角架纵梁、吊杆(含分配梁)、走行底滑轨梁、前走船及倒扣的走行轮等部分；前横梁、后锚梁、走行滑梁、底滑轨采用型钢组拼，模板系统包括外模、边箱内模，中箱模和底模；外模、底模、中箱模均采用大块钢模，边箱内模为组合钢模；内外模桁架采用型钢组拼。

(2)三角挂篮悬灌施工基本操作流程(见图 2)。

(3)挂篮的移动。

挂篮的前移分为三角桁架的前移和挂篮平台的前移两部分。

1)三角桁架的前移：

① 轨道铺设：并在钢轨抹润滑油。

② 挂篮的两组三角架，分别牵引：两台 5 t 的链条葫芦挂在节段的预埋环上、后端挂在三角桁架纵梁外侧尾部。操作链条葫芦，将三角桁架向前牵引。

③ 三角桁架锚固：三角架到位后，调整后锚吊杆孔位。用机械顶将后锚吊杆顶紧，锚固在桥面。

④ 三角架前移注意事项：

a. 每一次移动，需要多人操作。必须有专人指挥，做到有令则行、无令则止。严格按操作程序进行工作。

b. 每次移动三角架都要检查配重的稳固状况。不稳固、不可靠，坚决不移挂篮。

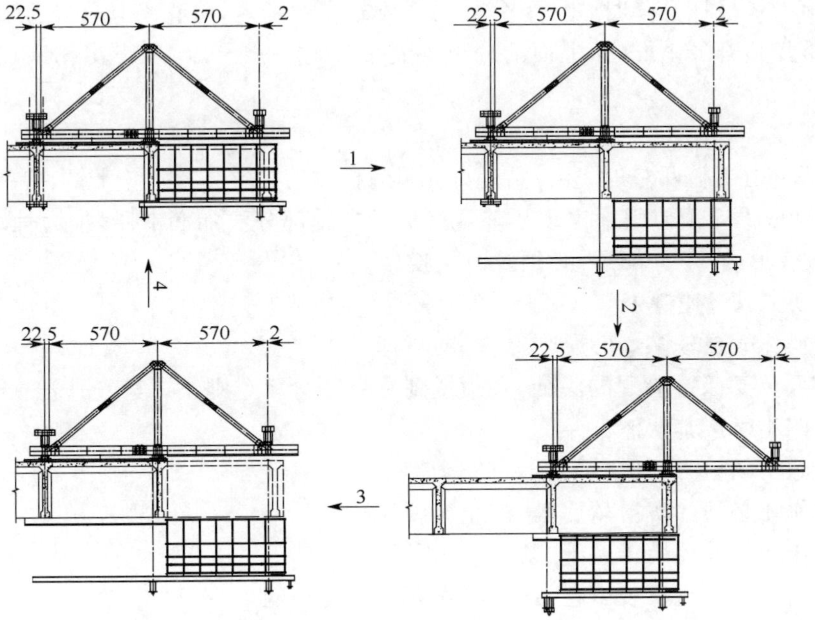

图 2　三角挂篮悬灌施工基本操作流程示意图(单位:cm)

c. 每次移动三角架都要检查纵梁中线,以便再移动时作调整。要有专人观察,直到准确到位。

d. 检查全部吊杆是否脱离桥面混凝土,有无对三角桁架的约束。

e. 牵移三角架过程中,若有一台链条葫芦或多台受力过大,牵引不动三角架,要查明原因后再操作。严禁蛮干。

f. 吊杆和精轧螺纹钢的螺帽与梁面接触之间,要加垫板。严禁用螺母直接在混凝土桥面锚固。

2)挂篮平台的前移:

① 挂篮平台移动前,平台锚固在桥面,下降前端吊杆和后端的吊杆,将力转换在底滑轨走行小车上的吊杆受力。

② 解除吊杆对平台移动的约束。

③ 在三角桁架纵梁的前端,连接横梁中间,安装 3～5 t 的转向滑车。ϕ15.5 mm 的钢丝绳一端锚在吊杆上端的横梁处,经转向滑车、3～5 t 的链条葫芦锚于水平桁架,操作链条葫芦,将挂篮平台拖移。

④ 吊杆受力转换:挂篮平台拖移到位后,下降(吊起)两根吊杆,装配在三角桁架的前横梁,安装好机械顶。吊起吊杆,在桥面锚固好机械顶。四个位置的吊杆同时顶升,将四个走行小车受力,转换在三角桁架前横梁上的吊杆、桥面锚固的吊杆上,使其四点受力。

⑤ 挂篮三角桁架牵引注意事项:

a. 每次牵引移动挂篮,都要清洁走行小车的行走轨面。

b. 检查底滑轨的锚固、走行小悬挂、中箱钢模的离开混凝土高度等。

c. 移动过程中,要有专人指挥和观察。发现问题及时报告。

d. 拉动链条葫芦时,用力要均匀,禁用猛力。

e. 移动过程中,要经常检查锚环、绳卡、转向滑轮工作状况。

(4)挂篮结构系统的维护。

1)吊杆维护,主要是在施工过程中的维护。经常拆卸的螺帽、经常升降的螺帽、混凝土砂浆污染丝杆的地方,要涂抹润滑脂。

2)千斤顶操作吊杆升降时,上、下分配梁不要靠在丝杆上,防止将丝杆拉损。

3)两台千斤顶升降吊杆时,上面的分配梁要平,防止一台千斤顶滑出伤人,另一台千斤顶将丝杆顶弯。

4)机具整修:

① 链条葫芦在升降吊杆时,要保持完好,损坏、损伤的要整修。防止滑链,将吊杆掉入江中。

② 32 t 机械千斤顶使用中出现故障,拆修后,螺旋部分要加润滑脂,推力轴承清洗加油。

③ 损坏、变形的 S7 分配梁,必须及时更换。

3.3.3　操作要点及注意事项

(1)挂篮操作人员较多,必须要有统一的指挥。

(2)操作人员要保持清醒的头脑,必须做到有令则行无令则止。禁止违法蛮干。

(3)班前四小时严禁饮酒。

(4)进入施工场地必须佩戴安全帽、安全带。

(5)登高作业必须穿防滑软底鞋,禁止穿硬底鞋。

(6)上下传递物件要用传递绳,禁止上下抛接。

(7)挂篮的工作过道安装围栏、悬空操作处要挂安全网。

(8)吊杆最下面的螺母拆卸,要设钢筋围栏。

(9)精轧螺纹钢要妥善放置,严禁电焊、做搭铁线或撬棍使用。

(10)吊杆螺纹部分,使用后要清理抹油。严禁用锤击打。

(11)小零件、部件用后要保管可靠,不丢失。严防高空坠物。

(12)每次移动三角架和挂篮,都要清除上面与移动无关的杂物、机具和材料、零星器件。

(13)人员施工密集的梁段边沿,要设钢筋栏杆作护栏,栏杆高度 1.2 m。

(14)搭设脚手架要拉好缆风绳。

(15)进行班前检查、交接班检查、定期或不定期检查。严禁只用不管。

(16)基本作业工序要遵守注意事项和有关规定。

(17)吊杆代用、分配梁损坏,焊缝开裂,主要构件变形,要报告,分析原因,妥善处理。严禁隐瞒不报,扩大损失。

3.3.4　主梁斜拉索预埋管的精密定位

主梁斜拉索钢管的中心定位利用梁面上建立的双索面对称中心线及里程控制线进行,由于主梁节段施工中的线性变化的动态特性,钢管定位中难度较大的是钢管倾斜角度的确定。

由于在施工中主梁线型随时发生变化,同时成桥后主梁线型与施工时线型不同,导致梁上斜拉索钢管与水平面的夹角在施工中为一不定值,因此拉索钢管安装进行动态分析。钢管倾角定位以运营节段的斜拉索倾角为目标值,在挂篮标高经过初调后,对挂篮标高进行测量,根据挂篮实测坡率,考虑混凝土灌注过程中的梁段下沉、挂篮变形以及斜拉索垂度等影响因素,确定施工阶段钢管倾角值,精确安装钢管,并在混凝土施工过程中不断修正。

4　钢筋工程

4.1　钢筋制作

一般情况下斜拉桥主桥钢筋型号多、数量大,为了保证钢筋的制作质量,钢筋统一在钢筋加工房进行加工制作,并且对已加工好的钢筋进行分类、编号,根据施工进度需要分批运至施工现场。

钢筋加工的允许偏差:受力钢筋长度小于或等于 5 m 时,长度偏差不大于±20 mm;钢筋弯起位置偏差不大于±20 mm。

4.2 钢筋安装

挂篮移动到位、调平及模型安装到位后进行钢筋安装工序，钢筋安装时需注意以下事项：

(1)电弧焊接，帮条焊的帮条与被焊接筋采用同直径、同级别的钢筋，双面焊帮条长度为5d，单面焊帮条长度为双面焊的2倍，帮条与被焊钢筋的轴线应在同一平面上。搭接接头的搭接钢筋的轴线，位于同一直线上，双面搭接焊的搭接长度为5d，单面搭接长度为双面的2倍。

(2)钢筋绑扎，受拉区域内的光圆钢筋末端做成彼此相对的弯钩，受压区光圆钢筋末端可不做弯钩，在钢筋搭接部分的中心及两端(共三处)，使用铁丝绑扎结实。绑扎接头的搭接最小长度：按桥规10.3.1条办理。

(3)同一截面(任意截面的35d长度范围，并不得小于50 cm)内的受力钢筋接头的截面面积，占受力钢筋总截面面积的百分率，符合下列规定：焊接接头，在受拉区，不得超过50%，在受压区中可不受限制。绑扎接头在构件的受拉区，不得超过25%，在受压区，不得超过50%。钢筋接头应避开钢筋弯曲处，距弯曲点不小于10d。

(4)钢筋骨架绑扎结实，并有足够的刚度，在灌注混凝土过程中不发生任何松动，安装钢筋骨架网时，保证其在模型中的正确位置，不得倾斜、卷、扭曲，不得改变保护层的规定厚度。在混凝土灌注过程中，安装钢筋骨架(网)时，不妨碍灌注工作正常进行，避免因此形成施工接缝。钢筋骨架安装就位后，妥善保护，不得在其上行走或递送材料。

4.3 预应力施工

4.3.1 波纹管

(1)布置波纹管时首先用钢筋加工井字架作为波纹管的定位架，纵、横向位置按设计图纸尺寸定位，波纹管中穿内衬尼龙管，为保证波纹管的成孔质量，在浇注混凝土时派专人向管道内冲水，并来回拉动内衬管；

(2)在波纹管拉头处一定要将波纹管接口剪平后外套接头管，用胶带裹紧，以防止漏浆或在穿束时引起波纹管翻卷导致管道堵塞；

(3)浇注混凝土前应检查波纹管是否有孔洞或变形，尤其是接头处是否密封好；

(4)浇注混凝土时应尽量避免振捣棒直接接触波纹管，以防损坏波纹管，造成漏浆堵孔。

4.3.2 钢绞线

(1)钢绞线下料在桥面上进行，并清除其表面上的杂物及锈蚀，以防钢束受污染。下料长度以技术部门提供的下料长度为准，采用卷扬机穿束则需增加20 cm，下料时用砂轮切割机切割；

(2)将钢绞线理顺，用扎丝绑扎好，以防在穿束过程中钢绞线打绞，张拉时受力不均；

(3)将钢束端头做成圆锥状，用氧焊焊牢，切忌使用电焊焊接。表面要用砂轮修平滑，以防钢束在波纹管接头处引起波纹管翻卷，堵塞孔道；

(4)穿束前用高压水冲洗孔道，清除孔内杂质，保证穿束通顺；

(5)因本桥预应力通长束较长，用人工穿束比较困难，通常将卷扬机的钢丝绳系在引绳上，用人工先将引绳拉过孔道，然后将钢丝绳头用卡环与钢束头接在一起，开启卷扬机将钢束徐徐拉进孔内，在钢束头进孔道时，用人工协助使其顺利入孔。如果在钢束穿进过程中堵塞，要立即停止，找准堵塞管位置，凿开混凝土清除管道内的堵管杂物，仍继续用卷扬机将束拖过孔道。桥面开仓时不可损坏邻近的波纹管，封仓前应先把割断的桥面钢筋焊好，最好在封仓处埋有排气孔，便于压浆。

4.3.3 张 拉

(1)准备工作：

1)将锚垫板喇叭管内的混凝土清理干净；

2)消除钢绞线上的锈蚀、泥浆；

3)套上工作锚板，在锚板锥孔内抹上一层薄薄的黄油，在锥孔内装上工作夹片。

(2)千斤顶的定位安装：

1)套上相应的限位板；

2)装上张拉千斤顶，并且与油泵相连接，注意千斤顶要和油压表配套使用；

3)装上工具锚板，在锚板锥孔内装上工具锚夹片，锥孔内表面和夹片表面涂上约 1 mm 厚的蜡质润滑剂，以使张拉完毕后夹片能自动松开。

(3)张拉：

1)浇注混凝土强度到达设计强度的 80%，且龄期达到 3 d 以上，方可进行张拉。张拉按照设计张拉顺序进行，采用张拉力和伸长值双控，伸长值容许误差控制在±5%以内，同一断面的断丝率不得大于 1%，更不容许整根钢绞线拉断。

2)张拉过程如下：0→初应力 15%σ_k→张应力 100%σ_k，持荷 3 min 后回油。

3)伸长量较大时应采用两次或多次张拉，此时应注意控制千斤顶的伸长值不超过千斤顶的行程 20 cm。

4)为了消除钢绞线束不直和初始受力不均的影响，一般应在张拉力达到一定初始值之后，再进行伸长值的量测。可在钢束张拉时初始张拉力(取设计张拉力的的 15%)状态下标注伸长量起始记号，用量测值和理论计算值复核。

5)若伸长量不足或过大，要及时分析原因，一般是管道布置不准，增大孔道摩阻，应力损失过大，有时也有可能设计计算使用的钢绞线的弹模值与实际使用的弹模值不相同。总之要及时查明原因，采取相应的措施后方可进行下一步施工。

4.3.4 锚 固

(1)松开送油油路截止阀，张拉活塞在预应力筋回缩下回程若干毫米，工作锚片锚固好预应力筋；

(2)关闭回油油路截止阀，向回程油缸送油，活塞慢慢回程到底；

(3)按顺序取下工具夹片、工具锚板、张拉千斤顶、限位板。

4.3.5 封 锚

(1)在距工作夹片 5 cm 处，切除多余的预应力筋，用混凝上封住锚头；

(2)切割多余的钢绞线一般用砂轮切割机。

4.3.6 压 浆

(1)一般在张拉后 24 h 内往张拉孔道内压浆，如情况特殊不能及时压浆，应采取保护措施保证锚固装置及钢绞线不被锈蚀，以防滑丝；

(2)压浆是后张法预应力施工中的最后也是关键的一步，压浆前对压浆机进行认真检查、标定，用压浆机向管道内注压清水，充分冲洗，润湿管道，至全部管道冲洗完后，正式拌浆，开始压浆。压浆开始后需等另一端排水，排水孔亦喷出纯浆并稳定后，才可封闭排气孔，其后对管道加压到 0.6 MPa 以上并持荷 3 min 后封闭。

4.3.7 注意事项

(1)夹片与锚环孔不应粘附泥浆或其他杂物，且不允许锈蚀(若有轻微浮锈，应彻底清除)。

(2)对表面有锈的钢绞线,张拉前应彻底除锈,以减少磨擦损失。

(3)锚具安装到位后,应及时张拉,以防止因锈蚀而产生滑丝、断丝。

(4)限位板应根据千斤顶的外径选择。

(5)工作锚板夹片与工具锚夹片不能混用(工作锚具不能重复使用)。

(6)工具锚夹片对表面和锥孔内表面用前应涂有润滑剂以便退锚灵活。

(7)张拉设备应定期进行标定,并且保证顶、表、油泵配套使用。

(8)灌浆后三天内不得切割钢绞线和碰撞锚具。

(9)在张拉过程中,应注意是否有异常现象,如响声、油压表指针抖动等,张拉完成后检查钢绞线上夹片留下的咬痕,以便及时发现滑丝问题。如出现滑丝,可用单根张拉千斤顶进行补张拉。

(10)张拉前应检查张拉系统安全可靠,张拉时应有安全措施,张拉千斤顶后严禁站人。

5 混凝土养生

5.1 养护原则及方法

混凝土浇注后,如气候炎热、空气干燥,不及时进行养护,混凝土中水分会蒸发过快,形成脱水现象,会使已形成凝胶体的水泥颗粒不能充分水化,不能转化为稳定的结晶,缺乏足够的黏结力,从而会在混凝土表面出现片状或粉状脱落。此外,在混凝土尚未具备足够的强度时,水分过早地蒸发还会产生较大的收缩变形,出现干缩裂纹,影响混凝土的耐久性和整体性。所以混凝土浇注后初期阶段的养护非常重要,混凝土终凝后应立即进行养护。

(1)混凝土的养护一般情况下均采用自然养护。混凝土养护期间,应重点加强混凝土的湿度和温度控制,尽量减少表面混凝土的暴露时间,及时对混凝土暴露面进行紧密覆盖(可采用篷布、塑料布等进行覆盖),防止表面水分蒸发。暴露面保护层混凝土初凝前,应卷起覆盖物,用抹子搓压表面至少两遍,使之平整后再次覆盖,此时应注意覆盖物不要直接接触混凝土表面,直至混凝土终凝为止。

(2)混凝土带模养护期间,应采取带模包裹、浇水、喷淋洒水或通蒸汽等措施进行保湿、潮湿养护,保证模板接缝处不至失水干燥。为了保证顺利拆模,可在混凝土浇注 24～48 h 后略微松开模板,并继续浇水养护至拆模后,再按表 1 中的要求继续保湿养护至规定龄期。

(3)混凝土去除表面覆盖物或拆模后,应对混凝土采用蓄水、浇水或覆盖洒水等措施进行潮湿养护,也可在混凝土表面处于潮湿状态时,迅速采用麻布、草帘等材料将暴露面混凝土覆盖或包裹,再用塑料布或帆布等将麻布、草帘等保湿材料包覆(裹)。包覆(裹)期间,包覆(裹)物应完好无损,彼此搭接完整,内表面应具有凝结水珠。有条件地段应尽量延长混凝土的包覆(裹)保温养护时间。

(4)混凝土采用喷涂养护液养护时,应确保不漏喷。

(5)混凝土终凝后的持续保湿养护时间可参照表 1 中的规定执行。

表 1 不同混凝土潮湿养护的最低期限

混凝土类型	水胶比	大气潮湿(RH≥50%),无风,无阳光直射		大气潮湿(RH≤50%),有风,或阳光直射	
		日平均气温 T(℃)	潮湿养护期限(d)	日平均气温 T(℃)	潮湿养护期限(d)
胶凝材料中掺有矿物掺和料	≥0.45	$5\leqslant T<10$	21	$5\leqslant T<10$	28
		$10\leqslant T<20$	14	$10\leqslant T<20$	21
		$20\leqslant T$	10	$20\leqslant T$	14
	<0.45	$5\leqslant T<10$	14	$5\leqslant T<10$	21
		$10\leqslant T<20$	10	$10\leqslant T<20$	14
		$20\leqslant T$	7	$20\leqslant T$	10

续上表

混凝土类型	水胶比	大气潮湿（RH≥50%），无风，无阳光直射		大气潮湿（RH≤50%），有风，或阳光直射	
		日平均气温 T（℃）	潮湿养护期限（d）	日平均气温 T（℃）	潮湿养护期限（d）
胶凝材料中未掺矿物掺和料	≥0.45	5≤T<10	14	5≤T<10	21
		10≤T<20	10	10≤T<20	14
		20≤T	7	20≤T	10
	<0.45	5≤T<10	10	5≤T<10	14
		10≤T<20	7	10≤T<20	10
		20≤T	7	20≤T	7

（6）在任意养护时间，若淋注于混凝土表面的养护水温度低于混凝土表面温度，二者间温差不得大于 15 ℃。

（7）混凝土养护期间应注意采取保温措施，防止混凝土表面温度受环境因素影响（如曝晒、气温骤降等）而发生剧烈变化。养护期间混凝土的芯部与表层、表层与环境之间的温差不宜超过 20 ℃（截面较为复杂时，不宜超过 15 ℃）。大体积混凝土施工前应制定严格要求养护方案，控制混凝土内外温差满足设计要求。

（8）混凝土在冬季和炎热季节拆模后，若天气产生骤然变化，应采取适当的保温（冬季）隔热（夏季）措施，防止混凝土产生过大的温差应力。

（9）当昼夜平均气温低于 5 ℃或最低气温低于－3 ℃时，应按冬期施工处理。当环境温度低于 5 ℃时，禁止对混凝土表面进行洒水养护。此时，可在混凝土表面喷涂养护液，并采取适当保温措施。

（10）混凝土养护期间，应对有代表性的结构进行温度监控，定时测定混凝土芯部温度、表层温度以及环境的气温、相对湿度、风速等参数，并根据混凝土温度和环境参数的变化情况及时调整养护制度，严格控制混凝土的内外温差。

（11）混凝土养护期间，应对混凝土的养护过程做详细记录，并建立严格的岗位责任制。

5.2　混凝土养生方法

一般养护从混凝土浇注完毕 12～18 h 开始，并持续 7～28 d，多采用洒水进行自然养护，还有喷涂薄膜养护和塑膜包裹养护方法，使混凝土表面保持湿润以缩小混凝土的内外湿度差，并使混凝土内外能充分水化，从而确保混凝土强度的预期增长，以达到要求的设计强度，实现养护目的。具体养护方法如下：

（1）混凝土浇注完毕后，为避免混凝土表面水分剧烈蒸发及风和阳光的作用，要采取一定措施，将混凝土浇筑面遮起来，避免阳光直射。

（2）混凝土终凝后要立即在混凝土表面洒水进行养护，同时在浇筑表面覆盖无纺土工布、塑料薄膜或麻袋草袋等覆盖材料，并浇水保湿，保持混凝土充分的湿润。此后根据温度、湿度确定覆盖材料的增减。养护时间最少不得低于 14 d。

（3）洒水养护次数的确定以保持混凝土始终湿润状态为准。对于现浇梁，内外模可洒水养护的地方要尽量同时进行洒水降温养护，防止混凝土因为温度过高、水分散失快及内外温差大所导致的混凝土强度降低、外表光洁度的损害和裂缝的产生。

（4）拆模时间的确定：要严格控制拆模时间，保证拆模时混凝土有足够的强度。拆模后及时采取措施，通过薄膜包裹、遮盖等相关措施，对拆模后的混凝土进行保温、保湿，减少混凝土表面水分的散失。

(5)拆模时对外界温度的控制：为避免混凝土内外温差引起混凝土开裂，拆模时混凝土表面温度与周围大气温度差应≤20 ℃时方可拆模。故拆模时间的选择应尽量避开早晚气温较低的时候。

6 质量控制

(1)主梁施工时应按设计的各项规定执行，不得随意修改，如因特殊情况变化确需变动时，应征得设计单位同意和监理工程师批准，经设计单位重新计算后方能施工。

(2)悬臂浇注施工

1)主桥为塔梁分离的半漂浮体系结构，主梁起始梁段(0 号节段)，采用支架与墩的相应段同时现浇的方法。

2)悬浇所用挂篮应按设计要求专门进行设计(如有变化需经设计单位同意)，挂篮制作好后，在地面上试拼安装，拼好后根据最大施工荷载的 1.2 倍进行试压，以消除非弹性变形并测试其弹性性能，检查加工和安装质量，为施工控制与调整提供准确的数据。

3)梁段的放样及立模标高。应选在避开日照的 22 时至次日 8 时(以下简称标准时间)，还应避开大风期，按设计提供的含预拱标高，另加施工调整值控制。拉索的每一次张拉也应选在标准时间内进行，否则应对标高、索力进行温度修正。在悬浇施工过程中除常规观测外每两个月需进行一次全天 24 h 的全面精密观测，以便分析日照、温度对各部分变位的影响，便于对立模标高进行修正。

4)梁段平面位置可用全站仪、坐标法。控制待浇梁段左、中、右三点位置；高程控制点。在主梁横断面上的数量应根据断面确定，但不少于 3 点。高程可直接用水准测量，但应在塔(墩)上设立四等水准点，作为施工控制和永久性观测的水准点，并注意及时校正主塔墩沉降的影响。

5)混凝土主梁处于大悬臂施工时，应根据设计分析计算确定的发生危险颤振的风速和主梁悬臂长度、抗颤振措施，结合施工实际情况，研究与采取抗振的具体措施，并报监理工程师批准后实施。当主梁达到此悬臂长度后，根据天气预报，在设计规定的大风来临之前必须将批准的抗颤振设施安设完毕。

6)对于悬浇施工还应结合挂篮、浇注、张拉等流程进行施工控制设计与计算。施工控制设计应经监理工程师批准后实施。斜拉索张拉要遵循设计规定的程序、索力、标高及其他要求，且应与各项设计控制值校对，直至符合规定的允许误差为止。

7)主梁混凝土的浇注，应对称于主塔的两侧梁段平衡施工外，灌注速度应基本同步，混凝土的最大差值不超过 10 m^3。另外，还应有两肋相对于中线的对称、均衡要求。浇注的顺序，按设计要求或采取先边箱、横梁，后桥面板的顺序。

8)主梁混凝土采用泵送。混凝土具有高流态、缓凝、早强的性能及良好的工作度。

9)混凝土浇注采用从前(悬臂远塔端)向后(接头近塔端)的方向进行，避免接头处因初凝而受振开裂。一个节段的桥面板混凝土，力求在箱梁混凝土初凝前浇完，否则应按施工缝对待。两梁段接缝处，应按设计要求设置连接构造钢筋。

10)梁上拉索预埋钢管及锚垫板定位，在精确定位并符合误差要求后，可与主、横梁钢筋骨架电焊固定再行复测，合格后报告监理工程师。放样定位同样应选择在标准时间。

11)边、主跨合龙段应按设计要求与程序施工。

12)斜拉桥的施工控制,采用双控,即索力与梁面标高都要控制在设计允许的误差范围之内(有关内容参见“施工控制及索力调整工艺”)。

全桥合龙前后及竣工后,应按设计要求复测全桥索力或调索。各项允许误差应符合设计规定或采用以下标准:桥梁轴线偏位 $L/10\ 000$;梁段断面尺寸偏差高 +5 mm～−10 mm,顶宽 ±30 mm,板厚 +10 mm～0 mm;锚固点高程偏差 $\pm L/5\ 000$;索力误差符合设计要求。如不符合要求应进行再调整,再调整的实施应在设计、监理、施工三方协商一致后进行。

7　安全控制

(1)建立健全安全生产岗位责任制,做到分工明确,责任到人,把安全落到实处;工点各班组、劳务协作队各作业小组指派兼职安全员,负责本工作班的安全监督检查工作。

(2)作业人员严格执行国家《安全生产法》、《建设工程安全生产管理条例》、《建筑施工高处作业安全技术规范》、《特种设备安全监察条例》和各工种的《安全技术操作规程》以及经理部制定的有关高空作业、模板支架、塔机、施工升降机、各种小型机具的规章制度、主梁施工安全技术措施等,严禁违章作业。

(3)作业人员班前、班中不得饮酒;上班时必须佩戴安全帽、安全绳,着装必须符合规定;按规定带齐安全用具、用品。

(4)上班前,各工点的班组、各劳务协作队的作业小组必须由班组长或兼职安全员或领代班员进行安全教育、安全技术交底,在安排生产任务的同时对安全工作进行安排。

(5)上班前必须对所有机具设备、安全防护设施、周围环境因素进行安全检查,发现安全隐患必须经过整改达标后才能开工。

(6)在作业中,必须由班组长或兼职安全员或领代班员对机具设备的运行情况、安全防护设施的使用情况进行监督检查,发现安全隐患及时停止作业进行整改;起重作业中,必须有专人指挥。

7.1　主梁施工现场安全技术保证措施

(1)挂篮施工安全措施。

1)挂篮设计图必须经过审批,设计时充分考虑挂篮在走行、混凝土浇注等各种工况下可能出现的荷载,确保挂篮安全可靠。施工时必须按设计图进行操作,不得随意变更。

2)挂篮在使用前必须进行试拼,并做加载实验,合格后才能上桥安装,并加强施工过程中的检查。

3)挂篮拼装及悬臂组装中,对临边部位按规定设置安全防护栏、安全防护网,临边作业时人员必须悬挂安全绳;对地面设定安全区域,并派专人进行防护;在桥面坑洞部位视具体情况设置安全防护设施。

4)挂篮使用时,后锚固筋、张拉平台的保险绳应经常检查。底模标高调整时,应设专人统一指挥。

(2)主桁平台走行注意事项。

1)牵引点必须设置在走行小车上,移动前仔细清除走行导轨及走行轮的混凝土块及其他杂物,并准备好制动木楔。

2)保持主桁平台走行缓慢、匀速,速度应控制在 0.1 m/min 以内,并随时注意走行阻力的变化。如走行阻力过大，应仔细检查走行系统并排除故障，严禁野蛮牵引。

3)两挂篮的主桁平台必须对称移动，确保对称移动偏差不大于 100 mm，避免对桥梁结构产生不利影响。

(3)在底模前移前，必须详细检查挂篮位置，后端压重、后锚及吊杆安装情况，确认安全后，方可前移。

(4)成立专门的挂篮安全施工小组，对挂篮各装置在走行和浇注过程中的安全状况实行监控。

(5)悬臂浇注混凝土施工时，应按两端同步对称进行，两边偏载不得超过设计允许的吨位。

(6)仔细检查使用的机具设备(如千斤顶、滑车、手拉葫芦、钢丝绳等)，不符合安全规定的严禁使用。

(7)施工时，严格控制桥面堆载，桥面机具材料实行定位定量管理，除按指定位置设置挂篮、预应力张拉设备及必要的施工用料外，不得堆放其他机具及材料，确保力、变形和各项监测数据的准确以正确指导施工。

(8)按规定时间校验、标定千斤顶，以确保张拉预应力大小(预应力误差控制在 3%以内)和伸长量的精度，张拉时采用应力和伸长值双控法进行，以张拉力为主控，伸长量误差控制在 −6%～+6%，且不允许断丝，并按规定做好各项记录。当张拉应力与伸长值出现异常时，必须暂停施工并报告技术部门，待找出原因制定方案解决存在问题后，方可继续施工。施工时，预应力钢材应注意防止电焊烧灼和其他机械性损伤，严禁撞击锚头和钢束，多余钢绞线用切割机切割，禁止电弧切割。

(9)悬灌至最大悬臂时，根据施工季节实测和分析所确定的危险风速，通过计算采取抗风措施，并报监理工程师或专家评审批准后实施。

(10)设计和制作模板，应保证模板的几何尺寸精度，防止因混凝土涨模而较设计增加重量，造成安全隐患。

(11)应避免塔梁交叉施工干扰，必须交叉施工时应根据设计和施工方法采取保证塔梁质量和施工安全的措施。

(12)合龙段及体系转换参见“预应力混凝土斜拉桥合龙段及体系转换施工工艺”。

7.2 其他安全措施

(1)为确保挂篮、主桥 0# 和 1# 及边跨合龙段现浇支架、模型各连接螺栓紧固且受力均匀一致，派专人使用扭力扳手进行检查，扭力必须符合设计要求；

(2)箱梁混凝土接茬面的凿毛作业人员必须设有安全防护措施；

(3)千斤顶操作时前方不许站人，设备安装要求端部平整对中；

(4)油泵操作时需缓慢、均速加压和卸压，严禁超压和快速加压；

(5)施工支架平台上设安全防护栏和安全网，严防坠物；

(6)注油时要求接头可靠，保持规定压力但严禁超压，注意劳动保护；

(7)严禁非机械设备作业人员擅自操作机械；

(8)高空作业时不得向地面抛掷物品；

(9)脚手架、安全网的搭设要符合安全要求，并要定期检查、维修、保养；

(10)起重机械作业时起重臂下严禁站人；

(11)塔吊作业必须有专人指挥，塔吊司机必须遵守塔吊的有关操作规程。

8　主要机具设备

主要机具设备见表 2。

表 2　主要机具设备表

序号	名 称	规格及型号	单位	数量	备注
01	挂篮		套	4	数量与型号根设计选择
02	汽车吊	QY25	25 t	2	
03	装载机	ZL50C	3 m^3	3	
04	混凝土运输车	SQH5260GJBHY	6 m^3	4	
05	混凝土运输泵	709	30 m^3/h	4	
08	混凝土拌和楼		60 m^3/h	2	
09	平板振捣器				数量根据实际需要
11	插入式振捣器				数量根据实际需要
12	附着捣固器				数量根据实际需要
13	钢筋弯曲机	GJ—40	3 kW,ϕ6—40	3	
16	钢筋对焊机	VN—100	100 kVA	3	
17	交流弧焊机	M13—206H	300 A,300 A	20	
18	乙炔切割机			10	
19	张拉千斤顶	YCW600	600 t	4	
20	张拉千斤顶	YCW500	500 t	6	
21	张拉千斤顶	YCW350	350 t	4	
24	张拉千斤顶	YCW200	200 t	8	
25	张拉千斤顶	YCW60	60 t	8	
26	张拉千斤顶	YDC240	24 t	6	
27	油泵	ZB4—500		10	
28	压浆机	100/IS		4	
29	附着式塔吊	F0/23B	高 160 m,115 t·m	2	
30	施工电梯	SCD200	高 120 m,单笼 2 t	2	

9　劳动力组织

主梁悬浇施工是斜拉桥施工中的关键工序,其施工工艺复杂,需要工序反复循环才能完成。各道工序紧密联系,相互影响,施工时尽量利用各工序之间的时间差,平行作业,缩短循环时间。为保证各工序之间的顺利衔接,劳动力的组织安排显得尤为重要。下面是一双塔斜拉桥主梁悬浇所需劳动力:

木工:30 人;钢筋工:50 人;起重工:20 人;混凝土工:40 人;预应张拉工:32 人;共计主梁完成一个循环需要操作工人 172 人。

10　结 束 语

本文主要论述了主梁悬臂浇注施工工艺。主梁悬臂浇注施工工艺复杂,需进行多次循环,在挂篮的安装、施工、操作过程中,涉及人员多,因此,需要管理者思考到位,细致处理每个工作环节。从安全施工到提高工效,都需要超前制定方案、超前准备、反复进行施工技术交底和安全交底,施工过程严格把关。要让每个操作者,都明确各自的职责,这样,整个施工的全过程才能安全、优质、高效。

预应力混凝土斜拉桥边跨现浇段施工工艺

1 前　　言

近年来,预应力混凝土斜拉桥在国内外得到了广泛的应用,其主梁一般情况下均采用悬臂浇注法施工。基于悬臂浇注法施工的原理,预应力混凝土斜拉桥被划分为0[#]段、悬臂浇注段、边跨现浇段及边(中)跨合龙段,其中的边跨现浇段长度一般不大(小于15 m),但受到施工场地条件、支座安装和边跨合龙段施工的影响,其施工有一定技术难度,主要涉及到支架方案的选择、地基处理、模型方案的选择、安装以及对施工工序的质量控制等方面。本标准施工工艺即针对边跨现浇段施工存在的技术难点而编制。

2 工艺特点

(1)充分考虑了边跨现浇段的受力特点,充分体现桥梁结构设计意图,施工质量可靠。

(2)边跨现浇段施工支架可根据现场实际情况,灵活选择落地支架、桥墩牛腿支架和挂篮吊架方案,施工方便,且施工费用低。

3 适应范围

本工艺适用于所有的预应力混凝土斜拉桥边跨现浇梁段施工。

4 工艺原理

预应力混凝土斜拉桥边跨现浇段施工工艺与现浇箱梁施工工艺相近,但由于与悬臂浇注段和合龙段施工相关联,其施工工艺有其特殊性。

本标准施工工艺的工艺原理为:根据桥梁结构设计和施工现场的实际情况选择适宜的支架方案(包括落地支架、桥墩牛腿支架和挂篮吊架)和地基处理方案,待支架(含地基处理)施工好后进行支架预压(包括堆载预压和反拉预压方案);预压完成后依次进行底模和外侧模安装,底腹板及横隔墙钢筋、预应力管道安装,内模安装和顶板钢筋、预应力管道安装,最后进行混凝土浇注和养护。

5 支架设计

5.1 支架方案选择及结构设计

5.1.1 支架方案比选

预应力混凝土斜拉桥边跨现浇段施工均属于高空作业范围,其所用支架一般考虑以下三种方案:落地支架、挂篮现浇支架和墩柱预埋牛腿支架。适用范围及各自的优缺点见表1。

表1　支架方案比选表

	支架方案名称	适用范围	优缺点
1	落地支架	(1)桥位无水或水较浅或地基较好,有利于落地支架搭设; (2)桥墩高度在20 m以下	优点:支架可利用常备式杆件,减小一次性投入;技术要求低,施工方便。 缺点:需进行必要的地基处理;支架安装、拆除费时、费力,劳动力投入大

续上表

	支架方案名称	适用范围	优缺点
2	挂蓝悬灌支架	边跨现浇段长度不大，且边跨与中跨跨径比在 0.55～0.58 之间	优点：直接利用挂篮作为施工支架，施工方便快捷，方案经济性好。 缺点：桥梁结构在设计上满足受力要求
3	墩身预埋牛腿支架	(1)桥下有水或地基较差，不利落地搭设支架； (2)边跨现浇段长度不大，桥墩高度在 20 m 以上	优点：不受地形条件影响，且可与悬灌段施工同时进行。 缺点：支架搭设难度大、技术要求高，对起重设备要求较高；桥墩受偏心荷载影响

5.1.2 支架及模板结构设计

(1)落地支架。

落地支架可分为梁柱式支架和满堂是支架两大类。

满堂式支架根据所用材料不同，分为普通钢管脚手架、碗扣式支架和门式支架等几种。满堂式支架主要由立杆(立柱)和横向水平杆(小横杆)、纵向水平杆(大横杆)、剪刀撑和斜撑等组成，立杆、大横杆和小横杆是主要受力构件。支架杆件连接用扣件式，采用直角扣件、旋转扣件和对接扣件三种，供两根钢管直角连接、搭接连接或对接连接用，3 种扣件的容许荷载分别为 6 kN、5 kN 和 2.5 kN。立杆间距应根据计算确定，一般正面为 1.0～1.2 m，横桥向以 0.5～1.1 m 为宜，大横杆步距不宜大于 1.5 m。若使用碗扣式支架搭设，则应该按照实际情况把立杆布置成梅花状，以减小横杆步距。普通钢管支架结构方案如图 1。

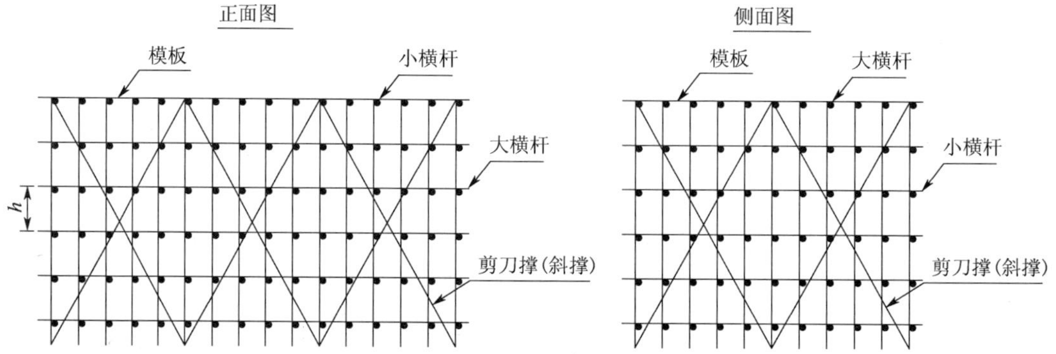

图 1 满堂式支架图

(2)挂篮悬灌支架。

当主梁施工已完成至边跨现浇段，可在主梁与交界墩之间利用既有挂篮进行现浇段施工。即利用已浇注的箱梁节段悬浇施工所用的轻型挂篮作为吊架，使挂篮两组主桁架底纵梁的前端支撑在已安装完毕的 T 梁顶面或者交界墩盖梁顶面，后端支撑在已施工完毕的箱梁节段上，由于现浇段和合龙段宽度之和与标准段不等，在预埋挂篮吊杆孔时，应改变其预埋位置。现浇段几何结构与标准段也有不同，故在利用原挂篮施工现浇段时，需适当修改底模。此方法安全可靠，且可最大限度地利用既有挂篮设施，节省大量人力、钢材、资金，降低了施工危险程度，施工方便快捷，不影响相邻区域项目的施工。挂篮悬灌支架方案如图 2。

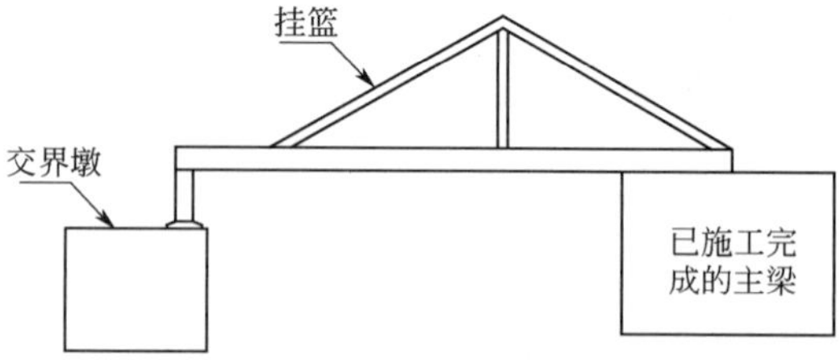

图 2 挂篮悬灌支架方案图

(3)墩身预埋牛腿支架。

墩身预埋牛腿支架法是在施工交界墩时，根据现浇段底面标高，按照一定的高度预埋牛腿在交界墩中，在预埋牛腿的同时注意对牛腿中的螺栓孔进行必要的保护。然后在墩身施工完成后拼装支架。预埋牛腿支架主要由牛腿、斜支撑杆、纵向小横杆和横向大横杆等组成。如图 3。

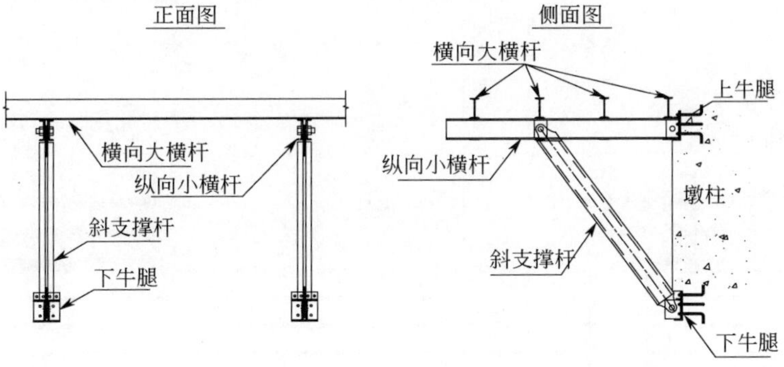

图 3　墩身预埋牛腿支架图(一)

横向大横杆和预埋牛腿应在计算出荷载后按照实际情况确定间距和数量。

在斜拉桥现浇段施工中，现浇段宽度一般会比交界墩盖梁宽，而预埋牛腿支架只能解决一部分现浇段混凝土的浇注，在盖梁两侧超出部分则需另寻它法解决。这时可考虑在施工盖梁的时候预埋拉环在盖梁顶面，外挑杆件来满足施工需要。预埋扣件、外挑梁及横向梁也应按照实际情况确定间距和数量。如图 4。

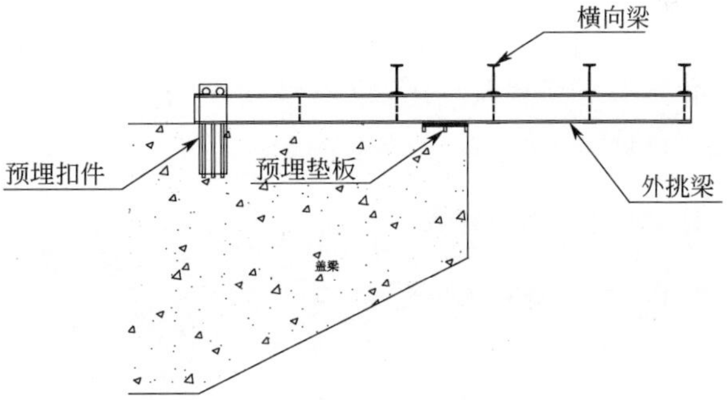

图 4　墩身预埋牛腿支架图(二)

以西攀高速公路金沙江大桥边跨现浇段支架为例，其结构如图 5(墩身预埋牛腿支架整体效果图)。

从图 5 中可以看出，运用此支架方案施工边跨现浇段会使盖梁及墩柱处于单边受力状态，故在引桥侧应考虑一加载方案，来使盖梁和墩柱受力平衡。

牛腿预埋件结构是本方案的关键结构之一。牛腿预埋件主要分为预埋部分和连接部分。预埋部分又包含了锚固钢筋、钢筋套筒、预埋钢板和预埋垫板；连接部分包含了牛腿钢板、辅助板和连接板。预埋部分在施工墩柱和盖梁时应及时预埋，并做好必要的保护措施，在盖梁施工完成后，用螺栓将预埋部分和连接部分连接起来，便可进行斜支撑杆的连接了。

牛腿预埋件结构示意图如图 6。

5.2　模板结构设计

模板的主要结构包括面板、纵肋、横肋、模型骨架以及对拉螺杆。面板和纵肋、横肋组成了单位模板，再用过模型骨架拼组成大块钢模。

采用满堂式支架法及墩身预埋牛腿支架法进行边跨合龙段施工时，需另外制作加工模型。模型可用大块钢模，亦可采用胶合板，根据现浇段结构设计情况，采用内拉外撑的方式进行加固，以达到施工需要。若采用挂蓝悬灌支架法进行边跨现浇段施工，外侧模和底模可利用主梁

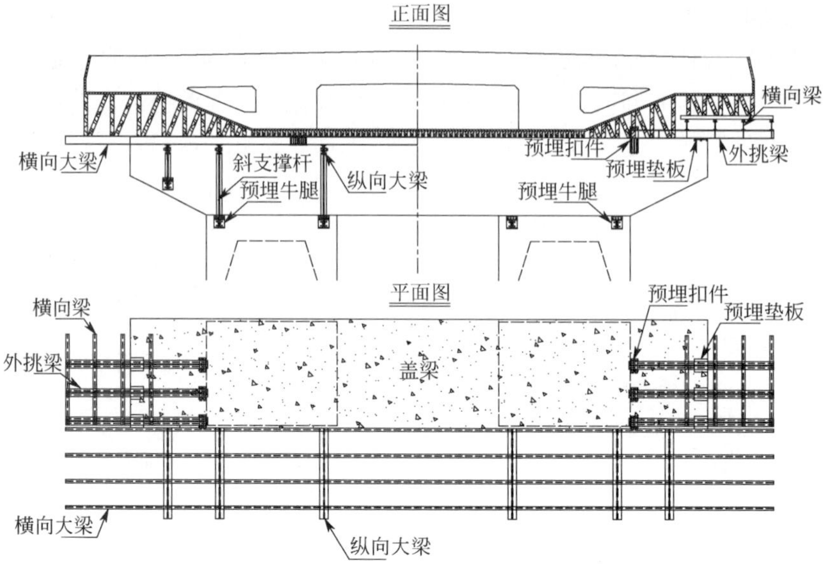

图5　墩身预埋牛腿支架整体效果图

悬灌模型适当调整使用，但内模须根据实际断面尺寸设计。

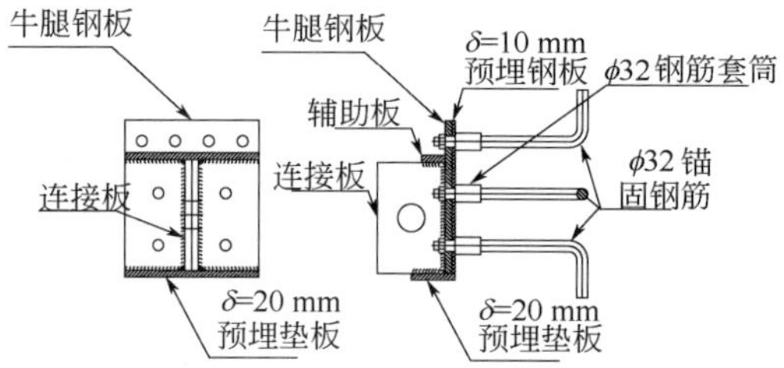

图6　预埋牛腿大样图

5.3　支架及模板检算

5.3.1　计算荷载及组合

(1)设计荷载。

1)模板、支架和拱架自重；

2)新浇注混凝土、钢筋混凝土或其他圬工结构物的重力；

3)施工人员和施工材料、机具等行走运输或堆放的荷载；

4)振捣混凝土时产生的荷载，计算取值2.0 kPa；

5)新浇注混凝土对侧面模板的压力；

6)倾倒混凝土时产生的水平荷载；

7)其他可能产生的荷载，如雪荷载、冬季保温设施荷载等，按实际情况考虑。

(2)荷载组合。荷载组合见表2。

表2　模板、支架设计计算的荷载组合表

模板结构名称	荷载组合	
	计算强度用	验算刚度用
梁、板底模板以及支承板、支架等	(1)+(2)+(3)+(4)+(7)	(1)+(2)+(7)
侧模板	(4)+(5)	(5)

(3)强度、刚度及稳定性要求。

1)稳定性要求。

支架受压构件纵向弯曲系数可按《公路桥涵钢结构及木结构设计规范》(JTJ025)进行计

算。支架的立柱应保持稳定，并用撑拉杆固定。当验算模板及其支架在自重和风荷载等作用下的抗倾倒稳定时，验算倾覆的稳定系数不得小于 1.3。

2)强度及刚度要求。

验算模板、支架的刚度时，其变形值不得超过下列数值：

结构表面外露的模板，挠度为模板构件跨度的 1/400；

结构表面隐蔽的模板，挠度为模板构件跨度的 1/250；

支架受载后挠曲的杆件(盖梁、纵梁)，其弹性挠度为相应结构跨度的 1/400；

钢模板的面板变形为 1.5 mm；

5.3.2 模板结构计算

(1)底模板系统设计。

1)底模板结构：先纵横向铺设方木，然后铺设胶合板。

2)底板计算：

按五跨连续梁进行计算。

① 强度计算：

$$M = Kql^2 \qquad \sigma = \frac{M}{W} < [\sigma]$$

式中 M——计算最大弯矩；

σ——抗弯强度设计值；

q——均部荷载；

l——计算跨度；

W——纵梁截面抵抗矩；

$[\sigma]$——胶合板的容许应力。

② 刚度计算：

$$f = K \times \frac{ql^4}{100EI} < [f]$$

式中 f——分配梁的最大扰度值；

q——均布荷载；

l——计算跨径；

K——扰度系数；

EI——抗弯刚度；

$[f]$——容许扰度为跨径的 1/400。

(2)外侧模板系统设计。

1)外侧模板采用大块钢板或木模(外贴胶合板)。

2)外侧模板计算：

按三跨连续梁计算

① 强度计算：

$$M = Kql^2 \qquad \sigma = \frac{M}{W} < [\sigma]$$

式中 M——计算最大弯矩；

σ——抗弯强度设计值；

q——均部荷载；

l——计算跨度；

W——纵梁截面抵抗矩；

$[\sigma]$——面板的容许应力。

② 刚度计算：

$$f = K \times \frac{ql^4}{100EI} < [f]$$

式中　f——外侧板的最大扰度值；

q——均布荷载；

l——计算跨径；

K——扰度系数；

EI——抗弯刚度；

$[f]$——容许扰度为跨径的 1/400。

(3)内模板系统设计。

1)内模结构形式。

内模结构包括内模、内模骨架、内模支撑。内模可以采用木模，也可以采用钢模；内模骨架用方木或角钢等制作成框架；内模支撑采用 $\phi 48\times 3.5$ 脚手管做排架。

2)内模计算。

内模计算参照外侧模板进行。内模骨架、内模支撑参照支架进行。

5.3.3　支架结构计算

(1)满堂式支架计算。

满堂式支架计算包括立柱、地基承载力的计算，纵横向水平杆、剪刀撑等满足构造设计要求后可不进行计算。

1)立杆：

$$N \leqslant [N]$$

式中　N——立杆外荷载，根据模板分配梁计算的支反力确定。

$[N]$——立杆的允许承载力，按两端铰接的受压构件计算。

$$[N] = \varphi A[\sigma]$$

式中　A——立杆横截面面积；

φ——立杆轴心受压构件纵向弯曲系数；

$[\sigma]$——钢材强度极限值，为 215 MPa。

2)地基承载力：

$$P = N/A_b \leqslant [\sigma]$$

式中　P——立柱基础底面处的平均压力设计值；

N——上部结构传至基础顶面的轴心设计值；

A_b——基础底面积；

$[\sigma]$——地基承载力设计值，$[\sigma] = f_k \times k_b$；

f_k——地基承载力标准值，按国家现行标准《建筑地底基础设计规范》中附录五的规定采用；

k_b——地基承载力调整系数，对碎石土、砂土、回填土 $k_b = 0.4$；对黏土 $k_b = 0.5$；对岩石、混凝土 $k_b = 1.0$。

(2)挂篮悬灌支架计算。

挂篮悬灌支架计算参照主梁悬臂施工用挂篮设计计算。

(3)桥墩牛腿支架计算。

桥墩牛腿支架计算主要包括牛腿整体计算、压杆稳定计算、预埋件计算、焊缝计算和混凝土局部承压、抗拉计算等部分。

1)牛腿整体计算。

牛腿整体计算是整个结构计算的基础,其外荷载由模板分配梁计算的支反力确定。当边跨现浇段的长度不长时,牛腿只需采用简单的三角形结构(由纵梁和斜杆组成);当边跨现浇段的长度大时,牛腿应设计成梁、桁架组合结构,以缩短梁的跨度和斜杆的自由长度。因此,牛腿计算一般可采用结构分析软件进行。为分析各杆件的最不利受力状态,桁架与桥墩的连接可分别按铰接和刚接进行比较。

2)压杆稳定计算。

在牛腿整体计算的基础上,对于桁架中的受压杆件还必须进行稳定性分析,特别应注意型钢弱轴方向的稳定验算。计算方法如下:

$$N \leqslant [N]$$

式中 N——压杆外荷载,根据牛腿整体计算的支反力确定。

$[N]$——压杆的允许承载力,按两端铰接的受压构件计算。

$$[N] = \varphi A[\sigma]$$

式中 A——压杆横截面面积;

φ——立杆轴心受压构件纵向弯曲系数;

$[\sigma]$——钢材强度极限值,为 215 MPa。

3)预埋件计算。

在牛腿整体计算的基础上,对于预埋于桥墩的各预埋件必须进行预埋钢筋抗拉、抗剪验算,验算时应注意到由于节点弯矩可能引起的预埋钢筋抗拉力的不平均性。由于预埋件是整个牛腿传力至稳定结构的基础,应适当提高其安全系数。

4)焊缝计算。

在牛腿整体计算的基础上,对于杆件与各预埋件连接的焊缝必须进行抗拉、抗剪验算,验算时应注意到由节点弯矩可能引起的焊缝受力的不平均性。由于预埋件是整个牛腿传力至稳定结构的关键,再加上受高空焊接作业环境和焊工水平的影响,应适当提高其安全系数。必要时应采取超声波等技术对焊缝质量进行检测。

5)混凝土局部承压、抗拉计算。

当预埋件位置处于桥墩的特殊位置(如薄壁结构等)或局部应力较大时,应对预埋件位置的混凝土局部承压、抗拉计算。混凝土局部承压、抗拉计算可采用 ANSYS 等专用分析软件进行。

6 施工工艺流程及施工操作要点

6.1 施工工艺流程

施工准备→测量放样→支架搭设及预压→边墩支座安装→测量控制底模标高→底、外侧模安装→底、腹板钢筋及预应力管道安装→内模及支架安装→顶板钢筋及预应力管道安装→端模安装→混凝土浇注、养护→预应力张拉→施工结束。

6.2 施工操作要点

6.2.1 支架地基处理

本标准工艺中的三种支架方案，仅有落地支架才需要进行地基处理。若采用满堂式支架，其地基承载力要求不高，一般采用浅层处理方案：可先将地表腐质土、杂填土等不良土清除，然后回填满足路基填筑要求的砂类土、黏性土或石料进行整平压实，再铺设 15 cm 厚 C15 混凝土；若采用梁柱式支架，其地基承载力要求较高，一般应根据荷载、地基情况确定相应的处理方案(桩基础或明挖基础)。

6.2.2 支架安装及预压

(1)支架安装。

1)满堂式支架安装。

支架一般采用"碗扣"式满堂支架，其结构形式如下：纵向立杆布置间距以 90 cm 为主，箱梁两端为 60 cm；横向立杆在箱梁腹板所对应的位置间距 90 cm，腹板及底倒角处钢管间距 60 cm，其中腹板下加密两列普通钢管，以加强腹板处支架的承载能力；翼缘横、纵向立杆均按 90 cm 布置。在高度方向横杆步距 120 cm，使所有立杆联成整体，为确保支架的整体稳定性，在每三排横向立杆和每三排纵向立杆各设置一道剪刀撑。在地基处理好后，按照施工图纸进行放线，纵桥向铺设好支垫钢板，便可进行支架搭设。支架搭设好后，用可调顶托来调整支架高度或拆除模板。

2)挂篮悬灌支架安装。

主梁施工至边跨合龙段时，利用挂蓝行走小船将挂蓝平移到位，后锚杆锚固于已浇注的主梁，前臂伸至交界墩(必要时可焊接接长前臂)，再与交界墩顶部的支架连接成一整体。两部挂篮经过以上步骤架设完毕后，再在两部挂篮上横铺工字钢以完成支架最后的架设。

3)墩柱预埋牛腿支架安装。

此类支架都应有相应的支架设计图，在施工交界墩墩柱的同时即应预埋牛腿。牛腿预埋高度应事先根据梁底标高和支架总高度来确定，牛腿预埋数量则应根据现浇段总体荷载和支架自身重量计算，然后再按照图纸逐一安装斜支撑架。斜支撑架安装完毕后在其上横铺工字钢，工字钢以上再安放木质碰头楔块，以便梁体底模标高调整和方便以后拆除模型。

(2)支架预压。

支架预压的目的：一是检查支架的安全性，确保施工安全；二是消除地基非弹性变形和支架非弹性变形的影响，有利于桥梁线形控制。

1)支架预压方案比选。

为检查支架的安全性，确保施工安全，消除整个支架的塑性变形，在支架搭设完成后要对其进行预压，预压重量应模拟总体荷载，即混凝土自重、施工人员及机具重量、模板及支架重量等的总和。预压方法依据箱梁混凝土重量分布情况，按照堆放重物或者施加张拉力预压。堆放重物预压即是在搭好的支架上堆放与荷载等重的预压材料。预压材料可采用沙袋、水箱及既有钢材，因水箱预压需要场地面积较大，对边跨现浇段施工的场地来说是完全不能实现的，故水箱预压不能用于此处，可考虑其他两种材料进行预压。施加张拉力预压是指在合龙段垂直以下地面打上地锚，然后利用预应力束对其施加同等重量的张拉力。施加张拉力预压施工简单，适合在起吊重物困难和重物材料不足的情况，但也有其缺点，就是施加力较集中，不能有效地反应梁体重力分布。

2)沉降观测。

为了解支架沉降情况,在预压之前测出各测量控制点标高,测量控制点按顺桥向每 2 m 布置一排,每排 4 个点,必要时应增加控制点。在加载 50%和 120%后均要复测各控制点标高,加载 100%预压荷载并持荷 24 h 后要再次复测各控制点标高,如果加载 120%后所测数据与持荷 24 h 后所测数据变化很小时,说明支架已基本沉降到位,可卸载,否则还须持荷进行预压,直到支架沉降到位方可卸压。支架日沉降量不得大于 2.0 mm(不含测量误差),一般预压时间为 3 d。卸压完成后,要再次复测各控制点标高,以便得出支架的弹性变形量(等于卸压后标高减去持荷后所测标高),用总沉降量(即支架持荷后稳定沉降量)减去弹性变形量即为支架的非弹性变形(即塑性变形)量。预压完成后要根据预压成果来调整现浇段底模标高。

6.2.3 边墩支座安装

支座安装根据不同的型号应采用不同的方法。一般情况下,支座生产厂家对其产品的安装方法均有详细的说明,因此,支座安装前应请厂家派技术人员到现场进行技术交底,并在过程中进行技术指导。有一点值得注意的是关于支座的预偏量设置的问题,该预偏量值应根据设计文件规定,在委托厂家生产时明确有关技术要求。支座安装质量控制的重点包括平面位置、标高、四脚高差、预偏量以及灌浆质量等方面,必须指定专门的技术人员负责。

6.2.4 模板工程

(1)底模安装。

底模受竖向自重作用,其安装重点在于模型底部、支架顶部的纵横向分配梁的调平,同时根据预压后的结果,采用小木条作为碰头楔块来调整底模标高,也便于拆除底模支架。在模型接缝处应粘贴透明胶带,保证模型之间无缝隙,防止漏浆,对现浇段质量产生影响。

(2)外侧模安装。

外侧模受侧向压力,横向端为外露面,采用表面光滑的胶合板或钢模,可通过设置的单头拉杆加背杠固定;而其中一面纵向端为与边跨合龙段交界面,必须为粗糙面,因此采用木板封面、单头拉杆加背杠固定。

(3)内模安装。

因设计一般都为箱梁,为保证底板混凝土密实无空洞,内模安装时应根据捣固器的作用半径和钢筋、预应力的位置适当预留空洞用于振捣和排气,待混凝土逸出见粗颗粒时再封闭。

(4)模型加固。

模型加固重点是内模和侧模。为防止施工混凝土内箱结构变形和顶板钢筋上浮,对穿拉杆通过底板将底模和内模底部相连,内箱加方木或钢管支撑加固。侧模采用单头拉杆背杠加固,确保结构尺寸满足设计要求。

6.2.5 钢筋及预应力管道安装

边跨现浇段在底模、外侧模完成后便可开始施工钢筋,钢筋在钢筋房精度加工成半成品后,运至施工现场。需注意的是,钢筋严禁存放于支架上。

(1)钢筋制作及安装。

钢筋在加工房加工成半成品,汽车运输至现场,用塔吊配合人工安装。主筋直径大于 25 mm 的钢筋采用滚轧直螺纹套筒联接,主梁分段连接钢筋采用焊接接头。环向箍筋及架立钢筋用扎丝绑扎、接头点焊,其搭接长度不小于规范规定。在同一断面内钢筋接头数量不应超过 50%。

(2)预应力束、管道制作及安装。

预应力束在现场制作,根据设计和工作长度进行下料,按组别编号和存放;设置有挤压锚的预应力应保证内含挤压簧，以增加摩擦防止张拉施工时预应力筋与挤压套筒脱落造成事故。

塑料波纹管直接购买专业厂家生产的成品。金属波纹管可直接购买专业厂家生产的成品，也可在现场加工制作；在现场加工时，采用 0.3 mm 钢带卷制而成，波纹管的加工长度在 10 m 左右。波纹管严格按照设计坐标准确、牢固安装，要求安装的管道平顺，无死弯，设置"井"字形架立钢筋。波纹管的接长采用大一型号的同型波纹管作为接头管，接头管的长度为 300 mm，管两端用密封胶带封裹以防漏浆。波纹管安装好以后在两端安装锚头垫板和螺旋筋，垫板与端模连在一起。

6.2.6　混凝土工程

(1)原材料选择及配合比设计。

原材料的选择是本着就近选材及经济合理的原则，经试验之后确定选用符合高标号混凝土施工的优质材料：水泥应注重综合性能，其各项指标均需达到国标要求；粗骨料粒径应控制在 5～25 mm 范围内，含泥量必须满足规范要求方可使用；细骨料宜采用中粗河砂；外加剂的选择应注意与水泥的相容性，其减水率和合易性等方面需达到要求。

边跨现浇段箱梁混凝土与悬管段梁部的配合比相同，可直接采用，设计方法此略。

(2)混凝土生产、运输、现场浇注及养护。

边跨现浇段箱梁混凝土在拌和楼集中生产，混凝土罐车运输至施工点地面，再利用输送泵泵送入模。箱梁混凝土分三部分浇注，第一部分浇注底板及横隔板，第二部分浇注竖腹板及斜腹板，第三部分浇注顶板。各部分混凝土的间隔时间应控制在下部分混凝土的初凝时间内，并满足模板受力要求的前提下尽可能缩短。混凝土分层浇注，分层厚度 30 cm，均匀摊铺，连续灌注。

混凝土振捣采用插入式捣固器捣固密实，捣固时严格按规范控制插入深度、捣固时间及距离，浇注腹板混凝土时用木棰敲击模板，以保证混凝土内实外美。顶板混凝土浇注完，待混凝土收浆时进行抹面，完后覆盖。待混凝土初凝后，采用草袋或土工布洒水养护，养护时间不得小于 7 d。在养护过程中，通过预先埋设的测温元件进行温度监测，每小时对混凝土的内部和外部进行温度测量，通过加强养护，控制温度不大于 25 ℃。拆模时梁体混凝土表面温度与环境温度相差不宜大于 15 ℃。拆模完成后，应再派专人对梁端面进行凿毛，以便新旧混凝土的接触。凿毛至可见粗骨料即可。

6.2.7　预应力束张拉及管道压浆

(1)准备工作。

1)将锚垫板喇叭管内的混凝土清理干净；

2)消除钢绞线上的锈蚀、泥浆；

3)套上工作锚板，在锚板锥孔内抹上一层薄薄的黄油，在锥孔内装上工作夹片。

(2)千斤顶的定位安装。

1)套上相应的限位板；

2)装上张拉千斤顶，并且与油泵相连接，注意千斤顶要和油压表配套使用；

3)装上工具锚板，在锚板锥孔内装上工具锚夹片，锥孔内表面和夹片表面涂上约 1 mm 厚的蜡质润滑剂，以使张拉完毕后夹片能自动松开。

(3)张拉。

1)当浇注混凝土强度到达设计强度的 80%以上，同时龄期必须为 3 d 以上方可进行张拉(若设计有规定则应按设计执行)。张拉按照设计张拉顺序进行，采用张拉力和伸长值双控，伸

长值容许误差控制在±5%以内,同一断面的断丝率不得大于1%,更不容许整根钢绞线拉断;

2)张拉过程如下:0→初应力15%σ_k→张应力100%σ_k,持荷3 min后回油;

3)伸长量较大时应采用两次或多次张拉,此时应注意控制千斤顶的伸长值不超过千斤顶的行程20 cm;

4)为了消除钢绞线束不直和初始受力不均的影响,一般应在张拉力达到一定初始值之后,再进行伸长值的量测。可在钢束张拉时初始张拉力(取设计张拉力的15%)状态下标注伸长量起始记号,用量测值和理论计算值复核;

5)若伸长量不足或过大,要及时分析原因,一般是管道布置不准,增大孔道摩阻,应力损失过大,有时也有可能设计计算使用的钢绞线的弹模值与实际使用的弹模值不相同。总之要及时查明原因,采取相应的措施后方可进行下一步施工。

(4)锚固。

1)松开送油油路截止阀,张拉活塞在预应力筋回缩下回程若干毫米,工作锚片锚固好预应力筋;

2)关闭回油油路截止阀,向回程油缸送油,活塞慢慢回程到底;

3)按顺序取下工具夹片、工具锚板、张拉千斤顶、限位板。

(5)管道压浆。

1)一般在张拉后24 h内往张拉孔道内压浆,如情况特殊不能及时压浆,应采取保护措施保证锚固装置及钢绞线不被锈蚀,以防滑丝;

2)压浆是后张法预应力施工中的最后也是关键的一步,压浆前对压浆机进行认真检查、标定,用压浆机向管道内注压清水,充分冲洗,润湿管道,至全部管道冲洗完后,正式拌浆,开始压浆。压浆开始后需等另一端排水,排水孔亦喷出纯浆并稳定后,才可封闭排气孔,其后对管加压到0.6 MPa以上并持荷3 min后封闭。

(6)封锚。

1)在距工作夹片5 cm处,切除多余的预应力筋,用混凝上封住锚头;

2)切割多余的钢绞线一般用砂轮切割机。

(7)施工注意事项。

1)夹片与锚环孔不应粘附泥浆或其他杂物,且不允许锈蚀(若有轻微浮锈,应彻底清除)。

2)对表面有锈的钢绞线,张拉前应彻底除锈,以减少摩擦损失。

3)锚具安装到位后,应及时张拉,以防止因锈蚀而产生滑丝、断丝。

4)限位板应根据千斤顶的外径选择。

5)工作锚板夹片与工具锚夹片不能混用(工作锚具不能重复使用)。

6)工具锚夹片对表面和锥孔内表面用前应涂有润滑剂以便退锚灵活。

7)张拉设备应定期进行标定,并且保证顶、表、油泵配套使用。

8)灌浆后3 d内不得切割钢绞线和碰撞锚具。

9)在张拉过程中,应注意是否有异常现象如响声、油压表指针抖动等,张拉完成后检查钢绞线上夹片留下的咬痕,以便及时发现滑丝问题。如出现滑丝,可用单根张拉千斤顶进行补张拉。

10)张拉前应检查张拉系统安全可靠,张拉时应有安全措施,张拉千斤顶后严禁站人。

6.2.8 支架与模型拆除

待混凝土强度达到设计要求后,外侧模、端模和内模均可拆除;底模及支架系统必须待边跨合龙段施工完成后,按照体系转换施工的总体要求进行。

7　主要施工机械设备配备

预应力混凝土斜拉桥边跨现浇段施工主要机械设备同悬灌段见表 3。

表 3　主要施工机械设备表

设备类型	名　称	型　号	生产能力或功能	数量(台或套)
起重设备	塔式起重机	QTZ25C 或 QTZ40D 或 QTZ60		1
	汽车起重机	8～30 t		1
	单筒卷扬机		1～5 t	4
运输设备	装载机	ZL40、ZL50		2
	自卸汽车		5 t、10 t	2
混凝土施工设备	HZD 混凝土拌和楼		50 m^3/h 以上	1
	混凝土运输车	JY—3000,JC6	6 m^3 以上	3
	混凝土泵	HBT60、80		1
	混凝土捣固棒	30、50		10 以上
预应力施工设备	预应力张拉设备		满足设计要求	4 套
	高压压浆泵	SNS 系列卧式		2 套
钢筋加工设备				2 套
木工加工设备				1 套

8　施工质量保证措施

8.1　工程质量控制标准

边跨现浇段施工质量按照悬臂浇筑预应力混凝土梁质量标准执行,见表 4。

表 4　边跨现浇段施工质量标准

项　目		规定值或允许偏差(mm)
混凝强度(MPa)		符合设计要求
轴线偏位	$L \leqslant 100$ m	10
	$L > 100$ m	$L/10\ 000$
顶面高程	$L \leqslant 100$ m	±20
	$L > 100$ m	$L/5\ 000$
	相邻节段高差	10
断面尺寸	高度	+5、−10
	顶宽	±30
	顶底腹板厚	+10、−0
同跨对称点高程差	$L \leqslant 100$ m	20
	$L > 100$ m	$L/5\ 000$

8.2　工程质量控制措施

施工过程中应严格按照国家和地方政府质量管理、标准的法律、法规等有关规定组织施工，切实做好以下几个方面的工作：

(1)认真落实项目质量管理制度、健全质量岗位责任制，做到奖罚分明，逐级签订质量责任书，明确分工，责任到人，把质量落到实处。

(2)严格把好原材料质量关，对锚具、钢绞线、钢筋、水泥、砂、石等原材料做好进场质量检验、检测工作。根据高等级混凝土的技术要求，对全部材料都在施工前进行化学及物理性能检验：选择级配良好的中砂及粗骨料，控制各项指标达到设计要求；在施工过程中，不能用普通的抽样检验方法，采取全时制检验，原材料与施工工艺规程需与所制定的计划方案保持一致，符合该混凝土所应具有的技术条件；在高温燥热季节和高温地区时，要对原材料及管道进行降温处理；以上所有工作需有文字记载。

(3)认真做好混凝土质量控制工作，混凝土在生产过程要进行动态控制。由试验室根据工程情况、设计要求、气候变化、运输途中的交通状况、原材料的变化情况及工地的配合程度等因素，结合实践经验进行必要调整。混凝土振捣严格按规范控制插入深度、捣固时间及距离，且做到定人定点捣固，严禁出现过捣和漏捣现象。

(4)支座安装在厂家指导下进行，并指定专人负责质量控制工作。

(5)支架预压严格按照制定的技术方案进行，及时做好变形观测，为梁部线形控制提供准确的技术数据。

9 施工安全保证措施

施工过程中应严格按照国家和地方政府安全生产的法律、法规等有关规定组织施工，切实做好以下几个方面的工作：

(1)施工现场全体人员应严格执行《建筑安装工程安全技术规程》和《建筑安装工人安全技术操作规程》。

(2)在主要施工部位、作业点、危险区、主要通道口挂安全宣传标语或安全警告牌。

(3)施工机械进场安装后应经安全检查合格后投入使用，并严格按照施工机械设备管理和使用规定进行。

(4)预应力张拉施工安排具有资质的人员负责；施工过程中，千斤顶操作时前方不许站人，设备安装要求端部平整对中；油泵操作时需缓慢、均速加压和卸压，严禁超压和快速加压。

(5)施工支架平台上设安全防护措施，严防坠物；高空作业时不得向地面抛掷物品；脚手架、安全网的搭设要符合安全要求，并要定期检查、维修、保养。

10 环境保护措施

施工过程中应严格按照国家和地方政府环境保护的法律、法规等有关规定组织施工，切实做好以下几个方面的工作：

(1)污水排放管理方案、控制措施：

1)职工食堂设置滤油池、挡渣网对食堂产生的生活污水进行处理，通过下水道排放，严禁不经过处理直接排放；住房周围设置排水沟和沉淀池，生活污水经排水沟沉淀池沉淀后再排放。

2)卫生间每天安排专人打扫，保证清洁，定期消毒，厕所设置化粪池，完工后进行填埋处理。

3)拌和站周围设置排水沟和沉淀池，冲洗拌和机和混凝土运输车辆的污水经沉淀池沉淀和过滤后通过排水沟排放，并派人随时清理沉淀池。

4)机修间周围设置排水沟和集油池,污水经集油池过滤、沉淀后通过排水沟排放。

(2)噪声控制措施:

1)钢筋加工、机械修理均安排在昼间进行,以防止夜间噪声扰民。

2)主梁施工、拌和站混凝土搅拌作业时,其周围设置围护措施,以尽量减少噪声对周围环境的影响。

3)加强各种机械设备的维修保养工作,尽量降低设备噪声排放防止噪声超标。

(3)粉尘控制措施:

1)设置拌和站集中供应混凝土,粗细骨料集中堆放,水泥采用灌装,混凝土拌和时对粗骨料采取洒水措施等以减少粉尘的排放。

2)主要运输便道和车辆进出口采取定时洒水的措施,以减少扬尘。

3)跨公路短距离调运时,车斗内减少装载量并慢速行驶,安排洒水车对公路进行洒水以降低扬尘,并派专人清扫路面。

4)施工中产生的废弃物,采用袋装集中清理、统一堆放、分类处理,禁止从高处向下自由抛撒产生粉尘。

(4)运输遗洒控制措施:

1)原材料运输时,水泥等袋装材料要保持包装完好并采取遮盖措施,钢筋、木料等材料要捆绑固定牢固,砂、石等颗粒材料要采取遮盖措施,型钢、钢模等长大件要可靠固定并使其重心位于车轴中心。

2)生产、生活废旧物品应送往回收站,运输时采取遮盖措施。

3)混凝土运输采用专用罐车运送,混凝土罐车出拌和站前应对其进行冲洗,防止混凝土洒落在公路路面上。

(5)植被保护、防止水土流失控制措施:

1)严格按设计进行施工,严禁破坏设计红线以外的原有地貌和植被。

2)合理选定弃土场,弃土场应尽量少占田地、耕地。弃土堆坡脚设置挡渣墙,坡面植草,并按设计要求施工防护工程,防止水土流失。

3)施工便道边坡、临时建筑周围易发生水土流失地段应设置骨架护坡或挡土墙,并设置合理截面的排水沟。骨架护坡用浆砌片石砌筑,内种草皮;挡土墙和排水沟用浆砌片石砌筑。

(6)固体废弃物处理方案、措施:

1)钢筋余料、废弃钢材、报废设备等,送至地方指定回收站进行处理。

2)旧钢模、设备等按公司要求进行退租或集中存放。

3)桥梁周围的废弃物随时派人进行清理,确保完工后场地整洁;废弃塑料、包装袋等进行集中填埋处理;废弃木料、玻璃品等运送至地方指定回收站进行处理。

11　结束语

预应力混凝土斜拉桥边跨现浇段的施工是整个斜拉桥施工中的重要环节之一。本施工工艺是在我公司承建的兰州银滩黄河大桥、攀枝花金江金沙江大桥等几座斜拉桥合龙段及体系转换施工经验总结的基础上编写而成,具有较好的适用性、经济性。但由于各座桥梁结构设计的差别和随着施工技术规范的修订,该施工工艺还需要针对其特点进行必要的调整。

预应力混凝土斜拉桥合龙段及体系转换施工工艺

1 前 言

近年来，预应力混凝土斜拉桥在国内外得到了广泛的应用，其主梁一般情况下均采用悬臂浇注法施工。基于悬臂浇注法施工的原理，预应力混凝土斜拉桥被划分为0#段、悬臂浇注段、边跨现浇段及边(中)跨合龙段，其中的合龙段施工方案、施工工艺及体系转换是斜拉桥施工的重难点之一，其施工的质量直接影响全桥的施工质量和结构安全。合龙段长度一般1.5～2.0 m，但受到施工场地条件、支座安装和边跨现浇段施工的影响，其施工有一定技术难度。本施工工艺即针对合龙段及体系转换施工存在的技术难点而编制。

2 工艺特点

(1)充分考虑了合龙段和体系转换阶段桥梁结构的受力特点，合龙段劲性骨架和临时预应力索、临时支座设计合理，施工质量可靠。

(2)合龙段施工支架可考虑利用挂篮或搭设落地支架方案，根据现场实际情况灵活选择，施工方便。

(3)模板可利用悬灌段施工的外侧模和底模，仅内模可能受横隔板的影响需另行加工模板，施工费用低。

3 适用范围

本标准工艺适用于所有预应力混凝土斜拉桥的合龙段及体系转换施工。

4 工艺原理

本标准工艺工艺原理为：根据预应力混凝土斜拉桥结构设计情况，将合龙段劲性骨架、临时预应力索、临时支座等结构与桥梁墩、塔、斜拉索及梁部结构一起建立计算模型，综合分析合龙段劲性骨架、临时预应力索、临时支座(只有漂浮或半飘浮体系斜拉桥才需临时支座，下同)等结构的最不利受力情况，据此进行其结构设计和施工；合龙段施工支架根据现场实际情况灵活选择挂篮或搭设落地支架方案；模板除内模外均采用悬灌段施工的外侧模和底模；按照等载替换原则配置换重荷载；在设计规定的温度范围进行合龙段劲性骨架和混凝土浇注施工；按照设计要求的程序进行体系转换施工。

5 合龙段及体系转换施工设计与检算

合龙段及体系转换施工设计与检算的内容主要包括合龙段劲性骨架、临时预应力索、换重设计和墩顶临时固结(临时支座)以及支架、模板系统等部分内容。

5.1 设计与检算依据

(1)桥梁结构设计文件；

(2)总体施工技术方案；

(3)现行钢结构设计与施工技术规范；

(4)现行桥梁结构设计与施工技术规范。

5.2 设计与检算方法

5.2.1 合龙段劲性骨架、临时预应力索、临时支座设计与检算

受温度应力的的影响，合龙段劲性骨架、临时预应力索、临时支座设计与检算很难准确，必须根据预应力混凝土斜拉桥结构设计情况，将合龙段劲性骨架、临时预应力索、临时支座等结构与桥梁墩、塔、斜拉索及梁部结构一起建立计算模型，结合环境温度监测情况综合分析合龙段劲性骨架、临时预应力索、临时支座等结构的最不利受力情况(包括边、中跨合龙口轴力、剪力和弯矩值，以及临时支座承受的最大不平衡弯矩值)，据此进行其结构设计和施工。一般情况下，可委托桥梁监控单位或设计单位负责该项工作。

5.2.2 合龙段换重设计与检算

(1)边跨合龙段换重设计与检算。

当边跨合龙段落地支架上进行时，可不考虑换重；当边跨合龙段采用吊架合龙或挂篮时会造成边中跨荷载不对称，此时边中跨受力不对称，这时不仅要考虑换重的重量，还要考虑加设配重。加设配重重量计算为：加设配重重量(G)＝中跨挂篮重量－边跨挂篮重量或(吊架重量)＋其他原因引起的额外配重；换重重量计算为：换重重量(G)＝合龙段混凝土引起增加的悬灌段重量＋临时施工施荷载。

(2)中跨合龙段换重设计与检算。

若采用挂篮进行中跨合龙段施工，需将另一套挂篮拆除或后移；若采用吊架合龙，需将挂篮拆除或对称后移。总之，无论采用挂篮合龙或吊架合龙，中跨合龙段施工一般只需换重，不需要加配重，当然，必须保证标高控制在规范允许范围内，否则，为调整线形需要时应增加配重。换重重量计算为：换重重量(G)＝合龙段混凝重量÷2；以上算式适用于换重重量放置位置靠近合龙段，并且重量加在桥轴线上。如换重重量放置位置远离合龙段，那么换重重量需重新计算。

5.2.3 合龙段支架、模板设计与检算

合龙段支架和模板系统设计与边跨现浇段基本相同，可参照边跨现浇段施工工艺(此略)。

6 合龙段及体系转换施工工艺流程及操作要点

6.1 施工工艺流程

斜拉桥合龙段及体系转换施工顺序一般是：先边跨、后中跨，最后进行体系转换；当边跨现浇段采用挂篮悬浇时，施工顺序为：先中跨、后边跨，最后进行体系转换。体系转换施工主要包括滑动支座约束解除、限位支座安装、临时支座拆除和后期预应力张拉等内容，其施工顺序应严格按照设计文件规定进行。边跨、中跨合龙段施工工艺流程如图1所示。

6.2 施工操作要点

6.2.1 施工准备

合龙段施工前应积极做好各项准备工作，包括技术准备(施工技术方案编制及报批、技术交底和施工测量等)和施工组织准备(施工人员安排、设备及物资准备及进度安排)以及各项施工预案编制等。

6.2.2 合龙段施工前的施工量测

在最终的合龙段施工技术方案确定前，应安排专人负责进行环境气温监测、合龙口空间变

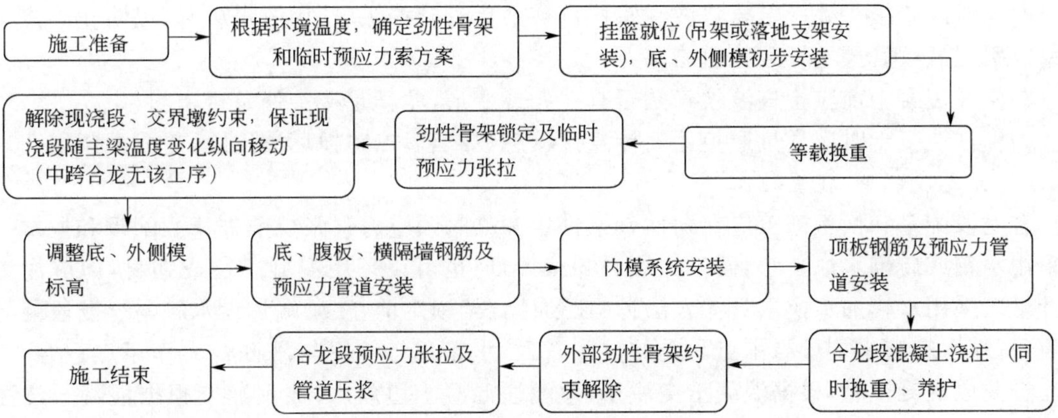

图 1　边跨、中跨合龙段施工工艺流程图

形(纵、横、竖向)监测以及关键控制截面应力监测，以此确定最终的合龙段施工技术方案。

6.2.3　挂篮就位或支架安装

(1)边跨合龙段施工。

采用挂篮作为合龙段施工支架时，在最后一个悬灌段施工时应注意预留孔道，待悬灌完成后即可将挂篮走行就位并锚固好；采用落地支架施工合龙段时，支架地基处理、搭设可参照边跨现浇段落地支架施工。

(2)中跨合龙段施工。

中跨合龙段施工一般采用挂篮作为合龙段施工支架，在最后一个悬灌段施工时应注意预留孔道，待悬灌完成后即可将一个挂篮后退或拆除，另一个挂篮走行就位并锚固好。

6.2.4　模板安装

(1)底模系统安装。

采用挂篮作为合龙段施工支架时，底模系统直接利用悬灌段施工的底模系统，随挂篮一起就位；采用落地支架施工合龙段时，底模系统一般采用木模结构(胶合板面板＋方木加劲肋＋分配梁)，人工由下至上安装。

(2)外侧模系统安装。

外侧模系统一般情况下直接利用悬灌段施工的外侧模系统，随挂篮一起就位。

(3)内模系统安装。

内模系统在底、腹板及横隔墙钢筋、预应力管道安装完成后进行，一般采用组合钢模与木模相配合的结构，在进行安装时应注意加固，尤其对斜腹板的加固，如加固不到位，有可能造成模板上浮。

6.2.5　合龙段钢筋及预应力管道安装

合龙长度设计一般为 2～3 m，其结构尺寸复杂、钢筋、预应力管道、预埋件较多，为了保证其施工质量，必须按照制定好的工序及工艺进行实施：

(1)钢筋加工制作及安装严格按设计和施工规范要求进行施工。

(2)波纹管制作和安装。

波纹管制作和安装在以下几个方面应特别注意：

1)布置波纹管时首先用钢筋加工井字架作为波纹管的定位架，纵、横向位置按设计图纸尺寸定位，波纹管中穿内衬尼龙管，为保证波纹管的成孔质量，在浇注混凝土时派专人来回拉动内衬管；

2)在波纹管接头处一定要将波纹管接口剪平后外套接头管，用胶带裹紧，以防止漏浆或在穿束时引起波纹管翻卷导致管道堵塞；

3)浇注混凝土前应检查波纹管是否有孔洞或变形，尤其是接头处是否密封好；

4)浇注混凝土时应尽量避免振捣棒直接接触波纹管，以防损坏波纹管，造成漏浆堵孔。

6.2.6　合龙段配重、换重施工

合龙段配重和换重施工应在劲性骨架锁定和临时预应力索张拉前进行。配重和换重一般均采用水箱或砖砌水池装水，便于加载和卸载计量；也可以采用混凝土块或钢材，但应注意准确计量。采用水箱加水换重具体方法为：在劲性骨架锁定前，在梁端加设水箱与合龙段混凝土换重(每端水箱装水重量与吊点承受的重量一致，水箱重心位置与吊杆合力作用点重合)。在浇注合龙段混凝土时，根据混凝土浇注量，边浇注混凝土边放水，放水速度根据混凝土浇注速度而定，原则是同一时段内浇注的混凝土重量尽可能与放出的水重量相等(灌注混凝土前先要在水箱上做好标志，以便控制放水量，放水量与合龙段混凝土浇注量相差不超过 5 t)。通过水箱放水使合龙段两端悬臂在混凝土浇注过程中受力保持一致，从而使合龙段两边悬臂高差始终保持不变，尽可能避免因施工原因而使结构引起附加应力，实现“无应力”合龙。

边跨合龙采用挂篮合龙时由于中跨挂篮与边跨的重量可能不一致，此时应根据实测标高及边中跨挂篮的重量经过计算在边跨应加配重，配重加设完成后重新测量标高，标高确定后再根合龙段混凝土的重量确定需要加设的换重重量。边跨合龙采用落地支架时，由于合龙段混凝土的重量直接由支架传递给地面，对梁部线形无影响，不必考虑换重。

6.2.7　合龙段劲性骨架安装及临时预应力束施工

合龙临时锁定有两个步骤：首先是焊接锁定劲性骨架，然后张拉临时预应力束。

劲性骨架用来连接两端梁，保证合龙段净空，防止在浇注合龙段混凝土的过程中及合龙段混凝土未达到设计强度的养护过程中梁两端错动，同时用来抵抗合龙段因温度升高而产生的压应力及梁体可能错动而起的竖向剪应力。

由于劲性骨架采用焊缝连接，焊缝抗拉能力低，故采用临时预应力来抵抗合龙段两端梁体因温度降低收缩而在合龙段混凝土中产生的拉应力。临时预应力束一般采用设计的正式的合龙段预应力束。根据混凝土因温度降低而产生的拉应力确定每根束临时张拉预应力，临时预应力束张拉力未达到设计张拉力，待合龙施工完成、合龙段混凝土强度达到设计强度后，再将其补拉至设计吨位。

劲性骨安装时应注意以下事项：

(1)合龙前几天连续观测昼夜温度变化、合龙口高程变化、合龙口长度变化，确定温度变化与高程、长度的关系，选定适当的安装时间。

(2)安排技术水平高的焊工负责焊接，确保劲性骨架焊缝质量。

(3)认真做好施工组织，尽量缩短劲性骨架的安装时间。

6.2.8　合龙段混凝土施工

(1)合龙段混凝土配合比设计。

合龙段混凝土强度设计要求一般与其他悬灌节段强度一样，但是为了保证合龙段的施工质量，一般情况下合龙段的混凝土强度实际施工中要提高一个等级。

(2)合龙段混凝土生产、运输、现场浇注、养护。

合龙段混凝土采用拌和站集中生产、罐车运输，要求与一般悬灌段混凝土生产、运输相同。混凝土浇注时间应在全天最低温度、温差变化小的时段进行，一般选择在晚上的 12 点～第二天

清晨6点。合龙段混凝土浇注完成后，应加强混凝土养护，减小混凝土收缩，顶板持续洒水达至80%强度，降低顶底板温差影响；合龙段混凝土养护期间，应禁止施工荷载上桥，避免扰动开裂。

6.2.9　合龙段预应力施工

(1)预应力束制作、安装。

1)钢绞线下料在桥面上进行，并清除其表面上的杂物及锈蚀，以防钢束受污染。下料长度以技术部门提供的下料长度为准，采用卷扬机穿束则需增加20 cm，下料时用砂轮切割机切割；

2)将钢绞线理顺，用扎丝绑扎好，以防在穿束过程中钢绞线打绞，张拉时受力不均，导致有的钢绞线达不到张拉控制应力而有的则可能被拉断；

3)将钢束端头做成圆锥状，用氧焊焊牢，切忌使用电焊焊接。表面要用砂轮修平滑，以防钢束在波纹管接头处引起波纹管翻卷，堵塞孔道；

4)穿束前用高压水冲洗孔道，清除孔内杂质，保证穿束通顺；

5)因合龙段预应力通长束较长，用人工穿束比较困难，通常将卷扬机的钢丝绳系在引绳上，用人工先将引绳拉过孔道，然后将钢丝绳头用卡环与钢束头接在一起，开启卷扬机将钢束徐徐拉进孔内，在钢束头进孔道时，人工协助使其顺利入孔。如果在钢束穿进过程中堵塞，要立即停止，找准堵塞管位置，凿开混凝土清除管道内的堵管杂物，仍继续用卷扬机将束拖过孔道。桥面开仓时不可损坏邻近的波纹管，封仓前应先把割断的桥面钢筋焊好，最好在封仓处埋有排气孔，便于压浆。

(2)预应力束张拉及管道压浆。

1)准备工作。

① 将锚垫板喇叭管内的混凝土清理干净；

② 消除钢绞线上的锈蚀、泥浆；

③ 套上工作锚板，在锚板锥孔内抹上一层薄薄的黄油，在锥孔内装上工作夹片。

2)千斤顶的定位安装。

① 套上相应的限位板；

② 装上张拉千斤顶，并且与油泵相连接，注意千斤顶要和油压表配套使用；

③ 装上工具锚板，在锚板锥孔内装上工具锚夹片，锥孔内表面和夹片表面涂上约1 mm厚的蜡质润滑剂，以使张拉完毕后夹片能自动松开。

3)张拉。

① 浇注混凝土强度到达设计强度的80%以上，且龄期在3 d以上方可进行张拉(若设计有规定则应按设计执行)。张拉按照设计张拉顺序进行，采用张拉力和伸长值双控，伸长值容许误差控制在±5%以内，同一断面的断丝率不得大于1%，更不容许整根钢绞线拉断。

② 张拉过程如下：0→初应力15%σ_k→张应力100%σ_k，持荷3 min后回油。

③ 伸长量较大时应采用两次或多次张拉，此时应注意控制千斤顶的伸长值不超过千斤顶的行程20 cm。

④ 为了消除钢绞线束不直和初始受力不均的影响，一般应在张拉力达到一定初始值之后，再进行伸长值的量测。可在钢束张拉时初始张拉力(取设计张拉力的的15%)状态下标注伸长量起始记号，用量测值和理论计算值复核。

⑤ 若伸长量不足或过大，要及时分析原因，一般是管道布置不准，增大孔道摩阻，应力损失过大，有时也有可能设计计算使用的钢绞线的弹模值与实际使用的弹模值不相同。总之要及时查明原因，采取相应的措施后方可进行下一步施工。

4)锚固。

① 松开送油油路截止阀，张拉活塞在预应力筋回缩下回程若干毫米，工作锚片锚固好预应力筋；

② 关闭回油油路截止阀，向回程油缸送油，活塞慢慢回程到底；

③ 按顺序取下工具夹片、工具锚板、张拉千斤顶、限位板。

5)管道压浆。

① 一般在张拉后 24 h 内往张拉孔道内压浆，如情况特殊不能及时压浆，应采取保护措施保证锚固装置及钢绞线不被锈蚀，以防滑丝；

② 压浆是后张法预应力施工中的最后也是关键的一步，压浆前对压浆机进行认真检查、标定，用压浆机向管道内注压清水，充分冲洗，润湿管道，至全部管道冲洗完后，正式拌浆，开始压浆。压浆开始后需等另一端排水，排水孔亦喷出纯浆并稳定后，才可封闭排气孔，其后对管加压到 0.6 MPa 以上并持荷 3 min 后封闭。

6)封锚。

① 在距工作夹片 5 cm 处，切除多余的预应力筋，用混凝上封住锚头；

② 切割多余的钢绞线一般用砂轮切割机。

7)施工注意事项。

① 夹片与锚环孔不应粘附泥浆或其他杂物，且不允许锈蚀(若有轻微浮锈，应彻底清除)。

② 对表面有锈的钢绞线，张拉前应彻底除锈，以减少磨擦损失。

③ 锚具安装到位后，应及时张拉，以防止因锈蚀而产生滑丝、断丝。

④ 限位板应根据千斤顶的外径选择。

⑤ 工作锚板夹片与工具锚夹片不能混用(工作锚具不能重复使用)。

⑥ 工具锚夹片对表面和锥孔内表面用前应涂有润滑剂以便退锚灵活。

⑦ 张拉设备应定期进行标定，并且保证顶、表、油泵配套使用。

⑧ 灌浆后三天内不得切割钢绞线和碰撞锚具。

⑨ 在张拉过程中，应注意是否有异常现象如响声、油压表指针抖动等，张拉完成后检查钢绞线上夹片留下的咬痕，以便及时发现滑丝问题。如出现滑丝，可用单根张拉千斤顶进行补张拉。

⑩ 张拉前应检查张拉系统安全可靠，张拉时应有安全措施，张拉千斤顶后严禁站人。

6.2.10　桥梁体系转换施工

桥梁体系转换施工主要包括滑动支座约束解除、限位支座安装、临时支座拆除和后期预应力张拉等内容，其施工顺序应严格按照设计文件规定进行。在桥梁合龙段施工过程中，主梁由悬臂状态向固定状态转变，桥梁体系转换施工也同步进行，此时梁段是处于比较复杂的受力状态，其施工的好坏将直接影响到整个桥梁的结构安全和质量，因此在施工时需注意以下事项：

(1)保证劲性骨架及临时预应力束的施工质量，因为劲性骨架及临时预应力束锁定的好坏将决定着合龙段的施工好坏。

(2)滑动支座和现浇段的约束应及时解除，保证现浇段能随主梁温度变化自由伸缩。

(3)限位支座安装和临时支座拆除应严格按照设计要求的时间和方法进行，确保桥梁整个体系与设计一致。

(4)后期预应力束一般比较长，制索、穿索及张拉施工均比较麻烦，应认真做好施工组织安排和施工质量控制工作，确保成桥质量。

7 主要施工机械设备配备

预应力混凝土斜拉桥合龙段与体系转换施工主要机械设备均可利用悬灌段施工设备，主要设备见表1。

表1 主要施工机械设备表

设备类型	名称	型 号	生产能力或功能	数量(台或套)
起重设备	塔式起重机	QTZ25C 或 QTZ40D 或 QTZ60		1
	汽车起重机	8～30 t		1
	单筒卷扬机		1～5 t	4
运输设备	装载机	ZL40、ZL50		2
	自卸汽车		5 t、10 t	2
混凝土施工设备	HZD 混凝土拌和楼		50 m^3/h 以上	1
	混凝土运输车	JY—3 000,JC6	6 m^3 以上	3
	混凝土泵	HBT60、80		1
	混凝土捣固棒	30、50		10 以上
预应力施工设备	预应力张拉设备		满足设计要求	4 套
	高压压浆泵	SNS 系列卧式		2 套
钢筋加工设备				2 套
木工加工设备				1 套

8 工程质量控制标准、检验方法及保证质量的技术措施

8.1 工程质量控制标准

合龙段施工质量按照悬臂浇注预应力混凝土梁质量标准执行，见表2。

表2 合龙段箱梁施工质量标准

项 目		规定值或允许偏差(mm)
混凝土强度(MPa)		符合设计要求
轴线偏位	$L\leqslant100$ m	10
	$L>100$ m	$L/10\ 000$
顶面高程	$L\leqslant100$ m	±20
	$L>100$ m	$L/5\ 000$
	相邻节段高差	10
断面尺寸	高度	+5，−10
	顶宽	±30
	顶底腹板厚	+10，−0
同跨对称点高程差	$L\leqslant100$ m	20
	$L>100$ m	$L/5\ 000$

8.2　工程质量检验方法

8.2.1　实测项目检查

(1)混凝土强度检查方法:混凝土强度等级是以边长 150 mm 的立方体试件,按标准方法制作和试验,28 d 龄期且具有 95%保证率的抗压强度。

(2)轴线偏位检查方法:采用经纬仪进行检查,每段检查 2 个点。

(3)断面尺寸检查方法:采用钢尺或皮尺进行检查,每段检查 2 个断面。

(4)横坡检查方法:采用水平仪进行检查,检查每个梁段。

(5)锚具轴线与孔道轴线偏位检查方法:采用钢尺进行检查,全部锚具都要进行检查。

(6)预埋件位置检查方法:采用钢尺进行检查,每件预埋件都要进行检查。

(7)平整度检查方法:采用 2 m 直尺,检查竖直、水平两个方向,每侧 10 m 梁长测 1 处。

8.2.2　外观检查

(1)线形平顺,梁顶面平整,每段无明显折变。

(2)相邻块件的接缝平整密实,颜色一致,棱角分明,无明显错台。

(3)混凝土表面不应出现蜂窝、麻面,如出现必须修整。

(4)混凝土表面不应出现非受力裂缝,裂缝宽度超过设计规定或设计未规定时超过 0.15 mm 必须处理。

(5)梁体内不应遗留建筑垃圾、杂物、临时预埋件等。

8.3　保证工程质量的技术措施

在合龙段施工过程中,由于结构体系的转换、昼夜及日照温差的变化,新浇混凝土因水化热的伸胀及随后的混凝早期收缩、已完成梁段混凝土的收缩和徐变、施工荷载的变化等因素,将对尚未达到强度的合龙段混凝土的质量产生直接影响,因此成为施工的重要环节。因此合龙段施工尤其应注意加强质量管理,确保合龙构造措施到位,严格按合龙施工流程进行作业。

(1)在合龙段施工前,应清除桥上杂物,将机具设备移至墩顶 0 号块附近。

(2)合龙段劲性骨架锁定时间应与设计、监理单位共同研究确定,一般选在晚 12 时后至次日凌晨前的稳定低气温状态下锁定劲性骨架接头。

(3)劲性骨架锁定后,及时放松交界墩支座及现浇段支架的水平向临时约束,张拉合龙临时钢束。

(4)合龙段混凝土浇注安排在晚 12 时后至次日凌晨前的稳定低气温状态下进行。注意随合龙段混凝土浇注重量的增加,要求按对应重量成比例逐步拆除边跨换重,合龙段混凝土浇注完,换重刚好拆完。

(5)必须加强合龙段混凝土养护工作。

(6)合龙段预应力钢束张拉严格按设计文件要求的顺序进行。

9　工程施工的重大危险源及保证施工安全的技术措施

9.1　工程施工的重大危险源

(1)挂篮走行;

(2)挂篮后锚系统;

(3)挂篮前吊系统;

(4)挂篮底模系统前移；

(5)混凝土浇注；

(6)纵横向预应力张拉；

(7)边跨现浇段施工及边中跨合龙段施工。

9.2 保证施工安全的技术措施

施工过程中应严格按照国家和地方政府安全生产的法律、法规等有关规定组织施工，切实做好以下几个方面的工作：

(1)挂篮设计图必须经过审批，设计时充分考虑挂篮在走行、混凝土浇注等各种工况下可能出现的荷载，确保挂篮安全可靠。施工时必须按设计图进行操作，不得随意变更。

(2)挂篮在使用前必须进行试拼，并做加载实验，合格后才能上桥安装，并加强施工过程中的检查。

(3)挂篮拼装及悬臂组装中，对临边部位按规定设置安全防护栏、安全防护网，临边作业时人员必须悬挂安全绳；对地面设定安全区域，并派专人进行防护；在桥面坑洞部位视具体情况设置安全防护设施。

(4)挂篮使用时，后锚固筋、张拉平台的保险绳应经常检查。底模标高调整时，应设专人统一指挥。

(5)主桁平台走行注意事项：

1)牵引点必须设置在走行小车上，移动前仔细清除走行导轨及走行轮的混凝土块及其他杂物，并准备好制动木楔。

2)保持主桁平台走行缓慢、匀速，速度应控制在 0.1 m/min 以内，并随时注意走行阻力的变化。如走行阻力过大，应仔细检查走行系统并排除故障，严禁野蛮牵引。

3)两挂篮的主桁平台必须对称移动，确保对称移动偏差不大于 100 mm，避免对桥梁结构产生不利影响。

(6)在底模荡移前，必须详细检查挂篮位置，后端压重、后锚及吊杆安装情况，确认安全后，方可荡移。

(7)成立专门的挂篮安全施工小组，对挂篮各装置在走行和浇注过程中的安全状况随时实行监控。

(8)悬臂浇注混凝土施工时，应按两端同步对称进行，两边偏载不得超过 20 t。

(9)仔细检查使用的机具设备(如千斤顶、滑车、手拉葫芦、钢丝绳等)，不符合安全规定的严禁使用。

(10)施工时，严格控制桥面堆载，桥面机具材料实行定位定量管理，除按指定位置设置挂篮、预应力张拉设备及必要的施工用料外，不得堆放其他机具及材料，确保力、变形和各项监测数据的准确以正确指导施工。

(11)按规定时间校验、标定千斤顶，以确保张拉预应力大小(预应力误差控制在 3%以内)和伸长量的精度，张拉时采用应力和伸长值双控法进行，以张拉力为主控，伸长量误差控制在 −6%～+6%，且不允许断丝，并按规定做好各项记录。当张拉应力与伸长值出现异常时，必须暂停施工并报告技术部门，待找出原因制定方案解决存在问题后，方可继续施工。施工时，预应力钢材应注意防止电焊烧灼和其他机械性损伤，严禁撞击锚头和钢束，多余钢绞线用切割机切割，禁止电弧切割。千斤顶操作时前方不许站人，设备安装要求端部平整对中；油泵操作时需缓慢、均速加压和卸压，严禁超压和快速加压；注油时要求接头可靠，保持规定压力但严禁超压，注意劳动保护。

(12)合龙段两端加设换重，换重采用水箱，其重心位置分别与挂篮主桁平台前后吊杆合力作用点重合，排水流量须根据混凝土浇注量严格控制，放水量与合拢段混凝土浇注量相差不超过 5 t。

(13)设计和制作模板，保证模板和几何尺寸精度，防止因混凝土涨模而较设计增加重量，造成安全隐患。

(14)施工支架平台上设安全防护栏和安全网，严防坠物；高空作业时不得向地面抛掷物品；脚手架、安全网的搭设要符合安全要求，并要定期检查、维修、保养。

(15)严格施工机械设备作业管理：严禁非机械设备作业人员擅自操作机械；起重机械作业时起重臂下严禁站人；塔吊作业必须有专人指挥，塔吊司机必须遵守塔吊的有关操作规程。

10　工程施工的重大污染源及保护环境的技术措施

10.1　工程施工的重大污染源

工程施工重大污染源主要有污水、噪声、粉尘、运输遗洒、植被保护和防止水土流失、废弃物处理等环境危害因素。

10.2　保护环境的技术措施

施工过程中应严格按照国家和地方政府环境保护的法律、法规等有关规定组织施工，切实做好以下几个方面的工作：

(1)污水排放管理方案、控制措施：

1)职工食堂设置滤油池、挡渣网对食堂产生的生活污水进行处理，通过下水道排放，严禁不经过处理直接排放；住房周围设置排水沟和沉淀池，生活污水经排水沟沉淀池沉淀后再排放。

2)卫生间每天安排专人打扫，保证清洁，定期消毒，厕所设置化粪池，完工后进行填埋处理。

3)拌和站周围设置排水沟和沉淀池，冲洗拌和机和混凝土运输车辆的污水经沉淀池沉淀和过滤后通过排水沟排放，并派人随时清理沉淀池。

4)机修间周围设置排水沟和集油池，污水经集油池过滤、沉淀后通过排水沟排放。

(2)噪声控制措施：

1)钢筋加工、机械修理均安排在昼间进行，以防止夜间噪声扰民。

2)主梁悬灌施工、拌和站混凝土搅拌作业时，周围采取防护措施，以尽量减少噪声对周围环境的影响。

3)加强各种机械设备的维修保养工作，尽量降低设备噪声排放防止噪声超标。

(3)粉尘控制措施：

1)设置拌和站集中供应混凝土，粗细骨料集中堆放，水泥采用灌装，混凝土拌和时对粗骨料采取洒水措施等以减少粉尘的排放。

2)主要运输便道和车辆进出口采取定时洒水的措施，以减少扬尘。

3)跨公路短距离调运时，车斗内减少装载量并慢速行驶，安排洒水车对公路进行洒水以降低扬尘，并派专人清扫路面。

4)施工中产生的废弃物，采用袋装集中清理、统一堆放、分类处理，禁止从高处向下自由抛撒。

(4)运输遗洒控制措施：

1)原材料运输时，水泥等袋装材料要保持包装完好并采取遮盖措施，钢筋、木料等材料要捆绑固定牢固，砂、石等颗粒材料要采取遮盖措施，型钢、钢模等长大件要可靠固定并使其重心位于车轴中心。

2)生产、生活废旧物品应送往回收站，运输时采取遮盖措施。

3)混凝土运输采用专用罐车运送，混凝土罐车出拌和站前应对其进行冲洗，防止混凝土洒落在公路路面上。

(5)植被保护、防止水土流失控制措施：

1)严格按设计进行施工，严禁破坏设计红线以外的原有地貌和植被。

2)合理选定弃土场，弃土场应尽量少占田地、耕地。弃土堆坡脚设置挡渣墙，坡面植草，并按设计要求施工防护工程，防止水土流失。

3)施工便道边坡、临时建筑周围易发生水土流失地段应设置骨架护坡或挡土墙，并设置合理截面的排水沟。骨架护坡用浆砌片石砌筑，内种草皮；挡土墙和排水沟用浆砌片石砌筑。

(6)固体废弃物处理方案、措施：

1)钢筋余料、废弃钢材、报废设备等，送至地方指定回收站进行处理。

2)旧钢模、设备等按公司要求进行退租或集中存放。

3)桥梁周围的废弃物随时派人进行清理，确保完工后场地整洁；废弃塑料、包装袋等进行集中填埋处理；废弃木料、玻璃品等运送至地方指定回收站进行处理。

11 结束语

预应力混凝土斜拉桥合龙段及体系转换施工是整个斜拉桥施工中的重要环节之一。本施工工艺是在我公司承建的兰州银滩黄河大桥、攀枝花金江金沙江大桥等几座斜拉桥合龙段及体系转换施工经验总结的基础上编写而成，具有较好的适用性、经济性。但是随着施工技术规范的修订和具体桥梁结构设计的差别，应用中该施工工艺还需要针对工程特点进行必要的调整。

斜拉索类型及验收标准

1　前　　言

斜拉桥由索塔、主梁和拉索三大部分组成。桥面上的荷载通过拉索传入索塔,每根拉索相当于桥面的一个弹性支承,从而形成了极大的跨越能力。在斜拉桥的发展过程中,拉索制备的技术也在不断地进步。对拉索制备的技术要求是多方面的,首先是优良的力学性能,包括高强度、高弹性模量和足够的抗疲劳性能,其次是防腐性能和施工安装方便的要求,最后是经济指标的要求。

2　拉索体系的类型

2.1　钢丝绳拉索(Helicai Wire Ropes)

20 世纪 50 年代中小型斜拉桥采用起重钢丝绳作为拉索。

2.2　封闭索(Lock Coie Ropes. LCR)

20 世纪 50 年代德国蒂里公司开发的一种新型的封闭索,核心用普通的圆钢丝,而表层则用异形(T 形或 Z 形)钢丝形成光滑的表面和更紧凑的断面。最大直径达到 174 mm,且表面可用油漆或色带缠包。这种拉索在德国使用很广,而且至今仍在一些中小跨悬索桥和斜拉桥中使用。中国曾引进一条生产 LCR 的流水线,但随着斜拉桥跨度的日益长大化,这种封闭索因制造工艺复杂、承载索力有限、防护效果又不十分可靠而将逐渐被弃用。

2.3　平行钢丝索(Parallel Wire Cable. PWC)

20 世纪 70 年代欧洲各国发展了一种新型的平行钢丝索,在金属套管或聚乙烯套管中灌水泥浆以防腐,同时用冷铸镦头锚以保证抗疲劳性能,这种称为 Hiam 锚的平行钢丝索得到广泛的使用。但水泥砂浆的防腐技术实践证明是失败的。

2.4　新平行钢丝索(New Parallel Wire Cable. NPWC)

20 世纪 80 年代初,日本借鉴电缆制造技术开发了一种新型拉索,即在小扭角的平行钢丝索上热挤压高密度聚乙烯(HDPE)外套。小扭角使拉索具有自紧固的性能,同时又便于弯曲装盘运输。平行钢丝索拉索体系,在工厂整体预制完成,在施工工地整体安装。锚头密封装置和索体防腐均在工厂完成,具有质量可靠的优点。但由于要求整体制造、整体运输和整体安装,在某些特定环境下受到限制。因此,一般非大吨位的长索应优先考虑完全工厂预制的平行钢丝拉索体系。我国上海浦江缆索厂等多个厂家,成功地开发了这一新拉索技术,现已在我国多数斜拉桥中得到使用。最大索力已超过千吨级,外径为 15 cm,最大长度为南京二桥所用的 336 m。世界最大跨度的日本多多罗桥(最长索为 460 m、最大拉索直径 16.5 cm)也采用这种钭拉索。

2.5　平行钢绞线索(Parallel Strand Cable. PSC)

20 世纪 90 年代,在单根 HDPE 热挤钢绞线基础上发展了钢绞线群锚拉索体系。七丝钢绞线是预应力混凝土桥梁中广泛采用的预应力筋材料,对于斜拉桥受力大的拉索采用多股钢绞线和共用锚板形成钢绞线群锚体系。平行钢绞线拉索体系是法国率先将用于斜拉桥。并具有安装方便,张拉机具小的优点。我国柳州 OVM 厂,成功地开发了这一新拉索技术,现已在我国斜拉桥中得到广泛使用。

平行钢绞线拉索体系。采用单根七丝 ϕ15.20 高强镀锌钢丝钢绞线并采用带 HDPE 护套防护,拉索的制备一般在现场截取需要长度后除去两端部分长度的套管,逐根安装、张拉,两端裸线由夹片锚固定。因此,具有安装方便,张拉机具小的优点。目前我国大跨度大吨位的斜拉桥均采用平行钢绞线拉索体系。

平行钢丝斜拉索和平行钢绞线斜拉索的比较如表 1。

表 1　平行钢丝斜拉索和平行钢绞线斜拉索的比较

序号	项目名称	平行钢丝斜拉索	平行钢绞线斜拉索
1	产地	全国可以国产	HDPE 套管、管接头、夹片需要进口,其他可以国产
2	运输	需水路运输(吨位较大)	陆路、水路均可运输
3	吊装设备	需要大型吊装设备	只需常规其中机械
4	安装设备	大吨位卷扬机、滑车组,设备笨重	小吨位卷扬机、塔吊、设备相对轻巧
5	对施工环境的要求	整个安装过程要求风力一般不超过 5 级,长索安装时要求更高	外套管安装时要求风力不超过 5 级,穿钢绞线时可降低要求
6	安装时间	短索需时一天,长索需时 2～3 d(白天),夜间不能 作业	短索需时 10～16 h,长索需时 16～24 h,外套管安装完成后可夜间作业。
7	安装可靠度	低	高
8	斜拉索经拉时间	短索(无软牵引):2～4 h, 长索(有软牵引):4～8 h	短索:3～4 h;长索:4～6 h
9	风振措施	风振强烈,需增加体外减振设施。	没有风振,不需要安装体外减振设施
10	防腐设施	现场不需要防腐	拉索端头需现场采取防腐措施
11	成桥后的检查频率	低	高
12	应力	$<$1 670×0.4	$<$1 860×0.45
13	换索	需要架设大型设备,严重影响桥面通车,措施费用高	只需小型设备,轻微影响桥面通车,措施费用低

通过上述比较,建议选用钢绞线斜拉索。

3　产品结构

3.1　平行钢丝索和冷铸锚

平行钢丝索和冷铸锚的截面组成如图 1 所示。

平行钢丝索由 ϕ5 mm 或 ϕ7 mm 高强度镀锌钢丝(抗拉强度 b=1 600 MPa 左右)组成,一般排列成六边形或圆形,表面由玻璃丝布包扎定型后用热挤高密度聚乙烯(HDPE,简称 PE)塑造成正圆形截面。这种斜拉索具有厚镀锌层(锌层 300 g/m)和厚 PE 层(厚度 6 mm 以上)的双重防腐保护。两端锚具的安装,是将钢丝束穿入冷铸锚中,钢丝尾镦头后锚定在冷铸锚的后锚板上,再在锚体内分段常温浇灌环氧树脂、铁丸和环氧树脂加岩粉(辉绿岩)等混合项料,使锚体与钢丝束之间的刚度匀顺变化,避免在索和锚的交界处刚度突变。最后,将冷铸锚头放

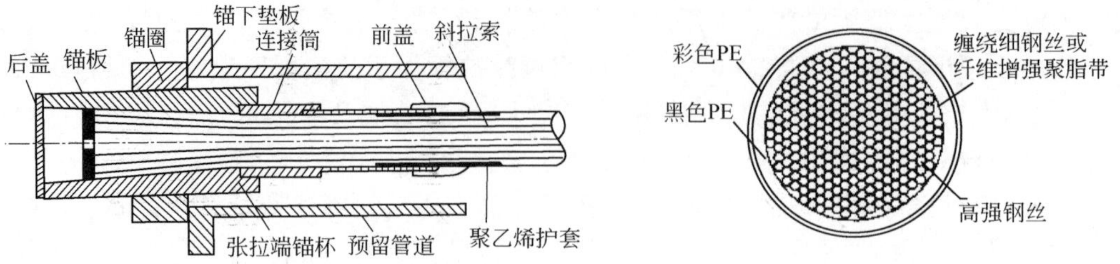

图 1　平行钢丝索和冷铸锚的截面图

入加热炉中加热养生，加热温度约 1 500 ℃。由于是在常温下浇铸填料，不同于传统的锌基合金填料的浇铸温度，故相对而言称为“冷铸锚”。冷铸锚的锚固力，由锚筒的圆锥体内腔和筒内填料的横向挤压承受，在正常情况下镦头不受力，只是作为安全储备。平行钢丝索和冷铸锚的拉索，整体在工厂制造。

平行钢丝索和冷铸锚，以其性能可靠（承载能力、疲劳强度和防腐措施）从 20 世纪 80 年代在欧洲和日本始用起至今已被广泛使用。

由于运输需要，钢索必须盘绕在圆筒上，为避免索的钢丝产生道高的弯曲应力和外包套被撕裂，一般规定圆筒直径不小于索径的 20～25 倍，要求钢丝编制时具有小扭角以利打盘。

鉴于平行钢丝索打盘及运输有一定困难，因此在现代大跨度斜拉桥中提出拉索分散制作、现场安装成索的要求。

3.2　平行钢绞线索拉索体系

平行钢绞线拉索的代表产品为 OVM 公司的 OVM 平行钢绞线拉索及 OVM250 型系列锚具。索材为带黑色 HDPE 护套的低松弛 ϕ15.24 镀锌钢绞线，其强度等级为 1 770～1 860 MPa，整索外再套以 PE 护管。此种 ϕ15.20 钢绞线成盘运至现场，在现场截取需要长度后除去两端部分长度的套管，逐根安装、张拉，两端裸线由夹片锚固定。单根钢绞线张拉及整体钢绞线（组成索股后）张拉均在塔内进行，即塔端为张拉端，梁端为固定端。平行钢绞线拉索体系组成如图 2 所示。

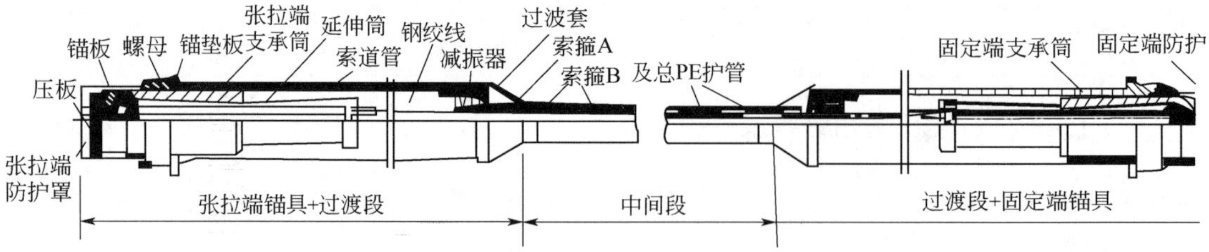

图 2　平行钢绞线拉索体系组成构成如图

平行钢绞线拉索体系由张拉端锚具组件、中间自由段索体、锚固端锚具组件构成，其中张拉端锚具组件、锚固端锚具组件均由锚具＋n 根环氧涂层钢绞线＋浆体＋密封装置＋防松装置＋减振装置＋防腐油脂等组成；中间自由段索体由 n 根（环氧涂层钢绞线＋内注石腊（油脂）＋外包热挤 HDPE 护套）＋整体外层护套（HDPE）组成，连接装置构造细节与固体防腐油脂应能够保证拉索两端的水密性和气密性。

4 产品规格

4.1 斜拉桥热挤聚乙烯拉索的规格型号表示方法及冷铸锚表示方法

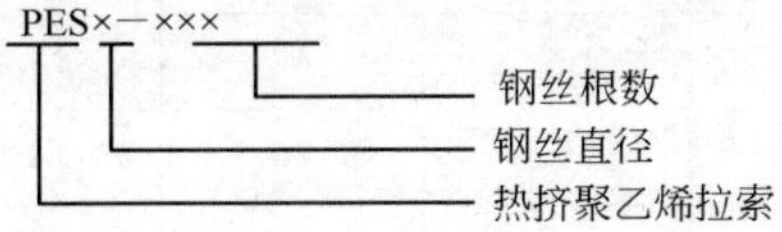

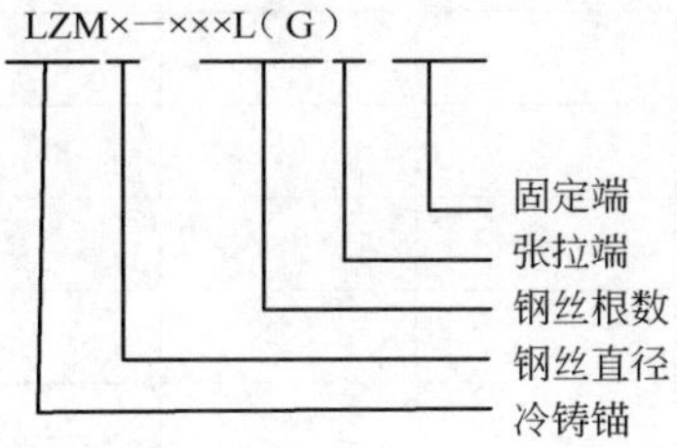

4.2 热挤聚乙烯拉索(平行钢丝索)技术参数

热挤聚乙烯拉索技术参数见表 2、3。

表 2 热挤聚乙烯拉索技术参数(ϕ5 mm、σ_b=1 670 MPa)

规格型号	钢丝束面积(mm^2)	钢丝束直径(mm)	单护层拉索直径(mm)	双护层拉索直径(mm)	钢丝束理论重量(kg/m)	破断载荷(kN)	配用锚具规格
PES5—37	726	35.0	45	53	5.7	1 212	LZM5—37L(G)
PES5—55	1 080	41.1	51	59	8.5	1 804	LZM5—55L(G)
PES5—61	1 197	45.0	55	63	9.4	1 999	LZM5—61L(G)
PES5—73	1 433	48.6	59	67	11.3	2 393	LZM5—73L(G)
PES5—85	1 668	50.8	61	69	13.1	2 786	LZM5—85L(G)
PES5—91	1 786	55.0	65	73	14.0	2 983	LZM5—91L(G)
PES5—109	2 139	57.9	68	76	16.8	3 572	LZM5—109L(G)
PES5—121	2 375	60.7	71	79	18.7	3 966	LZM5—121L(G)
PES5—127	2 492	65.0	75	83	19.6	4 162	LZM5—127L(G)
PES5—139	2 728	65.9	78	88	21.4	4 556	LZM5—139L(G)
PES5—151	2 963	67.4	79	89	23.3	4 984	LZM5—151L(G)
PES5—163	3 199	70.6	83	93	25.1	5 342	LZM5—163L(G)
PES5—187	3 670	75.0	87	97	28.8	6 129	LZM5—187L(G)
PES5—199	3 905	77.1	89	99	30.7	6 521	LZM5—199L(G)
PES5—211	4 141	80.5	93	103	32.5	6 915	LZM5—211L(G)
PES5—223	4 377	83.1	95	105	34.4	7 310	LZM5—223L(G)
PES5—241	4 730	85.0	97	107	37.1	7 849	LZM5—241L(G)
PES5—253	4 965	86.9	101	111	39.0	8 292	LZM5—265L(G)
PES5—265	5 201	90.5	105	115	40.8	8 686	LZM5—265L(G)
PES5—283	5 554	92.1	106	116	43.6	9 275	LZM5—283L(G)
PES5—301	5 907	95.0	111	121	46.4	9 865	LZM5—301L(G)

表 3　热挤聚乙烯拉索技术参数(ϕ7 mm、σ_b=1 670 MPa)

规格型号	钢丝束面积(mm^2)	钢丝束直径(mm)	单护层拉索直径(mm)	双护层拉索直径(mm)	钢丝束理论重量(kg/m)	破断载荷(kN)	配用锚具规格
PES7—37	1 424	49.0	60	68	11.2	2 240	LZM7—37L(G)
PES7—55	2 117	57.5	68	76	16.6	3 535	LZM7—55L(G)
PES7—61	2 348	63.0	73	81	18.4	3 920	LZM7—61L(G)
PES7—73	2 809	68.0	78	86	22.1	4 692	LZM7—73L(G)
PES7—82	3 271	71.2	83	91	25.7	5 463	LZM7—85L(G)
PES7—91	3 504	77.0	90	98	27.5	5 748	LZM7—91L(G)
PES7—109	4 195	81.1	93	101	32.9	7 005	LZM7—109L(G)
PES7—121	4 656	84.9	99	107	36.6	7 777	LZM7—121L(G)
PES7—127	4 887	91.0	105	113	38.4	8 162	LZM7—127L(G)
PES7—139	5 349	92.2	106	114	42.0	9 833	LZM7—139L(G)
PES7—151	5 811	94.4	109	117	45.6	9 705	LZM7—151L(G)
PES7—163	6 273	98.8	115	123	49.2	10 476	LZM7—163L(G)
PES7—187	7 197	105.0	121	129	56.5	12 018	LZM7—187L(G)
PES5—199	7 658	108.0	124	134	60.1	12 790	LZM7—199L(G)
PES7—211	8 102	112.7	129	139	63.7	13 561	LZM7—211L(G)
PES7—223	8 581	116.3	132	142	67.4	14 332	LZM7—223L(G)
PES7—241	9 274	119.0	135	145	72.8	15 489	LZM7—241L(G)
PES7—253	9 736	121.6	140	150	76.4	16 260	LZM7—253L(G)
PES7—265	10 198	126.6	145	155	80.1	17 031	LZM7—265L(G)
PES7—283	10 890	129.0	147	157	85.5	18 188	LZM7—283L(G)
PES7—295	11 352	131.5	150	160	89.1	18 960	LZM7—295L(G)
PES7—301	11 583	133.0	151	161	90.6	19 345	LZM7—301L(G)
PES7—313	12 046	135.3	153	163	94.5	20 116	LZM7—313L(G)
PES7—337	12 968	140.6	160	170	101.8	21 659	LZM7—337L(G)
PES7—349	13 430	143.3	163	173	105.4	22 430	LZM7—349L(G)
PES7—367	14 124	147.0	167	177	110.9	23 587	LZM7—367L(G)
PES7—397	15 277	153.2	175	185	119.9	25 515	LZM7—397L(G)
PES7—421	16 202	155.2	177	187	127.2	27 057	LZM7—421L(G)
PES7—511	19 666	174	198	208	154.4	32 842	LZM7—511L(G)

4.3　LZM 型冷铸镦头锚具

构造图如图 3，主要尺寸参数见表 4、5。

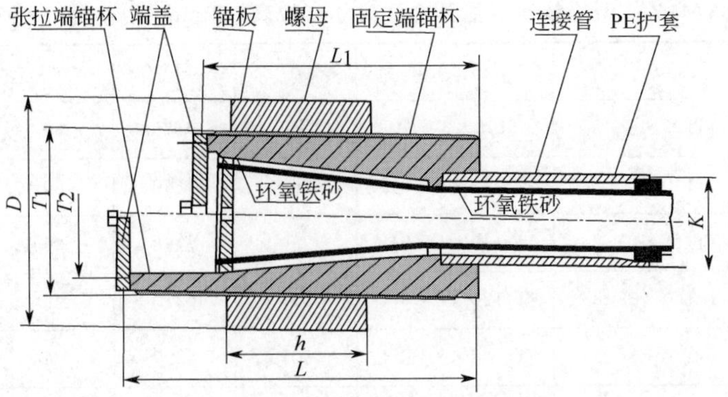

图 3　OVM-LZM 冷铸镦锚构造图

表 4　OVMLZM 型冷铸镦头锚具主要尺寸参数表（ϕ7 mm 钢丝、σ_b＝1 670 MPa）

型号	T_1	T_2	L	D	h	K	L_1
OVMLZM7—37	Tr150×6—8e	Tr120×6—8H	285	ϕ210	80	ϕ104	245
OVMLZM7—55	Tr170×6—8e	Tr140×6—8H	345	ϕ230	80	ϕ112	305
OVMLZM7—61	Tr170×6—8e	Tr140×6—8H	355	ϕ230	80	ϕ118	315
OVMLZM7—73	Tr190×8—8e	Tr155×8—8H	410	ϕ250	100	ϕ122	360
OVMLZM7—85	Tr190×8—8e	Tr155×8—8H	410	ϕ250	100	ϕ128	360
OVMLZM7—91	Tr200×8—8e	Tr165×8—8H	425	ϕ260	100	ϕ134	375
OVMLZM7—109	Tr220×8—8e	Tr180×8—8H	470	ϕ290	120	ϕ138	410
OVMLZM7—121	Tr230×10—8e	Tr185×10—8H	500	ϕ300	120	ϕ142	415
OVMLZM7—127	Tr240×10—8e	Tr195×10—8H	515	ϕ310	120	ϕ150	430
OVMLZM7—139	Tr240×10—8e	Tr195×10—8H	540	ϕ310	120	ϕ150	455
OVMLZM7—151	Tr250×10—8e	Tr195×10—8H	555	ϕ330	140	ϕ152	470
OVMLZM7—163	Tr260×10—8e	Tr200×10—8H	555	ϕ340	140	ϕ158	470
OVMLZM7—187	Tr270×10—8e	Tr210×10—8H	590	ϕ350	150	ϕ165	505
OVMLZM7—199	Tr280×10—8e	Tr220×10—8H	620	ϕ370	150	ϕ168	515
OVMLZM7—211	Tr290×10—8e	Tr225×10—8H	635	ϕ380	150	ϕ172	540
OVMLZM7—223	Tr300×10—8e	Tr235×10—8H	670	ϕ390	150	ϕ175	575
OVMLZM7—241	Tr310×12—8e	Tr240×12—8H	695	ϕ400	170	ϕ178	570
OVMLZM7—253	Tr320×12—8e	Tr250×12—8H	715	ϕ420	170	ϕ182	585
OVMLZM7—265	Tr3320×12—8e	Tr260×12—8H	725	ϕ420	170	ϕ188	595
OVMLZM7—283	Tr330×14—8e	Tr265×14—8H	740	ϕ430	170	ϕ190	610
OVMLZM7—301	Tr340×14—8e	Tr270×14—8H	755	ϕ440	190	ϕ194	625
OVMLZM7—313	Tr360×16—8e	Tr285×16—8H	775	ϕ470	190	ϕ198	625
OVMLZM7—337	Tr360×16—8e	Tr285×16—8H	805	ϕ470	190	ϕ204	655
OVMLZM7—349	Tr360×16—8e	Tr295×16—8H	805	ϕ480	190	ϕ206	655
OVMLZM7—367	Tr370×16—8e	Tr295×16—8H	830	ϕ480	190	ϕ210	680
OVMLZM7—379	Tr390×16—8e	Tr300×16—8H	830	ϕ510	220	ϕ214	680
OVMLZM7—409	Tr390×16—8e	Tr310×16—8H	860	ϕ520	220	ϕ220	710

表 5　OVMLZM 型冷铸镦头锚具主要尺寸参数表(ϕ5 mm 钢丝、σ_b=1 670 MPa)

型号	T_1	T_2	L	D	h	K	L_1
OVMLZM5—37	Tr130×6—8e	Tr90×6—8H	245	ϕ180	60	ϕ80	210
OVMLZM5—55	Tr140×6—8e	Tr110×6—8H	260	ϕ190	80	ϕ96	220
OVMLZM5—61	Tr140×6—8e	Tr110×6—8H	260	ϕ190	80	ϕ100	220
OVMLZM5—73	Tr160×8—8e	Tr120×8—8H	290	ϕ210	100	ϕ104	230
OVMLZM5—85	Tr170×8—8e	Tr120×8—8H	305	ϕ220	100	ϕ106	245
OVMLZM5—91	Tr170×8—8e	Tr130×8—8H	320	ϕ220	100	ϕ110	260
OVMLZM5—109	Tr180×10—8e	Tr135×10—8H	355	ϕ240	120	ϕ112	290
OVMLZM5—121	Tr190×10—8e	Tr140×10—8H	375	ϕ250	120	ϕ116	290
OVMLZM5—127	Tr200×10—8e	Tr150×10—8H	385	ϕ260	120	ϕ120	300
OVMLZM5—139	Tr200×10—8e	Tr150×10—8H	405	ϕ270	120	ϕ122	300
OVMLZM5—151	Tr200×10—8e	Tr150×10—8H	420	ϕ270	120	ϕ122	315
OVMLZM5—163	Tr210×10—8e	Tr155×10—8H	420	ϕ280	140	ϕ128	315
OVMLZM5—187	Tr220×12—8e	Tr160×12—8H	465	ϕ290	140	ϕ130	360
OVMLZM5—199	Tr230×12—8e	Tr165×12—8H	490	ϕ300	140	ϕ132	360
OVMLZM5—211	Tr230×12—8e	Tr170×12—8H	505	ϕ300	140	ϕ136	365
OVMLZM5—223	Tr240×12—8e	Tr175×12—8H	510	ϕ310	170	ϕ140	370
OVMLZM5—241	Tr250×12—8e	Tr180×12—8H	535	ϕ330	170	ϕ140	385
OVMLZM5—253	Tr260×12—8e	Tr190×12—8H	535	ϕ340	170	ϕ144	385
OVMLZM5—265	Tr260×12—8e	Tr190×12—8H	540	ϕ340	170	ϕ150	390
OVMLZM5—283	Tr270×12—8e	Tr200×12—8H	550	ϕ350	170	ϕ150	400
OVMLZM5—301	Tr280×12—8e	Tr190×12—8H	550	ϕ360	190	ϕ154	400
OVMLZM5—313	Tr280×12—8e	Tr195×12—8H	595	ϕ360	190	ϕ156	415
OVMLZM5—337	Tr290×12—8e	Tr200×12—8H	620	ϕ370	200	ϕ160	430
OVMLZM5—349	Tr300×12—8e	Tr205×12—8H	630	ϕ380	200	ϕ160	440
OVMLZM5—367	Tr300×14—8e	Tr205×14—8H	640	ϕ380	210	ϕ164	440
OVMLZM5—379	Tr310×14—8e	Tr215×14—8H	655	ϕ390	210	ϕ166	455
OVMLZM5—409	Tr320×14—8e	Tr220×14—8H	680	ϕ400	220	ϕ168	470

4.4　OVM250 型拉索群锚锚具

构造图如图 4，主要尺寸参数见表 6、7。

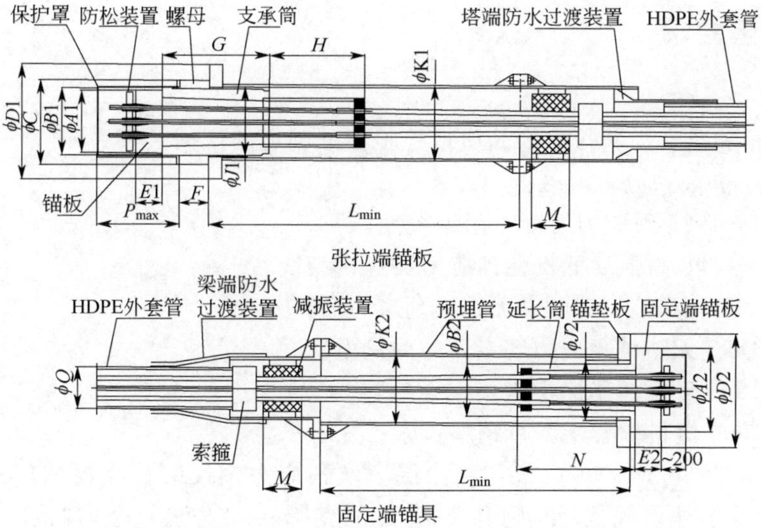

图 4 OVM250 型钢绞线拉索群锚锚具结构图

表 6 OVM250 型钢绞线拉索群锚锚具张拉端主要尺寸参数表

尺寸 / 锚具规格	张拉端锚板		张拉端支承筒		保护罩	张拉端缧母		延伸筒	张拉端预埋管
	A	*F*	*B*	*H*	*C*	*D*	*G*	*J*	*K*
OVM250－19	φ270	100	φ285	400	φ295	φ360	120	400	φ300
OVM250—22	φ270	100	φ285	400	φ295	φ360	120	400	φ300
OVM250—27	φ270	100	φ285	400	φ295	φ360	120	400	φ300
OVM250—31	φ310	140	φ330	450	φ340	φ420	150	400	φ345
OVM250—34	φ310	140	φ330	450	φ340	φ420	150	400	φ345
OVM250—37	φ335	150	φ350	500	φ360	φ450	150	400	φ365
OVM250—43	φ335	150	φ350	500	φ360	φ450	150	400	φ365
OVM250—55	φ370	180	φ390	600	φ400	φ500	180	500	φ410

表 7 OVM250 型钢绞线拉索群锚锚具固定端主要尺寸参数表

尺寸 / 锚具规格	固定端锚板		固定端支承筒		固定端预埋管	PE 护管(R)		配套千斤顶型 号
	L	*M*	*N*	*P*	*Q*	圆管	HALF 管	
OVM250—19	φ360	180	400	φ250	φ300	φ155	φ132	YDCS3000
OVM250—22	φ360	180	400	φ250	φ300	φ180	φ170	YDCS3000
OVM250—27	φ360	180	400	φ250	φ300	φ180	φ170	YDCS3000
OVM250—31	φ420	220	400	φ320	φ345	φ200	φ170	YDCS5500
OVM250—34	φ420	220	400	φ320	φ345	φ200	φ170	YDCS5500
OVM250—37	φ450	220	500	φ320	φ365	φ200	φ170	YDCS5500
OVM250—43	φ450	220	500	φ320	φ365	φ230	φ195	YDCS5500
OVM250—55	φ460	280	600	φ360	φ380	φ235	φ195	YDCS6500

5　斜拉索质量要求

5.1　引用标准

下列标准相关条文为斜拉索产品质量检验标准制定的依据。

ASTM416—90a 预应力混凝土用无镀层 1×7 钢绞线；

GB/T5224—1995 预应力混凝土用钢绞线；

YB/T152—1999 高强度低松弛预应力镀锌钢绞线；

JG3006—1993 钢绞线、钢丝束无粘结预应力筋；

JG3007—1993 无粘结预应力筋专用防腐润滑脂；

JG3042—1997 环氧树脂涂层钢筋；

CJ3058—1996 塑料护套半平行钢丝拉索；

ASTMA882/A882M—96 环氧树脂涂层 7 丝预应力钢绞线标准规范(美国标准)、《斜拉桥设计、试验及安装建议规范》年，阿利桑那，菲尼克斯，后张学会(美国规范)；

JISK5400—1990 涂料一般试验方法(日本工业标准)；

GB/T1743—1979 涂膜光泽度测定法；

GB/T6739—1986 涂膜硬度铅笔测定法；

GB/T1732—1993 涂膜耐冲击测定法；

GB/T1733—1993 涂膜耐水性测定法；

GB/T1768—1979 涂膜耐磨性测定法；

GB/T1763—1979 涂膜耐化学试剂性测定法；

GB/T1771—1991 色漆和清漆耐中性盐雾性能的测定；

GB/T1740—1979 涂膜耐湿热性测定法；

GB/T5210—1985 涂膜附着力的测定法拉开法；

GB6461—86 金属覆盖层对底材为阴极的覆盖层腐蚀试验后的电镀试样的评级；

GB/T10125—1997 人造气氛腐蚀试验盐雾试验；

GB/T14370—1993 预应力筋锚具和连接器产品标准；

GB/T230—1991 金属洛氏硬度试验方法；

GB/T231—1984 金属布氏硬度试验方法；

GB/T699—1999 优质碳素结构钢；

GB/T3077—1999 优质合金结构钢；

GB/T1586 —1979 金属材料杨氏模量测量方法；

GB/T5796.1～5796.4—1986 梯形螺纹、牙型、直径与缧距系列、基本尺寸、公差；

GB/T8124—1987 梯形螺纹量规技术条件；

GB/T4162—1991 锻轧钢棒超声波探伤方法；

JB4730—1994 压力容器无损检测；

GB/T528 —1994 硫化橡胶和热塑性橡胶拉伸应力应变性能的测定；

GB/T1033—1986 塑料密度和相对密度试样方法；

GB/T1040—1992 塑性拉伸性能试验方法；

GB/T1043—1993 硬质塑料简支梁冲击试验方法；

GB/T1633—1979 热塑化塑料软点(维卡)试验方法；

GB/T1842—1992 聚乙烯环境应力开裂试验方法；
GB/T2411—1980 塑料邵氏硬度试验方法；
GB/T3512—1983 塑料热空气老化试验方法；
GB/T3682—1983 热塑塑料溶体流动速率试验方法；
GB/T5470—1985 塑料冲击脆性温度试验方法；
GB/T6031—1998 硫化橡胶或热塑性橡胶国际硬度的测定；
GB/T7141—1992 塑料热空气暴露试验方法；
GB/T9344—1988 塑料疝灯光源暴露试验方法；
GB/T7759—1996 硫化橡胶热塑性橡胶常温、高温和低温下压缩永久变形测定；
GB/T730—1998 纺织品色牢度试验耐光和耐气候色牢蓝色羊毛标准；
GB14049—83 架空电缆人工气候老化试验标准。

5.2 原材料质量要求

5.2.1 高强预应力钢丝技术标准(见表 8)

表 8 ϕ5 mm、ϕ7 mm 高强钢丝技术要求

序号	项 目	技术指标	
1	公称直径	5+0.06 mm	7+0.07 mm
2	圆度	≤0.06	≤0.07
3	横截面积	19.6 mm^2	38.5 mm^2
4	抗拉强度	≥1 670 MPa	≥1 670 MPa
5	屈服强度	≥1 410 MPa	≥1 410 MPa
6	延伸率	>4.0%(L=250 mm)	>4.0%(L=250 mm)
7	弹性模量	(1.95～2.1)×10^5 MPa	(1.95～2.1)×10^5 MPa
8	弯曲次数	>4 次(R=15 mm,180°)	>5 次(R=20 mm,180°)
9	卷绕	3D×8 圈,不断裂	3D×8 圈,不断裂
10	松弛	≤2.5%(0.7G.U.T.S1000 h.20 ℃)	≤2.5%(0.7G.U.T.S1000 h.20 ℃)
11	疲劳应力	360 MPa(上限应力 0.45b.N=2×10^6 次)	360 MPa(上限应力 0.45b.N=2×10^6 次)
12	锌层单位质量	≥300 g/m^2	≥300 g/m^2
13	锌层附着性	5D×8 圈	5D×8 圈
14	硫酸铜试验	≥4 次/60 s	≥4 次/60 s
15	自由绕卷直径	≥4 m	≥4 m
16	伸直性	≤30 mm(L=1 m)	≤30 mm(L=1 m)

5.2.2 环氧涂层钢绞线

环氧树脂涂层钢绞线系采用七丝钢丝捻制的低松弛预应力钢绞线，通过静电喷涂，使丝周围形成一层熔融健结型环氧保护层而形成。用于制作环氧树脂涂层钢绞线的光面钢纹其质量应符合国内标准 GB/5224—95，国外标准：ASTMA416—90A、BS5896—80 的要求，包括材料制作方法、机械性能、尺寸及允许偏差、加工成品和表面要求、试样数量、质量证明书、包装和标准等，钢绞线必须是无焊接的，而且应进行偏拉伸试验。

光面预应力钢绞线技术标准见表 9。

表 9　光面预应力钢绞线技术标准

标　准	级别	公称直径（mm）	直径公差（mm）	抗拉强度（MPa）	截面面积（mm²）	单位重量（kg/km）	最小破断拉力（kN）	最小伸长率		1 000 h 松弛值		
								标距（mm）	（%）	初应力	普通	低松弛
GB5224—851（中国标准）	1 670	9.0	+0.4 −0.2	1 670	50.3		83.89	≥300	3.5	70% 80% 70% （10 h）	8 12 3.0	2.5 4.5 1.0
	1 770	9.0	+0.4 −0.2	1 770	50.3		88.79					
	1 570	12.0	+0.4 −0.2	1 570	89.45	697.08	140.24					
	1 670	12.0	+0.4 −0.2	1 670	89.45	697.08	149.06					
	1 470	15.0	+0.4 −0.2	1 470	139.98	1 091.07	205.80					
	1 570	15.0	+0.4 −0.2	1 570	139.98	1 091.07	219 052					
ASTMA 416—87A（美国标准）	250	12.70	±0.4	1 725	92.90	730	160.1	≥610	3.5	70% 80%		2.5 3.5
		15.24	±0.4	1 725	139.35	1 094	240.2					
	270	12.7	+0.66 −0.15	1 860	98.70	775	183.7					
		15.24	+0.66 −0.15	1 860	140.00	1 102	260.7					
BS5896—1980（英国标准）	标准级	12.5	+0.4 −0.2	1 770	93.0	730	164	≥500	3.5	60% 70% 80%	4.5 8 12	1.0 2.5 4.5
		15.2	+04 −0.2	1 670	139.0	1 090	232					
		12.9	+04 −0.2	1 860	100	785	186					
		15.9	+0.4 −0.2	1 770	150	1 180	265					

注：1.（GB5224—851）：屈服强度是整根钢绞线破断荷载的，但《公路桥规》取用（因单位换算时，按 1 kg/mm² = 10 MPa 计算），故《公路桥规》中的相应值为[本表值]×10×0.8/9.806 5，弹性模量如无实测数据，可按 $E=1.9\times10^5$ MPa 采用。

2.（ASTMA416—87a）：底松弛钢绞线屈服比应大于等于 90%；弹性模量未作具体规定，无实测资料时可用 $E=1.95\times10^5$ MPa。

3.（BS5896—1980）：条件屈服荷载为破断力的 85%，也可规定为伸长 1%时的荷载，其值约为破断力的 88%；除非制造厂标明，弹性模量采用 $E=1.95(\pm0.1)\times10^5$ MPa。

用于制作环氧涂层钢绞线的光面钢绞线主要技术要求为：标准强度 1 860 MPa，破断强度不小于 260.7 kN，弹性模量 1.95×10^5 MPa，伸长率≥3.5%，1 000 h 最大松弛≤4.0%，疲劳性能是应力上限为 $0.45\sigma_b$，应力幅为 200 MPa 情况下，受 200 万次荷载作用后钢丝断丝率小于 5%。

5.2.3　环氧涂层钢绞线防腐润滑涂料及固体防腐油脂

防腐润滑涂料及固体防腐油脂应符合 JG3007—1993 的要求，涂料层应具有良好的化学稳定性，对周围材料无侵蚀作用；不透水，不吸湿，抗腐蚀性能强；润滑性能好，摩擦阻力小；在规定温度范围内高温不流淌低温不变脆，并有一定韧性。

5.2.4 环氧涂层钢绞线外层护套材料

拉索系外层护套材料应符合 JG3006—93 的要求，采用高密度聚乙烯，应具有足够的韧性，抗磨及抗冲击性，对周围材料无侵蚀作用，在规定温度范围内，低温不脆化，高温化学稳定性好。

5.2.5 钢绞线拉索外套管

拉索外护套采用黑色高密度聚乙烯(HDPE)单层护管或内层为黑色，外层为彩色的双层高密度聚乙烯(HDPE) 护管，在直接承受大气环境的作用下，应具有优良的化学稳定性，抗老化寿命，并具有良好的综合物理机械性能，其主要性能应不低于表 10 的技术要求。

表 10 钢绞线拉索外套管技术要求

序 号	项 目	指 标	序 号	项 目	指 标
1	密度(g/cm)	0.924～0.988	11	耐老化，100 ℃ 168 h (1)拉伸强度变化率(%) (2)断裂伸长率变化率(%)	 ≤±20 ≤20
2	熔体流动速率(g/10 min)	≤0.45			
3	拉伸强度(MPa)	≥20			
4	屈服强度(MPa)	≥10	12	人工气候老化，0～1 008 h (1)拉伸强度变化率(%) (2)断裂伸长率变化率(%)	 ≤±25 ≤±25
5	低温断裂伸长率(%)	≥175			
6	硬度(ShoreD)	≥60			
7	拉伸弹性模量(MPa)	≥150	13	耐光色牢度(级)	≥7
8	冲击强度(kJ/m)	≥25	14	低温冲击脆化温度(℃)	≤−76
9	软化温度(℃)	≥110	15	碳黑含量(%)	2.6±0.25
10	耐环境应力开裂 F_0(h)	≥1 500			

5.2.6 锚具钢材

锚板、螺母、夹片、支承筒等主要受力构件必须选用优质合金钢，其技术条件应符合 GB/T3077 的规定。其他零件材料应符合 GB/T699 优质碳素结构钢的规定。锚板、螺母、支承筒等锻件应符合 JG/T5011.8 的规定。

5.2.7 减振橡胶

选用丁苯橡胶，其技术要求应符合表 11 的规定。

表 11 丁苯橡胶技术要求

序号	项 目	技术指标	序号	项 目	技术指标
1	不饱和度(%)	≤1.5～2.0	5	扯断伸长率(%)	≥700
2	灰分(%)	0.5	6	永久变形(%)	≤18
3	加热减量(105 ℃)(%)	≤0.10	7	门氏黏度	70～80
4	扯断强度(MPa)	≥18.0	8	邵氏 A 硬度	32～38

5.2.8 浆　　体

支承筒及延伸筒内固化后的水泥砂浆应具有足够的强度和温度稳定性，其抗压强度应不小于 40 MPa。施工前应作配合比试验，检验其国化后的性能指标达到要求。

5.3 钢绞线拉索制作技术要求

5.3.1 环氧涂层钢绞线

(1)涂层制作要求。

喷涂前的预应力钢绞线表面应进行除锈处理。

将经除锈处理的钢绞线完全松开,采用静电喷涂的方法使环氧树脂均匀喷涂在每根钢丝上,进行完全固化后捻制复原。

经固化后的涂层钢绞线表面应光滑完整,不应有明显的下垂、突起、异物附着等。

环氧树脂涂层钢绞线上的涂层厚度应在 0.12～0.18 mm。对每一盘钢绞线,应在该盘钢绞线上接近等长(间距 10 m)的五处地方作厚度检测,在生产过程中的检测应做好记录以备查。

(2)涂层的连续性。

经喷涂的预应力钢绞线固化后,涂层应没有肉眼可见的小孔、针眼、空隙、裂纹和损伤等。若出现轻微针眼、局部损伤等缺陷,应采用专用修补料进行修补。

(3)涂层的附着力。

涂层的附着力应在成品中取样进行 16D 直径的 180°弯曲试验进行评估,弯曲试验后环氧树脂涂层钢绞线表面应没有肉眼可见的裂纹或脱落现象。

涂层的附着力还应通过依据 ASTMA416—90a 中有关规定的力学性能试验来评估,环氧树脂涂层钢绞线的破断力、屈服强度及延伸率应符合 ASTMA416—90a 的要求。当试验至钢绞线标准强度 90%时,涂层应无龟裂、脱落现象。

经冲击试验的环氧树脂涂层钢绞线,在秤锤直接冲击部分之外的涂层不应有破碎、开裂、剥离和膨松现象。

(4)涂层的耐腐蚀性。

1)耐腐蚀性。

进行中性盐雾试验 2 000 h,环氧树脂涂层钢绞线表层和内部的平均发锈面率应不大于 0.1%,即达到 GB6461—86 规定保护等级 9 级以上。

2)耐化学试剂性。

经化学试剂溶液浸泡 1 000 h 后,环氧树脂涂层钢绞线表层和内部的平均发锈面率应不大于 0.1%,即达到 GB6461—86 规定保护等级 9 级以上。

3)耐干湿性。

以环氧树脂涂层钢绞线放在海水中浸泡 16 h,然后在干燥空气中放置 8 h 为一周期,经过 30 周期后环氧树脂涂层钢绞线表层和内部不发生锈蚀。

4)耐溶剂性。

用甲基乙基酮浸渍的纱布经压擦拭环氧树脂涂层钢绞线表层后无软化和黏着现象。

(5)松弛与徐变。

生产厂家除提供环氧树脂涂层钢绞线的破断力、屈服强度及延伸率等指标外,还应提供环氧树脂涂层钢绞线与光面钢绞线的松弛对比试验及徐变对比试验,要求环氧树脂涂层钢绞线松弛率不大于 4%,以供设计方参考。

5.3.2 环氧树脂涂层钢绞线外层护套材料

外层护套材料应符合 JG3006—93 的规定:高密度聚乙烯护套挤压后表面光滑、厚薄均匀,且要对钢绞线包裹紧密;高密度聚乙烯护套厚度在 0.8～1.2 mm 之间;防腐润滑油脂重量每延米不小于 50 g。

5.3.3 钢绞线拉索外套管

HDPE 外套管应符合 GB/T18365—2001 的规定,厚度为 8～10 mm 的单层黑色套管或双层彩色套管,其焊接位置的各项技术指标应不低于母材指标。

5.4 锚具制作技术要求

锚具零件的机械加工应符合 JG/T5011.10 的规定,热处理应符合 JG/T5011.9 的规定。

锚具的梯形螺纹应符合 GB/T5796.4 的规定,精度为 8H/8C。螺纹的极限尺寸应符合 GB/T8124 的规定。

锚板、螺母、支承筒等主要受力构件的半成品在热处理后,应作超声波探伤,探伤合格后才能进入下一道工序。探伤方法及评定标准锚具组件级的规定:成品表面应进行磁粉探伤,探伤方法及评定标准应符合 JB4730 中 11.13 及其 11.13.2 规定的Ⅱ级。

锚板、螺母、支承筒、夹片应有硬度测试记录,硬度试验应符合 GB/T230、GB/T231 的规定,其中各零件硬度指标应符合表 12 的规定。

表 12 零件硬度指标

序号	名称内容	硬度指标	序号	名称内容	硬度指标
1	锚板成品表面硬度	257～291HB	3	支承筒成品表面硬度	269～306HB
2	螺母成品表面硬度	257～291HB	4	夹片成品表面硬度	79～84HRA

锚具所有金属件的外露表面须根据设计镀覆防腐金属层或进行防腐处理。电镀锌后应作脱氢处理,其试验及评定标准应符合 GB/T10125、GB/T9799 的规定。

锚板、螺母、支承筒及夹片在生产过程中均应编打流水号,最后出厂时应用钢印将型号及流水号打在成品上。

环氧树脂涂层钢绞线拉索锚具组件应符合 GB/T14370—93 中Ⅰ类锚具的要求。

锚具组件静载锚固性能应满足锚固效率 $\eta_A \geqslant 95\%$,极限延伸率$\geqslant 2\%$的要求;低应力使用状态自锁性能可靠。

采用的锚具与咬透式夹片必须与环氧树脂涂层钢绞线配套,生产厂家应提供低应力状态下锚具夹片咬透环氧层试验。

6 试验方法

(1)钢绞线拉索的静载试验、弹性模量试验、疲劳试验等有关试验方法,按 CJ3058 中的有关规定进行。

(2)环氧树脂涂层钢绞线的偏斜拉试验、松弛试验以及徐变试验按 YB/T152—1999 有关规定进行。

(3)用于喷涂的环氧树脂涂料性能试验方法分别按 GB/T1743—1979、GB/T6739—1986、GB/T1732—1993、GB/T1733—1993、GB/T1768—1979、GB/T1763—1979、GB/T1771—1991、GB/T1740—1979、GB/T5210—1985 的规定进行。

(4)环氧涂层的厚度应通过能沿曲面测量的磁性测厚仪进行检测,允许有±5%误差。涂层的厚度应在线的外侧测量,测量时环氧树脂涂层钢绞线应自然伸直,在每盘钢绞线应有不少于 100%的厚度记录值在规定范围内。

(5)环氧涂层的耐弯曲性可采用弯曲试验机进行,也可采用人工弯曲试验。从已完成涂层的一盘钢绞线中取样进行 16D 直径的 180°弯曲,试验时环境温度应处 20 ℃～30 ℃之间热平衡状态下,将样品缓慢地绕过直径为 16D 的轴心作 180°弯曲试验,其结果应符合要求。

(6)环氧涂层的耐冲击性试验按 GB/T1732—93 的规定,采用重锤下落冲击性试验法进行,秤锤质量取 500 g,下落高度取 50 cm,秤锤直接冲撞部分以外的涂膜应没有破碎、开裂、剥离和膨松现象。

(7)环氧涂层的耐腐蚀性试验按 GB/T10125、GB1763—79(85)、JISK5400 中的有关规定进行。

(8)防腐油脂性能试验按 JG3007 中的有关规定进行。

(9)减振橡胶的性能试验按 GB/T528、GB/T7759、GB/T6031 的规定进行。

(10)HDPE 护套耐光色度、耐老化试验参照 GB 的 730、GB/T8427、GB/T9344、GB14049 规定进行。

7 检验规则

7.1 检验分类

拉索的检验分为出厂检验和进场验收。

7.2 出厂检验项目

7.2.1 成品拉索在出厂前要进行质量检验

检验的内容有:

(1)用 1.2～1.4 倍的拉索设计索力进行预张拉,以检验拉索的抗拉弹性模量、延伸率、锚固板的内缩值、锚具的锚固力等。当设计索力小于或等于 3 MN 时,取 1.4 倍;当设计索力大于 3 MN 而且小于 6 MN 时,取 1.3 倍;当设计索力大于 6 MN 时,取 1.2 倍。

(2)组成拉索所有原材料与组件应有质保单和合格证,并符合《斜拉桥热挤聚乙烯拉索技术条件》(JT/T6—94)的技术标准或《环氧涂层钢绞线》的技术标准。

(3)成品索的外表不能有深于 1 mm 的划痕,不能有面积大于 3 cm^2 的损伤;两端锚具的外表面镀层及螺纹不得有任何损伤;锚圈和锚杯能完全自由旋合。

(4)拉索出厂前应有产品质量保证书、产品批号、设计索号及型号、生产日期、数量、长度、重量等。

(5)产品出厂前,应用麻布条或纤维布缠包防护。

7.2.2 锚具的检验

锚具的检验内容有外观、硬度、外形尺寸、超声探伤、磁粉探伤、螺纹、互换性;减振橡胶的硬度、拉伸强度、延伸率;环氧树脂涂层钢绞线外观检验、厚度检验、连续性和附着力检验。

7.3 进场验收

锚具进场时,除应按出厂证明又件核对其锚固性能类别、型号、规格及数量外,尚应按下刻规定进行验收:

(1)外观检查:应从每批中抽取锚具且不少于 10 套,检查其外观和尺寸。如有一套表面有裂纹或超志产品标准及设计图纸规定尺寸的允许偏差,则应另取双倍数量的锚具重做检查;如仍有一套不符合要求,则应逐套检查,合格者方可使用。

(2)硬度检查:应从每批中抽取的锚具且不少于 5 套,对其中有硬度要求的零件做硬度试验(多孔夹片式锚具的夹片,每套至少抽取 5 片)。每个零件测试 3 点,其硬度应设计要求的范围内。如有一个零件不合格,则应另取双倍数量的零件重做试验;如仍有一个零件不合格,则应逐个检查,合格者方可使用。

(3)静载锚固性能试验:经上述两项试验后,应从同批中抽取 6 套锚具,组装成 3 个预应力锚具组件,进行静载锚固性能试验,如有一个试件不符合要求,则应另取双倍数量的锚具重做试验;如仍有一个零件不符合要求,则该批次锚具为不合格品。(注:对于一般工程的锚具进场验收,其静载锚固性能,也可由锚具生产厂提供试验报告。)

7.4 判定规则

(1)环氧树脂涂层钢绞线、锚具组件、拉索外层护套;平行钢丝索和冷铸锚等,凡已判定为不合格者,均不得用于拉索体系。

(2)凡 7.2.2 所规定的拉索出厂检验项目中有一项未获通过,该根拉索被视为不合格品,需方有权拒收。

8 标志、包装、运输、储存

8.1 标　志

应有助于产品型号和生产批号。

8.2 包　装

锚具组件出厂时应采用木箱包装,且并应符合 JG/T5012 的有关规定,包装箱内必须附有产品合格证、装箱单和产品说明书。产品合格证内容包括:规格型号、名称、出厂日期、质量合格签章、厂名、厂址。

环氧树脂涂层钢绞线采用防锈纸和聚丙烯编织物的防潮外包装。

每盘环氧树脂涂层钢绞上应挂有金属牌,标牌上注明:厂名、商标、规格型号、重量及出厂编号。

每批环氧树脂涂层钢绞线应附有质量证明书,其中应注明:

(1)供方名称;(2)需方名称;(3)合同号;(4)重量及件数;(5)各项检测结果;(6)执行的标准编号;(7)检验出厂日期。

8.3 运输、储存

(1)索设盘设计:为了便于拉索的吊装、运输和移动,需将直线形的拉索弯卷成圆盘,类似电缆线的钢盘,索盘内径一般不小于 2.0 m。索盘两端挡板外径视索长与索径而定。

(2)在运输和装卸过程中,谨防日晒雨淋,应小心操作,防止碰伤钢绞线护套及锚具;产品宜储存在库房中,避免锈蚀、沾污、遭受机械损伤和散失。

9 结 束 语

斜拉索是斜拉桥的重要构件,无论在结构上或美学上,拉索在斜拉桥中都起到重要的作用。斜拉索在用材、型式、防腐、锚固、架设和张拉等施工工艺方面的进步对斜拉桥的发展作出了重要贡献。但斜拉索体系的有效防腐和振动控制仍是目前斜拉桥拉索体系技术发展中的关键问题,也是设计单位在选择拉索体系时着重考虑的问题。应当根据施工队伍素质、工地气候条件、结构特点以及造价等综合进行比较作出判断。随着科学技术发展,新型材料、新工艺的问世,在 21 世纪将会有新型斜拉索体系的产生,以适应斜拉桥的未来发展。

斜拉索安装及调整施工工艺

1　斜拉索安装基本原则

斜拉索是一种柔性拉杆，是斜拉桥的主要受力构件之一。目前国内外斜拉桥所用的斜拉索主要采用经过多种防腐处理制作的高强平行钢丝和平行钢绞线两种形式。无论是平行钢丝索或平行钢绞线索在安装过程中所要遵循的基本原则是：在保证斜拉索安装质量、安全的前题下，所采用的安装方法、程序、工艺及动力牵引系统力求做到简单、方便、易操作。

2　斜拉索安装

2.1　平行钢丝束(冷铸锚)斜拉索

2.1.1　基本结构形式

斜拉索由平行高强钢丝束外包两层 PE 防护套而成，其端头采用冷铸镦头锚具进行锚固，且锚具有张拉端和锚固端之分，张拉端的锚杯带有内螺纹以便与大吨位的张拉或牵引杆连接，而锚固端的锚杯较短且无内螺纹。

2.1.2　工艺流程图

工艺流程如图 1。

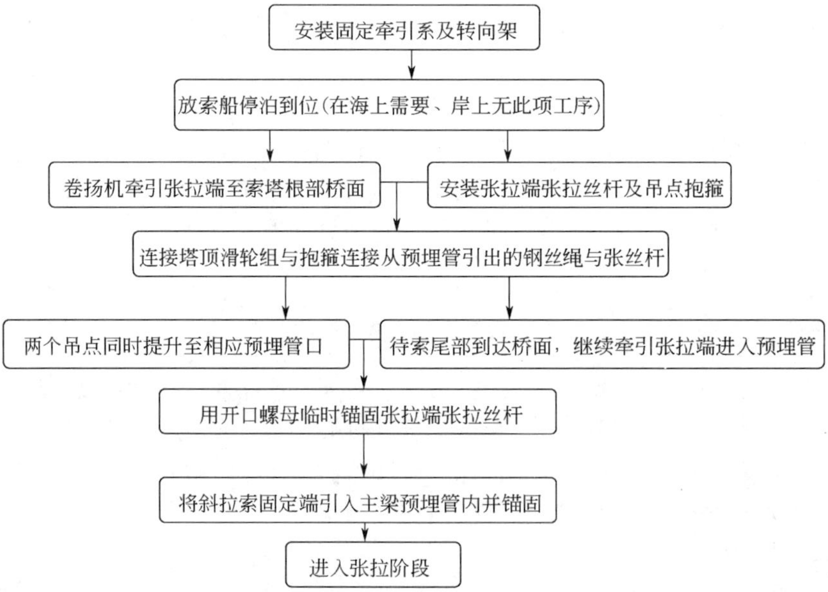

图 1　工艺流程图

2.1.3　成品索运输

成品索单根质量 1 t 以下的可以脱胎成盘，大型拉索应用钢盘打盘包装运输，其盘绕内径不小于 20 倍拉索直径，且 $D>1.8$ m，最大外形尺寸应满足相应的运输条件。锚具应有保护措施，包装好的拉索露天存放时应加遮盖，在运输装卸过程中，应防止碰伤锚具和聚乙烯(PE)保护层。

2.1.4 斜拉索的牵引与安装

根据塔式起重机仅能承受竖向荷载的特点，原则上拉索张拉应设在塔上，锚固端应设在梁上，即使用塔吊先将斜拉索张拉端临时悬挂于塔柱上并将张拉端导入塔上的索管，然后在 0# 梁段上布置 5 t 双筒卷扬机，并将牵引索引至已浇梁段端头倒向后与斜拉索锚固端相连，锚固端牵引到位后安装，然后使用液压穿心千斤顶在塔柱内牵引张拉端就位，安装张拉端螺母，按设计吨位要求张拉斜拉索后锚固。总体安装示意如图 2。

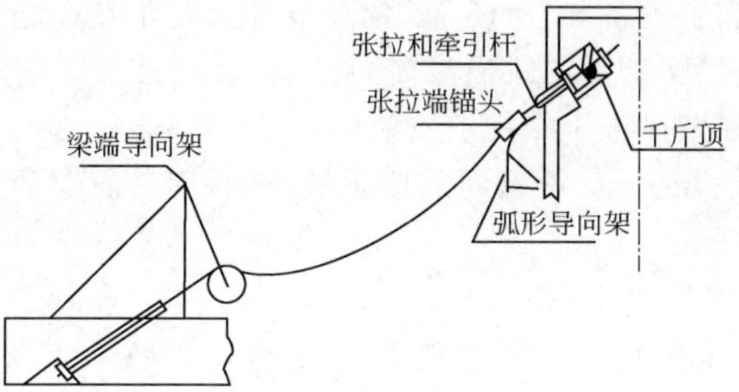

图 2 安装示意图

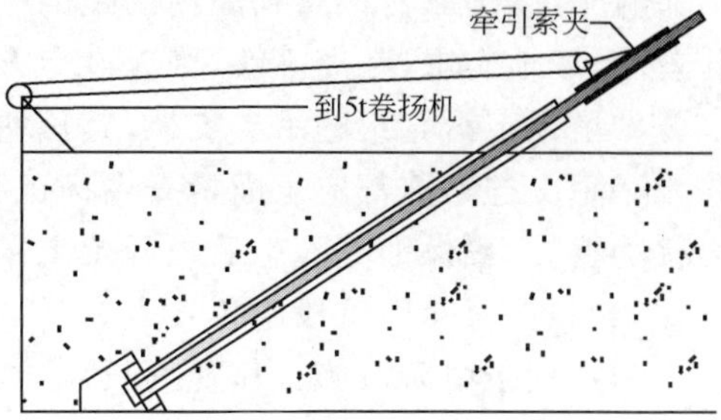

图 3 锚固端的安装

(1)锚固端的安装：将斜拉索厂家提供的专用放线盘安装在塔柱附近，在塔柱上设操作平台和弧形保护架。在已浇梁段端头安装牵引倒向架并穿绕牵引索和滑车，在索管口附近设简易龙门吊。使用塔吊将斜拉索张拉端吊至塔柱弧形保护架上，再用 10 t 手拉葫芦将牵引张拉端临时锚固。在主梁上铺设保护滚筒(间距 3～6 m)，安装牵引索夹，牵引锚固端到索管口，使用简易龙门吊调整锚固端位置和方向至索管一致，牵引锚固端到位，安装锚固螺母。如图 3。

(2)张拉端的安装：将张拉变径接头和张拉杆安装在张拉端上，从塔内将牵引杆穿过索管安装在张拉杆上。为避免单根牵引杆过长而满足不了操作空间要求，牵引杆可用连接螺母分段接长(如图 4)。

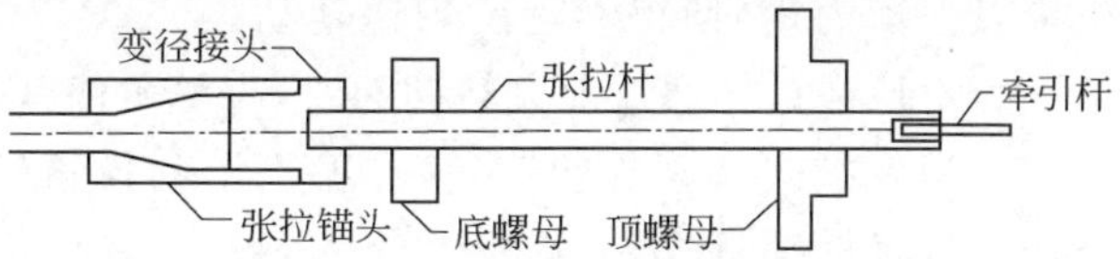

图 4 牵引张拉构件组装

使用穿心千斤顶逐段牵引张拉端，当张拉杆能用螺母临时锚固时(螺纹旋合 4 扣以上)，拆除全部牵引杆。用张拉杆继续牵引张拉端直至张拉锚固螺母能全部旋合，拆除张拉杆底螺母。按照设计要求的索力张拉后锚固张拉端。如图 5。

(3)牵引提升系统的布置和安装。

斜拉索施工最常用的牵引装置为卷扬机，卷扬机的型号及卷扬机的额定拉力可以根据索的重量来确定，一般情况卷扬机配制如下：

1)4 台卷扬机对称安放于索塔根部路线石内侧，分别朝向主梁前端，其作用是将拉索张拉端从放索架的索盘中引出，通过箱梁前端转向架引至桥面，并平拖至索塔根部附近，待进一步提升牵引；

2)4 台卷扬机对称安放于主梁两端的桥轴线两侧，其钢丝绳通过塔顶定滑轮组，用于将拉索张拉端提升至索塔锚固区相应预埋管口附近；

3)在塔顶搭设平台，安放两台卷扬机，其钢丝绳经过转向从斜拉索预埋管放出，其作用是将张拉端锚头牵引进入预埋管；

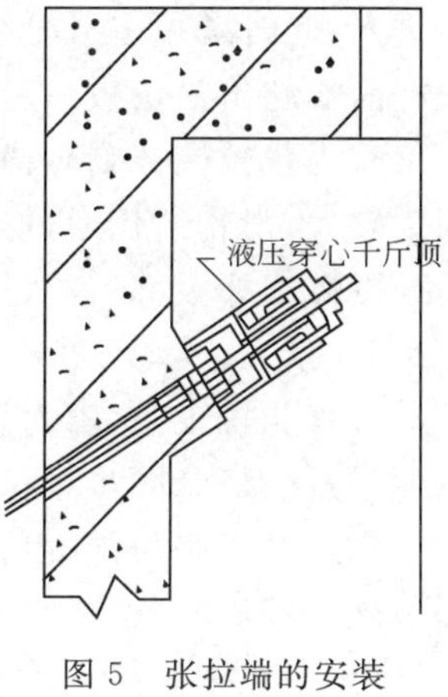

图 5 张拉端的安装

4)在距箱梁前端 0 m 处,上、下游两侧各安 1 台卷扬机,对称共 4 台,其钢丝绳从梁前端放下,用于稳住江中的放索船,待斜拉索完全脱离放索船到达桥面,此卷扬机还可用于牵引锚固端锚头进入钢箱梁锚箱,此卷扬机随钢梁向前延伸而迁移位置。

上述即为牵引系统卷扬机的布置,具体安放与操作时应注意以下几点:

1)应选用与卷扬机相匹配的钢丝绳及转向滑轮。

2)从卷扬机滚筒引出钢丝绳经过的第一个转向滑轮,其转向点与滚筒轴线的中点的连线应垂直于滚筒轴线,该点到滚筒的距离应为滚筒长度的 10～15 倍,钢丝绳才会在滚筒上自然排丝,若场地有限,距离不够,则应设专人排丝,严防钢丝绳跳出滚筒,引发事故。

3)塔顶定滑轮组的吊点支架,其预埋件应在索塔施工中提前安装好。

4)每次挂索前都应全面检查卷扬机制动器、开关箱、钢丝绳的磨损状况,转向装置是否符合受力要求,确保消除隐患后再开始工作。

(4)斜拉索牵引阶段施工要点。

斜拉索牵引阶段施工作业面长、危险性大,要做到安全文明施工,应掌握以下施工要点及细节:

1)斜拉索安装及张拉应注意施工对称性,避免塔柱承受过大的不均衡荷载、塔柱倾斜度超过规范要求。

2)所有起重用钢丝绳、卸扣、转向轮等均应符合起重行业施工规范,具有足够的安全系数。

3)斜拉索放索架应安装配重,并有制动装置。张拉端冷铸锚杯被牵引出索盘后,当固定端锚具转至索盘最高点。由于力矩不平衡,索盘会发生突然加速转动,使得放索速度时快时慢很不安全,也容易损坏斜拉索,因此应根据固定端锚杯重量在其所处直径的另一端加配相同重量铁块以平衡力矩,使得索盘能匀速转动。

4)张拉端锚杯通过前端转向架时,应尽量使其从平辊中间位置通过,以不受阻碍的到达桥面。

5)为保护斜拉索外包装,应在桥面上斜拉索经过的沿途设置平辊,平辊过索槽净宽度应大于最大直径的锚杯 5～6 cm。

6)张拉端被牵引至索塔根部附近处,即开始安装吊点抱箍及引伸张拉丝杆,准备向上提升。这个工作很关键,必须认真细致地完成。抱箍应有足够的长度,其夹紧用的螺栓应有足够的强度,拧紧后应使抱箍与斜拉索之间(垫有橡胶皮)产生足够的摩擦力,以防止抱箍受力后滑移。张拉丝杆通过一个内外有螺纹的接头与冷铸锚杯连接,另一端与牵引钢丝绳连接。

7)拉索张拉端被提升至所需高度后,主要由从预埋管引出的滑轮组(单门滑轮、2 根丝)牵引进入,此时塔顶主滑轮组应及时调整锚头倾角,使张拉丝杆基本沿套筒轴线方向牵引进入,丝杆前端超出锚垫板一定高度后,即可用开合螺母临时锚固,待安装千斤顶准备张拉。

8)当张拉端被临时锚固后,即可用卷扬机组滑轮组,将固定端引入锚箱,此状况下,所需牵引力较大,滑轮组仍通过抱箍与斜拉索连接。为防止抱箍滑移,可在抱箍前加一根套筒,将力传至冷铸锚杯根部。

2.1.5 张　　拉

拉索张拉工艺、索力及标高的施工控制是斜拉桥施工的关键所在。拉索的张拉,应在主桥两侧平行、对称、同步张拉,以利施工控制或减少主桥附加内力。

每组拉索张拉前,由技术部门提供张拉设备的配套关系以及斜拉索的控制应力、张拉伸长值等施工控制参数。

(1)斜拉索张拉的油表读数控制张拉力,以伸长值校核。斜拉索在塔上进行、两肢塔柱上的拉索张拉应同步进行。经保证千斤顶、油泵，油压表同步工作，并配备必须的通话设备。

(2)千斤顶进油表张拉时，按相应的张拉分级吨位，测量缆索伸长值。

(3)各索应同步张拉、分级加载、检查张拉装置的安装是否正确，油泵、千斤顶是否漏油。张拉时应边控边旋紧螺帽、分级加载过程中，锚杯螺母达到各载荷点随即旋紧。另外、油泵操作人员应随时注意索体动态，以确保安全。

(4)为消除斜拉索由于黏弹性滞后对索力的影响，宜在张拉完成后静止适当时间再张拉一次，并待千斤顶完全卸载后，通过索力测试校核，以满足索力小于±2%的误差。

(5)拉索锚具和孔道未封之前应临时加以防护，防止雨水侵入索体和撞击锚头。所有机具、设备、连接件，均应根据技术设计或负荷选用。

(6)为了减少温度、日照对张拉和梁体标高的影响，斜拉索张拉应在当日最低温度下进行。

2.1.6 索力调整

(1)主梁全桥合龙前或合龙后应进行一次线形、索力以及关键断面的应力测量。为控制索力，一般应至少进行一次全桥索力调整。调整方案由设计计算确定，调整后还应进行全桥索力与标高的测量。

(2)索力的调整可采用四种方法：一次张拉法、多次张拉法、设计参数识别法和卡尔蔓滤波法。

(3)索力调整时，可从超过设计索力最大或最小的拉索开始(放或拉)，直到调至设计索力。

(4)索力调时，应对塔和相应梁段进行位移检测，并做出存档记录，记录内容包括日期、时间、环境温度、索力、索伸缩量、桥面荷载状况、塔梁的变位量及主要相关控制断面应力等。

(5)索力调整时，可根据不同的设计要求，在梁上或塔上进行，若塔上不便安装千斤顶，则可在施工脚手架上进行。

(6)在空心塔内进行调索施工时，需在塔内设置施工支架或升降平台，调索设备可通过塔吊、卷扬机、升降平台等运送。H 形带隔板的塔上调整，调索设备可设在塔外。

(7)在梁上调索时，宜将斜拉索锚固在箱形梁的箱内，以方便施工，而将斜拉索锚固在箱形梁的悬挑翼板或肋板梁的肋板处，则需要安装吊篮或其他形式的施工支架做工作平台。

(8)利用卷扬机、手拉葫芦等将调索设备吊运到位，千斤项等设备可用手拉葫芦等工具定位、固定。

(9)调索一般用穿心千斤顶进行。

(10)千斤顶和油泵等张拉机具应由专人管理和使用，并应经常维护，定期检查。

(11)对于下列情况，均应对千斤顶和油泵配套进行重新标定：

千斤顶或油泵出厂初次使用；千斤顶使用超过 6 个月或 200 次；千斤顶或油泵在使用过程中出现的不正常现象；千斤顶或油泵经过检修；千斤顶和油泵重新配对。

(12)对千斤顶和油泵进行编号，以免标定结果用错。

(13)斜拉索的索力调整应由专业人员进行。

(14)索力调整前应将锚头和锚固锚环配对并检查其质量。

(15)索力调整前应将斜拉索锚固面、各个张拉受力支承面及锚头、锚环、张拉扦、张拉杆锚固螺母等丝齿内的杂物逐一清除干净。

(16)锚环、张拉杆、张拉杆螺母等各自的悬紧程度要一致，以免斜拉索、张拉杆在索力的调整过程中受力不匀。

(17)斜拉索、撑架、千斤顶、张拉杆在调索施力的过程中位置要居中，以免拉索、张拉杆受力不均匀。

(18)索力调整的过程中,应注意保护拉索不受伤害。

(19)张拉和索力调整过程中,要及时校核索力的增量和拉伸量值之间的对应关系。

(20)索力调整的过程中,必须同时进行梁段和索塔变位观测并与设计变位校核。超过设计规定范围或出现其他不正常的情况时,应停工,检查原因,并与设计单位研讨,采用适当疗法进行修正。

(21)调索过程中要密切注意油泵的压力表值,如遇压力突升应及时关机,查明原因并解决后才能继续工作。

(22)塔上索力调整系高处作业,对施工人员、设备的安全保护应有可靠措施。

2.2　平行钢绞线索(夹片锚)斜拉索

2.2.1　基本结构形式

平行钢绞线索是采用七丝钢丝扭绞成束后,镀锌或(环氧喷涂)+油脂+外包热挤 PE 层形成单根低松弛预应力钢绞线,由张拉端锚具组件、中间自由段索体和锚固端锚具组件构成。其中:张拉端锚具组件、锚固端锚具组件均由锚具+n 根钢绞线+柔性填充物质+密封装置+防松装置+减振装置+防腐油脂等组成;中间自由段索体由平行钢绞线+索箍+整体 HDPE 护套组成。

2.2.2　安装工艺流程(见图 6)

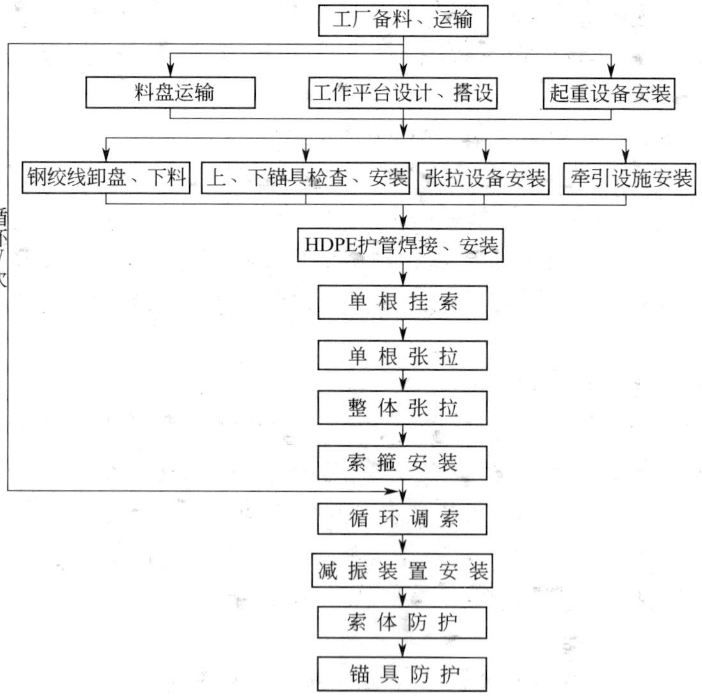

图 6　平行钢绞线索安装工艺流程图

2.2.3　循环牵引动力系统安装方法工作原理(见图 7)

循环系统安装步骤如下:

(1)设置导向,并将卷扬机移动到位;

(2)从塔外将循环钢丝绳一端加配重,穿过 HDPE 护管放到桥面,桥面人员将它与牵引器连接;

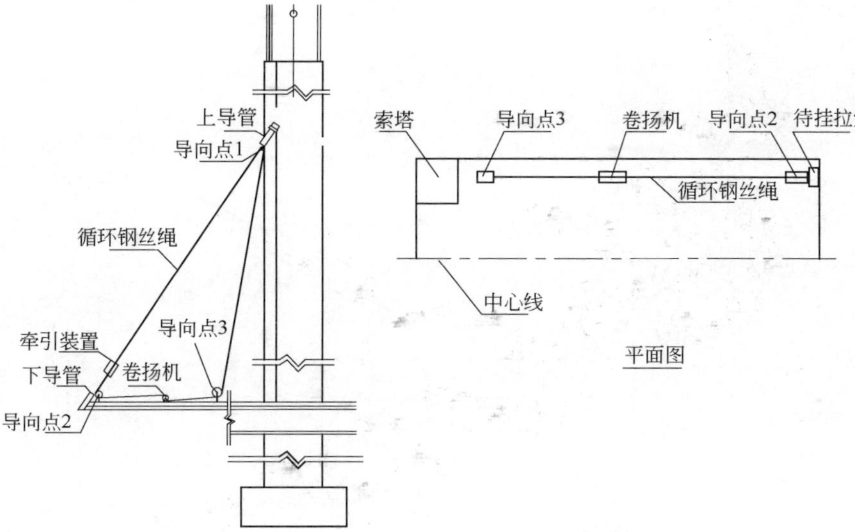

图 7　循环牵引动力系统安装图

(3)另一端通过塔外导向后,沿索塔向放到桥面;

(4)在桥面将它通过桥面导向后,引入卷扬机,从卷扬机引出循环钢丝绳,通过挂索点导向后与牵引器另一端连接在桥面导向出;

(5)用 2T 葫芦对循环钢丝绳进行预紧,操作卷扬机进行试循环。没有问题,则循环装置安装完成。

2.2.4　安装程序(见图 8)

(1)钢绞线运输到施工现场后,将索盘吊装于放线架上,考虑挂索时从 PE 管下端向上牵引,将放线方向朝向梁端预埋管处,放线架与预埋管之间应设铺垫及导向,以防钢绞线 PE 损伤。

(2)将盘好的钢绞线放盘打开张拉端与循环钢丝绳上的专用牵引装置连接,启动循环系统将钢绞线顺着 HDPE 护管牵引至上端管口,将已牵引出的钢绞线从盘上全部放出,与穿过下端锚具的牵引索连接,用人工穿过锚孔,安装夹片锚固。

(3)在塔外将钢绞线和从锚具孔穿过的牵引索连接,解除循环系统上的牵引装置通过塔柱内的葫芦等工具将钢绞线拉出锚板孔,塔内作业人员相应辅助直到满足单根张拉所需的工作长度后锚固,准备牵引下一根钢绞线。

(4)单根挂索时,注意 PE 护套的保护、严防打绞、旋转,扭曲现象发生。

(5)利用循环牵引钢丝绳可同步一次牵引两根钢绞线。

2.2.5　安装顺序(见图 9)

不同桥跨的斜拉桥斜拉索采用的锚具型号不同,穿索时按先上游,后下游,先上排孔,后下排孔的顺序进行;各号索均按主、边跨四个工作面同时进行。

2.2.6　斜拉索架设及张拉

(1)单根张拉。

为了保证单束拉索中每根钢绞线应力满足设计要求,保证索力均匀度控制在 2%范围内,张拉时严格按工艺控制进行,并做好张拉记录。施工前必须提供以下项目:

1)斜拉索安装控制张拉力,该值由监控单位以监控指令形式提供给安装施工单位;

2)斜拉索安装控制张拉力作用下,斜拉索锚固点计算相对位移量(或变形量),是该索所在竖直平面内下端锚点竖向位移和上锚点水平位移,由监控单位临时给出;

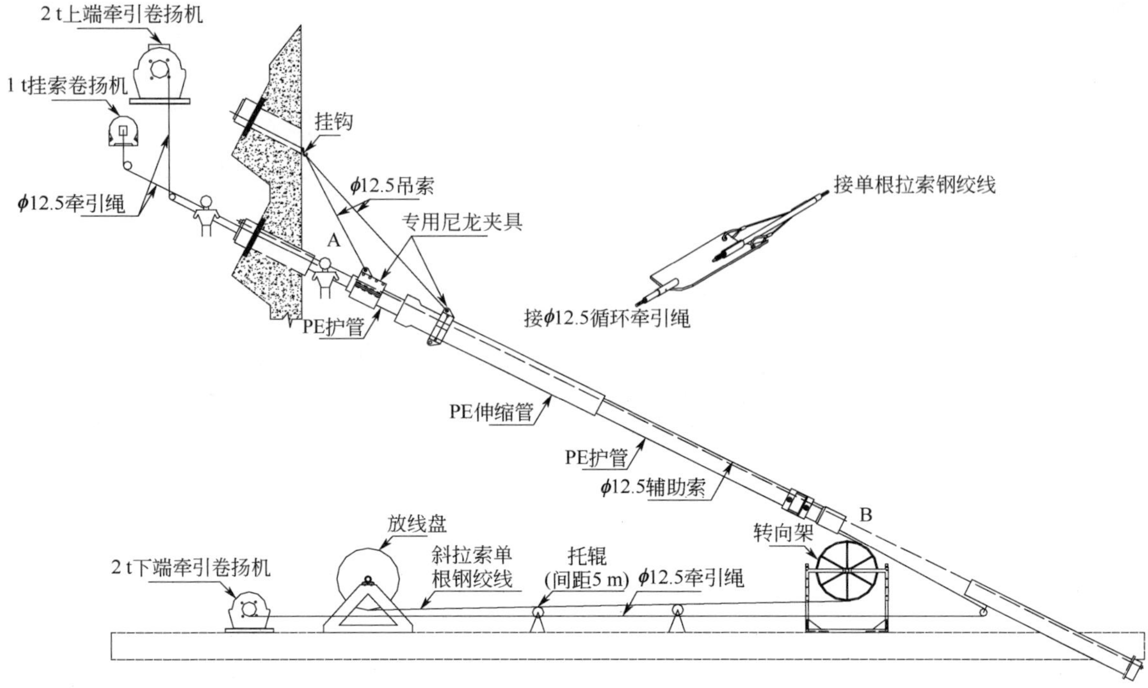

图 8　安装工艺示意图

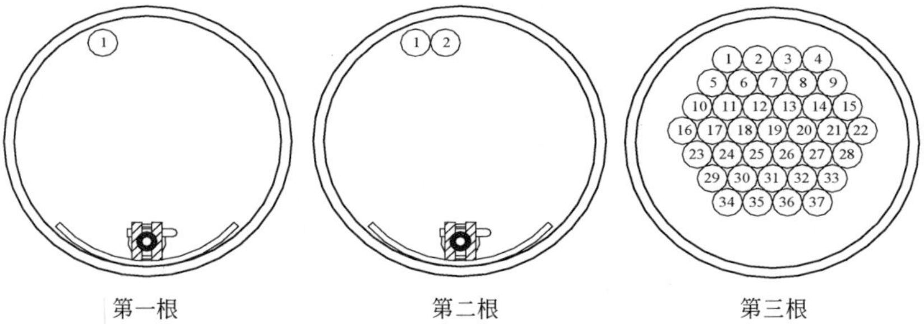

图 9　平行钢绞线斜拉索安装顺序图

3)主梁相应截面的相关物理参数,该参数一般根据设计而定;

4)斜拉索索体几何和物理参数,由斜拉索产品供方提供。

(2)单根张拉力计算。

斜拉索第一次张拉是通过单根张拉索力累积达到整束设计第一次张拉索力的,实际施工操作时按以下原则进行:

1)第一、二根:为减少 HDPE 外套管对单根张拉力造成过大的非线性影响,第一、二根钢绞线用来承受 HDPE 外管的自重,所以张拉力由该管的垂度确定;

2)第三根:根据整束拉索索力平均之后由主梁及索塔的变形量进行修正,使安装完成之后单根索力累计值与设计接近,避免单根挂索之后索力大调整;

3)第 i 根:$T_i = T_{i-1} - \Delta_i$,Δ_i 为第 i 根安装时传感器变化值;

4)第一、二根补拉时按 $T_i = T_{i-1} - \Delta_i$ 控制方法确定。

(3)张拉力控制。

单根钢绞线索力均匀性控制是平行钢绞线拉索制作安装的关键,张拉过程采用振弦式传感器控制，该传感器使用时安装在第三根钢绞线上，通过单孔锚具临时锚固，待该整束斜拉索安装完成之后拆除。其中传感体通过导线与显示仪相联，压力变化值从显示仪中读取。

(4)单根钢绞线张拉锚固。

钢绞线采用 YDCS160—150 张拉，选用配套标定的油压表控制，单根张拉工艺(图 10)。

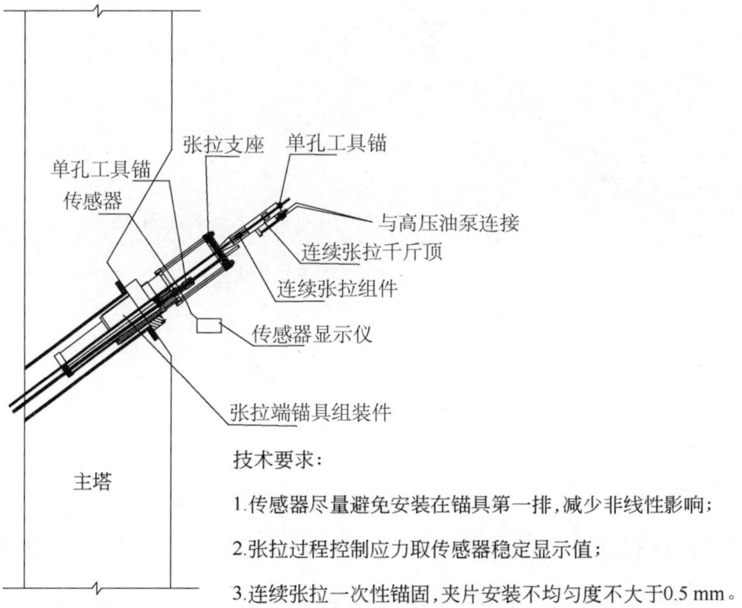

图 10　单根张拉工艺图

(5)整体张拉。

整体张拉时，必须根据索号选择千斤顶，并配套张拉连接套、张拉杆和张拉撑脚，安装工艺图(图 11)。在塔内进行设备安装可利用塔吊将撑脚、千斤顶、张拉杆、连接套吊至塔内平台上，然后利用活动平台移动到相应索号张拉端位置，借助于手拉葫芦将连接套、张拉杆、千斤顶及撑脚、张拉螺母依次安装固定，千斤顶安装时对中误差≤5 mm。

(6)整体张拉力控制。

该工况下张拉配合性工作较强，此次张拉主要是服从监控指令，除控制拉索在该工况下有效应力外，还顾及相应的主梁段及挂篮控制点标高，控制技术措施如下：

1)根据监控指令进行张拉。

2)为保证张拉时克服张拉部件的变形量对有效应力的影响，张拉到控制应力之后，锚固卸压；

3)按照监控指令要求调整索力；

4)整体张拉时四个工作点进行同步分级张拉，各点同级索力相对误差控制在 2%之内，拉索最终索力误差控制在控制索力的 2%以内，做好张拉记录。

3　索体防护

索体材料采用带 PE 环氧涂层钢绞线，PE 层与钢绞线间涂专用油脂，如在下料、挂索等过程中发现 PE 有破损处，立即用焊枪修补，谨防钢绞线锈蚀。

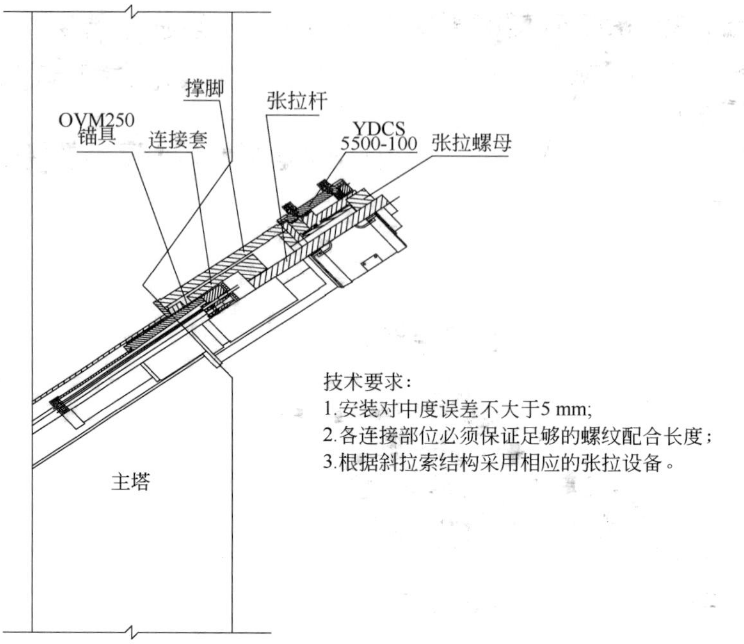

图 11　整体张拉工艺流程图

索体外用 HDPE 套管防护，成桥调索结束，减振器固定后，固定已预先套在管外的防水罩，与两端预埋管连接，可有效防止水分进入 PE 管内，并隔绝紫外线照射，进而起到保护索体的作用。假如预埋管因偏心过大造成防水罩无法顺利连接，预埋管安装方可考虑将预埋管接长，只要保证该接长段与索体同心即可。

3.1　锚头防腐

(1)锚头内防腐

锚头内钢绞线由于挂索、张拉需要，两端 PE 需剥除，剥除段钢绞线必须进行有效防护，需在锚具内灌注油脂。注油设备采用 OVM 活塞式注浆泵，待调索结束后，用该泵把油脂压进锚具内。

(2)锚头端面、夹片、外露钢绞线的防腐

1)一方面为了整体防腐，一方面为了方便螺母旋动，在锚具安装时预先在支承筒外螺牙上涂上防腐油脂。

2)整体张拉后，支承筒外露部分、锚板、夹片等都涂上防腐油脂，而且支承筒外露部分锚板用封箱带缠绕密封。

3)调索结束后，锚具外安装保护罩，罩内注油对裸露钢绞线、夹片、锚板等进行防护。

4)上、下锚箱内必须预设防水、防潮措施，下端锚垫板应设有排水槽。

3.2　HDPE 套管焊接与安装

HDPE 管焊接时，应对段管编号、段管长度、焊接头预热温度、预热压力、加热时间、切换时间、焊接压力、冷却时间和焊接时间等进行记录。

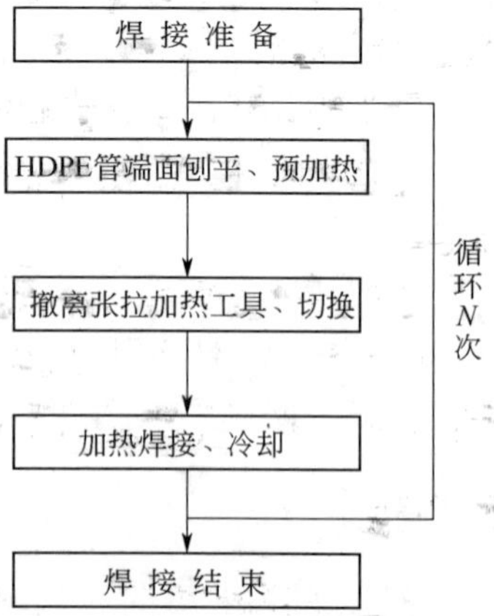

图 12　HDPE 焊接工艺流程图

3.2.1 焊　　接

(1)焊接工艺

HDPE 段管的连接采用专用发热式工具对焊方式。其焊接工艺流程如图 12。

(2)焊接条件

HDPE 管焊接时,根据管材规格,其焊接条件见表 1。

表 1　焊接条件表

管材格规	预热温度(℃)	H=1.0 mm 时的预热压力(bar)	预热完成后加热时间(s)	允许最大切换时间(s)	焊接压力(bar)	冷却时间(min)	备注
Φ180×10	210±10	90±10	80±5	5	90±10	13	
Φ200×10	210±10	90±10	80±5	5	90±10	13	
Φ235×10	210±10	100±10	90±5	5	100±10	15	

注:HDPE 管焊接前,将管材旋转于夹紧装置内并将之夹紧,在压力作用下用平行机动旋刀削平两个管材的被焊端面。

在焊接过程中,无论如何,焊接压力都必须保持至焊缝完全满足冷却时间且硬化后才能撤去。

3.2.2 HDPE 套管安装

在桥面上按设计要求的长度将 HDPE 套管焊接好,要做好焊接记录。运输至塔下,以备起吊,HPDE 护管安装(图 13)。摆放时用支架或枕木将套管架立,防止 HDPE 管损伤。

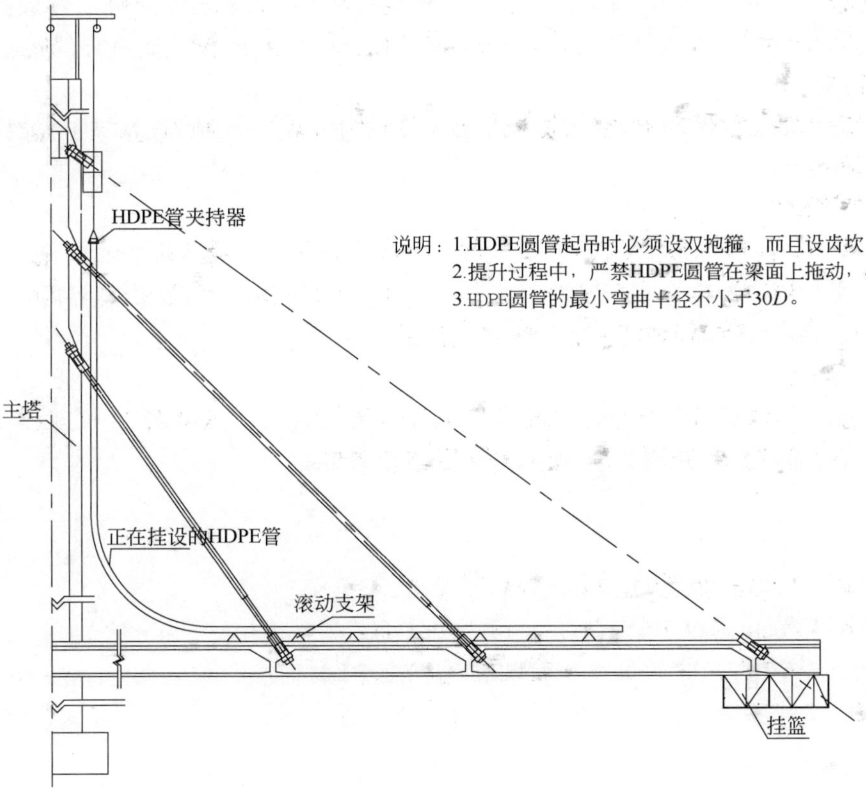

图 13　HDPE 护套管安装图

(1)在套管内穿入一根已计算好长度的钢绞线,同时在 HDPE 套管两端安装抱箍。

(2)利用塔吊等起吊设备将钢绞线和套管一起吊起,到达预定高度后将钢绞线穿入塔上锚具并固定,利用千斤绳和葫芦将套管吊挂在塔外管口相应位置。

(3)套管下端牵引至下端预埋管口,先将钢绞线穿入下端锚具并固定。

(4)通过张拉钢绞线使套管挺直抬起达到设计的角度,以方便下一步挂索工作的进行。

4　索力测试及控制

斜拉桥的斜拉索索力是设计的重要参数,也是施工监控实施中需要监测与调整的施工控制参数之一,索力量测效果将直接对结构的施工质量和施工状态产生影响。要在施工中比较准确地了解索力实际状态,选择适当的量测方法和仪器,并设法消除现场量测中各种误差因素的影响非常关键。

4.1　主要测试方法

目前可供现场量测的方法主要有三种:

(1)压力表量测法。

目前,索结构通常使用液压千斤顶张拉,由于千斤顶的张拉油缸中的液压和张力有直接的关系,所以,只要测定张拉油缸的压力就可求得索力。使用 0.3～0.5 的精密压力表,并事先经过标定,求得压力表所示液压和千斤顶张拉力之间关系,则利用压力表测定索力的精度也可达到 1%～2%。

千斤顶的液压也可用液压传感器来测定,液压传感器感受液压后输出相应电讯号,显示仪表在接收到讯号后即显示出压强或换算后直接显示张拉力。由于电讯号可通过导线传输,能进行遥测,使用就更为方便。

由于液压换算索力的方法简单易行,可直接借助施工中使用的千斤顶,故是施工控制中索力量测最实用的方法之一。

(2)压力传感器量测法。

该法是指在悬索桥主缆索股或斜拉桥斜拉索等锚下安装压力传感器,通过二次仪表读取拉索索力。这种方法量测的准确性高、稳定性好,易于长期监测,选择恰当的传感器除满足施工控制监测需要外,还可用于桥梁使用过程中的索力量测。

(3)振动频率量测法。

这种方法是利用索力与索的振动频率之间存在对应关系的特点,在已知索的长度、两端约束、分布质量等参数时通过量测索的振动频率,进而计算出索的拉力。

4.2　测试仪器

(1)ZX—300 系列智能型振弦式压力传感器,精度±0.1 kN;

(2)IFzx—300 振弦式检测仪,频率精度 0.1%±0.1 Hz;

(3)索力动测仪,频率精度 0.5%±0.01 Hz,测力精度±2%;

(4)数据传导线、集线器等。

4.3　数据采集及分析

桥梁施工工序较多,相应的施工控制实测数据量相当大,时间较集中,且具有明显的时效性、阶段性。因此,应采用专用数据管理软件来对测试数据进行管理(其优点在于数据赘余度小、可以对数据的一致性和完整性进行统一控制,实现数据共享、快速查询等)。在此基础上,建立测试数据分析、评价与处理程序,快速完成各项线形、应力等项目的计算、分析和评价工作以及相应的通报工作，从而保证桥梁施工控制工作的效率和质量。

4.4 施工控制

斜拉索索力控制是斜拉桥施工中的主要控制要素之一，为了保证单束拉索中每根钢绞线应力满足设计要求，保证单根索力均匀度控制在2%范围内。单根张拉过程采用振弦式传感器控制，该传感器使用时安装在第三根钢绞线上，通过单孔锚具临时锚固，待该整束斜拉索安装完成之后拆除。其中传感体通过导线与显示仪相联，压力变化值从显示仪中读取。

斜拉索的整体张拉对钢绞线的索力值将起到削峰填谷的作用，各钢绞线的索力值将会变得更加均匀。而且在荷载作用下，各钢绞线的索力值也会随时间变得越来越均匀。

整体张拉时，必须根据索号选择千斤顶，并配张拉连接套、张拉杆和张拉撑脚。在塔内进行设备安装可利用塔吊将撑脚、千斤顶、张拉杆、连接套吊至塔内平台上，然后利用活动平台移动到相应索号张拉端位置，借助于手拉葫芦将连接套、张拉杆、千斤顶及撑脚、张拉螺母依次安装固定，千斤顶安装时对中误差不大于5 mm。

5 抗风阻尼器安装

(1)利用专用紧索器按设计截面将整束紧固成形。

(2)索箍和减振器按设计位置进行安装，拧紧索箍紧固螺栓，为方便施工过程中监控测量索力，减振装置不作最后固定，待整体张拉、全桥调索结束后再进行。

6 质量控制

6.1 技术保证措施

(1)建立项目总工程师及各级技术员的技术责任制，实行技术质量的统一领导和分级管理，明确各级技术人员的职责和权限。

(2)建立健全各种行之有效的技术管理制度，严格施工图纸会审，技术交底，材料试验和工程档案管理等制度的落实和完善，使技术组织管理工作制度和标准化。

(3)熟悉和研究施工工艺，重点编制挂索，单根张拉、调索等四个工序的详细操作规程。

(4)加强机械设备的管理，强化机械保养和维修制，提高机械设备的完好率和利用率。

(5)积极采用新技术、新设备和新工艺。

6.2 质量保证措施

(1)合理规划桥面拉索安装作业线，与主梁施工方沟通、协调，有效利用施工场地。

(2)制定质量指标，开展创优良工程活动。

(3)切实开展全面质量管理活动，把质量问题控制在施工的每一个工序过程中。

(4)实行质量问题一票否决权。

(5)加强技术培训，推行标准化管理。组织上岗的班组及关健技术岗位的职工学习招标文件技术要求，并进行考试，成绩合格方能上岗。

(6)建立质量管理制度，交接班制度和计量器具检查管理制度。

(7)各班组的副职兼质检员，形成自项目经理部到各班组的严格控制网。

(8)施工严格按照设计图纸及有关国家规范进行。

(9)施工人员必须熟悉技术，做好图纸会审记录和技术交底记录。

(10)施工过程中,应对各个环节加强检查和监督,做好自检记录。

(11)所有的材料进场或使用前应作严格的检查和试验,并保存材料的质保书及试验资料。

(12)施工过程中下锚点的索导管口与 HDPE 下管口采用防雨布缠绕密封防水。

7 安全注意事项

(1)坚持"安全第一,预防为主"的方针,加强安全生产教育,提高安全意识。

(2)健全安全岗位责任制,做到奖罚分明,逐级签订安全生产责任书,明确分工,责任到人,把安全落到实处。

(3)严格执行各工种的《安全技术操作规程》,定期对职工进行考核。

(4)注意环境保护,做到文明施工。

(5)现场具体保证措施:

1)千斤顶操作时前方不许站人,设备安装要求端部平整对中。

2)油泵操作时需缓慢、均速加压和卸压,严禁超压和快速加压。

3)施工平台移动平稳,严防坠物。

4)锚具起吊、安装时要求起落平稳,注意对锚具的保护。

5)挂索时确保牵引连接可靠,注意信号配合,索下不许站人。

6)注油时要求接头可靠,保持规定压力但严禁超压,注意劳动保护。

7)严禁非专业人员擅自操作机械。

8)高空作业时不得随意向地面抛掷物品。

9)脚手架、安全网的搭设要符合安全要求,并要定期检查,维修和保养。

10)起重机械作业时起重臂下严禁站人。

11)注意现场设备、材料的防雨和防风,场地不留安全隐患。

8 主要机具设备及仪器(见表 2)

表 2 主要设备仪器表

序号	物资名称	规格及型号	单位	数量	备注
01	整体张拉千斤顶	YDCS5500—100	台	8	根据索力大小选择
02	整体张拉用撑脚	ϕ480—580×580	件	8	用于 27～43
03	连接套Ⅰ	Tr270×10—Tr180×8	个	8	用于 27
04	连接套Ⅱ	Tr310×12— Tr180×8	个	8	用于 31\34
05	连接套Ⅲ	Tr350×12— Tr180×8	个	8	用于 37\43\49\55
08	张拉杆	Tr180×8×1 400	根	8	
09	张拉螺母	Tr160×10	个	8	
10	单根张拉千斤顶	YDCS160—150	台	10	
11	连续张拉支座	YDCS160	套	8	
12	单根张拉支座	螺杆式	套	8	
13	振弦压力传感器	ZX—308T	台	10	

续上表

序号	物资名称	规格及型号	单位	数量	备注
14	振弦检测仪	IFZX—300	台	8	
15	单孔工具锚	OVM15—1G	个	20	
16	工具夹片	OVM15G	付	30	
17	单孔穿束器	CKQ8	个	40	
18	穿束器用挤压机		台	1	
19	顶压千斤顶	YCD4—20	台	8	
20	HDPE 塑料焊机	整圆式	台	1	ϕ180,ϕ200,ϕ235
21	镦头器	LD10K	台	2	
22	油泵	ZB4—500B	台	9	
23	环氧注浆泵		台	1	
24	高压油管	6 m	根	30	
25	钢绞线牵引托板		个	8	
26	卷扬机	1 t	台	8	约 11～15 m/min
27	塔式起重机	1 t·m	台	2	

9 劳动力组织

斜拉索安装是斜拉桥施工的关键工序之一，其施工质量的好坏将直接影响桥梁的整体质量及结构安全，因此，施工队伍必须是专业化施工队伍，要求施工人员经验丰富、具有实践经验。劳动力组织见表 3。

表 3 劳动力组织表

序号	项目	单位	数量	备注
1	安装工序负责	人	1	
2	安装工序技术负责	人	1	
3	技术员	人	3	
4	起重工	人	2	
5	电工	人	1	
6	焊工	人	2	
7	操作工	人	16	
8	普工	人	50	

10 结束语

斜拉桥施工的各个工序都很关键，过程控制的好坏直接影响设计成桥的理想状态，加强各个工序的过程控制是保证质量的重要措施。斜拉索是斜拉桥的重要组成部分，是主梁的直接受力结构物，斜拉索的施工质量直接影响斜拉桥的质量和使用寿命。斜拉索施工技术性强，风险性大，因此，施工人员要求素质高，且组织分工细致，专人专职控制过程中的每个环节才能确保施工质量和施工安全。

预应力混凝土斜拉桥施工控制及索力调整工艺

1　施工控制基本特点及内容

斜拉桥的一个重要特点是设计和施工高度耦合。如何通过施工中的索力和主梁标高调整获得预先设计的应力状态，是斜拉桥施工中最为关键的问题之一。

施工控制的基本特点，就是根据实际的施工工序以及现场获取的参数和数据，建立施工控制计算文件，对桥跨结构进行实时理论分析和结构验算；对每一施工阶段，根据分析验算结果给出其主梁悬臂端的挠度（每阶段施工挂篮的立模标高）、斜拉索张拉力等施工控制指令；在施工全过程中，根据各阶段的斜拉索索力、结构应力与变形等实时测试数据，实时分析实测数据与理论预测值的差异并找出原因，提出修正对策，采用应力预警体系对施工状态进行安全度评价和灾害预警。这样，才能保证结构的受力和变形始终处于安全的范围内，成桥后的结构内力和线形接近设计的理想状态。

施工控制的内容主要包括：结构变形控制；结构应力控制；结构稳定性控制。

现场观测变量为标高、索力、塔顶水平位移、主梁及塔身的局部温度场和关键截面应力场。

1.1　结构变形控制

桥梁结构尺寸的控制是施工控制的基本要求。但结构在施工形成过程中均要产生变形，加之施工过程中各种误差的积累，因此任何一个结构不可能达到与设计尺寸准确无误的吻合，故要尽量减少结构尺寸与设计尺寸的偏差，使结构在施工中的实际位置状态之间的误差在容许范围，成桥线性状态符合设计要求。

各分部工程允许偏差

(1)索塔。

轴线偏位	±10 mm
断面尺寸	±20 mm
倾斜度	$<H/1\ 500$
塔身横向挠曲半径 R	$\nless 20H$(塔高)
塔顶标高	±10 mm

(2)主梁。

主梁采用悬臂浇注时按下列进行控制：

轴线偏位	±10 mm
挠度	±20 mm
梁顶面宽度	±30 mm

主梁采用预制梁段悬臂拼装时，主梁尺寸允许偏差为：

主梁拼接中线水平方向	±10 mm
主梁梁段尺寸	±20 mm
主梁拼接高程	±10 mm

1.2 结构应力控制

结构应力控制好与否，在外观检查时不易发现。但是，如果结构实际应力状态与设计应力状态不符，将会给结构造成危害，并较之结构变形的影响为大，所以，在对桥梁进行施工控制时，尤其要注意对结构应力的监控。

(1)结构预加应力：

1)张拉机具与锚具应在进场时进行检查和校验。千斤顶与压力表应配套校验，以确定张拉力与压力表读数之间的关系曲线。所用压力表的精度不宜低于 1.5 级；校验千斤顶用的试验机或测力计的精度不得低于±2%。

2)预应力钢材用预应力控制方法张拉时，应以伸长值进行校核，实际伸长值与理论伸长值之差应控制在 6%以内。

(2)斜拉桥复测斜拉索张拉力允许偏差为±5%。

1.3 结构稳定控制

桥梁结构的稳定关系到桥梁的安全，它与桥梁的强度有着同等重要的意义。

桥梁施工过程中不仅要严格控制变形和应力，而且更要严格控制施工各阶段结构的局部和整体稳定。施工中应建立一套完整的稳定监控系统，通过稳定分析计算，并结合结构应力、变形情况来综合评定，控制其稳定性。施工中，除桥梁结构本身的稳定性必须得到控制外，施工过程中所有支架、挂篮、缆吊系统等施工设施的各项稳定系数也应满足要求。

2 施工控制方法

近 20 年来，桥梁的施工控制已逐渐被工程界所重视，并形成了一些实用的控制方法，目前主要有三种：一是采取纠偏终点控制的方法，即在施工过程中，对产生主梁线形偏差的因素跟踪控制，随时纠偏，最终达到理想线形，这种方法常用 Kalman 滤波法灰色理论等。但这种方法工作量大，有时控制效果并不一定理想。二是应用现代控制理论中的自适应控制方法，即对施工过程中的标高和内力的实测值与预计值进行比较，对桥梁结构主要基本设计参数进行识别，找出实测值与预计值(设计值)产生偏差的原因，从而对参数进行修正，达到双控的目的。

2.1 影响参数

2.1.1 结构参数

结构参数是控制中结构施工模拟分析的基本资料，其准确性直接影响分析结果的准确性。事实上，实际桥梁结构参数一般很难与设计所采用的结构参数完全吻合的，总是存在一定的误差，施工控制中如何恰当地计入这些误差，使结构参数量尽量接近桥梁的真实结构参数，是首先需要解决的问题。结构参数主要包括以下内容：

(1)结构构件截面尺寸。任何施工都可能存在截面尺寸误差，验收规范中也允许出现不超过限值的误差，而这种误差将直接导致截面特性误差，从而直接影响结构内力、变形等的分析结果。所以，控制过程中要对结构尺寸进行动态取值和误差分析。

(2)结构材料弹性模量。结构材料弹性模量与结构变形有直接关系。对经常遇到的超静定结构来讲，弹性模量对结构分析结果影响更大，但施工成品结构的弹性模量(主要是混凝土结构)总与设计采用值有一定的差别。所以，在施工过程中要根据施工进度做经常性的现场抽样试验，特别是要注意混凝土强度波动较大的情况，随时在控制分析中对弹性模量的取值进行修正。

(3)材料容重。材料容重是结构在施工过程中产生内力和变形的主要因素之一，控制中必须要计入实际容重与设计取值间可能存在的误差，特别是混凝土材料，不同集料与不同的钢筋含量都会对容重产生影响，施工控制中必须对其进行准确识别。

(4)材料热膨胀系数。热膨胀系数的准确与否也将对控制产生影响，尤其是钢结构要特别注意。

(5)施工荷载。在所有自架设体系中都存在施工荷载，这部分临时荷载对受力和变形的影响在控制分析中是不能忽略的，一定要根据实际进行取值。

(6)预加预应力或索力。预加预应力是预应力混凝土结构内力与变形控制考虑的重要结构参数，但预加预应力值的大小受很多因素影响，包括张拉设备、管道摩阻、预应力钢筋断面尺寸、弹性模量等。控制中要对其取值误差作出合理估计。斜拉桥索力直接影响结构变形与受力，真实了解各阶段索力是非常必要的。所以，预加索力是斜拉桥施工控制中要考虑的重要因素。

2.1.2 施工工艺

施工控制是为施工服务的，反过来，施工的好坏又直接影响控制目标的实现。除要求施工工艺必须符合控制要求外，在施工控制中必须计入施工条件非理想化而带来的构件制作、安装等方面的误差，使施工状态保持在控制之中。

2.1.3 温度变化

温度变化对桥梁结构的受力与变形影响很大，这种影响随温度的变化而改变，在不同的环境温度下对结构状态(应力、变形)进行量测，其结果是不一样的，如果施工控制中忽略了该项因素，就必然难以得到结构的真实状态数据(与控制理想状态比较)，从而也难以保证控制的有效性，所以，必须考虑温度变化的影响。温度变化相当复杂。包括季节温差、日照温差、骤变温差、残余温差、不同温度场等。而在原定控制状态中又无法预先知道温度的实际变化情况。通常都是将控制理想状态定位在某一特定温度下，从而将温度变化对结构的影响相对排除。一般是将一天中温度变化较小的早晨作为控制所需实测数据的采集时间。但季节性温差和桥体内温度残余影响要予以重视。

2.1.4 材料收缩、徐变

对混凝土桥梁结构而言，材料收缩、徐变对结构内内、变形有较大影响，这主要是由于桥梁施工中混凝土普遍存在加载龄期小、各阶段龄期相差大引起的，控制中要认真研究，以期采用合理的、符合实际的徐变参数和计算模型。

2.2 施工控制系统的建立

随着桥梁跨径的不断增大，建设规模也相应地增大，施工中所受到的影响也越来越多，要使桥梁施工安全、顺利地向前推进，并保证成桥状态符合设要求，就必须将其作为一个大的施工系统工程予以严格控制。由于桥梁施工控制的实施牵涉到方方面面，所以，必须事先建立完善有效的控制系统才能达到预期的控制目标。

桥梁施工控制系统的建立及其功能的确定要根据不同工程的实际分别考虑，但不论是哪种类型的桥梁施工控制系统，都必须具备管理和控制的功能，即施工控制系统一般应由施工控制管理与施工现场(微机)控制两个分系统组成，而分系统又由多个支系统组成，图 1 为施工控制系统图。

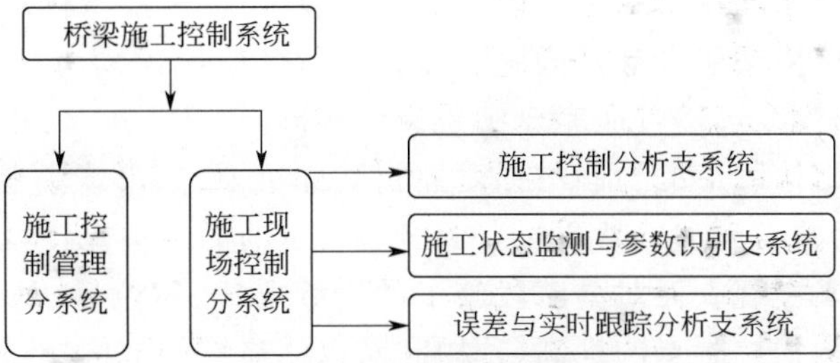

图1 施工控制系统图

2.3 施工控制结构理论计算方法

大跨度斜拉桥的施工均采用分阶段逐步完成的施工方法，结构的最终形成，必须经历一个漫长而又复杂的施工过程以及结构体系转换的过程，对施工过程中每个阶段的变形计算和受力分析，是桥梁结构施工控制中最基本的内容。桥梁结构施工控制的目的就是确保施工过程中结构的安全，保证桥梁成桥线性及受力状态基本符合设计要求。为了达到施工控制的目的，我们必须对桥梁施工过程中每一个阶段的受力状态和变形情况进行预测和监控。因此，必须经过合理的计算和理论分析来确定桥梁结构施工过程中每个阶段在受力和变形方面的理想状态，以便控制施工过程中每个阶段的结构行为，使其最终的成桥线形和受力状态满足设计要求。现阶段施工控制中桥梁结构的计算方法主要包括：正装分析法、倒装分析法、无应力状态计算法、桥梁分析的有限元法等。

在大跨度桥梁结构的施工控制中，虽然正装计算法、倒装计算法、无应力状态计算法都能用于各种型式的桥梁结构分析。但是，由于不同型式的桥梁结构所采用的施工方法不同，因而这三种计算方法对于不同型式的桥梁结构分析是有所侧重的。同时，这三种计算方法也有其各自的特点。

在大跨度桥梁施工控制中，由于桥梁结构的非线形性问题和混凝土的收缩、徐变问题，无论倒装计算法还是无应力状态法都不会与正装法的结果完全闭合，因而在施工控制中，一般将倒装计算法或无应力状态法与正装计算法交替使用，直到计算结果闭合为止。

2.3.1 正装计算方法

正装计算法是按照桥梁结构实际施工加载顺序来进行结构受力和变形分析，它能较好地模拟桥梁结构的实际施工历程，能得到桥梁结构在各个施工阶段的位移和受力状态，这不仅可用来指导桥梁设计和施工，而且对桥梁施工控制提供了依据。同时，在正装计算中，能较好地考虑一些与桥梁结构形成历程有关的影响因素，如结构的非线形问题和混凝土收缩、徐变问题。正因为如此，正装计算法在桥梁结构的计算分析中占有重要的位置，对于各种型式的大跨度桥梁，要想了解桥梁结构在各个施工阶段的位移和受力状态，都必须首先进行正装计算。

为了计算出桥梁结构成桥后的受力状态，只有根据实际结构配筋情况和施工方案设计逐步逐阶段地进行计算，最终才能得到成桥结构的受力状态，这种计算方法的特点是：随着施工阶段的推进，结构形式、边界约束、荷载形工在不断地改变，前期结构将发生徐变，其几何位置也在发生改变，因而，前一阶段结构状态将是本次施工阶段结构分析的基础。我们将这种按施工阶段前后次序进行的结构分析方法称为正装计算法，也称为前进分析法。

2.3.2 倒装计算法

倒装计算法是按照桥梁结构实际施工加载顺序的逆过程来进行结构行为分析。倒装计算的目的就是要获得桥梁结构在各施工阶段的理想安装位置(主要指标高)理想的受力状态。

正装计算法可以严格按照设计好的施工步骤进行各阶段内力分析,但由于分析中结构节点座标的迁移,最终结构线形不可能完全满足设计线形。

实际施工中桥梁结构线形的控制与强度控制同样重要,线形误差将造成桥梁结构的合龙困难,影响桥梁建成后的美观和运营质量。为了使竣工的的结构保持设计线形,在施工过程中用设置预拱度的方法来实现。而对分阶段施工的连续梁桥、斜拉桥、悬索桥等复杂结,一般要给出各个施工阶段结构物控制点的标高(预抛高),以便最终使结构物满足设计要求,这个问题用正装法难以解决,而倒装计算法能够解决这一问题。它的基本思想是:假设 $t=t_0$ 时刻结内力分布满足正装计算 t_0 时刻的结果,线形满足设计要求。在此初始状态下,按照正装分析的逆过程,对结构进行倒拆,分析每次卸除一个施工段对剩余结构的影响,在一个阶段内力分析得出的结构位移、内力状态便是该阶段施工的理想状态。

所谓结构施工的理想状态,就是在施工各阶段结构应有的位置和受力状态。每个阶段的施工理想状态都将控制着全桥最终的形状和受力特性。

正因为倒装计算法有这些特点,所以它能适用于各种桥型结构的安装计算,尤其适用于以悬臂施工为主的大跨度连续梁桥、钢构桥和斜拉桥。这是相对于无应力状态法而言的。

2.3.3 无应力状态法

通过倒装计算来确定大跨度桥梁结构在施工各阶段的中间理想状态。倒装计算法是通过分析桥梁结构的内力来建立起各施工阶段中间状态与桥梁结构成桥状态之间的联系,由于结构的内力与结构的形成历程密切相关,是一个相对不稳定、不独立的量,因而用倒装计算法确定结构的中间理想状态是比较困难的。我们能否通过其它的方式来确定桥梁结构施工各阶段中间理想状态,或者说,能否找到一种相对稳定或恒定不变的量来建立起各施工阶段中间状态与成桥状态之间的联系呢?答案是肯定的,这就是我们要讲的无应力状态计算法。

设想将一座已建成的桥梁结构解体,结构中各构件或单元的无应力长度和曲率是一个确定的值,在桥梁结构施工中或建成后,不论结构温度如何变化,如何位移、以及如何加截,即在任何受力状态下,各构件或单元的元应力长度和曲率恒定不变,只是构件或单元的有应力长度和曲率不相同而已。我们用构件或单元的无应力长度和曲率保持不变的原理进行结构状态分析的方法叫作无应力状态法。

桥梁结构无应力状态只是一个数学目标,通过它将桥梁结构安装中间状态和终结状态之间联系起来,为分析桥梁结构各种受力状态提供了一种有效的方法。

2.3.4 桥梁结构分析的有限元法

有限元法就是将连续体分成有限个单元,单元间相互由结点连接的理想结点系统。分析时,先进行单元分析,用结点位移表示单元内力,然后将单元在合成结构,进行整体分析,建立整体平衡关系,由此求出结点位移。

有限元法是随着计算机的发展以及为适应复杂的结构分析需要而发展起来的一种有效的数值分析方法。目前,有限元法已成为结构分析的通用方法,采用有限元计算机程序进行结构分析可大大减轻劳动强度、缩短计算时间、提高工作效率;桥梁结构属于空间结构,且结构越来越复杂,超静定次数越来越高,如采用解析法手算,就必须进行结构简化,而这些简化与实际结构之间往往存在较大差别,从而使计算机结果与实际不符,只有采用空间有限元法分析才能得出较精确的结果;随着建桥材料性能的提高,桥梁跨径越来越大,如对大跨径桥梁也采用中小型桥梁分析所用的弹性结构线性分析法,已不能反映结构的真实受力情况,而必须考虑非线性的影响(包括材料、几何非线性),要进行桥梁结构非线性分析,只有通过电算来实现;大跨径桥梁除必须满足强度、刚度要求外,结构的稳定性、动力特性往往成为控制因素,结构的稳定与动力分析也需要借助有限元分析来完成;桥梁施工的方法多样,一般情况下桥梁结构分析计算必须考虑结构施工与形成过程,而结构施工过程仿真分析计算复杂、量大,绝非简单的解析手算所能完成。

采用有限元法进行施工控制中的结构分析计算与通常的结构分析计算一样,首先要建立数据文件。数据文件准备按照采用的分析软件的具体要求进行,一般分为四步:

(1)桥梁结构的模型化。

桥梁结构的模型化就是将实际结构理想化为有限个单元的集合。计算模型建立的正确与否(是否与实际结构相符)是保证计算分析结果是否正确的关键,其中,根据结构的受力特性与工作行为选择恰当的单元形式来模拟实际结构以及选择正确的约束模拟形式尤为重要。

就结构分析模拟来看,与一般的已成桥梁分析不同的是施工控制的结构分析模拟一般是随着施工的不断推进而不断变化的,这是由于桥梁在形成过程中的结构体系是在不断变化的。实际工作中,可对不同的施工状态建立不同的分析模型,但其工作量大,不够方便。通常可考虑建立一个统一的模型,而对某个施工状态的结构模拟则可通过某些单元的是否激活来实现。

计算模型中单元的选择应以能准确描述施工过程中结构受力与变形状态为准。有限元分析中的单元类型较多,根据不同的结构体系、构造形式以及受力情况,模型中的单元可以是杆元、梁元、板元、体元、索元等,一个模型可以是由一种单元组,也可以是由几种单元组成。

(2)桥梁结构的离散化。

桥梁结构的离散化就是在模型化处理后,将结构离散为带有有限个自由度的结构。单元大小与节点位置确定应充分考虑结构受力情况与施工单元的划分。

(3)按所用软件的输入要求形成数据文件。

(4)检查、校正数据文件。

计算模型最终体现为数据文件,数据文件正确方能保证计算模型的正确,才能保证计算结果的正确性。

其次,进行软件分析。一般的结构分析软件种类较多,可以是自己开发的专用软件,也可以是通用软件(如 SAP、ADINA、NASTRAN 等)。选择何种软件关键是看分析的对象的实际受力情况、分析内容等。对于桥梁施工控制中的结构分析,由于计算模型随着施工过程的改变,同时要求分析跟踪进行,采用常规通用软件来分析是有一定困难的,应采用具有施工控制跟踪、仿真分析功能的软件,也可将通用软件作为一个平台,通过作必要的前后处理来适应施工控制结构分析的需要。

最后,对分析结果进行分析和处理。

3 施工监测及信息反馈

由建设、设计、施工监控、监理、施工单位人员组成施工控制协调小组,以施工监控单位组织的施工控制组为主体,设计、施工单位配合、监理部实施监理、监控协调小组进行协调,完成整个控制工作。

在施工控制工作组的日常工作中,信息传递的时效性、准确性、可靠性和通畅性是保证施工控制工作顺利进行的基本前提。施工控制信息传递机制如图 2 所示,以控制报表体系为核心进行施工控制的日常工作。

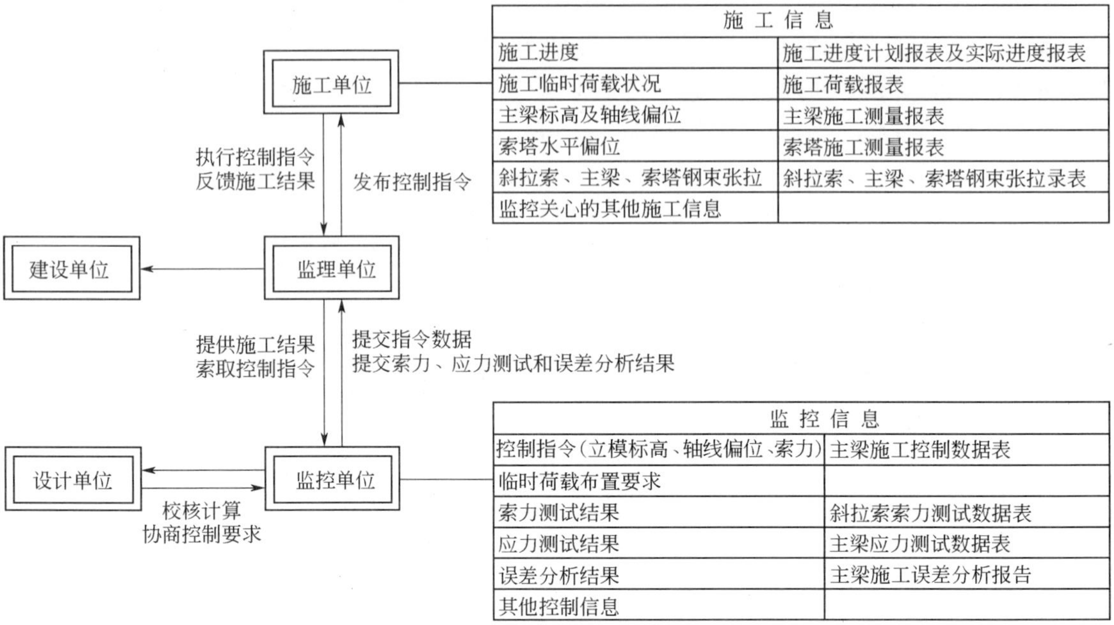

图 2 施工控制信息传递机制图

实时测量数据的采集、传递主要通过施工控制报表体系进行。施工控制组拟制定一系列施工控制表格,要求施工测量人员在关键施工环节中进行数据测量,并将结果填写于表格中交由施工负责人及监理签字认可后及时传送给施工控制组进行分析。对其中一些明显有误或可疑数据经提出后应进行及时复测。施工控制组采用现场测试参数和实时测量数据进行计算分析,将结果以指令的形式发布于施工控制表格中,指导施工单位进行下一步施工。

3.1 施工监测方法

基于控制理论的角度,大跨度桥梁结构施工控制的方法主要有:开环控制法、反馈控制法和自适应控制法。开环控制法只适于结构构造和施工工序不太复杂的桥梁,其调控手段相对简单。目前大跨度桥梁施工控制广泛采用反馈控制和自适应控制法,以适应现代大跨度桥梁结构高次超静定、施工工序多和影响因素复杂的特点。通过反馈控制,桥梁施工过程中的各种设计参数误差和环境因素干扰等得到及时辨识修正,并实时指导后续的施工作业,从而确保施工控制目标的实现。关于误差分析和预测的具体方法,国内外学者和技术人员业已提出了诸如 Kalman 滤波法、最小二乘法、灰色系统控制、无应力状态法等各种理论,需要结合实际工程的特点有选择地作为调控手段使用。在施工控制过程中,施工控制人员的既有工作经验也具有核心的作用。

3.1.1 材料参数监测

(1)混凝土的容重、弹性模量、拉压强度

在预应力混凝土桥梁的施工中,混凝土力学性能的变异性对施工计算的影响很大。如:主梁混凝土的实际容重与设计取用值的差异将直接引起计算恒载的差异;混凝土弹性模量实际值与设计值的差异将引起主梁刚度的差异,进而会导致按设计计算出的主梁施工挠度与实际挠度的误差。混凝土的材料特性的离散性往往较大,并且混凝土的弹性模量有随时间而变化的情况,因此有必要对工地现场用于主梁的混凝土进行专门的弹性模量测试。根据以往桥梁施工控制经验，混凝土的实际容重值与设计值间也存在一定的差异。混凝土的容重和强度参数直接使用施工单位工地试验室的测试资料。此部分数据主要由施工单位提供。

(2)混凝土的收缩徐变系数。

混凝土的收缩徐变系数对分阶段施工的混凝土梁桥梁施工计算影响较为显著。但混凝土的收缩徐变系数的试验室测试需要一个较长的周期及较大投资的设备，对施工现场的混凝土的收缩徐变系数的测定目前尚无较满意的方法。一般情况下，收缩徐变系数可按现行设计规范取值，并根据当地气候情况作一定调整，同时也在施工控制过程中按一定的方法进行识别和修正。

(3)斜拉索及主梁、索塔预应力钢绞线的弹性模量、抗拉强度。

预应力钢束的弹性模量、抗拉强度等参数对钢束张拉控制值有一定的影响，尤其对长束影响较大，这些参数的实测值一般直接取用其出厂时的指标。

预应力钢束的孔道摩阻损失需要通过专门的试验来测定。对索塔锚固区采用小半径环向预应力束，其孔道摩阻系数、伸长值数据需要通过专门的索塔节段试验来获得。

(4)其他物理参数的测量。

在大跨度桥梁的施工过程中为考虑温度效应对结构体系的影响，还应对材料的线膨胀系数和热导系数进行测试。这些数据由相应材料的供应商提供。如不能得到这些参数，则先按设计规范取值，并在施工控制过程中进行识别和修正。

3.1.2 结构几何形态监测

这主要是指对主墩、主梁断面的几何尺寸的测定。对施工控制工作而言，主要是对施工单位施工完成后的主墩、主梁断面验收资料进行分析，将断面尺寸误差的影响考虑到施工控制计算中去。断面尺寸的误差将引起主墩、主梁恒载和抗弯刚度的误差，但由于施工中能将此部分的误差控制在较小范围内，对施工控制计算中刚度的影响并不显著，它对结构体系的影响主要表现为对主墩、主梁恒载的影响，施工中对此部分的控制是为了使施工控制计算能更准确反映出主梁的挠度变化。

施工中应严格保证内外模板刚度，避免出现严重胀模等不利情况，防止混凝土强度不足，刚度和自重失真等问题。

3.1.3 结构截面应力监测

应力监测通过在主梁、主墩的控制断面处布设应力测试元件，以观测在施工过程中这些截面的应力变化和应力分布情况。结合施工控制中的其他监测结果，就能更全面地判断全桥的内力变形状态，形成一个较好的预警机制，从而保障桥梁施工的安全和质量。

3.1.4 索力监测

斜拉索的张拉力可以直接影响到主梁的内力和线形，斜拉桥的索力状态是反映全桥内力状态的重要指标。索力量测将直接对结构的施工质量和施工状态产生影响。选择适当的量测方法和测试仪器，并设法消除两者量测中各种误差的影响非常重要。也是斜拉桥施工控制过程中的主要工作之一。

目前，现场索力量测有压表量测法、压力传感器量测法、振动频率量测法三种。

对平行钢绞线斜拉索体系(这种体系具有防护好、换索方便的优点，但其带来的问题是斜拉索安装时张拉索力的准确性和保证每根钢绞线受力的均匀性，以及整个施工过程中索力的实时测量等均有相当的难度，也是长期以来没能很好解决的技术问题)，我们通过反复研究和试验，总结了一整套测试和控制这类斜拉索体系的方法和经验，并已取得了较好的效果。拟采用索力动测仪辅以压力盒进行整索的索力测试，同时采用振弦式穿心力压力传感器进行单根钢绞线的索力控制，三者配合使用。后者是依据弦振法原理通过传感器测定斜拉索的张力，其索力测试精度为±2%。要说明的是，由此需增加监测成本，而这项费用的增加是由于这种斜拉索体系尚不够完善带来的。

对索力的测试以索力的通测和张拉索索力的单根测量相结合。在斜拉索张拉后对其进行索力测量，主要是希望能及时发现并纠正由于施工中油表读数误差及斜拉索锚固引起的较大的索力误差。对斜拉索索力的通测主要是为及时分析各阶段施工后的索力误差，以评价索力和梁的内力状态，研究消除误差的对策。对索力的通测应根据实际施工中出现的情况在较为关键的施工阶段中进行。在每次斜拉索张拉完成后均应对相邻局部5对左右的斜拉索进行索力局部测量。

3.1.5 预应力监测

预应力水平是影响预应力桥梁（如连续梁、连续钢构桥等）施工控制目标实现的主要因素之一。在监测中主要是对预应力筋的张拉真实应力，预应力管道摩阻损失及其永存预应力值进行测定。对于前者，通常在张拉时通过在张拉千斤顶与工作锚板之间设置压力传感器测得。对于后两者，可在指定截面预应力筋上贴电阻应变片测其应力，张拉应力与测得应力之差即为该截面的预应力管道摩阻损失值。

3.1.6 温度监测

对于大跨度桥，特别是斜拉桥，其温度效应是十分明显的。如斜拉桥斜拉索在温度变化时其长度将相应伸长或缩短，直接影响主梁标高，悬索桥主缆线形及失高将随温度的变化而变化，索塔也可能因温度的变化而变位，这些都将会对主缆的架设、吊杆下料长度计算确定等产生很大影响，悬臂施工连续刚构（梁）桥标高也将随温度变化发生上（下）挠。因此，在大跨度桥梁施工过程中对结构温度进行监测，寻求合理的立模、架设等时间，修正实测的结构状态的温度效应，对桥梁按目标施工和实施施工监控是十分重要的。

目前结构温度的测量方法很多，包括辐射测温法、电阻温度计测温法、热电偶测温法等。每种方法的测量范围、精度和测量仪器的体积及测量繁杂程度都有所不同，通常应选用体积小、附着性好、性能稳定、精度高且可进行长距离传输监测的测温元件。

由于大跨度桥梁结构的结构温度是一个复杂的随机变量，它与桥梁所处的地理位置、方向，自然条件（如环境气温、当时风速风向、日照辐射强度）、组成构件的材料等因素有着密切的关系，设计中很难预测施工期间的结构实际温度，因此，为保证大桥达到设计要求的内力状态和线形，必须对结构实际温度进行实地监测。监测时要特别注意对结构局部温度与整体温度相结合的混同量。

3.1.7 数据采集与分析

计算预测、误差分析和调整工作是施工控制的核心工作内容。它通过对桥梁施工全过程实时模拟的结构计算，结合各设计参数的识别、修正以及其他测量数据的分析评价工作，进而求得各施工阶段施工控制参数的理论计算值，形成施工控制指令并对各施工阶段结构状态作出实时预测，从而达成对桥梁施工实施软控制的最终目的。这部分工作依序包括以下几个方面。

(1)施工控制初期的设计复核计算。

施工控制在实施时的第一步工作是要形成施工控制的目标文件。施工控制的预测计算首先采用设计计算参数对施工过程进行分析，计算出控制目标的理论真值。理论真值由主梁理论挠度、主梁理论轴线、斜拉索索力以及主梁截面理论应力等系列数据组成。在这一计算过程中要与设计计算进行相互校核,以确保控制的目标不与设计要求失真。

在大跨度桥梁施工控制初期,首先要进行施工控制对设计文件的复核计算工作,以校核施工控制计算结果与设计计算结果的闭合性,达到使施工控制指导的结构实际状态与设计的理想状态相一致。施工控制复核计算依据设计文件所提供的资料 ,独立于设计方建立施工控制计算模型,同时根据实际施工情况做进一步细化。复核计算中采用设计计算的主要参数和设计计算中假定的施工时间进行计算 ,利用此过程下的施工控制计算结果与设计计算结果相核对,以校核二者在计算模型及施工模拟等方面是否存在实质性差异。只有当二者计算结论基本一致时才开展后续的施工控制工作。否则,通过与设计人员一起仔细核对两种计算过程,找出并解决存在的问题。施工控制复核计算流程及与设计计算的比较框图如图 3 所示。

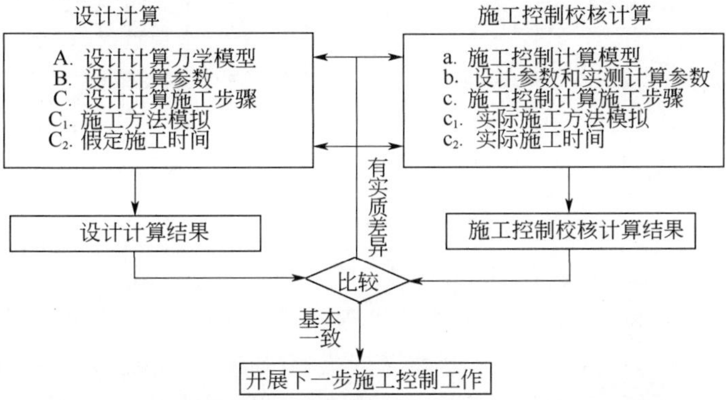

图 3 施工控制复核计算流程及与设计计算的比较框图

(2)施工进程中施工模拟的结构实时分析。

桥梁施工控制的目的就是使施工与设计尽可能一致。在桥梁的设计计算中通常会采用一些预设或假定的参数用于计算,它们所依据的是既有的施工经验和设计标准参数,并不一定完全真实地反映当前桥的实际施工情况。比如,实际的施工阶段、时间进度安排会因施工的具体条件而有所调整;主梁等结构部件的尺寸及材料参数(弹性模量、容重、加载龄期、混凝土收缩徐变系数等)的实测值与设计取值会有不同;而一些指定的设计参数如张拉力等可能会视施工控制需要做个别修正。在桥梁的施工控制计算中必须采用实际施工参数用于计算,以尽可能真实地反映结构实际内力变形状态,亦即施工模拟的结构实时分析。这一计算工作在桥梁整个施工过程中需要实时调整,这些调整既包括各个直接的实时测量参数,也包括根据实测数据通过反馈分析等而得的辨识参数,还要视实际施工情况对计算模型、计算方法及计算内容等作出调整。

施工控制实时计算与设计计算的区别和联系以及施工控制的基本流程和控制目标如图 4 所示。

(3)施工控制计算参数的实时识别、修正。

对于一些主要的计算参数如主梁刚度、梁段自重、混凝土收缩徐变系数等,必须确保它们的尽可能准确、才能从根本上达成施工控制实测值与理论计算值的一致。而企望硬性通过改变立模标高等来硬性消除这类实测值与理论值的差异,并不能解决本质问题,也扰乱了结构的内力变形状态。设计参数的识别、修正工作就是根据施工中结构的实测值对主要的设计参数进行估计,然后将被修正过的设计参数反馈到施工控制计算中去,重新给出施工中索力和位移的理论期望值,以消除理论值与实测值之差值中的主要部分。

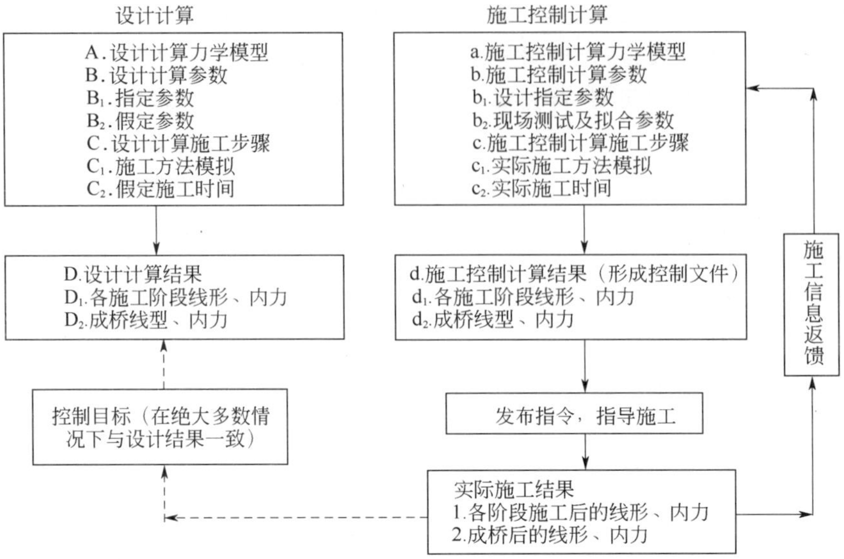

图 4　施工控制实时计算与设计的区别和联系以及施工控制的基本流程和控制目标

(4)测试数据的组织管理及分析评价工作。

大跨度桥梁的施工工序较多，相应的施工控制实测数据量相当大，时间较集中，且具有明显的时效性、阶段性。因此，应采用专用数据管理软件来对测试数据进行管理(其优点在于数据赘余度小、可以对数据的一致性和完整性进行统一控制，实现数据共享、快速查询等)。在此基础上，建立测试数据分析、评价与处理程序，快速完成各项线形、应力等项目的计算、分析和评价工作以及相应的通报工作，从而保证桥梁施工控制工作的效率和质量。

4　控制实施

施工控制就是为确保桥梁建造安全可靠、优质快速的总目标的实现而采取的贯穿于建设全过程的一系列保障措施。这些措施既应当包括一系技术措施，也应当包括一系列管理措施。其目标就是保证桥梁结构在安装施工过程安全可靠，同时使桥梁结构的成桥状态——内力、线形满足设计要求。

4.1　主梁施工过程中的线性控制

主梁线形控制的目的是保证主梁施工中的安全和结构的恒载内力及结构线性索力符合设计要求，使整个桥梁结构应力分布合理。

4.1.1　主梁 0# 块的施工

主梁 0# 块采用的施工方法一般为搭架现浇或以桥墩为依托，支牛腿搭架现浇。一般来说，按杆系结构计算模式设计的 0# 块应力均能满足规范要求，但实际 0# 块为空间结构，施工时应注意在空洞转角处做加强处理；另外，0# 块施工应特别注意标高控制问题。一方面，桥墩施工时应根据成桥姿态计算桥墩弹性压缩量，并考虑墩梁结合处施工凿毛处理，桥墩墩顶标高应有一定有预抬值；另一方面，0# 块一般与主梁 1# 段同时现浇，故浇注混凝土前应对支架进行分级预压，以消除支架非弹性变形及确定弹性变形规律，从而确定主梁立模标高。

4.1.2　挂篮加载试验

挂篮分级加载试验的必要性：

(1)检验挂篮自身及锚固措施的安全性。

(2)通过挂篮分级加载试验消除挂篮的非弹性变形,确定挂篮弹性变形的变化规律。

挂篮分级加载的试验方法可根据工地实际情况采用实物加载或考虑地锚措施利用千斤顶加载等。

通过挂篮设计图纸及挂篮加载试验,正确确定挂篮作用力对于主梁的几何尺寸关系,以便正确计算主梁受力变形。

4.1.3 标准主梁节段的标高控制

主梁标准节段在挂篮悬臂施工过程中,施工立模标高决定于设计标高和在温度、斜拉索拉力、各种施工荷载的作用下产生的挠度值,即:

$$H_{施} = H_{设} - \Sigma f_1 - \Sigma f_2 - \Sigma f_3 - \Sigma f_4 - f_5 - f_6 - f_7 \tag{1}$$

式中 $H_{施}$——主梁施工节段立模标高;

$H_{设}$——主梁施工节段在一期恒载时的设计标高;

Σf_1——施工节段在后续梁自重作用下产生的挠度总和;

Σf_2——施工节段在后续梁段斜拉索张拉作用下产生的挠度总和;

Σf_3——施工节段在后续梁预应力张拉作用下产生的挠度总和;

Σf_4——施工节段在前施工节段混凝土收缩、徐变作用下产生的挠度总和;

f_5——施工节段在挂篮和其他施工荷载作用下产生的挠度;

f_6——施工节段在温差的作用下产生的挠度;

f_7——索塔墩基础沉降值。

4.1.4 标高控制的主要措施

主梁线形(标高和挠度)的控制工作是大跨度桥梁施工控制的重点之一,要通过现场实时监测和施控实时计算及误差调整,确定合理的施工预拱度和主梁立模标高,保证桥梁顺利合龙及成桥线形顺畅准确,必须确保以下措施:

(1)大跨度桥梁主梁施工受温度影响较大,为了保主梁的线形(标高和挠度),在施工过程中应加强对温度的观测,确定好立模与混凝土灌注时间点。

(2)在梁段不断外伸的施工过程中,实时监测数据得到不断累积,并及时反馈修正后续梁段的立模标高及其他施控计算参数,形成一个自适应的闭环控制过程。

(3)在施控实时计算中,要根据既有经验通过调查和反馈分析尽可能准确地取定各项计算参数,以求得符合实际的挠度预测值和立模标高。

(4)在梁段悬臂施工的每一阶段,必须严格控制立模标高,监控挂篮变形,杜绝标高误差出现累积,原则上立模标高与监控单位给定的预报标高之差控制在 10 mm 以内。一旦出现实际标高偏离预测值,则需要结合精度要求,及时做出分析判断,并采取调整下一梁段立模标高的措施来消除误差。当误差较大时,调整应在后续多个梁段内逐步完成,以避免梁体线形出现明显的波形转折。斜拉张拉完成后,如梁端测点标高与控制预报标高之差超过 40 mm,应研究调整方案,必要时还按适当调整索力来有限调控主梁标高,同时应保证结构各部处于安全的应力状态。

4.2 索力控制

索力控制是大跨度桥梁施工控制的重点之一,索力控制的好坏将直接影响桥梁的线形及整个桥梁的施工质量。其控制主要包括:

(1)单根钢绞索力均匀性控制。

其控制方法为:单根张拉过程采用振弦式传感器控制,该传感器使用时安装在第三根钢绞线上,通过单孔锚具临时锚固,待该整束斜拉索安装完成之后拆除。其中传感体通过导线与显示仪相联,压力变化值从显示仪中读取。

(2)整束索力控制。

该工况下张拉配合性工作较强,此次张拉主要是服从监控指令,除控制拉索在该工况下有效应力外,还顾及相应的主梁段及挂篮控制点标高,控制技术措施如下:

1)根据监控指令进行张拉。

2)为保证张拉时克服张拉部件的变形量对有效应力的影响,张拉到控制应力之后,锚固卸压;

3)按照监控指令要求调整索力;

4)整体张拉时四个工作点进行同步分级张拉,各点同级索力相对误差控制在2%之内,拉索最终索力与理论值的相对误差应控制在的2%以内。

5　调索施工

5.1　基本原则

无任是平行钢丝斜拉索还是平行钢绞线斜拉索其调索基本原则:一是满足索力的需要;二是满足线形的需要。总的要求是在主梁悬臂施工过程中,确保主梁线形平顺、正确是第一位的,施工中的标高控制为主,二期恒载施工时,为保证结构的内力和变形处于理想状态,拉索再次张拉时以索力为主。

5.2　调索施工

桥梁合龙后,为使全桥的索力及线型达到最优化,进行全桥调索。全桥调索张拉工艺与整体张拉工艺相同,按监控要求的顺序进行调整。

5.2.1　调整步骤

(1)施工过程中进行调索,此次调索根据桥梁线形情况而定,不一定每根索都进行调整,如需要调整,主要以线形为主,索力为辅。

(2)桥梁全桥合龙后进行调索,此次调索主要以索力控制为主,线形控制为辅。

(3)二期恒完成后进行调索,此次调索不一定全部索力都进行调整,主要是根据索力监测情况,对需要调整的索力进行调整。

5.2.2　操作要点及注意事项

桥梁调索时,需要注意如下事项:

(1)选择配套的整体张拉设备,安装整体张拉设备注意对中,千斤顶对中误差≤5 mm。

(2)严格按监控指令进行张拉。

(3)为保证张拉时克服张拉部件的变形量对有效应力的影响,张拉到控制应力之后,锚固卸压(即不超张拉,由于斜拉索上摩阻损失较小,应尽量减少持荷时间)。

(4)锚固后监控即进行频率测量,按照监控指令要求进行二次索力微调。

(5)调索过程始终坚持对索力进行油压和频率的双控,同时以斜拉索张拉伸长量和主梁线型进行辅助控制。

(6)整体张拉时四个工作点进行同步分级张拉,各点同级索力相对误差控制在2%之内,拉索最终索力误差控制在控制索力的2%以内,做好张拉记录。

5.2.3 设备及检测仪器

(1)ZX—300 系列智能型振弦式压力传感器,精度±0.1 kN;

(2)IFzx—300 振弦式检测仪,频率精度 0.1%±0.1 Hz;

(3)索力动测仪,频率精度 0.5%±0.01 Hz,测力精度±2%;

(4)基康 BGK4900 锚索计;

传感器类型:振弦式

额定张力:0～10 000 kN

超量程张力:125%F.S.

近似分辨率:±0.025%F.S.

精　　度:±0.5%F.S.

线性度:<0.5%F.S.

工作温度:-40 ℃～+65 ℃;

有效信号长度:2.5 km

(5)基康 BGK408 读数仪;

振弦读数:

激励范围:400～6 000 Hz,5 V 矩形波

测量分辨率:0.25 μs/225

测量精度:0.05 Hz

时基精度:0.0025%

温度读数:

传感器温度:±0.5 ℃

测量范围:-50 ℃～150 ℃

测量分辨率:0.1 ℃

测温精度:1%FSR

(6)数据传导线、集线器等。

6 质量控制

(1)合理规划桥面拉索安装作业线,与主梁施工方沟通、协调,有效利用施工场地。

(2)制定质量指标,开展创优良工程活动。

(3)切实开展全面质量管理活动,把质量问题控制在施工的每一个工序过程中。

(4)实行质量问题一票否决权。

(5)加强技术培训,推行标准化管理,组织上岗的班组及关键技术岗位的职工学习招标文件技术要求,并进行考试,成绩合格方能上岗。

(6)建立质量管理制度、交接班制度和计量器具检查管理制度。

(7)各班组的副职兼质检员,形成自项目经理部到各班组的严格控制网。

(8)施工严格按照设计图纸及有关国家规范进行。

(9)施工人员必须熟悉技术,做好图纸会审记录和技术交底记录(索力双控张拉记录表格式见附表 1)。

(10)施工过程中,应对各个环节加强检查和监督,做好自检记录。

(11)所有的材料进场或使用前应作严格的检查和试验,并保存材料的质保书及试验资料。

7　安全注意事项

(1)坚持“安全第一,预防为主”的方针,加强安全生产教育,提高安全意识。

(2)健全安全岗位责任制,做到奖罚分明,逐级签订安全生产责任书,明确分工,责任到人,把安全落到实处。

(3)严格执行各工种的《安全技术操作规程》,定期对职工进行考核。

(4)注意环境保护,做到文明施工。

(5)现场具体保证措施:

1)千斤顶操作时前方不许站人,设备安装要求端部平整对中。

2)油泵操作时需缓慢、均速加压和卸压,严禁超压和快速加压。

3)施工平台移动平稳,严防坠物。

4)锚具起吊、安装时要求起落平稳,注意对锚具的保护。

5)挂索时确保牵引连接可靠,注意信号配合,索下不许站人。

6)注油时要求接头可靠,保持规定压力但严禁超压,注意劳动保护。

7)严禁非专业人员擅自操作机械。

8)高空作业时不得随意向地面抛掷物品。

9)脚手架、安全网的搭设要符合安全要求,并要定期检查,维修和保养。

10)起重机械作业时起重臂下严禁站人。

11)注意现场设备、材料的防雨和防风,场地不留安全隐患。

8　结束语

桥梁施工控制是桥梁建设的优质和安全保证,本文介绍的桥梁施工控制的基本方法和主要内容,可供施工技术人员参考。对于从事专业监控工作的技术人员,此内容远远不能满足需要,应结合桥梁结构具体形态及特点,进行更详细的深入学习,并在实践中进行总结与提高。

现代悬索桥施工

隧道式锚碇系统施工工艺

1 前 言

悬索桥主缆锚碇有重力式和隧道式两种形式，其中隧道式锚碇可细分为隧道式预应力岩锚锚碇和隧道式普通混凝土锚碇。隧道式普通混凝土锚碇在前期是我国山区悬索桥的主缆主要锚碇结构，隧道式预应力岩锚作为悬索桥主缆锚碇在我国西藏角笼坝大桥首次采用，由于其改善了锚碇混凝土的受力情况，减少了圬工量，降低了造价，将成为隧道式锚碇的主流。

2 适用范围

悬索桥主缆隧道式锚碇作为悬索桥主缆的主要受力结构，通过锚碇自重和锚碇隧道围岩共同承担主缆强大的锚固力，其地形地貌适于隧道的设计和施工，故隧道式锚碇一般适用于山区，又因隧道纵断面形式为喇叭形变截面形式，隧道口断面较小，锚塞体断面很大，要求岩体整体稳定性好，在施工过程中不易坍塌的地质条件。如采用隧道式预应力岩锚锚碇，因预应力可分担一部分锚固力，锚塞体相对要小一些，适用范围也就要大一些。

3 锚碇结构及作用

3.1 洞室结构

锚碇主要作用是平衡主缆拉力，主缆由锚碇锚固，锚碇由洞室围岩与锚塞体摩擦力、自重和预应力来锚固。一般洞室结构为倾斜的倒喇叭形，如图 1(图例为西藏角笼坝大桥主缆隧道式预应力岩锚洞室结构)所示。

3.2 锚 塞 体

锚塞体是隧道式式锚碇锚块，锚塞体为变截面楔形体，锚塞体尾部设置预应力岩锚，以便将主缆拉力传入岩体，增加结构的安全度及防止锚塞混凝土的开裂。

3.3 散索鞍基座

散索鞍主要功能是改变主缆索股的方向，把主缆索股在水平和竖直方向分散开来，然后把这些索股引入各自的锚固位置。

4 锚碇施工工艺流程图

锚碇施工工艺流程如图 2。

隧道式预应力岩锚施工工艺流程，相对隧道式普通混凝土锚碇施工工艺多了锚索钻孔、锚索、锚垫板安装及预应力张拉工序。

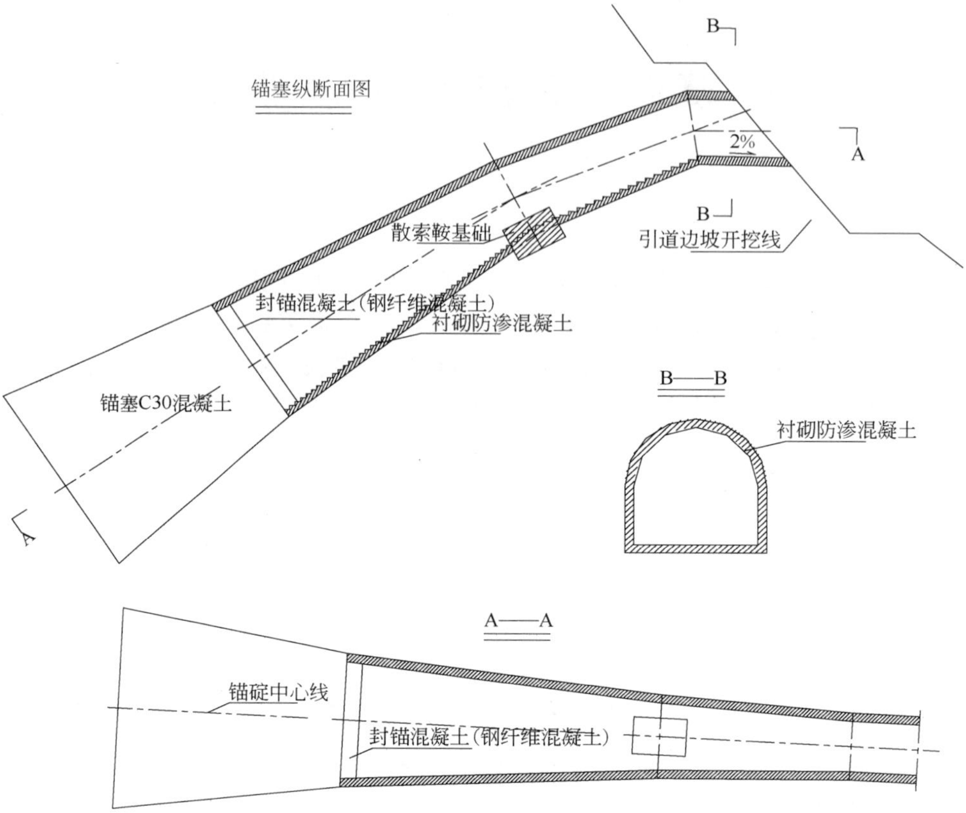

图 1　隧道式锚碇构造示意图

5　隧道式锚碇施工工艺

5.1　锚洞开挖

因锚洞纵断面呈倒喇叭形，锚塞底板坡度较大，一般最大坡度达 45°以上，不利于大型机械作业，适合小型机械配合人工施工。适合采用钻爆法，按照"短开挖、弱爆破"的原则施工，风钻打眼，小药量预裂爆破全断面法开挖，周边孔与锚洞设计开挖轮廓线相距 0.5 m，剩余部分由人工或机械进行开挖，以确保周边围岩的整体性。

(1)引爆：炮眼采用 7655 型手持式风钻进行钻眼作业，周边孔外插角度按锚洞设计坡率进行控制(与坡率相符)。每次钻眼完成后，由爆破工程技术人员对照钻爆设计逐孔对孔位、孔深进行检查，发现不符合者，应补钻。采用高压风射风清孔。清孔后由专业爆破员严格按照有关要求进行装药作业。孔内装药量、雷管段别按钻爆设计执行，周边预裂采用空气间隔装药法，导爆索起爆。炮孔采用黏土堵塞，每个炮孔堵塞长度不得小于 30 cm。炮孔堵塞和爆破网路连接完成后，人员撤离至安全地点，开始引爆。

(2)出渣：出渣采用无轨运输，采用卷扬机拖拉轮式翻斗车出渣，装渣采用人工。

(3)通风排烟：起爆后，采用压入式通风排烟 15 min，作业人员方可进入工作面。

(4)找顶：派两名年青力壮有找顶工作经验的人员进入工作面进行找顶，找顶应彻底，所有松散岩体均应清除。

5.2　初期支护

出渣完毕之后及时施作初期支护，初期支护采用径向砂浆锚杆、钢筋网、钢架、喷射混凝土联合支护。径向砂浆锚杆采用风钻钻眼，药包砂浆浸泡后装入孔内，锚杆安装由人工用锤击入内。钢筋网人工搭架现场绑扎成型。钢筋绑扎时应确保钢筋网紧贴岩面，为保证其整体稳定性，钢筋网与锚杆端部焊接连成整体。钢架在钢筋加工场加工成型后，运入洞内人工进行安装，栓接连成整体。

混凝土喷射采用潮喷工艺，人工上料，人工喷射至设计厚度，喷射混凝土时，喷头与受喷面之间的距离保持 1.5 m 为宜，为保证喷射质量，喷射料中加入适量的速凝剂。

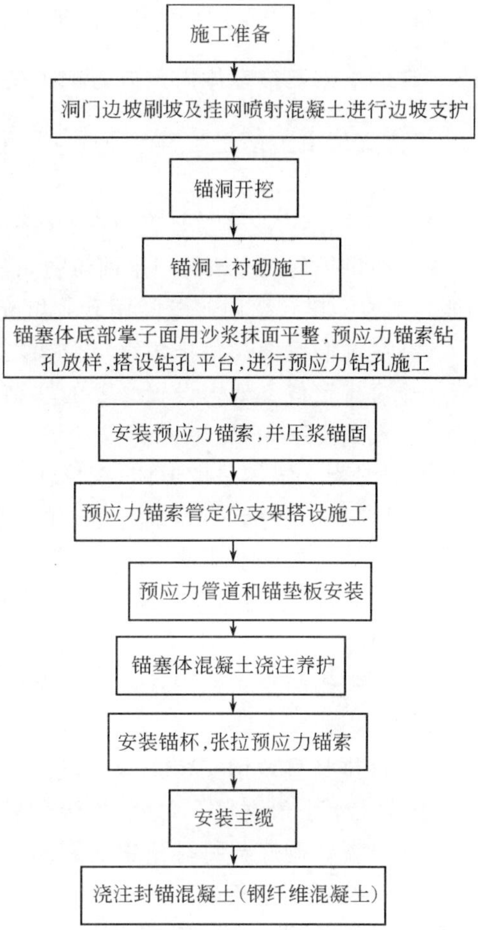

图 2　锚碇施工工艺流程图

5.3　洞身衬砌

(1)支架及模型：支架采用碗扣式钢管支架搭设。模板先涂刷脱模剂，然后安装。模板安装由拱顶向拱脚，边墙由墙趾向上排列，刹尖处采用木模进行调整。

(2)混凝土灌注：灌注混凝土按先墙后拱法进行。混凝土采用泵送入模，人工用插入式捣固器捣固密实。

(3)压浆管预埋及压浆：由于锚洞纵坡陡，从上往下分节浇注混凝土接头处不易密实，加之混凝土的收缩徐变，容易造成二次衬砌与初期支护之间产生缝隙，从而影响锚洞质量。为解决上述问题，施工过程中在每次施工接缝处和衬砌拱顶部分预埋 ϕ42 热扎无缝钢管作为注浆管，管间距纵向及环向均按 2.0 m 设置。注浆在衬砌混凝土施工完成并达一定强度后进行。

5.4　岩锚施工

当锚塞体开挖、锚杆、网喷混凝土及二衬等工序完成后，进行岩锚施工。如图 3。

(1)钻孔：采用地质钻机进行钻孔，钻孔深度及角度满足设计要求。成孔后对孔位、孔深、角度等进行检查，符合要求后，用高压风进行清孔作业。

(2)安装预应力束：岩锚钢束由 4—ϕ15.24 mm 钢绞线组成，自由段的钢绞线外套防锈护套，形成无黏结区域，穿束按要求进行。

(3)孔内压浆：采用压力压注，以确

图 3　岩锚施工图

保压浆密实。使用的水泥砂浆应添加适量微膨胀剂。

5.5　定位支架及锚塞体内预应力钢束安装

定位支架由角钢相互焊接而成。

5.5.1　定位支架固定措施

每排角钢定位支架由竖直角钢、水平角钢焊接而成，每排定位支架间采取如下的加固措施：

(1)在每排角钢支架的斜平面位置，锚洞顶部设置 Φ32 mm 钢筋与围岩可靠连接。Φ32 mm 锚筋与围岩上锚孔壁内的缝隙用砂浆填充。

(2)在锚洞底面与每排角钢定位架之间设置强有力的斜撑。

(3)每排定位支架内设置必要的联结杆件。

5.5.2　定位支架加工

由于混凝土锚体呈楔形体，楔形体变化使得每一排角钢长度均不一致，因此每一根角钢都必须经过精确的坐标计算，确定角钢的长度，下料加工时按顺序编号。

5.5.3　定位支架安装步骤

(1)安装前，先将角钢按从下至上的安装顺序在洞外堆放好，以便安装时按需要对号入座，吊滑至工作面上。

(2)将每排竖直角钢用垂线调整至设计位置，上端固定在 ϕ32 mm 锚筋上，下端焊接在底部锚筋上。

(3)每排竖直角钢安装完毕后，进行水平角钢安装，水平角钢安装前应精确测量，以确保其位置准确。水平角钢自下而上，焊接在竖直角钢上。

(4)设置锚洞底与每排角钢支架的斜撑。

(5)安装下一排角钢。

(6)每排角钢定位支架，设置联结杆件。

5.5.4　锚塞体内预应力钢束安装

根据锚塞体内预应力钢束设计长度和工作长度进行下料，将锚固端挤压镦头，用锚垫板、锚下加强筋和钢套管与其组成成品待用。在定位支架上测放预应力钢束安装位置，然后安装固定。

5.6　锚塞体混凝土施工

锚塞体属大体积混凝土，采用泵送混凝土方法，并应采用低水灰比，低水泥用量，适当掺入适用于泵送的外加剂，以满足缓凝、早强、高强的泵送要求。施工前 28 d 将施工方案和施工组织计划报监理工程师批准。在进行泵送混凝土配合比设计时，对使用的各种材料应优化选择。正式使用前，还应再经工地试验室试验，并报监理工程师认可，以确保泵送混凝土的施工质量。

5.6.1　施工控制措施

(1)选用低热量水泥，掺粉煤灰或冰水，以降低水化热，防止混凝土开裂。

(2)混凝土中掺缓凝减水剂，延长混凝土终凝时间，保证混凝土的整体性。

(3)掺入微膨胀剂，为防止混凝土硬化收缩，同时为防止由于拱顶部分混凝土灌注不密实，造成拱部与二次衬砌面之间分离。施工中在拱顶处设置预留压浆管，锚塞体混凝土灌注完成并达到一定强度后利用预留压浆管进行二次压浆封锚处理。

(4)加强养护，减少洞内空气与混凝土内部温差，养护时间不得少于 15 d。

(5)混凝土水平分层灌注，每层厚度 3 m，并在每层混凝土中设置循环冷却管，每层灌注完成且混凝土接近初凝时，向埋入的冷却管中开放冷水进行循环冷却。

(6)根据施工的不同季节、不同缓凝时间泵送混凝土的要求，确定泵送混凝土的施工工艺。

(7)锚塞混凝土的浇注应连续进行，若因故必须中断时，中断时间不得超过有关规定，否则应按施工缝处理。

5.6.2 锚碇混凝土检查项目(见表1)

表1 锚碇混凝土检查项目

项次	检查项目		规定值或允许偏差	检查方法和频率
1	混凝土强度(MPa)		在合格标准内	按JTJ071—98附录D检查
2	块体尺寸(mm)		±30	用尺量，每边2～3处
3	块体偏差(mm)		10	经纬仪测量，纵、横向各2点
4	块体倾角(s)	底面	≤10	经纬仪测量，顶、底面各2点
		顶面		
5	预埋件位置(mm)		5	经纬仪测量
6	锚面槽口位置	坐标(mm)	±10	经纬仪和水准仪测量，南北各测4块，每块测4点
		角度(s)	≤10	

5.7 岩锚预应力束张拉施工

当锚塞体混凝土灌注完毕，且达95%以上强度后，开始进行岩锚预应力束张拉并压浆，然后浇注锚塞体前端0.6 m钢纤维封锚混凝土，当其达95%以上强度时，张拉锚塞体内岩锚预应力束。采用单端张拉工艺，伸长量和张拉力进行双控，以张拉力控制为主，以伸长量控制为辅。预应力筋张拉温度不宜低于－15 ℃。张拉设备、仪表和液压工作系统油液应根据环境温度选用，并应在使用温度条件下进行配套校验。

6 安全措施

6.1 锚碇爆破施工安全技术措施

(1)爆破设计前，对周围环境进行认真仔细调查，选择优化合理的钻爆参数，确保地表及地下建筑物的安全，并相对固定爆破作业时间，爆破施工前向居民宣传有关事宜。

(2)爆破作业必须严格遵守爆破安全规程，做到有组织、有领导、有明确分工，爆破工程技术人员、爆破员、爆破安全员等爆破作业人员持证上岗。

(3)爆破作业必须有爆破工程技术人员在场指导，验收炮孔参数，进行装药量计算，做好爆破原始资料的收集、整理和技术总结。

6.2 出渣施工安全技术措施

(1)每班开工前检查卷扬机、闸刀、配电箱、漏电开关、电源线破损和其他缺陷，钢丝绳断丝不超过断面的十分之一，钢丝绳麻蕊不能露出。

(2)轮式翻斗挂钩磨损不超过截面的三分之一，门闸开关无明显锈蚀缺陷。

(3)装渣不超过斗车顶线下10 cm。斗车渣面要拍紧、无松渣，以免上坡滚落伤人。

6.3 预应力张拉施工安全技术措施

(1)千斤顶安装完毕，张拉前，检查张拉设备安装情况。千斤顶轴线不垂直锚垫板，须调整垂直,否则不得进行张拉作业。锚板要完全落臼于锚垫板,否则不得张拉。工作锚工作夹片已塞紧,并保持同一平面,否则不得张拉。

(2)油泵操作人员、伸长值测量人员须经过安全培训合格,方可参与张拉作业,否则不能进行张拉作业。

(3)张拉控制技术人员在现场指挥,否则不能进行张拉作业。

7 质量控制措施

7.1 组织措施

(1)成立以项目经理为组长质量控制小组,加强组织领导。

(2)工序质量分解,质量责任落实到人。

(3)建立健全质量创优体系。

(4)开展质量统计分析,掌握工程质量动态。开展工人和班组的自检和互检,设置专职人员进行专门检验。

为了充分发挥施工过程中质量控制的预防作用,必须系统地、经常地掌握各施工点、施工班组在一定时间(月、季等)内产品质量或工作质量的现状及发展动态,开展质量状况的统计分析。统计分析的指标有以下两类:

工程质量指标。主要有优良品率、合格率及其他情况,用以考核分部(项)工程的质量水平。

工作质量指标。主要有废品率、返修率等。

7.2 技术措施

(1)施工方案和施工组织设计的质量保证

为了保证施工方案和施工组织设计的质量,第一,要科学地编制程序和方法;第二,要进行技术经济分析和比较,做到设计优化。

(2)做好技术交底

使施工人员熟悉工程情况,了解设计意图、要求、质量标准和施工方法,做到人人心中有数。

7.3 资源保障措施

(1)严格按质量标准订货、采购。

(2)物资进场要按技术验收标准进行检查和验收。

(3)按规定的条件和要求进行加工堆存和保管。

(4)按进度计划及时地配套供应现场。

(5)做到机械设备无隐患,技术性能良好。

8 结束语

隧道式锚碇把悬索桥的主缆引入地层深处锚于基岩之内,把主缆拉力传给基岩。相对重力式锚碇,成本较低,但要求基岩完整,有较好的稳定性,适合于山谷地形。近年来,隧道式锚碇引入了预应力岩锚,降低隧道开挖深度,增大了基岩受力范围,减少了混凝土用量,更进一步降低了大桥的造价,有较好的推广应用价值。

重力式锚碇系统施工工艺

1 前　　言

锚碇是悬索桥的主要承重结构，要抵抗来自主缆的拉力，并传递给地基基础。锚碇按结构形式可分为重力式锚碇和隧道式锚碇。重力式锚碇依靠其巨大的重力抵抗主缆拉力，隧道式锚碇的锚体嵌入基岩内，借助基岩抵抗主缆拉力。隧道式锚碇只适合在基岩坚实完整的地区，其它情况下大多采用重力式锚碇。

2 重力式锚碇结构

锚碇一般由锚碇基础、锚块、主缆的锚碇架及固定装置、遮棚等部分组成；当主缆需要改变方向时，锚碇中还应包括主缆支架和锚固鞍座（亦称扩展鞍座）。

重力式锚碇根据主缆在锚块中的锚固位置可分为后锚式和前锚式。前锚式就是索股锚头在锚块前锚固，通过锚固系统将缆力作用到锚体。后锚式即将索股直接穿过锚块，锚固于锚块后面，如图 1 所示，前锚式因具有主缆锚固容易、检修保养方便等优点而广泛运用于大跨悬索桥中。

前锚式锚固系统分为型钢锚固系统和预应力锚固系统两种类型。型钢锚固系统有直接拉杆式（图 1）和前锚梁式（图 2）。预应力锚固系统按材料不同有粗钢筋锚固形式和钢绞线锚固形式，如图 3 所示。

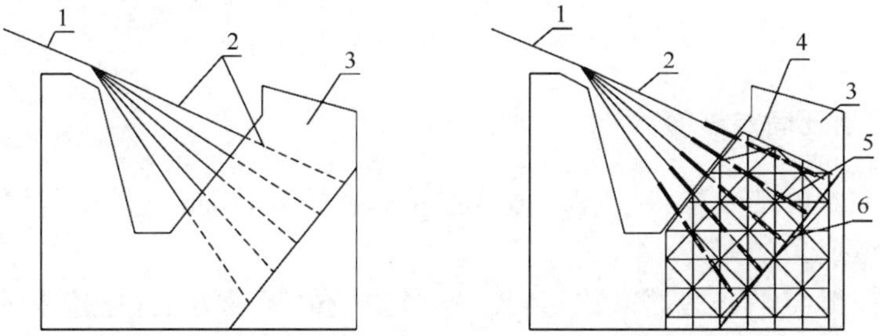

(a)粗钢筋锚固　　(b)钢绞线锚固

图 1　重力式主缆锚固系统结构图

1—主缆；2—索股；3—锚块；4—锚支架；5—锚杆；6—锚梁

2.1 锚碇基础

根据地质、水深和悬索桥结构的规模等，锚碇的基础可以分为直接基础、沉井基础、桩基础、井筒基础、复合基础等。若持力层距地面较浅，适合采用直接基础；当持力层埋置深度大时，采用沉井基础、桩基础等。

2.2 锚　　块

重力式锚碇的锚块就是重力式锚块，与基础形成整体，以抵抗由主缆拉力产生的锚碇滑动

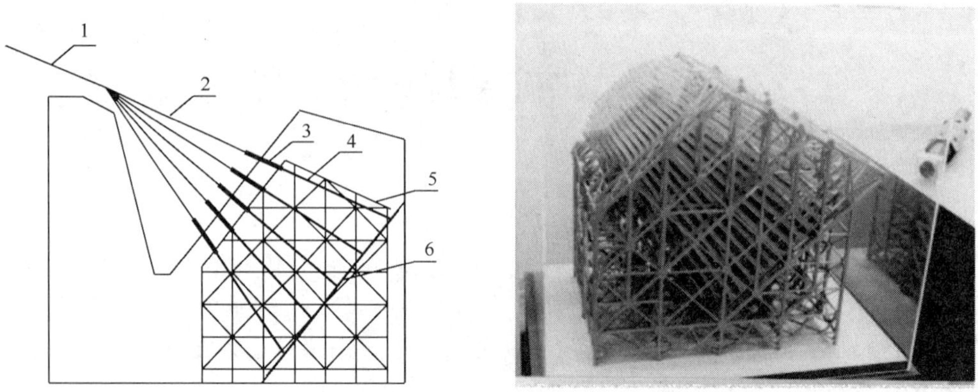

图 2 前锚梁式锚固系统

1—主缆；2—索股；3—前锚梁；4—锚杆；5—锚支架；6—后锚梁

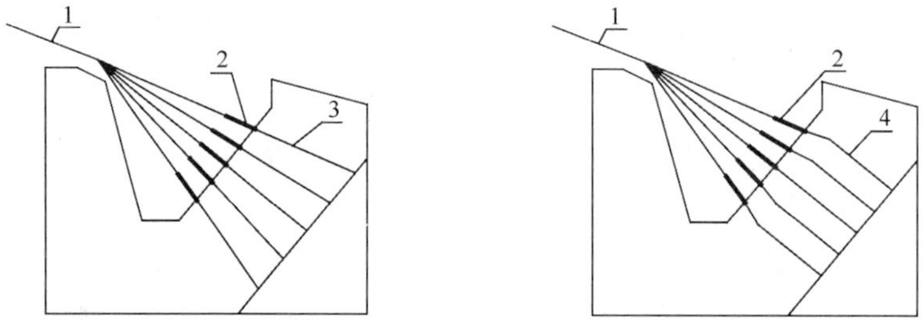

(a)粗钢筋锚固　(b)钢绞线锚固

图 3 预应力锚固系统

1—索股；2—螺杆；3—粗钢筋；4—钢绞线

及倾倒。

2.3 主缆的锚固架及固定装置

主缆的锚定架及固定装置将主缆拉力分散传布在锚块内，通常是由前梁、后梁、锚杆、定位构件和支撑结构组成。如图 2。

锚杆的数量一般与钢缆的丝束数相同。根据主缆的架设方法，连接束股与锚杆的固定装置分为：用于空中送丝法的钢丝束股支座（或称靴跟）和用于预制钢丝束成缆法的套筒两种。

2.4 遮　　棚

锚碇的遮棚是覆盖锚块及主缆等并建于锚碇基础上的结构物，一般采用钢筋混凝土或钢结构。如果高程合适，遮棚上面可以构筑路面，内部可以作为输配电、排水等设备的机房。

2.5 主缆支架

当主缆在锚碇处改变方向时，则需设置主缆支架。主缆支架可以独立地分开设置在锚碇之前，也可以设置在锚碇之内，它是主缆的支点。主缆支架顶部设有支承钢缆的鞍座；当主缆支架设在锚碇之内时主缆就从这个鞍座开始分散开成为丝股，这个鞍座就是扩展鞍座或称散索鞍。其主要功能是改变主缆索的方向，并把主缆的钢丝束股在水平和竖直方向分散开来，然后把这些钢丝束股引入各自的锚固位置。

主缆支架主要有三种形式,钢筋混凝土刚性支架、钢制柔性支架和钢制摇杆支架,如图 4 所示。当采用刚性主缆支架时,扩展鞍座的底部必须设置辊筒,以适应主缆的伸缩。

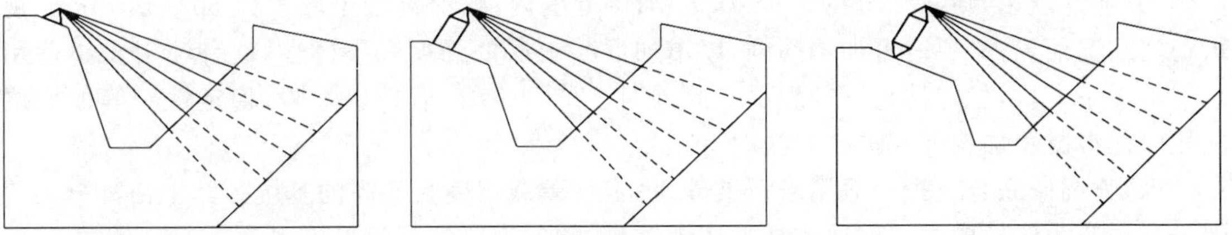

(a) 刚性支座　　(b) 柔性支座　　(c) 摇杆支座

图 4　主缆支架

锚碇可以看作是一个刚体,承受主缆的拉力,并将其传给地基。主缆作用于锚碇上的力可分为水平分力和竖向分力。锚碇在主缆的水平分力作用下不得产生滑移;而在竖向分力和锚碇自重力等作用下,在锚碇底面任意处的压应力不能超过地基上的容许压应力,否则将会出现地基下沉。当然,锚碇也不得在主缆竖向分力作用下发生倾倒。一般地,满足了锚碇不产生滑移的条件下,锚碇的自重将足以使锚碇不发生倾倒。

3　锚碇施工工艺流程图

锚碇施工工艺流程如图 5。

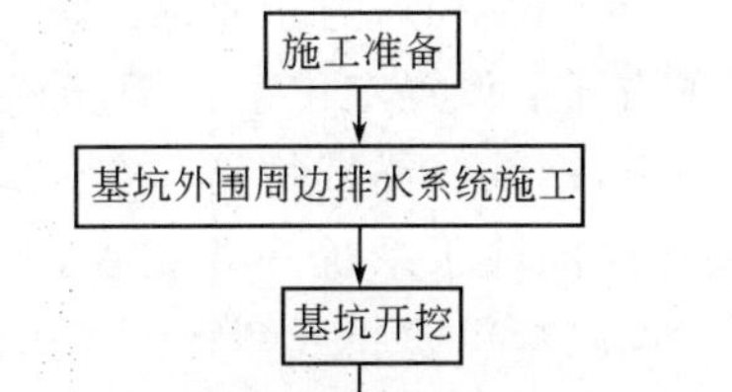

图 5　锚碇施工工艺流程图

4　操作要点

4.1　锚碇基础施工

锚碇的基础施工与桥塔基础的施工相似,所不同的是桥塔基础以承受垂直力为主,而锚碇的基础则以抵抗水平力为主。因此,锚碇基础底面挖成锯齿形、台阶形以确保锚碇在主缆的巨大拉力下不产生滑移。由于锚碇基础体积巨大,对这种大体积混凝土的浇注及混凝土的特性具有特殊的要求。如采用类似混凝土大坝的施工方法,及要求混凝土具有很好的流动性和较小的发热量,且在水中不分离等。

近年来,地下连续墙基础得到了广泛应用,这种基础的施工是先用挖槽机械,从施工基面沿基础边界向下挖槽,直到持力层;然后在槽中构筑侧壁。成墙后挖除内部土柱,再向内部灌注素混凝土,构成基础。

锚碇由于体积庞大,基坑可采用机械开挖,也可采用爆破和人工开挖的方法。开挖采取沿等高线自上而下分层进行。在坑外和坑底要分别设排水沟和截水沟,防地面水流入、积留在坑内而引起塌方或基底土层破坏。在采用机械开挖时,应在基底标高以上预留 15～30 cm 厚土层用人工清理,以免破坏基底结构。在采用爆破方法施工时,对于深陡边坡,应使用如预裂爆破等方法,以免对边坡造成破坏。

对于深大基坑及不良土质,应采用支护措施保证边坡稳定,支护方法有以下几种。

(1)喷射混凝土。喷射混凝土采用的水泥标号不低于 425 号的硅酸盐水泥,砂粒径不大于

2.5 mm，石子粒径小于 5 mm。推荐混凝土配合比（质量比）为水泥∶砂∶石＝1∶2∶2.5，水灰比为 0.4～0.5。采用湿喷机喷混凝土，水泥、砂、石等材料在进入喷射机料斗前应充分拌和均匀，并随拌随用，喷浆气压在 0.3～0.7 MPa 范围内，喷射混凝土厚度为 50～150 mm，视边坡稳定情况而定，必要时可加钢筋网，以增加混凝土层的强度和整体性，这种喷射支护适用于岩层节理不发育，稳定性较好的地层。此外对于节理发育，有掉块危险、稳定性中等的岩层可采用喷射混凝土加锚杆支护的方法。

（2）喷锚网联合支护。适用岩石坡碎、稳定性差或坡度大而高的基坑。其中锚杆分为普通锚杆和预应力锚杆两类。普通锚杆采用螺纹钢，预应力锚杆多数采用钢绞线。

喷锚网联合支护的施工程序为开挖→清理边坡→喷射底层混凝土→钻孔→安装锚杆（锚索）→注浆→挂钢筋网→喷面层混凝土（如是预应力锚杆则还有张拉锚固→二次注浆→封锚等工序），其构造如图 6。

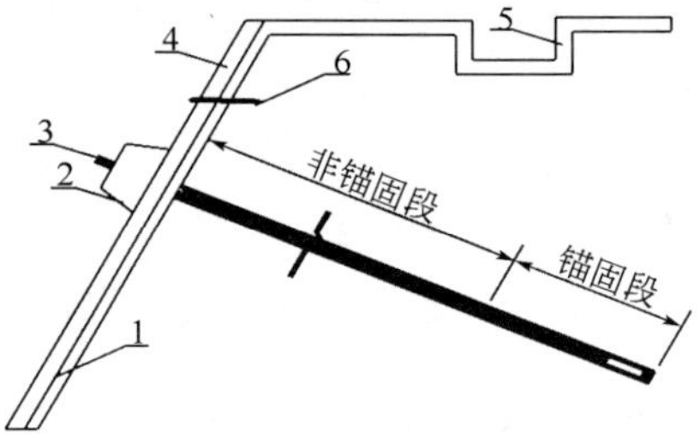

图 6　喷锚网联合支护

1—钢筋网；2—锚固台座；3—锚索；4—喷射混凝土层；5—排水沟；6—排水管

1）钻孔：有钻孔压水法和干作业法两种方式。压水法使现场积水较多，成孔后要求将孔内清除干净。不准用膨润土护壁，以免泥皮降低锚杆承载力。

2）安装锚杆：锚杆在安装前必须除锈。为保证锚杆安放于孔的中心，防止非锚固段产生翘曲和扰动孔壁，通常在锚杆上设置定位架。钢筋锚杆一般每隔 2～4 m 设置一个，钢绞线锚杆每隔 0.6～0.7 m 设一个。在安放锚杆时，应同注浆系统一并装入，非锚固段，钢绞线宜涂黄油并包以塑料薄膜或套管。

3）注浆：注浆除有腐蚀性地下水的情况宜用防酸水泥外，一般采用普通水泥制浆，水灰比为 0.45～0.6。

4.2　锚　　块

锚块的施工除应按大体积混凝土施工方法进行外，其施工方法还受到锚固方式的影响。主缆的锚固可分为各束股在锚块前面锚固的前锚式和各束股在锚块后面锚固的后锚式。

4.2.1　前锚式

前锚式锚固分为两种情况，一种是将主缆锚定架及固定装置预埋在锚块混凝土中，再将前锚梁安装在锚块的前方与锚杆相连，此时锚杆多为钢眼杆；一种则是先预埋锚杆套管及其固定装置，当混凝土达到强度要求后，穿入锚螺杆，并对锚螺杆进行张拉、锚固，然后向套管内压浆。最后将锚板安装在锚块前方与锚螺杆连接。

4.2.2　后锚式

锚块的施工较简单，只需将锚固套管及其固定装置预埋在锚块混凝土中正确的位置上即可，因为主缆的锚固是将分散的丝股穿过套管在锚块后方的锚垫板上进行。

4.3　遮　　棚

锚块施工结束后，用锚碇防护的遮棚可以同主缆的架设及锚固同时或在其后进行施工。如果高程合适，锚碇的遮棚顶面可以直接作为路面。当锚碇遮棚与路面高程相差甚远时，它实际上是一个钢筋混凝土房屋结构。

4.4 主缆支架(散索鞍)安装

(1)底座板定位。底座板通过在散索鞍混凝土基础中精确预埋螺栓而固定在基础上,调整好板面标高与位置后,在板底和四周浇注高强度混凝土,使之稳固。每个底座板都有多个螺栓,只有保证每个螺栓的位置精确,才能进行安装。

(2)安装支架(散索鞍)。安装好底座板以后,开始安装散索鞍鞍体。由于散索鞍与底座的连接是铰接,在主缆架设之前,散索鞍不能自立,必须在基础混凝土中预埋型钢支承架,一方面用于支撑鞍体,另一方面用于调整位置,准确定位。

散索鞍是重型构件,需有相当的起重设备才能安装。如场地宽阔,可使用重型吊机安装,较为方便。如使用吊机有困难,可用贝雷梁或万能杆件架设龙门架,将散索鞍运至龙门架下方,再由龙门架安装就位,精确调整就位。

(3)散索鞍施工精度要求。散索鞍位置的精度直接影响主缆及分散索股的空间角度,从而影响主缆的受力。因此,对散索鞍的安装精度要求必须严格控制。散索鞍施工精度要求为:纵横向轴线误差最大值 3 mm,标高误差最大值 3 mm。

4.5 主缆锚碇架及固定装置

由于主缆锚定架要传递巨大的主缆拉力,其固定装置要保证主缆每根索股进入锚体能保持精确的锚固位置。因此,无论是前锚式锚定或后锚式锚定,其锚块内的主缆锚定架及固定装置的制造与安装均需达到一定的精度。具体的制造方法是要使最终的组装状态能保证各股钢丝束的交点(主缆支架或扩展鞍座中心)位置的精度误差不大于±5 mm。

在有条件的地方,主缆锚碇架及固定装置可以采用工场预制、整体安装的方法来施工。但是主缆锚定架及固定装置的钢结构重量是很大的,往往无法进行整体安装,因而随着锚块混凝土的浇注,需逐步进行主缆锚定架及固定装置的拼装施工。其架设拼装顺序如下:下部定位支承构架→后锚梁→中部定位支承构架→下段锚杆(或套管)→上部定位支承构架→上段锚杆(或套管)。

4.6 锚块混凝土施工

悬索桥锚块属于大体积混凝土构件,重力式锚碇体积十分庞大,混凝土浇注量多达数万立方米,例如宜昌长江大桥南北均超过 4 万 m^3。在施工阶段水泥产生大量的水化热,引起体积变形不均,从而产生温度应力及收缩应力。当此应力大于混凝土本身的抗拉强度时,就会产生裂缝,影响混凝土的质量。因此,水化热的控制是锚碇混凝土施工的关键问题。

4.6.1 混凝土的温度控制

混凝土的水化热来源于水泥遇水后发生的水化反应。水化热越大,混凝土的温升越高,与气温的差值越大,就会导致混凝土温度应力增大,从而产生裂缝。混凝土体内温度受混凝土入仓温度和水泥水化热温升决定,降低混凝土温升主要有以下措施。

(1)选用低水化热品种的水泥。

一般来说,矿渣水泥、火山灰水泥、粉煤灰水泥等具有较低水化热特性,宜尽量采用,对普通硅酸盐水泥应经过水化热试验比较后选用。

(2)降低配合比中水泥的用量。

使用外加剂和外掺料可以减少水泥的用量,缓凝型的还可以延缓水化热峰值产生的时间,有利于减小混凝土的最高温升。此外,可以使用粉煤灰作为外掺料,粉煤灰可以代替部分水泥，而且掺加粉煤灰的后期强度仍有较大的增长，可以将设计龄期强度延长到 60 d，将水泥用量减少到一个较低的水平。粉煤灰的用量一般为水泥用量的 15%～20%，对高掺量粉煤灰的混凝土经过试验确定。对于一些低标号的混凝土，掺加一定量的片石也是一种减少水泥用量的有效办法。

(3)降低混凝土的入仓温度。

对于砂、石料应防止日光直照引起温度升高，可采用搭遮棚和淋水降温的方法。不能使用刚出厂的高温水泥。

采用冷却水作为混凝土的拌和用水，直接对混凝土降温。制造冷却水可采用以下方法：

1)采用冷水机组。如虎门大桥东锚使用的冷水机组，每小时可生产 10 t(5 ℃)拌和用水，可使混凝土温度下降约 2 ℃～3 ℃。

2)采用冰块制冷却水。即向水池中加入冰块来降低拌和用水的温度。但必须在拌和前使冰块完全融化。

采用冷却水方法时，必须在冷水的灌输和储存过程中注意保温，防止温度上升。一般可在水管水池四周包裹泡沫塑料或海绵以达到保温的目的。

在混凝土内设置冷却管，在混凝土浇注并终凝后，开始通水冷却散热。采用冷却管控制混凝土体内温度，要按设计流量和密度布设好冷却管，要求：混凝土最大水化热温升：C25 混凝土不超过 28 ℃，C40 混凝土不超过 35；混凝土内外温差不超过 25 ℃；相邻温差不超过 25 ℃，混凝土最大降温速率不超过 1.5 ℃/d。

4.6.2 混凝土浇注施工

(1)混凝土浇注设备和能力。

设计强度在 25 MPa 以下的低标号混凝土适用车送或吊罐方式浇注，如使用输送泵，往往会为了保证可泵性而加大坍落度，在配合比中加大水泥用量，这样既不经济又不利于水化热控制。

混凝土采用分层施工，分层厚度为：C40 混凝土 1.0～2.0 m，C25 混凝土 2.0～2.7 m。浇注能力越大，降温措施越充分，分层厚度可适当加大一些，有利于加快施工进度。后一层混凝土必须在前一层未初凝前加以覆盖，防止出现施工裂缝。

(2)锚块混凝土分块施工。

锚快要分块，各块之间采用湿接缝或后浇段相连。为了在所留槽缝内立模和预埋钢筋接头焊接作业，所留槽缝宽度为 1.0～2.0 m。各块分别浇注施工，分别冷却至稳定温度，再将预留槽缝隙中的钢筋焊接起来，在湿接缝浇注微膨胀混凝土。

(3)养护及保温。

混凝土浇注完并终凝后要覆盖麻袋、草垫等物，并洒水保持表面湿润。这样一方面是对混凝土进行养护，另一方面是为了减少混凝土表面与内部的温差。针对不同的气温条件，采取的温控措施是不同的。夏季炎热地区以降温散热为主，冬季气温低时，应特别注意混凝土的保温，必要时可覆盖塑料布等保温材料，通过内散外保的方法使混凝土整体上均匀降温。

(4)温度监测。

锚碇大体积混凝土施工时，对混凝土内部最高温度相邻两层及相邻两块之间的温差，设计都有严格的规定。为了能及时掌握混凝土内部温度变化，宜在混凝土内部埋设测温元件，如差动式测温计、测缝计、应变计等，从而掌握温度场变化，正确指导施工。

5 安全措施

(1)深基坑开挖前,必须先对深基坑周围地形、地貌和水文进行调查,掌握深基坑周边区域汇水、排水等水流情况,在此基础上做好防洪措施。

(2)采用截水、排水措施防止基坑区域之外的水流入基坑,冲刷坑壁,造成坑壁坍塌。

(3)基坑采用边开挖边喷射混凝土支护或锚杆支护方法施工,支护要紧跟开挖。

(4)基坑要分层开挖,每层先开挖排水系统,要保证基坑内无水浸泡。

(5)锚块分层施工,锚块钢构件要根据分层高度确定安装高度,安装高度不能过高,以免安全受到威胁,一般以锚块两倍的高度作为钢构件安装高度较合适。

重力式锚碇安全施工主要是深基坑开挖、锚块钢构件和散索鞍安装三个方面。必须针对这三个方面编制专项安全技术措施、安全设施和安全应急预案报公司相关部门批准。

6 质量控制

(1)基坑开挖时应采取沿等高线自上而下分层开挖,基坑外和坑底要分别设置排水沟和截水沟,防止地面水流入,积留在坑内而引起塌方或基底土层破坏。采用机械开挖时,在基底标高以上预留 150～300 mm 厚度用人工清理,避免破坏基底结构。

(2)锚杆、锚梁制造时必须严格按设计要求进行抛丸除锈、表面涂装和无破损探伤等工作。出厂前应对构件连接进行试拼,其中应包括锚杆拼装、锚杆与锚梁连接、锚支架及其连接系平面试装。

(3)对预应力锚固体系,预应力张拉与压浆工艺除严格按预应力施工规范执行外,锚头要安装防护套,并注入防护油脂。

(4)大体积混凝土采用低水化热水泥。普通硅酸盐泥应经过水化热试验比较后方可使用。

(5)降低混凝土入仓温度,遮盖砂石料,防止日照;采用冷却水作混凝土的拌和用水。

(6)在混凝土结构中布置冷却水管,混凝土终凝后开始通水冷却降温。设计好水管流量、管道密度和进水温度,使进出水温差控制在 10 ℃左右,水温与混凝土内部温差不大于 20 ℃。

(7)大体积混凝土应采用分块、分层施工,每层厚度可为 1.0～2.0 m,应视混凝土浇注能力和降温措施而定。后一层混凝土浇注前需对已浇好的混凝土面进行凿毛、清除浮浆,确保混凝土结合面粘结良好。层间间歇为 4～7 d。

(8)混凝土浇注完后应按照规定覆盖并洒水养护。当气温急剧下降时须注意保温,并应将混凝土内外温差控制在 25 ℃以内。

7 结 束 语

重力式锚碇施工,其重难点是基坑开挖、大体积混凝土施工和散索鞍及锚索架的安装。基坑开挖要做截水、排水和坑壁防护,开挖要做到从上而下地分层进行,大体积混凝土要做到减少水化热、降低混凝土体内外温差防止混凝土开裂,散索鞍安装和锚索架安装重在施工安全。锚碇施工一般占悬索桥施工时间的三分之一至二分之一,总投资也在三分之一左右,作好锚碇施工的施工组织,保证锚碇施工连续有序进行,直接决定着整座桥的施工进度目标和成本目标是否实现。

猫道设计与架设工艺

1 前　言

猫道是位于主缆之下,沿着主缆布置,作为完成现代大跨度悬索桥主缆索股架设、垂度调整,紧缆,索夹、吊索安装,加劲梁架设,主缆缠丝及防腐等一系列施工作业的通道和临时承重结构,是大跨径悬索桥施工所需的大型和必不可少的临时工程。猫道的使用贯穿整个悬索桥上部结构安装工程始终,周期长,如何提高其抗风稳定性、确保施工安全,且做到施工简便、费用节省,是猫道系统设计与施工的关键问题。

2 猫道的主要作用

猫道作为悬索桥上部结构施工重要的临时结构,其主要作用为:主缆架设阶段,承托主缆索股牵引工序中的全部重量和施工人员及设备的重量;主缆成型后,作为主缆紧圆、索夹吊索安装的工作平台;猫道转挂至主缆后,整个架梁期间的通道;主缆缠丝、涂装防护及主缆检查验收的通道。

3 猫道的主要构造

猫道通常由悬吊在塔与塔、塔与锚碇之间的几根平行承重钢索、横梁组成,其上铺设铅丝网面层、防滑木条、栏杆角钢立柱、扶手钢丝绳等。为了架设主缆等工作时施工人员的过往通行,同时起到增加两猫道横向稳定性的作用,两猫道间还需设置若干刚性横通道。为提高猫道的抗风性能,防止其摇摆和起伏,一般还需在猫道下部设置抗风索或者采取其他的制振措施。

3.1 猫道承重索

猫道承重索为猫道的主要受力体,悬索桥两侧猫道各有若干根猫道索。猫道作为大型临时结构,承重索选择除满足强度要求外,还应考虑其经济性与重复使用的可能,通常采用捻制钢丝绳制作。承重索两端锚固在塔顶的预埋件上和锚碇前墙,并于锚固构件外设置长度调节装置,亦可锚固于塔顶或散索鞍前的可调节长度的锚箱内。猫道索需选择强度高、耐腐蚀性好、耐疲劳性、柔韧性能优越、徐变小的材料,其两端配以热铸合金锚头。猫道系统为临时施工结构,因此在选用承重索、扶手绳、抗风缆及抗风拉杆的材料时,除满足强度要求外,还应考虑其经济性及重复利用的可能。

由于构造和制造工艺的原因,国产多股缠绕式钢丝绳普遍存在如非弹性变形大(一般为0.1%～0.16%)、弹性模量小的特点,使得主缆架设期间的猫道线型会发生很大变化,对悬索桥上部施工造成不良影响。为保证猫道的线形,承重钢丝绳在下料前应进行预张拉,消除非弹性变形。

钢丝绳是由许多根钢丝扭绞而成的组合结构,弹性模量随力的大小而变化,是力的函数。国产钢丝绳在国标中对各种型号的钢丝绳均未提供弹性模量的指标,说明它的不确定性。因此设计中采用的钢丝绳弹性模量值应以通过预张拉消除了钢丝绳的非弹性变形后的实测值为准。在缺乏实际试验资料时,《公路桥涵钢结构及木结构设计规范》(JTJ025—86)中对悬索桥钢丝绳弹性模量的取值为 1.6×105 MPa,实践表明,该取值偏大。故设计中无实测资料时,可选用偏低于规范推荐值的弹性模量,但其值不宜小于 1.1×105 MPa。施工时,待钢丝绳进货后进行弹性模量的实测,以修正设计参数。

承载索的制造工艺如下(参照润扬长江公路大桥猫道承重索制造工艺):

(1)预张拉工艺:

1)预张拉控制拉力为钢绳最小破断力的 50%;

2)张拉次数为 2 次,相邻两次张拉后钢绳长度差≤0.3‰为合格;

3)每次张拉时间为 60 min;

4)张拉顺序为每段张拉 2 次达到要求后,再进行下一段张拉。

(2)灌铸锚头。将预张拉后的钢丝绳在持荷(最小破断拉力 5%)状态下按设计长度精确下料,然后按灌铸工艺完成锚头灌铸工作。确保灌铸部分实际抗拉力大于钢绳最小破断力。

(3)整绳破断试验。通过破断试验,验证承重索的强度和最小破断拉力值。

3.2 猫道面层

猫道面层布置不仅应具有便于安全作业的结构构造,还应在选材时考虑满足猫道整体具有足够的刚度。

猫道面层结构包括横梁及面层铺料。面层铺料早期采用木板材,后从防火、自重轻、阻风及施工方便和经济等考虑,一般选择在焊接钢丝网上再加铺防止小型工具掉落、可提供良好走道面的合成纤维网或小眼钢丝网。猫道面层结构一般固接在猫道承载索之上。在早期欧美修建的悬索桥施工中,也有吊挂于猫道承载索之下的,如旧金山—奥克兰海湾桥。

面层一般由两层不同眼孔尺寸及直径的钢丝网组成,第一层一般可选择 ϕ5.0 mm 的焊接钢丝网,以增加面层刚度,第二层为防止小件掉落的 ϕ1.0 mm 的钢丝网。猫道二侧每隔一定距离(一般选择 0.5 m)安装防滑木,利于人员的行走,木条将两层钢丝网绑扎固定。

横梁选择槽钢、角钢。一般角钢每 2 m 设置一道,槽钢每 6 m 设置一道,用于主缆成型后猫道的换挂。横梁用 U 形螺栓固定在承载索上。

3.3 猫道抗风体系

猫道抗风体系包括设置横向通道及抗风索。设置横向通道,除方便两猫道间通行外,还有助于增加猫道横向稳定的作用,一般用钢管、钢板及角钢组焊成桁架结构。设置抗风索的目的是提高猫道的抗风稳定性,同时还可调整猫道的曲线形状。猫道的抗风体系还包括连接猫道索与抗风索间的垂直吊索与斜吊索。

3.4 索塔顶工作平台

为便于猫道承重索的安装、调节及猫道的拆除,一般在塔顶设置操作平台。操作平台的构造与其在索塔上的锚固方式,需要根据猫道的受力要求,并根据猫道线形的调整方便进行设计,并依此在索塔施工时进行匹配件的预埋施工。

3.5 猫道承重索锚固体系

主缆在施工过程中随荷载、气温变化会产生垂度变化。为使猫道适应施工过程中主缆的线型变化，保证施工人员和机械设备能进行正常的操作，在塔顶两端及锚碇根据猫道的受力要求设计猫道承重索的锚固装置。

4 猫道设计

4.1 设计原则

猫道设计应遵循构造简洁、施工方便、安全可靠、经济合理的原则。

(1)猫道面的线形应与主缆空载线形一致，即除猫道本身的架设满足施工线形要求外，不能对其他部位(如塔顶位移)产生附加影响，不影响主缆最终成桥线形，并保持一定的间距。

(2)作为施工用临时构造，应尽量减轻自重、减少受风面积，既利于防火又能满足主缆索股牵引、紧缆、缠丝等机械作业所需的工作面和净空，在构造上尽量为施工作业提供便利条件。

(3)由于猫道上的作业几乎贯穿整个悬索桥上部结构施工过程，故在安全上应保证有足够的强度和抗风稳定性。作为架空工作场所，要求小工具或小物件不下落，要求透风性能好。

(4)猫道系统本身要构造简单，具有安装和拆卸方便、快捷的特点，节约临时工程的作业时间和费用。

4.2 设计主要内容

4.2.1 猫道总体布置

猫道空间位置应根据主缆截面尺寸、主缆紧缆机及缠丝机的尺寸需求确定。每座桥一般需设置二个猫道，各供一侧主缆施工使用。

施工猫道的跨径布置一般为两边跨和中跨。其结构构造由猫道承重索、猫道面层(包括栏杆、扶手绳)、抗风系统及横向天桥等组成。

猫道索在三跨上的布置形式一般有分离式和连续式两种。日本修建的大多数悬索桥和我国修建的虎门珠江大桥(主跨 888 m)、汕头海湾大桥(主跨 452 m)、丰都长江大桥(主跨 450 m)、宜昌长江公路大桥(主跨 960 m)等悬索桥猫道索采用的就是分离式布置。而欧美修建的大多数悬索桥猫道索和我国修建的江阴长江大桥(主跨 1 385 m)、润扬长江公路大桥(南汊悬索桥主跨 1 490 m)等悬索桥猫道索采用了连续式布置。不论哪一种方式，都需根据施工情况进行长度调节。分离式需要在塔顶设置猫道索的锚固和长度调节装置，但省去了支撑鞍和变位架。连续式还需在塔顶设转索鞍等装置。此二种形式各有利弊。

分离式就是一根猫道索在主跨和边跨分为三段，各自锚固，承载索不跨越塔顶。如丰都长江大桥猫道，两条主缆下方各设一条，两猫道间以横向通道相连，借以沟通两猫道和解决猫道抗风问题。为简化塔顶构造，便于施工及垂度调整，猫道承重索不跨越塔顶，而是在主跨、边跨分别设置。猫道整体由承重绳、面层、横通道、塔顶调节装置，锚碇等五部分组成。每侧设 6 根并排的 ϕ34 mm 承重钢丝绳，承重绳平行于主缆空载线型，并与主缆的空载垂度一致，距主缆中心 1.5 m。如图 1 为丰都长江大桥猫道总体布置示意图。

连续式就是三段猫道索在架设后连成一根整索，塔顶设支撑鞍。如润扬长江公路大桥南汊悬索桥猫道索采用三跨连续式布设，猫道横桥向与主缆轴线呈对称布置，在上下游对应于主缆中心线下方各设 1 幅猫道。其主要由猫道承重索、扶手索、猫道面层、横向通道、制振结构、

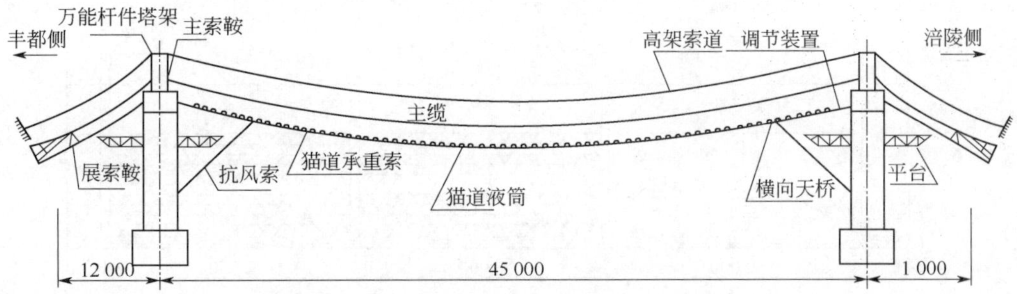

图 1　丰都长江大桥猫道总体布置示意图(单位:cm)

锚固体系等组成。该桥猫道横桥向与主缆轴线呈对称布置,在上下游对应于主缆中心线下方各设 1 幅猫道,边跨侧猫道距主缆中心线铅垂方向 1.7 m,中跨侧猫道距主缆中心线 1.5 m,每幅猫道设计长度为 2 555 m,设计宽度 4.0 m。每条猫道设 10 根 ϕ54 mm 镀锌承重索,采用三跨连续的布置形式,减少了其在索塔处的锚固和长度调节装置。3 段猫道承重索在分别架设完成后在索塔靠近中跨一侧连成 1 根,在塔顶设置支撑鞍,并通过在塔顶附近设置变位刚架及下压装置,使猫道线形与主缆线形保持一致。猫道每侧每 6m 设置一栏杆立柱,用以固定上下 3 根扶手索。扶手索上层采用 ϕ20 mm 钢绳,下层采用 $2\times\phi$16 mm 钢绳。如图 2 为润扬长江公路大桥猫道总体布置示意图。

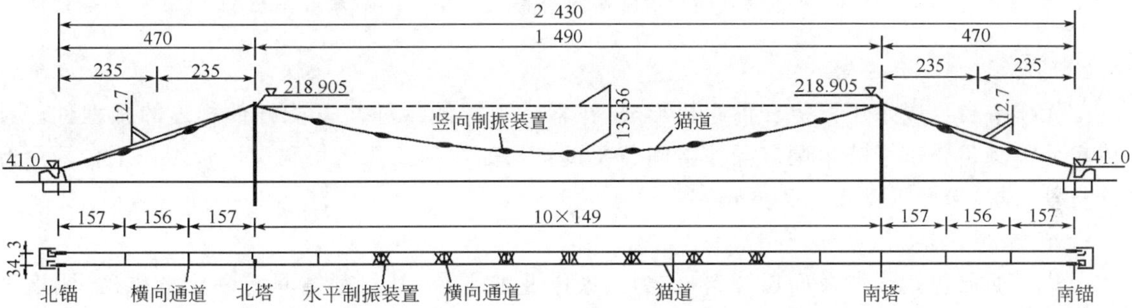

图 2　润扬长江公路大桥猫道总体布置示意图(单位:m)

4.2.2　猫道宽度的确定

猫道宽度直接影响猫道承重索的布置与造价,一般设计宽度为 3～5 m,距主缆中心一般为 1.3～1.8 m,其中心线一般与主缆中心线在同一竖直面内,这样在主缆成型、拆除抗风系统、放松猫道承载索等作业后,将猫道转挂在主缆上易于平衡。也有偏离一定距离的,如日本关门桥(见图 3)考虑作业方便,其主缆中心线与猫道中心线有 0.5 m 的偏离,但后来发现不如没有偏离的好,故以后的桥均采用无偏离设置。如丰都长江大桥猫道宽度结合紧缆机、缠丝机工作机械净空需求,以及主缆直径、滚筒布置需要,设计每侧猫道宽度采用 3.0 m。其猫道的中心线与主缆中心线在同一竖直面内。而润扬长江公路大桥南汊悬索桥猫道宽度设计为 4.0 m。如图 4 为丰都长江大桥猫道立面、横断面布置示意图。

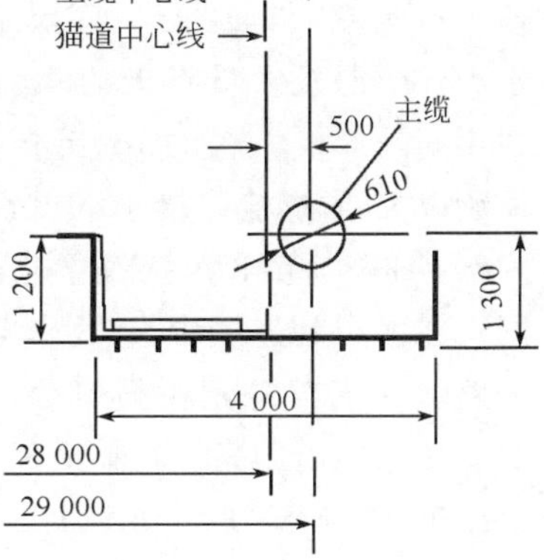

图 3　日本关门桥猫道横断面(单位:mm)

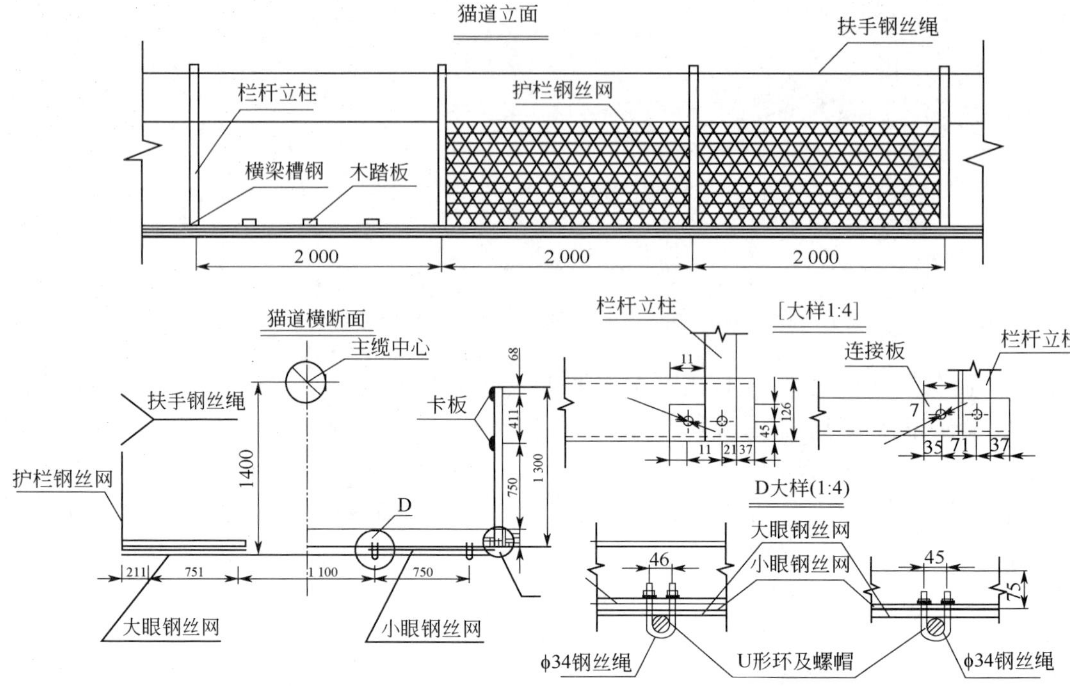

图 4　丰都长江大桥猫道立面、横断面布置示意图(单位:mm)

4.2.3　索塔顶工作平台

操作平台可以采用万能杆件组拼形成,在索塔顶两侧预埋与万能杆件相连的预埋件。具体尺寸以满足猫道承载索调节操作空间需要设置。如丰都长江大桥猫道塔顶工作平台采用万能杆件组拼,单侧平面尺寸为 6 m×8 m。

4.2.4　猫道面层

猫道面层包括横梁及面层铺料,作为工人作业的平台,其材料需具有一定的强度、刚度和耐火性,并在满足透风需要的同时,能满足小型工具不掉落。

承重索上布置联结横梁,上面再铺设钢丝网。横梁一般采用角钢、槽钢和工字钢。

如丰都长江大桥猫道面层宽 3.0 m,采用单双层结合的钢丝网,中间的 1 m 为单层,两边各 1 m 为双层,如图 5。底层主要用于承重,采用 50 mm×70 mm 的高强钢丝网;两侧加铺用于小件防漏及人员行走的 10 mm×10 mm 的软钢丝网,以防滑木条踏步将两层钢丝网固定,并用间隔 6 m 一根的 140 mm×58 mm 槽钢和间隔 2 m 一根的∠80×80×5 mm 角钢作横梁,横梁以 U 形螺栓连接于承重索上,用于主缆成形后猫道的悬挂。猫道两侧用间隔 2 m 一根的∠80×80×5 mm 角钢作立柱,扶手绳采用 4ϕ15 mm 钢丝绳,并以全封闭的双层安全网作护栏网。在面层的连接中,应尽量避免螺栓等的头部突出,以免妨碍操作人员的行走。润扬长江公路大桥南汊悬索桥猫道面层宽 4.0 m,由 1 层粗面网和 1 层细面网构成,其上每隔 0.5 m 绑扎 1 根防滑木条。在猫道面层网上每隔 6 m 设 1 道 50 mm×50 mm×2.5 mm 方钢管,每隔 6 m 设 1 道 80 mm×80 mm×4 mm 方钢管,交替设置。另每隔 50 m 设置 1 道 H175×175 mm 型钢门架,其由 2ϕ54 mm 门架承重索固定,并与猫道共同形成空间结构。猫道每侧每 6 m 设置一栏杆立柱,用以固定上下 3 根扶手索。扶手索上层采用 ϕ20 mm 钢绳,下层采用 2×ϕ16 mm 钢绳。

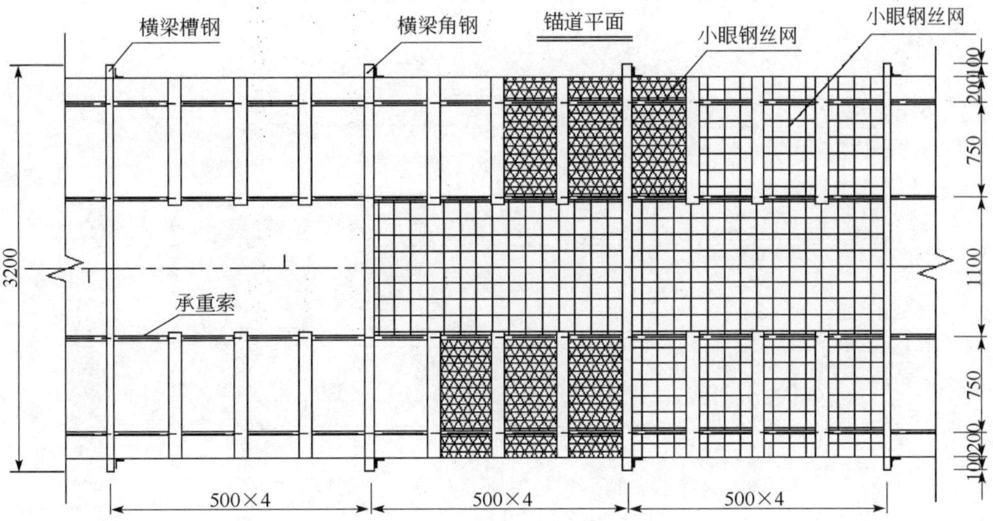

图 5　丰都长江大桥平面布置示意图(单位:mm)

4.2.5　猫道承重索锚固系统

猫道承载索锚固系统依据猫道的分跨与连续具体设置。如丰都长江大桥猫道分三跨布置,其承重索的锚固分别为:中跨锚固于两塔塔顶(塔顶内设置预埋钢框架);边跨一端锚固于塔顶,另一端平行于主缆边跨,跨过主缆散索鞍,并在散索鞍处设转向支承,最后锚于主缆隧道锚的锚体上,锚体内预埋锚固连接钢丝绳。润扬长江公路大桥南汉悬索桥猫道为三跨连续布置,其猫道承重索通过锚固系统锚固在锚碇鞍部预埋件上,锚固系统采用拉杆及锚梁组合结构。

4.2.6　猫道抗风系统

由于主缆的施工属高空作业,所以风的影响变得尤为突出,为提高施工期间猫道的抗风稳定性、足够的刚度及调整线形的需要,通常通过在猫道下方布设抗风索系统和设置横向通道来实现。但因通航条件所限无法布置抗风缆时,可增加横向天桥的密度或采取其他措施增强猫道的稳定性和刚度。

猫道的总体刚度和稳定性与承重索的跨度、抗风缆的预张力和猫道的质量有关。猫道虽是施工过程中的临时结构,但在使用过程中也有可能遭受强风和台风的袭击,为了保证猫道使用过程中的安全性,验证所设猫道的抗风能力,一般悬索桥的猫道结构也应做风洞试验和抗风稳定性分析与计算。

为满足施工时上、下游猫道之间的联系,必须在上、下游猫道之间布设横向天桥。横向天桥的设置,可以使左右两猫道得到沟通,并提高猫道自身的整体稳定性,增强其抗风能力。为降低恒载质量,横向天桥可考虑采用钢管为主体的三角桁架。结构设计时除考虑本身自重外,还需计入人员及施土机械设备的重量并进行结构强度验算。

猫道的抗风体系除抗风索与横向通道外,还包括连接猫道索与抗风索间的垂直吊索(如图6日本大鸣门桥)与斜吊索(如图7日本关门桥)。采用斜吊索方式,虽抗风稳定性较优,但安装困难,而垂直吊索方式,虽抗风减振性稍差,但亦能满足实用要求,故施工中一般采用垂直吊索方式。

丰都长江大桥抗风体系采用中跨设三道横向通道、猫道面层采用透风性能良好的钢丝网及抗风斜拉索组成;其两组猫道间设三道横向通道,位于猫道中跨 $L/4$ 及 $L/2$ 处,横通道由钢

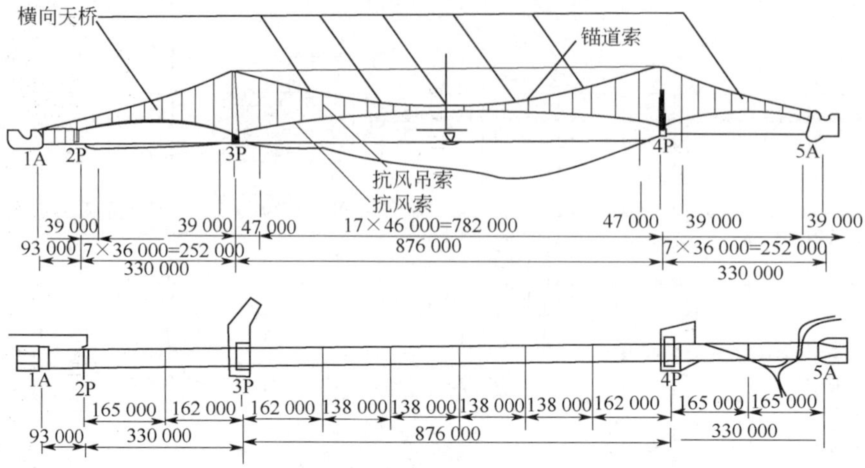

图 6　日本大鸣门桥抗风垂直吊索示意图(单位:mm)

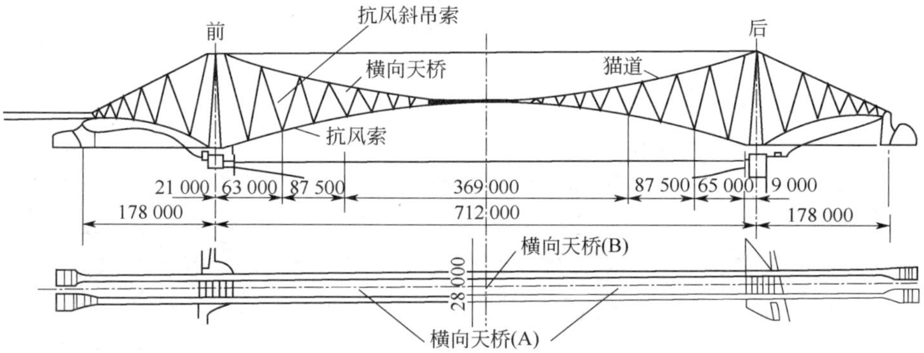

图 7　日本关门桥抗风斜吊索示意图(单位:mm)

管、钢板及角钢组焊成三角形桁架,面层布置基本与猫道相同,其宽度 1.848 m,高 1.6 m,如图 8;从塔的下面到猫道承重索距离 100 m 处,加抗风斜拉索(如图 1)。如受通航条件所限无法布设抗风索时,可增加横向通道的密度或采取其他措施增强猫道的稳定性和刚度。而润扬长江公路大桥南汊悬索桥,就是采取调整横向通道的间距和数量的方法来保证其整体抗风稳定性(如图 2)。该桥猫道共设置 13 道横向通道,中跨 9 道,两边跨各 2 道,除满足上下游猫道之间人员的通行外,通过其提高猫道自身的整体稳定性,使其具备足够的抗风能力。同时为了改善猫道抗振力,提高人员施工操作时的舒适性,在相应的横向通道部位设置制振装置,支撑架上安装竖向和水平制振索来减小猫道在活荷载作用下的振动,如图 9 为国内超千米悬索桥施工中首次采用不设抗风缆的猫道系统。

4.2.7　猫道承重索调节装置设计

在猫道承重索和抗风缆的计算、下料及架设中,造成猫道线形误差的原因很多,主要有以下几个方面:

(1)钢丝绳计算弹性模量与实际弹性模量的不一致,造成计算长度与施工长度不吻合而引起的误差。

(2)钢丝绳非弹性变形较大,在承重绳、抗风缆的制作下料过程中由于诸如预张拉力及持荷时间等预张拉效果不理想造成的长度误差。

(3)钢丝绳在卷绕和架设过程中,钢丝绳自转引起的长度误差。

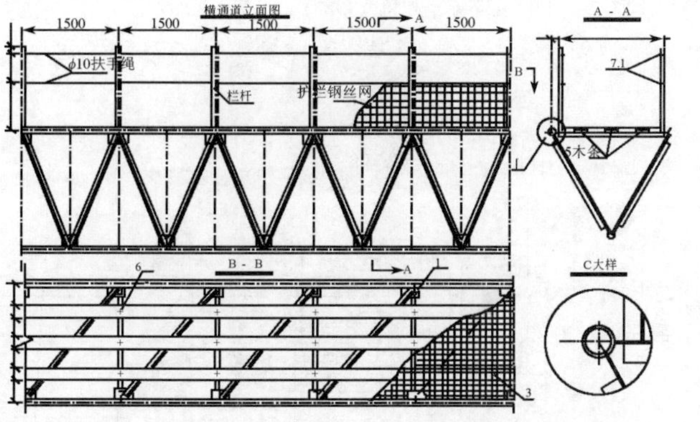

图 8　丰都桥猫道横通道示意图(单位:mm)

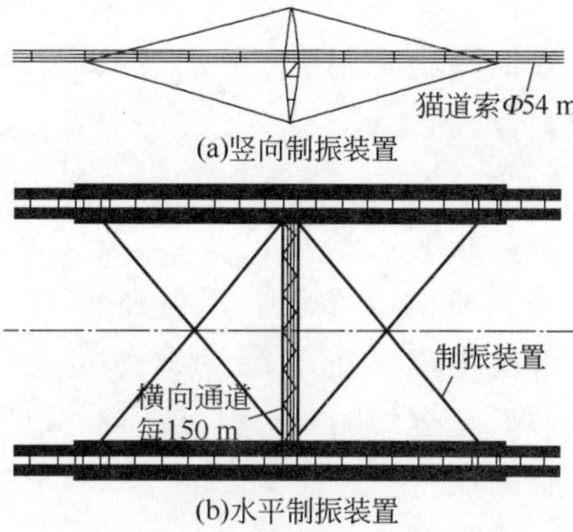

图 9　润扬桥猫道制振系统构造

(4)钢丝绳下料过程中丈量误差及锚固点位置的测量误差。

(5)无论是下料过程还是架设完成状态,温度的变化会引起钢丝绳长度发生变化。

总之,考虑长度的制作和架设精度的离散性是必要的,因此要求承重索和抗风缆两端必须具有相应的长度调节构造。

对于猫道承重索,锚固一般可通过拉杆和锚梁或调节螺栓、锚梁和锚箱来实现,并通过对拉杆或调节螺栓的长度调节来进行猫道线形的调整。

拉杆调整考虑下列影响因素:

① 承重索下料长度误差,取 $L/3\ 000$;

② 钢丝绳在预张拉后,尚余非弹性伸长 1/2 000。在设计中考虑主缆成形、猫道放松后,锚固端并不解除连接,所以拉杆长度还要考虑:

③ 恒载完成后,鞍座顶推引起主缆矢度变化,从而需调整猫道长度;

④ 恒载完成引起主缆伸长,从而需调整猫道长度;

⑤ 由于测量误差、温度修正误差、锚具安装误差、标记误差等量级较小的长度变化,计算时可略去其影响。

根据上述几点确定拉杆伸长量和收缩量,从而确定拉杆或调节螺栓的长度和锚梁的初始位置。如果考虑主缆成形后,猫道解除端部连接,挂在主缆上完全放松,由上述③(鞍座顶推的影响)引起的长度调节可不考虑。

如丰都长江大桥,其猫道承重索调节装置采用丝杆调节器,一端与塔顶预埋件销接,一端与承重索用绳卡相连。调节尺度以放松为好,以免收紧费力。调整线型时人工拧转调节拉杆,其长度调节可达 2 m,在中跨的垂度可调节 4～5 m,如图 10。而三跨连续设计的润扬长江公路大桥,其猫道承载索通过锚固系

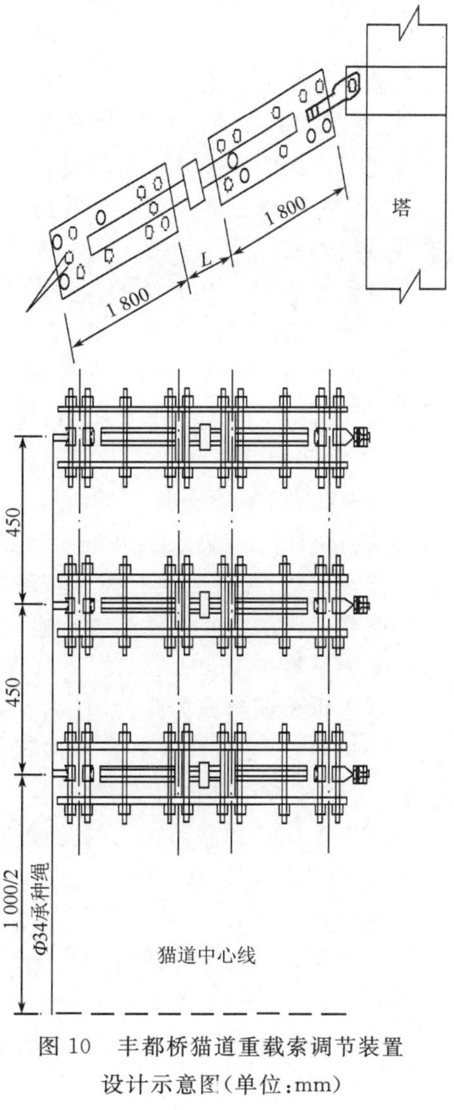

图 10　丰都桥猫道重载索调节装置设计示意图(单位:mm)

统锚固在锚碇鞍座预埋件上，锚固系统采用拉杆及锚梁结合形式，通过调节拉杆实现线形调整，如图 11。

4.2.8　其　　他

包括照明及警示设备，由施工单位根据使用和通航需要布设。通常除施工照明外，夜间应沿猫道系统下缘轮廓线布置灯光，以警示桥下航运的船只，避免碰撞，保证船只与结构物的安全。

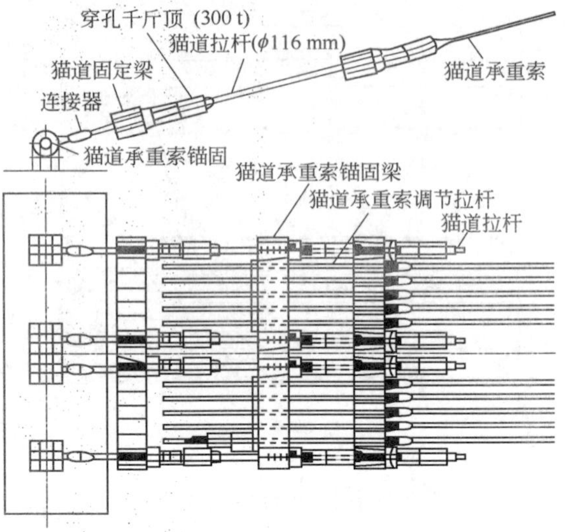

图 11　润扬桥猫道承重索调节装置及锚固结构示意图

4.3　主要检算内容

4.3.1　承重索的强度和垂度

(1)承载索的强度。

承载索是猫道结构的主要受力构件。在设计中主要应考虑的荷载包括恒载、活载。恒载基本为猫道自重，包括承重索、猫道面层、横梁、连接件、主缆滚筒、电缆通讯照明、横向通道、抗风系统拉力及自重等；活载包括主缆索股、施工人员、施工机械(如紧缆机的停放及若干料具)及其他(如索夹与吊索的重量)，另外还有风荷载及温度应力的影响。

作用在猫道上的风荷载计算与作用在桥梁上的不同，对于猫道设计所采用的受风面积应按实际受风面积予以折减。折减系数的大小取决于猫道面层栏杆的高度和猫道的宽度。

当温度降低时，钢丝绳的张力增加，故温度的变化影响到猫道承载索的张力是否满足安全系数要求。设计时可按照降温 15 ℃计算。

承重索强度计算一般按在“恒载(包括风缆张力)＋活载＋温度”组合作用下安全系数 $K\geqslant 2.5$，在“恒载(包括风缆张力)＋风载”组合作用下安全系数 $K\geqslant 3$ 进行设计。

(2)承载索的垂度。

猫道在自重荷载作用下的线形应平行于自由悬挂状态下的主缆线形，视主缆设计曲线线形定为抛物线或悬链线线形，并确定布置在主缆的下方 1.3～1.8 m 范围，应满足机械作业要求。

猫道承载索、抗风缆的线形按悬链线或抛物线线形设计，跨中垂度控制。控制标高为距主缆空缆状态跨中中心的承载索标高。线形控制荷载为恒载。线形计算的同时，计算出承载索、抗风缆的下料长度。

猫道承重钢丝绳为弹性材料，其弹性伸长较大。根据安装步骤分不同自重阶段推算线形及曲线长度，以便安装控制。横向天桥、抗风缆按集中力叠加原理计算。

4.3.2　塔顶工作平台的验算

塔顶工作平台需要承受的荷载主要包括：承载索调节装置自重、施工成卷的猫道面层重量以及承重索调节时施工人员、施工机械的重量等。

在设计计算时，需要根据具体施工所需的荷载进行设计，并对其与塔顶的锚固连接体系进行设计计算。其锚固连接件的安全系数不小于规范规定值。

4.3.3　猫道面层(含横通道)的强度与刚度

猫道面层主要要对横梁的受力进行计算分析。

猫道面层横梁受力有两种状态：其一为主缆索股拽拉过程中，其承受支架、滚筒、两根索股重量的均布荷载及一根索股拽拉重量的均布活载；其二为主缆已成型，猫道承重索换挂在主缆上，其承受紧缆机、缠丝机自重的集中荷载与猫道承重索放松后，猫道全部恒载的均值的均布荷载。在设计计算时，按第二种受力状态进行横梁的型号及换挂钢丝绳的选择。

4.3.4 承重索锚固系统验算

对于三跨断开设置的猫道承重索锚固系统，需要验算其构造在锚体中的安全性、其锚板与连接件的连接强度计算、预埋件与调节装置的连接件强度计算。

5 猫道施工工艺

5.1 总体架设方案

一般说，现代大跨径悬索桥桥位所处的水面比较宽阔，且大多为主航道。因此采用什么方法架设猫道是首先要考虑的问题。

猫道安装的第一步是安装猫道承重索。承重索应对称安装，以免索塔产生过大的挠曲。

猫道架设的主要施工流程为导索过江（或河、海）→架设承重索→猫道面层铺设→横向天桥安装→调整猫道标高→抗风缆架设等。

导索是架设猫道过海的第一根架空索，导索的架设方法主要有提升法、空中牵引法两种类型。所谓提升法就是用驳船将导索从一岸拖拉至另一岸，将放置于水中（或通过浮物浮于水面）的导索绕过二塔顶安装的滚轮，再通过两岸卷扬机提升就位。此方法的特点是施工速度快、设备简单，但架设期间必须断航。空中牵引法就是利用已架成的索道在空中牵引架设其余猫道索，不需断航。当然即使采用空中牵引法其首批索一般也要通过提升法架设，也有采用直升机、热气球直接架设或长臂吊船越水架设的。

猫道面层结构一般是先将横方木和面层预制成卷的节段，而后用塔顶吊机吊至塔顶，沿猫道索逐节拖拉下滑。在下滑过程中，各节间逐节连接。待全部铺设完毕，再将横梁等固定在承重索上。而后，安装栏杆立柱、扶手绳、横向走道、抗风索及其他如大缆架设的支架、照明设施等。

5.2 猫道架设前的准备

5.2.1 预埋件施工

预埋件包括塔顶工作平台连接件、承重索索塔塔顶锚固装置连接件、承载索散索鞍处转向支承、承载索锚碇内锚体锚固装置连接件等，在施工索塔、锚碇时，要按照连接设计图纸，设置好各预埋件，为猫道架设施工作好准备。

5.2.2 抗风体系锚碇施工

按照设置的抗风体系数量，放出索体锚固装置的位置，一般设置为重力式地锚，采用浆砌块石砌筑而成。在猫道架设施工前，按照常规的施工工艺完成抗风体系锚碇的施工。

5.2.3 各种机具设备安装就位

投入猫道架设施工的卷扬机按照布置图安装到位，达到规范规定的锚固要求。

投入施工的链条滑车、电焊机，吊装施工的简易龙门吊或塔吊等经检修，达到施工要求。

5.3 承重索架设

5.3.1 三跨分离式承重索架设

以下以丰都长江大桥悬索桥三跨分离式猫道承重索架设施工工艺予以阐述。

采用空中牵引法架设承重索，是利用已架设的吊装钢桁梁用的高架索道进行。高架索道架

设时除第一根 ϕ12.5 mm 导绳过江需封锁航道 1 h 外，其余各绳均利用已过江导绳牵引过江。

猫道承重索施工顺序为：施工准备→边跨承重索架设→垂度初调整并临时锚固→中跨承重索架设→中、边跨承重索垂度调整→复核塔柱中心及预偏值→中、边跨承重索锚固→架设扶手绳。

(1)绳索过江。

申请封航 1 h。封航前作好准备，从一岸塔顶将要过江的 ϕ12.5 mm 小绳放至江边；另一岸收紧绳从卷扬机上将绳退出通过塔顶放至江边等待封航时渡过江的导绳，而后将导绳收紧至需要高度。在过江导绳中部再捆绑二根 ϕ12.5 mm 钢丝绳拖拉过江，做到三根 ϕ12.5 mm 钢丝绳过江。利用一根 ϕ12.5 mm 绳作导绳承重，一根 ϕ12.5 mm 绳作分线器结绳，一根 ϕ12.5 mm 作牵引绳，将索道的牵引索牵引过江。利用牵引索作承重，二根 ϕ12.5 mm 绳作结绳和牵引绳，牵引索道起重索过江。依次类推，以已过江的大绳作承重，其余绳作结绳和牵引，牵引承载索过江。

(2)架设原则。

按先边跨、后中跨，上、下游对称的原则进行架设。

(3)边跨架设。

在锚碇附近设置放索盘，前端由夹持器夹持引向索塔，与塔顶调节装置连接；后端由放线盘放出后引向锚碇，与锚体内预埋锚固钢丝绳连接。

(4)中跨架设。

将放索盘安在桥台上，前端用起重索道从索盘牵出(放线盘安装刹车杠控制索盘放线速度，防止索盘放飞车)，由起重索道牵引至对岸，与对岸塔顶调节装置相连。末端由塔顶吊索吊至塔顶，与猫道调节装置连接。

5.3.2　连续式承重索架设

以下以润扬长江公路大桥南汊悬索桥连续式猫道承重索架设施工工艺予以阐述。

为尽量减小猫道架设对航道的影响，该桥中跨猫道承重索采用托架法间接架设，边跨猫道索采用直接上提法架设。猫道承重索分南边跨、中跨、北边跨，按照上下游对称、中边跨对称的顺序各自单独架设，经主塔塔顶转索鞍，形成三跨连续的猫道系统。

(1)托架承重索架设。

每条猫道中跨设置 2 根 ϕ36 mm 的托架承重索，分别临时锚固在塔顶预埋件上。首先将托架承重索放置在南塔边跨侧放索架上，用塔吊将绳头提至塔顶上，并与主牵引索拽拉器相连接，启动牵引系统，放索架提供一定的反张力，将托架承重索由南向北牵引。当索盘内托架承重索剩余 3 圈时，用 10 t 卷扬机钢绳与托架承重索锚头连接提供反张力，直至绳头到达北塔塔顶并锚固在北塔预埋件上，然后利用南塔塔顶 10 t 卷扬机调整托架承重索达到设计垂度后锚固。解除反拉钢绳与托架承重索的连接，用塔吊将其放回地面。

(2)托架安装。

猫道托架承重索架设完毕，即可进行托架安装。在托架承重索上，用 2ϕ21.5 mm 定位索按约 100 m 间距固定 14 个托架。首先将 ϕ21.5 mm 定位索放置在南塔塔顶横梁放索架上，将 2 根绳头与牵引索拽拉器连接，并向北塔拽拉，当拽拉出 100 m 左右时，在南塔塔顶工作平台上组装托架，把第 1 个托架挂在托架承重索上并与 ϕ21.5 mm 定位索连接，当第 1 个托架被拽拉出 100 m 左右时，安装第 2 个托架。如此反复，直至把定位索拽拉至北塔，将定位索两端分别锚固在预埋件上。

(3)猫道承重索架设。

1)北边跨承重索架设:采取直接上提法进行。先将猫道承重索的索盘放在锚碇靠边跨侧地面上,通过北塔底靠边跨侧的 10 t 卷扬机,经地面上的托滚向主塔方向牵拉承重索,当承重索的绳头到达塔底后,利用塔顶 10 t 卷扬机,将承重索绳头提至塔顶并临时固定。承重索另一端绳头从放索架牵出后与锚碇支墩门架上 5 t 卷扬机滑车组相连,待其与中跨承重索连接后上提安装。

2)中跨及南边跨承重索架设:首先将放置在南锚边跨侧的猫道承重索用南塔底 5 t 卷扬机牵拉至塔底,等待与中跨承重索连接。托架承重索及托架架设完毕,开始架设中跨猫道承重索。将 ϕ54 mm 猫道承重索置于南塔底靠边跨侧地面被动放索架上,用塔吊将其绳头提升至塔顶,绕过滚筒后与牵引系统拽拉器相连接,由南向北牵引猫道承重索。当放索架上承重索即将放完时,将塔下 5 t 卷扬机绳头与承重索绳头相接,施加一定反拉力后继续牵拉承重索至北塔塔顶,在塔顶施工平台中跨侧将中跨承重索与边跨承重索连接,解除边跨承重索临时约束。

3)三跨连续猫道承重索就位:猫道承重索按照北边跨、中跨和南边跨的顺序依次提升就位。边跨承重索锚头与锚碇支墩处猫道调节拉杆相连,待中跨承重索完全与托架脱离后,利用塔顶 2 台 10 t 卷扬机将承重索上提、平移入转索鞍槽内,形成一条完整三跨连续猫道索。同样方法完成其他猫道承重索的架设。

5.4 猫道面层施工

5.4.1 三跨分离式猫道面层施工

以下以丰都长江大桥悬索桥三跨分离式猫道面层架设施工工艺予以阐述。

猫道面层施工顺序为:猫道面层制作→面层成捆吊放至塔顶→安装边跨导梁→面层边拽拉边安装猫道横梁→拽拉到位,固定横梁、安装栏杆及侧网→安装中跨导梁→面层边拽拉边安装猫道横梁→拽拉到位,固定横梁、安装栏杆及侧网→安装横通道。

(1)架设原则。

按先边跨后中跨顺序,上、下游侧对称,中跨两岸对称架设猫道面层。

(2)面层制作。

在平地上将长 20 m 左右的 75 mm×50 mm 大眼网摊平,在其两侧齐边铺上 10 mm×10 mm 的软钢丝网,并用细铁丝绑联;在小眼网上每隔 50 cm 固定一条 5 cm×5 cm×100 cm 防滑木条,注意横梁型钢位置的预留;而后打卷待用。

(3)面层吊装。

在塔顶猫道调节平台上设一支架,将面层卷由塔顶吊机(摇头扒杆)吊至塔顶上,挂在索道塔体设置的两个链条葫芦上,收紧链条使面层吊离塔柱顶面 60~80 cm。

(4)面层摊铺。

主要利用高架索道牵引。人工将第一卷的始端拉出与导梁扣联,用 U 形卡将导梁与猫道承重索扣联,不拧紧 U 形卡螺栓,以利拖拉;将牵引绳与导梁按“人”字形方式联接牢固;人工松放链条葫芦放出面层摊放在承重索上,利用高架索道牵引钢丝网前行;钢丝网牵出 5~6 m 后,在索塔顶部工作平台上安放横梁,横梁两端与承重索用 U 形扣件相联,不拧紧螺帽,以利拽拉;待两端钢丝网拽拉至跨中合龙后,从两岸向跨中拧紧、补齐 U 形扣件。

5.4.2 连续式猫道面层施工

以下以润扬长江公路大桥南汊悬索桥连续式猫道面层架设施工工艺予以阐述。

猫道面层采用下滑铺设法，在地面将组成猫道面层的各种材料，如防滑木条、粗面层网、横梁等按设计位置绑扎好，用塔吊将其吊至塔顶工作平台上。

首先在南塔中跨侧安装横向通道，北塔中跨侧安装配重，利用横向通道桥及配重块自重带动面网下滑。由于塔顶两侧坡度较陡，为控制面网下滑速度，在塔顶门架上布设 10 t 卷扬机进行反拉。当面网下滑至坡度平缓地段，利用自重不能下滑时，此时则利用南侧的横向通道及北侧的配重块形成导轮对牵装置，利用拽拉器牵拉绳头由南向北拉动面网下滑，直至跨中合龙。面网铺装完毕后，从塔顶往中跨紧固 U 形螺栓，固定面层。边跨铺设采用相同的方法自塔顶向锚碇处进行下滑铺设，直至铺完整个边跨猫道。为了减小主塔的不平衡受力，先从塔顶向中跨铺设 200～250 m 后，再从塔顶向中、边跨同时进行对称铺设，尽量使面网铺设速度保持一致。

猫道面网铺设时定期观测主塔的扭转和偏位。

5.5　扶手系统安装

5.5.1　扶手索架设

猫道面层铺设完毕，利用索道牵引索将扶手钢丝绳从一岸牵引至另一岸，锚固设在塔顶、锚碇的固定装置上。

5.5.2　扶手立柱安装

扶手立柱底端固定在猫道面层横梁上，猫道面层及扶手索架设完毕后，将立柱按设计间距固定在横梁与扶手索上。

5.5.3　立柱侧网安装

扶手索及立柱安装完成后，将立柱侧网用 U 形卡或铁丝捆绑在扶手索及立柱上。完成猫道扶手索、栏杆以及侧面网的安装工作。

5.6　横通道安装

5.6.1　横通道的拼装

横通道一般由钢管、角钢组焊形成。在桥址范围宽阔地带，按设计图纸组焊成成品三角形空间桁架结构，移至桥梁索道下方待安装。

5.6.2　横通道的安装

用高架索道将横通道吊至安装位置，将横通道与猫道承主绳用 U 形卡相联。

5.7　猫道承重索测量调整

对于三跨分离式悬索桥，锚碇承重索测量调整方法如下：

(1)承重索架设时，根据计算值架设一根调整一根的垂度，并注意观测塔顶偏移情况；待承重索全部架设完毕，根据计算值，利用塔顶两端的调节装置对各承重索再次调整，使每条猫道的承重索达到设计垂度，每侧猫道 6 根承重索的相对高差不超过 5 mm。

(2)猫道面层架设完毕后，测量垂度，比照计算值利用塔顶调节装置进行垂度微调整，中跨垂度调整用垂度值控制，边跨垂度用索塔偏移值微调。

(3)横通道架设完毕后，再观测其垂度，对不符合设计要求的进行微调，直至符合要求为止。

而对于连续式悬索桥猫道，其承重索横移就位后，对其高程进行测量调整，其顺序是先中跨后边跨。测量调整方法如下：

(1)初调：利用塔、锚门架上卷扬机将承重索的标志点调整到塔锚相应标志点位置上。

(2)精调：首先进行中跨猫道承重索调整，用全站仪实测中跨跨中点的垂度以及跨径，并根据实测温度，计算出各索的调整量(计入变位钢架及下压装置对垂度的影响)，利用塔顶卷扬机调整，直至跨中垂度满足要求后，在塔顶转索鞍处固定并做好标志。同样方法进行边跨承重索的垂度调整，垂度调整精度为±3 cm。

5.8 其　　他

5.8.1 抗风体系安装

猫道承重索、面层、横通道等主要结构安装完成后，按照设计的需要，架设与张拉抗风索。

5.8.2 其　　他

对于三跨连续式悬索桥猫道，还需要完成以下构件的拆除、安装：

(1)托架及托架承重索拆除。

猫道承重索架设完毕后，进行托架及托架承重索的拆除。

(2)变位刚架及下压装置安装。

对于三跨连续式猫道结构，由于10根猫道承重索的塔顶转索鞍位于主索鞍两侧，要使猫道横断面达到设计要求，需将各索向主缆中心线方向集中，故需安装变位刚架。为了确保猫道线形与主缆线形一致，在中跨靠塔部位设置下压装置。变位刚架及下压装置的安装在猫道承重索垂度调整完毕后在塔顶工作平台上进行。

上述工作完成后，着手进行猫道制振装置等安装，并完善整个猫道系统，使其具备作业条件。

6 加劲梁架设前猫道的处理

主缆架设时，猫道的承重绳固定在主塔上，架设加劲梁后，恒载增加，主缆的垂度发生显著变化。为了使猫道的形状也随主缆形状的变化而变化，保持主缆和猫道之间有一定的间隔距离，故将猫道改吊在主缆上，并拆除猫道横通道。

7 主要施工材料、机具设备、作业人员

7.1 主要施工材料

猫道施工投入的主要材料包括：猫道承重索——钢丝绳，根据受力需要选择型号；猫道面层——钢丝网、型钢(槽钢、角钢)、方木、小型号钢丝绳(作扶手绳用)；横向走道——型钢、钢管、木板；抗风索——钢丝绳；操作平台——万能杆件等。

7.2 主要设备

猫道施工的主要设备有：电焊机、卷扬机、链条葫芦等，数量根据实际施工需要确定。

7.3 主要施工作业人员

猫道施工的主要作业人员包括：架子工、电焊工、电工、卷扬机司机、测量工、信号工、起重工、普工等。

8 设计与施工注意事项

8.1 施工精度控制

猫道的施工误差和精度控制，主要反映在承重索的架设精度上，需要从两个方面考虑：

(1)承重索的制作精度必须严格控制。

(2)架设垂度误差的控制：

在架设过程中，往往以跨中垂度为直接控制点，对猫道整个架设线形进行管理。因为猫道为临时施工构件，所以垂度误差的大小应结合施工单位对误差的敏感程度确定一个控制值。

8.2　抗风缆的设置

使用抗风缆可以提高结构的抗风稳定性及刚度，同时考虑到猫道即使有少量偏心荷载也要倾斜的结构，所以设置抗风缆具有调整猫道线形，减小偏载产生的倾斜程度的作用。因此抗风缆的设置不仅是抗风需要，而且能提供安全舒适的工作面。

8.3　控制猫道对索塔产生水平力差

对混凝土塔而言，一般通过主索鞍偏移量来调整架设线形。所以原则上不希望塔体本身产生弯矩。

由于设计时假设猫道线形与架设主缆线形一致，所以在承重索的锚固点位置与索股转索点一致的情况下，承重索不会在塔顶产生水平力差。当承重索总体布置形式为连续式就没有水平力差产生；而对于分离式的布置形式，由于锚固点位置的变动，会使得承重索在塔顶产生水平力差。所以在设计中，应采取相应措施减小此不平衡的水平力。

9　安全要求

(1)猫道投入使用前，应对塔顶、隧道锚内的锚固系统、抗风索作一次全面检查，不符合要求的做加固调整处理；使用过程中，也要定期检查、观测。

(2)起重机具、绳索、地龙等每天工作前均须仔细检查与检修，并做好记录，确认安全后才能工作。

(3)两塔下须设专职安检员，确保通航安全及施工安全。

(4)所有施工人员须系安全带，戴安全帽，配工具袋。

10　结束语

猫道作为现代大跨度悬索桥施工中重要的临时结构，其结构有钢结构焊接构件，机加工销轴，铸造件滑轮片及一些外购件和材料，如轴承、钢丝绳等。本结构虽为大型临时结构，但使用时间长，作业频繁，是施工的大型临时重要受力结构，因此设计制造标准应完全与永久结构相同。如此，方能达到“安全、快速生产”的目的。

主缆架设安装工艺

1 前　言

主缆是悬索桥上主要受力部件,其架设质量对悬索桥的成桥线形及寿命起决定作用。

主缆架设一般有两种方法,即空中送丝法和预制索股法,我国修建的现代大跨度悬索桥均采用预制索股法,其目的是使空中架线工作方便简单,两端嵌固热铸锚头,在工厂预制,先配置成六角形,然后利用液压千斤顶等特制压紧机具压制成圆形,此施工方法必须设置脚手架(锚道),利用架空设备牵引索股过江。主缆架设完毕后,进行调索股工作。值得注意的是,由于主缆内各索股的位置高度不同,其长度亦不同,因而首先应设置一基准股,其他各索股乃至主缆的长度都是以基准索股来制造和控制的。索股调整完毕后必须在鞍座内及时锁定。

2 主缆架设方法的基本类型

2.1 空中送丝法(AS 法)

所谓 AS 法,就是先在猫道上将单根钢丝编制成主缆丝股,多束丝股再组成主缆。其施工程序如下:

将钢丝卷入专用卷筒运至悬索桥一端锚碇旁,并将其一头抽出,暂时固定在一梨形蹄铁上,此头称为"死头",然后将钢丝继续外抽,套于送丝轮的槽路中,而送丝轮则连接于牵引索上,当卷扬机开动时,牵引索带动送丝轮将钢丝引送至对岸,同样套于设在锚碇处的一个梨形蹄铁上,再让送丝轮带动其返回始端,如此循环多次则可按要求数量将钢丝捆扎成束(图 1)。这里,不断从卷筒中放钢丝的一头称"活头",当一束丝股牵引完成后,就将钢丝"活头"剪断,并与"死头"用特制的钢丝连接器相互连接。

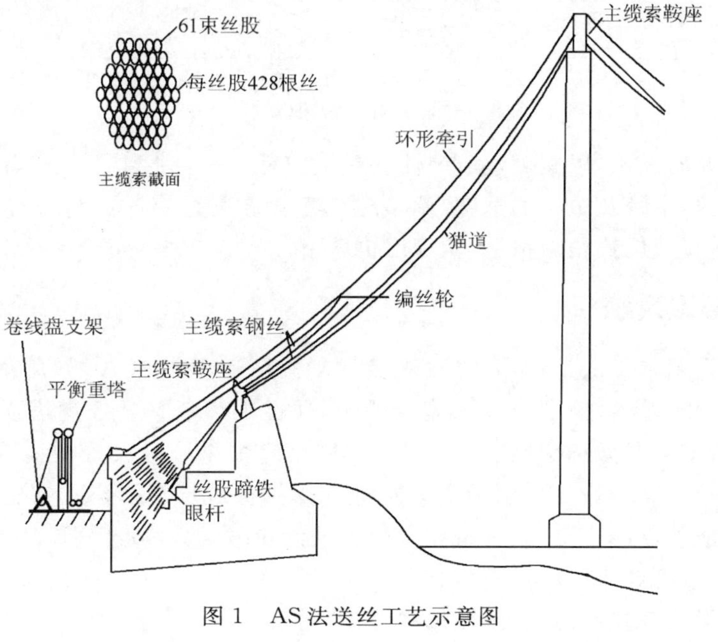

图 1　AS 法送丝工艺示意图

在环形牵引索上,可同时固定两个送丝轮,每个送丝轮的槽路可以是 1 条、2 条或更多,目前已有 4 条槽路的。对每一束丝股,按每次送丝根数为一组,不足一组的再单独牵引一次。需要指出的是,每个送丝轮上的槽路多,每次送丝数量就大,但牵引索及送丝轮等设施的受力相应增大,所需牵引动力也就增大。

编缆前应先放一根基准丝来确定第一批丝股的标高,基准丝在自由悬挂状态仅承自重荷载,所呈线形为悬链线。此后牵引的每根钢丝均需调整成与基准丝相同的跨度和垂度,则其所受拉力、线形及总长就与基准丝一样。成股钢丝束经梳理调整后,用手动液压千斤顶将其挤成圆形,并每隔 2～5 m 用薄钢带捆扎。

基准丝应在下半夜温度稳定时测量、设定。

钢丝束有鞍外编股和就鞍编股两种,鞍外编股后需将丝股移入主鞍座槽路内,故现多用就鞍编股法。

为使每束丝股符合设计要求,在调丝后依靠在梨形蹄铁处的千斤顶调整整束丝股的垂度,并随即在梨形蹄铁处填塞销片,将丝股整束落于索鞍,使千斤顶回油。调股同样应在温度稳定的夜间进行。

2.2　预制丝股法(PWS 法)

所谓预制丝股法,就是在工厂或桥址旁的预制场事先将钢丝预制成平行丝股,然后利用拽拉设施将其通过猫道拽拉架设。其主要工序为:丝股牵引架设→测调垂度→锚跨拉力调整。与 AS 法比较,由于丝股的重量比单根钢丝要大数倍,所需牵引能力也要大得多,一般采用全液压无级调速卷扬机,牵引示意如图 2 所示。

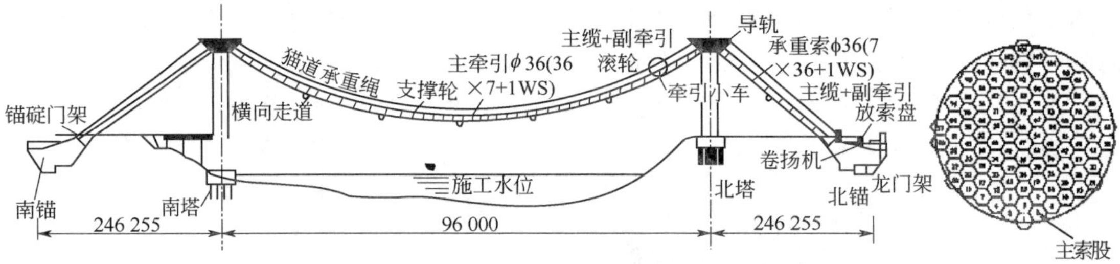

图 2　索股牵引示意图(单位:mm)

在猫道上设导向滚轮,以支撑丝股并使其顺利前行。每丝股牵引完成后,即将其从滚轮上移入鞍座,然后调整主跨及边跨的垂度,调整应在夜间温度稳定时进行。对中上层丝股,为观察其丝股垂度,需将其位置稍微抬高,调好后再落下。

3　PWS 主缆架设系统

主缆索股架设基本方法是:首先将索股盘从制索厂运至工地 A 岸,用吊车将索盘放入固定在 A 岸桥台后的索盘架上,锚头从索盘上引出,通过小车牵引至 A 岸塔顶,在塔顶通过传力转换,通过拽拉器使索股架锚头翻过 A 岸索塔,采用缆吊系统沿设置在猫道上的滚筒向 B 岸进行牵引。索股牵引至 B 岸锚碇后用提升架将 A 岸锚头放出牵引至 A 岸锚定。在各主索鞍、散索鞍部位把索股整成四边形,放入索鞍内所规定的位置,然后进行垂度调整,最后当主缆所有丝股全部牵引、垂度调整完毕后进行紧缆。

主缆索股架设系统主要由猫道、缆吊系统(利用架空索道牵引方式)、导向支承轮三部分组成,它们分别承担提供索股架设平台、提供牵引动力、确定主缆丝股牵引方向的职能。

如图 3 为某悬索桥主缆索股架设示意图。

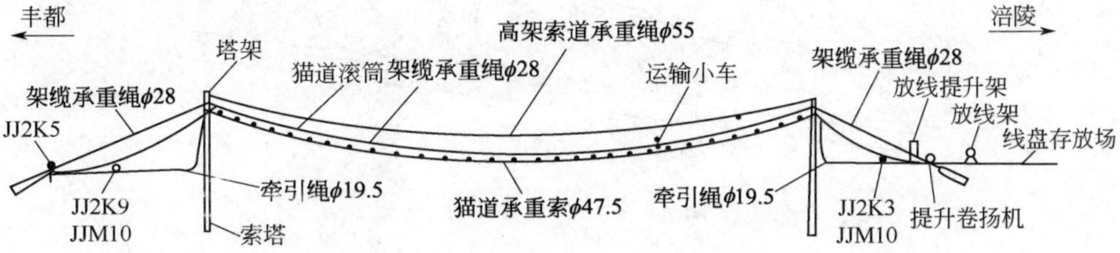

图 3　某悬索桥主缆索股架设示意图

3.1　放索系统

放索系统指主缆放索架。一般根据主缆架设安排,在一岸的索盘与锚洞洞口之间用钢管架、方木、钢轨铺设好牵引轨道,在锚碇口用万能杆件组拼超过索盘直径高度的索盘放线架。主缆架设时,索盘移至放线架下,钢横梁穿过索盘,吊起索盘、安装放索刹车杠。

3.2　主缆索股牵引系统

架设 PWS 索股的牵引系统根据锚头承载装置的不同可分为三种:架空索道牵引系统、轨道小车牵引系统和门架式牵引系统,如图 4、图 5、图 6 所示。

门架式牵引系统结构较复杂,加工难度大,造价较高,但工艺较成熟;轨道小车牵引系统架设 PWS 索股时对猫道刚度要求较高,增加了猫道的造价,且施工实例不多;架空索道牵引系统结构简单,安装方便,造价较低。这三种牵引系统各有优缺点,由施工单位在施工设计时选定。

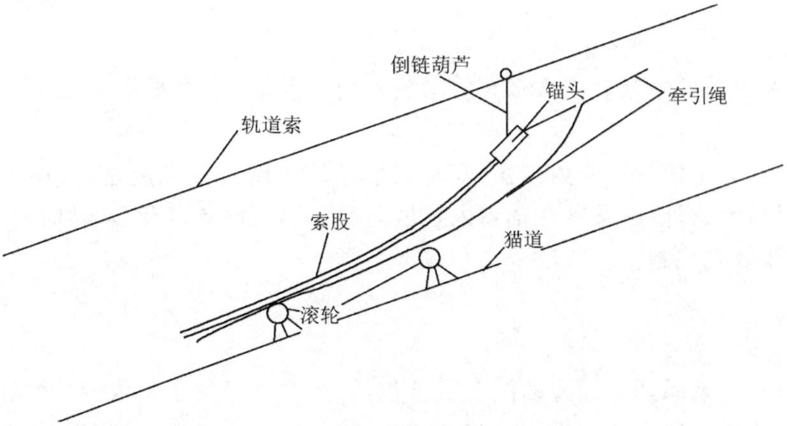

图 4　架空索道牵引系统

3.3　牵引附属系统

(1)牵引卷扬机。

两岸卷扬机的牵引速度一般情况下为 20～25 m/min。最大的牵引速度为 30 m/min。牵引第一根索股及拽拉器通过塔顶时,牵引速度为 5 m/min,过猫道门架的速度以 12 m/min 为妥。牵引中主、副卷扬机最大拉力根据牵引速度设定。

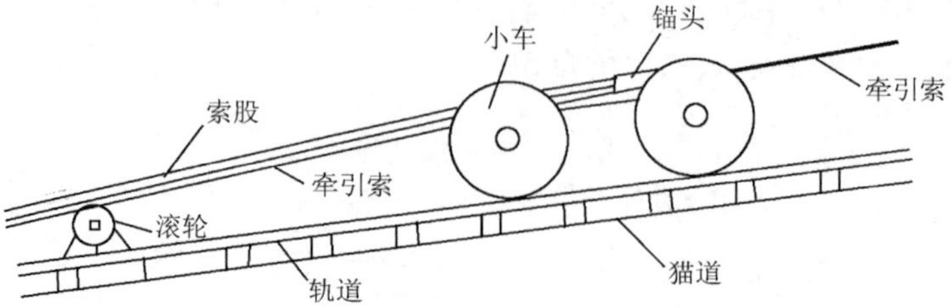

图 5　轨道小车牵引系统

(2)导向支承轮。

导向支承轮是控制丝股运行方向的重要装置,同时使丝股在运行过程中处于滚动状态,而不是处于滑动状态导至丝股保护层磨损和捆扎带损坏而撒丝。为保护支承轮滚筒上包裹了一层 3 mm 左右厚的橡胶皮。

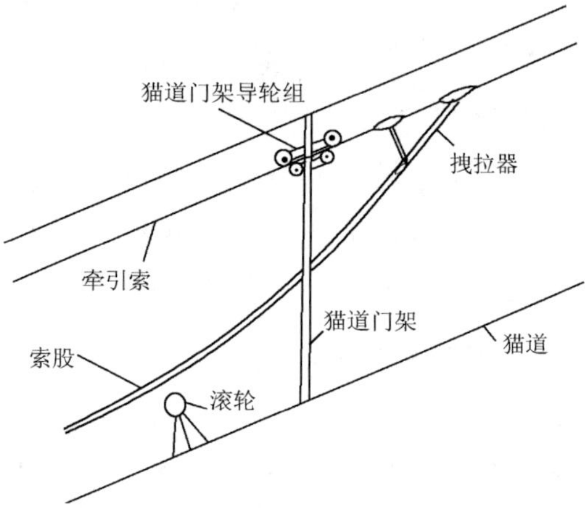

图 6　门架式牵引系统

(3)其他。

两岸塔顶及两岸散索鞍和洞口处搭好平台,在平台上布置好索股滚筒,并在洞口平台处设置变向滚筒,变向滚筒必须锚固牢实,供放索入鞍和牵引丝股之用。

在散索鞍基础上搭设好门架,以便提升丝股横移入鞍。

在塔顶及散索鞍门架上布置好索股提升及横移设备。

3.4　张拉系统

主缆索股架设前,散索鞍、主索鞍完成吊装就位。同时,索鞍采用液压千斤顶顶推到设计要求的预偏量。

索股架设中,为了使索股受力均衡,在每根索股的垂度调整完成之后,还需调整其锚跨的张力。索股的设计张力值随着其在锚室内扩散角的不同而略有变化,调整时通过 2 台 500 kN 千斤顶的油表读数来控制。

3.5　调索系统

索股架设中,其索股调整需要的配合设备包括:测量垂度的全站仪、测量温度的温度仪、自制的游标卡尺(测量一般索股的垂度)、张拉液压千斤顶(索鞍顶推、锚跨张力)等。在索股架设前,这些仪器、设备均需要经过检查与检验,达到规定的误差标准方可使用。

4　PWS 法主缆索股架设工艺及操作要点

4.1　架设施工工艺流程

索股的架设包括放索、牵引、横移整形入鞍、锚头引入锚碇临时锚固,索股的线形调整,索股的锚固等工作内容。其工艺流程主要包括:施工准备→索股牵引→检查索股的扭曲并校正→索股前端到达南锚碇→索股前后锚头安装引入装置→鞍座部分安装临时拽拉装置→中跨上提横移→边跨上提横移→塔顶主索鞍部分整形与固定塔顶标记就位→散索鞍部分整形入鞍→两端引入临时锚固→索股线形调整(中跨→边跨→锚跨)。图 7 为索股拽拉过江施工工艺流程图,图 8 为主缆架设施工工艺流程图。

4.2　索股架设顺序

索股的架设顺序是以对索鞍部位索股的移动、散索鞍部位索股的折角和长度调整不形成障碍并考虑温度等因素,原则上是上、下游对称,从下至上,从中间向两侧依次架设。

4.3　主缆索股牵引

4.3.1　*索股牵引程序*

主缆索股拽拉系统采用立于桥塔顶的万能杆件塔架(多功能索道的 π 架),两岸隧道锚体作为承重绳的锚固点架设承重绳,将承重绳分成三段布置,同时由于承重绳的设计垂度与锚洞内的坡度不一致,在锚洞口和散索鞍位置,用支架将承重索固定,这样形成四级小车转换接力将索股前端从 A 岸牵引至 B 岸锚体拉杆处。在 A 岸锚洞顶顺主缆方向设放线架,在洞口前端设提升架。索股架设过塔顶如图 9 所示。

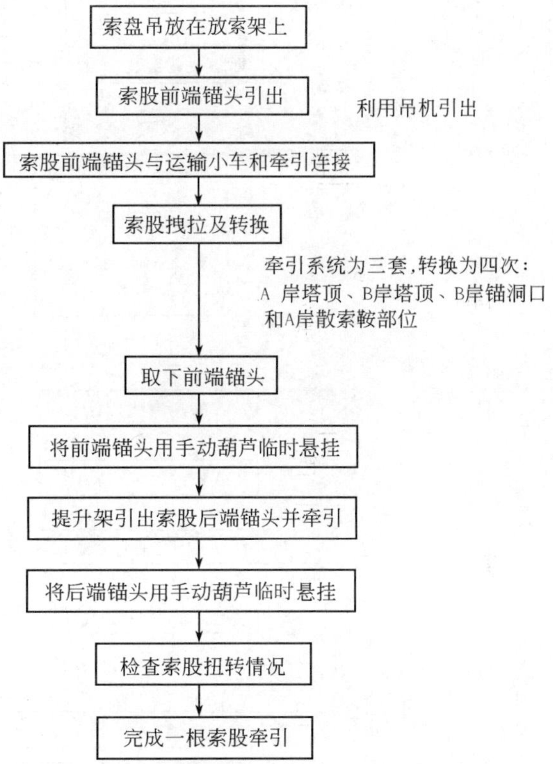

图 7　索股拽拉过江施工工艺流程图

按照场地布置,选择由 A 岸向 B 岸单方向牵引索股。架设时,将索盘吊放在放线架上,把索股锚头引出,分别与牵引系统的运输小车(开口滑车)和牵引索相连,运输小车将索股前端锚头吊起一定的高度,牵引索拉着索股前端锚头,沿着猫道滚筒过江。牵引到位后,将索股临时悬挂。其程序如图 7。

4.3.2　*缆索牵引过江注意事项*

(1)牵引过程中派专人跟踪索股前端锚头,通过手动葫芦及时调整锚头的高度,避免锚头与猫道滚筒相撞。

(2)牵引过程中,索股定型胶带连续 2 处被损坏时,为防散束,要停止牵引并进行修补。

(3)牵引过程中,应派专人检查着色钢丝位置,防止索股扭转。牵引到位后,从跨中朝两端再次检查,若有扭转及时纠正,保证索股内钢丝平行,确保成桥后每根钢丝受力均匀。

(4)后端锚头的索股,由于引出时的摩擦,钢丝较乱,必须进行修整,钢丝鼓出部分应用木槌敲击梳理,从锚跨疏散到边跨。

(5)由于卷盘内的索股钢丝存在松散现象,放出时要特别注意钢丝的弯折、扭结情况,发现问题及时处理。

(6)索股牵引至转换位置前,应放慢牵引速度,先用手动葫芦将锚头提起,换挂邻跨牵引系统,再摘下前跨的牵引绳。

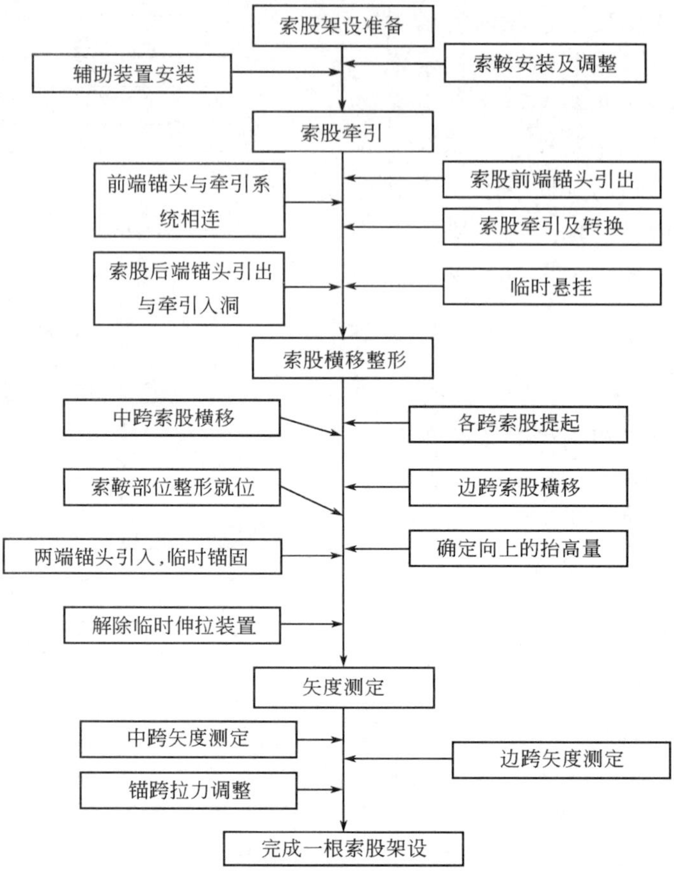

图 8　主缆架设施工工艺流程图

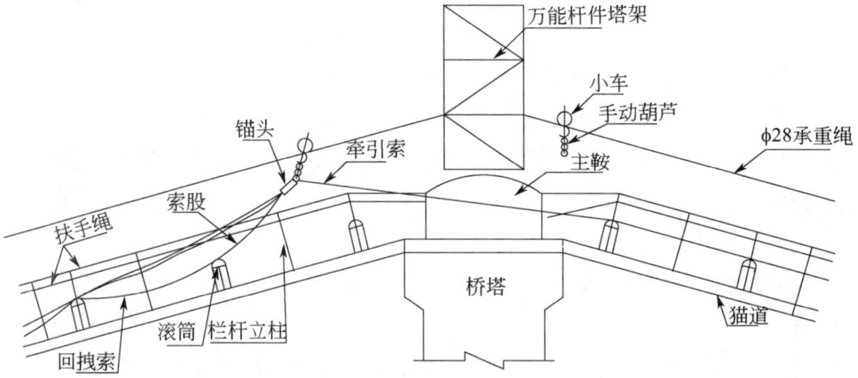

图 9　索股架设示意图

4.4　索股提升和入鞍

4.4.1　索股横移

牵引完成后索股位于猫道滚筒上，距主缆设计中心位置约 1 m。在距塔顶支架和散索鞍支架约 15～20 m 处将牵引握索器安装在索股上，并将握索器与挂在支架上的手动葫芦相连，收紧手动葫芦把索股从猫道滚筒上提起，确认全跨径的索股已离开猫道滚筒后，收放手动葫芦,让索股慢慢摆到主缆中心线位置,如图 10。

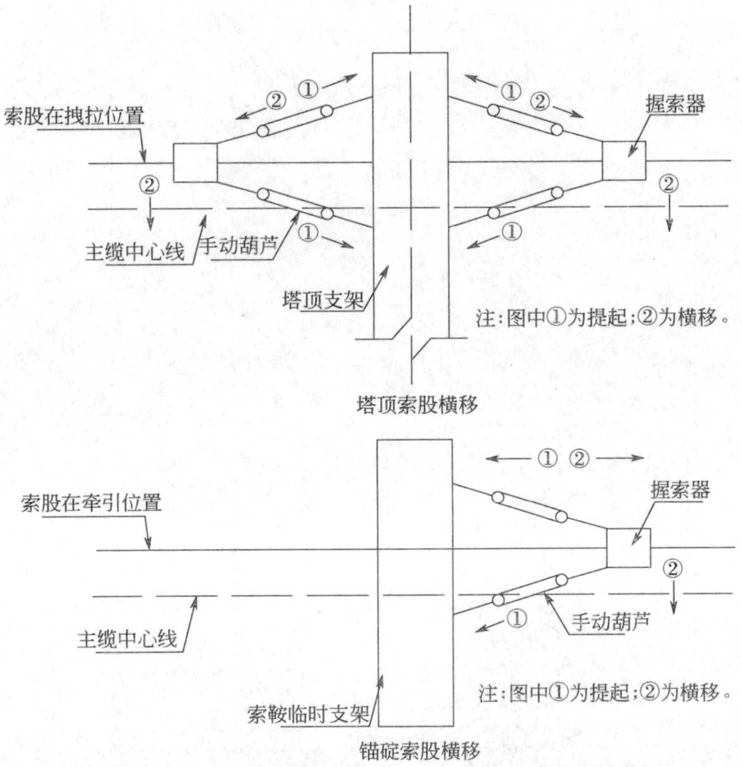

图 10　主缆索股牵引至塔顶、索鞍的横移示意图

4.4.2　索股的整形入鞍

确认索股着色钢丝的位置,检查索股是否有扭转现象并予以纠正。在各索鞍部位前后 1.5 m 左右的索股上安装六边形整形器,拆除索鞍段索股的绑扎带。

整形分初整形和连续整形两阶段,先用四边形整形器把正六边形的索股整理成矩形,垂直方向尺寸不变,将水平方向尺寸从 57.2 mm 压成 46.8 mm 左右;再用 200 kN、100 kN 链条葫芦将鞍座附近的索股吊起呈应力最小状态,将四边形整形器轻轻向前敲,并用木榧敲打索股;而后将整成矩形截面的索股装入鞍体。整形顺序:主索鞍部位是从边跨向中跨进行;散索鞍部位是从锚跨向边跨进行。整形示意图、整形前后索股钢丝排列情况如图 11。

4.4.3　缆索提升、横移、整形入鞍时的注意事项

(1)把索股从猫道滚筒上提起的工作是在中跨和边跨同时进行,横移是按中跨、边跨的顺序进行;横移前要确认全跨径的索股已离开猫道滚筒。

(2)拽拉过程中,因索股张力增加,索股与握索器间发生滑动的危险性增大,故须注意控制拽拉量,并保持中跨、边跨拽拉平衡。

(3)用手动葫芦临时悬挂锚头时,手动葫芦不能收得太紧,否则,会给散索鞍部位索股整形带来困难。

(4)索股一般是边整形边入鞍,因而入鞍方向与整形方向相同。鞍槽内应及时揳入木块,以防隔板被索股压弯;随整形好的索股入鞍及时用木制卡具控制,以防止整形被破坏。对变形较大的须提起重新整形入鞍。

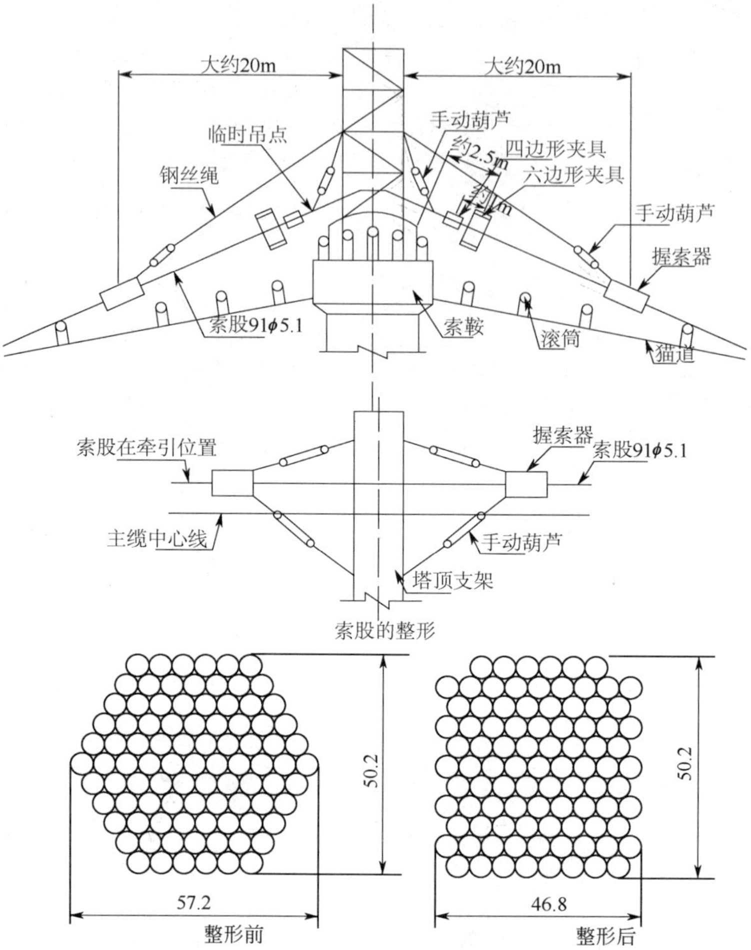

图 11　索股整形、整形前后索股钢丝排列情况示意图(单位:mm)

4.4.4　锚头引入锚固

整形入鞍后,将锚头引入到预定锚杆上锚固,程序如下:

(1)借助手动葫芦将锚头套入锚杆,拧上螺母;

(2)放松并解除手动葫芦,使拉力由锚头经螺母传到锚碇内锚杆上;

(3)安装锚跨张紧装置(YC100A 型接杆式千斤顶和锚板);

(4)调整中跨、边跨的向上抬高量(中跨抬高 200～300 mm,边跨抬高 100 mm 左右),解除握索器;

(5)对应于各跨的向上抬高作业调整锚跨调整装置;

(6)拧紧螺母,放松锚跨调整装置,等待夜间温度稳定时段调整索股的矢度。

4.5　索股线形控制与调整

索股横移就位后,为满足主缆线形的要求,需进行索股的矢度调整。A 端索股标志点对位后,安装索鞍固定装置而后调整。索股的矢度调整作业,原则上在夜间温度影响小的时段进行,调整时,事先测出外界气温和索股温度随时间变化的曲线,把温度变化小的时段定为调整时段。

主缆架设时，每侧第一根牵引到位的主缆索股称为标准索股，其余的索股称为一般索股。在索股的矢度调整作业中，标准索股是一般索股调整的参照物，与主缆的架设精度有直接关系，是控制主缆线形的关键，也直接关系到成桥线形，须精确调整其矢度。索股矢度的调整按中跨矢度调整、边跨矢度调整、锚跨张力调整的顺序进行，如图 12。

索股线形控制关键有两条：第一，基准丝股线形必须准确，这是确定主缆线形的基础。第二，在牵引非基准股时，非基准股一方面以基准股线形为准，以基准股为参照物，另一方面，不能给基准股增加荷载，而改变基准股的线形。

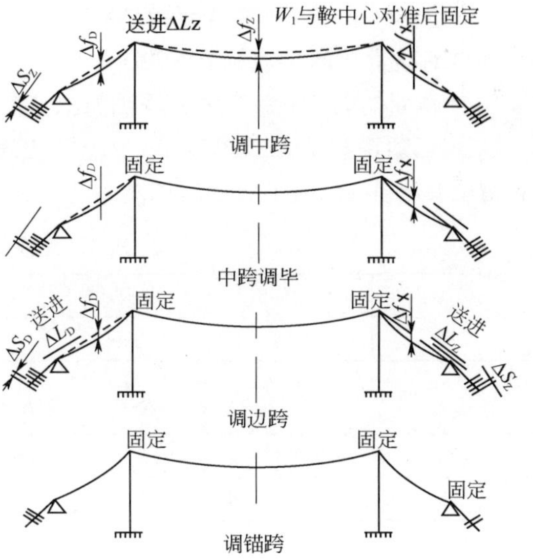

图 12　索股矢度调整示意图

4.5.1　基准索股线形测量与调整

(1)调整程序。

标准索股的调整采用绝对矢度调整法，其调整程序是：

1)根据跨长、索鞍预偏量、索塔偏移、外界气温、索股表面温度等的测定值，计算出索股调整量；

2)在 B 岸塔顶及散索鞍部位安装调整装置(手动葫芦)；

3)根据调整量，在索股上做好标记，通过收、放手动葫芦，调整中跨垂度值，调整好后，用固定装置临时固定；

4)测定边跨垂度值，通过收、放手动葫芦调整；

5)中跨、边跨垂度调整完毕并固定后，根据张力将锚跨调试完毕；

6)经多次反复观测、调整，满足垂度误差＜±20 mm 为止。

(2)索股线形监控条件。

架设完第一根索股，其垂度调整一般选择在温度相对稳定，风力不大的时段进行。索股温度的测定用接触温度计，沿长度方向布置为：边跨 1/2 处，两岸塔顶处及中跨 1/4、1/2、3/4 处；沿断面方向布置为索股上缘、下缘处。每隔 5～10 min 同时读数一次。判定索股温度稳定的条件：长度方向索股的温差：$\Delta t \leqslant 2$ ℃；断面方向索股的温度：$\Delta t \leqslant 1$ ℃。

不符合温度稳定的条件，或者当风力超过 12 m/s(索股摆动太大)以及雾太浓(测量目标不清楚)时都不能进行索股调整。

(3)索股绝对标高的调整。

基准索股，测定索股下缘的标高后进行调整，调整量是对支承索股的构件点位进行形状计测和基准索股的温度计测后修正决定。

1)测定项目。

形状测定：包括跨径，塔顶标高及变位，索股垂度标高。调整前按设计要求使主、散索鞍有个预偏量，并固定不动直到索股调整完成。在两岸适宜位置各设一个测站和一个固定后视点，并安置全站仪。通过测站，测出塔顶标高及变位、基准索股的跨中点位和标高；在塔顶，用钢尺量出主索鞍预偏量，用全站仪测出跨径；并对所测数据相互校核。

温度测定：包括外界温度和基准索股温度。

2)基准索股的绝对标高控制。

① 测量方法：采用三角高程测量法进行精度估算分析；

② 三角高程测站技术要求：中跨和边跨中点垂度的三角高程测量，按二等三角高程测量的精度要求实测，相应测量的回数及主要限差要求见表1、表2。

表1　距离测量的主要技术要求

等级	仪器等级	观测方式	测回数	一测回读数量最大限差	单回测回间最大限差
二等	一等	单程	4	3 mm	5 mm

表2　三角高程测量的主要技术要求

等级	仪器等级	施测方法	竖角中丝法测回数	指标差限差	垂直角限差	单程高程限差
二等	一等	单程	4	3″	7″	$0.05\times D$(m)

3)基准索股调整。

基准索股的跨中标高调整，先根据主索鞍预偏量、跨长、索股温度因素计算各跨的跨中设计标高修正值，后再根据测出调整前基准索股的跨中标高，计算出准确的基准索股标高调整值后开始索股调整。调整时要进行索股移动量的跟踪，同时观察索股移动量和垂度变化量的关系。

4)验收标准。

跟踪观测基准索股的跨中标高 $2d\sim5d$，如果测量值与设计值误差在±2 cm之内，且上下游两基准索股高差误差在±1 cm范围内，基准索股才算调好，方可进行非基准索股的架设及相对标高的调整。

4.5.2　*一般索股调整*

对基准索股以外的索股进行调整是根据与基准索股的相对高度决定调整量，同时进行基准索股和非基准索股的温差管理。相对标高的调整关键在于测量前白天的准备工作是否充分。

(1)白天准备工作。

1)被调整索股编号。

2)主缆设置形状保持器：架设一部分索股后，及时安装形状保持器，防止索股因温度和风力的影响，出现调整好的索股串位、扭转、排列凌乱。垂度观测点不能安装形状保持器。

3)被调整的索股如果没有预抬高，不在已调好的索股上面，或挤偏已调好索股的位置，或掉在已调好索股的下面，特别是对于掉索这种情况，处理起来较麻烦。防止掉索措施为：调整索股入鞍时预抬高；索鞍处索股压紧；被调整索股预抬高的高度：中跨跨中预抬高30～40 cm，边跨跨中10～20 cm。

(2)夜间调整过程。

1)调整前检查：基准索股是否处于相对自由状态；前几天调整好的索股是否异常，如果异常则要重新进行调整；被调整索股入位是否正确。

2)索股的相对测量工作：

① 测定项目：形状，相对垂度，温度，基准索股的温度，被调整完索股的温度。

② 非基准索股的相对标高控制：选定测量方法并进行精度估算，重复测量三次取其平均

值作为最后的测量值。

3)调整过程:测量出相对数值后,根据二者之间的设计值算出调整量,由调整量反算出索股的移动量。其调整顺序和方法与绝对标高的调整基本相同。调整时索股的移动量不能过大,否则被调整索股压在下面的索股下或出现掉索现象,影响已调整好的索股。

4)验收标准:判定相对索股是否调好,由以下方法控制:用图纸提供的设计值控制,相对垂度精度为+5 mm;用同一行相邻索股比较,特别是相同设计数值索股作比较;用同一列相邻索股的接触情况(若即若离)控制。

5)索股锚跨张力调整:一根索股调整好中跨、边跨标高后,进行该索股锚跨张力的调整。控制索股锚跨张力与设计值的差值在±3%范围内。

6)索股调整精度标准:

① 索股标高允许误差:基准索股±L/20 000,上下游基准索股相对误差 10 mm,一般索股(相对于基准索股)5 mm;

② 锚跨索股索力允许误差:实际拉力与设计值之间的允许误差±3%以内;

③ 配置的垫片厚度允许误差:±1 mm。

4.6 主缆索股捆绑

缆索的全部索股架设完毕后,为保证钢丝均匀受力,顺利安装索夹并进行防护,需将主缆挤压成圆形。

紧缆是将索股架设时的六边形组合截面改变为圆形截面,通过紧缆作业压缩主缆空隙率,以利索夹安装、主缆缠丝和防护作业。

待所有的主缆索股架设完毕后,在温度稳定、风速小的时候调整丝股垂度和拉力,达到设计标高后,除去周边丝股的定型绑扎带和临时索夹,按照先中跨后边跨的顺序,用紧缆机将主缆挤压为圆形,用打带机进行绑扎,随后安装索夹。紧缆后,索夹处主缆空隙率为 17.6%,主缆索夹内为 ϕ326 mm,其余部分空隙率为 19.6%,主缆直径 ϕ330 mm。

紧缆分预紧缆和正式紧缆,预紧缆是拆除捆紧处的索股定型绑扎胶带,以木槌锤击主缆表面,用倒链滑车压紧,使其略成圆形。接着用钢带捆紧。预紧时,首先要调整丝股排列,因此应在温差不大且较稳定的夜间进行。然后按大间距、中间距、小间距压紧。正式紧缆采用专用紧缆机来完成。紧缆机共用 4 台,分南北岸、左右缆方向作业,紧缆间距为 1 m,对略成圆形的主缆进行紧压,对达到标准的主缆进行打带捆扎。

空隙率确定:紧缆后每隔 3 m 用扁钢带绑扎,使其保持紧缆后的状态,测定紧缆后的主缆直径和周长,用下式求出表示主缆紧固程度的空隙率 K:

$$K=1-n(d^2/D^2)$$

式中 n——钢丝总数;

d——钢丝直径;

D——紧缆后的主缆直径:

D=(主缆竖径+主缆横径)/2 或 D=主缆断面周长/π。

空隙率应满足设计要求。

5 劳动力组织

主要劳动力配置见表 3。

表 3　劳动力配置表

序号	作业内容	工种及人数								
		汽车吊司机	卷扬机司机	起重工	张拉人员	测量工	机修工	电工	普工	指挥人员（含技术、安全人员）
1	索盘入放线架	1							4	2
2	缆股牵引（含转换入锚）		6	8					12	4
3	缆股横移、整形、入鞍			22	2				12	4
4	缆股矢度调整			8	2				2	4
5	紧缆			10	2	2	2	2	10	

6　机具设备配置

主要机具设备配置见表 4。

表 4　主要机具设备配置表

序　号	名　称	规　格	单　位	数　量	备　注
1	汽车吊	25 t	台	1	起吊索盘
2	卷扬机	JJM10	台	1	
3	卷扬机	JJ2K9	台	1	
4	卷扬机	JJ2K5	台	1	
5	卷扬机	JJ2K3	台	1	
6	钢丝绳	ϕ28	m	1 700	承重绳
7	钢绳	ϕ19.5	m	4 000	牵引绳、回拉绳
8	穿心式千斤顶	YC200	台	8	
9	液压千斤顶	100 kN	台	8	
10	手动葫芦	10－200 kN	台	60	200 kN 用于上提索股
11	开口滑车	10－100 kN	个	64	
12	万能杆件		t	80	
13	猫道		m	1 346	两侧合计
14	放丝架		台	2	
15	主缆入锚装置		套	4	
16	索股临时固定装置		套	8	自制
17	锚跨张紧装置		套	4	
18	形状计测装置		套	2	
19	相对矢度测定器		套	4	自制游标卡尺
20	握索器		套	32	自制
21	六边形整形器		套	32	自制
22	四边形整形器		套	32	自制
23	运输小车		套	12	用开口滑车改制
24	紧缆机		台	2	
25	缠丝机		台	4	
26	打带机		台	4	

7　质量控制要点

质量标准按照《公路桥涵施工技术规范》和《公路工程质量检验评定标准》执行。

主缆施工控制最主要的有三项，一是保证索股保护层不被破坏，二是要保证组成丝股的钢丝相互平行不扭转，三是要保证主缆垂度达到设计要求。

(1)为保证索股保护层不被破坏，采用缆吊系统牵引索股。缆吊系统主缆与猫道支承轮应保持在同一竖直平面上;在牵引过程中,采用人工紧跟丝股牵引前行,调整丝股与索股支承轮相对位置,以保证索股与索股支承轮相对位置在索股牵引过程中不变,防止滚轮轮缘与索股摩擦,破坏镀锌层;支承轮滚轮上要包裹胶皮,以防止滚轮直接接触索股,破坏丝股镀锌层。

(2)为保证组成索股钢丝平行,派专人检查索股的着色丝在丝股各个断面是否处于同一位置。不在同一位置,必须进行调整,确保索股钢丝平行不扭转。

(3)为保证主缆垂度符合设计要求,因主跨垂度调大比调小容易,在主缆入鞍前,使其跨中垂度减小 10 cm 左右,以便于进行垂度调整。所有丝股垂度调整的最终状态是:与安装好的丝股保持若即若离状态,即所牵引的丝股与安装好的丝股看似接触而非接触,但并没有给安装好的缆股增加任何负荷,在前后温度保持不变的情况下,已安装好的丝股不会发生垂度改变。

主缆索股检查项目及容许值见表 5。

表 5　主缆索股检查项目及容许值表

项次	检 查 项 目		规定值或允许偏差	检查方法和频率
1	索股标高误差(mm)	基准索股中跨跨中	$L/20\ 000$	全站仪测量、每跨中点
		普通索股边跨跨中	为中跨的 2 倍	专用卡尺测量,每跨中点
2	左、右侧基准索股高差(mm)		10	全站仪测量,每跨中点
3	成桥后索股力与设计值的偏差(kN)		3%或符合设计要求	锚端放传感器量测,抽查 5%～10%
4	主缆直径不圆度(%)		±2	卡尺量铅直面和水平面直径后计算
5	主缆空隙率偏差(%)		±2	按 45°间隔用卡尺量径后计算其平均值

8　安全注意事项

主缆架设是全桥施工的关键,既要保证主缆的施工质量,又要保证跨江施工作业及通航的安全,因此制定严格的安全措施是非常必要的。

(1)主缆是在跨江悬空的猫道上工作,施工人员必须经过安全技术培训,考核合格后上岗,严格执行岗位责任制。施工人员须戴安全帽,系安全带,配工具袋,凡属高空作业需用的手持工具必须装入工具袋,以防掉下伤人。严禁穿拖鞋、硬底鞋上岗作业。作业人员均须体检,禁止患有心脏病、高血压、贫血、高度近视等病症人员上岗作业。在跨江悬空的猫道上作业,材料、工具、设备等必须布置有序,堆放整齐稳固,严禁向下抛丢各种物件。

(2)主缆牵引过程中,禁止人员在牵引锚头前后行走,防止牵引绳断裂伤人。信号统一,精力集中,听从统一指挥。牵引滚筒应常检修,禁止将缆股在硬物、金属上拖拉。

(3)提升缆股及牵引锚头等,千斤头及葫芦、滑车一定要有足够的安全系数,严防千斤头和葫芦断裂伤人。

(4)缆股架设过程中,严禁非作业人员上猫道和进入作业区。

(5)夜间作业,猫道照明应采用低压电,电线、接头、灯头应勤检查,防止漏电造成触电事故;雷雨期间,应勤检查避雷装置,防止雷击事故。

(6)安全工作要警钟长鸣,各级施工管理人员要强化安全意识,严格执行有关安全法规、制度。

9　结 束 语

主缆是悬索桥重要的结构,其垂度控制是成桥线形的关键,成桥后不可能调整,其架设的质量好坏对整个桥梁工程的使用影响极大,必须严格按质量控制标准进行施工。索股架设的牵引方式应尽量选用已有成熟经验的施工方式进行。本工艺仅叙述了架空索道索股牵引方式,其他施工方式实际与此大同小异,可参照执行。

索鞍安装工艺

1 前 言

主索鞍是塔顶支承主缆，将主缆的荷载按弧线传布于塔柱的装置，使塔垂直受力，也是主缆在塔顶的固定装置。

散索鞍(即展束鞍)是主缆进入锚碇前的支承，用于索股散开、改变竖向、水平方向，以便与锚碇预埋拉杆相连。在主缆受力锚跨伸长时，散索鞍盆式橡胶支座以纵向变位来适应。

2 适用范围

主索鞍安装于塔顶，是主缆放丝架设的支座，鞍座内的弯曲半径的大小，将影响主缆的弯曲应力及与鞍座的接触应力。散索鞍安装于隧道式锚碇和重力式锚碇前方一定位置。

3 主索鞍结构及作用

3.1 主索鞍结构及作用

主索鞍由座板、座体两部分组成，多为铸钢件制造，也有用钢板组焊加工的，安放索股的鞍槽要加工成精确的阶梯形圆弧曲面。以适应主缆索股在鞍内的设计形状、排列，主缆与鞍座为有足够的摩擦力，在索槽加设形状复杂的钢板垫片，以克服相对滑动。

由于鞍体承受主缆的张力，要求曲面圆弧半径为主缆直径的 8～10 倍，为此鞍座体大质重。为便于铸造和吊装，将鞍体分为几段浇铸，先加工结合面，再合口钻孔安装连接螺栓，最后再进行整体加工，安装定位销和打上对位刻度线。以便解体运输和保证安装对接精度。

鞍座随安装荷载增加，缆力增大，边跨缆增长鞍座在座板上位移，使主缆在塔顶两端内力相等而减小对塔身的弯矩。鞍座与座板的相对滑动(也有用滚轴的)即可实现此功能。

对于外张式主缆主索鞍的安装，要与主缆线形一致即与塔顶中线偏移一个设计角度，对于线形平行的主缆，主缆索鞍的安装线形与主缆轴线重合。

主索鞍结构如图 1。

3.2 散索鞍结构及作用

散索鞍多为铸钢件，主要由座板、盆式橡胶支座、鞍体三部分组成，为便于铸造、运输安装，将鞍体分成几段加工，组装成整体。散索鞍形状复杂，鞍体主要有两个功能(即两部分组成)，一是将主缆索股六边形整形为矩形，压紧在鞍槽内；二是将主缆索股顺鞍内弧形槽散开。

如果主缆在展束过程中轴线方向不变(无转折)就不设散索鞍，而用展束套。展束套呈漏斗状，其构造沿内壁纵向是曲线，曲率半径由大变小，从母线处分为两半，用铸钢制造。

主缆从小口进入，在大口处散开，安装后用高强螺栓将两半压紧，套的小口外设置同索夹相似的挡圈，由高强螺栓的拧紧产生摩擦力，以阻挡展束套的移动。

散索鞍结构如图 2、图 3。

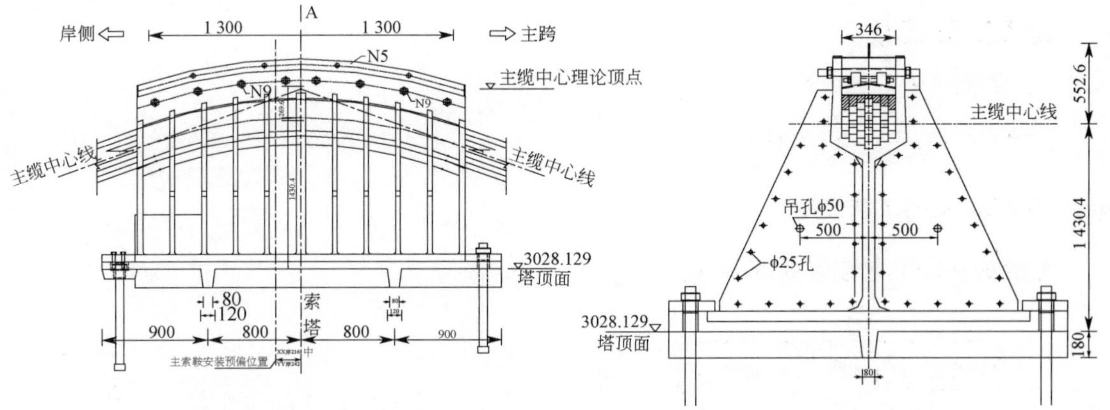

(a)主索鞍装立面(未示拼装螺栓)　　(b)A-A

图 1　某桥主索鞍示意图(单位:mm)

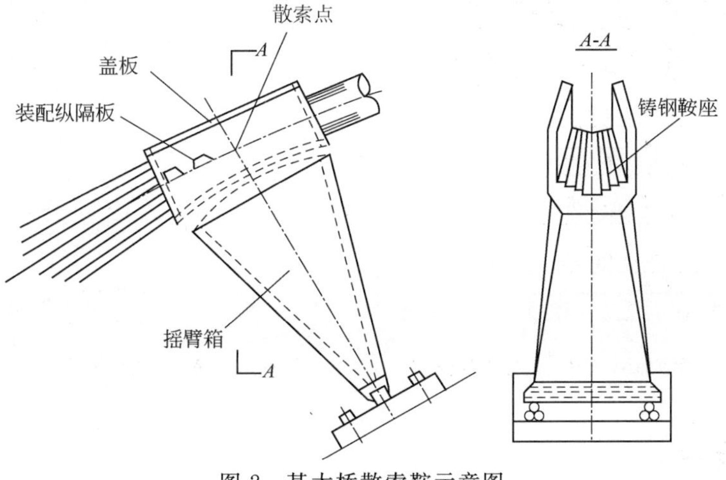

图 2　某大桥散索鞍示意图

图 3　某大桥散索鞍成形图

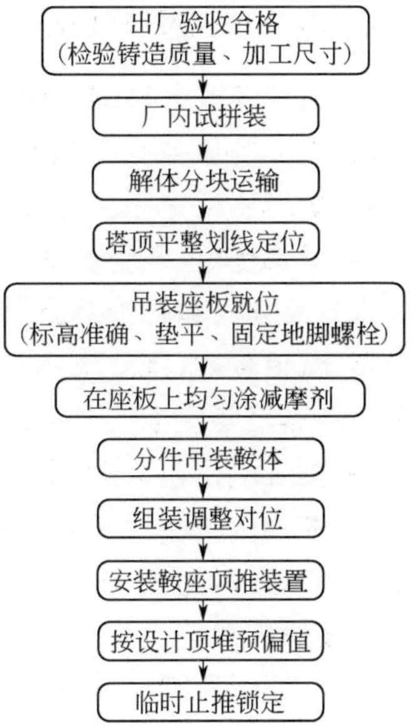

图 4　主索鞍安装工艺流程图

4　安装工艺流程

4.1　主索鞍安装工艺流程

主索鞍安装工艺流程如图 4。

4.2　散索鞍安装工艺流程

散索鞍安装工艺流程如图 5、图 6。

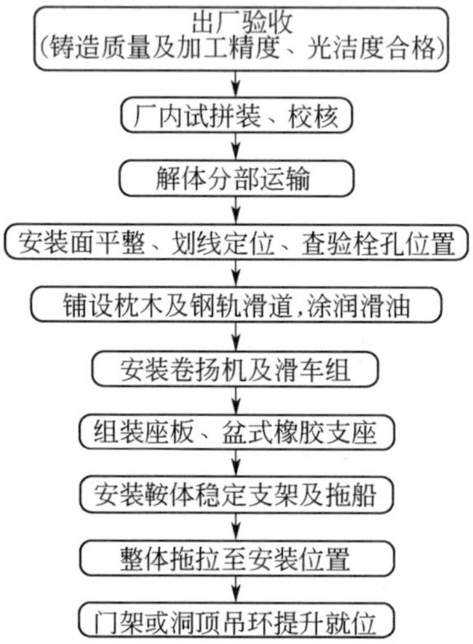

图 5　隧道式锚碇散索鞍安装工艺流程图

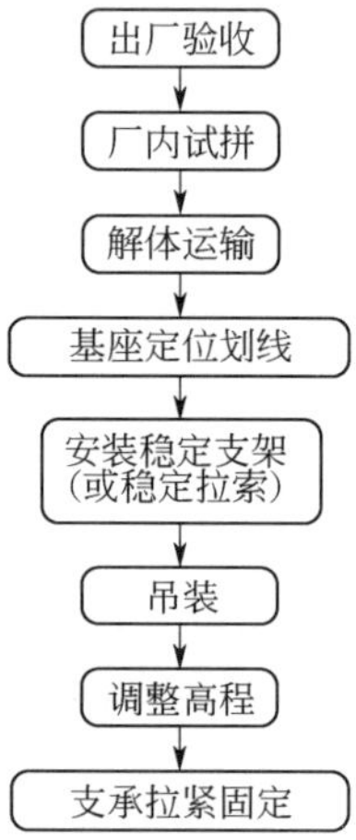

图 6　重力式锚碇散索鞍安装工艺流程图

5　安装操作要点

5.1　主索鞍安装操作要点

(1)各部件铸造质量、加工精度合格,底座板顶面与鞍体面粗糙度达标。

(2)保证塔顶与底座板接触面平整,高程及预埋栓孔符合设计要求。

(3)划出座板中心线及安装位置控制线。

(4)吊装座板、调整位置准确后用高强砂浆灌注栓孔,锚固。与鞍体接触面要擦净油污,均匀涂抹二硫化钼和钙钠基脂混合减摩剂。

(5)吊装鞍体,将分块连接面油脂污物擦净,使结合面密贴,以保证索股槽路弧线正确。依次将分件体吊至座板上,吊装时注意轻放,避免棱角刻伤座板面。

(6)先装定位销,再栓紧连接螺栓,注意紧固次序及螺栓均匀受力。

(7)将鞍体向岸侧预偏,进行临时锁定,待吊装梁段时,解除临时锁定,随梁段吊装,主缆受力增大,锚、边跨伸长,鞍体向跨中滑移。成桥后,检查鞍体是否到位,如果未到设计位置,采用顶推装置顶推到位。

(8)塔顶设置顶推反力支座,位置设在锚碇侧,用千斤顶将鞍座向跨中顶推,反力支座也有设在座板上,用千斤顶实现鞍座位移。

鞍座分块吊至塔顶如图 7。

5.2 散索鞍操作要点

图7 鞍座分块吊至塔顶

(1)隧道式锚碇散索鞍操作要点:采用整体拖拉就位安装。

1)滑道设置。

铺设枕木钢轨,调整轨道间距及标高一致,按索鞍底部宽度确定轨距,在鞍座底部外侧安装限位块,保证重心始终在轨道中线上。在轨面上涂润滑油。

2)散索鞍在洞外组装,用吊车拼装于轨道上,挂好洞外牵引滑车组及导向滑车,栓挂牵引带链滑车,牵引下滑,避免散索鞍偏斜掉道。

3)在散索鞍基础锚碇端的顶面,安装挡块、防止散索鞍定位调整时下滑。

4)拖拉溜放。

将组装好的散索鞍栓好滑车组,用猫道承重绳,作滑车地垅,向洞内拽拉,后端设保险链滑车。拽拉过程中,观察滑道沉降,鞍体偏移,随时垫塞加固和调整。

5)就位安装。

当散索鞍溜放至基座时,需用龙门架或洞顶上预埋锚环,作提升装置,以便将散索鞍吊上基座对位、调整和安装地脚螺栓。

(2)重力式锚碇散索鞍安装。

1)吊装设备准备:用塔吊或汽车吊起吊安装。

2)鞍体组装:根据起吊能力,分块吊装,也可整体吊装。

3)散索鞍基础顶(下坡方向)设限位装置。

4)吊运就位安装:先装座板(或铰座板),调整对位准确后浇注混凝土锚固;安装盆式橡胶支座;吊鞍体,安装连接螺栓,为防鞍体下滑在鞍体与限位装置间楔紧,对穿铰轴的散索鞍,要栓拉杆以防倾转。

6 安全措施

(1)做好人员分工,专人指挥,检查设备及吊具,经试吊后,方能进行安装作业。

(2)起吊索及栓挂千斤索,应有足够的安全系数。

(3)确定吊点,掌握重心,构件平正起吊,千斤索于构件折角、锐边处要加垫(胶垫及麻包)防护。

安装时提升要平稳,避免冲击,下放要缓慢,保护好装配表面。

(4)起吊过程中,构件下严禁人员停留。

7 质量措施

(1)清洁安装平面及滑动表面,用油石进行磨光,去除毛刺及伤刻凸痕,保证安装面紧密,滑动面要涂润滑油(二硫化钼和石腊)。

(2)安装座板,保证高程、角度准确,基准定位准确。

(3)组合面组装,先按装配刻线对位,打紧定位销,再对称,循环均匀扭紧联接螺栓。

(4)安装完毕,临时锁定鞍座加盖防护,以免索槽锈蚀。

(5)散索鞍座后端索束间空隙用垫片楔紧,索股与垫片间的空隙以黏结剂填实。

8 结束语

主索鞍的弧形槽路,使主缆的压力作用于曲面的径向,使塔顶传给索鞍的反作用力保持竖向。因此主索鞍的制造及安装质量,关系主缆和索塔受力状况的好坏,也会直接影响丝股的使用寿命。

散索鞍为适应成桥后,因活载而使主缆拉力变化而引起鞍座纵移的需要,散索鞍应设在辊轴、摇轴或摆柱上;使圆形主缆在这里分散成各单根索股,使其平滑过渡并导引至锚碇。

主缆紧缆施工工艺

1 前　　言

由于构成主缆的全部索股垂度调整结束后，对主缆索股进行初整圆(预紧缆)，各索股之间、索股内部都存在空隙，其表观直径比所要求的直径大得多。为了能够顺利地进行索夹安装及缠丝作业，需要使用高性能的紧缆机进行紧缆，把主缆截面紧固为圆形，并尽可能缩小内部空隙，使空隙率达到设计标准。

2 紧缆机的设计

2.1 紧缆机主要技术参数

紧缆机紧固装置采用 6 台液压千斤顶作为紧固动力，千斤顶安装在环形钢架上，紧固装置与液压系统及配重装置都吊装在移动装置上，其主要技术参数(润扬大桥紧缆机参数)为：

(1)适用主缆直径：ϕ800～ϕ1 000 mm(紧固蹄适用主缆直径 ϕ895 mm)；

(2)挤紧后缆索空隙率：$K \leqslant 18\%$；

(3)紧固能力：$T = 6 \times 2\ 000$ kN；

(4)紧固蹄宽度：250 mm；

(5)液压系统工作压力：低压 10 MPa，高压 63 MPa；

(6)行走方式：台车自行式；

(7)行走机构：拉力 50 kN(双线)，速度 1.5 m/min；

(8)整机质量：7.8 t。

2.2 紧缆机总体结构

主缆紧缆机的结构形式如图 1，主要由紧固装置、移动装置、液压系统三部分组成。

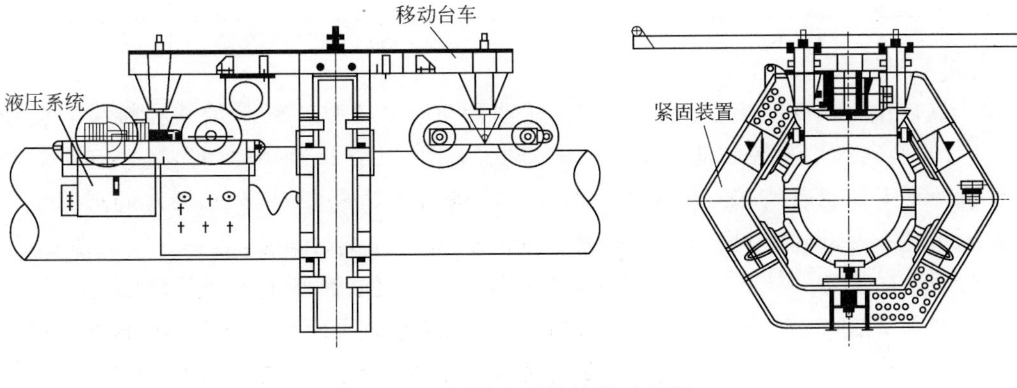

图 1　紧缆机总体结构示意图

2.2.1　紧固装置

紧固装置是紧缆机的工作部分，由紧固蹄、液压千斤顶及紧固架组成。考虑到紧缆机需在主缆施工现场安装使用，紧固架制作成两部分。安装时，先把两部分用销子连接，把主缆包围合成六边形后，再通过 4 块连接板拴接成为一个整体。紧固采用 6 台液压千斤顶，千斤顶安装在可分离式六边形紧固架上，紧固装置与液压系统都吊装在移动装置上，在移动装置上方加设平衡吊梁，保证系统运行平稳。

2.2.2　移动装置

移动装置是紧缆机的运行部分，主要由大台车、小台车、台车架和液压牵引绞车组成。施工中，由于紧固装置环抱在主缆上，所以移动装置利用能够在主缆上行走的台车最为适宜。台车轮材料采用 MC 尼龙，有利于保护主缆。紧缆机的移动采用塔顶卷扬机牵引和本机自带液压绞车牵引相结合的方式运行。在离塔顶距离较远时，采用液压绞车自行牵引移动；在靠近塔顶时，由于坡度较大，可采用塔顶卷扬机牵引。为增加运行稳定性，紧缆机上装有平衡吊梁，平衡吊梁通过滑车与猫道门架承重绳连接。

2.2.3　液压系统

液压系统是主缆紧缆机的动力部分，由两套高、低压泵组成的液压泵站、高压软管、快换接头、液控单向阀、换向阀等组成。

(1)液压系统技术参数(见表 1)

表 1　液压系统技术参数表

序号	项　目	单位	参数
1	液压系统工作压力(高压)	MPa	70
	液压系统工作压力(低压)	MPa	10
2	紧固能力	kN	6×2 000
3	油压千斤顶起重量	t	200
4	油压千斤顶工作行程	mm	100
5	油压千斤顶最低高度	mm	330
6	油压千斤顶活塞杆直径	mm	150
7	油压千斤顶油缸外径	mm	260

(2)液压系统的操作。

将端部装有开闭式快换接头的进、回油高压油管与顶座上同一编号的快换接头对应连接起来，二位二通换向阀用来控制油压千斤顶的伸出、缩回，三位四通换向阀用来控制所对应的油压千斤顶处于工作状态或非工作状态。检查各油路连接是否可靠，然后将溢流阀处于开启状态 1 逆时针旋松 2，同时主换向阀手柄置于中间位置。启动电动机，油泵运转正常后，将三位四通换向阀手柄旋转到任一工作位置上，然后顺时针旋动溢流阀上的调压螺帽进行压力调试。在油泵站正常启动状态下，首先，将三位四通换向阀手柄旋转到“ 伸出”位置，各二位二通换向阀手柄处于非工作状态，检查油泵站是否能建立起所调定的压力；其次，如果压力能够正常建立，将二位二通换向阀手柄旋转到工作位置上，各油压千斤顶都能伸出；再次，将三位四通换向阀手柄旋转到“ 缩回”位置上，各油压千斤顶都能缩回；最后，将主换向阀手柄旋转到中间位置，各油压千斤顶停止工作。工作完毕后，应使各油压千斤顶回到初始状态，卸掉各油路的高压油。

2.3 工作原理

紧固装置环抱在主缆上，6 个紧固蹄分别由 6 个液压千斤顶驱动来完成紧缆作业。在紧缆作业初期加压阶段，以低压（5 MPa）进行，使各紧固蹄轻轻地接触主缆表面，且相互重叠，然后升高压力（35 MPa），加载（同步）。工作压力根据实际工况选定。紧固行程达到设定位置时保压。当工作压力超过设定值时，油泵自动停止，起保护作用。

2.4 主要设计参数的确定

（1）紧固蹄的曲率半径 R。

紧固蹄的外形设计直接影响主缆的成形和保护，因此紧固蹄结构形式及形状的设计至关重要。紧固蹄的曲率半径主要由主缆直径决定，考虑到紧固蹄结构及主缆空隙率的控制，以主缆空隙率为 18%时的主缆直径为基准确定。

（2）紧固蹄的宽度 B。

紧固蹄的宽度合适与否，紧缆时对空隙率的影响较大。一般在紧固力一定的情况下，理论上来说宽度越窄越好，但过窄会对主缆造成损伤，而过宽，表面压力不均匀，紧固效果减弱。根据国内外的使用经验，紧固蹄宽度一般为 100～300 mm（因主缆直径不同而异）。

（3）紧固能力 T。

紧缆机的紧固能力是用 1 台千斤顶的紧固力乘以千斤顶的台数表示。一般希望主缆的空隙率越小越好，所需的紧固力因主缆直径、架设工法、丝股排列等不同而异。其中影响最大的是主缆直径。一般采用与国内外相同直径或近似直径紧固力作为设计参考。在实际使用中也可用液压系统工作压力作一定范围的调整。

（4）紧固蹄内表面硬度与镀锌层保护。

紧固蹄直接作用于主缆表面，为防止对主缆表面镀锌层造成挤压损伤，根据高强钢丝的抗压强度来确定紧固蹄内表面淬火硬度。通过理论计算，其内表面淬火硬度以 HRC＝45～50 为宜。另外为消除钢制台车车轮行走过程中对主缆表面镀锌层造成损伤，采用在台车车轮外包 MC 尼龙的方法进行解决，小直径台车车轮可用 MC 尼龙制作。

（5）液压同步挤紧技术及控制系统。

根据主缆紧缆机作业的要求，紧缆机 6 台液压千斤顶要具备单动、多动加载功能，保压、卸载功能。因此在液压系统的设计中要能满足 6 台液压千斤顶工作时同步，单调、过载安全保护等要求。液压系统的操作要简单、方便、安全、可靠。

3 主缆紧缆机试验

3.1 试验目的

紧缆机样机必须进行各项试验，目的是检验设计、制造质量。应检验其工作性能、使用可靠性、结构的合理性及零部件的耐用性、各零件的加工装配质量，安装、操作维修运输的方便程度等。通过各项试验的考核，为样机的技术鉴定提供资料。

3.2 试验内容

紧缆机样机主要进行厂内试验（静态试验、空运行试验）、模拟紧缆试验。

3.2.1　静态试验

(1)测定紧缆机的主要结构尺寸。检测紧缆机的各项静态参数。

(2)测定紧缆机各总成件及整机质量。

3.2.2　空运行试验

紧缆机各总成组装完毕后，进行全面认真地检查，确认各部正常后，在厂内进行空运行试验。

(1)液压系统工作压力设定为 3 MPa。

(2)连续空运行 20 min 以上。

空机运行过程中，观测各运动件的工作情况，有无松动、卡滞、漏油、发热现象及异常响声。测定油箱工作温度 T_w、油泵流量 Q；测定液压千斤顶活塞的行程 S、工作速度 V_g、回程速度 V_h。做好记录，见表 2。

表 2　空运行试验记录表

序　号	项　目		实测值	运行时间(h)
1	油泵站	T_w(℃)		
		Q(L/min)		
2	液压千斤顶	V_g(mm/min)		
		V_h(mm/min)		
		S(mm)		

注：T_w——液压邮箱的温度；Q——泵油管；V_g——液压千斤顶工作速度；V_h——液压千斤顶回程速度；S——液压千斤顶行程。

3.2.3　模拟试验

模拟试验的目的是为了更客观、准确的考核紧缆机的工作性能、紧固能力、保证性能等，为此需编制《紧缆机试验大纲》，对试验要求、测试项目进行具体规定。模拟表试验技术方案如图 2。

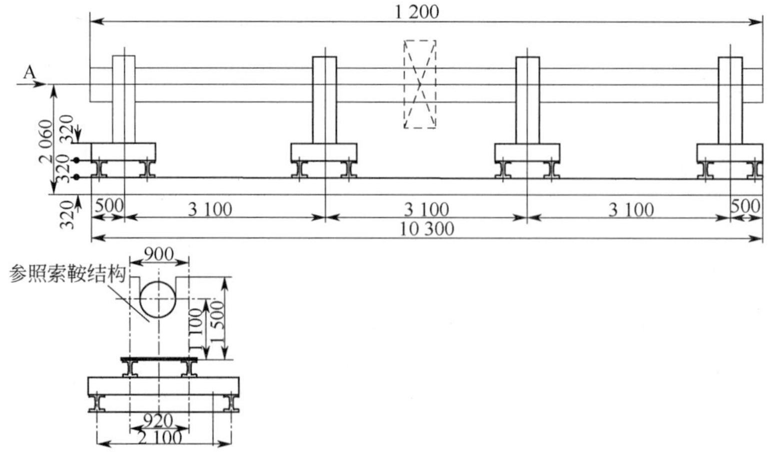

图 2　紧缆机模拟试验技术方案图(单位：mm)

每台紧缆机按上述模拟试验技术方案在模拟缆上进行 3 次试验。试验时按每 5 MPa 逐渐加压，最大工作压力达到设计值，并作保持压的试验。通过模拟试验验证紧缆机的各项技术指标达到设计要求，方可用于紧缆正式施工。

3.2.4 紧缆机的安装

在主缆索股架设完成后，拆除猫道门架，利用门架承重索、塔顶门架上的卷扬机、专用起吊跑车组成简易缆索天车。预紧缆完成后，便安装紧缆机。紧缆机在靠近塔顶处猫道上拼装，利用塔顶卷扬机反牵，在主缆上下滑至跨中。

4 主缆紧缆工艺及操作要点

4.1 紧缆工艺流程

紧缆工艺流程如图 3。

4.2 紧缆施工顺序

紧缆作业可分为预紧缆和正式紧缆作业。首先把架设完成的主缆六边形初步紧成近似圆形，空隙率控制在 30%以内，便于紧缆机纵向移动，第二步进行正式紧缆作业，空隙率达到图纸施工要求。根据施工工艺要求，正式紧缆中跨由跨中向主索塔方向紧缆，边跨由锚碇向主索塔方向紧缆。

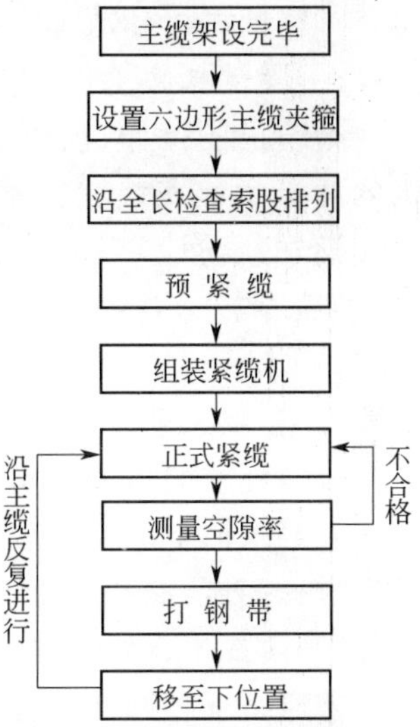

图 3 紧缆工艺流程图

4.3 预 紧 缆

预紧缆一般称为初捆扎，在预紧缆前应先在边跨跨中及中跨、1/4 跨、1/2 跨、3/4 跨等部位仔细检查各索股排列顺序与设计要求有无差异，如果与设计不符，则及时调整，直至全部按设计顺序排列，方可开始预紧缆。为了减少主缆内外索股的温差影响，预紧缆作业选择在夜间温度稳定的时段进行。预紧缆必须按照一定的顺序、方向进行。

(1)预紧缆作业顺序采用“二分法”进行，将中跨主缆分为 n_0 段，每段长度约为 L_0/n_0；边跨各分为 n_1 段，每段长度约为 L_1/n_1，紧缆前测量队用全站仪划分紧缆位置。每段内再采用“二分法”分至 4.4～4.8 m 一小段。

(2)预紧缆工艺。根据划分紧缆位置，首先解除主缆外层索股的缠包带并在预紧处铺设麻袋片，利用手拉葫芦边收紧主缆，人工用大木锤边均匀敲打主缆四周，校正索股和钢丝的排列，避免出现绞丝、串丝和鼓丝现象，同时测量紧缆处主缆的周长，待主缆空隙率目标控制值满足目标值 30%以内，即主缆周长小于 $1.3\pi D$ 后，用软钢带将主缆捆扎紧，使主缆截面接近为圆形。

(3)在紧缆过程中需及时记录各种测量数据，以便控制预紧缆空隙率达到设计值。

4.4 正式紧缆

预紧缆完成后，使用主缆紧缆机将主缆截面紧固成圆形，主缆空隙率≤18%±2%。每条主缆上安装 2 台主缆紧缆机，中跨紧缆从跨中向塔顶方向依次进行。中跨紧完之后，将紧缆机移至边跨，边跨从塔顶向锚碇方向进行。

4.4.1 主缆回弹率的试验

正式紧缆前的现场紧缆试验在中跨跨中进行，以此掌握紧缆机的千斤顶行程、油表读数及主缆紧缆后的回弹率用以指导后续施工，并根据试验情况对紧缆机进行调整和制定相应的紧缆工艺，然后转入正式紧缆工作。

4.4.2　正式紧缆

正式紧缆采用紧缆机完成，紧缆机由一个六边形的钢框架和6个液压千斤顶组成，每个千斤顶带有圆弧状靴块，圆弧内径等于主缆外径。正式紧缆也必须按照一定的顺序、方向进行，主跨从跨中向塔顶方向进行，边跨从桥塔向锚洞进行，两紧缆机分南北方向同时作业。正式紧缆空隙率控制目标值18%±2%，每间隔5 m进行一次紧缆。

4.4.3　紧缆机的操作

紧缆机的操作(液压千斤顶加载、保压)是紧缆作业中的一个关键工序。用索道将紧缆机的两半吊起安装在预紧好的主缆上，并接好油泵；开动油泵给紧缆机的六个千斤顶供油，在初期加压阶段，以低压进行，使各紧固蹄轻轻地接触主缆表面，且相互重迭，然后升高压力，加载(同步)，随时观测油表的读数，当紧缆机行程达到设定位置时或压力达到规定值时保压。

4.4.4　打捆扎带

打捆扎带的目的就是为了保证当液压千斤顶卸载后，紧固后的主缆截面形状仍保持近似圆形和要求的空隙率。当紧固蹄处主缆直径经测量符合要求后，不锈钢钢带绕在主缆上捆扎，并用带扣固定，捆扎2道，间距10 cm。

4.4.5　液压千斤顶卸载

液压千斤顶卸载当打带完成后，液压千斤顶卸载，通过操作换向阀使紧固蹄回程，紧缆机则移向下一个紧固位置。

4.4.6　主缆直径的测定

主缆直径的测定为了确定紧缆后主缆的截面形状，紧固蹄挤压结束后(处于保压位置时)和液压千斤顶卸载后，分别用专用量具测定主缆直径和周长。用下式计算出主缆的平均直径，确保缆径反弹后的空隙率符合要求。

主缆平均直径＝(竖径＋横径)/2 或主缆平均直径＝主缆截面圆周长/π

为方便现场对紧缆空隙率的检查，提前按上式作出主缆空隙率、直径、周长的对照表。主缆全部紧固完毕后，测定捆扎带旁边的主缆直径及周长，确认实际的空隙率。

5　劳动力组织

劳动力组织见表3。

表3　劳动组织表

序号	名　称	人　数	序号	名　称	人　数
1	起重工	10人	4	机修工	2人
2	操作工	4人	5	电工	2人
3	测量工	4人	6	普工	10人

6　机具设备配置

机具设备配置见表4。

表 4　机具设备配置表

序　号	名　　称	规　　格	数　　量	备　　注
1	手拉葫芦	5 t	10 个	预紧缆
2	钢丝绳	16	1 批	预紧缆
3	紧缆机		4 台	正式紧缆
4	麻袋		1 批	预紧缆防护
5	卷扬机	5 t	4 台	牵引卷扬机
6	专用卡尺		8 个	测量主缆直径

7　质量控制要点

质量标准按照《公路桥涵施工技术规范》和《公路工程质量检验评定标准》执行，并应做到以下几点：

(1)紧缆作业时，工作压力不得超过设计值。

(2)预紧缆须在夜间温度稳定时进行。

(3)紧缆须按照一定的顺序和方向进行。

(4)靠近散索鞍和主索鞍端部 3.0 m 处进行最后一道紧缆。

(5)在散索鞍和主索鞍至第 1 个 G 类索夹范围内，必须进行 2 次紧缆作业(G 类索点内腔为锥形结构，作用是把索鞍处六边形主缆变成圆形，不同于内腔为圆柱形的其他索夹，由于很难一次紧到位，故需 2 次紧缆作业)。以便顺利进行索夹安装。

(6)紧缆钢带接头设置在主缆侧下方。

(7)在各索夹安装位置附近，紧缆时主缆空隙率控制在(18±2)%以内，不宜超出，以方便后续索夹安装，其余处为(20±2)%以内。

(8)主缆空隙率控制值指的是紧缆机移开至少 5.0 m 后所测的结果，按照要求做好。

8　安全注意事项

(1)施工时对紧固架各连接件进行仔细检查，确保连接件的连接可靠。

(2)检查液压系统各部接头连接紧固，各密封件不得漏油、泄油。

(3)紧缆机的行走牵引连接及牵引机构安全可靠。

(4)液压系统的控制部分各元件在达到设定的工作压力值时动作准确，以保证主缆紧缆的空隙率及对主缆保护。

(5)紧缆属高空作业，操作人员及设备应按高空作业安全规程执行，注意防坠落。

9　结 束 语

主缆紧缆是悬索桥施工的关键工序，空隙率是质量控制目标。空隙率的大小决定主缆成形后的直径，它将直接影响悬索桥索夹的安装、主缆缠丝的施工及主缆表层镀锌钢丝的保护。因此紧缆机的模拟试验极为重要，需通过模拟试验确定相关数据，用以指导施工，确保施工质量。

主缆缠丝施工工艺

1　前　　言

主缆缠丝是用专用的缠丝设备以一定的张力使镀锌软钢丝(圆形或特制的S形软钢丝)密匝牢固地缠绕在主缆上的作业。主缆缠丝的主要作用是保持主缆外形并与涂装材料共同组成主缆防护体系,尽可能延长主缆使用寿命。缠丝施工质量主要由缠丝导入拉力和缠丝密匝缠绕圈数两个指标控制。

2　主缆缠绕钢丝分类

2.1　镀锌钢丝

镀锌钢丝属于传统的主缆防护方法,应用性能较好的高强度热镀锌钢丝和重防腐涂料,逐步形成了在主缆钢丝外层"腻子＋缠丝＋涂料涂装"为主体的悬索桥主缆腐蚀防护方法。其具体步骤是对经过紧缆处理过的(圆形)主缆钢丝外层涂抹防护腻子;然后沿主缆圆周方向连续缠绕一层 ϕ4～5 mm 圆形镀锌软钢丝;最后在缠丝外表面用多层涂料分层涂装;这样形成一个封闭的主缆防腐蚀保护层(如图 1)。

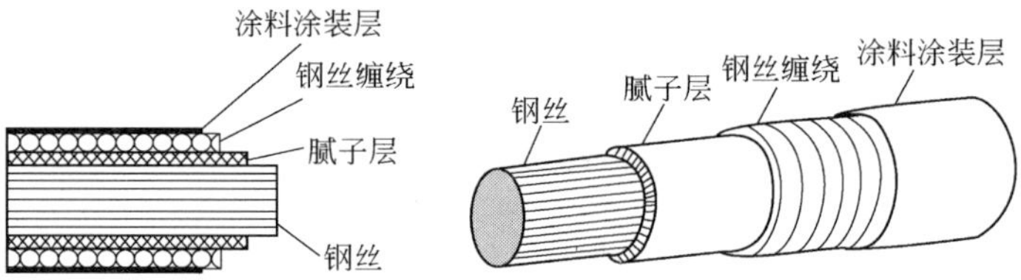

图 1　镀锌钢丝缠丝保护示意图

2.2　S 形钢丝

S形钢丝是应用在主缆干燥除湿腐蚀防护体系内,具体步骤是沿紧缆处理过的主缆圆周方向连续缠绕一层环环相扣、密封性好的S形钢丝(图 2);在其外层缠聚乙烯带或橡胶防腐带,然后将特殊涂料涂装;对主缆形成气密和水密的密封层(图 3)。S形钢丝的质量特性见表 1。

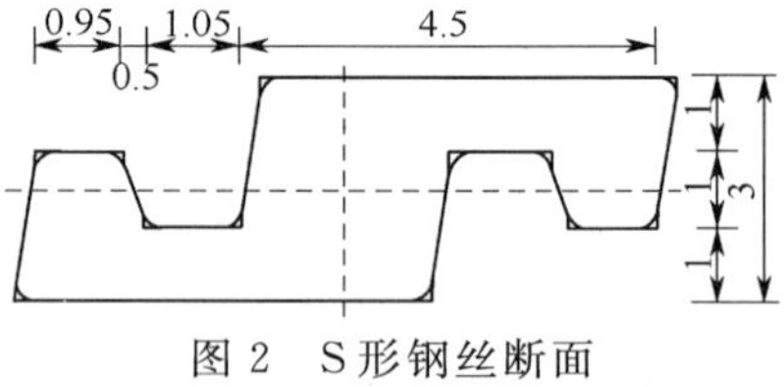

图 2　S形钢丝断面

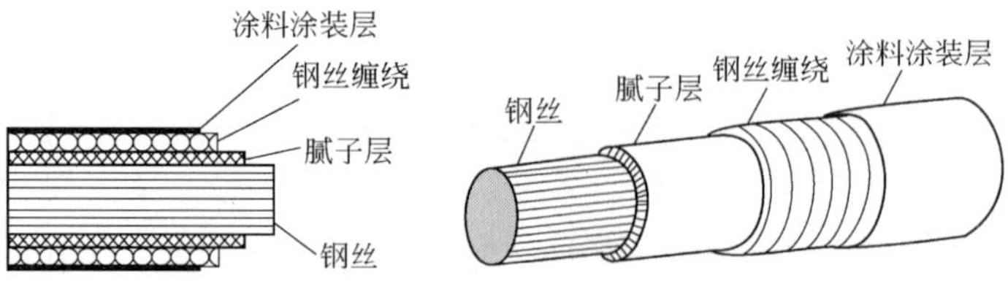

图 3　S形钢丝缠绕示意图

表 1　S 形钢丝的质量特性

项　　目	技术参数	项　　目	技术参数
线　材	JISG3505(软钢丝材)标准规定的 SWRM6K	锌附着性	试验后用手指轻擦不产生剥落、龟裂
抗拉强度	550 N/mm^2	公称断面积	13.32 mm^2
延伸率	1.5%以上	公称断面周长	21.81 mm
扭转次数	6 次以上	单位重量	7 830 kg/m^3
锌附着量	280 g/m^2		

3　缠丝设备

3.1　缠丝机分类

3.1.1　人 工 型

缠丝机的缠丝盘(机头)是由人力带动旋转完成缠丝称为人工型缠丝机。主要用于小直径主缆缠丝(例如丰都长江大桥)及大直径主缆索夹间缠丝节段尾端部位缠丝。因机动型缠丝机在索夹间缠丝节段的尾端部位,缠丝机的回转系统与索夹干扰,因此在靠近索夹端面的位置,停止机械缠丝,剩余部分以手动缠丝。

3.1.2　机 动 型

缠丝机的缠丝盘(机头)是由电动机、减速器及变速机构带动旋转完成缠丝称为机动型缠丝机。主要用于大直径主缆缠丝。例如:汕头海湾大桥、厦门海沧大桥、润扬长江大桥等。机动型缠丝机是可自行进行跨越索夹的全节段式施工。缠丝在 2 个索夹间节段进行,各节段重复相同的作业。

3.2　缠丝机性能及总体结构

主要以机动缠丝机性能及总体结构进行说明。手动缠丝机结构简单,在此不再阐述。主缆缠丝机总体结构如图 4 所示,平面图如图 5 所示。

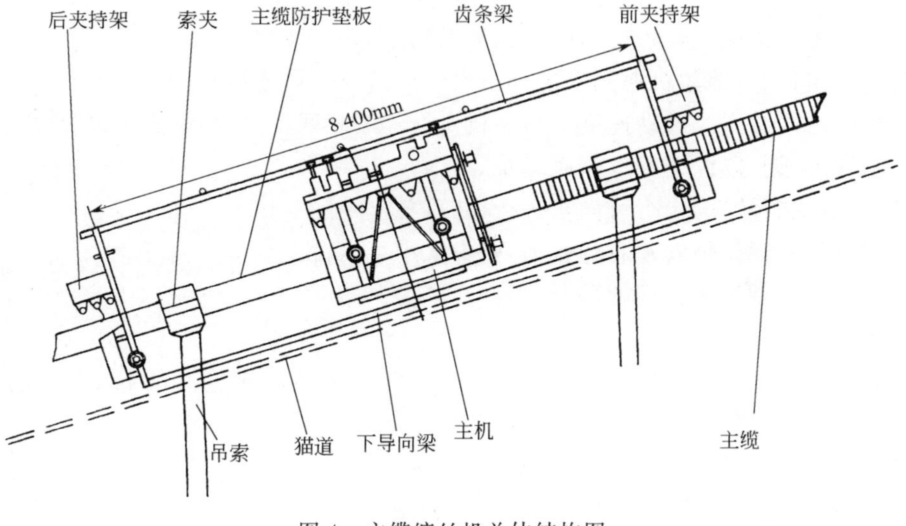

图 4　主缆缠丝机总体结构图

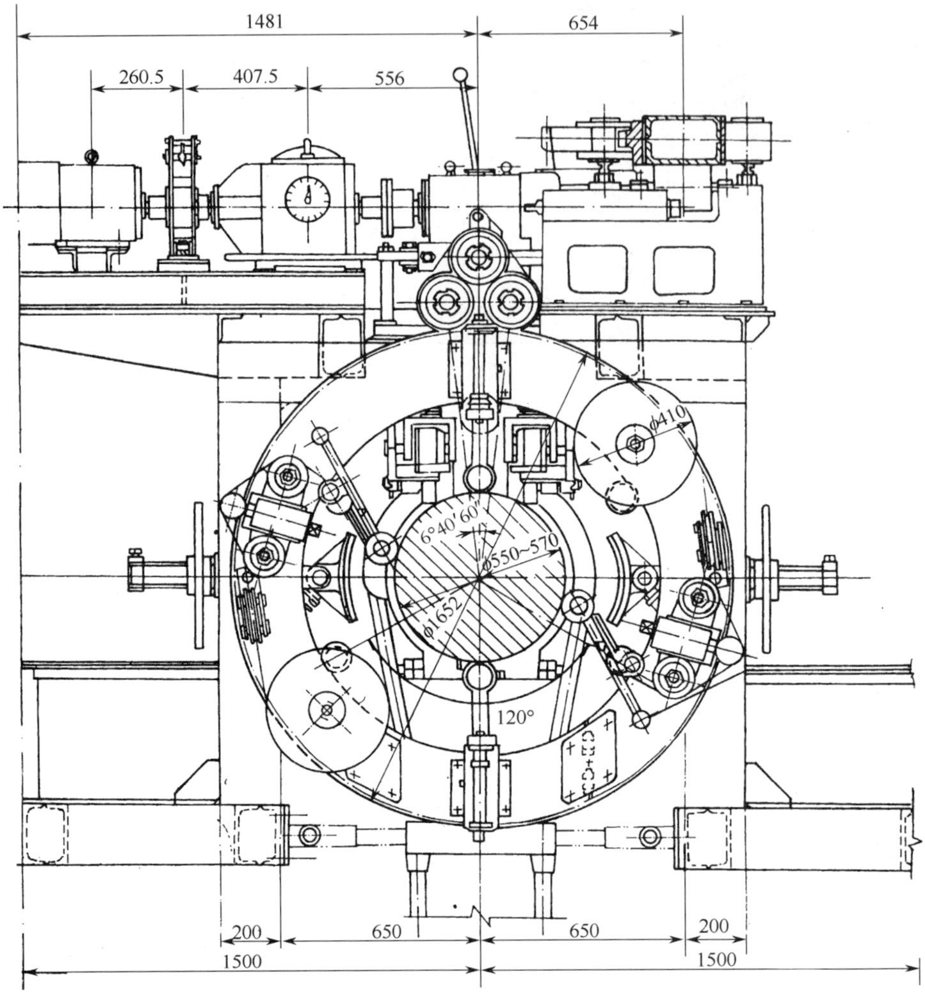

图 5　缠丝机结构图(单位:mm)

3.2.1　缠丝机性能要求

(1)缠丝机可在主缆上自行行走(前进、后退)。

(2)缠丝和走行时,缠丝机遇到索夹和吊索,可自行跨越,连续行走。

(3)缠丝头齿圈绕主缆转动速度可与主机走行速度相匹配,并可根据缠绕钢丝直径的不同和直径公差进行微调,以保证钢丝密匝缠绕。

(4)缠丝(机头旋转)与走行可同步进行,亦可各自单独动作。

(5)缠丝进行时钢丝带有左右的张力,张力大小可以在一定范围内调整。

(6)可完成缠绕靠索夹端部的部分。

3.2.2　主要结构

缠丝机以机构功能可分机架、夹紧机构、传动机构、缠丝机构和走行、自动越夹机构等五部分。

(1)机架:机架是门形下开口框架,由型钢和钢板拼焊而成。

(2)夹紧机构:基本结构是丝杆、螺母、手轮和闸瓦。为了获得所需的夹紧力矩,应辅以专用板手,夹紧靠人力搬动。

(3)传动机构:整台机器靠1台四级交流电动机驱动,主要由减速器、变速箱和离合器组成。缠丝速度可调,走行速度亦可调,两者有可靠的匹配并根据被缠绕软钢丝的直径公差,可以微调使匹配准确。主机与夹持架可交替行走。可在行走机构不动的情况下施转大齿圈,亦可在大齿圈停转时走行跨越索夹。机器可前进,亦可后退。

(4)缠丝机构:缠丝机构包括大齿圈、丝轮、导向轮、张紧装置、压辊装置。靠大齿圈的旋转实现缠绕动作,靠机器行走实现密匝缠绕排线,本机为双头缠丝,大齿圈上有两套相同的丝轮、导向轮、顶紧装置机构。在索夹端部缠丝,还设计有端部缠丝附件。

(5)走行机构:走行机构中的摆动轮是在主缆上行走的,固定轮在索夹上才起作用。当机器临近索夹时,固定轮先上索夹,以承担机器部分重量;随之凸块碰索夹,自动拔出摆轮上的销子,使摆轮有可能摆动;随后索夹推压推杆,摆轮开始摆动,直至摆轮的高程够上索夹,机器便自动越过索夹。过索夹后,推杆上的弹簧推动推杆复原,摆轮复位,销子自动销。这一连串的动作是在走行中连续进行的,中间没有停歇,故不影响正常缠丝质量。反向走行亦可拔销,摆轮为被动自由状态,过索夹后靠拉簧复位。

3.3 主要技术参数

表2为厦门海沧大桥圆形钢丝缠丝机主要技术参数。

表3为润扬长江大桥S形钢丝缠丝机主要技术参数。

表2 圆形钢丝缠丝机性能参数

项　目	性能参数
缠丝方法	连续缠丝
缠丝方向	上坡或下坡
适用钢丝	ϕ4～5 mm圆形钢丝
缠丝张力	0～2.5 kN
同时缠绕钢丝数量	2线
储丝轮能力	120～125 kg×2个储丝轮
适应主缆直径	ϕ550～590 mm
跨越主缆索夹长度	最大1 700 mm
大齿圈转速	5～29.5 r/min
缠丝速度	3～14.5 m/h
调速方式	机械无极
移位方法	齿条式
电动机	Y型,11 kW
主缆倾角	0～30°
重量	9 700 kg
控制和监控	缠丝、移动分离,张力速度同步

表3 S形钢丝缠丝机性能参数

项　目	性能参数
缠丝方法	连续缠丝
缠丝方向	上坡或下坡
适用钢丝	S形钢丝
缠丝张力	最大3.00 kN
同时缠绕钢丝数量	2线
储丝轮能力	3.00 kN×2个储丝轮
适应主缆直径	906 mm
跨越主缆索夹长度	最大1 700 mm
缠丝转速	1.5～30 r/min
缠丝速度	11.25～225.6 mm/min
移动方法	齿条式
行走方法	2台卷扬机牵引自行
行走速度	1.6 m/min,60 Hz
倾角	30°
重量	7 500 kg
控制和监控	缠丝、移动分离,张力速度同步

3.4 缠丝机试验

3.4.1 工厂模拟缠丝试验

由于主缆缠丝施工工艺复杂,要求缠丝机具有灵活可靠的多种性能,包括传动方式的变换、调速、夹紧、走行、跨越索夹、移位、大齿圈过索夹时活门启闭可靠性；缠丝时钢丝走向是否顺畅；密匝缠丝的匹配与调整能否满足缠绕钢丝公差变化；缠丝张力调整、索夹端部缠丝及在主缆倾角工况下密匝、紧密缠丝等。为满足上述要求，对第一台样机进行工厂模拟缠丝试验，这是对整机性能的综合考核，详见表 4、5、6、7。

表 4　夹持架自动越夹走行机构及自动拔销机构的动作试验记录

试验内容		走行速度			
		点动	慢速	中速	快速
1. 主机夹紧机构稳定状况					
2. 传动机构的运转状况					
3. 夹持架走行状况					
4. 越夹走行机构及拨销机构的动作状况					
5. 制动与离合状况					
6. 电机电流（A）	上坡过夹				
	下坡过夹				

表 5　主机自动越箍走行机构及自动拔销机构的动作试验记录

试验内容		走行速度			
		点动	慢速	中速	快速
1. 夹持架稳定状况					
2. 各传动机构的运转状况					
3. 越夹走行机构及拨销机构的动作状况					
4. 制动与离合状况					
5. 电机电流（A）	上坡过夹				
	下坡过夹				

表 6　节中缠丝试验记录

试验内容	缠丝速度			
	点动	慢速	中速	快速
1. 夹持架夹紧状况				
2. 各机构的动作状况				
3. 制动与离合状况				
4. 缠丝质量				
5. 缠丝时主机过夹状况				
6. 生产率				

表 7　端部缠丝试验

试验内容	索夹上端（结尾端）	索夹下端（起始端）
1. 无走行缠丝质量		
2. 嵌入索槽内状况		
3. 缠丝质量		
4. 缠丝到达位置（距索夹最外端）		
5. 焊接固定状况		
6. 各机构的动作状况		
7. 电机电流（A）		

3.4.2 缠丝焊接试验

缠丝的张力为 1～2.5 kN,因此,缠丝的焊接是缠丝作业中的一项重要工序,焊接质量影响整个缠丝工程质量。按照缠丝工况,主缆缠丝时需要两种焊接工艺:一种是已缠绕钢丝并固焊;另一种是缠绕钢丝对接焊。

(1)缠绕钢丝并固焊,主要用手每个索夹端部缠丝的起头和结尾、端部缠丝与正常缠丝之间的工序转换以及钢丝对接处。常见并固焊有两种方法,一是汕头海湾大桥、西陵长江大桥采用的铜焊法,二是虎门大桥及日本广泛采取的铝热铜焊。

1)铜焊。属于气焊,采用可燃气体与氧气混合燃烧所产生的高温,熔化锡黄铜焊丝+四硼酸纳焊接。为减少或消除(理论上)已缠钢丝拉力,采用专用卡箍夹紧主缆,在卡箍预留窗口中进行焊接。此焊法焊点强度大于铝热铜焊,成本低,有成功先例。但以上两桥缠丝拉力较低(1.4～1.9 kN),在缠丝拉刀 2.3～2.5 kN 下试验,很难掌握焊接温度和时间,成功率极低,可操作性差。

2)铝热铜焊。焊接方法为日本专利技术,成本较高。具体操作:将装有铝粉和氧化铜的坩埚放入专用石墨模具,一并置于主缆已缠钢丝待焊处,用点火炝点燃药粉,铝粉燃烧时的高热将氧化铜熔化并还原成铜,利用熔融铜的熔合使钢丝并固。此法方便、安全,简化了操作过程。

厦门海沧大桥、润扬长江大桥缠绕钢丝并固焊采用铝热铜焊法。

(2)缠绕钢丝对接焊,主要用于缠丝过程中更换储丝筒接长缠绕钢丝或处理意外断丝。厦门海沧大桥采用闪光对接焊。

我公司丰都长江大桥施工的缠绕钢丝并固焊及对接焊接采用直流脉冲钨极氩弧焊接技术,缠丝对接采用专用对焊夹具和无应力圈间焊接技术,保证焊接质量。

3.4.3 工地缠丝试验

(1)试验目的。

1)了解缠丝机整体性能,初步熟悉操作要点和操作规程,掌握常见故障的处理方法;

2)掌握如何对缠丝机张力进行标定;

3)了解并初步掌握索夹起始端(下端)和结尾端(上端)等特殊部位缠丝方法;

4)基本掌握缠绕丝圈的圈间焊接及缠绕钢丝对接焊接技术。

(2)试验内容。

1)缠丝张力标定;

2)索夹下端部(起始端)缠丝;

3)索夹间正常缠丝;

4)索夹上端部(缠丝结尾端)缠丝;

5)主机、夹持架移动及跨越索夹;

6)已缠绕钢丝并固焊试验;

7)缠绕钢丝对接焊试验。

4 主缆缠丝施工

主缆缠丝施工以润扬长江大桥 S 形钢丝缠丝方法说明,而圆形镀锌钢丝的缠丝方法与 S 形钢丝缠绕方法基本相同。

4.1　缠丝施工工艺流程图(见图6)

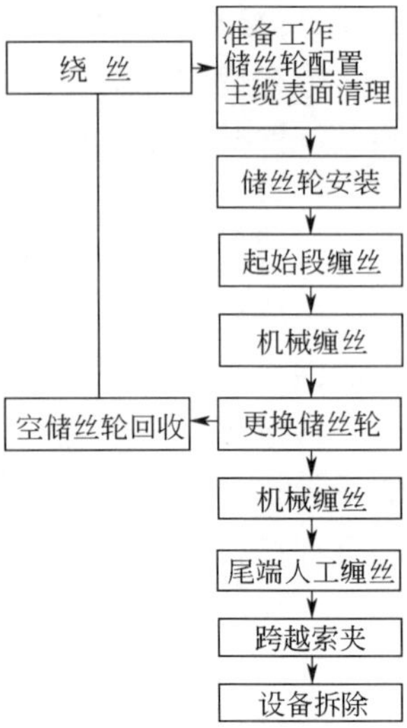

图6　缠丝施工流程

4.2　缠丝施工准备

4.2.1　储丝轮绕丝

S形钢丝按每个索夹间区间精确计算钢丝用量并以卷供应,缠丝前通过特制绕丝机以一定张力将S形钢丝卷转绕至储丝轮上,以供相应主缆索夹区间缠丝使用。

4.2.2　主缆表面清理及涂密封膏(防腐密封腻子)

缠丝前用丙酮清理主缆表面污渍,待表面清洁干燥后,在主缆表面涂抹专用防腐密封膏,边缠边涂,对主缆进行密封防腐。

4.2.3　缠丝张力确定

对于主缆张力未达到设计恒载张力前缠丝,随着荷载加入主缆张力变化会引起主缆伸长、缆径变化,要求缠丝张力保证在任何情况下缠绕在主缆上的钢丝对主缆表面压力大于0,即主缆张力达到设计恒载时,缠绕钢丝残余张力大于0。在考虑缠丝后主缆荷载增加量、温度变化等因素后,通过解析计算(过程略),确定缠丝张力范围为2.50～2.80 kN。一般情况下缠丝张力由设计方给定,施工者根据设计张力要求对缠丝机进行调整和锁定。

4.3　缠丝施工顺序

润扬长江大桥缠丝施工先缠边跨,后缠中跨。边跨由锚碇向索塔方向进行缠丝施工,中跨由跨中往索塔方向进行。

厦门海沧大桥缠丝施工先缠中跨主缆,后缠边跨主缆,并按照由上到下顺序缠丝。

4.4　缠丝作业工序

主缆缠丝通过缠丝机进行,主要施工工艺包括:索夹前起始段人工挤压缠丝、索夹间节段机械缠丝(含走行)、缠丝机走行过索夹、缠丝焊接、尾端手动缠丝等操作。现以润扬大桥主缆缠丝施工说明缠丝作业工序。

4.4.1　缠丝机试运转

将缠丝机安装在塔顶边跨侧主缆上,进行安装保养调试工作。在各减速机、变速箱中加足润滑油,其他各运动副间均按要求加注润滑油或润滑脂。按要求进行空机试运转,做好缠丝试验前的一切准备工作。调整缠丝机齿圈转动及前移电机变频器,使齿圈每转动1圈(即缠丝1圈)的同时沿机架行走9 mm。

4.4.2　缠丝试验

缠丝前先进行缠丝试验,主要检验缠丝机性能及焊接强度,并确认达到以下标准:

(1)缠绕钢丝相互之间无间隙;

(2)无重叠缠绕、交叉缠绕(乱丝);

(3)缠丝表面光滑;

(4)焊点焊接强度要确保剪切强度在缠绕钢丝的张力之上。

4.4.3　索夹节段起始段缠丝

(1)储丝轮安装完毕,穿绕钢丝,使缠丝出丝轮端部距索夹端面间距为20 mm。

(2)将缠丝机转速调整为最慢速。

(3)用钢丝钳将缠丝丝头扭挂在索夹螺杆上。

(4)缠丝机点动缠丝 3 圈后停机,按图 7 所示端部缠丝焊点布置焊接并打磨。

(5)接着点动进行端部缠丝 3～4 圈后停机,切除多余钢丝,人工用木锤、尼龙棒将钢丝推入索夹端部,钢丝与索夹用尼龙楔固定。

(6)回退缠丝齿圈至出丝轮与缠绕钢丝平行,即可进行正常节段间机械缠丝。

4.4.4 机械缠丝

主缆缠丝使用的缠丝机是可自行进行跨越索夹的全节段式施工。缠丝在 2 个索夹间节段进行,各节段重复相同的作业,索夹和索夹间的 1 个周期的缠丝过程简述如下:

(1)缠丝机后端紧靠索夹下端面,前后行走架处于缠丝机前后端机架,缠丝机通过葫芦与猫道扶手索固定。安装储丝轮,后出丝轮出丝在索夹前端开始起始段缠丝。

(2)当缠绕钢丝长度达到 1 m 左右时,焊接钢丝并打磨,将钢丝由后出丝轮转至前出丝轮。

(3)松开前后端机架与主缆之间的夹紧装置,缠丝机处于行走模式,卷扬机牵引机架前移,缠丝齿圈相对主缆静止不动(行走齿条向后拨动),就位后固定机架。

(4)储丝轮剩余钢丝 6 圈左右并焊钢丝,剪断剩余钢丝,卸去空储丝轮。利用前行走架挂梁更换储丝轮。

(5)夹持架前行同(3)。

(6)储丝轮由前缠丝轮出丝,钢丝接头与前段钢丝并焊后,继续缠丝。

(7)松开夹持架与主缆夹紧机构,夹持架前行到上一索夹端部(缠丝齿圈相对主缆静止);前行走机构向下移动到夹持架中部,前机架顶升机构千斤顶回缩,夹持架前行跨越索夹;前机架顶升机构千斤顶顶升与主缆支撑,前行走机构顶升千斤顶回缩,前行走机构行走跨越索夹后千斤顶顶升与主缆支撑。

(8)缠丝机工作进行索夹区间尾端主缆缠丝、焊接。

4.4.5 索夹节段尾端手动缠丝

在索夹间缠丝节段的尾端部位,缠丝机的回转系统如与索夹干涉,在靠近索夹端面的位置,停止机械缠丝,剩余部分手动缠丝。使用紧线器和夹具等专用工具按以下步骤施工:

(1)用铝热焊剂焊接机械缠丝端部和手动缠丝节段的起始点;

(2)焊接后,用缠绕钢丝在主缆上缠绕 1 周,用紧线器收紧后焊接;

(3)多次重复以上作业,使钢丝紧密地缠绕至索夹端面。

4.5 缠绕钢丝的焊接

相邻的缠绕钢丝以铝热焊剂焊接的方式进行连接接头处理。焊点布置及数量如图 7,1 个索夹区间焊点分为 3 种:起始点并焊 3 圈(X_3 处两点),中间段间隔 1 m 并焊 2 圈(X_2 处两点),尾端手动缠丝每圈均并焊(X_1 处两点),接头处焊点如图 7 所示。因作业需要,临时停止缠丝时,迅速地进行 2 点 X_3 处焊接。如临时停止部位的焊接在 1 m 间距附近时,该处的 1 m 间距的焊接可省略。

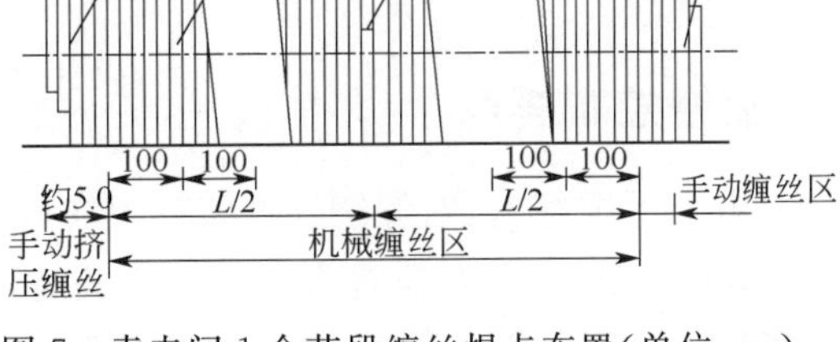

图 7 索夹间 1 个节段缠丝焊点布置(单位:cm)

在储丝轮钢丝剩余 6 圈左右时,钢丝并焊后切除多余钢丝。更换储丝轮，并焊接头。钢丝接头部位，应使端面相互接触，尽可能无间隙地施工。再次缠丝后在接头处注入黏缝材料，填埋间隙。

5　主缆缠丝施工要点

(1)主缆张力达到成桥的70%以后即可开始进行缠丝施工，为保证缠丝质量以及工期计划，以主缆张力达到成桥状态80%为控制目标。

(2)缠丝张力范围为2.50～2.80 kN。

(3)起始段缠丝，缠丝出丝轮端部距索夹端面间距为20 mm。

(4)铝热焊点外观呈小丘形，用砂轮机打磨保留1 mm以上的焊高。

6　劳动力组织

厦门海沧大桥缠丝施工根据缠丝机数量，分成四个施工作业组，每个施工作业组分成3个小组进行缠丝、倒盘、丝盘转运。每单个施工作业组人员配备如下：

技术人员2人、施工员6人、钳工2人、吊装工2人、普工6人，合计：18人。4个施工作业组人员总计72人，外配电工4人，储丝盘缠丝员2人，人员累计总数78人。

7　机具设备配置

机具设备配置见表8。

表8　机具设备配置表

名　称	型号规格	总计数量	名　称	型号规格	总计数量
主缆缠丝机		4台	剪丝钳		4把
手动缠丝机		4台	钢丝钳		8把
链葫芦	10 t(长链条)	4台	撬棒	ϕ32×1 500	8根
链葫芦	5 t(长链条)	8台	撬棒	ϕ18×500	8根
储丝机		2台	千斤头1	ϕ21.5×8 m	12条
对焊机		4台	千斤头2	ϕ4.5×3 m	12条
储丝轮	机动	32个	乙炔气焊工具		8套
储丝轮	手动	8个	铝热焊固接焊模		8套
角向磨光机		4台	铝热焊点火枪		8套
螺旋千斤顶	10 t	8台	紫铜棒	ϕ400×300	16条
手动搬手		16把	螺丝刀	400	8把
固定卡箍		4副	钳工锤	1 kg	8把
索夹垫板		22块	活动扳手	150～300	4套
主缆防护垫板		132块	固定扳手	38-42、45-52	8把

8　质量控制要点

由于主缆缠丝，对缠绕钢丝相互整齐咬合排列的密封性能以及钢箱梁吊装期间提前缠丝，对缠丝张力控制、焊接强度等要求均比较高，因此现场施工时各工序均按照详细的质量控制内容进行施工及检查验收，使施工质量得到了有效的控制，并优于设计要求。质量管理项目见表9。

表 9 质量管理项目

管理项目		管理要领	管理方法
缠丝前	主缆表面清理	1. 清扫主缆表面。此时,确认无垃圾、油分附着其上,若有油分的话,用溶剂等除去。 2. 确认主缆钢丝表面没有生锈(或白锈)。 3. 对于生锈部位用钢丝刷除去锈斑后,用富锌漆等进行涂装修补。白锈部位不需进行涂装修补	目视确认
缠丝时	缠绕状况	1. 确认S形缠绕钢丝无间隙及重叠咬合。 2. 如发现钢丝排列出现间隙、重叠的话,立即停机并修正。另外,停机迅速实施2点 X_3 焊接	目视确认
	缠绕张力	以设定的缠丝张力范围为管理目标,将缠丝张力控制在该范围内施工	确认显示的张力
缠丝后	焊接	1. 根据上述要领,确认所需的点数和位置的数量;机械缠丝起始端部2点 X_3 处;临时停机部2点 X 出;节段内1 m节间部2点 X_2 处;手动缠丝每根每1圈2点 X_1 处。 2. 焊点修磨加工后的焊高在1 mm以上。 3. 表面平整	目视确认

9 安全注意事项

主缆缠丝是全桥施工的关键,既要保证主缆缠丝的施工质量,又要保证缠丝施工作业的安全,因此制定严格的安全措施是非常必要的。

(1)主缆缠丝是在跨江悬空的猫道上工作,施工人员必须经过安全技术培训,考核合格后上岗,严格执行岗位责任制。

(2)严格依照高空作业安全规定佩带防护用品。

(3)施工过程中注意猫道悬挂绳的解除和安装,严禁乱拆卸。保证猫道悬挂绳间距不小于12 m,猫道面层不容许有漏洞。猫道拦杆绳及侧网要求完整可靠。

(4)施工过程中保持主缆的清洁,猫道上严禁堆放杂物。

(5)缠丝机在索夹倾角大于80°的主缆区段上施工时,须严格紧固主机与夹特器,并用链条葫芦栓固缠丝机。

(6)缠丝机与夹持器安装就位后,立即紧固夹持器。

(7)缠丝机自动跨越索夹行走机构,过夹时要检查各机构的动作与复位情况。

(8)缠丝机在非工作状况时要锁牢每个扣件,用链条葫芦栓固主机,并切断缠丝机工作电源。

10 结束语

主缆缠丝是悬索桥缆索防腐工程的关键工序,缠丝质量直接影响主缆寿命,因此主缆缠丝施工要精心组织,通过前期试缠丝的一系列相关试验,指导施工过程,确保缠丝质量。

主缆缠丝机目前是一种非定型的产品,缠丝机的来源有两个,一是从国外引进,但价格太高。二是国内工程项目部自主开发研制。因此缠丝机的结构各不相同,但基本性能和动作原理是一致的。缠丝机的开发研制需根据工程特点,按照实用、可靠、经济的原则进行。我公司丰都长江大桥自主开发研制的手动缠丝机取得了好的经济效益和社会效益。对机动缠丝机还有待于作进一步的研究。

索夹及吊索安装工艺

1　前　　言

索夹及吊索是悬索桥主缆与桥面系之间的重要连接件，是承担桥面系自重及活载的重要受力构件。索夹是主缆和吊索连接的关键部位，要求有足够强度和刚度的索夹和柔性好的吊索与主缆连接起来。在主缆受拉时，而不因主缆缩径索夹产生滑动。

2　索夹及吊索结构的作用

索夹多采用铸钢制造，整体性好，要有良好的强度和刚度。索夹的形式是由主缆丝股排列形状决定的，常分为六边形和圆形两种。中小跨度的悬索桥，索股不多，常采用六边形截面；大跨度的悬索桥常采用圆形截面，如图 1 所示。

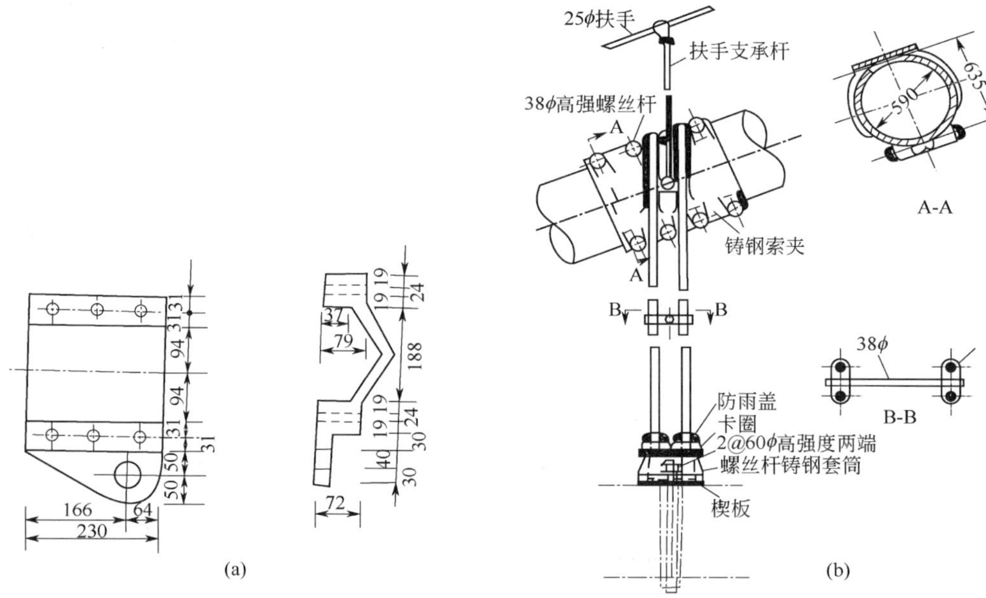

图 1　索夹（单位：mm）

圆形索夹，设计为左右（或上下）两个半圆，钻有两排栓孔，用高强螺栓拉紧。内孔表面的加工，精度要求高，粗糙度不必过高，更不能磨光，孔径尺寸即是主缆紧缆后的直径。两半索夹对合面留有间隙。索夹下端设有吊耳，由销与垂直吊索相连，易于转动。索夹的两半为便于安装和保证圆度均分别设有凹、凸缘，并留有间距，避免螺栓夹紧时，因止口顶紧而不能达到夹紧的目的。索夹靠近索塔，滑移力最大，向跨中递减。因此，其上吊耳的角度、索夹的形式及索夹数量等，不同位置均有所差异，一般在主缆接近水平的节点处索夹短些，螺栓少些，主缆倾斜大的节点则相反。

索夹构造上有的不设吊耳及销轴，直接将吊索骑在索夹外圆槽内而下垂，用锻钢套筒与加劲梁销接。

吊索作为主缆与梁的连接件，直接将梁上的荷载传递给主缆，是悬索桥的主要受力结构件。

3 安装工艺流程

安装工艺流程如图 2 所示。

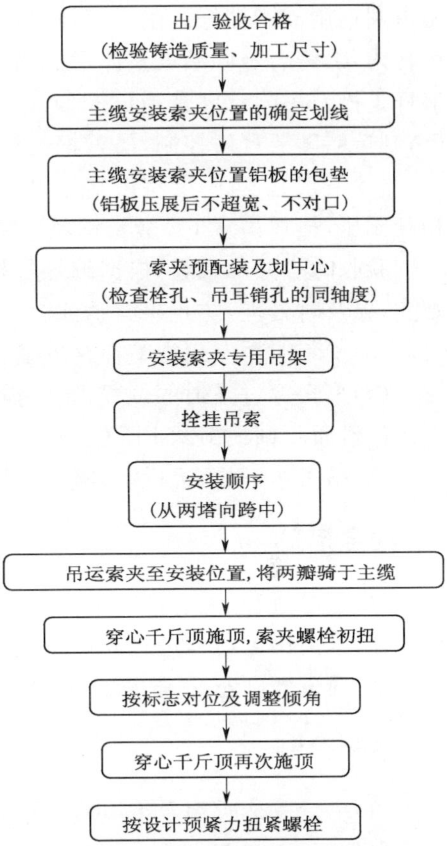

图 2 安装工艺流程图

4 操作要点

4.1 索夹安装

4.1.1 索夹加工、验收

铸件必须无夹砂、缩孔、裂纹等严重缺陷,机械加工必须划线确定加工量,以保证索夹壁厚和各部位尺寸的均匀性。索夹两瓣为一付,分别先加工合口平面及吊耳穿销的两个端面,加工索夹与主缆接触的内孔,要先加工螺栓孔,加垫片扭紧螺栓以控制索夹相关位置和孔的形位误差及尺寸公差。

验收依设计图纸、技术要求,对材料的化学成分和物理性能进行抽检,对尺寸精度、粗糙度、公差进行检核。对不合格产品予以报废,不得用于桥上。

4.1.2 索夹安装位置的测量、划线

主缆架设完成时,主缆呈悬链线形,塔顶主索鞍有预偏量,成桥后主索鞍顶推至设计位置,主缆曲线呈二次抛物线,为准确定位各索夹的安装位置,建立直角坐标系,根据空载跨度、垂度、线形及各段(主缆)的弹性伸长量求出索夹间索长,将每段中心位置换算至主缆顶面,划线作出标志。依据计算值,测量确定主缆中心线,用标定的钢卷尺分出各索夹在主缆上的中线位置,并标注出安装的控制范围。

对于空间线形主缆,还应考虑切曲差值和温度的影响,以便修正索夹间主缆长度,以保证安装位置的精确性。

4.1.3 索夹安装

(1)索夹在主缆上位置,尺寸准确,标记明显;

(2)索夹在主缆上位置加垫铝皮,其长度短于大缆周长,夹紧后铝皮对口处留有间隙,不得沓叠,影响与主缆的箍紧力;

(3)索夹由专用安装吊架将两半圆,吊运到位,骑装于主缆上,安装穿心千斤顶,施加顶力,调整位置及角度,初扭高强螺栓;

(4)二期恒载加设完毕,主缆受力直径缩小,空隙率减小,再次施顶力,扭紧螺帽;

(5)索夹与主缆的密贴接触,是依靠高强螺栓扭紧拉力产生的摩擦阻力,来保证索夹位置的固定而不会产生向下滑移;

(6)索夹与主缆间空隙涂塞防护涂料;

(7)考虑主缆丝股镀锌挤压变形,竣工时再对高强螺栓终拧一次。

4.2 吊索安装

(1)悬索桥吊索一般采用高强度镀锌钢丝制成强度高、柔性好。少数小跨度悬索桥的吊杆是由圆钢制成刚性好。吊索吊杆，为便于与索夹和加劲梁联结，将钢索两端丝股散开伸入套筒锥孔内，热铸合金固结成整体形成锚头。套筒设销孔，通过上端与索夹销接，下端与加劲梁调节杆连接。吊索长度受测长量具、拉力、温度、锚头制作等误差及索夹制造工艺等因素影响，因此，制造精度要严格控制，吊索钢丝外层加挤压 PE 塑料套防护。

(2)吊索起运前，要将吊索外包 PE 用塑料(麻)布包装好，两端锚头套筒要特别包装，以防相互刻压，损坏吊索 PE 套及钢丝。将成品捆扎成卷，栓好标签，发运工地。

验收时打开吊索卷，根据编号复核吊索长，确定安装位置，注意检查防护 PE 套有否损坏破皮，要及时处理，防止裸露锈蚀。

(3)安装时用专用抱箍在靠近锚头夹住吊索，由缆索吊机垂直提起吊索，不得扭坏 PE 套。

(4)吊索穿过猫道的位置，要将猫道面层开口，剪断铅丝，并将断头向剪口外弯曲，以保证下放吊索而不刮损吊索 PE 套。

(5)吊索边下放，边拆除外包装，将上套筒销孔对正索夹吊耳销孔，穿销锁紧卡板或螺帽。

5 安全措施

(1)起吊过程，注意吊索不得与地面或猫道摩擦、碰撞，采用起离地面将下锚头由卷扬机打捎拉住，索道吊运边前进边放捎绳，使其始终悬离地面一定高度，以保护 PE 套防护层。

(2)猫道开口处，吊索安装后，及时作封口处理，以免操作人员不慎失足造成高空坠落事故。

6 质量控制

(1)吊索安装时用专用抱箍在靠近锚头夹住吊索，由缆索吊机垂直提起吊索，注意吊装过程中保护好 PE 套防护层。

(2)复验长度，按设计位置编号，避免安装错误。

(3)转动部位涂装润滑油。

(4)销头螺帽要按设计扭紧到位，并用开口销锁紧防松。

7 结束语

索夹、吊索将悬索桥的荷载传给主缆，是悬索桥的重要连接件，要严谨选材和精确加工，严格按设计数据和工艺要求施工，确保安装质量。

缆载起重机设计及架梁工艺

1 前　　言

缆载吊机是现代大跨度悬索桥施工的大型专用起重设备,用于悬索桥主梁(钢箱梁或加劲梁)的架设。起重机安装在悬索桥的两根主缆上,两根主缆间距为缆载吊机的跨距。主缆作为行走轨道和承载体,起重机在索上靠牵引行走。要求起重机能在主缆最大倾斜角的状态下正常起重,并实现在跨中高度有限的情况下能准确安装梁段,起重机运行机构在主缆上空载走行时,能跨越已安装就位在主缆上的索夹,起重机在非工作状态能抗御强风袭击。全桥共用 4 台缆载起重机,中跨安装 2 台,两边跨各安装 1 台。分别以两主塔为起点,同步对称架设。

截至目前我公司尚未进行过缆载吊机的设计与施工,现以厦门海沧大桥、汕头海湾大桥缆载吊机设计及厦门海沧大桥、润杨长江公路大桥的施工实例,介绍跨缆吊机的设计与钢箱梁节段吊装施工技术。

2 缆载吊机设计

2.1 缆载吊机工作条件

厦门海沧大桥为现代大跨度悬索桥,主缆中跨矢跨比为 1/10.5,两主缆直径 ϕ570 mm,永久吊索标准间距 12 m,主缆中心距桥面最小距离 2.8 m,主缆与水平线最大倾角 26°,全桥共 94 节梁段,质量最大梁段为 206.6 t,每段有 4 个临时吊点,横桥向临时吊点距离 28.8 m,顺桥向临时吊点距离随梁段类型不同而变化,且吊点中心与梁段重心不重合,94 节梁段全部依靠缆载吊机吊装架设。因此,缆载吊机是架设梁段的重要机械,必须保证机械性能良好,操作运转灵活,能适应大桥使用条件且具有足够的安全度。

2.2 设计依据及标准

大桥施工图设计
起重机设计手册(GB3811—83)
起重机试验规范(GB5905—86)
起重机安全规程(GB6067—85)
钢结构设计手册(GBT17—88)

2.3 设计性能要求

2.3.1 缆载吊机总体设计研究内容

(1)缆载吊机是在主缆上工作的专用设备,起吊对象为钢箱梁或混凝土箱梁节段,它的支撑和走行轨道基于悬索桥的两根主缆。根据缆载吊机工作条件和吊机基本特性,研究确定缆载吊机组成系统。

(2)根据钢箱梁设计吊装节段尺寸、最大吊装重量、临时吊点位置、主缆缆径、主缆缆间距、主缆最大倾角、最大索夹尺寸等设计条件,缆载吊机在施工现场组拼运输、缆上安装及拆除条件确定缆载吊机的基本结构形式。

(3)根据悬索桥钢箱梁、主缆、索夹等设计参数，钢箱梁吊装周期、钢箱梁吊装作业气象条件及安全标准、能适用于其他悬索桥钢箱梁吊装条件等，研究确定缆载吊机基本结构技术指标，如提升能力、提升速度/放索速度、缆上行走速度、适应主缆倾角、作业气象条件等。

2.3.2　缆载吊机设计性能一般要求

(1)吊机在两主缆承托状态下，能按照钢箱梁吊装施工顺序，安全、平稳地在主缆上移动、定位和钢箱梁吊装作业，行走确保防偏，就位固定确保防滑。

(2)吊机拼装、移动、就位固定和吊装钢箱梁作业过程中，确保主缆表面和索夹不受损伤。

(3)主缆与桥面处于最小有限距离状态下，吊机能顺利将钢箱梁吊装就位。

(4)缆载吊机整体结构设计及受力计算，应考虑特殊钢箱梁段吊装施工的受力影响。在吊装过程中应确保钢箱梁处于水平状态。

(5)吊机结构设计应考虑施工现场拼装条件、起吊能力以及方便工地间的运输、重新组装速度，并能符合国内公路或水路长途运输条件。

2.3.3　缆载吊机起吊系统性能要求

(1)额定提升能力：满足质量最大梁段的起吊要求。

(2)提升速度/放索速度 1～2 m/min；1～3 m/min。

(3)提升高度：大于运输船舱面至悬索桥桥面距离。

(4)安全装置：配置行程传感器、压力传感器及电子控制触点开关等。

(5)起吊系统：钢丝绳卷扬机提升或液压提升。

(6)安全系数：1.25(安全工作荷载)。

2.3.4　缆载吊机行走系统性能要求

(1)缆上单机行走能力：依据缆载吊机的结构、重量及主缆倾斜角设计计算确定。

(2)滑移能力：依据缆载吊机的结构、重量及主缆倾斜角设计计算确定。

(3)荷载转移能力：依据缆载吊机的结构、起吊重量及主缆倾斜角设计计算确定。

(4)平均行走速度：10～12 m/h。

(5)安全装置：配置行程传感器、压力传感器及电子控制触点开关等。

(6)安全系数：1.25(安全工作荷载)。

2.3.5　缆载吊机钢结构性能要求

钢结构安全系数不小于 1.5，行走机构采用栓接结构，能在不同直径主缆条件下易于更换支撑靴，吊机横梁采用模块式，能在不同主缆间距条件下进行调整以便缆载吊机的再利用。

2.4　缆载吊机总体结构

缆载吊机主要由主体结构、起升机构、起重安全装置、行走机构、承压抗滑装置、夹紧机构及液压电气控制系统组成。整机结构如图 1 所示。

2.4.1　主体结构

主体结构为钢结构桁梁，由横梁和端梁联结组成的框架结构，其他移动系统、吊装系统、承重系统、钢箱梁平衡系统和液压电气控制系统分别与横梁和端梁联结。缆载吊机钢结构桁梁骑跨在两根主缆上，实现移动跨越、定位承重，达到钢箱梁吊装目的。横梁采用桁架结构，自重较轻，减小迎风面积；端梁采用箱形结构可以有效降低整机高度，提高稳定性，并便于与其他机构连接。横梁与端梁分段设计制造，满足运输要求和现场拼装条件，如图 2。

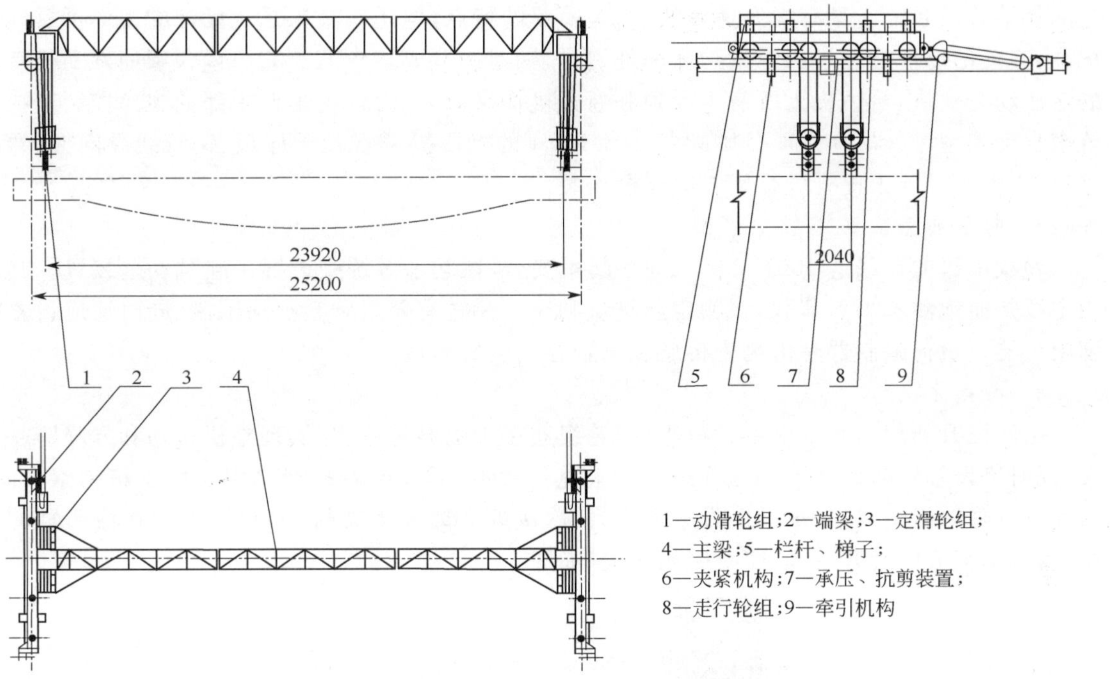

图 1 汕头海湾大桥吨缆载吊机图(单位:mm)

2.4.2 起吊提升系统

目前缆载吊机的起吊提升系统有机械起吊提升系统及液压提升系统两种类型。设计时应根据提升重量、提升高度、提升速度制造成本等因素进行对比分析,选择较合理的起吊提升系统。

(1)机械起吊提升系统:厦门海沧大桥、汕头海湾大桥的缆载吊机均采用机械提升起吊系统,这也是缆载吊机常用的提升起吊系统。它由 4 台卷扬机及定、动滑轮组、钢丝绳、钢丝绳托轮等组成。为控制起升速度达到同步要求,把 4 台卷扬机电气设计成可同时启动,也可单台或任选组合操作启动,卷扬机设置在主塔的平台上,起升用的钢丝绳垂直进入卷筒。钢丝绳另一端通过主塔上的导向滑车至滑车组,为防止钢丝绳的摆动和因自重产生过大的下垂,每间隔 6 m 设托绳轮一组。主梁的钢箱梁上有 4 吊耳供起吊用。为解决 4 吊点超静定,将 4 台卷扬机中的 2 台卷扬机采用 1 根起升钢丝绳,两端分别固定在卷筒上,两定滑轮组间加平衡滑轮,把钢丝绳串联起来,改成 3 吊点。

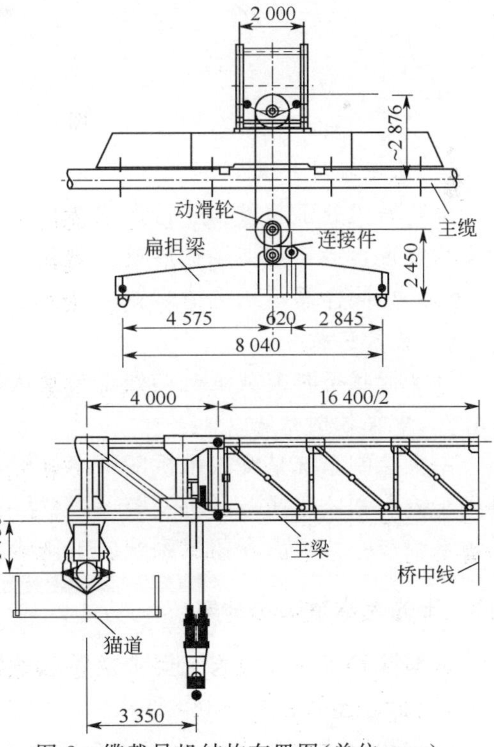

图 2 缆载吊机结构布置图(单位:mm)

(2)液压起吊提升系统:润扬长江公路大桥缆载吊机采用液压提升起吊系统,这是一种先进的提升起吊系统。具有提升速度快、结构简单的特点，但是对液压系统元件的工作可靠性要求高，其关键部件是通过国际采购由国外引进，因此制造成本较高。它由 2 台柴油发动机带动的液压动力模块，给吊机上所有千斤顶和卷扬机提供动力，由设在吊机中部的中央控制监控系统来自动控制。起吊提升部分则配备 2 台 185 t 的梁段提升索股千斤顶、钢绞线导向架、卷盘器等，由索股千斤顶提升进行钢箱梁梁段安装。

2.4.3　起重安全装置

缆载吊机的荷载达 100～200 t，为了起吊安全，在起吊系统中设置了起重安全装置。其作用主要是能观测各吊点荷载，在额定起重量和超负荷时有警报和超负荷限制，同时还应设置高度限位器。负荷限制器是由测力传感和电脑控制装置组成。

2.4.4　行走系统

由液压升降轮组和牵引卷扬机组成，轮组连接于端梁箱体中，实现整机移动和升降跨越索夹，同时增设辅助防偏装置。缆载吊机在主缆上行走，靠 2 台卷扬机牵引。轮子跨越索夹时，由液压升降轮组完成，每端梁上设 4 个走行轮，接近或离开索夹时，一对行走轮在液压缸的作用下，作垂直方向的升或降，交替跨越索夹，如图 3。

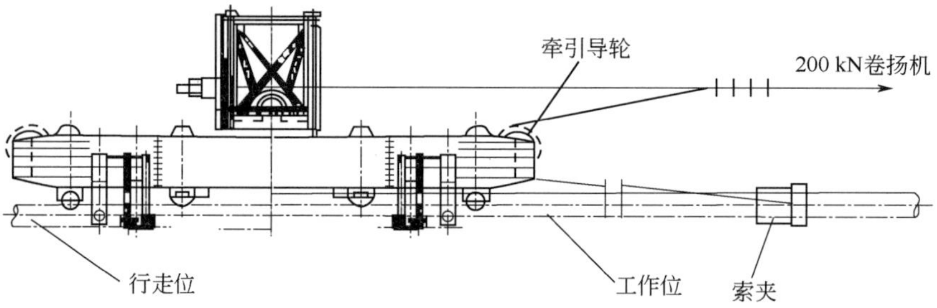

图 3　缆载吊机的行走系统

2.4.5　承压抗滑装置

缆载吊机处于起重和非行走状态时的自重和起重量均非由走轮承受，而是靠两端梁中间的支承装置直接与索夹接触传递。缆载吊机在主缆上处于倾斜位置时自重和起重力产生的分力(下滑力)同样靠承压抗滑装置由索夹接头承受。

2.4.6　夹紧机构

除走行状态时缆载吊机均处于夹紧状态，防止大风情况下起重机相对缆索晃动。

2.4.7　中央控制系统

中央控制系统是缆载吊机的中枢机构，由计算机系统、传感器系统和操作平台等组成，主要用于控制和监测缆载吊机安装、钢箱梁吊装、缆上行走就位等全过程以及缆载吊机上所有千斤顶系统、动力系统、卷扬机系统的工作状态和操作过程。

2.5　主要技术指标及参数

依据厦门海沧大桥施工要求及缆载吊机结构设计计算，确定的整机主参数为：

(1)额定起吊能力：2 000 kN。

(2)横梁跨距：34 m。

(3)工作高度：80 m；非工作高度：150 m。

(4)吊梁速度：(重载)一挡 1 m/min；二挡 3 m/min；(空载)3 m/min。

(5)行走轮距：最大 4.4 m，最小 2.9 m。

(6)承重座中心距:3.4 m。

(7)适应倾角:最大 30°

(8)整机重量:800 kN。

(9)单件最大重量:45.7 kN。

(10)台数:全桥共 4 台。

2.6 缆载吊机的缆上安装

2.6.1 准备阶段

(1)编制《缆载吊机安装与使用技术规程》,组织现场技术及安装人员认真学习,熟悉整机与各部件及机构的拼装位置和顺序要求,做好拼装前的技术准备。

(2)设备运到工地现场,按运输清单及相关技术文件进行验收,检查运输过程中是否有变形和损坏,清点数量是否齐全,做好拼装前各种设备、机具、材料和仪器的准备工作。

2.6.2 拼装阶段

(1)卷扬机及导向轮的布置与安装。

卷扬机布置在主塔底部两侧,应避开桥宽位置。中跨施工吊机的卷扬机布置在两主塔底部外侧,边跨施工吊机布置在两主塔底部内侧,或根据场地情况布置。也可根据主塔结构将卷扬机布置在主塔下横系梁上,在主塔施工时布置预埋件。

从塔底至塔顶的导向轮,以不干涉施工设备和满足轮组技术要求为原则布置。

(2)吊机拼装。

吊机拼装位置选在靠近主塔处,利用塔吊和悬臂吊配合进行吊装。

1)端梁安装。

头段端梁吊装前应对其吊装位置现场放样定位,在端梁与主缆上做出明显标记,应确保上、下游两侧头段端梁纵向位置在同一断面,安装高度应符合端梁其余节段设的高度要求,端梁上平面与水平面夹角应与端梁预拱形成的夹角相一致。端梁的其余节以头段为基础进行吊装,并将其侧向固定在塔顶平台上,保持安装过程的稳定性。

2)横梁安装。

横梁共有五段,中间三段在地面按设计预拱度拼装,测量其安装位置及倾斜角度,由悬臂吊机吊装就位;横梁两端头梁段由塔吊吊装,在高空调整预拱度后上紧螺栓,使横梁与横梁形成整体框架结构。

3)其他机构及部件安装。

按照《缆载吊机安装与使用技术规程》的要求,吊装横梁头段加强梁片、液压站、侧挡臂、吊具及平衡梁等。

2.7 缆载吊机的试验

2.7.1 试验目的

检验缆载吊机的设计、制造及拼装质量和整机各项技术性能指标是否达到设计要求。

2.7.2 试验内容

整机强度、刚度;整机移动及跨越索夹;液压系统;起吊系统;夹紧及支撑机构;牵引系统等。

2.7.3 试验程序

缆载吊机拼装完成后,检验程序为:整机移动及跨越索夹检验,与此同时检验牵引系统、液压系统及防偏机构;整机支撑、夹紧及防滑机构检验;整机强度、刚度及起吊系统检验。

(1)起吊系统检验。

缆载吊机拼装完成后,首先试运行吊具提升和放落,并在地面安装平衡梁。

(2)整机移动及跨越索夹检验。

牵引系统处于工作状态,松开夹紧及防滑机构,操作液压系统顶起移动轮,操作牵引系统使整机开始移动,在遇索夹时收回移动轮,通过后再顶起移动轮,同时配合操作防偏机构,实现全程移动。

(3)整机支撑、夹紧及防滑机构检验。

待整机移动到测定吊梁位置后,收回移动轮,整机由承重座落放在主缆上,连接夹紧及防滑机构。

2.7.4　超载试验

整机就位后,将超载试吊重物(水箱)放置于相应位置。试验分三次加载,第一次加载额定吊重的75%;第二次加载额定吊重的100%;第三次加载额定吊重的120%,并分别测量、记录数据。

(1)初始状态检测。

用全站仪测量空载状态下横梁的挠度值和主缆中心距;刻画吊机支座位置标志线;观察主缆及各机构初始状态。

(2)负载状态检测。

以初始状态为基础,检查各机构连接是否正确、可靠。然后进行第一次加载,以1 m/min的速度起吊水箱,提升距地面1 m高时制动、停留,然后以1 m/min的速度下降,距地面0.3 m时制动,并静置1 h。用全站仪测量、观察和记录以下数据或状态变化:卷扬机拉力读数、横梁挠度、主缆中心距变化、支撑座滑移距离、螺栓连接变化、夹紧及防滑机构和起吊系统。

第一次加载试验后,放下水箱,加水至第二次重量,以相同的方法进行第二、三次加载试验,并测量、观察和记录数据。

2.7.5　试验结论

缆载吊机经上述试验,在整机的受力和变形观察与测试均达到设计要求,并经安检部门的检测认可,缆载吊机方能投入使用。

3　钢箱梁架设施工

大跨度悬索桥主梁一般为钢箱梁,主梁的架设施工方案是采用缆载吊机垂直起吊安装。钢箱梁在预制厂预制完成后,从制造厂纵横移下海(河),用铁驳浮运到悬索桥下各跨起吊点定位,用缆载吊机垂直起吊安装。每安装一梁段之后缆载吊机向前移动一个节距,作下一梁段安装准备。全桥4台缆载吊机,按设计规定架设顺序进行架设。

悬索桥边跨有部分是在陆地上,运输驳船不能到达吊装所需位置,必须设置运梁栈桥。钢箱梁通过运梁栈桥拖运至吊装所需位置进行安装。

3.1　钢箱梁结构

我公司尚未进行过悬索桥钢箱梁吊装施工。因此,用润扬大桥钢箱梁架设施工来说明悬索桥钢箱梁吊装施工技术,以供借鉴。

润扬长江公路大桥南汊桥为主跨1 490 m的单跨双铰钢箱梁悬索桥,主桥采用扁平流线形全焊接式钢箱梁，全宽 38.7 m、梁高 3.0 m、梁段全长 1 485.23 m（如图 4）。钢箱梁制造以节段为单元，共计 93 个制造节段。跨中节段 1 个，长度为 18.4 m；端部节段 2 个，长度 8.915 m；标准节段 90 个，长度与吊索间距相同，为 16.1 m。

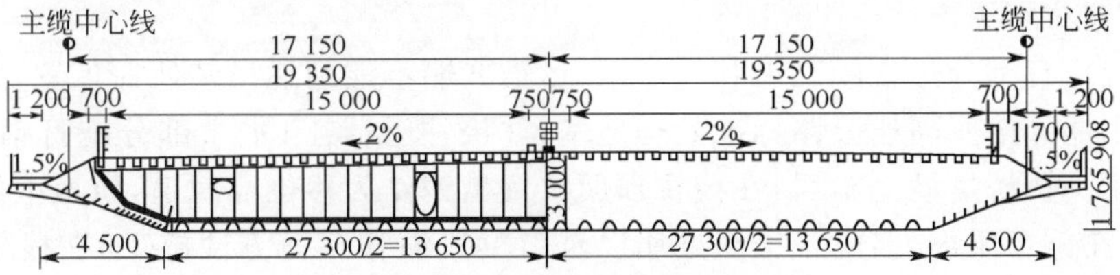

图 4　标准钢箱梁断面图（单位：mm）

根据吊装能力、架设工期等因素，钢箱梁分为 47 个吊装梁段，即除跨中梁段单独吊装外，其余相邻的 2 个制造节段在工厂焊接成 1 个吊装梁段。其中的标准吊装梁段 42 个，吊装重量约为 492.6 t；长 18.4 m 的跨中梁段 1 个，吊装重量约为 321.3 t；25 m 长的端部梁段 2 个，吊装重量约为 434.3 t；与跨中梁段相连的 N_1、S_1 跨中梁段相邻段长 32.2 m，其吊装重量约 505.6 t，总重量约 23 000 t。钢箱梁吊装顺序及吊装节段如图 5。

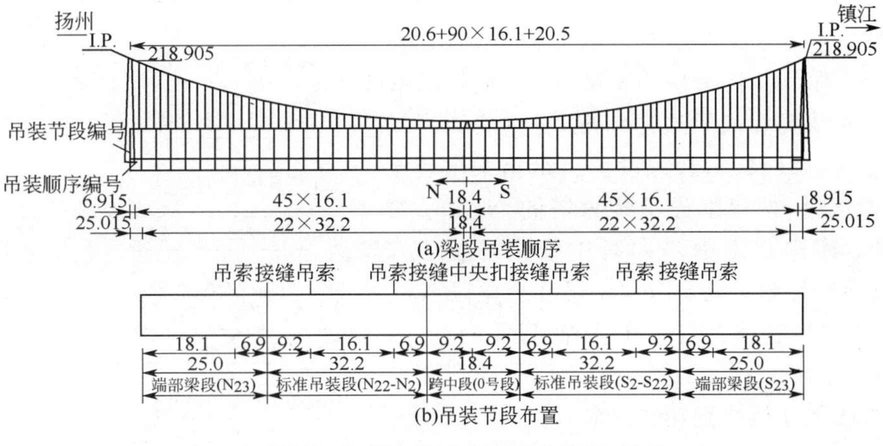

图 5　钢箱梁吊装顺序及吊装节段布置图（单位：m）

3.2　钢箱梁安装

3.2.1　施工前的准备

（1）索夹及吊索安装。

主缆紧缆完成后，根据实测出主缆的线性和监控计算数据，放样安装索夹和吊索。

（2）猫道改吊。

在钢箱梁吊装过程中，随着钢箱梁荷载加入主缆，跨中主缆的中点要下降，边跨主缆的中点要上升，主缆的线性随着钢箱梁吊装不断变化。为了使猫道线性适应主缆线性变化，需进行猫道改吊施工，即将猫道每隔一定间距悬挂于主缆之上，使其保持与主缆线性一致，满足高空作业需要。猫道改吊结束将横向过道桥拆除。

（3）跨缆吊机安装。

猫道改吊完成后，利用塔吊和缆吊附带的自提升系统进行缆载吊机的安装。

（4）航道疏浚及管制。

由于主梁安装采用水上定点垂直起吊的施工方法。因此，需要对浅水区进行河道疏浚，以满足运梁驳船的吃水深度要求。

钢箱梁水上吊装将影响水上航道的通航，施工期间按照航道部门的有关规定事先提出申请，同时提供施工计划以便航道部门对占用航道进行部分管制。

(5)运梁栈桥施工。

悬索桥边跨有部分是在陆地上和浅水区，运输驳船不能到达吊装所需位置，应设置运梁栈桥。其中陆上部分按照高速公路标准处理地基，并浇注混凝土；水中部分施打钢管桩，管桩顶端设置贝雷梁。栈桥搭设完毕后，在栈桥顶面放置槽钢作为移位器轨道，轨道上放置 4 个专用移位器，支撑在钢箱梁纵、横隔板交点处用以牵引梁段纵移。为方便施工，在栈桥贝雷梁的外侧设置 1 m 宽的人行通道。

3.2.2　钢箱梁吊装

(1)吊装顺序。

润扬长江公路大桥南汊悬索桥钢箱梁的吊装顺序是按照设计要求，并结合施工现场的实际情况，由中跨的中央梁段向塔部对称、南北梁段交替进行的架设顺序。总体吊装顺序是从跨中开始，先吊装跨中梁段，然后自跨中向两塔方向对称吊装，即南岸以 S_1 到 S_{18}，北岸从 N_1 到 N_{21}。根据吊装期间长江水位情况和南岸地形情况，分别将南岸梁 S_{19}段、北岸 N_{22}梁段作为合龙段。当钢箱梁吊装至 N_{22}和 S_{19}梁段时，两岸都先吊装靠塔的 N_{23}、S_{23}端部梁段，然后南岸再以南塔向跨中依次吊装 S_{22}、S_{21}、S_{20}，最后吊装合龙段 S_{19}，北岸吊装合龙段 N_{22}。

(2)钢箱梁吊装施工工艺流程图(见图 6)。

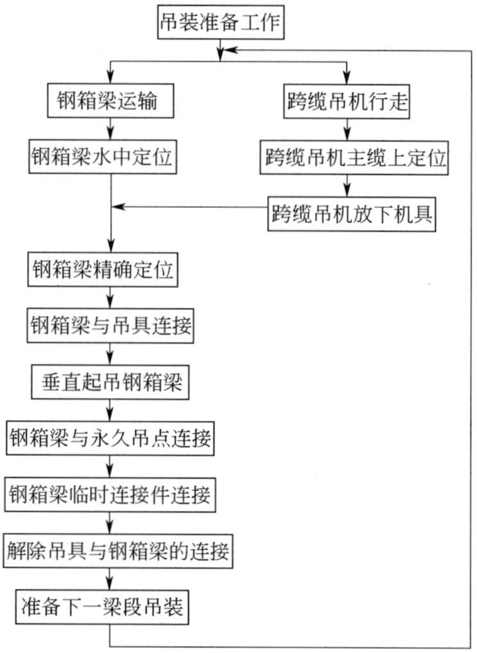

图 6　钢箱梁吊装工艺流程图

(3)吊装作业。

1)中央扣及 0 号块钢箱梁吊装。

为了改善跨中短吊索的受力性能及抗弯折能力，润扬长江公路大桥设计采用刚性中央扣将主缆和跨中梁段刚性连接(一般桥梁不采用中央扣结构)。中央扣是由长的铸钢索夹及连接加劲梁与索夹的三角钢桁架组成的一刚性连接体系。如图 7 所示。

跨中梁段采用四点四孔垂直起吊方法吊装，跨中梁段设计采用刚性中央扣与中央扣索夹用螺栓连接固定、中央扣竖杆和斜杆的连接螺栓总共为 369 个，要求加工精度为：螺栓孔位置 1.5 mm 螺栓直径 2 mm。设计施工顺序为“安装中央扣索夹→吊装钢箱梁→高强度螺栓连接”，由于索夹长达 5 m，钢箱梁漂浮状态下螺栓群安装困难，按照原设计要求安装顺序施工将无法进行。为此，经与设计单位协商，将跨中梁段安装顺序调整为“中央扣下半索夹与钢箱梁高强度螺栓连接→吊装钢箱梁→钢箱梁与主缆临时挂接→安装中央扣上半索夹”。具体安装方法为：跨中梁段安装前，先将中央扣与中央扣索夹下半部用高强度螺栓连接，随钢箱梁一同吊装，起吊钢箱梁用设计吊装孔内侧 2.5 m 处另外增设的吊点进行，吊装到位后，在中央扣索夹设计吊装孔与其正上方主缆上增设的临时索夹吊点间的吊杆先将钢箱梁临时吊挂，待钢箱梁吊装完成一定梁段，箱梁线形基本形成后，进行中央索夹上半部的安装及螺栓的紧固。

梁段垂直吊装步骤如下：

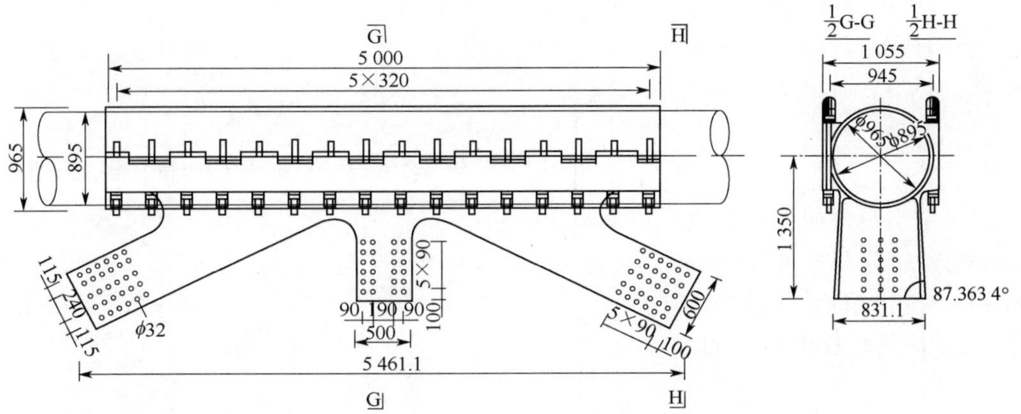

图 7　中央扣索夹结构示意图(单位:mm)

① 准备工作。

在跨中梁段吊装之前的准备工作包括:缆载吊机行走至主缆上设计位置;临时索夹、临时吊点和临时吊杆的制作安装;将钢箱梁通过中央扣索夹用高强螺栓进行连接;在主缆上预先做好中央扣索夹的定位标记等。

② 箱梁水中定位。

梁段运抵桥位后,利用拖轮和 4 只地锚协助将运梁驳船定位于缆载吊机吊点下方,定位精度不大于 50 cm,收放定位锚绳,对钢箱梁进行精确定位,并用销轴将钢箱梁临时吊点与缆载吊机吊具销接。

③ 垂直起吊。

准备工作完成后即可进行钢箱梁的垂直起吊工作。吊装前应进行详细的安全检查。符合安全吊装要求后,同时起动缆载吊机起重千斤顶,逐渐将钢箱梁荷载由驳船转承于吊机千斤顶上,当梁段重量 85%以上由千斤顶承载后,调整千斤顶油缸行程,同时启动 4 台起吊千斤顶连续提升,迅速将梁段调离驳船并达到一定的安全距离后,再次检查梁段的水平情况、吊点的连接和吊机的工作情况,确认一切都正常后,驳船驶离一定安全距离后待命、离开。

④ 钢箱梁与临时吊杆相连。

梁段起吊至设计高程后,将梁段厚设计吊点通过临时吊杆与主缆上的临时索夹相连。缆载吊机逐渐将荷载转移给临时吊杆后,解除缆载吊机吊具。吊装完成后,移动缆载吊机至下一吊装位置,准备下一梁段的吊装工作。

由于梁段架设顺序为南北相互交替进行,在梁段架设开始阶段,主缆线形变化比较大,影响中央扣索夹的扣接施工。在此之前,通过临时索夹和临时吊杆将跨中梁段吊挂,待中央扣索夹扣接完成后撤去临时索夹和临时吊杆,根据计算分析,在 S_5 梁段架设完成后,主缆线形可满足中央扣索夹的安装要求,此时利用缆载吊机进行中央扣索夹的安装及螺栓的紧固。

临时吊杆采用拉杆的形式,因此在架设完成后,可用千斤顶调整梁段高度。在 S_1 和 N_1 梁段的架设时,使用调整机构进行连接位置高差的调整。跨中梁段吊装如图 8。

2)跨中梁段相邻梁段 S_1 和 N_1 的吊装。

0 号块钢箱梁吊装完成后,依次吊装跨中梁段相邻梁段 S_1 和 N_1 梁段。S_1 和 N_1 梁段重量最大,为 505.6 t。

S_1、N_1 梁段的吊装为正下方垂直起吊。在跨中梁段之后的梁段垂直起吊中,原则上起吊梁段不得与已架梁段相干涉。因此起吊梁段端头与已吊装端头需要离开 200 mm 以上，依次确定缆载吊机的位置。

梁段提升至稍高于桥面标高，用水平牵引设备使梁段就位，安装吊索与箱梁永久吊点钢销，然后放松缆载吊机吊具，使吊索受力，从而完成此段钢箱梁的吊装。

3)标准梁段吊装。

钢箱梁标准梁段均采用垂直起吊方法吊装。吊装主要分两部分，一是直接在水中垂直起吊，梁段序号为 $N_2 \sim N_{21}$ 和 $S_2 \sim S_{18}$，另外是合龙段和南岸陆上梁段的垂直吊装，梁段垂直吊装方法同跨中梁段。

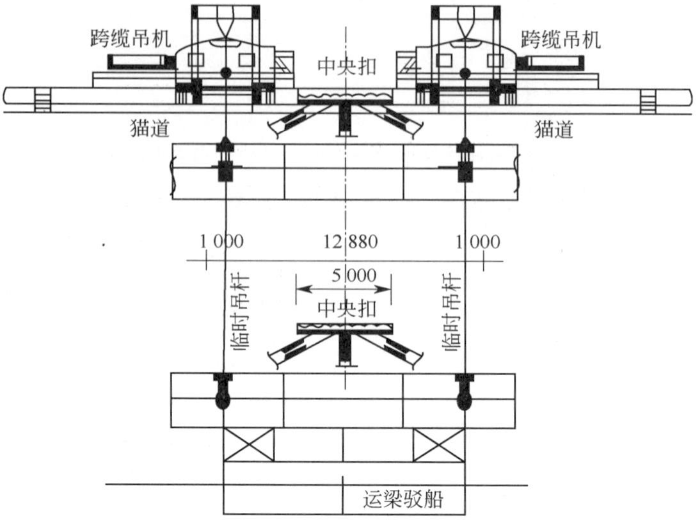

图 8　跨中梁段吊装图(单位：mm)

4)端部梁段及南岸陆上梁段吊装。

南塔处端部梁段 S_{23} 部分位于索塔横梁上，无法垂直起吊就位，其吊装采用空中荡移方法进行。吊装前先将钢箱梁竖向支座按照设计安装到下横梁支座垫石上。

① 梁段的纵移。

缆载吊机停放在 S_{19} 梁段的吊装位置，S_{23} 梁段运抵栈桥前端后抛锚定位，用缆载吊机将梁段从驳船上垂直起吊，使梁段底面略高于栈桥桥面，然后通过南索塔承台上布设的牵引装置水平牵拉梁段，同时缆载吊机配合慢慢放松吊索，把梁段荡移后放置在栈桥轨道上的移位器上，解除起吊系统与钢箱梁的连接，接着启动安装在南塔承台处的 2 台 10 t 牵拉卷扬机，将梁段牵拉至起吊位置。

牵拉过程中要有专人进行指挥，使卷扬机牵拉速度一致。另外，用测量仪器对梁段的纵桥向轴线位置进行跟踪观测，发现偏移，及时调整。应特别注意的是，移位器支承位置必须与钢箱梁横隔板位置对应，否则会引起梁段变形。

② 梁段垂直吊装。

S_{23} 梁段荡移上栈桥后，缆载吊机上行至 S_{23} 吊装位置，下放吊具与梁段挂接提升，当端梁段起吊高度超出设计高度 30 cm 时，将设置在南引桥上的辅助牵拉卷扬机钢丝绳栓挂在 S_{23} 梁段的吊点上，启动卷扬机收紧钢丝绳，将端梁向塔方向水平牵拉，同时操作缆载吊机，降低梁段高度，并维持梁段处于水平状态，然后下放梁段至竖向支座的设计位置，与竖向支座连接及挂接吊索。最后慢慢放松所有缆载吊机的吊索，使得端梁的全部重量分别由其永久吊点和竖向支座承担，再解除缆载吊机临时吊点，即完成塔根的端梁段吊装工作。

北岸 S_{23} 端梁段，运梁驳船抛锚定位在缆载吊机吊点正下方，吊装方法与 S_{23} 相同。

南岸标准吊装梁段中的 $S_{20} \sim S_{22}$ 需要在栈桥上进行吊装，荡移上栈桥方法与 S_{23} 相同，起吊过程中与水中梁段的吊装相同。

5)合龙段梁吊装。

其他梁段吊装完成后，对南北两侧的合龙段 S_{19}、N_{22} 进行垂直吊装。吊装步骤为：先利用布置在引桥上的辅助牵拉卷扬机，将靠近南塔处的梁段 $S_{23} \sim S_{20}$ 和靠近北塔处的 N_{22} 钢箱梁分别向边跨侧牵拉移动约 70 cm。此时，即可按标准梁段的吊装程序垂直起吊 S_{19}、N_{22} 合龙梁段，由于合龙梁段靠索塔侧的钢箱梁已经有预偏空间，合龙梁段很容易吊装就位。合龙梁段的永久吊点及跨中侧端面的临时连接件连接完成后，释放辅助牵拉卷扬机，将已经预偏的钢箱梁逐渐推拉回到原来的位置，再将合龙梁段向塔侧端面的临时连接件连接好，完成整个钢箱梁的吊装工作。

6)临时连接件连接。

钢箱梁吊装就位后，梁段和梁段间通过临时连接件相连接。用以承担在梁段架设过程中的轴力和剪力，并保护连接处箱梁顶板不受损害。临时连接件安装是由已吊装梁段上布置的牵引设备进行位置调整及由缆载吊机进行钢箱梁高度调整，在无负荷状态下进行螺栓的紧固。梁段上部拉杆式的临时连接件的安装在梁段吊装完成后，梁段上缘顶紧间隙闭合后，用手动扳手等进行紧固拉杆螺栓。梁段下缘的临时连接件，在钢箱梁吊装初期，梁段下部呈开放状态，在大约 2/3 梁段吊装完成后，跨中梁段间下部间隙开始闭合，止顶板顶紧，将临时连接件连接拉杆螺栓紧固。

7)主索鞍的顶推。

在钢箱梁吊装期间，根据对索塔允许偏位计算结果，以及对索塔偏位进行的定期监测，通过二索塔允许偏位比较，以索塔偏位为主控目标，经过 5 次顶推完成索鞍顶推施工，确保结构物施工期间的安全要求。

3.2.3 钢箱梁线性调整

当全桥钢箱梁全部架完全后，再进行桥面的测量，得出每段钢箱梁上下两端水平参考面的高程，依此绘出上下两端高程曲线图，以检查梁面上下游高差及线形流畅情况，并计算出各梁段吊索调整值进行桥梁线性调整。

4 机具设备配置

主要机具设备配置见表 1。

表 1 主要机械设备

序号	名称	型号	数量	使用部位
1	卷扬机	YJK18	8 台	钢箱梁起重卷扬机
2	卷扬机	JTK5	18 台	缆载吊机行走、钢箱梁移位
3	链葫芦	5 t	20 个	钢箱梁临时连接
4	链葫芦	10 t	20 个	钢箱梁移位
5	缆载吊机		4 台	钢箱梁吊装
6	移位器	60 t	32 个	钢箱梁移位
7	千斤顶	32 t	16 个	钢箱梁就位
8	千斤顶	300 t	8 个	索鞍顶推
9	千斤顶	100 t	60 个	紧固索夹螺栓
10	支架		800 t	支承钢箱梁
11	平车	80 t	8 台	活动支架移动
12	塔吊	150 t·m	1 台	

续上表

序　号	名　称	型　号	数　量	使用部位
13	塔吊	80 t · m	5 台	
14	电梯		2 台	
15	全站仪		4 台	
16	水准仪		2 台	
17	电脑		2 台	
18	交通船		2 台	

5　质量控制

质量控制见表 2。

表 2　梁段安装实测项目及允许偏差项目

序号	检查项目		规定值或允许值	检查方法和频率	规定分
1	钢箱梁顶板中心线偏位(mm)		10	全站仪	20
2	梁段架设时相邻接头匹配高差(mm)		2	钢板尺	25
3	相邻梁段吊点(纵向)中心线偏位(mm)		5	钢盘尺	15
4	同一梁段两侧对称吊点处桥面高差(mm)		≤20	水准仪	20
5	焊缝检验	超声波探伤一次合格率(%)	≥75	Ⅰ、Ⅱ类焊缝 100%	10
6		射线探伤一次合格率(%)	≥95	焊缝长度的 10%	10

6　安全注意事项

(1)缆载吊机在主缆上行走和钢箱梁起吊时,观察人员与主控制操作人员必须保护良好可靠的通信联系。

(2)液压提升的缆载吊机在吊装过程的始终,必须安排专人观察每台提升索股千斤顶,要特别注意钢绞线通过索股千斤顶时是否通畅,以便随时排除可能出现的意外。

(3)吊装每一段钢箱梁前,必须按保养规定对索股千斤顶错位夹片进行保养,避免因夹片润滑原因导致索股千斤顶回缩时锚夹片不能完全打开(发卡),造成索股损坏的严重事故。

(4)钢箱梁吊装加载应实际吊重逐渐分级加载。初载荷时必须调整 4 个主索股千斤顶的受力基本相等,当起吊荷载达到时,应调整油缸行程快速将钢箱梁提离驳船,以减少钢箱梁离船时因潮水水流水位的变化引起的整体晃动。

7　结 束 语

缆载吊机是悬索桥特定的架设钢箱梁(或加劲梁)的大型专用起重设备。起重机安装在悬索桥的两根主缆上,并且钢箱梁节段重量因桥而异,因此缆载吊机的设计必须根据所施工的悬索桥的参数进行。钢箱梁的吊装也必须根据悬索桥桥位的地形、节段结构、重量、起吊方式等因素来设计施工方案。我公司尚未进行悬索桥缆载吊机的设计及钢箱梁吊装,本文是收集、整理国内成功经验总结而成的,可供相关技术人员遇到类似问题做深入研究。

加劲梁安装工艺

1 前　　言

1.1 悬索桥加劲梁的主要形式

大跨度悬索桥加劲梁主要有桁架加劲梁和箱形加劲梁两种形式，箱形加劲梁按材料分为钢箱梁加劲梁(如图 1、图 3)和 PC 箱梁加劲梁(如图 2)两种形式。

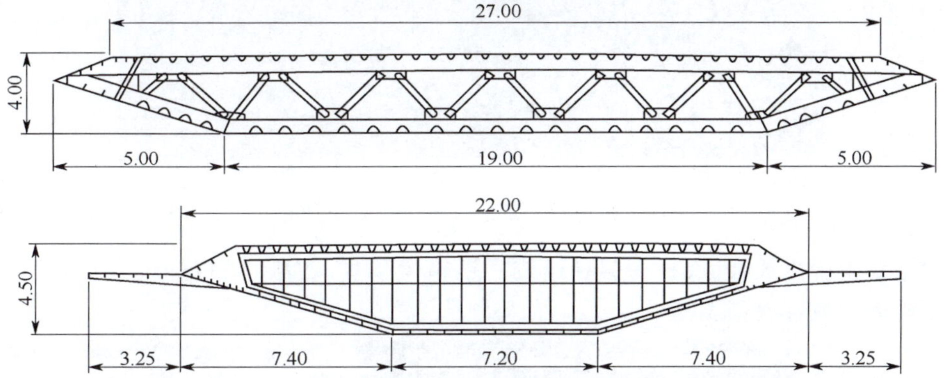

图 1　钢箱梁加劲梁(单位:m)

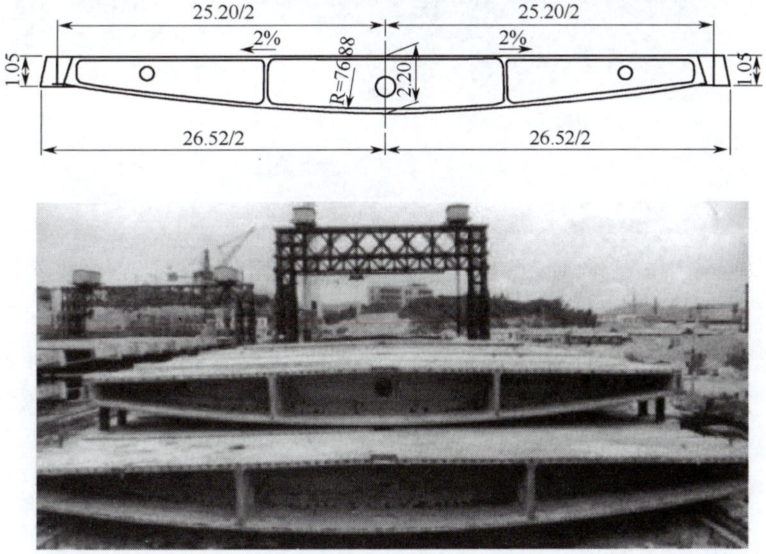

图 2　汕头大桥 PC 加劲梁(单位:m)

1.2 加劲梁的构造组成形式

(1)桁架式加劲梁。

桁架式加劲梁由主桁梁(纵梁)、横梁和风构组成。

(2)箱形式加劲梁。

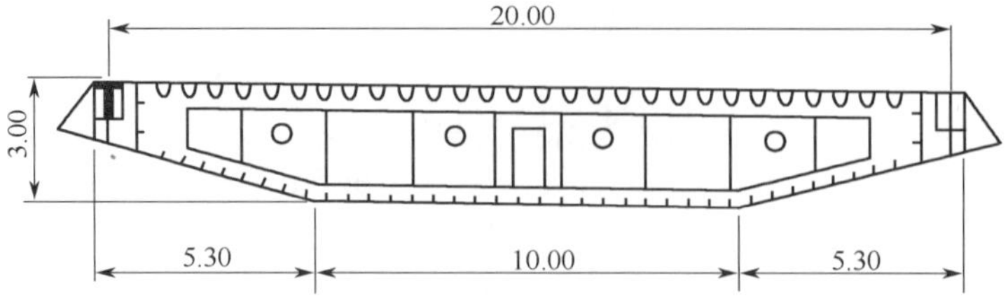

图 3　西陵桥大桥钢箱梁加劲梁(单位:m)

1)钢箱梁主要由顶板、底板和腹板组成。钢箱梁顶板、腹板、底板均设有加劲肋。节段之间采用先栓后焊或逐次固结法。

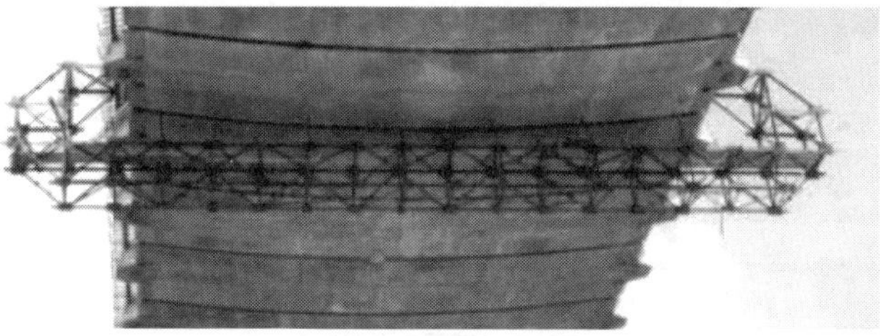

PC箱梁湿接缝挂篮施工

PC箱梁湿接缝连接

图 4　PC 箱梁湿接缝施工

2)PC 箱梁为预应力混凝土箱梁,两相邻段之间采用现浇湿接缝连接。

1.3　不同类型加劲梁的适用范围

大跨度悬索桥加劲梁主要有桁架加劲梁和箱形加劲梁两种形式,箱形加劲梁按材料分为钢箱梁加劲梁和 PC 箱梁加劲梁两种形式。箱形加劲梁较桁架加劲梁截面刚度大,自重和用钢量较大,但抗风性能好一些,故多用在对抗风要求较大的沿海地区或跨度大的设计中,钢桁式用钢量少,但截面刚度小,抗风能力较弱,适于跨度小或对抗风要求小的地区。

1.4　加劲梁安装方式

加劲梁安装方式分为缆载吊机安装和缆索吊机安装。

(1)缆载吊机吊装箱梁。

缆载吊机是永临接合典型的施工吊装方式,缆载吊机承重索是大桥主缆,起重能力强。但缆载吊机一般不易载重移动,只适合水上(满足船运)和陆地平坦地区(满足运梁车运输)吊装,如图 5(PC 箱梁缆载吊机安装)和如图 6(钢箱梁缆载吊机安装)所示。

PC箱梁运输

PC箱梁起吊

PC箱梁合龙段吊装

PC箱梁合龙段吊装

图 5　汕头海湾大桥 PC 加劲梁吊装

(2)缆索吊机安装加劲梁。

缆索吊机系统是临时架立钢丝绳作为起吊系统的主要承重结构。缆索吊机系统主要有索塔、承重索、牵引索、起重索、风缆、锚碇、吊机和提供动力的卷扬机组组成。它的优点是能够提起重物在牵引力的作用下沿承重索移动和在起重索的作用下上下移动,对地形无特殊要求。缺点是,在吊重量大,在同等的起吊能力下,相对缆载吊机系统来说,成本很高。但在车、船不能到达桥下的情况下,仍显示出不可替代的优点。如图 7 为角笼坝大桥钢桁加劲梁吊装施工图。

2　桁架式加劲梁预拼装

为减少高空调整,减少高空作业难度和加快吊装速度,确保钢桁梁的架设顺利。各吊装节段必须在预拼装场地进行套装预拼,当发现桁架节段尺寸有误或不符时,即可在预拼装场地进行尺寸修正或调整孔位。

2.1　预拼装前准备

2.1.1　拼装场地选择

(1)首先进行钢桁加劲梁预拼装的设计,钢桁加劲梁预拼装场地应有足够的面积,至少能够满足三个吊装节段钢桁加劲梁进行预拼装;预拼装场地应有足够的承载力,以保证在整个预拼过程中临时支墩不发生沉降。支墩高度的设置,应根据设计及螺栓连接变形影响而综合考虑。

(2)预拼装场地要进行平整、设置排水系统、工装底座龙门吊基础,铺设龙门吊轨道,满足龙门吊的安装和运行。

(3)如拼装场纵轴线与桥轴线水平投影重合,而且长度满足要求,可不设龙门吊,可直接采

钢箱加劲梁运输

钢箱梁览载吊机吊装

钢箱梁缝宽调节

钢箱梁缝高程调节

图 6　钢箱加劲梁的吊装

用缆吊系统进行吊运，杆件组拼采用吊车，以减少成本。西藏角笼坝大桥就是采用这种形式，角笼坝大桥设置了两个拼装场，分别布置在两岸塔的内侧，由于施工场地狭窄，两岸最大的场地只有 24 m，三个设计吊装节段至少要 36 m，为此把吊装节段改为 6 m。

2.1.2　*加劲梁桁片及节段工地存放*

(1)从工厂运到工地的成品钢桁梁片及经过预拼的钢桁梁节段存放场地应坚实、平整、有排水设施，支承处有足够的承载力，不允许钢桁梁片及节段在存放期间因场地不均匀沉降而产生变形，并将经过工地预拼和未经工地预拼的分开堆放。

(2)钢桁梁片及节段支垫应设在有竖向加劲杆或横向加劲杆的部位。

(3)存放钢桁梁片及节段应按工地拼装和架设顺序编号，并按吊运顺序安排存放位置。

西藏角笼坝大桥桁架式加劲梁安装完成

缆索吊机吊运安装加劲梁节段

就位节段安装吊杆和准备连接

图 7 西藏角笼坝大桥钢桁加劲梁吊装施工

2.1.3 拼装前单元件及螺栓质量检测

(1)钢桁加劲梁制造单元在工厂加工,须经过预拼装检测合格后,方能运往工地。在运输途中,因车船的颠簸、钢桁加劲梁拼装单元的相互挤压,可能产生变形或损伤,需按表 1 进行检测验收合格后,方能拼装。单元件检测验收项目见表 1。

表 1 单元件拼装前检测验收

项次	检查项目		规定值或允许偏差	检查方法和频率
1	节段上、下四角水平度偏差(mm)		±4	钢尺、水平仪
2	加劲梁平面度(mm)		$L/2\,000$ 且≤4	钢盘尺
3	横梁平面度(mm)		$L/2\,000$ 且≤6	直尺、钢板尺
4	端口尺寸	半宽偏差(mm)	±2	专用钢带,两端截面
		中高偏差(mm)	±2	专用钢带,两端截面
		边高偏差(mm)	±2	专用钢带,两端截面
		垂直度误差(mm)	±1	经纬仪,两端截面
		横断面对角线差(mm)	≤4	钢盘尺,接头处的横断面
5	螺孔	横向距离偏差(mm)	±1	钢盘尺
		相对高差(mm)	±1	钢盘尺、水平仪
		大小(mm)	±2	钢 尺
6	焊缝	超声波探伤一次合格率(%)	≥75	Ⅰ、Ⅱ类焊缝 100%
		射线探伤一次合格率(%)	≥95	焊缝长度的 10%

(2)高强度螺栓、螺母和垫板的尺寸大小应符合GB1228～1231的规定。其表面均宜进行磷化处理以防锈蚀。高强度螺栓的强度应抽样进行荷载拉力试验确定。其强度试验结果应符合表2的要求,断裂处应发生在螺纹部分,或螺纹与杆部交界处。

表2　高强度螺栓的拉力荷载

公称直径 d(mm)			12	16	20	(22)	24	(27)	30
公称应力截面积 A_s(mm^2)			84.3	157	246	303	353	459	561
性能等级	10.9S	拉力荷载(kN)	88.7～104.5	163～195	255～304	315～376	367～438	477～569	583～696
	8.8S		70～86.8	130～162	203～252	251～312	293～364	381～473	466～578

当螺纹 L/d 小于或等于3时,如不能做荷载拉力试验时,则应做芯部硬度试验。芯部硬度值,对10.9S级螺栓应为维氏硬度 HV_{30}312～367或洛氏HRC33～39;对8.8S级螺栓应分别为 HV_{30}249～296或HRC24～31。

2.2　单元件的拼装

2.2.1　拼装胎架模架设置

钢桁架的拼装胎架由底座和定位架两部分组成,底座采用预埋螺栓固定在底座基础上,角笼坝大桥底座基础为沿纵梁、横梁布置钢筋混凝土条形基础,宽60 cm,高30 cm。底座采用两根并排的工字钢,用上下两块厚 δ=10 mm的钢板焊接成一个高35 cm的钢凳。底座主要作用是调节拼装纵梁、横梁的拼装高度。定位架采用槽钢2[20焊接成三角架形的支架,高3 m。三角架一角固定在底座上,一角固定在底座条形基础的外缘。并采用10号槽钢焊为一体。定位架的主要作用是定位纵梁和横梁,并提供操作平台。

2.2.2　拼装顺序

(1)加劲梁的节段拼装顺序。

加劲梁的节段拼装顺序是与加劲梁节段的安装顺序一致的。加劲梁节段的安装顺序是根据架设桥塔和加劲梁的结构特性、人员、机械配备、工作面的开展、运输路线、气象、地形等条件进行综合考虑由设计部门确定的。安装顺序一般有两种情况:第一种情况是从主塔开始,分别向主跨中央和桥台方向推进,中央段和桥台段闭合。这种情况适合三跨悬索桥施工,要求节段的拼装顺序从主塔梁段向桥跨中央和桥台梁段进行组拼,最后拼合龙段。第二种安装情况是以主跨中央部位为起点,分别向两个主塔方向架设。这种情况适合于单跨悬索桥施工,要求从跨中梁段向塔根梁段进行组拼。

(2)节段半成品组拼顺序。

对于钢桁加劲梁来说,一般是在工厂加工成桁架片,并进行预拼装后,运输到工地,再组拼成吊装节段。对每一节吊装节段来说,组拼顺序为:两边纵梁桁架片吊放在工装底座上→调节纵梁桁架片标高→临时固定纵梁桁架片、防止偏倒→横梁桁架片吊放在工装底座上就位→临时固定→调整横梁桁架片标高→采用定位架对纵梁、横梁桁架片进行精确定位→钢桁加劲梁综合外观验收→验收合格后清除焊缝处杂物和铁锈→采用间段焊临时焊接桁片→检查拼装误差→微调加固→全面焊接→焊缝探伤检测及外观检测→对检测不合格者进行整改→整改合格后,吊放第二节吊装节段的纵梁桁片到工装底座上与已组拼的节段连接→调节纵梁标高→重复第一节段工序组拼第二节段→重复第二节段工序组拼第三节段→解体

第一节段、吊装第一节段→采用缆吊系统或龙门吊前移二、三节段→组拼第四段→重复以上工序完成组拼。

2.2.3 拼装工艺

(1)钢桁加劲梁的拼装分桁架片的组拼和节段空中对接组拼,因钢桁加劲梁桁片自重较小,可采用龙门吊或吊车进行组拼成吊装节段。钢桁加劲梁吊装节段一般采用缆索吊机进行吊装,人工采用链条葫芦和撬棍在空中进行对接。

(2)用砂轮或喷砂器等机具清除钢桁加劲梁杆件焊缝附近 50 mm 范围内的铁锈、氧化铁皮、油污、水分,污物、显露出钢材金属光泽。

(3)定位焊又称间段焊,需反复进行起弧、熄弧作业,容易引起裂纹、气孔、焊渣、焊瘤等缺陷,定位焊必须由熟练焊工来担任。

(4)定位焊要求有一定强度,要求定位长度及间段焊长度为 50～100 mm,间距为 400～600 mm。

(5)禁用锤打、扳扭等强制方法使节段内各组件接口、零部件、匹配件勉强就位。组拼好节段应打上节段编号钢印,填写检查记录。

2.3 钢桁加劲梁工地焊接

钢桁加劲梁施工现场焊接采用手工电弧焊接。

2.3.1 焊接材料

焊条由焊丝和外包药皮(又称为焊剂或熔剂)两部分组成。焊丝直径为 4～6 mm;主要化学成分除铁外,碳含量 0.1%～0.12%,锰 0.4%～1.6%,硅 0.03%～0.25%;桥梁钢材常用焊丝牌号为 H08A、H08E、H08Mn2,见表 3。

表 3 手工弧焊及定位焊、返修焊条选配

<table>
<tr><th colspan="3">手工弧焊</th><th colspan="4">定位焊及返修焊</th></tr>
<tr><th>母材</th><th>焊缝内别及接头</th><th>焊条</th><th>定位焊及返修焊方法</th><th colspan="2">原(设计)焊缝焊接方法</th><th>焊接材料</th></tr>
<tr><td rowspan="3">A3、A3q
16q
12Mnq</td><td></td><td>E4301～E4303</td><td rowspan="2">手工弧焊(定位焊或返修焊)</td><td colspan="2" rowspan="2">手工弧焊</td><td rowspan="2">与原焊缝相同</td></tr>
<tr><td>对接焊缝</td><td>E4315 E4316</td></tr>
<tr><td>其余焊缝</td><td>E4301、E4303
E4311、E4312</td><td rowspan="2">埋弧焊</td><td colspan="2" rowspan="2">埋弧焊</td><td rowspan="2">与原焊缝相同</td></tr>
<tr><td rowspan="2">16Mnq
15MnNbq</td><td>主要结构焊缝</td><td>E5015 E5016</td></tr>
<tr><td>次要焊缝</td><td>E5010 E5011
E5033</td><td rowspan="3">手工弧焊
(定位焊或返修焊)</td><td rowspan="3">埋弧焊</td><td>A3q 16q</td><td>E4315 E4316</td></tr>
<tr><td rowspan="2">15MnVq
15MnNbq
15MnVNbq</td><td>主要结构焊缝</td><td>E5515 E5516</td><td>16Mnq</td><td>E5015 E5016</td></tr>
<tr><td>次要焊缝</td><td>E5503 E5510
E5513</td><td>15MnVq</td><td>E5516 E5516</td></tr>
</table>

2.3.2 焊接设备

手工弧焊接设备有:焊机,电焊钳,连接电焊机和电焊钳的电缆,保护操作者的护目罩、围裙、袖套、手套、护腿、脚罩等劳动用品,此外还需要清扫焊接处的钢丝刷、錾平锤、钢凿等工具,以及测定坡口及其他尺寸用的量规和测定电流用的电流计。

手工弧焊机种类很多，可分交流电焊机和直流电焊机两大类。输入电源为 380 V，工作电压 12～40 V，电流 30～500 A。

2.3.3　焊接工艺要求

(1)应按照焊接前经试焊确定的焊接参数施焊，不得随意变更。

(2)焊接工作宜在室外进行，如在现场施焊须搭棚，湿度不宜高于 80%；焊接环境温度对 A3q 不得低于 0 ℃；对其他钢号不得低于 5 ℃。

(3)主要杆件应在组装后 24 h 内焊接。

(4)待焊的构件、杆件在焊前应预热，以减少或消除焊接收缩变形和焊接残余应力。厚度 25～32 mm 的钢板，预热温度为 80 ℃～120 ℃，预热范围为焊缝隙旁 50～80 mm。

(5)焊剂、焊条使用前必须按表 4 要求进行烘干、保存。

(6)焊剂中的脏物和焊丝上的油、锈等必须清除干净。

表 4　焊条、焊剂烘干、保存温度

<table>
<tr><th>焊接材料</th><th>烘干温度(℃)</th><th>保温时间(h)</th><th>保存温度(℃)</th><th>说　明</th></tr>
<tr><td>酸性焊条</td><td>100～150</td><td rowspan="4">2</td><td>80～100</td><td rowspan="4">从箱中取出 4 h，
应重新烘干</td></tr>
<tr><td>碱性焊条</td><td>300～350</td><td rowspan="3">100～150</td></tr>
<tr><td>HJ—431</td><td>250～350</td></tr>
<tr><td>HJ—350</td><td>300～400</td></tr>
</table>

2.3.4　焊缝磨修与返修焊

(1)焊接完毕后，垂直于杆件应力方向的对接焊缝的超高部分必须铲除，并顺应力方向磨平。

(2)焊缝尺寸超出规范允许的正偏差及小于 1 mm 且超差的咬边必须磨修匀顺。后者应用手弧焊进行返修。

(3)杆件焊接后两端的引弧板必须用气割切掉，并磨平切口，不得损伤杆件。

(4)钢板厚度超过 5 mm，进行返修时，也应进行预热，温度为 100 ℃～150 ℃。

(5)焊缝中的气孔、裂纹、溶渣、未熔透等缺陷，未超过规范允许值时，应查明原因，用碳弧气刨清除缺陷。

(6)返修后的焊缝应立即进行曲铲磨平顺，并按原质量要求进行复查。

(7)返焊次数不得超过 2 次。

2.3.5　焊缝检验

焊缝的缺陷可分为外缺陷和内缺陷。前者位于焊缝外表面，用肉眼或低位放大镜即可看到；后者位于焊缝内部，需依靠破坏性试验或各种探伤仪器以不损伤杆件的方法来检查。常见的外缺陷为焊缝尺寸不符合要求、咬边、弧坑、焊瘤、表面气孔、表面裂纹等；常见的内缺陷为气孔、夹渣、内部裂纹等。

(1)外观检查。

所有焊缝都要进行外观检查。检查前应将表面熔渣、泥污等清洗干净。一般以肉眼观察为主，必要时利用 5～20 倍的放大镜进行观察。外观不得有裂纹、未熔合、夹渣和未填满的弧坑等缺陷。其余缺陷程度也不得超过《公路桥涵施工技术规范》(JTJ041)的有关规定。

(2)内部缺陷检查(无损探伤)。

1)超声波探伤检验。

超声波探伤原理是采用定向超声波束穿透焊缝，在显示荧屏上显示出缺陷表面产生反射波而形成的反射脉冲波,以探测焊缝内在缺陷。由于焊缝表面高低不平,焊缝的超声波探伤的探头主要以斜角探伤法,在焊缝两侧移动检验。超声波检验一般用于厚板。它的优点是设备轻巧、操作方便、成本低、不需拍照片、检验速度快、灵敏度高、穿透力强、对人体无辐射性损害。目前超声波检验只能确定焊缝内缺陷位置,浓度、大小和分布情况,而不能直观地看出缺陷是何种性质(如夹渣、气孔、未焊透或裂纹)。因此、要求超声波与射线检验结合使用,互相补充,以获良好效果。

2)X 射线或 γ 射线检验。

X 射线与 γ 射线是将射线照射焊缝,有缺陷和无缺陷两部分对射线吸收程度不同,据此来检验缺陷。射线检验按射线吸收的反映方法可分为萤光法、照相法、电离法和工业电视法等。应用最多的是照相法。两种射线对人体均有害,使用时需以铅板隔离保护,以确保安全。射线的鉴别方法,可照《钢溶化焊对接接头射线照相和质量分级》(GH3323)的规定执行。

2.4 梁段预拼装的允许偏差

梁段预拼装偏差应符合表 5 要求。梁段验收条件见表 6。

表 5 梁段预拼装偏差要求

项次	检查项目		规定值或允许偏差	检查方法和频率
1	钢桁架梁段轴线偏位(mm)		10	全站仪
2	梁段架设时相邻接头匹配高差(mm)		2	钢板尺
3	同侧相邻杆件相对偏位(mm)		2	用全站仪测量
4	同一梁段二侧对称点处桥面标高件误差(mm)		≤10	水准仪
5	养护车轨道间距(mm)		符合设计要求	钢卷尺,抽查 10 处
6	工地焊接	超声波探伤一次合格率 75%	符合设计要求	

表 6 梁段验收条件

项目	允许偏差(mm)	条件	检测工具和方法
梁高(H)	±2	工地接头处	钢盘尺
跨度(L)	±2	节段两端中心距	钢盘尺
全长	±20	分节段累加总长	
	±2	节段长	钢盘尺、当匹配试装分节累计长超 过±20 时,要在下节试装时调整
风构中心距	±3	可量风构距离	钢盘尺
节段宽	±2	节段单元纵向有对接时	钢盘尺
横断面角线差	≤4	对接头处的横断面	钢盘尺
	3+0.1L 最大 12	桥面中心线在平面内的偏差 L(m):三节段试装长度	紧线器、钢丝线(经纬仪)、钢板尺
旁弯	≤5	单段桁梁	
拱度	超过的+{3+0.15L、最大 12} 不足的-{3+0.05L、最大 6}	L:跨度(m)或试装匹配时三节段的长度	(立着测量时应加上自重的下挠)水平仪,钢板尺
左右支点高度差	≤5	左右高低差	平台、水平仪钢板尺

续上表

项　　目	允许偏差(mm)	条　　件	检测工具和方法
杆件平面度	$H/250$、$2t/3$}取小值	H:加劲肋间距 t:板厚	平尺、钢板尺
扭曲	每 m 不超过 1,且每段≤10	每节段以两边垂杆处为准	垂球、钢板尺
工地对接杆面高低差	≤1	安装匹配件后杆面高差	钢板尺

3　缆索吊机架设

3.1　吊装前准备

加劲梁吊装前,对索道、卷扬机等全面进行检查,使其处于良好的工作状态,并需测定主缆跨中垂度,塔顶偏移量,主索鞍后移位置,两塔间跨度并在塔顶标定主索鞍的设计位置。加劲梁吊装前,设计并制作好专用吊具。

3.1.1　吊装设备

吊装由吊运设备和装配设备组成,吊运设备主要由缆索吊系统组成,缆吊系统由承重索、跑车、起重索、起重滑车组、牵引索、起重及牵引卷扬机、锚碇、塔架、风缆及地笼组成。适用于高差较大的垂直吊装和架空纵向运输,吊运量自几吨至几十吨范围内变化,纵向运距(即索跨)自几十米至几百米。装配设备由撬棍、扭矩扳手、操作吊篮、链条葫芦等组成。

3.1.2　猫道调整

加劲梁架设过程也是悬索桥主缆加载过程,在这个过程中,随着荷载的增加,主缆垂度也逐渐增大,而猫道的荷载是不会增加的,垂度不会变大,只有随着主缆垂度变化主动地对猫道垂度进度调整,使猫道与主缆保持一定间距,不使猫道破坏。可先解出锚道塔顶约束,将猫道转挂在主缆上,使猫道垂度随着大桥主缆的垂度变化而变化。

3.1.3　主索鞍调整装置

悬索桥主缆索鞍与鞍座底板之间虽经过打磨处理,涂润滑剂,摩擦系数较小,但由于主缆、加劲梁的自重、主缆的竖直分力等竖向荷载都是由主索鞍来承担的,索鞍对鞍座底板的压力非常大,主索鞍与鞍座底板静摩擦力很大,在没有外加推力的情况下,主缆在主索鞍两侧的水平分力大于主索鞍静摩擦力才能滑动。而随着加劲梁架设主缆荷载增加,主缆在主索鞍两侧水平分力相差也越来越大,则索塔弯矩也越来越大,索塔偏心受压情况也越来越严重,如不及时调整索鞍位置,索塔很容易偏心受压失稳破坏。

主索鞍调整一般根据控制索塔偏移量来进行调整的,索塔偏移量是根据索塔自身结构和承受荷载情况确定的。在加劲梁安装前,必须做好加载前初始状态索塔位置观测,并在索塔顶部作好索塔中线观测点,以便观测。

在索塔封顶前,要根据主索鞍最大静摩擦力的大小,作好顶推装置,并预埋好预埋件。主索鞍的顶推方向由岸侧向河侧。

因为塔顶预埋件很多,质量很难控制,索鞍顶推装置最好与索鞍座板装配在一起。

3.1.4　吊　　具

加劲梁的吊装工具一般有千斤绳、卡环、吊钩、吊环、夹钳和起重梁(扁担梁)。每种吊具要根据重物荷载进行检算,安全系数不得小于 2.5。

3.1.5　吊　　杆

吊杆是把钢桁加劲梁的荷载传于主缆的连接杆,上端通过索夹挂于主缆上,下端通过调节丝杆吊挂钢桁加劲梁。钢桁加劲梁在吊装过程中,主缆线形随加劲梁吊装节段的增加不断变化,所以悬索桥钢桁加劲梁的安装标高是通过主缆成桥标高、钢桁加劲梁的成桥标高、吊杆成桥索力来计算吊杆的无应力长度,在吊杆安装前根据无应力长度在吊杆下的调节丝杆上作好加劲梁安装高度标志,以确定钢桁加劲梁的安装标高。

3.2 吊装工艺

(1)吊点设置。

钢桁加劲梁吊装是按一个吊装节段作为一个吊装单元进行吊装的,吊装前,要根据吊装节段的重心设计好吊点。吊装过程中,为防止钢桁加劲梁变形,采用加扁担梁改善吊点受力。

(2)钢桁加劲梁空中对接。

钢桁加劲梁两相邻吊装节段由节点处两块节点板和高强螺栓来实现连接。为便于两节段对孔,在待安装节段的前端的每个节点一侧先安装一块节点板,用普通螺栓固定,当待安装节段的栓孔与已安装节段节点板栓孔基本重合的瞬间,将小撬棍插入栓孔拨正。

先临时连接上弦两个节点,用小撬棍插入栓孔临时连接后,徐徐下落吊钩,使下弦杆两个节点栓孔基本重合,采用撬棍插入拨正法进行临时连接。当四个节点一侧基本对位连接后,再安装另一侧节点板,采用普通螺栓临时栓接。在普通螺栓扭紧过程中,将下吊杆与吊索相连并调节吊杆螺母拧到标记位置而后徐徐下降、拆去吊钩,完成一个节段的吊装。

在桁梁节段运输就位和靠拢过程中要对桁梁节段进行保护,防止碰撞和损坏涂装。

3.3 吊装程序

桁梁架设先后顺序为:吊装跨中梁段→吊装标准梁段→吊装塔根梁段→吊装合龙梁段。两端交叉对称吊装。

3.4 吊装合龙段

(1)跨中合龙段施工。

对于三跨悬索桥来说,钢桁加劲梁一般是从两主塔开始,分别向主跨跨中和边跨的桥台方向架设,合龙段设在主跨跨中。合龙段吊装前后,主缆和加劲梁线形变化会很大,在吊装前,合龙段两端的钢桁加劲梁标高都大于合龙后的标高,净距也大于合龙段长度,吊装时,合龙段应首先锁定在吊杆上,调节吊杆螺母锁在标记位置,而后吊机徐徐下放,合龙段自重逐渐由大桥主缆承担,主缆和钢桁加劲梁线形逐渐接近合龙线形,合龙段两端节点栓孔也逐渐接近,在栓孔基本接近时,在栓孔中插入撬棍,拨正插入螺栓,当临时连接螺栓全部栓上后,拆除吊钩,完成合龙段施工。

(2)主塔两侧合龙段施工。

对单跨悬索桥来说,钢桁加劲梁是从主跨跨中分别向两个主塔方向进行。合龙段设在两端头的第二段(或其余段上),先吊装端段,一端放置在其支座上,另一端与吊索相连,而后再吊装合龙段,合龙方法与三跨合龙一致。

3.5 高强螺栓施拧

3.5.1 施拧工具

高强度螺栓需要的工具主要是扳手,扳手分人工扳手和机动扳手两大类;机动扳手又分为风动扳手和电动扳手。因电动扳手能够自动控制转角和扭矩,适用于初拧和终拧,钢桁加劲梁高强螺栓施拧，一般采用电动扳手。

高强螺栓初拧时，要严格控制扭矩，因各种原因，扳手显示数值与实际扭矩常有出入，每天作业前，须采用直接挂重法或测扭矩轴标定法进行标定。

3.5.2　高强螺栓施拧工艺要求

(1)高强螺栓长度必须符合设计拼装图要求，一般规定长度小于 100 mm 的螺栓，螺纹外露长度为 5～8 mm；长度大于 100 mm 时，螺纹外露长度为 5～14 mm。

(2)组装螺栓时，必须注意将垫圈孔内倒角外与螺栓杆及螺栓头颈过渡圆弧处相配合，不得装反。

(3)螺栓穿装方向要正确，主桁节点螺栓向外穿，纵梁上翼缘和上下平联向下穿。

(4)穿螺栓时，除个别死角处及纵梁上翼缘连接螺栓可旋拧六角头外，其余必须施拧螺母。

(5)雨天不得进行施拧螺栓作业，雨后拼装作业时，如节点板、螺栓尚未干燥，应用高压风吹干再进行。

(6)拧螺栓的顺序为由节点中央开始逐渐向四周边缘进行；大节点板应从板的中央向外进行。

(7)初拧可用人工扭矩扳手、风动扭矩板手或电动扭矩扳手；须保证板层密贴并使螺栓受到不小于设计轴力 20%的预拉力。施拧要按规定的扭矩施拧。

(8)对于扭矩高强螺栓终拧采用示功扳手按规定扭矩施拧，拧完后必须普遍再拧一遍，以防先拧的螺栓轴力降低，并应增加 8%的应力松弛损失量。对于扭剪高强螺栓终拧采用电动扭剪扳手，直到螺栓剪断为止。

(9)终拧后的螺栓须用有色油漆在螺母上做标记，经验收合格的螺栓，凡外露部分(包括垫圈)应立即涂上油漆。板层间用腻子腻成流水坡，防止雨水浸入。

(10)应对拧螺栓工人进行岗前培训，防止漏拧、欠拧和超拧，以免造成隐患。

4　安装质量控制要素

4.1　线形控制要素

悬索桥加劲梁线形控制与其他梁桥线形控制差异很大，悬索桥加劲梁线形控制是通过主缆线形控制和吊杆长度控制来实现的。过程中的钢桁加劲梁线形观测主要用来验证线形计算结果，用于计算参数的修正，一般钢桁加劲梁吊装到 1/4 跨，就能完成参数的修正。

(1)主缆线形控制。

主缆线形控制见《缆索索力测试及控制技术》本章不再赘述。

(2)吊杆长度控制。

悬索桥吊杆是由厂家定制的，制作长度控制本章不作表述。本章只述工地上对吊杆长度的控制。

工地上吊杆长度控制是通过吊杆在零应力状态下，在吊杆的调节拉杆上正确标记钢桁加劲梁锁定螺母的锁定位置或螺杆锁定后的外露长度来进行的，如图 8。

4.2　连接质量控制要素

钢桁加劲梁连接分为两个阶段，第一阶段是桥梁在加载过程中即钢桁加劲梁空中吊拼，桥面板吊装完之前，钢桁加劲梁之间采用普通螺栓进行连接，属于临时连接，而且螺栓数量较少，吊装节段之间连接可以当成铰接。第二阶段，是二期恒载(桥面板安装完毕)加载完毕后，钢桁

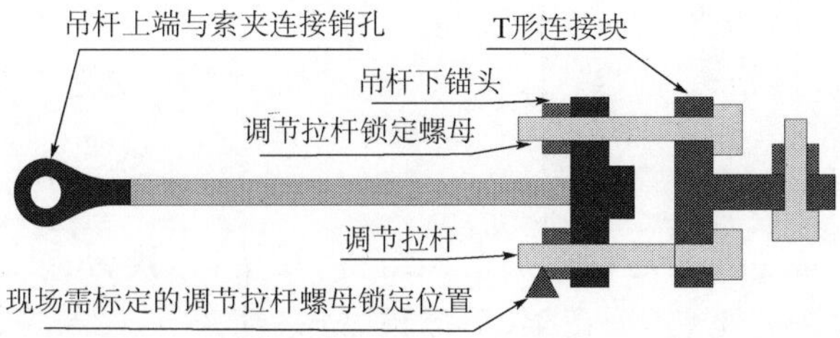

图 8 吊杆长度控制调节拉杆应标记的位置

加劲梁的线形比较接近成桥线形，钢桁加劲梁采用高强螺栓连接，属于刚接。第一阶段连接，一般没有特殊要求，第二阶段质量要求很严格。主要控制要素如下：

(1)高强螺栓的验收。

高强螺栓验收见 2.1.3 节。

(2)高强螺栓的储存、搬运。

高强螺栓强度高，含碳量高，虽表面经过磷化处理，但经过碰撞雨淋，也容易锈蚀。高强螺栓经验收合格后，要及时入库，恢复运输过程中的箱装。库房要干燥，堆码不超过两层，防止货箱压破，破坏螺栓丝芽。搬运时要防止螺栓之间的碰撞，在安装过程中，要轻拿轻放，避免破坏螺栓丝芽。

(3)节点板的处理。

钢桁加劲梁在出厂时，接头、节点板是包了一层保护膜的，在钢桁加劲梁第二阶段栓接之前，保护膜不能撕掉。在栓接高强螺栓时，才能撕掉保护膜；撕掉保护膜后，要及时栓接。

(4)高强螺栓替换普通螺栓。

在桥面板安装完毕后，开始第二阶段钢桁加劲梁的栓接工序，首先用高强螺栓替换普通临时连接螺栓，按先节点中间向外逐一替换顺序进行。

(5)高强螺栓初拧。

高强螺栓终拧施拧工艺按 3.5.2 节进行，初拧扭矩一般是终拧扭矩的 30%。

(6)高强螺栓终拧。

高强螺栓初拧施拧工艺按 3.5.2 节进行。

5 钢桁加劲梁工地防护

涂装材料应兼有耐候、防腐蚀、美化结构等多种功能，并符合设计图纸要求。钢材表面预处理、金属防护层、封闭层、底漆和第一层面漆喷涂由制造厂商完成。桁梁节段吊装之前的最后一道聚氨脂面漆的喷涂由承包人在工地完成。按图纸要求并按出厂的材料质量保证书对制造厂商生产的钢桁涂装层数、厚度进行验收，并做好复验检查记录，备查。

(1)钢桁梁杆件外表的涂料应符合设计图纸要求。

(2)结合环境条件完成涂装工艺设计。

(3)按涂装设计规定进行喷涂。喷涂间隔时，必须在间隔处重叠喷涂 20 cm 以上，涂装后 4 h 内不得淋雨。

(4)喷涂作业时环境温度应大于 5 ℃，相对湿度不宜大于 80%，不允许大于 85%。

(5)喷涂工序完成后，应作厚度测试。如果厚度不够，则应全面检查和重新喷涂。

(6)工地喷涂作业时应严格按照有关条例，作好安全、卫生工作，防止燃烧、爆炸及有毒物质侵害人体等事件发生。

6　设备及人员安排

6.1　施工设备

钢桁加劲梁施工设备主要满足钢桁加劲梁组拼、焊接、栓接、吊装及防护喷涂等作业。钢桁加劲梁组拼的主要设备有工装、校正架、千斤顶、链条葫芦。工装在组拼钢桁加劲梁的作用是临时固定桁架片，为钢桁加劲梁的焊接、栓接提供平台；校正架主要是针对个别钢桁加劲梁在运输、装卸过程中变形的桁架片或杆件进行校正而设计制作的，千斤顶对钢桁加劲梁调节标高用，链条葫芦主要用于辅助杆件就位。焊接设备主要有焊机、焊钳、电缆。栓接有手动扭矩扳手，电动扭剪扳手，和空中栓接的挂篮。吊装的主要设备有缆吊系统(本章不作介绍)。角笼坝大桥钢桁加劲梁施工的主要设备见表 7。

表 7　角笼坝大桥钢桁加劲梁施工机械

序号	机械名称	规格及型号	数量	备　注
1	缆索吊机	15 t	2	吊运
2	缆索吊机	5 t	1	
3	汽车吊机	25 t	2	
4	龙门吊	15 t	2	
5	工装		2	组拼
6	千斤顶	20 t	4	
7	千斤顶	32 t	4	
8	直流电焊机	A×7—500—1	16	焊接设备
9	交流电焊机	X1—500	8	
10	烘烤箱	CS—101—3	1	
11	保温箱		4	
12	超声波探伤仪	CtS—23A	1	焊缝探伤检查
13	半自动火焰切割机	CG—30	1	下料
14	喷砂机	ACK—3JP	2	除锈
15	打气泵	0.6 m^3	2	
16	电动扭矩板手	YJ-A22	4	栓接设备
17	电动扭剪板手	YJ-A24	4	
18	碳弧气刨		1	焊缝清稀底
19	发电机	120 kW	1	电源
20	手动葫芦	1～20 t	20	组拼

6.2　施工劳动力安排

钢桁加劲梁施工劳动力要根据钢桁加劲梁各施工工序的工作量和工期进行安排，首先要确定工序、各工序的总工作量，根据总工期确定各工序的合理时间，进而确定每天需要的工种和人数。表 8 为角笼坝大桥钢桁加劲梁施工劳动安排情况。

表 8 角笼坝大桥钢桁加劲梁劳动力安排及费用

序号	工作名称	工作量	资源名称	取费标准(元/h)	持续时间(天)	资源数量(人/d)	工作量(工时)	工种费用(元)
1	加劲梁组拼场施工	平整、硬化 2 000 m^2	普工	8	20	40	800	6 400
2	工装施工	型钢下料、焊接和现场组拼 100 t	焊工	15	30	40	1 200	18 000
			铆工	20		20	600	12 000
			普工	8		50	1 500	12 000
3	加劲梁吊装节段现场组拼	450 t	铆工	15	90	40	3 600	54 000
			焊工	20		60	5 400	108 000
			普工	8		60	5 400	43 200
4	加劲梁空中组拼	450 t	起重工	25	60	60	3 600	90 000
			铆工	20		30	1 800	36 000
			焊工	15		30	1 800	27 000
5	加劲梁栓接	450 t	柳工	15	60	16	960	14 400
6	加劲梁最后涂装	450 t	精洁除锈工	10	60	16	960	9 600
			油添工	20		32	1 920	38 400
			普工	8		10	600	4 800
合计(元)			473 800					

7 施工安全措施

(1)广泛地与有关部门进行协商,取得各界人士对安全工作的重视和支持。

(2)及时将工程情报,包括海上、江上、河道、公路及道路施工内容、过程及起吊提升作业日期向社会广为通告。

(3)制定警戒方案,认真组织实施。

(4)每天要检查一次吊装系统的起重绳、牵引绳,看是否有毛刺产生,检查动力卷扬机机械性能是否处于良好状态。

(5)吊装系统所有的电力设备要做一机、一箱、一闸、一漏电。每天检查线路,发现线路破损,要及时更换。

(6)每天要对吊钩、千斤头、扁担梁等吊装设备和工具进行检查,发现破损及时更换。

(7)每天要检查空中猫道、吊篮等空中操作平台的护网、踏板、丝网的破损情况,不符合要求要及时更换。

(8)拼装场的吊车组拼、焊接要符合相应的安全规定。

(9)钢桁加劲梁施工作业面多,危险源多,安全隐患大,安全工作要进行分解,落实到人,责任明确。

8 结束语

悬索桥加劲梁安装工艺是悬索桥施工工艺的重要组成部分,工艺的选择非常重要,要根据地形、水文、气象、经济比较及施工单位技术专长等情况具体确定,不能一概而论。

桥面板吊装工艺

1　前　　言

桥面板分为钢筋混凝土和预应力钢筋混凝土两种。混凝土桥面板可在预制场同步预制，待加劲梁安装就绪后，按事前编制的吊装次序两端对称，左、右对称，逐列吊装。

2　工艺特点及适用范围

(1)混凝土桥面板单块较重，纵向按列，纵、横向对称吊装。

(2)适用范围：混凝土桥面板适用于悬索桥桁架式加劲梁，也适用于部分拱桥小型桥面板预制吊装。

3　桥面板的预制工艺

3.1　预制场地

根据桥面板预制块数和现场的实际情况，规划预制场地，原则上靠近桥位选择，减少运距。距离较远时，采用胶轮平板车运输到桥头。

3.2　预制及养护

预制场内布置混凝土生产设备(也可采用商品混凝土)，预制台座，钢筋、模型加工存放区，吊运设备等。预制台座数量根据预制工程量及进度计划要求进行安排。混凝土重点控制好水泥品种、标号、骨料粒径、水灰比、外加剂、外掺料，优选混凝土配合比。重点检查模型几何尺寸，检查钢筋的绑扎、焊接质量，控制好混凝土各种材料用量和坍落度。浇注从模型的一端向另一端进行，一次可浇注若干块。采用机械振捣方式，做好全面捣固，不漏振、不过振，振捣时间应根据机械性能决定，一般以 5～15 s/次为宜。

养护：良好的养护可加速混凝土的水化反应，获得较高的混凝土强度。养护时保持湿度越高、气温越低、养护时间越长，则混凝土收缩越小。采用自然养护，混凝土灌注后 10～12 h，气温高于＋5 ℃时，用湿草帘和湿麻袋覆盖并浇水，以保持其经常潮湿，直至规定养护时间。

预制过程中，注意预埋用于起吊的预埋环，预埋环采用 A3 光面钢筋制作，并与桥面板内结构钢筋相连接。

3.3　存　　放

为减少占地采用重叠存放，将混凝土强度达到要求的车道板及人行道板，首先从注模上顶松再进行起吊，堆码要用硬柞木垫于两端支点(安装)位置，防止反弯板面开裂，存放场地基础一定要牢固，能承受重叠的重量，而不出现不均匀沉降，一般重叠堆放不超过 4 层。

4　桥面板的吊装工艺

4.1　起吊设备

缆索吊机与汽车吊联合作业，桥位用缆索吊机，预制场用汽车吊、平板车转运。

4.2 吊　　具

千斤索、卸扣。千斤索四根一组，索力安全系数为车（人行）道板自重的 6 倍，卸扣按吊重进行选择性配备，保证吊装安全系数。

4.3 吊　　装

吊装顺序为先吊车道板，后吊人行道板。

用千斤索、卸扣穿挂车道板四角预埋环上，由汽车吊将其吊放于平板货车上，转运至索道吊点下，由索道吊至桥面逐块安装。

5 桥面板安装工艺

5.1 桥面板吊装工艺

严格控制纵向两端对称，左、右对称，逐列吊装，以达到全跨对称、均匀加载，防止纵梁间临时栓接，螺杆剪断，发生危险。

5.2 车道板的安装顺序

从桥两端向跨中，先中列后外列对称安装（车道板每跨为双数时，中间两列左、右间隔安装）。中列安装贯通后，车道板运输可上桥，缩短吊运距离（两端第一孔可并排吊装两块，以便运输车道板车辆直接上桥，缆索吊机方便吊挂）。

5.3 人行道板的安装顺序

车道板吊装完毕后，吊装人行道板，按加载工况，人行道板吊装完毕，才能焊接桁梁风构。因此将有风构焊接处人行道板放在车道板上，焊好风构，铺设 1 cm 厚氯丁橡胶块支座，然后再将人行道板吊运就位。

5.4 安装工艺

安装前，检查复核桥面板尺寸、超过限差应进行修凿，检查混凝土有无裂纹。先在桁梁的横梁节点处安装 1 cm 厚氯丁橡胶块支座，然后将桥面板徐徐吊放在氯丁橡胶块上，并严格控制板间现浇缝宽度，以便后续工序施工。

5.5 保护措施

装车平稳，支垫正确。吊装钩挂牢固，徐徐下放，安装位置正确，不得用硬物撬打。

6 施工机具

按车道板（人行道板）的自重和数量，配备相应数量的汽车吊、平板车及缆索吊机，用于预制板的装车、转运、吊装等工序。

7 施工质量控制要点

（1）预制吊环要热弯，预埋牢固，防止冷脆断裂；

（2）严格控制预制台座，防止预制过程、养护、存放阶段台座下沉引起桥面板开裂；

(3)严格按照配合比拌制混凝土,做好振捣、养护、场地排水工作;

(4)因场地狭窄,采用重叠预制时,注意支顶位置,防止反弯引起混凝土开裂;

(5)严格控制氯丁橡胶块安装质量,严格控制桥面板安装位置,氯丁橡胶块不得损伤和移位。

8　施工安全措施

(1)汽车吊、缆索吊司机及信号指挥人员必须持证上岗;

(2)桥面板存放时垫实垫平,防止反弯造成道板断裂;

(3)转运时,垫木要垫在长度 $0.2L$ 的位置,防止产生负弯矩将道板担断;

(4)安装时,要徐徐对位,不得冲击碰撞;

(5)安装就位要垫平楔紧,不得纵横串动。

9　结 束 语

钢筋混凝土桥面板,适用于轻型桁架式加劲梁的悬索桥,其抗风性能好,由于钢筋混凝土桥面板制造经济,安装方便,在悬索桥上被广泛采用。

主缆索力测试及线形控制技术

1 前 言

主缆是悬索桥的主要承重构件，主缆成桥线形正确与否是悬索桥建设成败的关键之一，同时主缆线形也对主缆索力起着决定作用。因此主缆线形控制在悬索桥施工中尤其重要。悬索桥缆索系统的设计，一般根据确定的跨径和矢跨比，计算出主缆无应力长度、主缆架设时控制其跨中标高、吊索长度、安装索鞍的预偏量、索夹的安装位置。

2 主缆线形计算

主缆线形计算有近似计算和精确计算两种方法。近似计算方法有抛物线法、抛物线与悬链线组合曲线两种方法。近似计算方法的优点是既能写出解析表达式，结果又比较准确，计算效率高，适合施工计算以校核设计提供的参数。

2.1 近似计算方法

(1)抛物线法。

若将主缆自重和吊点集中力等外荷载简化为沿跨径的均布荷载，则可根据弯矩平衡理论，求出主缆线形方程为抛物线方程：

$$y = Qx(1-x)/2H + cx/l \tag{1}$$

式中 Q——沿跨径方向的均布荷载；

H——主缆恒载水平分力；

c——主缆两端高差(若为中跨，则 c 值为 0)；

l——主缆水平跨径。

由弹性理论分析主缆索，可求得 $H = pl^2/8f$，代入上述方程，结果如下：

中跨： $$y = (4f/L)x - (4f/L_2)x^2 \tag{2}$$

边跨： $$y = [(4f_1 + c)/L_1] - (4f_{1/}L_1^2)x^2 \tag{3}$$

式中 f——中跨跨中矢高；

f_1——边跨跨中矢高；

L——中跨主缆跨径；

L_1——边跨主缆跨径；

c——散索鞍处主缆理论交点与主索鞍处理论交点之间的高差。

(2)抛物线与悬链线组合曲线法。

当主缆沿弧长自重集度为 q_2，并将吊点集中力等外荷载简化为沿跨径方向均布的荷载 q_1 时，则其曲线方程为：

$$y = q_1x(L-x)/2H + H[\text{ch}\alpha - \text{ch}(2\beta x/L - \alpha)]/q_2 \tag{4}$$

式中 L——主缆跨径；

H——主缆恒载水平分力；

α，β——计算参数。

上述曲线方程由两部分组成，前部分为抛物线方程，后部分为悬链线方程。若后部分悬链线方程按幂级数展开后取第一项，则结果与抛物线方程一样，因此组合曲线法比抛物线法多保留了主缆自重影响的高阶项，其精度高于抛物线。

(3)索鞍预偏量及索夹安装位置。

为不让悬索桥索塔发生偏移，主缆架设达到设计线形，必须在上部构造架设过程中使中跨与边跨主缆索水平分力相等、散索鞍转索前后索力相等，而要达到上述条件就得使主索鞍预偏。索鞍预偏量计算的边界条件和力平衡条件有：

1)两锚碇前锚面主缆锚固点相对座标不变；

2)上部构造架设过程中中跨与边跨主缆索水平分力相等、散索鞍转索前后索力相等；

3)锚碇前锚面主缆锚固点与散索鞍、散索鞍与主索鞍、主索鞍与主索鞍之间的主缆无应力长度应等于成桥状态的无应力长度。

为保证成桥时吊索的正确位置，需要准确计算空缆状态下索夹安装位置。主缆线形计算分段点设在索夹中心(吊点)，各段索的无应力长度即为主缆索夹间的无应力长度，索夹安装位置计算的原则是空缆状态下索夹之间的无应力长度应等于成桥状态索夹之间的无应力长度。

3 索股线形控制

3.1 线形控制概述

为了使架设后的主缆线形与设计一致，必须在施工中对索股的线形进行控制。主缆由基准索股和非基准索股组成，索股线形控制关键有两条：第一，基准丝股线形必须准确，这是确定主缆线形的基础。第二，在牵引非基准股时，非基准股一方面以基准股线形为准，以基准股为参照物，来调节非基准股线形，另一方面，不能给基准股增加荷载，而改变基准股的线形。

3.2 基准股的确定

基准股的多少按主缆丝股的多少确定，一般每条主缆基准股只设一根，以主缆丝股排列最低的那一根丝股作为基准股。

基准索股选择的原则是：

(1)索股处于相对自由状态，周围索股对其干扰性最小。

(2)便于测量其他索股。

(3)每根基准索股管理一定数量的非基准索股，对索股进行分组以减少误差积累。

一般悬索桥主缆 1# 索股必定是基准索股。

3.3 基准股线形监控条件

架设完一根基准股，其垂度调整到设计垂度后，须连续观测监控 3 d，观测监控时间应定在晚上，具体时间应根据施工季节确定，一般在太阳下山后 3 h 开始，太阳升起前的 1 h 结束，这段时间，索股温度较为稳定，索股线形稳定，监控观测值才可靠。同时，要在风力不大的时段进行，以便于测量。索股温度的测定用接触温度计，沿长度方向布置为：侧跨 1/2 处，两岸塔顶处及中跨 1/4、1/2、3/4 处；沿断面方向布置为索股上缘、下缘处。每隔 5～10 min 同时读数一次。判定索股温度稳定的条件：长度方向索股的温差：$\Delta t \leqslant 2$ ℃；断面方向索股的温差：$\Delta t \leqslant 1$ ℃。

不符合温度稳定的条件，或者当风力超过 12 m/s(索股摆动太大)以及雾太浓(测量目标不清楚)时都不能进行索股监控测量。

3.4 索股绝对标高的调整

架设基准索股,测定索股下缘的标高后进行调整,调整量是对支承索股的构件点位进行形状计测和基准索股的温度计测后修正决定。

3.4.1 测定项目

形状测定:包括跨径,塔顶标高及变位,索股垂度标高。调整前按设计要求使主索鞍有个预偏量,并加以固定直到主缆架设完成。在两岸适宜位置各设一个测站和一个固定后视点,并安置全站仪。通过测站,测出塔顶标高及变位、基准索股的跨中点位和标高;在塔顶,用钢尺量出主索鞍预偏量,用全站仪测出跨径;并对所测数据相互校核。

温度测定:包括外界温度、基准索股温度。

3.4.2 基准索股温度修正

温度的改变,会引发悬索桥结构几何形状的较大改变。在主缆架设过程中,温度效应将会导致主缆坐标与设计基准温度时的坐标产生较大偏差,从而影响到整个主缆的垂度和线形偏离设计值。经计算表明,主缆 1 000 m,主索鞍固定的情况下,$f/l=1/10$ 的悬索桥中跨主缆平均温度变化 1 ℃,对垂度的影响可达 30 mm。所以,在主缆架设过程中,应对索股实际温度进行现场测试,准确分析温度效应,实时调整主缆索股,确保实际的主缆垂度和线形满足设计要求。

(1)索股温度分布。

1)主缆纵断面的温度模型。

主缆沿其纵向的温度分布,一般采用线性阶段函数来近似计算。设 s 为无应力长度,温度沿索长方向的变化函数为 $T(s)$,则温度沿索股长度方向分布可表示为

$$T_i(s_i)=k_is_i+b_i \tag{5}$$

式中 s_i ——为 i 基准股无应力长度;

k_i ——为折射斜率;

b_i ——为折射截距。

2)主缆横断面的温度模型。

索股横断面的温度求解,可采用索股该断面中各温度的加权平均值来近似计算,先选取具有代表性的索股温度测试结果,将其做成温度分布图,然后计算其加权平均值作为截面温度,截面温度($T_{内}$)与外圈温度($T_{外}$)的关系式为:

$$T_{内}=T_{外}+A \tag{6}$$

式中 A ——沿主缆长度的常数。

那么主缆温度(T)可根据任意点的外圈温度($T_{外}$)测定值和算出的 A 值求出:

$$T=\sum_{i=1}^{n}\frac{T_{外i}+A}{n} \tag{7}$$

式中 n ——为主缆外圈温度测点数。

如主缆索股钢丝数量较小,索股直径较小,截面索股内外温差可忽略。

(2)温度引起索股长度改变的计算

由上述建立的主缆温度模型可知,温度沿索长方向的变化函数为 $T_i(s_i)=k_is_i+b_i$,由此可以计算出温度变化引起的缆索伸长量 ΔS_t 为

$$\Delta S_t = \sum \int a(T_i(s_i) - t_i)\mathrm{d}s \tag{8}$$

式中　a ——线膨胀系数；

t_i ——参数温度。

以上变化过程表明，温度变化与垂度变化之间的关系是非线性的，计算需根据无应力索长恒定不变的原理求解。

(3)温度作用下垂度计算。

在悬索桥的架设中，主缆架设完毕，其长度是无法进行调整的，基准股是非基准股的参照物，它的线形决定非基准股的线形，亦即成桥线形。因此，在主缆的架设过程中，就要对基准股的垂度进行严格控制，及时修正，以满足设计要求。

1)中跨基准股垂度计算。

以中跨曲线最低点为坐标原点，水平方向为 x 轴，竖直方向为 y 轴，如图 1 所示，建立坐标系。

此时缆索的线形可用对称悬链线进行计算，其表达式为：

$$y = -\frac{1}{k}(\cosh(kx) - 1) \tag{9}$$

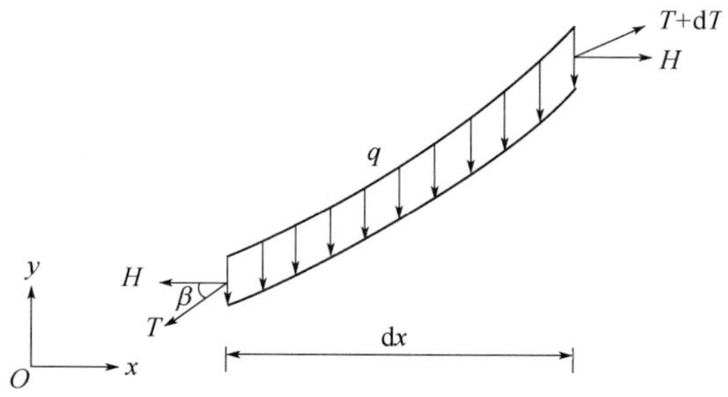

图 1　中跨主缆微段受力

其中

$$k = -\frac{q}{H} \tag{10}$$

式中　H ——为缆索索力的水平投影；

q ——为缆索每延米质量。

将(10)对 x 求导，可得

$$y' = \sinh(kx) \tag{11}$$

又

$$\cosh^2(kx) - \sinh^2(kx) = 1 \tag{12}$$

由式(10)、式(11)、式(12)可求得有应力索长 S 为

$$S = 2\int_0^{l/2} \mathrm{d}s = 2\int_0^{l/2} \sqrt{1 + y^2}\,\mathrm{d}x = \frac{2}{k}\sinh(\frac{kl}{2}) \tag{13}$$

式中　S——为中跨悬链线两端点之间的长度。

式(13)即为中跨缆索的有应力长度计算公式。悬链线状态下，由缆索质量引起的弹性伸长量 ΔS_G 为

$$\Delta S_G = \frac{2H}{2E_cA_c}\int_0^{l/2} \sec\beta \mathrm{d}s = \frac{H}{2E_cA_z}(l + \frac{1}{k}\sinh(kl)) \tag{14}$$

式中　E_c——为缆索钢丝束的弹性模量；

A_c——为丝股钢丝束的面积。

中跨缆索的水平拉力

$$H_{水平} = ql^2/8f \tag{15}$$

式中　f ——为索端连线在跨中到主缆的竖向距离，即矢高

根据无应力索长恒定不变原理，可知温度作用下的有应力索长以可表示为

$$S = S_0 + \Delta S_G + \Delta S_T \tag{16}$$

式中 S_0 ——为索的无应力长度；

ΔS_G——弹性伸长量；

ΔS_T——为温度引起长度变化值。

此时中跨垂度公式为

$$f_{中} = \frac{1}{k}[1 - \cosh(\frac{kl}{2})] \tag{17}$$

将式(8)、式(13)、式(15)、式(16)、式(17)联立求解，即可求得中跨垂度。

2)边跨缆索垂度计算。

建立如图 2 的计算图式。

由竖向力平衡，可得悬链线方程为

$$y = \frac{1}{k}\cosh(kx + m) + n \tag{18}$$

式中 m、n——积分常数；

k 意义同前，即 $k = -\frac{q}{H}$。

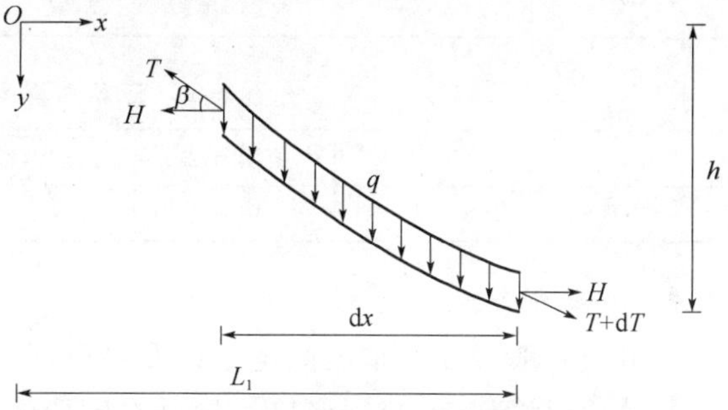

图 2 边跨主缆微段受力

由边界条件：$x = 0, y = 0$，可得

$$n = -\frac{1}{k}\cosh(m) \tag{19}$$

由边界条件：$x = L_1, y = h$，可得

$$h = \frac{1}{k}(\cosh(kL_1 + m) - \cosh(n)) \tag{20}$$

将式(20)变形整理得

$$kh = 2\sinh(\frac{kL_1}{2} + m)\sinh(\frac{kL_1}{2}) \tag{21}$$

从而可求得

$$m = \mathrm{arcsinh}[\frac{kh}{2\sinh(kL_1/2)}] - \frac{kL_1}{2} \tag{22}$$

所以边跨缆索有应力总长为

$$S_{边} = \int ds = \frac{1}{k}[\sinh(kL_1 + m) - \sinh(m)] \tag{23}$$

式中 L_1 ——边跨悬链线两端点之间的水平距离；

h ——边跨悬链线两端点的竖向距离。

此时缆索自重引起的弹性伸长量为

$$\Delta S_G = \frac{H}{E_c A_c}\int_0^{L_1} \sec\beta ds = \frac{H}{2E_c A_c}\left[L_1 + \frac{1}{2k}(\sinh(2kL_1 + 2m) - \sinh(2km))\right] \tag{24}$$

边跨垂度表达式为

$$f_{边} = \frac{1}{k}\left[\cosh(\frac{kL_1}{2} + m) - \cosh(m)\right] \tag{25}$$

由式(9)、式(15)、式(16)、式(23)、式(25)联立，可求得边跨垂度。

3.4.3　基准索股的绝对标高控制

(1)测量方法。

主缆线形基准索股测量,无法使用几何水准,只能采用单向三角测量。

(2)三角高程测站技术要求。

中跨和边跨中点垂度的三角高程测量,按二等三角高程测量的精度要求实测,相应测量的回数及主要限差要求见表1、表2。

表1　距离测量的主要技术要求表

等级	仪器等级	观测方式	测回数	一测回读数量最大限差	单回测回间最大限差
二等	一等	单程	4	3 mm	5 mm

表2　三角高程测量的主要技术要求

等级	仪器等级	施测方法	竖角中丝法测回数	指标差限差	垂直角限差	单程高程限差
二等	一等	单程	4	3″	7″	$0.05\times D$(m)

3.4.4　基准索股调整

由于一般索股的垂度测定是以基准索股为基准,所以基准索股垂度调整的精度决定着整个主缆的架设精度,必须严格控制基准索股的垂度,基准索股的跨中标高调整,先根据主索鞍预偏量、跨长、索股温度因素计算各跨的跨中设计标高修正值,后再根据测出调整前基准索股的跨中标高,计算出准确的基准索股标高调整值后开始索股调整。调整时要进行索股移动量的跟踪,同时观察索股移动量和垂度变化量的关系。当白天将基准索股架设完毕后,应利用温度稳定的夜间,进行精确测量及调整。调索时外界环境一定要符合温度稳定条件:

长度方向索股的温差:$\Delta T \leqslant 2$ ℃;

断面方向索股的温差:$\Delta T \leqslant 1$ ℃。

调索前,根据前述方法计算出各控制点在不同温度时的高程值,然后实测出索股当前的高程及索温,依据实测索股温度相对的高程进行垂度调整。调整到各测点高程误差小于容许值时,调索工作结束,最后至少还要连续观测3个晚上,若无变化,此时基准索股才能作为其他一般索股的调索基准。

3.4.5　验收标准

跟踪观测基准索股的跨中标高3d~5d,如果测量值与设计值误差在$L/2\,000$(L为跨径)之内,且上下游两基准索股高差误差在±1 cm范围内,基准索股才算调好,方可进行非基准索股的架设及相对标高的调整。

3.5　非基准索股相对标高的控制

用直钢尺配合水平尺测量的方法(如图3),量测出被调索股与基准索股的相对高差,重复测3次取平均值作最后测量值。图中L_1、L_2分别为一脚杆,其上标有刻划,L_3为装有水准管的水平尺,可相对于L_1、L_2能上下移动,亦可水平移动。

图3中1号为基准索股,其标高为H_1,为确定i号索股标高,量出i号与1号高差Δh,则i号索股标高为:$H_i = H_1 + \Delta h$。对同一高度索股如2、3号或X、Y、Z号属同一高度用上述方法量完后用L_3水准尺量其平面,检查同一高度各索股间较差及每根与基准索股的校差值是否相等,重复测量3次取其平均值作为最后测量值。测量出相对数值后,算出调整量,由调整量

反算出索股移动量。其调整顺序和方法与基准索股调整方法相同。

同时进行基准索股和非基准索股的温差管理，相对标高的调整关键在于测量前白天的准备工作是否充分。

(1)白天准备工作。

1)被调整索股编号。

2)主缆设置形状保持器。架设一部分索股后，安装形状保持器。由于温度和风力的影响，不致出现调整好的索股串位、扭转、排列凌乱。垂度观测点不能安装形状保持器。

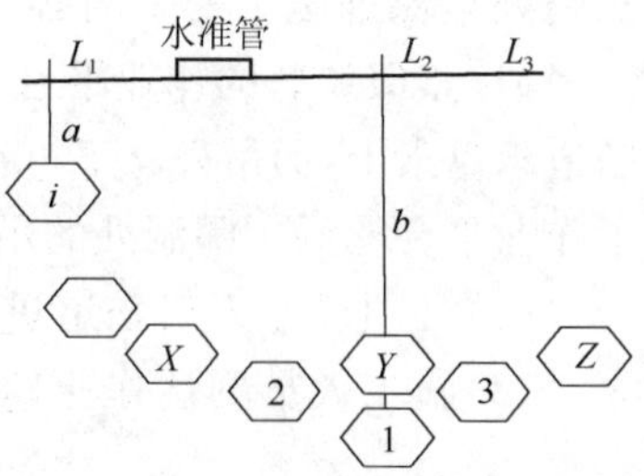

图 3　非基准索股相对标高控制

3)被调整的索股如果没有预抬高，会挤偏已调好索股的位置，或掉在已调好索股的下面。特别是对于掉索，处理起来较麻烦。防止掉索措施为：调整索股入鞍时预抬高；索鞍处索股压紧；被调整索股预抬高的高度：中跨跨中预抬高 30～40 cm，边跨跨中 10～20 cm。

(2)夜间调整过程。

1)调整前检查：基准索股是否处于相对自由状态；前几天调整好的索股是否异常，否则要重新进行调整；被调整索股入位是否正确。

2)索股的相对测量工作。

测定项目：形状测定：相对垂度；温度测定：基准索股的温度，被调整完索股的温度。

非基准索股的相对标高控制：选定测量方法并进行精度估算，重复测量三次取其平均值作为最后的测量值。

3)调整过程：测量出相对数值后，根据二者之间的设计值算出调整量，由调整量反算出索股的移动量。其调整顺序和方法与绝对标高的调整基本相同。调整时索股的移送量不能过大，否则被调整索股压在下面的索股上或出现掉索现象，影响已调整好的索股。

4)验收标准：判定相对索股是否调好，由以下方法控制：用图纸提供的设计值控制，相对垂度精度为＋5 mm；用同一行相邻索股间作比较，特别是相同设计值索股的比较；用同一列相邻索股的接触情况(若即若离)加以控制。

5)索股锚跨张力调整：一根索股调整好中跨、边跨标高后，进行该索股锚跨张力的调整。控制索股锚跨张力与设计值的差值在±3%范围内。

6)索股调整精度标准：

① 索股标高允许误差：基准索股 $L/2\,000$，上下游基准索股相对误差 10 mm，一般索股(相对于基准索股)5 mm；

② 锚跨索股索力允许误差：实际拉力与设计值之间的允许误差±3%以内；

③ 加设的垫片厚度允许误差：±1 mm。

4　锚跨索股张力调整

一根索股调整好中跨、边跨标高后，进行该锚跨索股张力调整。控制锚跨索股张力与设计值的差值在 3%范围内，其调整的方法是用千斤顶顶推锚头，调整拉杆上的螺母即可。张力大小是根据千斤顶的力和测定锚头移动量求得，锚头移动量由千分计测量。

5　安全注意事项

索股线形调整一般都在气温比较稳定的夜间进行。夜间施工要保证照明，施工位置不留阴暗处是保证施工安全的必要条件。

(1)索股调整的作业平台是猫道,猫道是把细目钢丝网和粗目铁丝网采用型钢和螺栓固定于猫道承重索上,而吊杆又穿过锚道,为防止丝网损坏吊杆保护层,丝网预留孔比杆外径要大,形成了作业平台漏洞。漏洞处的吊杆要用麻袋布包裹外,还必须有灯光照明,防止施工人员踏空。

(2)必须设专人对猫道进行养护,每班调索前进行检查,保证踏板、安全网、丝网良好。

(3)施工人员到达作业地点,应立即拴好安全带。

6　质量控制

(1)基准股安装和线形调整好后,必须连续观测 3 d,保证在设计边界条件下,基准股线形符合设计要求后,才能以基准股为基准安装相应的非基准股。

(2)非基准股与基准股关系是若即若离,即与基准股相邻的非基准股几何关系看似紧挨而非紧挨,在受力关系上,非基准股不给基准股施加任何外力改变其线形。安装的非基准股与相邻的已安装好非基准股同样是若即若离的关系。

(3)安装好的丝股要不掉丝,不鼓丝。绑扎带保持良好,丝股按序排列。

7　结 束 语

为保证主缆施工控制达到高精度,监测中采用先进的高精度测量仪器(2 台全站仪),并安排在夜间,两岸同时观测,防止大气折光影响。同时考虑索塔偏位和温度效应对量测值的影响因素;观测过程必须遵守桥梁精密测量规范,以保证悬索桥主缆架设顺利进行,同时满足施工精度要求。通过对悬索桥主缆施工进行控制,使得主缆形成后索塔偏位及主缆受力情况良好,主缆线形满足设计要求。

钢筋混凝土拱桥现浇施工

中、小跨径现浇支架(拱架)设计指南

1 前　　言

拱桥在桥梁设计中应用广泛,钢筋混凝土拱桥主要适用于中、小跨径的桥梁,拱桥的主要受力结构是主拱圈,在竖向荷载作用下,主拱圈主要承受轴向压力,但也承受弯剪,拱座支承反力不仅有竖向反力,也承受较大的水平推力。

中、小跨径钢筋混凝土拱桥现浇,需要搭设支架(拱架),进行浇注施工,具体作法是:在支架(拱架)上立模、绑扎钢筋、浇注混凝土拱圈。

2 支架(拱架)材料分类及有关资料

支架(拱架)的种类很多,按结构形式可以分为:满堂式、排架式、撑架式、扇形式、桁架式、组合式、叠桁式、斜拉式等,其常用材料有木材、万能杆件、贝雷梁、扣件式钢管脚手架、碗扣支架、门式支架、型钢组合桁架。

3 各型支架适用范围

满堂式支架主要采用扣件式钢管脚手架或碗扣支架,钢管直径一般为 ϕ48 mm,壁厚为3.5 mm。满堂式支架对地基处理的要求比较高,原地面要求地形地势相对比较平整,适合旱桥施工。

排架式、撑架式、桁架式主要采用木材、万能杆件、门式支架、型钢组合桁架结构,这些方式支座不采用满堂布置,支架支点较少,支点数量和距离根据实际跨度和计算后得出。跨河、跨较小的山沟都可以采用这些支架方式。

扇形式只在拱两端支座位置有两个支点,桁架采用贝雷梁、拼装梁或型钢连接成拱弧线形状。这种支架和主拱圈一样,主要承受轴向压力,同时承受弯剪。跨深沟,地形条件比较差的拱桥比较适合用这种支架。

斜拉式贝雷梁拱架一般应用在几跨连续施工的情况,在距边墩一定距离处设置临时墩,在中间墩墩顶各设一个塔柱,塔柱顶端伸出斜拉杆拉住贝雷梁,贝雷梁上设拱盔,形成几孔连续斜拉式贝雷梁拱架结构。其主要构件均由常备式贝雷桁架、支撑架、加强弦杆等组成,结构构件处理方便。由于整体拱架体系柔性多变,施工中应严格掌握和控制对称加载及塔柱、平梁的挠度变形,控制平梁、斜拉杆、塔柱的受力不得超过容许值。

组合式、叠桁式主要是支架组合的多样性,根据计算受力的需要,支架由不同类型的桁架组成。

4 支架(拱架)结构设计

支架(拱架)设计的原则为:必须使支架(拱架)上部接近合理拱轴线,能承受施工过程中产生的竖向力与水平力,确保支架(拱架)的稳定,尽量减少非弹性压缩,注意对局部受力不利杆件进行加固。

4.1　支架(拱架)受力分析

箱形截面拱圈一般采用分环、分段进行浇注施工，分环的方法一般是分成二环或三环。分二环时，先分段浇注底板(第一环)，然后分段浇注腹板、横隔板和顶板(第二环)。分三环时，先分段浇注底板(第一环)，然后分段浇注腹板、横隔板(第二环)，最后分段浇注顶板(第三环)。各段间预留隔缝长度一般为 50～100 cm，等每一环各分段浇注完后，混凝土强度达到 70%设计强度后浇注隔缝。

主拱圈荷载及施工荷载通过模板、方木传至支架(拱架)，支架(拱架)在施工过程中承受竖向力与水平力。在底板合龙后混凝土达到强度之前，底板的荷载主要由支架承担，当混凝土达到设计强度之后，浇注腹板、横隔板及顶板时，荷载由支架(拱架)承担之外，拱底板也承担一部分重量。

4.2　支架(拱架)材料选用

根据主拱的荷载和工程位置、条件、供料来源，选用合适的材料作为支架(拱架)用材。

4.3　支架(拱架)结构设计和受力检算

4.3.1　支架结构设计和受力检算

(1)采用满堂式碗扣支架。

在处理好的地基上，根据梁顶与拱圈内弧之间的高度，布置碗扣支架。立杆的纵横向间距和横杆竖向步距经检算后确定。每根立杆底部设置垫座，顶端安装可调天托，根据高度选取 30 cm 或 60 cm 天托，可调天托起到精确调整标高和卸架的作用。天托顶部放置横向枋木和纵向梳形木连成一体，枋木上铺设组合钢模板或木模板，形成底模和施工平台。碗扣支架应严格按照《建筑施工碗扣式脚手架安全技术规范》规定布设。

1)施工荷载分析(根据各自项目实际情况修正各参数)：

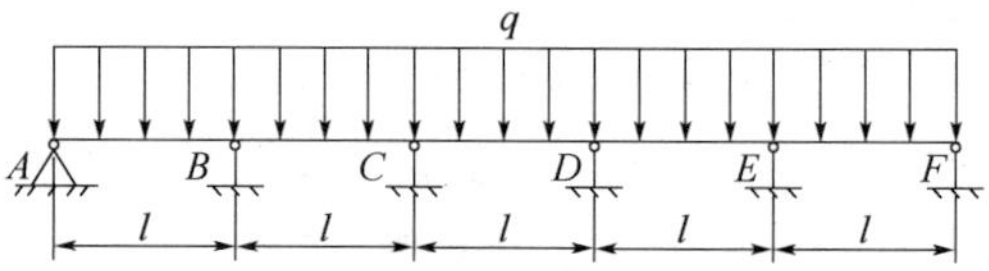

图 1　模板受力简图

主拱圈混凝土荷载：容重 $\gamma=25\ \text{kN/m}^3$，拱圈厚度为 h，$g_1=25\,h(\text{kN/m}^2)$；

模板荷载：取 $g_2=2.0\ \text{kN/m}^2$；

施工荷载：取 $g_3=4.0\ \text{kN/m}^2$；

振捣冲击荷载：取 $g_4=3.0\ \text{kN/m}^2$；

碗扣支架自重：$g_5=3.0\ \text{kN/m}^2$。

2)模板及枋木检算：

采用 5 cm 厚木板作底模模板，上层枋木间距为 l_1，下层枋木间距 l_2 根据碗扣支架间距确定。

① 模板检算：

按均布荷载五跨连续梁计算：

取 1 mm 宽度计算　　$q=(g_1+g_2+g_3+g_4)\times 1\ \text{mm}$　　(1)

抗弯强度：　　$\sigma=\dfrac{M}{W}<[\sigma]$　　(2)

抗剪强度：　　$\tau=\dfrac{3V}{2A}<[\tau]$　　(3)

挠度检算：
$$f=\frac{k_3ql^4}{100EI}<\left[f=\frac{l}{400}\right] \tag{4}$$

式中 M——所受最大弯矩，$M = k_1ql_1^{\ 2}$，$k_1=0.105$；
W——木板的抗弯模量；
$[\sigma]$、$[\tau]$——分别为木板容许抗弯强度和抗剪强度；
V——所求得的最大剪力，$V=k_2ql_1$，$k_2=0.606$，$k_3=0.664$；
A——1 mm 宽的木板截面积；
E、I——分别为木板的弹性模量和惯性矩。

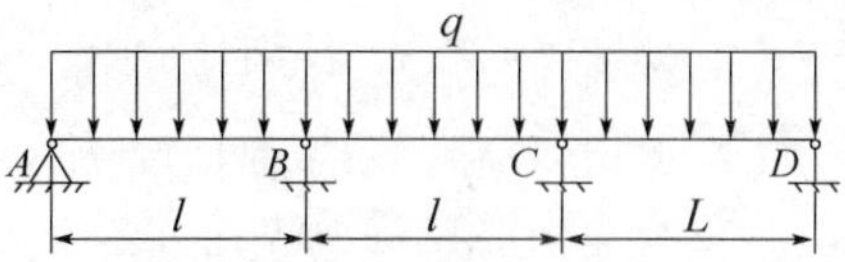

图 2 上层枋木受力简图

② 上层枋木：

上层枋木间距为 l_1、下层枋木间距 l_2 根据碗扣支架间距确定。按均布荷载三跨连续梁计算：

荷载：
$$q=(g_1+g_2+g_3+g_4)\times l_1 \tag{5}$$

抗弯强度：
$$\sigma=\frac{M}{W}<[\sigma] \tag{6}$$

抗剪强度：
$$\tau=\frac{3V}{2A}<[\tau] \tag{7}$$

挠度检算：
$$f=\frac{k_3ql^4}{100EI}<\left[f=\frac{l}{500}\right] \tag{8}$$

式中 M——所受最大弯矩，$M = k_1ql_2^{\ 2}$，$k_1=0.10$；
W——枋木的抗弯模量；
$[\sigma]$、$[\tau]$——分别为枋木容许抗弯强度和抗剪强度；
V——所受在大剪力，$V=k_2ql_2$，$k_2=0.60$，$k_3=0.677$；
A——枋木的截面积；
E、I——分别为枋木的弹性模量和惯性矩。

③ 下层枋木：

下层枋木间距 l_2 根据碗扣支架间距确定。

下层枋木荷载 $q=(g_1+g_2+g_3+g_4)\times l_2$，计算方法同上。

$$q=g_1+g_2+g_3+g_4 \tag{9}$$

3)立杆计算：

① 立杆荷载：

$$P=q\times a\times b<[P_{\max}] \tag{10}$$

式中 a、b——立杆的纵横向间距。

立杆设计荷载见表 1。

表 1 立杆设计荷载

	横杆竖向步距(cm)	框架立杆容许荷载 $P_{\max}$(kN/根)
1	60	40
2	120	30
3	180	25
4	240	20

② 立杆稳定性计算：

组合风载时：

$$\sigma=\frac{N}{\varphi A}+\frac{M_W}{W}\leqslant[\sigma=205\ \text{N/mm}^2] \tag{11}$$

式中 N——计算立杆段的轴向设计值，$N=1.2\ N_{Gk}+0.85\times1.4\sum N_{Qk}$；

其中 N_{G1k}——模板及支架自重、新浇混凝土自重与钢筋自重标准值产生的轴向力总和；
$\sum N_{Qk}$——施工人员及施工设备荷载标准值、振捣混凝土时产生的荷载标准值产生的轴向力总和；

φ——轴心受压构件的稳定系数，应根据长细比 λ 由《建筑施工扣件式钢管脚手架安全技术规范》附录 C 表 C 取值，当 $\lambda>250$ 时，$\varphi=7\ 320/\lambda^2$；

其中　λ——长细比，$\lambda=\frac{l_0}{i}$，

l_0——计算长度，$l_0=h+2a$，

h——立杆步距；

a——模板支架立杆伸出顶层横向水平杆中心线至模板支撑点的长度；

i——钢管截面回转半径；

A——立杆的截面面积；

W——立杆截面模量；

M_W——计算立杆段由风荷载设计值产生的弯矩：

$$M_W=0.85\times1.4M_{Wk}=\frac{0.85\times1.4w_k l_a h^2}{10}$$

w_k——风荷载标准值，$w_k=0.7\mu_z\cdot\mu_s\cdot w_0$；

μ_z——风压高度变化系数，按现行国家标准《建筑结构荷载规范》(GBJ9)规定采用；

μ_s——支架风荷载体型系数，桁架 $\mu_s=0.4$；

w_0——基本风压(kN/m^2)，按现行国家标准《建筑结构荷载规范》(GBJ9)规定采用；

l_a——立杆纵距。

4)碗扣支架施工注意事项：

① 支架立杆接长缝应错开，使立杆接长缝不在同一水平面上，保证支架整体强度。

② 拼装时随时检查横杆水平和立杆垂直度，注意水平横杆的直角度，防止支架偏扭。立杆垂直度偏差小于 0.5%，顶部绝对偏差小于 0.1 m。

③ 注意剪刀撑的设置，提高碗扣支架的整体稳定性。剪刀撑不能随意拆除，实有必要暂时拆除时，必须严格控制同时拆除的根数，并及时装上，且应先装后拆。高层支架的低层框架不允许拆除。

④ 靠近拱座的碗扣支架，应注意连墙撑的设置，提高支架的纵向稳定性。

⑤ 支架顶天托和底座的自由长度，应根据设计计算确定，超过计算长度的应加设纵横杆，防止碗扣支架失稳。

⑥ 支架应设置人行梯，方便施工中人员走行。

(2)采用万能杆件、贝雷梁组拼(见图 3)。

支架采用万能杆件和贝雷梁作为主要构件，主要由多片平面主桁通过联结系组成空间结构。平面主桁相互平行，其间距按拱圈宽度均匀受力来布置。为支架上部接近拱弧线，在万能杆件顶采用异形杆件进行拼接。

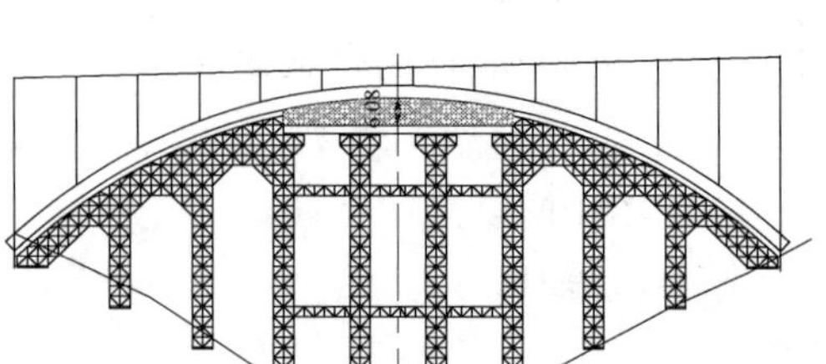

图 3　万能杆件、贝雷梁组拼示意图

整个支架立于混凝土或片石混凝土临时墩上，基本采用梁柱式结构。支墩可以采用铁路五六式军用墩，其布置方式为 2×5 柱，根据位置不同其高度也不同，顶端因支承位置不同略有变化。拱脚在一定范围内采用万能杆件直接组

立,并与梁柱式结构联结,形成一体,使支架共同受力。

贝雷梁上弦杆之间及连接处均设有支撑架,通过在贝雷梁连接处设置斜撑及下部弦杆处设置抗风拉杆来增强支架横向稳定性,但由于对与对之间净距较小,故抗风拉杆的截面尺寸需增大以保证支架横向的稳定性。

为全面准确掌握了解结构的内力和变形情况,采用全部支架为计算模型进行受力分析。

1)施工荷载分析(根据各自项目实际情况修正各参数):

主拱圈混凝土荷载:容重 $\gamma=25\ kN/m^3$;

模板荷载:取 $g_2=2.0\ kN/m^2$;

施工荷载:取 $g_3=4.0\ kN/m^2$;

振捣冲击荷载:取 $g_4=3.0\ kN/m^2$

风压:g_4,根据高度确定:

2)杆件支架容许应力和容许内力:

① 万能杆件:

考虑到支架施工的实际情况,万能杆件的容许应力值取 170 MPa。经初步计算,万能杆件截面及容许应力见表 2。

表 2 万能杆件容许应力和容许内力

杆件型号	名称	截面组成(mm)	毛截面面积(cm^2)	净截面面积(cm^2)	回转半径	自由长度(cm)	长细比	纵向弯曲系数	容许应力(MPa)	容许拉力(kN)	容许压力(kN)
N_2	立柱	4∠120×120×10	93.2	74.5	5.31	200	37.7	0.882	170	1267	−1398
N_3	斜杆	2∠100×75×10	33.4	27.8	3.14	283	90.1	0.582	170	473	−331
N_4	横杆	2∠75×75×8	23.0	17.4	2.88	200	69.4	0.716	170	296	−280

② 贝雷梁:

贝雷梁杆件截面及容许拉应力见表 3。本文将贝雷拱架杆件的容许拉应力值取为 1.3×210=273 MPa,考虑到压杆的纵向弯曲系数折减,容许压应力取为 210 MPa。

表 3 贝雷拱架杆件的容许应力

构件	材料	断面型式	容许拉应力(MPa)	容许压应力(MPa)
弦杆	16Mn	][$_{10}$	273	210
竖杆	16Mn	I_8	273	210
斜杆	16Mn	I_8	273	210
支撑架	16Mn		273	210
斜撑	16Mn	I_{10}	273	210
抗风拉杆	16Mn	圆形	273	210
加强竖杆	16Mn	工字形	273	210

(3)施工阶段划分。

根据拱桥设计要求主拱圈混凝土分环分段浇注,分环按三环考虑,分别为底板环、腹板环(含横隔板)和顶板环。每一环的分段方式(如图 4),图中 1、2、3、4 表示浇注顺序,只示出半跨，另外半跨对称浇注。每一环的浇注都分为 10 段，段间预留间隔槽，间隔槽沿拱弧的长度取 50 cm，每一环合龙后，再浇注下一环。

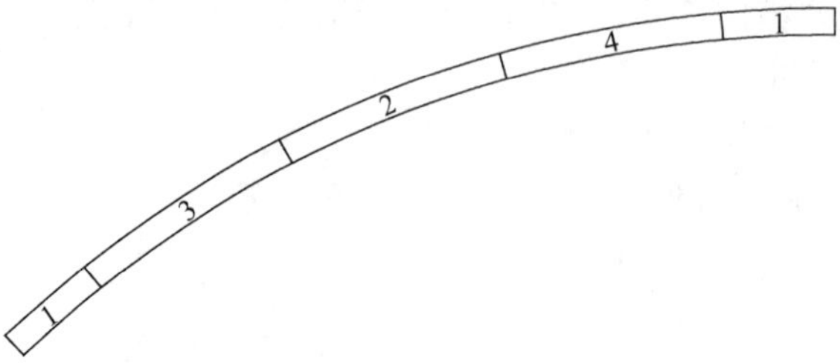

图 4　拱圈分段示意图

(4)万能杆件支架整体检算。

表 4　施工阶段划分

施工阶段	施工内容
1	支架、模板等形成，浇注主拱圈节段 1
2	浇注主拱圈节段 2
3	浇注主拱圈节段 3
4	浇注主拱圈节段 4

根据万能杆件方案计算模型(见图 5、图 6、图 7)，采用大型有限元分析软件 MIDAS 建立万能杆件支架的空间计算模型。万能杆件均采用桁架单元模拟，支架杆件与基础、拱座连接端均按固端处理。杆件弹性模量取 210 GPa，泊松比取 0.3。

根据模型计算结果进行分析，各杆件内力是否超过杆件的容许内力值(见表 2、表 3)。各个方向变形是否超过允许变形范围，竖向变形应低于限值 $L/400$，L 为万能杆件支柱之间的距离。

若万能杆件方案中有部分杆件强度不足，截面尺寸偏小，有可能引起整个万能杆件支架的失稳。因此在原万能杆件方案的基础上进行调整，增大强度不足的杆件截面，重新建立空间模型采用有限元分析软件 MIDAS 进行计算。

图 5　模型空间图

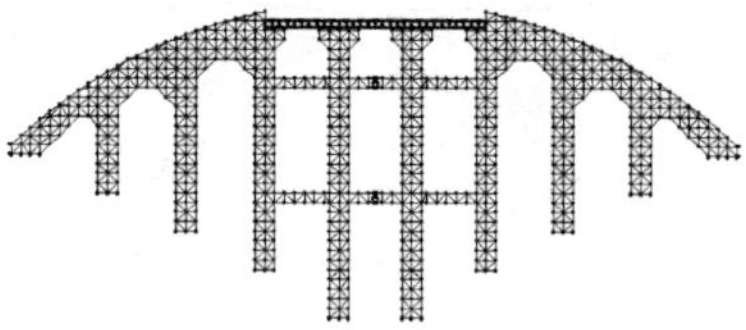

图 6　模型立面图

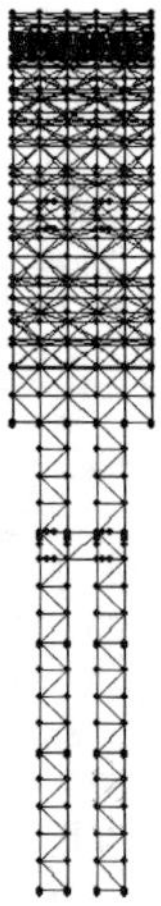

图 7　模型侧面图

(5)万能杆件支架施工阶段检算。

按表 4 中施工阶段的划分，对万能杆件进行分步检算，在施工阶段 1 中，支架只承受自重及模板的重量。利用大型有限元分析软件 MIDAS 进行空间模型计算，确定杆件内力是否超过杆件的容许内力值(见表 2、表 3)，支架稳定性和竖向位移，竖向位移应满足限值 $L/400$，L 为万能杆件支柱之间的距离。

依次建模分析施工阶段 2 直至施工阶段 4，完成对支架的检算。

(6)计算结论及施工注意事项。

1）随着混凝土拱底板浇注段的增加，万能杆件支架的竖向变形逐渐增大，当底板合龙达到强度后，由于底板和支架共同受载，支架变形同上阶段相比应该有所减小，随后在浇注拱腹板和顶板阶段，支架变形又会逐渐增大。

2）万能杆件的柱脚应全部埋入基础中，柱底的杆件间应有斜杆联系，万能杆件与拱座连接的杆件也应有斜杆联系；万能杆件支架顶部的异形杆件应保证与万能杆件连接可靠，顶部托架杆件在纵向应设置连接杆件。

3）万能杆件支架的支墩较高，在施工中应设置抗风索。

4）应对万能杆件支架在浇注混凝土前进行预压，检验支架的承载能力，在施工中注意监测支架变形和杆件应力，发现异常，及时处理。

5）由于贝雷梁对与对之间净距较小，故抗风拉杆的截面尺寸需增大，采用标准间距的贝雷梁下弦杆间加强横桥向联系，以增强贝雷梁的横向稳定性。

6）在支墩万能杆件顶部与贝雷梁相接处，应通过抗弯刚度较大的横向杆件将贝雷梁的力均匀地传递到万能杆件上，尽量减少杆件的局部应力。

7）拱段的浇注程序应在拱顶两侧对称进行，以使拱架变形保持均匀和最小。

4.3.2 拱架结构设计和受力检算

采用贝雷梁拼装拱架(如图 8)。

混凝土箱拱轴线为悬链线，为了方便施工放样及新制弦杆的可操作性及通用性，采用圆弧线作为拱架线形。根据混凝土箱拱拱弧悬链线的两个拱脚点及拱顶点，可得到一条圆弧线，将这条圆弧线再向下偏移 1.18 m，得到贝雷梁拱架上层弦杆轴线，即贝雷拱架的设计圆弧线。

拱架由双层加强型桁架组拼而成的贝雷桁片组成，顺桥向桁架片以折线形式连接模拟圆曲线，保证每个标准段上弦杆的两端点都布置在圆弧线上。标准段长度采用 9 m，由 3 个桁架单元组成；非标准段在两个拱脚附近的节段。折线段间的贝雷上层以特别加工的贝雷短弦杆与贝雷销连接，中层以双面、上下的连接板焊接连接，下层以贝雷销直接连接和焊接相结合，从而构成拱架。横桥向通过支撑架、联板以及上、下横梁连接成整体。在拱架顶依次布置卸架装置、弓形木、底模横梁和底模模板。

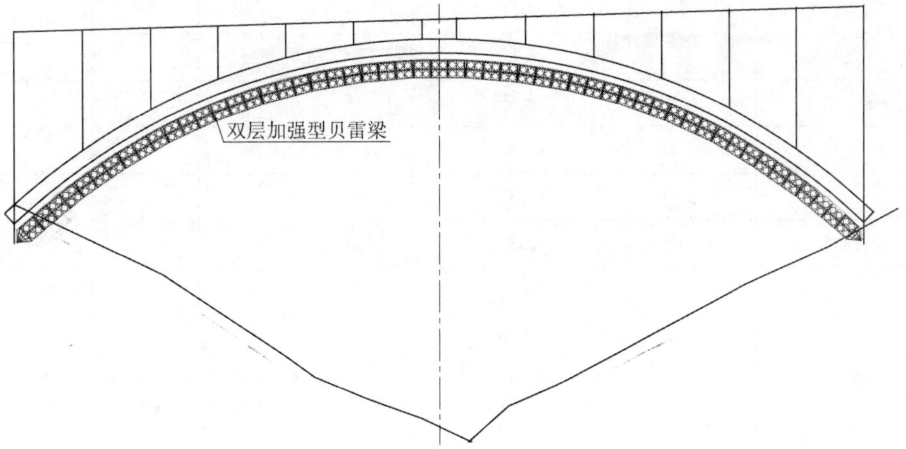

图 8 贝雷梁拼装拱架

受力检算：

贝雷梁杆件截面及容许拉应力见表 3。本文将贝雷拱架杆件的容许拉应力值取为 1.3×210＝273 MPa，考虑到压杆的纵向弯曲系数折减，容许压应力取为 210 MPa。

采用有限元分析软件 MIDAS 建立贝雷拱架的空间模型计算，贝雷架用空间梁单元模拟，混凝土箱拱底板、拱脚铰架用空间板单元模拟。贝雷拱架计算模型如图 9 所示。

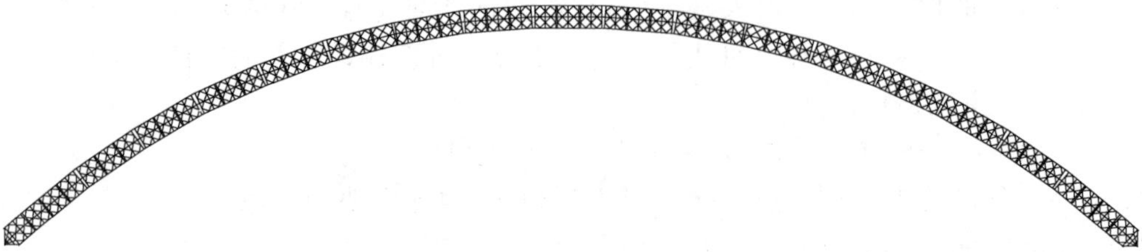

图 9　贝雷拱架计算模型

施工荷载和施工阶段同 4.3.1 节。拱架分为两个部分：一部分是贝雷梁，一部分是新制的拱脚构件，即三角形铰架。

根据表 4 中施工阶段的划分，对贝雷梁拱架进行分步检算，在每个施工阶段中，确定贝雷梁的最大应力是否超过容许应力，拱架的竖向位移应满足 $L/400$，L 为拱架计算跨径。

4.4　支架(拱架)沿拱轴线变形值并绘制变形图

根据有限元分析软件 MIDAS 计算得出支架(拱架)的变形值，绘制变形图。

4.5　支架(拱架)材料用量表(见表 5、6)

表 5　碗扣式支架材料用量表

序号	名 称	型号	材料	规格(mm)	数 量	单 重	合 重
1	底模板		木材或钢模板				
2	外模板		钢模板				
3	内模板		木模				
4	上层枋木		木材				
5	下层枋木		木材				
6	支承垫木		木材				
7	立杆	LG—300	Q235	ϕ48×3.5×3 000			
8	顶杆	DG—90	Q235	ϕ48×3.5×900			
9	横杆	HG—30	Q235	ϕ48×3.5×300			
10	横杆	HG—90	Q235	ϕ48×3.5×900			
11	底座	D2—1	Q235				
12	立杆可调座	D2—2	Q235	可调范围≤300			
13	斜杆		Q235	ϕ48×3.5×7 000			
14	回转扣件		Q235				

表 6　万能杆件及贝雷梁支架材料用量表

序号	名称	型 号	材料	规格(mm)	数	单重	合重
1	立柱	N2	Q235	∠120×120×10			
2	斜杆	N3	Q235	∠100×75×10			
3	横杆	N4	Q235	∠75×75×8			
4	弦杆拼接角钢	N6	Q235	∠100×100×10			
5	支承角钢	N7	Q235	∠120×120×10			
6	节点板	N8	Q235	◇265×10×510			
7	节点板	N12	Q235	◇380×10×590			
8	节点板	N18	Q235	◇325×10×325			
9	垫板	N19	Q235	◇180×10×220			
10	柱帽或柱靴	N21	Q235	◇260×16×260			
			Q235	◇240×16×260			
			Q235	◇90×16×260			
11	节点板	N22	Q235	◇325×10×325			
12	节点板	N26	Q235	◇325×10×325			
13	螺帽垫圈	N24	Q235				
14	螺帽垫圈	N25	Q235				
15	底模板		木材或钢模板				
16	外模板		钢模板				
17	内模板		木模				
18	枋木		木材				
19	贝雷梁	3 m 节段	16Mn				

注:表 5、表 6 中支架的材料数量仅供参考,实际中材料数量应根据方案需要确定。

5　支架地基检测与设计

5.1　地基承载力检测

首先参照施工设计图中的水文和地质资料,进行现场核对,采用可靠手段对水深、流速进行实测,对地基土进行检测。若原地基检测不符合计算要求,对原地基进行处理,处理后再一次检测地基的承载力,直到满足设计要求。

地基承载力检测方法可以采用轻型触探试验。轻型触探试验设备主要由探头、触探杆、落锤三部分组成。操作过程:落锤距地面 50 cm,使其自由下落,将探头垂直打入土层中,记录每打入土层中 0.3 m 时,所需的锤击数 N_0,填入地基标准贯入检测记录表中。N_0 经下式修正后,查表 7、表 8 确定地基承载力标准值 σ_0。

$N_0=N-1.645\ a$,a 为修正系数,当触探长度 $L\leqslant 3$ m 时,取 $a=1.0$。

表 7　黏性土承载力标准值

N_0	15	20	25	30
σ_0(kPa)	105	145	190	230

表 8　素填土承载力标准值

N_0	15	20	30	40
σ_0(kPa)	85	115	135	160

5.2　地基承载力计算

地基土的承载力通常指地基的承载力设计值，是指在保证地基稳定的条件下，地基单位面积上所能承受的最大压力。地基承载力设计值的确定，一般有以下三种方法：

(1)按《建筑地基基础设计规范》(GBJ7—89)表格确定地基土承载力设计值。

地基承载力设计值按下式计算：

$$f=f_k+\eta_b\gamma(b-3)+\eta_d\gamma_0(d-0.5) \tag{12}$$

式中　f——地基土承载力设计值(kPa)，当 $f<1.1f_k$ 时，取 $f=1.1f_k$；

f_k——地基承载力标准值(kPa)；

η_b、η_d——地基宽度和埋深的承载力修正系数，按基底下持力层土类查《建筑施工计算手册》P270 页表 5～17；

γ——基底以下土的重度，为基底以下土的天然质量密度 ρ 与重力加速度 g 的乘积，地下水位以下取有效重度(kN/m^3)；

γ_0——基底以上土的加权平均重度，地下水位以下取有效重度(kN/m^3)；

b——基础底面宽度；当基础宽度小于 3 m，按 3 m 考虑，大于 6 m 按 6 m 考虑；

d——基础埋置深度，以天然地面起。

(2)按土的抗剪强度确定地基土承载力设计值。

通过试验和统计得到土的抗剪强度指标标准值后，当偏心距 $e\leqslant 0.033$ 倍基础底面宽度，根据土的抗剪强度指标可按下式计算地基土的承载力设计值：

$$f_v=M_b\gamma b+M_d\gamma_0 d+M_c c_k \tag{13}$$

式中　f_v——由土的抗剪强度确定的地基承载力设计值；

M_b、M_d、M_c——承载力系数，按《建筑施工计算手册》P271 页表 5～18 确定；

b——基础底面宽度(m)，大于 6 m 按 6 m 考虑；对于砂土小于 3 m 时，按 3 m 考虑；

γ、γ_0、d 符号意义同上。

(3)按荷载试验 P-S 曲线确定地基土承载力设计值。

1)根据试验结果，可绘制荷载板地面的压力(P)与其相应下沉量(S)的关系曲线(如图 10)，从图 10 中可得，在荷载作用下地基土的变形过程可分为三个变形阶段：

① 直线变形阶段：即荷载从 0 到 P_0 时，荷载与变形之间的关系接近于正比例关系，地基土是稳定的；

② 局部剪切阶段：当荷载超过 P_0 后，荷载与变形之间的关系为曲线，曲线上各点斜率逐渐增大，如曲线中 1～2 段所示，地基土的稳定性逐渐降低；

③ 完全破坏阶段：当荷载继续增大达到某一限值，即极限荷载后，沉降量急剧增大，曲线出现陡降，这时地基完全破坏，表示失去稳定。

2)地基土的承载力基本值可根据 $P\text{-}S$ 曲线的特征按以下确定：

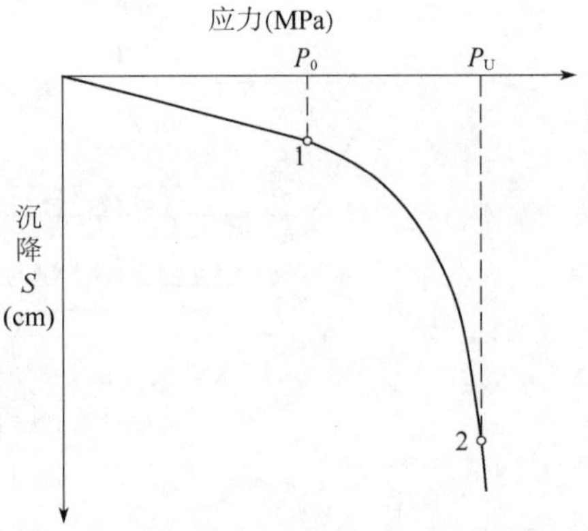

图 10　应力-沉降($P\text{-}S$)曲线

① 当 $P\text{-}S$ 曲线有较明显的直线段时，可采用直线段的比例界限点所对应的荷载值(P_0)作为地基土的承载力基本值；当极限荷载能确定，该值小于对应比例界限的荷载值的 1.5 倍时，可取荷载极限值的一半；

② 当 $P\text{-}S$ 曲线没有明显直线段时，对中、高压缩性土宜采用相对沉降量 $s/b=0.02$ 所对应的荷载值($P_{0.02}$)；对低压缩性土和砂土可采用 $s/b=0.01\sim0.015$ 所对应的荷载值，作为地基土的承载力基本值；

③ 当 $P\text{-}S$ 曲线上的比例界限点出现后，土很快达到极限破损，即比例界限荷载 P_0 与极限荷载 P_U 接近时，以 P_U 除以安全系数 K(K 值可取 2～3)作为地基土的承载力基本值。

3)同一土层参加统计的试验点不应少于三点，基本值的极差不得超过平均值的 30%，取此平均值作为地基承载力标准值。

地基承载力标准值，请参照《中、小跨径钢筋混凝土拱桥现浇施工工艺》4.1 地基处理。

(4)碗扣支架立杆地基承载力计算。

立杆基础底面的平均压力应满足下式的要求：

$$p\leqslant f_g \tag{14}$$

式中　p——立杆基础底面的平均压力，$p=N/A$；

其中　N——上部结构传至基础顶面的轴向力设计值，

A——基础地面面积；

f_g——地基承载力设计值，$f_g=k_c\cdot f_{gk}$；

其中　k_c——脚手架地基承载力调整系数，对碎石土、砂土、回填土、应取 0.4；对黏土应取 0.5；对岩石、混凝土应取 1.0；

f_{gk}——地基承载力标准值，应按现行国家标准《建筑地基基础设计规范》(GBJ7)附录五的规定采用。

5.3　地基换填垫层厚度和宽度计算

换土垫层系将基础下面一定厚度的软弱土层挖除，然后换以中砂、粗砂、角(圆)砾、碎(卵)石、灰土或黏性土以及其他压缩性小、性能稳定、无侵蚀性材料，经拌和、分层回填夯(压)实而成，作为地基的持力层。这种垫层具有一定的强度和低压缩性，施工设备工艺简单，取材较易、费用较低等优点，为一种应用广泛，经济、实用的浅层地基加固方法。通过试验和计算以确定垫层的铺设厚度、宽度以及承载力等，以指导施工和控制质量。

(1)垫层的厚度。

地基采用换土垫层(又称换填法)处理软弱地基，常采用砂、砂石、灰土等材料，垫层的厚度应根据作用在垫层底部软弱土层底面处土的自重压力(标准值)与附加压力(设计值)之和不大于软弱土层经深度修正后的地基承载力标准值的条件确定，即应符合下列要求(如图 11)：

$$p_{cz}+p_z\leqslant f_z \tag{15}$$

p_z 可根据基础不同形式分别按以下简化式计算：

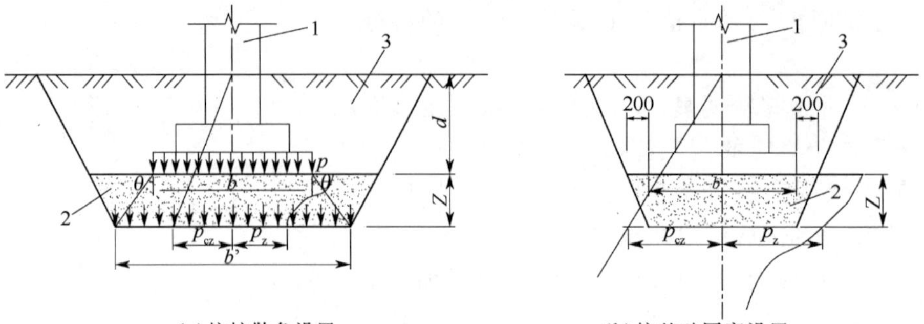

图 11　垫层内应力分布(单位:cm)

1—基础;2—填土垫层;3—回填土

条形基础
$$p_z=\frac{b(p-p_c)}{b+2Z\text{tg}\theta} \tag{16}$$

矩形基础
$$p_z=\frac{bl(p-p_c)}{(b+2Z\text{tg}\theta)(l+2Z\text{tg}\theta)} \tag{17}$$

式中　p_{cz}——垫层底面处土的自重压力(kN/m^2);

p_z——垫层底面处的附加压力(kN/m^2);

f_z——垫层底面处土层的地基承载力(kN/m^2);

b——条形基础或矩形基础底面的宽度(m);

l——矩形基础的底面长度(m);

p——基础底面压力(N/m^2);

p_c——基础底面处土的自重压力(N/m^2);

Z——基础底面下垫层的厚度(mm);

θ——垫层的压力扩散角,可按表 9 采用。

表 9　垫层的压力扩散角 θ

换填材料 / Z/b	中砂、粗砂、砂砾、圆砾、角砾、卵石、碎石	黏性土和粉土 ($8< I_P<14$)	灰　土
0.25	20	6	30
>0.50	30	23	30

注:1. 当 $Z/b<0.25$ 时,除灰土仍取 $\theta=30°$外,其余材料均取 $\theta=0°$;

2. 当 $0.25<Z/b<0.50$ 时,θ 值可内插取得。

按式(15)确定垫层厚度时,需要用试算法,即预先估算一个厚度,再按式(15)校核,若不满足要求时,再增加垫层厚度,直至满足要求为止。

垫层的厚度一般为 0.5～2.5 m,不宜大于 3.0 m,否则费工费料,不够经济,但也不宜小于 0.5 m,垫层过薄则效果不明显。

为减少计算工作量,亦可采用图 12 所示垫层厚度直接计算法曲线来确定,计算步骤如下:

先按下式计算 k_1 值:

$$k_1=\frac{1}{p_0}[f_k+\eta_b\gamma_0(b-3)+\eta_b\gamma_0(d-0.5)-\gamma_0 d]\times 10 \tag{18}$$

再按下式计算 k_2 值:
$$k_2=k_1+\frac{15b}{p_0}(\eta_d\gamma_0-\gamma_s) \tag{19}$$

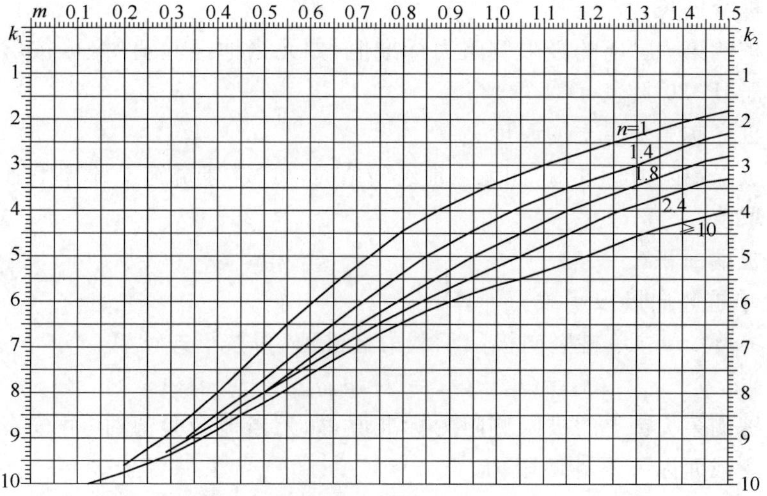

图 12　垫层厚度直接计算法曲线图

式中　p_0——为基础底面附加压力(kN/m^2)；

f_k——垫层底面处软弱土层的承载力标准值(kN/m^2)；

η_b、η_d——分别为基础宽度和埋深度的承载力修正系数，按表根据垫层底面处软弱土层的名称确定；

d——基础埋置深度(m)；

γ_0、γ_s——分别为软弱土层和垫层的重度(kN/m^3)。

根据 k_1,k_2 和基础底面长边与短边的比值 $n=\dfrac{l}{b}$，由图 10 中曲线可查得 m 值。

按下式直接计算需要垫层的厚度：

$$Z=mb \tag{20}$$

(2)垫层的宽度。

垫层的宽度应满足基础底面应力扩散的要求，按下式计算：

$$b'\geqslant b+2Z\text{tg}\theta \tag{21}$$

式中　b'——垫层底面宽度；

θ——垫层的压力扩散角，可按《建筑施工计算手册》表 5-1 采用；当 $Z/b<0.25$ 时，按表中 $Z/b=0.25$ 取值。

根据建筑经验，垫层的顶宽一般采用较基础底边每边宽出 200 mm，垫层的底宽可取基础同宽。

5.4　桩基设计与检算

当支架(拱架)支点采用桩基时，应对桩基进行承载力检算。单桩承载力是否满足设计要求，一般通过现场静载荷试验确定。如无试验资料亦可按土的物理性质指标与承载力参数之间的经验公式确定单桩承载力。

(1)一般直径单桩竖向极限承载力计算

一般直径单桩竖向极限承载力标准值，可按下式计算：

$$Q_{uk}=Q_{sk}+Q_{pk}=U\sum q_{sik}l_i+q_{pk}A_p \tag{22}$$

式中　Q_{sk}——单桩总极限侧阻力标准值；

Q_{pk}——单桩总极限端阻力标准值；

U——桩身周长；

q_{sik}——桩侧第 i 层土的极限侧阻力标准值，如无当地经验值时，可按《建筑施工计算手册》P320 页表 5-31 取值；

l_i——桩穿越第 i 层土的厚度；

q_{pk}——极限端阻力标准值，如无当地经验值时，可按《建筑施工计算手册》P322 页表 5-32 取值；

A_p——桩端面积。

(2)大直径单桩竖向极限承载力计算。

大直径($d \geqslant 800$ mm)单桩竖向极限承载力标准值，可按下式计算：

$$Q_{uk}=Q_{sk}+Q_{pk}=U\sum\psi_{si}q_{sik}l_{si}+\psi_p q_{pk}A_p \tag{23}$$

式中　q_{sik}——桩侧第 i 层土的极限侧阻力标准值，如无当地经验值时，可按表取值，对于扩底变截面以下不计侧阻力；

q_{pk}——桩径为 800 mm 的极限端阻力标准，可采用深层载荷板试验确定，当不能进行深层载荷板试验时，可采用当地经验值或按表取值，对于干作业(清底干净)可按《建筑施工计算手册》P324 页表 5-33 取值。

ψ_{si}、ψ_p——大直径桩侧阻、端阻尺寸效应系数，按《建筑施工计算手册》P324 页表 5-34 取值。

U、l_{si}、A_p 符号意义同前。

对于混凝土护壁的大直径挖孔桩，计算单桩竖向承载力时，其设计桩径取护壁外直径。

(3)水中钢管筒形支墩计算。

钢管筒形支墩是一压弯组合构件，首先需验算单根钢管在稳定状态下所能承受的力，然后计算钢管筒形支墩的整体刚度及稳定性。图 13 为筒形支墩示意图。

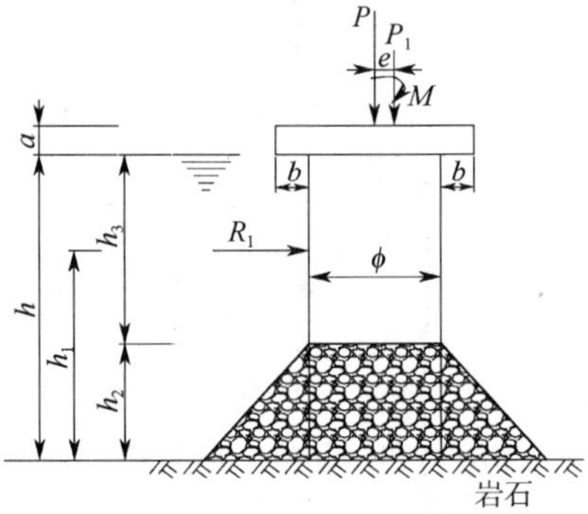

图 13　筒形支墩示意图

P—为上部支座传来的荷载；$P_1=P$；R_1—水流作用力；h_1—水流作用力矩；e—轴向偏心距；M—荷载偏心倾覆力矩；a—钢管顶支座高度；b—钢管顶支座超出钢管直径的距离；h_2—片石抛填高度

1)钢管容许承载力计算：

钢管容许承载力：

$$[P]=100[\sigma_0]\cdot A=100\psi[\sigma]A; \tag{24}$$

折减系数：

$$\psi=\sigma_{cr}/\sigma^{\circ}\cdot n/n_y \tag{25}$$

式中　σ_{cr}——临界应力，$\sigma_{cr}=P_{cr}/100\ A$(MPa)；

P_{cr}——临界力：$P_{cr}=\pi^2EI/10(\mu L)^2$；

σ°——破坏应力：$\sigma^{\circ}=n\cdot[\sigma]$；

n——强度安全系数取 1.6；

n_y——稳定安全系数取 2.0；

$[\sigma]$——为钢材的基本容许应力(150MPa)；

A——钢管横截面积：$A=\pi(D^2-d^2)/4$；

I——钢管横截面惯性矩，$I=\pi(D^4-d^4)/64$；

E——弹性模量，钢材 $E=2.1\times10^7\ \text{N/cm}^2$；

μ——长度系数，按两端铰支，取 $\mu=1$；

D、d、L——分别为钢管外径 D(cm)、钢管内径 d(cm)、钢管长度 L(cm)；

$[\sigma_0]$——钢材容许应力。

2)钢管筒形支墩的刚度检算：

钢管支墩顶端位移值：

$$Z=L^2(R_1L/3+M/2)/EI \tag{26}$$

式中 R_1——$10KArV^2/2g$ 水流作用力；

L——μl 压杆的相当长度；

$M=P\cdot e+R_1\cdot h_1, P=p\cdot n$；

p——每根钢管容许荷载；

n——筒形支墩钢管根数。

$Z\leqslant[\Delta]$为筒形支墩墩顶位移值应在容许位移值内，其中$[\Delta]=0.5\sqrt{L_1}$为筒形支墩顶端容许位移值，L_1 为跨度(m)；

3)钢管筒形支墩的抗滑和抗倾覆稳定检算：

① 抗滑力检算：

$$K_1=f(\sum P-\sum Q)/\sum T\geqslant 1.2 \tag{27}$$

式中 K_1——抗滑稳定系数；

f——基底面与地基土间摩擦系数；

$\sum P$——作用于基底的垂直力总和；

$\sum Q$——浮力；

$\sum T$——作用于墩上的水平力之和；

② 抗倾覆力检算：

$$K_2=y/e_o\geqslant 1.2 \tag{28}$$

式中 K_2——抗倾覆稳定系数；

y——基底形心至基底最大受压边缘之距离；

e_o——偏心距，$e_o=M_q/\sum P$；

其中 M_q——倾覆力矩；

$\sum P$——作用于基底垂直力总和。

6 支架(拱架)搭设基本要求

(1)支架(拱架)搭设前必须准确放线，调整标高，确保支架(拱架)位置准确；

(2)严格按施工设计、各种制式器材要求进行支架(拱架)搭设；

(3)地基必须按照地基承载力计算结果进行处理，处理完后检查合格；

(4)基础稳固，基础周围需进行防水处理，开挖排水沟，防止基础下沉；

(5)支架支座严格按照规范布设，材料不得随意替代，支座需搭设平稳；

(6)杆件平直，在使用合格范围之内，受弯破损杆件一律不准使用；

(7)杆件连接件合格、数目齐全、杆件连接可靠，不准用小号螺栓代替大号螺栓使用，滑丝的螺栓不准使用；

各种构件使用正确，设置齐全，其整体纵横向稳定性好。

7 支架(拱架)检查与验收

(1)支架搭设前对地基、基础进行检查，对存在问题经过处理复验合格，签字认可。

(2)对来料进行检查、验收，不合格的材料不予验收且不得混用在结构上。

(3)搭设过程检查。检查是否按设计尺寸搭设,是否正确使用各种杆件,连接件是否齐全、紧固,是否有不合格的杆件、材料混用于结构上,搭设方法是否正确,杆件有无遗漏,安全设施是否合格、完善。

(4)支架搭设完毕,按设计拟定检查项目、达到标准允许误差限值进行列表,逐项对照检查、评定,对存在问题限期整改,经复验合格签字验收,方可转入下道工序施工。

8 支架(拱架)预压

支架(拱架)搭设完之后,为检验支架应具备的强度和刚度,减少地基沉降,消除支架非弹性变形,应对支架(拱架)进行预压,确保施工质量和施工安全。根据主拱自身荷载以及附属人群和机具施工荷载,同时还要考虑荷载的偏载系数和冲击系数,对拱架进行等效预压,预压的荷载一般为结构自重的 1.1～1.3 倍。

支架(拱架)预压的结果影响整个主拱的质量,因此需制定详细的预压方案,对现场施工人员进行交底,派专门的技术人员进行现场监督,并做好地基沉降监测,记录好拱架变形数据并进行分析处理,得出可靠的变形及沉降数据。预压过程中可以根据现场需要及施工方案进行分段预压或整体预压,预压时间不少于 3 天。

在确定预拱度时还应考虑下列因素:

(1)卸架后上部构造本身及活载一半所产生的竖向挠度 δ_1;

(2)支架在荷载作用下的弹性压缩 δ_2;

(3)支架在荷载作用下的非弹性变形 δ_3;

(4)支架基底在荷载作用下的非弹性沉陷 δ_4;

(5)由混凝土收缩及温度变化而引起的挠度 δ_5。

9 安全设施

安全生产是企业的头等大事,因此工地上应制订各种安全措施:

(1)拱桥下方如遇通航、通车、行人、拱桥施工均应进行封闭式作业,有关防护设施要作施工设计和拟定安全技术措施,报经相关部门批准,确保船舶、车辆、人身安全;

(2)拱圈(拱肋)和拱上结构、拱架(支架)及作业平台的边缘均需设置栏杆,挂安全网,铺设人员通行步板;

(3)拱架搭设属于高空作业,各工种防护用品需配戴齐备,具有简易救生设备,并应执行相关安全规范;

(4)各工种必须按照相应操作规程,按章操作,不得违规作业;

(5)作业场所悬挂安全警示牌,提示人们自觉防范;

(6)材料应堆放整齐、稳定,不得超高,支座支垫牢固、设备完好,电源开关装箱上锁;

(7)施工现场要建立健全防火管理制度,易燃、易爆物品储存场所,严禁带入火种。

10 结束语

中、小跨径钢筋混凝土拱桥施工方式有多种,实践证明:就地现浇比较适合中、小跨径钢筋混凝土拱桥施工。支架(拱架)的选择应从现场地形、经济、施工原材料的供应出发,选择最合适支架(拱架)形式进行施工。同时,方案的设计、计算以及实施,每一步都至关重要,不可或缺。

中、小跨径现浇拱节段施工工艺

1 前　言

拱桥是我国采用非常广泛的一种桥梁体系。拱式体系的受力合理,拱式结构在竖向荷载作用下,支承处除产生竖向反力外,还产生水平力,拱圈内主要承受压力。

钢筋混凝土拱桥是中、小跨径拱桥的主要形式,包括钢筋混凝土箱板拱和箱肋拱。

中、小跨径钢筋混凝土拱桥拱圈现浇,需要搭设拱架(支架),进行有支架就地浇注施工。具体作法是:在拱架(支架)上立模、绑扎钢筋、浇注混凝土拱圈;在拱圈上,施工拱上结构和桥面系。

要实现拱桥现浇钢筋混凝土,架立拱架(支架)是关键,而拱架(支架)的种类很多,按结构形式有满堂式、排架式、撑架式、扇形式、桁架式、组合式、叠桁式、斜拉式等,按材料分有木结构、竹结构、竹木混合结构、钢结构、钢木组合结构以及土牛胎等多种形式。

2 适用范围

跨径在 100 m 左右的钢筋混凝土拱桥,具备搭设拱架(或支架)条件的,均适用。

3 施工工艺流程

(1)跨径≤16 m 拱圈或拱肋施工工艺流程图(见图 1)

(2)跨径≥16 m 的拱圈或拱肋施工工艺流程图(见图 2)

(3)钢筋混凝土箱形拱圈或拱肋施工工艺流程图(见图 3)

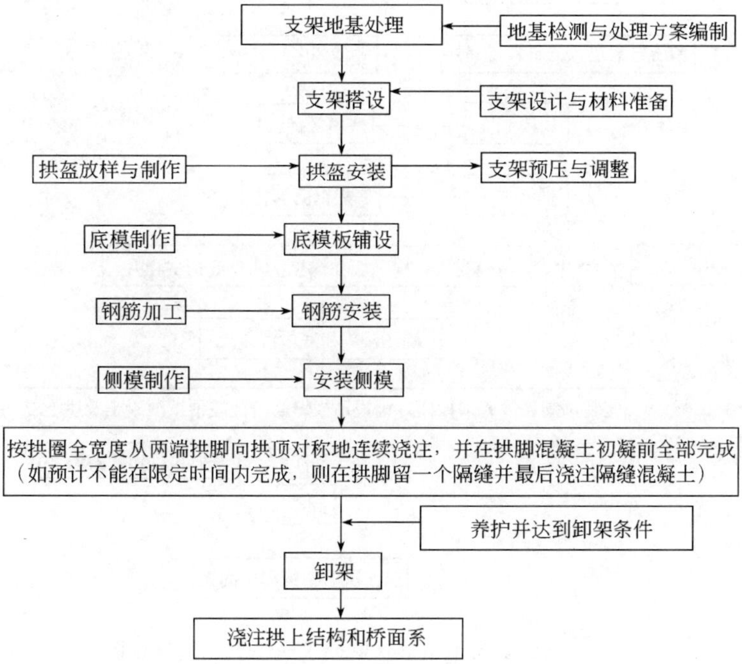

图 1　跨径不大于 16 m 拱圈或拱肋施工工艺流程图

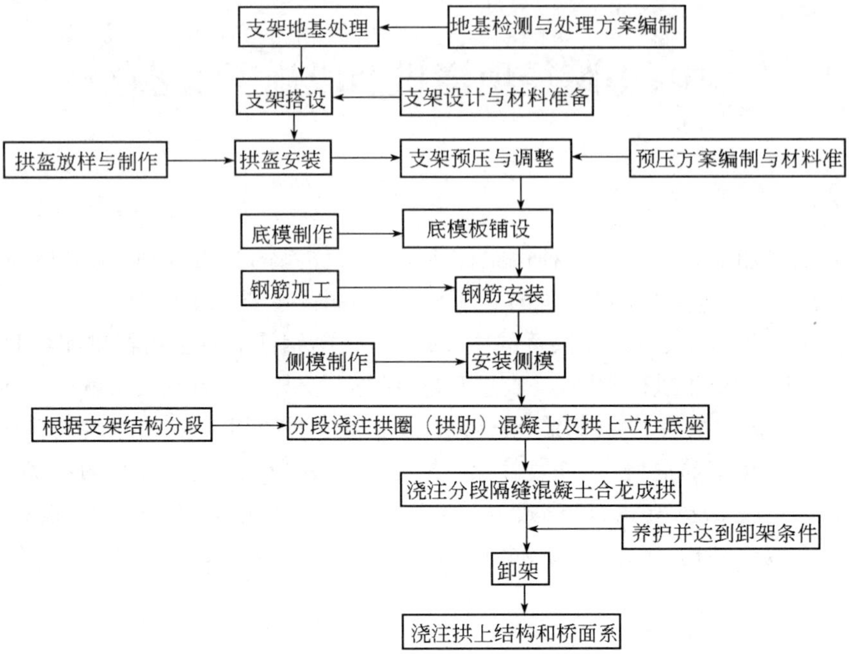

图 2　跨径≥16 m 的拱圈或拱肋施工工艺流程图

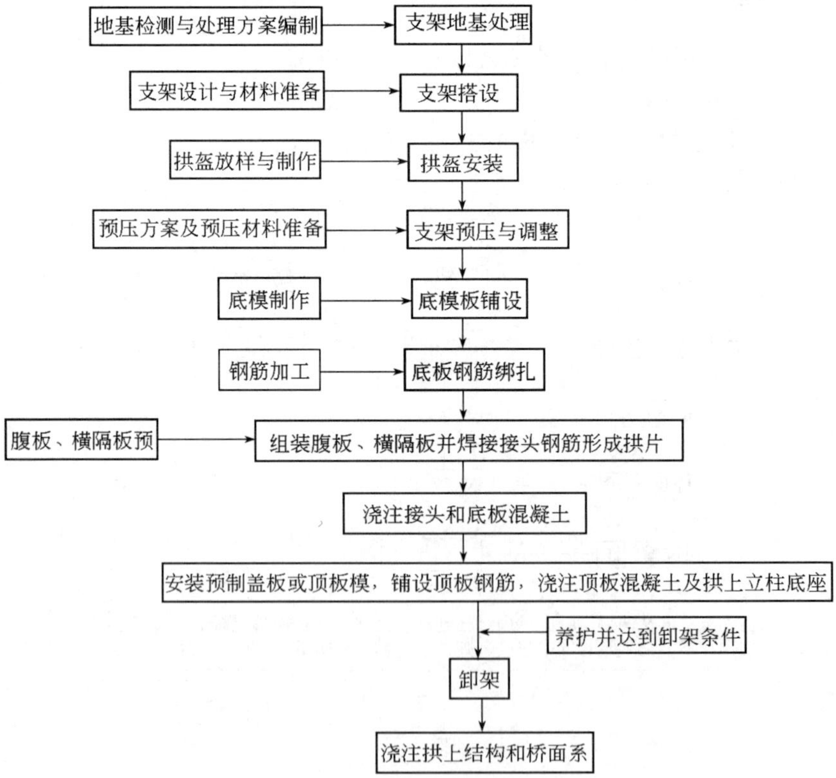

图 3　钢筋混凝土箱形拱圈或拱肋施工工艺流程图

4　现浇钢筋混凝土拱桥操作要点

4.1　地基处理

4.1.1　原地基检测

参照施工设计图中的水文和地质资料，进行现场核对，如有疑问，采取可靠手段对水深、流速进行实测，对地基土进行检测。

(1)流速：采用流速仪测量，其最大流速在水面以下 0.2 h(h=水深)处，0.6 h 为平均流速。

(2)地基承载力标准值：

1)岩石地基(kPa)见表1。

表1　岩石地基分类表(kPa)

风化程度 / 岩石类别	强风化	中风化	微风化
硬岩石	500～1 000	1 500～2 500	≥4 000
软岩石	200～500	200～1 200	1 500～2 000

2)砂土、黏性土、素填土按标准贯入度试验锤击数 N 或轻便触探试验击数 N_{10} 查表确定地基承载力标准值(见表2、表3、表4)。按规范，现场试验锤击数应进行修正：

$$N(N_{10})=\mu-1.645\sigma$$

式中　μ——现场试验锤击数的平均值；

　　　σ——现场试验锤击数的标准差。

表2　砂土承载力特征值(kPa)

N / 土类	10	15	30	50
中、粗砂 f_{ak}	180	250	240	500
粉、细砂 f_{ak}	140	180	250	340

表3　黏性土承载力特征值(kPa)

N	3	5	7	9	11	13	15	17	19	21	23
f_{ak}	105	145	190	235	280	325	370	430	515	600	680
N_{10}	15		20		25		30				
f_{ak}	105		145		190		230				

表4　素填土承载力特征值(kPa)

N_{10}	10	20	30	40
f_{ak}	85	115	135	160

(3)地基承载力设计值按公式计算：

$$f=f_{ak}+\eta_b\gamma(b-3)+\eta_d\gamma_0(d-0.5)$$

式中　f——地基土承载力设计值(kPa)，当 $f<1.1\ f_{ak}$时，取 $f=1.1\ f_{ak}$；

f_{ak}——地基承载力标准值(kPa)；

η_b、η_d——地基宽度和埋深的承载力修正系数，按基底下持力层查表 5；

γ——基底以下土的重度，地下水位以下取有效重度(kN/m^3)；

γ_0——基底以上土的加权平均重度，地下水位以下取有效重度(kN/m^3)；

b——基础底面宽度 $b<3$ m 按 3 m 考虑；

d——基础埋置深度，以天然地面算起。

表 5　承载力修正系数表

土的类别		η_b	η_d
淤泥和淤泥质土	$f_{ak}<50$ kPa	0	1.0
	$f_{ak}\geqslant 50$ kPa	0	1.1
人工填土	e 或 I_L 大于等于 0.85 的黏性土	0	1.1
	$e\geqslant 0.85$ 或 $S_r>0.5$ 的粉土	0	1.1
红黏土	含水比 $a_w>0.8$	0	1.2
	含水比 $a_w\leqslant 0.8$	0.15	1.4
e 及 I_L 均小于 0.85 的黏性土		0.3	1.6
$e<0.85$ 及 $S_r\leqslant 0.5$ 的粉土		0.5	2.2
粉砂、细砂(不包括很湿与饱和时的稍密状态)		2.0	3.0
中砂、粗砂、砾砂和碎石土		3.0	4.4

说明：1. 强风化的岩石，可参照所风化成的相应土类取值；
2. S_r 为土的饱和度，$S_r\leqslant 0.5$，稍湿；$0.5<S_r\leqslant 0.8$，很湿；$S_r>0.8$ 饱和。

4.1.2　制订处理方案

根据核实的水文和地质资料，选择合适的处理方案，一般的方案有：

(1)水中方案。

1)打钢管桩，作为支架墩柱基础。

2)《采用钢管(ϕ1.08 m)筒形支墩》作为支架墩柱基础——参见《采用钢管筒形支墩膺架现浇大跨度箱拱工法》。

(2)陆地方案。

1)满堂支架。

原地面承载力满足设计要求：清除草皮→挖台阶→原地面夯实→垫分配方木或清除草皮→原地面夯实→填土压实→垫分配方木。

原地面承载力不满足设计要求：用砂或石粉或水泥土按计算厚度、宽度进行换填并压实→检测承载力满足设计要求→垫分配方木。

2)撑架式(拱梁式)。

均在孔内设墩柱，将一孔桥的支架(拱架)变为多个小跨，其墩柱基础可采用：钻、挖孔桩，扩大基础。

3)采用定型拱架，制式器材拼装拱架：结合拱桥拱座设立拱架支承座，以抵抗竖直和水平分力，可设计为三铰、两铰或无铰拱架。

拱架支承座受竖直、水平力较大，其卸架设备必须进行正规设计。

4.1.3　地基处理后检测、评定处理结果

地基处理后进行检测，评定处理结果是否满足施工设计承载力和沉降量的要求。

4.2 支架(拱架)搭设

4.2.1 支架(拱架)材料选用

根据结构荷载和工程位置、条件、供料来源,可选用竹、木、钢管和各种制式器材作为支架、拱架用材。

4.2.2 支架(拱架)设计与检算

依据建桥材料、跨径大小、结构荷载、桥址环境等进行支架(拱架)施工设计,对结构进行受力分析,对模板、拱盔、横梁木、支架(拱架)各杆件受力进行强度、挠度、稳定性检算,要求所设计的支架结构合理,计算正确,便于拆装。其详细内容参见《中小跨径钢筋混凝土拱桥现浇支架(拱架)设计指南》。

4.2.3 支架(拱架)搭设

支架(拱架)搭设前必须准确放线,调整标高,确保支架(拱架)位置准确。

严格按施工设计、各种制式器材要求进行支架(拱架)搭设。

其要求是:地基处理检测合格;基础稳固、支垫平稳;杆件平直,且在使用合格范围之内;连接件合格、数目齐全、紧固;各种构件使用正确,设置齐全,其整体纵、横向稳定性好。

4.2.4 支架(拱架)检查与验收

(1)支架搭设前对地基、基础进行检查,对存在问题经过处理复验合格,签字认可。

(2)对来料进行检查、验收,不合格的材料不予验收且不得混用在结构上。

(3)搭设过程检查是否按设计尺寸搭设,是否正确使用各种杆件,连接件是否齐全、紧固,是否有不合格的杆件、材料混用于结构上,搭设方法是否正确,杆件有无遗漏,安全设施是否合格、完善。

(4)支架搭设完毕,按设计拟定检查项目、达到标准、允许误差限值进行列表,逐项对照检查、评定,对存在问题限期整改,经复验合格签字验收后,方可转入下道工序施工。

4.3 拱盔安装

4.3.1 卸架设备及其安装

为保证拱架(支架)能按设计要求均匀卸落,常用的卸架设备有各种钢管脚手架使用的螺旋型天托、地托、砂筒、木楔、千斤顶等。

支架(拱架)结构设计时,对卸架设备作出设计,并经试验检测合格,搭设支架(拱架)时按图精心安装,确保卸架时按设计要求分级卸落量进行卸架,操作灵活。

4.3.2 在样台上放大样,制作梳形木

支架(拱架)顶不可能与拱圈腹线一致,而支架(拱架)受力基础会产生沉降,支架(拱架)产生弹性和非弹性变形,因此需要按拱圈(拱肋)腹线+预拱值在 1∶1 样台上放大样,分段定出拱盔梳型木,绘制与立柱、横梁木、卸架设备节点图,精心制作与安装,检查各节点标高,并作相应调整,确保拱圈(拱肋)成桥线形。

4.3.3 横梁木搭设

(1)检查横梁木进料木材质量和截面尺寸,不合格者不得用于结构上。

(2)铺设横梁木的接头,确保其下方有支点,否则需要采取其他可靠措施予以支顶。

(3)横梁木顶面要求平整,以便铺设模板。

4.3.4 标高检查与调整

(1)在梳型木安装后,检查各节点处标高,对其误差进行相应调整。

(2)在横梁木铺设后,按等效荷载对支架(拱架)进行预压,检测地基、支架(拱架)沉降和非弹性、弹性变形值,对各节点进行相应调整,确保拱圈(拱肋)成桥线形。

4.4 底模板铺设

按照外露混凝土质量要求,选择制作、铺设模板。做到铺设支垫牢固,达到表面平整,线条顺直,接缝整齐、密贴、不漏浆。

4.5 钢筋工程

4.5.1 钢筋的检查与验收

(1)钢筋必须按不同钢种、等级、牌号、规格、批号进行检查验收,分类堆存,不得混杂,且应挂牌标识。

(2)钢筋在运输过程中,应避免锈蚀和污染。

(3)钢筋在存放、加工、使用过程中应下支上盖,避免污染和生锈。

(4)钢筋应具有出厂质量证明书和试验报告单,使用前应抽取试样做力学性能试验。

4.5.2 钢筋下料与加工

(1)钢筋下料前应调直和清除污锈。

(2)钢筋下料前应按钢筋设计图和拱圈浇注方案按件名、规格、下料长度、数量和附图列表,经复核无误后交下料施工。

(3)钢筋弯制和末端的弯钩应符合设计,当设计无规定时,应按施工规范的规定加工。

4.5.3 钢筋绑扎

(1)拱脚钢筋预埋:设计伸入墩台身中的拱脚钢筋,采用设立型钢支架,定位撑垫,保证钢筋骨架设计位置。

(2)分段浇注的拱圈或拱肋混凝土时,其纵向钢筋接头应安排在设计规定的最后浇注的几个间隔槽内,并应在这些间隔槽浇注混凝土时再连接,纵向钢筋的加工、绑扎必须按此规定执行。

(3)箱形拱圈或拱肋先绑扎底板钢筋,再将预制好的腹板、横隔板与底板钢筋组拼,焊接腹板、横隔板的接头钢筋形成拱片后浇注底板和腹板、横隔板接头混凝土。待混凝土强度达到设计的 75%以上时,安装预制盖板或顶板底模,再绑扎顶板钢筋。

(4)所有钢筋绑扎都必须事前在样板上按纵横筋位置划线标记,均匀设置保护层垫块,按施工规范中钢筋工程的要求进行绑扎作业、检查与验收。

4.6 混凝土工程

4.6.1 混凝土配合比设计

拱圈或拱肋混凝土配合比应根据桥涵施工规范混凝土和钢筋混凝土工程对原材料的要求、配合比设计的规定以及拱圈或拱肋两端坡度较陡的实际情况,通过设计和试配选定,以满足强度和工作性能的要求,尽可能做到就地取材。

4.6.2 混凝土浇注方案设计

混凝土浇注方案设计应满足下列基本原则:

(1)跨径≤16 m的混凝土拱圈应按拱圈全宽度从两端拱脚向拱顶对称地连续浇注，并在拱脚混凝土初凝前全部完成。

如预期不能在限定时间内完成，则应在拱脚预留隔缝并最后浇注隔缝混凝土。

(2)跨径≥16 m的拱圈或拱肋，应沿拱跨方向分段浇注，分段位置应以能使拱架受力对称、均匀和变形量小为原则。

1)拱式拱架：宜设置在拱架受力反弯点、拱架节点，拱顶及拱脚处。

2)满布式拱架：宜设置在拱顶、$L/4$部位、拱脚及拱架节点处。

3)各段的接缝面应与拱轴线垂直，各分段点应预留间隔槽，其宽度一般为0.5～1.0 m，若安排有钢筋接头时，其宽度尚应满足接头钢筋要求的需要。

4)如预计拱架变形较小，可减少或不设间隔槽，而采取分段间隔浇注。

5)分段浇注程序应符合设计要求，应对称于拱顶进行，使拱架变形保持均匀和尽可能的最小，并预先做出设计。

6)分段浇注时，各分段的混凝土应一次连续浇注完毕，因故中断时，应浇注成与拱轴线相垂直的施工缝；如已浇注成斜面，则应凿成垂直于拱轴线的平面或台阶式接合面。

7)间隔槽混凝土浇注：应待拱圈分段浇注完成后且达到75%设计强度时和接合面按施工缝处理后，由拱脚向拱顶对称进行浇注；拱顶和拱脚间隔槽混凝土应在最后封拱时浇注。

8)封拱合龙：合龙温度应符合设计要求，当设计无要求时，宜在接近当地平均温度或5 ℃～15 ℃时进行；封拱合龙前用千斤顶施加压力的方法调整拱圈应力时，拱圈(含已浇注间隔槽)的混凝土强度达到设计强度。

(3)浇注跨径大的拱圈(拱肋)混凝土。

采用分环、分层、分段法浇注，也可沿纵向分成若干条幅，中间条幅先行浇注合龙，达到设计要求后，再按横向对称，分次浇注合龙其他条幅。

其浇注顺序和养护时间应根据拱架荷载和各环负荷条件通过计算确定，并符合设计和规范要求。

(4)中、小跨径钢筋混凝土箱形拱圈(拱肋)浇注混凝土。

采取在拱架(支架)上组拼和现浇结合的施工方法：

1)先将预制好的腹板、横隔板和底板绑扎好的钢筋底盘在拱架上组拼，在焊接腹板、横隔板的接头钢筋形成拱片后，浇注底板和接头混凝土。

2)组拼和现浇混凝土时应从两拱脚向拱顶对称进行，浇底板混凝土时应按拱架变形情况设置少量间隔缝，并于底板合龙时浇注。

3)顶板混凝土：待接头和底板混凝土强度达到设计强度的75%以上后，安装预制盖板或顶板底模，绑扎顶板钢筋后浇注。

4)主拱施工采用单箱浇注，合龙后再浇注第二箱，施工顺序由桥轴线向两外侧推进。

4.6.3 混凝土拆模与养护

(1)混凝土拆模。

1)侧模板拆除应在混凝土强度能保证其表面及棱角不致因拆模而损坏，一般应在混凝土抗压强度达到2.5 MPa时方可拆除。

2)底模板拆除：拱圈底模随同拱架(支架)拆除时一并拆除，其余部位底模应能承受自重和叠加荷载时拆除。

3)芯模应在混凝土强度能保证其表面不发生坍陷和裂缝时,方可拆除。

(2)混凝土养护。

1)根据混凝土结构、环境、使用水泥品种、外加剂、混凝土性能制订具体的养护方案,并应严格执行规定的养护制度。

2)混凝土浇注,应在收浆后尽快予以覆盖和洒水养护,且不得损伤和污染混凝土。

3)混凝土面有模板覆盖时,应在养护期间经常保持模板湿润状态。

4)当气温低于 5 ℃时,应覆盖保温,不得进行洒水养护。

5)养护用水与拌和用水相同。

6)混凝土养护时间一般为 7 d,可根据空气的湿度、温度和水泥品种及掺用外加剂情况,酌情延长和缩短。每天洒水次数以能保持混凝土表面经常处于湿润状态。采用塑料薄膜或喷化学浆液养护时,可不洒水。

7)混凝土强度未达到 2.5 MPa 前,不得承受人员、运输工具、模板和其他材料、设备。

4.7　卸架要求

(1)应在拱圈(拱肋)全部合龙,间隔槽(缝)混凝土堵塞完毕,其混凝土强度已达设计强度的 75%以上时,方可拆除。卸架程序应按设计规定进行。如图 4。

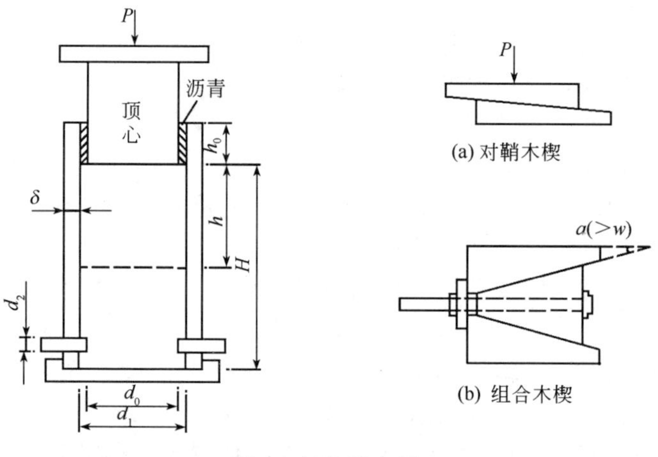

图 4　卸架设备图

(2)卸架要求:

1)按事前拟订的卸落程序,分几个循环卸落架,卸落量开始宜小,以后逐渐加大。

2)在纵向应对称均衡卸落,在横向应同时一起卸落,每次卸落量应在卸架设备上作上标记。

3)满布式拱架(支架)卸落时,从拱顶向拱脚依次循环进行。

4)拱式拱架在两支座处同时均匀进行。

5)多孔拱桥卸架时,若桥墩允许承受单孔施工荷载,可单孔卸落,否则应多孔同时卸落,或各连续孔分阶段卸落。

6)卸落拱架时,应设专人用仪器观测拱圈挠度和墩台上变位情况并做好记录,另设专人仔细观察是否有裂纹发生。

7)各杆件和联结件随拆随运,小件用箱或桶吊装,不得乱抛乱扔。

4.8 拱上结构施工

(1)拱上结构的立柱、横墙的基座,在施工前对其位置和高程进行复测检查,超过容许偏差应予调整。

(2)拱桥的拱上结构应严格按照设计加载程序进行,使施工过程的拱轴线与设计拱轴线尽量吻合。

如有拱架就先卸拱;

如无设计加载程序,应根据施工验算由拱脚至拱顶均衡、对称加载;

加载过程,应加强施工监控。

(3)在支架上浇注的上承式拱桥,其拱上结构混凝土浇注应在拱圈及间隔槽混凝土浇注完成且封拱间隔槽混凝土强度达到设计要求强度后进行。

(4)在支架上浇注的下承式或中承式拱桥,其悬吊桥面系混凝土应在拱架卸落后进行浇注,其吊杆混凝土应在桥面系完成后对称地浇注。

(5)在支架上浇注的拱桥:立柱上端施工缝应设在横梁承托底面上;桥面系的梁和板应尽量同时浇注;两伸缩缝间的桥面板应一次性浇注。

(6)拱上腹拱拱圈施工时,应注意腹拱圈产生的推力对立柱或拱桥的影响,相邻腹板的施工进度应同步。

4.9 施工观测与控制

(1)在浇注拱圈和卸架过程中,设专人用仪器配合施工进度随时观测拱圈、拱架的挠度和横向位移,以及墩台变位情况,并详细记录。

如遇异常情况,应及时分析,采取相应措施,必要时调整加载或卸架程序。

(2)大跨度拱桥施工过程中,应配合施工进度对拱圈混凝土等关键受力部位进行应力监测,并与控制计算相比较,一旦超出允许偏差,应立即进行调整。

5 安全设施及安全注意事项

5.1 安全设施

(1)拱桥下方如遇通航、通车、行人、拱桥施工均应进行封闭式作业,有关防护设施要作出施工设计和拟定安全技术措施,报相关部门批准,确保船舶、车辆、人身安全。

(2)拱圈(拱肋)和拱上结构、拱架(支架)及作业平台的边缘均需设置栏杆,挂安全网,铺设人员通行步板。

5.2 安全注意事项

(1)拱桥施工必须确保工程结构、人员、设施安全。

(2)每班开工前检查各种安全设施是否处于完好状态,防护人员是否到岗。

(3)各工种必须按相应操作规程,按章操作,不得违规作业。

(4)拱桥施工,搭设拱架(支架),架上作业,需按高空作业组织施工。

(5)作业人员必须穿戴防护用品,邻岗之间相互照应。

(6)作业场所悬挂安全警示牌。

(7)材料堆放整齐、支垫牢固、设备完好、电源开关装箱上锁。

6　质量控制

(1)拱架(支架)搭设牢固,成形后必须经过检查验收和等效荷载预压。

(2)所有操作必须遵循前述各工序要点进行,全员、全过程控制,上道工序不达标,下道工序不施工。

(3)工程结构外形轮廓清晰顺直,表面平整、光洁,无表面受力裂缝,混凝土达到内实。

(4)现浇钢筋混凝土拱桥质量检测标准见表6。

表6　现浇钢筋混凝土拱桥质量检测标准

检 测 项 目		规定值或允许偏差(mm)
混凝土强度(MPa)		在合格标准内
轴 线 偏 位	板 拱	10
	肋 拱	5
内 弧 线 偏 离	跨径 $L\leqslant 30$ m	±20
设 计 弧 线	跨径 $L>30$ m	$\pm L/1\ 500$
断 面 尺 寸	高 度	±5
	顶板、腹板厚度	+10
拱 肋 间 距		5

7　结 束 语

中、小跨径钢筋混凝土拱桥的施工方法很多,主要根据拱桥结构形式、跨径大小、建桥器材、桥址环境的具体情况而确定,其工序流程基本一致,仅拱圈或拱肋混凝土浇注与跨径大小、拱圈(拱肋)结构有所不同,其关键工序是拱架(支架)搭设,一般均采用满堂支架或撑架式支架,材料采用万能杆件、贝雷片、扣件式钢管脚手架、碗口支架、门式支架与型钢组合而成。

钢筋混凝土拱桥
预制吊装施工

钢筋混凝土拱桥节段预制施工工艺

1 前　　言

节段是指混凝土装配式拱桥主拱拱箱(肋)的单元组装段。在主拱安装前,各节段独立预制成形,空中组拼成拱。

拱桥节段预制是装配式拱桥施工中的重要组成部分。节段预制质量直接影响到主拱安装的顺利程度和成拱线形,对成桥质量影响较大,是全桥上部结构施工过程中一项关键工序。

2 适用范围

适用于装配式混凝土拱桥中肋拱和组合箱形拱的节段预制。

3 工艺特点

(1)可与桥梁下部构造及临时吊装设施的施工同步进行,有利于减少总工期。

(2)节段也可采用部分预制、部分现浇的方式完成,灵活性较强。

(3)预制件集中制作,便于施工组织管理和质量控制。

(4)节段拱箱一般由底板、横隔板、腹板、组装接头和顶板组成,可采用分部预制、组装、现浇等工艺完成。

其中节段底板采用现浇的方式成形,隔板、腹板采用分块预制,台座上组拼的方式成形,隔、腹板组装接头采用现浇的方式成形,拱箱顶板采用现浇的方式成形。节段拱箱一般结构如图1所示。

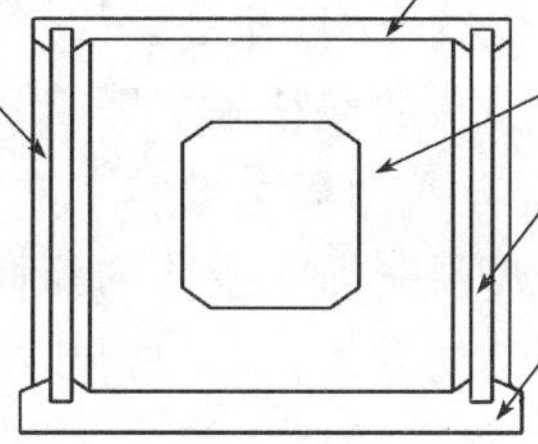

图1　拱箱横断面示意图

4 预制场地

4.1 预制场地选择

(1)尽量靠近拱轴线位置,可设在拱轴线上游或下游一侧,以减少场内运输距离,拱箱(肋)宜顺拱轴线方向预制。一般选择桥头路基作为预制场,当桥头没有合适的路基或桥头路基及引桥的完成时间不能满足节段预制要求时,也可在桥下选择适当位置作为预制场地。

(2)预制场地宜开阔、平整,便于布置台座,储放构件、安排拌和设备和原材料堆放,而且预制场地应不受洪水威胁,若必须渡洪,应考虑渡洪措施。

(3)构件预制场基础应有足够承载能力,并做好排水设施。

4.2 场地布置规划

(1)预制场一般要综合考虑主拱节段、拱上结构以及桥梁上部车道板及其他构件的预制工作,预制数量较大时,需对场地进行全盘规划。

(2)按功能将预制场进行划分,形成多个区域,包括:节段预制区,横隔板及腹板预制、存放区，节段存放区，拱上结构预制、存放区，上部其他构造预制、存放区等。

(3)横隔、腹板预制存放板块宜与节段预制板块相邻，以减少预制件的临时倒运距离。

(4)拱节段存放区宜靠近桥梁，以减少架设时的运输工程量。

(5)在各结构预制过程中，根据施工进度，往往会出现交错预制的情况，因此宜将预制区连续布置，以适应施工调整。

5　预制工艺

5.1　预制方式

拱箱(肋)预制有三种方式：立式、卧式和组合预制式。

5.1.1　立式预制

拱箱(肋)在分段预制时，拱箱(肋)弧面垂直于地面。主要优点在于起吊方便。主要浇注方法有土拱胎法、支架法两种。

(1)土拱胎法。

土拱胎法就是按照节段底面拱形线形，制作拱形的预制台座，在台座上制作节段的方法。

(2)支架法。

当节段拱形矢度较大或场地条件受到限制，或采用土拱胎法时，出现拱胎过高、工程量太大时，采用搭设支架形成拱胎的方法。支架可在地面上搭设木支架或钢木组合式支架；也可利用条石代替支架，即搭设数个条石支墩，在其上敷设弓形木、底模和侧模。支架和石墩的高度要考虑拱肋的横移施工因素。

5.1.2　卧式预制工艺

卧式预制即将拱肋的弧面平放于地面的预制方法。优点在于易于控制拱肋的几何尺寸，混凝土浇注方便，节省材料，缺点是拱箱翻身时易造成构件损坏。

5.1.3　组合预制工艺

组合预制就是在节段预制成型过程中，节段的组成部分采用预制、组装和现浇多种工艺，使节段成形的方法。即绑扎底板钢筋后，将已预制好的的侧板、横隔板，在拱架或拱胎上进行组装，预制侧板的钢筋深入底板，侧板底部与底板顶面齐平。浇注底板混凝土及侧、横隔板接头混凝土，形成开口箱，安装拱箱顶板模板，扎顶板钢筋，浇注顶板混凝土，形成闭口箱拱段。

因立式和卧式预制工艺相对简单，且对箱形拱节段预制，目前使用较少，将重点介绍组合预制工艺。

5.2　组合预制工艺及流程

5.2.1　放　　样

按照节段的线型，以预制台座上按 1∶1 比例进行放样。

5.2.2　胎架制作

根据现场实际情况，选择土拱胎或支架组成节段底模，形成拱胎，也称为台座。

(1)土拱胎根据胎体的宽度和高度尺寸，一般可做成整体结构或组合结构。

(2)土拱胎组合构造一般由台座混凝土侧墙、填芯浆砌片石、台面混凝土和台面钢板组成。

(3)土拱胎表面用钢板作为底模面时，可采取在台面混凝土中预埋角钢，后焊接钢板；也可采取在台面混凝土中预埋木条、钉设铁皮的方式组成。

土拱胎组合构造如图 2、图 3 所示。

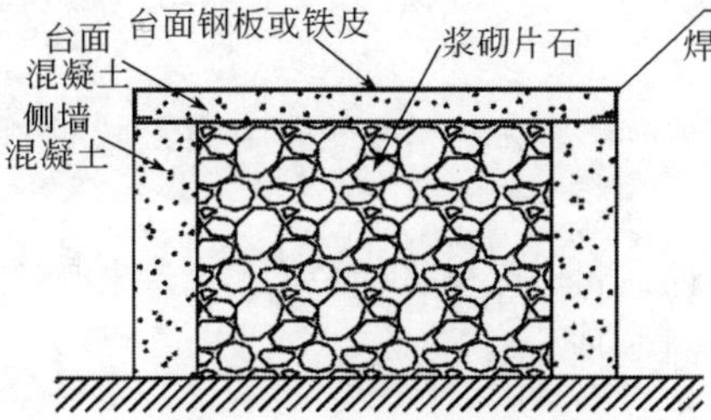

图 2 拱胎横断面图

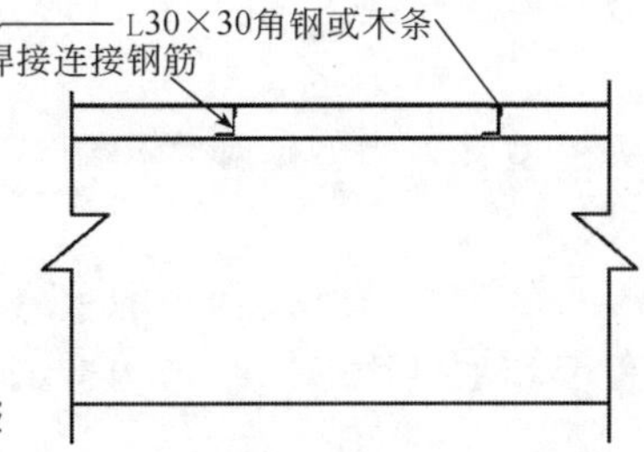

图 3 拱胎纵断面图

采用支架法形成的拱胎，事前对支架的基础需进行必要计算和处理。防止预制过程中出现下沉及变形。

5.2.3 腹板、横隔板预制

(1)一般采取平放预制、立式存放的方式。

(2)板件要求在硬化处理后的地面上预制，与硬化地面之间可采用脱模剂或铺设一次性塑料薄膜；板块侧模型宜采用型钢制作。

(3)混凝土浇注期间采用平板式振捣器。

(4)板块混凝土浇注后须在混凝土强度达到 75%后才能拆除。拆除时应采用 4 点起吊的方式，不得使用对角两点或三角形三点起吊的方式。

5.2.4 组装预制

(1)板块组拼。

1)节段拱箱组拼前，须在台座上将每块横隔板和腹板的位置在台座上标示，以控制各块板的安装位置。

2)拱箱组拼前，须将拱箱底板钢筋和预埋件施工完成，并制作隔、腹板的定位垫块。隔、腹板的定位垫块须根据距拱箱底面的相对位置制作，混凝土垫块强度须与拱箱混凝土强度相一致。

3)因台座顶部位置，相对较平缓，安装时，可从台座顶开始，并宜先安装一块横隔板，再安装一块腹板。当横隔板和腹板连接钢筋焊接，形成稳定结构后，再安装横隔板、腹板时就可不再安装临时稳定支撑。

4)当安装的横隔板和腹板形成稳定结构后，再依次安装剩余横隔板和腹板。

第一块横隔板组拼示意如图 4 所示。

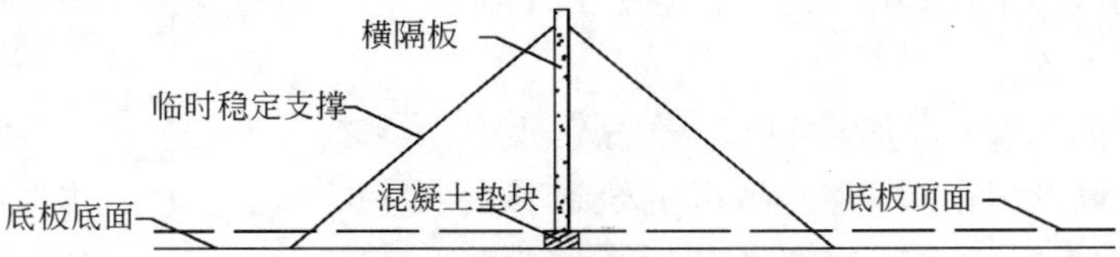

图 4 横隔板组拼示意图

(2)底板施工。

1)当拱箱横隔板和腹板组拼完成后，现浇拱箱底板混凝土。拱箱底板混凝土在拱箱内一般有倒角，在现浇混凝土时，一般采用抹角的方式成形。

2)底板混凝土宜采用干硬性混凝土，以利底板内箱抹角成形。

3)底混凝土施工宜采用插入式捣固器振捣。

(3)组装接头施工。

1)在组拼接头混凝土施工前,拱箱已形成无顶的开口箱,须在拱箱的顶面搭设纵向贯通施工平台。

2)组拼接头模型宜采用型钢和木模组装成形。混凝土浇注采用插入式捣固器。

(4)拱箱节段接头。

拱箱节段接头是拱箱预制过程中的重要控制部位。其预制精度直接影响到拱箱安装及合龙工序的难易程度和主拱线形。结构构造如图 5 所示。

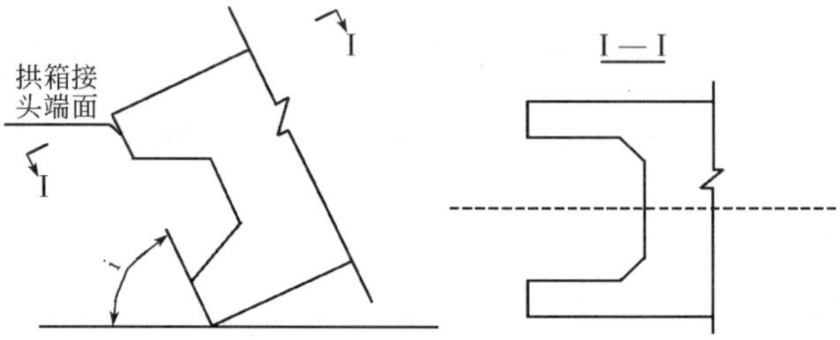

图 5 拱箱接头构造示意图

拱箱节段接头安装倾角 i 与预制台座上的预制倾角 i 需经换算,以保证预制拱箱在安装时其接头倾角的准确。

拱箱节段接头的端面模型,宜采用整体大块模型,将接头的四个端面总体控制。不宜将各个端面分别安装端模,以免端面不在同一平面内。

端面模型可采用整块钢板制作,将接头连接的预埋件螺栓孔位在钢板上定出,使端面连接螺栓的位置固定、统一,不易产生偏差。

(5)拱箱顶板。

拱箱顶板采用现浇的方法施工。

拱箱顶板模型采用在拱箱内搭设支架,安装组合钢模和木模。

5.2.5 预制工艺流程(见图 6)

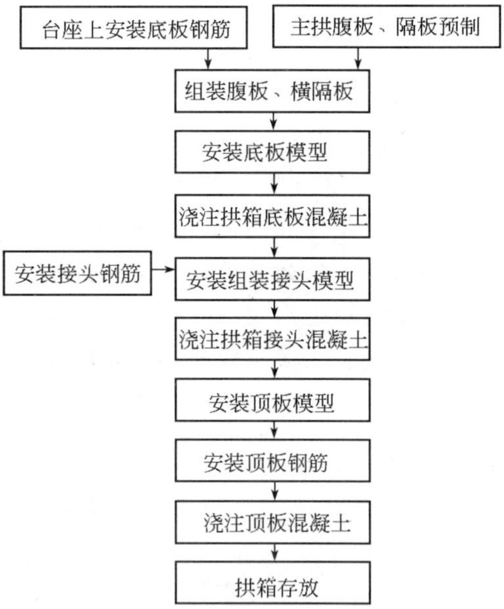

图 6 预制工艺流程

5.3 预制件存放

拱箱在起吊前,用千斤顶将拱箱与拱座分离,再用龙门吊起吊、运输。

一般在拱箱(肋)的两端铺设轨道,各置轨道平车一部,在其上设龙门吊梁,龙门吊可沿轨道移动。龙门吊梁上敷设电动葫芦用于拱箱(肋)的模板安装和拆除、钢筋运输及混凝土浇注;已浇注拱箱(肋)起吊及沿轨道运到堆放场地。

堆放场宜建立在预制场与起吊运输点之间,便于堆放和运输。堆放场平整、夯实,要求支垫牢靠,支垫位置与吊环位置相同。拱箱存放一般存放 2 层,特殊情况下可存放 3 层,但需对地基承载能力进行检算。

堆放拱箱的顺序应与拱肋(箱)吊装顺序相一致。

5.4 预制段场内运输

拱箱(肋)的运输一般是指拱箱(肋)从堆放场通过纵、横运输,将拱箱(肋)运到起吊位置的运输方式。

从堆放场地将拱箱(肋)运到吊点位置一般方法:

(1)运距较短,通过轨道平车、电动卷扬机、滑车组牵引运到起吊现场。

(2)如运距较长,采用胶轮平板拖车运输。

节段起吊装置需作专项设计。可采用预留孔,安装钢丝绳或钢吊带的方式。预留孔位置需埋置精确,在混凝土浇注后要及时检验。

6 预制质量控制要素

(1)节段预制质量主要控制内容有:混凝土质量、钢筋焊接质量,节段线形,节段尺寸,节段四个角点的标高,节段接头倾角,用于吊装的预埋孔或预埋件位置及质量等。

(2)预制箱(肋)的基础应牢固,特别是土牛拱胎基础夯实紧密,底模混凝土强度不低于C15,底模表面应按所放大样坐标用砂浆抹平。

(3)拱肋(箱)预制段宜一次浇注完成,及时养护,在拱箱(肋)混凝土强度达到设计强度100%后,方可吊装。

(4)所用模板应牢固可靠,各段端模应采用钢模以保证各接头螺栓孔一致,在安装端头模时,应在上缘箱拱中心偏0.5~1.0 cm,使预制好的两端接头较设计弧长短5~10 mm。

(5)按设计位置预埋起吊环,环用3号圆钢制作,吊点位置布置:

采用两吊点时,离拱肋端头(0.22~0.24)L (L 为拱肋长度,下同);

采用四吊点时,吊点位置对称于0.17 L、0.37 L 处。

7 施工机具设备配置

节段预制需配备的主要设备有龙门吊,其他钢筋、混凝土、模型施工设备需根据实际情况配备。

机械设备配置见表1。

表1 机械设备配置表

序号	设备名称	规格	单位	数量	备注
1	龙门吊		套	2	规格及数量根据具体工程项目预制工程数量、工期进行安排和确定
2	拌和站		套	1	
3	混凝土运输车		辆	2	
4	钢筋切断机		台	1	
5	电焊机				
6	混凝土施工设备				

8 劳动力安排

预制场一般需配备钢筋工、混凝土工、模型工、机械维修工、电工、龙门吊操作司机、起重工等工种人员。人员配备见表2。

表 2　劳动力配置表

序号	工种	单位	数量	备　注
1	钢筋工	人	20～30	具体人员数量需根据工程数量进行配置
2	混凝土工	人	10～20	
3	模型工	人	10～15	
4	机械维修工	人	2	
5	电工	人	3	
6	龙门吊操作司机	人	3	
7	起重工	人	10	

9　施工安全措施

(1)场内起重设备在正式使用前要进行试吊和验收。加强过程检查、维修和保养,保证设备的使用安全和可靠。

(2)起重设备的操作人员需持证上岗。

(3)工前需进行电气、起重、机械操作培训。

(4)做好预制场内电力线路布置和设备管理,做好安全用电。

(5)起重机械走行轨道及地基基础检查,发现问题及时加固处理。

10　结束语

本工艺对钢筋混凝土拱桥节段预制施工具有一定的指导意义,可供广大技术人员借鉴参考。

钢筋混凝土拱桥节段吊装施工工艺

1 前　　言

在装配式混凝土或钢筋混凝土拱桥上部结构施工中，通常采用节段预制吊装工艺。节段安装，根据现场施工条件，可采取少支架或无支架法。采用少支架法施工，可省去扣挂系统部分工作，但对支架及其基础条件要求较高。当拱桥位于深水、深谷、通航河道或限于工期必须在汛期进行拱肋施工的，采用支架法存在较大问题时，宜采用无支架法施工。

肋拱、箱形拱选用无支架法施工时，应结合桥梁规模、河流、地形及设备等条件，在龙门吊、塔式吊机、浮吊或缆索吊装等方案中进行比选，其中缆索吊装是使用最广泛的方案。

2 适用范围

缆索吊装施工是将混凝土或钢筋混凝土拱预制节段利用缆索吊机进行吊运，通过扣挂、组拼，使主拱圈合龙成形，施工由吊装、扣挂、侧向稳定等系统组成。

适用于装配式钢筋混凝土肋拱、组合箱形拱施工。也可部分用于桁架拱、钢管拱、刚构拱和采用预制吊装的其他类型的桥梁。

3 吊装前准备

3.1 预制构件质量检查

(1)吊装前，必须对所有预制构件的预制质量、构件的几何尺寸、堆放顺序是否符合要求进行认真检查。

(2)检查的主要内容有：节段弦长长度，节段接头端面倾角是否正确，节段接头端面是否在同一平面，节段接头连接螺栓孔位是否正确以及拱箱接头垂直度等。

以上检查后，要对数据详细记录，再根据数据确定处理措施。

3.2 墩台拱座尺寸检查

(1)对已建成的桥台、墩进行复测，复测的主要内容：拱座尺寸，拱座斜面倾角是否与施工设计一致，各预埋件位置是否正确，拱座起拱线的实际标高，净跨距离等。

(2)由于节段在吊装时，前端会有一定量的预提高，端面可能会与拱座斜面抵触，因此，在拱座施工时将拱座斜面上口减少 2～3 cm。

3.3 跨净与拱肋的误差调整

(1)在吊装前，需对主拱净跨作复核，对于净跨大于设计，可采用在拱座上加垫钢板的方法来调整；对于净跨小于设计，可采用在主拱安装时减少调整钢板的方法调整。

(2)节段从台座上起吊、存放后，弦长一般会比制作长度增长 0.5～2 cm，因此在节段制作时，节段长度一般减少 1～2 cm，其长度变化值对主拱的影响将在主拱合龙时，采用加垫钢板的方法来解决。

3.4　吊装设备的检查与试吊

（1）吊装前，对吊装系统各设施进行全面检查，然后组织试吊验收。分工况按逐级加载的方式进行。

（2）在各阶段试吊中，重点检验塔架位移、主索垂度和主索受力均匀程度，动力系统工作状态，牵引、起重系统运转状况及索力，主索地锚稳固情况及通讯、指挥系统的通畅性能和各作业组之间的协调性。

（3）试吊后，综合各种观测数据和检查情况，对吊装系统的技术状况进行分析、评价和鉴定，确定能否吊装。

3.5　扣索及调整系统检查

拱肋吊装时，除合龙段以外，各段在悬拼期间均需设一组扣索进行纵向稳定。

扣架一般设在墩、台顶上，底部固定，塔顶设置风缆；各扣索位置必须与所吊挂的拱肋在同一竖直面内。扣索一般采用钢丝绳，悬拼节段数量较多时，也可采用钢绞线。扣绳宜采用单扣，即扣点设置在拱箱中心线上。单扣受力明确、易于计算控制，设备需用量少。图 1、图 2 为节段重量 72 t、5 节段吊装中的扣索布置示意图。图 3 为扣索施工图。

在起吊前，须将各段扣索布置好，并分块存放，不得混乱，要做到条理清楚，放索时能顺利。

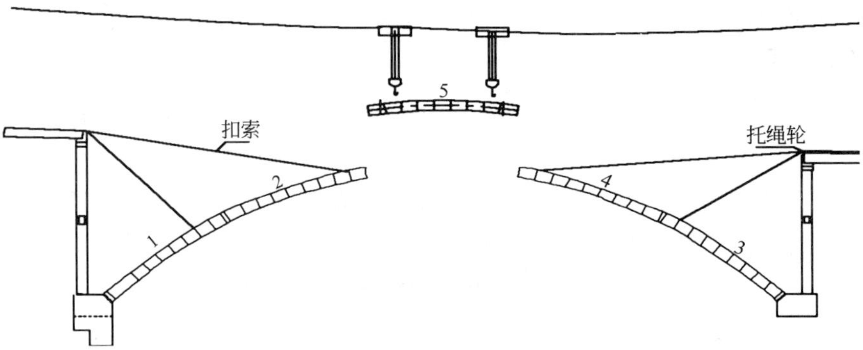

图 1　扣索布置示意图（单位：mm）

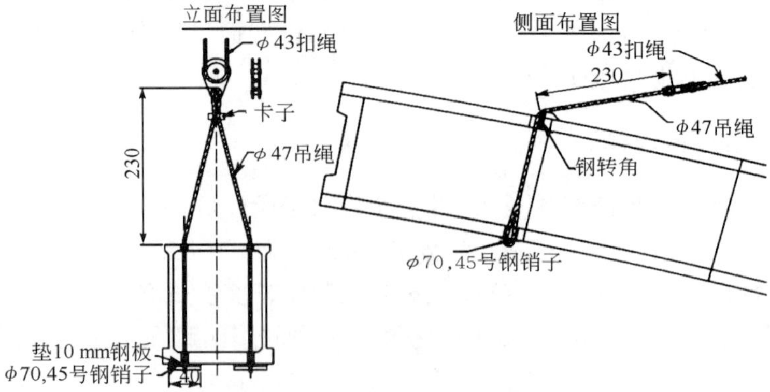

图 2　扣索布置示意图（单位：mm）

图 3　扣索施工图片

扣索的转角处需进行圆角处理，以避免扣绳受伤。如图 4 所示。

图 4　扣索在拱箱上布置图

吊绳制作需在台座上进行，并保证两肢等长，且模拟拉紧后再安装定位卡子。扣绳和吊绳在拱箱底部连接位置，在销子与混凝土之间，安装一块钢板，分散压力，以保证混凝土不被局部压力破坏。扣索在底板连接如图 5 所示。

图 5　扣索在拱箱底板连接

施工前对以下项目进行重点检查：用于扣索安装的牵引卷扬机工作状态和性能是否正常，扣索滑车组的完好和安装情况，扣索地笼变形观测标志、绳卡准备是否齐备，大小型号是否齐全。

4　吊装工艺及程序

4.1　起吊方法

拱箱(肋)节段采用平吊就位的吊装方式。拱箱节段水平起吊后，运输至安装位置，缓慢下降高度，调整后端头位置，将连接端与上一节段接头或拱脚相连接，提升拱箱前端，逐步调整前后起重索吊勾，使拱节段达到设计标高，进行临时锁定。如图 6、图 7 所示。

图 6　拱脚段吊装工况图

图 7　拱脚段吊装调整施工图

4.2　吊装程序

主拱根据跨度不同，分为三节段、五节段、七节段等吊装。

4.2.1　三节段吊装程序及工艺

三节段一般吊装程序如图 8 所示。

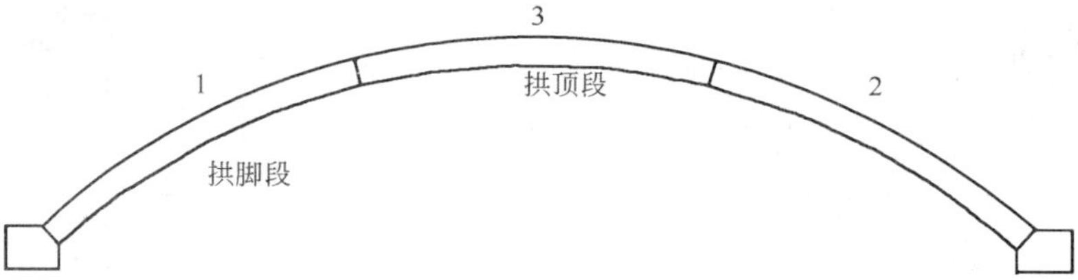

图 8　三节段拱安装顺序示意图

当采用梯形搭接接头时，宜先准确扣挂两拱脚段，调整扣索使其上端头较设计值抬高 3～5 cm，再安装拱顶段，实现合龙。

当采用对接接头时，宜先悬扣拱脚段初步定位，使其上端头较设计值抬高 5～10 cm，然后将拱顶段吊扣至比设计抬高 1～2 cm，再逐渐放松拱脚段扣索使其均匀下降与拱段段合龙。

4.2.2　五节段吊装程序及工艺

五节段一般吊装程序如图 9 所示。

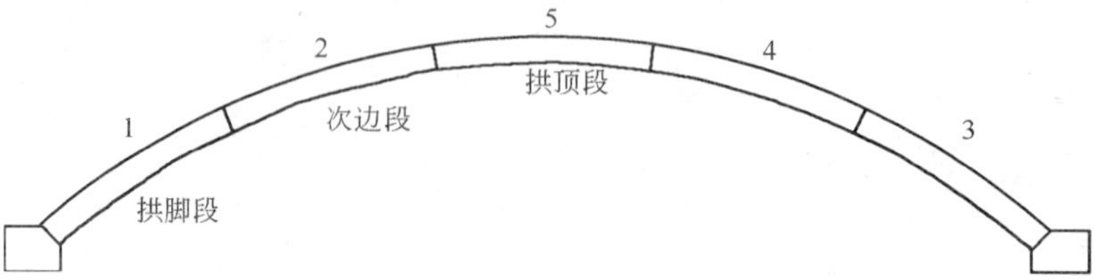

图 9　五节段拱吊装顺序示意图

从拱脚段开始，按上图顺序将1、2、3、4节段吊扣就位，并使次边段的上端接头比设计抬高10 cm，拱脚段上端接头比设计抬高5 cm。次边段上端接头与拱脚段上端接头抬高量按2倍关系控制。

4.2.3 拱肋松索成拱程序及工艺

(1)在松索成拱前，须先对拱肋轴线、各接头标高作校正，使之符合设计要求。

(2)每次松索量宜小，拱脚段上端接头高程变化不宜超过1 cm，次边段上端接头高程变化不宜超过2 cm。每次松索压紧接头缝后，应将接头螺栓全部拧紧一次。当接头标高接近设计值时，宜用钢板嵌塞接头缝隙。通过侧向缆风对拱箱轴线进行调整，然后将扣索、起重索放松到基本不受力，拧紧各接头螺栓，最后用缆风检查和校正拱箱轴线，固定缆风，观测各接头、1/8跨及拱顶高程。

(3)当主拱合龙并按设计固定缆风后，可按拱脚段扣索、次边段扣索、拱顶段起重索三者先后顺序完全放松绳索。

4.3 合龙方式

4.3.1 合龙原则

主拱合龙方式有：单肋合龙和双基肋合龙，多采用单肋合龙。

4.3.2 单肋合龙

单肋合龙是指合龙肋两侧没有加强稳定作用的基箱的合龙方式。中小跨径箱形拱桥，当其拱肋高度大于0.009～0.012跨径，拱肋底面宽度为拱肋高度的0.6～1.0，且横向稳定系数不小于4时，可采用单肋合龙方式。

其一般形式如图10所示。

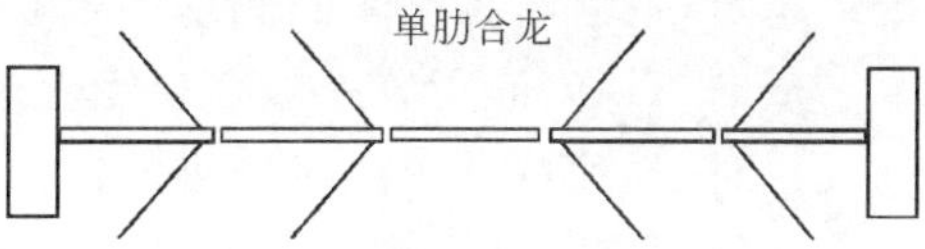

图10 单肋合龙示意图

大、中跨径箱形拱，其单肋横向稳定系数小于4时，可先悬扣多段拱脚段或次拱脚段拱肋，并将相邻两肋连接后，安装拱顶段单根肋合龙。

4.3.3 双基肋合龙

双基肋合龙是指合龙肋两侧有加强稳定作用的基箱的合龙方式。

当拱肋跨径不小于80 m或横向稳定系数小于4时，应采用双肋合龙松索成拱的方式，即当第一根拱肋合龙并校正拱轴线，楔紧拱肋接头缝后，稍松扣索和起重索，压紧接头缝，但不卸掉扣索和起重索，待第二根拱肋合龙，两根拱肋横向连接稳定并张拉好风缆后，再同时松卸两根拱肋的扣索和起重索。

双基合龙一般较少采用。

4.3.4 合龙方式的选择

(1)一般合龙宜采用单肋合龙，只有在情况特别不利、主拱设计要求的情况下采用双基肋合龙。双基肋合龙比单肋合龙的扣索系统增加1.5～2倍。

(2)合龙方式的确定主要取决于主拱的横向稳定。当主拱的裸拱横向稳定系数小于4时，才考虑双基肋合龙。

(3)当主拱的裸拱横向稳定系数小于4，但通过对缆风系统进行专门设计，并采取其他加强横向稳定措施，使合龙拱肋横向稳定系数提高，且拱箱接头强度满足该施工段要求时，采用单肋合龙。

横向稳定计算分析参见相关设计、施工规范。

4.4　拱肋横向稳定

单片拱肋的吊装及合龙过程中，拱肋的纵、横向稳定是施工中最为关键的问题。施工中只要控制好接头高程，处理好各接头的连接，使拱肋尽快形成无铰拱，则纵向稳定能得到满足。单片拱肋横向稳定只能依靠设置的横向缆风索来控制，在两片拱肋合龙后仍需要靠缆风索和两片拱之间的横向联结系来控制。主拱在安装、合龙时，拱箱接头为螺栓连接，相对拱肋自身强度很低，是拱肋稳定的薄弱环节。

4.4.1　横向缆风索的设置

横向风缆的主要作用在于：在拱肋吊装中用以调整和控制拱肋中心线；在拱肋合龙时用以约束各个接头的横向位移；在拱肋成拱后，用以减少拱肋的自由长度，增大拱肋的横向稳定；同时抵抗横向外力。

缆风设置应满足以下要求：

(1)上下游对称布置。

(2)缆风索预拱肋轴线夹角大于 45°，与地面夹角在 30°～40°，距离宜大于 100 m。

缆风索的收紧和放松，应在测量观测下统一指挥进行；对于 5 节段以上拱肋的吊装，对风缆进行专门设计，将风缆作为结构的一部分，在最不利横向荷载时，要计入风缆的弹性变形和非线性影响，要求横向稳定系数不小于 4。

当采用双基肋合龙方案时，主拱节段的侧缆风设置应对每段基箱分别设置，不宜将两段或多段基箱连接后，只在两侧设置。因为独立主拱节段安装的横向稳定性很差，主要由侧向缆风提供稳定，只有将各基箱的侧缆风独立设置，基箱段的稳定才会明显提高。

横向缆风安装位置一般在拱箱上端接头处，一般左右侧对称设置。当受地形影响不能对称设置时，需使两侧缆风对主拱的横向稳定力相同。

缆风绳宜安装在拱箱上端接头的下部，以免引起对后续拱肋的施工影响。

4.4.2　临时横向连接系的设置

吊装过程中，减少拱肋自由长度，就能有效地增加横向的整体稳定，拱肋横向联结系是必不可少的措施，常用螺栓、木夹板、钢筋拉杆、钢横梁、花篮螺栓、链子滑车等作为实现临时横向联结的辅助措施。每吊装合龙一片拱肋后，尽快与已成拱肋设置好横向联结系。

一般在拱箱接头处采用型钢设置剪力架。剪力架焊接在拱箱接头连接型钢上或预埋件上。剪力架设置在拱的背面。

剪力架一般设置如图 11 所示。

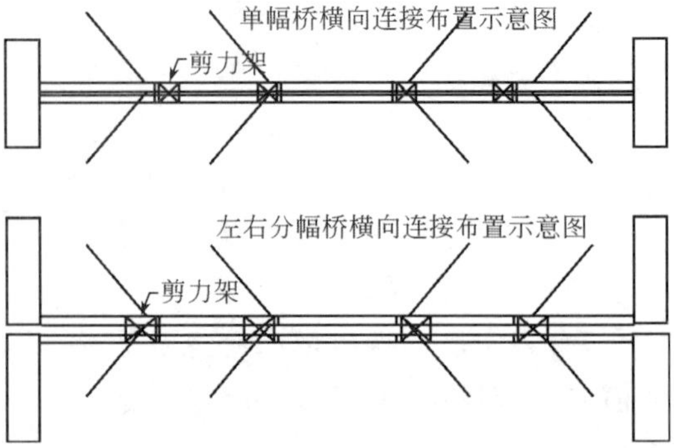

图 11　拱肋横向连接布置示意图

4.5　纵向稳定措施

大桥设计阶段已充分考虑到了拱节段自身在压杆状态的稳定性，在施工时一般不考虑其梁、压杆状态的稳定。当拱轴系数过大，拱肋截面尺寸较小，刚度不足，拱接头可能发生上冒变形时，需加强拱肋纵向稳定的施工措施，常用方法是在接头下方设下拉索，如截面较小、纵向刚度不足，需在拱肋的下方多点张拉。

4.6 施工线形控制

4.6.1 拱肋中线观测与调整

(1)在主拱吊装的过程中,拱肋中线需全程监控,及时调整。

(2)拱肋在起吊前,须在拱背和拱底标示出便于观测的拱肋中线,一般拱肋中线用架设在设计拱肋中线上的全站仪或经纬仪进行观测。

(3)仪器宜架设在对岸观测,以减少对吊装的干扰。

(4)当拱肋中线出现偏移后,通过收紧一侧,放松另一侧缆风的方法调整拱肋中线,使其达到设计要求。一般拱肋中线偏差控制在 2 cm 以内。

(5)一般拱箱两接头的端面不在同一平面、节段拱箱四个角点不在同一平面等原因会引起拱肋中线偏移,且不易调整,需对接头进行处理。

4.6.2 拱肋高程观测与调整

(1)拱肋起吊前,可在拱肋上端头处安装棱镜,采用全站仪观测其标高,或在拱肋上端头处安装标尺,采用经纬仪观测,并将斜视高差转换成垂直高差。

(2)拱肋高程的调整采用放、收扣索的方法调整。

(3)采用全站仪观测可将中线与标高在一人测站完成,可减少设备和人员。

5 施工机具设备配置

吊装时的主要设备见表 1。

表 1 主要设备配置表

序号	设备名称	单位	数量	备　注
1	扣索卷扬机	台	2	不少于 2 台
2	起重卷扬机	台	2	
3	牵引卷扬机	台	2	
4	扣绳牵引卷扬机	台	4	1 t 卷扬机,用于扣绳安装
5	全站仪	台	2	合龙时使用 2 台
6	对讲机	台	10	合龙时使用 3 台

6 劳动力组织

吊装现场主要劳动力配置如表 2。

表 2 主要劳动力配置表

序号	工种名称	单位	数量	备　注
1	总指挥	人	1	
2	吊装现场指挥	人	2	每岸 1 人
3	起重卷扬机司机	人	2	
4	牵引卷扬机司机	人	2	
5	扣索卷扬机司机	人	2	
6	起重工	人	24	接头组拼每端 4 人,缆风每点 4 人

续上表

序号	工种名称	单位	数量	备　　注
7	起重工	人	20	扣索、放绳，每端各 10 人
8	焊工	人	4	
9	电工	人	2	
10	其他	人	20	

7 施工质量控制标准

吊装拱肋的主要质量控制内容是安装接头的标高和拱肋轴线偏位，一般控制要求见表 3。

表 3 主要质量控制标准

序号	项　　目	允许误差	备　　注
1	接头标高(mm)	±20	
2	拱肋轴线(mm)	±20	

8 施工安全措施

主拱箱节段吊装施工，具有专业性强、安全威胁因素多等特点，安全管理重点包括：

(1)吊装系统安全性检查、维修与保养。吊装前必须按程序组织试吊验收，验收合格后，开始吊装施工。吊装过程中，定期对塔架、地垄、卷机底座、索具等部位进行检查，发现问题，及时整改完善。

(2)吊装系统结构设计安全系数必须满足相关规范要求，吊装按程序规范操作，严禁违规违章作业。

(3)高空作业，必须是专业技术工人，并进行岗前培训、技术交底和身体检查。

(4)严格按照施工工序、工艺及方案要求进行施工。

(5)加强电气及动力系统设备的检查，保证设备的正常使用。

(6)制定紧急预案，当发生或出现特殊天气、施工停电等意外情况时，启动紧急预案。

(7)吊装实施前，做好施工组织设计和详细安装方案，对拱箱(肋)在吊运过程及合龙之后的施工加载等各阶段的预制构件的自身强度和稳定性进行设计验算，确保工程安全。

9 结束语

节段吊装是主拱成拱、大桥成形的关键工序，必须认真研究施工技术方案，对方案进行系统计算、分析和论证，确保万无一失。同时做好技术、安全、质量交底，使所有参与施工人员明确方法、工艺及操作要求。

节段吊装工况复杂，不安全因素多，必须加强吊前工作准备，制定严密工作计划，加强过程检查控制，以保证施工安全和质量。

缆索吊装系统设计指南

1 前　　言

缆索吊装系统，即缆索式起重机，是一种以悬挂于两支点之间的柔性钢索作为大跨距承载结构，利用载重小车在其上往返移动进行工作，兼有垂直升降和水平运输的特种起重机械。在特定的条件下能发挥其他起重机械和技术所不能代替的作用，因而，它被广泛应用于桥梁及其他工程的起重和施工作业中，是装配式拱桥无支架施工的常规设备。

2 缆索吊装系统的构造组成

缆索吊装系统一般包括：由承载索、起重索、牵引索、承载索跑车及下挂结构、塔顶索鞍、横移系统等构成的缆索体系；由塔架基础、塔身构件、塔架风缆索等构成的塔架体系；由主索地锚、缆风地锚组成的锚固体系；牵引、起重卷扬机械及电器集中控制系统等。图 1 为某桥缆吊系统布置示意图。

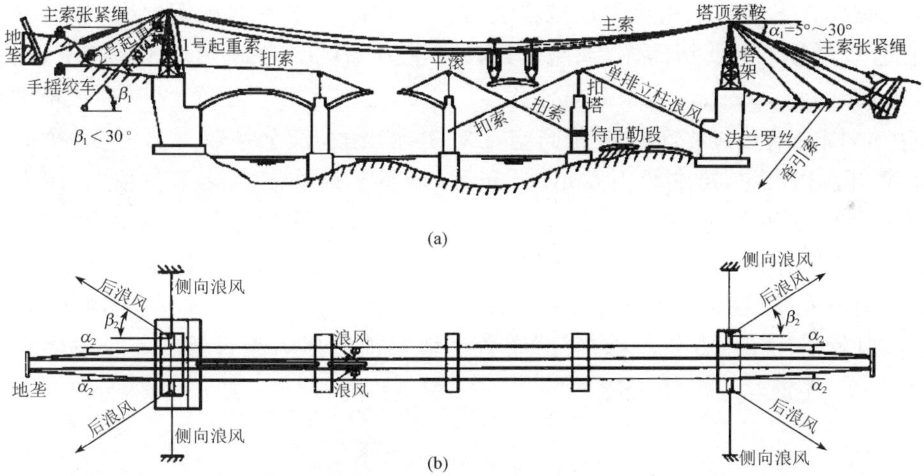

图 1　某桥缆索吊装系统布置示意图

3 缆索吊装方案的选择

3.1 主索组数的确定

主索也称承载索或天线，是支承走行小车运行的钢丝绳。由钢芯或纤维芯钢丝绳组成，主索的选择应综合吊装构件的重量，主索跨度，预制场的构件吊运方法，吊装整体方案和构件悬挂、合龙施工的特点，结合施工季节和建设工期要求，在经济合理和保证安全的前提下，提出所需要的主索根数、长度及截面尺寸大小。同时也应考虑是否利用现有的绳索，以采取合理的措施来适应吊重的要求。

主索在横桥向的布置应根据桥面宽度和缆索设备多少的不同而异。在一套主索设备的情况下，横向布置有固定主索、移动主索、移动塔架等形式。当地锚固定、桥面宽度较大，采用一套主索吊装需要横移主索，从绳索的受力及使用考虑，横移距离应控制横移角不超过一定角度，一般控制在 5°内，故主索可设计为两组。

3.2　主索跨径的确定

在桥跨方向上，主索的纵向布置，按跑车的工作跨径分单跨跨越和多跨跨越。采取何种跨越方式，与桥跨内吊装构件覆盖的跨径、主索的根数与直径的大小有密切的联系。

3.2.1　单跨跨越

单跨跨越是指主索塔架架设在两岸，主索单跨跨越各桥孔。此种方式可直接吊装各桥跨的构件，施工方便，并能避免缆索受洪水、通航、地势等影响。在有条件的情况下，应尽量采用单跨跨越。

在吊装重量一定的情况下，主索能否采用单跨跨越的方案，主要取决于主索的布置设计。为充分利用地形，可将塔架置于高处，虽增大了主索跨径，但减少了塔架总高度；或将两塔架采用不同的高度，使主索由预制场向安装方向有一定的纵坡，以减少牵引力，利于构件的吊运。

图 2 为某钢筋混凝土拱桥缆索吊装系统布置示意图，该桥吊装系统设计采用一套吊装设备单基肋合龙成拱。主索扣索共用塔架。控制吊重按最重节段设计，最大设计净吊重 $P=62$ t。根据地形条件主缆索净跨取 213 m，两岸塔架不等高：A 岸塔 40 m，B 岸塔架高：36 m，采用万能杆件拼设而成。主地锚采用重力加桩锚结构。主索由 6 根 ϕ47.5 钢丝绳组成，安全系数为 $K=3$。主跑车为七门 60 t 级跑车，双跑车设计吊重为 120 t。在桥两岸主地垄上设两台 8 t 起重卷扬机组，作为起升动力。每根起重索用 ϕ21.5 钢丝绳走"12"布置，活端通过塔架顶转向进入 8 t 卷扬机，固定端通过跑车定滑轮固定在对岸地锚上，安全系数为 $K=5$。桥的两岸各设一台 10 t 牵引卷扬机组，每端牵引索走"4"布置，动滑车组固定在跑车中轴上，定滑车组固定在塔顶，采用 ϕ21.5 钢丝绳，安全系数为 $K=4$。A 岸、B 岸次边段扣索采用塔扣的方式，和主索共用塔架。边段扣索采用 ϕ47.5 钢丝绳走"2"布置，次边端扣索采用 ϕ47.5 钢丝绳走"2"布置。塔架采用强度高、稳定性好的万能杆件拼装。主地锚采用重力式和桩锚相结合的结构。拱箱八字抗风索采用 ϕ15.5 钢丝绳走"2"布置。塔架前缆风索设计 ϕ21.5 钢丝绳走"4"布置，后缆风设计 ϕ21.5 钢丝绳走"5"布置。

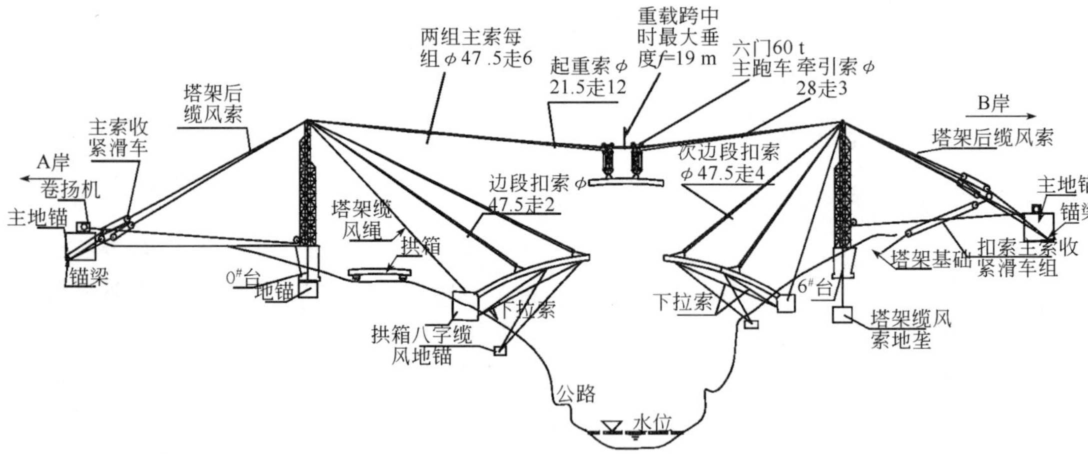

图 2　某大桥单跨缆索吊装系统布置示意图

3.2.2 多跨跨越

在主索形式、塔架高度受到限制，桥跨多、桥梁长度较大时，可以在桥跨的中墩上设立中间塔架，形成双跨缆索。双跨缆索中的主索设备可做到一次架设，分阶段吊装各桥跨范围内的构件。

双跨缆索的受力特点是利用中间塔架减少跑车工作时的主索跨径，改善主索的受力，使塔架高度降低。当跑车吊重后工作跨的主索拉力增大，相邻跨主索可在中间塔架顶的索鞍上向工作跨自由滑动，以改变垂度，使各跨主索拉力相等。为减少中间塔架与主索的摩擦，应选择有球轴承的滑轮索鞍。

双跨缆索的设计与单跨缆索相比较，不同点在于考虑邻跨主索的滑动对工作跨垂度的影响，因此，主索架设时安装张力较大(安装垂度较小)，但每个工作跨跨中吊重后的相对垂度 f/L 仍和单跨一样。

中间塔架是双跨缆索中间支承点，索鞍两侧的主索折角较小，因此，它所受的垂直力和水平力均比岸塔架要小。在吊装过程中，塔顶将向空载跨位移，故可利用起重与牵引索的“死头”固定在塔顶作活缆风，来减少中间塔架的水平位移值。另外，在岸塔架顶设置水平通缆风也可改善中间塔架的受力。

图 3 为某双跨缆索吊装布置示意图。该桥缆索吊装系统索跨组合为(250＋700＋650＋250)m 的三塔四索跨结构。采用上、下游 2 组主索。2 组主索相互独立，两主跨之间的吊点也相互独立，均采用独立的起重、牵引、跑车及上、下挂系统。每组主索设计吊重为 650 kN，总设计吊装重量为 1300 kN。采用移动式索鞍，通过移动索鞍带动主索及主吊点横向移动。主索采用 ϕ50 mm 密封式钢丝绳，每组主索由 7 根钢丝绳组成，主索设计垂度 1/16，安全系数≥3.0。边主塔架高 120 m，顺桥向宽 4 m，立柱间设 3 条横联，中主塔净高 104 m，为横向稳定考虑设 4 条横联，边主塔塔顶横向设 2×4ϕ28 mm 钢丝绳缆风，腰缆风为 2 层 2ϕ28 mm 钢丝绳。边主塔塔顶纵向缆风采用 2×6ϕ32 mm 钢丝绳，在顺桥向塔的两边对称布设，同时采用 3 层 2×2ϕ28 mm 缆风。中主塔塔顶纵向每一边采用 2×4ϕ28mm 钢丝绳，同时采用 3 层 2×2ϕ28 mm 腰缆风。每组主索的起重系统由 8 台 8 t 卷扬机、ϕ24 mm 起重钢丝绳、4 套 500 kN 跑车和 4 个 500 kN 下挂组成；牵引系统由 4 根 ϕ26 mm，8 台 10 t 卷扬机组成。缆索吊装系统采用重力式主地锚，安全系数要求：抗滑，K_1≥1.8，抗倾覆，K_2≥2.0。

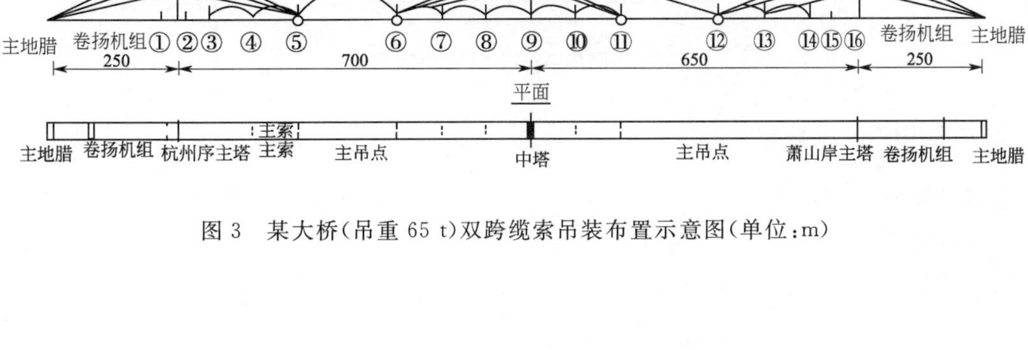

图 3 某大桥(吊重 65 t)双跨缆索吊装布置示意图(单位:m)

3.3　地锚形式的确定

缆索地锚是用于锚固各种主索、缆风、起重索、绞车及卷扬机等重要部件。地锚的可靠性对缆索吊装的安全具有决定性作用。地锚形式主要取决于受力大小及现场地形地质情况。

地锚承受通过塔架的各种索力。其索力可分解为垂直竖向上拔力和水平拉力。当索力较小时,可采用图 4 所示立式地锚来承受。这种地锚受力明确,构造简单,主索安装调整方便。但竖向上拔力主要依靠立柱与横挡的摩阻力抵抗,且上横挡反力较大,当土质较差时,必须增大横挡尺寸,整体受力分布不均匀,没有充分利用土体与柱的摩阻作用,横挡的自重不参与平衡上拔力。从而增大了工程材料用量,施工开挖量较大,增大了施工费用,目前极少采用。

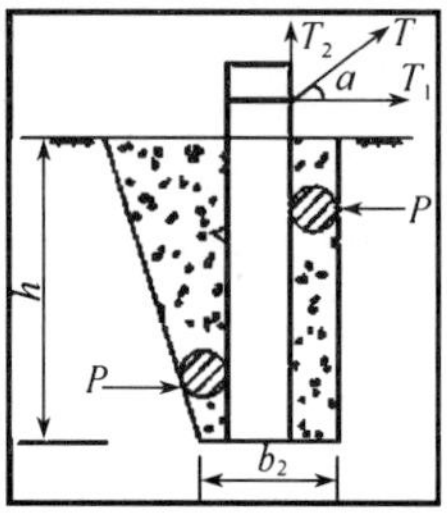

图 4　立式地锚构造及受力图

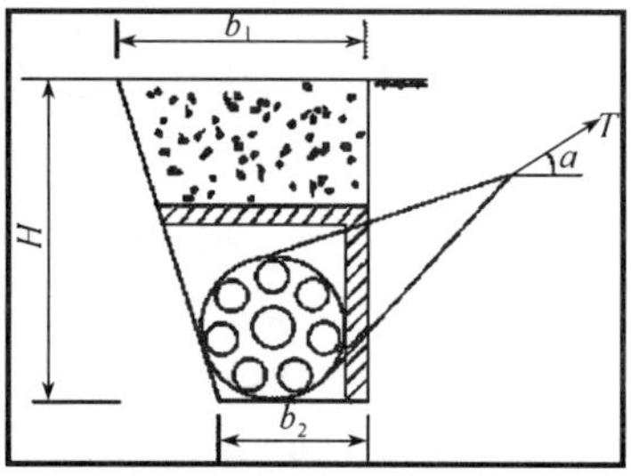

图 5　卧式地锚构造及受力图

卧式地锚构造和受力图式如图 5 所示。该种地锚的索的垂直分力由地垅上覆土体有效土重、地垅自重和地垅与挡板间的摩阻力来平衡,抗拔能力较立式地锚好。当地形受限时,锚索的水平倾角增大。为避免索的垂直分力引起较大的土体固结变位,要求回填土夯实。水平分力由坑壁土体的侧向抗压承载力抵抗。当土质较差时需增大挡板面积,挡板重力不参与抵抗上拔力。当索力较大时,需增大开挖量。施工过程中,工序复杂,调索困难。增大了工程费用。

钢筋混凝土桩式地锚。索的垂直分力主要由自重及挖孔灌注桩与土体间的摩阻力平衡。索的水平分力由桩与横梁上作用的土体侧向抗力平衡。水平分力的作用产生的偏转力矩,由横梁的抗扭力矩和桩侧部分抗力与横梁侧抗力组成的力矩平衡。横梁上设置羊角用于锚固各种索绳,便于索力调整。其构造形式如图 6 所示。

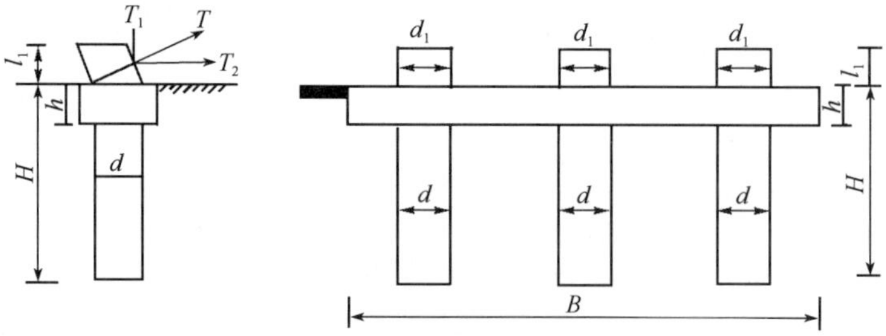

图 6　钢筋混凝土桩式地锚构造

3.4　塔架结构形式的确定

塔架是缆索吊装系统中重要的组成部分,是整个吊装设备的主要受力结构,主索产生的垂直分力通过塔顶的索鞍、塔身、塔底传入基础以下的土基中。塔架一般由基础、塔身、塔顶结构及风缆系统等组成。塔身一般采用万能杆件、六四式军用梁、贝雷梁以及钢管结构组拼。

塔架可以建在桥的两端，也可以直接建在已完成的桥梁墩台、索塔顶上。塔架高度应根据施工需求通过计算确定，根据使用特点及要求，两塔架顶部标高，可以相同，也可以存在高差。塔架顶部设有支承并转向承重索的鞍座；塔顶四角用风缆拉紧，以保持塔架稳定，风缆由锚碇装置固定。若塔架较高，应根据其高度再加设一层或几层腰缆，以增强塔架的稳定。

选择塔架类型的主要依据是塔架的高度、吊重荷载的大小、材料与设备的供给等。木塔架受材料强度的限制，一般只适用于塔架高度不超过 20 m 和荷载较小的情况。钢塔架具有强度高，适用高度大，承载能力大，可多次重复应用的优点，所以应用范围非常广泛。采用何种塔架，主要考虑材料的综合利用，拼装、拆除的方便，满足受力的需要等确定。一般是先确定所需塔架的高度和所受的外力，而后确定型式。

塔架与塔架基础的联系通常采用固接或铰接方式，即塔架在整个吊装过程中是不能移动的。塔脚为固结的钢结构塔顶位移的限制值为：$H\backslash 400$；对于塔脚为铰接的钢结构为 $H/100 \sim H/150$；H 为塔高。但在现代的一些桥梁宽 24 m 以上的高速公路桥梁或城市交通桥梁，固定式塔架有时不能完全发挥作用，因而也有把塔架设计成横向移动式，来完成桥跨工程内的吊装工作。

3.4.1 某钢管混凝土拱桥万能杆件缆吊塔架

万能杆件塔架一般分塔底固结与塔底铰接二种，塔架一般设计成门形钢架，横向刚度较大，抵抗横向外力（主要指横向风力等）能力强；塔身受纵向风力，塔顶受缆索系统产生的水平力，对于塔底固结塔架，靠塔架自身刚度和有初始力的缆风绳产生的抗力平衡，而塔底铰接塔架主要靠有初始力的缆风绳产生的抗力平衡。

图 7 所示为某桥利用万能杆件组拼形成的门式钢桁架索塔结构图。

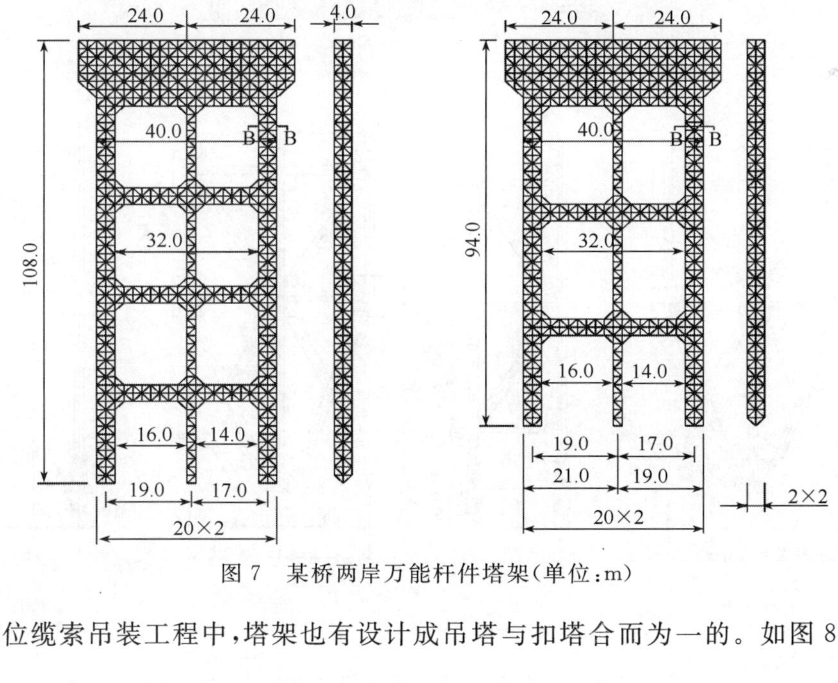

图 7 某桥两岸万能杆件塔架（单位：m）

在大吨位缆索吊装工程中，塔架也有设计成吊塔与扣塔合而为一的。如图 8 为某桥吊扣合一塔架。

吊塔立于扣塔塔顶，吊塔与扣塔的连接形式为铰接。吊塔采用 M 形万能杆件组拼成双柱门式索塔，塔柱截面为 2 m×4 m；中部设一道横梁；两柱之间的中心距离为 20.0 m；吊塔塔顶顺河向宽度为 30.0 m。吊塔塔顶及塔脚分配梁采用 I56b 工字钢组拼。吊塔塔顶索鞍包括吊装主索、缆风索（压塔索）、工作天线主索、牵引索、起吊索等索鞍。所有索鞍均采用单轮滚动结构形式的索鞍；在万能杆件吊塔塔顶采用 I56b 工字钢铺设两层分配梁，在工字梁上按相应的位置安置索鞍，并将索鞍与工字梁固定。吊塔塔脚铰脚采用 I56b 型钢在扣塔塔顶设置连接分配梁，并将其与扣塔钢管焊接，在分配梁上布置吊塔铰脚。铰脚由铰座、铰板、钢销等几部分组成。吊塔抗风索由于受地式的影响，无法设置“八”字抗风，采用压塔索，整套吊装系统共设置 4 根 ϕ47.5 mm 钢绳。吊塔上、下游各布置 2 根。

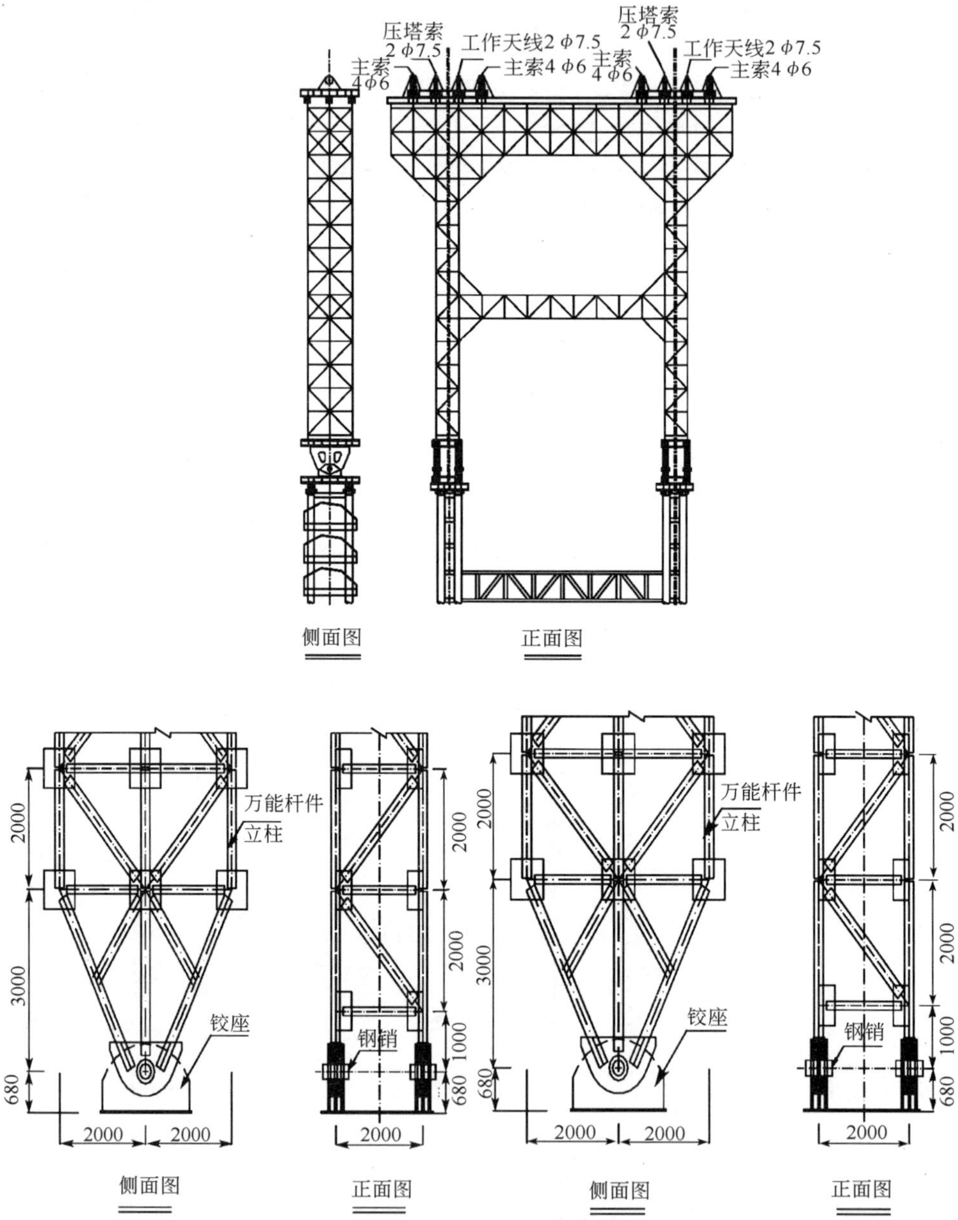

图 8　某钢管混凝土拱桥吊塔总体布置图及铰脚设计图(单位：mm)

3.4.2　组合时索塔

南宁大桥临时索塔设计综合考虑吊装系统、扣挂系统的不同需求，塔架安装拆除，塔架整体与局部构造连接，拼装材料重复使用等因素，采用了钢管、型钢与万能杆件组合式索塔结构。

塔架基础采用承台、群桩形式。塔架上部结构主要由三部分组成：下部立柱采用空心钢管、上部锚固区采用 H 型钢、中间横梁采用万能杆件拼装。下部空心钢管结构部分：塔架每肢由 6 根 ϕ813×14 mm 钢管立柱组成，钢管柱间的联结系采用双槽钢截面(16a)。管结构采用节段拼装，节段间采用法兰盘连接。上部型钢扣塔部分：锚固区 H 型钢规格为 H580×510×12×20 mm 和 510×200×12×20 mm，H 型钢立柱与管节段采用法兰连接。扣索在塔顶对应的位置设置锚梁，扣、锚索锚固于锚梁上，张拉、调索操作均在塔顶完成。中间万能杆件横梁部分：万能杆件横梁宽 65.08 m，万能杆件横梁中间采用 3×4＝12 m 桁高，两端 12 m 范围内加高为 24 m，并与下面的横梁联系在一起。塔顶索鞍采用横向移动式。塔架顶通缆风索采用钢丝绳，共布设 4 组，每组选用 2ϕ47.5 mm 钢丝绳，塔架顶后缆风索选用钢绞线，共布设 4 组，每组选用 15ϕ^s15.24 高强度低松弛钢绞线。结构如图 9。

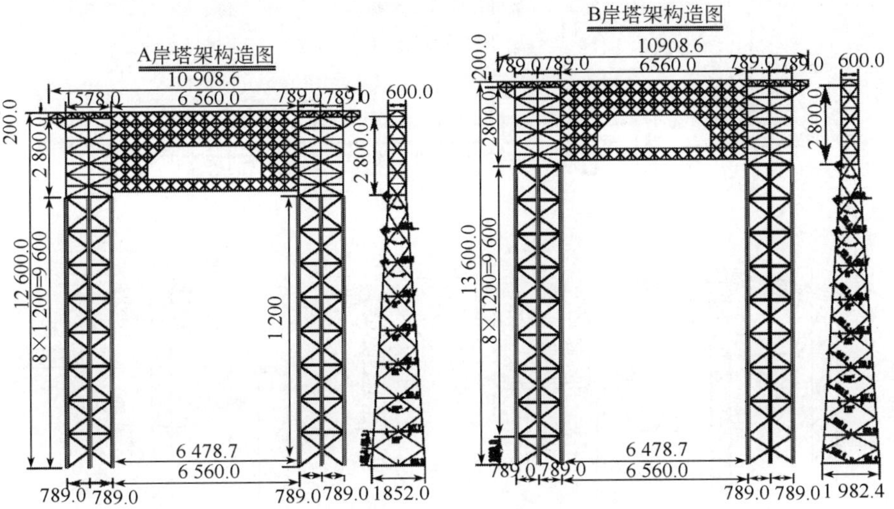

图 9 南宁大桥临时索塔结构示意图(单位：cm)

3.4.3 某三肋五孔不等跨敞开型钢筋混凝土箱形拱桥横向移动式塔架

该大桥全桥长 252.8 m，宽 43 m，为(30＋50＋70＋50＋30)m 五孔连续不等跨中承式钢筋混凝土薄壁箱形拱桥。该桥移动塔架缆索吊机由缆索系统、塔架、机具、地和横移系统组成，其主要技术参数为：跨度 264 m，设计起重量 860 kN，矢跨比 1/13.2，工作垂度 20 m，横移距离 27.5 m。缆索系统由主索、牵引索、起重索、扣索、工作索和跑车组成。主索采用 8 根 ϕ47.5 mm 钢丝绳；牵引卷扬机分别设置在两岸，牵引索采用 2 根 ϕ28 mm 钢丝绳；两跑车的起重卷扬机设在一岸，起重索采用 2 根 ϕ21.5 mm 钢丝绳；扣索由 2 根 ϕ47.5 mm 钢丝绳组成，每边设 2 道。索塔塔架采用万能杆件组拼，底部尺寸为 2 m×4 m(共 6 柱)，为分配索顶受力和布置风缆，顶部尺寸扩大到 2 m×8 m(共 10)。为减小运梁牵引力，南塔(52 m)比北塔(50 m)高出 2 m，使载重运输方向形成一定下坡。塔架横移系统：下端由滑道、滑板、牵引滑车和地锚组成，上端由顶部上、下游侧向风缆和前后风缆组成。吊装完下游拱肋后，塔架及缆索系统沿基础滑道整体移动到中间位置，中拱吊完后再沿滑道移动到上游位置。塔架横移：为使塔架横向移动顺利，预先在基础上安设槽钢作滑移轨道，在塔架的 6 个柱脚下端安装特制 50 cm×26 cm×2 cm 平行四边形滑板，滑板与柱脚焊接支撑于滑道上。塔架移动前，清理干净滑道，在滑道上涂黄油，在塔架柱脚安装横移滑车，并用 80 kN 卷扬机牵引。同时将前后风缆和侧缆索放松到一定程度减小滑移约束，将跑车及配重置于地上，减少塔架垂直受力；移动时，上、下端同时操作，下端收紧卷扬机牵引，滑车带动塔架行走，上端通过收紧与放松上下游风缆移动塔顶。移动步骤：① 放松背离移动方向风缆距离 0.1～0.2 m，同时收紧移动前方风缆，使塔顶向前倾斜一个相应距离 0.1～0.2 m，并使风缆受力不大；② 开动位移卷扬机，使塔架下端沿轨道缓慢滑移 0.1～0.2 m。如此反复操作，直至塔架移至所需位置。在滑移过程中，始终用经纬仪跟踪观测垂度，保持塔顶不后倾，前倾距离不超过 30 cm，塔底柱脚无悬空。

图 10 为横移塔架布置示意图。

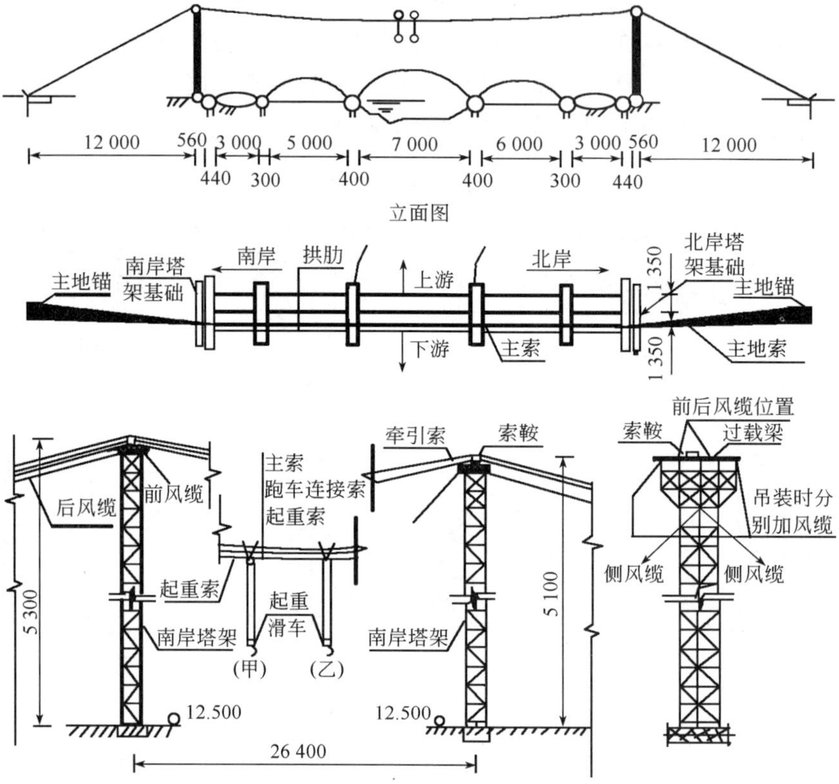

图 10　某钢筋混凝土箱形拱桥缆吊及桅杆式横移塔架布置示意图(单位：cm)

4　缆索吊装系统设计步骤

4.1　设计依据

缆索吊装系统设计需要依据：

(1)桥跨布置及桥址地势地形条件；

(2)起吊构件的尺寸大小及重量；

(3)现有材料及设备情况；

(4)施工吊装周期及设计对吊装的特殊要求等。

4.2　设计程序

缆索吊设计和实施程序如下图 11。

4.3　安全系数指标

参照相关资料，安全系数指标一般应满足表 1 要求。

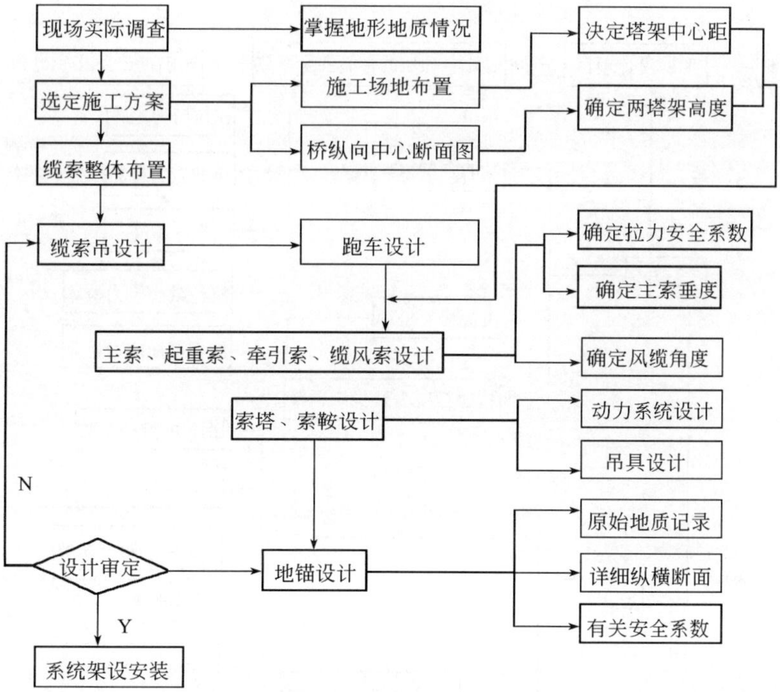

图 11 缆索吊装系统设计程序

表 1 缆索吊装系统安全系数设计标准

安全系数＼缆索吊	承载索	起重索	牵引索	塔底固结的钢塔架	缆风绳	吊挂和捆绑钢丝绳	重力式地锚
拉力安全系数	3～3.5	5～6	4～5		3.5	6	
应力安全系数	2	3	3				
稳定系数				1.3			1.5
塔顶水平位移范围				$\frac{H}{400}\sim\frac{H}{600}$			

5 设计检算项目及内容

大吨位缆索吊设计检算内容如图 12。

5.1 承载索

5.1.1 索规格及性能指标

承载索一般采用各跨连续布置，中间转点支承于塔架的索鞍上，两端固定在锚碇装置上。根据布置可以是一跨吊重和两跨吊重，相应的承重索就是三跨和四跨。承重索是跑车的运行轨道，承受全部荷载并通过索鞍传给塔架。

主索布置见图 13 所示。

承载索的直径大小和根数需根据主索跨度和起吊重量通过计算确定，一般直径为 25～60 mm，常用直径 47.5 mm 钢芯或纤维芯钢丝绳，一组主索，一般由 1～4 根钢丝绳组成。主索计算流程：选定主索根数及安全系数→求重载张力→求空载张力→求重载和空载垂度→求

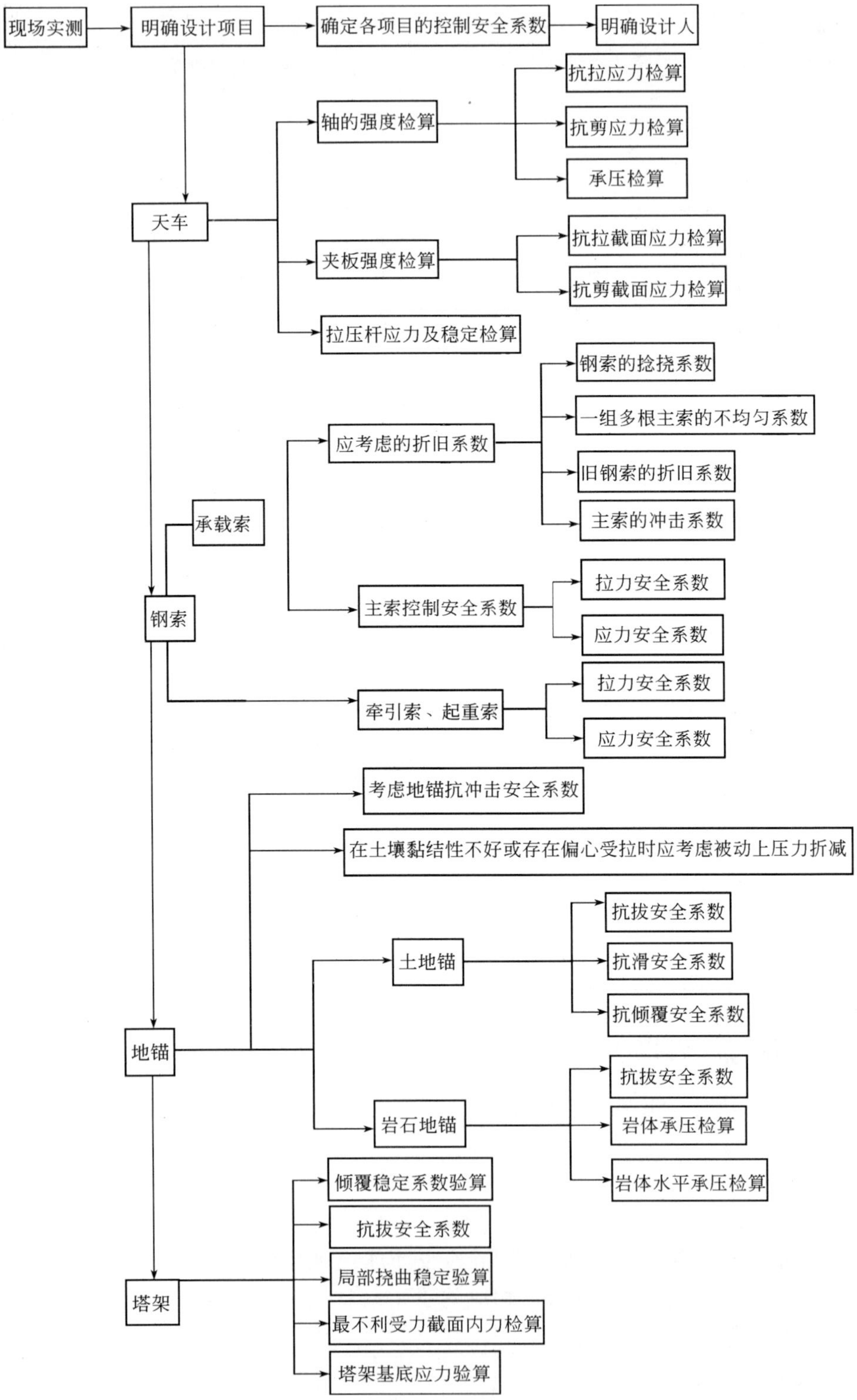

图 12　缆索吊主要设计检算内容

重载矢跨比(应符合 $L_2/12 \sim L_2/20$)。

5.1.2　索力计算

(1)主索设备应考虑以下几何因素:

1)给定主索钢丝绳的型号、直径、根数并确定主索计算跨径 L_2;

2)在缆索吊装系统的设计中,主索垂度的大小决定了主索、牵引索、后缆风及地锚的设计,主索垂度的选择得当与否,在很大程度上决定了索吊系统的设计是否经济,应根据具体情况合理地确定主索的垂度 f,一般取 $f=L_2/13 \sim L_2/18$;

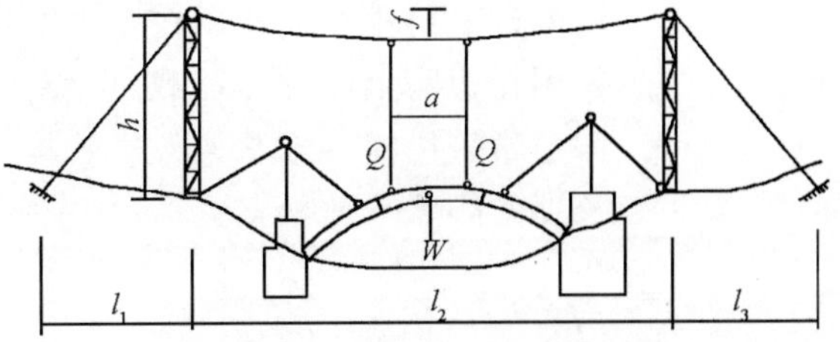

图 13　缆索吊装示意图

3)根据最大吊重 W,确定抬吊的 2 个吊点位置,即两吊点间的距离 a;

4)根据确定的 f 值和其他因素确定索塔高度 h,即 $h=f+h_1+h_2$。其中,h_1 为承受荷载的最低点距障碍物最高点之间的高差;h_2 为索塔底面离吊物需越过的障碍物最高点之间的高差。

(2)主索水平张力的计算。

主索在自重作用下,将形成一悬链线,当悬链线的矢跨比较小时,沿曲线均布的自重荷载可简化换算成在跨径内的水平均布荷载,而曲线则相应简化成抛物线。缆索吊装系统中,为保证构件的平稳吊运,一般使用一前一后两辆天车,由于天车的间距要远小于主索跨径,通常将两个集中荷载的合力作为一个集中荷载来计算主索,如图 14 所示。

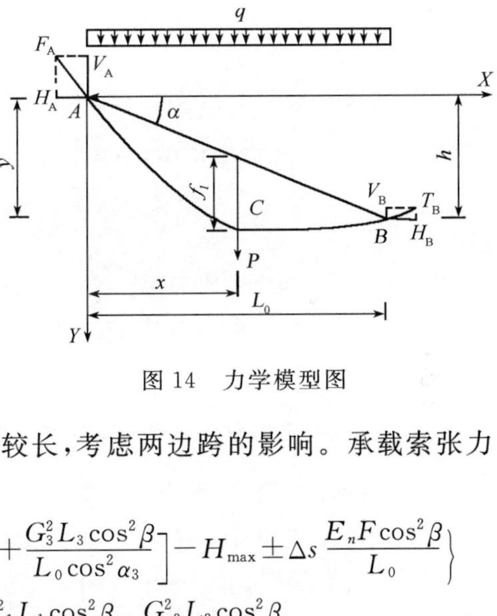

图 14　力学模型图

承载索张力大小取决于外荷载、自重荷载、温变、支座变位等因素。当吊重荷载距塔架 x(m)时,主索水平张力为 H_x,由于缆索长度能自由调整,因此温度变化、支座位移引起的几何变形忽略不计,如边跨较长,考虑两边跨的影响。承载索张力 H_x 由以下普遍方程式计算:

$$H_x^3+H_x^2\left\{\frac{E_nF\cos^2\beta}{24H_{\max}^2}\left[3Q(Q+G)+G^2+\frac{G_1^2L_1\cos^2\beta}{L_0\cos^2\alpha_1}+\frac{G_3^2L_3\cos^2\beta}{L_0\cos^2\alpha_3}\right]-H_{\max}\pm\Delta s\,\frac{E_nF\cos^2\beta}{L_0}\right\}$$

$$-\frac{Q_x(Q_x+G_x)E_nF\cos^2\beta}{2L_0^2}(L_0-x)x-\frac{E_nF\cos^2\beta}{24}\left(G_x^2+\frac{G_{x1}^2L_1\cos^2\beta}{L_0\cos^2\alpha_1}+\frac{G_{x3}^2L_3\cos^2\beta}{L_0\cos^2\alpha_3}\right)=0$$

令　$A=\dfrac{1}{H_{\max}^2}k_1(k_2+k_4)-H_{\max}\pm\dfrac{24k_1}{L_0}\sum\Delta S$　　$B=k_1(k_5+G_x^2)$

$$c=\frac{k_1k_3}{L_0^2}\qquad d=b+c(L_0-x)x\qquad k_1=\frac{E_nF\cos^2\beta}{24}$$

$$k_2=3Q(Q+G)+G^2\qquad k_3=12Q_x(Q_x+G_x)$$

$$k_4=\frac{G_1^2L_1\cos^2\beta}{L_0\cos^2\alpha_1}+\frac{G_3^2L_3\cos^2\beta}{L_0\cos^2\alpha_3}\qquad k_5=\frac{G_{x1}^2L_1\cos^2\beta}{L_0\cos^2\alpha_1}+\frac{G_{x3}^2L_3\cos^2\beta}{L_0\cos^2\alpha_3}$$

式中　Q——作用在主索上的集中荷载,包括构件吊重、走行小车及吊钩与配重重、走行小车滑轮组间起重索重;

G——作用在主索跨中上的均布荷载,包括一组索道中的所有主索、起重索、牵引索、循环结索,如有分索器,则也应计入;

G_x——没架设走行小车前作用在跨中的均布荷载，此时仅计主索重量；

G_{xi}——作用在边跨上的均布荷载，主要计一组索道中主索自重；

Δs——如主索采用横移索鞍架设吊装构件，则横移引起的钢丝绳长度变化值，视为主索长度的收紧与放松；

$E_n=\dfrac{L_0}{\sum L_i}E_k=\dfrac{L_0}{\dfrac{L_1}{\cos\alpha_1}+\dfrac{L_0}{\cos\beta}+\dfrac{L_3}{\cos\alpha_3}}$，主索换算弹性模量（$kg/mm^2$），$E_k$ 为主索弹性模量；

F——主索截面面积（mm^2），$\alpha_i=a\tan\left(\dfrac{H_i}{L_i}\right)$，主索两边跨的水平夹角；

β——跨中主索与水平线的夹角，两塔架如等高，则 $\beta=0°$；

Q_x——天车总重，包括节段重、走行小车及吊钩与配重重、吊钩滑轮组间重量等；

$H_{max}=\dfrac{G_0L_0+2P_W(L_0-a)}{8f_{max}}$，$a$ 为跑车间距；

f_{max}——主索跨中最大垂度，根据自身的设备等取值，一般取$\dfrac{L_0}{12}\sim\dfrac{L_0}{20}$。

主跨主索最大水平倾角：$tg\theta_{max}=\dfrac{Q+G_0}{2H_{max}}$，主索最大张力：$T_{max}=\dfrac{H_{max}}{\cos\theta_{max}}$

主索张力安全系数 $k_1=\dfrac{T_p}{T_{max}}$，T_p 为所选承载索的容许钢索破断拉力。

(3)主索在跑车作用下的弯曲应力 σ_m。

$$\sigma_m=\frac{T_{max}}{F_K}+\frac{P_W}{n}\sqrt{\frac{E_k}{T_{max}F_K}}$$

式中　F_K——钢丝绳截面面积；

E_k——主索弹性模量；

n——一根主索上的行车轮数。

主索弯曲应力安全系数：$k_2=\dfrac{[\sigma]}{\sigma_m}$，$[\sigma]$为所选钢丝绳钢丝容许公称强度。

(4)在不同荷载情况下，主索张力及垂度计算。

按上列公式计算出主索的水平张力后，即可计算出主索张力及垂度。

1)空载安装时。

$Q_x=0,G=G_0,G_x=g_1L_0,G_{xi}=\dfrac{g_1L_i}{\cos\alpha_i}$，计算跨中 $x=\dfrac{L_0}{2}$ 垂度 $f_{w0}=\dfrac{G_xL_0}{8H_{w0}}$

2)安装跑车时。

$Q_x=P_0,G_x=G_0$，垂度 $f_{wk}=\dfrac{GL_0}{8H_{wk}}+\dfrac{Q_xL_0}{4H_{wk}}$

3)跨中起吊时。

主索弦倾角：$\theta=a\tan\left(\dfrac{Q_x+G_0}{2H_x}\right)$，张力：$T_x=\dfrac{H_x}{\cos\theta}$

跨中垂度：$f_y=\dfrac{G_0L_0}{8H_x}+\dfrac{Q_x(L_0-a_w)}{4H_x}$，主索张力安全系数：$k=\dfrac{T_P}{T_x}$。

4)在节段安装位置 x_m 起吊时。

主索弦倾角：$\theta=a\tan\left(\dfrac{Q_x+G_0}{2H_x}\right)$，张力：$T_x=\dfrac{H_x}{\cos\theta}$

跨中垂度：$f_y=\dfrac{\dfrac{G_0}{L_0}x(L_0-x)}{8H_x}+\dfrac{Q_x x(L_0-x)}{H_x L_0}$，主索张力安全系数：$k=\dfrac{T_P}{T_x}$。

5)作用于塔架的力。

水平力：A 岸 $S_b=T_x(\cos\theta-\cos\alpha_1)$，B 岸 $S_n=T_x(\cos\theta-\cos\alpha_3)$。

竖向力：A 岸 $V_b=T_x(\sin\theta+\sin\alpha_1)$，B 岸 $V_n=T_x(\sin\theta+\sin\alpha_3)$。

5.1.3 索类型选择

采用何种钢丝绳作为主索承载索，需要根据工程实际情况决定，在吊重较轻情况下，可选取普通的 6×19+1 类型钢丝绳作承载索，而吊重较大的情况下，可选取密封钢丝绳或满充式钢丝绳作承载索。以下是两种钢丝绳的特点及性能指标情况。

(1)密封钢丝绳。

特点：密封钢丝绳具有圆滑的外表面，适宜做缆索起重机的承载索，缆车运行平稳、无振动、速度快，钢丝绳弹性模量大，结构伸长小，钢丝绳破断拉力大，耐磨损，绳内油脂不易损失，适宜露天作业。

(2)满充式钢丝绳。

特点：与密封钢丝绳相比优点是柔软，缺点是：钢丝绳表面不平，缆车运行不平稳、振动大、速度慢，结构伸长大，不耐磨损，绳内油脂易损失。

(3)ϕ56、ϕ60 规格密封钢丝绳与满充式钢丝绳性能指标见表 2。

表 2 ϕ56、ϕ60 规格密封钢丝绳与满充式钢丝绳性能指标表

规格	结构	参考重量(kg/100 m)	公称强度(MPa)	最小破断拉力(kN)
ϕ56	密封钢丝绳	1 803	1 470	2 880
	满充式钢丝绳	1 430	1 870	2 340
ϕ60	密封钢丝绳	2 069	1 470	3 144
	满充式钢丝绳	1 650	1 870	2 690

5.2 起重索

5.2.1 起重索选择

在吊装工作中，起重索用来起吊构件，使其上升与下降，具有运转频繁的特点。

在施工中，如果作为起重索的钢丝绳直径偏小，则其承受的拉力安全系数不够；反之直径太大，又存在卷扬机的滚筒缠绕不下的问题；而作为频繁运行的绳索，宜选用较柔软的钢丝绳。因此，起重钢丝绳一般选择 ϕ15.5～ϕ22 mm 的交互捻软钢丝绳为好，一般不宜超过 ϕ26 mm。

当起吊重量超过起重卷扬机的起重能力时，需要设置滑轮组来增加起重索的有效绳数(即"走数")，以解决起吊重量的问题。"走数"愈多，起重索端头的拉力愈小，但起吊速度愈慢，反之则快。因此应选择合理的"走数"，使起重索的端头拉力最好控制在起重卷扬机起重能力的 70%左右。"走数"选择除与起吊重量和卷扬机起重能力有关外，还应考虑滑轮轴承效率、转向滑轮个数和钢丝绳直径等因素影响，当然也要满足起重索拉力安全系数的要求。在大吨位吊重设计中，一般选择"走数"为 8，在小吨位的吊重设计中，一般选择"走数"为 4，"走数"最大不宜超过 12。

起重索每组索道每个跑车设一根，其一端引入起重卷扬机(即"活头")，另一端固定(即"死头")。起重索"死头"固定有两种方式：① 固定在起重滑轮组动滑轮上，此布置方法起重索较短，但跑车在运行过程中，起吊的构件将随跑车的位置不同发生升降，需要时常开动起重卷扬机来调整构件的起吊高度，一般不采用；② 固定在塔架(或塔架后面的地锚装置)上，此布置方法起重索较长，牵引跑车时，起重索两端固定不动，起重索在起重滑轮组内作相对运动，构件的起吊高度基本不变，在构件牵引至安装位置时，开动起重卷扬机调整起吊高度，起重、牵引操作分开进行，干扰少，是常用的布置方法。

由于吊装构件一般采用两个跑车起吊，在起吊安装过程中，两跑车的起重索受力常不均匀，故设计起重索时应计入 $\mu=1.2\sim1.4$ 的不均匀系数。起重索转向轮的外径设计应大于或等于 10 倍起重索的直径，为减少钢丝绳的磨损，转向轮最好用青铜衬套或球轴承滑轮。

起重索计算流程：确定起重索直径→钢丝强度→工作线数→转向轮数→起重索力计算→安全系数。

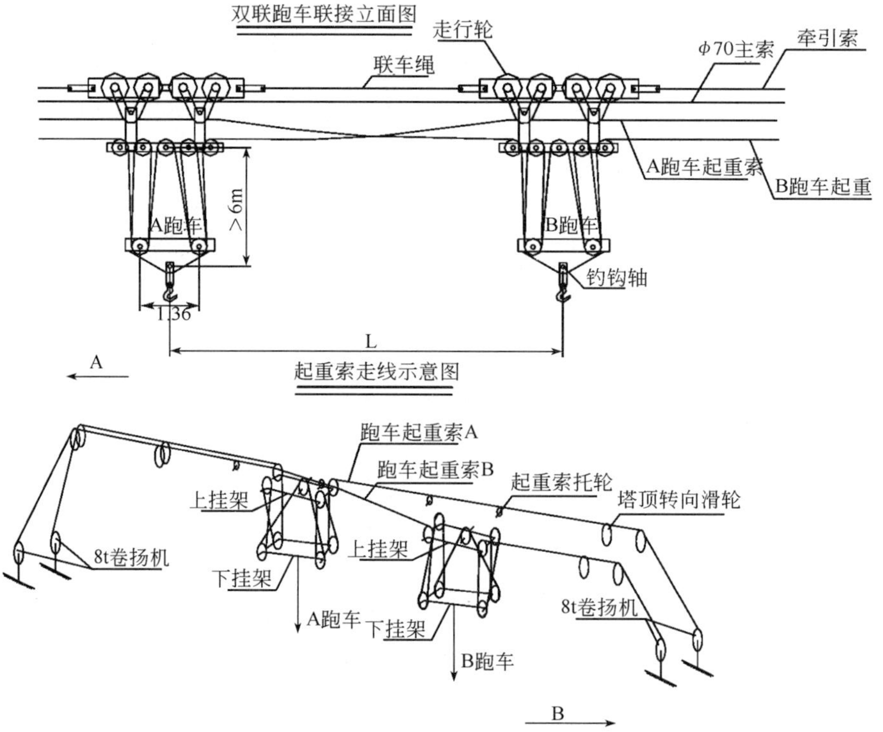

图 15　某桥双跑车连接及起重索走线布置示意图

5.2.2　*起重索索力计算*

(1)起重索绕过卷扬机上的张力计算。

$$T_{q_{\max}}=\frac{k_f-1}{k_f^{n_q}-1}\,Q_q\,k_f^{n_q-1}\,k_f^{t_q}$$

式中　k_f——滑轮的总阻力系数，一般滑车采用轴承，取 $k_q=1.02$；

Q_q——起重量(考虑双点起吊，每个吊点受力不均匀，每个吊点按单组索道设计净吊重的 2/3(不均衡系数)与包括吊钩、滑轮组、混凝土配重、扁担梁及部分起重索重量在内计算)；

n_q——起重滑轮组的有效绳数；

t_q——起重索从定滑轮绕出后至绞车间的导向滑轮数目；

起重索张力安全系数 $k_1=\dfrac{[T]}{T_{q_{\max}}}$，$[T]$为所选起重索容许钢丝绳容许破断拉力。

(2)起重索接触应力：

$$\sigma'_q=\frac{T_{q_{max}}}{F}+\frac{E_x d}{D_{min}}$$

式中 F——起重索的金属截面积；

E_x——起重索的弹性模量；

d——起重索钢丝直径；

D_{min}——起重索绕过的滑轮直径；

起重索应力安全系数 $k_2=\frac{[\sigma_b]}{\sigma'_q}$，$[\sigma_b]$为所选起重索钢丝容许公称强度。

5.2.3 混凝土配重块设计

吊点混凝土配重块的作用是使吊点在没有吊重时，能够自由下降，配重的大小受起吊绳走线数、滑轮组数率及索跨大小等因素控制。配重块放置于每组吊点上。

配重块重量的计算：

设起吊绳每间隔 x_m 设置一个承索器，那么由于起吊索的松弛而产生的张力

$$T_1=\frac{gx^2}{8f}$$

式中 g——起重绳每延米的重量 g＝0.027 7 kN/m；

f——相邻两个承索器间起吊绳的松弛垂度。

起重索运行阻力：

$$T_2=T_1(1-\eta^{a+b+c})$$

式中 T_1——起重索松弛张力；

η——滑轮组效率系数；

a——动滑轮数；

b——定滑轮数；

c——承索器滑轮数。

混凝土配重件计算重量：

$$G=kT_1+T_2$$

式中 k——起重绳线数。

混凝土配重块结构设计：每个吊点配重，由两块实体混凝土提供。

5.3 牵引索

5.3.1 牵引索选择

在吊装工作中，牵引索用来牵引跑车使其沿主索纵向往返运行，具有运转频繁的特点。

在吊装施工中，作为频繁运行的绳索，宜选用较柔软的钢丝绳。因此，牵引钢丝绳一般选择 ϕ15.5～ϕ22 mm 的交互捻软钢丝绳为好，一般不宜超过 ϕ26 mm。

牵引索在主索两跑车外侧各装置一根，两跑车间采用短钢丝绳相连。牵引索布置方式一般有两种形式：

(1)两牵引索分别在两岸进入牵引卷扬机，其特点是，当一岸牵引卷扬机收紧，则另一岸牵引卷扬机放松，在操作中为防止“对拉”现象发生，以“先放后收”、“多放少收”为原则，此法采用较多。

(2)两牵引索在同一岸进入牵引卷扬机，此法牵引索需要在塔架上转向回头，绳索较长，在索跨较长、牵引力较大的情况下不易布置。具体选用何种布置方式，需要根据实际地形、设备、桥跨长度、整个吊装方案等综合考虑。

在大吨位吊重时，如采用单牵引超过牵引卷扬机的起重能力时，需要设置滑轮组来增加牵引索的有效绳数(即“走数”)，以解决牵引力的问题。“走数”选择除与牵引力和卷扬机起重能力有关外，还应考虑滑轮轴承效率、转向滑轮个数和钢丝绳直径等因素影响，当然也要满足牵引索拉力安全系数的要求。在大吨位吊重设计中，一般选择“走数”为4；在小吨位的吊重设计中，一般选择“走数”为2，“走数”最大不易超过4。

牵引力计算流程：确定牵引索直径→钢丝强度→跑车距索塔最小距离→计算后牵引索张力→计算跑车与主索间摩擦力→计算起重索运行的阻力→计算牵引力→计算安全系数。

5.3.2　牵引索索力计算

(1)主索最大升角计算。

牵引索受力最大为吊装距离塔架最近的构件，此时主索升角最大。

主索张力方程为：

$$H_x^3+AH_x^2-B-cx(L_0-x)=0$$

相应垂度

$$f_x=\frac{\frac{G_0}{L_0}x(L_0-x)}{2H_{wx}}+\frac{P_W x(L_0-x)}{H_{wx}L_0}$$

此时主索的升角 γ 为：

$$\gamma=a\tan\left[\mathrm{tg}\beta+\frac{L_0-2x}{2H_{wx}}\left(\frac{\frac{G_0}{L_0}}{\cos\beta}+\frac{P_W}{L_0}\right)\right]$$

(2)牵引索内总牵引力及应力计算。

1)跑车的运行阻力。

$w_{y1}=P_W(\sin\gamma+f\cos\gamma)$，

式中　f——跑车轮与主索的摩阻系数，跑车采用球轴承，取0.016。

2)起重索运行阻力。

$w_{y_2}=2T_{q_{max}}(1-\eta^m)$，

式中　η——起重索穿过滑车组的效率系数，滚珠轴承取0.98；

m——起重索穿过跑车的滑车与下面动滑车数量。

3)后牵引索的自然张力。

$w_{y_3}=\dfrac{g_i\times(L_0-x)^2}{8\times f''}$，

式中　f''——后牵引索跨中垂度；

g_i——所选牵引索单位自重。

总牵引阻力：$T_m=w_{y_1}+w_{y_2}+w_{y_3}$

牵引索张力安全系数 $k_{y1}=\dfrac{[T]}{T_y}$，$[T]$为所选牵引索钢丝绳容许破断拉力。

4)牵引索接触应力。

$$\sigma'_y=\frac{T_y}{F}+\frac{E_x d}{D_{min}}$$

牵引索应力安全系数 $k_{y2}=\dfrac{[\sigma_b]}{\sigma_y'}$，$[\sigma_b]$为所选牵引索容许钢丝公称强度。

5.4 起重、牵引机械选择

根据上述计算的起重索力、牵引索力，选取满足要求的卷扬机。

在吊装构件起吊高度不大时，起重动力装置可采用慢速卷扬机；当起吊高度较大时，为加快起吊速度，可选用中速或快速卷扬机。在大吨位吊重中，从安全考虑，为避免构件发生突然的下坠产生冲击荷载，选用慢速卷扬机为宜。

在吊装工作中，从加快牵引速度需要，可考虑选用快速卷扬机作为牵引动力装置。但在大吨位的吊重中，一般还是选用慢速卷扬机作为牵引动力装置。

起重、牵引索的卷扬机应根据地形、设备数量，因地制宜选择布置地点。同时，应尽量使卷扬机的操作人员与桥孔间的视距较短，视野宽广。

5.5 缆风索

设置牢固可靠的稳定风缆系统，控制结构稳定和塔顶水平位移量至关重要。

5.5.1 缆风索布置原则

缆风索是稳定结构物的一种临时的措施。其受力特点是结构物稳定不动，前后缆风索的安装张力互相平衡；当结构物在外荷载作用下发生位移时则引起缆风索的张紧(或松弛)，从而产生张力差来平衡外荷载，以减少结构物的位移。结构物的位移愈大，缆风内的张力变化就愈大。

采用粗直径钢丝绳作缆风索时，自重较大，相应的安装张力也大，对塔架产生的附加垂直压力也加大，同时缆风索的相应安全系数减少，故用作缆风索的钢丝绳直径不宜太大，一般为ϕ21.5～ϕ34 mm 的钢丝绳。

为了使缆风充分发挥作用，选择缆风索的锚固点位置时，应注意缆风索与地面的倾角 α 要适当，α 角度过小，虽缆风索产生的水平分力加大，但钢丝绳较大不易收紧；反之 α 角度过大，虽缆风索长度短，水平分力减小，但地锚的上拔力过大，需要增加钢丝绳数量和增加地锚的强度设计，故 α 一般选择在 27°左右为宜(即缆风索的坡比约在 2∶1 左右)，同时使缆风索具有一定数值的安装张力，方能发挥其作用，达到控制塔顶位移的目的。

风缆的设置原则是：在吊装塔受竖直力和水平力作用时，塔顶水平位移不得超出吊装塔的强度和刚度所限定的范围，同时，风缆位移产生的水平张力差能平衡塔顶多余的不平衡水平力。

5.5.2 缆风索索力计算

(1)风荷载计算。

风荷载计算可参照设计图纸说明、公路施工手册(桥涵-下册)及《公路桥涵设计通用规范》(JTGD60－2004)计算，以下为《公路桥涵设计通用规范》中的计算公式

$$F_{wh}=k_1k_2W_dA_{wh}\quad W_d=\frac{rV_d^2}{2g}\quad r=0.012\,017e^{-0.000\,1Z}$$

式中 F_{wh}——风力对横桥向的水平力(kN)；

W_d——设计基准风压值(kN/m^2)；

A_{wh}——横向迎风面积(m^2)；

V_d——设计图纸说明设计施工期基准风速(m/s)；

r——空气重力密度(kN/m^2)；

k_2——地形、地理条件系数；

k_1——考虑地面粗糙度类别和梯度风的风速高度变化修正系数；

g——重力加速度，$g=9.81\ m/s^2$。

由上述公式计算塔架、缆索(主索迎风面积按 0.05 m^2/m，牵引索按 0.03 m^2/m，通风面积系数 1)、吊装构件的风力。

塔顶最大横向风力：$F_{顶}=F_{塔}+F_{主缆}+F_{主边塔风缆}+F_{吊运物}$。

主塔最大纵向风力：根据相关索塔结构风力计算规范规定，吊桥塔架的纵向风力，可按横向风压乘以塔架的迎风面积计算。

通过以上计算，可预先假定缆风索的数量及布置位置。

(2)缆风索索力计算。

由于缆风索只有自重作用，引起张力变化的原因主要是结构物支座位移的影响，故可利用主索张力普遍方程式，令集中荷载 $Q_x=Q=0$，以缆风索的安装张力 $H_0=H$，以缆风索的支座位移 Δs，代入主索张力普遍方程式计算缆风索张力。

前后风缆的初始张拉力的确定必须系统考虑。基本原则是前后风缆在初始状态下水平分力相同，保证塔顶位移。

在设计计算缆风索安装张力、选择缆风索直径、确定数量时，一般设定塔架的容许位移值，以前风缆发生负位移比后风缆发生正位移时所需的安装张力为大，故选前风缆用试算法确定满足最小位移所需要的安装张力，而后根据平衡条件，确定后缆风的安装张力。

5.6 吊具设计

吊装系统吊具包括缆索跑车、起吊滑车组、吊点分配梁、吊点、夹具等结构。以某钢管混凝土拱桥(设计净吊重 118 t)的缆索吊装系统吊具设计为例予以介绍。

5.6.1 缆索跑车设计

跑车是在承重索上运行和起吊重物的装置，可用定型滑车制作，也可根据吊重的情况自行加工。跑车的构造与承重索根数、设计起重量的大小及有无分索装置等因素有关。一般情况跑车主要由走行轮、车架、起重滑轮组三部分组成。跑车横向轮数决定于承重索根数，纵向排数通常为 1～4 排。排数越多，轮压越小，承重索磨损越小；跑车轮径越大，承重索磨损也越小。跑车横向轮距由承重索间距决定，纵向应尽可能地靠近并按等间距布置。当跑车轮径为 300～500 mm 时，纵向轮距一般为 500～700。跑车车轮多为铸钢件，并装设滚动轴承。跑车车架构造形式很多，但一般都是由连接板、槽钢及角钢焊接或栓接而成。跑车车架上还要设置固定牵引索的拉环。若一组承重索上设有两个跑车，其间可用一短钢丝绳连接。

起重滑轮组分为上下两组。上滑轮组为定滑轮组，与跑车连接在一起，下滑轮组又称为动滑轮组，与构件吊点千斤绳连接在一起，

(1)设计依据及技术指标。

1)承重主索 4ϕ56 mm；起吊索 ϕ22 mm。

2)跑车轮直径与主索直径的关系 $D=25\ d$。

3)跑车承受的竖向力 $T=600$ kN。

4)各部位应力安全系数 $K=2.0$。

(2)跑车结构设计。

跑车结构设计如图 16 所示。

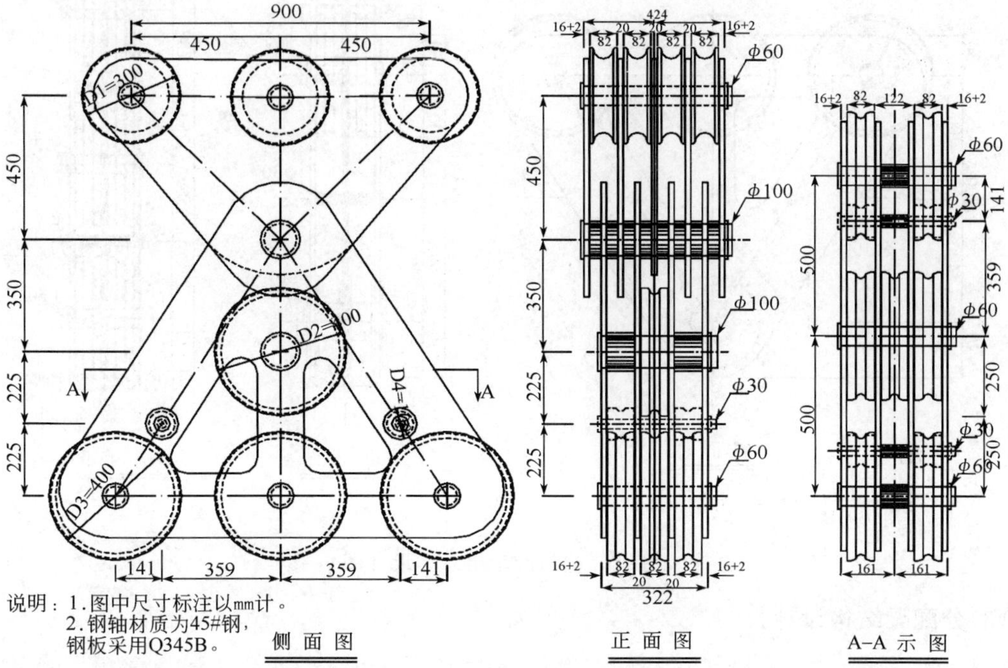

图 16 跑车总体设计图

5.6.2 起吊滑车组设计

(1)设计依据及技术指标。

1)起吊绳走线数 8 线。

2)起吊绳直径 ϕ22 mm。

3)滑车组直径与起吊绳直径之比为 $D/d=25$。

4)滑车组采用滚动轴承。

5)各部位应力安全系数 $K=2.0$。

(2)起吊滑车组结构设计。

起吊滑车组结构设计如图 17 所示。

5.6.3 吊点分配梁设计(如图 18)

(1)分配梁的功能和作用。

拱肋吊段是由相应的两组缆索上的吊点起吊，吊点间的距离为 6.0 m；拱肋宽度 2.92 m(两主管中心距)，为确保吊绳垂直受力及各吊点受力均匀，在吊索下部放置分配梁，以调整吊绳间距，保证拱肋两侧自动平衡，便于其安装就位。

(2)分配梁设计依据及技术指标。

分配梁为简支梁，梁端力均为 $F=425$ kN，间距为 $L=6.0$ m。

梁中部拱肋提供的力为 $F=425$ kN；间距 $L=2.92$ m。

分配梁应力安全系数 $K=2.0$。

跨中挠度 $f\leqslant 2$ mm。

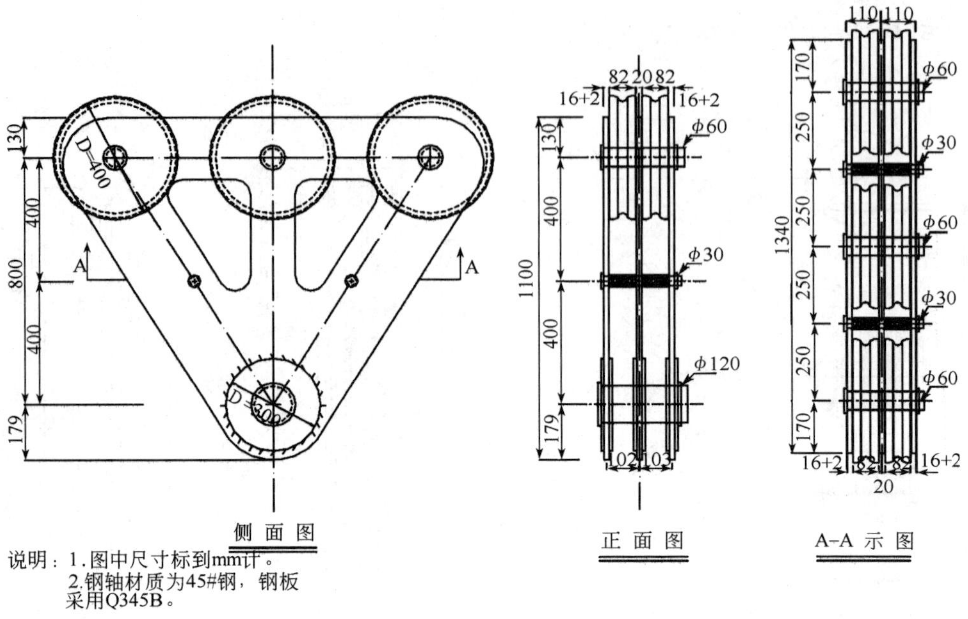

图 17　起吊滑车组总体设计图

(3)分配梁结构设计。

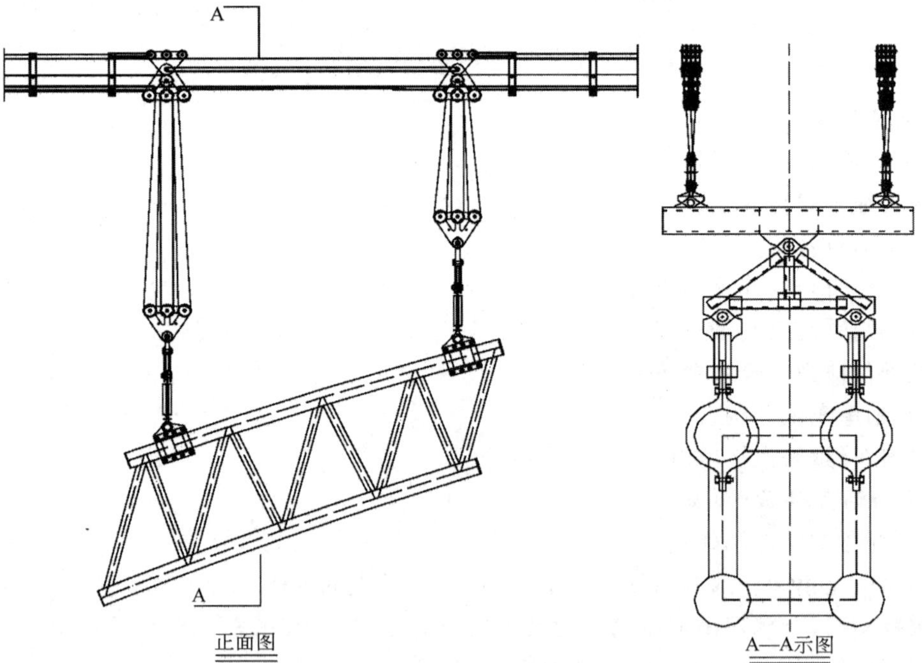

图 18　起吊分配梁设计示意图

5.6.4　承索器设计

(1)承索器的作用与功能。

缆索吊装系统主索跨度达 576 m，由起重索和牵引索的垂度引起的松弛阻力将极大地影响到起吊力和牵引力，在主缆上在设置承索器，承托起吊绳及牵引绳，从而减小其松弛阻力，达到减小起吊和牵引力以及配重块重量的目的。

(2)承索器的布置结构设计。

在每组主缆上分别布置承索滑轮，其间距为 30 m，以承托起吊绳和牵引绳，其布置及结构如图 19 所示。

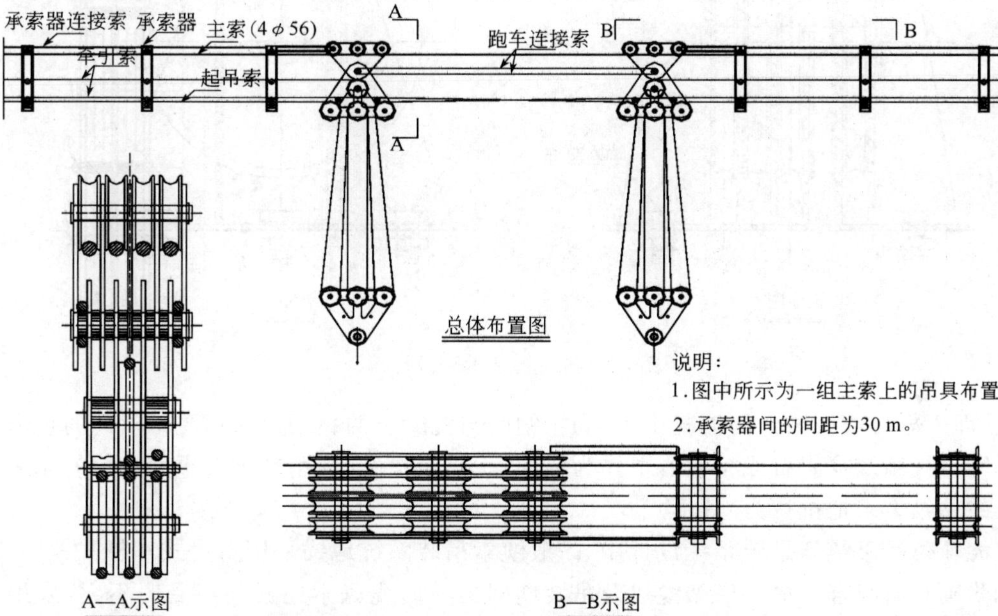

图 19　承索器总体布置图

5.6.5　*索鞍布置及结构设计*

(1)索鞍布置。

吊塔塔顶索鞍包括吊装主索、缆风索(压塔索)、工作天线主索、牵引索、起吊索等索鞍。所有索鞍均采用单轮滚动结构形式的索鞍；在万能杆件吊塔塔顶采用 I56b 工字钢铺设两层分配梁，在工字梁上按相应的位置安置索鞍，并将索鞍与工字梁固定。

(2)索鞍结构设计。

1)设计指标及技术标准(以吊装主索受力控制设计)。

① 主索直径 ϕ56 mm；

② 单索垂直压力 $T=300$ kN；

③ 索鞍轮直径 D 与主索直径 d 之比为：$D/d=15$；

④ 索鞍轮接触应力安全系数 $K_1=2.5$；

⑤ 滑动轴承钢销抗剪安全系数 $K_2=3.0$。

2)索鞍结构设计(以吊装主索索鞍为例)。

索鞍结构如图 20 所示。

5.7　地　　锚

在缆索吊装中，锚固装置的牢固可靠程度，对安全施工具有十分重要的意义。钢丝绳锚固装置的选择一般根据拉力的大小、材料设备和现场具体情况因地制宜确定。在缆索吊装中，常用的锚固装置包括地锚(将锚固装置埋置在土石内，利用土抗力来抵抗钢丝绳拉力)、钢筋锚环

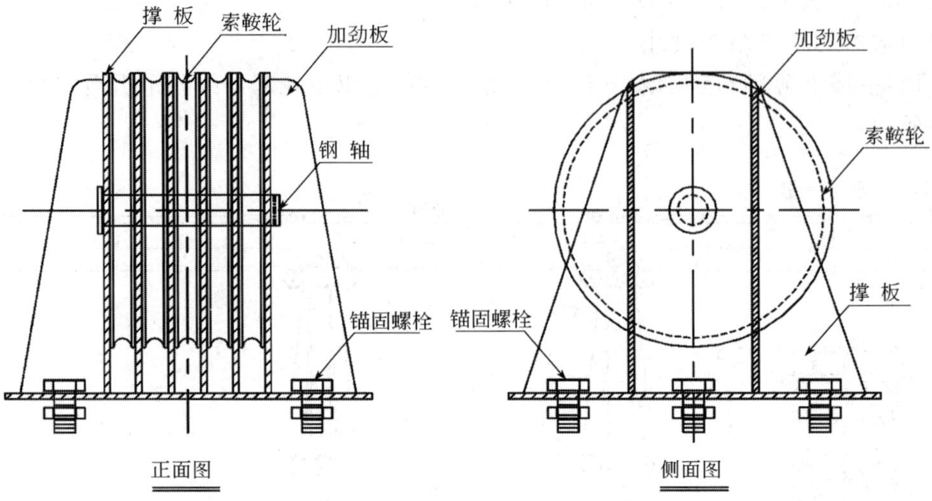

图 20　吊塔塔顶索鞍设计图

（将钢筋埋入岩石或桥墩台的混凝土中，利用钢筋与混凝土的黏结力来承受钢丝绳的拉力）、将短钢丝绳直接缠绕在岩石或桥墩台上作为锚固点、水中锚碇（利用锚碇自重和土壤的摩擦力或混凝土的黏结力来抵抗拉力）等形式。

在大吨位吊重缆索吊装系统设计中，一般缆索吊装系统地锚采用重力式和桩式地锚，由混凝土和浆砌片石组合而成。塔架缆风及吊装期间的横向缆风索地锚一般受力不大，采用挖坑埋设卧石地锚。

5.7.1　重力式地锚

重力式地锚受力计算要求：

(1)抗滑动安全系数：$K_1 \geqslant 2.0$。

(2)抗倾覆安全系数：$K_2 \geqslant 2.0$。

(3)抗拔覆安全系数：$K_3 \geqslant 2.0$。

计算方式采用摩阻力＋被动土压力计算，并用地基容许承载力验算复核抗滑动安全系数。

以下是某钢管混凝土拱桥缆索地锚的设计计算

拟定主地锚尺寸为长 9 m，横向宽 16 m，埋置深度 6 m，地锚容重取 22 kN/m³。主地锚结构图如图 21。

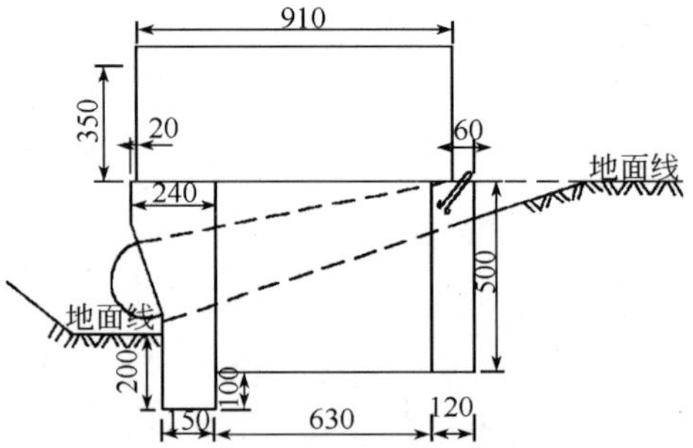

图 21　某桥 A 岸缆索主地锚结构图（单位：cm）

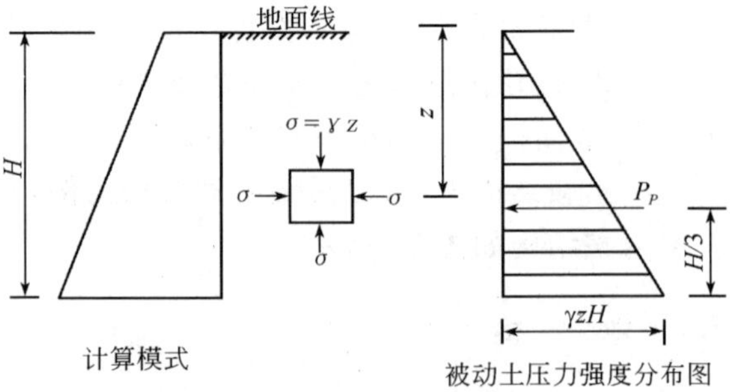

图 22　地锚受力图

在深度 z 处（如图 22）任意一点的被动土压力强度 P_p 的表达式为：

$$P_p=\sigma_1=\gamma z\tan^2(45°+\frac{\varphi}{2})=\gamma zK_p$$

式中　K_p——被动土压力系数，

$$K_p=\tan^2(45°+\frac{\varphi}{2})$$

横截面被动土压力合力为(作用点位置在墙高的 $H/3$ 处)：

$$P_p=\frac{1}{2}\gamma H^2K_p$$

总被动土压力：$P_{总}=w\times P_p$；

重力式地锚水平抗力：$P=f+P_{总}$；

抗滑动安全系数：$k_1=P/F$，F 为 A 岸最大水平分力；

抗倾覆安全系数：$K_2=2.24$；

抗拔安全系数：$k_3=G/(\sin\alpha)/F$，F 为 A 岸最大水平分力，α 为地锚与主索水平夹角。

抗倾覆安全系数没有考虑主动土压力和被动土压力，若考虑则安全系数比 $K_2=2.24$ 大。

按照岩石容许承载力计算抗滑动安全系数，如主地锚前墙可承受水平力：$[P]=A[\sigma_0]>F$，抗滑动安全系数满足。

5.7.2　桩式地锚

计算方式采用摩阻力＋被动土压力计算，并用地基容许承载力验算复核抗滑动安全系数。

(1)地锚结构设计。

某桥缆吊 B 岸主地锚位于山坡上，根据现场地质勘查，地锚处地质均为风化岩石，故采用桩锚设计，桩径为 2.0 m，结构设计如图 23。

(2)计算取值。

主地锚所受拉力合力为：$T=T_z+T_n+T_w$，

T_z、T_n、T_w 为作用在地锚上的主索、内外侧工作索的索拉力。

$T_x=T\times\cos\theta$，θ 为索道水平夹角。

$T_y=T\times\sin\theta$，θ 为索道水平夹角。

有关岩土的工程计算参数按相关规范取值。

地锚自重 G：$G=r\times V$，V 为主地锚体积，用计算机按 1∶1 建模计算，r 为岩石容重。

(3)地锚抗倾覆计算。

地锚抗倾覆计算简图如图 23，地锚索受倾覆力矩为：$M_q=T_xH_2+T_yL_3$

地锚最大抵抗倾覆力矩为：$M_k=GL_1+nPL_2$，n 为桩数，P 为桩自重，$P=0.3UfH_3$，U 为桩基周长。

$k_1=M_k/M_q$

(4)地锚抗水平滑移计算。

主地锚受水平外力作用为：$T_x=1\ 293.35$ t

主地锚前挡墙最大被动土压力(按朗金土压力法计算)：

$$P=\gamma H_1\tan^2(45°+\frac{\varphi}{2})$$

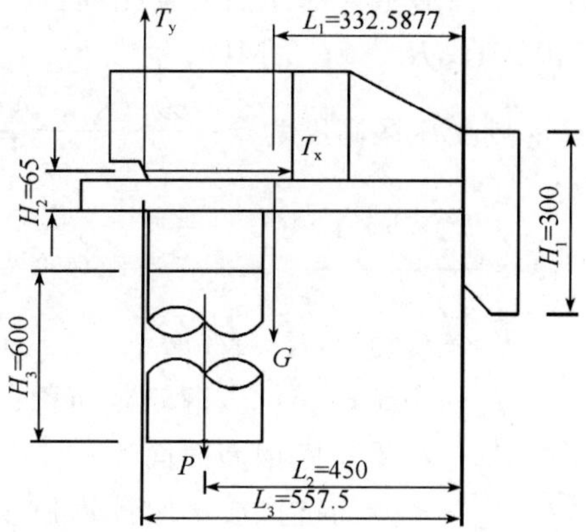

图 23　某桥 B 岸主地锚结构图(单位：cm)

桩基仅考虑其桩顶以下 3 m 范围的土压力作用，

则在不考虑地锚重力对岩石的影响下，桩顶横梁及桩基最大被动土压力分别为(按朗金土压力法计算)：

$$P=\gamma H_4\tan^2(45°+\frac{\varphi}{2})$$

$$P=\gamma(H_4+H_5)\tan^2(45°+\frac{\varphi}{2})$$

各部位被动土压力分布如图 24。

水平抵抗合力 E：$E=E_1+E_2+E_3$

对前挡墙：$E_1=0.5H_1p_1B_1$，B_1 为挡墙宽。

对桩顶横梁：$E_2=0.5H_4p_2B_2$，B_1 为横梁宽。

对桩基：

$E_3=0.5H_5(p_2+p_3)B_3$，B_3 为 n 根桩基投影宽。

$$k_2=E/T_x$$

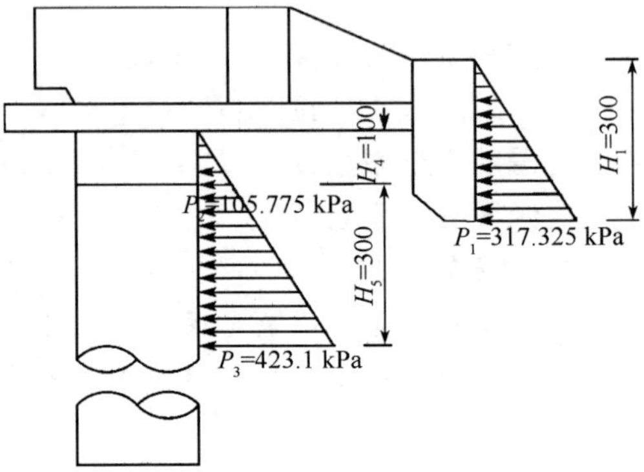

图 24　被动土压力分图(单位：cm)

(5)采用土抗力验算计算。

主地锚前挡墙土抗力为：$N=PS$，P 为岩石单位土抗力。

$$k_3=N/T_x$$

(6)锚固端混凝土横梁计算。

1)抗弯计算：

主地锚的主索锚固端混凝土横梁采用半圆形钢筋混凝土结构，作用于锚固端混凝土横梁上的荷载按最大索力计算，并且视之为均布荷载。

则横梁的跨中弯矩：

$$M_{\max}=\frac{ql^2}{8},$$

式中　q——作用在锚固混凝土横梁上的荷载密度；

l——索槽宽度。

为方便验算半圆形钢筋混凝土主索锚固端横梁，以矩形梁验算，矩形梁配筋间距及配筋大小与半圆形主索锚固端横梁相同，如图 25 所示。由图 25 知：$A_g=A'_g=3\ 436\ \text{mm}^2$，$R_g=R'_g=340\ \text{MPa}$，$R_a=17.5\ \text{MPa}$。

则受压区高度为 $x=\frac{b\times(R_g\times A_g-R'_g\times A'_g)}{R_a}=0$。此时截面的抗弯承载能力为：

$$M=\frac{R_a\times b\times x\times(h_0-\frac{x}{2})}{r_c}+\frac{R_g{}'\times A_g{}'\times(h_0-a')}{r_s}$$

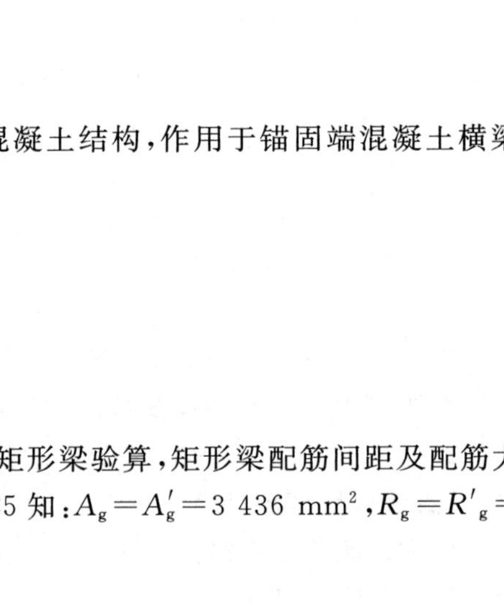

图 25　矩形梁配筋图(单位：cm)

安全系数为：$K=M/M_{\max}$

A_g——结构受抗压钢筋截面积；

A'_g——受压区钢筋截面积；

R_g——钢筋抗拉或抗压计算强度；

R_a——混凝土抗压极限强度。

由于矩形等效面积及配筋面积均小于原半圆面

积，所以锚固端半圆形钢筋混凝土结构横梁抗弯安全。

2)剪力验算：

箍筋采用ϕ12螺纹，间距按10 cm一根布置。

$$Q_{max}=\frac{ql}{2}(l-\frac{2x}{l})$$

$$Q_{钢筋混凝土+箍筋}=0.07\times f_c\times b\times h_0+\frac{1.5\times f_{yv}\times A_{sv}\times h_0}{S}$$

式中 f_c——混凝土轴心抗压强度，30标号混凝土取17.5 MPa；

b——梁宽度；

h_0——混凝土梁截面有效抗压高度；

f_{yv}——箍筋抗拉强度，取310；

A_{sv}——单肢钢筋截面面积，ϕ12截面面积226 mm^2；

S——沿构件长度方向上箍筋的间距。

安全系数为：$K=Q_{钢筋混凝土+箍筋}/Q_{max}$。

5.8 塔　架

缆索吊装索塔是整个系统中关键的施工设备，因此必须确保其施工期间的安全可靠，同时索塔又是一临时结构，因此要求施工期间安装与拆除方便，施工完成后其主要构件可重复利用于超高层建筑，尽可能降低施工费用。因此设计时除了按桥梁规范进行设计计算外，还应参考工业与民用建筑中的高耸结构、塔桅结构等规范，并进行相应的计算及复核，确保了结构的强度、刚度、稳定性。

塔架的设计可参考的规范一般包括：《公路桥涵设计通用规范》(JTGD60—2004)、《公路桥涵钢结构及木结构设计规范》(JTJ025—86)、《公路桥梁抗风设计指南》、《铁路桥涵设计基本规范》(TB100021—99)等。

塔架的计算包括强度、整体稳定和特别部位杆件与节点板的局部稳定计算。塔架一般分塔底固结与塔底铰接二种，塔架一般设计成门型钢架，横向刚度较大，抵抗横向外力(主要指横向风力等)一般均无问题；塔身受纵向风力，塔顶受缆索系统产生的水平力，对于塔底固结塔架，靠塔架自身刚度和有初始力的缆风绳产生的抗力平衡，而塔底铰接塔架主要靠有初始力的缆风绳产生的抗力平衡。吊重跨内缆风绳如受地形限制时可设通风缆(又名压塔索)来解决。为了有效发挥缆风绳的作用，一般缆风绳的初始力，按照主跨受1/2吊重时塔顶无纵向水平位移(即塔架竖直)、且塔顶在发生小于允许变位Δ时，产生水平力ΔH大于无吊和最大吊重时缆索系统产生的水平力差与不利方向风荷载作用下总水平力。塔底固结时塔顶位移应小于1/400～1/600塔高，塔底铰结时塔顶位移应小于1/150～1/200塔高。

在目前大吨位缆索吊装工程设计中，一般将缆索吊装塔架与构件扣挂塔架设计为一体，即"吊扣合一"。从而使缆索吊装一斜拉扣挂施工法一体化。

(1)构造。

一般可采用N型万能杆件拼装的单门柱式固结底座柔性钢塔架，如图26。

吊装塔在缆索系统安装完毕，考虑到实际采用的拼装构件及螺栓等都存在不确定的安全偏差，且塔顶铰结、塔底固结的压杆稳定分析模型的理论假定与实际情况存在差异，为增加塔身稳定性，可在塔身底部高一定范围内沿纵桥向两侧加强。塔架基础为混凝土刚性扩大基础，在万能杆件塔肢的根部，预埋有法兰式钢支座(或铰支座)。塔身第一节杆件直接与支座螺栓连接。塔架上还应安装有自制简易电梯。

作为吊装塔不可分割的一个组成部分，风缆的作用是承担塔顶不平衡水平分力、抵抗风荷载和保持塔身的整体稳定性。

(2)结构验算。

1)吊装塔承受的荷载主要有：缆索吊装系统产生的外力、斜拉扣定系统产生的外力、风力、风缆系统的作用力、安装设备自重等。这里风缆荷载视风缆系统的具体布置、初安装张力及风缆数量而确定。设备自重包含主索索鞍和扣索索鞍自重、电梯及其支架自重、施工平台及人员重、扣索自重和塔身自重。

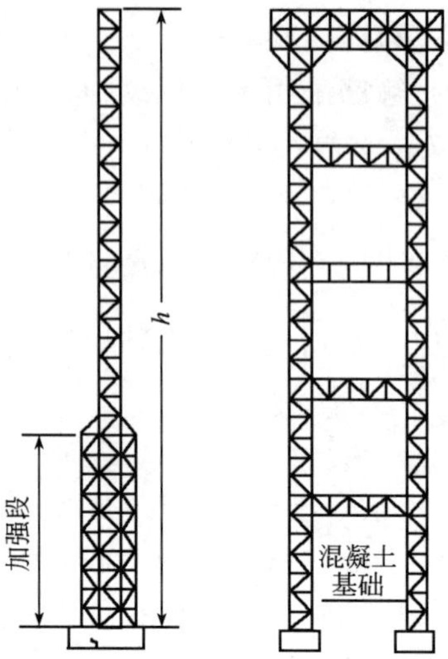

图 26　塔架结构示意图

吊装塔上的二组“缆索—扣索系统”是可以独立作业或联合作业的。单组系统作业时对另一组系统的影响是通过吊装塔天梁与系梁和钢管拱横联而产生的，两组系统可能同时同样工作，也可能不同时交替工作。因此，验算时，按不利的情况考虑，以单组最不利荷载验算单门柱式吊装塔的单侧塔柱的强度、刚度与稳定性。

第一，验算塔顶不平衡水平力：分别取缆索系统和扣索系统单独验算，各自平衡其最大水平力差值；而后联合起来分析，控制施工工艺。

第二，验算塔架承压强度和刚度：取缆索系统吊装某个节段于跨中和扣索系统已扣定另一岸某个段到位之后的施工状态对塔架的最大作用力组合及风缆系统和设备自重作用的叠加。

2)计算：为了把握吊装塔各部位杆件的受力情况，可采用有限单元结构分析法对吊装塔进行复核验算。整个吊装塔视为上端自由、下端与基础固定。采用杆单元离散，计算图式如图 27 所示。因为吊装塔主塔柱纵桥向两侧后加拼的高塔体并不能十分理想地参与塔身整体受力(初应力状态不同、基础预压密实度不同)，其作用主要在于增强压杆稳定性，故在承压强度验算时不计入其作用。根据前述计算方法对塔各构件进行强度及稳定性验算即可。

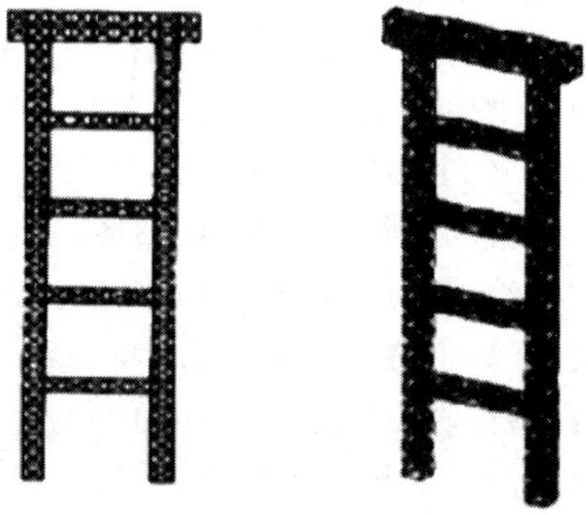
图 27　塔架有限单元结构分析法图式

3)塔架稳定性验算：塔柱顶部铰结，底部固结，自由长度近似取 0.7 H 计算。由于塔柱顶部是可以水平位移的而非理想铰结，底部基础有可能产生沉降变形而非理想固结，长度系数 $\lambda \neq 0.7$，而在 0.7～1 之间变化，塔柱整体轴向承压稳定安全系数为

$$k=\frac{[V]\varphi}{V_{max}}=2.14\varphi$$

考虑到施工过程中影响塔身稳定的客观因素较复杂，如构件加工精度、材质因素、杆件拼装紧固程度、螺栓锈蚀、地基稳定性、扣索调索影响、风缆作用影响、自然条件影响、风振作用等，因此在安装中期、扣索尚未穿挂于吊装塔顶部之前，在塔身下部沿纵桥向两侧可进行加强。

但在对吊装塔进行结构分析和塔顶水平力控制分析时可忽略该部分的作用，以策施工控制安全可靠。

4)吊装塔塔顶水平力与水平位移控制值验算：由于塔顶水平力的存在，其在塔底产生很大的弯矩而使塔架的承载能力大大降低。假定塔底弯压产生的杆件最大应力已达到杆件的最大承载能力：综合考虑塔身的承压能力和承压稳定性，取长度系数 $\lambda=0.7$ 时对应压杆稳定状态下的最大允许压应力 σ_s 进行控制验算。此时假设对应的塔顶允许最大水平位移为$[f]$(且 f 由塔身弹性挠曲变形产生)；相应的塔顶水平力差值为$[\Delta H]$，如图 28。同时，在横桥向由缆索系统和扣索系统产生的竖直压力均对塔柱无偏心。则$[f]$、$[\Delta H]$和 σ_s 三者之间的关系式为：

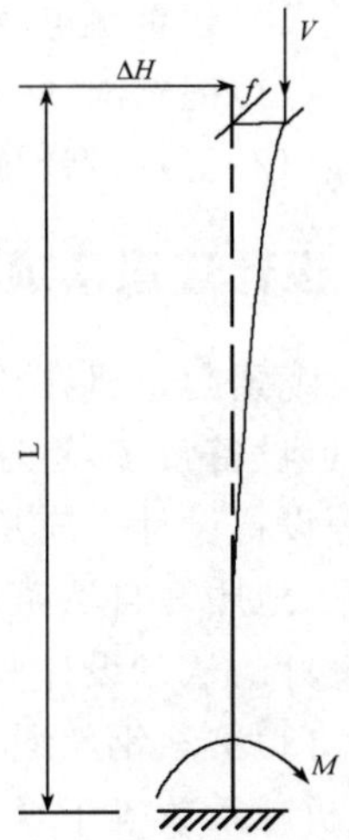

图 28　吊装塔塔顶水平力与水平位移示意图

$$[f]=\frac{[\Delta H]L^3}{3EI}$$

$$\sigma_{max}=\sigma_s=\frac{V_{max}\varphi}{F\varphi}+\frac{MY}{I}$$

$$M_{max}=[\Delta H]L+[f]V_{max}$$

5)吊装塔施工监测监控指标确定：索塔的应力、塔顶水平位移、斜拉索的索力及温度、风速等。

5.9　牵引、卷扬机械电气集中控制系统

在目前桥梁工程建设中，缆索吊机大部分具有起吊重量大、跨径大、起停频繁，牵引、起重所需卷扬机量大。在实际吊装运行中，为减少操作的难度和强度，减少人为操作失误或配合不当引发的危险，同时实现缆索吊机单组索道中所需的两台卷扬机(起重或牵引)同步动作，充分利用当前非常成熟的可编程序控制器(即 PLC)，利用其计算机的功能完备性、通用性和灵活性等特点，来提高缆索吊机运行的可靠性。

电气控制系统依据 GB3811—86《起重机设计规范》，以及 JB4315《起重机电控设备》制定。一般由专业的单位进行设计、施工。

6　设计参考规范及标准

目前，对于缆索吊装系统，国内尚没有专门的设计规范，一般参照相关的行业规范及参考书籍进行设计，主要包括如下：

(1)公路双曲拱桥无支架施工，湖南省交通设计院编，1977 年，人民交通出版社出版；

(2)缆索吊车，周继祖，1981 年，中国铁道出版社出版；

(3)缆索起重机设计，周玉申，1993 年，机械工业出版社；

(4)起重机设计规范(GB3833—83)；

(5)钢结构设计规范(GBJ17—88)；

(6)公路桥涵钢结构及木结构设计规范(JTJ025—86)

(7)静力计算手册，中国建筑出版社出版；

(8)公路桥涵地基与基础设计规范，人民交通出版社出版；

(9)公路施工手册《桥涵》下册，交通部第一公路工程总公司编，1999 年人民交通出版社；

(10)起重机电气设备(JB4315);

(11)钢丝绳(GB/T8918—1996)、密封式钢丝绳(GB/T352—2002)。

(12)工程设计施工图纸资料。

7　设计注意事项

缆索起重机在桥梁施工中使用较多,性能安全可靠,使用方便,吊装覆盖面大,不受洪水影响,但设备较多,运输安装工作量大,一次投入费用较高。其跑车、索鞍、主索、钢丝绳、塔架、铰座等设备设计上应从长远考虑。锚碇、塔架基础等一次性使用且不要求耐久性的结构,应结合地形、地质等自然条件充分利用当地资源从总体和结构形式上优化,本着经济、安全有效的原则设计。从已设计和使用的缆索起重机来看,缆索吊装系统设计需注意以下几点:

(1)主索钢丝绳的弹性模量对计算影响较大,购买时应通过实验提供 E 值,并考虑跨度折减,折减系数等于承重跨跨度与总跨度比值。

(2)主索钢丝绳随使用时间的增长其非弹性变形的释放将影响主索垂度,设计时应考虑调索或足够的起吊净空,尤其是大跨度缆索起重机。

(3)大跨度、大吨位缆索起重机应考虑使用分索器解决配重占吊重比例大的问题。

(4)牵引、起重卷扬机应在设备允许条件下尽量选用快速度的卷扬机,以提高缆索起重机的效率。

(5)使用频率较高的缆索起重机的牵引卷扬机,应从设计上考虑设置为从一端牵引,以解决两端牵引的对拉问题。

8　结 束 语

本指南介绍了缆索吊装系统设计的一些基本方法。由于缆索吊装系统涵盖的内容多,在现在大吨位的缆索吊装系统设计中,需要不同专业的人员共同参与和研究,才能完成一项工程的缆索吊装系统设计。

对于吊装较小、较普遍的单跨缆索吊装系统设计,本指南内容可以采用。

缆索吊装系统架设安装工艺

1 前　言

缆索吊装是桥梁施工中常用方法之一，也是我国大跨度桥梁无支架施工中的重要途径和手段，它主要适用于高差较大的垂直吊装及纵向运输，尤其适用于深谷、急流和受通航限制的河道及江面上的桥梁施工。缆索吊机主要由缆索、索道上移动的载重小车、索道两端的支承构件、起升机构、牵引机构、控制系统等设备组成。其架设安装质量的好坏，对整个系统的正常使用有直接的影响。

2 适用范围

2.1 工艺特点

工艺重点介绍了缆索吊装各系统较常规的安装方法和工艺、注意事项，对一般性缆索吊装系统安装具有指导参考价值。

2.2 适用范围

适用于一般性缆索吊装系统的架设和安装，对于特殊设计仅提供部分参考和指导。

3 缆索吊装系统构造组成

3.1 缆索吊机系统的总体构造

通过桥例，介绍其缆索吊机的组成情况。

某桥主桥设计为中承式钢管混凝土双肋拱桥，主跨净跨为 460 m，全桥跨径组合为 6×12 m(引桥)＋492 m(主跨)＋3×12 m(引桥)。设计总体布置如图 1 所示。

拱肋节段安装采用斜拉扣挂式无支架缆索吊装方案。由于上下游主拱肋相距较远，分别利用上下游两套吊装系统进行安装。吊装时，每根主拱肋桁段由该侧四组吊点抬吊；肋间横撑由于重量轻且位置居中，可由内侧两组吊点抬吊。

拱肋吊装施工现场布置由起吊安装系统和拱肋扣索系统组成。拱肋扣索系统由扣塔、扣锚及钢绞线扣索等几部分组成，吊装系统由吊塔、吊锚及吊装索缆等构成，其中吊塔放置于扣塔之上，通过铰脚与扣塔相连。吊扣锚均采用岩锚与重力式锚复合结构。现场总体布置如图 2 所示。

3.2 主吊装系统设计

3.2.1 主吊装系统选索及布置

主吊装系统主跨径 576 m，后锚端跨径为 164 m(A 岸)及 173 m(B 岸)，与水平线夹角 θ＝17.15°。全桥共设两套主索吊装系统，每套系统各种钢绳的规格见表 1。

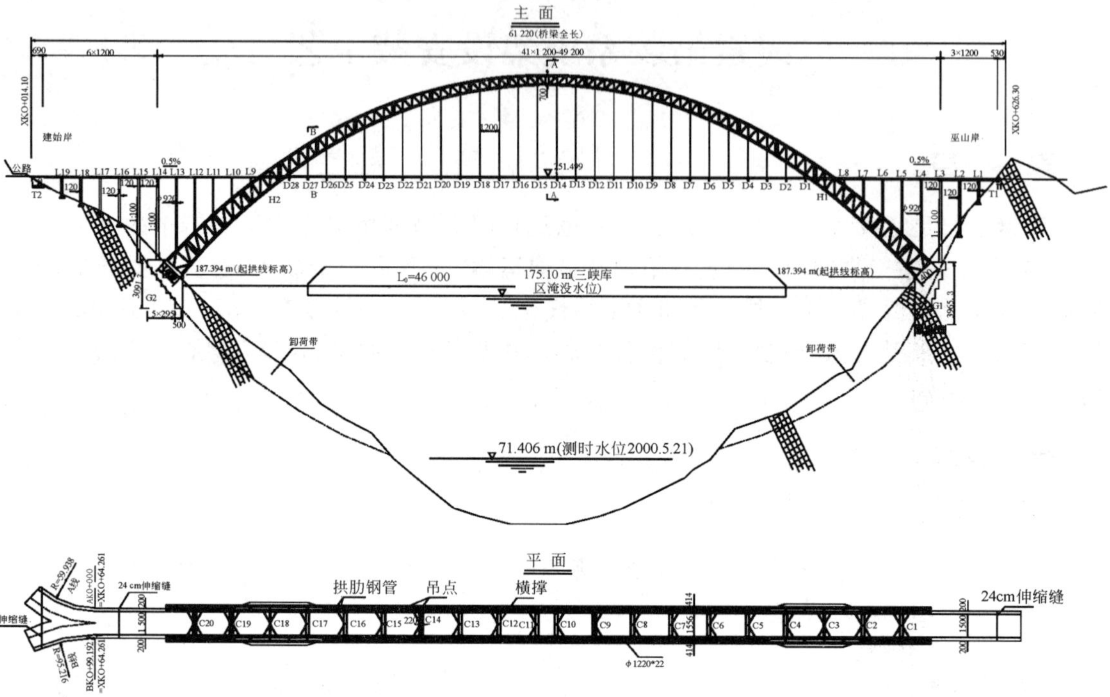

图 1　某长江大桥设计总体布置图

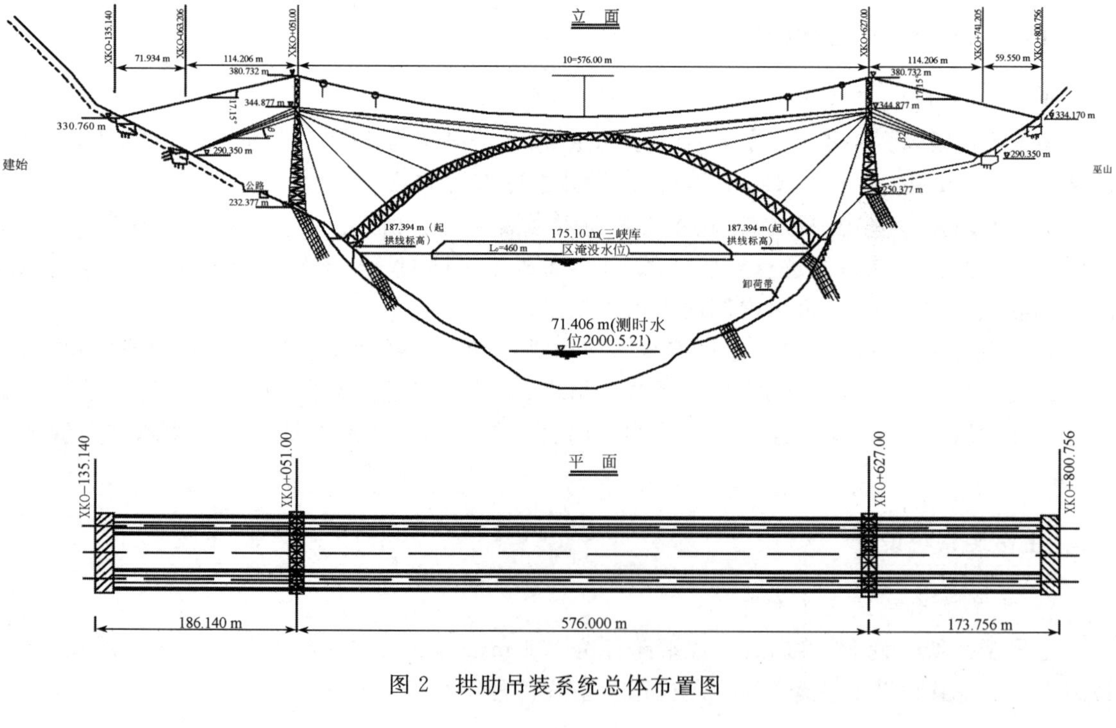

图 2　拱肋吊装系统总体布置图

表 1　主吊装系统钢丝绳规格表(起吊索走 8 线)

项目 \ 名称 / 型号	主　索	起吊索	牵引索	缆风索(压塔索)
	满充式钢丝绳(CFRC8×36SW－56 mm)	4×39S＋5FC-22 m 不扭转提升钢丝绳	6×37＋1	6×37＋1
根数-直径	2×4ϕ56	4×8ϕ22	2×2ϕ28	2×2ϕ47.5
每延米(kg/m)	14.98	1.98	2.768	7.929
截面积(mm²)	1 667	208	294.52	843.47
钢丝直径 (mm)	ϕ1.2～ϕ3.0	ϕ1.0～ϕ1.70	1.3	2.2
抗拉强度(MPa)	1 960	1 870	1 550	1 550
破断拉力(kN)	2 500	325.0	456.50	1 205.0
张力安全系数	3.041	5.147	4.702	4.11

3.2.2　缆索吊机设计参数及计算结果(一套,起吊索走 8 线)

设计参数与计算结果见表 2。

表 2　缆索吊机设计参数及计算结果表

设计参数	跨径	主索垂度	设计吊重(t)	牵引卷扬机拉力	起吊卷扬机拉力	吊塔对扣塔的竖向压力(最大)	吊塔对扣塔的水平推力(包括风力)
计算结果	576 m	空 1/16.054 重 1/12.5	118×1.1＋39.84＝169.64	97.09 kN	63.14 kN	约 7 500 kN	约 50 kN(用平衡索调整)

3.2.3　卷扬机选择

(1)牵引:8 台 10 t 摩擦式滚筒卷扬机(线速度恒定);

(2)起吊:8 台 8 t 摩擦式滚筒卷扬机(线速度恒定);

(3)牵引最不利位置辅助牵引:8 台 8 t 普通中速卷扬机。

3.3　工作索道系统

3.3.1　工作索道的选索及布置

为便于两岸小件物资设备的运输交流,另设置两套工作索道,上下游各一组。主吊装系统主跨径 576 m,后锚端跨径为 164 m(A 岸)及 173 m(B 岸),与水平线夹角 $\theta=17.15°$。各种钢绳的规格见表 3。

表 3　工作天线钢索规格表(起吊索走 4 线)

项目 \ 名称 / 型号	主　索	起吊索	牵引索
	6×37＋1	6×37＋1	6×37＋1
根数-直径	2×2ϕ47.5	2×4ϕ19.5	2×ϕ19.5
每延米重(kg/m)	7.929	1.326	1.326
截面积(mm²)	843.47	141.16	141.16
钢丝直径 (mm)	2.2	0.9	0.9
抗拉强度(MPa)	1 550	1 550	1 550
破断拉力(kN)	1 305.0	179.00	179.00
张力安全系数	5.100	7.094	4.544

3.3.2　工作天线设计参数及计算结果(一组)

工作天线设计参数及计算结果见表 4。

表 4　工作天线设计参数及计算结果表

设计参数	跨径	主索垂度	设计吊重(t)	牵引卷扬机拉力	起吊卷扬机拉力
计算结果	576 m	空 1/18.085,重 1/14	5×1.2+2.984=8.984	37.83 kN	27.35 kN

3.3.3　卷扬机选择

(1)牵引:4 台 5 t 普通中速卷扬机;

(2)起吊:4 台 5 t 普通中速卷扬机。

3.4　吊　　具

拱肋吊装系统吊具包括缆索跑车、起吊滑车组、吊点分配梁、吊点、夹具等结构。全桥共布设四组主索,每组上设置两套吊具共计 8 套。吊具数量、规格汇总见表 5。

表 5　吊具数量、规格汇总表

序 号	名　称	规　格	数　量	备　注
1	缆 索 跑 车	2×4	8 套	
2	吊点滑车组	3×3	8 套	
3	吊点分配梁		4 根	
4	吊 点 夹 具		16 套	

3.4.1　缆索跑车

跑车承受的竖向力 $T=600$ kN,跑车结构设计如图 3 所示。

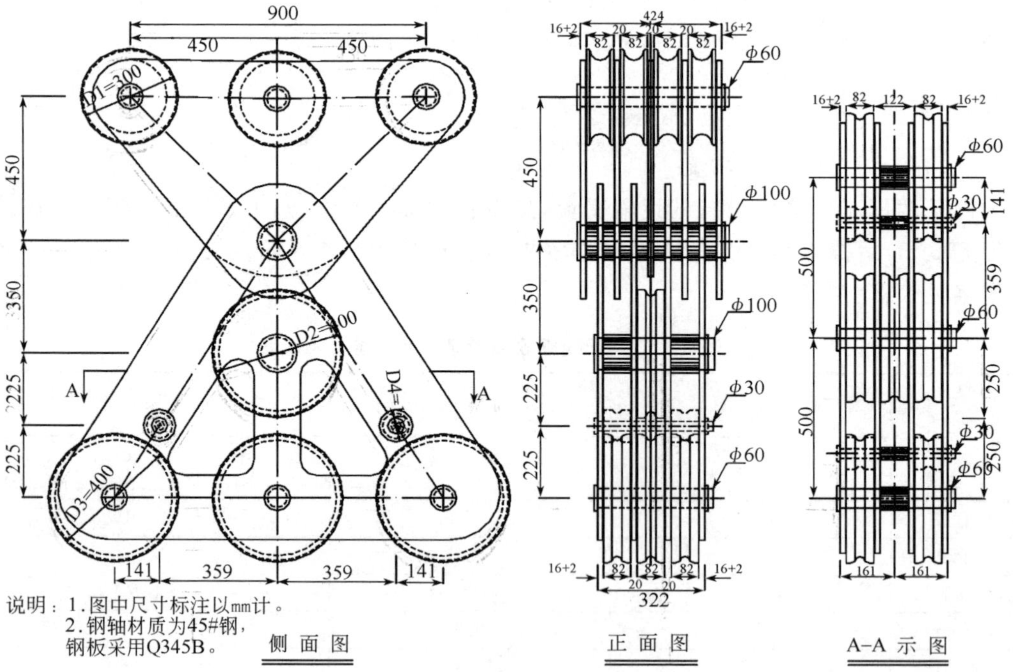

图 3　跑车总体设计图

3.4.2 起吊滑车组

起吊绳走线数 8 线；滑车组采用滚动轴承，起吊滑车组结构设计如图 4 所示。

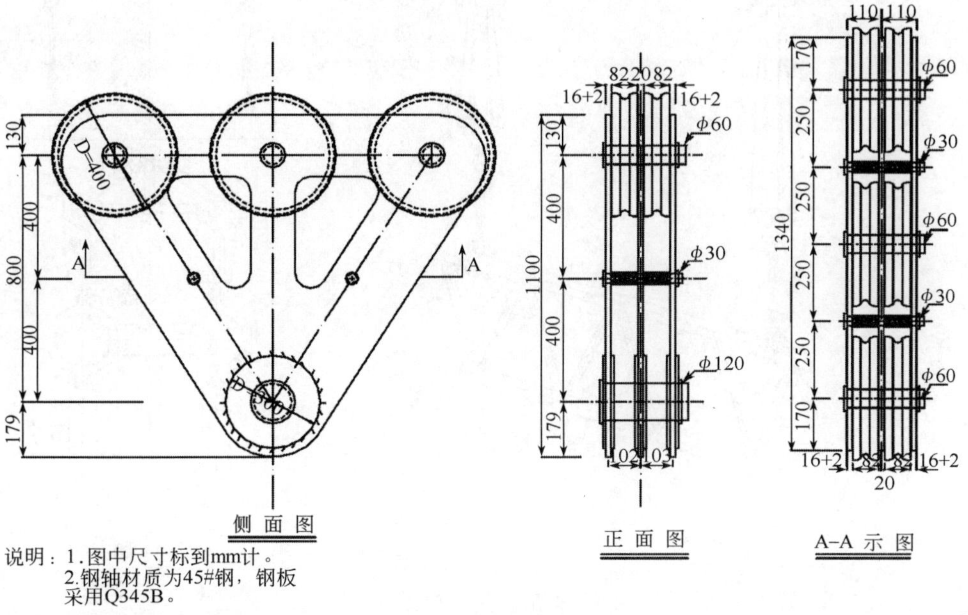

图 4 起吊滑车组总体设计图

3.4.3 吊点分配梁设计

拱肋吊段是由相应的两组缆索上的吊点起吊，吊点间的距离为 6.0 m；拱肋宽度 2.92 m（两主管中心距），为确保吊绳垂直受力及各吊点受力均匀，在吊索下部放置分配梁，以调整吊绳间距，保证拱肋两侧自动平衡，便于其安装就位。

分配梁为简支梁，梁端力均为 $F=425$ kN，间距为 $L=6.0$ m；梁中部拱肋提供的力为 $F=425$ kN；间距 $L=2.92$ m；分配梁应力安全系数 $K=2.0$；跨中挠度 $f\leqslant 2$ mm。

分配梁结构设计如图 5 所示。

3.4.4 混凝土配重块设计

吊点混凝土配重块的作用是使吊点在没有吊重时，能够自由下降，配重的大小受起吊绳走线数、滑轮组数率及索跨大小等因素控制。配重块放置于每组吊点上。

每个吊点配重 30 kN，由两块实体混凝土实体提供，每块重 15 kN。

3.4.5 承索器设计

缆索吊装系统主索跨度达 576 m，在主缆上在设置承索器，承托起吊绳及牵引绳，从而减小其松弛阻力，达到减小起吊和牵引以及配重块重量的目的。

在每组主缆上分别布置承索滑轮，其间距为 30 m，以承托起吊绳和牵引绳，其布置及结构如图 6 所示。

3.5 吊塔系统

3.5.1 吊塔塔体的组拼

吊塔立于扣塔塔顶，吊塔与扣塔的连接形式为铰接。吊塔采用 M 型万能杆件组拼成双柱门式索塔，塔高 30.5 m，每柱截面为 2 m×4 m；中部设一道横梁；两柱之间的中心距离为

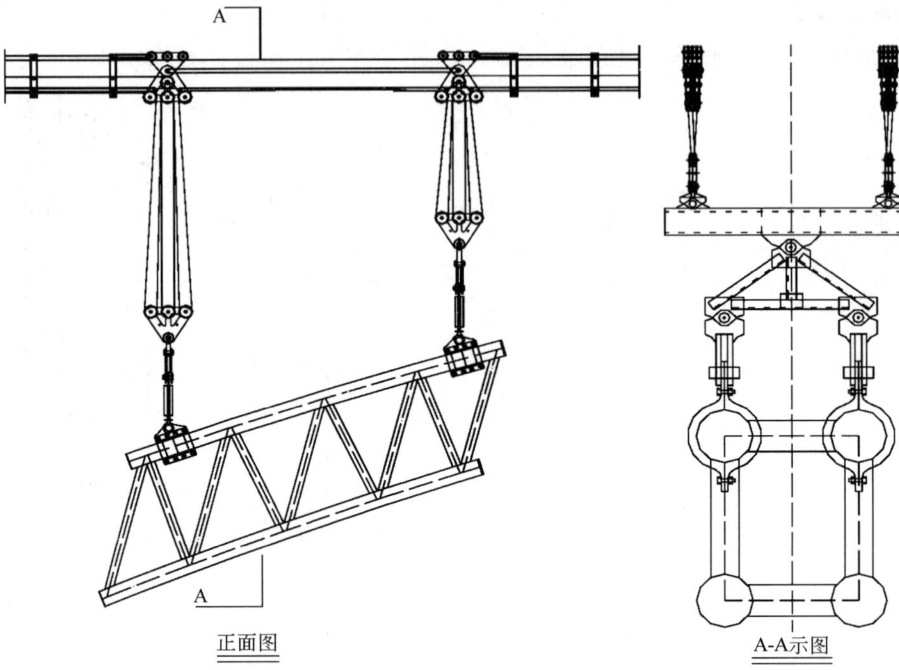

图 5　起吊分配梁总体设计图

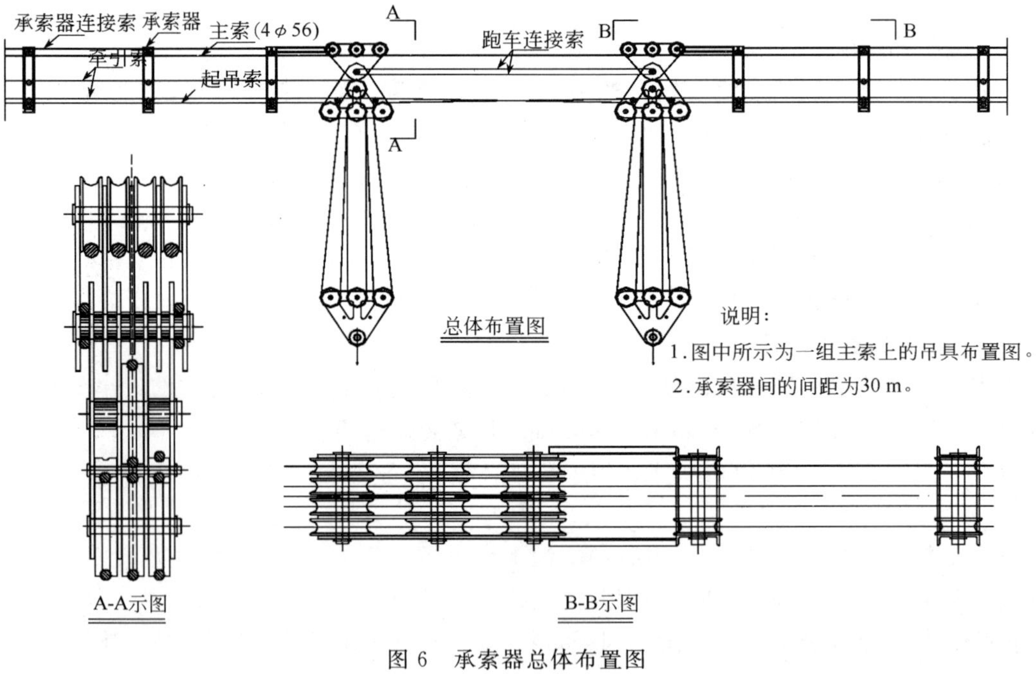

图 6　承索器总体布置图

20.0 m；吊塔塔顶顺河向宽度为 30.0 m。吊塔塔顶及塔脚分配梁采用 I56b 工字钢组拼。其布置如图 7 所示。

3.5.2　吊塔塔顶索鞍及塔脚铰脚的设计及布置

(1)索鞍布置及结构。

吊塔塔顶索鞍包括吊装主索、压塔索、工作天线主索、牵引索、起吊索等索鞍。所有索鞍均采用单轮滚动结构形式的索鞍；在万能杆件吊塔塔顶采用 I56b 工字钢铺设两层分配梁，在工字梁上按相应的位置安置索鞍，并将索鞍与工字梁固定。索鞍布置如图 8 所示；

(2)吊塔塔脚铰脚设计。

1)铰脚的布置。

采用 I56b 型钢在扣塔塔顶设置连接分配梁，并将其与扣塔钢管焊接，在分配梁上布置吊塔铰脚，吊塔铰脚与扣塔及吊塔塔体的连接如图 7 所示。

2)铰脚的结构设计。

铰脚由铰座、铰板、钢销等几部分组成，其结构设计如图 9 所示。

3.5.3 抗风索的布置设计

吊塔抗风索由于受地式的影响，无法设置“八”字抗风，采用压塔索，整套吊装系统共设置 4 根 ϕ47.5 mm 钢绳。吊塔上、下游各布置 2 根。

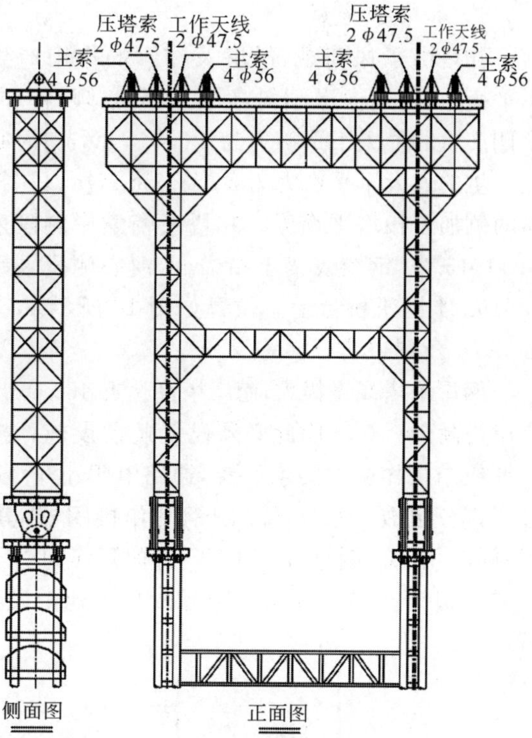

图 7 吊塔总体布置图

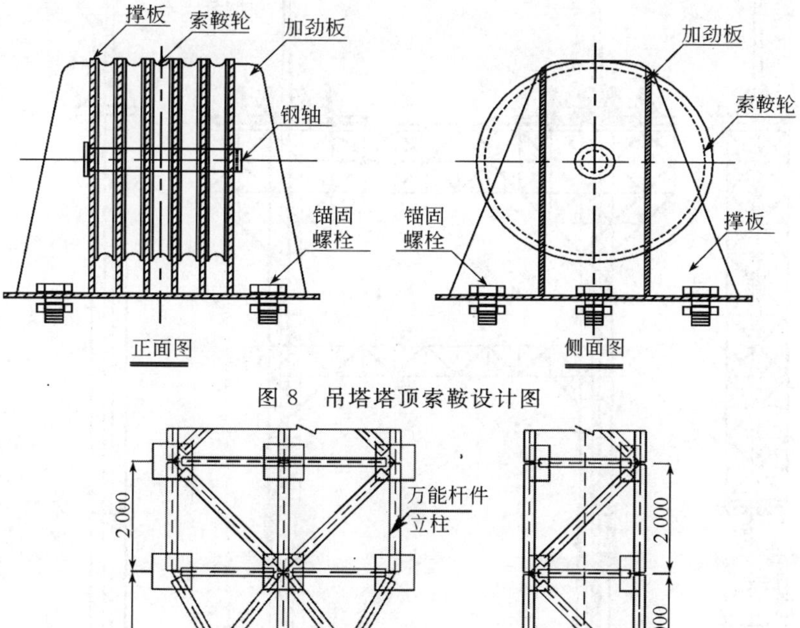

图 8 吊塔塔顶索鞍设计图

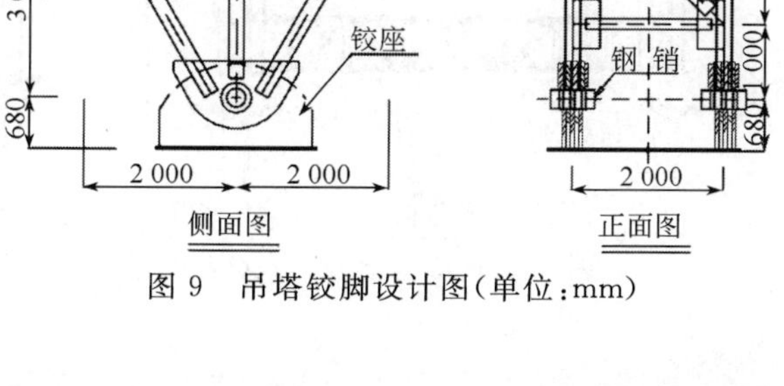

图 9 吊塔铰脚设计图(单位：mm)

3.5.4　扣塔平衡索

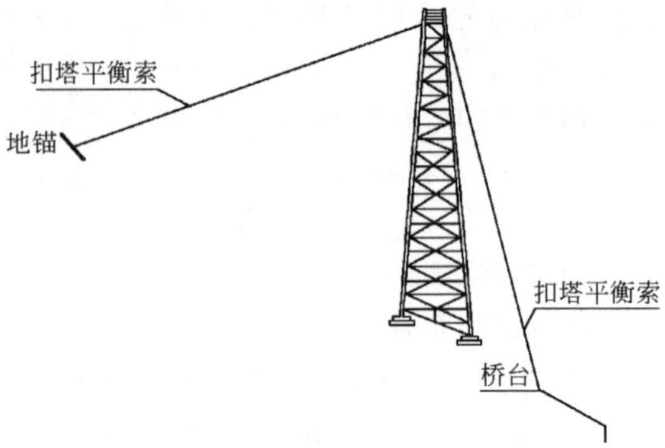

图 10　扣塔平衡索布置图

扣塔由于风荷载、吊塔及扣索的作用产生不平衡力，前期向岸倾斜，后期朝河心倾斜。向岸侧产生的最大不平衡力为 1 055.5 kN，向河心侧产生的最大不平衡力为 2 253.7 kN，所以在扣塔两侧加设扣塔平衡索。扣塔平衡索岸侧段采用 11ϕ15.24 钢绞线锚于扣锚上，河心侧段采用 15ϕ15.24 锚于桥台上。位置如图 10 所示。

3.5.5　吊塔避雷设施布置

两岸吊塔高度极大，南岸塔高达近 160.0 m；北岸塔高 140.0 m 因此必须设置避雷设施。按照Ⅱ级结构物避雷要求设置，通路电阻小于 4 Ω。吊塔防雷装置由接闪器、引下线和接地装置等三部分组成。采用 ϕ22 圆钢制作接闪器，其长度为 1.5 m，每塔的两根立柱上分别设置一根；同时用 ϕ16 圆钢外套 PVC 防护管作为引下线，接至地面与相应的接地装置相连接，接地装置采用型钢∠100×100×10 mm 打入地中设置，打入深度不小于 1.5 m 。避雷针布置如图 11 所示。

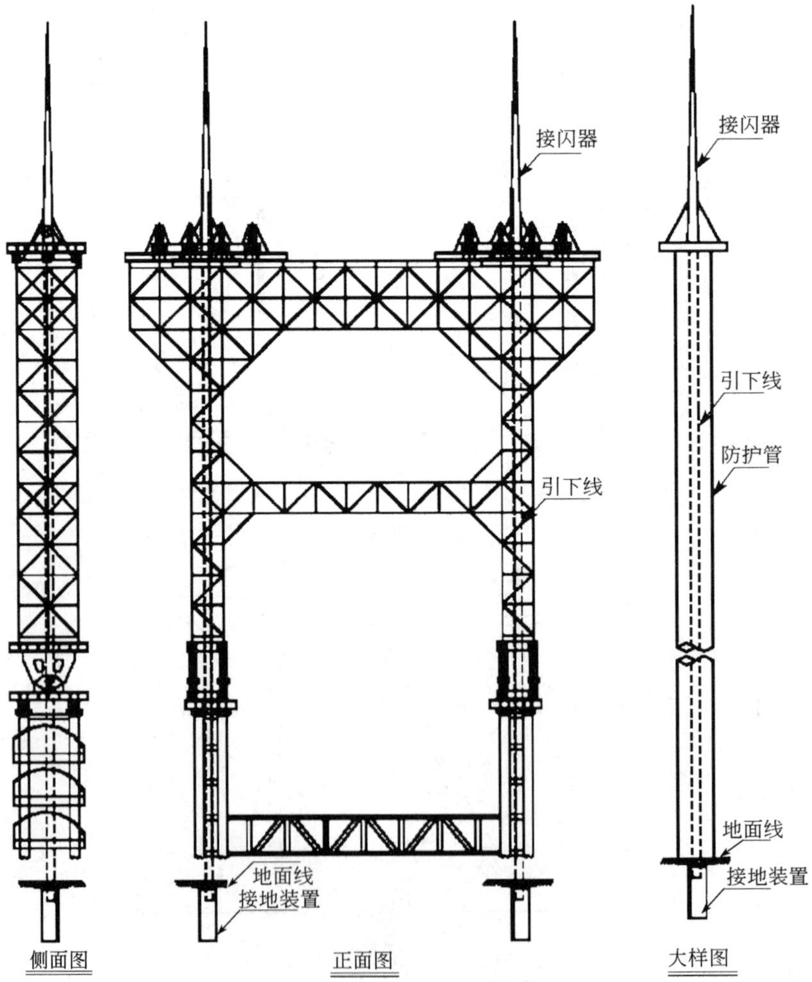

图 11　吊塔避雷设施布置图

3.6 吊、扣锚碇

根据吊(扣)锚所在山坡地形地质情况，吊(扣)锚设计为重力式锚碇(加设预应力岩锚，扣锚加设桩基)，将锚索锚固于基岩岩体的深处，主缆索固定在岩面的重力结构上，并通过预应力锚索将主缆力分散传递到岩体深处。吊锚主索套在后墙位置的桩头上，桩头用钢板保护，扣索锚于扣锚前墙上。

锚碇总体布置如图12所示。

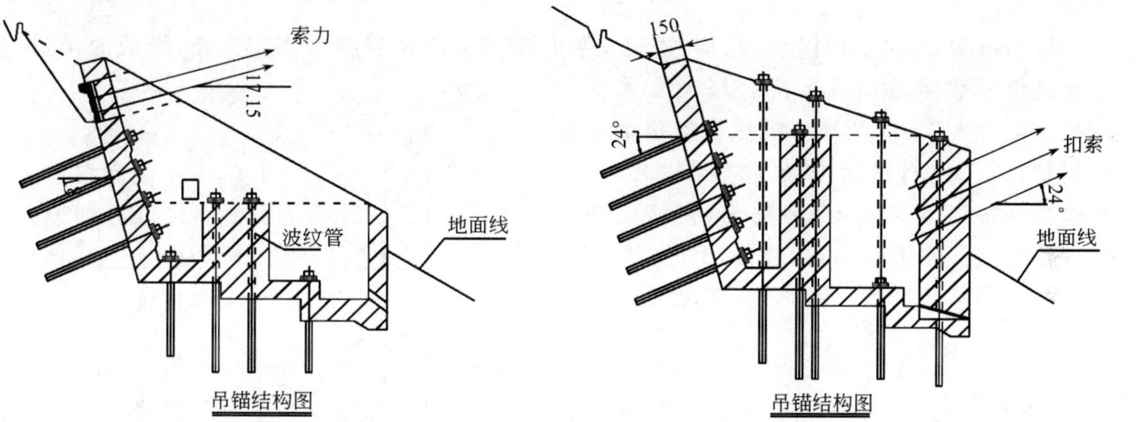

图12 锚碇总体布置图

4 安装施工前准备工作

(1)缆索吊机系统安装前由总工程师及设计人员进行交底，务必使参加缆索吊机安装施工人员对缆索系统的总体布置、设计技术要点、构件及绳索种类、功能与作用、型号规格、长度及技术标准等全面了解，以便正确指导现场施工，及时解决现场施工中出现的问题。

(2)新购钢丝绳进场时附有出厂合格证和技术证明书，并对钢丝绳的种类、规格、长度、数量及重量等进行全面检查。并依据购货合同与国家技术监督局发布的《钢丝绳》(GB/T8918—1996)、《密封钢丝绳》(GB/T352—2002)规定对钢丝绳主要力学技术指标进行抽检。对已使用过的钢丝绳，应认真检查其磨损程度、断丝情况、腐蚀程度、润滑情况、变形情况、绳连接部位或末端紧固部分及其他异常现象等，同时对钢丝绳主要力学技术指标按照钢丝绳国家标准《GB/T8918—1996》进行检查。

(3)绳索锚固设备进场时附有出厂合格证和技术证明书，使用前应抽取有代表性的结构做锚固试验，受拉值一般为设计值的1.3～1.5倍。

成品跑车和吊钩在运输和装卸时注意不要碰伤，运抵工地时应有出厂合格证和抽检技术证明书(含探伤合格证书)及产品使用说明书。跑车及吊钩进场后应对跑车及吊钩部件按照国家标准和订货合同进行全面检查，并做好记录，办理签证。

(4)新购卷扬机进场时附有出厂合格证和技术证明书，并依据购货合同与国家技术监督局发布的《建筑卷扬机安全规程》(GB13329—91)进行验收。对已使用过的卷扬机，应依据国标(GB6947)规定对卷扬机进行合格检验。

(5)缆索吊机塔架拼装时随时注意结构稳定，拼装完毕并试吊合格后须制定详尽的安全使用规则并悬挂于吊机醒目处。起吊重物时须严守“十不吊”原则。

(6)穿挂导索时事先办妥封航手续，严格遵守通航要求，封航之前做好导索穿挂准备工作，务必在封航时间内完成缆索过江作业。

(7)缆索吊机绳索穿挂安装时，缆索的打梢，过缆及临时联结与锚固须稳妥可靠，严防绳索脱落摔伤人。水上过导索时，操作人员站位应正确，以免绳索拉直将人打入水中；船舶上应备有救生衣、救生圈，以防施工人员发生落水事故。

5　缆索吊机安装

5.1　缆吊塔架拼装

缆吊塔架为万能杆件组拼结构，塔架安装时塔架底部设置临时固定支腿，形成固结，拼装一定高度后设置临时缆风绳。塔架安装使用机械配合人工进行安装，机械设备负责吊运材料，人工进行拼接安装。塔架拼装时，每个塔柱每班安排12个劳动力，拼接安装时在塔柱上使用扒杆吊运，并使用手拉葫芦辅助小范围吊运拼装。图13为塔架安装示意图。

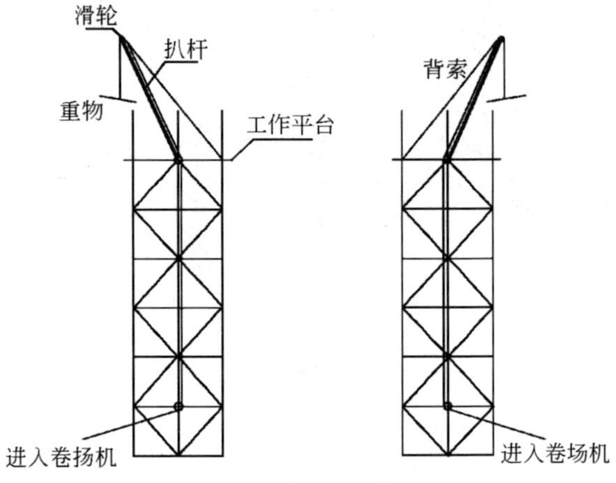

图13　塔架安装示意图

5.2　地锚施工

吊、扣锚碇为重力式锚碇，属于常规的大面积明挖工程，按照设计尺寸采用人工与机械配合施工。

根据无支架缆索吊装总体布置图的设计桩号定出地锚位置，按照地锚设计图纸放出大样。采用挖掘机进行基坑开挖，开挖放坡为1∶0.5，基坑四个边、角采用人工修整，开挖或修整过程中若土质松软，必须采取基坑支护措施，如型钢支撑、砂浆护壁等。基坑开挖完成后立即采用C15混凝土进行基底处理，四周全部用7.5$^{\#}$砂浆护壁，必要时在地锚后面的工作空间砌筑挡土墙，形成密封凹坑，以防地下水渗出软化基坑土。

完成以上工作后，即可进行地锚7.5$^{\#}$浆砌片石部分的施工，当浆砌片石高度达到地锚前墙混凝土高度时，要组织人员进行前墙混凝土满槽浇注，同时要注意做好风缆锚环等预埋件的设置。后墙和锚梁施工需要安装模板，并有足够的支撑。

地锚压重部分最后施工。若采用袋装土(砂)叠放，必须按“品”字形交错叠放，压重部分顶部要堆叠成锥形，以便于顶部排水。若采用填土压重，则需要砌筑挡土墙，并用人工将填芯土夯实。

5.3　缆索系统安装施工工艺流程

缆索系统安装工艺流程如图14。

5.4　卷扬机安装

卷扬机根据《缆索吊机施工布置图》、《缆索吊机卷扬机布置图》、《建筑卷扬机安全规程》(GB13329—91)进行布置安装。

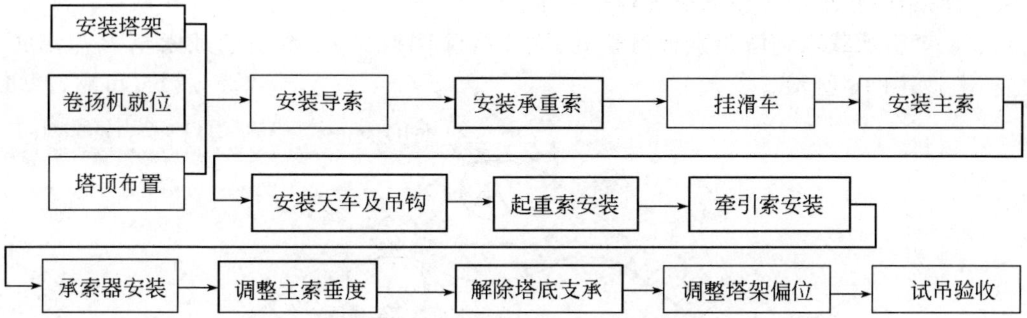

图 14 缆索系统安装施工工艺流程图

5.5 工作索道安装

工作索道设计两组，下面介绍一组安装工艺。

5.5.1 导索安装

导索起循环索引作用，而工作索道承载则为主索安装提供支承作用，空中挂索过程中，导索和承重索的垂度始终控制在 60 m 以上，目的是为了减少主索安装过程中的牵引力。

导索采用 ϕ17.5 mm 钢丝绳，单根长度满足施工需要。

将导索钢丝绳吊放在 A 岸地垄前，人工拖拉到 A 岸塔架下，用塔吊（或其他起吊方式）将导索提升到塔顶，绕过工作索道索鞍上的牵引索转向滑轮，下放到塔架下并拖拉至江边。

通知航道部门，在航道部门的协助下对航道进行封航，用机动船将导索牵引过江，拖拉到 B 岸塔架下，用塔吊（或其他起吊方式）将导索提升至塔顶并绕过工作索道索鞍上的牵引索转向滑轮，由人工拖拉至 B 岸 JK5 t 牵引卷扬机上，然后将导索打梢，将 A 岸的钢丝绳全部放出，另一端绕过 JK5 t 卷扬机，并进行缠绕收紧。

5.5.2 工作索道架设

(1)准备工作

吊车将 ϕ47.5 mm 承载索索盘吊放在支撑架上，使索盘可以转动，支撑架地基要牢固，架体刚度满足要求，以防索盘倾覆。

用 ϕ17.5 mm 钢丝绳经五门滑车组进入 JK5 t 卷扬机，用于承载索的收紧索。

其他用具准备：承载索与导索连接用的绳卡；用于塔架顶上打梢用的 ϕ21.5 mm 千斤绳、绳卡；索鞍与塔顶承载横梁固定。

(2)承载索安装

1)承载索在 A 岸索盘上引出一个绳头与导索用绳卡连接好，如图 15 所示。

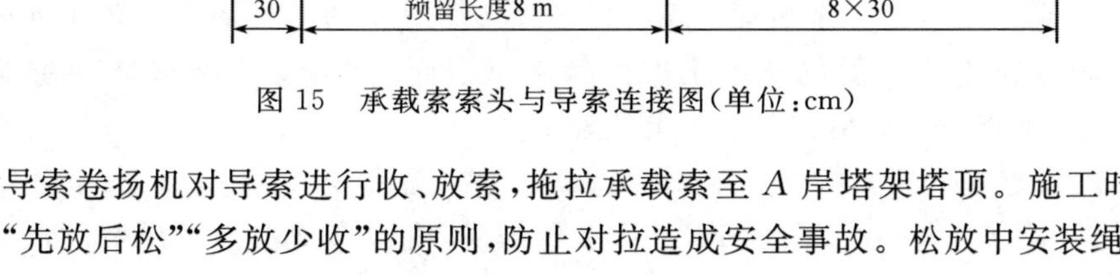

图 15 承载索索头与导索连接图（单位：cm）

2)两岸导索卷扬机对导索进行收、放索，拖拉承载索至 A 岸塔架塔顶。施工时应注意卷扬机应采用“先放后松”“多放少收”的原则，防止对拉造成安全事故。松放中安装绳卡，使导索与承载索连接，防止承载索在拖拉过程中下垂。

3)导索牵引承载索到塔顶索鞍滑轮处，逐步拆除倒换绳卡，牵引承载索至 B 岸塔顶。过索鞍换绳卡如图 16 所示。

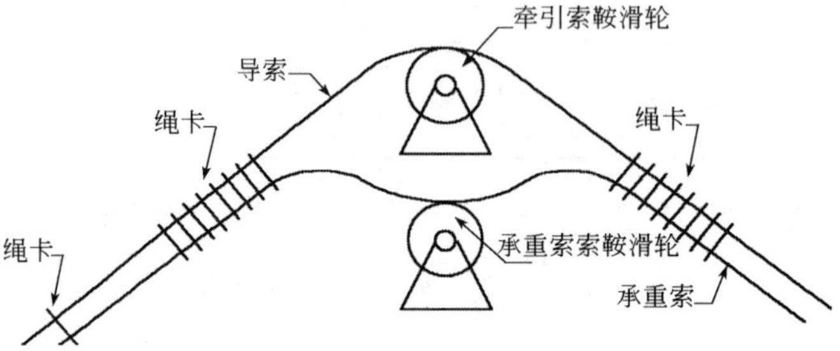

图 16　承载索过索鞍换绳卡示意图

4)承载索牵引到 B 岸缆索地垄附近时，两岸塔顶上用 ϕ21.5 mm 千斤绳对承载索进行打梢，将 A 岸索盘上的承载索全部放完，两岸地垄附近调索 JK5 t 卷扬机上的 ϕ17.5 mm 钢丝绳从滑轮组引出，用绳卡与承载索连接。解除塔顶上的打梢，启动两岸 JK5 t 卷扬机将承载索端头绕过地垄上锚固横梁，用绳卡将承载索端头与承载索连接固定。承载索绳头固定如图 17 所示。

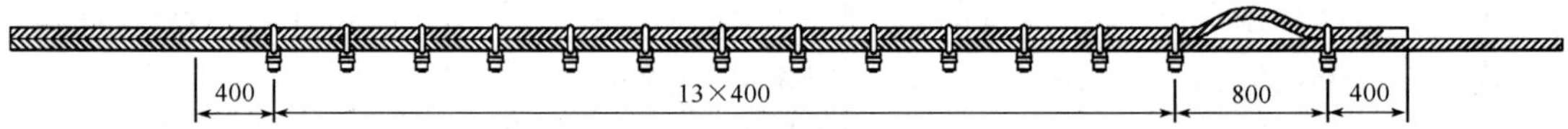

图 17　承载索绳头固定图(单位：mm)

5)按照同样的方法拖拉其余工作索道的承载索。

(3)跑车和起重、牵引索安装。

1)起重、牵引索安装

跑车安装前，将 ϕ19.5 起重索从 A 岸塔架侧卷扬机房用塔吊拖拉到 A 岸塔顶上临时固定。ϕ19.5 牵引索一端绳头绕过 JK5 t 卷扬机卷筒 5 圈后拖拉到 A 岸塔顶临时固定，另一端绕过塔顶牵引索索鞍由导索拖拉过江，拖拉到 B 岸塔顶绕过牵引转向滑轮后向回拖拉到 A 岸塔顶上临时固定。其余起重、牵引索用同样方法进行安装到位。

2)跑车安装

① 结构组成。由行车轮、车架、起重滑轮组和牵引系统组成，安装在承载索上，在牵引索和起重索的作用下，沿承载索往返运行和起吊重物。每组工作索道由 1 台跑车组成。

② 组装。用塔吊(或其他起吊方式)将跑车分部件吊到塔顶的膺架上，在膺架上进行安装。解除跑车分配梁、挂架长轴，用塔吊将车轮对正承载索并调整好位置，在跑车走行轮上进行抄垫，使车轮轮底与索鞍滑轮顶在同一高度，用千斤绳打梢临时固定跑车在承载索上。塔吊吊起分配梁、上挂架及其他配件，对正车轮车架，安装长轴，将跑车进行组装。

③ 穿索。将 ϕ19.5 mm 牵引索一端绕过塔顶转向滑轮的绳头固定在跑车前面的车架上，另一端绳头固定在跑车后面的车架上。拆除跑车下面的抄垫，使跑车坐落在承载索上，用 ϕ17.5 mm 钢丝绳将下挂架吊挂于跑车上挂架下方。

解除临时固定在塔顶上的 ϕ19.5 mm 起重索，按“倍率 4”穿过跑车上、下挂架定、动滑轮组，临时固定在跑车车架上。开动 JK5 t 牵引卷扬机，将跑车牵引至另岸塔顶，起下临时固定在车架上的起重索绳头，然后固定在塔顶上。

按照上述步骤安装另外的跑车。在跑车全部安装好后，放下跑车下挂架，在跑车的动滑轮组侧安装配重。

5.6 主索道安装

工作索道安装完成，利用已经安装好的工作索道跑车逐根拖拉主索道承载索过江，绳索调整后，在塔顶的膺架上安装跑车和起重、牵引系统。

下面叙述1组主索道安装，承载索索盘放置在 A 岸，绳索由 A 向 B 牵引。

5.6.1 安装承载索

(1)安装位置。东、西侧两组索鞍的中线与相应地锚对齐，用螺栓将索鞍与塔顶承载横梁连接固定。

(2)放索。索盘吊放在缆索地锚附近的放索架上，使索盘可以转动，放索架的地基要牢固，不应有不均匀沉陷，架体刚度满足要求，以防索盘倾覆。在主索放出近一半时，在松放索相反方向，用一台 JK5 t 卷扬机加一条 ϕ17.5 mm 钢丝绳作后梢，防止放索架因牵引速度不均，塔前、后主索重量差，地面对主索摩阻力等影响而发生飞转、不转等。

(3)牵引。将缠绕有一定长度的 ϕ17.5 mm 钢丝绳的 JK5 t 卷扬机上的钢丝绳拖出，经 A 岸塔架顶部和底部外侧的转向滑轮拖至卷扬机房，与承载索绳头用绳卡连接，将承载索拖拉翻越塔顶索鞍(塔吊辅助提升，防止密封绳锚头受损)到塔架内侧底部。通知航道部门，对航道进行封航。用工作索道 JK5 t 卷扬机拖拉承载索过江至 B 岸塔架。

在塔顶上对承载索进行打梢，全部放出索盘上的承载索，用缠绕有 ϕ17.5 mm 钢丝绳的安在地垄附近的 JK5 t 卷扬机拖拉承载索锚头绕过地垄上的锚固横梁，尾索从前端槽口转出并使用夹具收紧。与入口主索形成环扣，最后根据计算好的架设垂度收紧并锚固，在调整好主索空索垂度后使用专用绳卡夹紧尾索(如图18)。

从 B 岸缆索地垄附近的缠绕有 ϕ17.5 mm 钢丝绳的 JK5 t 卷扬机引出钢丝绳，翻过塔顶，解出塔顶上承载索的梢绳，拖拉承载索至另岸缆索地垄，绕过锚固横梁，用绳卡固定。

按照同样的方法拖拉其余各根承载索。

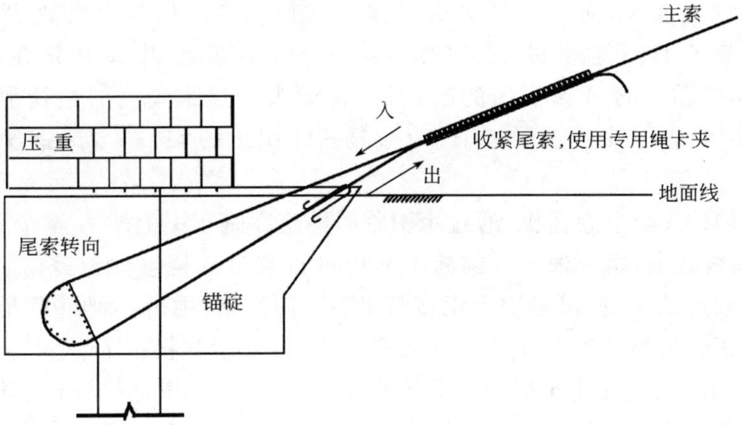

图18 主索尾索绳卡夹紧示意图

5.6.2 跑车和起重、牵引索、分索器安装

(1)起重、牵引索拖拉到位

在承载索安装完成后，利用工作索道跑车将起重、牵引索拖拉到南岸塔顶，进行临时固定。

1)起重索牵引：起重索索盘分别在两岸放置，缠绕在各自 JM8 t 起重卷扬机上，将一端绳头用绳卡与塔架附近 JK5 t 卷扬机上引出的 ϕ17.5 mm 钢丝绳连接，分别拖拉到各自的塔架顶上并临时固定，通过工作索道的跑车拖拉 *A* 岸塔顶上的起重索到 *B* 岸塔顶上，并打梢固定。

2)牵引索牵引：将牵引索索盘分别在两岸放置，缠绕在 JM10 t 牵引卷扬机上，将一端绳头用绳卡与塔架附近 JK5 t 卷扬机上引出的 ϕ17.5 mm 钢丝绳连接，分别拖拉到各自的塔架顶上并临时固定，通过工作索道的跑车拖拉 *A* 岸塔顶上的牵引索到 *B* 岸塔顶上，并打梢固定。

(2)跑车安装

1)结构组成。缆索吊机主索道的 2 组承载索、起重索及牵引索全部安装到位后，进行跑车安装。每组缆索吊机有两个跑车，两个跑车间距根据吊装构件确定，包括行车轮、车架、起重滑轮组和牵引系统。

2)缆索吊机跑车安装完后进行调索。

3)组装。利用塔架附近的塔吊将甲跑车分部件吊到 *B* 岸塔顶膺架上，在塔顶上进行组装。解除分配梁、挂架长轴，利用塔吊将跑车车轮对正承载索上，调整好位置后，在跑车走行轮上进行抄垫，使跑车轮底与索鞍滑轮顶在同一高度，梢绳打梢临时固定在承载索上。利用塔吊将跑车的分配梁、上挂架及其他配件吊起，对正跑车车轮车架，安装长轴，组装跑车。

4)穿索。将 *A* 岸拖拉过来的 ϕ28 mm 牵引索活头打梢在甲跑车前面的车架上，作为跑车临时牵引索。用 2ϕ32 mm 联车绳一端连在甲跑车后面车架上，一端打梢在塔顶上，拆除跑车下面的抄垫，使跑车坐落在承载索上，用塔吊起吊跑车下挂架吊挂于跑车上挂架下方。

将固定在塔顶上的 *A* 岸牵引来的 ϕ22 mm 起重索按“倍率 8”穿过跑车甲上、下挂架定、动滑轮组，留出 20 m 端头临时固定在 *B* 岸塔架顶上，开动 JM10 t 牵引卷扬机，将跑车朝 *A* 岸牵引一定距离。而后在承载索上安装跑车乙，步骤同安装跑车甲一样。

跑车乙安装好后，2ϕ32 mm 联车绳另一端头在跑车乙上固定，将固定在 *B* 岸塔顶上的 ϕ28 mm 牵引索按绕过水平滑轮，绕过索鞍上的牵引滑轮，与从地垄附近 5 t 卷扬机上引出的 ϕ17.5 mm 钢丝绳连接，拖拉牵引索至 *B* 岸地锚前固定。*B* 岸引出的 ϕ28 mm 起重索按“倍率 8”穿过跑车乙上、下挂架的定、动滑轮组，并穿过跑车乙，临时固定在跑车甲上。解除临时固定在 *B* 岸塔顶上的 *A* 岸引出的起重索，将绳头穿过跑车乙的拖拉滑轮，绕过索鞍上的起重转向滑轮，利用 *B* 岸地垄附近 JK5 t 卷扬机上引出的 ϕ17.5 mm 钢丝绳拖拉缠绕到 B 岸地锚上。

启动 *A* 岸 JM10 t 牵引卷扬机，通过牵引临时固定在跑车甲上的 *A* 岸牵引索将跑车甲、乙牵引到 *A* 岸塔顶膺架上，用一根千斤绳将跑车甲进行临时打梢，栓牢在塔顶上。解开跑车甲上 ϕ28 mm 牵引索的活头，绕过塔顶上索鞍的牵引转向滑轮，用 *A* 岸地垄附近 5 t 卷扬机上引出的 ϕ17.5 mm 钢丝绳拖拉缠绕在 *A* 岸地锚前 JM10 t 牵引卷扬机上。

解除跑车乙临时固定在跑车甲上的起重索端头，穿过跑车甲拖拉滑轮，绕过索鞍上的起重转向滑轮，用 *A* 岸地垄附近 JK5 t 卷扬机上引出的 ϕ17.5 mm 钢丝绳拖拉缠绕在 *A* 岸 JM8 t 起重卷扬机上。

按照上述步骤安装另外的跑车。在跑车全部安装好后，放下跑车下挂架，在跑车的动滑轮组侧安装配重。

5.7 承载索垂度调整

5.7.1 调试方法

在 A 岸缆索地垄附近安装一台 5 t 卷扬机，ϕ22 钢丝绳"走 6"穿绕滑轮组进入卷扬机。钢丝绳一端活头用绳卡与承载索连接，启动卷扬机，缓慢将承载索进行收紧，观察承载索垂度在与计算调整垂度大致相吻合时，停止卷扬机，然后将承载索端头锚固在地垄锚固梁上。如图 19。

缆索吊机使用一段时间后，重新调整承载索垂度，以消除承载索非弹性变形的影响，此项工作应定期进行。

5.7.2 承载索垂度观察

(1)平行四边形法。

在 A、B 两岸塔架上设观测点 a、b，使 $A_a=B_b=f_{max}$，然后在观测点处安装垂度观测板，通过 a、b 视线与承载索相切所测得的垂度即为所需的 f_{max} 值。当视线 a、b 不与承载索相切时，应收紧或放松承载索，使其达到与视线 a、b 相切为止。如图 20。

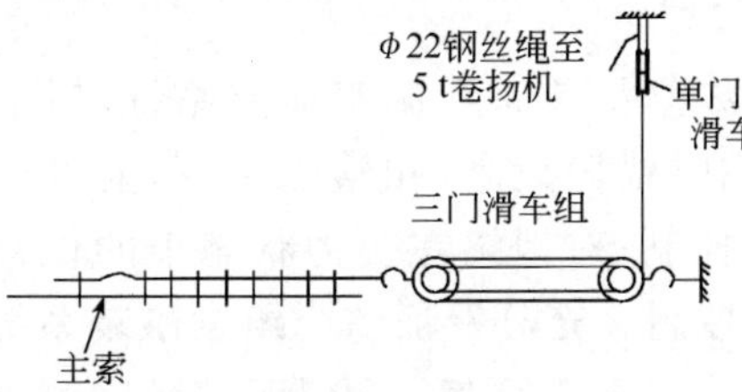

图 19 承载索初调示意图

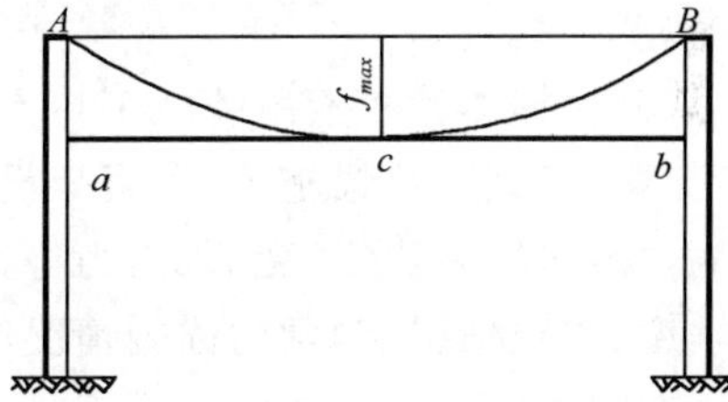

图 20 平行四边形法示意图

(2)标记法。

在承载索初调调整完后，在 A、B 两岸塔顶索鞍处的承载索的同一位置做出标志(贴白胶布或划线)，然后进行精确调整，如果各根承载索上做的标志始终在同一直线上，则表示各根承载索受力大致相等；否则位移大的表示受力大，位移小的受力小。

6 施工安全措施

(1)按时进入工作岗位，未经同意不得擅自离开工作岗位。

(2)施工操作人员上班前不得饮酒。

(3)一切行动听指挥，严格遵守操作规程。

(4)指挥人员站位要适当，发生的信号要明确、及时、无误。

(5)施工人员上班必须戴安全帽，不准穿硬底鞋，高空作业必须拴安全带、安全绳。

(6)施工工具(如撬棍等)、螺栓及螺帽应妥善放置，作业区下方布置钢丝网，防止滑落伤人。严禁向下抛掷物件，严禁坠物伤人及对桥下安全通航构成威胁。

(7)停止作业时，所有吊装机具、设备应加防护，起重绳、牵引绳、扣索等都应卡死固定，并去掉电源保险。次日上班应进行全面检查。

(8)由于自然条件(如大雨、大风、大雾)的影响及夜间停止作业。

(9)指挥联络设施失灵或缺乏可靠的安全防护措施，发现吊装设备工作不正常等原因影响吊装作业时，现场指挥应及时采取措施或暂停吊装作业，不得冒险施工。

(10)两岸吊装塔架设避雷装置。

7　质量控制措施

(1)缆索吊机设计标准。缆索吊机设计参照《公路双曲拱桥无支架施工》、《公路施工手册(桥涵)下册》等规定进行。其中,钢结构计算应符合《钢结构设计规范》(GB50009—2003)的规定;锚碇计算应符合《地基基础设计规范》(GB50007—2002)及《混凝土结构设计规范》(GB50010—2002)的规定;钢丝绳计算应符合《公路双曲拱桥无支架施工》、《公路施工手册(桥涵)》、《缆索吊机》等的规定;卷扬机计算应符合《建筑卷扬机安全规程》(GB13329—1991)的规定;钢结构加工制造、验收应符合《钢结构工程施工质量验收规范》(GB50205—2001)及《建筑钢结构焊接技术规程》(JGJ81—2002)的规定。

(2)缆索吊装系统所有受力结构要求认真进行计算、复核,在技术上确保结构的安全。

(3)进场钢丝绳、钢绞线和机械设备均要进行全面的检查,检查项目包括:生产合格证、型号规格和数量、保养情况、有无磨损等等。对于钢丝绳、钢绞线应进行破断拉力试验。

(4)塔架基础和地锚使用的混凝土要抽取混凝土试件进行试验,保证混凝土强度达到设计要求。

(5)根据本桥缆索吊装施工特点,应建立无支架缆索吊装系统施工监测系统,对塔架基础施工、塔架安装、地锚施工、缆索架设、风缆索设置、临时锚固设施、扣索张拉等,要进行监控和检测,如:对塔架稳定、变形、内力等情况进行检测和控制;对地锚在受力状态下的位移。主索的垂度、磨损情况,扣索的锚固情况等等进行检测和控制。充分保证整个缆索吊装系统在后期运行期间的安全性。使整个缆索吊装系统施工过程处于全控状态。测量系统负责测量地锚在试吊阶段的位移,扣索张拉时拱肋轴线、标高、变形观测,以及墩台的变形观测,并掌握气候情况(主要是风力、温度、晴雨变化情况等)。

(6)缆索吊机安装完毕并经验收合格后即可进行试吊。试吊一般分为跑车空载反复运转,静载试吊和吊重运行三个步骤,试吊可按设计吊重的60%、100%、130%分三次进行。在各阶段试吊中,仔细观测塔架位移,主索垂度,主索受力均匀程度,动力设施工作状况,牵引索、起重索在各转向轮上运转情况,以及主索锚固情况等,并检查通讯、指挥系统的通畅性能和各作业组之间工作协调情况。

8　机械设备、劳动力安排

8.1　主要机械设备计划(见表6)

表6　主要机械设备计划

序号	机械设备名称	规格型号	单位	数量	备　注
1	满充式钢丝绳	CFRC8×36SW-56 mm	m	16 800	承重主索,共16根,单根长1 050 m,单重14.98 kg/m,破断拉力2 500 kN
2	不扭转提升钢丝绳	4×39S+5FC-22 mm	m	24 800	起吊索(8组吊点),单重1.98 kg/m,破断拉力325 kN
3	钢丝绳	6×37+1(ϕ28 mm)	m	12 400	牵引索,单重2.768 kg/m,破断拉力374.3 kN
4	卷扬机	摩擦式卷扬机(8 t,快速)	台	9(备用1台)	起吊卷扬机,配套(容绳量2 200 m)钢绳卷盘

续上表

序号	机械设备名称	规格型号	单位	数量	备注
5	卷扬机	摩擦式卷扬机（10 t,中速）	台	8	牵引卷扬机,配套（容绳量 1 200 m）钢绳卷盘
6	卷扬机	8 t,中速	台	8	辅助牵引卷扬机
7	钢丝绳	6×37+1(ϕ47.5 mm)	m	4 000	压塔绳
8	钢丝绳	6×37+1(ϕ47.5 mm)	m	4 000	工作天线主索
9	钢丝绳	6×37+1(ϕ19.5 mm)	m	3 400	工作天线牵引索
10	钢丝绳	6×37+1(ϕ19.5 mm)	m	4 400	工作天线起吊索
11	卷扬机	5 t,中速	台	4	工作天线牵引卷扬机
12	卷扬机	5 t,中速	台	4	工作天线起吊卷扬机
13	万能杆件	M型	t	300	索塔
14	工字钢	I56b	t	113	塔顶、塔脚分配梁
15	施工电梯	高度 120 m 以上	部	2	上下交通工具

8.2 劳动力计划

拱肋吊装期间由项目经理部成立吊装指挥组，对吊装期间的各种工作进行较为明确的分工。组织机构及劳动力安排如下：

指挥组组长：1 人（项目经理）；

总指挥：1 人（项目常务副经理）；

副总指挥：3 人（总工程师及两岸施工队长）；

现场负责人：2 人（两岸施工队技术负责人）；

现场指挥：2 人（两岸起重工长）；

起吊落位组：6 人；

扣索作业组：8 人；

卷扬机组：6 人；

抗风作业组：6 人；

测量观测组：4 人；

安全治安组：2 人；

后勤保障组：2 人。

9 结束语

本工艺以某钢管混凝土拱桥缆索吊装系统架设为例，介绍缆索吊装系统各部位的主要安装、施工工艺及安全及质量要求，对于不同工程项目，在地势地形条件上、缆吊系统布置设计上均存在一定差异，应具体研究分析，根据操作人员熟练程度以及操作习惯，采取更合理的架设安装方法。

缆索吊装系统检查与验收

1　前　言

在铁路、公路跨峡谷、河流的桥梁施工中，经常采用固定式缆索起重机进行水中基础、高墩、架梁等辅助吊装作业，具有跨度及起升高度大、拆装方便、具有较好的通用性和技术经济性。缆索起重机一般由施工企业根据工地现场条件进行设计、拼制安装。作为特殊起重设备，作业环境复杂，需要指挥、操作、捆扎、信号、测量等多人员共同配合作业，存在较多不安全因素，因此，开展缆索起重机的安全技术检验，对消除隐患，保证施工安全有重要意义。

2　检查与验收依据

由于在缆索起重机的安全技术检验上，缺少系统的标准作为检验依据，因此需要根据实际情况在国家、行业现行规范中参考有关缆索起重机的规定作为检验依据。

2.1　《铁路桥涵施工规范》(TBJ10203—2002)中关于缆索起重机规定

第 14.4.9 条，缆索吊机塔架设计应符合下列规定：

(1)塔架杆件、基底应力、风缆设置及塔身整体稳定等应符合有关规定；

(2)地基应满足承载力要求，并有良好排水设施；

(3)索鞍宜用轮式分组装配；

(4)塔顶受不平衡力作用时，应设背索和压塔索加固；

(5)施工期间有可能遭受雷击，塔架塔顶应安装避雷针。

第 14.4.10 条，缆索吊机主索施工设计应符合下列规定：

(1)主索设计垂度可采用塔架间距的 1/15～1/20，每根主索应受力均匀；

(2)冲击系数应按 1.2 计算；

(3)地锚应由计算确定。

条文说明第 14.4.8 条缆索试吊分三个步骤进行：

(1)空载式运转：跑车空载往返运行一次；

(2)静载试吊：按设计吊重 60%、100%、150%分别进行一次静载试吊；

(3)动载试吊：按静载三种吊重分别进行一次往返运行。

每次试吊对主索垂度、主索接头塔架与地拢的位移、牵引能力、各种机具运转情况是否正常，均应认真观测记录。

2.2　《铁路桥涵施工安全技术规则》(TBJ402—87)中关于缆索起重机的规定

第 2.2.40 条，如无可靠的安全措施，缆索吊机严禁运送人员，缆索两端应安装限位器。

2.3　《公路桥涵施工技术规范》(JTJ041—2000)中关于缆索试吊的规定

第 15.4.2 条规定：采用悬臂吊机、缆索、浮吊悬拼安装时，应按施工荷载进行强度、刚度、

稳定验算,使安全系数符合 15.3.1 条的规定。施工注意事项如下:

(1)块件起吊安装前,应对起吊设备进行全面的安全技术检查,并按设计荷载的 60%、100%和 130%分别进行起吊试验。

(2)吊机重应符合设计要求,应注意吊机的定位和锚固,经检查符合要求后再进行起吊拼装。

3 检验验收的原则与目的

3.1 目 的

根据建设工程安全生产管理条例,临时货运索道在运行前,应当组织有关单位对其进行验收,包括机械设备、走行系统、起运系统、横移系统、主地垅的实际情况等,通过索道试运行考核索道系统的整体性能,以检查其吊重能力及各种工况下系统的工作状态,为以后钢箱拱、钢箱梁的吊装施工提供可靠的技术保证,确保运行安全。

(1)检查缆吊系统加载起吊后至跨中主索的垂度情况与设计是否相符;

(2)观测主塔受力变形情况、塔架基础、地锚的变形数据和稳定安全情况;

(3)牵引索、起重索的动作情况,跑车、下挂、滑车轮组的运转情况,卷扬机组的运行情况,电控系统的灵敏性和可靠性;

(4)测试指挥系统的调度配合能力。

3.2 原 则

以"模拟实际施工工况、真实反映测试数据、客观评价使用性能"为原则,必须真实地反映缆索吊机使用性能,确保安全施工。

4 检查验收程序

4.1 检查验收组织

4.1.1 组织机构

试吊前成立有业主、监理单位、监控单位、施工单位参加的主缆系统试验领导小组。组织对临时货运架空索道进行验收,对货运架空索道的安全、可靠性进行评估,发布可以投入正式使用的工作指令。

验收领导小组下设现场验收工作组,按照验收领导小组的要求进行试吊工作。

验收领导小组下设:现场指挥组、技术组、观测组、吊装组、协调组、安全保卫组及后勤组。

图 1 为缆吊系统试吊运行试验领导小组。

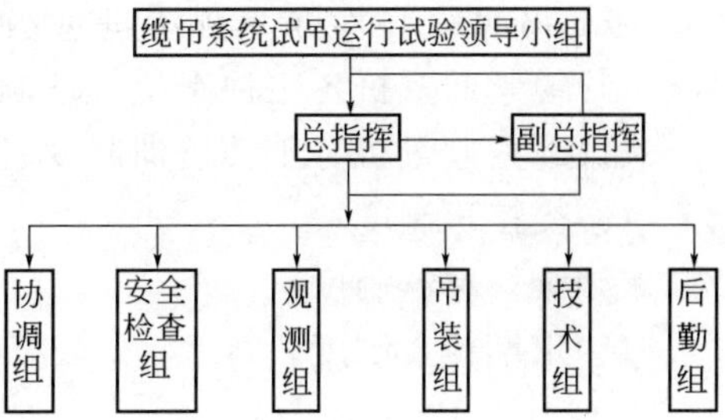

图 1 缆吊系统试吊运行试验领导小组

4.1.2 工作职责

领导小组:领导缆索吊装系统试运行方案制定,组织对系统正式使用前的验收,发布可以投入正式使用的命令。

现场验收组:在领导小组的授权下,对缆索吊装系统试运行前的自检情况复查,审定试运行方案的可操作性、安全性,发布试运行命令。

现场指挥组:在现场验收组的命令下,对现场试运行作总体安排、布置、调配。

技术组:对整个缆索吊装系统试运行结果分析,提交是否投入正式使用的结论。

吊装组:按试吊要求,对试运行构件的捆扎;指挥试运行构件的起吊、运输。

观测组:按试吊验收检查、观测内容,对整个缆索吊装系统试运行中的项目进行观测、记录。

协调组:整个试吊验收过程中的物资设备、劳动力组织进行协调安排。

安全检查组:施工人员的安全教育;试运行期间的安全布置、督促、检查;在施工区域布置安全哨,指挥过往车辆、行人安全通行;配合港航监督部门做好试运行期间的通航管理工作;对索道系统各部严格防范,保证安全。

后勤组:施工人员的思想教育;人员接待、生活安排;后勤保障工作,地方协调。

4.2 检查验收程序

缆索吊装系统检查验收程序分为:资料审核、现场检查、荷载试验三个步骤。

5 验收前的检查

5.1 资料审核

在现场检查前先对技术档案、规章制度进行审核。

5.1.1 技术档案

重点检查以下内容,主要通过查阅资料检查。

(1)施工单位的缆索吊装系统安装和修理资质;

(2)缆索系统、塔吊、地描和自制吊具设计计算书;设计变更和修改等有关资料;

(3)设备总图,易损件图,电气原理图和接线图;

(4)重要部位的焊接、高强螺检连接的检查记录;

(5)缆索起重机几何尺寸复查和安装检查记录;

(6)塔架和卷扬机基础、地描和混凝土试验报告质量检查记录;

(7)定型产品出厂合格证;

(8)自制吊具探伤报告;

(9)起重机试运转和试验记录;

(10)使用维护说明书;

(11)人身、设备事故记录。

5.1.2 规章制度

通过查阅资料检查,至少应建立并执行下列制度:

(1)缆索起重机各工种岗位责任制和安全操作规程;

(2)缆索起重机各工种培训制度、持证上岗制度;

(3)交接班制度;

(4)维修保养制度;

(5)定期检查制度。

5.2 现场检查

资料审核通过后,在现场对缆索吊装系统的作业环境及外观、主索垂度、塔架及跨度、主要受力构件、卷扬机操作室、防护平台、吊钩、钢丝绳、卷筒、滑轮、制动器、减速器、开式齿轮、联轴器、防护罩防雨罩、基础、缆风绳、电路和电气保护、配线、接地和避雷、起升高度限位器、行程限位器等进行检验。

现场检查的重点是:主索垂度、塔顶位移、基础、转向滑轮等。

5.2.1 作业环境及外观检查

(1)起重机明显部位必须有清晰可见的额定起重量标牌,卷扬机处、安全通道等危险部位应有防护栏和醒目的警示标志。

(2)起重机涂漆色泽应均匀,不允许有大面积油漆脱落或锈蚀。

(3)通过模拟作业状态,空载,慢速动作,检查起重机工作时,吊具、辅具、钢丝绳及重物等与架空线路边线的最小安全距离应符合《施工现场临时用电安全技术规范》(JGJ46—2005)规定(见表1)。

表1 施工现场临时用电安全距离

线路电压(kV)	<1	10	35	110
最小垂直距离(m)	1.5	3	4	5
最小水平距离(m)	1.5	2	3.5	4

5.3 主索检查

(1)目测检查主绳使用的绳卡间距、数量是否满足《钢丝绳夹头》(GB5976—86)的规定,利用扭力扳手检查绳卡的松紧程度及拧紧力。见表2。

表2 钢丝绳绳卡配备标准表

钢丝绳直径(mm)	17.5	19.5	22	26	32	38	50
每个接头处配置绳卡数量	4	5	5	5	6	8	10
绳卡间距(mm)	100	140	150	160	200	200	250

(2)在空载情况下,用经纬仪直接观测承载索切点的方法检查承载索垂度是否满足设计要求,各根主索的垂度是否一致。

5.4 起重、牵引索检查

(1)外观检查钢丝绳是否有扭结、压扁、弯折、笼状变形、断股、波浪弯,钢丝或绳股、绳芯挤出,绳芯破坏等现象;钢丝绳的润滑性能是否良好,是否与金属构件摩擦;断丝数是否符合《起重机械用钢丝绳检验和报废》(GB5972—86)的规定;穿索方式是否正确。

(2)用游标卡尺在垂直绳断面测相互交叉两个方向的绳径,取最小值,检查钢丝绳直径减小量是否在公称直径的7%以内。

(3)目测检查绳索使用的绳卡间距、数量是否满足《钢丝绳夹头》(GB5976—86)的规定,利用扭力扳手检查绳卡的松紧程度及拧紧力。

(4)空载下,将起重索放出、牵引索行走至设计极限,吊钩下至设计最低处,检查卷扬机卷筒上绳索的余量是否满足2圈以上。

5.5 缆风索检查

(1)对照设计资料,检查缆风索的选用与布置是否符合设计要求。

(2)对照设计资料,目测检查绳索地面锚固位置是否设有调节松紧的装置,绳索使用的绳卡间距、数量是否满足《钢丝绳夹头》(GB5976—86)的规定，利用扭力扳手检查绳卡的松紧程度及拧紧力。

(3)利用测力计检查缆风索是否达到设计的预张拉力。

5.6　塔架检查

(1)根据设计图纸核对各部位杆件的型号、数量是否正确。螺栓是否上紧、上满。

(2)塔架柱脚与预埋件连接系是否连接可靠。

(3)承载索索鞍的连接螺栓是否上满、上足拧紧。

(4)塔架避雷设备是否安装。

(5)线形顺直、垂直度达到要求。

(6)塔顶上不用物件清理是否干净。

5.7　地锚检查

(1)查阅资料检查地锚基础施工的原始记录、钢筋安装检查证、混凝土浇注记录等资料是否齐全。

(2)目测检查地锚各类预埋件的数量、预埋件位置及角度等是否与设计一致。

(3)地锚位移测量控制点是否已设置。

(4)地锚是否积水，是否设有排水设施。

5.8　跑车、吊钩、索鞍、滑轮等检查

(1)对自制的跑车、吊钩、索鞍等，通过查阅资料，检查是否符合吊重需要，加工制造的质量检查证是否齐全。必要时可对主要焊接部位进行探伤检查。

(2)对照设计资料，检查各构件是否符合制造、安装工艺。

(3)通过目测与手动试验，检查各转动部位是否灵活，表面是否光洁、无裂纹、剥裂等缺陷。

(4)通过目测与空载试运行，检查各轮缘是否有缺陷，各轮槽表面是否光滑，轮槽底直径磨损减少量小于钢丝绳直径的 50%。

5.9　卷扬机检查

(1)对照设计资料，检查卷扬机安装布置是否合理、排绳是否顺畅、锚固是否牢靠、电线接驳是否符合安全要求。

(2)对卷扬机的卷筒、制动器、减速器、联轴器、防护罩等，按照《建筑卷扬机安全规程》(GB13329—91)进行检查。

5.10　其　　他

(1)对电路和电气保护，通过外观与通电试验检查，检查电路是否正确架设，保护系统是否有效。

(2)对接地和避雷，通过外观、目测及接地电阻测试仪检查，检查是否按设计设置了避雷设施，接地电阻是否$<10\ \Omega$，是否满足要求。

6 缆索吊装系统试吊

6.1 试吊配重选择

试吊验收配重应根据现场实际情况选取，一般不易采用成品吊装构件进行试吊验收，可据不同的吊重，选取钢筋、混凝土预制块、钢轨等适用物资作配重进行试吊。

6.2 试吊工况及荷载组合

6.2.1 试吊工况

缆索吊装系统试吊采用分级逐步加载。一般是架设的每组索道都需进行试吊验收，如构件采用两组索道抬吊架设，还需进行两组索道的组合试吊。

6.2.2 荷载组合

索道试吊分三级进行，其中静载试吊按设计吊重的60%→100%→130%加载；动载试吊按设计吊重的60%→100%→110%加载。

6.3 试吊运行程序

索道试运行准备→检查缆索吊装系统各部位→收集、分析、总结→纠正、完善→60%额定重量(离地面50 cm左右，从A侧开始距塔架X米起运)→停留10 min，观测各项数据→收集、分析、总结→纠正、完善→ 行走到跨中→停留观测各项数据→收集、分析、总结→纠正、完善→行走到B侧(距塔架X米)→停留观测各项数据→收集、分析、总结→纠正、完善→100%额定重量→重复以上各项工序流程→观测各项数据，收集、分析、总结→130%额定重量静载试验(离地面50 cm左右，从青山侧开始距塔架100 m起运)→停留10 min观测各项数据→收集、分析、总结→纠正、完善→存在问题的改正、完善→评定货运架空索道运行的安全可靠性。

6.3.1 空载试验

(1)在缆索吊机安装位置进行空载试验，即跑车加配重在索跨间往返运行。

(2)按照东西拱节段吊装和梁节段吊装施工工况，进行索鞍横移试验。

6.3.2 重载试吊试验

先静载试吊，再动载试吊。

在各级加载试验中，起吊重物时，观察缆索吊机各部位，如有异常情况，立即停止起吊，放下重物，待故障排除后再行试吊。如无异常情况将起吊重物吊离地面0.3～0.5 m，停留10～30 min，对缆索吊机各部位全面检查，观测塔架位移，主索垂度，主索受力均匀程度，动力设施运转状况，牵引索、起重索在各转向轮运转情况，以及主索锚固情况等，并做好记录。停留观测如无异常，将试吊重物提升至最大高度，检验限位装置的可靠性；而后牵引跑车运行至距塔柱90 m处停留10 min，进行缆吊系统观测，如无异常，则运行跑车至缆吊跨中，停留10 min进行缆吊系统观测。停留观测如无异常，将跑车运行至距南岸塔柱90 m处，停留10 min进行缆吊系统观测。观测如无异常情况，卸下试吊重物，空吊点运行至原起吊处。

6.4 试吊观测

6.4.1 主索垂度、前通缆风索垂度

利用全站仪测角法进行观测，读取主索垂度数，用以核对设计吊装净空高度及主索垂度、安全系数；记录通缆风索随吊重垂度变化情况，核实索力设置的准确性。

(1)主索的空索安装垂度:主索架设完毕后,主索吊具运行至跨中,进行索道垂度测量,参照标高为塔架顶标高。

(2)主索的吊重垂度:按试吊顺序加载重量,吊具运行至跨中,进行垂度测量,参照标高为塔架顶标高。

(3)通缆风索的垂度:按试吊顺序加载重量,其吊具运行至跨中,进行垂度测量,参照标高为塔架顶标高。

(4)观测方法:如图 2,在岸坡上适当地方(主索的尽量接近法线方向)确定一控制点,测出控制点标高和距跨中距离,在控制点上置经纬仪,观测主索跑车位置,读出竖直角,即可计算得垂度值。

6.4.2　塔架垂直度和纵、横向位移,基础沉降量

(1)测量两项指标,分两个测量阶段,一是缆索系统安装后塔架垂直度和纵、横向位移;二是每次加载后塔架垂直度和纵、横向位移。通过观测,计算出塔架两侧的纵、横方向倾斜量和倾斜角度,以此判断塔架受力的实际强度和刚度。

(2)塔架横向位移观测:如图 3,在桥轴线方向架设全站仪,在塔架的顶端做一后视点,在其对应垂直线上,在塔架底端做一个初始点。试吊的过程中,固定仪器水平角,后视塔架顶端点,前视塔架底端,通过对比前视点与塔架底端初始点的位移,确定塔架横向位移。

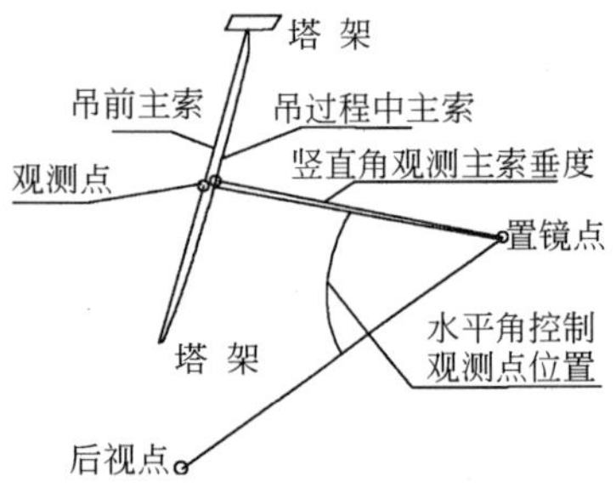

图 2　主索垂度观测示意图

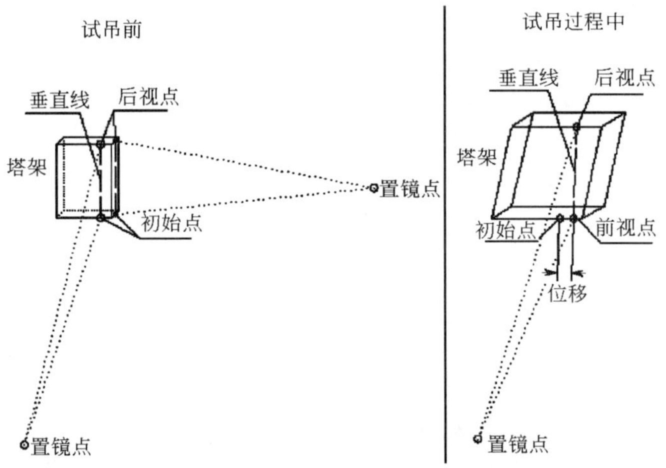

图 3　塔架横向位移观测示意图

(3)塔架纵向位移观测:在塔架法线方向架设全站仪,观测原理同上。

(4)检查两岸塔架基础的沉降量,在基础施工完成后测量基础顶面标高,记录原始数据备案,塔架及缆索安装完成后测量一次,在试吊过程中每次加载均需要测量基础沉降量。

6.4.3　地垅桩位移、地垅横梁挠度、塔梁挠度

如图 4,在地垅里程方向前沿,利用经纬仪定基线,布设初始点,同时在其对应轴线方向,在地垅边缘做对应的初始点,通过辅以线锤、钢尺量距的方法,观测点之间的距离变化,确定地垅纵向位移。

6.4.4　其　他

(1)塔架应力:在应力比最大的部位设置钢弦应变计,测量塔架构件的施工阶段应力。

(2)主索索力:在每根主索安装一个 CCT60 磁通量传感器进行监测。

(3)起重索、牵引索索力:在每根绳索安装一个 CCT20 磁通量传感器进行监测。

(4)后缆风索索力:在后缆风索安装 CCT50 整束磁通量传感器进行监测。

(5)塔顶结构、塔架杆件、紧固件的局部变形情况:通过目测、敲击、辨别异常声音等手段检查。

(6)缆索运转设备:检查塔架顶索鞍、横移系统、牵引索、起重索、滑车轮的工作情况,跑车、下挂、卷扬机组的功率和运转速度。

(7)主索绳卡、缆风绳卡利用红油漆画线标识,观测绳卡是否偏移红线。

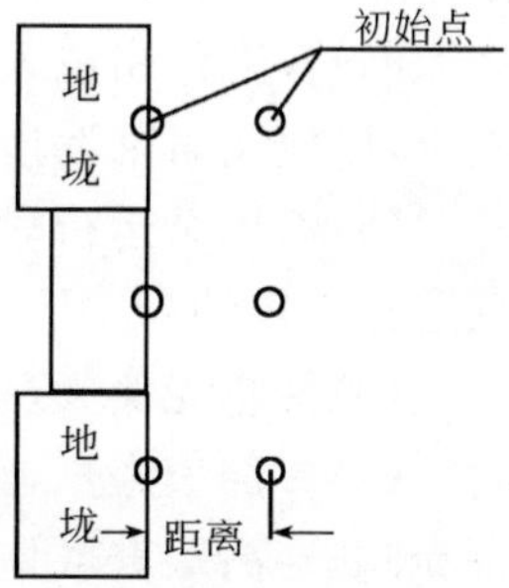

图 4 地垅观测示意图

(8)电气设备:检查缆索吊装系统设备满负荷运行时,供电系统和用电设备线路能否满足施工要求。通过仪表检查电流、电压及导线温升等。

(9)通讯设备:检查通讯设备(包括有线、无线等)是否足够,并能保持清晰的对话。

7 检查结果判定

通过缆索吊装系统进行的重载试验,所有各部位能完成其功能且各项技术指标未超过设计要求等则认为试验合格。

8 安全管理措施

8.1 安全组织机构框图

安全组织机构如框图 5。

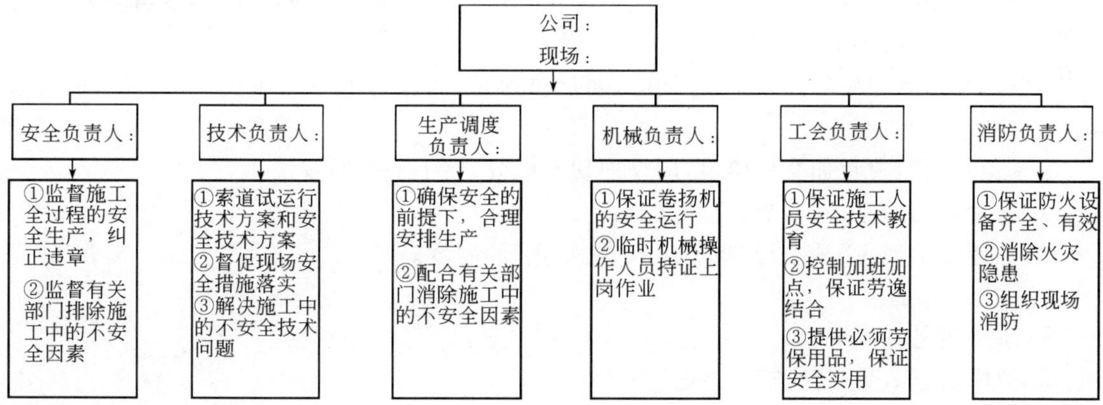

图 5 安全组织机构图

8.2 缆索吊装系统试吊安全保证措施

8.2.1 工作纪律保证措施

(1)索道试运行的所有人员在上班前 4 h 之内不得饮酒;

(2)所有索道试运行人员工作期间必须严肃认真,不得高声喧哗、闲谈等,保持思想高度集中,具备高度的责任心;

(3)上班后按时进入各自工作岗位,未经允许不得擅自离开。因故需离开时,必须事先征求班长意见,经班长同意并经现场指挥批准后方可离开;同时各岗位工作人员未接到准确的停止作业或下班通知时，任何人不得擅自离开工作岗位；

(4)各工作岗位人员必须集中精力，相互密切配合，当发现意外情况时，必须立即报告指挥人员，以便及时采取措施及时排除或抢修。故障排除后，方可继续索道试运行；

(5)索道试运行时，严禁通信设备使用人员，在通信设备上乱讲与工作无关的话，以正索道试运行工作的严肃性；

(6)禁止无关人员进入现场；作好场地警戒与标志，确保索道试运行井然有序；

(7)参加索道试运行的人员须戴安全帽，高空作业人员须系安全带，且系在可靠的地方，不得赤脚、穿高跟鞋或拖鞋上班，高空作业人员须穿轻便软底鞋作业，不准穿硬底鞋，以防滑倒；

(8)索道试运行工作必须统一指挥、统一信号、统一行动，除现场指挥人员外，其他任何人不得直接发号施令。

8.2.2　安全保证措施

(1)缆索吊装系统试运行安全措施。

1)缆索吊装系统架设准备完成后，首先对照设计参数，检查系统是否满足运行要求；检查各种安全系数是否满足规范要求；

2)索道试运行前必须进行全面检查，复拧螺栓，保证各连接件牢固可靠，卷扬机运转正常，刹车器良好；横移系统、电路系统检查，经确认后方可进行索道试运行；

3)卷扬机操作人员必须持证上岗，在索道试运行前熟练掌握机械性能，操作规程及信号内涵；

4)指挥信号统一，采用对讲机进行联络，并设置专用频道，防止干扰；

5)严禁歪拉斜运，重物的起降和平移两工序不得同时进行；

6)索道试运行物须捆绑扎实，勾挂牢固，并安设保险装置，防止空中坠落；

7)禁止闲杂人员进入作业区，禁止任何人在起运行索道下逗留或走动，桥下道路处设置明显的警告牌，并设防护人员指挥通过；

8)钢丝绳与其他硬物间，要防止硬割，要加垫保护，防止与电缆相碰损伤，造成折断、触电事故；

9)索道试运行过程如突然停电，应立即切断电源，将手柄扳回零位；

10)索道运行应平衡，避免振动和摆动；

11)运重作业时，必须执行“十不运”、“七禁止”的制度。

十不运：

① 超过额定负荷不运。

② 指挥信号不明、光线暗淡不运。

③ 运索和附件捆绑不牢、不合安全要求不运。

④ 在运重物过程中直接进行加工时不运。

⑤ 歪拉斜运不运。

⑥ 运件上站人或其上放有活动物时不运。

⑦ 氧气瓶、乙炔瓶等具有爆炸性物件不运。

⑧ 带锐角状物件未垫好的不运。

⑨ 埋在地下的物件不得进行拔运。

⑩ 违章指挥不运。

七禁止：

① 禁止人员站在运行线内或从起运的物体底下钻过；

② 禁止站在死角；

③ 禁止站在起运行物件上；

④ 禁止用手校正运行高于 0.5 m 以上的物件；

⑤ 禁止用手脚伸入已起运的重物下方直接取放垫衬物；

⑥ 禁止重物下降时快速重放；

⑦ 禁止用起重设备拉动车辆和撞击重物。

(2)安全操作规程。

1)对参加索道试运行人员如发现有不宜登高的病症如高血压、心脏病、贫血等，需调整工作岗位；

2)作业人员严禁酒后上班，不得过度疲劳上班；

3)作业人员不得穿拖鞋、高跟鞋、硬底鞋和易滑鞋，所需材料要事先准备齐全，工具应放在工具袋中；

4)进入施工现场的人员必须戴好安全帽，并按规定配戴劳动保护用具；

5)缆索吊装系统应指派专人统一指挥，指挥口令要清楚、准确，其他人员要掌握作业的安全要求，要有明确分工；

6)作业前必须严格检查运行设备各部件的可靠性和安全性；

7)作业中遇有停电或其他特殊情况，应将梁落至地面，不得悬在空中；

8)缆索吊装系统横移前应检查轨道有无障碍物和下沉现象；

9)作业前要检查起运卷扬机的制动器是否制动可靠，检查滑轮是否灵活，绳槽是否平滑，滑轮组应共同承受荷载，受力不均时，应进行调整；并做好记录；

10)作业前对起运钢丝绳进行检查，钢丝绳不得有扭结，随时关注其磨损情况，一旦出现一个捻距内断丝数超过钢丝总数 5%，则应予更换；

11)作业前要检查横移轨道上的限位器是否可靠；

12)遇大雾、六级风以上恶劣天气时，停止作业；

13)设备要有可靠的接地保护，接地电阻小于 10 Ω，塔架顶必须装避雷针。

(3)高空作业安全技术措施。

1)加强安全防护，按规定设置安全栏杆、安全网等安全防护和标志。

2)凡参加高空作业人员在上岗前必须进行体检，凡患有不适应高空作业疾病的人员，不得参与高空作业。

3)进入施工现场人员按规定正确戴好安全帽，高空安装等要系安全绳。

4)高空作业禁止往下投掷物料，严禁赤脚或穿硬底鞋、拖鞋进入施工现场。

(4)机电设备安全技术措施。

1)所有施工设备和机具在投入使用前均由机械技术人员组织进行检查、维修保养，各种保险、限位、制动、防护等安全装置齐全可靠，确保状况良好。

2)定期检查所有施工机具设备和高空作业设备，并有安全员的签字记录，保证其经常处于完好状态；严禁使用不合格的机具、设备和劳动保护用品。

3)大型和专用机械的操作人员必须经过培训并经考核取得合格证后持证上岗，严格按规程操作，杜绝违章作业。

4)严格坚持定期保养制度，做好操作前、操作中和操作后设备的清洁润滑、紧固、调整和防腐工作。严禁机械设备超负荷使用、带病运转和在作业运转中进行维修。

5)施工用主要电力线路架空安设,从主线路至用电设备间使用电力电缆,严禁电力线随地拖拉或置于脚手架等临时装置上。

6)所有电器开关都必须完好无损、接线正确、绝缘良好、标识明显,确保用电安全。

9　试运行主要检验检测设备计划表

试运行主要检验检测设备计划见表3。

表3　主要检验检测设备表

序号	设备名称	数量	精度要求
1	接地电阻测试仪		1.对质量、力、长度检测装置应在±1%范围内; 2.对电压、电流检测装置应在±1%范围内; 3.对温度检测装置应在±2%范围内; 4.钢直尺直线度为0.01/300
2	绝缘电阻仪		
3	经纬仪		
4	水准仪		
5	全站仪		
6	游标卡尺		
7	外沟槽游标卡尺		
8	钢卷尺		
9	钢直尺		
10	点温计		
11	常用电工工具		

10　验收记录表

表4:外观检查验收记录表。

表5:不同工况试吊观测记录表。

表6:各阶段检查记录汇总表。

表7:索在不同工况下的索力及跨中垂度对照表。

表8:在额定荷载作用不同位置下索力及跨中垂度对照表。

表9:验收结论意见表。

表4　外观检查验收记录表

序号	检查内容与标准	检查结果
1	塔架基础承载力	
2	塔架高度、主索垂度是否满足设计及施工需要	
3	主地垅是否满足设计要求	
4	缆风地垅是否满足设计要求	

续上表

序号	检查内容与标准	检查结果
5	缆风绳是否满足设计要求	
6	主索、牵引绳、起重绳是否满足规范要求	
7	索鞍加固是否达到设计要求	
8	主绳有无损伤，是否达到可使用要求	
9	牵引、起重绳有无损伤，是否达到使用要求	
10	滑轮、卸扣、吊环是否完好	
11	控制台线路是否符合要求	
12	卷扬机安装是否牢固、视线是否良好，卷筒有无防护装置	
13	塔架有无避雷措施	
14	塔架、工作索与电线的安全距离是否满足要求	
15	塔架节点连接情况	
16	搬运器是否完好	
检查验收结论意见		检查验收人员 验收组长： 项目经理： 项目总工程师： 安装人员代表： 机电工程师： 专职安全员：

注：检查结果填写“合格”或“不合格”　　日期：　　年　　月　　日

表 5　缆索吊机试吊荷载测量记录表

部位 / 载荷情况		检测部位						检查部位(变化情况)					
		A 塔顶位移(cm)		B 塔顶位移(cm)		承载索垂度(m)		A塔架基础	B塔架基础	卷扬机基础	A塔架处地锚	B塔架处地锚	缆风绳地锚
		允许值	实测值	允许值	实测值	允许值	实测值						
空载													
静载试验(设计起重量 G(t))	60%G(t)												
	100%G(t)												
	130%G(t)												
动载试验(设计起重量 G(t))	70%G(t)												
	100%G(t)												
	130%G(t)												
检查验收结论意见						检查验收人员签字： 测量人员： 记录人员： 验收组长： 专职安全员： 项目总工程师：							

表 6　各阶段检查记录汇总表

吊重：________t　　　　索道编号：________　　日期：200____年________月________日

序号	检查内容与标准	检查结果
1	塔架位移	
2	主索垂度	
3	主索锚头	
4	主地垄位移	
5	主索、牵引绳、起重绳受力状况	
6	卷扬机控制电路	
7	卷扬机地垅锚固情况	
8	卷扬机刹车、离合器工作情况	
9	试吊通信系统	
10	索鞍受力情况	
11	塔架杆件有无变形	
12	后缆风受力情况(是否均匀)	
13	走行小车	
14	缆风地垄	
15	塔架节点连接情况	
检查验收结论意见		检查验收人员 验收组长： 项目经理： 项目总工程师： 安装人员代表： 机电工程师： 专职安全员：

注：检查结果填写“合格”或“不合格”

表 7　主索道主索在不同工况下的索力及跨中垂度对照表

工况名称	索道编号	索力(kN)		跨中垂度(m)	
		理论值	实测值	理论值	实测值
空索状态(初安装)					
安装跑车					
空载试验					
60%额定荷载					
100%额定荷载					
130%额定荷载					

表 8　在额定荷载作用不同位置下索力及跨中垂度对照表

荷载位置	索道组合编号	索鞍位置（距初安装 m）	主索索力(t)		垂度(m)	
			理论值	实测值	理论值	实测值
跨中位置						
距离塔中心线　m 位置						
距离塔中心线　m 位置						
距离塔中心线　m 位置						

表 9　验收结论意见表

验收小组结论意见：   验收组组长签字： 日　期：　　　年　　　月　　　日

扣挂系统设计指南

1　前　　言

拱桥采用节段预制，无支架法吊装施工时，用来悬挂稳定吊装构件的钢丝绳(或钢绞线)称为“扣索”。扣索一般需要根据桥梁设计施工方案、吊装工艺、扣索拉力的大小以及设备(包括索体选择、转向滑轮、动力装置等)等进行设计确定。本指南介绍了在钢筋混凝土箱形拱桥施工中采用的钢丝绳扣挂体系和在钢管混凝土拱桥中采用的钢绞线扣挂体系，可作为缆索吊装系统扣挂系统设计时的参考。

2　适用范围

配套应用于装配式拱桥无支架法施工，适用于钢筋混凝土肋拱、组合箱拱、桁架拱、钢管拱的吊装施工。

3　扣挂系统布置方式

3.1　钢丝绳扣挂体系

在钢筋混凝土箱(肋)拱桥施工中，按支承扣索结构物的位置和扣索布置方式的不同，其布置方法有：天扣、塔扣、墩扣、通扣等。如图1。

3.1.1　塔　　扣

塔扣的特点是直接利用主索的塔架来作扣索的支承塔，即吊扣合一，在单跨桥孔中采用较普遍，在多孔桥中也有采用。

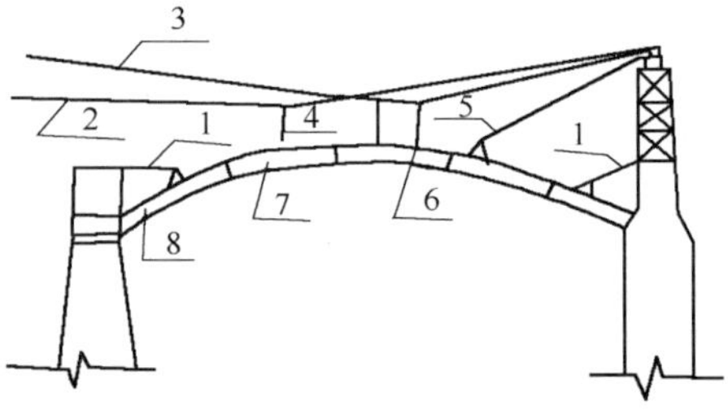

图1　扣索形式示意图

1—墩扣；2—扣索天线；3—主索天线；4—天扣；5—塔扣；6—顶段；7—中段；8—端段

3.1.2　通　　扣

通扣的方法是先在桥墩上立一个扣架(或直接利用接近桥面标高的桥墩立墙和桥台)，用一根大直径钢丝绳作扣索，扣索的一头固定在拱肋扣点上，另一头连续通过各扣架顶端，一直贯通到两岸地锚，并用滑轮组予以收紧。通扣方法具有扣索长、伸展范围大、扣索与拱肋扣点间自由长度短、扣索与主索系统分开、干扰少、收紧滑轮固定、操作方便等优点。在多孔长跨的拱桥施工中运用较普遍。

3.1.3　天　　扣

天扣相当于单独布置一组主索，用以悬挂稳定安装就位后的构件，其特点是不需要另设扣架，因此，主索跑车吊运构件不必在扣架上翻越，与通扣比，可降低主索塔架的高度。在分二段吊装的构件中采用时，天扣为一套完整的主索，这样两组设备可交替作主索与扣索用。

3.1.4　墩　　扣

当桥墩(台)已砌筑至桥面标高，且本身又有足够的强度时，可以直接用锚固扣索以悬挂边段构件，这样扣索设备最少，因桥墩墩面标高较低，所以“墩扣”拉力较大，一般常用来悬挂五段构件中的第一个边段。

3.1.5 混合采用

在实际工程施工中，由于具体的情况各有不同，因此几种悬挂方式应因地制宜地混合采用，特别在五段吊装构件时，可得到较好的效果。不同悬挂方法比较见表1。

表1 不同悬挂方法比较表

项目＼悬挂方法	塔扣	通扣	天扣	墩扣
扣索水平夹角 α	较大	较小	最大	最小
扣索拉力 T	较小	较大	最小	最大
扣索支架情况	利用主索塔架	另设扣架或利用桥墩	利用主索塔架	利用桥墩
缆索设备	较少	较大(粗钢丝绳)	最多(要有跑车设备)	最少
拱肋纵向稳定性	较差	最好	最差	较好
与主索干扰	最多	较少	较多	最少
施工方便程度	较差	较好	较好	最好
适用条件	单孔桥，不长的多孔桥及构件分2、3、5段吊装的情况	多孔，构件分2、3、5段吊装的情况	要有整套跑车设备，构件分2、3段吊装的及5段吊装中的第二段构件情况	桥墩要有足够强度，构件分2、3段吊装的及5段吊装中的第一段构件情况

为了减少扣索进入动力装置的拉力和能小幅度地调整长度，扣索一般都设置了收紧滑轮组。在不同的悬挂方法中，收紧滑轮组的位置亦有不同的特点。在“墩扣”和“天扣”中，滑轮组设置在构件扣点前，在“通扣”中，它设置在地锚前。而“塔扣”中设置在塔架和构件扣点间或两岸地锚前。

横桥向方向，在“墩扣”和“通扣”中，扣索和主索不在同一高度，因此采用“正扣正就位”和“正扣歪就位”方法施工很方便。在“塔扣”和“天扣”中，由于扣索与主索同在塔架布置，采用“正扣正就位”时，扣索需要两根，分别置于构件两侧，因此采用“正扣歪就位”较多。而扣索与构件中线不在用一垂直面的“歪扣”方法，因不易保持边构件中线的稳定，一般不采用。

3.2 钢绞线扣挂体系

在大吨位的缆索吊装工程中，由于节段的不断增多、吊重的不断增大，扣挂系统的设计方式也在不断的更新中。在大跨度的钢管混凝土拱桥以及单孔跨超过5段以上的钢筋混凝土箱形拱桥施工发展中，钢绞线扣挂体系也得到推广和应用。

以下是某钢管混凝土拱桥采用缆吊钢绞线斜拉扣挂悬臂拼装施工方法的示意图(如图2)。其实质是利用悬臂施工原理，依托塔架，斜拉扣索及锚索形成自平衡体系，逐节段拼装接长钢管拱，每接长一节钢管拱，便扣挂一组对应扣、锚索，其后利用千斤顶对称张拉相关扣、锚索，使安装钢管拱的线形符合设计要求，如此循环至合龙。设计时要求遵循上、下游对称同时进行，扣、锚索所产生的水平力相等，塔顶水平位移在小范围变化的原则。

扣索体系主要由扣索塔架、扣索、锚索、扣点、锚碇、扣锚索调整装置等组成。

扣索塔架与缆索吊机塔架分开布置，并采用铰支结构，两扣索塔架均支承于拱座顶，扣点设于钢管拱肋节段首端第一个节点处，反力梁与扣点连接，扣索锚固于反力梁，从钢管拱两侧穿过。锚索锚固于边拱曲梁梁端，扣、锚索均在塔顶张拉，每段钢管拱肋均设扣、锚索各一对。

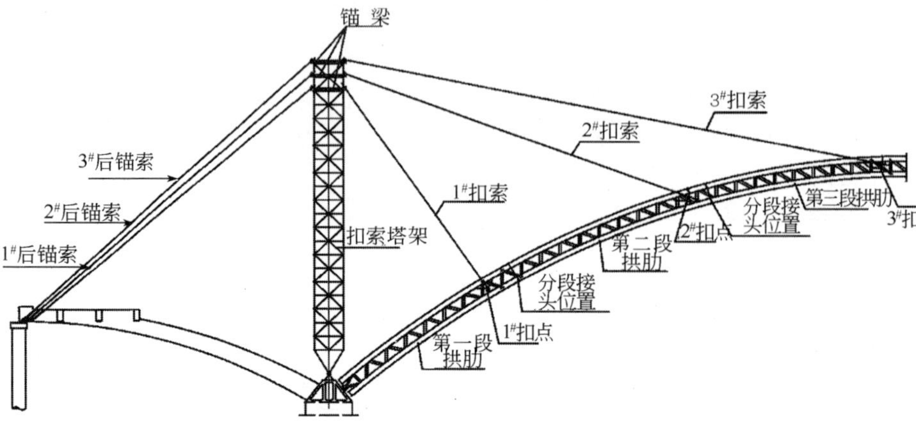

图 2　某钢管混凝土拱桥拱肋扣挂系统布置示意图

4　扣索索力计算

无支架缆索吊装是大跨径混凝土拱桥、钢管混凝土拱桥和劲性骨架混凝土拱桥的常用施工方法。在缆索吊装系统中，扣索索力计算是施工控制的一个重要内容。

钢管混凝土拱桥跨径较大，一般都在 200 m 以上，为减轻吊装重量，拱肋分段数大都在 7 段以上，多则有十几段，针对吊装过程中各节段之间的连接方式，采用“零弯矩法”计算索力。所谓“零弯矩法”，是指通过张拉扣索，人为地调整扣索索力，使拱肋各节段在接头处的弯矩为零，以随时满足拱肋在吊装过程中节段之间实现临时铰接。接头弯矩为零的实际计算图式，同样适用于拱肋节段吊装过程中采用固结（焊接）的方式，最重要的是保证了拱脚处不产生附加弯矩，确保吊装合龙时拱脚不产生弯矩应力，从而解决了吊装过程中拱脚为固结和各节段铰接联结扣索索力计算的情况。

4.1　扣索索力计算

图 3 为计算模式图。

工况一（吊拱脚段）：

当 $\sum M_A=0$　$T_1=\dfrac{p_1 l_1}{s_1}$

工况二（吊中间段）：

当 $\sum M_B=0$　$T_2=\dfrac{p_2 l_2}{s_2}$

$x_C=T_2\cos\alpha_2$　$y_C=T_2\sin\alpha_2$

$\sum x=0,\quad x_B=x_C$

$\sum y=0,\quad y_B=-p_2+y_C$

当 $\sum M_A=0$

$$T'_1=\frac{p_1\times 10.08+y_B\times 21.32-x_B\times 16.46}{21.79}$$

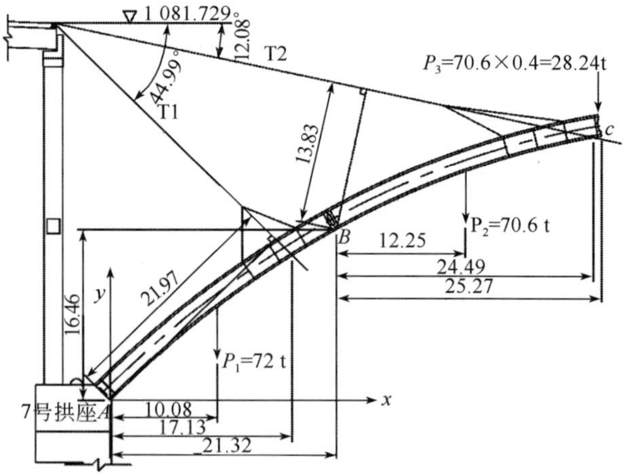

图 3　计算模式图（单位：m）

工况三（吊装合龙段，对中间段产生 $0.4P_3$ 作用力）：

当 $\sum M_B=0$　$T'_2\times 13.83-0.4p_3\times 25.27-p_2\times 12.25=0$

$x_C=T'_2\cos 12.08°$　　$y_C=T'_2\sin 12.08°$

$\sum x=0$，　$x_B=x_C$　　　$\sum y=0$，　$y_B=y_C-0.4p_3$

当$\sum M_A=0$ $T_1^{''}\times 21.79+111.607\times 16.46-72\times 10.08-74.954\times 21.32=0$

4.2　七段拱肋吊装一岸扣索索力计算

(1)计算假定。

1)每段拱肋刚度相对于扣索刚度为极大值，故可视为刚体，各吊装段重力按简支斜梁模式分配于各接头。

2)架设过程中，拱脚处设铰，故不存在弯矩。

3)其余各段接头在临时螺栓连接时可视为铰接，接点弯矩为零，当施焊固接后不存在接头，两段和三段形成整体。

4)扣塔下端为铰，塔底弯矩为零，塔顶端水平位移极小，可认为扣、锚索水平张力一致。

5)拱肋端头的侧缆风张力较小，其对扣索影响较小，故计算时不考虑。

(2)计算。

钢管拱肋的连接，根据各个工况

按铰接和固接分别考虑，荷载由钢拱肋自重 W 加扣点装置和吊蓝施工荷载(按 12 kN 作用于接头处)进行组合考虑。扣索计算简化模式如图 4。

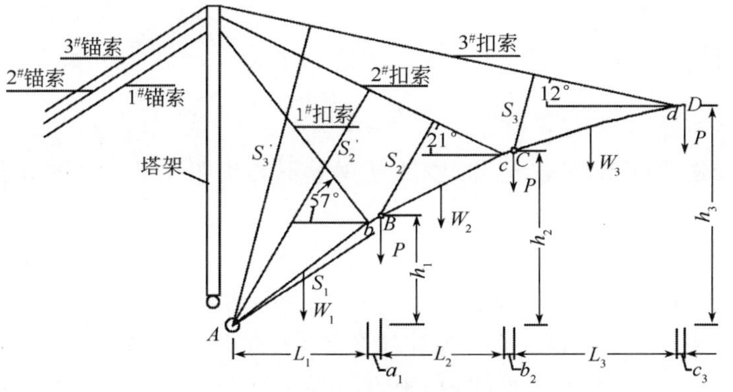

图 4　计算模式简化图

图 4 中：A—拱脚铰；b—第一大段扣点位置(上管下弦处)；c—第二大段扣点位置(上管下弦处)；d—第三大段扣点位置(上管下弦处)；S_1—拱脚 A 至扣索 1 的垂直距离；S_2—接头Ⅰ至扣索 2 的垂直距离；S_3—接头Ⅱ至扣索 3 的垂直距离；S_1'—A 至第一组扣索的距离；S_2'—A 至第二组扣索的距离；S_3'—A 至第三组扣索的距离。

工况 1：第一段拱肋就位，即安装拱肋支座，安装第一段拱肋，扣索 1 扣挂拱肋。

取 AB 为自由体，对 A 点取矩，建立平衡方程式，求出扣索内力：

$$T_{11}=[W_1\times L_1/2+P\times(L_1+a_1)]/S_1$$

工况 2：第二段拱肋就位，即安装第二段拱肋，锚栓临时连接，扣索 2 扣挂拱肋，调整轴线和标高，端头施焊固接，调整扣索。分两种情况。

第一二段接头锚栓定位，接头按铰接计算。

先取 BC 为自由体，对 B 点取矩，建立平衡方程式：

$$T_{22}=[W_2\times L_2/2+P\times(L_2+b_2)]/S_2$$

$$N_{Bx}=T_{22}\cos\alpha,N_{By}=T_{22}\sin\alpha$$

取 AB 为自由体，将 N_{BX}，N_{BY} 作用于 B 点，对 A 点取矩，建立平衡方程式：

$$T_{21}=[W_1\times L_1/2+P\times(L_1+a_1)+N_{Bx}\times(L_1+a_1)+N_{By}\times h_1]/S_1$$

式中　T_{iR}——扣索索力（i 为工况号，R 为扣索号）；

W_i——拱肋自重（i 为拱肋号）；

N_{iX}——某点水平分力（i 为计算点）；

N_{iY}——某点竖直分力（i 为计算点）。

接头焊接后，一二段联成整体，整个长度在重力、支座及扣索等作用下成为超静定结构，对于本工况，通过张拉、松放钢绞线先确定一组扣索内力，然后再计算另一组扣索内力。此时可不调整第二组而只通过调整第一组扣索以达到拱肋外力平衡即 T_{22}＝不变，则；

$$T_{21}=[W_1\times L_1/2+W_2\times(L_1+a_1+L_2/2)+P\times(2L_1+2a_1+L_2+a_2)-T_{22}\times S'_2]/S_1$$

工况 3：第三段拱肋就位。此时计算方法同工况 2，只是在情况(2)时不调整第二、三组扣索而只调整第一组扣索。

工况 4：全拱合龙。此时一、二、三段的轴线、标高已准确对位，先用螺栓联结，再根据合龙温度施焊合龙，在形成拱式体系前，考虑最不利的情况，第四段各有 20％的重力作用于第三段接头处，施工时一、二组扣索不调整，而通过张拉第三组扣索以使拱肋外力平衡。

扣索安全系数一般要求：扣索钢丝绳的安全系数取 3.5，扣索钢绞线的安全系数取 2.5。

5　扣挂系统设计

5.1　扣索选择

以下以一净跨达 180 m，分段达 28 段的某钢筋混凝土箱型肋拱桥中采用的钢绞线扣索为例对两种扣挂方式进行比较（见表 2）。

该大桥拱箱扣索索力采用 SUP5 有限元法程序来分析计算每一段拱箱在不同的吊装施工阶段下的受力情况，从而得到每一段拱箱在施工过程中所承受的最大扣索索力。各段拱箱的最大扣索索力列于表 2。由于拱箱、扣索对称布置，因此两边扣索受力一样。扣索的编号：拱脚段为 1#，拱顶段为 14#，由表 2 可知，扣索索力最大达到 237 t，最小的也有 74 t。

由表 1 可以看出：

传统钢丝绳滑车组方案所需要的扣索钢丝绳、卷扬机和滑车组数量非常多，仅收紧扣索需用的钢丝绳就多达 20 t。主要原因及后果：

(1)扣索钢丝绳变形大。由于拱箱扣挂段数多，各段接头变形大，拱箱接头的位移量大，则拱箱安装不准确。

(2)扣索钢丝绳受力不明确。由于扣挂段数多，滑车组和卷扬机用量多，摩擦阻力和转向损失大，扣索索力损失也大，经过滑车组和转向摩擦后，受力更加不明确。

(3)拱箱标高不容易控制。拱箱标高的控制是通过控制扣索钢丝绳的位移量来达到目的的，而扣索钢丝绳位移量的控制又是通过卷扬机的操作来进行控制的。由于卷扬机的收紧和放松带有突发性，不仅不易控制扣索钢丝绳的位移量，而且容易使拱箱产生振动，拱箱标高控制难度大。

(4)扣索钢丝绳、滑车组、卷扬机用量多，布置非常困难，施工场地显得十分混乱。

(5)单根扣索钢丝绳重量大，施工操作困难，速度慢。总之，采用卷扬机滑车组来调整如此多段拱箱的吊装，是极不方便和不安全的。

表 2 传统钢丝绳滑轮组方案与钢绞线方案对比表

		传统钢丝绳滑车组方案							钢绞线方案				
扣索编号	扣索力(t)	钢丝绳规格	钢丝绳直径(mm)	钢丝绳长度(m)	钢丝绳数量(根)	滑车组数量及规格	5 t卷扬机(数量)	φ21.5钢丝绳数量(m)	钢绞线直径(mm)	钢绞线钢长度(m)	钢绞线数量(根)	绞线总长(m)	锚具(套)
01	74	6×37	39.8	33	4	2组5轮	2	300	15.24	9	8	72	32
02	84	6×37	39.8	40	4	2组5轮	2	300	15.24	16	8	128	32
03	74	6×37	39.8	106	4	2组5轮	2	300	15.24	82	8	656	32
04	88	6×37	39.8	111	4	2组5轮	2	300	15.24	87	12	1 044	40
05	110	6×37	39.8	117	6	3组5轮	3	450	15.24	93	12	1 116	48
06	124	6×37	39.8	123	6	3组5轮	3	450	15.24	99	12	1 188	48
07	189	6×37	43.5	130	4	2组5轮	2	360	15.24	105	12	1 260	48
08	141	6×37	43.5	135	6	3组5轮	3	450	15.24	111	14	1 554	56
09	181	6×37	47.5	142	6	3组6轮	3	540	15.24	118	18	2 124	72
10	137	6×37	43.5	150	6	3组5轮	3	450	15.24	126	14	1 764	56
11	285	6×37	43.5	158	8	4组6轮	4	720	15.24	134	20	2 680	88
12	161	6×37	43.5	166	6	3组6轮	3	540	15.24	142	16	2 272	64
13	237	6×37	47.5	172	8	4组6轮	4	720	15.24	148	24	3 552	96
14	120	6×37	47.5	465	4	2组6轮	2	360	15.24	441	12	5 292	48
合计	φ39.8,2 600 m,13 811 kg φ43.5,4 490 m,29 508 kg φ47.5,4 088 m,32 471 kg Σ75 790 kg				5轮滑车组20组 6轮滑车组18组		5 t卷扬机13台	6×37 φ21.5mm 6 240 m 10 221 kg	千斤顶6台 Δφ15.24,24 702 m共27 222 kg 其中$1^{\#}$～$4^{\#}$扣索钢绞线总长1 900 m $5^{\#}$～$14^{\#}$扣索钢绞线总长2 280 m	电动油泵6台		锚具760套	

说明:(1)假定锚扣位置一致,锚固装置相当,仅仅对钢丝绳、钢绞线以及相应的主要机具设备进行比较。

(2)扣索钢丝绳的安全系数取3.5,扣索钢绞线的安全系数取2.5。

(3)扣索长度为扣挂点到锚固点之距离加上工作长度。

(4)表中φ21.5钢丝绳是配合卷扬机和滑车组作收紧扣索钢丝绳之用。滑车组的距离均按15 m来计算。为便于统计扣索用钢丝绳仅用φ39、43.5、φ47.5三种,滑车组的滑车仅用5轮及6轮两种。

(5)表中合计数量除了千斤顶和电动油泵的数量是全桥数量(含备用数量)之外,基余均为单肋半跨考虑重复使用后之数量,但不包括备用数量。

钢绞线方案:

(1)钢绞线受力十分明确,大小可以直接从油压表读出。

(2)扣索钢绞线强度高,变形小,采用的强度为1 860 MPa的钢绞线,单根φ15.24 mm钢绞线的破断力达26 t,而取用的最大拉力为钢绞线破断力的0.4倍,即每根钢绞线的拉力控制在10 t左右。这样,既保证了夹片工作锚的工作受力,又使扣索钢绞线的安全系数达到2.5。钢绞线的变形要比钢丝绳的变形小得多,而且,钢绞线受力明确,可通过油压表读数直接知道钢绞线的受力大小。

(3)拱箱标高容易控制,且精度高。拱箱标高是通过千斤顶和电动油泵对扣索钢绞线施力,控制基位移量来达到目的的,施工操作简便,控制准确,精度较高。

(4)钢绞线数量小,占据位置少,便于布置,张拉以后,排列整齐,施工场地有条不紊。

(5)单根钢绞线重量小,施工操作较容易,速度快。总之,采用钢绞线方案不仅需要的材料机具设备少,而且施工方便,准确、稳妥、安全。

由此,钢绞线扣挂系统调整节段标高,操作容易,可以一步到位。而传统的扣挂系统调整标高时，存在滞后的反应，需要多次反反复复的调整，才能使各接头的高程接近设计高程。

但具体采用何种方式，与桥梁工程情况有很大的关联。在单孔跨、超过 5 段的桥梁工程中，采用钢绞线扣挂系统较为适用，而多孔跨、每孔跨节段分为 5 段内的桥梁工程，采用钢绞线存在索长、索力易损失的缺点，一般采用钢丝绳扣挂系统。

5.2　扣索体系设计

扣索的工作过程为：吊装节段运到桥下，起吊缆索将拱肋节段吊装就位，将扣索经过扣塔和拱肋节段的扣点相连，利用扣锚反复张拉扣索，提升扣点，直至拱肋就位，拱肋节段重量由扣索承担后取下起吊缆索。重复上述步骤，将所有拱肋安装到位。在拱肋合龙前收放扣索调整相应拱肋至设计标高，拱肋瞬时合龙，完成拱肋各节段间焊接后，逐步释放扣索力并卸扣。扣锚要求方便、快捷、安全地实现张拉、顶压、锁紧防松、调索四大功能转换及功能转换。

5.2.1　某钢筋混凝土箱形拱桥采用钢丝绳扣索的设计(见图 5)

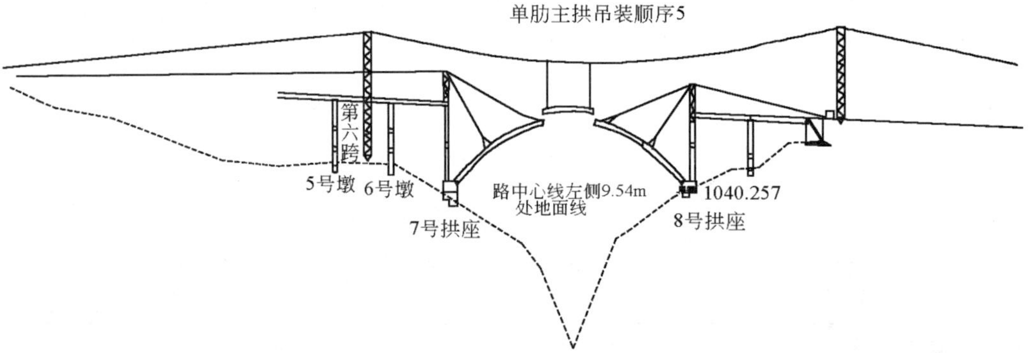

图 5　某钢筋混凝土箱形拱桥拱箱吊扣示意图

扣索系统在 7#、8# 墩上架设 10 m 高的塔架作为扣塔，在塔顶设置索鞍、在 *A* 端 0# 台尾设置扣索地垄、在 *B* 端 10# 桥台尾设置扣索地垅，以卷扬机牵引形成扣索系统，采用单扣、正扣的形式。

7#、8# 墩墩帽因安装两种跨度的梁，为高低帽梁，将低端垫平再安装扣塔。两段拱箱的扣索索鞍并列布置。扣塔的前缆风拉设在对面的拱座上，地垅采取在拱座上预埋锚环形成。

拱箱扣点设置按设计设置在拱箱前端第 2、3 块横隔板处，在横隔板两侧组装接头处预埋锚环，用钢丝绳与平衡架相联，在平衡架上安设扣索，形成扣点。

拱脚段扣力最大为 43.4 t，次边段扣力最大为 50.4 t。扣索采用 ϕ47.5 钢丝绳，按“走 2”布置。

扣索采用安装滑车组、卷扬机牵引完成松紧扣作业。在扣绳的活动端，在扣绳上帮一根 ϕ19.5 钢丝绳，作为扣索动力绳。对于拱脚段拱箱的动力绳，按“走 10”布置，用 5 t 卷扬机牵引；对于第二段拱箱的扣索，按“走 10”布置，用 8 t 卷扬机牵引。在大桥两端各设两台卷扬机，实现松、紧扣索的动作。

5.2.2　某吊扣塔架合一的钢管混凝土拱桥钢绞线扣索体系设计(见图 6)

(1)扣、锚索。

施工中扣、锚索采用符合 ASTM 性能参数，标准强度 R_y=1 860 MPa，公称直径为 ϕ15.24 mm 的低松弛高强度钢绞线。利用高强度钢绞线作为扣索，可充分利用其抗拉强度高、延伸率小的优点，克服利用钢丝绳工作应力不够，精轧钢筋加工工艺复杂的缺憾。

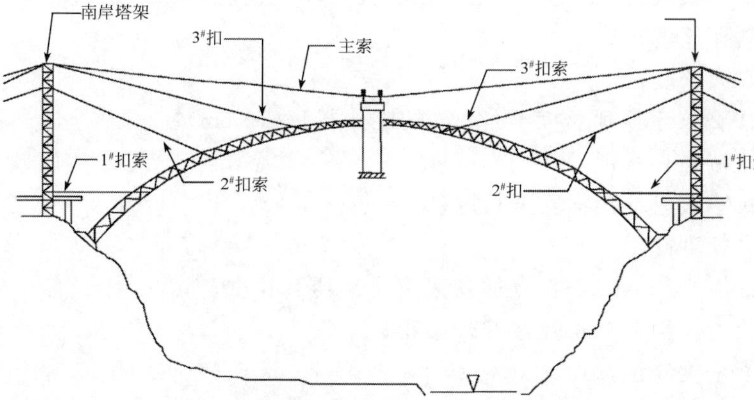

图 6　某钢管混凝土拱桥扣索布置示意图

扣、锚索以千斤顶张拉系统实现钢管拱肋标高调整时的扣、锚索张拉和抬放。扣索于扣点反力梁及塔顶转换梁上通过 P 型挤压锚头锚固，锚索一端锚固于塔顶转换梁，采用 P 型挤压锚头，另一端直接锚固于边拱曲梁梁端，采用固定锚具，锚索避开系杆布置。

扣、锚索钢绞线应预先下料，并在简易台座上预张拉每根钢绞线，以确保各根钢绞线均匀受力。编束预张拉后应采取防护措施即在钢绞线上缠绕纱布及防水胶布，以防扣、锚索使用过程中受到损伤，同时利于使用后用于后续工程。

扣索的容许应力采用下式计算：

$$[\sigma]\leqslant 0.4R^{b}$$

式中　$[\sigma]$——扣索的容许应力；

R^{b}——扣索的标准抗拉强度。

(2)锚具。

施工设计采用张拉端锚具型号为 OVM15-9。张拉端锚具由夹片、锚板、锚垫板、螺旋筋构成。固定端使用 P 型锚具。一块中间钻有孔的平板，钢绞线穿过板孔，在钢绞线末端挤压一紧套，便构成 P 型锚具。

(3)扣索索长的计算。

扣索索长计算示意如图 7 所示：

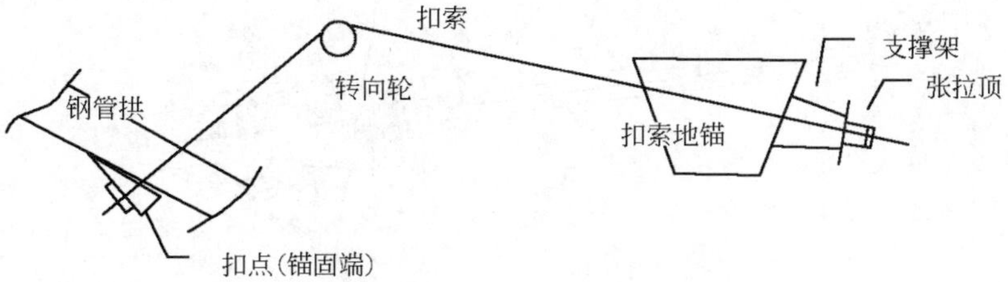

图 7　扣索索长计算示意图

扣索在设计温度时的无应力下料长度按下式计算：

$$L=L_0+L_1+L_2+L_3+L_4+L_5-\Delta L_c+\Delta L_f,\ \Delta L_c=L'\frac{\sigma}{E},\ \Delta L_f=\frac{w^2L_x^2L'}{24T^2}$$

式中　L——钢绞线下料长度；

L_0——每根钢绞线的长度基数，是穿索孔孔口至转向轮与扣索切点的空间距离；

L_1——穿索孔长度；

L_2——支撑架长度；

L_3——YCW250 千斤顶长度＋1/2 缸的工作行程(10 cm)；

L_4——张拉端锚具修正，

L_4＝工具锚板厚＋扣索安全长度(15 cm)；

L_5——扣点长度修正，

L_5＝P 锚板厚(5 cm)＋扣点加劲梁宽＋挤压套长度；

ΔL_c——初拉力作用下扣索弹性伸长修正；

ΔL_f——扣索垂度修正；

σ——扣索的设计拉力(MPa)；

E——扣索的弹性模量(MPa)；

w——扣索的单位长度重(kN/m)；

L_x——L_0 的水平投影长(m)；

L'——扣索的长度基数(m)；

T——扣索设计拉力(kN)。

(4)张拉端。

在扣索张拉锚固端的局部区域内，由于存在孔洞削弱，剪曲力矩和剪力集中，应力状况十分复杂。因此在扣索地锚上设置锚固实体构造，通过刚度很大的实体构造将该处复杂的空间受力进行分散。

实体构造主要参照预应力混凝土工字梁端截面的尺寸及配筋进行结构设计。穿索孔道由钢管预埋形成。钢管定位安装应保证管道中线与扣索中线重合；锚板平面与拉索中线相垂直。另外，穿索和张拉必须符合施工工艺要求，应留有一定的操作空间。

(5)调索支撑架。

调索支撑架：调索支撑架的作用是暂时改变 OVM 夹片锚的自锚性能引起的扣索锁死。自锚性是指夹片(楔形)在张拉过程把钢绞线自动锁定于锚板锥形孔上，形成永久预应力。利用调索支撑夹可调节钢绞线初应力和调整扣索索力。图 8 为调索支撑架、张拉锚固端结构示意图。

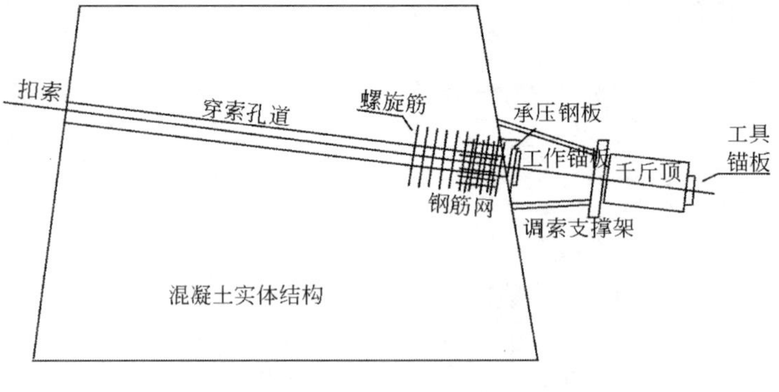

图 8　调索支撑架、张拉锚固端结构示意图

扣索通过扣塔索鞍转向进入地锚张拉端钢横梁后，使用锚具固定，并根据施工各工况的需要进行张拉。锚固端钢横梁如图 9。

(6)索鞍设计。

索鞍结构如图 10。

扣索在索鞍弯曲转向会增加扣索的附加应力,扣索的弯曲应力可采用下式计算:

$$\sigma_W = CE_c\frac{\delta}{2R}, C = 0.104 + 0.04\frac{d}{R}$$

式中 σ_W——弯曲应力(MPa);

C——系数;

E_c——扣索的弹性模量(MPa);

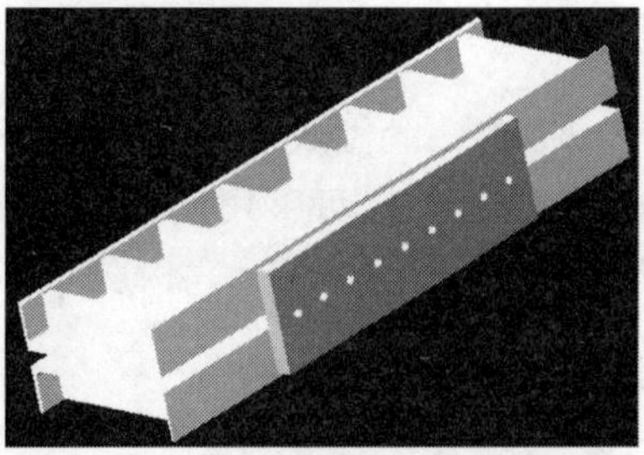

图 9 扣索张拉锚固端钢横梁结构图

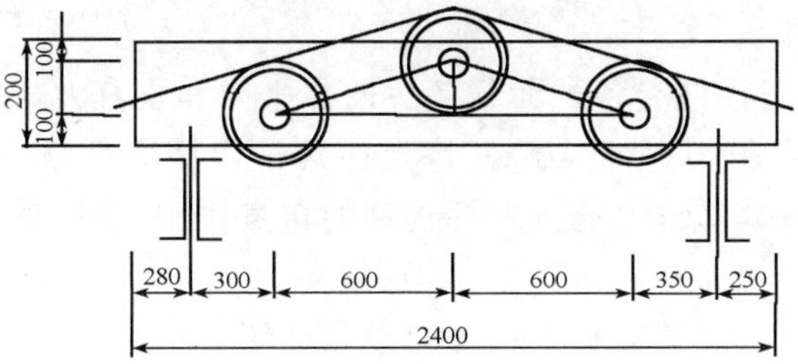

图 10 索鞍结构简示图(单位:mm)

δ——扣索的钢丝直径(cm);

R——索鞍的弯曲半径(cm);

d——扣索直径(cm)。

索鞍由钢板、型钢和转向轮组成,其作用是支承扣索,将扣索力传递到扣塔上,并使扣索在塔架上通过转向轮形成圆顺过渡,将尾索引入扣索地锚张拉端。

(7)扣点设计。

扣点挑梁的结构设计按照一般钢结构设计原理进行。扣点材料应与钢管拱肋材料一致,以确保焊接质量,扣点与反力梁之间通过螺栓连接,扣点与反力梁之间可抄垫薄钢板微调扣索角度。根据最大扣索力在拱肋上弦设置扣点结构,扣点结构如图 11 所示。

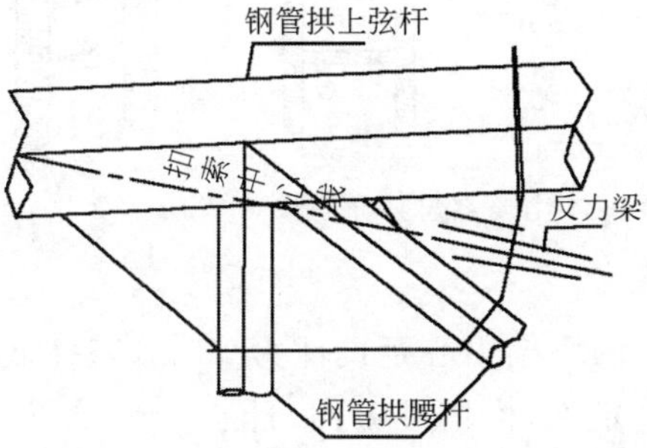

图 11 扣点结构示意图

扣点采用[40 cm 槽钢加工制作长 3.20 m 的一根横梁、上下两面各用 δ=10 mm 钢板加固,中间焊有加劲钢板,两端留有矩形洞口,便于钢绞线穿过,其中心距 2.60 m。扣点锚具为 OVM-P 型锚,直接锚于横梁上。横梁由五块 δ=20 mm 三角形连接钢板与主拱管上焊接的弧形钢垫板连接,并通过调节三角形来保证每束扣索与横挑梁扣点锚板垂直。横梁承载能力按每束张力 80 t 设计制作。

5.3　锚固地垄设计

锚碇一般做成混凝土结构，利用本身自重及前方土抗力确保锚碇抗拔、抗倾覆及抗滑满足规范要求，扣锚可采用用混凝土重力式地锚、桩式地锚，其形式、重量根据扣索张力及地形地质条件确定。

5.4　索塔结构设计

作为支撑缆索的塔架，随着桥跨的增大，塔架高度也相应增高，其结构形式随之而变化。由于桥跨较大，从施工安全、塔架稳定等方面考虑，一般在拱肋安装过程中均单独设置了扣架，以便塔架和扣架分工明确，受力清楚明了。

塔架系承重结构物体，既承受主索吊装构件与各种荷载产生的水平力和垂直力，又承受扣索张拉时引起的竖直力及转向轮产生的摩阻力(水平力)。将上述两种作用力都集中在塔架上，设计布置塔架扣架一体化整体结构的钢塔架，可充分发挥构件的自身作用，抵抗轴向压力。同时又减少设备投入，节省占地面积和拼装时间。

以下以某钢管混凝土拱桥无支架缆索吊装塔架扣架一体化予以介绍。

5.4.1　塔架结构

塔架设置在大桥两岸桥台附近距拱座 36 m 处，两塔相距 280 m，高度为 64 m。塔身的截面组成由规格为 4∠125×125×10 的 A3 钢万能杆件组拼成 2 m×2 m 断面形式，底部为固结，系门字形单柱结构。塔架及缆索安装完毕后，考虑到实际采用的拼装构件及螺杆的加工都存在不确定的安全性偏差，为增加塔身压杆稳定性，又在塔底部纵桥向两侧增加了 2 m×2 m 断面，其高度为 20 m。塔架扣架一体化结构如图 12。

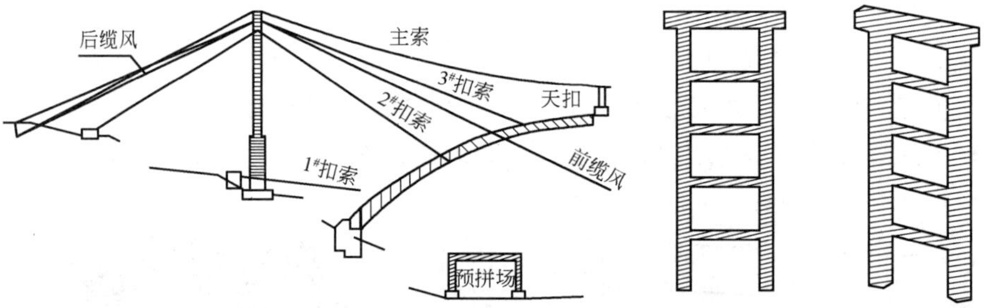

图 12　钢管混凝土塔架扣架一体化缆索总体布置图

5.4.2　塔架强度分析

塔架由万能杆件拼装成单门柱式桁架结构。两塔架中心距设计为 12 m，塔柱截面几何尺寸为 2 m×2 m。为了加强横向连接，提高侧向稳定性，沿塔柱方向每隔 10 m 设置一横系梁，从而构成一宽 14 m、高 64 m 的桁架钢结构—塔架。

作用在塔架上的荷载包括：恒载，包括塔架自重、操作平台及施工荷载等；活载，包括缆风绳拉力；扣索、锚索等引起的塔顶反力；风荷载，按设计基本风压强度计算。

塔架计算按格构式中心压杆验算整体稳定性，按平面刚架验算各杆件的强度。

利用有限单元法对塔架结构进行静力分析。整个塔架上端自由、下端与基础固接，采用杆单元离散，共划分节点 364 个，空间杆单元 1 225 个。塔架在各种已知典型荷载作用下的最大压应力计算分析结果见下表，其最大压应力发生在塔架立柱根部。

5.4.3 塔架稳定性分析

对于塔架这类高耸建筑物，在强度条件满足时，稳定性分析也十分重要。塔架可视为下端固支，上端铰接，长度系数 $\mu=0.7$。其回转半径 r、长细比 λ 为

$$r=\sqrt{\frac{I_y}{A}},\lambda=\frac{\mu h}{r}$$

塔架结构材料系 A3 钢，其屈服应力 $\sigma_s=235.0$ MPa，允许应力$[\sigma]=170.0$ MPa。考虑到结构稳定系数 ϕ 约为 0.91，允许应力$[\sigma]=155$ MPa。

5.4.4 塔架内力监测

扣索拉力和主索系统对塔架的作用力均可通过理论计算和实验测量获得。为跟踪塔架受力状况，塔架结构拼装以及主索系统安装完成后，在南、北塔架立柱的根部(内侧为 Al、A2、A3 和 A4，外侧为 Bl、B2、B3 和 B4)分别布置了应变传感器，用于监测塔架应力，以及塔架受力情况。

塔架下端与基础固接，而上端可产生较大的横向位移，故整个塔架易发生弯、压组合变形，其根部应力可表示为

$$\sigma=-\frac{N}{A}\pm\frac{Ph}{W_y};$$

式中 N、P——轴向力、水平横向力；

W_y——抗弯截面模量。

由分析知，尽管水平力远远小于轴压力，但由横向水平力引起的弯曲应力在总的应力值中占有较大的份额。这是塔架结构设计中应该注重的问题之一。因此，在吊装过程中，应适时地调整缆风索，控制好塔顶水平位移，避免塔架根部应力过大而屈服破坏。

5.4.5 塔架位移观测、控制与调整

(1)位移控制。

无支架缆索对于塔架顶部的位移，双曲拱桥无支架施工上有明确的规定，塔底铰结水平位移 $f\leqslant H/150\sim200$；塔底固接水平位移 $f\leqslant H/400\sim600$，H 为塔架高度。

鉴于塔底固结，容许水平位移取 $H/400$，为 15 cm。根据 $f=PL3/3EI$ 公式计算，塔顶作用 3 t 水平力，其位移便超出容许值。为克服塔顶位移，在塔架顶部前后各设置了四根ϕ28 mm 钢丝绳缆风，初张力每根 7 t 左右，计 30 t，以此来限制吊装构件和张拉扣索因角度偏差所引起的不平衡力对塔顶产生的位移，使塔架四根立柱始终承受小偏心轴向压力。

(2)观测与调整。

塔架所受的外荷载可归纳为：缆索系统(主索、起重索、牵引索及工作索等)产生的垂直力和水平力；扣索系统产生的水平力和垂直力；风载产生的塔底立柱应力变化；缆风(前后缆风、侧缆风等)产生的垂直力。为克服上述荷载对塔架的影响，尤其要防止塔架因水平位移而在塔脚主柱产生的弯矩应力。施工中采用了如下措施：

1)施工过程中确保塔架水平位移不得超过 15 cm。其方法是在吊装和张拉时用经纬仪观察塔顶，控制水平力的发展，保证塔架安全。

2)塔顶前后四根 ϕ28 mm 钢丝绳缆风初安装张力调整到计算值，以此平衡塔顶的不平衡水平力，限制塔顶位移，保证整个塔身基本垂直。

3)扣索调整拱轴线张拉或放松时，因转向轮产生的摩阻力对塔架产生水平位移有直接影响，故扣索不能同时张拉和放松，杜绝同方向摩阻力叠加。

4)通过变截面处及塔架底部的应变片读数，随时掌握塔架在吊装和张拉过程中的应力变化，便于发现异常情况及时调整。

6　施工机具设备配置

施工机具设备配置见表3。

表3　投入到缆索吊装系统扣挂体系的主要设备配备表

序号	名　　称	型号及规格	单位	数量	备　　注
1	万能杆件及附件	（配套）	t	数量根据不同项目具体设计情况确定	塔架
2	工作索跑车	（多种型号）	t		
3	工作索下挂	4	个		
4	塔顶平车	4轮	个		
5	主吊点大跑车	4	个		
6	卷扬机	10 t	台		
7	卷扬机	8 t	台		
8	卷扬机	5 t快速	台		
9	卷扬机	5 t慢速	台		
10	六门滑车		套		
11	四门滑车		套		
12	单门滑车		套		
13	钢丝绳	f55	根		主索承载索
14	钢丝绳	f47	根		工作索承载索
15	钢丝绳	f17～f28	m		
16	钢绞线	f_j15.24	t		
17	千斤顶	YC250	套		
18	交通船		艘		

7　索体安装、张拉工艺

以某桥预应力钢绞线扣、锚索在塔上张拉为例予以介绍。

7.1　扣索安装

(1)下料。

下料长度计算包括考虑锚点长度、工作长度(张拉长度)、牵引长度、拆索长度。

(2)锚具安装。

对到场的锚具进行检查清洗并重装；锚具锚固位置调定量据初应力要求确定；安装前，清理干净锚垫板、预埋管内杂物；锚具张拉端孔位按每排孔水平排列，两端锚孔相互对应，不得有错位现象。

(3)挂索。

钢绞线运输到施工现场后，在塔柱与固定端锚具之间把钢绞线不交叉地排列摊开，以方便循环牵引。

将前索钢绞线固定端拉至构件扣点附近，与牵引索联系，把钢绞线牵引到锚具外达到工作长度的锚固。

下端穿索结束后，用专用夹具在钢绞线张拉端预定位置上与循环钢丝绳夹紧，利用卷扬机将绞线上端吊到塔顶，塔顶作业人员将牵引索与钢绞线相联，卷扬机继续循环牵引，直到满足单根张拉所需要的工作长度，拆除穿束器，继续牵引下一根钢绞线。

单根挂索时，注意 PE 护套的保护、严防打绞、旋转，扭曲现象发生。

利用循环牵引钢丝绳同步牵引多根钢绞线。

7.2 扣索张拉

采用单根张拉与单根挂索同步进行，按照挂一根，张拉一根。循环加力，逐步张紧，达到一致。扣索张拉的施工控制原则为“双控”，以拱肋线形、标高控制和索力控制相结合的原则。在索力允许范围内，尽量满足拱肋线形要求，严格控制施工过程中在钢箱拱上的施工荷载。

(1)单根张拉工艺(图 13)。

(2)单根张拉力。

保证单束拉索中每根钢绞线应力满足设计要求；保证索力均匀度控制在 2%范围内，张拉前根据设计单位或监控单位提供整索的控制应力、在该控制应力下的锚固点计算的相对位移量或变形量、受控结构截面相关物理参数、索体几何和物理参数等内容，通过电算得出理论单根张拉控制值。

(3)即时张拉控制力。

由于拱桥是个复杂结构，受环境温度影响比较敏感，而且穿索施工需要时间比较长，温差变化以及风等环境因素会导致结构发生变化，而且随着索力的逐步建立，结构应力会发生重置，所以正在安装的拉索某根钢绞线的即时控制应力与理论计算所得到的控制应力有较大的误差，采用动态离散法进行控制，利用传感器检测整个结构、环境的变化情况，把此变化以控制力的方式反馈回来以动态调节控制各根钢绞线的即时张拉力。

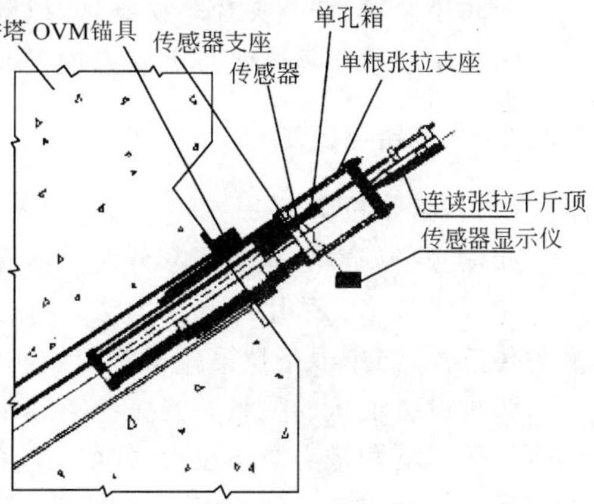

图 13 单根张拉工艺示意图

(4)单根张拉力计算。

扣索第一次张拉通过单根张拉索力累计达到整束设计索力，第一根整束拉索索力平均之后由结构变形量进行修正，使安装完成之后单根索力累计值与设计接近，避免单根挂索之后索力大调整；第 i 根时，$T_i=T_{i-1}-\Delta_i$(Δ_i—第 i 根安装时传感器变化值)。

(5)单根钢绞线张拉锚固。

钢绞线采用 YDCS160—150 张拉，选用 0.4 级并配套标定的油压表控制。

张拉端钢绞线若一个行程未能满足张拉要求，则采用临时工具夹片在该千斤顶的连续张拉部件内临时锚固。

当张拉到该根钢绞线计算控制应力的 100%时，安装工作夹片锚固，同时记录此时传感器的显示值以指导下一根钢绞线张拉。

钢绞线索力均匀性、锚固质量与夹片安装质量有关，所以安装时必须保证一致的外露量和缝隙、高差控制值。

夹片安装时必须控制质量，确保按锚固质量要求进行。

由于拱肋在悬臂阶段对于扣索是激励系统的输入端，恒载和活载均由锚具承担，所以锚固质量显得更为重要。张拉时不允许采用限位自锚张拉法，避免工作夹片反复锚固。

单根张拉过程中，上下游同步进行，偏差不大于控制索力的5%所计算得到的根数。

(6)低应力锚固技术措施。

钢绞线在施工过程中不可避免在低应力下工作，保证其夹持质量和夹持效果对施工过程中的主体工程安全尤为关键，因此必须加强拉索低应力锚固措施，具体措施为：

1)采用低应力锚固系统；

2)单根张拉时严格控制锚固质量，杜绝不规范的安装工艺出现；

3)加强协调，尽量提高拉索初始控制应力；

4)单根钢绞线顶压：利用OVM拉索配套的张拉顶压设备，用专用顶压器对钢绞线进行逐根顶压，按该钢绞线工况下锚固应力累加顶压应力控制；

5)防松装置：安装夹片防松装置，以随时保持对夹片的压紧力；

6)顶压必须在整体张拉之前完成，利于钢绞线应力增大时夹片夹持。

7.3　扣索调整与控制

(1)扣索张拉调索。

扣索张拉调索与控制基本分两个步骤进行：单根张拉后整体调索。

单根张拉施工采用等张拉力法。等张拉力法的基本方法是：在张拉的第一根钢绞线安装测力传感器，当单根张拉第一根钢绞线时，测力传感器测量出其张拉力，以及测力传感器测量力与张拉设备油压的关系。当张拉第二根钢绞线时，第一根钢绞线的力会下降。此时，通过比较测力传感器测量力与张拉设备油压的关系，锚固第二根钢绞线，使第二根钢绞线的力与第一根钢绞线的力保持一致。以此类推，完成其他钢绞线的张拉。等张拉力法在单根调索施工中其索力均匀性误差可控制在2%范围之内。

整体调索是在单根张拉可靠锚固后，根据各施工阶段对索力、线形以及标高的要求，对扣索、水平系杆进行整体索力调整。整体调索方法如图14所示。

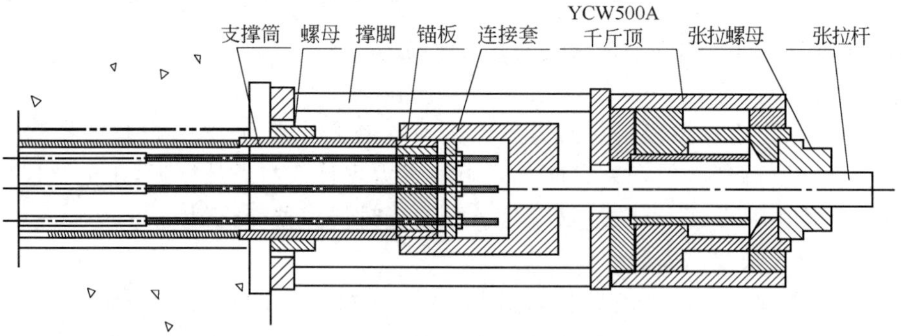

图14　整体张拉示意图

(2)扣索索力监测。

该大桥钢拱肋安装临时扣索工程工期长，季节温差、日照温差变化大，索力安装建立和调整次数多，以及环境、工况变化等因素都对索力控制增加了难度。索力测量是施工控制的重要手段，索力在各个施工阶段的变化值是整个钢箱拱肋结构标高、内力的直接反映，测量数据是施工调整的重要依据。需要通过跟踪测量扣索索力以获得在施工各个阶段控制值，确保拉索在施工过程中安全。

扣索采用压力传感器量测法进行索力监测。在每一束扣索固定端均设置一个单孔穿心式振弦传感器，由其跟踪扣索的实时变化值，从而反映整个拱肋结构的应力、变形情况，以指导施工。

传感器采用ZX—308A穿心式单根索力传感器，由传感体、仪表、导线构成；它的额定压力值为20 t，可以测量某时刻的压力值、温度值、时钟值。钢绞线依次穿过传感器支座、ZX—308A传感体、单孔锚、工具夹片以及挤套，测量时把导线与显示仪表相连，仪表接通电源，可读出所需的测量值，并与标定曲线对应后可得到该索的测量值。

当整束扣索穿挂张拉完成之后，传感器显示值即代表着该索所有钢绞线的平均值。

7.4 扣索防护

扣索是钢箱拱肋悬臂安装的生命线，虽作为临时索，但时间跨度较长，索体、锚头防腐需高度重视，要按国家有关标准和OVM250平行钢绞线拉索体系技术标准进行。因工艺需要，索体需要剥除部分PE，待索体安装完成后，该部分除张拉端涂以油脂外，其他包括P锚等全部采用防锈漆涂刷防护，同时要注意严防P锚在水中浸泡。

7.5 扣索拆除施工

拆索施工与扣索安装施工同等重要，因为拆索过程就是内力转化，重新分布的过程。扣索拆除的工况与顺序严格按设计院或监控通知确定进行。扣索放松采用单根放松方法进行，单根放松法用千斤顶从下排往上排顺序进行放松，放松过程中使用卷扬机及循环牵引系统配合。

8 结束语

本设计指南介绍了扣挂系统的一些基本内容。对于缆索吊装桥梁工程的扣挂体系来讲，因工程特点不同，施工方式、方法亦有不同，需要根据缆索吊装系统的整个设计布置来进行扣挂体系的设计，以达到安全、经济、适用的目的。

拱上结构预制吊装施工工艺

1 前　　言

拱上结构指拱主拱圈拱背上以上的结构物，主要有横墙座、横墙、横墙帽或立柱座、立柱、盖梁、腹拱圈或梁板、侧墙、拱上上伸缩缝及变形缝、拱上防水层、桥面结构等。本工艺所涉及的拱上结构重点针对拱上立柱、盖梁的施工。拱上结构在设计上通常有现浇和预制吊装两种方案。

一般结构设计形式如图 1 所示。

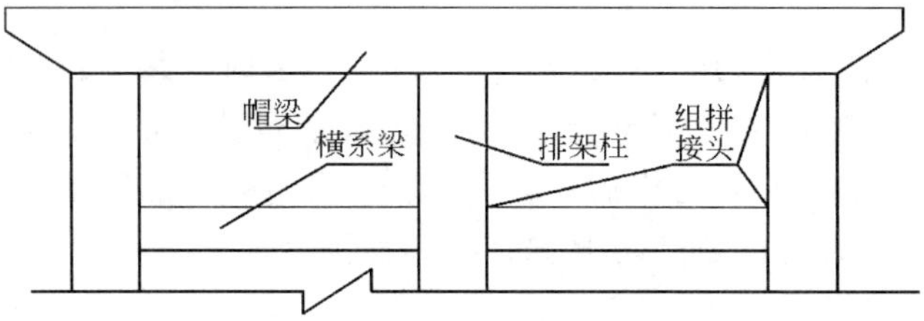

图 1　拱上立柱及盖梁构造示意图

2 适用范围

2.1 原　　理

拱上结构预制吊装是指将拱上立柱及盖梁在预制场内分别作为单元件进行预制，利用缆索吊机进行吊运、对接和湿接头处理，装配形成整体结构。

与拱上结构现浇施工相比，预制件可批量生产与制作，便于集中管理与控制，减少高空作业时间和施工难度，更有利于施工质量及安全控制。

2.2 适用范围

适用于下承式钢筋混凝土拱桥采用无支架法施工，有重型索道吊装设备可利用，且拱上结构设计为预制吊装，或具备通过设计变更进行拆分的拱上结构。

3 拱上结构施工工艺的选择

对于拱上结构施工一般有现浇和预制吊装。

3.1 现浇施工工艺

当拱桥采用支架法施工时，拱上结构宜采用现浇方案；当拱上排架设计为现浇且不能拆分组拼时，采用现浇方案。

拱上结构现浇时，需在拱背搭设现浇支架，钢筋、模型均现场安装成型，混凝土运输需搭设运输通道。

3.2 预制吊装施工工艺

当主拱采用吊装时，吊装设备一般能够满足吊装排架的重量要求，此时可采用拱上排架预制吊装方案，当拱上排架立柱重量大于吊装设备能力时，可将立柱分段预制、吊装组拼。

4 拱上结构构件预制

4.1 预制件划分

对于设计为现浇的拱上排架，一般划分为排架柱、横系梁、帽梁三部分。

对于排架柱的整根重量大于索道吊装重量的排架柱，可将其分作两段预制，再吊装拼接。

4.2 预制方式

(1)在预制场地设置台座，现场安装模型、钢筋、浇筑成形。

(2)立柱预制时，须根据吊点位置计算立柱起吊后，将预制件作为受弯构件计算其抗弯能力。计算时，将自重作为均布荷载，按双筋布置计算其在设计状况下的受力，确保结构起吊后不会出现结构破坏。其受力如图 2 所示。

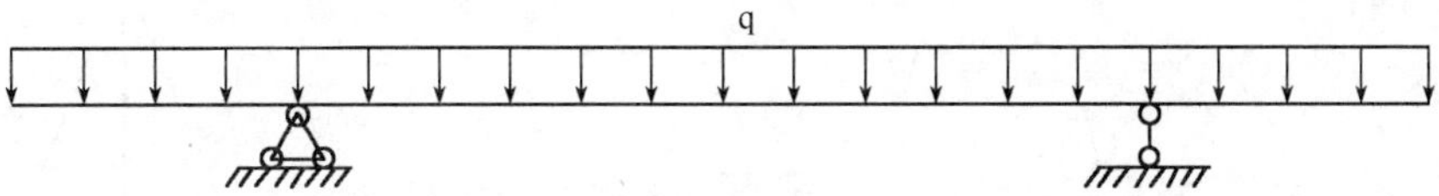

图 2 受力图

(3)如果当设计布筋数量不够时，根据计算可在跨中位置增加抗弯钢筋。

(4)立柱断面一般为矩形，预制时，以立式预制为宜，可以增加结构的抗弯能力。模型宜采用大块钢模或木模，以保证成形的外观质量和促进模型整体稳定。图 3 为立柱预制示意图。

(5)模型宜采用外拉杆加固，如上图所示，可以使结构外观更美，同进可以使拉杆利于倒用。上拉杆可设置在结构面以上，下拉杆需在台座上预埋拉杆孔，且在设计时需与模型上拉拉杆孔位对应。

(6)台座上预埋的拉杆孔，可用 PVC 管预埋成形，其间距为 50～80 cm。

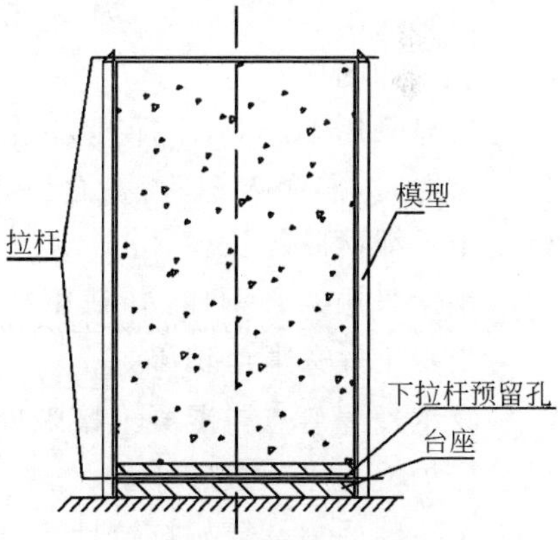

图 3 立柱预制示意图

4.3 预制场地

在预制场总体布置时，就要考虑排架的预制、存放场地，一般要设置预制和存放场地。同时要按计划顺序预制、存放、保证与吊装顺序相一致。即对先架设的后预制、后存放、存放在上部，后架设的先预制、先存放、存放在下部，对各预制件要进行编号、顺序存放，以利吊装、使用时顺序使用。

(1)立柱、盖梁、系梁存放采用平放，支点处要设置混凝土台座或枕木台座，位置要与设计吊点位置相一致。

(2)预制件存放场地要综合布置，一要减少与其他预制构件的相互干扰，二要就近存放，存放场地一般与预制场地相邻。

4.4　预制件移存

(1)预制件达到设计强度100%后，方可移动、存放。

(2)一般采用龙门吊起吊、运输。存放时可根据地基情况和预制件的重量多层存放，一般可存放3～4层。

(3)各层之间用枕木或方木作支点，支点位置在设计吊点位置，且上下层对齐。

4.5　预制件吊点布置

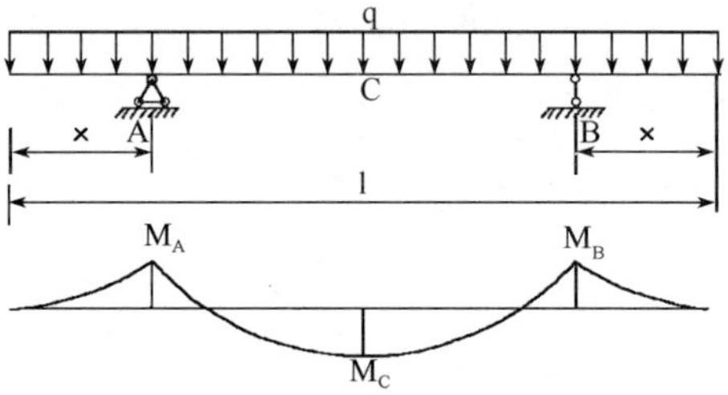

图4　预制件吊点布置

预制件一般设置2点起吊(如图4)，可按直线梁吊点处负弯矩与跨中正弯矩绝对值相等的方法计算；对于短小构件，吊点可设置在两端，不按上述方法计算，但仍需按简支梁计算或类比法确定起吊后构件跨中受力在达到设计要求。

合理吊点位置是使吊点处负弯矩与跨中正弯矩绝对值相等，即：

$$|M_A| = |M_B| = |MC|$$

其中

$$M_A = M_B = -\frac{qx^2}{2}, M_C = \frac{q(1-2x^2)}{2} - \frac{qx^2}{2}$$

得 $x=0.21l$

预制件吊装设计一般采用预留孔洞、穿钢棒的方法。其结构形式如图5。

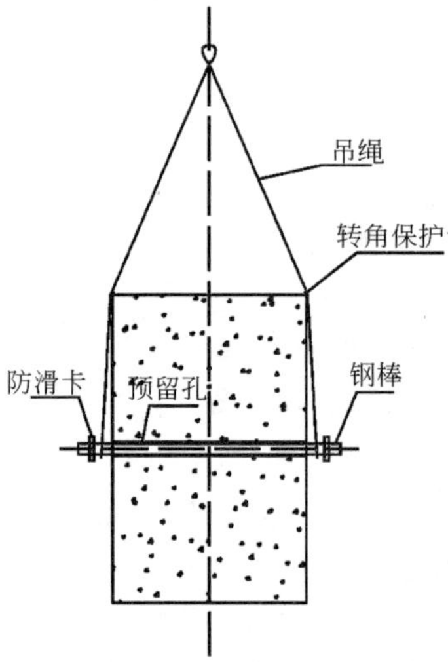

图5　立柱吊装示意图

吊绳采用千斤绳，千斤绳自吊环以下两肢要等长。在制作千斤绳时，需穿入钢棒，在台座上用链条葫芦拉紧、固定，以使千斤绳两肢等长。

钢棒采用实心钢棒，并在钢棒上安装防滑卡，以免在吊装时出现千斤头滑落现象。

在钢丝绳弯点与混凝土接触处，需设置一个弧形保护卡，以保护钢丝绳不受棱角的伤害，以及保护混凝土不被破坏。

千斤绳受力计算按抗拉计算，安全系数不小于5。

钢棒受力计算按抗剪计算，每点为单剪，安全系数不小于1.5。

4.6　预制件局部补强设计措施

拱上排架各预制件的组拼接头，需经连接后才能形成拱上排架结构。

(1)对于排架各接头的连接，一般采用将原主筋焊接连接或增加型钢连接、混凝土接触面用环氧树脂混凝土或高标号砂浆连接的方式，然后再在接头现浇连接混凝土，完成结构连接。

(2)如果设计图中对接头有详细的设计，可按设计施工；但往往拱上排架设计时是按现浇结构设计，接头连接需在施工过程中进行变更，接头连接方案由施工单位提出、设计单位确定。

(3)接头的连接钢筋一般采取搭接的方式。单面、同截面、无偏角搭接焊接。

(4)对于排架与底座相连接处，在安装后、使用过程中，此处受弯最大，搭接长度按规范规定单面搭接焊长度的 1.5 倍取值，以作为对同截面、无偏角焊接的加强，即搭接长度为 15 d；对于排架与盖梁相连接处，在安装后、使用过程中，此处主要承受、传递压力，基本无弯矩产生，搭接长度按规范规定单面搭接焊长度的 1.0 倍取值，即搭接长度为 10 d。其连接方式如图 6 所示：

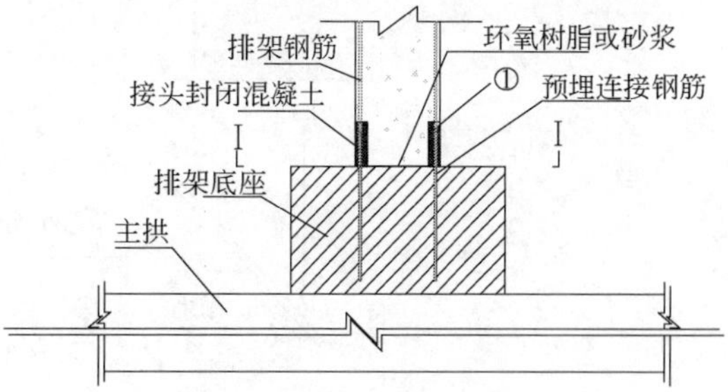

图 6　预制段连接示意图

(5)接头混凝土相连接的接触面，如果设计没有明确的要求，可采用砂浆连接，此时相连接的接触面需全面凿毛；若设计图中有明确要求采用环氧树脂混凝土连接，则需用环氧树脂混凝土连接，此时相连接的接触面不需要凿毛，但要清洗干净。

(6)环氧树脂混凝土配合比要经试验室试配确定，一般配合比如表 1(重量比)。

表 1　环氧树脂混凝土配合比表

水　泥	砂	环氧树脂	丙酮	乙尔安
1	3	1	0.6	0.2

丙酮主要是稀释剂，增加其数量，可提交混凝土的和易性；乙尔安是固化剂，增加其数量，可提升混凝土的固化速度。表 1 的配合比只是一个参考配合比，在实际应用中，须根据工地的材料状况，进行配合比试配，根据需要的凝结时间、和易性确定丙酮和乙尔安的用量。

砂宜采用中粗砂，须干燥、干净。可采用水洗的方式清干净，并晒干。经清洗、干燥后的砂要用袋装起来，并存放在干燥的房间内。

对于由于立柱长度太大或重量太大，而将立柱分节段预制的情况，结构连接的混凝土接触面必须使用环氧树脂混凝土，不得使用砂浆。

5　预制件起吊工艺

5.1　预制件吊装就位

(1)排架柱一般采用平吊运输到位，再翻身立直的方法吊装；对于长度不大、重量不大的构件，可采用单点竖直起吊、运输到位。长大构件的翻身，如果索道单点起吊能满足重量要求，可在空中翻身，翻身顺序如图 7 所示 。

(2)如果缆索吊机起吊能力不能满足重量的要求，则须先对位，再翻身，翻身顺序如图 8 所示。

在翻身的过程中，立柱下端必须先支承、准确对位在排架座上，再由上端吊绳起吊翻身，并安装缆风绳，辅助吊绳起吊翻身。

(3)在立柱下端在排架座上对位时，需将接头接触面的连接材料(砂浆或环氧树脂)铺装完成。

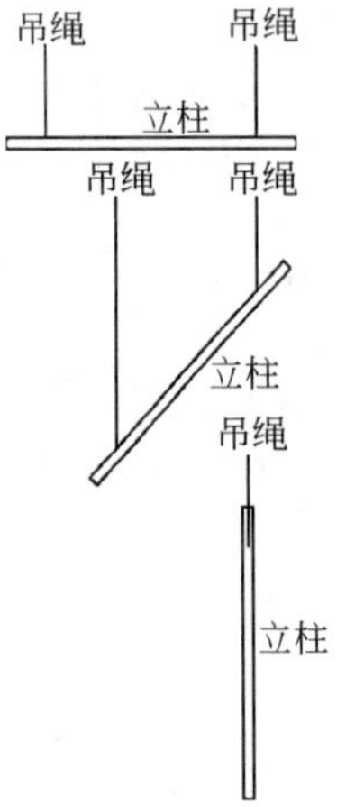

图 7　立柱吊装翻身示意图

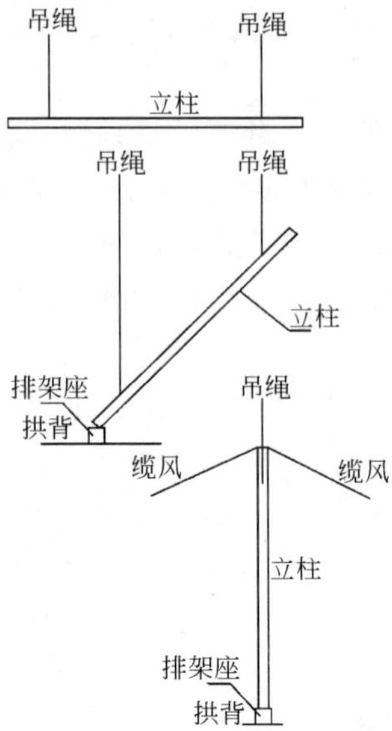

图 8　拱上立柱翻身示意图

5.2　对位调整工艺

(1)预制件起吊运输前,先在预制件、连接座上标画出各边中线,当预制件基本到位时,在预制件上安装链条葫芦,使其相应中线对位、就位。

(2)当采用单吊点能满足吊重要求时,可将构件完全吊起对位,再落下、固定。

(3)当构件重量太大,下端需支承在排架座上才能翻身、安装时,此时需倾斜对位,对位需以立柱与排架座的首先接触边线为准,首先以此线对位。需先在排架座上定出立柱对位边线的位置,对位安装。

(4)对位时,在立柱下端设置 3～4 个链条葫芦,按"十"字形或"△"形布置,用以少量移动、精确对位。

5.3　临时稳定措施

(1)对于拱上排架柱,其下部对位完成后,需在其顶部安装"十"字缆风,采用松紧缆风的方法调整顶部的中线。当达到设计要求时,拉紧缆风,再及时将其下部与固定件连接的钢筋在每边焊接 2 根完成临时稳定。

(2)当排架柱安装完成后,安装横系梁和帽梁时,先将其安装对位、支承在牛腿或排架柱上,再将各边的连接钢筋焊接 2 根完成临时稳定。

(3)结构临时稳定后,可松卸吊点。

(4)其顶部中线采用在顶部安装棱镜、全站仪测量其距离和中线的方法观测,也可采用经纬仪观测中线、垂线法控制垂度的方法。

5.4　连接施工工艺

(1)接头连接用的环氧树脂混凝土需在现场调制,及时使用。当构件即预对位完成,且没有落下对位时,须及时将砂浆或环氧树脂铺装,再落下对位。

(2)钢筋接头的连接采用单面焊接,由于是竖焊,对焊接技术要求较高,在施工前须对各焊接人员进行考核，以达到快速、变质量焊接的要求。

(3)各钢筋焊接时，各边交错焊接，以免出现较大的焊接变形。交错焊接时，宜采用单根、对边、循环的焊接方式。即每边每次只焊接一根钢筋，即焊接对面的一根钢筋，再焊接邻边的一根钢筋，以此为循环进行操作。

(4)当构件连接钢筋焊接完成，需及时浇注接头保护混凝土。当接头保护混凝土的结构较大，可安装模型浇注；当结构较小或不便安装模型时，其厚度一般小于 8 cm，可采用高标号砂浆进行人工敷装。砂浆所采用的水泥不宜小于 425，砂浆强度不小于构件混凝土强度。

(5)当接头保护混凝土浇注完成强度达到 75%后，可拆除临时稳定缆风。

(6)安装盖梁时，为了临时稳定，可在排架两外侧的立柱上预埋 4 根钢筋，外伸一定长度，长度不超度盖梁高度；预制盖梁时，在 4 根钢筋对应位置预埋 PVC 管，安装盖梁时先对位 4 根钢筋，使 4 根钢筋对应穿入预留孔，使盖梁在外力作用下不会出现滑落。

(7)当盖梁临时稳定后，再焊接连接钢筋。

6 施工质量控制要点

(1)主要质量控制点：排架柱的接头质量、中线、标高等。

(2)接头焊接质量控制主要是要选择技术好、责任心强的操作人员，焊接后作细致的检查、验收，合格后才进入下道工序。

(3)接头保护混凝土一方面保护连接钢筋不锈蚀，另一方面也是受力的一部分，同时对外观质量的影响也较大，因此在施工过程中要严格要求，达到内实、外美。

(4)构件的中线控制主要采用垂线法、距离法控制。立柱安装其质量控制标准见表 2。

表 2 立柱安装其质量控制标准

项次	控制项目	允许偏差	检查方法
1	中线偏位(mm)	10	距离法、经纬仪法
2	垂直度	1.2%	垂线法
3	标高(mm)	±10	水准仪法、全站仪法
4	盖梁标高(mm)	+8，−5	水准仪法、全站仪法

7 施工机具设备配置

施工机具设备主要包括预制场内转运设备、吊装设备两部分。

8 施工劳动力安排

劳动力配备：钢筋混凝土构件预制人员，包括钢筋工、模板工、混凝土工等，具体人数 15～20 人，依据施工进度和预制工作量安排调整。起吊安装施工需用起重工 8 人，现场拼装连接操作人员 6 人。

9 质量保证措施

(1)预制质量要充分保证，加强施工养护，按要求存放。

(2)对吊点布置进行详细设计并对结构配筋情况进行检算。

(3)连接头质量至关重要,除原设计连接钢筋外,必要时,增加角钢提高连接性能。

(4)对位要求准确,保持立柱垂直。

(5)后浇混凝土作专门设计和实验,保证强度、耐久性和良好工作性能。

(6)保证接缝填充密实,并无漏筋现象。

10　施工安全措施

(1)缆索吊装系统运行安全管理,具体依照缆吊系统运行安全管理办法。

(2)高空作业按照相应安全办法和措施。

(3)施工人员严格遵照施工工艺方案,并保证施工人员的相对稳定性。

(4)做好安全专项方案及施工安全技术交底。

11　结 束 语

拱上结构吊装是混凝土拱桥无支架施工中的主工序,施工时除了按设计顺序加载、安装外,也可在设计同意的情况下,排架柱纵向按列安装,最后安装帽梁,可减少施工周期。加强与设计单位的联系,对现浇改预制吊装,需要设计单位对预制方案进行计算分析,补充增加结构配筋,防止立柱翻身过程中出现断裂。

钢管混凝土拱桥施工

拱肋制造工艺

1 前　言

钢管拱桥的关键受力结构是钢管拱肋及其核心混凝土，而钢管拱的制造焊接质量以及线性控制精度是结构受力安全的重要保证，直接影响结构使用等级及寿命，钢管拱的制造是主桥施工中的重要工序和关键环节。

2 适用范围

本拱肋制造工艺适用于桁架式的钢管拱桥拱肋的工厂加工制造。

3 工艺简述

结合已建和在建钢管拱桥制造方面的成功经验，将钢管拱制造过程划分为以下四大主要工艺阶段：

(1)主拱弦管卷制加工，虾弯、热弯相结合的对接；

(2)片装节段组装；

(3)分段匹配制造；

(4)工地组装焊接。

4 技术控制目标

主拱线形公差控制在 JBJ10212 规范规定范围之内，保证现场安装一次成形，保证焊接变形控制到最小量，减少焊接应力对结构的受力影响。具体指标为：拱肋桁架宽度偏差 $\leqslant \pm 3$ mm；桁架高度偏差 $-1\ \text{mm} \leqslant \Delta \leqslant +3$ mm；桁架节段断面扭曲偏差 $\leqslant 1$ mm/m，节段偏差最大不超过 5 mm；桁架断面对角线差 $\leqslant 4$ mm；桁架节段轴线竖向偏差 $\leqslant \pm 3$ mm；桁架节段轴线横向偏差 $\leqslant \pm 3$ mm；桁架节段轴线弧长偏差 $\leqslant \pm 10$ mm；在工地组拼拱肋节段间接缝错边量 $\leqslant 3$ mm；主拱轴线的横向偏差 $\leqslant \pm 12$ mm；主拱轴线的竖向偏差 $-6 \leqslant \Delta \leqslant +12$ mm；主拱合龙段精度控制目标：两岸对称点高程差同号且 $\Delta \leqslant 20$ mm；拱肋内、外侧钢管定高差 $\Delta \leqslant 3$ mm。

5 生产技术准备工艺方案

5.1 材料复验

工程所用的钢材、焊材、涂料按设计要求（如无设计要求，则按《铁路钢桥制造规范》TB 10212）和有关技术规范及工厂材料采购质量控制程序文件的规定，核对生产厂家、质量证书、牌号、炉批号、批量等，并按合同和有关现行标准要求取样复验。材料复验工作在有国家认可资质的计量单位的计量试验所进行。复验合格的材料才能入库登记，并采用微机跟踪管理，实现该工程所用材料使用的可追溯性。

5.2 成形节段的划分

根据设计要求、现场施工安装方案及道路运输情况进行拱肋节段的划分。

5.3　工艺评定试验

工艺评定试验内容:焊接工艺评定试验和切割工艺评定试验。

钢管桁架拱肋制造前按设计文件及相关要求进行焊接工艺评定和切割工艺评定试验。以此确定适合工厂设备、人员、管理等方面的最佳工艺参数,钢管桁架拱肋在实际制造中严格按工艺评定确定的参数作业。

焊接工艺评定试验试板的取样、焊接、编号、送样评定过程均要通知驻厂监理、业主代表旁站。

5.4　制作工艺流程(见图 1)

5.5　拱肋节段匹配制造方案

主拱肋预拼装胎架按半桥匹配制造设计,胎架按线形(含预拱)设计制造。在胎架上完成主拱肋预拼、腹杆(板)装焊、吊杆处结构装焊及分段接头等构件的安装工作。也可采用姐妹段匹配制造设计,即相邻两段匹配制造设计的方案。

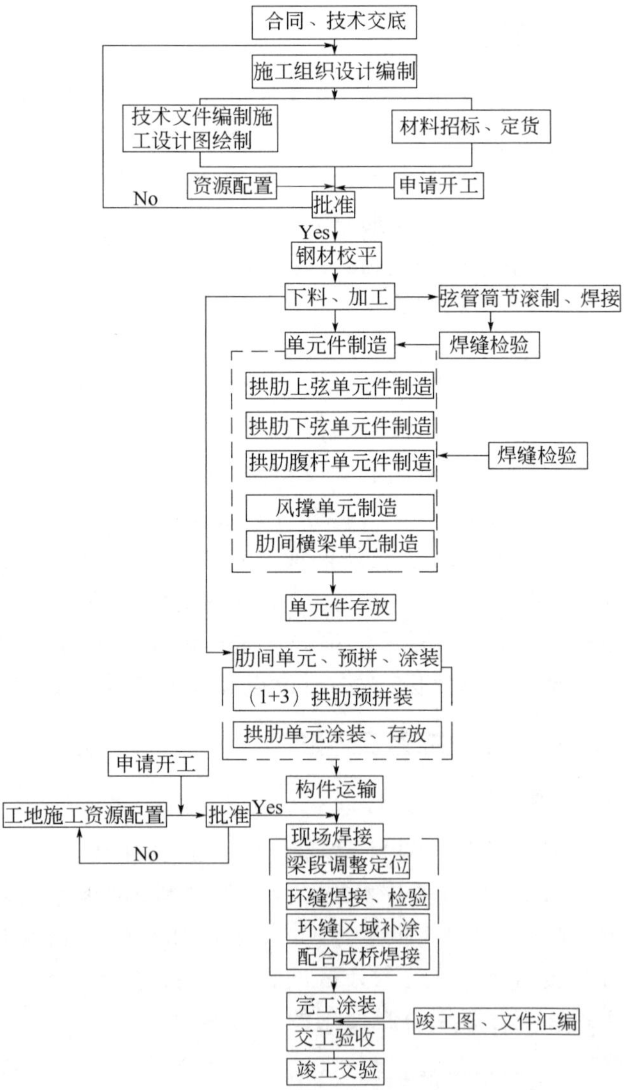

图 1　制作工艺流程

6　拱肋制造生产工艺

6.1　下　　料

钢板在下料前,根据不同的板厚分别采用九辊和七辊校平机进行校平。保证板材平面度,消除板材轧制应力。

应用计算机三维立体放样和数控编程录入技术,提高放样下料精度。所有零件均预置精度补偿量,并采用无余量下料工艺:

下料尺寸＝理论尺寸＋焊接收缩量＋切割补偿量＋加工余量－焊接间隙

下料设备要求:板材采用数控等离子切割机、数控火焰切割机、自动多头切割机等进行精密切割;其他型材下料采用型材切割机切割;管材相贯线及坡口采用数控相贯线切割机切割。

6.2　主弦管卷制、校圆的控制

(1)筒节放样、下料:用计算机准确

放样,用数控切割机切割。坡口在专用平台上切割。

(2)筒节预压头:板材两端在 1 300 t 门式油压机上压模压制成形。用样板检查弧形。

(3)筒节卷制:用样板检查筒节内径。筒节卷制方向与钢材轧制方向一致。

(4)筒节纵缝装焊:筒节装配在平台上进行,焊接在固定专用胎架上进行。悬臂焊机全自动焊接,根据工艺评定要求,钢板两端首先以引弧板引弧,进行纵缝焊接。

(5)校圆:在三芯辊床上完成,用薄钢板制成弧形样板,内靠筒壁,若有不密贴处,则滚压该处,直到密贴为止。钢管制作精度达到以下要求:

直径	$t\leqslant D/500$,$t\leqslant 5$ mm,端口 $t\leqslant 1$ mm;
长度	±1.0;
椭圆度	$f/d\leqslant 3/1\ 000$;
纵向弯曲	$f\leqslant L/1\ 000$,$f\leqslant 10$ mm;
管端不平度	$f/d\leqslant 1/500$,$f\leqslant 3$ mm。

6.2.1 下料的控制

拱肋之拱管是由一个个筒节拼焊而成。所以每个筒节的制作公差,影响到筒节拼接时的错边量,每个筒节+1.5 mm 的焊接收缩余量,通过检定,制作出的筒节失圆度在±0.5 mm 的范围内完全符合公差要求,另切割时注意对称切割,以减少钢板切割时产生变形。

6.2.2 直腹杆、斜腹杆的下料

在电脑上将直腹杆主拱管,斜腹杆—主拱管相交的相贯线放样,并制作成纸样,考虑到焊接坡口熔透深度和经过火工弯管后主拱管与腹杆相交位置都为负公差,这里焊接收缩量比较大,所以直、斜腹杆每条留 8~10 mm 的收缩余量。

6.2.3 上下平联管下料

利用电脑放样,将平联管与主拱管相贯线放样,并制作成纸样,考虑到各方面的影响每条平联管加大 4 mm 收缩余量。

6.2.4 哑铃形腹板的下料

利用电脑放样,将腹板与主拱管相贯线放样,并制作成纸样,考虑到各方面的影响每块腹板管加大 1.5 mm 收缩余量。

6.3 焊接变形的控制

焊接变形的控制是钢管制造过程的关键技术之一,可采取下述措施控制焊接变形:

(1)采用计算焊接收缩补偿量,构件下料时补偿的精密制造工艺技术,严格控制构件的装配间隙和质量,控制焊接金属填充量。

(2)应用弦管间间距拉开装配的反变形技术。

(3)采用双数焊工对称施焊的焊接工艺,设计合理的焊接顺序。

(4)采用二氧化碳气体保护焊等高效小变形的焊接方法。

(5)采用刚性固定控制变形措施。

6.3.1 筒节焊接变形的控制

每个筒节纵向对接焊缝为全熔透焊缝,所以对接处焊接变形比较大,这样对焊接坡口形式选择、焊接收缩余量的选定和焊接顺序是很关键的,焊接收缩余量按常规考虑为 1.5 mm,通过焊接工艺评定,利用自制的自动焊工装设备,对筒节正反两面进行自动焊,焊接时由一端顺序向另一端焊接,这样有效地控制了对接处的焊接变形,提高了工效。施焊完工后,再利用三星辊进行返辊之后，公差在±0.5 mm之内，完全符合公差要求。

6.3.2　片体变形的控制

片体焊接变形的控制直接关系到总体线形的好坏，直接关系到片体与片体对接合龙口能否顺利的进行合龙，所以对片体变形的控制是非常的关键，在这里主要采取以下措施：

(1)每个片体的两条主拱管在定位时，按照线形往外加大6 mm。

(2)焊接前，必须对片体进行固定，不允许片体在自由状态下施焊。

(3)每个片体施焊时，注意对称施焊，焊工人数不能超过4个，每条焊缝烧好底焊后，再全面进行施焊。

(4)由于端部位置的焊接收缩很难控制，所以片体两端，腹杆与主拱管的相接位置一端不进行施焊，等预拼装时再施焊。

通过以上的工艺措施，保证了片体端口位置的精确度，为拱肋的合龙和预拼装的顺利进行提供了尺寸保证。

6.4　火工弯管时的控制

根据火工工艺评定考虑到钢管拱肋直径较大，板较厚的实际情况，要使弯管后成型美观，选择了以下的火工参数。

加热温度：800 ℃～850 ℃，用点温度计测量。火焰方式：线状加热。加热炬移动速度：3～6 mm/s。加热宽度：18～25 mm。冷却方式：空冷。

6.4.1　胎架制作

要求胎架中心线偏差不大于正负1 mm，曲线尺寸偏差不大于1 mm，钢管曲线的钢拱承接板采用调节螺栓调节高度，高度尺寸由电脑放样结合实际放样的管背弧线确定，曲线检查采用管腹样板和胎架模板，样板在每次使用前应在样楼校验过，用后送回样楼，要求位置尺寸偏差不大于2 mm，火工胎架弯制一个分段重新校验一次。

6.4.2　直管上胎定位

直管水平放置于胎架，利用制作时的十字检查线的水平检查线平面水平放置，水平度偏差(纵向及横向)不大于1 mm，以直管纵向中线作为直管上胎前后定位的依据也是以后火工弯管检验的位置标记。

6.4.3　火工弯管的工艺措施

在钢管上用火焰灼烤钢管，使直管依靠重力下垂(可以附加外力)，当直管接触到胎架各模板时，则为弯管达到预定曲线，增加外力。

加载位置在管子长度中间或1/3处，另由于钢管经过火工加热后，会产生变形，并且应力会释放到管端，所以，在管端100 mm处必须增加一个加强环，用以减少管端的失圆度。实践证明，管端没有加加强环的直管经火工加热后，管口失圆度为正负5 mm，而加了加强环的直管，管口失圆度为±2 mm。

(1)弯管从钢管两头向钢管中部进行火工，在每端施行三道焰后，转另一端再施三道焰，轮换向中部推进，焰道间隔约为250～350 mm，依此类推划出加热线位置。

(2)弯管工作由两人同时进行，从管中和轴下位置(约为2/3半周长)由下到上向管面中线加热，要求两人加热温度、运焰方式、加热炬移动速度、加热线宽度、水火距等火工参数均相同，避免产生横向的侧偏扭转。

(3)在火工过程中，必须保持加热过程中的加热参数的稳定。

（4）当焰道加热到钢管中部仍未使曲线达到预定形状时，可在每两道焰之间中部插入短焰道，短焰道加热形式及推进方式与原焰道相同，但长度约为原焰道的 1/2。依此类推，直到曲线达到要求为止。

（5）用样板和胎架模板检查曲线形状，不符合要求的部分，继续采用插入焰道法加热直到成形。

（6）为方便弯管时随时检查是否出现侧弯扭曲，可在胎架中部钢管两边对称位置竖起一标杆。若管子碰到标杆，则表明出现弯管侧向弯曲，此时可以在弯曲突出部分施以火工使之矫正，要求标杆应垂直于地面，距钢管距离不大于 3 mm。

（7）火工弯管达到预定的曲线时，用样板检查管子曲线偏差，内弧轴线偏离设计轴线不大于 3 mm，钢管弧度曲线的局部凹陷不大于 2 mm，按钢线检查管子垂直检查线是否出现侧弯及断面扭曲，侧向弯曲应不大于 $L/1\ 000$，断面扭曲不大于 $L/1\ 000$，每个分段不大于 5 mm。

（8）火工弯管检验合格后，重新根据样板的大接头线，校核弯管上原有的大接头线，若出现偏差，则重新在弯管上划出大接头线，并以此大接头线为基准线。

经过以上火工参数的选择、胎架的控制以及直管上胎的定位和加热时的工艺和检验措施，能很好地控制直管弯曲后曲线形状。

火工弯管如图 2。

图 2 火工弯管

6.5 折线成弧法制造控制

6.5.1 拼装样台设置

在工厂用钢板铺设拼装样台，样台必须平整，平整度≤1.0 mm。

6.5.2 拼装大样坐标测设

根据设计图和相关资料，利用悬链线公式精确计算出各管节节点（管节长度根据现场加工控制，一般控制在 1.2～2.0 m）的坐标，各直腹杆、斜腹杆的坐标，以及其他附属构件的坐标。根据以上数据，用全站仪在样台上精确放出各管节节点、腹杆及其他附属结构的位置，各坐标点打上样冲，用墨线连接，作为钢管拱肋拼装控制检查线，检查线根据焊接变形考虑收缩量。

6.5.3 管节对接折线成弧

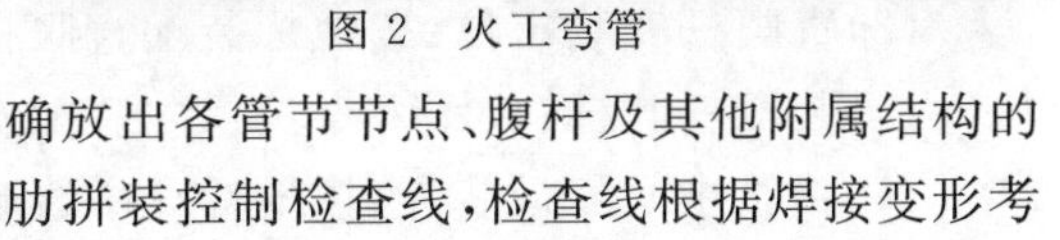

图 3 折线对接

根据测设的大样样台，对管节进行接长，每节管节间应用水准仪找平，保证管节在同一水平面上，调节管节边线在大样线上，保证单管拱肋线形，焊接临时定位板定位，然后进行焊接。工艺设计时，先计算出图 3 中各数据。折线组拼时控制管节的长度 L，根据施工情况尽量避开焊缝集中位置来进行长度调节，一般控制在 1.2～2.0 m，折线角 $\theta \leqslant 0.04\ d/L$。组装时精确 a、a'、b、b'定位与复核，最后以 c、c'验收，控制拱肋折线成弧的线形满足设计和规范要求。

6.6　预拼装的控制

6.6.1　弦管分段制造

(1)筒节纵焊缝原则上按左右分布，横撑处按上下分布；环缝避开腹杆及横撑。按施工图纸选取相应编号的筒节。

(2)焊缝需100%超声波探伤检查，并抽取环缝接头10%进行X射线检查，并对焊缝外观进行检查。

(3)按设计线形以直代曲拼制，部分节段直代曲，控制折角使 $\theta \leqslant 0.04\ D/L$，曲线未达到时，采用火煨，火煨点从管段中间开始，两侧对称选取，渐近线形，防止过弯，火煨温度控制在900 ℃以下，防止过烧。严禁水冷。

(4)检验线形不满足要求的进行修正。

(5)完工检验：对部件尺寸和焊缝外观进行检验。

6.6.2　片装节段组装

(1)利用槽钢等型材制作胎架，胎架线形与设计相同，由模板确定，在地面刻划胎架地标。

(2)按定位地标将定形弦管置于胎架上定位，将临时支撑置于弦管上，并调整适当高度。

(3)将对应的另一根弦管置于上述支撑上，定位弦管，检查两弦管中心线和两外侧轮廓线是否与地标相符。

(4)分部装配两侧平联板。平联与弦管间的角对接焊缝采用钢衬垫及 CO_2 气体保护焊打底，平放后用埋弧焊填充盖面的方式进行焊接。打底、填充、盖面时应多次翻身，以减少焊接变形。对角焊缝进行检查：外观检查，对接角焊缝进行100%超声波探伤检查。

(5)最后对片装分段进行完工检验：对外形尺寸和焊缝外观检查，并做好标记。

6.6.3　拱肋卧装制造

(1)胎架制造：利用钢墩制作胎架，胎架按半桥匹配的形式制造，胎架与基础预埋件焊接成刚体。胎架地标设有拱肋外形轮廓线、吊杆定位线和端口定位线等。

(2)片装分段上胎架定位：上下平联片装分段按编号顺序上胎架，按地标外形轮廓线定位。

(3)直腹杆安装定位：按地标装配直腹杆，确保与地标点对合。

(4)装配斜腹杆：按图纸定位尺寸装配斜腹杆。

(5)锚箱中间隔板装焊：按地标点吊线装配锚箱中间隔板。图纸尺寸定位上层内侧平联。

(6)装配吊杆导管及轴向加劲板：腹杆焊接完成后，用激光经纬仪根据地标线在上下平联上开出吊杆孔，装配吊杆导管及轴向加劲板，保证吊杆轴线偏差小于3 mm。

(7)装配纵向加劲板。

(8)退装锚箱中间隔板：采用陶质衬垫 CO_2 气体保护焊，单面坡口，双面成型，从中间向外逐块退装锚箱各加劲板，最后装焊锚垫板。

(9)装配锚箱封板及锚垫板。

(10)装焊风撑短接头及分段接头。

6.6.4　拱肋整体预拼装

保证现场安装顺利，应在工厂对所有运输单元进行预拼装(见图4)，对不合适的部位进行修整，安装接头和螺栓。预拼装在钢板平台上进行，平台上按拱肋轴线坐标和每个单元在实际成桥后的坐标位置安装胎架，再从拱脚处开始，逐个进行预拼装。

在钢板平台上用全站仪在基线台上定出一条基准线，确定坐标原点，按拱轴线的 x 坐标

图 4 钢管拱肋预拼

值在基线上找出各运输单元接口的 x 坐标点，把坐标点打在钢板上，做好永久标记。因预拼装并不是按实际安装状态而是水平自由状态预拼，所以预拼装坐标应考虑焊接收缩量、自重下沉、各接口对接间隙的影响，确定拱顶预抬高(预拱度)。以基准线上 x 坐标为基准对各接口的坐标进行调整，用全站仪、钢尺等工具在大样台上测设出各运输单元接口的拱轴线坐标点和接口投影线，再以投影线为基准分别定出两侧支撑胎架的位置线，并在大样台上定出拱肋上缘线和下缘线、吊杆及其他结构物的位置，所有线条均用不怕水、不褪色的涂料画线，安装支撑胎架，拼装平台就设置好了。拱肋从拱脚开始，逐个上胎架进行预拼装，检测各接头的对接精度，各吊杆的位置、轴线，对精度不足之处进行修正，保证拱肋现场安装精度。

6.6.5 拱肋工地制造

(1)吊装节段组装。

弦管片装分段运输到工地后，在工地进行“1+1”匹配组装吊装节段。

1)胎架制造：现场施工场地硬化，在施工场地上 1∶1 制作可供半幅节段(以最长吊装节段和最宽吊装节段尺寸为准)施工的胎架。胎架将固定成一个整体，保证其足够刚性。

2)钢管拱组装：胎架制作合格后，就可逐段进行吊装节段的组装。按工厂预拼时所作标记进行组装，先将临时连接件固定好，组装完后进行焊接。焊接包括腹杆相贯线焊接、主弦管对接焊缝、缀板嵌补段焊接。根据 1∶1 大样对拱肋进行预拼，对在运输过程中造成的线形、接头变形进行修复。焊接完后对焊缝进行 100% 超声波探伤检查。检验人员根据验收标准和设计要求对完工的吊装节段进行检验。

3)检验合格的吊装节段严格按要求存放，保证钢管拱吊装顺利进行。

(2)横联组装。

横联钢管运输到工地后进行组装成最终安装长度，待主拱肋吊装时，安装相应吊装段的横联钢管，在高空焊接相贯线焊缝。

(3)拱上施工。

拱上施工工作量主要有：主弦管接头对接缝焊接、横联相贯线焊接、主弦管接头处内加强板嵌补段装焊和主拱吊装节段安装到位后，进行接头环焊缝的焊接工作。接头焊缝经检验(超声波探伤和 X 射线检测、外观检查)合格后，安装接头处弦管内加强板的嵌补板。

7 零件加工

7.1 接头处法兰及连接板加工

接头处法兰及连接板钻孔时采用模板套钻，以保证加工精度及法兰和连接板的可互换性。

7.2 钢管相贯线切割加工

横撑钢管相贯线全部采用三维数控自动切割机精确切割，相贯线及焊接坡口一次切割成形(如图 5)。

图 5　相贯线自动切

8　横撑制造工艺

风撑为四肢桁架结构，各腹杆与主桁的相贯线采用三维数控自动切割机精确切割，相贯线及焊接坡口一次切割完成。

装焊程序：

(1)胎架制造：利用槽钢等型材制作胎架，胎架地标设有外形轮廓线、端口及节点定位线等。

(2)制作前后片桁并上胎架定位：制作前后片桁，并按编号顺序上胎架，对合地标线并定位。

(3)装焊其他杆件：在胎架上按地标散装其他杆件。

(4)完工报检、标记标识：标记标识包括横撑标号、方位标号。

9　肋间横梁制造工艺

9.1　分段划分(如图 6)

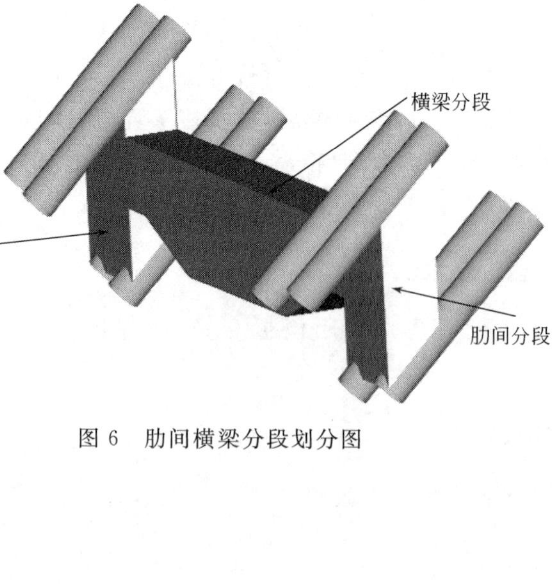

图 6　肋间横梁分段划分图

9.2 单元件制造

(1)下料:零件下料采用数控切割机下料,对接坡口采用刨边机开制,横隔板进行边缘加工。

(2)板单元件制造:分段中板单元的拼板在平面胎架上进行,并采用埋弧自动焊焊接,焊后校平。底板用 1 300 t 油压机压弯,样板对合。

9.3 分段制造

9.3.1 肋间分段

在肋间分段区域内的平联暂留待装。肋间横梁端板及肋间分段支承板组件装焊,支承板与弦管间的角对接焊缝采用钢衬垫及 CO_2 气体保护单面焊接。

(1)前后封板装焊:前后封板及支承板与弦管间的角对接焊缝采用钢衬垫及 CO_2 气体保护单面焊接。

(2)退装各道隔板:各道横隔板周边采用钢衬垫及 CO_2 气体保护单面焊接。

(3)装焊平联板:平联板与各构件间的接焊缝采用钢衬垫及 CO_2 气体保护单面焊接。

9.3.2 横梁分段

(1)零件下料:零件下料采用数控切割机下料,隔板进行边缘加工。

(2)划加劲肋定位线:在专用的划线平台上划线。

(3)装配加劲肋(底板及腹板单元件与此同):焊接采用 CO_2 气体保护自动焊。

(4)顶板单元件上胎架定位:顶板上纵向中心线、端口线与地标点对合并定位。

(5)横隔板定位:横隔板定位安装注意垂直度,并用角钢作斜支撑。

(6)横隔板焊接:焊接时安排双数焊工从中间向两边对称施焊,为减少焊接变形,采用 CO_2 气体保护焊。

(7)两侧腹板单元件定位:两侧腹板以横隔板为内胎靠装定位。

(8)底板板单元件定位,检验端口尺寸。

(9)分段翻身焊接:分段翻身,取最佳位置焊接横隔板与腹板、顶底板与腹板。采用钢衬垫及 CO_2 气体保护单面焊接。

(10)嵌装两端横隔板。

10 拱肋防腐施工工艺

10.1 防腐年限

根据设计要求,一般钢管拱桥的防腐周期为 20～30 年。

10.2 防腐对象

钢结构外表面:主拱、横撑表面。

钢结构内表面:主拱、横撑内表面、拱座内的预埋钢构件及其他运营状态下不与空气发生接触的钢构件内表面。

10.3 防腐施工阶段的划分

(1)节段的加工成型。

(2)制造场内的涂装(除预留焊缝区域和最后一度面漆的涂装)。

(3)现场涂装(焊缝涂装、涂层缺陷的修补,整体面漆涂装)。

10.4　施工前准备

10.4.1　磨料的检验和保存

表面处理磨料采用棱角钢砂、铜矿砂或混合金属磨料,符合 YB/T9256 的规定,清洁、干燥性能符合 GB6484、GB6485 的要求;其粒度和形状均满足喷射处理后对表面清洁度和粗糙度的要求。

由仓库保管员对进库前的磨料验证其合格证/质保书,表面应清洁、干燥,验证合格后入库存放,所有磨料均存放在干燥的库房内,使用过程中定期对磨料进行检查,并采用过筛、除灰、补充新砂等处理,以保证磨料的正常使用。

10.4.2　压缩空气的要求

用于喷砂除锈用压缩空气系统配备空气净化装置,保证压缩空气无油、无水、无杂物,空气压力不小于 0.5 MPa。

10.4.3　涂料的备料,检验及试验和保存

涂料的采购:

只有经检验合格并经监理认可的涂料才能使用。

要求涂料供应商对其所提供涂装材料的质量和质量稳定性负责,并派驻具备涂装专业资格的技术代表。当监理工程师认可涂料后,应立即遵照监理工程师的指示将样品送到试验部门,进行相关项目复验,复检项目、方法及要求依据相关国家标准、行业标准和企业标准。

涂料的封装和运输:

所有涂料应装在密闭容器内,容器的大小应方便运输。每个容器应在侧面粘贴说明书,包括用途(例如是底漆、中间漆还是面漆)、颜色、批号、生产日期和生产厂家。当生产日期是编码的,应提供编码的解读方法。

10.4.4　涂装工艺试验

整体涂装施工前,通过试验确认表面处理及表面喷涂的工艺参数和涂装过程合理性,试件的制备采用与涂装现场施工相同的程序,试验项目主要包括涂层密度试验、涂层附着力试验等,正式涂装前应进行试喷,确定面处理及表面喷涂的工艺参数,制定详细的防腐涂装工艺说明,并经监理、设计等单位认可。

10.5　涂装施工流程

涂装施工流程如图 7。

10.6　施工技术规程

10.6.1　表面清理-表面净化

表面清理包括表面缺陷修补、打磨,钢板表面盐含量的检测及可溶盐的清除,表面油污的检查及清除,粉尘记号、涂料、胶带等表面附着物及杂物的清除。

10.6.2　表面处理

在表面清理检验合格且表面干燥后即可进入喷砂作业工序。

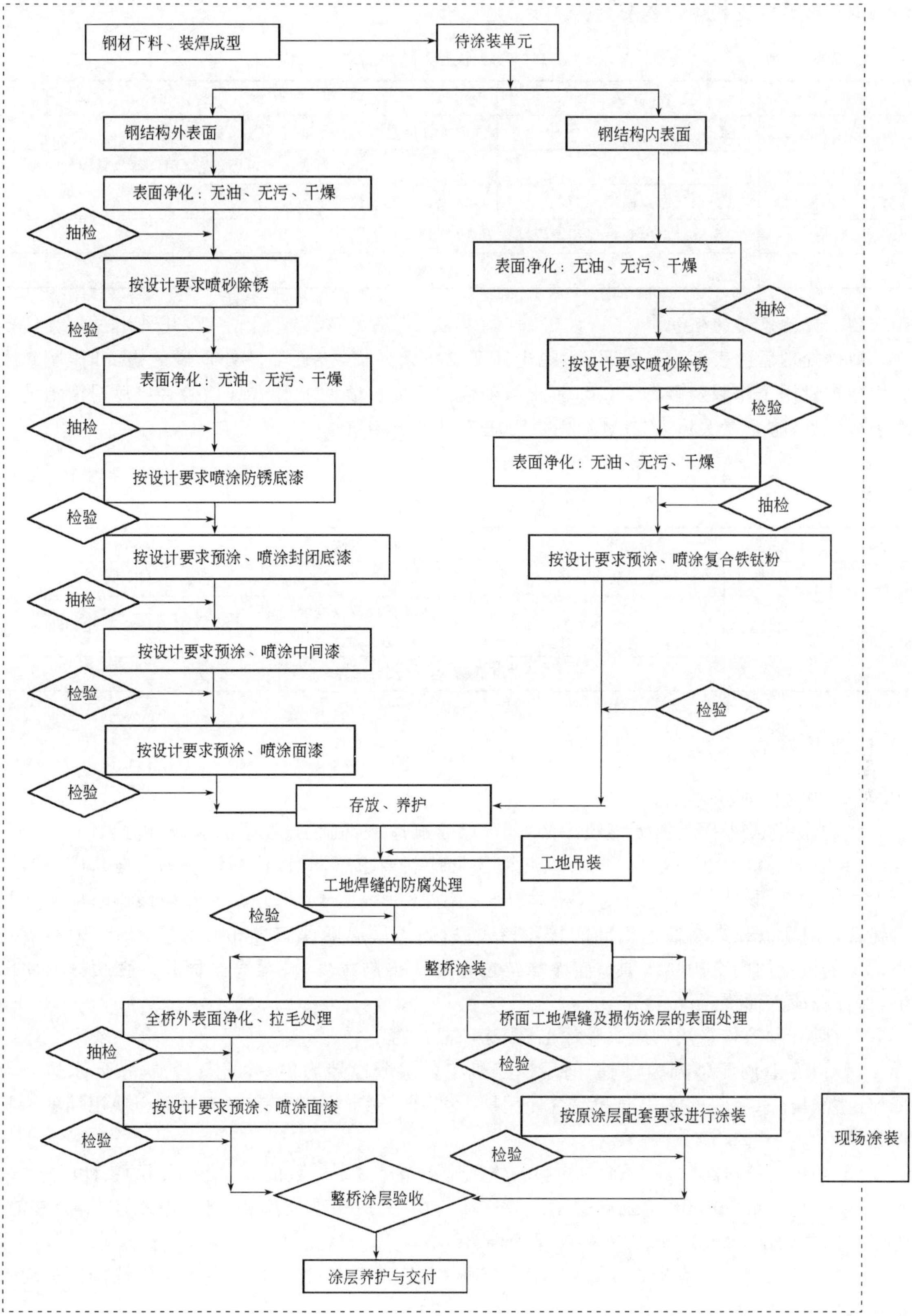
钢材下料、装焊成型
待涂装单元
钢结构外表面
钢结构内表面
表面净化：无油、无污、干燥
抽检
按设计要求喷砂除锈
检验
表面净化：无油、无污、干燥
抽检
按设计要求喷涂防锈底漆
检验
按设计要求预涂、喷涂封闭底漆
抽检
按设计要求预涂、喷涂中间漆
检验
按设计要求预涂、喷涂面漆
检验
表面净化：无油、无污、干燥
抽检
按设计要求喷砂除锈
检验
表面净化：无油、无污、干燥
抽检
按设计要求预涂、喷涂复合铁钛粉
检验
存放、养护
工地吊装
工地焊缝的防腐处理
检验
整桥涂装
全桥外表面净化、拉毛处理
抽检
按设计要求预涂、喷涂面漆
检验
桥面工地焊缝及损伤涂层的表面处理
检验
按原涂层配套要求进行涂装
检验
现场涂装
整桥涂层验收
涂层养护与交付

图 7　涂装施工流程

10.6.3　喷砂作业环境的要求(见表1)

表1　喷砂作业环境的要求

作业环境	控制要求	检测方法
环境温度	5 ℃～35 ℃	温度计测量
空气相对湿度	≤80%	干湿球温度计测量再查表换算，或直接用仪器测量空气湿度
钢板表面温度	≥空气露点温度+3℃	钢板表面温度仪测量
空气露点	由空气温度和空气相对湿度查表求出	
风力	≤3级	

10.6.4　清洁表面的保护

喷砂处理后的表面应经过吸砂、除尘处理等净化处理，接近喷砂处理过的表面时，所有人员均穿戴专用工作服及鞋套、手套，防止污染清洁表面。表面喷砂处理检验合格后对清洁的表面进行保护，防止二次污染，在4 h内进行底漆喷涂。

10.6.5　表面质量要求(见表2)

表2　表面质量要求

涂装种类	质量标准		检验方法	检验标准
表面处理	清洁度	喷砂：Sa2.5级(内)Sa3级(外)	图谱对照、样板对照	GB8923
	粗糙度	Rz40～80 μm	比较样块及仪器测量粗糙度测试仪	GB/T13288 GB6062
	外　观	表面干燥、无灰尘、无油污、无氧化皮、无锈迹		

10.7　喷涂技术

10.7.1　喷涂技术要求

(1)喷漆作业采用高压无气喷涂法，局部结合刷涂法，刷涂只在预涂和修补时采用。

(2)喷漆环境温度一般为5 ℃～35 ℃(不同涂料要求不同，以涂料说明书为准)，底材表面温度高于空气露点3 ℃以上，空气相对湿度控制在80%以下，风力太大影响操作时应停止喷漆作业。对于高模数水性无机硅酸锌防锈底漆，施工后应确保空气相对湿度大于70%，若达不到要求将采用向空中喷水或放置湿水草包等方法提高湿度，直至完全固化。在喷涂封闭漆前，保证底漆表面干燥。

(3)所有预涂均采用刷涂。喷漆前，预涂所有焊缝。

(4)由专业调漆师调漆，调配前用搅拌机将各组分搅拌均匀，并进行过滤，按要求进行调配。配置时注意涂料的熟化期和混合使用期，达到熟化期才能施工，但超过混合使用期的涂料严禁使用。

(5)高压无气喷涂时，稀释剂与涂料的体积比不超过规定的数值5%(视不同的漆种而定)。

(6)工地焊缝50 mm范围内暂不涂装底漆(拼装完成后现场涂装)，以后每层涂料涂装前，焊缝边缘再留出50 mm，形成阶梯状保护层。

(7)按照涂料供应商提供的资料及产品说明书的要求，严格按照涂料涂装重涂间隔的要求进行施工。

(8)施工时记录环境条件，所用涂料品种、数量、涂装部位、施工方法、涂层厚度(干湿膜)施工时间等资料。

10.7.2 涂层外观、厚度、附着力的检验(见表 3)

表 3 涂层外观、厚度、附着力的检验

项目	质量要求	检验仪器和方法	参照标准	取样原则及判断准则
干膜厚度	按各道涂层设计要求	磁性测厚仪测厚	GB4956	用磁性测厚仪测量漆膜厚度,2 m^2 以上取 10 个基准面每个基准面采用三点法测量,三点的平均值即为该基准面的局部厚度值,作为厚度的一个测值。2 m^2 以下取 5 个基准面每个基准面采用三点法测量,三点的平均值即为该基准面的局部厚度值,作为厚度的一个测值
附着力	≤1 级	涂层划格仪划格法测试(1 mm、2 mm、3 mm)	GB9286	抽检
外观	漆膜连续、平整、颜色与色卡一致,漆膜不得有流挂、针孔、气泡、裂纹等表面缺陷	目测	/	100%检查、整个表面均要满足外观要求

10.7.3 不合格项处理

未经验证合格的进货产品不允许投入使用;在所有要求的检验和试验完成或必须的报告收到和验证前,不转施工工序,以确保施工工程质量符合规定要求。

10.7.4 涂装标识

产品在厂内生产过程中,需及时进行标识移植,按要求进行统一标识。

11 质量控制要点

11.1 生产设备和工艺装备控制

(1)钢拱肋制造全过程中,对工程所使用的设备进行日常维护和保养,使设备始终处于完好状态。

(2)按照工艺方案要求需新购置的设备,实行招标,保证质量。

(3)各工序工艺装备经验证合格后方可投入生产。

(4)钢拱肋匹配制造整体胎架每使用一轮后,进行复查,并详细记录。

11.2 人员控制

(1)对本工程的所有工作人员、作业人员进行质量意识和工程质量管理要求的教育培训,按照岗位职责,各自负责所管辖范围内的产品质量。

(2)凡与本工程质量有关的人员资质满足所从事岗位工作标准的要求。

(3)从事本工程的所有特殊人员持证上岗。

(4)根据钢拱肋制造工艺,技术人员对生产、检验管理人员及施工人员进行全面系统的技术交底。

(5)对从事本工程结构的持证焊工,经培训考核合格后上岗。

11.3　外购物资控制

(1)物资采购。

主材采购严格按设计和业主的要求进行,供货厂家必须是国家认可的正规单位。

(2)采购产品验收和保管。

1)采购产品验收和入库。

钢材、焊材及涂料进场后,按合同要求进行外观检查合格,并取得有关材质证明书及产品合格证书,报监理同意后方能办理材料入库手续。

2)采购产品保管。

① 采购产品分类存放,专料专用,防止存放期间的变形和弯曲。

② 保证焊接材料的存放库房满足焊接材料保管条件的要求。

③ 保证涂料的存放库房满足涂料保管条件的要求。

④ 对本工程制造所使用的原材料,物供部门建立专门的物资台账,保证物资材料的保管台账和材料检验台账的信息能对应一致,并保证可追溯性。

11.4　产品标识可追溯性

(1)产品标识的规定。

1)工程设计所负责在施工图纸和技术文件中对生产、安装和交付过程的产品标识作出明确规定。

2)产品标识具有唯一性,标识编码能清楚记录其所在节段的具体部位。

3)工程管理部门组织施工者按规定进行施工中的单元件及节段编码的标记,并按规定在指定部位,进行编码的显著标记。

4)工程的每一阶段工序完工报检后,由质量部门统一进行检验合格状态标识,施工者负责及时清除产品上的非规定标识。

(2)部门分工职责。

1)工程设计所负责对标识进行设计、规定。

2)物资管理部门负责对采购产品进行标识、移植及传递。

3)工程管理部门负责对单元件和钢拱肋的标识、移值及传递。

4)质量管理部门负责产品检验状态的标识和记录。

11.5　工序质量控制

应对钢拱肋工程制造中的结构外形尺寸精度、焊缝的内外焊接质量及工地拼装、焊接质量等主要质量特性进行有效地控制。

严格执行焊接无损检测(按设计要求)制度,并详细记录,同时接受监理及第三方的抽查,全面完成质量目标指标。钢拱肋制作、焊接及工地安装焊接均符合设计要求的规定为合格。

11.5.1　下料加工工序质量控制

(1)下料前对下料质量进行评价,提出资源需求和质量要求。

(2)严格按工艺要求进行下料。

(3)下料加工人员应对下料的尺寸、坡口质量等进行检查。

(4)设专职检验员对重要构件、异形构件的下料加工进行专检,对批量下料进行首检和抽检。

11.5.2　构件装配质量控制

(1)装配人员首先应对照图纸,对来料的尺寸进行复核。

(2)严格按装配工艺进行施工。

(3)确定构件质量控制点。

(4)对零件定位、装配的尺寸进行检查。

(5)按要求对构件进行自检、互检和申请专检。

11.5.3　构件焊接质量控制

(1)焊工持证上岗。

(2)在规定的环境下,采用规定的焊接参数。

(3)按规定采取必要的预热、防风、防潮等措施。

(4)对焊缝进行外观检查、100%超声波检测和10%X射线探伤检测。

11.5.4　转运、储存、防护控制

(1)单元件(零件)及节段在转运时,布置合理吊装吊具,必要时加垫木等防护。

(2)防止单元件(零件)及节段在吊运途中因松动、滑落而引起的变形和表面损伤。

(3)搬运起吊人员必须经劳动部门培训考核合格,持证上岗。

(4)原材料(含焊材)入库储存保持干燥。分规格、型号进行分类存放和标识,以防混淆。

(5)单元件(零件)分区存放,先入先出,配套急用先出。建立单元件(零件)的接收和发放记录,并及时清点,以保证其数量准确。

(6)节段存放按技术要求在给定的临时支点上单层搁置。节段存放的场地为水泥基面,坚实平整、通风且具有排水设施,支承处有足够承载力,保证不发生不均匀沉降。存放位置充分考虑到发放顺序,并且做好节段的编号工作。钢拱肋存放保证按吊装顺序依次进行。

(7)根据文件要求采取适当的防护措施,做好标识,防止产品在待装运期间质量特性受到破坏。

11.5.5　节段预拼装检查

每轮节段整体组焊完工后解除约束,使节段在胎架上处于自由状态,进行预拼装检查,主要对节段拱度、单元件的定位线、拱段中心定位线、吊杆位置、端口匹配精度及焊接外观质量等指标进行检验并记录,并报监理检查。

11.6　质量检验的控制

由计量检定、理化检验、外购物质检验、产品质量检验、质量监督及无损检测等共同组成钢拱肋制造的质量检验、试验系统,由持有资格证书并通过培训合格的人员进行操作,对钢拱肋制造过程实施全面质量控制,按照检验和试验计划独立行使质量管理职权。

11.6.1　生产过程检验

(1)生产过程先执行"首制件三检",各工序严格执行"三检制",各工序自检、互检合格后,填写报检单申请专检人员进行全面检验;有监检要求的项目需经监检合格后,方可流入下道工序;当专检人员签署"合格"结论后,生产单位才能将有检验合格状态标识的产品移交下道工序作业单位。

(2)在生产、服务、安装过程中注意保护好产品制造及检验状态的识别标记。

(3)下道工序施工者负责核对上道工序检验/试验状态的标识(或记录),对检验/试验状态不明者不施工，并向生产部门反馈信息。

11.6.2　监理工程师的检查

按照《监理工作实施细则》的要求，凡监理工程师独立检查的工序和隐蔽工程经公司确认合格后，报监理工程师检查合格后方可转入下道工序。

11.6.3　质量监督和考核

为了加强现场质量管理，保证钢拱肋制造质量，质量管理员和质量检验师负责进行过程控制和产品质量监督和考核。

(1)在现场进行巡回检查，监督检查生产过程中质量管理制度、检验制度以及工艺纪律的执行情况。

(2)不定期抽查各工序的产品质量，监督操作、检验和工作质量。

(3)协调处理现场出现的各类质量问题，保证各工序处于受控状态，维护现场质量体系的正常运行。

11.7　不合格品控制

(1)在生产和检验过程中，当产品没有能通过检验/试验，出现不合格品时，立即通知工序操作者停止生产，对不合格品进行标识和记录，并签发不合格品处理单，及时进行处理。

(2)不合格品审理小组对一般性不合格做出处理意见。

(3)若出现重大质量问题立即报告项目经理、技术负责人或质检工程师，召集技术部门、质检部门、相关生产单位及有关专业人员对质量问题进行质量分析，分析产生的原因，制定处理方案和纠正措施。

11.8　纠正/预防措施

(1)责任单位制订可行有效的纠正措施并组织实施，保证闭环处理；

(2)针对潜在不合格的原因制订预防措施，相关单位负责实施，必要时可采取新的资源配置或更新工艺技术，以确保钢拱肋质量的稳定或提高；

(3)把已验证确实有效的纠正或预防措施纳入相应的制造工艺、技术文件和质量体系程序文件中，作为永久性更改，并记录。

11.9　成品验收和工程资料的控制

(1)节段制造完成后，质量检验部门进行全面质量检查，质量检查、验收等文件资料均符合相关质量检验评定标准的要求，交经监理工程师确认，签证合格后，填写产品合格证。

(2)钢结构制造、桥上焊接工程竣工资料按业主要求进行编制、整理、立卷、归档。

(3)质量检验原始资料保证做到真实、准确、可靠，内容完整。

(4)监理独立检查的工序，接受检查时向监理出示原始资料。

(5)按照业主、监理和合同及技术规范的要求，整理好钢拱肋制造各分部、分项的竣工资料、竣工图，均报监理及业主审查确认后提交。

12　安全控制要点

(1)工艺设计人员在设计胎位和考虑施工工艺时，应同时考虑设计施工工装设施(脚手架等)和施焊通风工艺孔等，以保证施工安全和防止职业病发生。

(2)生产管理人员应根据设计的工装设施、通风孔等工艺线路组织安排有关部门生产，并根据产品施工的需要分配到各部门，由施工单位的起重工搭设，不用时妥善保管。

(3)工艺设计人员在设计产品单元件和整体拼装时，应充分考虑作业环境和起吊设备，避免超负荷起吊和尽量做到高空作业平地做、密闭仓室敞开做，减少对施工人员的危害。

(4)设备人员经常检查设备的完好状况，确保工具、设备的安全装置灵敏、可靠，特别是用电设备的漏电保护装置必须良好可靠，还必须有良好的接地(零)保护。

(5)全体施工、管理人员必须遵守《职工安全生产行为守则》，并服从安全管理。

(6)各施工单位要强化对本单位区域、人员的安全、定置管理，教育并督促职工严格执行本工种操作规程，提高他们的素养，做到文明施工、清洁作业。

(7)如工作需要，必须占用安全通道或使用临时电源时，使用部门必须按规定到有关部门申报占用和临时用电手续，批准后，按要求使用，并按期拆除。

(8)凡组织有危害职工身体健康的特殊作业，施工单位必须避开正常的工作时间，并做好防护措施和监护工作，避免中毒事故和职业病发生。

(9)保卫部门应对各施工现场、产品进行经常性的检查，合理布置防火器材，做好防火、防盗工作，保障生产顺利进行。

13 结束语

通过以上的钢管拱肋制造工艺对拱肋进行加工控制，根据现场验收结果和拱肋安装精度，拱肋制造得到了很好的控制，结构精度达到了设计和规范要求。但在有些方面还有不全面的地方，还应在施工中不断总结和完善，使钢管拱肋制造工艺更加成熟。

拱节段少支架法安装工艺

1　前　　言

钢管混凝土拱桥的拱节段一般采用无支架法、转体法、少支架法，满堂支架法和浮吊法进行安装。根据桥梁自身结构特点和当地现场施工环境，选定拱肋吊装的关键是能否保证拱肋吊装安全，拱肋合龙后成桥线形以及取得的经济效益。

广东东莞鸿福大桥根据施工现场环境、桥梁结构特点，采用拱节段少支架法进行施工。本工艺主要针对鸿福大桥拱节段安装的轨道运输系统、拱节段提升系统、节段安装施工工艺及节段安装过程中的监控监测进行叙述。

2　适用范围

(1)适用中、下承式系杆拱桥跨度不大于 200 m 的钢管混凝土拱桥和钢箱肋拱桥。

(2)适用于跨越较浅河流的刚架系杆拱桥。

(3)适用于先梁后拱的拱梁组合体系拱桥。

拱节段少支架法安装，对于跨越较浅河流的刚架系杆拱桥需先在跨中搭设栈桥作为拱节段运输通道，然后在栈桥上搭设拱肋支撑架，利用支撑架提升拱节段到支撑架上进行安装定位；对于拱梁组合体系拱桥需先搭设支架进行混凝土箱梁现浇施工，然后在混凝土箱梁上搭设拱肋支撑架，利用混凝土箱梁作为拱节段的运输通道，利用支撑架提升拱节段到支撑架上进行安装定位。

3　工艺原理

拱节段少支架施工方法主要是：先沿主桥左右拱肋中心线搭设栈桥作为拱节段运输通道，并在栈桥上设置支撑兼提升拱节段的钢支撑架。拱节段在工厂加工完成通过验收后运输到现场，用轨道平车将拱节段运至支撑架下面，然后利用支撑架顶上的提升系统提升拱节段到支撑架上进行定位安装。拱节段少支架施工临时设施主要由轨道运输系统和拱肋提升系统两大部分组成。

3.1　轨道运输系统

沿主桥左右拱肋中心线布置栈桥作为拱节段运输通道(如图 1)。栈桥基础采用 $\phi600\times10$ mm 钢管桩，桥面宽 6 m；横梁采用 2I45C 工字钢，纵梁采用 10I36a 工字钢，横向用间距 100 cm[10 槽钢连接，桥面满铺轨枕；运梁轨距 1.8 m，采用 P 50 钢轨。拱肋节段运输到施工现场后，通过轨道平车运至拱肋吊装桥位处。栈桥设计时要考虑支撑架的位置，在支撑架的各钢管下设置钢管桩。

3.2　拱节段提升系统

3.2.1　钢管支撑架

栈桥施工完成后，根据拱肋节段的接头位置，在桥面上安装钢管支撑架，支撑架既作为拱

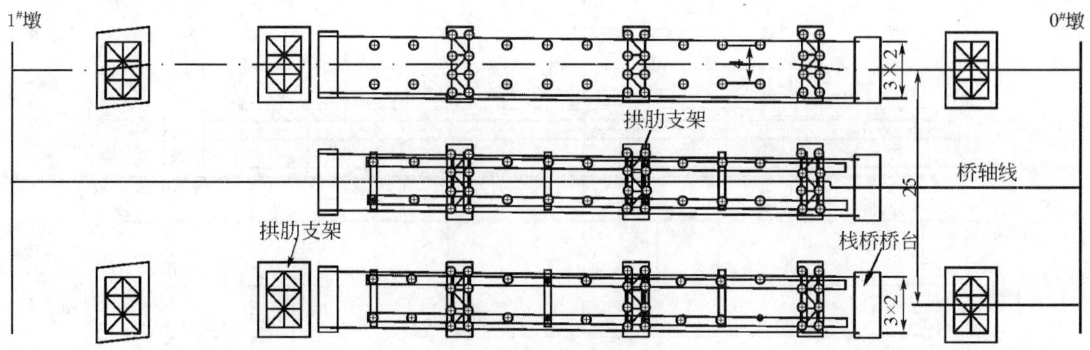

图 1　栈桥平面布置图(单位:m)

肋提升架,又作为拱肋支撑架。拱肋节段由平车运至吊装桥位,利用卷扬机将其提升至安装高度,在钢管支撑架上设置胎架对接安装。

拱肋支撑架采用 4 根 ϕ600×12 mm 钢管,平面尺寸按照 4×4 m 进行布置,钢管四周用两根∠75×75×8 作缀条,支架顶部的提升梁采用两根 I50 工字钢,支承梁采用 4[40 槽钢,其上安装调节架,用千斤顶调节标高及轴线。格构柱主肢连接为法兰盘连接,缀条横向采用栓接,纵向为焊接,焊脚宽 h_f=10 mm。为不使钢管柱承受过大的水平推力而倾覆,须在格构柱顶部设置纵横向缆风绳。支撑立柱结构如图 2 所示。

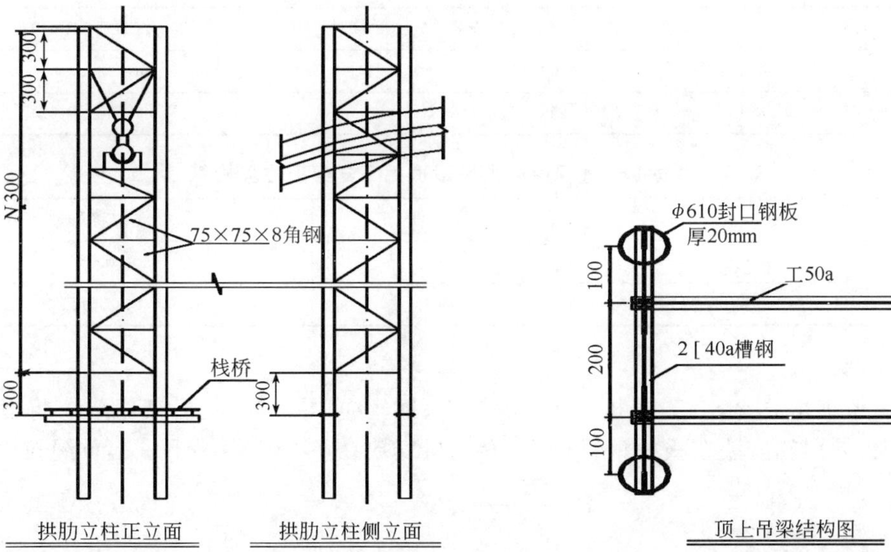

图 2　支撑架结构图(单位:材料规格 mm,其余 cm)

钢管支撑架支座设于栈桥纵梁上,为使栈桥纵梁整体协同受力,在每个支撑架钢管立柱底面安装一块 1 000×1 000×20 mm 的钢板,以分散钢管立柱对工字钢的承压力,如图 3 所示。

支撑架结构形式为格构柱,在拱肋提升过程中为压弯构件,单个支架最大竖向荷载为 60 t,考虑风力影响(基本风压 W_0=80 kg/m^2)进行检算。

计算工况:(1)吊装荷载+风载(拱肋吊装)。

(2)拱肋自重+风载(拱肋吊装完成)。

检算见表 1、表 2、表 3。

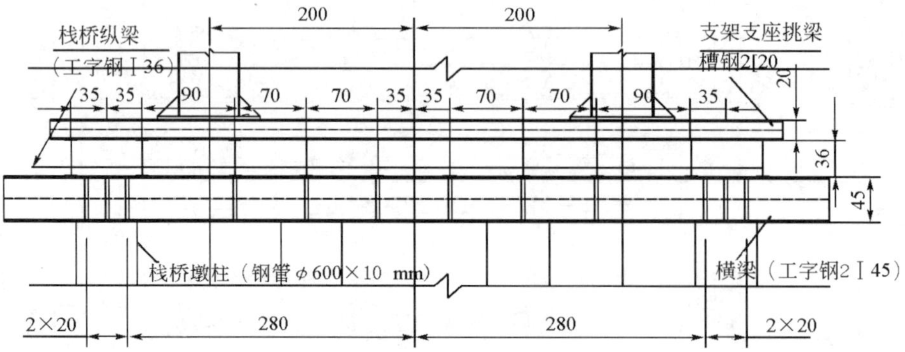

图 3　支撑架支座结构图(单位:材料规格 mm,其余 cm)

表 1　格构柱强度、稳定性检算(括号内为允许值)

项 目	强 度(170 MPa)	稳定性(170 MPa)
格构柱	10.60	10.97
单肢	10.63	10.74
缀条		130.64

表 2　格构柱顶部纵、横梁强度检算(括号内为允许值)

项目	正应力(170 MPa)	剪应力(100 MPa)
纵梁	164.03	58.32
横梁	159.77	34.56

表 3　拱肋提升过程中最大风载作用下支架顶位移检算

节点号	横向位移(m)	节点号	横向位移(m)
1	−0.00 954	3	−0.0 093
2	−0.00 933	4	−0.00 951

3.2.2　起重系统

全桥起重系统由 6 台 8 t 卷扬机、4×4 滑轮组、钢丝绳、导向轮、提升架组成。将滑轮组安装在提升架上,导向轮安装在栈桥钢管桩上,卷扬机安放在 1#、0# 帽梁下。起重绳拉力计算:

$$P=\frac{K-1}{K^n-1}QK^{n-1}K^t$$

式中　P——起重绳拉力;

Q——计算荷载;

n——工作绳数,$n=8$;

t——导向滑车个数,$t=5$;

K——滑车阻力系数,取 $K=1.02$。

4　施工工艺

4.1　提升系统安装

4.1.1　钢支撑架拼装

钢支撑架安装采用桁片组合吊装,为满足安装精度要求,桁片先在型钢加工胎架上进行预拼装后再进行吊装组拼。

桁片每片高 6 m，用 50 t 履带吊进行吊装，钢管立柱采用法兰盘连接，缀条采用栓接和焊接。每安装 18 m 支撑架必须设置临时缆风，确保在组拼过程中的整体稳定性。当所有支撑架组拼完后，在各支撑架顶部纵、横向各设置两道 ϕ22.5 mm 钢丝绳，纵向缆风锚于三个主墩帽梁上，横向缆风锚于河边桩式地垄上，地垄采用钢管混凝土桩式地垄。通过纵向缆风、横向缆风把所有钢支撑连成整体，以增加整个支撑系统的整体稳定性，并在缆风地垄、支撑架支座和顶部横梁上设置位移观测点，加强观测，确保安全。如图 4、图 5 所示。

图 4 支撑架拼装图(拼装中)

图 5 支撑架预拼图(拼装完后)

4.1.2 起重系统安装

全桥共布置 6 台 8 t 卷扬机，钢丝绳以“走 8”进入卷扬机。滑轮组安装在支撑架顶部提升梁上。起吊构件应缓慢进行，当构件提离平车 10～15 cm 后应检查各部分工作状况，一切正常后才能正常提升。

4.2 拱肋分段

拱肋分段根据现场运输条件及支架提升系统设计提升重量进行节段重划分。单片拱肋由原来设计的 5 节段划分为 7 节段，最大节段重为 36 t。

拱肋接头在施工时均采用在钢管内设衬套并兼作导向，螺栓与马板相结合的连接定位方式。拱节段安装对位时连接螺栓，待节段调整线形后安装马板，段间接头间隙为 6 mm，合龙段在工厂加工时设有制作余量，安装时根据现场实测数据进行现场切割，并设可伸缩式内衬套管，以减少合龙时温度变化和安装精度的影响。

4.3 拱脚劲性骨架设置

在主墩墩顶上用型钢设置劲性骨架，拱肋第一节段安装就位后通过劲性骨架临时固结，待整个拱肋合龙后灌注拱脚混凝土将其包裹，使拱肋与墩柱固结。

4.4 安装流程

拱肋安装顺序：先东莞运河跨，后厚街水道跨；由拱脚段向跨中，两端对称安装施工。安装流程如图 6 所示。

图 6　拱节段安装流程图(一)

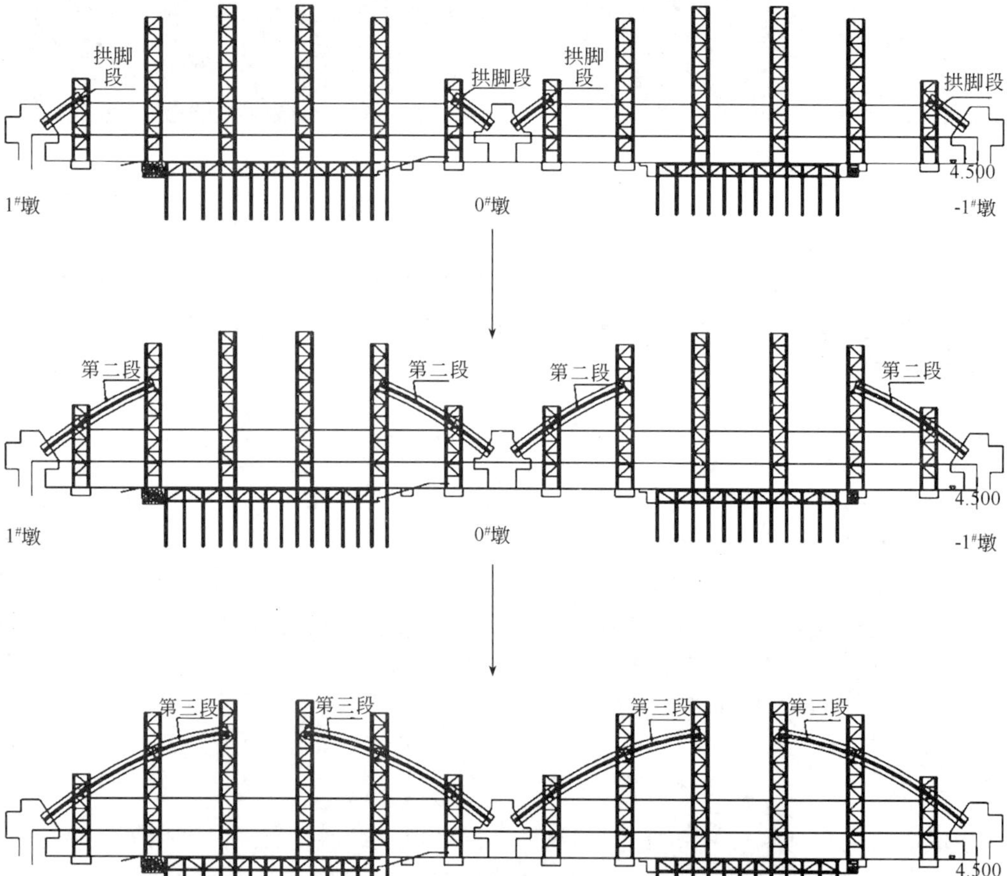

图 6　拱节段安装流程图(二)(待续)

4.5　拱肋第一段安装

由于场地限制,拱肋第一段采用 1 台 80 t 吊车作为起吊设备,吊装前先在拱背吊点挂上链条葫芦,在吊装过程中不断地用链条葫芦调节拱肋倾斜度。待拱肋定位后立即拉紧栓在拱

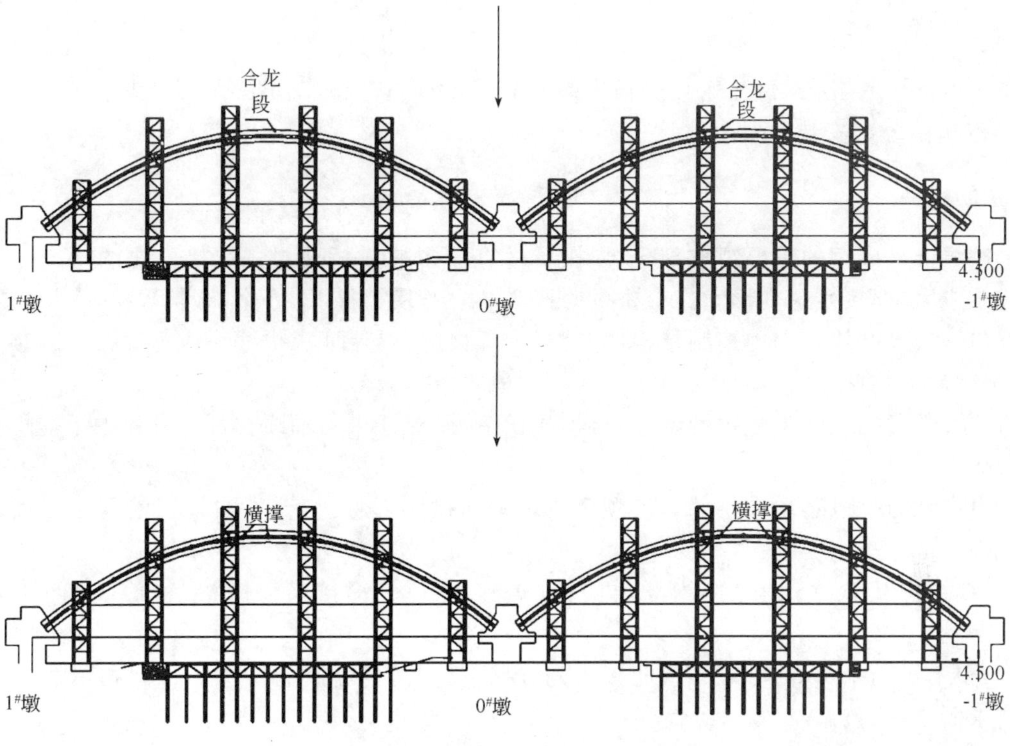

图 6　拱节段安装流程图(二)

脚上端的链条葫芦,以防止拱脚段下滑力过大造成拱脚支撑劲性骨架变形。

4.6　中间段安装

中间段拱肋运至吊装桥位后,拆除支撑架底部 3 m 高横向角钢缀条,开启卷扬机提升吊装,拱肋提升 3 m 后再次拆除支撑架上 3 m 范围横向缀条,并重新连接底部先拆除的 3 m 范围缀条,如此循环,直至拱肋提升就位。利用内套管进行拱肋对接,对接好后用高强螺栓进行临时连接,然后加焊马板;拱肋标高和轴线利用千斤顶和链条葫芦来调整。如图 7 所示。

图 7　拱节段安装图

4.7　合龙段安装

为保证合龙精度,合龙段在工厂加工时两端各留有 50 cm 加工余量,合龙段提升前根据现场实测值对合龙段进行余量切割

合龙段采用垂直提升方式。由于下弦管上缘较下缘水平投影长 32 cm,因此根据三维吊装模拟分析,合龙段提升前需将已安装好二、三段拱肋预抬高 55 cm,待合龙段提升高于合龙口后,再缓缓下降二、三拱段拱肋至设计线形,最后下放合龙段实现拱肋顺利合龙。

4.8　横撑安装

横撑设计为K字形，施工采用分段安装。先用2台50 t汽车吊抬吊水平撑，然后再采用1台50 t汽车吊分次安装2段斜撑。

4.9　拱肋焊接

主拱焊接是成桥的重要组成部分，焊接质量直接影响成桥质量。焊接方法的不当会导致焊接残余应力、焊接残余变形大。全桥拱肋接头24个，横撑接头68个，缀板焊接48块，拱肋、横撑外包钢板530块。因此控制结构偏差，减少焊接应力，保证成拱线形成为焊接中的难点。

4.9.1　拱肋焊接顺序

(1)总体顺序：先焊接主拱肋部分，再焊接横撑，以保证拱肋轴线在焊接过程中不受焊接量大的影响。

(2)拱肋焊接顺序：单根拱肋焊接顺序按跨中向拱脚对称进行；左右拱肋的同一断面接头同时施焊。

(3)横撑焊接顺序：先焊接米撑，再对称焊接K撑。焊接横撑时沿桥轴线向两边对称进行。

(4)单个拱肋接头焊接顺序：拱肋接头先焊接下弦管，再焊接上弦管。单管左右对称焊接，焊接要求同步进行。

4.9.2　拱肋接头应力释放

由于拱肋加工误差、运输变形、安装误差、气温变化等因素影响，为保证拱肋安装线形，拱肋接头采取了各种措施进行纠偏、调整，限制其变形，故拱肋接头存在应力。为减少拱圈应力，接头焊接需在无应力或少应力状态下进行。

(1)在拱脚混凝土浇注并达到强度后，拱肋焊接前，拱肋纵向在安装时为保证拱肋不下滑的链条葫芦、钢丝绳等各种限制全部解除。

(2)用于调整拱节段错边量而临时采用千斤顶调整的地方，待调整结束后须全部解除，环焊缝焊过马板两侧各5 cm后割除接头上的临时马板及连接螺栓。

4.9.3　拱肋焊接控制

(1)施工准备。

遇到风、雨等不良天气时，采取必要的防范措施保护焊接区。当采用CO_2气体保护焊时，采取足够的屏障防止风从焊接区吹掉气体，保证气体不致中断。温度5 ℃以下和相对湿度80%以下，不能满足焊接要求时，应采取局部预热方法来创造局部环境，节段焊接时搭设防风雨棚。

环焊缝焊接前应认真清理干净，缝口端部及两边各50 mm范围内，用砂轮进行清理，不得有水、油、氧化皮等污物。反面贴陶质衬垫120 mm内不得有灰尘、水、油等污物。端口纵缝粘贴陶质衬垫面应将焊缝余高按规定磨去，保证焊缝质量及成形良好。

(2)焊接要求。

钢管接头环焊缝焊接时尽可能安排多名焊工按焊缝位置同时对称施焊，先进行打底焊，然后拆除马板，检验修磨打底焊道，然后再进行第二道、第三道焊接。立焊、爬坡焊只能进行上行焊，每道焊缝均采用退焊法或分段退焊法进行，厚板区的对接应按规定要求先进行预热再施焊。生产试板与同号焊缝同时施焊，焊接工艺参数均与正式焊缝相同。焊接完毕后，逐个进行焊后外观检验，并按要求进行无损探伤检测和试板试验，焊后报检质量应达到规范要求。

(3)缺陷修补。

对无损检验不合格或表面有缺陷的焊缝应进行修理。内部缺陷修理前,应对缺陷的形状、尺寸、位置、性质作正确判定,然后用刨槽的方法除之。返修焊缝的扣槽处要求用砂轮机打磨出金属光泽,去除氧化皮等杂物后才允许进行焊接,若需要预热时,则要预热后才允许施焊。应确认缺陷已彻底清除才能进行焊补,焊缝返修前应对缺陷产生的原因作分析,并采取适当的措施。

对于较浅而短大焊缝缺陷,以及施工位置不方便的场合应以手工焊进行焊补,对于较长的焊缝可考虑采用气体保护焊,焊缝返修按焊接规范执行。

5　拱肋安装过程的监测监控

监测项目:栈桥挠度、支撑架偏位移、拱肋标高、轴线偏位、拱圈应力。

监测仪器:NEICA-TCA1800 全站仪、钢弦应变计。

测点布置:

(1)在栈桥纵横梁跨中顶面设置挠度测点。

(2)在钢支撑顶部设置位移测点。

(3)在钢管拱 $1/8L$、$1/4L$、$1/2L$ 处设置测点,在每个节段接头处设置测点。

(4)在拱肋 $1/8L$、$1/4L$、$1/2L$ 截面上安装钢弦应变计,每个截面设置 8 个测点。

监测时间:钢管拱肋安装全过程。

6　安全、质量控制

6.1　建立安全、质量保证制度

(1)建立健全安全、质量组织机构,制订工程施工安全、质量保证体系,明确经理部各职能部门、各工作人员的安全、质量职责。在施工过程中实行严格安全、质量管理,确保安全、质量目标实现。

(2)建立健全安全、质量生产管理制度,落实安全、质量责任制。

(3)明确安全、质量防范重点,制定安全、质量防范措施。

(4)加强施工现场安全、质量教育与培训,并定期进行安全、质量检查。

6.2　制定安全、质量控制点

(1)栈桥、钢管支撑架稳定控制。

(2)拱节段吊装期间,墩身底部弯矩控制,以及墩顶劲性骨架变形量控制。

(3)高空作业防止人员及物体坠落控制。

(4)拱节段现场焊接质量控制。

7　结 束 语

鸿福大桥采用拱节段少支架法施工新工艺,全桥共 28 片拱节段,仅用 2 个多月就完成了拱节段的安装,成桥后各项指标完全满足设计、规范要求,取得了良好的社会效益和经济效益,为以后同类桥梁的施工提供一定的经验参考。

拱节段吊装法安装工艺

1　前　　言

钢管混凝土拱桥施工中最关键的工序之一就是钢管拱肋安装，一般的安装方法有：无支架缆索吊装；少支架缆索吊装；整片拱肋或少支架浮吊安装；吊桥式缆索吊装；转体施工；支架上组装；千斤顶斜拉扣挂悬拼等。其中最常用的是无支架缆索吊装、千斤顶斜拉扣挂悬拼相结合的钢管拱节段吊装施工方法。

1.1　工艺特点

无支架缆索吊装、千斤顶斜拉扣挂悬拼相结合的钢管拱吊装方法与其他安装方法相比具有以下特点：

(1)无支架缆索吊装可不受桥下地形、河流、道路等自然条件的限制，适用范围很广泛。

(2)采用强度高、承载力大、延伸量小、变形稳定的钢绞线作斜拉索，可减小架设过程中的不稳定非弹性变形。

(3)采用千斤顶张拉系统对斜拉索加卸拉力、收放索长，具有张拉能力大，行程控制精度高，索力调整和控制灵活，锚固可靠等优点。

(4)斜拉扣挂体系自成系统，不受缆索吊装系统干扰；

(5)可以准确计算悬拼架设过程中各施工工况的索力、延伸量以及由此而产生的大段接头预抬高量，作为施工监测适时控制的依据。

1.2　适用范围

适用于跨越深水、深谷、通航河道或限于工期必须在汛期前完成施工的钢管拱桥施工。

1.3　工艺原理

采用缆索吊机吊运、提升拱肋，用钢绞线作为斜拉索来临时稳定拱肋，通过用千斤顶对钢绞线的索力调整来控制拱肋标高。

2　工艺流程及操作要点

2.1　施工工艺流程图

钢管拱节段吊装施工工艺流程如图 1 所示。

2.2　缆索吊装系统设计与施工

钢管混凝土拱桥施工用缆索吊装系统设计与施工详见“缆索吊装系统设计指南”、“缆索吊装系统架设安装工艺”施工工艺，本文不再详述。

2.3　扣挂系统结构设计与施工

千斤顶斜拉扣挂系统由前锚系统、扣索、扣塔索鞍、后锚系统等组成。扣挂系统按其支承扣索的结构物位置和扣索本身的特点可分为天扣、塔扣、通扣和墩扣等类型，可根据具体情况选用其中一种、也可混合采用。扣挂系统的类型及扣索索力计算详见“扣挂系统设计指南”。

2.3.1 前锚系统结构

(1)拱端扣梁及其支座

根据扣索索力大小计算确定扣梁及其支座型钢规格及焊接要求。扣梁一般用2根槽钢背靠背组合而成,不同拱肋节段上的扣梁支座为简化施工,除座面角度有变化外,其他都相同。为使钢管拱肋受力和扣索索力最小,扣梁设置在距离拱肋节段上端头1～2 m处。扣梁及其支座在吊装前焊接在拱肋上。

(2)锚头

由于扣索钢绞线的使用应力较低(一般不超过其极限应力的50%),且每组扣索中各根钢绞线的受力不可能很均匀,同时在吊装和扣挂过程中钢绞线有一定振动和索力变化,为保证扣梁处钢绞线不滑锚,在扣梁处一般采用P型锚具对钢绞线进行锚固。前锚系统结构一般如图2所示。

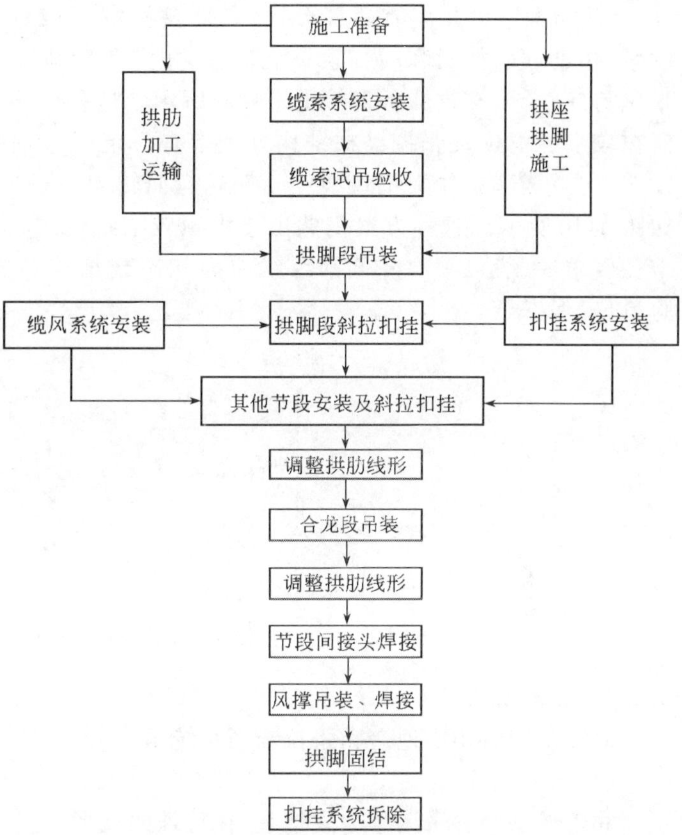

图1 拱肋吊装施工工艺流程图

2.3.2 扣 索

扣索一般采用钢绞线,经扣塔顶索鞍弯曲转向后进入扣索地垄张拉锚固(塔上张拉施工方法本文不详述,可参考相关资料)。各根扣索用多大的钢绞线或由几根组成,应根据扣索索力大小决定,扣索索力计算与拱桥悬拼施工相似。除合龙段外,其它拱肋每节段设置一组扣索。扣索系统布置如图3所示。

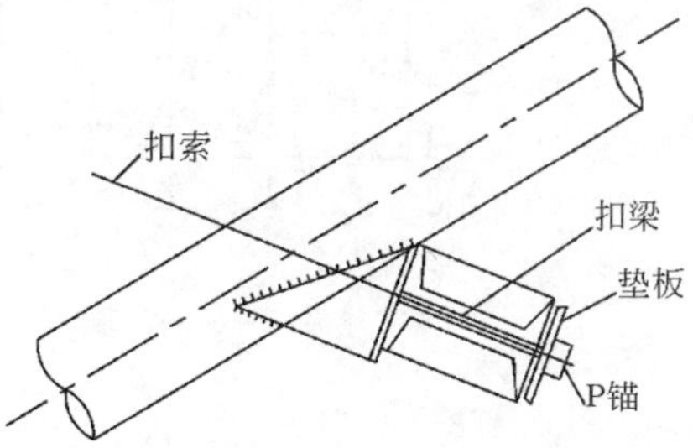

图2 前锚系统结构示意图

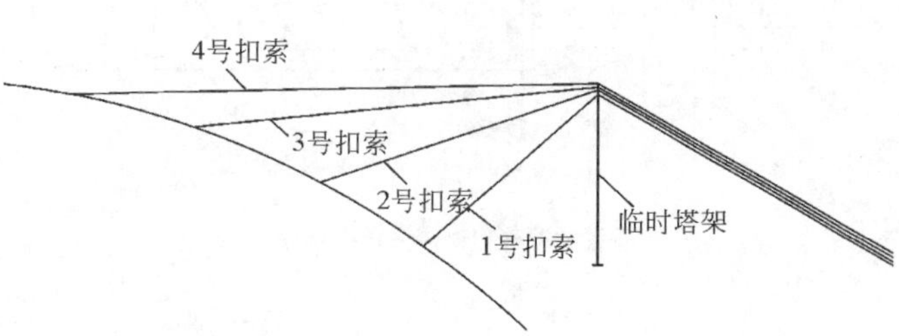

图3 扣索系统布置示意图

2.3.3 扣塔索鞍

(1)扣塔有两种形式:一种是与缆索吊机的塔架合二为一;另一种是在缆索吊机的塔架前单独设置扣索塔架。前者使用较多。

(2)扣索通过扣塔有两种形式:一是在扣塔上设置多层(层数由扣索组数决定)对拉张拉梁,扣索分前扣索和后锚索,钢管拱肋扣点和后地锚端均为锚固端,在塔顶张拉梁上对称张拉前后索,调整拱肋标高,如图 4(a)所示。这种方案钢绞线不弯曲,直线张拉,受力明确,但在较窄的塔顶设张拉梁在结构处理上有一定困难,并须高空张拉作业。二是在扣塔塔顶设多层支承索鞍,扣索钢绞线经索鞍轮弯曲转向后进入后锚,在地锚上张拉调整拱肋标高,如图 4(b)所示。这种方案仍然由于塔顶较窄致使索鞍半径较小,往往不能满足钢绞线弯曲半径要求,一般可采取降低钢绞线应力状态或增设转向滑轮的措施来解决,并进行工地试验,以确保安全。

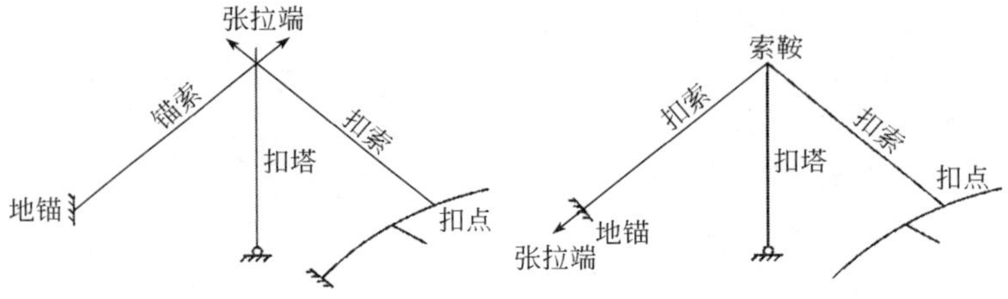

(a) 扣塔顶张拉图　　(b) 地锚张拉图

图 4　扣索通过扣塔的形式

2.3.4　*后锚系统*

后锚系统由扣索地垄和张拉锚固系统组成。

(1)扣索地垄。

扣索地垄一般采用重力式地垄,在特殊的地形、地质条件下也可采用桩式地垄。扣索地垄的设计计算和缆索吊机的地垄相同。为了锚具的转换和穿束方便,地垄张拉梁前面预留明槽。

(2)张拉锚固系统。

用千斤顶钢绞线斜拉扣挂钢管拱肋,其标高调整由张拉和松放扣索来实现,因此,要求张拉系统锚固牢靠,张拉和松放操作方便。

方法一:将部分扣索在地锚张拉端转换张拉方式,即将一组扣索钢绞线根据受力等代转换成一根精轧螺纹钢作为后锚部分,用千斤顶张拉调整,如图 5 所示。

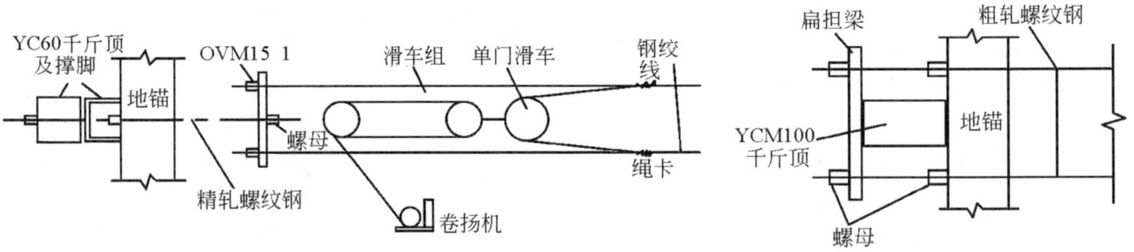

(a)张拉调整和钢铰线转换示意图　　(b) 扣索张拉端调整示意图

图 5　转换张拉锚固系统布置图

方法二:将一组扣索钢绞线的两束分别穿过扣索地垄,用 2 台群锚千斤顶张拉。如图 6 所示。

2.3.5　*扣挂系统施工*

(1)按各组扣索的根数和索力计算出索长,分组下料编束,前端套上锚板,用 GYJ 型挤压

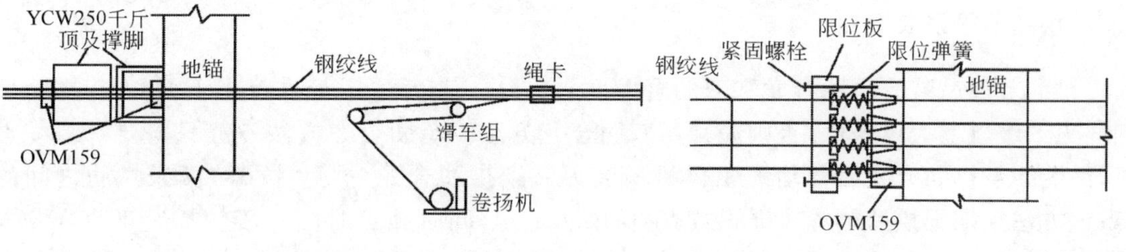

(a) 扣索张拉调整　　(b) 限位板

图 6　直接张拉锚固系统布置图

机挤压P型锚头,牵引过索鞍,安装于吊装段扣点横梁上,随拱肋节段一起运行到位(或者是拱肋节段就位后,用工作索牵引扣索到位安装)。扣索安装好后,检查扣索在塔顶的排列是否正确,前后是否对应,然后用卷扬机调整、初拉后进入后锚体系。卷扬机牵引,一是使扣索产生一定的拉力,从而克服部分钢绞线的延伸量,二是通过滑轮粗略调平各绳拉力,单根钢绞线用千斤顶在后锚端调整。

(2)索力及伸长量的控制。扣索张拉调整、控制的目标函数是钢管拱肋的标高,扣索强度设计安全系数一般取2。在吊装过程中以标高调整为目标,准确测定各阶段的索力及伸长量,与理论计算值比较,发现问题及时调整和处理,以确保索力及伸长量在计算范围内。

2.4　拱脚构造与施工

(1)为使悬拼时拱肋具有适当的转动性,消除拱座弯矩,方便拱肋轴线和标高的调整,拱脚设置有临时施工铰,在拱肋合龙固接后不拆除而直接埋入拱脚实腹段混凝土中。临时施工铰结构一般如图7所示。

(2)临时施工铰要根据拱肋吊装时拱脚的受力状况作详细结构设计计算,以确定各部位采用材料的规格型号和焊缝级别。内撑钢管与拱肋下口相交的截面直径比拱肋主钢管的内径小5 mm。

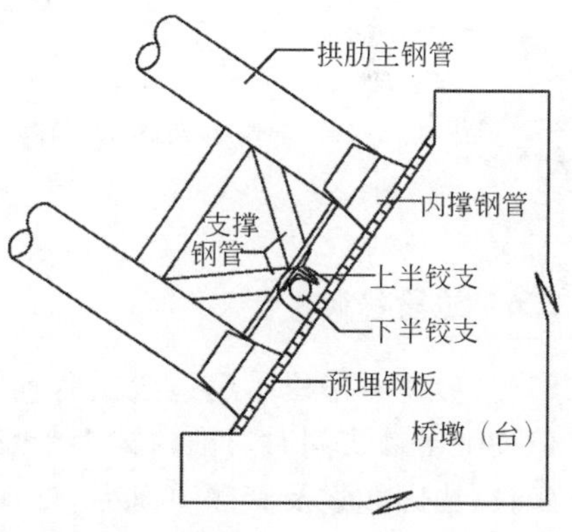

图 7　拱脚临时施工铰结构示意图

(3)上半铰支和边段拱肋一起在加工厂制作并按Ⅱ焊缝质量标准进行探伤检查。下半铰支的预埋钢板在灌注桥墩(台)混凝土之前,用劲性骨架定位牢固,保证其倾斜度误差小于0.5°;然后在预埋钢板上准确测放出内撑钢管和下半铰支的大样,并将内撑钢管和下半铰支焊在预埋钢板上,最后才灌注墩(台)混凝土。

(4)拱脚铰支安装是整个桁拱吊装的关键工序之一,是桁拱轴线调整的依据,铰支的安装精度直接影响到拱肋的合龙精度。因所设铰支的可调性差,横向不可调,故在铰支安装时必须对水平线进行精确的控制,并与拱肋上的半铰相对应,保证转动所需间隙。内导管在拱脚段吊装时起定位作用,由于内导管与拱肋主管内径间的间隙很小,加上拱肋钢管制造失圆度的影响,有些部位甚至于是密贴的,因此,在内导管定位前,先将其与主管试装,并局部进行校圆调整,然后再根据实际的试装情况,把内导管与主管的相对位置定死,精确实测拱脚横截面,再放线定位,施焊内导管。

2.5 拱肋节段吊装顺序

拱肋节段吊装有单肋合龙和双肋合龙两种方法。前者适用于拱跨小于 200 m、拱肋吊装期间无 8 级以上大风条件，否则应采用双肋合龙方法。单肋合龙方法一般只需要一组缆索吊机，吊装一条拱肋合龙后移动缆索吊机吊装另一条拱肋合龙，然后才吊装两条拱肋之间的风撑；该方法须加强拱肋侧缆风绳设置，确保拱肋稳定，同时施工时间一般较长。双肋合龙方法一般需要两组缆索吊机，否则缆索吊机移动过于频繁会影响施工进度。两种吊装顺序都必须两岸对称进行。拱肋节段双肋合龙施工方法的吊装顺序如图 8 所示。

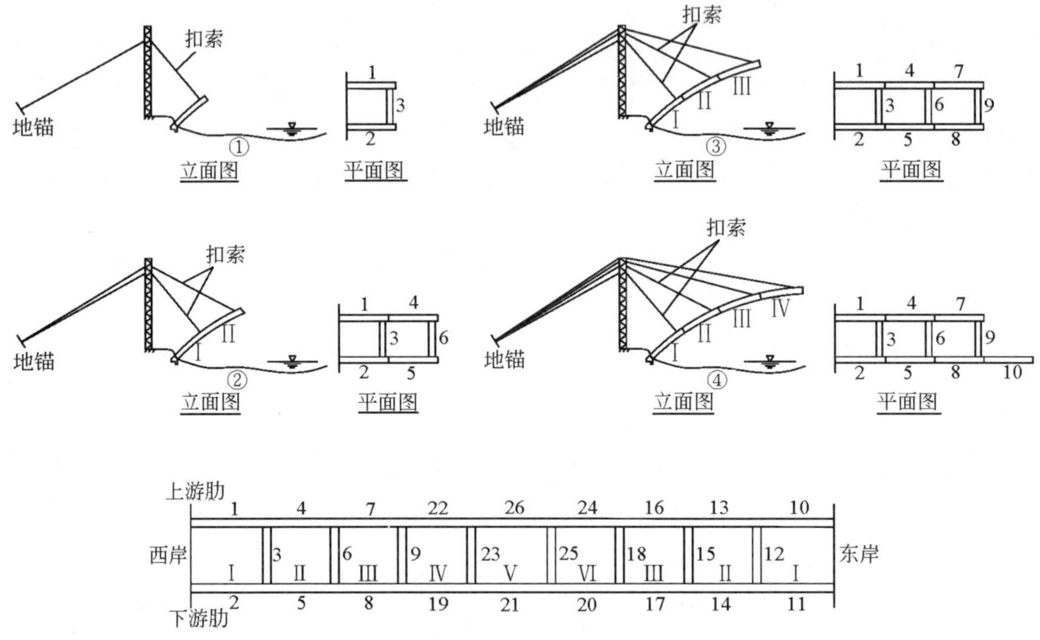

注：① 图中阿拉伯数字表示吊装就位顺序；② 图中罗马数字表示钢骨架分段

图 8 拱肋节段双肋合龙施工吊装顺序

2.6 边段吊装

(1)缆索吊机吊运边段拱肋到安装位置，调整拱肋空中姿态比成拱时斜度略大；拱脚下端口和上半铰支同时对准内撑钢管及下半铰支，拱肋下放坐落在拱座上。边放松吊机的吊钩、边张拉、锚固扣索及其侧缆风绳，直到拱肋线形满足设计要求。

(2)上端头用上、下游缆风索使其中线位置大致符合，通过收放缆吊的吊钩使上端头标高比设计值高 15～30 cm，然后收紧张拉扣索，同时徐徐松弛起重索，将其受力逐渐全部转移到扣索，直到上端头达到施工控制标高后锚固扣索。

(3)用缆风绳调整拱肋中线，使其偏差不大于 2 cm。

2.7 中间段吊装

中间段吊装的扣索收紧锚固、缆风绳调整和拱肋中线、标高调整等施工方法与边段吊装基本相同，主要的区别是空中接头施工。钢管拱空中接头有对接定位和临时固结的双重作用，同时也要方便施工，常用的有如下两种结构形式：

(1)内法兰。

在接头的上、下端钢管口内预先焊接法兰盘,拱肋吊装对位后,用高强螺栓将其联接并拧紧固定;全拱合龙后,准确测量出拱肋钢管接口间距,切割相应长度的短钢管,剖分成两半块嵌入接口焊。这种接头要求螺栓孔加工精度很高;特点是空中接头时间短,法兰盘埋入钢管混凝土内不用拆除,接头外观平整、视觉效果非常好;缺点是对钢管内混凝土灌注阻力较大。内法兰结构如图 9 所示。

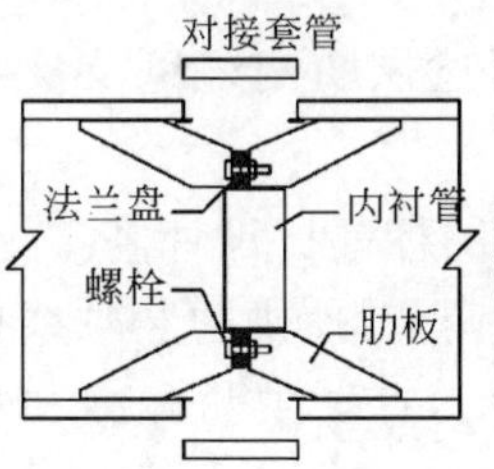

图 9 内法兰结构示意图

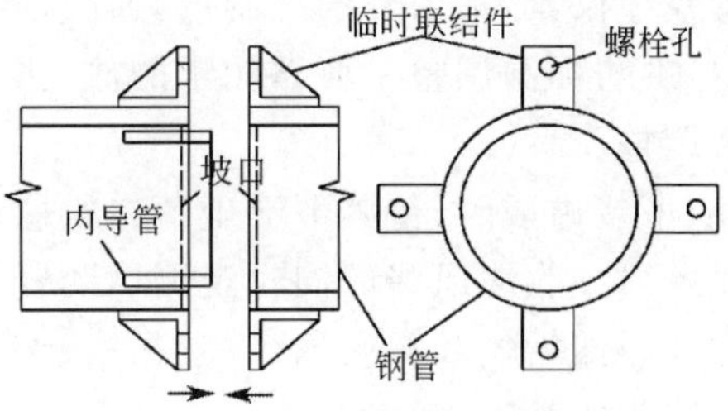

图 10 简易外法兰结构示意图

(2)简易外法兰。

在接头的上、下端钢管口外焊接 4~6 个耳板作为简易法兰,拱肋吊装对位后,用高强螺栓将其连接并拧紧固定,再焊上 4~6 块马板以保证临时接头的强度和刚度,同时在已吊装段上端口设置两段内导管,一是起导向作用,二是在做钢管间环焊缝施焊时起到衬板作用;全拱合龙后,先将拱肋钢管的对接环焊缝焊接,然后割除耳板、打磨平环焊缝、装上外包板焊接。这种接头要求对接钢管的端口加工精度高;特点是对钢管混凝土灌注没有阻力;缺点是接头处理和焊接工作量较大,影响接头外观。简易外法兰结构如图 10 所示。

(3)上述两种法兰结构都在拱肋加工预拼装时焊在拱肋钢管上。其焊接顺序是先焊上一半,将另一半与先焊上的一半耦合夹紧后再和拱肋钢管焊接,确保螺栓孔精确对位和接头密贴。

2.8 合龙段吊装

(1)为保证准确合龙,合龙段在工厂加工时两端均留有预留长度,根据现场实测两合龙端各钢管口实际里程情况再对合龙段现场切割。两合龙端各钢管口实际里程的测量时间选择在设计合龙温度且气温稳定的时段(一般选择在早晨太阳出来之前,同时连续观测两天以上),合龙段切割前划线时温度、测量温度及吊装温度三者相同。测量两合龙端各钢管口实际里程前,要先调整已吊装拱肋的中线和标高,使其达到施工控制值。

(2)合龙段安装有边碰中和中碰边两种方式,前者适用于三节段拱吊装,后者适用于五个以上节段拱吊装。边碰中方式:将两边段上端头提高 30~50 cm,合龙段吊装到设计位置后,放松边段扣索,使边段压紧合龙段,然后进行边段与合龙段接头连结。中碰边方式:先安装节段的标高保持设计状态,将合龙段吊入合龙口与中间段联结。

2.9 拱肋线形调整及测量控制

(1)拱肋安装的主要控制指标是拱轴线空间位置,拱轴线空间位置可由拱肋标高和拱轴竖平面控制。在主桥范围内建立小范围工地相对三维坐标系统,以拱铰与线距中线交点为坐标原点(0,0),以线距走向为 x 轴,以上下游拱铰中心线为 y 轴。拱矢高方向为 z 轴。

(2)拱肋标高采用全站仪测量。吊装之前在每段拱肋的拱背轴线上设置一个固定测量点，该点距离拱节段上口 0.5～1.0 m。测量时，在便于观测的三维坐标系统控制点安置全站仪，拱背轴线上的上在测量点上安置反光镜。

(3)拱轴竖平面用经纬仪或全站仪测量。吊装前，在平行于拱轴线且距离拱外侧 10 cm 的直线上精确测设四个控制点(一般在两拱座上各设置一个)，在拱节段上端上下主钢管的外侧焊两根标志杆；标志杆长 20 cm，用油漆涂刷成间距 10 mm 的红、白颜色。测量时，在控制点上安置经纬仪，后视另外的控制点，通过前视标志杆来判断拱肋的竖平面位置。

(4)拱肋标高调整主要靠扣索的放、张来实现，而轴线调整则通过拱肋侧缆风及接头钢楔垫板来调整。

(5)吊装边段时，待其下端坐落在拱座上稳定后，观测其上端头的标高比设计高 10 cm 时，收紧缆风绳。收缆风绳的同时观测拱肋竖轴线，以指导上下游缆风调节，使拱肋竖轴线保持在设计位置。然后松起重吊钩、收紧扣索、调节缆风三个工序交互进行，直至拱肋标高和竖轴线都达控制值的±5 mm 之内。

(6)中间段吊装时，当其下端与先吊装节段对位初步连接后，松脱下端吊钩，按吊装边段时的方法对其线形观测和调整。由于中间段安装时对先安装节段的线形产生影响，需要对各接头进行观测和调整。

(7)合龙段吊装之前，必须对已安装节段的线形进行调整，使其满足横向偏位小于 $L/6\,000$ mm、标高小于±10 mm 的要求。合龙段吊运到位，横向偏位达到上述要求后与中间段连接牢固，如有间隙则用钢垫片塞紧，最后才能慢慢松脱吊钩。

(8)拱肋线形最终调整必须在风小、无太阳、气温较稳定的早晨进行。

2.10　拱肋抗风稳定措施

拱肋的稳定包括横向稳定和纵向稳定。后者主要取决于拱肋的纵向刚度和扣索强度。拱肋的结构设计中一般已经考虑裸拱状态下的纵向稳定，在拱肋吊装过程中只要控制好接头标高，选择足够强度的合适接头形式并及时完成接头的连接，使拱肋尽快由铰接状态变成无铰拱状态，纵向稳定就能得到保证。

拱肋的横向稳定，只有在拱肋之间的横向连接结构(风撑)吊装并焊接完成，并且拱脚固结形成无铰拱后才能得到保证。吊装过程中，拱肋的横向稳定必须依靠设置缆风绳来实现稳定。

(1)缆风绳一般采用 ϕ17.5 mm 以上钢丝绳或钢绞线，收紧力约 5 t。缆风地垄可以布置在岸上、水中。前者适用于河流不宽或有通航要求的单跨和多跨拱桥，缆风绳直接在岸上收放，操作方便。后者适用于河流宽阔的多孔拱桥中，需要在水中设置地垄，工程量较大，容易受洪水、漂流物和通航的影响。

(2)缆风绳与拱肋的夹角不能小于 55°，上下游缆风绳的角度和长度不能相差太大，与水平面夹角在 20°左右。

(3)每节段拱肋上端头均应设置至少一对缆风绳，既可吊装时控制拱肋横向偏位，又可增加拱肋的横向刚度。当一条拱肋的吊装节段超过 5 段或吊装期间有发生 10 级以上大风时，应采用双肋合龙吊装方法，并且每吊装完成相对应的节段都须加设拱肋风撑或临时横向连接系梁。

2.11 拱肋接头及拱脚固结

拱肋合龙后，从上至下、两边对称逐个焊接吊装节段接头。焊接接头包板前，要先将外法兰形式及马板等临时固结结构件割除；切割时应避免损伤主钢管，并将割痕打磨平整。同一个接头的临时固结结构件必须以包板逐步对称替换，严禁一次拆除超过10%。对于内法兰接头，则应准确量测接头两主钢管间距，按照实测长度切割好相应的短钢管，对剖成两半，端头和对剖边都开好坡口；然后将此端钢管嵌入接头与主钢管焊接。

全部拱肋节段之间的接头焊接完成，焊缝经检查合格后，先将拱脚主钢管与拱座内导管焊接，然后将拱脚铰支也焊接稳固，实现有铰拱向无铰拱体系转换。

2.12 扣挂系统拆除

在完成无铰拱体系转换后，方可拆除扣挂系统。扣索应从上到下、两道拱肋及两岸同步对称的用张拉时的千斤顶放松，直到扣索基本不受力为止；解开拱端锚具，用缆吊的工作索道将扣索钢绞线牵引到岸上盘好。

拱端扣梁及支座用气割割除，切割缝距离拱肋钢管壁至少 1 cm，以避免损伤拱肋，用砂轮将拱肋上割痕迹打磨平整。

3 安全措施

(1)吊装之前要制定详细的施工组织设计，对全部参与吊装作业人员进行安全技术交底；吊装时要分工明确、统一指挥、信号清晰。

(2)大雾、雷电、暴雨、6级以上大风气候条件下，严禁吊装作业。

(3)钢绞线扣索安装前要全面检查，避免损伤；使用过程中注意保护，特别要避免焊接作业损伤钢绞线。

(4)扣索上须安装减振器，避免其产生风振导致振幅过大。

(5)缆索吊机系统使用前须按照相关规定进行检查、试吊验收，吊装期间应定期检查维护，确保其工作状况正常。

4 质量措施

(1)拱端扣梁的支座面和扣索锚座面要垂直于扣索方向，避免钢绞线折曲。

(2)拱肋节段接头和拱脚焊接要严格按照拱肋加工质量控制方法和标准施工、检查，采取防风、避雨、防潮措施。

(3)扣索钢绞线的锚夹片须安正、安紧，防止滑锚；钢绞线不得打绞。

5 结束语

20世纪80年代以来，钢管混凝土拱桥是国内采用较多的一种桥梁结构形式，至今已修建了300多座。拱节段吊装法安装钢管拱肋以其不受桥位处自然条件限制、辅助设施投入较少、线形控制准确等特点，成为钢管混凝土拱桥施工中采用最多的施工方法。

预制横梁顶升安装施工技术

1　前　　言

钢管混凝土拱桥的拱节段一般采用无支架法、转体法、少支架法、满支架法和浮吊法进行安装。其梁系部分的横梁一般为预制混凝土横梁或钢箱梁，横梁安装主要采用吊装和顶升的两种方法，而预制混凝土横梁通常在桥位附近或桥头引道进行预制，转移到桥位后进行安装。本文通过已经实施的东莞鸿福桥的施工详细介绍预制横梁顶升安装施工技术。

2　工艺特点

(1)施工工艺操作简单，施工安全、质量容易控制。

(2)能充分利用拱节段施工既有的临时设施，新投入设备少，参加施工人员少，比一般缆索吊装施工成本低，施工工期短。

3　适用范围

适用于拱节段安装工艺为少支架法安装及桥下通航的钢管混凝土拱桥。

4　工艺原理

横梁在预制场预制完成，利用拱节段安装的运输系统，通过轨道平车将横梁运输至安装位置，然后用千斤顶将轨道平车上的横梁顶升至预先安装在吊杆附近的钢横梁上进行换载，完成横梁顶升前就位。

在吊杆锚头上安装连接器和 $7\times \phi j_s 15.24$ mm 钢绞线作为爬索系统，在横梁两端各布置一台 250 t 千斤顶，然后将爬索钢绞线穿入千斤顶内并安装工具锚 1，张拉千斤顶使活塞运行 8～10 cm再安装工具锚 2，通过两套工具锚相互接替作用将横梁顶升到安装位置，最后安装吊杆下锚具螺母，完成横梁顶升安装。

5　横梁预制及运输

5.1　横梁预制

(1)预制场。

横梁在预制场集中预制，预制场由预制台座、存梁场两部分组成。为满足工期，预制台座和存梁台座根据其数量、工具而确定，本桥共设置 4 座。预制台座与存梁场相互配对，每对相对独立。通过设置在预制台座中间的车道上吊车进行模型的拆除和安装。车道净宽 6 m，可满足吊车和泵车通行。

存梁场由两根相互平行的宽为 0.5 m 的地梁组成，两平行地梁之间用土方填平。地梁顶面标高与预制台座顶面标高一致。

预制台座下部为宽 1.5 m，深 30 cm 的混凝土板，上部为宽 1 m、高 15 cm 的钢筋混凝土台面，筑梁的顶板。台面采用钢筋混凝土，棱角使用角钢护边，角钢焊在台面钢筋上。台面面层铺一层厚 $\delta=3.5$ mm 的钢板，钢板边缘与角钢焊接，面内钉水泥钉，再打磨，涂油。

(2)模板。

横梁预制模型采用特制大板钢模,钢模面板厚 $\delta=6$ mm,采用宽 $b=75$ mm 的钢板肋条和∠75×75×8 mm 角钢加固,只在梁的顶部和预制台座上设置拉杆,梁的中部不设置拉杆,模型设计控制最大变形量为 2 mm。

(3)预拱度。

因横梁预应力张拉后横梁中部在预应力作用下向上挠曲,为满足张拉后横梁空间结构符合设计要求,在预制台座须设置反拱度,计算如下:

$$f=-f_p+f_g-f_h$$

式中 f_p——预应力引起的预拱度;

f_g——构件自重及其他荷载引起挠度;

f_h——活载引起的挠度。

例 $f=-f_p+f_g-f_h=-47.28+17.3+5.05\approx 25$ mm

$f=25$ mm$>l/1\ 600=15$ mm

考虑预拱度设置,取 $f=25$ mm。

5.2 横梁运输

横梁采用轨道平车运输,卷扬机作动力牵引设备。其工艺流程如下:

轨道检查、平车就位→千斤顶顶升横梁→横梁自重转移至平车硬木上→卷扬机牵引,横梁横向运输→换载→平车 90°转向→横梁纵向运输至桥下→换载→平车 90°转向→通过栈桥轨道运输横梁至安装位置→横梁重量转移至支撑钢梁→移出平车→下一片横梁运输。

5.2.1 平车换载

轨道平车移入存梁场就位后,用铁楔子将平车固定,在横梁两端的平车上各安放 2 台 100 t 液压千斤顶,四台千斤顶同步加载,将横梁从地梁上顶起 2~5 cm,然后在平车上用硬木垛抵紧横梁,千斤顶再缓慢同步回油卸压,将横梁重量转移至硬木垛上。在运行过程中为保证横梁两端平车同步运行,横梁重量完全由硬木承受,放在平车上的用于横梁起降千斤顶不受力。

5.2.2 平车重载运行

平车换载完成后,取掉平车和轨道间的铁楔,开启卷扬机使平车缓慢行驶。横梁先在预制场内横向运输(见图 1),通过平车 90°转向,横梁由横向运输改为纵向运输至栈桥(见图 2),再通过平车 90°转向,横梁由纵向运输改为横向运输,并通过栈桥轨道将横梁运输至桥位安装位置。

本桥平车每运输一片横梁要转 4 次 90°弯,重载两次,空载返回两次,重载运输在两次转弯过程中要发生两次荷载置换。

(1)横梁荷载置换。

载有横梁的平车运行至十字转弯处时,在平车轮缘下塞紧木楔以固定平车,再用千斤顶顶升横梁,使之脱离平车上硬木 2~5 cm,然后在安放于地梁上的钢挑梁与横梁底部之间垫硬木,确认垫木垫实后,再退顶、落梁,将横梁自重交由钢挑梁承担。如图 3 所示。

(2)平车转向。

在横梁顶上安装用于提升运输平车的千斤顶、挑梁和钢丝绳。千斤顶为液压千斤顶,先用钢丝绳连接好挑梁和平车,再用千斤顶顶升挑梁,使平车轮缘脱离轨面,旋转平车 90°,然后落

图 1 横梁横向运输图

图 2 横梁纵向运输

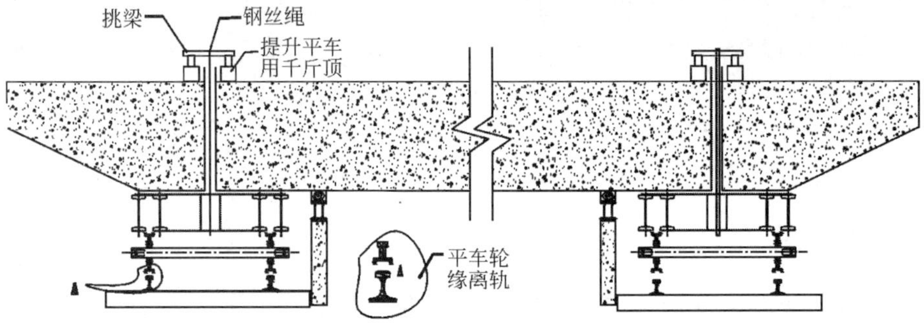

图 3 平车重载转向图

平车于垂直原轨道的钢轨上完成平车转向，最后用千斤顶顶升横梁，使横梁由钢挑梁支撑转换为平车承载，再次完成荷载置换。

5.2.3 平车空载运行

平车将横梁运输至安装位置卸载后空载返程，运行至十字转弯处时，转弯不能依靠横梁提升平车，只能依靠地梁、钢立柱和千斤顶实施平车转动 90°。如图 4 所示。

把用于提升平车的千斤顶固定在放于地梁上的钢挑梁上，用千斤顶顶升旋转挑梁，使平车脱离钢轨顶面，从而完成平车旋转。千斤顶固定在钢挑梁上要牢实，防止在顶升旋转梁时发生千斤顶脱落或弹出伤人。

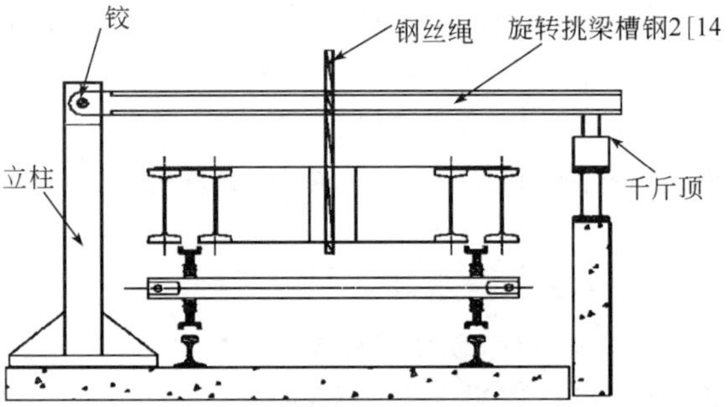

图 4 平车空载转向图

6 横梁顶升施工

6.1 顶升工艺流程(见图 5)

6.2 横梁安装顺序

横梁安装就是拱肋加载，横梁安装遵循设计提供的顺序进行，如设计无具体要求时，一般按照先跨中、再 1/4 跨和拱脚；最后从跨中向拱脚的顺序均衡对称进行。本桥每跨拱肋设计 17 片横梁，全桥共设 34 片横梁。根据设计的总体安装顺序和遵循实际加载不能完全保证对称，以对拱肋线形影响最小的原则制定了具体横梁安装顺序，见表 1。

6.3 顶升系统

顶升系统由爬索、动力、荷载置换三大系统组成。

(1)爬索系统。

爬索系统为横梁爬升提供爬升路线和支撑反力，是横梁顶升的主要受力系统，主要由连接器和 $7\times\phi j^{s}15.24$ mm 钢绞线组成。如图 6 所示。

(2)动力系统。

动力系统主要为横梁顶升提供动力，由两台(横梁两端各一台)250 t 千斤顶和两套工具锚组成。如图 7 所示。

当千斤顶进油时，活塞相对千斤顶向外运动，工具锚 1 受力，工具锚 2 夹片松开，这时，除活塞和工具锚 1 保持静止外，横梁随着动力系统其他部分一起向上运动；当回油时，工具锚 2 受力，工具锚 1 夹片松开，除活塞作退回油缸运动外，横梁和动力系统其他部分都保持静止。动力系统通过进油、回油使两套工具锚的交替受力，推动横梁上升。

(3)荷载置换系统。

荷载置换系统主要由钢梁、钢梁支墩、4 台(横梁两端各两台)100 t 的液压千斤顶和硬木垫组成，其主要功能是把荷载(横梁自重)从平车转移到爬升千斤顶上。在爬升系统安装完毕后，即安装置换系统的钢梁。横梁自重通过钢梁把力置换至钢梁两端的钢支墩，再通过钢支墩把力直接转移至栈桥横梁，栈桥枕木和纵梁不承受横梁自重。如图 8 所示。

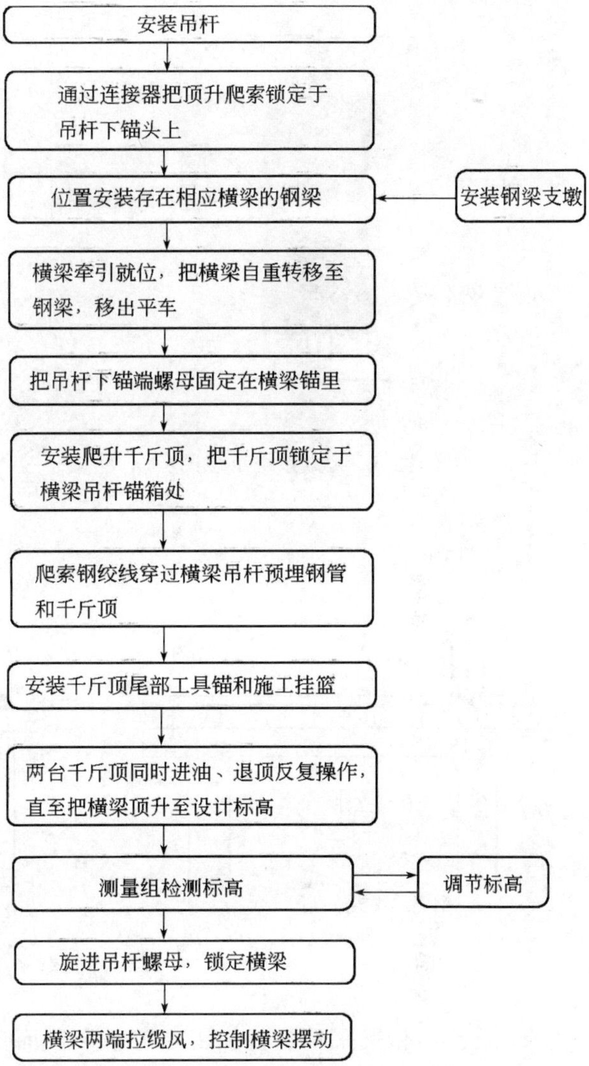

图 5　横梁顶升施工工艺图

表 1　主桥横梁安装顺序表

吊杆编号		1	2	3	4	5	6	7	8	9	10	11	12	13	14	15	16	17
第一批安装	安装顺序	1		4		6		9		5		8		7		3		2
系杆张拉		张拉 2N1																
第二批安装	安装顺序		10		14		17		13		12		16		15		11	
杆张拉		张拉 2N8																

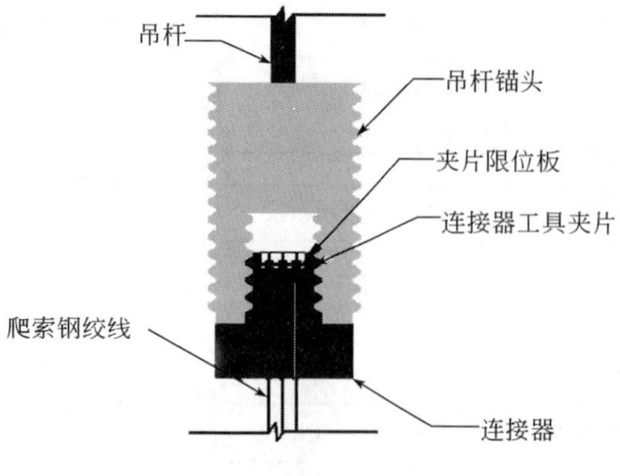

图 6　爬索系统示意图

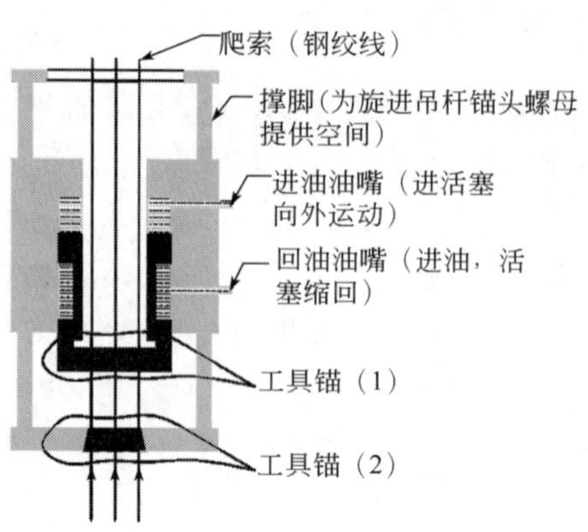

图 7　动力系统示意图

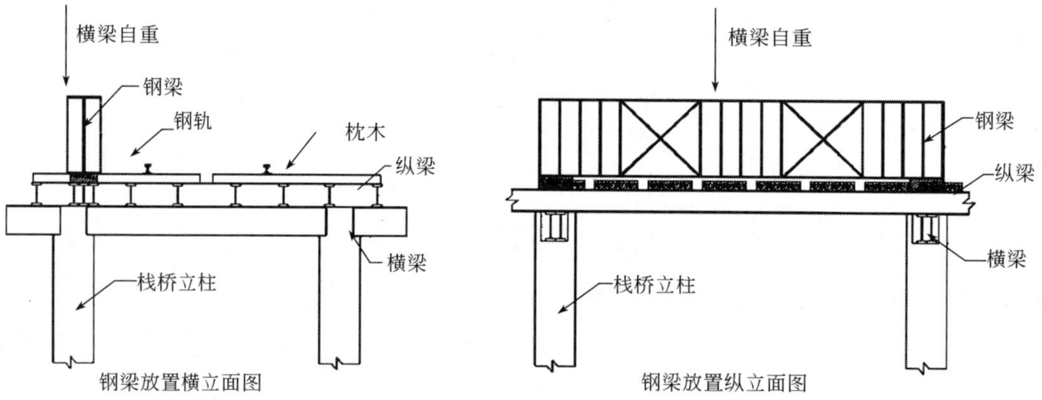

图 8　换载系统结构图

钢梁设计：钢梁采用自行加工的工字形截面钢梁，长 600 cm，宽 50 cm，高 120 cm。上下翼缘板选用厚 $\delta=2$ cm 的钢板，宽 50 cm；腹板选用厚 $\delta=1$ cm 的钢板，高 116 cm；在腹板上设置加劲肋，以增加钢梁横向及抗扭刚度，具体构造如图 9 所示。

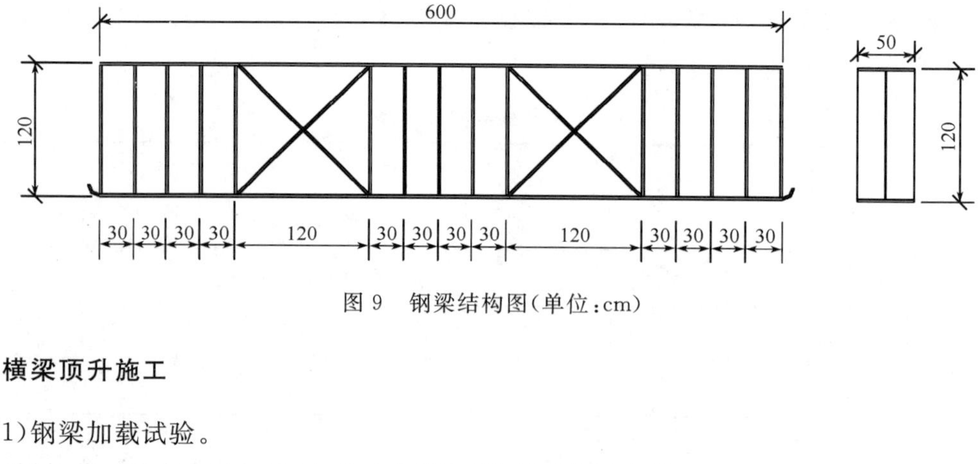

图 9　钢梁结构图(单位：cm)

6.4　横梁顶升施工

(1)钢梁加载试验。

钢梁加载试验在存梁场进行，先在钢梁两端下面垫好支墩，并用∠75×75×8 角钢作斜撑焊于钢梁加劲肋上，以增加钢梁整体稳定性，然后通过千斤顶将横梁重量转移至钢梁上，最后在横梁上均布 5 片 5 t 纵梁使荷载为 1.2 倍横梁自重，测量钢梁挠度和应力。

(2)顶升系统安装。

横梁运输就位后，安装连接器并把顶升爬索锁定于吊杆下锚头上，为防止在顶升过程中钢绞线打绞，钢绞线应间隙排布，并在横梁吊杆孔上端安装钢绞线限位板，以防止横梁倾斜。并依次安装撑脚、千斤顶、工具锚 1(如图 10)，千斤顶张拉将爬升钢绞线张紧，让活塞走缸8～10 cm，然后安装工具锚 2(如图 11)。

图 10　安装工具锚 1

(3)横梁顶升。

检查安装完毕的顶升设备和各连接部件，确认无误后开启油泵，缓慢将横梁顶升脱离钢梁 10 mm 左右后停止顶升，再次检查顶升系统受力后的工作状态，如各设备和连接完好再移开钢梁，开始横梁爬升施工。

通过工具锚 1 和工具锚 2 的相互交替作用，将横梁顶升至设计安装高度。顶升过程中要保证两台千斤顶同步协调作业，横梁两端高差不超过 10 cm，如图 12。

图 11　安装工具锚 2

图 12　横梁顶升图

横梁上端升至吊杆下锚头时松开限位板，从吊杆预埋管退出。由于顶升系统无法自动下降横梁，因此在横梁接近设计标高时放慢顶升速度，防止横梁高于设计标高。顶升至设计高度后油泵稳压，立即将吊杆下锚头螺母旋紧，拆除工具锚 2，然后开始缓慢回油卸压，拆除工具锚 1，最后取下千斤顶，完成横梁顶升安装。方案中若出现高于设计标高，可通过在拱顶张拉千斤顶回放吊杆达到要求。

(4)横梁安装过程中的检查监控。

为保证横梁运输安装的安全，须在整个安装过程中对运输系统、顶升系统进行检查监控，杜绝安全隐患。检查项目见表 2。

表 2　横梁吊装检验表

项目			要求
运输系统	轨道	间距	间距误差控制在 3 mm 以内
运输系统	轨道	平整度	严格控制在 3 mm/m,钢轨与枕木必需紧贴,如有不紧贴加垫钢板塞紧,并检查钢轨是否与枕木扣紧
运输系统	平车	接头	接头高差 2 mm 以内、轴线差 1 mm 以内、间距 5 mm 以内
运输系统	平车	轮缘	轮缘无裂缝、变形不超过 1 mm
运输系统	平车	轴承	轴承无裂缝、滚珠无破损,轴承转动灵活
运输系统	平车	车身变形	无明显变形
顶升系统	爬索	钢绞线	每次检查刻丝、锈蚀情况,刻丝、锈蚀达到 2 mm 深度或出现断丝时必需换用新钢绞线
顶升系统	爬索	连接器	每次检查有无裂纹,夹片有无裂缝、破损,限位板是否正常工作。如不符要求,更换相应部件方可使用
顶升系统	爬索	连接情况	连接器与吊杆必需旋紧,每根钢绞丝均匀受力
顶升系统	钢梁	变形	中间位置最大变形不超过 15 mm
顶升系统	钢梁	安装位置	安装在距离主桥横梁端 550 cm 处
顶升系统	钢梁	支座	平整、紧贴承力面不得有空隙,支座放置在正对栈桥横梁上
千斤顶	油表		与千斤顶、油 泵配套校正方可使用
千斤顶	油泵		与千斤顶、油 表配套校正方可使用
千斤顶	进出油管路		无破损、泄漏

7　安全、质量控制

7.1　建立安全、质量保证制度

(1)建立健全安全质量组织机构,制订工程施工安全质量保证体系,明确各职能部门、各工作人员的安全、质量职责,在施工过程中实行严格安全、质量管理,确保安全、质量目标实现。

(2)建立健全安全、质量生产管理制度,落实安全、质量责任制。

(3)明确安全、质量防范重点,制定安全、质量防范措施。

(4)加强施工现场安全、质量教育与培训,并定期进行安全、质量检查。

7.2　制定安全、质量控制点

(1)横梁预制预应力张拉控制。

(2)横梁轨道平车运输荷载转移控制。

(3)栈桥稳定性及轨道平整度控制。

(4)横梁顶升爬索系统和顶升系统检查控制。

(5)横梁顶升同步及顶升速度控制。

8　结束语

针对东莞鸿福桥工程特点,利用拱肋安装用的栈桥运输轨道,采用轨道平车运输、千斤顶顶升安装的施工工艺。全桥 34 片横梁安装共历时 10 天,未出现一次安全质量事故,成桥后各项指标完全满足设计、规范要求,取得了良好的社会效益和经济效益,借此机会将一些施工措施和工艺总结出来,为以后施工提供一定的参考。

预制横梁吊装工艺

1 前　　言

钢管混凝土拱桥的横梁一般为预制横梁或钢箱梁，其中预制横梁安装方法主要有吊装和顶升安装两种方法，其中因拱肋安装根据地形多采用索道安装，为尽量利用既有设备，减少投入，预制横梁吊装施工成为最常用的施工方法。

1.1 工艺特点

预制横梁吊装施工方法有如下特点：

(1)吊装可不受桥下地形、河流、道路等自然条件的限制，适用范围很广泛。

(2)安装迅速，一天可安装 2～4 片。

(3)充分利用拱肋吊装施工的缆索吊机，减少辅助材料和设备投入，具有很好的经济性。

1.2 适用范围

适用于采用缆索吊机吊装施工的钢管混凝土拱桥的预制横梁安装施工。

1.3 工艺原理

横梁在桥位附近预制好，通过龙门吊机、船只或轨道平车转移到缆索吊机下方，用缆索吊机吊运预制横梁，穿入吊杆并调整横梁标高后锚固。

2 工艺流程及操作要点

2.1 施工工艺流程图

预制横梁吊装施工工艺流程如图 1 所示。

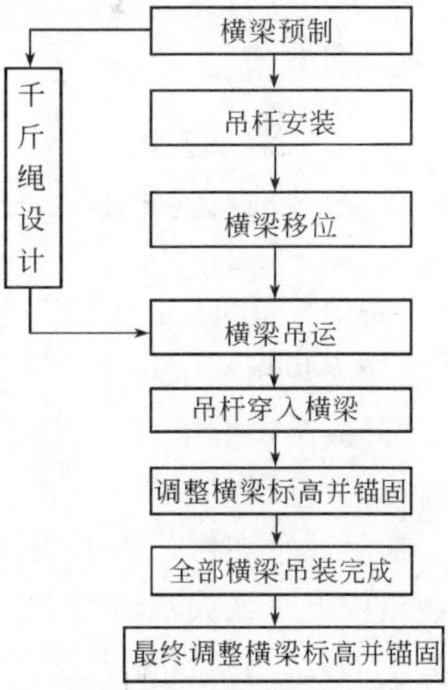

图 1　预制横梁吊装施工工艺流程图

2.2 横梁吊环构造及设计

2.2.1　横梁吊环构造

(1)每根横梁上按照梁体纵横轴线对称设置 2 或 4 个吊环，当采用 4 个吊环时，受力计算只能按 3 个考虑。吊环设置在横梁吊杆孔中心左右 0.5 m 范围内。

(2)吊环采用 1 根或成品字形截面布置的 3 根钢筋弯成 U 字形，弯曲半径不小于 $5d$ 且不得小于 10 cm，尾端可制成直角弯钩。

(3)吊环须采用Ⅰ级钢筋制作，严禁采用冷拉加工或Ⅱ级以上钢筋制作，以防止脆断。

(4)吊环埋入梁体混凝土内不小于 $35d$。

2.2.2　横梁吊环设计

(1)吊环的应力可按下式计算：

$$\sigma=\frac{9\ 807G}{nA}\leqslant[\sigma]$$

式中　σ——吊环拉应力(MPa)；

G——横梁重量(t)；

n——吊环的截面个数，一个吊环为 2；二个吊环为 4；

A——一根吊环钢筋的截面积(mm^2)；

$[\sigma]$——吊环钢筋的容许应力，$[\sigma]=50$ MPa(已考虑超载系数、动力系数、弯曲集中应力系数、吊环安装影响系数等)。

(2)一个吊环可起吊的重量可按下式计算：

$$G_0=8.01\,d^2[\sigma]\sin\beta$$

式中　G_0——1 个吊环的起吊重量(kg)；

d——吊环钢筋的直径(mm)；

β——起吊千斤绳的水平夹角，在 40°～60°之间；

其余符号意义同前。

2.3　千斤绳设计

起吊时千斤绳的拉力按下式计算

$$T=\frac{9\ 807G}{2\sin\beta}$$

式中　T——千斤绳的拉力(N)；

其余符号意义同前。

根据计算结果，查钢丝绳力学性能资料选取千斤绳，注意要有 5 倍以上安全系数。各根千斤绳的长度相差不得大于 3 cm。

2.4　横梁吊装

2.4.1　吊装前准备工作

(1)吊装前对缆索吊装系统全面检查，准备好千斤绳和卸扣并对其质量仔细检查，确保完好无损。

(2)用∠50×50×5 mm 角钢和钢筋制作两个小工作平台，在横梁起吊时挂在其吊杆位置上，以便安装吊杆下锚头。

(3)横梁吊装前，用工作索道将吊杆安装到钢管拱上。

2.4.2　横梁横移

横梁通常在桥位附近或桥头引道预制，通过龙门吊机、码头或轨道平车转移到缆索吊机下方。当桥下水流较平缓时，可用缆索吊机将横梁吊放到船舶或浮箱上，然后运送到横梁安装位置的正下方，用缆索吊机垂直起吊。

2.4.3　吊装顺序

横梁吊装遵循设计提供的顺序进行，如设计无要求时，一般按照先跨中、再 1/4 跨和拱脚、最后从跨中向拱脚的顺序均衡对称进行。图 2 所示为宜万铁路野三河大桥的横梁吊装顺序示意图，吊装顺序是(5、6)(1、10)(4、7)(2、9)(3、8)，可作参考。

2.4.4　横梁吊装

(1)对于有 2 组缆索吊机且横梁可运送到桥位下的情况，将缆索吊机分别安置到两条拱肋竖平面的外侧，用两个起重吊钩将横梁吊起横移到吊杆下方。

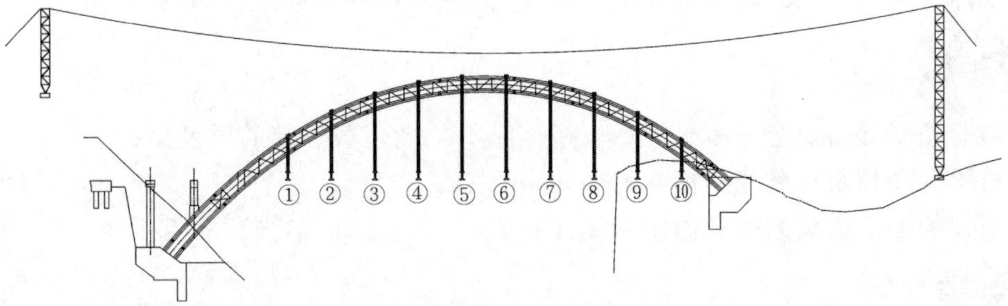

图 2　横梁吊装顺序参考图

(2)对于有 2 组缆索吊机但横梁不能运送到桥位下的情况，将缆索吊机分别安置到两条拱肋竖平面的内侧，用两个起重吊钩将横梁吊起横移到吊杆附近上方，从钢管拱的两个风撑之间将横梁放到拱下方，然后再横移到吊杆下方。

(3)对于有 1 组缆索吊机但横梁不能运送到桥位下的情况，将缆索吊机安置到桥梁中心线上方，将其两个吊钩并拢，将横梁吊起纵桥向吊运到吊杆附近上方，从钢管拱的两个风撑之间将横梁放到拱下方，然后再横移到吊杆下方。

(4)由于横梁长度比两条拱肋之间的间距和两道拱风撑之间的间距都要大，横梁不能直接从拱上方沿横桥向或纵桥向吊放到拱下方，需要将横梁水平转动到拱肋和风撑构成的方框的对角线方向，沿此对角线将横梁下放到拱下，再将横梁摆回到横桥向横移到吊杆下方。

(5)对于有 1 组缆索吊机且横梁在桥下预制且横梁不能吊到拱上的，将缆索吊机安置到桥梁中心线上方，将其两个吊钩并拢，将横梁吊起桥向吊运到风撑边；预先在风撑和拱肋交界处绑扎两根千斤索，将横梁转动到横桥向并挂在千斤索上，然后松脱吊钩，提升吊钩越过风撑再放下，重新吊起横梁继续前行到下一个风撑处，重复上述步骤直到吊杆下方。此方法称为“秋千法”，工效较低。

2.4.5　穿吊杆锚固

横梁吊运到吊杆下方后，吊杆对准横梁上的吊杆孔，提升横梁，同时将吊杆穿入吊杆孔，测量并控制横梁标高到设计位置，戴上并拧紧吊杆下锚头螺母。戴好下锚头防护罩，灌满防腐油脂，封好下锚头，取下工作平台，完成横梁吊装。

2.4.6　横梁标高调整

由于横梁荷载可能引起拱和吊杆变形导致横梁顶面标高变化，全部横梁吊装完成后，测量复核横梁顶标高，如与控制标高不符，则需调整。横梁标高调整时，用吊杆张拉专用千斤顶在拱背将吊杆提起，调整锚头螺母，使横梁达到控制标高。放松千斤顶，戴好上锚头防护罩，灌满防腐油脂，封好上锚头。

3　安全措施

(1)吊装之前要制定详细的施工组织设计，对全部参与吊装作业人员进行安全技术交底；吊装时要分工明确、统一指挥、信号清晰。

(2)缆索吊机系统使用前须按照相关规定进行检查、试吊验收，吊装期间应定期检查维护，确保其工作状况正常。

(3)大雾、雷电、暴雨、6 级以上大风气候条件下，严禁吊装作业。

(4)吊环、卸扣、千斤绳等吊具要全面检查,使用过程中注意保护,避免损伤。

4 质量措施

(1)横梁控制标高要考虑横梁、纵梁、桥面系等二期恒载引起的拱及吊杆变形量。

(2)横梁标高控制在其控制标高的±5 mm 之内。

(3)吊杆的上下锚头内防腐油脂应灌注密实,灌注前保证锚头套筒内干燥。

5 结束语

自 20 世纪 80 年代以来,钢管混凝土拱桥是国内采用较多的一种桥梁结构形式,至今已修建了 300 多座。吊装法安装预制横梁以其不受桥位处自然条件限制、辅助设施投入较少等特点,成为钢管混凝土拱桥施工中采用最多的施工方法。

钢管混凝土顶升浇注施工工艺

1 前　　言

钢管混凝土结构即在钢管内填充混凝土，将两种不同性质的材料组合成整体的复合结构。其作用原理是通过钢管对管内混凝土的“套箍”作用处于三向受压状态，使混凝土的承载力大大提高。同时钢管在施工中具有模板及受力钢筋的作用，可以节省大量模板和繁重的钢筋加工、安装工作。因此钢管混凝土结构在拱桥中使用率较高，也常被大跨径结构所采用。

钢管混凝土泵送浇注主要有两种工艺，一是自上而下的泵送抛落工艺；二是自下而上的泵送顶升压注工艺。对钢管混凝土而言，采用泵送顶升工艺更能保证混凝土密实性，为目前钢管混凝土灌注普遍采用的方法。

1.1　工艺特点

泵送混凝土施工能一次连续地完成水平和垂直运输，尤其对于一些场地狭窄和有障碍物时，用其他运输设备难以直接靠近的施工现场，混凝土泵更能有效地发挥作用，提高效率。此外，泵送混凝土施工还具有下列优点：

(1)施工机械化程度高，能节省大量劳动力和施工材料；

(2)混凝土泵的输送能力强、速度快，能加快施工进度、缩短工期、提高效率；

(3)可长距离压送，减小运输混凝土路程；

(4)对施工场地环境保护起到一定成效。

1.2　适用范围

本文适用于钢管混凝土顶升灌注，也可部分用于其他泵送混凝土施工。

1.3　工艺原理

泵送顶升工艺就是在钢管拱拱脚管壁上开孔，将混凝土输送管的一端与孔口相连，另一端与混凝土输送泵的出口相连，混凝土靠泵压通过输送管被连续地注入钢管拱内，直至混凝土将钢管填充饱满和密实。由于钢管拱内混凝土由拱脚一次对称压注至拱顶，整个灌注过程中混凝土要在钢管内翻动，故钢管混凝土顶升泵送的关键是要掌握好混凝土的流塑性，必须在混凝土未完全损失流塑性前完成灌注作业(初凝前)。

2　混凝土泵送顶升总体施工方案

(1)灌注混凝土前检查各接头的密封情况，防止法兰漏气导致压力损失。并在拱顶反压管内注入清水冲洗钢管，对钢管进行清洁和润滑，在钢管拱脚开孔，将冲洗水排放干净。

(2)在混凝土拌和车第一次装料前，用水泥砂浆润滑输送管，以避免影响混凝土坍落度的损失。

(3)压注混凝土应遵循匀速对称，慢送低压的原则，确保两半侧混凝土同时对称压注，其顶面高差不大于 1 m。

(4)压注时两边安排专人观测混凝土到达位置(采用锤敲击法),当两侧混凝土快相接时,控制压注速度,使两侧混凝土慢速对称上升,直到压满。

(5)拱顶反压管排出混凝土后,连续泵送混凝土,直至排除合格的混凝土,以确保混凝土的密实度。

(6)混凝土顶升作业完成后,在拱顶反压管内用插入式振捣棒振捣混凝土不再冒泡下沉后,立即关闭止流闸阀,避免混凝土倒流形成空洞。

3　拱肋混凝土灌注施工方法及工艺流程

拱肋各部分焊接完成并检验合格后,浇注拱脚封闭混凝土和钢管混凝土压注。采用泵送顶升法施工,全桥上、下游左右岸对称泵送,排气孔、压注孔按设计布置,每个拱脚各安置一台输送泵,泵送由拱脚开始连续、对称压注。压注时应严格控制泵压和泵速,保证两岸混凝土灌注对称。混凝土顶升灌注工艺流程如图1所示。

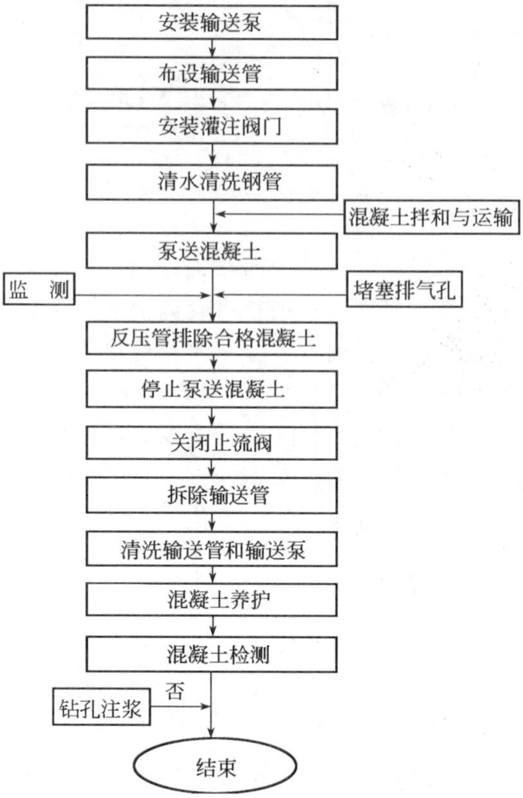

图1　混凝土顶升灌注工艺流程图

4　拱肋混凝土灌注施工工艺

4.1　拱肋混凝土灌注顺序

通常情况下按照设计要求顺序进行灌注,若设计无要求,则按先下后上、先内后外的顺序进行灌注。

4.2　混凝土配合比的选择

钢管混凝土宜采用半流动性微膨胀缓凝混凝土,配合比设计要点如下:

(1)粗骨料的最大粒径与输送管径之比规定:泵送高度50～100 m时,粗骨料最大粒径与管径之比宜为1∶3～1∶4;泵送高度在100 m以上时,宜为1∶4～1∶5。

(2)针片状颗粒含量不宜大于10%。对于泵送高程较高尤其是C50以上混凝土时,针片状颗粒要尽可能减少,C60～C80混凝土应不大于5%,这样可有效地防止混凝土堵塞。

(3)细骨料宜采用中砂,通过0.315 mm筛孔的砂不应少于15%。

(4)水灰比应小于0.35,坍落度为16～22 cm,以18～20 cm最佳,具体可经过试验确定。

(5)加入减水剂增加流动性。减水剂宜选择FDN型,在相同水灰比时,可提高强度20%左右,也可选用M型、YJ—2型、UNF2型减水剂,减水剂掺加量约为水泥量的0.9%～1.2%。

(6)10 s时相对压力泌水率不宜超过40%。

(7)加微膨胀剂以抵消混凝土收缩。微膨胀剂可选用UEA,掺入量约为水泥量的10%～20%(具体用量可根据产品情况试验确定)。

(8)可加5%(水泥量)的二级粉煤灰,以增加和易性,降低水化热。粉煤灰用量最大不超过10%。

(9)应加入缓凝剂延长初凝时间,一根钢管的混凝土灌注完成时间,不得超过第一盘入管混凝土的初凝时间。

(10)配料强度应为设计强度的1.1～1.15倍。

4.3 输送泵的选择和设置

输送泵选型的原则为:性能可靠,保证连续灌注,一般应有备用泵;输送泵的额定扬程应大于1.5倍灌注顶面高度;输送泵的出口泵压不宜超过规范要求,以免钢管被压裂。

输送泵的选择和设置应根据其泵送高差和距离设置成一级泵送或二级泵送。若采用二级泵送,第二级泵宜设在拱脚附近,先由一级泵站将混凝土泵送至二级泵站,再由二级泵站从两端拱脚一次性连续泵送到拱顶。

4.4 灌注孔设置

灌注孔孔径宜采用与混凝土输送管等直径,其方向向上,与钢管轴线成30°左右的角度。混凝土输送管与钢管灌注管用法兰盘连接,并设止流阀。

4.5 排气孔、捣固孔设置

排气孔、捣固孔应按设计要求设置,设计无要求则可沿拱肋由拱脚向拱顶走向每隔20～30 m在拱背设置一个排气孔。

4.6 反压孔的设置

为了保证混凝土灌注密实和质量,应在拱背设置反压孔。反压孔位置焊接长1.5 m左右,直径100 mm的钢管,用于排除浮浆并发挥反压作用。

4.7 输送泵管的布置

4.7.1 混凝土泵车的最大水平输送距离L_{max}及最大垂直输送距离H_{max}

$$L_{max}=p_{max}/p_H$$

$$H_{max}=p_{max}/p_V$$

式中 p_H——每米水平配管的压力损失(MPa/m);

p_V——每米垂直配管的压力损失(MPa/m)。

4.7.2 输送配管的水平及垂直换算长度的计算

水平换算长度:$L=(L_1+L_2+\cdots)+k(h_1+h_2+\cdots)+fm+bn_1+tn_2$

式中 $L_1,L_2,\cdots$——各段水平配管长度(m);

$h_1,h_2,\cdots$——各段垂直配管长度(m);

m——软管的根数;

n_1,n_2——弯管及锥形管的个数。

k、f、b、t——分别为每米垂直管及每根软管、弯管、锥形管的换算长度,见表1。

垂直换算长度:$H=L/K$

式中 H——垂直泵送高度;

K——每米垂直管的换算系数,见表1。

表1　各种配管与水平管换算表

项　　目	管型规格		换算成水平管长度(m)
向上垂直管 k(每 1 m)	管径 100 mm(4″)		3
	管径 125 mm(5″)		4
	管径 150 mm(6″)		5
软管 f	每 5～8 m 场的一根		20
弯管 b(每 1 个)	曲率	90°	12
	半径	45°	6
	R=0.5 m	30°	4
		15°	2
	曲率	90°	9
	半径	45°	4.5
	R=1.0 m	30°	3
		15°	1.5
锥形管(每 1 根)	管径 175→150 mm		4
	管径 150→125 mm		8
	管径 125→100 mm		6

知道了配管的情况后，就可以根据上面两式进行计算，计算时应注意垂直换算长度应小于 0.8 倍泵车的最大输送距离。计算结果 $L<L_{max}$时，符合要求。

4.7.3　输送泵管布置应注意的问题

(1)管的位置应根据压送条件、混凝土泵的输送性能、单位时间的输送量、粗骨料的粒径等条件，选用适宜的泵送管径。

(2)泵管的安装应稳固、可靠、各部位不得漏气、漏浆，且不能与结构物的模板和钢筋接触。

(3)泵管布置应当合理，尽量缩短其长度和减少弯头数量，特别是减少 90°直角弯头的数量。

4.8　拱肋混凝土的拌和及运输

混凝土的拌制是混凝土技术中的重要环节，对混凝土的质量将产生重要影响，尤其是高强高性能混凝土(HSPC)和泵送混凝土。首先应根据配合比要求选好原材料，并进行严格的计量。所用的计量器必须定期送检。搅拌过程中对各种材料的数量要控制在允许偏差范围内。搅拌时要注意投料顺序，控制最小搅拌时间。卸料后要控制混凝土的出机温度与坍落度并检查和易性与均匀性。

混凝土的运输能力应适应混凝土的凝结速度和浇注速度的需要，使浇注工作不间断并使混凝土运到浇注地点时仍保持均匀性和规定的坍落度。

4.9　混凝土泵送施工

泵送混凝土前，先泵送 1.5 m^3 水泥砂浆润滑管道，再连续泵送混凝土。泵送由拱脚开始连续、对称直至压注完成。压注时应严格控制泵压和泵速，保证混凝土对称灌注和对称加载。灌注混凝土时，利用铁锤敲击钢管听音的方法确定混凝土的灌注位置。对称灌注混凝土，确保两半肋进度差不超过 2 m。

安排专职技术人员严格管理每盘混凝土进料情况，砂石料必须计量准确。混凝土运输到现场应作坍落度抽检，保证泵送前混凝土的坍落度控制在 18～22 cm 内及和易性、可泵性和自密实性良好。

拱肋混凝土灌注时，对拱肋轴线、高程进行监测，如有异常情况，应立即停止施工，采取相应措施及时处理。

混凝土应连续供应，当混凝土出现间断时，应留一车混凝土每隔 5 min 泵送一次打养护，直到下车混凝土到来。输送泵料斗必须有足够的混凝土，防止无混凝土空泵而泵入空气到管中，引起堵管，或钢管内混凝土进入空气而形成空洞，影响混凝土质量，或因压缩空气产生高压造成钢管壁破裂。

当反压管冒浆时，应继续压注混凝土，直到浮浆全部排完，出现合格的混凝土时，方可停止泵送混凝土。

混凝土泵送完后，立即关闭切止阀门，拆除输送管，进行清洗。

混凝土灌注完后，应对钢管表面淋水降温，以保证混凝土的质量。

浇注孔在拱肋混凝土强度达到设计强度的 85%后，切除导管外露部分，并将该处原先切割下来的圆板倒坡口回位，焊好并打磨平顺光滑。

5 泵送安装过程中的监测监控

混凝土浇注工程中应对拱脚、$1/4L$、$1/8L$、拱顶位置高程、拱轴线变化、焊缝观测、拱肋应力应变进行监测监控。

6 钢管混凝土检测

拱肋混凝土压注完成，在规定的龄期后，用超声波检测每根钢管拱脚、$L/8$、$L/4$、$3L/4$、拱顶以及钢管拱肋接头位置处等断面。参照《超声波检测混凝土缺陷技术规程》及《钢管混凝土结构设计与施工规程》进行随机检测，并对不同阶段灌注的混凝土进行钻孔检查，对不密实的部位，进行钻孔、压浆、重新焊接处理。

7 技术措施

7.1 混凝土的控制

以使用减水剂、矿物掺和料为主要特征的泵送混凝土往往会频繁发生早期裂缝。而泵送混凝土早期性能的特殊性决定了对其养护的特殊性，采用早期养护，尤其是确保一定的相对湿度对于早龄期收缩有一定的抑制作用。

7.2 泵送过程控制

(1)混凝土的压送应连续进行，尽量避免中断。在有计划的中断压送时，应预先确定暂停浇注的位置，中断时间以不超过初凝时间为宜。

(2)在泵送发生问题或泵压上升时，应降低压送速度或使泵反泵，并敲打输送管以防堵塞，同时在一定时间由拱顶反压管内注入水泥浆润滑钢管壁，减少混凝土摩阻力。

(3)混凝土输送发生堵塞后，除应使泵反泵，确认管道中压力已降低，再打开管路排出堵塞物外，还应检查并调正管道以避免再次堵塞。

8 浇注施工过程中注意事项

(1)配料时应对外加剂严格控制计量，并按顺序投放；在浇注现场，随时检测控制混凝土坍落度；按规范要求制作相应数量的试块。

(2)泵送混凝土时，应使料斗内经常保持2/3的混凝土，以防止吸入空气，导致堵管。

(3)拱肋混凝土压注前、后及施工中，测量人员测量上吊杆锚垫板顶标高、上下弦管位置变化情况，以指导施工。

(4)由于拱肋混凝土灌注要求对称施工，两台泵车的指挥人员必须密切配合，严格控制其灌注速度，保证两端同步进行。

(5)宜选择一天中温度最高的时间段进行灌注，此时钢管的膨胀率最大，混凝土泵送量最多，并按规范要求在适宜的环境温度下泵送。

(6)对于多跨钢管拱，应按设计要求的顺序进行灌注，如设计无要求，宜先灌主跨，同时交叉灌注两边跨。

9 安全措施

(1)高空作业人员必须佩带安全帽、安全绳。

(2)拱肋上操作人员需穿防滑鞋。

(3)拆换输送管时应将管绑扎固定牢固，以防坠落。

(4)混凝土运输车辆在交叉路口派专人值班，保证道路畅通和行车安全。

10 质量措施

(1)加强现场统一指挥，分工明确，相互配合。经理负责总指挥，生产副经理负责现场总指挥，钢管拱两端由两名技术人员进行指挥，各灌注口安排5名操作人员负责接管、拆管、堵塞排气孔等。

(2)灌注混凝土前，制定详细的施工组织设计，对所有人员进行技术交底，使每人明确自己的岗位职责和质量职责，确保技术要求的贯彻执行。

(3)灌注混凝土前，对灌注用的机具设备各部分进行认真检查，并试运行正常。确保在整个混凝土灌注过程中，机况运行良好，所有用电线路按“三相五线”制安设。作好短、断路防护，并备有发电机、输送泵、输送管等。

(4)派专职技术人员到混凝土搅拌站监督督促混凝土的供应，与现场密切联系，根据现场的需用量及时进行供应。

(5)对混凝土运输车进行编号分组，混凝土运输道路派专人对混凝土运输车进行调度指挥，保证运输车进出场畅通，确保两半肋混凝土供应均衡。

(6)混凝土灌注前，管内残渣应用清水冲洗干净，在浇注微膨胀混凝土之前，应将所有与混凝土接触的部位充分加以湿润。

(7)混凝土运输到施工现场后，必须进行混凝土坍落度抽检，确保混凝土的和易性和可泵性。

(8)严格控制泵速和泵压，确保混凝土灌注的连续性。

11 结束语

钢管混凝土的灌注是钢管拱桥成桥质量的一个关键环节，施工中必须严格控制，确保安全和质量。

桥梁结构补强加固施工

混凝土裂缝修补施工工艺

1 前　　言

混凝土裂缝是桥梁工程中最常见的工程病害，致使结构产生裂缝的原因比较复杂，但裂缝对结构的安全使用及耐久性有不同程度的负面影响，必须及时进行处理。大部分裂缝发展稳定后，通过修补可恢复结构的整体性和原有功能，对于结构承载力不足引起的裂缝除采用修补处理外，还应采取相应的加固措施，确保结构安全可靠。

目前常见的混凝土裂缝修补方式有：低压注浆法、开槽填补法和涂膜封闭法，三种方法既可以单独使用，也可以同时使用，如先将大于 0.2 mm 的裂缝用注浆法进行封闭，然后对混凝土表面涂膜处理，覆盖所有细小裂纹，具体根据工程情况及设计要求确定。

桥梁出现裂缝之后，在处理之前首先应加强检查与观测，包括裂缝发生的部位、走向、宽度、分布状况以及大小和长度等，根据裂缝特征，结合设计、施工数据资料进行分析，查明裂缝性质、原因、变化发展情况、稳定状态及其危害程度，为修补方案的研究制定提供可靠依据。

2　低压化学注浆法

2.1　原　　理

低压化学注浆是采用低黏度、高抗拉强度灌浆材料，通过压力注浆（0.2～0.4 MPa）注入裂缝中，通过浆液扩散、胶凝、固化，达到黏结、键合、恢复构件整体性的目的，是理想的原位加固技术。

2.2　适用范围

适用于宽度为 0.2～3 mm 的混凝土裂缝修补。

2.3　施工程序

施工程序如图 1。

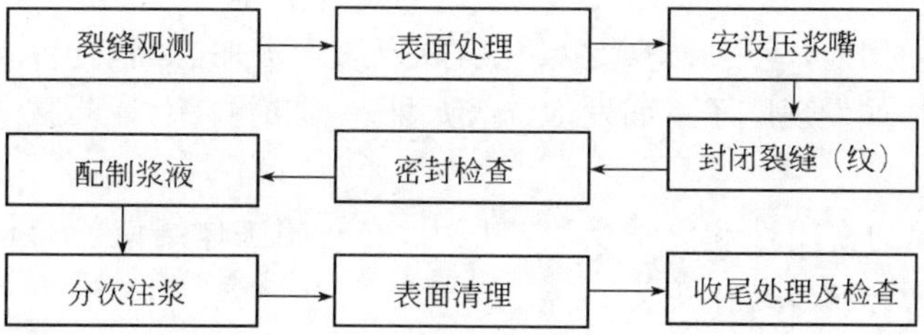

图 1　施工程序图

2.4　施工工艺

2.4.1　准备阶段

该阶段主要是将裂缝构成密闭的空腔，为压浆阶段做好充分的准备。工作分为：裂缝观测→

表面处理→安设压浆嘴→封闭裂缝(纹)→密封检查(试风)。

(1)表面的处理。

1)对于混凝土构件上较细(小于 0.3 mm)的裂缝,可用钢丝刷等工具,清除裂缝表面的灰尘、白灰、浮渣及松散层等污物,然后再用毛刷蘸甲苯、酒精等有机溶液,把沿裂缝两侧 20～30 mm处擦洗干净并保持干燥。

2)对于混凝土构件上较宽(大于 0.3 mm)的裂缝,应沿裂缝用钢钎或风镐凿成"V"形槽,槽宽与槽深可根据裂缝深度和有利于封缝来确定。凿槽时先沿裂缝打开,再向两侧加宽,凿完后用钢丝刷及压缩空气将混凝土碎屑粉尘清除干净。

3)对于大体积混凝土或大型结构上的深裂缝,可在裂缝上进行钻孔,对于走向不规则的裂缝,除骑缝钻孔外,需加钻斜孔,扩大灌浆通路。钻孔直径一般风钻为 56 mm,机钻孔应选最小孔径。裂缝宽度大于 0.5 mm,孔距可为 2～3 m,裂缝宽度小于 0.5 mm,适当缩小距离。钻孔后应清除孔内的碎屑粉尘,孔径大于 10 mm 时,可用粒径小于孔径的干净卵石填入孔内以减少耗浆量。

(2)粘贴注浆嘴。

注浆嘴是环氧树脂浆液的进、出口,注浆嘴的粘贴是压力注浆施工的关键,粘贴质量的好坏影响注浆工程的进程和处理质量。注浆嘴的布置间距与裂缝的宽度有关,其间距参见表 1。

表 1　裂缝宽度与注浆嘴间距表

裂缝宽度(mm)	0.2～0.3	0.3～0.5	0.5～1.0	1.0～3.0
注浆嘴间距(cm)	10～20	20～30	30～40	40～50

注浆嘴底盘应用丙酮擦洗干净,后用小油铲将环氧树脂腻子抹在压浆嘴底盘周围,拇指用力下按粘贴在指定位置。此时注意腻子不能过宽过厚,防止把压浆嘴孔堵死。最好由两人配合作业,一人负责抹腻子,另一人负责按压浆嘴。

(3)封闭。

包括裂缝的封闭和压浆嘴子周围的封闭两项内容。裂缝封闭采取贴玻璃丝布的方法,即沿缝走向刷宽 7～8 mm 的环氧树脂浆液或稀腻子,涂刷均匀后,粘贴一层玻璃丝布,再用油刷或棉纱团着力按擦,使之密贴。玻璃丝布宽 5～7 cm,长度贴到距嘴子底盘 5～10 mm 处止。对于较大的裂缝,采用玻璃丝布之前,要用腻子沿缝抹塞,抹平滑后再贴。随刷随贴,时间不得拖得过长。如压浆嘴螺丝口处粘有腻子时,应立即擦试干净(用丙酮),防止堵塞注浆孔。如采用带胶质的丝布作粘贴材料,使用前,应用肥皂加少量碱,放入热水中加温翻动,将胶质脱净,否则影响粘贴质量。在抹腻子时,如发现腻子里面发泡(起泡)扯丝,抹时打滚,证明腻子硬化,应停止使用。

(4)密封检查。

为保证密封空腔的密闭性和能承受灌浆压力,在封闭工作结束一天时间内,沿缝涂一层皂液,对每条缝进行试风检查,其作用为:

1)吹净缝中灰尘;

2)检查缝隙内贯通状况,指导压浆;

3)检查裂缝封闭情况,如未封好,有漏风,则应补封。

2.4.2　压浆阶段

借助专用灌浆泵将浆液注入缝隙并使之填满。目前压浆施工有两种方法:一为传统的风压注浆工艺,二是自动压力注浆器。相比较而言,自动注浆器更为方便、简单。本文重点介绍传统的风压注浆工艺。

(1)管路的联结工作。

把压浆罐下部的出浆口与注浆嘴相联，联结管必须使用一段(1 m 以上)聚氯乙稀透明塑料管，便于施工过程中观察浆液的流动情况，以判定是否压满。

(2)压浆操作。

依赖于风压使浆液流入透明塑料管内，进入混凝土裂缝之中。风压的掌握原则：窄缝进浆困难，风压宜大，应达到 0.4～0.5 MPa；缝宽、浆通畅，风压宜小，保持在 0.2～0.3 MPa。混凝土裂缝压浆顺序，竖直缝应由下往上，水平缝从一端到另一端逐个注浆。当相邻的嘴子中流出浆液时，应马上堵塞封闭，透明塑料管内浆液不流动时，表明已经压满，移到相邻注浆嘴重复注浆。过程中，如果发现跑浆现象，应马上停止压浆，用堵漏水玻璃拌和水泥，涂抹到漏浆处，等 1 min 钟左右，再试压，但压力宜适当减小。

为保证裂缝中浆液充满，在注浆半小时后，可以对每个注浆嘴再次补浆。

2.4.3 压注完裂缝的处理

待树脂液固化后，把压浆嘴剔掉，后用补强浆液抹平，如在剔压浆嘴时，造成原混凝土表面破坏或分离，进行修补，否则会造成该处重新开裂。

2.4.4 检　　查

注缝胶的强度发展与环境温度有很大关系，检查缝隙质量可以用小型空心钻机，跨缝钻芯取样。

2.5 材料的主要性能指标及技术要求

(1)混凝土结构裂缝修补用的化学灌浆材料应符合下列要求：

1)浆液的黏度小，可灌性好。

2)浆液固化后的收缩性小，抗渗性好。

3)浆液固化后的抗压、抗拉强度高，有较高的粘结强度。

4)浆液固化时间可以调节，灌浆工艺简便。

5)浆液应为无毒或低毒材料。

(2)化学灌浆材料主要有环氧树脂和甲基丙烯酸酯类材料，在工程中应用时浆液应进行试配。其可灌性和固化时间应满足设计、施工要求。

(3)环氧树脂灌浆材料和甲基丙稀酸脂类灌浆材料的组成原材料质量均应符合有关规定要求。

(4)水泥浆、水泥砂浆的配方应先进行试配，并检验其抗压、抗拉、抗弯强度。

2.6 机具设备

施工机具一般需准备空压机 2 台，角磨机 4～6 台，平面磨砂机 8 台，吹风机 4～6 台，剪刀 6 把，刷子 10 把，錾子 2 把，压浆罐 1 套。具体数量可根据施工工期和施工面积来确定。

2.7 劳动力组织及人员配备

劳动力组织视施工工期及施工面积确定班、组数。工期不紧、施工面积不大的工程可设一个班组。对工期要求紧、面积大的可设三个班组连续施工。每班组 10～12 人，其中管理人员 3 人(管理总负责 1 人，技术、质量总负责 1 人，安全总负责 1 人)，专业工人 7～9 人。

2.8　质量保证措施

(1)首先进行裂缝的观测,以确定布压浆嘴的间距,否则缝窄间距大,会造成无法压满。

(2)事先确定用浆量,否则配制过多造成浪费,此过程由专业人士控制。

(3)压浆嘴的粘贴一定要仔细,否则极容易在压力下跑浆及冲开压浆嘴。并且,会堵塞压浆嘴,无法压浆。

(4)压浆过程严格按操作规程进行,压力由小到大逐渐提高,防止造成冲浆现象。

(5)如果压浆不进,原因可能有三个:

1)浆液黏稠过大,在夏季更为突出。此时应酌情减少固化剂的用量或增加稀释剂用量。

2)浆液中有杂物或是嘴子被堵塞。

3)孔已压满。

(6)如果压浆时喷浆,浆液可能从嘴子边缘喷出及封闭薄弱的地方喷出,严重时,会把嘴子鼓掉,浆液喷到人身上、脸上。如发生以上情况可用以下两种方法处理:

1)水玻璃拌水泥,抹到喷浆的地方,再低风压浆。

2)嘴子掉了,用附表配方,配制腻子堵死,待硬化后再压。要防止此类现象,就是要加强封闭质量和做好试风工作,防患于未然。

(7)用压缩空气或压力水检查灌浆是否密实。

2.9　安全、环境保护措施

(1)化学灌浆材料多属易燃品,应密封储存,远离火源。

(2)在配制及使用现场,必须通风良好,操作人员应穿工作服,戴防护口罩、乳胶手套和眼镜,并严禁在现场进食。

(3)工作场地严禁烟火,并必须配备消防设施。

(4)加强安全意识,严格佩戴防护用品,防止浆液喷人。并加强高空安全防护。

3　涂膜封闭法

3.1　适用范围

在混凝土表面涂刷防水涂膜以封闭微细裂缝的方法称为涂膜封闭法,适用于宽度小于 0.2 mm 的微细裂缝修补,也可用于混凝土外表面防水、防腐蚀处理。

3.2　施工工艺

(1)表面清理:利用砂轮打磨机对混凝土表层的浮浆和起砂层进行打磨,混凝土新鲜坚硬面出露后,清扫或冲洗干净。

(2)刮腻子:对混凝土表面裂缝、气孔或缺陷处用腻子填充补平,待干后用纱布磨平。腻子采用混凝土修补胶和粉料按 1∶1.8～1∶2.0 配方而成。

(3)涂刷底层涂料:底层涂料由修补胶和粉料组成,配方为 1∶0.7～0.8;施工采用刷涂工艺。涂料在使用前应过滤,除去杂质和结块。

(4)中间涂层:采用刷涂或辊涂方法涂刷 3 遍,每次涂刷均要在上遍涂刷干燥后再涂,两次涂刷方向互相垂直。

(5)面层:主层涂料干后,在表面涂 1～2 层罩面胶。

3.3 施工机具和材料

施工机具：钢丝刷、羊毛辊具、油漆刷等手工工具，砂轮打磨机。

材料：混凝土修补胶、罩面胶、修补粉料或水泥。

4 开槽填补法

4.1 适用范围

沿混凝土裂缝开凿成槽，用聚合物水泥砂浆将其填补封闭的方法称为开槽填补法。适用于结构允许开槽而宽度较大但数量不多的裂缝，如混凝土墩台裂缝。

4.2 施工工艺

(1)工艺流程：开槽→涂刷界面处理浆液→压抹聚合物砂浆→养护。

(2)开槽：用钢凿子和扁铲沿裂缝开槽，槽宽和深约 3～5 cm，呈 U 形，槽内的碎屑和粉尘要清除干净。

(3)涂刷界面处理浆：用刷子在槽的底部和两壁均匀涂刷一层界面处理浆，配方为水泥(修补粉料)：混凝土修补胶＝1：1。

(4)压抹聚合物砂浆：聚合物水泥砂浆参考配合比(重量比)如下：

水泥(修补粉料)：中砂：混凝土修补胶：水＝1：2.5：0.3～0.4：适量。

在界面处理浆尚未硬化前，将拌制好的聚合物水泥砂浆用抹刀压入槽中，压实抹平。

(5)养护：聚合物水泥砂浆不需浇水养护，在湿空气中养护即可。养护期间不得淋雨、日晒或风吹，最好覆盖一层塑料薄膜。

5 工程实例：深圳泥岗立交 4# 桥裂缝加固技术

5.1 桥梁概况

深圳市泥岗立交位于北环路与泥岗路和上步路的交叉口，为三层定向立交，共由五座桥组成，均为预应力混凝土连续梁结构，该桥于 1994 年 10 月建成。泥岗立交桥按荷载标准汽车—超 20，挂车—120 设计；其最大纵坡为 6%，横坡为 1.5%；抗震烈度 8 度。

5.2 4# 桥桥梁裂缝情况

深圳市泥岗立交桥 4# 桥全长 259 m，分三联，第一联分为：30 m＋37 m＋30 m 的梁跨组合(曲线部分)，第二、三联为 3×27 m 的梁跨组合。上部结构为预应力混凝土连续箱梁，断面为单箱双室结构，该桥是深圳北环路向布吉方向去的主要通道，车流量较大，尤其是大型货柜车较多，因该桥实际荷载已大大超过设计荷载，经过 6 年的运营后，第一联曲线桥部分中孔跨中梁体裂缝严重，最大宽度达 0.28 mm，深度达 140 mm，第二、三联的每联中孔裂缝较多，最深达 67 mm，个别裂缝已贯通底板。该桥出现的上述破坏后，引起了深圳市建设局及原设计单位的高度重视，为确保该桥能继续安全运营，经过专家多次会议讨论，决定对该桥梁体进行加固。

5.3 4# 主梁梁体加固施工方案

(1)主梁裂缝修补

4# 桥主梁的翼缘板、腹板、底板均有较多的横向受力裂缝，为封闭裂缝，防止钢筋受腐，采用环氧(中国冶金研究所研制的AB类环氧树脂浆液)化学压力注浆的方法进行处理。其操作如下：

注浆嘴定位、封闭(包括裂缝体表面)→实施注浆(根据裂缝情况选择不同型号的AB树脂浆液)→确认注浆完成→卸除机具(浆液初凝后)→表面处理(打磨平整)。

(2)主梁粘贴碳纤维加固

考虑到4#桥通车量大,超载情况严重,为阻止裂缝的发展,对裂缝进行注浆封闭后,采取在主梁腹板和底板粘贴碳素纤维的方法进行加固,粘贴剂采用CFR树脂。其具体情况为：

碳素纤维的粘贴工艺为:基底打磨处理→涂刷底层树脂CFP→修复、填补、整平梁面(用CFE)→涂刷粘贴树脂胶(CFR胶液)→粘贴碳纤维布→重复上述步骤粘贴完成→涂刷最后一道CFR树脂→外表面处理(具体材料待研究后再定)→清理梁面(结束)。

施工时,先贴底板纤维,然后贴腹板L形纤维和梁体变截面处的斜向及竖向纤维,最后粘贴腹板纵向纤维压条。

基底打磨采用砂轮机和角磨机打磨,直至露出新鲜混凝土界面,对已形成的混凝土被腐蚀区域进行清除。

对于活动裂缝,即处于继续开展而未稳定的裂缝,应在分析并控制裂缝开展使其稳定后,方可按上述方法进行修补。如裂缝开展不能控制,则应采取相应的措施,限制结构的变形,裂缝宜用柔性材料进行封闭处理。

裂缝修补施工如图2。

图2　裂缝修补施工图

6　引用和支持性文件

混凝土结构的裂缝加固设计、施工及验收,应符合下列现行国家标准的规定：

(1)《建筑结构荷载规范》。

(2)《混凝土结构设计规范》。

(3)《混凝土结构工程施工质量验收规范》。

(4)《混凝土结构加固技术规范》。

结构补强加固范围及施工工艺

1 前　　言

受各种因素影响，既有桥梁出现非预期的病害或损害，致使混凝土强度不足，桥梁设计承载力或耐久性不能得到有效保障时，需要对结构实施补强加固，恢复既有功能。

桥梁补强加固方案的选择必须在查清原因基础之上，通过结构安全评估、设计计算分析进行确定。原则上不改变原结构设计形式，考虑消耗少、功效快、减少交通影响、技术上可行、有较好耐久性等方面要求。目前常用方法有：加大截面加固（在原结构基础上，增加一定厚度的钢筋混凝土）、表面粘贴加固、体外预应力加固、外喷混凝土加固、置换混凝土材料加固、植筋加固、增加支撑加固等。

本文重点介绍碳纤维及片材加固工艺、结构表面粘钢加固工艺。

2 碳纤维布及片材加固修复技术

2.1 适用范围

2.1.1 原　　理

碳纤维布及片材是用抗拉强度极高的碳纤维丝“拉拔”成型，单向排列，并经环氧树脂预浸而成的结构增强型复合材料。将它用黏结树脂作为黏结剂，沿受力方向或垂直于裂缝方向粘贴在受损构件表面，黏结剂作为它们之间的剪力连接媒介，形成新的复合体。整个工艺的关键在于碳纤维片材黏结的紧密、牢固，保证与原结构形成整体，能够共同工作。

2.1.2 主要特点

(1)碳纤维片材轻质高强：其抗拉强度比普通钢材高 8～10 倍，将它用黏结树脂与结构粘贴后形成一体，能可靠地与钢筋混凝土共同工作，有优异的补强效果，而结构自重的增加几乎可以忽略。

(2)抗腐蚀：碳纤维能有效地防护构件的混凝土和钢筋免受酸、碱、盐、水等介质的腐蚀。

(3)耐老化：碳纤维与胶结构本身及经其补强的构件可以长期承受紫外线、核幅射；长期在－54 ℃～80 ℃下使用，强度不会降低；经加速暴露老化试验验证可历时 40 年性能不变；且在表面涂装后，耐用性更加突出。

(4)保持结构原状，外形美观：碳纤维片材便于随构件原形贴附，基本不改变构件断面尺寸，贴片后表面可以涂刷、粘贴饰面材料、防火材料。

(5)施工简便、快捷：采用传统的加固补强方法，如包混凝土法、粘钢法，均需进行大量剔凿、植筋、焊接、浇混凝土作业，碳纤维片材施工却不需要。因此，它对施工空间要求很低，便于狭窄空间作业，施工快捷，对生产、使用的干扰很小。

2.1.3 适用范围

主要适用于混凝土桥梁的基本构件和节点的加固补强，其加固的效果主要是提高构件的抗弯承载力、抗剪承载力以及受压构件的轴向抗压承载力；提高构件的刚度以及延性。除此之外，碳纤维片材加固的混凝土构件裂缝宽度发展可以得到控制。

采用粘贴碳纤维片材加固修复的混凝土结构，长期使用环境温度不应高于 60℃。对处于特殊环境（腐蚀、放射、高温等）下的混凝土结构采用碳纤维片材进行加固修复时，应遵守相应的国家现行有关标准和规范的规定，并应采取必要的防护措施。

2.2　施工程序

施工程序如图 1。

2.3　施工工艺

2.3.1　加固准备加固前应对所加固的构件尽可能卸载

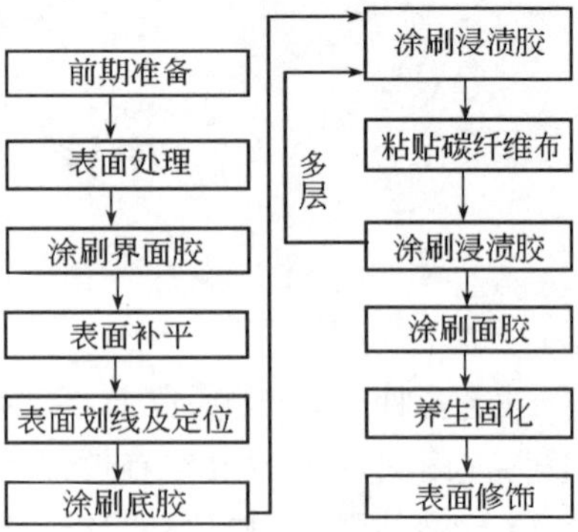

图 1　施工程序图

2.3.2　表面处理

（1）对无风化现象的表面，用平面砂轮机除去表面浮浆，并找平。

（2）对风化严重的表面，应凿除表面的剥落、疏松、蜂窝、腐蚀等劣化混凝土，露出混凝土结构层。如露筋则对钢筋进行防腐处理，并用高强聚合物砂浆抹平，油污部分用丙酮清洗，将表面处理为"平坦且无脆弱部分和脏污的状态"。

（3）用高压风除去研磨表面时产生的粉尘，并使表面干燥。

（4）如混凝土结构内部有裂缝，则需对裂缝进行修补、压浆、封闭等处理后，方可进行下一道工序施工。

2.3.3　涂刷界面胶

确认粘贴表面干燥。气温在 5 ℃以下，相对湿度大于 85％时不得施工。为保证下一工序整平砂浆与混凝土的黏结强度，用滚刷均匀涂刷一层界面胶于施工混凝土表面。

2.3.4　表面补平

（1）对表面处理过程中出现落差较大的部分，用聚合物砂浆整平表面，落差最小修整宽度为 3～5 cm。

（2）对结构物的锐角、直角部分，应用角磨机打磨做成圆弧状，曲率半径不小于 20 cm，保证粘贴密实及防止该部位产生薄弱层。

2.3.5　表面划线、定位

根据设计，在需粘贴碳纤维布的部位进行划线定位，使粘贴的碳纤维布平、顺、直。

2.3.6　涂刷底胶

（1）涂刷表面含水率低于 10％，方可进行涂胶。

（2）将底胶各组分充分混合，按规定程序、方法搅拌，根据气温和施工速度，确定好每次拌和用量。

（3）用滚刷均匀涂刷到将要贴合碳纤维布的混凝土表面。

2.3.7　涂刷浸渍胶

（1）浸渍黏合剂各组分充分混合，按规定程序、方法搅拌均匀。根据施工速度及胶凝时间，确定每次拌和用量。

（2）用滚刷将浸渍黏合剂均匀涂刷到混凝土面上。

2.3.8　粘贴碳纤维布

将按设计要求尺寸裁剪的碳纤维布压贴上去，一边贴合，一边沿纤维方向滚压除去气泡，将纤维浸到胶里，滚压时不得损伤碳纤维布，确认碳纤维布中编织的纤维横丝呈透明状态即可，一般保持胶层厚约 1 mm。

2.3.9　涂刷浸渍胶

(1)贴合完成后,用滚刷再涂一遍浸渍胶,保证碳纤维布全部浸入胶内,这部分的浸渍操作严加注意。

(2)需要粘合二层以上时,待上层碳纤维表面指触干燥,并且检查无鼓胀等现象后,即可进行下层粘贴,重复以上操作。碳纤维布沿受力方向搭结长度不应小于 100 mm,各黏接层搭结位置应相互错开。

2.3.10　涂刷面胶

在最后一层碳纤维的表面再涂一次浸渍树脂。

2.3.11　养生固化

为防止雨水等淋湿贴合面,在没有达到手触干燥之前,需用塑料薄膜盖住,保证养生至少 24 h 以上,去除塑料薄膜。

2.3.12　表面修饰

为美观和防止紫外线造成浸渍黏合剂的老化,可在粘贴表面涂刷专用涂料进行防护。

2.4　材料的主要性能指标及技术要求

碳纤维材料加固修补混凝土结构所用材料主要为碳纤维布和粘贴用树脂类黏合剂。

2.4.1　碳纤维布的主要性能指标见表 1。

表 1　碳纤维布性能指标

性　能	碳纤维布
抗拉强度标准值(MPa)	≥3 000
弹性模量(MPa)	$\geq 2.1\times10^5$
伸长率(%)	≥1.4

2.4.2　底层树脂的性能指标见表 2。

表 2　底层树脂性能指标

性能	性能指标要求
正拉黏接强度	≥2.5 MPa 且不小于被加固混凝土抗拉强度标准值 f_{tk} 的 1.2 倍

2.4.3　找平材料的性能指标见表 3。

表 3　找平材料性能指标

性　能	性能指标要求
正拉黏接强度	≥2.5 MPa 且不小于被加固混凝土抗拉强度标准值 f_{tk} 的 1.2 倍

2.4.4　浸渍树脂和黏结树脂性能指标见表 4。

表 4　浸渍树脂和黏结树脂性能指标

性能	性能指标要求	性能	性能指标要求
拉伸剪切强度	≥10 MPa	正拉黏接强度	≥2.5 MPa 且不小于被加固混凝土抗拉强度标准值 f_{tk} 的 1.2 倍
拉伸强度	≥30 MPa	弹性模量	≥1 500 MPa
压缩强度	≥70 MPa	伸长率	≥1.5%
弯曲强度	≥40 MPa		

2.4.5　表面防护材料应与浸渍树脂具有同样可靠的黏结强度及良好的变形性能。

2.5　机具设备

施工机具一般需准备角磨机 4～6 台，平面磨砂机 8 台，吹风机 4～6 台，剪刀 6 把，专用滚子 10 把，錾子 2 把，压浆设备一套。具体数量可根据施工工期和施工面积来确定。

2.6　劳动力组织及人员配备

劳动力组织视施工工期及施工面积确定班、组数。工期不紧、施工面积不大的工程可设一个班组。对工期要求紧、面积大的可设三个班组连续施工。每班组 10～12 人，其中管理人员 3 人(管理总负责 1 人、技术、质量总负责 1 人、安全总负责 1 人)，专业工人 7～9 人。每工日完成 15 m^2。

2.7　质量保证措施

(1)在开工前，确认碳纤维布及配套树脂类黏结剂的产品合格证、准用许可证、产品质量出厂检验报告及各项性能指标都符合要求。

(2)粘贴碳纤维布加固修复混凝土结构应由熟悉施工工艺的专业施工队伍完成，并应精心组织、精心施工。

(3)按设计要求尺寸裁剪碳纤维布，使用中应避免碳纤维布的弯折。

(4)保证黏合密实，在受力方向应粘贴平、直，不得弯曲。如有空鼓，对于直径在 10～30 mm以下的空鼓，每平方米少于 10 个为合格；若每平方米在 10 个以上，则认为不合格，需进行修补；对于直径在 30 mm 以上的空鼓，只要出现即认为不合格，需要进行修补。

(5)碳纤维片材规格、贴片位置、长度、宽度、纤维方向、层数符合设计规定。

(6)必要时，在施工现场取浸渍黏合剂样块，检查抗拉和抗弯强度。

2.8　安全、环境保护措施

(1)对施工人员进行专门培训，使他们了解、掌握该工序的施工方法。

(2)应避免在雨季施工。

(3)碳纤维布为导电材料，使用碳纤维布时应尽量远离电气设备及电源。

(4)碳纤维布配套树脂的原料应密封储存，远离火源，避免阳光直接照射。

(5)树脂的配制和使用场所，应保持通风良好。

(6)现场施工人员应根据使用树脂材料采取相应的劳动保护措施。

3　外部粘钢加固技术

3.1　适用范围

3.1.1　原　　理

粘贴钢板加固法，是指用胶黏剂将钢板粘贴在构件外部的一种加固方法。

3.1.2　技术特点

(1)经过多年来的工程实践，已经证明完全能保证加固工程的质量，结构的强度和刚度都能满足设计的要求。

(2)满足施工快速:在保证粘钢加固结构质量的前提下,能够快速完成施工任务。

(3)简洁轻巧:与其他加固方法比较,粘钢加固的施工,比较简便,现场无湿作业。完成加固后的结构外观不改变,比较轻巧,钢板薄,结构自重增加极微,不会导致建筑物内其他构件的连锁加固。

(4)灵活多样:粘钢加固法的适应性很强,方案多种多样,灵活巧妙。还可粘贴型钢、加固钢结构及砖砌体结构。

(5)经济合理:由于施工快,节约加固材料,与其他加固方法比较,粘钢加固的费用大为节省,经济效益很高。

3.1.3 适用范围

(1)本加固法适用于承受静力作用的一般受弯及受拉构件。

(2)本加固法以环境温度不超过 60 ℃,相对湿度不大于 70%,及无化学腐蚀的使用条件为限,否则应采取有效防护措施。

(3)当构件混凝土强度等级低于 C15 时不宜采用本法进行加固。

3.2 施工程序

施工程序如图 2。

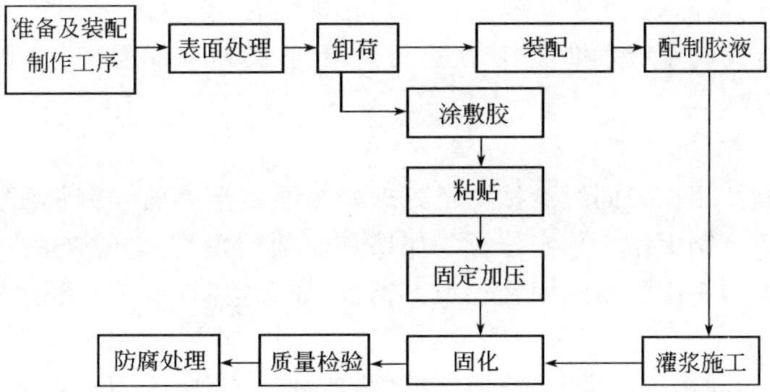

图 2 施工程序图

3.3 施工工艺

3.3.1 准备及装配制作工序

在基材混凝土和钢板面上放线钻孔,按设计要求将钢板弯曲成形,拼装、焊接、预埋膨胀螺栓或锚杆等。

3.3.2 表面处理

表面处理包括构件结合面处理及钢板贴合面处理,是最关键的工序,应认真进行。对混凝土构件局部有破损应首先凿毛,用高强水泥修补后再进行处理。对于混凝土构件结合面,根据构件表面的新旧、坚实、干湿程度分别按以下三种情况处理:

(1)对于很旧、很脏的混凝土构件的粘合面,应先用硬毛刷沾高效洗涤剂,刷除表面油污后,用冷水冲洗,再进行打磨,除去 2～3 mm 厚的表面,露出新混凝土面,用高压风吹净。

(2)如果混凝土表面不是很脏,则可直接对黏合面进行打磨,去掉 1～2 mm 厚表层,用清水及压缩空气洗吹干净,待干燥后,用脱脂棉沾丙酮擦拭表面。

(3)对湿度较大的混凝土构件,需对表面进行上述处理,然后人工干燥处理。

(4)钢板黏接面,须进行除锈和粗糙处理。如钢板未生锈或轻微锈蚀,可用喷砂、砂布或平砂轮打磨,直至出现金属光泽。打磨粗糙度越大越好,打磨纹路应与钢板受力方向垂直。其后,用脱脂棉沾丙酮擦拭干净。如钢板锈蚀严重,须先用适度盐酸浸泡 20 min,使锈层脱落,再用石灰水冲洗,中和酸离子,最后用平砂轮打磨出纹道。

3.3.3　卸　　荷

为减轻和消除后粘钢板的应力应变滞后的现象,粘钢板前应对构件进行适当卸荷。如采用千斤顶顶升方式卸荷,对于承受均布荷载的梁,应采用多点(至少两点)均匀顶升,对于有次梁作用的主梁,每根次梁下要设一台千斤顶。顶升吨位以顶面不出现裂缝为准。

3.3.4　装配法施工

根据设计图要求,在混凝土上进行放线定位,把钢板和混凝土通过膨胀螺栓及 U 形卡准确地固定住,与混凝土构件粘合面留 3～5 mm 的间隙。钢板四周用封缝胶泥进行封堵,下部留灌浆孔。为便于灌浆,在两边及上部间隔一定间距布置通气孔,以防止浆液流失和确保灌浆的密实度。

根据施工条件、气候、温度、湿度,选择一种性能优越,价格合理的专用胶,粘合前进行各组分的充分混合。

在封缝胶泥固化后,进行试风。然后将配制好的浆液从下部试作气压,以 0.3 MPa 的压力压入钢板与混凝土间隙处,当两边和上部通气孔排浆时,立即停止压力,进行封堵,然后停几分钟凝固后,从低压到高压继续灌注,依次进行封堵,直到最上部通气孔排浆,封堵后持续几分钟压力压浆即告完成。

3.3.5　粘贴法施工

黏结剂配制好后,用抹刀同时涂抹在已处理好的混凝土表面和钢板面上,厚度 1～3 mm,中间厚边缘薄,然后将钢板贴于预定位置。如果是立面粘贴,为防止流淌,可加一层脱蜡玻璃丝布。粘好钢板后,用手锤沿粘贴面轻轻敲击钢板,如无空洞声,表示已粘贴密实,则应剥下钢板,补胶,重新粘贴。

钢板粘贴好后立即用夹具夹紧,或用支撑固定,并适当加压,以使胶液刚从钢板边缝挤出为度。

JGN 型黏结剂在常温下固化,保持在 20 ℃以上,24 h 即可拆除夹具或支撑,3 d 可受力使用。若低于 15 ℃,应采取人工加温,一般用红外线灯加热。

3.3.6　固　　化

目前使用的黏合剂都是在常温下固化,3 d 即可受力使用。若温度低,可用红外线加热。固化期间不得对钢板作任何扰动。钢板表面温度不高于 60℃。

3.3.7　防腐处理

钢板外应进行防腐处理,可刷防腐漆或外粉砂浆。刷防腐漆时钢板外部先除锈。外粉砂浆时,钢板表面应粉刷水泥砂浆保护。如钢板表面积较大,为利于砂浆粘结,可粘一层铅丝网或点粘一层豆石,并在抹灰时涂刷一层混凝土界面剂。

3.4　材料的主要性能指标及技术要求

(1)加固所用黏结剂,必须是黏结强度高、耐久性好、具有一定弹性。目前暂以国产 JGNI 型、Ⅱ型等建筑结构胶为准,对于其他胶种,当有充分试验依据且性能满足使用要求时亦可采用。目前所用的 JGN 建筑结构胶,其各项强度指标可按表 5、6 要求。

表 5 黏结剂强度指标

被粘基层材料种类	破坏特征	抗剪强度(MPa)			轴心抗拉强度(MPa)		
		试验值 f_v^0	标准值 f_{vk}	设计值 f_v	试验值 f_t^0	标准值 f_{tk}	设计值 f_t
钢—钢	胶层破坏	≥18	9	3.6	≥33	16.5	6.6
钢—混凝土	混凝土破坏	$\geqslant f_v^0$	f_{cvk}	f_{cv}	$\geqslant f_{ct}^0$	f_{ctk}	f_{ct}
混凝土—混凝土	混凝土破坏	$\geqslant f_v^0$	f_{cvk}	f_{cv}	$\geqslant f_{ct}^0$	f_{ctk}	f_{ct}

表 6 混凝土强度指标

强度名称 \ 混凝土强度等级	C15	C20	C25	C30	C35	C40	C45	C50	C55	C60
试验值(f_{cv}^0)	2.5	2.70	3.15	3.55	3.90	4.30	4.65	5.00	5.30	5.60
标准值(f_{cvk})	1.70	2.10	2.50	2.85	3.20	3.50	3.80	3.90	4.00	4.10
设计值(f_{cv})	1.25	1.75	1.80	2.10	2.35	2.60	2.80	2.90	2.95	3.10

(2)混凝土的抗剪强度试验值 f_{cv}^0、标准值 f_{cvk} 及设计值 f_{cv} 按附表 1.2 采用;混凝土的轴心抗拉强度标准值 f_{ctk} 及设计值 f_{ct},按现行国家标准《混凝土结构设计规范》规定采用。

(3)加固用钢板,一般以 3 号钢或 16 锰钢为宜。粘结钢板厚度以 2~6 mm 为宜。钢板、连接螺栓及焊缝的强度设计值,应按现行国家标准《钢结构设计规范》规定采用。

(4)对于受压区粘钢加固,当采用梁侧粘钢时,钢板宽度不宜大于梁高的 1/3。

(5)黏接钢板在加固点外的锚固长度:对于受拉区,不得小于 200 t(t 为钢板厚度),亦不得小于 600 mm;对于受压区,不得小于 160 t,亦不得小于 480 mm,对于大跨结构或可能经受反复荷载的结构,锚固区尚宜增设 U 形箍板或螺栓等附加锚固措施。

(6)粘钢加固基层的混凝土强度等级不应低于 C15。当构件混凝土强度等级低于 C15 时,不宜采用本法进行加固。

(7)钢板表面须用 M15 水泥砂浆抹面,其厚度:对于梁不应小于 20 mm,对于板不应小于 15 mm。

3.5 机具设备

钢板加工一般在加工厂完成后在送到工地。施工机具一般需准备千斤顶 10 台,角磨机 4 台,平面磨砂机 5 台,空压机 2 台,抹刀 20 把,錾子 2 把,冲击式钻机 5 台。具体数量可根据施工工期和施工面积来确定。

3.6 劳动力组织及人员配备

劳动力组织视工期要求而定。加工的面积大或块数多可设三个班组连续施工。每班组 10~12 人,其中管理人员 3 人(管理总负责 1 人,技术、质量总负责 1 人,安全总负责 1 人),专业工人 7~9 人。工期不紧、施工面积不大的工程可设一个班组。

3.7 质量保证措施

(1)撤除临时固定设备后,应用小锤轻轻敲击黏结钢板,从音响判断黏接效果或用超声波法探测黏结密实度。如锚固区黏结面积少于90%，非锚固区黏结面积少于70%，则此黏结件无效，应剥下重新黏结。

(2)对于重大工程，为真实检验其加固效果，尚需抽样进行荷载试验，一般仅作标准使用荷载试验，即将卸去的荷载重新全部加上，其结构的变形和裂缝开展应满足设计使用要求。

3.8 安全、环境保护措施

(1)配制黏结剂用的原料应密封储存，远离火源，避免阳光直接照射。

(2)配制和使用场所，必须保持通风良好。

(3)操作人员应穿工作服，藏防护口罩和手套。

(4)工作场所应配备各种必要的灭火器以备救护。

5 工程实例

5.1 西藏昌都西大桥整治加固

昌都西大桥位于昌都城区，跨越昂曲河，全长94.54 m，该桥建成于1972年10月，主孔为一净跨75 m的空腹式变截面双曲拱桥，矢跨比1/8，拱轴线为悬链线但按恒载压力线调整，该桥桥面净宽7 m+2×1 m人行道，设计荷载为原气—15、拖—60，汽车荷载仅相当于目前的汽—10。

该桥在1987年就发现裂缝和变形，西藏自治区交通科学研究院与重庆交通学院交通科学研究院对该桥进行验算分析及加固设计。病害具体表现为：路面损坏严重；主拱圈拱顶出现下挠，上下游平均下挠11.45 cm；东西引拱由16块预制的拱板组成，拱腹处严重纵向错位，连接处出现开裂；其他6个腹拱跨中出现横向开裂；各横墙小拱圈预制质量很差，在拱顶区段均出现竖向及纵向开裂。主拱圈拱肋横向开裂，拱波与拱肋边接处纵向开裂，拱波顶面出现大量裂缝。

西藏自治区邀请中铁二局五公司加固该桥，于2000年9月20日进场施工，严格遵循设计方案，依据“壁可”法及粘贴碳纤维布细则进行施工，于2000年11月20日顺利竣工。

该桥整治方案为：

(1)引孔预制块错位部分钻孔锚固，并固定；路面凿除原混凝土现浇C35钢纤维混凝土；主拱拱背现浇C35钢纤维混凝土、引孔底座现浇C20片石混凝土上浇C25混凝土；横墙及其内小拱的竖向裂缝，均首先采用长20 cm、爪深8 cm的钢抓钉固定并采用XX—11型结构胶进行压灌封闭，外露面作细砂抛撒压面处理。

(2)主拱拱肋纵向粘贴二层40 cm 、50 cm宽碳纤维布；拱肋和拱波脚交接处纵向粘贴二层80 cm宽碳纤维布并粘贴一层U形碳纤维布加强；拱波中心纵向粘贴一层80 cm宽碳纤维布；引孔拱顶横向粘贴三层碳纤维布；1～6腹孔纵向粘贴一层宽1 m碳纤维布；1～6孔跨横墙拱下横向粘贴一层碳纤维布。

施工工艺为：采用日本SHO—BOND公司生产高分子灌注胶BL—GROUT高分子树脂灌注黏合剂进行灌注充填封闭处理，然后，按打磨、涂刷101高分子树脂界面胶及CARBO100聚合物砂浆涂刮找平砂光，涂刷NEOPRIMER底胶，滚刷CE浸渍黏结剂，粘贴厚度为0.16 mm的日产碳纤维布，再用CE浸渍黏结剂滚刷二次，再粘贴一层碳纤维布，用CE浸渍黏结剂。每次用CE浸渍黏合剂浸透。最后用MEJCAULK E型黏合剂涂刷面胶。

该工程委托重庆公路工程检测中心于2001年1月3日至6日进行了加固整治后的静荷

载试验，综合结论为：昌都西大桥在试验荷载作用下，表现出较大的刚度和强度，符合结构受力特点，现有结构与设计状态相符，表明其承载能力和工作性能满足整治加固的设计标准和使用要求。试验荷载为汽—15、拖—80。

5.2 深圳泥岗立交维修加固综合施工技术

5.2.1 桥梁概况

深圳市泥岗立交位于北环路与泥岗路和上步路的交叉口，为三层定向立交，共由五座桥组成，均为预应力混凝土连续梁结构，该桥于1994年10月建成。泥岗立交桥按荷载标准汽车—超20，挂车—120设计；其最大纵坡为6%，横坡为1.5%；抗震烈度8度。

5.2.2 4#桥桥梁裂缝情况

深圳市泥岗立交桥4#桥全长259 m，分三联，第一联分为：30 m+37 m+30 m的梁跨组合(曲线部分)，第二、三联为3×27 m的梁跨组合。上部结构为预应力混凝土连续箱梁，断面为单箱双室结构，该桥是深圳北环路向布吉方向去的主要通道，车流量较大，尤其是大型货柜车较多，因该桥实际荷载已大大超过设计荷载，经过6年的运营后，第一联曲线桥部分中孔跨中梁体裂缝严重，最大宽度达0.28 mm，深度达140 mm，第二、三联的每联中孔裂缝较多，最深达67 mm，个别裂缝已贯通底板。该桥出现的上述破坏后，引起了深圳市建设局及原设计单位的高度重视，为确保该桥能继续安全运营，经过专家多次会议讨论，决定对该桥梁体进行加固。

5.2.3 4#主梁梁体加固施工方案

(1)主梁裂缝修补

4#桥主梁的翼缘板、腹板、底板均有较多的横向受力裂缝，为封闭裂缝，防止钢筋受腐，采用环氧(中国冶金研究所研制的AB类环氧树脂浆液)化学压力注浆的方法进行处理。其操作如下：

注浆嘴定位、封闭(包括裂缝体表面)→实施注浆(根据裂缝情况选择不同型号的AB树脂浆液)→确认注浆完成→卸除机具(浆液初凝后)→表面处理(打磨平整)。

(2)主梁粘贴碳纤维加固

考虑到4#桥通车量大，超载情况严重，为阻止裂缝的发展，对裂缝进行注浆封闭后，采取在主梁腹板和底板粘贴碳素纤维的方法进行加固，黏接剂采用CFR树脂。其具体情况为：

碳素纤维的粘贴工艺为：基底打磨处理→涂刷底层树脂CFP→修复、填补、整平梁面(用CFE)→涂刷黏接树脂胶(CFR胶液)→粘贴碳纤维布→重复上述步骤粘贴完成→涂刷最后一道CFR树脂→外表面处理(具体材料待研究后再定)→清理梁面(结束)。

施工时，先贴底板纤维，然后贴腹板L形纤维和梁体变截面处的斜向及竖向纤维，最后粘贴腹板纵向纤维压条。

基底打磨采用砂轮机和角磨机打磨，直至露出新鲜混凝土界面，对已形成的混凝土被腐蚀区域进行清除。

本桥粘贴碳纤维面积总共有3 100 m^2，粘贴面积大，时间紧(业主要求在7天内粘贴完)。为此，碳纤维布的粘贴按照从箱梁底部→牛腿→L形布→通长压条的施工顺序施工。第一联箱梁是曲线梁且粘贴碳纤维的工程量最大(约1 223 m^2)，是工程的重点部位，故而粘贴第一联碳纤维布是确保工程顺利的关键。按规范要求碳纤维布受力方向搭接长度不小于20 cm且位置偏差小于1 cm，经计算碳纤维布分块的长度不宜大于5 m。第一联一、三跨的梁体底部第一层碳纤维布的纵向长度按6×5 m分块粘贴；第二跨梁体底部第一层碳纤维布的纵向长度按

7×5+2 m 分块粘贴；一、三跨梁体底部第二层纤维布的纵向长度按 4×5 m 分块粘贴；第二跨梁体底部第二层碳纤维布的纵向长度按 5×5+4 m 分块粘贴；第一联梁 L 形碳纤维布的粘贴以两个桥墩支座为中心，分别向前后展开粘贴。第二、第三联梁为直线梁，跨径为 27 m+27 m+27 m，底层碳纤维布粘贴以单跨分块，每跨 27 m 通长粘贴，在支座中心处断开。L 形碳纤维布的粘贴以两个桥墩支座为中心，分别向前后展开粘贴。

梁体牛腿处的碳纤维布的粘贴加固分别有斜起 45°和竖向各两层，施工时先进行斜起 45°两层碳纤维布的粘贴，再进行竖向两层的施工。

梁体加固截面如图 3。

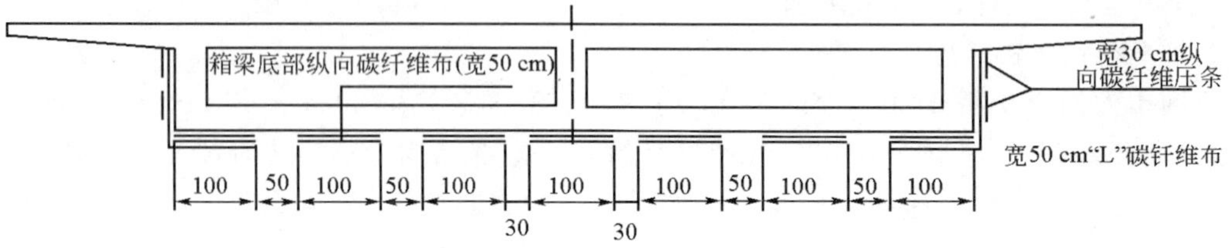

图 3　梁体加固截面图(单位：cm)

5.2.4　施工过程图片(如图 4、5、6、7)

图 4　裂缝注浆修补施工图

6　引用和支持性文件

混凝土结构的加固设计，施工及验收，应符合下列现行国家标准的规定：

(1)《建筑结构荷载规范》。

(2)《混凝土结构设计规范》。

(3)《钢结构设计规范》。

(4)《建筑地基基础设计规范》。

(5)《混凝土结构工程施工质量验收规范》。

(6)《钢结构工程施工质量验收规范》。

(7)《混凝土结构加固技术规范》。

(8)《碳纤维片材加固修复混凝土结构技术规程》。

(9)《钢结构加固技术规范》。

图 5　腹板粘贴碳纤维布

图 6　粘贴底板碳纤维布

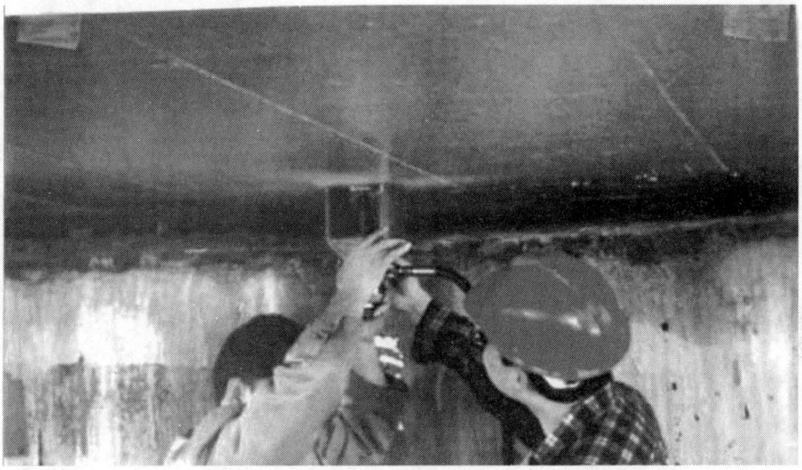

图 7　碳纤维布粘贴后拉拔试验